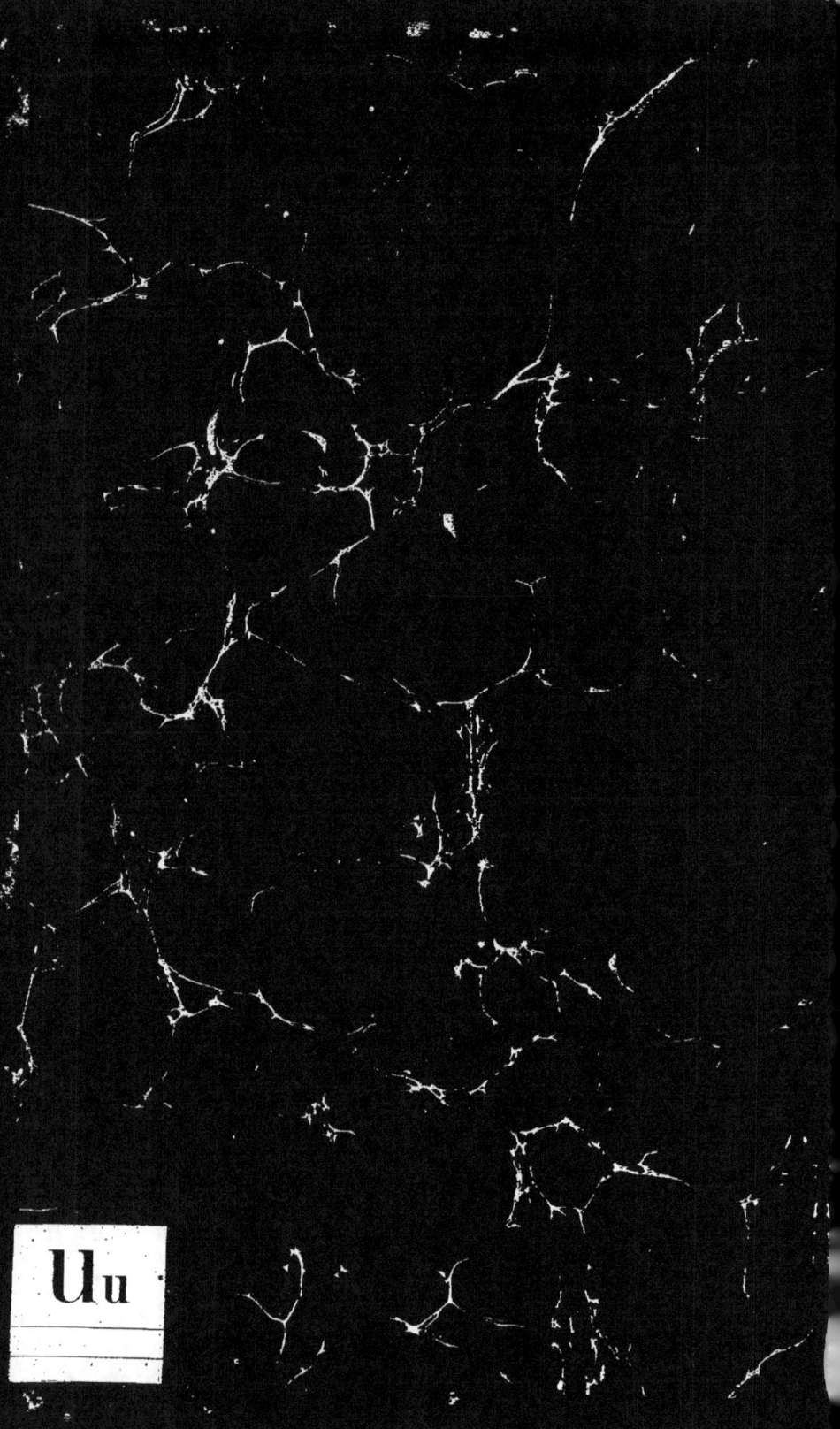

L'UNIVERS.

HISTOIRE ET DESCRIPTION DE TOUS LES PEUPLES.

ITALIE ANCIENNE.

PREMIÈRE PARTIE.

ANNALES.

PARIS
TYPOGRAPHIE DE FIRMIN DIDOT FRÈRES,
RUE JACOB, N° 56.

ITALIE ANCIENNE.

PREMIÈRE PARTIE.

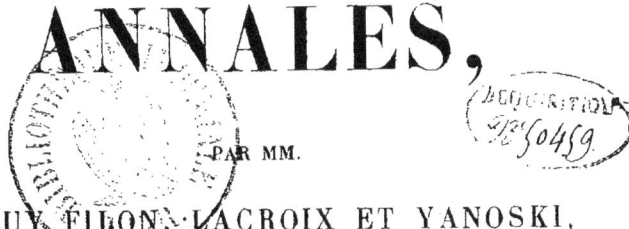

PAR MM.

DURUY, FILON, LACROIX ET YANOSKI,

PROFESSEURS D'HISTOIRE DE L'ACADÉMIE DE PARIS.

PARIS,
FIRMIN DIDOT FRÈRES, ÉDITEURS,
IMPRIMEURS-LIBRAIRES DE L'INSTITUT DE FRANCE,
RUE JACOB, N° 56.

M DCCC L.

L'UNIVERS,

ou

HISTOIRE ET DESCRIPTION

DE TOUS LES PEUPLES,

DE LEURS RELIGIONS, MOEURS, COUTUMES, ETC.

L'ITALIE ANCIENNE,

PAR

MM. FILON, DURUY, LACROIX ET YANOSKI.

CHAPITRE I.

L'ITALIE AVANT LA FONDATION DE ROME (1).

ANCIENS NOMS DE L'ITALIE. — Dans la haute antiquité, l'Italie avait à peu près autant de noms qu'elle comptait de peuples répandus sur son territoire. Ses limites naturelles n'avaient pas encore été reconnues, aucune domination n'y avait été assez puissante pour y établir l'unité politique, les tribus qui l'habitaient, quoique sorties pour la plupart d'une origine commune, étaient divisées par des guerres continuelles; de sorte que, privés de toute notion générale sur le sol, la configuration et l'étendue de l'Italie, de toute idée d'ensemble sur sa population et son état social, les anciens ne pouvaient d'abord la désigner que par des dénominations particulières. Le seul nom qui ne fût pas local, celui d'Hespérie, que les Grecs, selon Denys d'Halicarnasse, donnaient à l'Italie avant l'arrivée d'Hercule dans cette contrée (1), avait une signification fort étendue, et désignait toutes les contrées situées à l'occident de la Grèce, l'Ibérie aussi bien que l'Italie. Mais ce mot cessa d'être en usage à mesure que le pays fut mieux connu, et ne fut plus conservé que par les poëtes.

Denys d'Halicarnasse mentionne encore comme nom ancien et indigène celui de *Saturnia* : « Toute la côte qu'on appelle aujourd'hui Italie, dit-il (2), était consacrée au dieu Saturne, et les habitants la nommaient Saturnie, comme on peut le voir par quelques vers des sibylles et par d'autres oracles des dieux. En outre, dans plusieurs cantons de ce pays il y a des temples consacrés à ce dieu et des villes qui portent le même nom qu'avait alors toute la contrée. Enfin le nom de Saturne désigne encore d'autres endroits, principalement les rochers et les hautes collines. » Nul doute que le nom de Saturne, qui a une si grande place dans les traditions mythologiques de l'Italie ancienne, n'ait figuré aussi dans la géographie primitive de cette contrée; mais il n'a jamais pu être d'une appellation générale, ni même subsister dans la langue ordinaire com-

(1) Cette histoire de l'Italie ancienne avant la fondation de Rome est l'œuvre de M. Louis Lacroix, ancien élève de l'École Normale, docteur ès lettres, professeur d'histoire au collège royal Henri IV, membre de l'École française d'Athènes.

(1) Den. Hal., I, 35, 49; Virg., Æn., I, 530.
(2) *Loc. cit.*; Niebuhr, *Hist. Rom.*, t. I, 35.

1re *Livraison.* (ITALIE.)

1

me les noms qui avaient une origine ethnographique.

Aussi reste-t-il beaucoup plus de traces des dénominations d'Ausonie, d'Opica, d'OEnotrie, de Peucétie, de Tyrrhénie, d'Iapygie, d'Ombrica, qui dérivent des noms des peuples qui habitaient les régions centrales et méridionales de l'Italie. Les poëtes grecs de l'époque alexandrine se servent fréquemment de ces différents termes lorsque déjà le nom d'Italie avait prévalu dans l'usage et commençait à faire oublier tous les autres (1).

Les anciens ont expliqué par différentes étymologies le sens du mot *Italie*. De même qu'ils ont fait dériver celui d'OEnotrie de l'abondance des vins produits par cette contrée (2), ils ont tiré celui d'Italie de la grande quantité de bœufs qui couvraient les pâturages de l'Italie du sud. Dans la langue tyrrhénienne ou pélasgique et dans le vieux langage grec, le bœuf s'appelait *Italos* (3). Dans ce sens l'Italie n'était autre chose que le Pays des bœufs. Dans la langue osque, qui ajoutait une aspiration à presque tous les mots commençant par des voyelles, on disait probablement *vitulos*, et les médailles samnites frappées au temps de la guerre Sociale portent avec la figure d'un taureau (4) le mot *viteliu*, écrit de droite à gauche avec les anciens caractères de la langue osque, avec la vieille terminaison qui s'est maintenue dans le mot *Samnium*. A cette étymologie fort acceptable, les Grecs en ont ajouté une autre plus douteuse, qui fait dériver le mot Italie d'un chef œnotrien appelé Italus, lequel, ayant soumis toute la contrée depuis le golfe de Népète jusqu'à celui de Scylacium, donna son nom à toute cette partie de l'Italie méridionale. Hellanicus de Lesbos, cité par Denys d'Halicarnasse, attribue l'origine de ce mot au passage d'Hercule parcourant l'Italie à la poursuite d'un taureau qui s'était échappé du troupeau enlevé à Géryon(1). Mieux vaudrait encore s'en tenir à l'existence d'Italus, dont le nom figure avec celui de Margès parmi les descendants d'OEnotrus (2), et qui apparaît dans l'antique histoire de l'Italie comme un chef national, que d'avoir recours à ces contes puérils des mythologues sur Hercule. Mais ni l'une ni l'autre de ces explications ne mérite l'attention sérieuse de la critique. Nous en avons fait mention parce que, comme tant d'autres idées des anciens, qui ne signifient rien en elles-mêmes, elles ont quelque valeur comme opinions et comme croyances, et qu'elles auront toujours le privilége de ne jamais tomber dans l'oubli.

Niebuhr, remarquant que dans l'antiquité les noms des pays se formaient toujours de ceux des peuples, et l'Égypte est la seule exception à cette loi générale, pense que le nom d'Italie ne signifie rien autre chose que le pays des *Itali* (3) Il peut bien se faire que, pour une raison ou pour une autre, une portion des peuples italiens ait été désignée par le mot qui signifie bœuf ou taureau, de même que l'une des tribus du centre, celle des Hirpins, l'a été par celui qui signifie loup dans le vieux langage; et l'on serait fort heureux de trouver dans la tradition de quoi autoriser l'hypothèse de l'existence des *Itali* comme un peuple répandu dans la plus grande partie du pays qui porta ce nom. Mais les plus anciennes indications relatives aux Itales, aux Italiètes ou Italiotes, ne les donnent que comme les sujets du roi Italus. Il est vrai qu'en admettant, ce qui est fort probable, que les noms d'Itales et de Sicules ne sont que deux formes différentes du même mot, on peut croire que les tribus désignées ainsi formaient la véritable nation des Itales, et que l'Italie, comme les autres contrées de l'antiquité, reçut son nom des peuples qui l'habitaient. Quoi qu'il en soit, ce nom

---

(1) Lycophr., *Alexandra*, v. 702, 922, 1047, etc.; Apol. *Argon.*, IV, 553; Apollod. I., 9, 24.
(2) Serv. *ad Æn.*, I, 532; III, 165.
(3) Apoll., *Biblioth.*, II, 5, 10; Den. Hal., I, 53; Aulu-Gell., XI, 10.
(4) Micali, *L'Italia avanti il dominio dei Romani*, t. I, p. 97, éd. de 1842; Servius, *ad Æn.* VII, 328, donne Italia et Vitelia.

(1) Den. Hal., *loc. cit.*
(2) Thucyd., VI, c. II. Cf. le *Mémoire de M. Raoul Rochette sur l'époque de l'émigration d'OEnotrus*, où il est prouvé que l'historien grec s'est trompé de quelques générations dans la date qu'il assigne à cet événement.
(3) *Hist. Rom.*, t. I, p. 20.

d'Italie appliqué d'abord au midi de ce pays se propagea pas à pas jusqu'à ses limites septentrionales. Il paraît que toute la contrée depuis Tarente jusqu'à Posidonie s'appelait déjà Italie au temps où elle était occupée par les OEnotriens (1). Cependant Antiochus de Syracuse ne donnait le nom d'Italie qu'au pays qui fut plus tard le Brutium, et il plaçait Tarente dans l'Iapygie. Thucydide distinguait aussi l'Iapygie de l'Italie, dans laquelle il plaçait Métaponte (2); et avant les successeurs d'Alexandre les Grecs n'appelaient pas Italie, mais Opique, toute la côte qui se prolonge à l'ouest de Posidonie. Mais au temps de la guerre de Pyrrhus le nom d'Italie commence à être usité dans une acception générale, et au second siècle avant l'ère chrétienne Polybe (3) donnait à l'Italie toutes ses limites naturelles, et désignait par ce mot toute la contrée qui s'étend des Alpes au détroit de Messine. Toutefois sous l'administration romaine l'Italie légale et politique n'allait pas jusqu'aux Alpes; elle s'arrêtait à la Macra et au Rubicon, au delà desquels commençait la province de Gaule Cisalpine. Mais sous Auguste cette province, trop voisine de la capitale de l'empire, fut démembrée par raison politique, pour la sûreté de l'État et du prince, et quoique administrativement la différence entre l'Italie du nord et l'Italie proprement dite fût longtemps maintenue, cependant le nom d'Italie resta pour toujours à toute la péninsule depuis le versant méridional de la chaîne des Alpes.

-Anciens peuples de l'Italie. — L'Italie ancienne, dans sa plus grande étendue, comprenait tout le pays qui se prolonge au sud-est de la chaîne des Alpes depuis le petit fleuve du Var, du côté de la Gaule, jusqu'à celui de l'Arsia, qui la sépare de l'Illyrie (4). Cette contrée s'avance dans la Méditerranée sur une longueur de plus de deux cents lieues, entre les deux autres péninsules qui terminent comme elle l'Europe méridionale, l'Espagne à l'occident, la Grèce à l'orient. La douceur de son climat, la beauté de son ciel, la fertilité de son territoire, la variété de ses productions, l'heureuse disposition de ses rivages découpés en baies et en golfes, garnis de rades et de ports, tous ces avantages réunis en font un des plus beaux pays de la terre et des plus heureusement disposés pour le séjour des hommes : aussi les écrivains anciens et modernes sont remplis des éloges, des chants d'admiration que la beauté de l'Italie leur a inspirés; et telle est l'influence magique exercée sur les esprits par cette terre privilégiée, que les historiens et les géographes la célèbrent avec le même enthousiasme que les artistes et les poëtes. Varron, Strabon, Denys d'Halicarnasse, Pline l'Ancien et tant d'autres, tous s'accordent à répéter les louanges de l'Italie (1), dont Virgile a si poétiquement chanté tous les avantages dans un des plus beaux passages de ses *Géorgiques :*

Salve, magna parens frugum, Saturnia tellus
Magna virum : tibi res antiquæ laudis et artis
Ingredior (2).....

La race humaine, en se répandant sur la surface de la terre, se fixa de préférence dans ces contrées qui lui offraient, comme l'Italie, tous les biens naturels indispensables à l'existence et où se rencontraient toutes les conditions nécessaires au développement de la civilisation. Aussi, tandis que les contrées septentrionales de l'Europe restaient plongées dans la barbarie, ses extrémités méridionales, quoique aussi éloignées du berceau de l'humanité, recevaient de nombreuses populations qui s'y formaient en société, qui fondaient des villes, qui inventaient l'industrie et les arts, et qui parvenaient, soit par leur propre force, soit par l'exemple et les leçons des anciens peuples de l'Asie, à une haute culture intellectuelle et morale. Cette supériorité des régions méridionales de l'Europe sur les contrées plus spacieuses qui s'étendent au nord s'explique par les avantages de leur position, de leur sol

(1) Den. Hal., I, 73.
(2) Thucyd., VII, 33. Cf. Strab., VI, page 254, d.
(3) Polyb., II, 16.
(4) Plin., III, 5. Cf. Cluvier, *Italia antiqua*, t. I, p. 160, c. 11 : *De finibus universæ Italiæ*, etc.; III ; *De figura, magnitudine ac situ Italiæ*.

(1) Varron, *R.R.*, l. I, c.2 ; Strab., l. VI; Den. Hal., I, 37; Plin., *Hist. nat.*, III, 5 ; Cluv., *It. ant.*, t. I, p. 32.
(2) *Georg.* II, v. 136, 177.

et de leur climat. « Plus petites, mieux découpées que le reste de l'Europe, dit M. Mignet (1), elles s'avançaient presque partout en presqu'îles dans la mer. Elles étaient placées sous un climat plus favorable, et elles devaient jouir facilement des productions des autres pays, lorsqu'elles y seraient apportées, et qu'il serait permis de les y cultiver. De plus, elles se trouvaient un peu mieux abritées par d'énormes masses de montagnes qui s'élevaient sur leurs derrières comme des fortifications naturelles. La presqu'île de la Grèce était protégée par la chaîne des Balkans, la presqu'île de l'Italie par la ceinture des Alpes, la presqu'île d'Espagne par la muraille des Pyrénées. La Gaule, quoique très-faiblement couverte par le Rhin, participait à l'avantage de leur forme détachée qui les rendait plus aptes à en former un peuple, à composer un État, et plus faciles à défendre et à garder. »

Ces considérations générales suffisent pour faire comprendre que l'Italie a été couverte d'habitants dès les temps les plus anciens, qu'elle dut avoir une histoire déjà bien compliquée longtemps avant l'époque où Rome prit naissance et effaça par l'éclat de sa renommée tous les souvenirs historiques des cités italiennes célèbres dans les siècles antérieurs. Mais il faut avoir recours à l'examen des traditions, à l'étude des témoignages de l'antiquité pour résoudre les questions que tout esprit curieux et intelligent se pose d'ordinaire au début de ses recherches sur les origines historiques d'une nation : A quelle époque l'Italie a-t-elle reçu ses premiers habitants ? Quelles furent les tribus qui la peuplèrent ? De quel pays étaient-elles originaires, et comment passèrent-elles en Italie ? Sont-elles de races différentes, ou peuvent-elles se rattacher à une seule, comme les ramifications d'un arbre à une même souche ? Quelles furent les vicissitudes de leur vie politique, les progrès de leur civilisation, les causes de leur grandeur et de leur décadence ?

Voilà tous les problèmes qu'il faudrait résoudre pour présenter une histoire complète des peuples de l'antique Italie. Mais nous devons déclarer d'avance qu'on ne peut espérer d'éclaircir d'une manière certaine toutes les obscurités que l'on rencontre au début d'une telle étude. Les documents que nous ont laissés les auteurs anciens sont si insuffisants, si mutilés, que jusqu'ici la critique n'a pu obtenir par leur comparaison que des résultats douteux, proposer des hypothèses et non de convaincantes affirmations. La plupart des traités historiques qui racontaient les origines des villes italiennes ont péri dans le grand naufrage de l'ancienne civilisation, et les témoignages qui nous ont été conservés sont ou incomplets ou contradictoires. D'ailleurs, il ne faut pas se dissimuler qu'il y aura toujours dans les questions sur l'origine des peuples quelque chose d'insaisissable, d'inaccessible pour la curiosité humaine, à savoir l'origine elle-même. La mémoire des hommes a pu conserver quelques notions plus ou moins confuses et défigurées des événements les plus considérables de leur histoire primitive, mais elle n'a jamais constaté ni transmis le moment précis où un peuple a commencé d'exister, où une contrée a cessé pour la première fois d'être une solitude. La Palestine elle-même, dont l'histoire remonte si près du berceau de l'humanité, grâce aux traditions conservées dans le Pentateuque, la Palestine avant d'appartenir aux Chananéens, aux Israélites, dont l'origine est précisément marquée dans la Genèse, renfermait déjà, même avant les Chananéens, une population indigène sur les commencements de laquelle Moïse ne nous a rien appris. Ces *Emém*, ces *Rephaïm*, ces *Horim*, ces *Anakim*, que dépossédèrent plus tard les descendants de Chanaan, d'Abraham et de Loth, ne se rattachent par aucune indication précise au tableau généalogique des Noachites, et l'on a tout dit sur leur origine, comme sur celle des anciens peuples italiens, quand on a déclaré qu'ils sont aborigènes ou autochthones (1).

(1) Introduction de l'ancienne Germanie dans la société civilisée de l'Europe occidentale. *Notices et mémoires historiques* de M. Mignet, t. I, p. 5.

(1) *Voyez* l'excellente *Histoire de la Palestine* de M. Munk, dans cette collection de l'*Univers*, p. 75.

Aussi loin que l'on remonte le cours des âges, dans les histoires profanes, on arrive toujours à une époque où la tradition est interrompue, où le sol manque sous les pas de l'historien, et où il faut qu'il prenne de bonne grâce le parti de confesser son ignorance. L'histoire ne peut pas rendre compte de tous les siècles qu'a vécu l'humanité, parce qu'il y a au delà de tous les souvenirs traditionnels un âge muet pendant lequel la multiplication de l'espèce humaine s'est accomplie silencieusement, de sorte que le commencement de l'histoire n'est jamais, ne peut jamais être, le commencement des choses. L'antiquité elle-même, avec toutes les traditions qu'elle avait conservées, avec tous les moyens d'information qui lui étaient restés et que nous n'avons plus, n'a pu nous dire le premier mot sur l'origine des peuples italiens. L'ouvrage de Denys d'Halicarnasse sur les antiquités romaines, résultat de savantes et consciencieuses recherches, nous démontre suffisamment l'impuissance de l'érudition ancienne et doit nous consoler de la nôtre. Denys a consulté un grand nombre de témoignages, il a puisé à toutes les sources; il avait à sa disposition des histoires particulières de villes et des histoires générales de peuples, et cependant peut-on dire qu'il a répandu sur cette obscurité de la primitive histoire italienne une lumière pure et vive, et rencontre-t-on un esprit ami de la solide vérité qui puisse se déclarer satisfait ? Nous trouvons par les indications de cet auteur, et dans les écrits de Plutarque, d'Athénée, de Macrobe, de Servius, de Suidas, dans le scoliaste d'Apollonius de Rhodes, les noms de trente-trois historiens et les titres des ouvrages qu'ils avaient composés sur les origines et les fondations des villes d'Italie (1). Parmi ces écrits, dont la perte est à jamais regrettable, on remarque le livre que Zénodote de Trézène avait consacré à l'histoire de l'Ombrie, celui d'Antiochus de Syracuse qui vivait deux siècles avant Aristote et dont les neuf livres d'histoire traitaient particulièrement de l'Italie, les annales étrusques,

qui, selon Varron, cité par Censorinus (1), remontaient à l'époque même de la fondation de chaque ville, et d'où Sostrates et l'empereur Claude avaient sans doute tiré leurs histoires générales de l'Étrurie, les Origines du vieux Caton, les recherches du savant Varron. Dans tous ces ouvrages devaient se trouver des renseignements intéressants et nombreux sur l'histoire postérieure de ces onze cent quatre-vingt-dix-sept villes dont Élien disait que l'Italie était couverte (2), mais assurément les questions fondamentales n'y étaient pas résolues. On n'y disait pas d'où étaient venus les Sicules, les aborigènes, les Étrusques, ni à quelle époque, ni comment ces nations avaient commencé. Si ces ouvrages eussent contenu ces précieuses indications, Denys d'Halicarnasse ne les eût pas laissées échapper; car tout en reconnaissant ce qu'il y a de défectueux dans sa critique et dans son jugement, nous ne sommes pas de ceux qui disent que « les fragments qu'il a tirés des anciens historiens grecs sur Rome et l'ancienne Italie semblent trahir en lui une ignorance indigne d'un savant homme (3). »

Privée de la plus grande partie des documents que l'antiquité avait recueillis sur les origines italiennes, mal éclairée par les témoignages insuffisants des auteurs qui nous sont parvenus, la critique moderne a souvent chancelé dans sa marche sur un terrain sans solidité, et a mis en avant une série d'explications hypothétiques, la plupart sans valeur et dont aucune ne porte le caractère d'une véritable démonstration. Les anciens reconnaissaient dans la population italienne des races indigènes et des tribus étrangères, n'affirmant des premières rien autre chose, sinon qu'elles étaient nées du sol, et racontant l'émigration des secondes avec si peu de précision et tant de détails fabuleux et puérils, qu'on est toujours tenté de tenir peu de compte de leurs récits à cet égard. Il nous est impossible d'adopter aujourd'hui l'opinion des anciens, qui employaient le

(1) *Examen de la véracité de Denys d'Halicarnasse*, par Petit-Radel.

(1) Cens., *De die nat.*, c. XVII.
(2) Élien, *Hist. var.*, l. IX, c. 16.
(3) Heyne, in Æn. l. VII, *Excurs.* IV, t. III, p. 544.

mot αὐτόχθονες dans son sens littéral, et qui entendaient le plus souvent par une race autochthone celle que la terre elle-même avait produite. Quoique ce terme ait été quelquefois employé comme synonyme d'ancien, nous savons cependant, par le *Ménexène* de Platon, qu'il désignait aussi un fait réel, une véritable croissance de l'homme sortant de terre comme le végétal, et Lucrèce ne donne pas d'autre explication de la naissance de l'espèce humaine (1). Indépendamment des raisons scientifiques qui nous font rejeter cette croyance puérile des anciens, les motifs les plus puissants nous déterminent à croire que l'humanité, formée et placée sur un point du globe par la main du Créateur, s'est répandue en diverses directions par toutes les contrées de la terre en se multipliant avec cette facilité merveilleuse dont les économistes essayent de rendre compte par ce qu'ils ont appelé *le principe de la population* (2). On ne peut douter, quand on considère l'antiquité des royaumes de l'Asie, et la propagation successive de la civilisation en Grèce, en Italie, et postérieurement en Gaule et en Espagne, que l'Orient n'ait été le berceau de l'humanité et le théâtre de ses premiers développements. Les grandes émigrations de peuples suivent toujours la direction d'Orient en Occident; mais elles se sont accomplies à des époques si reculées, que l'histoire peut à peine reconnaître et signaler leur marche. Cependant quelques savants se sont flattés d'en retrouver les traces à travers l'obscurité des âges; c'est ainsi que Bochart (3) prétend rattacher par les liens d'une généalogie historique les peuples italiens à la postérité de Noë, et il leur donne une origine chananéenne. Selon d'autres, « ils seraient issus de Gomer, l'aîné des sept fils de Japhet, si l'on admettait, d'une part, que Gomer est le père de la nation celtique, et de l'autre que les premiers habitants de toutes les contrées de l'Europe, y compris l'Italie,

(1) Plat., *Ménexène*, p. 237; Lucrèce, l. V. Cf. aussi Pausanias à propos de Pélasgus, VIII, 1, 4, et 29, 4.
(2) Jean-Bapt. Say, *Cours d'économie politique*, VIe partie, ch. I, t. II, p. 121 et suiv.
(3) Boch., *Géographie sacrée*; 1re partie, Phaleger Canaan.

étaient des Celtes. Or, de ces deux propositions, la première a été soutenue par dom Pezron (1), et la seconde par Pelloutier (2). En parlant d'un passage de Josèphe, où il est dit que les Galates s'appelaient jadis Gomériens, parce qu'ils descendaient de Gomer, Pezron explique comment le même peuple a porté successivement le nom de Gomérites, de Saques, de Titans, de Celtes, de Galates, de Gaulois. Ce système, quoique développé avec beaucoup d'érudition, n'a plus aujourd'hui de partisans. Dom Bouquet, Voltaire et d'autres écrivains en ont trop fait sentir l'absurdité (3). » L'autre proposition, savoir que le nom de Celtes était commun à presque tous les peuples primitifs de l'Europe, habilement exposée par Pelloutier, s'est soutenue plus longtemps; mais elle a fini aussi par subir la destinée de toutes les hypothèses trop générales et dépourvues de bases solides.

Comme il est démontré, par l'inutilité de ces tentatives, qu'il est impossible de renouer la chaîne interrompue des traditions, et de remonter des peuples italiens aux commencements mêmes de l'espèce humaine, il ne reste plus qu'à prendre ces peuples sur le sol où on les trouve établis, à les étudier en eux-mêmes, à établir leurs rapports et leurs différences, et à présenter les opinions les plus plausibles sur leur origine prochaine. Ici encore nous nous sentirons, par les contradictions et les incertitudes des opinions et des témoignages, engagés dans les embarras de l'histoire hypothétique. Mais si l'on ne peut espérer d'arriver à une conviction pleine et entière sur ces questions, il ne faut pas néanmoins mépriser les lumières que procurent l'étude des documents anciens et la comparaison des systèmes modernes.

ORIGINE PÉLASGIQUE DES PEUPLES ITALIENS. — Il paraît clairement démontré aujourd'hui que les plus anciens peuples de l'Italie, aussi bien que ceux de la Grèce, appartenaient presque tous, sous quelques noms qu'ils fussent désignés, à

(1) *De l'antiquité de la nation et de la langue des Celtes.*
(2) Pelloutier, *Histoire des Celtes.*
(3) Daunou, *Cours d'études historiques*, t. XIII, p. 222.

la race pélasgique. L'extension des Pélasges dans les contrées méridionales de l'Europe est attestée suffisamment par les auteurs anciens, soit d'une manière expresse, soit par des indications d'où on peut l'induire d'une manière probable; et si beaucoup de savants se sont refusés à reconnaître cette race comme la souche principale de la population grecque et italienne, c'est qu'ils n'ont eu égard qu'aux récits qui concernent une époque postérieure, où la nation pélasgique ne se composait plus que de débris épars, errants, et offrant à l'égard des Grecs des différences de mœurs et de langage qui les faisaient qualifier de barbares. La race des Pélasges est, au contraire, une des sources les plus fécondes de la population européenne. Partie de l'Orient, berceau du genre humain, elle s'est dispersée sur tout le littoral de l'Asie Mineure et de l'Europe méridionale, se subdivisant en nombreuses tribus qui de bonne heure perdirent le souvenir de leur origine commune, mais dont cependant on peut retrouver, par une étude patiente, les liens généalogiques et comme les titres de famille.

Nous n'entreprendrons pas d'expliquer en elle-même la naissance des peuples pélasgiques, ce fait échappe aussi à l'histoire, et nous ne trouvons pas suffisantes les raisons étymologiques de Saumaise, de Mazzocchi, de Martorelli, qui, à l'exemple de Bochart, les donnent pour descendants des Philistins, des Chananéens, ou des Phéniciens (1). Ce qu'il importe et ce qu'il est possible d'établir, c'est l'existence et la propagation des Pélasges dans les contrées où nous retrouverons plus tard les Grecs et les Romains. Or, en ce qui concerne la Grèce, ce fait est établi de la manière la plus formelle (2). « Tout le monde s'accorde, dit Strabon (3), à regarder les Pélasges comme une race ancienne qui prédominait dans toute l'Hellade, et surtout vers les frontières des Éoliens dans la Thessalie. » Et il appuyait son opinion relativement à cette diffusion des Pélasges sur l'autorité d'Éphore, historien du temps d'Alexandre, qui avait composé une histoire du Péloponnèse, un des pays où les Pélasges avaient été particulièrement répandus, et qui, selon cet auteur, s'appelait autrefois Pélasgie. Hérodote, d'un autre côté, nous apprend que les Pélasges habitaient le pays appelé de son temps Hellade et anciennement Pélasgie (1). En ce qui concerne l'Italie, les témoignages des anciens sont moins explicites; mais en passant en revue la plupart des peuples de cette contrée, on peut reconnaître qu'ils ont avec les Pélasges une origine commune. Déjà Niebuhr a démontré qu'une partie des peuples italiens étaient pélasgiques, dans une savante discussion dont nous ferons usage (2) en généralisant encore plus qu'il ne l'a fait lui-même cette importante affirmation.

Les plus anciens habitants de l'Italie sont nommés par Denys d'Halicarnasse Sicules et Aborigènes (3), et cet historien les donne comme des peuples barbares nés sur le sol même. Ces deux noms ne désignent pas deux nations différentes. Les Sicules étaient une nation qui fut très-puissante dès les temps les plus anciens, qui a couvert l'Italie centrale et méridionale, et qui a probablement donné son nom à l'Italie, comme à la Sicile. Le mot d'Aborigènes ne peut pas s'appliquer à une nation particulière : c'est une épithète répondant au mot *autochthone* des Grecs et signifiant l'antiquité d'un peuple, autant et encore plus que l'impossibilité de reconnaître son origine étrangère, car plusieurs pensaient que les Aborigènes étaient un amas composé de nations errantes, et changeaient leur nom en celui d'*Aberrigènes*. Ce nom, qui n'a jamais été celui d'aucun peuple, fut particulièrement donné aux habitants du Latium appelés aussi Casci et Prisci Latini (4). Or ces Prisci Latini étaient en grande partie composés de Sicules que Denys déclare avoir été

---

(1) Micali, *Italia avanti*, etc., t. I, p. 107, éd. 1842.
(2) *Voy.* Thirwall, *Histoire de la Grèce ancienne*, trad. de M. Joanne, t. I, p. 22.
(3) Strab., l. V, 2, § 4.

(1) Her., VIII, 44; II, 56.
(2) Nieb., *Hist. Rom.*, I, 44.
(3) Den. Hal., l. I, c. 1.
(4) Servius, d'après Sauféius, ancien commentateur de Virgile, dit, *ad. Æn.* I, 10 : *Qui... Casci nominati sunt, quos posteri Aborigenes nominaverunt.* Cf. Nich., t. I, p. 112, not. 247.

les premiers habitants du Latium, et la qualification d'Aborigènes convient par là aux Sicules et à toutes les tribus que nous rattacherons à ce peuple.

Ces Sicules, ces Aborigènes, sont regardés par les anciens comme étant d'origine grecque, c'est-à-dire pélasgique. Tibur et Faléries, villes sicules, sont données comme des colonies argiennes, et on sait que le mot Argos appartient au dialecte des Pélasges, et que dans leur langue il signifie une plaine (1); de sorte qu'on peut entendre d'un grand nombre de colonies venues d'Argos, qu'elles sont sorties d'un pays de Pélasges. D'un autre côté, Caton et Sempronius ont écrit que les Aborigènes étaient des Achéens (2); c'était encore les rattacher au tronc pélasgique et à cette population qui couvrit tout le Péloponnèse, contrée qui, avec la Thessalie, a produit les plus nombreuses émigrations de Pélasges. Aborigènes, Sicules et Pélasges, malgré l'usage confus que Denys d'Halicarnasse fait de ces trois noms, nous représentent donc un seul et même peuple, répandu en Grèce aussi bien qu'en Italie.

L'origine pélasgique des OEnotriens est encore plus évidente que celle des Sicules et des Aborigènes, et avec les OEnotriens il faut joindre ici toutes les anciennes populations des deux Calabres, Chones, Morgètes, Peucétiens, Iapyges, Italiètes (3), tribus qui toutes se confondent aussi avec les Sicules et par conséquent avec les Pélasges. Antiochus de Syracuse (4) regardait les Chones et les OEnotriens comme étant sortis de la même source. La Chonia, pays voisin du Liris, était un canton de l'OEnotrie qui s'étendait depuis le pays de Tarente jusqu'à Pestum; au delà du Bradanus se trouvait l'Iapygie. Antiochus prétendait que ces peuples habitaient l'Italie avant l'arrivée des Grecs; mais Phérécyde, historien du temps de Darius, avait trouvé, dans les chants des poëtes cycliques et les traditions des logographes (5), que les OEnotriens étaient une colonie d'Arcadiens conduits en Italie par OEnotrus, fils de Lycaon. Cet OEnotrus descendait au cinquième degré d'Ézée et de Phoronée, qui régnèrent les premiers dans le Péloponnèse, et il naquit dix-sept générations avant la guerre de Troie. Lycaon avait eu vingt-deux enfants, et comme l'Arcadie ne leur suffisait plus, les plus aventureux émigrèrent, et OEnotrus vint en Italie accompagné de son frère Peucétius. Plus tard le peuple des OEnotriens eut pour rois Italus, Morgès et Siculus, et ces trois chefs donnèrent successivement leurs noms à la nation, ou seulement à une partie de leurs sujets. Que l'on prenne cette histoire au pied de la lettre, ou qu'on la considère comme une légende poétique, on pourra toujours en tirer les conclusions suivantes, à savoir que tous les peuples italiens dont les noms sont donnés comme imposés par des chefs qui leur étaient communs, étaient liés entre eux par une commune origine, et que ces peuples, se rattachant par OEnotrus à la lignée de Pélasgus, ne peuvent être autre chose que des tribus de la grande race pélasgique. La qualification d'Aborigènes convient encore à ces OEnotriens; car, dit l'historien Denys, s'il est vrai que les Aborigènes étaient Grecs de nation, je suis persuadé qu'ils tiraient leur origine de ces OEnotriens, et il ajoute que les OEnotriens s'emparèrent d'une partie de l'Ombrie et qu'ils furent appelés Aborigènes parce qu'ils demeuraient dans les montagnes. C'est ici la troisième signification de ce mot; mais quel que soit le sens qu'on y attache, les variations à ce sujet prouvent que ce n'était pas un nom propre, mais une désignation que l'on pouvait étendre assez librement à presque tous les anciens peuples de l'Italie, puisque Denys nous apprend qu'on appelait aussi Aborigènes les Ombriens et les Ligures.

Nous laissons de côté ici tous les récits transmis par cet historien sur l'histoire particulière des Pélasges, des Aborigènes et des Sicules, récits dans lesquels ces trois peuples sont donnés comme différents les uns des autres, et qui à la première vue pourraient sembler contraires au système que nous essayons de démontrer. En effet, ils nous montrent les Pélasges arrivant du Pélo-

---

(1) Strab., VIII, p. 372.
(2) Den. Hal., I, 11.
(3) Nieb., t. I, p. 80; Micali, t. I, p. 223.
(4) Strab., VI, p. 175; Den. Hal., I, 12.
(5) Den. Hal., I, 13.

ponnèse, passant en Thessalie, et de là en Italie vers les bouches du Pô, où ils fondent Spina; puis, s'alliant avec les Aborigènes pour résister aux Ombriens, et combattant avec ceux-là les Sicules, qu'ils dépossèdent de leur territoire et qu'ils forcent à se retirer en Sicile (1), émigration qui est fixée par Hellanicus de Lesbos à la troisième génération avant le siége de Troie. On voit ici trois peuples distincts, alliés ou ennemis les uns des autres et ayant des destinées différentes. Mais ceci ne contredit pas l'affirmation que nous prétendons soutenir, à savoir qu'on peut établir une conformité sensible d'origine et de race entre toutes ces tribus; que, malgré leur séparation postérieure en sociétés différentes et hostiles, elles appartiennent à un même système de population, et que le nom de Pélasges étant le plus répandu et le plus anciennement usité dans les vieilles traditions, la dénomination de peuples pélasgiques doit être préférée à toute autre pour désigner ce qu'il y a de commun entre toutes les tribus de l'ancienne Italie.

Ce qui vient d'être établi touchant les Sicules, les Aborigènes et par conséquent les Latins, est vrai aussi d'une autre famille d'anciens peuples italiens, celle des Osques ou Opiques, que les Grecs appelèrent Ausones et à laquelle il faut rattacher toutes les tribus de race sabellique. On a démontré, et il n'y a pas lieu d'en douter, que les mots *osque* et *opique* étaient deux formes du même nom (2); la langue latine ne fit usage que de la première de ces formes, et la langue grecque s'appropria la seconde. Le nom d'Ausone est également synonyme d'Opique, et désigne la même nation ou, du moins, une partie de cette nation. Ainsi Aristote dit : « Des limites de l'OEnotrie, vers la Tyrrhénie, s'étendaient les Opiques, surnommés alors et encore aujourd'hui les Ausones (3). » Antiochus de Syracuse, cité par Strabon (4), affirmait la même chose. Denys d'Halicarnasse dit que quand OEnotrus arriva en Italie il la trouva occupée par les Ausones, qui avaient donné leur nom au golfe Ausonien (1), et Élien appelle les Ausones les premiers habitants, les autochthones de l'Italie (2). Ainsi nous voilà presque ramenés à assimiler les Ausones ou Opiques aux Aborigènes, et par conséquent aux Pélasges. Mais n'anticipons pas sur cette seconde partie de la démonstration. Quant au nom des Auronces, il est aussi l'équivalent de celui des Ausones. « Pour l'Italie, dit Niebuhr, le nom d'Ausone a quelque chose de tout à fait étranger, et c'est dans la bouche des Grecs qu'il a pris ce caractère. La forme indigène du mot ne peut avoir été qu'*Aurunci*, car il est évident qu'*Aurunce* en est dérivé, et il n'est besoin ni du témoignage de Dion Cassius ni de celui de Servius pour démontrer que les Ausones et les Auronces sont le même peuple (3). » Le nom de *Sabelli* désigne tous ces peuples habitant les âpres contrées de l'Apennin central et le versant de l'Adriatique, et qui reconnaissaient les Sabins comme leurs ancêtres. Ces tribus, parmi lesquelles les Samnites occupèrent plus tard le premier rang, se répandirent plus tard dans les contrées du midi, s'y établirent aux dépens des Osques, se mêlèrent avec eux et adoptèrent leur langue avec une telle facilité, qu'il est impossible qu'il n'y ait pas entre les Osques et les Sabelliens une grande conformité d'origine. Le nom d'Osques est donné quelquefois à des peuples appelés aussi Sabelli. Les Èques, les Herniques, sont rattachés tantôt à l'une, tantôt à l'autre de ces deux subdivisions d'une même race. Varron, tout en distinguant la langue des Sabins et celle des Osques, reconnaît qu'elles avaient entre elles une grande conformité (4). Le mot *cascus*, qui signifiait *ancien* dans la langue sabine, désignait une tribu qui sans doute habitait le Latium et que l'on ne peut distinguer, à cause de la ressemblance du nom, des peuples osques d'origine. Niebuhr croit, sans oser l'affirmer toutefois, à la communauté d'origine des Osques et des Sa-

(1) Den. Hal., l. I.
(2) Nieb., *Hist. Rom.*, t. I, 94 ; Micali, *Italia avanti*, etc., t. I, p. 191 ; Cluvier, t. II, p. 1059 ; Festus, *s. v. Oscum*.
(3) Arist., *Pol.*, VII. 10.
(4) Strab., V, p. 167.

(1) Den. Hal., I, 11.
(2) Ælian., *Var. Hist.*, IX, 16.
(3) Niebuhr, t. I, p. 98.
(4) Varr., *De L. lat.*, VI, 3 ; Nieb., t. I, p. 95.

belliens (1), et Micali, beaucoup plus explicite, fait dériver les Vestins, Marrucins, Péligniens, Marses, Sidicins, Samnites, Sabins de la même race indigène des Osques.

Nous savons que les Ausones, ou, ce qui est la même chose, les Opiques, étaient qualifiés de peuples autochthones. Or la même épithète est donnée aux Sabins, qui sont la souche des nations sabelliques, par le géographe Strabon (2). Voilà donc ces deux grandes ramifications de peuples assimilées aux Aborigènes, rapprochées des Sicules et réunies avec eux dans la source commune des populations de ces contrées, qui est la grande émigration pélasgique. Dans Denys d'Halicarnasse, les Aborigènes et les Sabins habitent le même pays, occupent des villes voisines (3), les premiers à Réate, les seconds à Amiterne. La coutume des émigrations appelées *printemps sacrés*, le culte du dieu Mars, le respect superstitieux du pivert ou *picus*, du loup ou *hirpus*, étaient communs aux deux peuples. En faut-il davantage pour reconnaître la conformité du fonds dans toutes ces tribus, et pour conclure, malgré la diversité des noms, malgré des différences secondaires, à une communauté d'origine que tous les rapprochements viennent confirmer?

Parmi les nations italiennes qui furent puissantes dans les siècles qui précédèrent la fondation de Rome, il en est une, celle des Ombriens, sur l'origine de laquelle les témoignages des anciens et les opinions des modernes ont varié de la façon la plus étrange. Les Grecs, expliquant le mot ὀμβρικοί par une étymologie qui n'est qu'un puéril jeu de mots, prétendaient que les Ombriens étaient les anciens Italiens qui avaient échappé au déluge ou aux inondations, dont le souvenir est conservé dans l'histoire primitive de presque tous les peuples (4). Quelques critiques, prenant au sérieux cette ridicule explication, rattachent l'époque de la formation de la nation ombrienne au déluge de Deucalion, et partent de ce point pour reconstruire avec ce peuple toute l'histoire des tribus italiennes, qu'ils font sortir de cette source (1). Il est vrai que Denys d'Halicarnasse (2) prétendait, d'après Zénodote de Trézène, que les Ombriens avaient envoyé une colonie qui fonda la nation des Sabins, et les conséquences de cette assertion peuvent être fécondes pour un esprit prévenu. Mais elle ne prouve rien autre chose sinon qu'il y avait entre les Ombriens et les Sabins assez de rapport pour croire que l'un de ces peuples était sorti de l'autre, et tout ce que l'on peut admettre de l'opinion des Grecs sur les Ombriens, c'est qu'ils croyaient à leur existence dès la plus haute antiquité (3). Cette conclusion est adoptée par Micali (4) et par Niebuhr, qui s'accordent tous deux à reconnaître dans les Ombriens un peuple d'origine italienne, une race autochthone, c'est-à-dire dont on ne peut constater l'origine étrangère.

Mais il est une autre opinion, accueillie surtout en France, qui reconnaît dans les Ombriens une population d'origine celtique et qui les représente comme la première de ces émigrations nombreuses qui franchirent les Alpes et assujettirent aux Gaulois une portion du sol italien. Ce système, mis en avant par Fréret au dix-septième siècle, a été soutenu et développé par un éminent historien de nos jours, par l'auteur de l'*Histoire des Gaulois* (5); mais quoiqu'il ait pour fondement quelques assertions des anciens eux-mêmes (6), ces témoignages n'ont pas en réalité une grande valeur, parce qu'ils ne sont rapportés que par

---

(1) *Hist. Rom.*, t. I, p. 147. Voir dans Cluvier, t. I, p. 43, les textes à l'appui de cette opinion, qui est aussi celle de ce laborieux érudit. Son *Italia antiqua* est une mine inépuisable, et avec ce livre on pourrait se passer de tous les autres.
(2) Strab., V, p. 228.
(3) Den. d'Hal., II, 49.
(4) Polyb., II, 18; Lycophron. *Alexandra*;

Plin., l. III, c. 14; Servius, *ad Æn.*, l. XII; Cluvier, t. I, p. 593.
(1) *Voy.* Nibby, *Discorso preliminari*, p. xix, en tête de l'*Analisi della carta d'interni di Roma*.
(2) Den. d'Hal., II, 49.
(3) Hér., IV, 49.
(4) Micali, t. I, p. 102; Nieb., t. I, p. 203.
(5) Fréret, *Acad. des inscr.*, t. XVIII, p. 82; Améd. Thierry, *Hist. des Gaulois*, t. I, p. 9.
(6) Solin, c. VIII; Servius, *ad Æn.* XII; Isidor., *Orig.*, IV, 2; XIV, 4.

des écrivains très-postérieurs et qu'on n'en connaît pas la source; de sorte que l'assentiment des deux historiens qui les ont adoptés ne suffit pas pour les mettre au-dessus de toute contestation. L'Italien Micali ne semble pas se douter de cette prétention de la France à revendiquer pour l'ancienne Gaule l'origine du peuple ombrien; Niebuhr, satisfait d'avoir rattaché les Étrusques à la Germanie par l'hypothèse de leur origine rhétienne, ne tient pas plus de compte de cette opinion qui nous attribue les Ombriens. Sans doute on peut accepter ce système, qui n'est pas sans fondement, par pure conviction scientifique et indépendamment de toute préoccupation d'amour-propre national, mais ces préoccupations sont rarement étrangères à des discussions de ce genre, et on les voit évidemment se faire jour dans ces paroles de Fréret, quand il dit, après avoir indiqué les pays que les Ombriens avaient occupés autrefois : « D'où il résulte, 1° que les Ombriens avaient été maîtres de tout ce qui, dans la suite, appartint aux Gaulois ; 2° que l'invasion de ces derniers était moins une usurpation que la conquête d'un territoire possédé dans l'origine par des peuples de leur nation que les Toscans en avaient dépouillés. Si nous connaissions mieux l'histoire de ces temps reculés, nous trouverions que les entreprises de ces peuples, traités de barbares par les Grecs et les Romains, étaient presque toutes légitimes ou du moins revêtues d'une apparence de justice (1). »

Ainsi les Ombriens sont-ils un peuple reconnu pour gaulois et venu en Italie par les défilés des Alpes? ou bien faut-il les réunir à la race autochthone de l'Italie, *Umbrorum gens antiquissima Italiæ*, comme dit Pline, et les rattacher à ces Aborigènes, à ces Pélasges qui forment le fonds de la population de la péninsule ? Micali, Niebuhr, se sont déclarés sans hésiter pour ce dernier sentiment. Cluvier fait remarquer que Diodore disait que les Pélasges étaient venus de la Thessalie après le déluge de Deucalion, ce qui ressemble fort aux anciennes traditions relatives à l'établissement des Ombriens (2). On trouve dans Marcien d'Héraclée cette singulière assertion que Latinus, fils d'Ulysse et de Circé, était l'ancêtre de la nation ombrienne. Thucydide, d'après le témoignage des Grecs d'Italie (1), disait que les Opiques étaient le peuple qui contraignit les Sicules à passer dans la Sicile, et, selon Denys, cette expulsion des Sicules fut opérée par les Ombriens et les Pélasges; « de sorte, ajoute Niebuhr (2), qu'il s'ensuivrait que les Ombriens et les Opiques, dont les noms se rapprochent tant, étaient dans l'origine une même nation. » Ces rapprochements, bien peu concluants il faut l'avouer, se fortifient cependant, si l'on considère les nombreuses analogies de langue, de mœurs, de religions qui se révèlent entre les Ombriens et les autres peuples italiens. Les tables Eugubines, malgré le caractère particulier de leur écriture, laissent cependant entrevoir quelques mots qui paraissent en affinité avec le latin, et « la perfection avec laquelle Plaute le Sarsinate écrivait le latin donne lieu de penser que la langue de sa nation s'en rapprochait, comme l'osque de Nævius. » Ainsi en admettant ces conformités des Ombriens avec les Tyrrhéniens, les Latins ou les Osques, on arrive tout naturellement à les rattacher encore à la grande famille commune des peuples italiens que nous appelons la race pélasgique.

Une portion considérable des habitants de l'Italie est appelée indistinctement, par les anciens, Tyrrhénienne ou Étrusque. Faut-il reconnaître sous ces deux noms deux peuples différents, ou bien admettre que ces deux mots représentent la même nation sous deux formes différentes ? Quant aux Tyrrhéniens, personne n'a jamais contesté qu'on ne puisse les rattacher aussi au rameau pélasgique, et si les Étrusques n'en diffèrent pas essentiellement, la conclusion sera encore qu'ils ont la même origine. Mais on a prétendu que les Étrusques et les Tyrrhéniens étaient des nations tout à fait distinctes, et il s'est engagé sur l'origine de ces premiers, sur les sources de leur civilisation, de longues discussions qu'il nous est impossible ici

(1) *Mémoire déjà cité*, p. 83.
(2) *Italia ant.*, t. I, p. 598; Diodor., l. XIV.

(1) Thucyd., VI, 2.
(2) *Hist. Rom.*, t. I, p. 116, 207.

de reproduire. Cependant entre les deux opinions extrêmes, dont l'une fait venir les Étrusques du nord, et l'autre les rattache aux Pélasges de la Grèce et de l'Asie Mineure, il ne semble pas difficile de faire un choix. Nous rejetons, avec la plupart des savants français de notre temps (1), l'hypothèse allemande de Niebuhr et d'Ottfried Müller, qui établit une première conquête de l'Italie par les Germains, en faisant descendre les Rasènes ou Étrusques des montagnes de la Rhétie; et nous pensons que les Étrusques ne diffèrent pas essentiellement des Tyrrhéniens, et qu'ils doivent se rattacher par plusieurs migrations, dont la colonie lydienne est peut-être la dernière, à cette antique famille de peuples qui fut répandue, dès les temps les plus anciens, sur toute la surface de l'Asie Mineure, de la Grèce, de l'Italie, et peut-être de la Thrace, de la Macédoine, de l'Illyrie et de l'Espagne (2). En revenant plus tard sur l'histoire des Étrusques, nous montrerons qu'il faut tenir compte, pour expliquer leur civilisation supérieure, de l'introduction postérieure d'un élément oriental, asiatique, phénicien peut-être, qui a contribué à donner à ce peuple le caractère particulier par lequel il se distingue des autres tribus italiennes. Mais tout en reconnaissant que les Tyrrhènes ont eu plus de rapports et un contact plus suivi et plus efficace avec l'Orient, il ne faut pas méconnaître que le fond de ce peuple est d'origine pélasgique comme celui de toutes les autres tribus italiennes. Le nom de Tyrrhéniens est employé par presque tous les Grecs comme synonyme de Pélasges. Thucydide appelle Tyrséniens ou Tyrséniens-Pélasges les Pélasges qui avaient habité Imbros et Lemnos. Denys nous apprend que Sophocle, dans son *Inachus*, désignait les Argiens par le même nom de Pélasges-Tyrséniens (1). Les Grecs appelaient Tyrrhénie toute l'Italie occidentale. Or, d'après le témoignage d'Hellanicus, cette Tyrrhénie ou Tyrsénie avait été peuplée par des Pélasges thessaliens qui, passant l'Adriatique, s'étaient établis à Opina et de là sur le littoral de la mer Inférieure (2). Ce sont les Tyrrhéniens qui, après de longues émigrations, dont le récit est empreint d'une teinte extrêmement superstitieuse, sont appelés Pélasges ou Pélarges, c'est-à-dire *cigognes*, par allusion à leurs destinées errantes. Cette étymologie est de même force que celle qu'on donnait du nom des Ombriens, mais elle prouve combien était générale l'opinion qui confond les Tyrrhéniens et les Pélasges. Ainsi donc, partout où nous voyons les Tyrrhéniens en Italie, il faut reconnaître en eux des peuples d'origine pélasgique, et il y a peu de peuples plus répandus en Italie que ces Tyrrhéniens, puisqu'on les retrouve sur toute la côte depuis le cours de l'Arno jusqu'à la frontière de l'OEnotrie.

Aux deux extrémités de l'Italie septentrionale, vers le golfe de Gênes et au fond de la mer Adriatique, habitaient la confédération des Liguriens et la nation des Vénètes. L'origine des Liguriens est très-incertaine. Niebuhr ne les croit ni Celtes ni Ibères (3). Fréret les donne comme Ombriens, et par conséquent ils sont pour lui de race celtique. M. Amédée Thierry les fait venir de l'Ibérie (4). Toutes ces opinions s'appuient sur des indications éparses dans les auteurs anciens, et celle qui regarde les Ligures comme des peuples ibériens est peut-être la mieux autorisée et la plus vraisemblable. Mais enfin, adoptant l'hypothèse de Micali, qui les identifie avec les Sicules, et celle de Niebuhr qui les assimile aux Liburnes, on retrouvera

---

(1) Fréret pensait que les Étrusques venaient du nord, et en faisait des Rhétiens. C'est l'origine de l'opinion des Allemands. Cf. *Acad. des inscr.*, t. XVIII, p. 93.

(2) Il est difficile de comprendre comment Niebuhr, t. I, p. 159, a pu appuyer sa conjecture sur le passage de Tite-Live, V, 33, qui nous semble dire précisément tout le contraire, et qu'il torture avec cette audace de novateur qui le rend si fort ou si faible tour à tour. Micali, en rejetant toute origine étrangère avec Denys d'Halicarnasse, est tout aussi loin de la vérité, t. I, c. x, p. 137. Cf. Abeken, *Mittelitalien vor den zeiten römischer Herrschaft*, etc., p. 21 et 264.

(1) Denys, I, 25.
(2) Denys, I, 17, 28.
(3) *Hist. Rom.*, t. I, p. 232.
(4) Fréret, *Acad. des inscr.*, t. XVIII, p. 84; Améd. Thierry, *Histoire des Gaulois*, t. I, p. 8.

encore dans les Liguriens des peuples d'origine pélasgique.

En ce qui regarde les Vénètes, nous n'hésiterons pas à les considérer comme issus de cette grande famille de peuples. L'Illyrie a versé dans l'Italie une grande partie de ses habitants; la proximité des deux contrées, la facilité du passage par le mont Albius, qui débouche de la Carniole dans le Frioul, permettent de supposer que l'Italie a reçu de l'Illyrie des émigrations nombreuses, et que cette route a été celle que suivirent les premières tribus pélasgiques ou illyriennes qui habitèrent cette contrée. Le rapprochement des Pélasges et des Illyriens est facile à démontrer. Quelques-uns des établissements pélasgiques sont présentés aussi comme illyriens. Festus donne les Peucétiens comme des Illyriens (1). Un antique récit fait venir dans l'apygie Peucétius, Daunus, Iapyx, avec une multitude d'Illyriens (2). Or Peucétius figure aussi dans d'autres généalogies parmi les descendants de Pélasgus et comme frère d'OEnotrus, de sorte que cette énumération de peuples a beau s'étendre, nous retrouvons partout l'idée première et dominante de l'origine pélasgique. D'un autre côté, les Sicules sont donnés comme peuples illyriens, et Fréret les place dans cette catégorie avec les Hénètes et les Liburnes, et il rattache à ces derniers les Apuliens, les Pœdiculiens, les Calabres, les Prétutiens et les Péligniens. Enfin les critiques dalmates ont retrouvé une grande analogie entre l'osque et les débris de l'ancien illyrien conservé dans le dialecte des Skippetars (3), et, dans leur opinion, les Sicules ne diffèrent nullement des Illyriens.

Ainsi, après avoir passé en revue tous les anciens peuples qui ont occupé l'Italie avant la fondation de Rome, et avoir discuté les traditions et les systèmes relatifs à leur origine, nous avons reconnu que tous pouvaient être ramenés plus ou moins directement à une seule et

(1) Festus, s. v. Daunia.
(2) Nicand. de Perg., Apud ant. liber, 3 r. Cf. M. Duruy, Hist. des Romains, t. I, p. 22.
(3) Fréret, t. XVIII, p. 75; Duruy, t. I, p. 23.

même race dont il faut renoncer à connaître l'origine, et qui est elle-même le dernier terme auquel l'histoire puisse atteindre : c'est la race pélasgique. En tenant compte des opinions contraires à propos des Étrusques, des Ombriens et des Liguriens, cette proposition serait encore vraie pour la plus grande partie des tribus italiennes; et indépendamment des arguments de la critique historique, des inductions purement rationnelles nous conduiraient aussi au même résultat. Il est impossible que l'Italie ait été le seul des pays géographiquement circonscrits qui n'ait pas reçu de bonne heure, au temps de la dispersion des familles humaines, une race qu'elle se sera appropriée, et qui sera devenue pour elle la race indigène, autochthone. La Germanie a reçu la race germanique, la Gaule la race celtique, la Grande-Bretagne ses peuples bretons, l'Espagne ses Ibériens. L'Italie eut ses Pélasges comme la Grèce. Ce nom de Pélasges se retrouve au début de l'histoire de ces deux contrées, qui ont entre elles tant d'analogies et de si grandes affinités qu'on ne peut se refuser à croire qu'elles n'aient pas été le domaine de la même famille.

Les hommes, en se dispersant sur la terre, formèrent des petites sociétés distinctes qui s'éloignèrent de plus en plus les unes des autres, et qui oublièrent, en se séparant, qu'elles avaient une origine commune. Mais plus on remonte vers le berceau du genre humain, plus on voit s'effacer les différences que le travail des siècles introduit dans les diverses sociétés. Alors on n'aperçoit plus que les grandes familles, dans le sein desquelles sont contenues mille petites subdivisions, dont les traits distinctifs deviennent imperceptibles en présence des caractères communs et généraux qui les réunissent ; soit que, selon les traditions de la Genèse, l'espèce humaine, sortant d'un seul couple, demeure plus conforme à l'unité de son origine dans les temps qui sont encore rapprochés de sa naissance ; soit que, dans l'hypothèse contraire et moins vraisemblable, les races d'hommes produites en bloc par la main du Créateur restent d'abord plus analogues entre elles dans toutes les manifestations de leur activité, langues, constructions, idées religieuses, constitutions politiques, et que le fonds commun résiste longtemps aux différences que le libre développement de l'action sociale parvient, à la longue, à faire prévaloir. Mais en recherchant le lien de parenté qui unit entre eux les peuples différents de l'ancienne Italie, nous avons constaté une vérité anté-historique que l'on conçoit et que l'on accepte, mais qui n'a plus de réalité au temps où la voix de l'histoire commence à se faire entendre. Il ne suffit pas d'avoir enfermé dans le même cercle tant de sociétés différentes et de les y laisser confondues. Il faut les accepter telles que le témoignage et la tradition les montrent avec leurs noms particuliers, leurs gouvernements, leur civilisation et toutes les vicissitudes de leur existence, en un mot que l'analyse fasse connaître ce qui les sépare comme la synthèse avait constaté ce qui les réunit.

ÉTAT DES PEUPLES ITALIENS AVANT LA FONDATION DE ROME, DU SEIZIÈME AU HUITIÈME SIÈCLE AVANT JÉSUS-CHRIST.

LES SICULES. — La nation illyrienne ou pélasgique des Sicules habitait, dès les temps les plus anciens, les contrées voisines du Tibre, sur son cours inférieur (1). Parmi les villes des Sicules, l'histoire nomme expressément Antemne, Tellene, Ficulnéa, Tibur dont un quartier s'appelait encore *Siculion* au temps de Denys d'Halicarnasse, toutes sur la rive gauche du Tibre, et dans le territoire du Latium; Falérie, Fescennia, de l'autre côté, sur le territoire toscan. Les Sicules furent les premiers qui possédèrent dans l'Italie centrale une domination étendue, et ils devaient régner en maîtres jusque sur les rives de l'Adriatique, puisque Pline (2) mentionne comme faisant partie de leur empire les villes de Palma, d'Adria, et le pays des Prétutiens dans le Picénum. Mais la tradition n'a conservé que le souvenir des événements qui amenèrent leur décadence et leur ruine. Les Ombriens leur enlevèrent les villes qu'ils

(1) Denys, I, 1, 16, 21; Servius, *ad Æn.*, XI, 317.
(2) Pline, III, 14.

possédaient dans le Picénum, et d'autres tribus pélasgiques, s'étant liguées contre eux, les dépouillèrent des villes qu'ils occupaient dans les contrées situées sur le versant méridional de l'Apennin.

LES ABORIGÈNES. — Ces tribus étaient des Aborigènes et de nouveaux Pélasges qui, après avoir quitté la Thessalie, étaient venus chercher une demeure dans les pays voisins de l'Adriatique. Les Aborigènes descendaient, selon les plus anciens témoignages, de peuples arcadiens établis dans le midi de l'Italie sous la conduite d'OEnotrus, qui comptait Pélasgus parmi ses ancêtres. Ils s'étaient fixés, en s'avançant dans l'intérieur du pays, au centre même de l'Italie entre les deux mers, dans les régions les plus montagneuses de ce pays, où ils fondèrent les villes de Réate, Palation, Tribula, Vesbola, Suna, Méphyla, Orvinium et quelques autres. C'est précisément dans cette région que Petit-Radel a retrouvé le plus de débris des constructions cyclopéennes ou pélasgiques. Lista était devenue la capitale des Aborigènes, qui avaient enlevé tout ce pays à la nation ombrienne. Puis, tournant leurs incursions vers le sud, ils attaquèrent les villes sicules contre lesquelles ils envoyaient des bandes de jeunes guerriers voués au dieu Mamers, et que pour cette raison on désignait par l'expression de *printemps sacré*.

LES PÉLASGES. — La lutte entre les Aborigènes et les Sicules durait déjà depuis quelque temps, lorsque l'apparition des nouveaux Pélasges thessaliens en Italie vint encore accroître la confusion et l'activité des guerres de ces tribus barbares (1). Ces Pélasges étaient originaires du Péloponnèse, selon Denys d'Halicarnasse. Chassés de la Thessalie par Deucalion, qui les combattit à la tête des Curètes et des Lélèges, ils se dispersèrent dans la Grèce, les îles et l'Asie Mineure. Quelques-uns ayant séjourné à Dodone passèrent ensuite la mer d'Ionie et abordèrent en Italie. Une partie s'établit vers l'une des embouchures du Pô et y fonda la ville de Spina. Une autre bande s'engagea dans le pays des Ombriens et réussit à s'em-

(1) Denys, I, 18.

parer de quelques villes de cette nation. Mais les Ombriens, s'étant levés en masse, forcèrent les Pélasges à se retirer dans le pays des Aborigènes. Ils arrivèrent sur le territoire de la ville de Cutilie, auprès de laquelle était un lac sacré qui renfermait une petite île flottante. Alors ils se ressouvinrent de l'oracle de Dodone, qui leur avait dit : « Allez chercher promptement le pays de Saturnie « habité par les Siciliens, et Cotyla, ville « des Aborigènes, où il y a une île « flottante. Quand vous serez unis à ces « peuples, envoyez la dîme à Apollon, « des têtes à Jupiter et un homme à « son père. »

EXPULSION DES SICULES. — En voyant les objets qui leur étaient indiqués par l'oracle, ils se crurent au terme de leurs courses et demandèrent à faire alliance avec les Aborigènes, qui d'abord marchaient contre eux les armes à la main. Ceux-ci, par respect pour l'oracle, et en considération de leur parenté avec les Pélasges, les acceptèrent pour alliés, leur cédèrent des terres autour du lac sacré, et les prirent pour auxiliaires dans leurs guerres contre les Sicules et les Ombriens. Les Pélasges conquirent sur les Ombriens la ville de Crotone, dont ils firent une forte position militaire, et ils occupèrent encore celles d'Agylla, de Pise, de Saturnia, d'Alsia, soit qu'ils les aient enlevées aux Sicules, soit qu'ils les aient fondées eux-mêmes. Enfin ils pénétrèrent jusque dans le pays des Aurunces, où ils bâtirent une cité à laquelle ils donnèrent le nom de Larisse, nom commun à beaucoup d'autres villes pélasgiques de la Grèce et de l'Asie. Les Sicules, ne pouvant se maintenir contre ces redoutables adversaires, émigrèrent avec leurs biens et leurs familles et parcoururent en fugitifs toutes les côtes de l'Italie. Ils furent traités en ennemis par les populations osques dont ils traversèrent le territoire (1), et, arrivés à l'extrémité de la Péninsule, ils passèrent sur des radeaux le détroit qui la sépare de l'île voisine qui, appelée d'abord Trinacrie, portait le nom de Sicanie depuis que les Sicanes, peuples d'origine ibérienne,

(1) Thucyd., VI, 1 ; Diod. V, 6 ; Pausan., V, 25.

en avaient pris possession. Les Sicules trouvèrent la côte orientale de cette île presque entièrement déserte à cause des éruptions de l'Etna qui avaient contraint les Sicanes à se retirer ; ils s'y établirent, et devinrent bientôt le peuple dominant de cette contrée, qui prit alors le nom de Sicile. Selon Hellanicus de Lesbos et Philistus de Syracuse, ces événements eurent lieu trois générations ou un siècle environ avant la guerre de Troie (1).

DISPERSION DES PÉLASGES. — La domination des Sicules avait succombé en Italie, mais une partie de la population dut rester dans ce pays, quoique les traditions ne le disent pas, et se fondre avec les Pélasges, les Aborigènes ou les Osques, dont ils ne différaient pas essentiellement de mœurs et de langage. Les Pélasges, qui les avaient expulsés ou assujettis, devinrent alors dominants dans l'Italie centrale, et, malgré l'opinion contraire de Denys d'Halicarnasse, nous pensons que tout ce qu'il rapporte de la puissance des Pélasges s'applique aussi bien aux Tyrrhéniens, et que c'est à cette époque qu'il faut placer la formation de l'empire de ces *glorieux Tyrrhéniens* dont parle Hésiode (2), et qu'il donne comme sujets de Latinus et d'Agrius, fils d'Ulysse et de Circé. Mais la prospérité de ces Pélasges ne dura pas : une série de calamités attribuées par les vieilles traditions à des causes extraordinaires et surnaturelles les abattent et les effacent de l'Italie. Les légendes n'affirment jamais à demi ; elles exagèrent toujours les causes comme les résultats des événements qu'elles reproduisent en les défigurant. Nul doute que les récits extrêmement superstitieux rapportés par Denys, d'après Myrsile de Lesbos, n'aient un fondement historique. Les sécheresses qui causaient la stérilité des campagnes, qui tarissaient les sources des eaux, qui occasionnaient des maladies contagieuses parmi les hommes et les ani-

(1) Denys, I, 22 ; Scylax, *Péripl.* p. 9 ; Strab., VI, p. 186. Les poëtes latins ont confondu les Sicanes et les Sicules. Virg., *Æn.*, VII, 7, 5, 328 ; XI, 317 ; Silius Ital., VIII, 358.

(2) *Theog.*, 1011, 1015.

maux, et que la tradition attribue à la colère des dieux irrités de la négligence des Pélasges à leur consacrer les offrandes promises, rappellent évidemment ces bouleversements physiques dont l'Italie fut anciennement le théâtre, et que produisait le travail des nombreux volcans qu'elle contient. Selon Fréret (1), la fable de Phaéton et celle d'Encelade et de Typhon n'ont pas d'autre fondement que le souvenir des agitations et des embrasements causés par les convulsions intérieures du sol. Petit-Radel (2) explique avec vraisemblance les calamités qui firent déserter les colonies pélasgiques, par les anciennes catastrophes dont les traces sont encore visibles sur la surface du sol italien : « Il est aujourd'hui reconnu, dit-il, qu'à partir de l'Etna jusqu'aux volcans du Véronais, il règne une double ligne de vingt-cinq cratères, dont deux seulement, le Vésuve et l'Etna, continuent leurs incendies. A quelle époque les autres auront-ils été en activité? Les éléments qui peuvent aider à résoudre cette question curieuse sont dispersés dans les fragments des plus anciennes histoires. Mais avant d'en faire le rapprochement, il faut prémunir la question contre les hypothèses de quelques géologues qui prétendent que les volcans éteints du centre même de l'Italie ont été sous-marins, et que par conséquent, le temps de leur activité n'appartient à aucune période historique dont les traditions des anciens peuples de cette contrée aient pu nous conserver la mémoire. Or le crâne humain trouvé dans un des lits de pouzzolane du Monte-Mario, le grand linge trouvé enveloppé dans un massif de *peperino* au mont Albanus, et le cimetière antique récemment découvert sous les laves de ce volcan éteint, prouvent suffisamment que ces éruptions éclatèrent au temps où les contrées voisines du Tibre étaient déjà habitées par un peuple civilisé. « Il est aujourd'hui constaté, par une suite d'observations, que le fléau volcanique s'est exercé sur la région de toutes les villes pélasgiques de la côte étrusque, dont la désertion est écrite dans l'histoire. Cære, l'ancienne Agylla des Pélasges, n'est éloignée que de huit milles du cratère occupé par le lac de Bracciano, autrefois Sabbatinus. Des cours de laves de ce volcan ont approché de Cære à la distance de quatre milles. Ses eaux thermales étaient citées par Strabon, et l'on y recueille encore le soufre et l'alun. L'air pestilentiel qu'on respirait à *Graviscæ* était devenu proverbial pour les anciens Romains, et les eaux de toute cette côte sont encore minéralisées et nuisibles, comme au temps où elle fut désertée, suivant Myrsile de Lesbos. *Cossa* est réduite à une enceinte de murs dans laquelle les Ansidoniens du moyen âge ont pu subsister. Les ruines de Saturnia, la plus incontestable des villes pélasgiques de cette côte, sont situées sur l'une des dernières collines du volcan de Santa-Fiora, qui n'est éloigné de celui de Radicofani que de cinq à six milles. La ville même de Saturnia est dominée par une roche de *travertino*, formée par des concrétions d'eaux thermales et dont l'origine éloignée est volcanique (1). » Des traditions très-anciennes attestent, pour des temps déjà historiques, la réalité de catastrophes de ce genre. Ainsi l'engloutissement d'Arémulus Silvius, roi d'Albe, avec son palais dans le cratère du mont Albano, est mentionné par Denys d'Halicarnasse. Les embrasements du cratère du mont Prénestin sont rappelés dans la légende de Cæculus, fils de Vulcain, et fondateur de Préneste. Le lac Fucin contient les débris de la ville d'Archippe, dont le chef éponyme est mentionné par Virgile. On croyait aussi que le lac Bracciano cachait dans le fond de son lit des édifices, des statues et des temples engloutis autrefois. Il est donc certain que les anciennes éruptions volcaniques sont en rapport avec la tradition de Myrsile de Lesbos sur la dispersion des Pélasges ; et ce qui confirme cette conclusion, c'est ce que Denys rapporte de l'éruption de l'Etna, qui força les Sicanes à se transporter dans la région occidentale de la Sicile, et qui permit aux Sicules de s'établir sur le littoral de l'est.

Désolés par la continuité des fléaux

(1) *Acad. des inscr.*, t. IV, p. 411.
(2) *Mém. sur la véracité de Denys d'Halicarnasse*, p. 45.

(1) Petit Radel *Mém.*, etc. p. 49.

qui les frappaient, les Pélasges ou les Tyrrhéniens, car ce sont ces derniers qui figurent dans le récit de Myrsile de Lesbos, que Denys copie presque textuellement, consultèrent l'oracle, qui leur fit comprendre qu'ils avaient mécontenté Jupiter, Apollon et les Cabires en ne leur faisant pas des offrandes suffisantes. Cependant les Pélasges avaient consacré une partie de leurs bestiaux et de leur récolte. Mais un vieillard leur dit que les dieux demandaient aussi leurs enfants. Le peuple ayant peine à croire à cette exigence, il s'adressa de nouveau au dieu, qui répondit qu'il voulait des offrandes humaines. Personne ne voulut livrer les siens : cependant beaucoup furent contraints de s'expatrier, et de nombreuses bandes partirent à différentes reprises et allèrent troubler et ravager les contrées lointaines. En général, la famille des exilés les suivait aussi, et la nation se désorganisait. Ainsi tombèrent les Pélasges d'Italie, deux générations environ avant la guerre de Troie. On distingue aisément dans cette légende la vérité de la fiction ; elle exprime confusément le souvenir des malheurs éprouvés par plusieurs villes pélasgiques ou tyrrhéniennes et les émigrations qui en furent la suite. Mais elle va trop loin quand elle attribue à ces calamités l'extinction ou la dispersion de la nation tout entière, et elle méconnaît le caractère religieux et la légitimité, acceptée par les peuples italiens, du *ver sacrum*.

Les Œnotriens. — Les Œnotriens, ou Pélasges de l'Italie méridionale, ne figurent pas dans le récit de ces désastres qui atteignirent les villes pélasgiques du centre. Ces Œnotriens apparaissent dès le début de l'histoire d'Italie avec les Aborigènes, les Sicules, les Ombriens, et il n'est pas un de ces peuples qui ne trouve à côté de lui des ennemis ou des voisins dès la première mention qui est faite de son existence ; de sorte que l'on ne peut dire lequel s'est établi le premier en Italie ; mais il paraît certain qu'ils y habitaient tous simultanément comme portions distinctes de la population primitive, et cela avant toute espèce de tradition historique. En effet, on ne peut pas croire que l'émigration d'Œnotrus, qu'on la place huit ou même dix-sept générations avant la guerre de Troie (1), ait apporté dans le sud de l'Italie ses premiers habitants, qu'elle y ait trouvé le pays entièrement désert et non encore occupé par les hommes. Il faut bien s'entendre sur la valeur réelle de ces traditions ; elles donnent après coup un nom et une date à des formations de peuples qui s'étaient accomplies dans les temps antéhistoriques. Ainsi les peuples helléniques existant avant la postérité de Deucalion sont supposés descendre des fils d'Hellen. Or la généalogie hellénique n'est que la personnification des liens de parenté qui unissaient les peuples de ce nom, de même que la légende d'Œnotrus ne fait qu'exprimer, conformément au génie inventeur et poétique des Grecs, les rapports des premiers habitants de l'Italie avec les Pélasges du Péloponnèse. En se rendant bien compte de la manière dont Denys rapporte ces traditions, il ne reste aucun doute à cet égard. « Antiochus de Syra-
« cuse, dit-il (2), parlant des plus ancien-
« nes peuplades de l'Italie, dit formelle-
« ment que les Œnotriens sont les
« premiers peuples connus de cette con-
« trée. Voici ses propres termes : « An-
« tiochus, fils de Xénophanes, a tiré ce
« qu'il a écrit touchant l'Italie des an-
« ciens monuments les plus certains et
« les plus dignes de foi. Cette terre,
« qu'on appelle aujourd'hui Italie, a été
« anciennement occupée par les Œno-
« triens. » Ensuite il décrit la forme de
« leur gouvernement. Il nous explique
« comment Italus, dont ils ont été ap-
« pelés Italiens, devint leur roi par la
« suite des temps, et comment il eut
« pour successeur Morgès, qui leur
« donna le nom de Morgètes. Il nous
« apprend que ce Morgès reçut chez lui
« un certain Siculus, qui voulut se faire
« un royaume particulier en soulevant
« la nation, et il ajoute : Voilà com-
« ment les peuples qui étaient Œnotriens

---

(1) M. Raoul Rochette, *Dissert. sur l'époque de l'émigration d'Œnotrus*, p. 84, et Clavier, *Histoire des premiers temps de la Grèce*, t. 1, p. 36, placent cet événement à la 8ᵉ génération. Petit-Radel défend l'assertion de Denys et les dix-sept générations. *Défense*, etc., p. 86 de ses *Mémoires*.

(2) Denys, l. 2; Strabon, VI. p. 175.

« furent appelés Siculiens, Morgètes et « Italiens. » Dans ce passage le procédé de la fiction nous apparaît avec toutes ses ruses naïves : tous les habitants de l'Italie, nommés OEnotriens à cause du règne d'un homme de ce nom, les mêmes devenant Italiens par le fait d'un autre roi appelé Italus, puis devenant Morgètes et Sicules par des transformations semblables et aussi peu acceptables. Dans ces inventions nous ne devons voir que la coexistence de tribus ainsi nommées et assez analogues entre elles pour qu'on leur donne des éponymes qu'on a supposés communs à toutes.

De tous les rois de l'OEnotrie Italus est le plus célèbre. Aristote le donne comme le premier législateur de l'Italie (1); il lui attribue l'institution des repas communs, que les Crétois et les Lacédémoniens introduisirent ensuite dans leurs cités. D'après Antiochus de Syracuse, ce prince était aussi remarquable par la sagesse de ses desseins que puissant par la force de son bras. Il subjugua tout le pays depuis le golfe de Népétum jusqu'à celui de Scylète, et lui donna le nom d'Italie. Il paraît qu'il céda la royauté avant sa mort, car cet historien ajoute (2) qu'Italus étant devenu vieux, Morgès régna en sa place, et que sous le règne de Morgès il vint un certain fugitif de Rome nommé Siculus. Cette fuite de Siculus fait évidemment allusion à l'émigration des Sicules vers le sud de l'Italie. Si l'on admet avec Niebuhr, ce qui est vraisemblable, qu'Italus et Siculus sont le même mot (3), on laissera de côté les détails de l'histoire imaginaire de ces deux personnages, et l'on ne verra plus dans ces récits que des souvenirs transformés de la plus ancienne histoire des peuples italiens, des *Itali*, selon la plus grande signification indigène de ce mot.

Les Ombriens. — La nation ombrienne, quelle que soit la diversité des opinions relatives à son origine, est mentionnée comme déjà prospère et florissante dès le début de l'histoire d'Italie. Elle occupa tout le pays qui s'étend depuis la vallée du Pô jusqu'au cours du Tibre, de la Néra et du Truentus (1). Les Ombriens partagèrent ce vaste territoire « en trois régions ou provinces déterminées par la nature du pays. La première, sous le nom d'*Is-Ombrie* ou basse Ombrie, comprit les plaines circumpadanes; la seconde, appelée *Oll-Ombrie* ou haute Ombrie, renferma les deux versants de l'Apennin et le littoral montueux de la mer Supérieure; la côte de la mer Inférieure entre l'Arno et le Tibre forma la troisième et reçut la dénomination de *Vil-Ombrie*, Ombrie maritime. Dans ces circonstances, les Ombres prirent un accroissement considérable de population; ils comptèrent dans les seules provinces de l'Isombrie et de l'Ollombrie trois cent cinquante-huit grands bourgs que les historiens décorent du nom de villes. Leur influence s'étendit en outre sur toutes les nations italiques jusqu'à l'extrémité de la presqu'île (2). »

Ainsi, l'ancienne Ombrie était beaucoup plus étendue que le pays qui, dans les temps postérieurs, a conservé ce nom. L'*Ombrica* signifiait pour les Grecs, qui connaissaient mal les contrées de l'Occident, une domination vaste et indéfinie située au delà de la mer Adriatique jusqu'aux Alpes, et Hérodote fait sortir du pays qui est au-dessus des Ombriens deux rivières appelées Carpis et Alpis qui vont se jeter dans l'Ister (3); de sorte que la Vénétie n'était pour cet historien qu'une partie de l'Ombrie. Il est certain aussi que les Ombriens possédèrent presque tout le pays situé entre le Tibre et l'Arno, et deux villes puissantes de l'Étrurie, Cortone et Pérouse, sont mentionnées comme étant d'origine ombrienne. L'ancien nom de Clusium, *Camers* ou *Camars*, prouve que cette ville fut fondée par la tribu ombrienne des Camertes (4). Le fleuve Umbro, qui traverse la Toscane, reçut probablement son nom de ce peuple. Quand on considère le nombre et l'antiquité des villes ombriennes, on ne peut partager l'opinion de ceux qui pensent que les Om-

---

(1) *Polit.*, VII, 10 ; Micali, t. I, p. 224.
(2) Den. d'Hal., I, 73.
(3) *Hist. Rom.*, t. I, p. 68. Aïas que Latinus.

(1) Denys d'Hal., I, 16, 22.
(2) M. Am. Thierry, *Hist. des Gaulois*, t. I, p. 11.
(3) Hérod., , 49.
(4) Plin., III, 5 ; Den. Hal., I, 20 ; Serv., *ad Æn.*, X, 201 ; Ott. Muller, *Die Etr.*, t. I, p. 102.

briens n'habitaient que de grands villages à la façon des anciennes tribus celtiques, et que les villes élevées en Ombrie ne doivent pas être antérieures à la conquête étrusque. L'existence de Cortone et de Pérouse avant l'arrivée des Étrusques est attestée par les historiens; cela seul nous autorise à affirmer que les villes de l'Ombrie intérieure, telles que Tuder, Nucéria, Narnia ou Néquinum, Spolète, Mévania, Intéramna, Sarsina, Sentinum, et celles de l'Ombrie maritime depuis Ravennes jusqu'à Ancône ont été élevées et fortifiées par la nation ombrienne, qui domina pendant trois siècles sur les deux mers.

Les Ombriens avaient établi leur empire sur les débris de celui des Sicules, à la chute duquel ils avaient puissamment contribué. A leur tour, ils subirent les attaques de ces tribus de montagnards, qui achevèrent l'expulsion des Sicules, que les historiens grecs nomment Pélasges ou Aborigènes, et qui ne sont autres que les tribus sabelliques. Les Sabins s'agrandirent à leurs dépens du côté du Tibre et de l'Apennin, mais les attaques des Tyrrhéniens ou Étrusques eurent pour les Ombriens des résultats plus funestes. Après une longue et sanglante guerre, dont les détails nous sont inconnus, les Étrusques resserrèrent dans d'étroites limites la domination des Ombriens, à qui ils enlevèrent trois cents de leurs cités ou cantons (1). De tout ce qu'ils avaient possédé dans l'Italie centrale et dans celle du nord, les Ombriens ne conservèrent plus que le pays qui s'étend au delà de l'Apennin jusque vers l'embouchure du Pô, près de laquelle ils occupaient Butrium et Ravennes, que les Pélasges thessaliens leur avaient abandonnées (2); leur frontière vers le sud était marquée par le cours du Tibre et du Nar. Il paraît même certain que la partie de l'Ombrie que les Étrusques n'occupèrent pas les armes à la main reconnut cependant leur suprématie : car, selon le commentateur de Virgile, Servius, l'Ombrie était devenue une province du pays des Toscans; et Tite-Live, en disant que l'empire des Étrusques s'étendait d'une mer à l'autre, y comprend nécessairement tout le territoire ombrien (1).

Le peuple conquérant traita avec douceur le peuple vaincu, qui d'ailleurs était assez nombreux et assez fort pour se faire respecter dans sa défaite. Les Étrusques attachèrent les Ombriens à leur fortune, les admirent comme alliés à toutes leurs entreprises, et ces deux peuples se mêlèrent si bien l'un avec l'autre, qu'ils devinrent presque semblables de langue, de mœurs et de religion. La facilité avec laquelle cette fusion s'opéra confirme l'opinion déjà émise que les Ombriens et les Tyrrhéniens ou Étrusques sont probablement d'une même origine pélasgique. Depuis la conquête, ces deux peuples sont presque toujours associés dans l'histoire. Les Ombriens, selon Pline (2), aidèrent les Étrusques à conquérir la Campanie, où les villes de Nucéria et d'Acerræ rappellent par leurs noms deux cités ombriennes, et ils les accompagnèrent aussi dans leur grande expédition contre les Grecs de Cumes. Enfin, dans la guerre de l'indépendance italienne, les Ombriens associés aux Étrusques combattirent contre les Romains avec une égale ardeur, et subirent les mêmes défaites et une servitude semblable.

Mais l'assimilation de ces deux peuples est encore plus évidente par les rapports que l'on remarque dans leurs monuments, leurs mœurs, leur langage et même leur religion. Les Ombriens habitaient déjà, comme les Étrusques, dans des villes entourées de murailles ; l'art des fortifications dut encore se perfectionner chez eux par l'exemple et les leçons des Toscans, et l'on ne peut distinguer les murailles des cités toscanes d'avec celles des cités ombriennes. On voit à Todi, l'ancienne Tuder, en Ombrie, des restes de murs construits en larges pierres parallélipipèdes pour la plupart et disposées en assises horizontales (3). Les médailles, les bronzes, les vases trouvés en grande quantité sur le territoire ombrien offrent de grandes con-

(1) Plin., III, 14; Ott. Müller, *Dic Etr.*, t. I, p. 104.
(2) Strab., V, p. 148.

(1) Serv., *ad Æn.*, XII, 755; Tit.-Liv., V, 34.
(2) Plin., III, 5.
(3) Atlas de Micali, pl. XII.

formités avec les produits de l'art étrusque ; ce qui atteste ou des procédés semblables de fabrication, ou les mêmes usages et la même manière de croire. Les tables Eugubines sont écrites en caractères étrusques (1), et l'on trouve dans ce monument, qui traite des rites et des sacrifices des divinités locales de l'Ombrie (2), la preuve que ces sacrifices étaient communs aux peuples des deux races, puisque les Sarsinates toscans sont indiqués parmi les cités qui y prenaient part. Enfin les Ombriens et les Étrusques, abattus par la conquête romaine, s'abandonnèrent avec la même facilité à la mollesse et aux plaisirs dans les riches cités, dans les fertiles campagnes qu'ils habitaient, et ils sont encore associés par la même réputation d'intempérance que Catulle rappelle si dédaigneusement dans ce vers :

Aut porcus Umber aut obesus Etruscus (3).

LES LIGURIENS. — La nation ligurienne est encore du nombre de ces anciens peuples italiens qui eurent leurs premiers établissements et leur grandeur dans les siècles reculés et inconnus, et qui n'apparaissent dans l'histoire qu'à l'époque de leur abaissement. Dans les idées des Grecs, très-confuses il est vrai, la géographie primitive de l'Italie, la Ligystique était une contrée plus étendue que celle qui plus tard est appelée Ligurie. Non-seulement la Ligystique comprenait une partie des côtes qui furent ensuite renfermées dans les limites de la Toscane; mais elle pénétrait encore dans l'intérieur du pays bien au delà de l'Apennin, occupant sans doute le Piémont tout entier et une partie de la Lombardie. Or, ce n'était là qu'une moitié de la Ligystique. Toute la côte méridionale des Gaules depuis le Var jusqu'aux Pyrénées était aussi désignée par ce nom (4), et les Gaulois ne séparaient pas encore les Ligyens ou Liguriens des Ibères. Voisins de l'Espagne,

établis moitié en Gaule, moitié en Italie, les Liguriens ont été tour à tour regardés comme des peuples ibériens, ou celtiques, ou italiens indigènes.

Micali, toujours opposé aux origines étrangères des peuples de l'Italie, repousse l'opinion de ceux qui font venir les Liguriens de l'Ibérie ou de la Gaule, et il en fait la race autochthone du nord, de même que les Ausones sont les indigènes de la région méridionale (1). Il s'autorise d'un passage où Denys d'Halicarnasse mentionne l'opinion de quelques historiens qui voulaient que les Liguriens fussent de la même race que les Pélasges (2), et sur l'aveu de Caton, qui déclare n'avoir pu découvrir aucune indication certaine sur leur généalogie (3). Ce que les Grecs ont dit sur l'origine étrangère des Liguriens est mêlé de tant de fables et d'erreurs, que l'historien italien pense qu'on ne doit en tenir aucun compte. Il est vrai que la généalogie poétique des Liguriens est une de celles que la fiction a le plus défigurées. La fable de ce Cygnus, roi et ancêtre des Liguriens, parent de Phaéton selon Hygin, et dont Virgile et Ovide ont raconté la métamorphose en cygne, est une de ces inventions dont on ne peut tirer aucune induction historique (4), et l'ignorance où étaient les anciens géographes et historiens grecs sur les choses de l'Espagne et de l'Italie autorise jusqu'à un certain point les doutes de Micali. Mais on remarquera qu'il n'affirme rien en disant que les Liguriens étaient autochthones, ou bien, si dans le fond de sa pensée il les regardait comme des Pélasges, il faudra bien avouer qu'ils sont venus du dehors, des contrées orientales, qui furent le berceau de la race pélasgique.

Mais quoique nous ayons montré que la plupart des tribus italiennes doivent leur origine à des émigrations de Pélasges, nous reconnaissons comme plus plausible l'opinion qui rattache les Ligures à une souche étrangère. Pellou-

(1) Ott. Müller, *Die Etr.*, t. I, p. 44.
(2) Lanzi, *Saggio*, etc., t. III, p. 571.
(3) Cat., 40, 21. Cf. Théop. dans Athen. XII. Niebuhr pense que les Étrusques ont été calomniés par Théopompe, t. I, p. 202.
(4) Thuc., VI, 2 ; Diod. Sicul., V. 6; Serv., *Æn.*, VIII, 328.

(1) Micali, t. I, p. 115.
(2) Den. d'Hal., I, 10.
(3) Cat. ap. Serv., *ad Æn.*, XI, 701-715
(4) Hygin., c. 154; Virg., *Æn.*, X, ; Servius; Ovid. *Met.*, II ; Cluv., *Ital. Ant.*, t. I, p. 47.

tier, Fréret et beaucoup d'autres, suivant en cela les conclusions de Cluvier, donnent les Liguriens pour des peuples celtiques, et expliquent par la langue celte le mot de Ligur, qui signifie, soit les habitants du rivage (Lly-gour), soit les habitants des montagnes (Llygor) (1). Mais dans le système de cette école les populations de la Germanie, de la Gaule, de l'Espagne, de la Grande-Bretagne, étaient toutes d'origine celtique ; de sorte qu'il reste à savoir si les Ligures sont des Celtes de l'Ibérie ou des Celtes de la Gaule. Fréret, d'après un passage de la *Vie de Marius* de Plutarque, croit reconnaître des analogies d'origine entre les Liguriens et les Ambrons, et il regarde les Ligures comme les frères des anciens Ombriens (2), qu'il fait venir aussi de la Gaule. Cette affirmation repose sur des fondements insuffisants, et nous préférons accepter les Ligures comme des tribus venues de l'Ibérie, opinion qui a pour elle l'autorité de Fauriel et de M. de Humboldt, et que M. Am. Thierry a présentée de manière à lui donner un grand caractère de vraisemblance : « Les victoires des Galls au midi des Pyrénées, dit-il, eurent pour leur patrie un contre-coup funeste. Tandis qu'ils se pressaient dans l'occident et le centre de l'Espagne, les nations ibériennes, déplacées et refoulées sur la côte de l'est, forcèrent les passages orientaux de ces montagnes. La nation des Sicanes, la première, pénétra dans la Gaule, qu'elle ne fit que traverser, et entra en Italie par le littoral de la Méditerranée. Sur leurs traces arrivèrent les Ligures, originaires de la chaîne de montagnes au pied de laquelle coule la Guadiana, et chassés de leur pays par les Celtes conquérants. Trouvant la côte déblayée par les Sicanes, ils s'y fixèrent à demeure, entre l'embouchure de la petite rivière du Ter, en Espagne, et celle de l'Arno, embrassant dans une zone demi-circulaire le golfe qui dès lors porta leur nom. Plus tard, à mesure qu'ils se multiplièrent, leur établissement en Gaule s'étendit à l'occident du Rhône jusqu'aux Cévennes, à l'orient jusqu'à l'Isère, aux Alpes et au Var (1). » Cette émigration des peuples ibériens est placée, par l'historien que nous venons de citer, vers le seizième siècle avant l'ère chrétienne.

La nation des Ligures se divisait en un grand nombre de tribus, dont plusieurs habitaient en dehors de la contrée à laquelle resta le nom de Ligurie. Ainsi les *Taurini* sont des Liguriens qui habitaient au pied des Alpes Cottiennes ; ainsi que les *Lævi*, qui fondèrent Ticinum (*Pavie*), et qui s'étendaient jusqu'à la rive gauche du Pô (2). On a quelquefois considéré comme peuples liguriens les Euganéens, les Libici, les Stones, et en général les peuplades répandues depuis le pays des Taurini jusqu'aux Alpes Rhétiques. On a cru aussi, avec moins de raison, que les Liguriens s'étaient établis vers le sud jusqu'à l'embouchure du Tibre; mais il est probable qu'ils n'eurent jamais d'établissements fixes au delà de l'Arno (3).

Comme les Ombriens, les Ligures reculèrent devant les conquêtes des Étrusques. Ceux-ci, ayant passé l'Apennin, s'établirent sur les bords du Pô et rejetèrent les Liguriens au delà de la Trébie. Les Lævi, défendus par le cours du Tésin et par leurs marais, gardèrent leur territoire; mais la plupart des tribus liguriennes trouvèrent un asile assuré dans les contrées âpres et montagneuses qui s'étendent de l'Apennin à la mer. Les Étrusques les attaquèrent dans ces retranchements naturels, et s'étendirent jusqu'à la Macra, occupant ainsi le port de Luna. Mais ils n'allèrent pas plus loin. Les Liguriens leur opposèrent une résistance indomptable, et les inquiétèrent même par de fréquentes incursions. Plus tard, les Gaulois enlevèrent encore aux Liguriens quelques cantons de l'Italie du nord, et resserrèrent davantage les

---

(1) Cluv., p. 50; Fréret., *Acad. des Inscr.*, t. XVIII, p. 84.

(2) Micali donne aussi les Ligures comme issus des Ombriens, mais il ne fait pas des Ombriens un peuple gaulois; t. I, p. 119, c. VIII, 1re partie. Niebuhr dit que les Liguriens ne sont ni Celtes ni Ibères, et qu'on ne sait rien sur leurs rapports de consanguinité, *Hist. rom.*, t. I, p. 232.

(1) Am. Thierry, *Hist. des Gaul.*, t. I, p. 7.

(2) Strab., IV, p. 141; Plin., III, 17; Tite-Liv., V, 55.

(3) Micali, I, 120.

limites de la Ligurie, qui alors fut bornée au nord par le Pô, que les Ligures appelaient *Bodincus* (1), à l'ouest par les Alpes et le Var, à l'est par la Macra ou l'Arno, et par la mer au sud. L'Apennin divisait la contrée en Ligurie intérieure et en Ligurie maritime; les tribus de l'Étrurie maritime étaient de l'ouest à l'est : les Capilates, les Intémeliens, les Ingaunes, les Géonates, les Apuans, les Garules, les Lapicins, les Friniates (2). Dans la Ligurie intérieure, en partant des Alpes, on rencontrait d'abord les Vagiennes, puis les Statielles sur le Tanaro; et au delà les Vibelli, les Magelli, les Eburiates, les Briniates, les Ilvates, et les Véléiates (3). Tous ces peuples conservèrent le nom de Liguriens, et formèrent une nation indépendante qui repoussa la conquête romaine avec une incroyable énergie.

Entourés par les Étrusques et les Gaulois à l'est et au nord, inquiétés à l'ouest par les Phocéens de Marseille, qui fondèrent sur leur territoire Nicæa et le port d'Hercule Monæcus (Monaco) (4), les Liguriens restèrent renfermés dans les vallées étroites et sur les pentes rocailleuses de l'Apennin, contrée stérile, qui ne pouvait enrichir ses habitants, qui ne produisait que par beaucoup de travail et où les Liguriens conservèrent toutes les vertus antiques, la tempérance, la simplicité de mœurs et le courage (5). Ils devinrent des travailleurs infatigables ; et comme leur pays ne pouvait pas les nourrir tous, ils allaient chez les peuples voisins servir comme mercenaires. Les femmes liguriennes étaient aussi robustes que les hommes, et aussi propres qu'eux aux travaux de l'agriculture. Posidonius raconte qu'une Ligurienne qui s'était engagée au service d'un Marseillais, se sentant prise par les douleurs de l'enfantement, se retira à l'écart et revint à son ouvrage après avoir enfanté (1). Le plus chétif Ligurien, disait-on, peut terrasser le plus robuste Gaulois. Leur extérieur resta longtemps inculte et presque sauvage, et au temps d'Auguste on les désignait par l'épithète de chevelus, *capillati*, *comati* (2), comme les peuples de la Gaule barbare avant la conquête romaine. Caton, qui sans doute avait fait des recherches sur leur ancienne histoire, sans avoir pu arriver à des résultats satisfaisants, leur reproche d'être ignorants, menteurs et trompeurs. « Il est certain, dit Niebuhr (3), qu'une nation qui avait tant de peine à conserver son existence, et qui ne pouvait même pas faire passer la charrue sur son sol pierreux, ne devait pas être fort lettrée; mais ce que d'ailleurs le jugement de Caton renferme d'odieux n'est en aucune façon confirmé par les auteurs anciens; loin de là, ils louent le caractère laborieux et infatigable des Liguriens, ainsi que leur grande habileté. Quand Caton écrivait les Romains avaient à peine achevé de les soumettre, et les Liguriens, quoique leurs tribus eussent combattu séparément, leur avaient résisté quarante ans. Pendant cette guerre ils avaient fait des excursions sanglantes et dévastatrices, et l'exaspération qui en résulta pourrait bien avoir conduit Caton à un jugement aussi injuste. »

LES VÉNÈTES. — Entraîné sur la pente glissante des rapprochements et des conjectures, Niebuhr a presque affirmé que les Liguriens et les Vénètes sont deux peuples frères, tous deux d'origine liburnienne, c'est-à-dire qu'ils appartiennent à ce groupe de peuples pélasgiques qui habitaient sur les deux côtés de l'Adriatique, aussi bien en Italie que sur le rivage illyrien (4). L'assimilation des Ligures avec les Liburnes repose sur de trop faibles bases pour

---

(1) Plin., III, 16 : Quod significet fundo carentem. Cluvier ajoute : On sait qu'en allemand le mot *fond* se dit *bodem* et *boddem ;* qui prouve évidemment que les Liguriens sont Celtes d'origine. *Ital. ant.*, p. 51.

(2) Voir, pour l'énumération plus complète des peuples liguriens, la table de bronze qui contient un décret du sénat relatif aux limites de deux de ces tribus. *Ap. Gruter*, p. 204.

(3) Antolini, *Le rovine di Velesa;* 1819, ap. Micali, t. I, p. 123.

(4) Cluv., *It. ant.*, I, p. 61-64.

(5) Cicer., *Leg. agr.*, II, 35 ; Tit.-Liv. XXVII, 48.

(1) Posid. ap. Strab., p. 114; Diod. Sicul., IV, 20; V, 39.

(2) Plin., III, 20.

(3) *Hist. rom.*, I, 233.

(4) Niebuhr, I, 237, 71.

être admise, ou même pour être comptée au nombre des hypothèses probables; mais en ce qui concerne les Vénètes, rien ne s'oppose à ce qu'on les accepte comme une émigration des Liburnes. Il est vrai qu'Hérodote dit que les Vénètes sont un peuple illyrien (1), et Scylax (2) distingue formellement les Liburniens de la côte orientale de l'Adriatique d'avec les Illyriens. Mais si l'on considère que le nom d'Illyrie se donnait indistinctement à une province particulière ou à toute la vaste contrée qui s'étend entre le Danube, l'Adriatique et la mer Noire, que les Illyriens sont tantôt une seule nation, tantôt toute une vaste collection de peuples, on n'hésitera plus à regarder les Liburnes, aussi bien que les Dalmates, comme des subdivisions de la race illyrienne, à laquelle on peut rattacher les Liburnes et les Sicules d'Italie, aussi facilement qu'aux Pélasges; de sorte que cette race illyrienne ne se distinguera plus elle-même de la race pélasgique. Les Vénètes devinrent le peuple dominant dans toute la région nord-est de l'Italie depuis l'Athésis, ou plutôt le Tartarus, jusqu'à la province habitée par les Histriens. Mais beaucoup d'autres peuplades, que l'on regarde tantôt comme d'origine celtique, tantôt comme de race illyrienne, habitaient au pied des Alpes au-dessus des Vénètes, à qui elles avaient cédé la plaine. Les Lepontii, les Breuni, les Vennones, les Camuni, les Stoni, les Venostes, les Brixentes, les Carni, restèrent toujours dans leurs montagnes, et passèrent sans éclat de leur obscure et sauvage indépendance sous la domination romaine. Un peu plus bas, les Orobiens, dont Pline seul fait mention, habitaient entre le lac Larius (de Como) et le lac Sevinus (d'Iseo), et sont tour à tour donnés pour des Gaulois ou des Liguriens ou même des Étrusques (3). Enfin des Euganéens qui, plus rapprochés des Vénètes, avaient peuplé les cantons où s'élevèrent les villes de Brescia, de Vérone, de Vicence, de Trente (4), paraissent avoir été les plus puissants de tous ces peuples et les premiers qui s'établirent dans les plaines quand l'écoulement des eaux qui les couvraient les eurent rendues propres au séjour des hommes (1). Selon Pline, Caton mentionnait trente-quatre districts de la confédération Euganéenne, à laquelle étaient associés tous les petits peuples du versant méridional des Alpes que nous venons d'énumérer (2).

Les Euganéens dominaient entre l'Adige et les Alpes quand les Vénètes s'établirent dans cette contrée et lui imposèrent leur nom. Tite-Live ne fait pas remonter au delà de l'arrivée des Vénètes, qu'il donne pour les compagnons d'Anténor, ses indications sur l'antique histoire italienne : « C'est une chose universellement reconnue, dit-il, qu'après diverses aventures, Anténor, à la tête d'une troupe nombreuse d'Hénètes, qui, chassés de la Paphlagonie par une sédition, et privés de leur roi Pylémène, mort sous les ruines de Troie, cherchaient un chef et une retraite, pénétra jusqu'au fond du golfe Adriatique, et que, chassant devant eux les Euganéens, établis entre la mer et les Alpes, les Hénètes, réunis aux Troyens, prirent possession de leur territoire. Le lieu où ils descendirent d'abord a conservé le nom de Troie, ainsi que le canton qui en dépend, et toute la nation formée par eux porte le nom de Vénètes (3). » La tradition relative à Anténor était devenue nationale à Padoue, comme celle d'Énée à Rome; mais ni l'une ni l'autre ne suffisent à expliquer l'origine des Vénètes et des Romains. Toutes deux ont été souvent rappelées et célébrées par les poètes latins, héritiers des anciennes données poétiques des poètes cycliques de la Grèce (4). Mais cet accord des poètes à les reproduire ne leur ajoute aucune valeur historique. La ressemblance du nom des Vénètes avec celui des Hé-

(1) Her., I, 196.
(2) Peripl., p. 7.
(3) Micali, I, 126, et les notes. Cf. Cluvier, It. ant., I, 246.
(4) Cluv., p. 113.

(1) Sur la formation de la plaine de la Lombardie, voir Brocchi, *Conchiologia fossile subapennina*, etc., t. I, p. 108 et suiv.
(2) Plin., III, 20.
(3) Tit.-Liv., I, 1.
(4) Cf. Virgile, Ovide, Silius Italicus, Martial, cités par Cluvier, t. I, p. 127. Pline, III, 18, dit : *Venetos trojana stirpe ortos auctor est Cato*.

netes de Paphlagonie ne suffit pas non plus à prouver la filiation des uns à l'égard des autres. En se fondant sur une pareille ressemblance de nom, Strabon a pensé que les Vénètes italiens étaient les frères des Vénètes gaulois de l'Armorique, et il ajoute que ces Gaulois avaient pu venir d'au delà des Alpes comme les Boïens et les Sénonais (1). Toutefois, il fait observer que d'autres les ont dits Paphlagoniens pour une raison semblable, et il n'ose se prononcer absolument sur cette question douteuse. En effet, Strabon est le seul à penser que les Vénètes étaient Gaulois d'origine (2). Tite-Live parle souvent des inimitiés des Gaulois et des Vénètes, lesquels eurent beaucoup à souffrir des incursions de leurs voisins, plus belliqueux. Au reste, ce n'est point l'origine troyenne qu'il convient de préférer à l'origine gauloise, mais c'est l'opinion qui donne les Vénètes pour des Illyriens et que rendent plus probable le voisinage des contrées et la facilité des communications (3). Nous savons qu'Hérodote donne les Hénètes pour des Illyriens. Le commentateur de Virgile, Servius, parle d'un roi appelé Vénétus, qui vint de l'Illyrie, et qui donna son nom à la Vénétie (4), et la rencontre de ces deux témoignages, tout à fait indépendants l'un de l'autre, quoique Niebuhr ne l'ait pas jugée suffisante, prouve assez que la nation des Vénètes se rattachait à la race illyrienne ou pélasgique.

L'établissement des Vénètes à l'extrémité nord-est de l'Italie est antérieur à la guerre de Troie et à l'émigration d'Anténor, en admettant la réalité de ce fait (5). Seuls des peuples de cette contrée, les Vénètes n'eurent point à souffrir des attaques des Étrusques, et conservèrent paisiblement la possession de leur riche territoire, dont les limites étaient au nord et à l'ouest les Alpes, à l'orient le Timavus, au sud les marais de Vérone et le cours du Tartarus jusqu'à la mer. La Vénétie était célèbre chez les anciens par sa fertilité. Elle nourrissait une grande quantité de bestiaux qui se reproduisaient avec une fécondité extraordinaire. Pline dit que les poules d'Adria étaient renommées pour la grande quantité d'œufs qu'elles pondaient (1). Aussi cette terre était couverte d'habitants. Scymnus de Chio évalue sa population à un million et demi. Padoue en était la cité dominante; elle était riche des produits de son territoire, et par le commerce maritime qu'elle faisait au moyen de la Brenta, et elle ajoutait à sa supériorité effective celle que lui donnait encore la tradition, qui en faisait une colonie troyenne fondée par Anténor (2). Les autres cités étaient Vicentia, au-dessus de Padoue, et sur le Medoacus minor; Concordia près du Ramatinus, Aquileia près du Sontius, Altinum près du cours du Silis. Le savant Maffei place Vérone au nombre des villes des Vénètes (3).

Il est vraisemblable que les terrains marécageux et les nombreux cours d'eau que la Vénétie présente à l'ouest et au sud contribuèrent à la mettre à l'abri des incursions des Gaulois et des Étrusques. Cependant le voisinage des Gaulois ne cessait d'être inquiétant pour ce peuple, qui ne défendait que difficilement son indépendance contre ces voisins, plus barbares et plus belliqueux (4). Aussi, cherchant une protection étrangère contre ces redoutables ennemis, ils subirent sans résistance le patronage et la domination de Rome, sacrifiant leur liberté à leur repos; et au temps des guerres des Romains contre les Gaulois de la Cisalpine, on les voit alliés de la république, sans que l'histoire ait conservé le souvenir des événements qui les firent tomber dans la dépendance.

LES HISTRIENS. — De l'embouchure du Timavus à celle du petit fleuve Arsia s'étendait la province d'Histrie, que les anciens comprenaient dans l'Italie. Les Histriens étaient d'origine illyrienne, et Cluvier les confond avec les peuples de

(1) Strab., l. V, IV, ap. Cluv., p. 125.
(2) Polyb., II, 17; Pline, XXVI, 7.
(3) Fréret, Acad. des inscr., XVIII, 74.
(4) Serv., Ad Æn., I, 243.
(5) Dio. Chrysost., Orat. XI, De Ilio non capto.

(1) Marc. Her. in Perieg; Pline, X, 1;
Cluv., It. ant., t. I, p. 133; Mical., I, p. 135;
Capolago, 1840.
(2) Strab., V, 147; Tacit., Ann., XVI, 21.
(3) Cf. Maffei, Verona illustrata.
(4) Tit.-Liv., X, 2 : Semper autem eos u ac vis accola Galli habebant.

race celtique (1); comme les Japodes leurs voisins vers l'orient. Les Alpes Carniques ou Juliennes et le pays des Carnes les limitaient au nord. Ce peuple occupait plusieurs villes importantes par leur position maritime, telles que Tergeste et Pola, et ne parut dans l'histoire qu'au temps de la conquête romaine, qu'ils ne subirent pas sans une résistance opiniâtre.

LES ÉTRUSQUES. — La nation appelée par les Romains et les Grecs *étrusque* ou *tyrrhénienne* fut sans contredit de tous les peuples italiens celui qui fonda l'empire le plus puissant avant le temps où Rome devint dominante, et qui s'illustra le plus par ses progrès dans les arts, dans les sciences, en un mot dans tout ce qui constitue la civilisation. Le séjour principal de la nation tyrrhénienne fut la contrée qui s'étend entre l'Arno, l'Apennin, le Tibre et la mer Inférieure, qui aujourd'hui encore conserve en grande partie le nom de Toscane; mais les Étrusques avaient dépassé ces limites et fondé des villes et des États puissants sur les bords du Pô, et dans la Campanie sur ceux du Vulturne. Jamais, il est vrai, cet empire n'eut l'unité territoriale et politique : des peuples libres interrompaient la série des fondations étrusques et se maintenaient à côté d'elles. Jamais les cités tyrrhéniennes ne renoncèrent à leur indépendance intérieure et au système fédératif pour trouver dans le gouvernement monarchique l'union et la force qui aurait pu leur assurer la domination de l'Italie tout entière. Mais, quoique dispersée et divisée, la nation des Étrusques n'en fut pas moins, du douzième au huitième siècle environ avant l'ère chrétienne, le premier des peuples italiens, celui qui paraît le plus près d'imposer à l'Italie cette unité politique et sociale que Rome devait lui donner plus tard.

Origine des Étrusques.

L'origine des Étrusques était déjà un mystère pour les anciens eux-mêmes, et elle est restée pour nous une des questions les plus obscures et les plus débattues de la critique historique. Les uns les ont fait descendre des Phéniciens ou des Cananéens, les autres des Celtes; quelques-uns les croient originaires d'Égypte, d'autres de la Grèce; il n'est point d'opinion différente qu'on n'ait soutenue sur ce point, sur lequel il vaudrait mieux, ce me semble, s'abstenir que d'affirmer quelque chose (1). Cependant, comme, en laissant de côté la critique de tous les systèmes modernes, l'examen de la question se renferme dans un petit nombre de témoignages des auteurs anciens, nous allons produire ici les principaux textes qui sont la source de cette recherche, et en tirer, s'il est possible, les conclusions les plus conformes à la vraisemblance.

Système d'Hérodote. — Selon Hérodote, les Tyrrhéniens étaient originaires de la Lydie. Voici la légende fabuleuse rapportée par cet historien et relative à cet événement (2) : « Sous le règne d'Atys, fils de Manès, toute la Lydie fut affligée d'une grande famine, que les Lydiens supportèrent quelque temps avec patience; mais voyant que le mal ne cessait point, ils y cherchèrent remède, et chacun en imagina à sa manière. Ce fut à cette occasion qu'ils inventèrent les dés, les osselets, la balle et toutes les autres sortes de jeux, excepté celui des jetons, dont ils ne s'attribuent pas la découverte. Or, voici l'usage qu'ils firent de cette invention pour tromper la faim qui les pressait. On jouait alternativement pendant un jour entier, afin de se distraire du besoin de manger, et le jour suivant on mangeait au lieu de jouer. Ils menèrent cette vie pendant dix-huit ans. Mais enfin le mal, au lieu de diminuer, prenant de nouvelles forces, le roi partagea tous les Lydiens en deux classes et les fit tirer au sort, l'une pour rester, l'autre pour quitter le pays. Celle que le sort destinait à rester eut pour chef le roi même, et son fils

---

(1) Bochart, Maffei, Guarnacci, Mazzocchi, soutiennent l'origine phénicienne. Cluvier, Pelloutier, Fréret, Bardetti et plus récemment Niebuhr et Ottfried Müller tiennent pour l'origine celtique ou germanique. Buonarotti propose l'Égypte ; Lanzi et presque tous les savants actuels de l'Italie inclinent pour la Grèce. Micali, comme d'ordinaire, voit dans les Étrusques un peuple indigène, tom. I, p. 137, c. X.

(2) Her., I, 94.

---

(1) *Ital. antiq.*, I, p. 209.

Tyrrhénus se mit à la tête des émigrants. Les Lydiens que le sort bannissait de leur patrie allèrent d'abord à Smyrne, où ils construisirent des vaisseaux, les chargèrent de tous les meubles et instruments utiles, et s'embarquèrent pour aller chercher des vivres et d'autres terres. Après avoir côtoyé différents pays, ils abordèrent en Ombrie, où ils se bâtirent des villes qu'ils habitent encore à présent. Mais ils quittèrent le nom de Lydiens et prirent celui de Tyrrhéniens, de Tyrrhénus, fils de leur roi, qui était le chef de la colonie. »

Cette légende ne peut être admise dans ses détails. Cette famine de dix-huit ans, ce puéril stratagème de l'invention des jeux pour oublier les angoisses de la faim, paraissent même des contes si frivoles, qu'il a semblé à beaucoup de critiques que l'on ne devait tenir aucun compte du récit tout entier. Cependant il faut y voir l'expression d'une opinion grave que d'autres témoignages tendent à confirmer, savoir que les Tyrrhéniens d'Italie étaient venus de l'Orient, et qu'ils avaient des relations de parenté ou des rapports politiques et sociaux avec les peuples de la Lydie. L'existence de Tyrrhénus n'est point absolument nécessaire pour établir cette conclusion; Tyrrhénus est un de ces personnages poétiques, comme il y en a tant dans les généalogies fabuleuses des anciens peuples grecs ou pélasgiques, et dont le rôle est d'exprimer d'une manière sensible, et par image, des événements dont les vrais détails ont été oubliés. Aussi les traditions varient-elles beaucoup relativement à ces personnages mythiques. Selon d'autres relations, Tyrrhénus n'était pas le fils d'Atys, mais son neveu, ou bien on le fait fils d'Hercule et d'Omphale, ou bien fils d'un autre Atys, un des enfants nés de l'union de ce héros avec la reine de Lydie (1). Selon les premières données, l'émigration de Tyrrhénus devait être placée au quinzième siècle avant J. C.; selon les secondes, au treizième seulement (2). Pour rendre raison de l'autre nom des Tyrrhéniens, on suppose un certain Tuscus, fils de Tyrrhénus, ou bien le héros Tarchon, éponyme de Tarquinies (1) et fondateur de Mantoue, qui est donné aussi pour un fils ou un frère du prince lydien. Or, toutes ces généalogies fictives n'ont de valeur historique qu'autant qu'elles s'accordent avec des renseignements plus généraux sur l'origine et les relations des peuples auxquelles elles ont été adaptées par l'imagination populaire; et ce genre de confirmation ne manque pas à la légende de Tyrrhénus.

Il paraît certain qu'une nation appelée les Tyrrhéniens, et à laquelle on donne souvent l'épithète de Pélasgique, avait occupé autrefois les côtes occidentales de l'Asie Mineure et les îles voisines. Strabon prouve, par les témoignages d'un grand nombre d'auteurs, que les contrées de l'Asie voisines de la Lydie qui reçurent plus tard tant de colonies helléniques, avaient eu d'abord les Pélasges pour habitants (2). Ces Pélasges s'appelaient les Tyrrhéniens ou Tyrséniens. Anticlide, cité par Strabon, disait que c'étaient les Pélasges de Lemnos et d'Imbros qui avaient suivi Tyrrhénus en Italie. Sophocle et Thucydide donnent précisément à ces Pélasges le nom de Tyrséniens, et cette dénomination est tout à fait indépendante de la supposition d'un chef appelé Tyrrhénus : car, en réalité, c'est le nom du peuple qui a fait imaginer l'existence du prince. Porphyre, dans la vie de Pythagore, disait que Mnésarque, père de ce philosophe, était originaire de cette nation tyrrhénienne qui occupait Imbros, Lemnos et Scyros. On pourrait encore par d'autres témoignages démontrer l'existence de cette nation tyrrhénienne établie au nord de l'Archipel et à l'ouest de l'Asie Mineure, nation maritime, commerçante par la nécessité de sa situation géographique, et distincte des Lydiens, avec qui cependant elle eut assez de relations pour qu'on ait pu lui donner pour éponyme un Tyrrhénus, prince de la dynastie lydienne. Ainsi sont réfutées d'avance deux des objec-

(1) Cf. Cluvier, I, p. 427.
(2) *Recherches sur la chronologie de l'histoire de Lydie*, par Fréret, *Acad. des Inscr.*, t. V.

(1) Ott. Müller, *Die Etr.*, t. I, p. 73, not. 6.
(2) Cf. Strab., l. XIII. Pour toutes les citations, voir Cluvier, p. 427, *et passim* dans le liv. II, c. 1. *De Tuscorum sive Etruscorum variis nominibus ac genere*.

tions de Denys d'Halicarnasse, qui, s'attachant à la lettre du récit d'Hérodote, et croyant que les Tyrrhéniens et les Lydiens sont le même peuple, prétend que les Lydiens n'ont pu venir en Italie parce qu'ils manquaient de marine, et que les Tyrrhéniens d'Italie ne peuvent être originairement des Lydiens, avec lesquels ils diffèrent totalement de langue, de coutumes et d'institutions (1).

Nous pensons donc que ce n'est pas sans raison que le plus grand nombre des écrivains de l'antiquité a accepté la tradition rapportée par Hérodote. On la trouve répétée partout dans les poëtes, dans les historiens, dans les orateurs, dans Virgile et ses commentateurs, dans Horace, Silius Italicus, dans Cicéron, Pline, Strabon, Velléius Paterculus, Valère Maxime, Sénèque, Plutarque, dans le géographe Marcien d'Héraclée (2). Tacite, dans ses *Annales* (3), raconte que les habitants de Sardes et de Smyrne se disputant l'honneur d'élever un temple à Tibère, les premiers lurent dans le sénat un décret des villes de l'Étrurie où celles-ci se reconnaissaient comme étant d'origine lydienne. Le sénat, il est vrai, ne tint pas compte de cette raison, et donna gain de cause aux Smyrnéens : mais cette décision ne prouve rien, puisque d'ailleurs nous n'entendons pas l'origine lydienne de la même manière que l'acceptèrent alors les Sardes et les Étrusques; et l'on peut voir dans ce récit de Tacite une confirmation lointaine et indirecte de la tradition rapportée par Hérodote.

Système de Denys d'Halicarnasse. — Denys d'Halicarnasse (4) a discuté sérieusement le récit de cet historien, son compatriote et son devancier, et l'a formellement contredit en produisant une autre opinion qui a servi de fondement à un système tout différent sur l'origine des Étrusques. Il s'appuie principalement sur le silence de Xanthus de Lydie, le plus célèbre des historiens de ce pays, qui ne parle en aucun endroit de ses écrits de Tyrrhénus prince des Lydiens, ni d'aucune colonie mœo-

nienne fondée en Tyrrhénie. Xanthus disait que Lydus et Torybus étaient fils d'Atys, qu'ayant partagé le royaume de leur père, ils demeurèrent tous les deux en Asie, et donnèrent leur nom aux nations dont ils furent rois. Mais de ce qu'un fait est omis par un historien, il n'est pas rigoureusement démontré qu'il soit faux. Xanthus n'a peut-être pas connu cette tradition, ou la connaissant l'a jugée indigne d'être rapportée, parce qu'il n'en pouvait pénétrer le sens; tandis qu'Hérodote, qui ne négligeait rien de ce qui pouvait instruire la postérité, nous l'a livrée, dans un moment de bonne inspiration (1), avec tous ses frivoles accessoires. Denys, continuant sa discussion sur l'origine des Tyrrhéniens, dit qu'Hellanicus de Lesbos avait écrit que les Tyrrhéniens s'appelaient d'abord Pélasges, et que ce ne fut qu'après s'être établis en Italie qu'ils prirent le nom qu'ils ont aujourd'hui. Voici, ajoute-t-il, de quelle manière il en parle dans son livre appelé Phoronide : « Leur roi Pélasgus et Mé-
« nippe, fille de Pénée, eurent un fils
« nommé Phrastor dont naquit Amyn-
« tor ; d'Amyntor vint Teutamidas, qui
« eut un fils appelé Nanas. Ce fut sous le
« règne de ce Nanas que les Pélasges
« chassés par les Grecs, ayant laissé leurs
« vaisseaux dans le golfe d'Ionie, auprès
« du fleuve Spinèse, prirent la ville de
« Crotone, située au milieu des terres. Ils
« s'en servirent comme d'un poste avan-
« tageux et d'une place d'armes pour
« envahir et peupler la contrée qu'on ap-
« pelle aujourd'hui Tyrrhénie. » Vient ensuite le témoignage de Myrsile de Lesbos, qui dit que les Tyrrhéniens, ayant quitté leur patrie et errant à l'aventure, changèrent leur nom en celui de *Pélasges*, parce qu'étant vagabonds dans la Grèce et dans les pays barbares, ils marchaient par bandes comme ces oiseaux que les Grecs appellent pélasges, c'est-à-dire cigognes. Ce sont ces Tyrrhéniens qui bâtirent les murs de la citadelle d'Athènes appelés Pélasgiques. On voit, par ce passage de Myrsile, une nouvelle preuve de l'assimilation constante faite par les Grecs des Tyrrhéniens et des Pélasges. Denys n'a fait ces citations que pour démon-

(1) Den. d'Hal., I, 27.
(2) Cf. Cluvier, t. I, p. 420-422.
(3) L. IV, c. 55 ; Micali, t. I, p. 142.
(4) Den. d'Hal., I, 27 et suiv.

(1) Nous prenons ici le contre-pied de la pensée de Niebuhr, t. I, p. 156.

trer que ceux qui affirment l'identité de ces deux peuples se trompent grossièrement. Mais lui-même n'avait pas su reconnaître la diffusion et l'importance de la race pélasgique; et comme il ne voyait dans les Pélasges que quelques tribus errantes et dispersées, il refusait ce nom à d'autres peuples qui, par toutes sortes de raisons, peuvent être rattachés à cette grande famille.

S'il ne croit pas que les Tyrrhéniens soient des Pélasges, il ne les accepte pas non plus pour des Lydiens; ce qui n'est pas nécessaire, en effet, pour les regarder comme originaires des côtes de l'Asie, puisque les Tyrrhènes de cette contrée n'étaient pas la nation lydienne elle-même. Il conclut donc que « le sentiment de ceux qui pensent que les Tyrrhéniens ne sont pas venus d'un pays étranger, mais qu'ils sont des indigènes de l'Italie, pourrait bien être le plus vraisemblable; car c'est une nation très-ancienne, qui n'a rien de commun avec aucune autre ni pour la langue, ni pour les mœurs, ni pour les manières. Rien n'empêche donc que les Grecs ne les aient appelés Tyrrhéniens, du nom de quelqu'un de leurs chefs, ou parce qu'ils faisaient leur demeure dans des tours (τύρσεις). Les Romains leur donnent aussi d'autres noms. Ils les appellent Étrusques, à cause du pays nommé Étrurie, où ils se sont établis autrefois; et à cause de leur science dans les choses religieuses et dans le culte des dieux, ils les nomment aussi *Tusci*, par corruption du mot *thuoscæens*, qu'ils prononçaient autrefois comme les Grecs, et qu'ils ont abrégé dans la suite en le prononçant moins clairement. Mais les Tyrrhéniens s'appellent eux-mêmes Rasènes, du nom d'un de leurs chefs. »

Système de Tite-Live. — C'est avec cette dernière phrase de ce passage de Denys d'Halicarnasse qu'on a tenté de construire pour les Étrusques (1) une histoire toute particulière, dans laquelle on les distingue absolument du système général de population et d'origine auquel appartiennent presque toutes les tribus italiennes, et principalement les Étrusques eux-mêmes. Si l'on doit à Denys ce nom nouveau et étrange, qui semble autoriser des aperçus hardis et singuliers sur la formation de la nation étrusque, c'est à Tite-Live qu'on a emprunté, en torturant un peu, il est vrai, le sens de ses paroles, une opinion conforme sur son origine et ses développements. Voici le passage de l'historien latin, sur lequel Cluvier, Fréret, Niebuhr et Müller se sont appuyés pour donner aux Étrusques une origine germanique : « Les Toscans, avant qu'il ne fût question de l'empire romain, avaient au loin étendu leur domination sur terre et sur mer; les noms même de la mer Inférieure et de la mer Supérieure qui ceignent l'Italie comme une île, attestent la puissance de ce peuple; les populations italiques avaient appelé l'une mer de Toscane, du nom même de la nation, l'autre mer Adriatique, du nom d'Adria, colonie des Toscans. Les Grecs les appellent mer Tyrrhénienne et mer Adriatique. Maîtres du territoire qui s'étend de l'une à l'autre mer, les Toscans y bâtirent douze villes, et s'établirent d'abord en deçà de l'Apennin vers la mer Inférieure; ensuite de ces villes capitales furent expédiées autant de colonies qui, à l'exception de la terre des Vénètes, enfoncée à l'angle du golfe, envahirent tous le pays au delà du Pô jusqu'aux Alpes. Toutes les nations alpines ont eu sans aucun doute la même origine, et les Rètes avant toutes; c'est la nature sauvage de ces contrées qui les a rendus farouches au point que de leur antique patrie ils n'ont rien conservé que l'accent, et encore bien corrompu (1). »

Tite-Live ne dit pas tout à fait que la nation des Étrusques ou des Tyrrhéniens, qui, dans le système qui les regarde comme venus du nord, n'est plus appelée que les Rasènes, soit sortie de la chaîne des Alpes pour se répandre de là dans le reste de l'Italie. Il place au contraire le siège primitif de leur domination en deçà de l'Apennin vers la mer Inférieure : mais la critique a jugé à propos de prendre le contre-pied de son récit, et de présenter les Rètes, non pas comme des débris égarés dans les montagnes, comme les enfants perdus de la civilisation

(1) Outfr. Muller, *Die Etr.*, I, p. 71; Nieb., *Hist. rom.*, I, p. 153 et suiv.

étrusque, mais comme la souche primitive de la nation. Voici comment Niebuhr démontre cette opinion (1) : « Les *Rœti* et d'autres peuples des Alpes étaient aussi d'origine tusque, ainsi que l'assure expressément Tite-Live. Strabon y ajoute les *Lepontii* et les *Camuni*. Peut-être faut-il y joindre les Euganéens, habitants du pays de Venise avant la fondation de Padoue. Il se pourrait qu'on eût raison de regarder comme un reste de la langue étrusque celle de Græden en Tyrol, qui, quoique fort mélangée, est cependant unique pour l'originalité de ses racines. Le mont Breuner était la limite septentrionale des Rétiens et par conséquent de la souche étrusque. Mais ces Rétiens étaient-ils, ainsi que le veut l'opinion vulgaire, des Étrusques de la plaine qui s'étaient retirés dans les Alpes à l'arrivée des Gaulois? Pour que cela fût simplement proposable, il faudrait admettre que les vallées des Alpes étaient à peine habitées; car ceux qui n'avaient pu résister aux Gaulois, ni en bataille rangée, ni derrière leurs murailles, auraient pu bien moins encore, chassés et fugitifs qu'ils étaient, conquérir sur des montagnards la patrie qu'ils voulaient leur arracher. Il s'en faut beaucoup que ces contrées fussent vides d'habitants; Polybe parle des incursions faites par les peuples des Alpes dans la Gaule Cisalpine immédiatement après l'arrivée des Gaulois. Et tant qu'une patrie pouvait accueillir les fugitifs au delà du Pô et de l'Apennin, ils ne se seraient point dirigés vers le nord. Il est bien plus naturel de supposer, et les expressions de Tite-Live n'y sont point contraires, que les Étrusques avaient pris ces montagnes pour s'en faire un rempart contre les peuples du nord, comme Théodoric établit une colonie de Goths dans le pays des Bréones. Il se pourra qu'un peuple riche, cédant à l'esprit de domination, envahisse des montagnes stériles ou qu'il les fasse occuper par prévoyance; mais qu'il en expulse les anciens habitants en établissant ses colonies, tandis que des contrées plus brillantes l'appellent, cela supposerait un pouvoir à la fois étendu et despotique, tel qu'on ne le peut admettre dans un État tout composé de cantons comme l'était celui des Étrusques. Mais si la Rétie était l'un des sièges primitifs du peuple étrusque, si de là il s'est répandu d'abord sur l'Italie supérieure, puis au delà de l'Apennin, on concevra facilement que lors de ces migrations une grande partie de la nation soit demeurée dans ses foyers. Selon l'expression des Aragonais dans l'introduction à leurs lois, elle n'aura point voulu abandonner un sol ingrat et stérile, pour habiter des régions plus favorisées de la nature, afin de ne pas laisser sur ce sol la liberté et la vertu; et peut-être que les jours de prospérité une fois écoulés, beaucoup de ces fils égarés sont retournés dans la demeure paternelle. On pourrait citer la rudesse de la langue étrusque, qui paraît se perpétuer dans le dialecte de Florence, comme une preuve que ce peuple était originaire de hautes montagnes. Bien que les inscriptions étrusques soient inintelligibles, on n'y saurait méconnaître ce caractère. Une nation chez laquelle les consonnes ne formaient pas la plus grande partie des sons aurait difficilement adopté l'usage oriental d'omettre des voyelles brèves dans l'écriture. Nous avons des données historiques aussi fortes que nous les puissions demander pour le temps, et il en résulte que les Étrusques ne se sont répandus vers le sud que peu à peu. »

Cette dernière assertion, qui résume l'opinion de l'historien allemand sur ce sujet, nous paraît au contraire en opposition avec tous les documents anciens relatifs à l'établissement de la domination étrusque; et en lisant ces lignes si hasardées, nous nous sentons confirmés dans l'idée que les Étrusques ne sont point descendus du nord, mais qu'ils se rattachent par une ou plusieurs émigrations à une race plutôt orientale, probablement à ce peuple des Tyrrhènes dont nous avons constaté l'existence, qui tient à la fois à la Grèce et à l'Asie, que de nombreuses conformités nous font regarder comme du sang pélasgique, mais qui plus que toutes les autres tribus de cette race, par sa position maritime, par son commerce, avait subi l'influence de la civilisation asiatique et surtout phénicienne. Niebuhr, Ottfried

(1) Niebuhr, *Hist. rom.*, I, 159.

Müller (1), reconnaissent eux-mêmes la vaste diffusion de la nation tyrrhénienne sur une partie considérable de l'ancienne Italie, en prenant soin toutefois d'en distinguer expressément les Rasènes. Mais cette distinction est-elle bien fondée? Est-elle attestée par de nombreux témoignages, par un ensemble de faits concluants? Au contraire, elle ne repose que sur un mot produit par Denys d'Halicarnasse; elle ne se confirme que par une interprétation forcée d'un passage de Tite-Live, elle est en désaccord avec l'opinion de presque toute l'antiquité. Et ce nom de Rasènes ou Trasènes, considéré en lui-même, est-il si différent de celui des Tyrrhènes ou Tyrsènes employé par les Grecs, que l'on ne puisse voir le même mot dans ces deux formes, dont l'une devait être celle de la langue étrusque et l'autre celle de la langue grecque (2). Cette conjecture du savant Heyne, que Micali trouve si heureuse (3), semble mettre sur la trace de l'origine du mot *Etrusci* ou *Tusci* par lequel les Romains désignaient aussi le même peuple, et peut terminer un débat qui risque bien de n'être qu'une question de mots.

Origine orientale des Étrusques. — Si l'on persiste encore à voir dans les Étrusques une nation toute différente des Tyrrhéniens, à cause du caractère original qui se révèle dans leur langue, toujours si mystérieuse, dans quelques-uns de leurs monuments, dans quelques détails de leur religion et de leurs mœurs, et qu'on veuille rattacher cette civilisation qui les distingue des autres peuples italiens à celle des races du nord, scandinaves ou germaniques, nous ferons remarquer qu'il est invraisemblable qu'un peuple aussi avancé dans les sciences, dans les arts, soit descendu, à une haute antiquité, des contrées septentrionales, où tant de siècles après on ne trouve encore que des peuplades barbares. Aussi croyons-nous retrouver dans cette physionomie toute particulière du peuple étrusque les influences de la civilisation orientale et surtout phénicienne. Les Phéniciens ont été les premiers civilisateurs de l'ancien monde. La légende de Cadmus, qui apporta l'écriture en Grèce, exprime les effets de leur action civilisatrice (1). Les exploits de l'Hercule tyrien en Gaule, en Espagne, ne représentent autre chose que les établissements, les luttes, les triomphes du peuple qui l'adorait et dont il est le symbole évident (2). Tous les jours, les découvertes des archéologues sur tout le littoral occidental de la Méditerranée viennent attester d'une manière visible cette propagation de la civilisation phénicienne par les voyages et le commerce. Le nombre des médailles, des inscriptions de ce peuple, se multiplie de plus en plus (3). Les Tyrrhènes, peuple navigateur et commerçant, voisins des Lydiens, des Phrygiens, en communication directe et fréquente avec les Phéniciens, étaient déjà transformés, quand ils vinrent en Italie, par toutes ces influences asiatiques, et ils avaient pris ce caractère oriental qui distingue les Étrusques des autres peuples italiens. En effet, l'écriture étrusque a le caractère propre aux langues sémitiques : elle supprime les voyelles; elle diffère des débris conservés de la vieille langue grecque ou pélasgique, et ne peut être confondue avec elle, quoique Lanzi ait prétendu qu'elle dérive immédiatement du grec et non du phénicien (4). Sur quelques-uns des vases trouvés en Étrurie, on voit des figures qui rappellent l'art phénicien, des chérubins à quatre ailes, dont deux sont dressées en l'air, deux abaissées vers la terre; des animaux symboliques comme ceux des représentations orientales, des ornements fantastiques composés d'éléments empruntés au règne animal ou au règne végétal et bizarrement associés, enfin des personnages

(1) Niebuhr, *Hist. rom.*, I, p. 49, 63, etc.; Ottfr. Müller. *Die Etr.*, I, p. 78.
(2) *Cy.* Heyne, *Comment. soc. Gött.*, t. I, part. II, p. 36, 199.
(3) Micali, t. I, p. 142.

(1) Thirwall, *Hist. de la Grèce*, t. I, p. 49, trad. de M. Ad. Joanne.
(2) Am. Thierry, *Hist. des Gaulois*, I, 20.
(3) Voir la curieuse inscription phénicienne trouvée à Marseille, qui selon les uns est un traité, selon M. de Saulcy un fragment du rituel oriental. *Revue des deux mondes*, numéro du 15 décembre 1846, article de M. de Saulcy.
(4) Lanzi, *Saggio di lingua etrusca*, supplém., t. III, p. 82.

mythologiques dont la physionomie et les noms quelquefois placés à côté de leur image dénotent un système religieux tout différent de celui des Grecs, qui cependant, nous devons le reconnaître, a fourni la plus grande partie des sujets traités par les artistes de l'Étrurie. Les Lydo-Tyrrhéniens, que nous ne distinguons nullement des Étrusques, tenaient par leur double origine aux races pélasgique et sémitique. Les anciens eux-mêmes confondent continuellement les Tyrrhéniens avec les Pélasges ; quant aux Lydiens, le souvenir de leur origine sémitique est rappelé par la Genèse, qui fait de Lud l'ancêtre de ce peuple, selon Josèphe, un des descendants de Sem (1) ; et ce témoignage, rapproché des autres preuves de cette démonstration, est ici d'une grande autorité. Les restes de la civilisation étrusque semblent attester cette double influence, puisque nous y retrouvons à la fois les traces des idées religieuses de l'Orient et de la Grèce ; mais les premières s'effacèrent de plus en plus, et les secondes prévalurent de jour en jour davantage, au point de faire méconnaître l'élément oriental qui a concouru à former la civilisation étrusque et qui nous semble fondamental et primitif. Ajoutons encore qu'on peut tirer de nouveaux arguments à l'appui de nos conjectures, de l'ensemble des mœurs étrusques, des habitudes molles et asiatiques de ce peuple, de sa constitution sacerdotale, de son système de siècles et de son fatalisme. C'est donc de l'Orient, des extrémités de l'Asie, que ce peuple est parti pour s'établir en Italie, et c'est dans la légende d'Hérodote, toute vague et confuse qu'elle est, que se trouvent conservés les véritables souvenirs relatifs à son origine (2).

(1) *Genèse*, c. X, v. 22 ; Josèphe, *Ant. jud.*, I, 6.
(2) Nous pouvons encore citer ici, à l'appui de nos assertions, le passage suivant d'un mémoire de M. Lenormant, lu dans la *séance publique annuelle* des cinq académies, le jeudi 2 mai 1844 : « Aujourd'hui, bien que l'étude des antiquités étrusques soit encore environnée de grandes obscurités, nous pouvons constater trois phases principales dans la marche de la civilisation chez ce peuple : une phase asiatique, une phase corinthienne, une phase athénienne. Les monuments ont tran-

Établissements des Étrusques. — Quand les Étrusques commencèrent à se ché la question en faveur de ceux des écrivains de l'antiquité qui avaient assigné une origine lydienne au peuple qui dominait dans l'Étrurie. Une liaison certaine unit les plus anciennes productions étrusques avec ce que nous connaissons de l'art qui florissait à une époque extrêmement reculée sur les bords de l'Euphrate. On ne sait, il est vrai, dans quel temps les Étrusques sont venus de l'Asie ; mais on reconnaît en eux, avec Hérodote et Tacite, le démembrement d'une nation asiatique, à laquelle, lors de sa migration, la pratique des arts du dessin était déjà familière.

« Plus tard, beaucoup plus tard sans doute, le Corinthien Démarate, débris d'une dynastie qui venait d'être renversée du trône, cherche un asile en Étrurie, et y arrive escorté d'artistes habiles dans la plastique et la peinture. Au bout d'une ou deux générations, les descendants de Démarate semblent avoir perdu toute trace de leur origine hellénique : ses fils s'appellent Aruns et Tarquin. Mais l'art grec n'en a pas moins pris pied en Étrurie : quoique encore enveloppé dans les langes de l'archaïsme, il a fait école à Tarquinies, et les vases d'un très-ancien style qu'on découvre dans les tombeaux de cette ville témoignent clairement de l'influence exercée par l'établissement de Démarate.

« Nous ne distinguons pas si clairement la cause qui ranima l'hellénisme en Étrurie, plus d'un siècle après que Démarate l'y eut importé ; mais en rassemblant avec soin les circonstances qui développèrent l'influence politique d'Athènes à l'époque de Périclès, nous sommes amenés à reconnaître que la domination exercée par cette république dans le domaine de l'art fut en grande partie la conséquence de son action politique. La marine tyrrhénienne, longtemps maîtresse des mers, qu'elle couvrait de pirates, venait de recevoir un échec formidable par l'établissement des Carthaginois en Sardaigne, quand la victoire de Marathon révéla au monde la grandeur du génie athénien. À l'époque qui suivit cet événement, les Grecs du midi de la Péninsule italique, et surtout ceux de la Sicile, commencèrent à se montrer sous un double aspect aux yeux des Étrusques, comme des ennemis redoutables quand il s'agissait de la possession exclusive de la mer Tyrrhénienne, et comme des libérateurs après que la victoire d'Himère eut délivré l'Occident de la conquête carthaginoise, en même temps que celles de Salamine et de Platée affranchissaient la Grèce orientale de la domination

faire connaître et redouter, vers le douzième ou onzième siècle avant l'ère chrétienne, les Ombriens dominaient dans l'Italie centrale. Les Étrusques leur enlevèrent toute la contrée qui est située entre l'Arno et le Tibre, et les confinèrent au delà de l'Apennin vers la mer Adriatique. Ils fondèrent dans cette contrée, qui devint l'Étrurie proprement dite, douze villes principales, indépendantes les unes des autres, mais unies par des liens fédératifs. Ces douze villes ne sont énumérées nulle part, et le nombre des cités qui peuvent prétendre au titre de villes souveraines dépasse celui qui est expressément désigné comme formant le total des États de la confédération (1). Parmi celles qui durent se placer au premier rang, et qui figurent honorablement dans l'histoire, on peut nommer Clusium, Volterra, Cortone, Arrétium, Pérouse, Volsinies, Ceræ, Tarquinies et Véies; et pour compléter le nombre des douze : Vétulonium, Rusellæ, Falérie,

des Perses. Dès lors nous voyons les Étrusques se mêler aux affaires de la Grèce, soit que les Syracusains brisent leur marine dans le combat livré près de Cumes, et s'emparent à leurs portes des îles d'Elbe et d'Ischia; soit qu'à leur tour les Étrusques soutiennent les Athéniens dans leur entreprise contre Syracuse, ou même envoient des renforts à Agathocle pour combattre les Carthaginois. Ainsi donc, à y regarder de près, on découvre plus d'une raison pour que les Étrusques se soient vivement préoccupés de ce qui se passait en Grèce, et pour que la ville qui alors fascinait par son éclat la Grèce tout entière, ait étendu son influence jusque sur la Tyrrhénie. Les Romains, malgré leur rudesse, ne subissaient-ils pas dès lors l'ascendant de l'hellénisme? Peut-on méconnaître la coïncidence des triomphes de la démocratie athénienne, et des combats que rendit alors le peuple de Rome pour mettre sa puissance au niveau de celle du sénat? N'est-ce pas au milieu de ces circonstances que le peuple de Rome soumettait à l'approbation d'Athènes le code de ses lois? Quand une nation déploie ainsi son ascendant par la guerre, la politique, la philosophie, la littérature et les arts, tout se tient dans l'action qu'elle exerce au dehors, et là où elle influait comme législatrice nous devons croire qu'elle dominait aussi comme artiste. »

(1) Nieb., I, p. 166; Ottfr. Müller, I, p. 345 et 352, not. 37.

Capène, Cosa Populonium, et plusieurs autres ont été tour à tour admises ou rejetées par les savants.

De ces villes appelées par Tite-Live les *têtes* de la nation (1) partirent des colonies qui étendirent la domination étrusque jusqu'au pied des Alpes. Toute la vallée du Pô était occupée par la nation des Ombriens et par celle des Ligures. Les Ombriens du Pô furent dépouillés comme ceux de la mer Inférieure, les Ligures furent repoussés au delà de la Trébie, et les vainqueurs donnèrent à la contrée où ils venaient de s'établir le nom d'Étrurie nouvelle, qui devait plus tard être effacé par celui de Gaule Cisalpine (2). Des traditions étrusques attribuaient les conquêtes au héros Tarchon de Tarquinies (3), ainsi que la fondation des douze villes circumpadanes qui formaient une confédération à l'image de la mère patrie. Les plus célèbres de ces villes furent Adria (4) sur les confins de la Vénétie, que les Grecs disaient avoir été fondée par Diomède; Felsina, appelée plus tard Bologne; la riche Mantoue (5); la forte cité de Melpum. Les Étrusques assainirent la contrée par le desséchement des marais, la fertilisèrent par des canaux d'irrigation, et donnèrent le spectacle, rare dans l'antiquité, d'un peuple conquérant plus civilisé que les nations vaincues (6). Ils tournèrent aussi leurs armes vers le sud, franchirent le Tibre, colonisèrent Fidènes, Crustuminia, Tusculum, soumirent la côte habitée par les Rutules et par les Volsques, et s'étendirent même jusque sur les bords du Vulturne. Il y eut une Étrurie campanienne, comme il y avait une Étrurie circumpadane, laquelle se composa aussi de la réunion de douze cités dont Vulturnum, plus tard Capoue, Noles, Acerræ, Herculanum et Pompeii furent les principales (7). Enfin les Étrusques, possesseurs de vastes rivages

(1) Tit.-Liv., V, 33.
(2) Serv., *Ad Æn.*, 202; Micali, I, p. 145, c. X.
(3) Ottfr. Müll., *Die Etr.*, I, p. 130.
(4) Strab., V, p. 148; Plin., III, 16; Just., XX, 1.
(5) Virg., X, 201; Servius, *ibid.*
(6) Plin., III, 16.
(7) Tit.-Liv., IV, 37; Micali, I, 648; Ott. Müller, I, 167.

et de ports nombreux, dominèrent dans les deux mers italiennes, formèrent des établissements dans les îles, notamment dans la Corse et dans la Sardaigne, et au temps de la fondation de Rome, vers le huitième siècle, ils avaient, selon Tite-Live, porté la gloire de leur nom depuis les Alpes jusqu'au détroit de Sicile (1).

Mais l'union manquait à cette domination dispersée sur un vaste territoire. On ne sait pas quel lien pouvait rattacher à la confédération principale, dont les diètes se tenaient près du temple de Voltumna (2), les autres villes étrusques du Pô et du Vulturne. Ces cités se séparèrent de la masse de la nation, et restèrent isolées au milieu des peuples italiens, qu'elles n'avaient qu'imparfaitement assujettis. Le lien fédéral de l'Étrurie proprement dite se relâcha bientôt. Si dans les périodes des conquêtes l'association fut étroite, elle n'existe presque plus à l'époque où la liberté étrusque est menacée par les armes romaines. Cette société aristocratique, gouvernée par des Lucumons, ne voulut jamais reconnaître un maître unique, et ne sut pas trouver dans le gouvernement monarchique d'un roi ou d'une cité suprême l'unité qui aurait assuré son existence. Cependant la chute de l'Étrurie fut lente, et elle conserva longtemps, même lorsque Rome eut établi son empire, la suprématie dans les arts, dans les sciences, et le privilège d'être le pays le plus éclairé de l'Italie.

Ce n'est plus par ses annales, qui ont péri, par le souvenir de ses grands hommes, qu'on ne connaît pas, par le détail de ses vicissitudes politiques, que nous ignorerons toujours, mais par les ruines de ses cités et de ses tombeaux, par les débris conservés de son industrie et de ses arts, que l'Étrurie reste pour la postérité un éternel sujet de curiosité et d'admiration (3). Des découvertes qui se multiplient tous les jours ont depuis un demi-siècle rendu à la lumière une multitude d'objets précieux enfouis sous la terre dans les sépulcres des opulents Lucumons. Le musée Grégorien au Vatican, la riche collection de M. Campana offrent aux regards surpris des visiteurs des chefs-d'œuvre des artistes étrusques qui égalent ce que l'art et l'industrie moderne produisent de plus exquis et de plus délicat. Sans doute tout n'est pas également parfait dans les peintures des tombeaux et des vases, dans les proportions de ces statues de terre cuite particulières à l'Étrurie, dans les coupes, dans les urnes dont le nombre connu est déjà si considérable, dans ces ouvrages de bronze et d'orfévrerie dont l'exécution n'est pas toujours très-délicate. On reconnaît facilement, en examinant l'ensemble de ces collections, les produits qui appartiennent à l'enfance, ou à la perfection, ou à la décadence de l'art. Mais le nombre de ceux qui se rapportent aux beaux temps de l'art étrusque est assez grand, leur beauté assez parfaite pour que l'on déclare que les artistes de cette nation avaient reçu au plus haut degré le don de sentir et d'exprimer l'idée du beau. Toutefois, il est probable, comme on l'a dit avec raison, que l'art étrusque ne se perfectionna que par les leçons et les exemples de la Grèce. La tradition qui rapporte que le Corinthien Démarate vint à Tarquinies accompagné des potiers Euchir et Eugrammus exprime, par un fait qu'il ne faut peut-être pas accepter à la lettre, l'influence de la Grèce sur les artistes de l'Étrurie (1). « Ce n'est qu'aux seuls Grecs, dit Niébuhr (2), qu'a été révélée l'idée qui forme le corps de l'homme à la vie et à la beauté. C'est de leur génie qu'est sortie l'étincelle qui a enflammé les hommes susceptibles de conception, parmi les peuples capables de concevoir. De là cette mythologie grecque qui se montre dans un grand nombre des plus beaux ouvrages étrusques. Cependant, une fois éclairés, les Étrusques donnèrent aussi la tournure grecque à leurs propres représentations. Une chose remarquable, comme si elle était nationale chez les

---

(1) Tit.-Liv., I, 2.
(2) Tit.-Liv., V, 1; Nieb., I, p. 175.
(3) Voir les gravures de cet ouvrage, du n° 14 au n° 38.

(1) Voy. Sec. Campanari. Intorno i vasi fittili, etc.; Roma, 1836, p. 25.
(2) Hist. rom., t. I, p. 190. Cf. Introduction à l'étude des vases peints, par M. Ch. Lenormand, p. 60.

3ᵉ Livraison. (ITALIE.)

Toscans, c'est le fini, la perfection du dessin qui caractérise leurs sujets, tout en négligeant le gracieux; c'est la ressemblance complète de ces dessins avec les ouvrages toscans de la renaissance au moyen âge. »

La propagation de l'hellénisme en Étrurie ne peut être antérieure à l'établissement du Corinthien Démarate à Tarquinies, et ne remonte pas au delà du septième siècle avant l'ère chrétienne. C'est aussi vers cette époque que la lutte des Étrusques avec Rome nouvellement fondée, que leur rivalité avec les colonies grecques de Sicile et d'Italie méridionale nous fournissent les premiers faits certainement connus de leur histoire politique. L'examen de l'art étrusque et de ses principaux produits trouvera sa place dans l'étude de l'état social de l'ancienne Italie : quant aux relations politiques des Étrusques avec Rome et les cités grecques, elles seront rapportées dans le récit des événements postérieurs à la fondation de Rome.

PEUPLES OSQUES ET SABELLIENS.

Derrière les Étrusques, dans les montagnes les plus élevées et les plus âpres de l'Apennin, ou bien vers le littoral à côté de l'Étrurie du sud, s'étaient maintenues des peuplades nombreuses, que l'on peut ramener à deux divisions principales, celle des Sabelliens et celle des Osques; ces deux groupes de peuples, par les analogies de leurs mœurs, de leurs noms, de leur langue, se rattachent à une seule race, celle des aborigènes ou indigènes de l'Italie, dans laquelle il faut voir d'anciennes bandes pélasgiques qui, après s'être longtemps tenues immobiles dans leurs montagnes, en sortirent fortes et nombreuses, et occupèrent en conquérants les deux pentes de l'Apennin. Établies dans des contrées différentes, elles se distinguèrent bientôt les unes des autres d'après la nature même du pays. Les tribus des montagnes ou sabelliennes conservèrent toute la rudesse, toute la grossièreté des peuples de chasseurs et de pâtres. Les tribus de la côte ou les Osques adoucirent leurs mœurs par l'agriculture et le commerce, et, sans renoncer aux armes, perdirent l'âpreté farouche des Sabelli. Les Sabelli sont les Doriens, les Osques

les Ioniens de cette race pélasgique de l'Italie.

TRIBUS OSQUES. — Les noms d'Osques, d'Opiques, d'Autunces, d'Ausones, désignent, comme nous l'avons déjà dit, un seul et même peuple (1). Le nom d'Ausonie est un des plus anciens que l'Italie ait porté; et en remontant aux origines des Osques nous touchons aux limites des connaissances historiques. Toute l'Italie méridionale était ausonienne, c'est-à-dire osque et peut-être sicule. Les Ausoniens se mêlèrent avec les nouveaux Pélasges d'Énotrius, avec les Tyrrhéniens, les Ombriens, les Grecs. Cependant la langue osque conserva son caractère propre, et resta la plus répandue parmi les populations italiennes de la basse Italie. Nous n'essayerons pas de reconstruire par conjecture l'histoire des tribus osques : qu'il nous suffise d'énumérer les tribus qui aux temps de la fondation de Rome peuvent être considérées comme se rattachant à cette famille. 1° Les Aurunces, habitant le territoire situé entre Terracine et le Liris : ce peuple, que les Romains soumirent facilement, avait conservé les mœurs et la physionomie des temps barbares. Dans les rares mentions qu'il en fait, Tite-Live n'oublie jamais de parler de leur stature gigantesque, de leur férocité, de leur aspect farouche. On se rappelle en lisant ses peintures des Aurunces que leur rivage est celui où les fables anciennes placent les Lestrygons et les Cyclopes (2). Les Aurunces habitaient Ausona, Fundi, Formies, et Juessa Aurunca. 2° Les Volsques, au nord-ouest des Aurunces, et beaucoup plus puissants qu'eux, furent pendant deux siècles les ennemis acharnés de Rome, qu'ils faillirent accabler au temps de Coriolan. Possédant sur la côte les ports d'Antium, d'Astura, de Terracine, et l'île de Pontia, ils avaient une marine considérable, et faisaient à la fois le commerce et la piraterie. Leurs cités de l'intérieur, très-nombreuses et peuplées, n'étaient pas moins redoutables aux villes latines. Mais la conquête romaine changea le pays des Volsques en un désert pestilentiel. 3° Les Rutules,

(1) Cluv., Ital. ant., t. II, p. 1059.
(2) Hom., Odyss., X, 80-134; Mical., I, 194.

voisins des Volsques sur le même rivage, avaient pour capitale Ardée, qui prétendait avoir fondé Sagonte. 4° Les Latins, ou Prisci Latini, appelés aussi *Casci*, nom qui, dans la langue sabine, signifie anciens, étaient un peuple composé de la réunion de cités osques, ombriennes, sicules groupées autour du mont Albain, et qui formèrent une confédération de trente villes, dont Albe la Longue était regardée comme la métropole. Elles avaient des sacrifices communs sur le mont Albain, où plus tard Rome célébrait encore les féries latines. 5° Les Èques, qui occupaient sur les premiers gradins de l'Apennin central des places fortifiées, dont Préneste et Tibur étaient les principales. Voisins des Sabins, dont ils ne sont séparés que par l'Anio, les Èques se confondent avec les peuples sabelliques aussi bien qu'avec les Osques. Au reste, l'histoire les montre continuellement associés avec les Volsques par leur instinct pillard et belliqueux et par leur haine contre Rome. 6° Les Herniques, également osques ou sabelliens, occupaient aussi un pays montagneux quoique fertile, et avaient pour cités principales les villes d'Anagni, d'Alatri, de Terentinum, de Frusinone, dont on admire encore les constructions cyclopéennes. Par inimitié contre les Èques, les Herniques s'entendirent facilement avec les Romains, et prirent peu de part aux guerres qui suivirent l'expulsion des Tarquins. 7° Dans la Campanie, dans l'Apulie, dans le reste de l'Italie méridionale la nation des Osques fut assujettie par des conquérants étrangers, Grecs, Étrusques, etc. Mais le fond de la population resta osque, comme le prouve l'usage conservé de cette langue, et même quelques tribus de cette race restèrent indépendantes, comme les Aurunces de Calès et les Sidicins de Téanum (1).

TRIBUS SABELLIENNES. — « Les Romains n'ont point de nom national et général pour désigner les Sabins et les peuples qui passent pour en être issus; ils appellent Sabelli les Marses comme les Péligniens, les Samnites comme les Lucaniens. Il est certain, d'après l'inscription des médailles samnites des temps de la guerre sociale, que ces peuples se donnaient à eux-mêmes le nom de Savini ou Sabini : du moins on n'en saurait douter quant aux Samnites, dont le nom, selon la forme grecque Σαυνῖται, est immédiatement dérivé de celui-là. Mais l'usage adopté chez un peuple dont tous les écrits ont péri a perdu ses droits, comme toute chose qui est éteinte de fait. Je crois pouvoir me servir du mot Sabelli pour toute la souche, parce que les peuples ainsi désignés par les Romains ont bien plus d'importance que les Sabins, et que d'ailleurs une oreille accoutumée à l'usage du latin serait choquée d'entendre appliquer aux Samnites le nom des Sabins (1). » Cependant le pays des Sabins paraît avoir été le berceau de toutes les tribus dites Sabelliques qui occupèrent toutes la région montagneuse de l'Apennin central, tout le versant de l'Adriatique et une grande partie des contrées de l'Italie du sud. Ces peuples étaient restés les plus belliqueux de tous les États italiens, les seuls qui fussent en état de disputer à Rome la suprématie. La guerre du Samnium fut la plus longue et la plus pénible de toutes celles que les Romains eurent à soutenir, et son issue décida l'asservissement définitif de l'Italie.

1° Les Sabins, ancêtres de toute la race, étaient, selon Caton, descendus du pays d'Amiterne (2), dans le haut Apennin, d'où sortent le Velino, le Tronto et la Pescara (3). De là ils vinrent dans le pays de Réate, d'où ils chassèrent les Casci ou Aborigènes, qui s'enfuirent dans le Latium, et ils s'avancèrent jusqu'au Tibre, en suivant la vallée de l'Anio. Dans le Latium ils occupèrent quelques villes voisines de cette rivière, et au nord ils enlevèrent aux Ombriens tout le pays jusqu'au Nar. Au huitième siècle avant l'ère chrétienne les Sabins étaient le peuple le plus redouté de l'Italie, après les Étrusques; mais ils devaient leur renom de puissance à leur bravoure et à leur nombreuse population plutôt qu'à l'étendue de leur territoire. En effet, ce peuple de pâtres et d'agriculteurs envoya dans les contrées voisines

---

(1) Duruy, *Hist. des Rom.*, I, p. 53.

(1) Niebuhr, *Hist. rom.*, I, p. 128, trad. par de Golbéry.
(2) Cat. ap. Den. d'Hal., II, 49.
(3) Micali, I, p. 167.

de puissantes colonies qui y fondèrent de États indépendants. Les Sabins ne conservèrent aucune autorité sur ces établissements sortis de leur territoire, et loin de se fortifier, la Sabine s'épuisa par ses émigrations.

2° La jeunesse du printemps sacré conduite par un épervier (picus) alla s'établir au nord-est, et forma la nation des Picénins (1). Le Picénum s'étendait depuis les pentes de l'Apennin jusqu'à l'Adriatique, entre le petit fleuve Æsir et le Matrinus, et comptait pour villes principales Asculum et Firmum. Dans ces limites habitait la petite tribu des Prétutiens, qui paraît avoir été d'origine illyrienne en Sicile, et qui a donné son nom aux Abruzzes. Les Sabelli du Picénum mêlés avec les Ombriens, des Étrusques, des Illyriens, perdirent les instincts belliqueux de leurs ancêtres, vécurent paisiblement dans leurs fertiles vallées, et se soumirent facilement à la domination romaine.

3° Au sud-est de la Sabine, en suivant la chaîne de l'Apennin, on trouve deux confédérations d'origine sabellique occupant le pays auquel on peut donner le nom de Samnium dans sa plus vaste acception. C'était la ligue des Marses au nord, et celle des Samnites proprement dits au sud. La confédération des Marses se composait de quatre peuples : les Vestères, les Marrucins, les Péligniens et les Marses. Les Marses et les Péligniens habitaient autour du lac Fucin dans les montagnes. Corfinium, ville forte de ces derniers, fut la capitale de l'Italie pendant la guerre sociale. La bravoure des Marses était proverbiale : « Nul ne peut triompher des Marses ou sans les Marses, » disait-on (2). Plus tard, quand leur renom de valeur était oublié, les Marses furent encore célèbres par leurs devins et leurs sorciers. Les Vestins, établis entre le Matrinus et l'Aternus, possédaient le port important d'Aternum. Réate était la capitale des Marruccins. Ces peuples furent les auxiliaires constants des Samnites pendant la lutte de ces derniers contre Rome : ils succombèrent avec eux. Ils prouvèrent aussi qu'ils avaient conservé tout leur courage et toute leur énergie pendant la grande insurrection italienne de l'an 90.

4° L'autre ligue sabellienne, celle des Samnites, se composait des Caraceni, des Candini, des Pentri et des Hirpins. Les légendes nationales rapportent que des bandes de jeunes guerriers sabins, conduites par un taureau ou par le loup de Mamers (*hirpus*, loup en langue osque), s'établirent sur les pentes de l'Apennin, déjà occupées par les Osques, avec lesquels elles se confondirent, et qu'elles formèrent ainsi la nation des Samnites et des Hirpins (1). Les Samnites, à leur tour, envoyèrent dans les pays voisins des établissements semblables, et la domination de la race sabellienne s'étendit d'une mer à l'autre et dans presque toute l'Italie méridionale. Les Frentans, les Picentins, les Samnites de Lucanie et de Campanie sortirent du Samnium de la même manière et pour les mêmes causes qui avaient fait émigrer les Samnites de la Sabine. Ces établissements se détachèrent aussi du point central d'où ils étaient partis, de même que les Samnites s'étaient détachés des Sabins leurs ancêtres. Néanmoins les quatre tribus des Samnites restèrent l'association la plus puissante parmi les peuples de race sabellique. Autour de la cime âpre et neigeuse du mont Matèse, un des pics les plus élevés de l'Apennin, se groupent les fortes cités des Samnites : Pentri. Télésia, Alifas, Ésernia, Bovianum, capitale de toute la confédération (2). Les Pentri, les plus puissants de la ligue, possédaient encore Triventum, Tifernum, et Murgantia. Toutes ces cités étaient indépendantes et formaient par leur association la nation des Pentri, comme les Pentri et les trois autres tribus formaient en se fédérant le peuple des samnites. Les Candini, occupant les pentes du mont Taburnus vers la Campanie, habitaient Caudium, Saticula et Trébola. Sur l'autre flanc du Taburnus vers l'Apulie était établie la tribu des Hirpins, dont les villes principales étaient Callifes, Avellinum, Rufrium, Taurasia, Herdonée,

---

(1) Pline, III, 13; Strab. V, p. 158, 166; Sil. Ital., VIII, 441; Micali, I, p. 172.

(2) App. *Bell. civil.*, I, p. 639; Virg., *Georg.*, II, 167.

(1) Strab., 173, 251.

(2) Tit.-Liv., IX, 31.

Trivicum, Aquilonia, Cominium, Romulea, Consa et Maleventum, plus tard Bénévent (1). Le petit peuple des Caraceni occupait à l'ouest des Frentans un territoire montueux et stérile, dont Aufidena était la capitale et l'unique cité importante. Ces peuples pasteurs et guerriers s'enrichirent par le soin des troupeaux et le pillage des opulentes villes du voisinage. « Les troupeaux trouvaient dans ces hautes vallées, durant les étés brûlants, de frais pâturages et des sources abondantes. Leurs produits vendus dans les villes grecques, les soldes militaires qu'ils reçurent souvent à titre d'auxiliaires, mais surtout le butin qu'ils rapportaient de leurs courses dans la Grande Grèce, accumulaient dans les mains de ces pâtres belliqueux de grandes richesses. Au temps de la guerre contre Rome, telle était l'abondance de l'airain dans le Samnium, que le jeune Papirius en enleva plus de deux millions de livres, et que son collègue Carvilius, avec les seules armures prises aux fantassins samnites, fit fondre le colosse de Jupiter qu'il plaça dans le Capitole, et qu'on pouvait apercevoir du haut du mont Albain. Comme tous les peuples guerriers, les Samnites mettaient leur luxe dans leurs armes. Les plus brillantes couleurs resplendissaient sur leurs vêtements de guerre; l'or et l'argent sur leurs boucliers. Chaque soldat des premières classes, s'équipant à ses frais, voulait prouver son courage par l'éclat de ses armes. Aussi la richesse de l'armée ne prouve pas celle du peuple (2). »

Il ne manqua aux peuples sabelliens pour asservir l'Italie qu'une organisation forte et durable. L'union passagère qui les plaçait sous la conduite d'un embrasur (imperator) ou chef suprême était dissoute quand l'expédition qui les avait rassemblés était accomplie. Alors les tribus revenaient à leur indépendance orageuse, et, formant sous le gouvernement de leur *Meddix Tuticus* des sociétés distinctes et ennemies, elles s'affaiblissaient par leurs dissensions intestines. Aussi Rome, qui avait su établir une autorité absolue sur toutes les nations osques de l'Italie centrale, parvint-elle, avec moins de territoire et peut-être de soldats, à subjuguer aussi les populeuses et guerrières nations sabelliques. La conquête du Samnium lui coûta, il est vrai, plus d'un demi-siècle d'efforts et de combats ; mais la résistance des Samnites de la Campanie et de la Lucanie fut à peu près nulle. Au cinquième siècle, les Samnites avaient surpris et égorgé les Étrusques de Vulturnum (420) (1), qu'ils appelèrent Capoue, et occupé la cité grecque de Cumes. Ils dominèrent quelque temps dans la contrée qu'ils avaient conquise sous le nom de *Campani*, et sous celui de *Mamertins* ils prirent part comme mercenaires à toutes les guerres des cités grecques de la Sicile. Mais, affaiblis par de nombreuses émigrations, énervés par le climat de la Campanie, ils perdirent leur courage et leurs habitudes guerrières ; et lorsque de nouveaux Samnites descendirent dans la vallée du Vulturne, au quatrième siècle, les habitants de Capoue, incapables de se défendre, se placèrent sous la protection et sous le joug des Romains. D'autres Samnites, descendus dans la Lucanie, dans le temps que Vulturnum était enlevée aux Étrusques, conquirent Pandosie et menacèrent les cités grecques du golfe de Tarente. Thurium se défendit péniblement contre leurs attaques, et toute sa jeunesse fut exterminée dans une bataille (391), à la suite de laquelle les Samnites Lucaniens occupèrent presque toute la Calabre. Denys l'Ancien, effrayé pour ses possessions d'Italie, éleva une ligne de défense du golfe de Scylacium à celui d'Hippon, et souleva contre eux les anciens habitants du pays, Osques, Sicules ou OEnotriens, sous le nom de Brutiens. Ils formèrent un peuple nouveau, qui écarta les Lucaniens de cette partie de la péninsule, qui dès lors s'appela le Brutium. Toutefois les Samnites de la Lucanie ne cessèrent d'attaquer les villes grecques, et leurs dissensions avec Thurium, qui s'était placée sous le patronage des Romains, provoqua cette guerre dans laquelle les Lucaniens perdirent leur liberté. Après le départ

---

(1) Liv. IX, 27 ; Micali. I, p. 207 ; voy. *Thesaurus antiquitatum Beneventanarum* de Jean de Vita, 2 vol. in-8°, Rome, 1754.

(2) Duruy, *Histoire des Romains*, t. I, p. 47.

(1) Tit.-Liv., IV, 37.

de Pyrrhus, tous les peuples sabelliques étaient assujettis, et l'Italie, depuis la Macra et le Rubicon jusqu'à ses deux extrémités méridionales, reconnaissait la domination d'un seul peuple.

ÉTABLISSEMENTS DES GRECS ET DES GAULOIS.

Jusqu'ici aucune des traditions relatives à l'origine des peuples italiens ne nous a paru offrir le caractère de la certitude historique; la plupart en effet ne sont que des fables ou des souvenirs tellement altérés d'événements anciens, qu'on ne peut les reproduire sans des interprétations qui ouvrent un vaste champ à la discussion et aux hypothèses. Mais les établissements des Gaulois et des Grecs dans le nord et dans le sud de l'Italie sont des faits qui appartiennent aux temps historiques. Ils sont pour la plupart postérieurs à la fondation de Rome, et les récits que les historiens anciens nous en font sont de nature à ne laisser aucun doute sur les circonstances principales qu'ils contiennent.

Les Grecs. — Il ne faut tenir que peu de compte des légendes poétiques qui attribuent à Ulysse, à Diomède, à Nestor, à Philoctète la fondation d'un grand nombre de villes grecques d'Italie, et qui n'ont pas plus de valeur historique que les traditions relatives à Énée et à Anténor. « Car d'aucun de ces prétendus établissements, dit Niébuhr (1), on ne voit naître un peuple grec; il faudrait supposer que, pareils aux compagnons de Diomède, ces Grecs ont été métamorphosés et se sont anéantis. » Ne pouvant distinguer ce qu'il y a de réel dans ces anciennes fictions, nous nous contenterons d'énumérer ici les colonies grecques dont l'établissement peut être reconnu par la critique, et dont l'histoire sera présentée ailleurs avec plus de développements.

La plus ancienne des colonies grecques est celle de Cumes, fondée par des Chalcidiens dans le pays des Opiques en Campanie, vers les années 1130 et 1105 av. J. C. Dans les siècles suivants, Cumes fonda elle-même Dicœarchia ou Putéoli, qui lui servait de port, Parthénopé, Néapolis. Zande, plus tard Messane, en Sicile, Rhégium de l'autre côté du détroit, sont également des colonies chalcidiennes, ainsi que Pyxus, fondée par Onicythus sur la côte où dominait alors Sybaris. Les Doriens de Sparte fondèrent Tarente en 707, qui fut la métropole d'Héraclée, d'Arundusium, de Callipolis et d'Hydruntum. En 393 des Syracusains quittèrent leur patrie pour échapper à la tyrannie de Denys l'Ancien, et s'établirent à Ancône, qui devint une ville dorienne. La ville éolienne de Locres, fondée ou seulement renouvelée vers 683 par des Locriens Ozoles, dut sa célébrité et sa puissance à la législation du sage Zaleucus. Elle donna naissance à Hipponium et à Médina, et domina d'une mer à l'autre, sur la plus grande partie de la Calabre, jusqu'au temps où les tentatives de Denys le Jeune préparèrent sa ruine, qui fut achevée par Pyrrhus et par Annibal. Élée doit son origine aux Ioniens. Elle fut fondée au sixième siècle par des Phocéens qui fuyaient devant l'invasion de Cyrus. Cette ville, que le souvenir de son école philosophique a immortalisée, ne prit aucune part aux guerres des villes de la Grande-Grèce. L'autre ville ionienne, Thurium, fondée au temps de Périclès par les Athéniens, remplaça Sybaris, que Crotone avait ruinée. Ce fut le dernier établissement des Grecs sur les côtes de l'Italie méridionale. Les cités d'origine achéenne furent les puissantes colonies grecques de cette contrée. Les deux principales, Sybaris et Crotone, avaient été fondées dans le huitième siècle (vers 720). Sybaris étendit sa domination sur presque toute la Lucanie, et fonda Posidonie ou Pœstum et Laos; Crotone devint puissante dans le Brutium, et eut pour colonies Caulonia au sud vers Locres, et Térina sur la côte occidentale. Métaponte, la troisième des cités achéennes, jeta moins d'éclat que les deux autres. Mais Sybaris et Crotone se ruinèrent par leurs dissensions; Crotone anéantit Sybaris, et, affaiblie elle-même par les entreprises des tyrans de la Sicile, les Romains la subjuguèrent sans effort. Au troisième siècle, à l'époque où Rome assujettit l'Italie méridionale, la jeune cité de Thurium et la vieille colonie de

---
(1) *Hist. rom.*, I, 219; cf. Micali, I, p. 252, c. xx.

Tarente avaient seules conservé quelque importance politique.

LES GAULOIS. — Les tribus gauloises s'établirent en Italie au sixième siècle. Refoulées vers le sud par une invasion de Kimris, les populations galliques se rapprochèrent des Alpes, et les franchirent sous la conduite de Bellovèse (587) (1). La horde commandée par ce chef, que la tradition présente, ainsi que Sigovèse, comme un neveu d'Ambigat, roi des Bituriges, se composait d'Édues, d'Arvernes, de Bituriges et d'Ambarres. Une autre légende, qui confond l'immigration première en Italie et l'invasion postérieure de l'Étrurie, suppose que ces barbares furent attirés au delà des Alpes par l'Étrusque Aruns, qui les séduisit en leur faisant connaître le vin et les fruits que produisait le sol italien (2). Mais la véritable cause de cette émigration doit être attribuée, comme le fait Justin, d'après Trogue-Pompée, à des bouleversements intérieurs qui poussèrent les Galles hors de leur patrie. Avant de franchir les Alpes, l'armée de Bellovèse délivra Marseille, que les Phocéens venaient de fonder, des Liguriens qui l'assiégeaient, et agrandirent son territoire de tout ce qu'ils enlevèrent à ce peuple. Puis les Gaulois passèrent les Alpes au mont Genèvre, battirent les Étrusques sur les bords du Tésin, et s'établirent sur la rive gauche du Pô, dans l'ancienne Isombrie. Ils prirent eux-mêmes le nom d'Insubres, et ils fondèrent la ville de Mediolanum (Milan), entre le Tésin et l'Adda (3). Quelques années plus tard d'autres Gaulois, Aulerques, Carnutes, Cénomans, conduits par Élitovius, s'établirent dans les parties de la Nouvelle Étrurie que les Insubres n'avaient pas occupées, et ne s'arrêtèrent qu'aux frontières des Vénètes. Leurs cités principales furent Bruxia et Vérone. Une troisième invasion, composée de Boïens, d'Anamans, de Lingons, trouvant toute la Transpadane remplie de Gaulois, franchit le Pô, et s'empara de tout le cours de la rive droite. Les Boïens se cantonnèrent dans le pays compris entre l'Utens et le Taro, prirent Felsina, qu'ils appelèrent Bononia (Bologne). Les Anamans se placèrent à l'ouest des Boïens, entre le Taro et la Varusa. Les Lingons se postèrent vers la mer, aux bouches du Pô. Enfin les Sénons ou Sénonais, qui vinrent les derniers, passèrent par-dessus les Gaulois de la Transpadane et de la Cispadane, entrèrent dans le pays des Ombriens, qu'ils chassèrent du littoral de la mer Supérieure, et occupèrent la contrée depuis l'Utens jusqu'au petit fleuve Æsis (521). Ainsi se forma la Gaule Cisalpine dans cette vallée du Pô que les Étrusques avaient civilisée, et qui retomba pour quelques siècles dans un état voisin de la barbarie; ainsi fut introduite en Italie cette race guerrière des Gaulois, ennemie acharnée de la cité romaine, qu'elle fut un jour sur le point d'anéantir.

Tel était l'état politique de l'Italie ancienne avant la fondation de Rome. Excepté les Gaulois, dont l'établissement est postérieur à Romulus, tous les peuples dont nous avons signalé l'origine, avaient occupé et s'étaient partagé la péninsule sans pouvoir y dominer exclusivement et en faire une grande nation. Quoique le fond de tous ces peuples fût en général pélasgique, tant de causes différentes avaient contribué à les distinguer les uns des autres, qu'ils étaient divisés par des guerres continuelles. Les Étrusques avaient à se maintenir contre les Liguriens et les peuples sabelliques. Ceux-ci étaient toujours en guerre avec les tribus osques. Dans l'intérieur de chaque nation, même morcellement, même absence de lien général, de direction suprême; partout la division et la lutte. Ce fut cette condition même des nations italiennes qui permit à Rome de grandir au milieu d'elles, de les asservir les unes après les autres et de fonder une domination universelle.

LE LATIUM AVANT LA FONDATION DE ROME.

Les plus anciennes traditions relatives à l'histoire de l'Italie nous montrent le Latium occupé primitivement par les Aborigènes (1), et racontent leurs lut-

---

(1) Am. Thierry, *Hist. des Gaulois*, t. I, p. 35.
(2) *Voir* sur ce point la discussion de Niebuhr, t. IV, p. 273.
(3) Cluv., *Ital. ant.*, I ; 237 ; Tit.-Liv., V, 35.

(1) Nieb., *Hist. rom.*, t. I, p. 110; Den.

tes avec les Sicules, à qui ils disputent le territoire, et avec d'autres bandes de montagnards (Sacrani), descendus comme les Aborigènes des sommets de l'Apennin et des Abruzzes. Voilà tout ce qu'on sait de certain sur ces temps primitifs ; car à une si grande distance l'histoire ne peut distinguer l'action individuelle ; elle ne voit pas les hommes, elle n'aperçoit que les chocs et les mouvements des peuples. Mais ces premières données de l'histoire ont été développées et embellies à plaisir par la fantaisie des poëtes. Les Aborigènes, représentés quelquefois comme adonnés d'abord à la vie sauvage, parviennent bientôt à la félicité de l'âge d'or, époque introuvable, que l'imagination place à l'origine des temps, comme elle recule le séjour des bienheureux à l'extrémité de l'espace. Les auteurs de cette civilisation imaginèrent Janus et Saturne, dieux suprêmes, rois bienfaisants ; car chaque peuple, à son origine, a toujours une époque divine où les dieux règnent et où les hommes sont des dieux. Janus, dit Ovide (1), régnait sur les bords du Tibre ; il avait fixé son séjour sur la colline qui s'appela de son nom Janicule. Alors la justice et la paix habitaient encore parmi les hommes, et Janus veillait sur les portes dont l'ouverture était le signal des combats. L'historien Zénon, cité par Macrobe, rapportait dans ses *Annales italiques* que Janus, qui semble être le premier Numa du Latium, éleva des temples aux dieux, régla les cérémonies religieuses, et mérita ainsi l'honneur d'être nommé le premier dans toutes les fêtes. Sous son règne Saturne, chassé par Jupiter, remonta sur un navire le courant du fleuve Étrusque, et reçut un asile sur cette terre du Latium, dont le nom atteste l'hospitalité. Janus et Saturne régnèrent ensemble. Saturnia s'éleva en face de Janiculum (2). Le dieu reconnaissant révèle au peuple qui l'avait reçu le secret de l'agriculture, et on lui attribue particulièrement l'invention de la greffe et de la taille des arbres fruitiers. Les premiers en Italie, Janus et Saturne frappèrent de la monnaie de cuivre avec deux empreintes, un navire d'un côté et de l'autre une tête à deux visages (1). Cependant Saturne ayant disparu (2), Janus donna à la contrée le nom de Saturnie, éleva un autel à Saturne et institua les Saturnales, bien des siècles avant la fondation de Rome. D'autres rapportent l'institution des Saturnales aux compagnons d'Hercule, laissés par ce héros en Italie. Selon Varron, cette fête est due aux Pélages, qui, guidés par une réponse de l'oracle de Dodone, vinrent s'établir dans le pays des Sicules, sur la terre consacrée à Saturne et à Cutilie des Aborigènes, là où flotte l'île du lac Cutilien.

La tradition continue cette histoire mythologique pendant plusieurs générations de rois et de divinités issus de Saturne, mais avec un changement de résidence. Les descendants de Saturne ne restent pas sur les bords du Tibre ; ils sont transportés à Laurentum (3), chez les Rutules. Cette dynastie des rois de Laurente, comme l'appelle Hartung (4), se compose de Picus, de Faunus et de Latinus. Picus était fils de Saturne ou de Stercutius, qui est le même personnage. Il fut mis au rang des dieux, adoré comme cavalier, guerrier et devin (5). Faunus, son fils, second roi des Laurentins, fut également déifié comme divinateur et protecteur des bois et des pâturages (6). Enfin Latinus, fils de Faunus, l'ancêtre des Latins, après avoir disparu mystérieusement, selon la tradition rapportée par Festus, fut adoré sous le nom de Jupiter Latiaris (7). A chacun de ces personnages la tradition attribue une compagne qui participe

---

d'Hal., II, 49 ; Serv. ad Æn., s. v. Sacrani. ed. Müller, 321, 18.

(1) Ov., *Fast.*, I, 63, 284 ; Macrobe, *Sat.*, I, 7.

(2) Virg., *Æn.*, VIII, 354.

(1) *La moneta dell' Italia antica*, par le docteur Gennavelli ; Rome, 1843, p. 9.
(2) Macrob., *Sat.*, I, 7.
(3) Nibby, *Anal. della carta de dint. di Roma*, s. v. Laurentum, auj. Tor. paterno, t. II, p. 199.
(4) Hart. *Gesch. der relig. der Roem.*, t. II, p. 155 ; Virg., *Æn.*, VII, 48.
(5) St. Aug., *Civ. Dei*, l. XVIII, c. xv.
(6) Ov., *Fast.*, II, 265 ; III, 292.
(7) Fest., s. v. Oscillantes ; Müll., 194, 10.

aussi à sa double existence : à Janus Diana, Ops à Saturne, Circé à Picus, Marice à Faunus, à Latinus Amata. A cette liste des plus anciens types historiques et mythologiques du Latium on pourrait ajouter Mars, si souvent confondu avec Picus, et que Denys d'Halicarnasse donne comme l'ancêtre de Faunus (1).

On raconte que sous le règne de Faunus des Pélages, venus de l'Arcadie sous la conduite d'Évandre et de Carmenta, sa mère, trouvèrent, comme Saturne, un asile dans le Latium (2). C'est avec ces nouveaux venus que la tradition repeuple les collines du Tibre, où devait s'élever plus tard la ville de Rome. Contraint par le malheur d'abandonner la terre de la patrie, Évandre, que la prophétesse Carmenta console par la prédiction d'un brillant avenir, arrive en fugitif sur les bords du Tibre. Il aborde sur le rivage voisin du marais de Térente ; à la vue de cette terre prédestinée, Carmenta, saisie par l'esprit fatidique, annonce aux siens la grandeur future réservée à ces collines. Une ville s'élève, c'est Palantium. On y adore les divinités champêtres de l'Arcadie, et bientôt nul n'ose se dire plus grand que l'Arcadien Évandre dans les montagnes de l'Ausonie. Avec des traits différents, Évandre est considéré par la tradition sous le même aspect que Saturne et Janus ; il augmente le nombre des dieux, il élève des autels à Pan Lycéen, à Neptune Équestre, à qui il consacre des *consualia* ; il institue des expiations, des purifications et des sacrifices d'après les rites des Pélages d'Arcadie, que Denys d'Halicarnasse (3) assurait être encore observés de son temps. Il apprit aussi aux Aborigènes l'usage de l'écriture et des instruments de musique, leur donna des lois, et quand on ne le vit plus sur la terre il fut, ainsi que sa mère Carmenta, placé au rang des dieux.

Cependant Hercule, vainqueur de Géryon (4), revenant en Grèce par l'Italie, reçoit à son tour l'hospitalité chez Évandre. Il immole à sa vengeance l'odieux fils de Vulcain, le monstre Cacus, qu'il force dans son antre du mont Aventin. En reconnaissance d'un si grand service, Évandre lui dresse un autel, et Virgile fait remonter à cette époque reculée l'institution du culte rendu à Hercule par les familles patriciennes des Politiens et des Pinariens. C'est aussi au héros de Térynthe que la légende attribue l'abolition des sacrifices humains offerts à Saturne, qu'il remplaça par l'offrande de simulacres de jonc ou de paille qu'on précipitait dans le Tibre (1). Plus tard cette cérémonie s'appelait à Rome le sacrifice des Argées.

Il règne dans tous ces vieux récits, que nous abrégeons autant qu'il est possible, la plus grande confusion. Les rapports de parenté entre ces personnages sont établis diversement par les auteurs anciens, et il serait bien long de rappeler toutes ces différences et de les discuter. Remarquons cependant que les Grecs, qui prétendaient toujours faire dominer leur nation dans les origines italiennes et surtout latines, faisaient descendre Latinus de leur célèbre Ulysse et de Circé (2), ou de Circé et de Télémaque, qui s'était aussi, selon une tradition rapportée par Festus, d'après un certain Galitas, retiré dans le Latium pour échapper aux prétendants de Pénélope. Pour d'autres, Latinus était né d'Hercule et d'une fille de Faunus ou de l'Hyperboréenne Palanto (3). D'autres récits, rapportés par Denys d'Halicarnasse, donnent aussi pour femme à Hercule Launa ou Lavina, fille d'Évandre, et font naître Pallas de cette union. Toutes ces alliances imaginaires des héros célèbres dans les traditions mythologiques attestent les efforts tentés par les historiens pour expliquer la filiation des peuples, et établir entre eux des rapports d'origine, ainsi que la liberté avec laquelle on en usait à l'égard de ces récits

(1) Den. d'Hal., I, 31.
(2) Ov., *Fast.*, I, 471, 540.
(3) Den. d'Halic., I, 33.
(4) Ov., *Fast.*, I, 543; Virg., VIII, 200; Den. d'Hal., I, 39.

(1) Ov., *Fast.*, V, 621; Den. d'Hal., I, 38; Macr., *Sat.*, I, vii.
(2) Hésiod., *Théog.*, 1011, 1015; Fest., s. v. Romam., Müll., p. 269, 31.
(3) Nieb., *Hist. rom.*, t. I, p. 121; Justin, XLIII, 1; Den. d'Hal., I, 43.

sans autorité, livrés à tous les caprices de l'invention poétique.

Le dernier et le plus important de ces faits équivoques qui ont charmé les poëtes anciens et désespéré les critiques modernes, c'est la brillante tradition de l'établissement d'Énée dans le Latium. Les détails en sont trop connus, les circonstances et le fond en ont été trop souvent et trop habilement discutés pour qu'il soit utile d'y insister longtemps (1). Remarquons seulement que cette légende est parfaitement conforme au sens général de ces récits, dans lesquels le Latium est représenté comme une terre hospitalière par excellence, ouverte aux fugitifs des plus nobles contrées de la Grèce et de l'Asie, et s'enrichissant, à mesure qu'elle en reçoit davantage, de toutes les améliorations qu'ils y introduisent.

C'est un fait hors de doute que la croyance à l'émigration d'Énée en Italie était populaire à Rome, admise par l'État, et qu'elle faisait en quelque sorte partie des croyances nationales. Mais les inventions brillantes sont facilement accueillies par un peuple quand elles flattent son amour-propre en rehaussant son origine ; et dans ce cas la conviction même de toute une nation n'est pas une autorité pour l'historien.

Avant que Virgile eût choisi cet événement pour en faire le sujet d'un poëme épique national, il avait déjà été raconté dans un épisode du poëme de Nævius sur la guerre punique (2). Caton et Varron l'avaient aussi rapporté avec des différences qui ajoutent encore à l'incertitude qui règne sur cette fiction poétique et populaire. Selon Caton (3), Latinus essaya de repousser, les armes à la main, l'invasion troyenne ; mais il fut battu, Laurentum prise par les étrangers, et Latinus périt en essayant de reconquérir sa capitale. Lavinie devint, par le droit de la guerre, l'épouse du vainqueur. Dans Virgile la rudesse de la tradition primitive est adoucie. Latinus accueille d'abord Énée et ses compagnons ; Lavinium est fondée, et c'est la jalousie de Turnus, roi d'Ardée et des Rutules, qui provoque la guerre. Turnus est secouru par Mézence, roi étrusque de Cœré ; tous deux furent vaincus par les Troyens dans une bataille sur les bords du Numicius. Turnus périt de la main d'Énée. Virgile termine son poëme par la victoire de son héros. Énée régna trois ans à Lavinium ; puis, ayant péri dans les eaux du Numicius, il fut placé au rang des dieux et adoré sous le nom de Jupiter *Indiges*.

Après sa mort, Ascagne fonda Albe la Longue, sur le mont Albain. « Il est impossible encore de méconnaître le lieu où Albe formait une longue rue entre la montagne et le lac ; dans toute cette étendue, le rocher est brusquement coupé au-dessous d'elle, du côté du lac, et ces vestiges du travail de l'homme au milieu des broussailles, sont plus anciens que Rome (1). » Ascagne fit construire dans sa nouvelle ville un temple qu'il destinait aux dieux de Troie ; mais pendant la nuit ces statues retournèrent d'elles-mêmes à Lavinium, et se replacèrent sur leur ancien piédestal (2). On les rapporta dans le temple d'Albe, qu'elles abandonnèrent une seconde fois ; alors on prit le parti de les laisser où elles voulaient être. On confia à six cents familles qui restèrent à Lavinium le soin du culte de ces divinités, et ce fut à Lavinium que l'on continua de célébrer les fêtes des pénates du Latium.

Albe devint la capitale de la confédération des Prisci Latini, qui se composa de trente cités principales. Elle présidait aux féries latines, comme le firent plus tard les Romains, quand ils eurent acquis la suprématie sur le Latium. Douze rois régnèrent successivement à Albe pendant les trois cents ans qui s'écoulèrent depuis sa fondation jusqu'à celle de Rome. La liste de ces rois, rapportée avec quelques différences par Ovide, par Tite-Live, par Denys d'Ha-

(1) Notamment par Niebuhr, *Hist. rom.*, t. I, p. 250, qui, sans admettre la vérité du fait, établit que la croyance à la fuite d'Énée en Italie était ancienne et indigène, et par *Rud. Klaus, Æneas und die Penaten*, 2 vol., Hamb. et Gotha, 1839-1840.
(2) *Voy.* les fragments de ce poëme dans les *Elementa doctrinæ metricæ* de Hermann, pag. 629 et suiv. ; Nieb., *Hist. rom.*, I, p. 266
(3) Cf. Serv. *ad Æn.*, IV, 620 ; I, 267 ; IX, 745.

(1) Nieb., *Hist. rom.*, I, p. 279.
(2) Den. d'Hal., I, 67.

licarnasse et par Eusèbe, n'est, selon le jugement de Niebuhr (1), qu'un amas de noms en partie étrangers à l'Italie, et lui paraît une récente et très-maladroite invention. Quoi qu'il en soit, comme l'histoire de la dynastie albaine est à peu près dépourvue de faits, qu'elle se borne presque à un catalogue de noms, nous nous hâterons de sortir de cette époque fabuleuse pour arriver à des traditions qui, sans avoir beaucoup plus de certitude, présentent au moins une plus grande importance et plus d'intérêt, puisqu'elles contiennent ce qu'il est possible de savoir au sujet de la fondation de Rome.

CHAPITRE II.

ROME SOUS LES ROIS.

FONDATION DE ROME; DIVERSITÉ DES TRADITIONS RELATIVES A CET ÉVÉNEMENT. — La fondation de cette cité puissante, qui devait faire de l'Italie une seule nation et du monde ancien un seul empire, est encore un des faits les plus obscurs de l'histoire. Aussi l'esprit inventif des historiens grecs et les caprices de l'imagination populaire se sont-ils exercés librement sur ce sujet, devenu le domaine de l'hypothèse et de la fiction; et de ces deux sources d'erreurs sont sorties une multitude d'assertions contradictoires que rien n'autorise, ainsi que cette tradition populaire de Romulus, si profondément enracinée dans la croyance des Romains, mais qu'il faut bien ranger au nombre des faits historiquement impossibles. Plutarque et Denys d'Halicarnasse mentionnent les nombreuses variations des auteurs grecs touchant l'origine de la ville de Rome. En général ils faisaient remonter ses commencements à une époque plus ancienne que celle de la légende de Romulus, et ils en faisaient une cité tyrrhénienne, pélasgique ou grecque, tandis que la tradition romaine la rattache aux Troyens. Beaucoup d'auteurs, dit Denys (2), appellent Rome une ville tyrrhénienne, c'est-à-dire Étrusque; d'autres, dit Plutarque, prétendent qu'elle eut pour fondateur Romus, roi des Latins, qui chassa du pays les Tyrrhéniens Lydiens et qui donna son nom à la ville (1). Quelques-uns cependant en rapportaient la construction à Énée lui-même; mais un plus grand nombre l'attribuant à Romulus, font de ce personnage le fils ou le petit-fils d'Énée (2). Ainsi Céphalon de Gergithe, dont Denys rapporte l'opinion sans le cite. dit que Romulus et Rémus, les plus jeunes des quatre fils d'Énée, fondèrent Rome et Capoue, et il y en a qui ajoutent que cette ancienne Rome fut détruite et rebâtie par un second Romulus et un second Rémus. D'après cette opinion il y aurait eu deux fondations de Rome, séparées par un intervalle de quinze générations, et même, selon Antiochus de Syracuse, il y aurait eu une troisième ville de Rome, bâtie avant l'arrivée d'Énée et des Troyens en Italie, et par conséquent plus ancienne encore que les deux autres (3). Plutarque rapporte encore le témoignage de ceux qui disent « que les Pélasges, après avoir parcouru la plus grande partie de la terre et dompté plusieurs nations, s'arrêtèrent sur les bords du Tibre, où ils élevèrent une ville, qu'ils appelèrent Rome pour marquer leur force et leur valeur. » Il y a aussi des traditions qui font venir le nom de Rome de Roma, femme troyenne, laquelle décida les émigrés de Troie à terminer leur course errante et à se fixer sur le mont Palatin; ou de Roma, fille d'Italus et de Leucaria; ou de Roma, fille de Telèphe, fille d'Hercule et femme d'Énée, ou même sa petite-fille par Ascagne (4). Assurément il n'est aucune ville dont l'origine ait donné lieu à tant de récits ou de conjectures différentes; ce qui prouve, outre l'intérêt qui s'attachait à ce problème, son obscurité et l'ignorance où étaient les anciens de la réalité historique.

ROMULUS; VARIATIONS A SON SUJET; TRADITION NATIONALE. — Il n'y a pas plus d'unité et d'accord relativement à Romulus, qui est le plus généralement accepté comme fondateur de

---

(1) Nieb., *Hist. rom.*, t. I, p. 287.
(2) Denys d'Halic., *Ant. rom.*, I, 71.

(1) Plutarque, *Vie de Romulus*, c. 1.
(2) Niebuhr, *Hist. rom.*, t. I, p. 301.
(3) Denys d'Hal., I, 72.
(4) Plutarq., *Vie de Rom*, c. 2.

Rome. Ici il est fils d'Énée et de Dexithéa, fille de Phorbas. Là il eut pour mère Roma, fille de Dexithéa, et pour père Latinus, fils de Télémaque; de sorte que cette tradition le fait descendre d'Ulysse. D'autres le font naître d'Émilia, fille d'Énée et du dieu Mars. Une légende bizarre, rapportée par Promathion dans son histoire d'Italie, le fait naître dans la maison de Tarchétius, roi d'Albe, d'une esclave de ce prince et du dieu du foyer, tradition appliquée aussi à la naissance de Servius Tullius. Arrivons enfin à la fiction la plus accréditée à Rome, consacrée par tous les souvenirs populaires, adaptée aux localités du pays, chantée encore dans de vieux hymnes sacrés au temps de Denys d'Halycarnasse (1); à celle que le Grec Dioclès de Péparèthe, que le Romain Fabius Pictor ont rapportée dans leurs histoires, et que Tite-Live présente comme un fait reçu en dehors et au-dessus de toute discussion (2). Procas, douzième roi d'Albe, eut deux fils, Numitor et Amulius. Ce dernier s'empara du trône au détriment de son frère Numitor, dont il tua le fils et dont il consacra la fille Silvia au culte de Vesta. Un jour Sylvia étant allée puiser de l'eau à la source sacrée, le dieu Mars la rendit mère. La vierge coupable fut condamnée à mort, et ses deux fils jumeaux exposés sur le Tibre; mais les eaux du fleuve, alors débordées, déposèrent mollement leur berceau au pied du mont Palatin, sous le figuier sauvage (*ficus ruminalis*) qui fut pendant des siècles l'objet de la vénération populaire. Le dieu veillait sur ses enfants, et les sauva par des secours merveilleux. Une louve les nourrit de son lait; un épervier leur apporta des aliments dans son bec, et Faustulus, berger des troupeaux du roi, frappé de ces prodiges, recueillit les deux enfants, les confia à sa femme Acca Lorentia (surnommée *Lupa*, la louve), qui les éleva sous les noms de Romulus et Rémus.

Tous deux grandirent et se fortifièrent dans la vie sauvage de chasseurs et de pâtres. A la tête de leurs compagnons divisés en deux troupes, Romulus avec les Quintiliens, Rémus avec les Fabiens, ils faisaient des excursions dans les campagnes voisines. Mais dans une querelle avec les bergers de Numitor, à qui Amulius avait laissé de riches domaines, Rémus fut fait prisonnier, conduit devant son aïeul, et cet événement fit découvrir la naissance des deux frères. Alors Romulus et Rémus se concertèrent avec Numitor, renversèrent et tuèrent Amulius. Numitor, replacé sur le trône, permit à ses libérateurs de s'établir sur les collines où ils avaient été élevés, et leur céda le territoire de la rive gauche du Tibre jusqu'à la distance de six milles. Ici commence la contestation des deux frères. Qui posera les fondements de la ville? Qui lui donnera son nom? Ils s'en rapportent aux dieux, et consultent les augures. Placé sur l'Aventin, Rémus aperçoit six vautours; mais du haut du Palatin Romulus en voit douze, et ce présage supérieur lui confère l'avantage. Romulus trace aussitôt, selon les rites empruntés à l'Étrurie le *Pomœrium*, l'enceinte sacrée de la ville nouvelle (1). C'était le 21 avril, jour où l'on célébrait la fête de Palès, dieu ou déesse des pasteurs, et qui fut considéré depuis comme le jour anniversaire de la fondation de Rome. Romulus traça le sillon autour du Palatin avec le soc d'une charrue, il fit creuser le fossé et construire le rempart, lorsque Rémus, jaloux des progrès de l'ouvrage, franchit le fossé par dérision et périt à l'instant frappé par Céler ou par Romulus lui-même. Au pied du Palatin, dans l'étroit vallon qui le sépare du Capitolin, on construisit le *Mundus* (2), dans lequel chacun des étrangers réunis dans la nouvelle cité déposa une poignée de la terre de sa patrie, et ce lieu, devenu l'emblème de l'union de cette société naissante, fut aussi considéré comme la porte ouverte aux âmes vers les enfers (753 av. J. C.).

FORMATION DE LA POPULATION ROMAINE; ASILE; ENLÈVEMENT DES SABINES; UNION DE ROMULUS ET DE TATIUS. — Quelle que soit l'indulgence qu'on ait pour les récits de l'antiquité, on ne peut s'empêcher de sourire en

---

(1) Den. d'Hal., I, 79.
(2) Tit.-Liv., I. 3, 8.

(1) Niebuhr, *Hist. rom.*, t. I, p. 316.
(2) Plut., *Romul.*; Festus, s. v. *Mundus*, ed. Muller, p. 154-156.

entendant ces contes populaires, qui réussirent d'autant mieux chez les Romains, qu'ils contenaient beaucoup d'absurdités merveilleuses et qu'ils flattaient l'amour-propre national en donnant à l'ancêtre de la nation une origine divine. Après tout, il en est de même pour l'antiquité tout entière, et il faut bien se résigner à ne trouver que des légendes fabuleuses sur l'origine de tous les peuples anciens et sur toutes les fondations de villes faites dans les siècles reculés. Nous sommes loin encore d'arriver à l'époque vraiment historique de Rome, et pendant longtemps nous n'aurons que des récits inventés et invraisemblables, où la vérité masquée par la fiction peut à peine être reconnue. Est-ce une raison pour rejeter ou refaire toute cette vieille histoire? Le premier parti serait désespéré, et le second téméraire. Toutefois n'abdiquons pas le droit de critiquer, et résumons avec réserve ce que les historiens anciens nous transmettent sur les premiers temps de l'histoire de Rome (1).

Pour attirer un plus grand nombre d'habitants dans sa ville nouvelle, Romulus ouvre un asile sur le mont Capitolin, où sont accueillis tous les fugitifs des environs : Latins, Sabins, Étrusques accourent autour de lui et se transforment en Romains. La population de Rome se forma du mélange de tous les peuples de l'Italie centrale, peut-être avec prédominance du génie sabin, auquel il faut rapporter le caractère mâle et rigide, les habitudes austères et graves, la vie simple, économe et active, la piété naïve et les croyances religieuses des anciens Romains.

Les hommes venaient en foule, mais les femmes manquaient; Romulus essaya de conclure des traités avec les peuples du voisinage, mais ils le repoussèrent avec mépris. Il se vengea par une ruse barbare, et exécuta l'enlèvement des femmes qu'on lui refusait. Il fit publier qu'il allait célébrer les fêtes du dieu Consus. Les Latins, les Sabins accoururent en foule pour voir les jeux. C'était au mois de sextilis, le quatrième depuis la fondation de la ville (1). On vit à cette fête se presser les Cœniniens, les Crustuminiens, les Antemnates, habitants des bourgades latines ou sicules les plus rapprochées de Rome, et enfin le gros de la nation des Sabins venus de Cures avec leurs femmes et leurs enfants. Au milieu de la fête, les Romains se jetèrent sur les femmes et les enlevèrent. Les maris et les pères jurèrent de se venger. Les Cœniniens prirent les premiers les armes; Romulus les vainquit, tua leur roi Acron, et consacra les premières dépouilles opimes à Jupiter. Les Crustuminiens, les Antemnates furent aussi vaincus, et le territoire romain s'agrandit à leurs dépens. Enfin Titus Tatius, roi de Cures, arriva avec une armée considérable; Romulus, trop faible pour combattre en rase campagne, se réfugia derrière les murs de sa ville. Le danger s'accrut lorsque Tarpéia eut livré le fort qui dominait le Capitolin. Le lendemain une bataille s'engagea dans la vallée (2) qui sépare les deux collines. La mort du brave Hostus Hostilius déconcerte les Romains, qui s'enfuient en désordre. Mais Romulus voue un temple à Jupiter Stator, et le combat se rétablit : toutefois, la victoire était incertaine, lorsque les sabines enlevées se jetèrent au milieu des combattants et les séparèrent par leurs prières et leurs larmes.

Alors les deux peuples devinrent frères; les Romains et les Quirites ne formèrent plus qu'un seul État : les Sabins s'établirent sur le Capitolin et le Quirinal, et l'assemblée des deux peuples eut lieu entre le Capitole et le Palatin, à l'endroit qui leur avait servi de champ de bataille et qui devint le *Comitium*. Les deux rois régnèrent conjointement sur ce double peuple; mais cinq ans après Tatius fut tué par les habitants de Lau-

---

(1) Tite-Live, lui-même, juge tous ces récits avec assez de liberté. « Les faits qui ont précédé ou accompagné la fondation de Rome se présentent embellis par les fictions de la poésie, plutôt qu'appuyés sur le témoignage de l'histoire ; je ne veux pas plus les affirmer que les contester (*ea nec affirmare nec refellere in animo est*). On pardonne à l'antiquité cette intervention des dieux dans les choses humaines, qui imprime à la naissance des villes un caractère plus auguste. » (Tit.-Liv., Préface.)

(1) Den. d'Hal., II, 31. Il indique la quatrième année de Romulus.
(2) Tit.-Liv., I, 12.

rente aux fêtes de Lavinium. Romulus resta seul roi, sans que l'union des Sabins et des Romains fut brisée par la mort de Tatius.

GUERRES DE ROMULUS CONTRE LES ÉTRUSQUES; SA MORT MYSTÉRIEUSE. — La lutte de Rome avec l'Étrurie commence avec le règne du premier roi. Les Étrusques étaient encore le peuple le plus puissant de l'Italie centrale; ils possédaient tout le territoire qui s'étend entre la Macra, l'Apennin, le Tibre et la mer Inférieure; au delà du Tibre ils avaient occupé Fidènes dans la Sabine, ils avaient pénétré dans le Latium et subjugué la Campanie. Des douze lucumonies de l'Etrurie proprement dite, Véies était la plus rapprochée de Rome, et elle devait la première en venir aux mains avec elle. Les conquêtes de Romulus sur les deux rives de l'Anio avaient étendu le territoire romain jusqu'aux environs de Fidènes. Fidènes et Véies, alarmées des progrès du nouveau peuple, prirent les armes; mais Romulus battit les Fidénates, et pénétra dans leur ville. Puis, s'étant tourné contre les Véiens il les défit dans une grande bataille, et les contraignit à signer une trêve de cent ans et à céder le territoire des sept bourgs ainsi que des salines sur le bord de la mer. Voilà tout ce que la tradition place dans le règne de Romulus pour en remplir toute la dernière partie, qui est de beaucoup la plus longue et qui est à peu près vide de faits. La mort de ce roi est racontée du même ton que sa naissance et ses commencements. La fiction et le merveilleux reparaissent. Romulus ne mourut pas. Mars enleva son fils, et le transporta dans les cieux; ce ravissement de Romulus aux cieux s'accomplit en présence de toute la nation, mais avec un mystère qui empêcha le peuple de se rendre compte de l'événement. Le prince disparut au moment où il passait la revue de ses troupes, au milieu des ténèbres et d'un orage subit; Mars l'enleva sur un char de feu; Romulus apparut à Proculus, et déclara qu'il était devenu le dieu Quirinus, et il fut révéré comme la divinité protectrice du peuple. Quand on voulut accommoder la légende à la gravité historique, on supposa que les sénateurs, fatigués de la tyrannie de Romulus,

l'avaient mis en pièces pendant l'orage et avaient emporté ses membres sous leurs toges (1) (715 av. J. C.).

ÉTABLISSEMENTS POLITIQUES DE ROMULUS. — Denys d'Halicarnasse (2) représente Romulus comme le modèle des rois, et il le place au-dessus des législateurs de la Grèce. Il justifie cet éloge en attribuant à Romulus tout ce que l'antique sagesse des Romains avait établi, et il donne comme règlements de ce prince les plus anciennes coutumes et institutions civiles, religieuses et politiques de la société romaine (3). Mais Rome n'eut jamais de législateur ni de constitution faite d'un seul coup; elle s'est organisée lentement, selon les temps et les circonstances, sans que ce travail intérieur ait laissé de traces dans l'histoire; et plus tard seulement les historiens sont venus travailler à leur aise cette matière confuse, faire la part des hommes et assigner aux faits un ordre de convention et un développement de fantaisie. Voici dans cette distribution faite après coup ce qui revient à Romulus : sous lui le peuple romain fut divisé en trois tribus, les Ramnenses, les Titienses, et les Lucères, ou compagnons de Romulus, de Tatius et de Lucumon. Niebuhr voit dans ces trois tribus une association de trois petites villes situées sur les monts Palatin, Capitolin et Cœlius (4), hypothèse gratuite, plus ingénieuse que solide; mais il fait ressortir avec beaucoup de sagacité l'infériorité politique des Lucères, qui restèrent exclus des dignités et des honneurs, et qui semblent avoir été traités comme une population vaincue. La tribu se partageait en dix curies, et la curie en dix décuries; à la tête de chacune de ces divisions de la

(1) Tit.-Liv., I, 16.
(2) Den. d'Hal., Ant. rom., II.
(3) Il n'entre pas dans notre plan de présenter ici en détail le tableau de la constitution de Rome. Nous faisons une histoire de l'Italie, et non pas une histoire romaine. Nous traiterons avec plus d'étendue tous les rapports de Rome avec les peuples italiens. Cependant il faut bien aussi donner quelque place dans ce livre au développement intérieur de la société romaine, et nous en indiquerons toujours les traits principaux.
(4) Nieb., Hist. rom., t. I. p. 406-417.

population et du territoire étaient des tribuns, des curions, des décurions. Les tribus renfermaient un certain nombre de *gentes* ou familles patriciennes, dans lesquelles il faut reconnaître deux éléments : les chefs ou patrons unis entre eux par les liens du sang, formant une noblesse héréditaire, désignés par le nom de *patriciens*, et les protégés ou *clients* qui recherchaient l'appui des chefs de familles nobles, et qui formaient la multitude et la partie inférieure de la *gens* (1). Cette association rappelle le vasselage du moyen âge, et établissait entre les patrons et les clients des devoirs réciproques qu'on ne pouvait violer sans sacrilége (2). C'était une institution générale chez les anciens peuples italiens, et non un établissement imaginé par un roi. Les chefs des *gentes*, les pères, *patres*, au nombre de cent d'abord et de deux cents après la réunion des Sabins, composaient le conseil souverain de l'État, le *sénat* ou assemblée des anciens, *senes*. La réunion de tous les patriciens des *gentes* des trois tribus divisées en trente curies composa l'assemblée souveraine de la nation ou *assemblée curiate*. Elle faisait les lois, décidait de la paix et de la guerre, et nommait les magistrats. Le roi, proposé par le sénat, était élu par les curies, et il réunissait au commandement des armées la présidence de la justice et de la religion. Chaque tribu renfermait cent chevaliers ou *celeres*, et ces trois cents guerriers formaient la cavalerie de la légion, composée de trois mille hommes, et qui fut la première armée romaine. En général les combinaisons aritbmétiques de la population et de la chronologie romaines reposent sur le nombre trois : il faut se défier de cette symétrie, qui révèle des combinaisons postérieures faites à plaisir. Le territoire primitif de Rome, l'*ager publicus*, fut partagé par Romulus aux familles nobles des *gentes*. C'est encore à lui qu'on attribue les lois qui réglaient la puissance paternelle et les rapports des époux, l'interdiction des sacrifices nocturnes, du meurtre des prisonniers, de l'exposition des enfants, et l'institution des fêtes religieuses des tribus et des *gentes*.

A côté de la partie constituée du peuple romain se groupe une réunion confuse d'hommes libres, citoyens aussi, mais sans droits politiques, et ne faisant partie de la cité que pour combattre dans les légions sous les ordres du roi. Cette population inférieure, brave et nombreuse, doit son origine à la conquête. Romulus établit, dit-on, la salutaire maxime d'ajouter à la cité une partie des habitants des nations vaincues; de sorte que la guerre n'épuisait jamais la population de Rome. Ces nouveaux venus formèrent la plèbe, qui devint plus tard un ordre dans l'État. Exclus du *Pomœrium*, de la propriété de l'*ager publicus*, du sénat, de l'assemblée curiate des *gentes*, à moins qu'ils ne fussent clients, des cérémonies religieuses, les plébéiens conquirent peu à peu tous ces droits qui leur manquaient, mais après une lutte de plusieurs siècles contre l'aristocratie patricienne. C'est dans cette lutte que réside tout l'intérêt et toute la vie de l'histoire intérieure de Rome.

NUMA; INSTITUTIONS RELIGIEUSES; PÉRIODE DE REPOS. (714—671 av. J. C.) — A la mort de Romulus la désunion s'introduisit dans Rome : les deux peuples (Sabins et Romains) s'accordaient sur la nécessité d'avoir un roi, mais chacun voulait l'élire et le choisir parmi les siens (1). La contestation dura un an; pendant ce temps Rome fut gouvernée par les sénateurs, qui se succédaient tous les cinq jours comme *interrois*. Enfin on convint que les Romains éliraient le roi parmi les Sabins, et toutes les voix désignèrent Numa Pompilius, le plus sage et le plus religieux de tous les Sabins. Numa était gendre de Tatius. Il quitta, dit-on, avec répugnance sa paisible retraite de Cures pour venir régner sur les Romains; mais sur le trône il montra une sagesse divine. Disciple de Pythagore, selon une ancienne tradition, favori de la nymphe Égérie, selon la légende, il connut les secrets des dieux (2). C'est à lui qu'on rap-

---

(1) Voir l'*Histoire des Romains* de M. Duruy, t. I, p. 118.

(2) Pulsatusve parens, aut fraus innexa clienti. VIRG., VI.

(1) Plutarq., *Numa*, c. 3.
(2) Tit.-Liv., I, 18; Ovide, *Fast.*, III, 275; Niebuhr, *Hist. rom.*, t. I, p. 335.

porte le règlement des choses religieuses. Après que son élection eut été ratifiée par les augures, il plaça la propriété territoriale sous la protection du dieu Terme. Il organisa la hiérarchie sacerdotale, à la tête de laquelle il plaça les quatre pontifes (1) qui veillaient au maintien des lois religieuses sous la présidence du grand pontife, le premier des prêtres. Il institua le collège des quatre augures, chargés d'interpréter la volonté des dieux les quatre vestales préposées à l'entretien de la flamme sacrée, les douze saliens prêtres de Mars, gardiens du bouclier sacré, les deux flamines, les prêtres des célères, les curions, les féciaux. Numa connaissait l'art de conjurer Jupiter, art mystérieux et terrible qui lui avait été révélé par Picus et Faunus, anciens rois devenus des dieux (2). Il éleva des temples, régla la manière de faire les prières, les sacrifices, les lustrations. Il consacra un temple à Janus, et ce temple resta fermé pendant tout son règne, car la paix ne fut pas un seul instant troublée tant que Rome fut gouvernée par cet homme divin. Numa divisa le peuple en neuf corporations de métiers ; il réforma le calendrier. La rudesse du peuple romain s'adoucit. « L'ardeur des combats s'était partout éteinte ; car les Romains n'étaient pas les seuls que la douceur et la justice de leur roi aient adoucis et charmés. Toutes les villes voisines semblaient avoir respiré l'haleine salutaire d'un vent doux et pur qui venait du côté de Rome, et qui, opérant dans leurs mœurs un changement sensible, leur inspirait un vif désir d'être gouvernées par de sages lois, de vivre en paix en cultivant leurs terres, d'élever paisiblement leurs enfants, et d'honorer les dieux : ce n'était dans toute l'Italie que fêtes, que danses et festins, etc..... (3). »

(1) Den. d'Hal., II, 73.
(2) Plutarq., *Vie de Numa*.
(3) On sait avec quelle vénération superstitieuse toute l'antiquité a parlé de Numa. Saint Augustin le traite bien différemment ; mais son jugement offre des préjugés d'une autre espèce. « Comme aucun prophète de Dieu ni aucun ange ne fut envoyé à Numa, il eut recours à l'hydromancie pour voir dans l'eau les images des dieux, ou plutôt les illusions des démons, et apprendre d'eux les mystères qu'il devait établir. Varron dit

Ne semble-t-il pas que Plutarque raconte les merveilleuses et séduisantes fictions de l'âge d'or ? L'Italie jouit pendant quarante ans de ce bonheur sans mélange, jusqu'à ce que le vénérable Numa eut paisiblement quitté la vie, chargé de jours et regretté de tout son peuple.

TULLUS HOSTILIUS ; GUERRES ; DESTRUCTION D'ALBE ; IMPIÉTÉ ET MORT DE TULLUS (671). — Après le règne pacifique de Numa, le tumulte des guerres recommence. Le choix des sénateurs et l'élection du peuple élevèrent au trône un Romain, Tullus Hostilius, dont le père avait quitté Médullia pour venir s'établir à Rome. Quoique ce prince fût presque toujours en guerre, son gouvernement intérieur présente cependant quelques faits conservés par l'histoire. On lui attribue une distribution de terres aux pauvres ; il fit entourer de murailles le Célius pour y loger tous les nouveaux citoyens (1).

Depuis la fondation de Rome, Albe est entièrement oubliée ; l'histoire n'y revient que pour raconter sa ruine. Albe et Rome avaient rompu leurs liens de métropole et de colonie, et après des offenses mutuelles, elles se déclarèrent la guerre. Le dictateur C. Cluilius, car Albe n'avait plus de rois, et Tullus Hostilius se trouvèrent bientôt en présence sur les bords de la Fossa Cluilia (2), à peu près au milieu de la distance qui sépare Rome du groupe de montagnes où Albe était située. On sait qu'ils évitèrent d'en venir aux mains, et que la querelle fut décidée par le combat singulier des Horaces et des Curiaces. La victoire resta aux Romains. Les trois Curiaces, champions des Albains, succombèrent, et un seul des Horaces survécut. Ramené en triomphe par l'armée romaine, il rencontra, à son entrée dans la ville, sa sœur, fiancée à l'un des Curiaces, qui, le voyant paré de la dépouille de son bien-aimé, exhala sa douleur en malédictions. Horace tua sa

que ce genre de divination a été trouvé par les Perses, et que le roi Numa et après lui le philosophe Pythagore s'en sont servis. » *Cité de Dieu*, l. VII, c. 35.
(1) Den. d'Hal., III.
(2) Tit.-Liv., I, 23.

sœur. Les juges le condamnèrent à périr au poteau fatal; mais le peuple intervint, et fit grâce de la vie au guerrier qui lui avait assuré l'empire sur la première des villes latines.

Une guerre survint peu de temps après avec Fidènes. L'armée albaine fut contrainte de combattre avec le peuple victorieux. Mais le dictateur Mettius Fuffetius trahit les Romains en les abandonnant avant le combat, et les Fidénates en les poursuivant après leur défaite. Tullus Hostilius avait pénétré cette fourberie; il en tira une terrible vengeance. Les Albains, désarmés, furent entourés par l'armée romaine, et, en présence des deux peuples, Tullus fit écarteler le perfide dictateur, et ordonna la destruction de la ville d'Albe. Horatius exécuta ce dernier ordre; Albe fut détruite de fond en comble. On n'épargna que les temples. La population albaine fut transportée à Rome et établie sur le mont Célius, et les familles patriciennes de cette cité, les Julius, les Servilius, les Quinctius, les Géganius, les Curiaces, les Clélius, furent aggrégées au patriciat romain. Remarquons que toutes ces *gentes* appartenaient à la tribu des *Luceres*. On ne comprend pas comment le territoire d'Albe reste à la confédération latine, qui continue à y tenir ses assemblées générales, au lieu de devenir la propriété des vainqueurs. Mais il y a bien d'autres difficultés et incohérences dans ces vieilles traditions.

Rome devint-elle la métropole du Latium quand Albe eut disparu du rang des cités? Elle eut du moins des prétentions à cette suprématie, et dans une guerre que Tullus Hostilius soutint contre Véies, Oppius, chef des Tusculans, et même Cispius, chef de la cité d'Anagnie, vinrent à son secours et campèrent sur le mont Esquilin et dans les Carènes, pour protéger Rome pendant que le roi assiégeait Véies (1).

Tullus combattit encore les Sabins (2). Les fêtes du temple de Féronia, situé au pied du mont Soracte, sur le territoire de Capène, étaient aussi des marchés très-fréquentés. Des marchands romains et sabins eurent une contestation qui amena la rupture, et Tullus termina encore cette guerre avec succès. Mais ce prince belliqueux négligeait les cérémonies religieuses instituées par Numa; les dieux le punirent en frappant les Romains d'une maladie contagieuse. Atteint lui-même du fléau, Tullus essaya de conjurer ces calamités par des évocations mystérieuses et impies. Il périt dévoré dans son palais par le feu du ciel (1) (639 av. J. C. De Rome 115).

ANCUS MARTIUS (639-615); GUERRE CONTRE LES LATINS; ÉTABLISSEMENTS D'ANCUS. — Ancus Marcius, petit-fils de Numa, commença son règne par rétablir les cérémonies sacrées et le culte des dieux, et avertir le peuple de ses devoirs en faisant graver ces lois sur des tables qu'il exposa au Forum (2). Mais il ne put éviter la guerre avec les peuples voisins; il la fit avec activité et succès. Avant d'entrer en campagne il fit déclarer la guerre par les féciales selon les rites consacrés. Denys attribue l'institution des féciales à Numa, Tite-Live à Ancus. On peut affirmer que l'usage de déclarer la guerre par des hérauts publics est bien antérieur à ces deux rois, et que les Pélasges l'avaient introduit en Italie. Les Èques ou Équicoles et les Ardéates avaient des féciaux. Tite-Live dit expressément que les Romains les empruntèrent des Équicoles (3). Après avoir rempli ces formalités religieuses, Ancus marcha contre les Latins, et leur enleva Politorium, Tellène, Ficana, situées entre Rome et la mer. « Et comme les anciens Romains avaient fixé leur demeure autour du mont Palatin, les Sabins sur le Capitole et dans la citadelle, les Albains sur le mont Célius, il assigna le mont Aventin aux derniers venus, » et leurs demeures s'élevèrent autour du temple de Murcia (4). Les Latins, effrayés de

---

(1) Festus, s. v. Septimontio, ed. Müller., p. 148, XXX.
(2) Tit.-Liv., I, 30; Strab., V, 2.

(1) Tit.-Liv., I, 31.
(2) On sait que Virgile juge sévèrement Ancus.
...Nimium gaudens popularibus auris,
...Fixit leges pretio atque refixit.
VIRG., Æn., VI.
(3) Tit.-Liv., I, 32; Den. d'Hal., II, 72.
(4) Tit.-Liv., I, 33.

4ᵉ *Livraison.* (ITALIE.)

ses progrès, réunirent leurs forces et furent battus à Médullia. Ancus s'agrandit encore aux dépens des Véiens ; il leur enleva la forêt Mœsia et des marais salins sur le bord de la mer. Devenu maître de l'embouchure du Tibre, il y fonda le port d'Ostie; il construisit aussi le premier pont sur le Tibre, et éleva sur le Janicule une forteresse destinée à préserver Rome des incursions des Étrusques. La prison Mamertine, taillée dans le roc du mont Capitolin (1), lui est également attribuée. Le règne d'Ancus dura trente-deux ans selon Tite-Live, vingt-quatre selon Cicéron.

TARQUIN PRISCUS (615-578); INFLUENCE DE L'ÉTRURIE; GUERRES DE TARQUIN, SES RÉFORMES POLITIQUES.
— Les quatre premiers rois de Rome avaient été choisis tour à tour parmi les Romains et les Sabins : le cinquième roi fut donné par l'Étrurie. La tyrannie de Cypsélus avait éloigné de Corinthe les nobles familles de cette cité. Un des Bacchiades, Démarate, vint s'établir à Tarquinies, séjour que son fils abandonna bientôt pour se retirer à Rome, entraîné par les exhortations inspirées de sa femme Tanaquil, et par le pressentiment de sa grandeur future. D'heureux présages signalèrent son arrivée dans sa nouvelle patrie. Bien reçu par le roi Ancus, le fils de Démarate changea son nom de Lucumon en celui de L. Tarquinius Priscus, et acquit bientôt la réputation d'un homme magnifique, généreux et prudent. A sa mort, Ancus lui confia la tutelle de ses enfants, et le sénat et le peuple l'élevèrent à la royauté.

Sous ce prince la domination de Rome s'agrandit considérablement. Attaqué par les Sabins, Tarquin leur livra une première bataille, qui fut indécise; mais, ayant augmenté sa cavalerie, il les tailla en pièces sur les bords de l'Anio. Les Sabins perdirent Collatie et son territoire (2). Après cette conquête Tarquin acheva la soumission du Latium, et de la Sabine méridionale; il prit Coraiculum, Ficuléa l'ancienne, Camérie, Crustumérium, Amériola, Médullia, Nomentum. Tite-Live n'ajoute rien de plus sur les guerres de Tarquin Priscus; mais Cicéron lui attribue une première soumission des Éques, peuple belliqueux, occupant au nord-est de Rome les premiers degrés de la chaîne des Apennins (1), et Denys raconte avec une ennuyeuse prolixité comment Clusium, Arrétium, Volaterra, Rusellum, Vétulonium, envoyèrent des secours à la confédération latine, réduite aux abois ; comment ensuite les douze cités étrusques réunirent leurs contingents pour résister à Tarquin, qui les battit près d'Érétium, et qui les força à faire leur soumission et à lui envoyer les insignes de la royauté; de sorte qu'à la mort de ce prince Rome aurait établi son empire sur les Sabins, les Latins, les Étrusques (2).

Tout en faisant la part de l'exagération dans le récit de l'historien grec et dans Florus, qui paraît le copier ici (3), on ne peut nier que sous Tarquin, Rome ait pris au dedans comme au dehors un aspect plus imposant et plus grandiose. Tarquin augmenta le nombre des centuries de chevaliers, sans y ajouter des dénominations nouvelles, car l'augure Attus Navius s'y opposa, mais en doublant les centuries qui existaient déjà. Il fit entrer dans le sénat les chefs de cent nouvelles familles, peut-être tirées des Lucères (*patres minorum gentium*), et ce corps fut composé alors de trois cents membres. Il embellit Rome par la construction d'édifices magnifiques et dura-

putés leur demanda : Êtes-vous les députés et les orateurs envoyés par le peuple collatin, pour vous mettre, vous et le peuple de Collatie, en ma puissance? — Oui. — Le peuple collatin est-il libre de disposer de lui ? — Oui. — Vous soumettez-vous à moi et au peuple romain, vous, le peuple de Collatie, la ville, la campagne, les eaux, les frontières, les temples, les propriétés mobilières, enfin toutes les choses divines et humaines ? — Oui. — Eh bien ! j'accepte votre soumission. » Tit.-Liv., I. 38.

(1) Cicer., *De rep.*, II, 20.
(2) Denys d'Hal., III, 27.
(3) Florus, *Epit.*, I, 5.

---

(1) Voir la description de cette prison dans *Rome au siècle d'Auguste*, par M. Dezobry, t. II, p. 202 de la nouvelle édition.
(2) Nous donnons ici la formule de la soumission de Collatie, parce que les mêmes termes étaient toujours usités dans les mêmes circonstances. « Le roi s'adressant aux dé-

bles (1). On lui attribue les égouts, le desséchement de la bassa Sabura et de la vallée du Cirque, le portique du forum, les premiers travaux d'un mur d'enceinte, les fondements du Capitole. *On commençait déjà à bâtir la ville éternelle.*

Tarquin tempéra par ses innovations la rudesse primitive des mœurs romaines. Il introduisit à Rome la pompe des cérémonies et l'éclat des fêtes et des jeux de l'Étrurie et de la Grèce. La vieille religion de la Sabine et du Latium fut modifiée par le contact avec des divinités plus brillantes. L'art et le culte commencèrent à faire alliance. De nouveaux dieux furent installés sur le Capitolin, à la place des divinités adorées jusque-là; Jupiter, Junon, Minerve présidèrent désormais aux destinées de Rome. Alors les temples furent ornés de statues, et les dieux furent adorés sous la forme humaine. Les courses de chars, le pugilat, devinrent très en usage, et les augures fort en honneur.

Après un glorieux règne de trente-huit ans, Tarquin fut assassiné par les fils d'Ancus Marcius, qui ne pouvaient lui pardonner d'occuper le trône et de le destiner à Servius Tullius.

SERVIUS TULLIUS (578-534); SON ORIGINE; RÉVOLUTION DANS LA CONSTITUTION ROMAINE. — La crédulité populaire avait accueilli sur la naissance de Servius Tullius des traditions aussi merveilleuses que celles qu'on avait inventées pour le fondateur de Rome. La légende la plus ancienne par son caractère faisait de sa mère Ocrésia une captive de Caniculum employée au service domestique de Tanaquil; mais elle ne précisait pas bien si son père était le génie de la maison ou le dieu du feu. Denys et Tite-Live, pour donner à cette fiction une apparence historique, disent qu'Ocrésia, enceinte au moment de la prise de Corticulum, accoucha dans le palais d'un enfant qu'on appela Servius Tullius (2), dans lequel Tanaquil, qui entendait la magie, remarqua des signes non équivoques d'une protection particulière des puissances célestes.

Aussi a-t-on dit qu'il fut aimé de la déesse Fortuna, comme Numa d'Égérie, et on voyait dans le temple de cette déesse une statue de Servius couverte d'un voile (1). Servius, protégé par Tanaquil, devint agréable à Tarquin, qui en fit son gendre. Sa bravoure le rendait cher au peuple : quand Tarquin eut été frappé à mort, Servius s'empara provisoirement de l'autorité; et après que le vieux roi eut expiré, il se fit confirmer par les curies sans la présentation préalable du sénat.

Une tradition étrusque revendiquait Servius Tullius pour l'Étrurie. Mastarna, suivant ce récit, était le fidèle compagnon de Cœles Vibenna, chef de mercenaires toscans : ils combattirent longtemps ensemble, et après la mort de Cœles, Mastarna vint à Rome avec les débris de l'armée, s'établit sur le mont Célius, prit le nom romain de Servius Tullius et devint roi (2).

La population plébéienne de Rome augmentait tous les jours; le nombre des citoyens était monté à quatre-vingt mille. Servius Tullius agrandit la ville en y enfermant les monts Quirinal, Viminal et les Esquilies par un fossé et une muraille, qui fixèrent pour longtemps le terme des accroissements de la ville. Sous les empereurs on recula l'enceinte, autour de laquelle s'étaient élevés de vastes faubourgs. Servius se construisit un palais sur l'Esquilin, et il contraignit les patriciens à se loger dans la vallée où il pouvait les surveiller et les contenir. Ainsi se forma le quartier appelé *Vicus patricius*. La ville fut divisée en quatre tribus, Palatine, Suburane, Colline, Esquiline, et le territoire romain en vingt-six tribus rurales.

Servius traita avec les Latins, et rendit plus étroite l'union de Rome et de cette confédération. En conséquence du traité, on éleva un temple à Diane sur le mont Aventin, qui avait été laissé en dehors du Pomœrium, et qui par là restait un territoire commun pour les deux

(1) Montesq., *Grand. et Déc.*, c. 1; Bossuet, *Disc. sur l'hist. univ.*, partie III, ch. 6.
(2) Tit.-Liv., I, 39; Den. d'Hal., IV, 1.

(1) Ovid., *Fastes*, VI, 577.
(2) *Voir* Tacite, *Ann.*, I, 6,5, rapportant un discours de Claude, et mieux l'original de ce discours retrouvé dans le Rhône et aujourd'hui conservé à Lyon dans le musée Saint-Pierre; Nieb. *Hist. rom.*, t. II, p. 105.

4.

peuples ; on exposa dans le temple la table sur laquelle était inscrit le traité et les noms des peuples qui l'avaient signé (1). Il paraît que les Sabins se rendaient aussi à ce temple, puisque c'est là qu'un Sabin se présenta pour immoler un taureau gigantesque, dont le sacrifice devait assurer la suprématie à sa patrie. Mais il fut trompé par le prêtre romain, qui l'envoya se purifier dans le Tibre, et qui immola la victime pendant son absence.

Servius prépara la grandeur de Rome en conférant aux plébéiens une partie des droits politiques. La plèbe, incessamment grossie par l'adjonction des peuples vaincus à la cité, n'était point comprise dans la division par curies ni admise à l'assemblée curiate. Déjà Servius avait attaqué ce système d'exclusion en faisant entrer les plébéiens dans les tribus ; mais il fit plus en créant les centuries. Ce fut une véritable révolution. Servius avait ordonné un cens ou dénombrement. Quand il connut le nombre des citoyens et l'état des fortunes, il divisa toute la population en six classes, d'après le terme du revenu, et chaque classe fut divisée en un nombre inégal de centuries. Puis il décréta que les citoyens se réuniraient dans le champ de Mars, rangés en classe et par centuries, et qu'ils voteraient sur les affaires publiques, décideraient de la paix ou de la guerre, nommeraient les magistrats et jouiraient de tous les droits de la souveraineté. Ainsi les plébéiens commencèrent à être comptés dans l'État, la clientèle des grands fut moins recherchée, l'aristocratie se sentit ébranlée dans le fondement de sa puissance. L'admission des plébéiens aux comices centuriates fut le premier pas vers l'égalité des deux ordres.

Mais en faisant une part à l'élément démocratique dans la constitution de l'état, Servius le laissa néanmoins dans un grand état de subordination : des cent quatre-vingt-treize centuries que comprenaient les six classes, quatre-vingt-dix-huit appartenaient à la première classe, composée des plus riches citoyens, et la dernière, celle des prolétaires, n'en avait qu'une. Les riches formaient donc la majorité à eux seuls ; car on comptait autant de voix que de centuries dans l'assemblée centuriate, et quand ils étaient tous d'accord les autres classes ne pouvaient l'emporter par la réunion de leurs votes. Rome continuait à être dirigée par l'influence des grandes familles qui possédaient le sol, mais avec cette différence que les riches plébéiens se trouvaient placés à côté des patriciens dans les jours d'assemblée publique, et que l'origine de l'influence politique ne fut plus la naissance, mais la fortune. Les patriciens ne perdirent point leurs prérogatives héréditaires, et les plébéiens obtinrent les moyens de conquérir des droits nouveaux (1).

La division en classes et en centuries ne fut pas seulement une réforme politique ; elle fut aussi une organisation militaire de la population romaine. Les classes étaient partagées en centuries de vieillards (*seniores*) et de jeunes gens (*juniores*) en nombre égal. Les centuries des vieillards n'étaient plus obligées au service actif, et ne devaient combattre qu'en cas de nécessité pour la défense de la ville : les juniores allaient en campagne, composaient les différentes lignes des légions, étaient armés selon le rang de la classe dont ils faisaient partie. La sixième classe ne devait ni le service militaire ni l'impôt. L'assemblée des centuries se tenait au champ de Mars, hors du Pomœrium ; tous les citoyens s'y rendaient armés.

Toute l'importance du règne de Servius est dans ses institutions. Denys énumère beaucoup d'autres lois de ce prince sur les contrats, les délits, les affranchissements, etc. (2). Elles lui concilièrent l'affection de la multitude, dont il améliora le sort et à qui il distribua des terres enlevées aux Véiens. Aussi l'histoire traditionnelle attribue sa chute à un complot des patriciens, dont la haine s'associa à l'ambition de son gendre.

(1) Tit.-Liv., I ; Denys, IV ; Cicer., *De rep.*, II, reproduisent avec quelque différence la division du peuple en classes et en centuries ; mais ces variations n'empêchent pas qu'on ne puisse se former une idée générale de cette institution et porter un jugement sur ses résultats.

(2) Denys d'Hal., IV, 13, 43.

(1) Aul.-Gel., XIII, 14 ; Tit.-Liv., I, 45.

Servius avait donné ses deux filles à Lucius et à Aruns, descendants de Tarquin Priscus (1). Un double meurtre unit Lucius à Tullie, et les deux époux s'excitant mutuellement au crime, complotèrent contre le vieux Servius, qui tardait trop à descendre au tombeau. Le projet vrai ou supposé qu'eut Servius de déposer la couronne et de consacrer ses institutions populaires en établissant la république, tourna tous les grands contre lui. Ils proclamèrent Lucius Tarquin, qui parut dans le sénat avec tous les insignes de la royauté. Servius Tullius, malgré son grand âge, accourt à la curie pour arrêter l'insurrection. Mais Tarquin n'avait plus rien à ménager, et pendant que le vieillard lui reprochait sa conduite, il le précipite du haut des degrés. Servius se relève tout meurtri et sanglant, et avant qu'il n'ait regagné sa demeure des assassins le frappent par ordre du tyran, et laissent son cadavre dans la rue. Cependant Tullie accourait en toute hâte, inquiète du résultat de l'entreprise. Elle entra au sénat, et salua son mari du nom de roi. Et au retour son char passa dans la rue où était étendu le corps de Servius : les mules, retenues par l'esclave qui les conduisait, ralentirent le pas et allaient s'arrêter ; mais Tullie fit passer outre, et le sang du corps de son père écrasé par les roues rejaillit sur elle et sur son char. La rue garda le nom de *voie Scélérate* (2).

Ce crime révolta le peuple : aux funérailles de Servius, comme on portait l'image de ce prince, qu'elle avait chéri, la multitude frémissait d'indignation et s'animait à la révolte. On couvrit la statue pour la dérober aux regards. Le peuple oublia sa colère ; mais il resta fidèle au souvenir de Servius, et il célébrait la fête de sa naissance tous les jours des nones. Aussi le sénat, craignant les soulèvements populaires, eut soin que les nundines ou marchés ne tombassent jamais aux nones, et chargea les pontifes d'éviter cette rencontre par des intercalations faites à propos (1).

TARQUIN LE SUPERBE (534-509); SA TYRANNIE, SES GUERRES ; RENVERSEMENT DE LA ROYAUTÉ. — Ce ne fut pas seulement le peuple qui eut à gémir de l'avénement du nouveau maître. Les grands qui s'étaient associés à son usurpation tombèrent bientôt sous ses coups. Tarquin s'entoura de gardes ; il s'établit juge unique de toutes les affaires capitales, ce qui lui permit d'exiler, de dépouiller, de mettre à mort tous ceux qui lui étaient suspects. La persécution fit diminuer le nombre des sénateurs, et Tarquin, qui voulait laisser dépérir ce corps, ne remplaçait pas les victimes de sa tyrannie. Le peuple n'était pas ménagé davantage. Tarquin faisait la paix, la guerre, les alliances d'après son caprice, sans tenir aucun compte de la vieille assemblée des curies, et des nouveaux droits des centuries.

Pour mieux opprimer la nation, Tarquin contracta au dehors des alliances puissantes. Il donna sa fille à Octavius Mamilius, dictateur de Tusculum, il fit mettre à mort Turnus Herdonius d'Aricie, qui essayait de soustraire le Latium à l'influence du tyran. Puis il renouvela les traités de fédération avec les Latins, qu'il incorpora dans les légions romaines. Des sacrifices communs furent célébrés par les deux peuples sur le mont Albain dans le temple de Jupiter Latialis, auquel le roi de Rome immolait lui-même le taureau, dont la chair était distribuée ensuite à toutes les villes confédérées. Les Herniques, ayant traité avec Tarquin, furent aussi admis aux féries latines.

Maître d'une partie du Latium, disposant à son gré d'une armée nombreuse, Tarquin le Superbe fit la guerre avec habileté et succès. Il commença contre les Volsques une lutte qui devait durer deux cents ans (2). Il marcha

---

(1) On ne peut raisonnablement dire qu'ils étaient ses fils, quoique la plupart des auteurs l'aient affirmé et que Tite-Live s'en tienne à ce jugement. Mais dans les histoires de convention on s'inquiète peu des vraisemblances (Tit.-Liv., I, 46). Du reste, ce n'est point Tite-Live que j'accuse, il ne s'occupait pas de tous ces menus détails, et ne faisait que copier les historiens qui l'avaient précédé. *Voy.* Niebuhr, *Hist. rom.*, t. II, p. 92.

(2) Ovide, *Fast.*, VI, 598, rapporte que Servius fut tué dans une lutte qui s'engagea entre ses partisans et ceux de l'usurpateur.

(1) Macrob., *Sat.*, I, 13.
(2) Tit.-Liv., I, 53 ; Denys d'Halicarnasse,

contre Suessa Pometia, leur plus puissante cité; il la prit, en vendit les habitants, enleva toutes leurs richesses, et employa la dîme du butin à continuer la construction du Capitole, que Tarquin Priscus (1) avait commencé. Tarquin fonda deux colonies dans le pays des Volsques, Signia et Circéi.

Gabies, l'une des plus considérables des trente villes latines, avait refusé d'entrer dans l'alliance imposée par Tarquin; une longue guerre éclata. La résistance de Gabies fut opiniâtre, et Tarquin ne prit la ville que par une ruse de son fils Sextus, que les historiens romains ont peut-être supposée d'après le récit d'Hérodote sur le dévouement de Zopyre.

Maître de Gabies, Tarquin fit la paix avec les Èques, renouvela les traités avec les Étrusques, et avec tout le butin qu'il avait fait dans ses guerres et les impôts énormes qu'il levait sur les peuples il fit travailler aux édifices commencés à Rome, et particulièrement au temple de Jupiter, dont le premier Tarquin avait posé les fondements. On sait la tradition qui se rattache à l'établissement des nouveaux dieux sur le Capitole. Le sommet de cette colline avait été consacré par Tatius à plusieurs divinités sabines qui y avaient des autels et des chapelles. Tarquin voulut que toutes ces divinités cédassent la place à Jupiter. « Les augures permirent qu'on enlevât tous les autels, dit Tite-Live, excepté celui du dieu Terme; et l'on regarde cette obstination du dieu Terme à garder sa place et à ne pas se laisser déposséder du terrain consacré, comme un présage infaillible de la solidité et de la durée de la puissance romaine (2). » En creusant les fondements on trouva dans la terre une tête d'homme encore fraîche et sanglante, présage qui annonçait que ce lieu était destiné à devenir la capitale du monde. Cette tête, selon Arnobe(1), était celle d'un Tolus de Vulcia, qui, ayant été mis hors la loi, fut tué par les esclaves de son frère et enseveli au delà du Tibre, hors du territoire national : de là vint le nom du Capitole et du mont Capitolin (2). Ce fut dans un souterrain au-dessous du sanctuaire que furent déposés les livres sibyllins qu'une vieille femme inconnue apporta mystérieusement au roi et vendit à un très-haut prix. Pour achever ces travaux, Tarquin fit venir des ouvriers de l'Étrurie, et imposa des corvées aux citoyens de Rome. Tant qu'on les employa à bâtir des temples, les Romains supportèrent patiemment la fatigue; mais la nation murmura quand elle fut condamnée à d'autres ouvrages moins nobles et aussi pénibles.

Cependant tout réussissait au gré du tyran, lorsqu'un présage sinistre vint l'épouvanter (3). Un serpent sorti de l'autel de la maison du roi dévora les offrandes faites aux pénates. Le roi envoya deux de ses fils, Titus et Aruns, et Brutus son neveu, consulter l'oracle de Delphes. Les réponses de la pythie, des songes et d'autres signes alarmants augmentèrent les inquiétudes du roi,

---

l. IV, entremêle la guerre contre les Volsques d'une autre contre les Sabins qui se termine par leur soumission. Tite-Live n'en parle pas.

(1) Nous avons évité d'appeler ce roi Tarquin l'Ancien à cause des raisons si concluantes de Niebuhr, qui entend le mot priscus comme synonyme de Latinus, dans le sens de cette locution *prisci Latini* (Nieb., t. II, p. 97).

(2) Ovide, *Fast.*, II, 669, y ajoute la jeunesse; et saint Augustin, *Cité de Dieu*, IV, 23, le dieu Mars.

(1) Arnob., *Adv. gentes*, VI.

(2) Un savant italien, M. Orioli, a essayé de rattacher cette légende de la tête du Capitole à l'histoire, en démontrant que ce Tolus, en étrusque *Thulu* ou *Thul*, appartenait à la nombreuse et puissante famille des Tullius, originaire de Vulcia en Étrurie. Il fait même de ce Tolus le père de Servius Tullius. C'est beaucoup trop user de l'hypothèse. Du reste, nous adoptons pleinement la conclusion de M. Orioli, qui reconnaît que l'Étrurie est, aussi bien que la Sabine et le Latium, une des sources de la population et de la civilisation romaines. *Voy*. *Conghietture sopra l'antica leggenda del capo trovato nelle fondamenta del campi doglio*; Roma, 1832. On sait que Niebuhr avait commencé par nier l'origine latine et par faire de Rome une colonie tout étrusque; mais il a depuis renoncé à cette opinion exclusive et exagérée, pour admettre la fusion des éléments latin, sabin et étrusque.

(3) Ovid., *Fast.*, II, 711; Denys donne pour cause à cette ambassade une maladie contagieuse, IV, 69.

et rendirent Brutus suspect aux Tarquins. Celui-ci redoubla de stupidité. Bientôt la guerre contre les Ardéates éclata. L'armée romaine fit le siège de la capitale des Rutules, qui, située sur un rocher abrupte et garnie de bonnes murailles, fit une longue résistance. Pendant le blocus les fils du roi et leur cousin L. Tarquin eurent une discussion sur la vertu de leurs femmes. Pour s'assurer par eux-mêmes de la conduite qu'elles tenaient, ils coururent les surprendre; toutes, excepté Lucrèce, étaient occupées de plaisirs et de fêtes. L'époux de Lucrèce logea ses compagnons dans sa maison de Collatie, et Sextus, fils de Tarquin, profita de cette généreuse hospitalité pour déshonorer la chaste épouse dont la beauté l'avait enflammé d'une odieuse passion. C'est dans Tite-Live qu'il faut lire l'admirable récit du désespoir et de la mort de Lucrèce (1). Ce fut le dernier crime des tyrans. Brutus jura de venger leur héroïque victime. Tarquin Collatin, Lucrétius le secondèrent; on porta à Rome le corps ensanglanté de Lucrèce, et cette vue excita l'indignation de la multitude, qui courut aux armes. Brutus, en qualité de tribun des Célères, rassemble le peuple, lui fait un récit éloquent de la violence de Sextus et de la mort de Lucrèce, rappelle l'oppression qui pèse sur la république; les Tarquins sont bannis. Pendant que Lucrétius reste à Rome comme préfet de la ville, Brutus court au camp d'Ardée pour soulever les légions. Il y arrive au moment où le tyran venait de le quitter pour courir à Rome et arrêter le soulèvement. L'armée reçut avec enthousiasme le libérateur de Rome. Tarquin ayant trouvé les portes de la ville fermées, se retira à Céré avec deux de ses enfants. Sextus s'était réfugié à Gabies, où il fut assassiné. Ainsi la royauté fut renversée à Rome deux cent quarante-quatre ans après la fondation de la ville par Romulus (509).

(1) Tit.-Liv., I, 58; Ovide, *Fast.*, II, 721.

HISTOIRE DE LA RÉPUBLIQUE DEPUIS L'ÉTABLISSEMENT DU CONSULAT JUSQU'A LA CRÉATION DES TRIBUNS DU PEUPLE (de 509 à 492 avant J. C.).

§ I. *Lutte de la république contre Tarquin.*

CONSPIRATION EN FAVEUR DE LA ROYAUTÉ; MORT DES FILS DE BRUTUS.— « Si l'on doit faire dater de l'année 509 l'ère de la liberté romaine, c'est plutôt parce que l'autorité consulaire fut fixée à un an qu'à cause de la diminution que put éprouver la puissance royale, car les premiers consuls en conservèrent tous les droits et tous les insignes (1). » Un seul consul eut les faisceaux. Cet honneur était dû à Brutus; son collègue, Tarquin Collatin, ne songea point à le lui disputer; le sceptre et la couronne furent donnés au *roi des sacrifices*. Les Romains auraient craint d'attirer sur la république la colère des dieux en supprimant tout à fait le rôle du roi dans les cérémonies sacrées. Pour mettre d'accord leurs scrupules religieux et les jalousies défiances de la liberté, ils attribuèrent à un magistrat spécial certaines fonctions sacerdotales jusque-là réservées au prince. Mais ils prirent contre cette royauté abstraite de minutieuses précautions, et la subordonnèrent à l'autorité du grand pontife.

Dans son enthousiasme pour la république naissante, le peuple avait prêté le serment solennel de ne plus souffrir dans Rome aucun souverain. Pourtant ce n'était pas à son profit que la révolution s'était opérée. Les patriciens seuls gagnaient à la chute de la monarchie; si quelques chevaliers entrèrent dans les rangs des sénateurs, les plébéiens, moins favorisés, s'aperçurent bientôt qu'il leur restait encore plus d'un pas à faire pour arriver à une véritable émancipation.

Le second consul leur portait ombrage. Lucius Tarquinius Collatinus, fils d'Égérius, neveu de Tarquin l'Ancien, était uni par des liens étroits de parenté à la famille du tyran; son nom seul déplaisait, comme un souvenir de la royauté. On oubliait que si Collatin

(1) Tit.-Liv., II, 1.

était le parent de Tarquin, il avait été l'époux de Lucrèce.

Un jour (tel est du moins le récit de Tite-Live) Brutus convoque l'assemblée. Après avoir prononcé la formule du serment par lequel tous les citoyens se sont engagés à ne souffrir dans Rome ni roi ni personne qui pût mettre en péril la liberté, il s'adresse à son collègue ; dans un discours étudié, il le supplie de délivrer sa patrie d'une crainte mal fondée sans doute et d'achever, par un exil volontaire, l'œuvre qu'il a commencée par l'expulsion des rois. Tarquin Collatin se retira à Lavinium, et les comices, rassemblés par centuries, lui donnèrent pour successeur P. Valérius.

Tandis que Brutus, en vertu d'un sénatus-consulte, faisait prononcer par le peuple le bannissement de tous les membres de la famille des Tarquins, l'ancien roi envoyait à Rome des députés pour réclamer ses trésors. Ces ambassadeurs profitèrent de leur séjour dans la ville pour y préparer des intelligences. Bientôt leurs démarches parurent dangereuses au sénat ; les consuls craignirent que le peuple ne se laissât séduire par les flatteries et les promesses de Tarquin, et Valérius défendit aux députés de parler dans l'assemblée publique. Mais l'inconstance du peuple était moins à craindre que la trahison de la jeunesse patricienne. Les amis, les compagnons des fils de Tarquin regrettaient la perte de leurs plaisirs et de leurs priviléges. Bientôt une conspiration fut organisée. Elle avait pour chefs les Aquilius et les Vitellius, beaux-frères de Brutus. Les fils aînés du consul furent entraînés par leurs oncles. Un jour que les conjurés s'étaient réunis dans la maison des Aquilius, « pour boire le sang d'un homme immolé » (1), un esclave, nommé Vindicius, surprit leur secret, et révéla à Valérius le danger de la république. On sait le reste ; on connaît l'héroïsme du consul assistant au supplice de ses fils : nous ne voulons pas discuter la gloire de Brutus, et protester avec Saint-Évremont contre la vieille admiration qui a consacré le souvenir de son courage. Nous regrettons seulement que pour fonder la ville éternelle, et pour affermir la république, il ait fallu le sang d'un frère égorgé par son frère, de deux enfants condamnés par leur père et exécutés sous ses yeux.

Rome se montra reconnaissante envers l'esclave qui l'avait sauvée du retour de la tyrannie. Vindicius reçut pour récompense une somme d'argent prélevée sur le trésor, et de plus la liberté et les droits de citoyen. Les ambassadeurs de Tarquin avaient été un moment menacés ; mais le respect du droit des gens prévalut : ils se retirèrent avec la vie sauve. Le sénat ne voulut pas réunir au domaine public les biens de son ennemi. Mais, par une politique qui a été depuis imitée plus d'une fois dans les révolutions, il les abandonna au pillage, « afin que le peuple ayant une fois porté les mains sur les dépouilles royales perdît pour toujours l'espoir de faire la paix avec les rois (1). » Entre la ville et le Tibre s'étendait une terre fertile qui appartenait à Tarquin. Ce champ fut consacré au dieu Mars, et depuis il en porta le nom. Il était alors couvert de gerbes moissonnées. Le peuple les entassa dans des corbeilles et les jeta au milieu du Tibre. Cette masse de blé amoncelée dans les eaux se couvrit de limon, et avec le temps forma dans le lit du fleuve une île solide, appelée l'île Sacrée.

GUERRE AVEC L'ÉTRURIE ; MORT DE BRUTUS. — Le châtiment des fils de Brutus et le pillage des biens royaux par le peuple mettaient une infranchissable barrière entre Rome et les Tarquins exilés. Mais Tarquin le Superbe ne perdit pas encore tout espoir. Il résolut de reprendre avec le secours des étrangers un trône que la trahison et la connivence des ennemis intérieurs de la république ne pouvaient plus désormais lui rendre.

Il s'adresse donc à l'Étrurie, entraîne dans sa querelle les Tarquiniens et les Véiens, se met à leur tête, et s'avance en armes contre Rome. Mais Valérius et Brutus marchent à sa rencontre. Valérius commande l'infanterie, rangée en bataillon carré. Brutus, avec la cavalerie, pousse une reconnaissance jusqu'aux avant-postes des Toscans. Alors paraît Aruns, le fils du roi. A la vue du consul, il se précipite la lance en avant. Un

(1) Plutarque, *Vie de Publicola*, X.

(2) Tit.-Liv., II, 5.

combat singulier s'engage entre les deux généraux, et tous deux, percés de part en part, tombent ensemble du même choc. La mêlée fut terrible entre les deux armées. D'abord les Tarquiniens avaient repoussé l'aile gauche des Romains; mais les Véiens, habitués à redouter les armes romaines, furent mis en déroute. Pendant le silence de la nuit, la voix du dieu Sylvain, sortie de la forêt d'Arsia, proclama la défaite des Étrusques : ils avaient perdu un homme de plus!

Le triomphe de Valérius et les funérailles de son collègue furent célébrés au retour des vainqueurs. Valérius était cher au peuple. Son respect pour la mémoire du fondateur de la liberté, la proposition de plusieurs lois populaires, le droit donné à tout citoyen d'en appeler à l'assemblée publique des sentences rendues par les consuls, enfin la création de deux questeurs chargés de la garde du trésor, lui méritèrent le surnom de Publicola. Cependant il restait seul consul, et exerçait sans partage l'autorité souveraine. Il avait fait construire sur le sommet du mont Vélia une maison magnifique, qui dominait le Forum comme une forteresse menaçante. Les Romains voyaient déjà dans cette demeure toute royale la citadelle de la tyrannie, et l'indignation publique était près d'éclater. Mais une nuit le consul assembla des ouvriers sur le mont Vélia, et le lendemain le peuple contempla avec étonnement la place vide et inoccupée où s'élevait la veille la maison de Valérius. Ce n'était point assez de ce sacrifice. Pour rendre hommage à la souveraineté du peuple, le consul inclina devant l'assemblée publique les faisceaux de ses licteurs; enfin il se donna pour collègue Spurius Lucrétius, père de Lucrèce, et enleva ainsi tout prétexte aux accusations d'une multitude ombrageuse.

Lucrétius mourut peu de jours après. Marcus Horatius Pulvillus, élu à sa place, partagea avec Valérius les fonctions consulaires. La fin de l'année fut marquée par la dédicace du temple de Jupiter, et par une guerre contre les Étrusques. Publicola, chargé de repousser les Véiens, ne put enlever à son collègue l'honneur de consacrer le temple du Capitole. L'année suivante (508), il fut nommé consul pour la seconde fois. A Horatius succéda T. Lucrétius.

PORSENNA; PRISE DE ROME. — Cependant Tarquin, après la mort de son fils Aruns, et la défaite de ses alliés, avait cherché un asile auprès de Porsenna, *lar* de Clusium. « Il le suppliait de ne pas souffrir que des princes originaires d'Étrurie, du même sang et du même nom que lui, vécussent dans l'exil et dans la misère; il lui représentait qu'il ne fallait pas laisser impunie cette coutume naissante de chasser les rois; la liberté a par elle-même assez d'attraits; si les rois ne défendaient pas leurs trônes avec autant d'ardeur que les peuples en mettaient à conquérir la liberté, tous les rangs seraient bientôt confondus. Il n'y aurait plus dans les gouvernements ni distinction, ni suprématie; c'en était fait de la royauté, cet admirable intermédiaire entre les hommes et les dieux (1). » Tel est le langage que Tite-Live place dans la bouche du roi fugitif. Le principe de la solidarité des souverains, l'idée de la royauté considérée comme une sorte d'intermédiaire entre les hommes et les dieux, toutes ces théories politiques que Tarquin développe en termes choisis, nous semblent ici un singulier anachronisme. Il fallait d'autres raisons pour décider le lar de Clusium à la guerre. Persuadé qu'il serait avantageux pour les Toscans qu'il y eût un roi à Rome et *un roi de la race des Étrusques* (2), Porsenna mit au service de son allié une armée considérable. Ses menaces jetèrent le trouble dans Rome. Le peuple, effrayé, commençait à regretter la chute du pouvoir royal, et redoutait les suites d'une révolution dont les patriciens seuls avaient profité, dont ils devaient seuls subir les dangereuses conséquences. A l'image trompeuse d'une liberté illusoire la multitude préférait les biens solides de la paix. En vain le sénat, dans ce moment de crise, prodiguait-il toutes les flatteries, toutes les caresses. Il dut se résoudre à des concessions réelles. Le peuple avait faim; on envoya chez les

(1) Tit.-Liv., II, 9.
(2) Tit.-Liv., *loc. cit.*

Volsques et même à Cumes pour acheter du blé. Le monopole du sel fut retiré aux particuliers. Les droits d'entrée, et en général tous les impôts, furent laissés à la charge des riches. Les pauvres, les *prolétaires*, payaient leur tribut à l'État en élevant leurs enfants. Grâces à ces sages mesures, l'union se rétablit entre les deux ordres, et la ville put se mettre en état de défense. Il était temps, déjà Porsenna campait sur le Janicule; il allait franchir le pont Sublicius; mais un soldat, un héros, Horatius Coclès, fait de son corps un rempart au flot des Étrusques vainqueurs, et la prise de Rome est retardée. Le siége se change en blocus. Serrée de tous côtés par une ceinture d'ennemis, la ville est bientôt réduite aux horreurs de la famine. Pour la sauver d'une ruine certaine, il faut la mort du lar de Clusium. Un jeune patricien, Caius Mucius, fait le serment de délivrer sa patrie. Il sort de la ville avec la permission des consuls, pénètre dans le camp des Étrusques, et se glisse inaperçu jusqu'à la tente de Porsenna. Il entre; un homme, vêtu avec une magnificence dont l'éclat éblouit le jeune Romain, distribue la solde aux soldats : c'est là sans doute le roi de Clusium. Mucius pousse droit à cet homme, le frappe de son poignard, et se retire en courant à travers la foule. Mais, arrêté par les gardes, il est amené devant Porsenna, et reconnaît trop tard son erreur : c'est le secrétaire du roi qu'il a tué. Aux questions de Porsenna, le jeune Romain répond par des menaces : « Trois cents complices ont juré d'imiter son exemple. Tous méprisent comme lui le danger; tous sont prêts, s'il le faut, à braver les tortures. » Lui-même montre par son exemple quel est le dédain de la jeunesse romaine pour la vie et pour la douleur. Sur un autel placé au milieu de la tente brûle un brasier allumé pour les sacrifices; Mucius y pose sa main droite, et la laisse se consumer dans les flammes (1).

(1) Sous Domitien on donna au peuple le spectacle de cette scène héroïque. Des condamnés représentèrent l'action de Mucius Scævola. Pour contraindre ces malheureux à une semblable parodie, il fallut les revêtir d'une robe soufrée et les menacer d'y mettre le

Le dévouement de Scævola ne fut point perdu pour Rome. Porsenna, frappé du courage de ses ennemis, las peut-être d'user ses forces et d'exposer sa vie pour de misérables fugitifs, accueillit des propositions de paix. Il rendit aux assiégés tous les transfuges, et demanda en retour la restitution du territoire de Véies. La tradition romaine est fort obscure sur ce point. Le récit problématique de Tite-Live, de Plutarque et de Denys d'Halicarnasse est formellement démenti par le témoignage de Pline l'Ancien et de Tacite. Les commentateurs ont depuis longtemps remarqué cette contradiction, et Beaufort n'a pas été, comme on l'a dit, le premier à la signaler (1). Il n'est plus permis aujourd'hui de contester la vérité historique clairement établie par les deux textes si souvent cités. Rome *capitula*; elle obtint la paix de son vainqueur, mais à des conditions plus dures que la guerre. La générosité de ce bon et facile Porsenna, qui s'effraye des menaces de Mucius, qui accorde à Clélie la liberté d'une partie des otages, qui abandonne aux Romains son camp rempli de vivres; tout cela disparaît devant ces quelques mots *ne ferro nisi in agri cultu uterentur*. Pour couvrir la honte de ce traité du Janicule, l'épopée nationale n'a pas épargné les embellissements poétiques. Mais les épisodes d'Horatius Coclès, de Mucius, de Clélie ne peuvent faire illusion à une critique sérieuse.

feu au moindre signe d'hésitation. (Mart., VII, 30; et X, 25.)

(1) *V.* Theodori Ryckii *ad C. Cornelium Tacitum animadversiones* (Lugduni Batavorum, apud Jacobum Hackium, CIƆIƆCLXXXVI, page 413 : *Quam non Porsenna dedita Urbe,... Servilius miratur hic aliquid legi quod neque apud Livium, neque apud Dionysum aliosve, nisi memoria sibi fallax exstet. Sed omnino fefellit. Similia enim, ut notavit I. F. Gronovius, relata sunt à Plinio, lib. XXXIV, cap. xiv. In fœdere quod, expulsis regibus, populo romano dedit Porsenna, nominatim comprehensum invenimus ne ferro, nisi in agri cultu, uterentur. Etiam stilo scribere vetitum vetustissimi auctores prodiderunt.* Voici le texte de Tacite : « *Sede Jovis optimi maximi quam non Porsenna, dedita Urbe, neque Galli capta temerare potuissent...* » *(Hist.,* III, 72.)

Après avoir soumis les Romains, Porsenna tourne ses armes contre Aricie. Cette ville, la plus puissante du Latium, surprise d'abord par l'attaque imprévue d'Aruns, fils du lar de Clusium, appelle à son secours les peuples latins. Une grande bataille est livrée sous ses murs. Les Étrusques, un moment victorieux, sont enfoncés et mis en déroute par les cohortes de Cumes. Ils fuient et cherchent un asile dans Rome même. Accueillis avec une touchante hospitalité, un grand nombre d'entre eux ne veulent plus quitter la ville ; ils y fondent un nouveau quartier, appelé de leur nom, *Tuscus vicus*.

C'est alors sans doute que Rome recouvra son indépendance. Après la défaite des Étrusques par les Latins, le moment était favorable pour secouer le joug. Du Capitole, qui seul avait échappé à la servitude (1), partit le signal de l'insurrection. Mais, fidèle à son système de fusion, Rome offrit à ses dominateurs un établissement dans ses murs, une place dans la cité, et le quartier des Étrusques s'éleva comme un monument de cette adjonction nouvelle.

Quoi qu'il en soit de cette hypothèse, Porsenna ne renouvela point contre la république une guerre malheureuse, du moins dans ses résultats définitifs. Il tenta encore en faveur des Tarquins une dernière démarche toute pacifique. Mais, sur la réponse des Romains, qu'ils préféraient l'anéantissement de leur ville à la perte de leur liberté, il renonça à des représentations inutiles. Il rendit même, s'il faut en croire Tite-Live, les derniers otages qui étaient restés entre ses mains et restitua le territoire de Véies.

GUERRE AVEC LES SABINS ET LES AURUNCES. — Abandonné par le roi de Clusium, Tarquin s'était exilé à Tusculum auprès de son gendre Mamilius Octavius. Il n'avait pas encore renoncé à ses projets de restauration, et son implacable vengeance ne laissait point de relâche à la république. Il va demander aux montagnards belliqueux de la Sabine un appui qu'il ne trouve plus dans l'Étrurie civilisée. Les Sabins descendent de leurs hauteurs, et se jettent sur le territoire romain. Mais pendant une guerre de quatre années (505-501) ils essuient de continuels revers. Tusculum, maintenue en respect par Valérius, voit leurs désastres sans pouvoir les secourir. Enfin la dissension éclate dans leurs rangs. Attus Claudius, avec cinq mille de ses clients, passe du côté des Romains, transporte dans la ville toutes ses richesses, y fonde la tribu Claudia ; et, admis au nombre des sénateurs, devient le chef du parti aristocratique. Affaiblis par cette désertion, les Sabins laissent entamer leur territoire. Une suite d'heureux succès signale encore le consulat d'Agrippa Ménénius et de P. Postumius. Deux colonies latines, Pométia et Cora, s'étaient réunies aux Aurunces. Les consuls marchent contre ce peuple, et remportent une sanglante victoire sous les murs de Pométia. L'éclat de leur triomphe console la république de la perte de Publicola, mort à Rome pendant cette campagne.

Les Romains s'étaient montrés cruels dans le succès. Après le combat, ils avaient égorgé les prisonniers et massacré même une partie des otages. Aussi les Aurunces apportèrent-ils dans la guerre toute la fureur du désespoir. Les consuls Opiter Virginius et Sp. Cassius tentèrent d'enlever Pométia d'assaut ; repoussés par la valeur des habitants, ils ne se découragèrent pas, et commencèrent un siége régulier. Mais les Aurunces se jetèrent sur les retranchements des Romains, mirent le feu aux mantelets, et portèrent l'incendie au milieu même du camp. Un des consuls, dangereusement blessé, faillit tomber entre leurs mains, et l'armée fut contrainte de rentrer dans Rome. Cependant Pométia ne pouvait échapper à sa ruine. Assiégée de nouveau, elle ouvrit ses portes aux consuls. Malgré sa capitulation, elle fut traitée comme une place prise d'assaut. Les principaux citoyens périrent sous la hache ; le reste fut vendu à l'encan ; et la ville même, détruite par l'impitoyable vengeance des vainqueurs, expia le courage de ses habitants.

GUERRE AVEC LES LATINS ; BATAILLE DU LAC RHÉGILLE ; MORT DE TARQUIN LE SUPERBE. — Mais de nouveaux périls attendaient le peuple romain. Octavius Mamilius, gendre de Tarquin le Superbe, réunissait dans une

---

(1) Tacite, III, 72.

vaste confédération toutes les villes du Latium, et hâtait, avec une infatigable activité, les préparatifs d'une guerre générale. Après avoir soumis les Sabins et les Aurunces, la république allait trouver de plus redoutables adversaires, et soutenir, dans une lutte mémorable, l'effort de trente peuples, conjurés pour l'anéantissement du nom romain. A l'approche du danger éclatent dans la ville de malheureuses dissensions. Les plébéiens, opprimés par les patriciens usuriers, refusent de marcher contre l'ennemi. La création de la dictature met seule un terme à leur opiniâtre opposition. T. Lartius, premier dictateur, réduit le peuple à l'obéissance, et maintient en respect les Sabins prêts à reprendre les armes (498).

L'année suivante un sénatus-consulte permet à toutes les femmes latines mariées à des Romains de rentrer chez leurs parents : toutes, excepté deux, restent à Rome (1).

Sous le consulat de T. Æbutius et de C. Vétusius (496), Tite-Live signale le siège de Fidènes, la prise de Crustumeria et la défection de Préneste, qui passe du côté des Romains.

En 495 les Volsques s'unissent aux Latins. Aulus Postumius est nommé dictateur, et remporte près du lac Rhégille une victoire décisive. La ligue latine est anéantie. « Cette bataille, telle que l'a dépeinte Tite-Live, n'est pas un choc de deux armées, c'est un combat héroïque comme dans l'*Iliade*. Tous les chefs se rencontrent en combat singulier, et font pencher la victoire tantôt d'un côté, tantôt de l'autre, tandis que les masses luttent sans résultat. Le dictateur Postumius blesse le roi Tarquin, qui s'oppose à lui dès le commencement de la bataille. T. Æbutius, le général de la cavalerie, blesse le dictateur latin; mais lui-même, blessé dangereusement, est obligé de quitter la mêlée. Mamilius, simplement provoqué par sa blessure, conduit à la charge la cohorte des émigrés romains, et rompt les premiers rangs des ennemis : la fiction romaine ne pouvait concéder cet honneur qu'à des Romains, sous quelques drapeaux qu'ils combattissent. M. Valérius, surnommé Maximus, tombe en arrêtant leurs succès; Publius et Marcus, les fils de Publicola, trouvent la mort en voulant sauver le corps de leur oncle. Mais avec sa cohorte le dictateur les venge tous; il bat et poursuit les émigrés. En vain Mamilius cherche à rétablir le combat; T. Herminius est percé d'un javelot pendant qu'il dépouille le général des Latins. Enfin, les chevaliers romains, combattant à pied devant leurs enseignes, décident la victoire; puis ils montent à cheval, et dispersent l'ennemi (1). Pendant la bataille le dictateur avait voué un temple aux Dioscures : on vit combattre aux premiers rangs deux jeunes guerriers, à la taille gigantesque et montés sur des chevaux blancs. La poursuite n'était pas encore achevée que déjà les héros, couverts de poussière et de sang, apparurent à Rome; ils se lavèrent eux et leurs armes à la fontaine de Juturna, près du temple de Vesta, et ils annoncèrent au peuple assemblé dans le comitium l'événement de la journée. Le temple promis par le dictateur fut élevé de l'autre côté de la source, et sur le champ de bataille un pied de cheval imprimé dans le basalte attesta la présence de ces guerriers surnaturels.

« Ceci sans doute est riche de beautés

---

(1) Denys d'Halicarnasse (VI, 1); Niebuhr (t. II, p. 348 de la trad. fr.) voit dans ce fait une trace de l'ancienne épopée romaine.

(1) « L'utile secours de la cavalerie dans cette journée célèbre était rappelé chaque année par une fête qui avait lieu aux ides de quintilis, date de la bataille, et dans laquelle les chevaliers, après un sacrifice solennel, offert par les principaux membres de l'ordre équestre, couronnés d'olivier, vêtus de la *trabea*, divisés par tribus et par centuries, montés sur leurs chevaux et rangés comme s'ils revenaient du combat, partaient du temple de Mars, situé hors des murs, parcouraient la ville, et, traversant le Forum, venaient défiler devant le temple de Castor et Pollux, portant tous les insignes qu'ils avaient reçus de leurs généraux comme récompense de leur valeur. Cette imposante procession, où figuraient souvent jusqu'à cinq mille chevaliers, avait lieu encore au temps de Denys d'Halicarnasse (VI, 13), qui juge ce spectacle digne de la grandeur de l'Empire : ἄξια τοῦ μεγέθους τῆς ἡγεμονίας. » (Ph. Lebas, *Comm. sur Tite-Live*. Coll. Nisard, p. 795.)

épiques ; et néanmoins nos historiens ne connaissaient probablement plus l'ancienne forme de ce récit dans toute sa pureté. Ce combat de géants, dans lequel des dieux apparaissent, termine le *chant des Tarquins*, et je suis convaincu que je devine juste en avançant que le vieux poëme faisait périr dans cette *mort des héros* toute la génération qui était en guerre depuis le crime de Sextus, lequel, selon le récit de Denys, y périt aussi. Si dans cette narration le roi Tarquin quitte le champ de bataille après avoir été blessé, c'est que l'on a voulu la concilier avec la notion historique qui le fait mourir à Cumes. Mamilius est tué, Marcus Valérius Maximus est tué, sans préjudice des traditions historiques qui le font encore dictateur plusieurs années après ; et P. Valérius, qui trouve aussi la mort, n'est pas, à coup sûr, le fils de Publicola, mais Publicola lui-même. Herminius ne manque point. Bien certainement on n'avait pas oublié non plus Lartius, l'autre compagnon de Coclès, et qui certainement n'était pas différent du premier dictateur ; seulement il est caché, parce que le poëme a mis un autre à la tête de l'armée. Ainsi les mânes de Lucrèce sont apaisés, et les hommes des temps héroïques ont disparu du monde, avant que dans l'État qu'ils ont affranchi l'injustice règne et donne naissance à l'insurrection (1). »

Tarquin le Superbe, retiré à Cumes auprès du tyran Aristodème, mourut un an après la bataille de lac Rhégille (**494**). « Cette nouvelle transporta de joie et le sénat et le peuple ; mais cette joie chez les patriciens ne connut pas de bornes, et le peuple, qu'on avait jusqu'alors ménagé avec soin, se vit dès ce moment en butte à l'oppression (2). » Ainsi, après la défaite des Latins et la mort de son infatigable ennemi, la république n'avait plus à craindre d'autres périls que les luttes intérieures de ses enfants. Mais ces fatales dissensions, un moment contenues par l'autorité du dictateur T. Lartius, devaient bientôt compromettre la puissance et le salut même de Rome.

(1) Niebuhr, t. II, p. 349 de la trad. fr.
(2) Tit.-Liv., II, 21.

§ II. *Guerre contre les Volsques ; troubles intérieurs.*

SOUMISSION DES LATINS ; VICTOIRE DE SERVILIUS SUR LES VOLSQUES. — Pendant la guerre du Latium, les Volsques étaient entrés dans la confédération. Mais A. Postumius, avant l'adjonction de leurs troupes à l'armée de Mamilius, avait gagné la victoire du lac Rhégille. Pour détourner de leur territoire la colère des consuls, ils livrèrent, comme otages, trois cents enfants des premières familles de Cora et de Pométia. Quand le premier trouble fut dissipé, et que l'éloignement de l'armée romaine leur permit de se reconnaître, ils rougirent de leur faiblesse, et appelèrent aux armes les Herniques et les Latins. Les Herniques seuls accoururent à leur voix ; les Latins, découragés par leur désastre récent, livrèrent aux Romains les députés des Volsques, et obtinrent au prix de cette trahison la liberté de mille prisonniers et l'alliance même de leurs vainqueurs.

Les Volsques cependant marchaient contre Rome et ne rencontraient point d'obstacle. Les plébéiens avaient refusé de s'enrôler, et une violente émeute, soulevée dans le forum par les débiteurs insolvables contre les patriciens usuriers, laissait sans défense le territoire de la république. L'orgueil du consul Appius Claudius s'opposait à toute concession. Mais Servilius Priscus, son collègue, harangue le peuple et le conjure, au nom de la patrie, d'oublier ses ressentiments en présence des dangers qui menacent Rome. En même temps, il défend par un édit « de retenir dans les fers ou en prison aucun citoyen et de l'empêcher ainsi de se faire inscrire devant les consuls ; de saisir ou de vendre les biens d'un soldat tant qu'il est à l'armée ; enfin d'arrêter ses enfants ou ses petits-enfants. » Aussitôt les détenus s'enrôlent ; les débiteurs, pour échapper aux poursuites de leurs créanciers, accourent à tous les points de la ville ; une armée nombreuse se forme et s'avance à la rencontre des ennemis. La défaite des Volsques, le pillage de leur camp et la prise de Suessa-Pométia signalent la réconciliation momentanée des deux ordres, et méritent à Servilius la reconnaissance de Rome.

Bientôt les Volsques Écétrans, effrayés du sort de Suessa-Pométia, demandent la paix : un sénatus-consulte les dépouille de leur territoire. Mais une subite alarme vient troubler la joie des vainqueurs. Une nuit, on annonce aux consuls que les Sabins ont traversé l'Anio et qu'ils ravagent toute la campagne. A. Postumius s'élance sur-le-champ à la tête de la cavalerie ; Servilius le suit avec une troupe d'élite. Surpris par une vigoureuse attaque, les Sabins se retirent en désordre et repassent le fleuve. Une seule nuit met fin à cette expédition (1). Mais il reste encore à la république d'autres ennemis à combattre. Le lendemain arrive une députation des Aurunces, qui somme les Romains d'évacuer le territoire des Volsques. Déjà l'armée des Aurunces arrivait près d'Aricie. Les Romains marchent aussitôt à sa rencontre, et répondent à cette déclaration de guerre par une victoire qui termine les hostilités.

LIGUE DES VOLSCI-EQUI. — Cependant la fin de la guerre ramena dans la ville tous ces détenus, tous ces débiteurs insolvables que Servilius avait entraînés à sa suite. Le sénat devait une récompense à leur courage ; il leur devait au moins l'accomplissement des promesses faites en son nom par le consul. Mais les patriciens avaient déjà oublié des engagements arrachés par la peur. La paix semblait assurée au dehors ; on pouvait donc sans crainte ramener dans l'ergastulum ces pauvres vainqueurs, dont Rome n'avait plus besoin. Servilius lui-même abandonna la cause du peuple, et l'impitoyable Appius Claudius poursuivit sans obstacle le cours de ses violences. Les menaces des Sabins, des Èques et des Volsques apprirent enfin au sénat qu'il s'était trop hâté de briser l'union des deux ordres et de diviser la ville en deux camps. Il fallut créer un dictateur,

et l'on choisit le frère de Publicola, Manius Valérius. A l'appel de ce chef populaire, tous les plébéiens accoururent : et dix légions entrèrent en campagne.

Déjà les Èques avaient envahi le Latium. Une députation envoyée par les Latins vint supplier le sénat ou de secourir ses alliés ou de leur permettre du moins de prendre les armes pour la défense de leur territoire. Les Latins, par leur soumission, avaient mérité la protection de Rome. Dans la guerre des Volsques, ils étaient restés fidèles à la république, et par des services, peu honorables sans doute et peu dignes d'un peuple indépendant, ils avaient expié leur funeste alliance avec les Tarquins. Rome cependant craignit de leur remettre les armes entre les mains ; elle préféra défendre elle-même un peuple asservi. Le consul Vétusius s'avança donc au secours du Latium. A son approche les Èques abandonnèrent la plaine, et se retirèrent sur les montagnes. Virginius marcha contre les Volsques. Il établit son camp sur leur territoire, et les força d'en venir aux mains. Une plaine séparait les deux armées, rangées chacune devant ses retranchements. Les Volsques marchent les premiers au combat ; supérieurs en nombre, ils provoquent les Romains, et s'avancent au pas de course contre les premiers rangs de l'armée consulaire. Les Romains les attendent en silence, immobiles, le javelot en terre. Tout à coup Virginius donne le signal de l'attaque ; toute la ligne s'ébranle ; les Volsques, surpris, reculent en désordre. Renversés de toutes parts, ils se retirent dans leur camp ; mais les Romains emportent d'assaut les retranchements. La fuite même ne peut sauver les débris de cette armée en déroute. En vain les Volsques cherchent un asile dans Vélitres. Vainqueurs et vaincus entrent pêle-mêle dans cette ville. Un horrible massacre succède au combat. Un petit nombre d'habitants, échappés à la fureur des soldats romains, se remettent entre les mains du consul.

Pendant que Vétusius forçait les Èques à la retraite et que Virginius s'emparait de Vélitres, le dictateur livrait aux Sabins une mémorable bataille. Les Sabins, pour développer leurs ailes sur une surface plus étendue, avaient

---

(1) Licinius Macer (Denys d'Hal. V, 47 ; Pline, XV, 49) donnait plus d'importance à cette incursion des Sabins. On voit dans Denys d'Halicarnasse (V. 49) que les Romains leur enlevèrent dix mille arpents de terre.

diminué la profondeur de leurs rangs. Valérius, par une vigoureuse charge de cavalerie, coupe le centre de la ligne. L'infanterie se jette à sa suite sur les ennemis, les renverse devant elle, et du même effort emporte leur camp. Cependant les Èques n'avaient pas encore posé les armes, et se tenaient toujours sur les montagnes. Encouragé par le succès de Valérius, Vétusius les poursuit jusque dans leurs retraites, et s'empare de leur camp, placé dans une position presque inexpugnable. Un riche butin est le prix de cette audacieuse expédition. Les Volsques payèrent aussi par la perte de Vélitres le malheur de leurs armes : une colonie romaine fut envoyée dans cette ville.

IRRITATION DES PLÉBÉIENS; MISÈRE DES DÉBITEURS; LE PEUPLE SE RETIRE SUR LE MONT SACRÉ. — Valérius, après sa victoire sur les Sabins, avait reçu les honneurs du triomphe; mais les témoignages de la reconnaissance du sénat n'avaient point trompé le dictateur populaire. Après le retour du consul Vétusius, il rappela hautement les promesses faites aux plébéiens, et tenta d'adoucir par une sage mesure le sort des débiteurs insolvables. Sa proposition fut rejetée. Emporté alors par l'indignation : « Je vous déplais, dit-il, parce que je conseille la concorde. Croyez-moi, vous désirerez bientôt que les patrons du peuple me ressemblent. Pour moi, je ne veux pas tromper plus longtemps mes concitoyens et garder une magistrature inutile. Les discordes civiles, les guerres étrangères ont forcé la république à recourir à la dictature. La paix est assurée au dehors, elle trouve des obstacles au dedans. J'aime mieux être témoin de la sédition comme citoyen que comme dictateur (1). »

L'abdication de Valérius, le bruit des applaudissements qui saluèrent sur son passage le défenseur impuissant des plébéiens, l'enthousiasme de la multitude qui accompagna comme en triomphe le digne frère de Publicola, toutes ces manifestations éclatantes, signes avant-coureurs d'une inévitable révolution, avertirent les oppresseurs du peuple des dangers qui menaçaient leur puissance.

(1) Tit.-Liv., II, 31.

Le trouble régnait dans les conseils des patriciens. Le sénat craignait la colère de ses ennemis, et s'attendait à de terribles représailles. Il crut se sauver par une ruse maladroite, et hâta lui-même la sédition. Pour éloigner de Rome les soldats que la paix y avait ramenés, et diviser ainsi les forces des plébéiens, il s'avisa de supposer que les Èques avaient recommencé la guerre, et ordonna aux légions de sortir de la ville. Les soldats avaient prêté serment entre les mains des consuls. Liés par la sainteté de leur engagement, ils durent suivre leurs drapeaux et partir pour une guerre imaginaire. Un moment ils eurent l'idée d'égorger les consuls à qui ils avaient prêté obéissance. C'était se dégager par un crime de la religion du serment. Mais, sur l'avis d'un certain Sicinius, ils enlevèrent les aigles et se retirèrent sur le mont Sacré au delà de l'Anio, à trois milles de Rome. Une partie des plébéiens occupa en même temps le mont Aventin. « Là, sans aucun chef, ils restèrent tranquilles durant quelques jours dans un camp fortifié par un retranchement et par un fossé, ne prenant que ce qui était nécessaire pour leur subsistance, n'étant point attaqués et n'attaquant point. L'effroi était au comble dans la ville : une défiance mutuelle tenait tout en suspens. La portion du peuple abandonnée par l'autre craignait la violence des patriciens; les patriciens craignaient le peuple qui restait dans la ville, et ne savaient que souhaiter de son séjour ou de son départ. Combien de temps la multitude retirée sur le mont Sacré se tiendrait-elle tranquille? Qu'arriverait-il si quelque guerre étrangère survenait dans l'intervalle? Il n'y avait plus d'espoir que dans la concorde des citoyens : il fallait l'obtenir à quelque condition que ce fût. On se détermine donc à députer vers le peuple Ménénius Agrippa, homme éloquent et cher au peuple, comme issu d'une famille plébéienne (1). » Il leur adressa l'apologue célèbre des membres et de l'estomac, « véritable fragment cyclopéen de l'ancien langage symbolique (2). »

(1) Tit.-Liv., II, 32.
(2) Michelet, *Hist. rom.*, 2ᵐᵉ éd., t. I, p. 159.

Le peuple consentit à rentrer dans Rome; mais il voulut un traité; il voulut des magistrats à lui, des magistrats inviolables qui le défendraient contre les consuls. On lui accorda des tribuns (492).
« Humbles furent d'abord les pouvoirs et les attributions de ces magistrats du peuple. Assis à la porte du sénat, ils en écoutaient les délibérations sans pouvoir y prendre part. Ils n'avaient aucune fonction active. Tout leur pouvoir était dans un mot : *Veto*, je m'oppose. Avec cette unique parole ils arrêtaient tout. Le tribun n'était que l'organe, la voix négative de la liberté. Quiconque mettait la main sur un tribun était dévoué aux dieux : *sacer esto*. C'est de ce faible commencement que partit cette magistrature qui devait emprisonner les consuls et les dictateurs descendant de leur tribunal (1). »

LUTTE DU FORUM ET GUERRES EXTÉRIEURES DEPUIS LA CRÉATION DU TRIBUNAT JUSQU'A L'ÉTABLISSEMENT DE L'ÉGALITÉ CIVILE (492-449).

§ I. *Traité de Spurius Cassius avec les Latins et les Herniques; loi agraire.*

DÉFAITE DES VOLSQUES ; PRISE DE CORIOLES ; TRAITÉ DE SPURIUS CASSIUS AVEC LES LATINS. — La paix était revenue dans Rome; il fallait maintenant l'assurer au dehors. Le rétablissement de l'ordre rendait cette œuvre facile et devait en hâter l'accomplissement. Jusque-là, tant que la discorde avait partagé Rome en deux villes, les plébéiens, opprimés par le parti aristocratique, s'étaient habitués à considérer les patriciens non comme des concitoyens, mais comme des ennemis. Mais ces ennemis constituaient seuls le gouvernement; et comme le peuple n'était pas encore assez éclairé pour établir entre le gouvernement et l'État une distinction qui ne peut être comprise sans un certain effort d'abstraction, souvent, par haine du sénat, il s'était réjoui des dangers qui menaçaient la république; souvent il avait refusé au gouvernement les services qu'il lui devait, et compromis, par une coupable et funeste opposition, les intérêts sacrés de la patrie. Ainsi, pendant les troubles qui amenèrent la dictature de Valérius, les plébéiens, en apprenant que les Volsques venaient assiéger Rome avec une formidable armée, avaient salué cette nouvelle comme l'annonce de leur délivrance. « Les dieux, disaient-ils, allaient tirer vengeance de l'insolence patricienne. » Ils avaient refusé de s'inscrire, « car ils aimaient mieux périr avec Rome que de périr seuls. C'était aux patriciens de se charger du service militaire ; c'était aux patriciens de prendre les armes; les dangers de la guerre seraient alors pour ceux qui en recueillaient tout le fruit (1). » La création du tribunat changea du moins pour un temps les dispositions de la multitude. Satisfait des concessions que sa fermeté avait arrachées au parti aristocratique, le peuple voulut se montrer digne des droits politiques qu'il venait de conquérir. Il prit les armes, et marcha contre les Volsques. Les patriciens ne restèrent pas en arrière. Forcés de céder devant la sédition, ils étaient jaloux de montrer à la populace qu'ils surpassaient tous ses héros « plus encore par la vertu que par la puissance (2). » La rivalité des deux ordres tourna cette fois au profit de la république.

Le consul Postumius Cominius prit le commandement de l'armée. Il battit les Volsques Antiates, les poursuivit jusqu'à Longula, et se rendit maître de cette ville. Il s'empara encore de Polusca, et mit le siège devant Corioles. Les Volsques accoururent au secours de leur capitale. Ils rassemblèrent toutes leurs forces, et partirent d'Antium dans le dessein de combattre les troupes romaines sous les murs mêmes de la ville et de les placer entre deux attaques simultanées. Instruit de ce mouvement, Cominius confie à T. Lartius les travaux du siège, et s'avance au-devant des ennemis, qui espéraient le surprendre, et fond à l'improviste sur ses derrières. Mais pendant qu'il marche au combat, les habitants font une sortie, repoussent les soldats de T. Lartius, et les poursui-

(1) Michelet, *Hist. rom.*

(1) Tit.-Liv., II, 24.
(2) Plut., *Vie de Coriolan*, 5.

vent jusqu'à leurs retranchements. Alors paraît un jeune patricien, C. Marcius, déjà célèbre par sa valeur. Il ramène contre les Volsques les troupes ébranlées, fait à son tour reculer les ennemis, entre sur leurs pas dans les murs de la ville et fraye un passage à T. Lartius. Corioles est prise par une poignée de braves. Cet heureux coup de main ne suffit pas à l'ardeur de Marcius. Il va rejoindre Cominius, et prend une part brillante à la bataille contre les Antiates. Un moment enveloppé par les ennemis, il est dégagé par le consul; mais, malgré ses blessures et la fatigue d'une journée si bien remplie, il refuse de se retirer dans le camp : « Ce n'est pas aux vainqueurs, dit-il, à être las. »

Le lendemain, Marcius est mandé par le consul, qui, en présence de toute l'armée, monte sur son tribunal; après avoir rendu aux dieux les actions de grâces que méritaient de si grands succès, Cominius adresse la parole à Marcius, il le comble d'éloges sur la conduite brillante qu'il a tenue sous ses yeux dans le combat, et sur les traits de bravoure dont Lartius lui a rendu compte. Ensuite, avant que de rien distribuer aux troupes, il lui ordonne de prendre à son choix la dîme de tout le butin qu'on avait fait sur les ennemis, argent, chevaux et prisonniers. Enfin il lui donne un cheval de bataille richement harnaché. Toute l'armée applaudit à ces récompenses. Mais Marcius refuse de recevoir le prix de ses exploits : « Je ne demande, dit-il, qu'une seule grâce : j'ai parmi les Volsques un hôte et un ami. Il a été fait prisonnier : accordez-moi sa liberté. » Ce discours excita les acclamations de toute l'armée : on admira bien plus le désintéressement du jeune patricien et son mépris des richesses que sa valeur dans les combats. Ceux même qui, en le voyant comblé de tant d'honneurs, n'avaient pu se défendre d'un sentiment de jalousie, le jugèrent d'autant plus digne de ces présents qu'il les avait refusés; ils estimèrent bien plus la vertu qui lui faisait mépriser de si grandes récompenses que celle qui les lui avait méritées.... Quand les acclamations et le bruit eurent cessé, Cominius prit la parole : « Mes amis, dit-il à ses soldats,

vous ne pouvez forcer Marcius à recevoir des présents qu'il ne veut pas accepter. Mais donnons-lui une récompense qu'il ne puisse pas refuser, et décernons-lui le surnom de Coriolan. » Depuis, C. Marcius porta toujours ce troisième nom (1). »

Les Volsques étaient vaincus; un traité avait été signé par Sp. Cassius avec les peuples latins (2). Rome semblait appelée à jouir enfin de quelque repos. Cette fois encore elle fut trompée dans son espoir. La mort de Ménénius Agrippa, dont le peuple paya les funérailles, fut l'annonce des malheurs qui allaient fondre sur la république.

CORIOLAN; SON PROCÈS ET SON EXIL. — Pendant la retraite du peuple sur le mont Sacré, les champs étaient restés sans culture. La guerre des Volsques avait ensuite enlevé à la terre des bras qui lui faisaient faute. La victoire ramena les Romains chargés de dépouilles, mais le butin ne pouvait remplacer la moisson. Le blé manqua, et la famine entra dans la ville. Les plébéiens, les pauvres, les esclaves, devaient souffrir les premiers de la cherté des grains.

(1) Plutarque, *Vie de Coriolan*, VIII, tr. Ricard. Nous avons reproduit dans tous ses détails le récit de Plutarque. Celui de Tite-Live, plus simple et plus vraisemblable, ressemble moins à un roman. Pourtant il n'a pas trouvé grâce devant l'impitoyable critique de Niebuhr, qui, dans l'épisode de Coriolan, voit seulement *la pensée d'un poème épique*. Nous renvoyons à l'*Histoire des Romains* de M. Duruy, qui a fait ressortir dans une note substantielle (p. 169) les contradictions de la tradition romaine.

(2) On le lisait encore, au temps de Cicéron, sur une colonne de bronze : « Il y aura paix entre les Romains et les Latins tant que le ciel sera au-dessus de la terre et la terre sous le soleil. Ils ne s'armeront pas l'un contre l'autre; ils ne donneront pas passage à l'ennemi à travers leur territoire, et ils se porteront secours avec toutes leurs forces quand ils seront attaqués; le butin et les conquêtes faites en commun seront partagés. » Cic., *Pro Balbo*, 23; Liv., II, 33; Den., VI, 95. Ce traité établissait entre Rome et les trente villes latines (désignées par Denys d'Hal., V, 61) le lien d'une fédération militaire. Le commandement de l'armée combinée devait alterner chaque année entre les deux peuples.

Quand le pain vint à leur manquer et que la faim arracha des plaintes à leurs enfants, à leurs femmes, ces hommes qui venaient de gagner des batailles pour la république s'irritèrent de la détresse qui les frappait seuls, et qui épargnait les riches patriciens. Si les champs avaient été abandonnés pendant trois mois, si la charrue n'avait point achevé le sillon commencé, si les esclaves avaient déserté les fermes, c'était le crime des patriciens et non la faute du peuple ; car l'excès de l'oppression avait seul amené la retraite des plébéiens sur le mont Sacré et causé ainsi tous les maux de la république.

Une sédition devenait imminente. Les consuls, pour la prévenir, eurent l'idée d'envoyer à Vélitres une colonie, et d'enrôler une armée contre les Volsques. Mais les plébéiens n'obéirent pas à ce double appel ; ils refusèrent de partir pour la guerre ou pour l'exil : quelques volontaires se décidèrent enfin à suivre Coriolan contre les Antiates ; ils enlevèrent, sur le territoire de ce peuple, du blé, des bestiaux, des esclaves : mais la vue des riches dépouilles qu'ils rapportèrent de cette expédition excita contre leur chef la jalousie et le ressentiment de la multitude.

Peu de temps après, Coriolan demanda le consulat. Il vint, suivant l'usage, solliciter sur le Forum les suffrages des citoyens, et montra sur sa poitrine découverte, les traces glorieuses des blessures qu'il avait reçues dans dix-sept campagnes. Le peuple semblait disposé à récompenser son courage. Mais le jour de l'élection, l'orgueilleux candidat, conduit par le sénat en corps, escorté par tous les patriciens, se rendit sur la place dans un appareil magnifique. Ce triomphe anticipé réveilla les jalouses défiances de la liberté, et l'on nomma d'autres consuls.

Cet échec, dont l'orgueil du parti aristocratique s'irrita comme d'une insulte, amena bientôt entre les deux ordres un grave conflit, et ranima la lutte des partis, un moment apaisée par les ménagements du sénat. On avait envoyé chercher du blé dans les pays étrangers, sur les côtes de l'Étrurie et tout le long de la mer jusqu'à Cumes. On était même allé jusqu'en Sicile : « tant la haine des peuples voisins forçait de recourir à des ressources lointaines (1). » A Cumes, le blé était déjà acheté, quand le tyran Aristodème retint les vaisseaux pour s'indemniser des biens des Tarquins, dont il était l'héritier. Chez les Volsques et dans le Pomptinum, la vie même des commissaires fut menacée. Le blé des Étrusques arriva par le Tibre et fut distribué au peuple. Mais ces faibles approvisionnements ne suffisaient pas pour assurer la subsistance d'une population sans ressources. Sous prétexte de contenir le Pomptinum, dont les dispositions hostiles venaient d'éclater, le sénat renforça la colonie de Vélitres, en fonda une nouvelle à Norba, dans les montagnes, et débarrassa ainsi la ville des citoyens les plus pauvres et les plus remuants. Mais pour assurer la tranquillité de Rome il fallait des mesures plus efficaces ; il fallait ou imposer silence au ressentiment de Coriolan contre le peuple, ou réduire à l'impuissance le pouvoir tribunitien, car les provocations et les insolences des jeunes patriciens soulevaient déjà la colère de la multitude, et la guerre était près d'éclater dans le Forum. L'envoi d'une colonie à Norba avait excité les réclamations des tribuns. Pour y répondre, les consuls convoquèrent l'assemblée. Un des tribuns voulut prendre après eux la parole, « Nous avons seuls le droit de parler, s'écria le consul T. Géganius. Car c'est nous qui avons réuni les comices. Si le peuple avait été convoqué par ses magistrats, nous ne serions pas ici. » — « Romains, vous l'entendez, dit à son tour Icilius ; que les tribuns cèdent aujourd'hui la place aux consuls, demain, vous saurez quelle est votre puissance. » Le lendemain, dès le point du jour, les plébéiens étaient réunis sur le Forum. Icilius les rangea par tribus ; on put ainsi se passer de l'intervention des augures nécessaires dans les assemblées par curies et par centuries. La loi suivante fut proposée et acceptée : « Que nul n'interrompe un tribun parlant devant le peuple : si quelqu'un enfreint cette défense, il donnera caution pour l'amende que les tribuns imposeront. S'il refuse, il sera puni de mort

(1) Tit.-Liv., II, 34.

et sa famille vouée aux dieux. » Ainsi, le peuple avait désormais ses comices; sous la convocation de ses magistrats, il avait conquis le droit de faire des plébiscites. Une seule restriction fut apportée à l'exercice de ce droit : on régla que les tribus ne pourraient s'assembler les jours où l'on observerait le ciel. C'était se mettre à la discrétion des patriciens; mais l'esprit religieux des Romains exigeait ce sacrifice; le peuple d'ailleurs se fiait à l'habileté des tribuns pour déjouer les ruses de ses adversaires ; point de présages, point de sacrifices, point de lieu inauguré : le sort désignait la tribu prérogative. Le vote par tête assurait à chaque citoyen une part réelle à la décision des affaires. Les attributions de cette assemblée ainsi constituée n'étaient pas encore déterminées. Mais le peuple pouvait, sur ce point, beaucoup attendre de l'infatigable activité de ses chefs : la puissance tribunitienne n'était pas disposée à s'arrêter dans la voie de ses envahissements.

Le sénat n'avait cédé que par faiblesse. Dans les rangs des patriciens, un grand nombre de mécontents, et Coriolan à leur tête, protestaient chaque jour contre les concessions du parti modéré. Une grande quantité de blé était arrivée de Sicile, et l'on délibérait dans la curie sur le prix auquel on le livrerait. Le peuple s'était répandu en foule autour du palais, pour attendre la décision des sénateurs. Il espérait qu'on aurait pitié de la misère publique, et que les passions politiques n'étoufferaient point la voix de l'humanité. Il ne connaissait point toute la fureur de ses ennemis.

En vain quelques vieux patriciens conseillent de ménager la multitude, la violence de Coriolan impose silence aux flatteurs du peuple : loin de consentir à de lâches concessions, il veut que les riches ferment leurs greniers, et qu'ils élèvent encore le prix des vivres (1). « Si les plébéiens veulent les blés sur l'ancien pied, qu'ils rendent, dit-il, qu'ils rendent au sénat ses anciens droits; pourquoi vois-je ici des magistrats plébéiens, un Sicinius tout-puissant?...... Moi qui n'ai pas voulu souffrir Tarquin pour roi, je souffrirais un Sicinius ! Eh bien! qu'il se retire encore une fois, qu'il entraîne le peuple; le chemin du mont Sacré ou des autres collines lui est ouvert; qu'ils viennent enlever le blé de nos campagnes, comme ils l'ont fait il y a trois ans. Ils sauront bientôt ce qu'il en coûte d'outrager la puissance du sénat (1). » Cet appel à la guerre civile fut entendu de la multitude. Excités par les tribuns, les citoyens furent sur le point de prendre les armes : « Eh quoi! s'écriaient-ils, on les attaquait maintenant par la famine comme des ennemis; on leur enlevait la subsistance et la nourriture. Le blé étranger, seule ressource qu'ils devaient à une faveur inespérée de la fortune, on le leur enlevait de la bouche, s'ils ne consentaient à livrer leurs tribuns pieds et poings liés à C. Marcius, si le peuple lui-même ne présentait le dos aux verges du licteur. Marcius ne leur laissait le choix que de la mort ou de l'esclavage. » La foule était prête à se jeter sur le sénat; retenue par les tribuns, elle voulait massacrer Coriolan et l'attendait au seuil de la curie. Mais ses chefs arrêtèrent l'élan de l'insurrection populaire, et s'efforcèrent de maintenir, au milieu du tumulte, les formes de la légalité. Ils citèrent l'imprudent patricien à comparaître devant l'assemblée du peuple. Les licteurs, envoyés pour amener Coriolan, furent maltraités et repoussés par la violence. Alors les tribuns, accompagnés des édiles, s'avancèrent eux-mêmes. Leur caractère sacré et inviolable devait en imposer aux patriciens; il fut méconnu ; Coriolan fut arraché de leurs mains, et, dans cette lutte inégale, les édiles mêmes furent frappés. La nuit sépara les deux partis; mais le lendemain, à la pointe du jour, le peuple était rassemblé sur le Forum, et menaçait de prendre les armes. Les patriciens eurent peur, ils cédèrent. Le prix du blé fut fixé à un taux modique. Ce n'était pas assez. Les tribuns refusèrent d'abandonner leurs poursuites contre Coriolan, et lui accordèrent à peine quelques délais. Le jugement fut remis au troisième jour du marché. Dans l'intervalle, survint une guerre contre les Antiates. Le sénat espérait que la colère

---

(1) Denys d'Hal., VII, 6.

(1) Tit.-Liv., II, 34.

du peuple, un moment détournée, aurait le temps de se calmer. Mais cette expédition fut promptement terminée par la défaite des Antiates, et le retour de l'armée victorieuse remit en présence Coriolan et ses accusateurs. Il fut condamné à un bannissement perpétuel.

CORIOLAN SE RETIRE CHEZ LES VOLSQUES; SIÉGE DE ROME. — L'exilé chercha un asile chez les Volsques. Il pénétra sous un déguisement dans les murs d'Antium, et alla s'asseoir au foyer d'un citoyen puissant, Attius Tullus, l'homme le plus considérable de la confédération volsque et l'ennemi le plus implacable de Rome. Tullus, devenu l'hôte du vainqueur de Corioles, s'associa à ses projets de vengeance; il ranima le courage abattu de ses concitoyens, que leurs récents revers avaient instruits à redouter les armes romaines, et organisa une ligue nouvelle. C. Marcius lui servit de lieutenant. A la voix de ces deux chefs illustres unis pour la ruine de la république, les Volsques prennent les armes. Ils marchent d'abord sur Circéi, et s'emparent de cette ville malgré sa forte position et la résistance des colons romains qui la défendent. Puis, par des chemins de traverse, ils gagnent la voie Latine; Satricum, Longula, Polusca, Corioles, tombent au pouvoir de Coriolan. Lanuvium est pris; Corbion, Vitellia, Trébia, Lavices, Pédum, ouvrent leurs portes. Enfin, l'armée victorieuse s'avance sur Rome, et va camper près du fossé Cluilius, à cinq milles de la ville.

Coriolan faisait respecter par ses soldats les terres des nobles; mais il n'épargnait pas celles des plébéiens. Du haut des remparts, le peuple voyait la flamme de l'incendie se répandre dans la campagne, et peut-être reprochait-il aux tribuns l'excès d'une rigueur qui attirait de telles représailles. La patrie était en danger. Les Latins, qui auraient pu apporter quelques secours, étaient maintenus par Attius Tullus. Rome ne pouvait donc rien espérer de ses alliés. Elle dut s'abaisser à d'humbles prières, et envoya au camp des Volsques une députation. Cette démarche, deux fois renouvelée, échoua deux fois contre l'inflexible ressentiment de l'exilé. L'honneur de sauver Rome était réservé à Véturia, mère de Coriolan. La vue de sa mère et de sa femme, Volumnia, pressant ses deux fils contre son cœur désarma le courroux de C. Marcius. Les Volsques se retirèrent chargés de butin, et Coriolan alla terminer sa vie loin de cette patrie qu'il avait épargnée. Les traditions ne s'accordent point sur sa mort : suivant quelques historiens, il fut assassiné par les Volsques. Fabius rapporte qu'il parvint à un âge avancé, et qu'il répétait sur la fin de sa vie : « L'exil est bien dur pour un vieillard. »

LA DISSENSION ÉCLATE DANS LA LIGUE DES VOLSQUES ET DES ÈQUES; TRAITÉ AVEC LES HERNIQUES; CONFÉDÉRATION MILITAIRE ENTRE ROME ET SES ALLIÉS. — Les Volsques n'avaient point posé les armes. Secondés par les Èques, leurs alliés ordinaires, ils reparurent sur le territoire romain. La république était sans cesse menacée par l'union de ces deux peuples, mais la discorde éclata dans leur camp; les Èques refusèrent d'obéir à Tullus; ils voulaient placer à la tête de l'armée un général pris dans leurs rangs. Ces dissensions mirent le désordre dans les troupes confédérées, et la fortune de Rome triompha.

L'année suivante (487), le consul T. Sicinius marcha contre les Volsques; la campagne se termina sans avantages décisifs. C. Aquillius, plus heureux que son collègue, mit les Herniques en déroute. En 486, Spurius Cassius, consul pour la troisième fois, conclut avec ce peuple un traité semblable à celui qu'il avait signé avec les Latins, en 493, dans son second consulat. « Dès lors les Èques et les Volsques ne purent faire un mouvement que les messagers herniques ou latins n'accourussent le dénoncer à Rome, et les légions, en descendant ou en remontant la vallée du Trérus, purent aller menacer jusqu'au cœur le pays ennemi. Certainement ces deux traités firent plus pour la grandeur de Rome qu'aucun de ceux qu'elle signa plus tard; car ils assurèrent son existence à une époque où sa fortune pouvait être facilement étouffée dans son berceau. Tout le poids de la guerre contre les Èques et les Volsques retomba sur ses alliés, et de son côté elle ne joua ordinairement que le rôle d'auxiliaire; de là le peu d'importance de ces guerres, malgré les actes d'héroïsme et de dévouement, les grands noms et les merveilleuses histoires dont les écrivains les ont remplies (1). »

Ainsi, comme l'a remarqué M. Michelet (2), le Latium se trouva partagé en deux ligues, celle des Volsci-Æqui et celle des Latini et Hernici. Les Volsques et les Èques cessèrent d'être pour Rome des ennemis dangereux, mais ils lui furent longtemps encore des voisins incommodes. Les montagnards insaisissables de l'Algide, retranchés dans leurs inaccessibles retraites, menaçaient la plaine de leurs soudaines irruptions et n'avaient pas à craindre de représailles. Les Volsques, maîtres d'un riche territoire, établis dans des villes florissantes, divisés en un grand nombre de petits peuples indépendants, trouvaient des ressources inépuisables pour prolonger la guerre. Impuissants à l'attaque, ils apportaient dans la défense une infatigable opiniâtreté. Le défaut de concentration leur interdisait toute grande entreprise; mais aussi, quand l'ennemi envahissait leur territoire, ils n'avaient pas à craindre que la prise d'une ville entraînât du même coup la soumission de toutes les autres. S'ils avaient eu une grande capitale, tous les efforts de la république se seraient portés sur ce point; mais pour soumettre le pays, il fallut emporter successivement toutes les places, les raser pour qu'elles ne se relevassent plus, et ajouter péniblement ruine sur ruine. Quand de tant de cités indépendantes il n'en resta plus une debout, quand la population eut été exterminée en détail et qu'un pays fertile fut changé en solitude, alors seulement la guerre fut terminée.

Du côté de l'Étrurie, la lutte devait prendre un tout autre caractère. Dix milles tout au plus séparaient Véies du Janicule, et les hautes murailles de cette riche et industrieuse cité, aussi grande et plus belle que Rome, bravaient toutes les forces de la république. Rome n'était plus menacée, comme au temps de Porsenna, par la ligue de toutes les villes étrusques. Inquiétée au nord par les invasions des Gaulois Cisalpins, le long des côtes, par les attaques des pirates liguriens, effrayée par les progrès des Grecs et des Carthaginois, la confédération avait abandonné tout projet de conquête. Elle avait à défendre les Apennins et les côtes. Seule, Véies, que sa position mettait à l'abri des Gaulois et des Liguriens, Véies, placée à dix milles du Janicule, devait engager la lutte contre Rome, et la soutenir pour son propre compte. La querelle n'est point entre Rome et l'Étrurie, comme au commencement de la république, elle est entre deux villes rivales; du jour où Véies succombera tout sera fini de ce côté. Mais ce jour n'est point encore venu. Rome, avant d'écraser son ennemie, doit passer par de rudes et périlleuses épreuves.

Il lui faut encore un siècle et demi avant qu'elle puisse franchir les limites du Latium, avant qu'elle recouvre cette ancienne puissance à laquelle les rois l'avaient élevée et dont la perte a payé la conquête de la liberté. Quand la guerre intérieure aura cessé dans ses murs, quand l'ordre, l'unité, la paix seront rétablis, alors son énergie, qui s'épuise dans les luttes du Forum, pourra se répandre au dehors. Mais tant que la fusion ne sera point opérée entre les deux ordres, la république s'agitera vainement dans son humble berceau; resserrée de toutes parts, pressée par d'inquiets et incommodes voisins, elle sera longtemps encore placée entre deux périls : la guerre civile, et l'invasion étrangère.

PROPOSITION DE LA LOI AGRAIRE; MORT DE SPURIUS CASSIUS. — La même main qui lui a assuré au dehors l'appui des Latins et des Herniques contre les Èques et les Volsques a jeté dans son sein des semences de discorde. Un patricien, trois fois consul et triomphateur, Spurius Cassius, ranime les séditions du Forum. Il propose de partager les terres récemment conquises, et réclame en même temps la restitution de plusieurs portions de l'*ager publicus* usurpées par des particuliers au détriment de la république. « Alors, dit Tite-Live, fut promulguée pour la première fois la *loi agraire*, qui, depuis

(1) *Voy.* Duruy, *Histoire des Romains*, etc., t. I, p. 185.
(2) T. I, p. 164.

cette époque jusqu'à la nôtre, n'a jamais été mise en question sans exciter de violentes commotions (1). » Tite-Live n'avait pas aperçu dans la période royale des tentatives analogues, dont les rois eux-mêmes prirent l'initiative. Le sort de Servius Tullius, un des promoteurs de la loi agraire, attendait Spurius Cassius et tous ses imitateurs. Les patriciens, effrayés par la menace de l'insurrection, gagnèrent du temps par une adroite concession. Le sénat décréta pour l'année suivante la nomination de douze commissaires chargés d'examiner la question du partage. En même temps les détenteurs du domaine public répandirent contre Spurius Cassius d'odieuses calomnies. Ils l'accusèrent d'aspirer à la royauté; cette manœuvre grossière réussit. A peine sorti du consulat, Spurius Cassius fut condamné au dernier supplice et précipité de la roche Tarpéienne (485).

La loi agraire n'avait pas péri avec son auteur. Délivré de ce vain fantôme de la tyrannie, le peuple comprit bientôt qu'il s'était laissé égarer, et regretta sa rigueur envers un grand citoyen. Parmi les plus ardents ennemis de Cassius s'étaient distingués les Fabius; c'était un Fabius qui avait proposé contre lui la sentence capitale. Il fut nommé consul, et pendant sept années consécutives les faisceaux consulaires restèrent entre les mains de cette famille. Les patriciens ne pouvaient opposer de plus fermes et de plus opiniâtres adversaires aux tribuns du peuple, qui depuis la mort de Cassius réclamaient hautement l'exécution de la loi agraire.

GUERRES CONTRE LES ÈQUES ET LES VOLSQUES ET CONTRE LES VÉIENS; INFLUENCE DES FABIUS. — Cependant les Èques et les Volsques ne laissaient point de repos à la république. Les deux ordres, un moment réconciliés par le danger de la patrie, suspendirent leurs querelles pour repousser les brigandages des montagnards descendus de l'Algide. L. Æmilius, collègue de Cæso Fabius, remporta une sanglante victoire. Les ennemis abandonnèrent la campagne. Mais ils ne tardèrent pas à reparaître. Cette fois, leur approche ne rétablit point la paix dans le Forum. Le tribun C. Mœnius s'opposa à la levée des troupes. Mais la puissance tribunitienne était renfermée dans l'enceinte de la ville. Les consuls transportèrent leur tribunal hors des murs de Rome, et, malgré le *veto* de Mœnius, ils appelèrent les citoyens sous les armes. Ce moyen ne réussit pas; il fallut recourir à la violence, brûler les fermes de ceux qui refusaient de s'enrôler, couper leurs arbres à fruits et dévaster leurs champs. Les armes étrangères n'apportaient pas plus de maux aux plébéiens. Aux ravages des Èques, aux dissensions civiles, vint se joindre encore la guerre contre les Véiens. Rome, menacée de toutes parts, avait besoin pour sa défense des bras de tous ses enfants. Les Èques assiégeaient Ortona; les Véiens s'approchaient des remparts de la ville (480). Cependant le tribun Sp. Licinius opposait son *veto* aux enrôlements, et le peuple refusait de marcher. Le sénat parvint à mettre la désunion parmi les tribuns, et Licinius fut abandonné de ses collègues. Les consuls purent réunir des troupes suffisantes, et en formèrent deux corps séparés. L'un, sous la conduite de Sp. Furius, s'avança contre les Èques; l'autre, commandé par Cæso Fabius, fut envoyé à la rencontre des Véiens. Le consul eut moins à lutter avec l'ennemi qu'avec ses propres soldats. Son nom était odieux au peuple, et ses talents militaires échouèrent contre la mauvaise volonté des légions. A la tête de la cavalerie, il chargea l'armée des Véiens, et la mit en déroute; mais l'infanterie refusa d'achever la victoire et de poursuivre les ennemis dans leur fuite (480).

L'année suivante, un nouveau tribun, Tib. Pontificius, continua le rôle de Sp. Licinius. Pour contraindre le sénat à une équitable répartition du domaine public, il arrêta les levées. Mais les patriciens, instruits par le succès de leurs précédentes manœuvres, gagnèrent ses collègues, et triomphèrent ainsi de son opposition. Marcus Fabius conduisit les troupes contre Véies. L'Étrurie entière, de nouveau conjurée contre Rome, prit part à cette guerre, et envoya des secours aux Véiens. Les consuls s'arrêtèrent devant cette ligue me-

(1) Tit.-Liv., II, 41.

naçante. Ils n'étaient pas assez sûrs de leurs soldats pour aventurer dans une bataille la fortune de la république. Les deux armées restèrent quelque temps en présence. Renfermés dans leur camp, les Romains maudissaient la défiance de leurs généraux et les accusaient de faiblesse. Chaque jour, provoqués par les défis insultants des Étrusques, ils réclamaient vainement le signal du combat. Enfin, ils jurent de revenir vainqueurs, et ce serment solennel met fin à toutes les hésitations des consuls. M. Fabius rangea les légions en bataille. La mêlée fut sanglante et la victoire longtemps disputée. Quintus Fabius tomba aux premiers rangs. Cæso Fabius, le consul M. Fabius, se signalèrent par leur courage, et le serment de l'armée fut accompli (479). Les exploits des Fabius dans cette glorieuse journée réconcilièrent le peuple avec leur famille. Au retour, le consul célébra les funérailles de son frère, Q. Fabius; et de son collègue, Cn. Manlius. Il refusa les honneurs du triomphe. Sa modestie, et le soin que prirent les Fabius de recueillir dans leurs maisons les soldats blessés, achevèrent de lui gagner l'affection publique, et valurent à son frère Cæso Fabius, qui briguait le consulat, les suffrages unanimes des plébéiens.

Cette année (478), les Latins, fatigués par les incursions des Èques, rappelèrent aux Romains les conditions de leur traité, et réclamèrent les secours que la république devait fournir à ses alliés contre la ligue des *Volsci-Æqui*. Cæso Fabius s'avança avec une armée, délivra le territoire des Latins, et poursuivit les ennemis jusque dans leurs retraites. Son collègue T. Virginius fut moins heureux contre les Véiens, et sa témérité compromit l'honneur des armes romaines.

Dévouement des Fabius; Rome est assiégée par les Véiens; elle invoque le secours des Latins et des Herniques; trève de quarante ans avec l'Étrurie. — Au sein de la ville, le calme était rétabli. Dans le silence des tribuns, Cæso Fabius demanda lui-même l'exécution de la loi agraire, mais son langage modéré ne fut pas écouté du sénat. Les patriciens entendirent avec étonnement une pareille proposition dans la bouche de l'accusateur de Cassius, et la repoussèrent avec mépris.

Les Fabius avaient espéré plus de succès de leur médiation. Trompés dans leurs généreux desseins, ils se retirèrent de Rome, et allèrent chercher dans un exil volontaire l'occasion de servir encore les véritables intérêts de la république. La famille entière, avec quatre mille clients, marcha contre les Véiens. Elle s'établit en face de l'ennemi sur les bords du Crémère, et soutint, avec ses seules forces, les attaques des Étrusques. Vainqueurs dans plusieurs rencontres, ils se laissèrent imprudemment attirer dans une embuscade, et périrent tous en combattant. Le consul Ménénius campait dans le voisinage avec une armée; il ne fit pas un mouvement pour les secourir. Les patriciens étaient las sans doute de la puissance de ces Fabius, qui avaient abandonné la cause du sénat pour celle du peuple, et qui formaient dans la république un parti indépendant. La négligence de Ménénius mit Rome bien près de sa perte; les Véiens, vainqueurs, s'avancèrent sans obstacle sur les deux rives du Tibre et s'établirent sur le Janicule. Le collègue de Ménénius, C. Horatius, était retenu loin de la ville par la guerre qu'il avait portée dans le pays des Volsques. Il fut rappelé aussitôt, et son retour arrêta les progrès des Véiens. Deux combats furent livrés sous les murs de Rome, l'un près du temple de l'Espérance, l'autre à la porte Colline. Les Étrusques restèrent maîtres du Janicule. De là ils se répandaient dans la campagne, détruisaient les fermes, et enlevaient les bestiaux; Rome était menacée de la famine. Une imprudence du consul Servilius sauva les assiégés. Il tenta de reprendre le Janicule, et fut repoussé avec vigueur. Heureusement, l'arrivée de son collègue, A. Virginius, surprit les Véiens victorieux. Pris entre les deux armées romaines, les Étrusques succombèrent, et la ville fut délivrée. Mais les Sabins se joignirent bientôt aux Véiens; l'union de ces deux peuples pouvait mettre en péril la fortune de Rome. La république, dans ce pressant danger, eut recours à ses alliés. Les Latins et les Herniques, fidèles à leurs engagements, lui envoyèrent des corps d'auxiliaires, et le consul Publius Valérius put marcher avec assurance contre Véies. Les Sabins avaient établi leur camp devant cette ville. L'armée romaine enleva les retranchements, et remporta sur les deux nations alliées une victoire éclatante. Pendant que cette expédition retenait au delà du Tibre les forces de la république, les Volsques et les Èques avaient repris les armes et porté leurs ravages dans les plaines du Latium. Les Latins, soutenus par les Herniques, repoussèrent cette invasion. Quand le consul C. Nartius arriva pour les soutenir, les ennemis avaient déjà regagné leurs retraites. L'année suivante, Manlius Vulso commença le siége de Véies; mais les Étrusques étaient las de la guerre : ils demandèrent la paix, et une trêve de quarante ans fut signée (474).

§ II. *Loi Térentilla. Le peuple réclame l'égalité civile. Décemvirat.*

LES TRIBUNS ACCUSENT LES CONSULS DEVANT LE PEUPLE; ASSASSINAT DE GÉNUCIUS. — Délivrée de la guerre étrangère, Rome ne retrouva point dans ses murs la paix et la concorde. Les empiétements des tribuns ne s'arrêtaient pas. Défenseurs infatigables de la loi agraire, ils faisaient chaque jour retentir le Forum de leurs invectives contre le sénat, et entretenaient le peuple dans une turbulente agitation. En 476 ils avaient accusé Ménénius de trahison et l'avaient assigné à comparaître devant les tribuns. Il se laissa mourir de faim. En 475, Servilius subit à son tour l'affront d'une accusation devant le peuple. Il échappa, mais le tribun Cn. Génucius renouvela la même attaque contre les consuls L. Furius et C. Manlius, qui s'étaient opposés à la loi agraire. Cette fois, la victoire des meneurs populaires semblait assurée; Génucius jouissait déjà de l'humiliation des patriciens. Il se trouva des assassins pour sauver l'honneur des consuls. Le jour du jugement, le peuple, rassemblé sur le Forum, ne vit point paraître dans l'assemblée l'inflexible tribun. Il était mort pendant la nuit (473).

Cette lâche victoire coûta cher aux patriciens. Consternés d'abord par la perte de leur chef, les plébéiens abandonnèrent le Forum. Mais la puissance du peuple n'était pas morte et descendue au tombeau avec Génucius. Les consuls, un moment délivrés d'une importune opposition, ordonnèrent les enrôlements. Ils ne rencontrèrent pas de résistance dans les tribuns; mais il se trouva des hommes que la crainte des violences patriciennes n'arrêta point et qui protestèrent avec une indomptable énergie. Un centurion, Publilius Voléro, que les consuls voulaient contraindre à servir comme simple soldat, refuse de se laisser arbitrairement dégrader. Les consuls ordonnent qu'on le dépouille de ses vêtements, et le condamnent à être battu de verges. Il en appelle aux tribuns. Les tribuns restent sourds à sa voix. Un licteur veut porter la main sur lui; il le repousse, se jette au milieu de la foule, l'excite, la soulève, et l'entraîne à sa suite contre les consuls, qui cherchent un asile dans le sénat. Son audace resta impunie.

TRIBUNAT DE VOLÉRO; LES TRIBUNS DU PEUPLE SONT NOMMÉS DANS LES ASSEMBLÉES CENTURIATES. — L'année suivante, il fut nommé tribun (472). On s'attendait à le voir tourner au profit de sa vengeance personnelle la puissance dont il était investi, et assigner devant le peuple les deux consuls sortis de charges. Mais, dédaignant le soin de sa propre querelle, il ne s'abaissa point à poursuivre la satisfaction d'une injure privée, et prit en main la cause du peuple et la défense des intérêts communs de son ordre. Plus habile même que ses prédécesseurs, il évita d'irriter les patriciens par d'inutiles outrages, et, sans rien relâcher de sa fermeté, montra dans la direction des forces démocratiques une sage modération. Sans bouleverser la république, sans attaquer par d'audacieuses propositions le pouvoir des patriciens, sans effrayer par la menace de la loi agraire les usurpateurs de l'*ager publicus*, il présenta un modeste projet de loi, et demanda simplement une modification dans le mode d'élection des tribuns. Les tribuns étaient nommés dans les assemblées centuriates; Voléro proposa de les élire dans les assemblées par tribus. Ce changement, insignifiant en apparence, devait assurer au peuple le libre choix de ses présentants, et fermer l'entrée du tribunat à tous les suppôts du parti aristocratique. Dans les assemblées centuriates, les patriciens faisaient triompher trop souvent leurs clients et leurs créatures. La puissance tribunitienne passait ainsi aux mains de ses ennemis mêmes, et les véritables chefs du peuple, entravés par des traîtres, n'avaient plus pour la défense des opprimés qu'une arme impuissante. La proposition de Voléro enlevait aux patriciens cette funeste influence qu'ils avaient plus d'une fois exercée dans l'élection des magistrats plébéiens. En effet, dans les assemblées par tribus, où les suffrages étaient comptés par tête, la majorité ne pouvait être enlevée à la multitude et à ses candidats par les manœuvres de leurs adversaires.

Menacés de perdre une de leurs plus utiles ressources contre les envahissements du pouvoir populaire, les patriciens prirent l'éveil. Ils ne se laissèrent pas tromper par la feinte modération de Voléro, et défendirent le terrain pied à pied. Une année s'écoula dans ces débats inutilement prolongés; en 471, le tribun fut réélu, et le peuple, vainqueur dans les centuries mêmes, malgré les intrigues et la puissance du sénat, adjoignit à Voléro le vaillant et énergique Lætorius. De leur côté, les patriciens s'étaient préparés à la résistance; ils avaient porté au consulat le plus intrépide défenseur de leurs priviléges, et sous la conduite d'Appius Claudius ils bravaient l'insolence de la populace. La lutte éclata bientôt. « Appius, disait Lætorius, n'est pas un consul, c'est un bourreau.... Pour moi, ajoutait-il, je ne sais point parler, mais ce que j'ai dit une fois, je sais le faire : que le peuple s'assemble ; je mourrai sous vos yeux ou je ferai passer la loi. » Le lendemain Appius se présenta dans le Forum avec un cortége nombreux, et vint provoquer le tribun. Lætorius commande au viateur d'éloigner de l'assemblée quelques jeunes patriciens qui n'ont pas le droit de voter, Appius s'y oppose. Lætorius donne l'ordre d'arrêter le consul. Le consul envoie son licteur contre Lætorius : le sang aurait coulé sans l'intervention pacifique de T. Quinctius. Mais Appius Claudius fut contraint de céder aux avis du sénat, et la loi Publilia passa sans opposition. (471).

GUERRE CONTRE LES VOLSQUES ET LES ÈQUES; DÉFAITE D'APPIUS; VICTOIRES DE T. QUINCTIUS CAPITOLINUS; DÉVOUEMENT DES LATINS ET DES HERNIQUES. — Appius, vaincu par l'émeute du Forum, trouva bientôt l'occasion d'exercer contre les plébéiens d'odieuses représailles. Les Èques et les Volsques avaient profité des troubles intérieurs de la république pour recommencer leurs périodiques brigandages, et s'étaient avancés sur le territoire romain. Le consul conduisit l'armée à leur rencontre. Dans l'exercice du commandement militaire, il sembla prendre à tâche de maltraiter ses soldats plus encore que les ennemis. Cette conduite maladroite, qui trahissait son ressentiment, coûta la vie à l'orgueilleux patricien. L'armée refusa de vaincre sous ses ordres. Elle prit la fuite en présence des Volsques, abandonna les aigles, et combattit à peine pour la défense du camp. La vengeance d'Appius fut terrible. Il envoya au supplice les centurions, les duplicaires, après les avoir fait battre de verges, et décima les soldats; mais quand il rentra dans les murs de Rome, à l'expiration de sa charge, il fut traduit par les tribuns devant l'assemblée du peuple. Une mort volontaire lui évita l'affront d'une condamnation inévitable. Ses adversaires rendirent hommage à son courage, et respectèrent ses funérailles (470).

Le collègue d'Appius Claudius, Titus Quinctius, patricien éclairé, à qui sa modération assurait la faveur publique et l'obéissance de ses troupes, avait réparé par la défaite des Èques l'honneur des armes romaines, honteusement compromis (471). Il revint de cette campagne avec le surnom de *Père des soldats*. Une nouvelle expédition contre la ligue des *Volsci-Æqui* mit le comble à sa gloire et à sa popularité. Nommé une seconde fois consul en 468, il battit les Volsques, entra dans Ceno, le port d'Antium, mit au pillage les magasins où les pirates antiates entassaient leurs richesses, et emporta d'assaut les remparts mêmes d'Antium. Le territoire de cette ville fut en partie distribué à des colons romains. Le triomphe et le surnom de *Capitolinus* furent la récompense décernée au vainqueur.

Rome, cependant, n'en avait point fini avec cette confédération redoutable, dont les plus cruels désastres ne lassaient point la constance. Les Èques restaient en armes, et ils ne laissaient point de trêve à la république. Battus par T. Quinctius en 471, ils avaient bravé l'année suivante les menaces du consul L. Valérius. En 469 ils attirèrent A. Virginius dans une embuscade; l'armée romaine aurait péri tout entière si les soldats n'avaient réparé par des prodiges de valeur l'imprudence du consul. Après la prise d'Antium par T. Quinctius (468), les Èques demandèrent la paix à Q. Fabius, qui s'avançait contre eux avec une armée (467). Mais quand les troupes furent sorties de leur territoire ils reprirent les armes, et se jetèrent par une attaque subite sur les Latins, endormis dans une trompeuse sécurité. Rome envoya au secours du Latium le consul Q. Servilius. Soutenue par ses alliés dans la guerre contre les Volsques, elle leur devait en retour une protection efficace. Les Herniques avaient combattu dans les rangs de l'armée consulaire en 468, et ils avaient contribué aux succès de T. Quinctius Capitolinus. Les Latins avaient respecté avec la même fidélité les engagements du traité de 493. Ils avaient donc le droit d'attendre de Rome une puissante intervention et une prompte délivrance. Q. Servilius vint établir sur leur territoire un camp retranché. Mais les maladies décimèrent ses troupes, et contraignirent les armes romaines à un impuissant repos (466). Nommé une seconde fois consul, Q. Fabius, celui-là même qui avait donné la paix aux Èques en 467, marcha contre eux et les battit. Vaincus dans un combat en règle, les rudes montagnards revinrent à leur tactique ordinaire, et harcelèrent par de continuelles escarmouches l'armée engagée au milieu de leurs défilés. Par une marche rapide, ils se portèrent sur le territoire de Rome, et jetèrent l'effroi dans la ville surprise. Le consul Quinctius, revenu de l'Algide, sauva Rome d'un coup de main (465). L'année suivante, la ligue des Volsques et des Èques se releva plus puissante. La défection d'Écétra, la fidélité chancelante d'Antium, exigeaient de promptes et vigoureuses mesures. Les Herniques dénoncèrent à leurs alliés la conspiration qui menaçait la république. Déjà leur territoire était envahi. Le consul Sp. Furius vint à leur secours; mais il fut repoussé par les Èques et investi dans son camp. Rome apprit par les Herniques le revers de ses armes. A la nouvelle du danger de Furius, le sénat remit entre les mains de son collègue Posthumius la puissance dictatoriale, par cette formule solennelle : *Caveat consul ne quid detrimenti respublica capiat.* Posthumius se chargea de la défense de la ville; il appela sous les armes les Latins et les Herniques, mit à leur tête T. Quinctius, et l'envoya au secours du camp assiégé. Les alliés, conduits par le vainqueur des Volsques, se montrèrent dignes d'un tel chef, et délivrèrent l'armée consulaire. Rome leur décerna des actions de grâces (464).

Le dévouement des Herniques et des Latins avait sauvé la république du plus grand danger qu'elle eût couru depuis Porsenna. Il avait opposé à la ligue victorieuse des Volsques et des Èques une puissante barrière et forcé les bandes de pillards à reprendre la route de leurs montagnes. Cette honorable fidélité aux obligations des traités conclus par Sp. Cassius attira sur les Herniques de cruelles représailles, et exposa leur territoire aux ravages des Èques. Le devoir, la reconnaissance et l'intérêt, tout commandait au peuple romain de soutenir ses alliés et de leur rendre l'appui qu'il en avait reçu contre les attaques d'un commun ennemi. Mais cette fois encore, comme en 466, les armes romaines furent impuissantes à protéger une nation que les liens d'une étroite confédération attachaient à la république. La peste, plus terrible que la guerre, couvrait de cadavres ces campagnes dévastées par les Volsques et délivrées par T. Quinctius. Elle régnait dans les murs mêmes de la ville et ne laissait pas un homme debout pour le combat. En vain les Herniques envoyèrent au sénat une députation pour réclamer une prompte assistance, ils ne trouvèrent de secours que chez les Latins, et, réduits à d'insuffisantes ressources, ils expièrent chèrement leur union avec Rome, et les services qu'ils avaient rendus à leur malheureuse alliée. Enfin les Èques se lassèrent de ravager un pays où leurs brigandages ne laissaient plus rien à prendre et à enlever. Ils se jetèrent sur les terres de la république, et vinrent camper à trois milles de la porte Esquiline (463). Rome n'avait pas un seul défenseur à leur opposer. Le consul L. OEbutius était mort; son collègue, P. Servilius, atteint lui-même par le fléau, était incapable de prendre le commandement. Pour garder les remparts de la ville, il fallut que les sénateurs qui avaient échappé à la contagion se fissent soldats et se distribuassent les postes. La suprême puissance et la majesté consulaire étaient tombées aux mains des édiles.

VICTOIRES DES ÈQUES; LA PESTE RÉDUIT ROME A L'IMPUISSANCE. — Rome cependant devait échapper encore à ce péril. Elle avait été prise par les Étrusques, elle ne fut pas même attaquée par les Èques. C'est que les Étrusques, peuple civilisé, conduits par un chef habile et entreprenant, avaient l'intelligence de la guerre; les Èques, troupe de pillards et de brigands, ne demandaient à la victoire que le butin et les dépouilles de l'ennemi. Au lieu de tenter l'assaut d'une ville presque sans défense, ils levèrent leur camp, et, par des chemins détournés, à travers les champs de Lavia, ils se portèrent sur les hauteurs de Tusculum, dont les plaines fertiles promettaient à leurs armes une plus riche proie. Au moment où ils descendaient de Tusculum dans la vallée albaine, ils rencontrèrent les Herniques et les Latins. Les deux peuples avaient appris le danger de leur alliée; comprenant que leur salut était attaché à celui de la république, et que la prise de Rome entraînerait leur propre asservissement, ils s'étaient réunis pour arrêter les progrès des Volsques et des Èques. Leur armée s'était avancée sur le territoire de Rome, mais elle n'y avait pas trouvé les ennemis. Elle se mit alors à leur poursuite, et les atteignit par une marche rapide; malgré l'inégalité de ses forces, elle présenta le combat. La fortune trahit son courage, et les Èques remportèrent une sanglante victoire.

Heureusement la peste avait diminué ses ravages et laissé quelque repos aux Romains abattus. L. Lucrétius Tricipitinus et T. Véturius Géminus furent nommés consuls (462). Avertis par les Herniques d'un nouvel armement des Volsques, ils levèrent deux armées, et trouvèrent, pour marcher contre l'ennemi, des soldats jaloux de réparer les malheurs de la campagne précédente. Véturius porta la guerre chez les Volsques. Son collègue, chargé de protéger le territoire des alliés, ne dépassa point le pays des Herniques. Mais tandis que les deux consuls campaient loin de Rome, une armée de pillards, dérobant sa marche à Tricipitinus, s'était dirigée sur les hauteurs de Préneste. Elle se répandit dans la plaine, dévasta les champs de Préneste et de Gabies, et de là, par un détour, se porta sur les collines de Tusculum. Au moment où elle se retirait, elle rencontra le consul Lucrétius. Le combat fut terrible, et peu de Volsques échappèrent. Les débris de leur armée, réunis aux Èques, furent anéantis dans une dernière bataille par les deux consuls.

PROPOSITION DU TRIBUN TÉRENTILLUS ARSA; EXIL DE QUINCTIUS CÆSO. — Pendant que la guerre étrangère couvrait d'honneur les aigles romaines, les troubles intérieurs, quelque temps suspendus par les ravages de la peste et les succès menaçants des Èques et des Volsques, avaient ramené sur le Forum les agitateurs populaires. Le tribun C. Térentillus Arsa demanda que six hommes fussent choisis pour rédiger et publier un code de lois (462). « Le droit devait sortir enfin du mystère où le retenaient les patriciens. Tant que les plébéiens n'étaient point des personnes, ils n'étaient point matière au droit; mais depuis qu'ils avaient leurs assemblées par tribus, il y avait contradiction dans la situation du peuple. Législateurs au Forum et juges du patricien dans leurs assemblées, la moindre affaire les amenait au tribunal de cet homme superbe, qu'ils avaient offensé de leurs votes, et qui se vengeait souvent comme juge de la défaite qu'il avait essuyée comme sénateur. Souverains sur la place, aux tribunaux ils n'étaient pas même comptés

pour hommes. La lutte dura dix ans (1). »
Cette proposition d'un *boute-feu* (Arsa, *ardere*) fut repoussée avec violence par les patriciens. Le sénat ne pouvait abandonner sans résistance le privilége le plus cher d'une aristocratie orgueilleuse, et laisser un libre cours aux envahissements de la puissance tribunitienne. Mais le peuple était fort de la justice de sa cause. Aucune menace ne put l'effrayer, aucune flatterie, le séduire; et Térentillus, appuyé par tout le collège des tribuns, n'eut point à redouter la défection de ses partisans. Cependant, il ne voulut point troubler le triomphe de Lucrétius et la joie de la république victorieuse; il attendit l'année suivante pour tenter contre les nouveaux consuls, P. Volumnius et Ser. Sulpicius, un effort sérieux et décisif. Les patriciens, pour se débarrasser de ses importunes réclamations, eurent recours à l'intervention des Volsques et des Èques. Ils crurent tromper le peuple par l'annonce de l'invasion étrangère. Averti par les Herniques qu'un vaste complot s'organisait à Antium et à Écétra, le sénat décrète une levée générale, et ordonne aux consuls de marcher contre la ligue qui menace la république (461). Mais les tribuns démontrent au peuple l'invraisemblance de cette fable imaginée par les Herniques ou plutôt par les patriciens. Les Èques et les Volsques, abattus dans la campagne précédente par trois défaites consécutives, n'ont pas eu le temps de réparer leurs désastres. La nouvelle de leur armement est un mensonge qui vient fort à propos servir la politique du sénat et détourner l'attention du peuple de ses véritables intérêts. Les plébéiens refusèrent de s'enrôler et de partir pour une expédition qui n'avait d'autre but que d'éloigner du Forum les partisans de Térentillus. La ruse du sénat était déjouée : les patriciens recoururent à la violence. Chaque jour, le Forum voyait des luttes nouvelles où la dignité des tribuns et la majesté consulaire furent plus d'une fois compromises. A la tête des plus ardents adversaires de Térentillus se distinguait un jeune homme illustré par de nombreux exploits, Quinctius Cæso, fils de L. Quinctius Cincinnatus. La gloire de son nom et la vigueur de son bras en faisaient pour les plébéiens un ennemi redoutable. Comme s'il eût porté en lui toutes les dictatures, tous les consulats, il résistait seul à l'émeute du Forum et soutenait les tempêtes populaires. Sa brutalité ne respectait pas même le caractère inviolable des tribuns. Enfin, A. Virginius porta contre cet insolent patricien une accusation capitale, et vengea la dignité tribunitienne de tant d'injures trop longtemps impunies. Cæso ne dut la vie qu'à un exil volontaire; il se retira en Étrurie. Pour conserver la liberté, il avait fourni une caution de trente mille as. Son père, L. Quinctius Cincinnatus, fut réduit à vendre tous ses biens; il ne garda que quatre arpents au delà du Tibre, et alla s'y établir, comme un banni, dans une chaumière écartée (461).

LE SABIN HERDONIUS S'EMPARE DU CAPITOLE. — La retraite de Cæso ne termina point les luttes de la place publique. La jeunesse patricienne, irritée de l'exil de son héros, persistait dans son opposition. Mais, par une adroite politique, elle réservait toutes ses violences pour les assemblées où les tribuns mettaient en avant la proposition de Térentillus, et s'appliquait en toute autre rencontre à gagner le peuple par d'habiles flatteries. Les tribuns voulurent déjouer les calculs des patriciens, et réveiller contre le sénat les haines populaires un moment assoupies. Ils accusèrent les partisans de Cæso de tramer un complot pour ramener dans Rome cet autre Coriolan et de méditer l'asservissement des plébéiens. Une conspiration était en effet organisée contre Rome. Plus de quatre mille esclaves ou exilés s'étaient réunis sous la conduite du Sabin Appius Herdonius. Une nuit, ils se portent sur le Capitole, s'en emparent, appellent les esclaves à la liberté, égorgent tous ceux qui refusent de les suivre, et jettent dans Rome une terreur panique.

Le danger était grand pour la république. On pouvait craindre que ce coup de main d'une troupe d'aventuriers ne cachât les intrigues des Véiens et des Sabins. On se rappelait qu'en 468, sous

(1) Michelet, *Histoire romaine*, t. 1, p. 175.

le consulat de T. Quinctius et de Q. Servilius, les Sabins avaient traversé le territoire de Crustumérium, dévasté les bords de l'Anio, et porté leurs armes jusque sous les murs de Rome, à la porte Colline. Depuis cette expédition, ils n'avaient point renouvelé contre la république leurs anciennes attaques, mais ils étaient las sans doute d'un repos de huit années, et ils se préparaient à profiter des dissensions des deux ordres. On s'étonnait aussi de n'avoir pas vu encore les Volsques et les Èques, dont chaque année amenait régulièrement le périodique retour, et on attendait la nouvelle de leur approche. Cette fois, sans doute, ils ne se contenteraient pas de ravager le territoire, mais ils réuniraient leurs armes aux légions étrusques et sabines pour emporter d'assaut les remparts même de Rome. Au milieu de tous ces périls, les tribuns restent impassibles. Ils ne voient dans l'attaque d'Herdonius qu'un vain simulacre de guerre. « Faisons passer la loi, disent-ils, et tous ces hôtes, tous ces clients des patriciens, quand ils verront leur coup manqué, se retireront sans bruit, comme ils sont venus. » A leur voix, les plébéiens posent les armes, abandonnent leurs postes et se rassemblent pour voter la loi. En vain le consul P. Valérius se présente en face des tribuns et leur rappelle les devoirs qu'impose à tout citoyen le danger de la république. Les débats se prolongent inutilement jusqu'au soir. Enfin Valérius promet l'acceptation de la loi Térentilla ; à ce prix le peuple s'engage à reprendre le Capitole.

Le lendemain arrivèrent des secours inattendus, amenés par le dictateur de Tusculum, L. Mamilius. Ce renfort permit au consul de tenter, malgré l'opposition des tribuns, l'attaque du Capitole. Valérius périt dans l'assaut, mais la citadelle fut reprise et le massacre des esclaves et des exilés vengea la mort du consul. Les Tusculans reçurent des actions de grâces, et le droit de cité fut accordé à Mamilius pour prix de son dévouement (460).

Quand la paix fut rétablie, les tribuns réclamèrent l'exécution des promesses de Valérius. Mais les patriciens avaient déjà oublié la parole donnée au jour du péril. Ils élevèrent au consulat le père de Quinctius Cæso, L. Q. Cincinnatus. Le successeur de Valérius déclara qu'il ne reconnaissait point des engagements annulés par la mort de ce consul. « Les tribuns, dit-il, veulent faire passer la loi cette année. Eh bien, je mènerai les légions contre les Volsques. Le veto des tribuns n'arrêtera point l'enrôlement. Nous n'avons que faire de nouvelles levées. Les troupes n'ont point été licenciées après la mort de Valérius. Leur serment les oblige encore ; il faudra bien qu'elles me suivent. » Non content d'éloigner de Rome toutes les forces du parti populaire, il ordonna aux augures de se transporter près du lac Rhégille et d'inaugurer un emplacement où, d'après les rites sacrés, on pût traiter des affaires publiques. La cause des tribuns paraissait perdue. Mais le sénat craignit de pousser le peuple au désespoir et de bouleverser la république par des mesures imprudentes. Il décréta que la loi ne serait pas présentée cette année, et que les consuls n'emmèneraient point l'armée hors des murs. Cette concession ne suffisait pas aux plébéiens. Les mêmes tribuns furent réélus pour la troisième fois (459). Les troubles recommencèrent sous le consulat de Q. Fabius Vibulanus et de L. Cornélius Maluginensis.

ACHARNEMENT DES ÈQUES CONTRE ROME ; GRACCHUS CLŒLIUS ; CINCINNATUS SAUVE LA RÉPUBLIQUE. — Un nouvel armement des Volsques et des Èques arrêta cependant l'agitation populaire. Déjà les Volsques étaient à Antium, et la colonie même était accusée de trahison. Les consuls se partagèrent les commandements. Fabius devait marcher sur Antium ; à Cornélius furent confiées la garde de la ville et la défense du territoire romain contre les incursions des montagnards. « Les Herniques et les Latins eurent ordre de fournir des soldats aux termes des traités ; et les deux tiers de l'armée se composèrent d'alliés ; le reste, de citoyens (1). » Dès que les alliés, toujours fidèles à leurs engagements, furent arrivés au jour prescrit, Fabius se mit en marche vers Antium. Il s'arrêta près de cette ville, en face du camp ennemi. Les Volsques atten-

(1) Tit.-Liv., III, 22.

daient l'armée des Èques; ils refusèrent le combat. Mais le consul ordonna l'attaque du camp. Il sépara les trois divisions de son armée, et se plaça lui-même au centre, avec les légions romaines. Pressés de toutes parts, les Volsques ne purent soutenir ce triple choc. Les forêts qui couvrirent leur fuite sauvèrent les débris de leur armée en déroute.

Plus heureux que leurs alliés, les Èques avaient enlevé par un coup de main la citadelle de Tusculum. Cette nouvelle parvient au camp de Fabius. Aussitôt le consul se met en marche, et se porte au secours des Tusculans. La guerre se prolongea pendant quelques mois. Fabius avait divisé son armée. Une partie des troupes restèrent au siége de la citadelle; avec le reste, le consul tint en échec les principales forces de l'ennemi. La famine réduisit les assiégés à capituler, ils passèrent nus et sans armes sous le joug, et reprirent la route de leurs montagnes. Mais Fabius les atteignit sur l'Algide, et les extermina jusqu'au dernier. Jaloux des succès de son collègue, Cornélius voulut partager sa gloire. Il partit de Rome, et porta la guerre sur le territoire des Volsques. Les Èques, abattus par leurs revers, demandèrent la paix et l'obtinrent (459).

Mais ce peuple indomptable ne pouvait supporter longtemps la honte d'un traité signé par la main de ses vainqueurs. Il reprit les armes, et, sous la conduite de Gracchus Clœlius, envahit les terres de Lavice et de Tusculum. A cette nouvelle, Rome envoya des députés au camp des Èques, établi sur l'Algide. Cette démarche fut repoussée avec mépris par Clœlius, et le sénat se vit contraint de recommencer une guerre que les exploits de Fabius semblaient avoir terminée. Les tribuns, réélus pour la quatrième fois, et fatigués de l'opposition des patriciens à la loi Térentilla, crurent le moment favorable pour arracher à leurs adversaires une tardive concession. Ils arrêtèrent les enrôlements. Mais un nouveau danger vint menacer la république, et les força de lever leur veto. Les Sabins, qui depuis quelques années n'avaient point inquiété le territoire romain, sortirent tout à coup de leur repos, et s'avancèrent jusque sous les murs de la ville. Le trouble de cette invasion inattendue suspendit les luttes de la place publique, et deux armées se formèrent sous les ordres des consuls. C. Nautius marcha contre les Sabins. Campé auprès d'Érétrum, il porta de là le ravage sur leur territoire, et par de continuelles escarmouches et des attaques nocturnes il harcela sans relâche les envahisseurs. Moins entreprenant et moins habile, son collègue, L. Minucius, se laissa enfermer dans son camp par l'armée des Èques. Les montagnards, vainqueurs en plusieurs rencontres, célébraient déjà leur triomphe. Toutes leurs défaites allaient être vengées par la destruction d'une armée consulaire. Sans doute, en 464, Furius, assiégé lui aussi dans son camp et menacé d'un pareil désastre, avait échappé par le secours des Latins et des Herniques. Mais Clœlius ne se laisserait point arracher une proie assurée. Enveloppées de toutes parts par une ligne extérieure, les aigles romaines ne trouveraient point d'issue pour se dérober par la fuite. La diversion opérée par les Sabins divisait les forces de la république, et redoublait les espérances des Èques. Mais Rome, au milieu des plus pressants dangers, avait une ressource dans la dictature. Le salut de l'État fut remis entre les mains de Cincinnatus, et le fier patricien, investi d'une souveraine autorité, quitte sa charrue pour sauver la république. Il choisit pour maître de la cavalerie L. Tarquitius, rassemble une armée en toute hâte et la dirige sur l'Algide. Le lendemain, le consul Minucius était délivré, et les Èques, Gracchus Clœlius à leur tête, passaient sous le joug. Au bout de seize jours, le vainqueur, après un triomphe éclatant, abdiqua la dictature. L'accusateur de son fils Cæso, condamné à l'exil, se retira à Lanuvium; et le libérateur de Rome, satisfait de cette vengeance, ne demanda point d'autre récompense à sa patrie (458).

Les Èques, pour prix de leur liberté, avaient cédé Corbion aux Romains. En 457 ils reprirent cette place. En même temps, les Sabins recommencèrent leurs incursions dans la campagne de Rome. Les tribuns voulaient encore s'opposer aux enrôlements. Maintenus depuis cinq ans dans leur charge, ils n'avaient pu encore faire passer la loi Térentilla et se lassaient de tant de délais. Pour vaincre leur résistance, le sénat permit que le peuple augmentât le nombre de ses chefs, et que le collége des tribuns fût composé de dix membres. Les consuls purent alors lever des troupes. Q. Minucius marcha contre les Sabins; mais il ne rencontra pas l'ennemi. C. Horatius se mit à la poursuite des Èques. Ils avaient massacré la garnison de Corbion et s'étaient emparés de la ville d'Ortone. Le consul leur livra bataille dans l'Algide, et reprit Corbion et Ortone. Corbion fut détruite pour avoir livré sa garnison (457).

LE TRIBUN ICILIUS OBTIENT LE PARTAGE DU DOMAINE PUBLIC. — Le sénat, en portant le nombre des tribuns à deux par classe, avait cru se ménager plus de facilité pour semer la division dans le collége des chefs du peuple. Plus d'une fois il était parvenu à vaincre l'opposition des agitateurs en achetant les voix de leurs collègues, mais plus souvent encore ses intrigues avaient échoué contre l'union, trop étroite à son gré, des magistrats plébéiens. Maintenant qu'il accordait au peuple dix chefs au lieu de cinq, il comptait bien tirer profit de cette concession. Entre dix tribuns égaux en puissance l'ambition sèmerait d'inévitables rivalités, la corruption, et les manœuvres patriciennes entretiendraient les dissensions, et le parti aristocratique aurait plus aisément raison de ses adversaires désunis. Ces calculs furent déjoués par la fermeté du tribun Icilius. Il demanda que les terres du domaine public fussent partagées et distribuées au peuple. La résistance des patriciens fut vaincue. Acceptée par les tribus, portée par les consuls devant le sénat et défendue dans la curie même par Icilius, la loi passa et le partage fut décrété. Ce fut pour les plébéiens une double victoire. La puissance tribunitienne avait franchi le seuil de la curie, et la loi agraire recevait un commencement d'exécution (456).

Les mêmes tribuns furent réélus l'année suivante. Encouragés par leur premier succès, ils reprirent avec une nouvelle énergie les propositions de Sp. Cassius, et réclamèrent tout à la fois le partage des terres publiques et la promulgation d'un code uniforme, demandée par Térentillus, plusieurs fois promise, toujours différée malgré les instances et les menaces même des chefs populaires. L'invasion des Èques sur le territoire de Tusculum fut pour le sénat une heureuse diversion. Elle détourna l'attention publique des querelles intérieures. Envoyés au secours des alliés, Cn. Valérius et Sp. Virginius rencontrèrent l'ennemi à son poste ordinaire, sur l'Algide, et lui tuèrent plus de sept mille hommes (455). Au lieu de distribuer le butin aux soldats, les consuls mirent en vente les dépouilles des Èques, et excitèrent par cette maladroite mesure le ressentiment des troupes. Au sortir de leur charge, ils furent cités devant les tribus et condamnés à une amende (454).

LA PROPOSITION TÉRENTILLA EST ACCEPTÉE. — Cette année, le peuple, qui depuis 462 réclamait vainement par la voix de ses tribuns une loi uniforme, obtint enfin satisfaction. Les patriciens, convaincus de l'inutilité de leur résistance, craignirent de prolonger une lutte dont ils ne pourraient sortir victorieux, et consentirent à la loi Térentilla. Des commissaires furent envoyés à Athènes, pour y copier les lois de Solon, ou plus probablement, dans les colonies grecques de l'Italie méridionale pour y étudier les institutions de la Grèce. Rome, dans l'attente de la grande réforme qui préoccupait tous les esprits, ne fut troublée ni par les attaques de ses voisins ni par les querelles intestines de ses enfants. Le peuple, confiant dans les promesses du sénat, espérait des améliorations politiques et voulait les mériter par une conduite modérée. Les patriciens, plus habiles, préparaient en silence les moyens d'éluder les demandes de leurs adversaires. Ils avaient donné leur consentement à une mesure nécessaire; mais ils comptaient bien en restreindre les conséquences, et, décidés à ne point se dessaisir de leur puissance politique, ils se disposaient à la défendre contre les prétentions des tribuns. Le peuple se laissa tromper. Il remit ses destinées à des décemvirs patriciens. Dès lors, de ce laborieux enfantement qui devait produire une charte, sortirent un code incomplet et des règlements de police.

DÉCEMVIRAT; PROMULGATION D'UN CODE UNIFORME; TYRANNIE D'APPIUS

CLAUDIUS; MORT DE VIRGINIE; LES DÉCEMVIRS SONT RENVERSÉS. — En 451, toutes les fonctions publiques furent suspendues, et l'autorité souveraine fut confiée à dix magistrats, appelés *décemvirs*. Tite-Live donne leurs noms. C'étaient Appius Claudius, T. Génucius, P. Sestius, L. Véturius, C. Julius, A. Manlius, Ser. Sulpitius, P. Curiatius, T. Romilius, et Sp. Postumius. Dans ce nombre étaient les trois commissaires envoyés à Athènes, les deux consuls désignés pour l'année, et l'un des consuls de l'année précédente. Le plus influent était Appius Claudius. Cet orgueilleux patricien imposa sa prépondérance à ses collègues. Il sut gagner l'affection populaire, et faire oublier aux plébéiens la haine qu'ils avaient jurée à sa famille. Rome, pendant un an, fut heureuse et tranquille sous l'administration des décemvirs. A la fin de cette première année, dix tables de lois furent affichées au forum et acceptées dans les comices centuriates. Mais le code n'était point achevé. Pour le compléter, on nomma de nouveau des décemvirs (450).

Appius Claudius fut réélu. Quelques plébéiens entrèrent à sa suite dans le collège, et se soumirent à son ascendant. Ils trahirent la cause du peuple, et devinrent les instruments coupables de l'ambitieux qui méditait l'asservissement de sa patrie. Rome fut alors en proie à dix tyrans. Sous le poids de cette oppression nouvelle, le peuple était abattu. Il n'avait d'espoir que dans les patriciens, et les patriciens abandonnaient lâchement les intérêts communs des deux ordres. La liberté ne trouvait point de défenseurs. Retirés dans leurs terres, les sénateurs assistaient avec une joie égoïste au spectacle du malheur public. Bientôt même la jeunesse patricienne se rangea autour d'Appius pour partager les dépouilles des victimes et pour achever la ruine de Rome.

Un an s'était écoulé, et les décemvirs ne semblaient pas près d'abdiquer. Ils avaient pourtant publié les deux dernières tables, et rien ne justifiait plus la suspension des pouvoirs réguliers de l'État. Aux maux intérieurs vinrent s'ajouter les menaces de la guerre étrangère. Les Sabins et les Èques combinent leurs attaques, et cantonnés, les uns à Érétum, les autres sur l'Algide, ils pressent Rome de toutes parts. Cependant les sénateurs, effrayés enfin par les violences des décemvirs, recourent à ce moyen extrême tant de fois employé par les tribuns, et s'opposent à l'enrôlement des légions. Mais les décemvirs triomphent encore; ils lèvent deux armées : Q. Fabius marche contre les Sabins, M. Cornélius contre les Èques, et Appius reste à Rome pour réprimer les mouvements que l'absence de ses collègues pourrait exciter.

Les deux armées se firent battre et « achetèrent, au prix de leur déshonneur, le déshonneur de leurs chefs. » Q. Fabius fut vaincu à Érétum. Ses troupes en déroute se retranchèrent sur une hauteur entre Fidènes et Crustumérie. Sur l'Algide, la honte fut plus grande encore : le camp tomba au pouvoir des Èques, et les soldats romains cherchèrent un asile à Tusculum. Dans cette campagne périt Siccius Dentatus, un des plus vaillants agitateurs du peuple. Les décemvirs le firent assassiner, et ce crime prépara leur chute. Un autre crime la décida. Le sang d'une nouvelle Lucrèce coula sur l'autel de la patrie et fut le prix de la liberté. Virginie, fille du centurion Virginius, est réclamée comme esclave par un satellite d'Appius, qui veut assouvir sur cette jeune fille une brutale passion. Appius l'adjuge à son complice. Mais le père plonge un couteau dans le sein de sa fille, et la vengeance populaire ne se fait pas attendre. A la voix de Virginius, l'armée, campée sur l'Algide, s'avance vers Rome, s'empare de l'Aventin, entraîne tout le peuple hors de la ville, et va se réunir sur le mont Sacré aux troupes revenues de la Sabine. Devant cette manifestation menaçante les décemvirs déposent enfin leurs cent vingt faisceaux, et la liberté est rétablie (449).

III.

ACCROISSEMENTS DE LA PUISSANCE DU PEUPLE. IL RÉCLAME L'ÉGALITÉ POLITIQUE. TRIBUNAT MILITAIRE. ROME ÉTEND SA PUISSANCE AU DEHORS ET RECULE LES BORNES DE SON TERRITOIRE. PRISE DE VÉIES.

(449-495.)

VICTOIRES DE VALÉRIUS ET D'HORATIUS SUR LES VOLSQUES, LES ÈQUES ET LES SABINS; LOIS POPULAIRES; MORT D'APPIUS CLAUDIUS. — Rome était délivrée de la servitude; il lui restait à réparer l'injure de ses armes humiliées par de récents revers. Les deux consuls, Valérius et Horatius, marchèrent contre les ennemis. Valérius avait à combattre les forces supérieures des Volsques et des Èques réunis sur l'Algide. Il ne voulut point hasarder une attaque imprudente et s'assura des dispositions de son armée avant d'engager le combat. Campé à un mille de l'Algide, il défendit à ses soldats de répondre aux provocations de l'ennemi. Les Volsques et les Èques, las de défier en vain l'armée romaine, se jetèrent sur le pays des Herniques et ravagèrent le territoire des Latins. Valérius attendait ce moment pour sortir de son inaction. Il présente la bataille aux troupes laissées par les ennemis pour la défense de leur camp, et remporte une éclatante victoire.

Cette nouvelle enflamme le courage d'Horatius, et remplit les cœurs de ses soldats d'une généreuse émulation. Les Sabins sont mis en déroute après une vigoureuse résistance, et tout leur butin tombe au pouvoir de l'armée consulaire. Instruits par leur défaite à redouter les aigles romaines, les Sabins se condamnèrent au repos, et pendant un siècle et demi ils respectèrent le territoire de la république.

Les deux collègues avaient droit aux honneurs du triomphe. Mais ils étaient chers aux plébéiens, et l'affection publique fut pour les consuls populaires un titre à la défaveur du sénat. Les patriciens regrettaient le succès de l'insurrection qui avait renversé les décemvirs. Ils sentaient bien que la révolution, faite par le peuple, tournerait au profit du peuple, et ils commençaient à craindre les progrès de la puissance tribunitienne. Mais Icilius porta la proposition devant les tribus, et l'impuissante opposition des patriciens échoua contre la volonté du peuple. Ils perdirent une de leurs plus chères prérogatives; et, pour la première fois, les plébéiens s'arrogèrent un droit qui avait toujours été le privilége exclusif du sénat. Un plébiscite décerna le triomphe à Valérius et à Horatius.

Déjà les tribuns avaient pris des garanties pour assurer la victoire de leur ordre sur la tyrannie des décemvirs. Une loi, portée par les consuls dans les comices centuriates, déclarait tous les citoyens soumis aux plébiscites. La création d'une magistrature sans appel était interdite sous peine de mort. L'inviolabilité tribunitienne avait été solennellement confirmée. Enfin, sur la proposition d'Icilius, le peuple décida que le magistrat qui refuserait de tenir les comices à la fin de l'année, pour l'élection des tribuns, serait puni des verges et de la hache.

Ce n'était point assez d'affermir la liberté reconquise, le sang de Siccius Dentatus et de Virginie criait vengeance. Virginius assigna Appius devant le peuple. Le décemvir prévint par une mort volontaire une condamnation inévitable et se tua de sa main dans la prison. Oppius expia de même l'appui qu'il avait prêté aux crimes de ses collègues. Les autres s'exilèrent, et leurs biens furent confisqués. Le peuple ne demanda pas d'autres victimes. Claudius, le satellite d'Appius, avait été condamné. Mais, grâce à Virginius, il échappa au supplice et trouva une retraite à Tibur. Tous les coupables étaient sortis de Rome, « et les mânes de Virginie, plus heureuse morte que pendant sa vie, après avoir erré pour réclamer justice autour de tant de maisons, trouvèrent enfin le repos. »

PROPOSITION DU TRIBUN CANULÉIUS; LE PEUPLE DEMANDE L'ÉGALITÉ POLITIQUE; TRIBUNAT MILITAIRE. — Les patriciens n'avaient pu arrêter le cours de la colère publique. Ils laissèrent même passer sans opposition les lois présentées par les tribuns et craignirent d'entrer en lutte avec les passions populaires. Quand ils voulurent protester contre les entreprises de la multitude, en refusant le triomphe à deux consuls aimés du peuple, il était trop tard, et cette tentative malheureuse révéla au parti aristocratique tout ce qu'il avait à craindre de ses infatigables ennemis. La proposition de Canuléius ne lui laissa plus aucun doute. En 445, ce tribun demanda l'abolition de la loi qui interdisait les mariages entre les familles des deux ordres, et ses collègues réclamèrent l'admission des plébéiens au consulat. Ainsi l'égalité introduite par les décemvirs dans le droit civil, passa dans le droit politique. Mais cette révolution ne s'accomplit point sans efforts. Les patriciens, après une inutile résistance, cèdent devant l'insurrection du peuple retiré sur le Janicule, et donnent un consentement forcé à la proposition de Canuléius. Ils se fient sur l'orgueil de leur caste pour maintenir, à défaut d'une disposition légale, la distinction des deux ordres; cette concession ne changeait donc rien en réalité à la constitution de l'État, et si l'entrée du consulat restait fermée aux plébéiens, la victoire de la démocratie était illusoire. Pressé par les instances des tribuns, le sénat recourut à un expédient. Contraint d'admettre le peuple au partage de la puissance politique, il substitua le tribunat militaire au consulat, et enleva à cette magistrature nouvelle les auspices sacrés qu'auraient profanés des mains plébéiennes (444).

« Des débris du consulat démembré quatre charges se forment : la questure judiciaire, la censure, la questure du trésor, et le tribunat consulaire. Les deux premières restent exclusivement patriciennes. Les questeurs du trésor et les tribuns militaires, réduits, un seul excepté, au commandement des légions, pourront être indistinctement choisis dans les deux ordres. Mais la loi, en n'exigeant pas que chaque année un nombre déterminé d'entre eux soient plébéiens, permet qu'ils soient tous patriciens; et ils le seront pendant un demi-siècle. Malgré de si habiles précautions, le sénat ne renonçait pas au consulat. Il tenait en réserve et pure de toute souillure la magistrature patricienne, attendant pour elle des jours meilleurs. La dictature qui n'était pas effacée du nouveau code constitutionnel, et le droit d'opposition des curies, restaient aussi comme une dernière ressource pour les cas extrêmes. La religion enfin servait toujours les intérêts de l'aristocratie; et si malgré l'influence des grands dans les assemblées, malgré le pouvoir arbitraire du président des comices, qui avait le droit de refuser les votes pour un candidat ennemi, la majorité des suffrages se portait sur un homme nouveau, son élection pouvait encore se briser contre une décision des augures. Au besoin, Jupiter tonnait (1). »

Le tribunat militaire a laissé peu de souvenirs dans l'histoire de Rome. Il subsista soixante-dix-huit années. Mais pendant cette courte période le sénat fit nommer vingt-quatre fois des consuls. Les guerres étrangères signalèrent seules l'existence de cette institution provisoire.

UNION DES DEUX ORDRES ; PROGRÈS AU DEHORS. — Nous avons vu les Sabins rejetés pour un siècle et demi dans l'Apennin. Tranquille de ce côté, la république avait toujours à lutter contre les Èques et contre les Étrusques. Rome cependant doit sortir victorieuse des épreuves qui l'attendent. Depuis l'expulsion des rois, elle a payé de la perte de sa puissance territoriale la conquête de sa liberté. La république a été presque étouffée dans son berceau. Dépouillée par Porsenna, sans cesse harcelée par les Étrusques, les Sabins, les Volsques et les Èques, elle n'a dû son salut qu'à l'alliance des Latins et des Herniques ; elle a consumé toutes ses forces dans une suite continuelle de guerres défensives qui ont plus d'une fois compromis l'indépendance même de Rome. Mais, forte désormais de l'union des deux ordres, elle retrouve dans la paix intérieure la puissance qui doit lui soumettre l'Italie. Ce n'est plus pour son existence, c'est pour l'empire qu'elle va combattre, et si dans cette lutte elle semble près de succomber, elle se relèvera plus glorieuse.

Les dissensions intestines sont apai-

(1) Voy. Duruy, Hist. des Romains, etc., t. I, p. 214.

sées. Satisfait d'avoir fait triompher le principe de l'égalité politique, le peuple, pendant plus de quarante ans, laisse aux mains des patriciens la possession exclusive du tribunat militaire, et maintient en réalité le privilége de l'aristocratie. Mais c'est une soumission volontaire, qui n'ôte point aux plébéiens le sentiment de leurs droits, et qui atteste seulement leur modération. Ils ont renversé la barrière qui séparait le peuple romain en deux peuples. Dès lors l'opposition des deux ordres perd son caractère d'hostilité et d'acharnement. C'est une rivalité pacifique qui doit tourner au profit de Rome et développer la puissance. La république trouve en effet dans l'unité, même imparfaite, de ses enfants des ressources que l'abolition du pouvoir monarchique lui avait enlevées. L'établissement de la solde militaire, et la colonisation des villes prises sur l'ennemi, complètent cet heureux changement, et assurent la supériorité des armes romaines. Un demi-siècle s'écoule, et la ligue des Volsci-Æqui pose les armes, Véies se soumet, et les Latins reconnaissent dans les Romains, non plus des alliés, mais des maîtres.

GUERRE CONTRE LES VOLSQUES ET LES ÈQUES. — La victoire du consul Valérius en 449 n'avait point anéanti la confédération des Volsques et des Èques. Du haut de l'Algide, les montagnards tenaient toujours suspendue l'incessante menace de leurs incursions. En 446, sous le quatrième consulat de T. Quinctius Capitolinus, ils descendirent dans les plaines du Latium et étendirent leurs ravages jusque sous les murs de Rome. Ils parvinrent sans rencontrer d'obstacle jusqu'auprès de la porte Esquiline. Quand ils eurent mis au pillage toute la campagne, ils se retirèrent, en emportant leur butin, et rentrèrent à Corbion chargés de dépouilles. Les divisions des deux ordres avaient assuré aux envahisseurs de faciles succès. Mais le consul ne laissa pas longtemps impunie cette audacieuse violation du territoire de la république. Sa voix réveilla dans le cœur de ses concitoyens le sentiment de l'honneur national, que de misérables querelles avaient un moment étouffé. Il entraîna sur ses pas toute la population de la ville. Les enseignes, tirées le matin du trésor public par les questeurs et portées au champ de Mars, en furent levées le même jour. En quelques heures toute la jeunesse s'était enrôlée; à cette armée improvisée se joignirent quelques cohortes de vétérans volontaires. Le lendemain, Quinctius campait en présence de l'ennemi, non loin de Corbion, et, le jour suivant la bataille était engagée.

Quinctius commandait l'aile droite; il avait confié la gauche à son collègue Agrippa Furius. Au centre était placé Sp. Postumius Albus; Ser. Sulpicius, en qualité de lieutenant, était à la tête de la cavalerie. L'infanterie de Quinctius s'avance contre l'aile gauche des Volsques, mais elle trouve une vigoureuse résistance. L'impétuosité d'Agrippa est arrêtée, à l'autre aile, par les rangs serrés des Èques. Mais au centre, Sulpicius avec sa cavalerie enfonce toutes les lignes. Il taille en pièces la cavalerie ennemie, puis, revenant à la charge, il fond par derrière sur le centre des Volsques, qu'il a traversé en courant, et renverse leur infanterie, déjà ébranlée par son passage et attaquée en tête par Postumius. Ce mouvement décide la victoire. Quinctius met l'aile gauche en déroute. Agrippa, de son côté, redouble d'efforts; il saisit les enseignes, et les jette au milieu des rangs ennemis, pour forcer ses soldats à les reprendre; sa témérité achève le succès de la bataille. Cette victoire et l'établissement d'une garnison à Verrugo devaient tenir quelque temps en respect la ligue des Volsques et des Èques. Mais la paix ne fut pas de longue durée. En 442 Ardée, divisée par la guerre civile, appelle aux armes les Volsques et les Romains, et met les deux peuples en présence.

ARDÉE INVOQUE LE SECOURS DE ROME; LES VOLSQUES PASSENT SOUS LE JOUG; LA PAIX EST RÉTABLIE DANS ARDÉE. — L'origine de cette guerre rappelle les querelles du moyen âge, les rivalités des Montaigu et des Capulet. « Deux jeunes gens recherchaient une jeune fille de race plébéienne et célèbre par sa beauté. L'un, né dans la même classe qu'elle, était appuyé par les tuteurs, qui appartenaient aussi au même corps; l'autre, de famille noble, et qui ne s'était épris d'elle que pour ses charmes, avait pour lui la protection active de son ordre. La lutte des deux partis pénétra jusque dans la maison de la jeune fille ; la mère, voulant donner à sa fille le parti le plus brillant, s'était prononcée en faveur du noble ; les tuteurs, que l'esprit de parti dirigeaient également, soutenaient leur protégé. L'affaire, n'ayant pu se décider en famille, fut portée devant les juges. La mère et les tuteurs entendus, les magistrats accordèrent à la première le droit de conclure le mariage qu'elle désirait. Mais la force l'emporta. En effet, les tuteurs se plaignent sur le Forum à ceux de leur parti de l'injustice de cette décision, réunissent une troupe des leurs, et arrachent la jeune fille de la maison maternelle. Les nobles, plus furieux encore, marchent contre eux sous la conduite du jeune amant, indigné de cette injure. Un combat terrible s'engage, le peuple est repoussé ; il sort en armes de la ville, s'établit sur une colline, d'où il porte le fer et la flamme dans les propriétés des nobles, et, renforcé d'une multitude des artisans (1) qu'attire l'espoir du pillage, il se prépare à assiéger une ville jusqu'alors paisible. Tous les maux de la guerre s'offrent à la fois ; il semble que la ville entière soit animée de la rage de ces deux rivaux qui brûlent d'acheter un funeste hymen au prix de la chute de leur patrie. Les deux partis trouvèrent que cette guerre était trop peu de chose si elle se bornait à Ardée : les nobles appelèrent les Romains au secours de la ville assiégée, le peuple souleva les Volsques pour l'aider à s'en rendre maître (1). »

Rome ne fit pas longtemps attendre son secours ; elle avait à réparer envers Ardée une récente injustice, et elle se hâta d'expier ses torts. Peu d'années auparavant, une discussion s'était élevée entre Ardée et Aricie, et l'arbitrage du peuple romain avait été invoqué par les deux villes. La cause se plaida devant le peuple, mais au moment où l'assemblée allait rendre le jugement, un ancien soldat, P. Sceptius, réclama la parole : il était dans sa quatre-vingt-troisième année, et il avait fait la guerre sur le terrain en litige : il faisait alors sa vingtième campagne ; c'était durant la guerre de Corioles. Or, le territoire en question faisait partie de celui de Corioles. A la prise de cette ville, il était tombé au domaine du peuple romain. « Je m'étonne, dit-il, que les Ardéates et les Aricinicns, qui jamais n'élevèrent leurs prétentions sur ce territoire tant que subsista Corioles, espèrent le ravir au peuple romain, légitime propriétaire, en le prenant pour arbitre (2). » Les terres furent adjugées au domaine public. Les Ardéates, indignés, se soulevèrent. Ils craignirent cependant d'attirer sur leur ville sans défense les armes de la république, et tentèrent auprès du sénat une démarche pacifique. En 444, l'année même de l'établissement du tribunat militaire, ils envoyèrent à Rome une députation. Les patriciens avaient vu avec douleur l'injuste décision des tribus. Sans doute l'iniquité de ce jugement les avait moins irrités que les empiétements du peuple, qui s'immisçait chaque jour davantage dans les affaires de l'État. Mais le sénat ne pouvait casser un plébiscite. Les Ardéates n'obtinrent aucune réparation. Forcés de se soumettre, ils renouvelèrent avec la république le traité d'alliance qu'ils avaient un moment rompu. C'est alors que la guerre civile éclata dans leurs murs. Les Volsques répondirent au premier appel du

(1) *Multitudine opificum.* « Il semblerait résulter de ce passage que dans les villes du Latium la classe des artisans ne faisait pas partie des plébéiens. C'est que sans doute ils étaient inscrits pour la plupart dans la centurie des prolétaires, qui, bien que très-nombreuse, n'avait presque aucun droit dans l'État, et devait s'intéresser fort peu aux querelles des deux ordres, dont ils dépendaient également par leur profession. S'il pouvait rester quelques doutes à cet égard, ils seraient levés par un autre passage (VIII, 20) où Tite-Live nous apprend qu'à Rome sous le consulat de L. Æmilius Mamercinus et de C. Plautius (326 avant J. C.), à la nouvelle d'une attaque des Gaulois, on fit marcher même les *opifices* et les *sellularii*, sorte de gens qui n'étaient nullement propres au métier des armes (*minime militiæ idoneum genus*). » Ph. Lebas, *Comm. sur Tite-Live*, p. 8.., b.

1) Tite-Live, IV, 9 (Coll. Nisard).
2) Tite-Live, III, ..

parti populaire, et, conduits par Æquus Clélius, ils vinrent mettre le siége devant la ville. Le consul, M. Géganius, accourut au secours d'Ardée. Il enveloppe les Volsques, et établit ses communications avec les habitants. Enfermés de toutes parts, les assiégeants offrent vainement de se retirer. Géganius engage le combat. Clélius, vaincu, est livré par ses soldats, et les débris de son armée passent sous le joug. Ils n'échappèrent pas à une ruine complète. Assaillis dans leur retraite par les Tusculans, ils périrent jusqu'au dernier. Les Romains établirent la paix dans Ardée. La hache fit justice des principaux auteurs des troubles, et leurs biens furent réunis au domaine public de la ville.

L'année suivante, 441, les consuls M. Fabius Vibulanus et Postumus Abutius achevèrent d'effacer le souvenir de l'odieux jugement rendu par le peuple en 446. Sous le prétexte apparent de défendre Ardée contre les entreprises des Volsques, ils décrétèrent qu'une colonie serait envoyée pour réparer la perte de sa population épuisée. Il était convenu que la plus grande partie des colons serait composée de Rutules, et qu'on ne leur partagerait d'autre territoire que celui dont une décision inique les avait dépouillés. Les Ardéates rentrèrent ainsi en possession de leurs biens. Les triumvirs nommés pour conduire la multitude encoururent le mécontentement de la multitude, qui se voyait trompée par les consuls. Cités devant le peuple par les tribuns, ils se dérobèrent à leurs poursuites en s'établissant dans la colonie.

LA FAMINE DÉSOLE ROME; SPURIUS MÉLIUS. — La conduite du sénat envers Ardée avait relevé l'honneur de la république. Les Volsques étaient rentrés dans le repos. L'Étrurie ne remuait pas encore. Dans l'intérieur de Rome, l'ordre était rétabli et la paix régnait au Forum. La famine vint troubler cette prospérité momentanée du peuple romain. L. Minucius, nommé intendant des vivres, avait envoyé de nombreux commissaires, par terre et par mer, chez les nations voisines ; mais il ne reçut de l'Étrurie que de faibles approvisionnements, qui n'adoucirent point la disette. Dans cette extrémité, « il fallut se contenter de régler les privations : on força les citoyens à déclarer le blé qu'ils avaient, à vendre le surplus de ce qui leur était nécessaire pour un mois ; on diminua la ration des esclaves, on accusa et on livra à la fureur du peuple les marchands de grains, et l'on n'obtint de ces rigoureuses mesures d'autres résultats que de constater le mal sans le soulager. Un grand nombre de plébéiens ayant perdu tout espoir, plutôt que de traîner leur vie dans ces tourments, se voilèrent la tête et se précipitèrent dans le Tibre (1). » Un riche chevalier, Sp. Mélius, vint au secours de ses concitoyens et suppléa par des distributions gratuites de grains aux ressources insuffisantes de l'État. Il préparait ainsi les voies à son ambition, et achetait la reconnaissance publique pour s'élever à la royauté. T. Quinctius Capitolinus, nommé consul pour la sixième fois, hésitait, malgré les avis des patriciens, à combattre la popularité croissante du bienfaiteur des pauvres et à déjouer ses menées secrètes. Pourtant, L. Minucius avait dénoncé les complots de Sp. Mélius, et la liberté, trahie par les tribuns et par le peuple, était compromise par l'indécision du consul. Cincinnatus craignit enfin de ternir l'honneur de ses cheveux blancs, et, dépouillant une faiblesse que son âge ne pouvait excuser, il accepta la dictature. Il choisit C. Servilius Ahala pour général de la cavalerie. Cité à comparaître devant le dictateur, Sp. Mélius se retira au milieu de ses complices, et, par la protection de la foule, échappa aux poursuites des licteurs. La majesté souveraine, ouvertement bravée, demandait une prompte et exemplaire réparation. Au milieu du tumulte, Servilius Ahala s'avance contre l'audacieux conspirateur, l'atteint et lui tranche la tête. Puis, couvert de son sang, il vient annoncer au dictateur le châtiment du coupable. La république était sauvée.

Les tribuns protestèrent contre le meurtre de Sp. Mélius, et accusèrent hautement l'iniquité des patriciens, qui avaient immolé à leur haine et à leur jalousie un citoyen aimé du peuple. Le crime de Mélius, c'était, disaient-ils,

(1) Tit.-Liv. IV, 12.

d'avoir adouci par une généreuse prodigalité la misère publique et réparé, au détriment de sa fortune, l'imprévoyance du gouvernement. Un autre Cassius avait été sacrifié à l'ombrageuse politique du sénat (438).

GUERRE CONTRE LES ÉTRUSQUES; DÉFECTION DE FIDÈNES; MORT DU LAR TOLUMNIUS. — La défection de Fidènes arrêta les querelles renaissantes des deux ordres. Cette colonie romaine s'était mise sous la protection des Véiens et de leur roi Tolumnius. Sur l'ordre de ce prince, les ambassadeurs envoyés par les Romains furent massacrés, et cette odieuse violation du droit des gens devint le signal d'une lutte sanglante. On éleva dans les rostres, aux frais de l'État, des statues aux quatre députés égorgés. Mais l'honneur de la république réclamait une autre satisfaction. Le consul L. Sergius marcha contre Tolumnius, et remporta sur les Véiens, en deçà de l'Anio, une victoire longtemps disputée (437). Ce premier succès coûta cher aux armes romaines. On eut recours à la dictature. Mamercus Æmilius, investi de l'autorité souveraine, choisit pour général de la cavalerie le fils de Cincinnatus. Vaillamment secondé par ses lieutenants, il rejeta les Étrusques hors du territoire de la république, et leur fit repasser l'Anio. Campés sur des hauteurs entre le fleuve et Fidènes, les ennemis attendirent les secours des Falisques. Enfin, après l'arrivée de leurs alliés, ils se transportèrent sous les murs de Fidènes. Mamercus Æmilius vint leur présenter la bataille. Les Véiens et les Fidénates hésitaient. Mais l'avis des Falisques l'emporta : éloignés de leur ville, ils étaient impatients d'en venir aux mains. Les Véiens se placèrent à l'aile droite, les Falisques à l'aile gauche, les Fidénates occupèrent le centre. Une partie de l'armée fit un détour derrière les montagnes pour surprendre le camp des Romains au milieu de l'action.

Avant d'engager le combat, le dictateur, les yeux fixés sur le Capitole, attendit le signal des augures. A peine l'eut-il aperçu qu'il fit avancer sa cavalerie. L'infanterie des Véiens fut enfoncée du premier choc; mais la cavalerie, sous le commandement de Tolumnius, arrêta par une vigoureuse résistance l'effort des troupes romaines. La mort de Tolumnius, tué de la main de Cornélius Cossus, décida la défaite des ennemis. Les Étrusques prirent la fuite. Forcés dans leur camp par Mamercus Æmilius, ils furent taillés en pièces. Les Fidénates, qui connaissaient le pays, se retirèrent dans les montagnes, et se dérobèrent à la poursuite des vainqueurs. Pendant l'action, le détachement envoyé par Tolumnius pour attaquer le camp romain, avait été repoussé par Fabius Vibulanus. Une rapide excursion de Cossus sur le territoire de Véies acheva le succès de cette journée, et reporta au delà du Tibre les ravages de la guerre. Au retour, les secondes dépouilles opimes furent consacrées dans le temple de Jupiter Férétrien (437).

PRISE DE FIDÈNES; LES VÉIENS ET LES FALISQUES VEULENT SOULEVER L'ÉTRURIE CONTRE ROME. — En 43. les armées consulaires envahirent le pays des Véiens et des Falisques. Elles dévastèrent toute la campagne, mais elles ne purent rencontrer les ennemis, qui s'étaient renfermés dans les murs de leurs villes. La peste força les troupes se retirer à Rome. Le tribun du peuple Sp. Mélius cita Minucius en jugement et proposa de confisquer les biens de Servilius Ahala; mais l'énergie des plébéiens, abattue par le fléau qui désolait la ville, ne soutint pas ces propositions Rome, au sein de son malheur, conserv quelque temps un triste repos. Il fu troublé par une attaque inattendue de Fidénates. Ceux-ci avaient invoqué l'a. pui de leurs alliés; les Falisques ne re pondirent pas à cet appel; mais les Véien reprirent les armes. Leur armée vi planter ses enseignes à peu de distance de la porte Colline (435). Dans ce pres sant danger, le consul L. Virginiu nomme un dictateur. Le salut de la r. publique est confié à Servilius Priscu

Pendant les préparatifs de la défens l'ennemi s'était retiré sur les hauteur Le dictateur entraîne à sa suite tous l citoyens capables de porter les armes il sort par la porte Colline, et s'avanc contre les Véiens. L'action s'engage près de Nomente. Vaincus dans la pr mière rencontre, les Étrusques cherchè rent un asile dans Fidènes. Serviliu mit le siége devant cette ville. Assise sur une montagne dans une forte position, Fidènes ne pouvait être prise d'assaut. Des approvisionnements considérables la mettaient à l'abri de la famine, et rendaient un blocus inutile. Mais le dictateur fit percer une mine du côté opposé à son camp, et, par d'habiles diversions, détourna l'attention des assiégés. Pendant que les Étrusques repoussaient des attaques simulées, le cri de guerre, poussé au-dessus de leurs têtes, leur annonça la prise de leur citadelle (435).

Le sort de Fidènes était une menace pour l'Étrurie tout entière. Véies redouta l'approche des Romains victorieux. Les Falisques mêmes, qui n'avaient pris aucune part à la guerre, craignirent que la république n'eût pas oublié leur première agression. De concert avec les Véiens, ils envoyèrent des députés aux autres nations étrusques, et obtinrent qu'une assemblée générale serait convoquée près du temple de Voltumna. Rome s'attendait à une guerre sérieuse : Mamercus Æmilius fut nommé dictateur ; mais l'Étrurie refusa d'épouser la querelle des Véiens, et la paix fut maintenue. Mamercus signala sa courte dictature par une mesure importante : il réduisit à dix-huit mois la durée de la censure, fixée d'abord à cinq ans (434).

La république était délivrée de la guerre étrangère ; mais la peste lui apporta des maux plus terribles contre lesquels elle demeurait sans défense. Menacée de la famine, elle envoya des commissaires en Étrurie, dans le Pomptinum, à Cumes, et jusqu'en Sicile. Une sage prévoyance prévint la disette et épargna au peuple de nouvelles souffrances (433). Les peuples voisins semblaient disposés à renouveler leurs attaques : ils auraient pu profiter de la détresse de Rome. Les Èques et les Volsques tinrent quelques assemblées, et les Étrusques se réunirent au temple de Voltumna ; mais ils ajournèrent à un an toute décision, malgré l'opposition des Véiens (432).

LES VOLSQUES ET LES ÈQUES PRENNENT LES ARMES ; LES LATINS ET LES HERNIQUES FOURNISSENT DES SECOURS A LA RÉPUBLIQUE. — Le soulèvement des Volsques et des Èques mit fin à cette paix mal assurée. Liés par la loi sacrée les deux peuples se réunirent sur le mont Algide (1). Les deux consuls, T. Quinctius Cincinnatus, fils de Lucius, et C. Julius Mento, envoyés pour combattre cette ligue formidable, durent à leur mésintelligence une honteuse défaite. Pour rendre aux armes romaines leur force un moment abattue, il fallait une main ferme et vigoureuse, le sénat ordonna la nomination d'un dictateur. Mais les consuls refusèrent d'obéir, et s'accordèrent pour résister à la volonté publique. Cependant il arrivait chaque jour à Rome de plus fâcheuses nouvelles, et les progrès des ennemis devenaient menaçants pour la république. Pour triompher de l'opposition des consuls, le sénat invoqua l'intervention des tribuns. C'était une innovation dangereuse pour le parti aristocratique, mais la nécessité et la raison d'État firent oublier aux patriciens les intérêts de leur ordre. Les tribuns déclarèrent qu'ils jetteraient les consuls en prison, si leur refus compromettait plus longtemps l'honneur du peuple romain. A. Postumius Tubertus fut créé dictateur. Il choisit pour général de la cavalerie L. Julius. On proclama le justicium, et toute la population prit les armes. Les Herniques et les Latins répondirent en même temps à l'appel de leurs alliés et s'empressèrent de remplir leurs engagements. Le temps n'était pas venu encore où ils se lasseraient de vaincre au profit de Rome.

(1) Tit.-Liv., IV, 26. « *Lege sacrata*. Cette loi, par laquelle on vouait aux dieux infernaux la tête de ceux qui ne répondaient pas à l'appel de la patrie, était en usage chez les peuples voisins de Rome. Ainsi, l'an de Rome 445, les Étrusques, avant d'engager la lutte qui se termina par la bataille du lac Vadimon, levèrent une armée formidable *lege sacrata* (IX, 39). Ainsi, quinze ans plus tard, les Samnites, pour résister à Rome, ont recours à la loi sacrée : « Delectu per omne Samnium habito nova lege, ut, qui juniorum non convenisset ad imperatorium edictum, quique injussu abisset, caput Jovi sacratum esset (X, 38). » Cf. Florus, I, XVI, 7. C'est encore en vertu d'une loi sacrée que les Ligures s'arment contre le consul Q. Minucius (XXXVI, 38). Voyez les interpretes de Florus, au passage cité, et Perizonius, *Animadv. histor.*, ch. X, p. 418. » Ph. Lebas, *Comm. sur Tit.-Liv.*, p. 829.

La défense de la ville fut confiée au consul C. Julius; L. Julius fut chargé de pourvoir à tous les besoins de la guerre. Le dictateur partit avec le consul Quinctius, et s'avança contre l'ennemi. Les Èques et les Volsques occupaient sur l'Algide deux camps séparés par un étroit intervalle. A. Tubertus vint s'établir à Tusculum; il posta le consul à Lavicum. Entre les quatre armées s'étendait une plaine qui leur permettait d'engager une bataille rangée. Mais l'ennemi craignit de livrer un combat inégal contre les troupes combinées du dictateur et du consul. Au lieu d'attendre l'attaque des Romains, il tenta un coup de main sur le camp de Quinctius. La nuit favorisa la marche des Èques; mais les cris des sentinelles avertirent A. Tubertus du danger de son lieutenant. Pendant que le consul, surpris au milieu de son sommeil, doublait la garde des portes et couronnait en toute hâte ses retranchements, le dictateur envoya sur-le-champ à son secours Sp. Postumius Albus, et gagna lui-même avec le reste de ses troupes une position avantageuse pour fondre par derrière sur les assiégeants. Le jour, qui commença bientôt à paraître, découvrit aux ennemis toute l'étendue de leur péril. M. Géganius, envoyé avec un corps d'élite contre le camp des Èques, avait emporté d'assaut les retranchements laissés sans défense. La cavalerie, commandée par M. Fabius, n'attendait pour se mettre en mouvement que le signal du dictateur. Déjà le consul par une sortie vigoureuse entamait le front des assaillants; A. Tubertus attaquait leur réserve et leur seconde ligne. Pressés de toutes parts, les ennemis voyaient leur perte assurée, et cherchaient vainement à se frayer un passage à travers les rangs de l'infanterie et de la cavalerie victorieuse. Cependant, à la voix du Volsque Vettius Métius, ils retrouvent une vigueur nouvelle. Ils poussent le cri de guerre, et chargent les cohortes amenées par Postumius Albus. Tout l'effort du combat se porte sur ce point. Postumius, A. Tubertus, Quinctius, Fabius, tous les chefs de l'armée romaine, sont blessés dans la mêlée. Métius enfonce les légions et pénètre jusqu'au camp des Volsques. Mais le dictateur donne l'assaut. Le consul, pour exciter ses soldats, jette un étendard dans les retranchements. Les palissades sont renversées, et les Volsques, vaincus, se rendent à discrétion (430). Ainsi était anéantie pour un temps la puissance de cette redoutable confédération qui avait presque épuisé, dans l'effort d'une haine infatigable, les ressources de deux nations. Les Èques offrirent leur soumission, et demandèrent en retour l'alliance de la république; ils obtinrent une trêve de huit ans. Les Volsques, dans leur défaite, conservèrent encore un reste d'énergie. Mais la discorde éclata dans leurs rangs. Le parti qui voulait continuer la guerre trouva dans les partisans de la paix une opiniâtre résistance. Ces dissensions assurèrent le repos de la république, et affermirent une domination dont les accroissements menaçaient l'indépendance des peuples voisins. Cependant l'Italie avait encore des défenseurs; Véies était encore la rivale de Rome.

Révolte des Fidénates; massacre des colons romains; Fidènes est prise; les Véiens signent une trêve de vingt ans. — En 427, sous le consulat d'A. Cornélius Cossus et de T. Quinctius Pennus, les Véiens firent des incursions sur le territoire de la république. On accusa une partie de la jeunesse de Fidènes d'avoir secondé le mouvement des Étrusques et plusieurs jeunes gens furent relégués à Ostie. Ils furent remplacés par des colons auxquels on donna les terres de ceux qui avaient péri pendant la guerre. Une épidémie qui se répandit dans la campagne réduisit le peuple romain à l'inaction. La contagion enleva d'abord les esclaves; elle atteignit les citoyens au sein même de la ville. La terreur introduisit dans Rome des superstitions étrangères: mais les patriciens s'opposèrent à des innovations religieuses qui compromettaient leur monopole sacerdotal. Ce retour aux usages et aux rites nationaux fut respecté par le peuple.

Avant de recommencer les hostilités contre Véies, on envoya des féciaux pour demander réparation. Après le combat livré entre Nomente et Fidènes, un armistice avait été signé; il était expiré; mais les Véiens n'avaient pas attendu le terme pour reprendre les armes. Une grave question jeta le trouble dans le forum. Il s'agissait de savoir si la guerre serait déclarée par un ordre de l'assemblée centuriate ou par un sénatus-consulte. Les tribuns l'emportèrent, et assurèrent au peuple une conquête de plus sur les patriciens.

Le gouvernement fût remis aux mains de quatre tribuns militaires ; mais la division éclata parmi les chefs de la république, et livra aux Étrusques une facile victoire. Le camp romain fut emporté, et les légions prirent la fuite. Fiers de ce succès inespéré, les Véiens envoyèrent des députés dans toute l'Étrurie; leur appel ne fut pas écouté. Fidènes seule y répondit : elle massacra les nouveaux colons, et joignit aux forces de ses alliés ses armes teintes du sang romain. Le siége de la guerre fut établi à Fidènes, et les Véiens passèrent le Tibre. L'effroi était grand à Rome. Mamercus Æmilius fut créé dictateur. Il rappela les troupes commandées par les tribuns militaires, et plaça son camp devant la porte Colline. Bientôt il se mit en marche, et s'avança jusqu'à près d'un mille de l'ennemi ; sa droite était couverte par les montagnes, sa gauche par le cours du Tibre. T. Quinctius Pennus occupa les hauteurs derrière les Étrusques. Le lendemain les ennemis engagèrent la bataille; repoussés par l'infanterie, ils abandonnaient le terrain, quand les portes de Fidènes s'ouvrirent, et donnèrent passage à une multitude furieuse, armée de torches et de feux. A cette vue les Romains reculent; mais la voix du dictateur soutient leur courage, un moment ébranlé. Cornélius Cossus, le vainqueur de Tolumnius, s'élance à la tête de la cavalerie; il donne l'ordre d'ôter les mors aux chevaux, et dans un élan irrésistible entraîne ses compagnons au travers des flammes. L'arrivée de Quinctius plaça les Étrusques entre deux attaques. Pressés de tous côtés, les Véiens, après de courageux efforts, gagnent en désordre les bords du Tibre. Les Fidénates cherchent une retraite dans les murs de leur ville; mais ils n'échappent point à la vengeance des Romains : la citadelle tombe au pouvoir de Quinctius; la ville, le camp sont livrés au pillage, et le lendemain chaque soldat, depuis le cavalier jusqu'au centurion, reçut au sort un prisonnier : le reste fut vendu à l'encan. C'en était fait de Fidènes : le dictateur abdiqua (426). L'année suivante une trêve de vingt ans fut accordée aux Véiens. Les Èques obtinrent un armistice de trois années (425).

Rome jouit quelque temps de la paix; mais dans le silence des armes les tribuns, éternels agitateurs du peuple, élevèrent leur voix longtemps étouffée par le bruit de la guerre. Ils rappelèrent aux plébéiens leurs droits à l'égalité politique, et leur reprochèrent l'indifférence coupable qu'ils avaient témoignée jusqu'alors pour les intérêts de leur ordre dans l'élection des tribuns militaires. Cette charge avait été toujours occupée par les patriciens, et nul homme sorti du peuple n'avait trouvé accès aux fonctions consulaires : ainsi le gouvernement était resté, en réalité, le partage exclusif du parti aristocratique. Réveillés par la voix des magistrats populaires, quelques plébéiens briguèrent les charges politiques dont la loi leur ouvrait l'entrée. Ils n'épargnèrent point les promesses : partage des terres, fondations de colonies, établissement d'un impôt sur les propriétaires fonciers pour fournir une solde aux soldats, rien ne fut oublié ; mais rien ne put émouvoir la multitude. La tentative des tribuns échoua.

PRISE DE VULTURNUM PAR LES SAMNITES; MASSACRE DES ÉTRUSQUES; GUERRE DE ROME CONTRE LES VOLSQUES ; LES ÈQUES REPRENNENT LES ARMES. — Cette année (423) fut signalée dans l'histoire de l'Italie par la prise de Vulturnum, que les Samnites enlevèrent aux Étrusques. Les deux peuples se disputaient depuis longtemps cette ville. Fatigués de la guerre, les Étrusques admirent leurs rivaux au partage de la cité et du territoire; mais un jour de fête, tandis que les anciens habitants étaient appesantis par le sommeil et l'ivresse, ils furent, pendant la nuit, égorgés par les nouveaux colons. Vulturnum prit le nom de Capoue (1).

(1) «... Capuamque ab duce eorum Capye, vel, quod propius vero est, a campestri agro appellatam. » Tit. Liv., IV, 37. Heyne n'admet pas les étymologies données par Tite-Live : « Neutrum verum, sed nomen a Tuscis inditum viso falconis augurio, qui tusca

Rome n'avait point encore à lutter contre les Samnites. Avant d'engager contre cette redoutable nation une guerre qui remplira près d'un siècle, la république devait se débarrasser des Volsques et des Véiens et reconquérir la prépondérance qu'elle avait perdue depuis la chute des Tarquins et l'invasion de Porsenna. Déjà elle était rentrée dans la voie d'agrandissement que les rois lui avaient tracée. La prise de Fidènes et la soumission des Èques, heureux fruits de la paix intérieure des deux ordres, étaient de favorables présages pour le succès des armes romaines. Mais la confédération des Volsci-Equi, un moment dissoute, n'était point détruite encore. Les Volsques avaient mis fin à leurs dissensions, et, malgré l'abattement de leurs alliés, ils préparaient contre la république une nouvelle levée de boucliers. Les Latins et les Herniques annoncèrent à Rome le danger qui la menaçait; à cette nouvelle, le consul C. Sempronius fut envoyé contre les Volsques. Mais ce général inhabile, par une funeste sécurité, compromit le sort de son armée, et se laissa vaincre par les ennemis. Il comptait sur la fortune, et la fortune trahit ses armes. La discipline romaine était passée dans le camp des Volsques;

elle leur assura un facile succès, à peine disputé par Sempronius. Un décurion de cavalerie, Sextus Tempanius, rétablit en vain le combat par une charge vigoureuse; ses efforts furent mal soutenus par le consul, et l'armée romaine abandonna le champ de bataille. Tempanius avec ses cavaliers s'était posté sur une hauteur. Le lendemain il reprit le chemin de Rome. Son arrivée fut saluée par des cris de joie. Mais le témoignage rendu à sa valeur était une accusation contre le consul. Les tribuns du peuple, qui avaient cité en jugement les tribuns militaires vaincus par les Véiens avant la dictature de Mamercus Æmilius (426), trouvèrent dans la défaite de Sempronius une occasion de renouveler leurs attaques contre les généraux patriciens. M. Postumius, qui avait été tribun consulaire dans la guerre contre les Véiens, fut condamné à une amende de dix mille livres pesant de cuivre. Son collègue, T. Quinctius, fut protégé par la mémoire de Cincinnatus, son père. Cité aussi en jugement à sa sortie du consulat, Sempronius obtint le désistement de son accusateur, le tribun du peuple L. Hortensius. Mais les poursuites dirigées contre les généraux vaincus inspirèrent à leurs successeurs une crainte salutaire, et leur apprirent à redouter la justice du peuple, qui se lasserait bientôt de pardonner à des patriciens.

Encouragés par la victoire des Volsques, les Èques avaient repris les armes. Le consul N. Fabius Vibulanus fut envoyé contre eux, les mit en déroute presque sans combat, et répara la honte de la défaite subie par Sempronius. En 419 la création de deux questeurs pour l'armée excita dans Rome de nouveaux désordres. Les tribuns réclamaient pour les plébéiens la moitié des places. Les patriciens refusèrent cette concession. Le peuple obtint le droit de nommer des plébéiens; mais le sénat comptait qu'il en serait de la questure comme du tribunat militaire. Son attente ne fut pas trompée : jusqu'en 408 aucun plébéien ne fut élevé à cette charge.

LES SAMNITES CAMPANIENS S'EMPARENT DE CUMES. — Nous avons vu les Samnites s'emparer de Capoue par une trahison, et fonder leur puissance sur les bords du Vulturne. Les rudes

---

lingua capys dicitur (Servius, Strabo, V, p. 371, B, aliique ap. Cluver., *Ital. Ant.*, IV, 1), ut adeo Vulturnum ejus interpretamentum habendum sit. *Cepere autem prius bello fatigatis Etruscis.* Quæ ea bella? Cum ipsis puto Samnitibus qui ante hæc tempora Campaniam infestare cœperant. — *In societatem urbis agrorumque accepti.* Ut hoc adeo tamquam pacis fœdere bellum compositum fuerit (Cf. Diod. Sic., XII, 31; Syncell., p. 198; Euseb., *Chron. Hieron.*, ad ann. 316; U. C.). — *Deinde festo die graves... adorti.* Conjurationem fecerant Samnites, ritu quodam sacramenti vetusto velut initialis militibus quod alio tempore repetitum ab iis descripsit Livius, X, 38, adjiciens : « Vetusta Samnitium religione; qua quondam usi majores eorum fuissent, quum adiuncdæ Etruscis Capuæ clandestinum cepissent consilium. » Jam nunc igitur Capua Samnitium urbs facta; quos tenendum est, intelligendos esse quoties Campani narrantur Dyonisio et Agathocli se mercede conducendos dedisse. » Heyn., *Opusc., Acad.*, t. V, p. 345, cité par M. Lebas, *Comm. sur Tite-Live*, p. 822.

montagnards, devenus *Campaniens*, poussèrent plus avant leur conquête. Ils enlevèrent d'assaut Cumes, la grande cité grecque, et y fondèrent une colonie ; la ville resta cependant toute grecque ; l'osque et les usages sabelliens n'y prévalurent jamais. « C'était une belle conquête pour de pauvres montagnards ; trop belle pour que leur humeur guerroyante s'arrêtât là. Au nord, à l'est et au sud, ils étaient entourés de pays difficiles et de populations belliqueuses qui leur fermaient la route à de nouvelles entreprises ; mais la mer restait ouverte, et ils savaient qu'au delà des golfes de Pœstum et de Térina il y avait en Sicile du butin à faire et des aventures à courir. Sous l'ancien nom expressif de *Mamertins*, les cavaliers campaniens se mirent à la solde de qui les voulait payer. La rivalité des cités grecques, l'ambition des tyrans de Syracuse, les invasions carthaginoises et la guerre sans relâche qui désolait l'île entière leur firent toujours trouver à qui vendre leur courage. Et ce métier de mercenaires leur devint si lucratif, que ce qu'il y avait de plus brave dans la jeunesse campanienne passa dans l'île, où les Mamertins furent bientôt assez nombreux pour faire la loi et prendre leur part. Mais, tandis qu'ils devenaient au delà du détroit une puissance contre laquelle luttèrent vainement Carthage, Syracuse et Pyrrhus, leurs villes des bords du Vulturne s'affaiblissaient par les émigrations mêmes dont s'augmentait la colonie militaire de Sicile. Dès le milieu du quatrième siècle, à Cumes, à Nole, à Nucérie, les anciens habitants redevinrent les maîtres ; et si Capoue conserva la suprématie sur les villes voisines, ce fut en perdant tout caractère sabellique. La mollesse des anciennes mœurs reparut, mais mêlée de plus de cruauté. Dans les funérailles, des combats de gladiateurs pour honorer les morts ; au milieu des plus somptueux festins, des jeux sanglants pour égayer les convives, et toujours dans la vie publique le meurtre et la trahison. On a vu les Samnites s'emparer de la ville en égorgeant leurs hôtes ; les premiers soldats romains qu'on y placera voudront à leur exemple en massacrer les habitants. Durant la seconde guerre punique Capoue scelle son alliance avec les Carthaginois du sang de tous les Romains établis dans ses murs ; et Pérolla veut poignarder Annibal à la table de son père. Lorsque enfin les légions y rentrent, c'est tout le sénat de Capoue qui célèbre ses propres funérailles dans un joyeux festin et boit le poison à la dernière coupe. Il n'y a pas d'histoire plus sanglante, et nulle part il n'y eut de vie plus molle (1). »

Les Lavicans se joignent a la ligue des Èques contre Rome ; le sénat envoie une colonie a Lavicum ; prise de Boles et de Férentinum. — Rome, nous l'avons dit, était indifférente aux progrès des Samnites. Son ambition ne s'étendait pas encore au delà des étroites limites où depuis un siècle elle s'agitait sans relâche. Toujours occupée de surveiller les Èques et les Véiens, la république n'était pas même assurée au dedans de cette paix précaire que lui laissait la modération des deux ordres. Les esclaves formèrent un vaste complot pour incendier la ville et s'emparer du Capitole, et la trahison de deux des conjurés sauva seule le peuple romain. Échappée à ce danger, Rome apprit que les Èques préparaient une nouvelle expédition, et que les Lavicans étaient prêts de se joindre à la ligue des Volsci-Equi. Les Tusculans furent chargés d'observer les mouvements de Lavicum.

Bientôt les tribuns militaires reçurent la nouvelle du soulèvement de ce peuple. Les Lavicans avaient opéré leur jonction avec les Èques, s'étaient jetés sur le territoire du Tusculum et avaient établi leur camp sur le mont Algide. Un sénatus-consulte ordonna que deux tribuns partiraient pour l'armée, un seul aurait la garde de la ville ; mais les trois collègues se disputèrent le commandement des troupes. Q. Servilius Priscus, pour mettre fin à ce débat, interposa son autorité paternelle, et enjoignit à son fils, C. Servilius de rester à Rome, sans attendre l'épreuve du sort, qui devait décider entre les trois tribuns. La mésintelligence de L. Sergius Fidénas et de M. Papirius Mugillanus attira sur les aigles romaines un honteux échec. Le camp fut abandonné ; une partie de l'ar-

(1) *Voy.* Duruy, *Hist. des Romains*, etc., t. I, p. 61.

mée se retira à Tusculum ; le reste se dispersa dans la campagne et vint annoncer à Rome la déroute des tribuns. Un sénatus-consulte donna la dictature à Q. Servilius Priscus. Servilius leva une nouvelle armée, rallia les troupes qui s'étaient réunies à Tusculum, et vint camper à deux mille pas de l'ennemi. Dès la première rencontre les Èques furent ébranlés par la cavalerie ; le dictateur fit avancer les légions ; un des porte-enseigne hésitait, il le tua. Le camp des ennemis fut emporté d'assaut et livré au pillage. La cavalerie se lança à la poursuite des fuyards jusqu'à Lavicum, où ils trouvèrent un asile ; et cette ville même, cernée par Servilius, fut escaladée le lendemain. Après une dictature de huit jours Servilius abdiqua. Le sénat envoya à Lavicum quinze cents colons, et leur donna à chacun deux arpents (407).

Cette mesure ne put satisfaire les tribuns. Ils réclamèrent hautement l'exécution de la loi agraire, et les troubles éclatèrent sur le forum. Mais les patriciens, d'après le conseil d'Appius Claudius, petit-fils du décemvir, cherchèrent à mettre la division dans le collège des magistrats du peuple, et les agitateurs furent obligés de retirer leur proposition.

La colonie établie à Lavicum ne jouit pas longtemps de la paix : elle fut attaquée par les habitants de Boles. Ce peuple faisait partie de la confédération des Èques ; il demanda le secours de ses alliés. Mais les Èques, abattus par leur récente défaite, refusèrent de prendre part à cette guerre. Boles tomba au pouvoir des Romains, et son territoire fut conquis. Le tribun L. Sextius réclama vainement l'envoi d'une colonie dans cette ville (414).

Elle fut reprise l'année suivante par les Èques, qui y établirent de nouveaux habitants et une forte garnison. Un tribun militaire, M. Postumius Regillensis, fut envoyé contre les ennemis ; après quelques légers succès, il assiégea Boles et s'en empara. Il avait promis le pillage à ses troupes ; mais, après l'assaut il réserva tout le butin. Ce manque de foi irrita les légions et les disposa à la révolte. Postumius ne chercha point à rétablir le calme dans son armée. Comme le tribun Sextius parla de fonder à Boles une colonie ; « Malheur à mes soldats, s'écria le général, s'ils ne restent en repos ! » Cette parole, rapportée dans le camp, y excita une sédition. Postumius fut lapidé.

Cependant les Volsques avaient renouvelé leurs incursions sur le territoire des Herniques. Il était temps que la république envoyât des secours à ses fidèles alliés.

Les Volsques prirent la fuite devant le consul Furius, et abandonnèrent Férentinum. Cette ville ouvrit ses portes aux légions romaines. Elle fut donnée par les vainqueurs aux Herniques (413).

La peste et la famine vinrent encore une fois éprouver la république. Des députés furent envoyés chez tous les peuples qui habitent les bords du Tibre et de la mer d'Étrurie. Les Étrusques fournirent des convois considérables ; la Sicile suivit cet exemple. Mais les Samnites, maîtres de Capoue et de Cumes, refusèrent toute relation avec Rome. Ainsi commençait à éclater la haine des deux peuples, ainsi se préparait cette lutte sanglante qui devait décider du sort de l'Italie et des destinées du Capitole.

Sous le consulat de M. Æmilius et de C. Valérius Potitus, les Èques reprirent les armes et ravagèrent les frontières des Latins et des Herniques. Leur invasion fut soutenue par une partie des Volsques, qui se joignirent, sans l'aveu de leur nation, à l'armée des montagnards. Cependant à Rome, le tribun M. Ménius opposait son *veto* à l'enrôlement des légions. Les Èques, favorisés par les querelles intestines de la république, s'emparèrent de la citadelle de Carventum. La nouvelle de leurs succès décida les tribuns à combattre l'opposition de Ménius. Le consul C. Valérius leva une armée, et marcha contre les ennemis. Il leur enleva Carventum (409).

Cette place ne tarda pas à retomber entre les mains des Èques. Les tribuns s'opposaient encore à l'enrôlement ; le sénat fut obligé de promettre des comices pour l'élection des tribuns militaires. Mais les armes romaines échouèrent dans cette campagne. Après plusieurs assauts contre Carventum, l'armée fut repoussée ; mais elle reprit Verrugo sur les Volsques, et ravagea leur territoire (408).

L'année suivante on apprit que les

Volsques et les Èques, encouragés par la prise de Carventum ou irrités de la perte de Verrugo, faisaient des préparatifs de guerre. Les Antiates étaient à la tête du mouvement ; leurs députés reprochaient aux deux peuples la lâcheté avec laquelle ils avaient laissé dévaster leur territoire par les Romains. « Maintenant, disaient-ils, ce ne sont plus seulement des armées ; ce sont des colonies qu'on envoie sur vos frontières ; ce n'est plus seulement pour eux-mêmes que les Romains recherchent vos dépouilles, ils ont pris Férentinum pour en faire hommage aux Herniques. » Toute la jeunesse des deux nations se leva en masse, et la ligue réunit toutes ses forces à Antium. A Rome, le sénat ordonna la nomination d'un dictateur. Les tribuns militaires refusèrent d'obéir à ce décret, et les patriciens réclamèrent vainement l'intervention des magistrats du peuple. Enfin, Ahala Servilius nomme dictateur P. Cornélius. Les Volsques furent exterminés à Antium ; ils perdirent encore trois mille hommes près du lac Fucin (407).

En 406 expira la trêve des Véiens. Rome envoya des féciaux en Étrurie ; ceux-ci rencontrèrent à la frontière une députation de Véiens, et attendirent le résultat de ses démarches auprès du sénat. La paix fut maintenue par la générosité du peuple romain, qui ne voulut point profiter des querelles intestines de ses ennemis, et qui, d'ailleurs, était tout entier occupé de la guerre contre les Volsques. Cette considération, dont Tite-Live ne tient pas compte, dut surtout influer sur la décision du sénat. Ce qui le prouve c'est que l'année suivante Rome laissa sans vengeance une grossière insulte des Véiens. Les Étrusques ordonnèrent aux députés de la république de repasser sans retard leurs frontières, en les menaçant de les traiter comme le lar Tolumnius l'avait fait autrefois. Dans le premier transport de leur indignation, les sénateurs décrétèrent que les tribuns des soldats proposeraient sans délai à l'approbation du peuple une déclaration de guerre contre Véies. Mais la nouvelle de la prise de Verrugo par les Volsques refroidit leur ardeur belliqueuse. La garnison de cette place, trop tard secourue, avait été massacrée. Il fallait avant tout réparer cet échec, et repousser les armes des Volsques. La guerre contre Véies aurait divisé les forces de la république et peut-être compromis sa fortune : elle fut ajournée du commun accord des deux ordres.

Tout l'effort des armes romaines se tourna contre les Volsques. Cn. Cornélius resta seul à Rome ; ses trois collègues se mirent en marche avec une armée. Ils ne rencontrèrent pas l'ennemi ; mais, divisant leurs troupes en trois corps, ils portèrent de tous côtés le ravage et la dévastation. L. Valérius se dirigea vers Antium ; P. Cornélius vers Ecétra, Fabius Ambustus, sans s'arrêter au pillage, s'avança vers Anxur. Cette ville, qui fut depuis Terracine, était bâtie sur la pointe d'une colline ; le pied de ses murailles touchait à des marais. Ce fut de ce côté que Fabius présenta l'attaque. Quatre cohortes, sous la conduite de C. Servilius Ahala, tournèrent la place, et s'emparèrent des hauteurs. De ce poste élevé elles se précipitèrent sur la ville, et, par une habile diversion, donnèrent à Fabius le temps d'escalader les remparts. Anxur fut obligée de capituler. Deux mille cinq cents prisonniers tombèrent vivants au pouvoir des Romains. Avant d'ordonner le pillage, Fabius attendit les deux corps dont ses collègues avaient pris le commandement. Ils avaient contribué à la prise d'Anxur, puisqu'ils avaient empêché les Volsques de secourir les assiégés : il leur revenait donc de droit une part du butin. Leur arrivée fut le signal de la ruine d'Anxur. Cette cité florissante fut saccagée par les trois armées réunies, et ses dépouilles enrichirent les soldats romains.

Les tribuns militaires cherchaient ainsi à gagner le peuple. L'établissement de la solde acheva de concilier les esprits (405). Cette mesure assurait la puissance militaire de la république. Tant que les soldats s'étaient entretenus à leurs frais Rome n'avait pu porter ses armes bien loin ; la guerre se bornait à de courtes campagnes ; renouvelée tous les ans et tous les ans interrompue, elle épuisait presque sans résultats, et pour ainsi dire en détail, toutes les forces de la population romaine. Les armées, comme les consuls, changeaient toutes les années; c'était un double inconvénient. Le choix du général et l'enrôlement des troupes amenaient périodiquement le retour des querelles intestines, et fournissaient un perpétuel aliment aux agitations de la place publique. D'ailleurs, le légionnaire, qui vivait du revenu de son champ, ne pouvait donner tout son temps à la défense du pays; il devait cultiver son domaine pour subvenir aux besoins de sa famille et quitter tour à tour la charrue pour les armes, les armes pour la charrue. La république ne pouvait exiger de lui un complet sacrifice. Mais quand la solde fut accordée aux légionnaires, la guerre prit au dehors plus de développement, et les opérations se prolongèrent; les armées, retenues loin de Rome, ne purent refuser leurs services, et le salut de la république ne dépendit plus des caprices des tribuns. Le sénat en effet n'avait pas à craindre qu'un magistrat du peuple empêchât la guerre en interdisant les levées. Ainsi l'établissement de la solde profitait tout ensemble aux plébéiens et à l'État, et plus encore peut-être au parti aristocratique. Les tribuns le comprirent, et ils repoussèrent cette générosité intéressée des patriciens; mais leur voix ne fut point écoutée; chaque citoyen acquitta sa part de la dette publique, et le trésor fut rempli par une contribution volontaire.

La ruine de Véies était à ce prix. La trêve de vingt ans signée avec cette ville venait d'expirer, et Rome avait besoin de donner à ses efforts plus de consistance, pour terminer enfin dans la guerre qui allait s'ouvrir une querelle qui se prolongeait depuis un siècle. En 405 les tribuns militaires commencèrent le siége de Véies. Le sort de l'Étrurie entière était en question. Les peuples étrusques tinrent une assemblée dans le temple de Voltumna; mais, soit faiblesse, soit imprévoyance, ils abandonnèrent la cause des Véiens, qui était celle de leur indépendance commune. Trahie par ses alliés naturels, Véies trouva dans les Volsques d'utiles auxiliaires. Rome, forcée de diviser ses troupes pour repousser de son territoire les montagnards qui descendaient de l'Algide, employa dix ans à réduire une ville dont l'énergique résistance retardait l'asservissement de l'Italie. Vaincus en 404, les Volsques reparaissent l'année suivante; ils essuient un nouvel échec entre Férentinum et Écétra, et perdent la ville d'Artina. La citadelle, livrée aux Romains par un esclave, est saccagée et détruite, mais Véies profite de cette diversion, et les revers mêmes des Volsques arrêtent les progrès de leurs vainqueurs.

Les Véiens venaient de se donner un roi: las des rivalités politiques que l'élection des magistrats faisait éclater, ils avaient senti le besoin d'une autorité souveraine et absolue, qui concentrât dans une action commune les forces trop souvent opposées des partis. Pour sauver leur indépendance ils sacrifièrent leur liberté. Ce changement déplut aux peuples étrusques. Le roi nommé par les Véiens s'était rendu odieux par sa puissance et par sa fierté; la religieuse Étrurie ne pouvait lui pardonner d'avoir un jour, par une sacrilége audace, interrompu la solennité des jeux (1). Repoussé du sacerdoce par les suffrages des douze peuples, il avait brusquement rappelé du milieu du spectacle les acteurs, qui presque tous étaient ses esclaves. Un tel crime lui attira la haine d'une nation qui se faisait gloire de son respect pour les dieux, et l'Étrurie décida qu'elle refuserait tout secours aux Véiens tant qu'ils obéiraient au profanateur des fêtes sacrées.

L'inaction des Étrusques et l'union des deux ordres, un moment troublée, mais promptement rétablie, semblaient assurer, dans un terme prochain, le triomphe de la république. L'hiver même ne suspendit point les travaux du siége; les Véiens n'avaient plus d'espoir que dans l'intervention des Volsques; elle ne se fit pas longtemps attendre. Les Romains, endormis dans une trompeuse sécurité, laissèrent surprendre la garnison d'Anxur. Beaucoup de soldats étaient absents; presque tous, au lieu de rester à leur poste, faisaient le commerce dans la campagne et dans les villes voisines. Les Volsques, qui envoyaient des marchands à Anxur, enlevèrent par un coup

(1) Tit. Liv., V, 1. Quia solennia ludorum, *quos intermitti nefas est*, violenter dirimisset, etc.

de main la place, laissée sans défense et pour ainsi dire ouverte à leurs armes.

En même temps, les Capénates et les Falisques se décidèrent à secourir les Véiens. Voisins de la ville assiégée, ils étaient menacés de périr avec elle si les Romains étaient victorieux. Leur attaque inattendue vint compliquer la lutte et relever la fortune de Véies. Les divisions des tribuns militaires achevèrent de compromettre le succès d'une entreprise dont le terme semblait reculer sans cesse. Fatigué de remettre le commandement à des patriciens inhabiles, plus occupés de leurs querelles particulières que de l'intérêt de la république, le peuple se décida enfin à prendre dans ses rangs quatre tribuns consulaires (400). En même temps, les Romains, pour s'assurer la faveur des dieux, empruntèrent à l'Étrurie l'institution du *lectisternium*. « Les duumvirs, qui présidaient aux sacrifices, dressèrent dans chaque temple trois lits ornés de tout ce qu'alors on pouvait connaître de magnificence, couchèrent sur ces lits les statues d'Apollon, de Latone, de Diane, d'Hercule, de Mercure et de Neptune, et pendant huit jours on leur servit des festins propitiatoires. Les mêmes cérémonies furent répétées dans les maisons particulières. On rapporte que dans toute la ville les portes des maisons restèrent constamment ouvertes; des tables furent dressées en public et ouvertes à tout venant. Tous les étrangers sans distinction, ceux que l'on connaissait le moins, furent admis à l'hospitalité; on s'entretenait même amicalement avec ses plus mortels ennemis; toutes les querelles, tous les procès furent suspendus; on alla même jusqu'à relâcher les captifs pendant tout le temps que durèrent ces fêtes, et depuis on se fit un scrupule d'emprisonner de nouveau ceux qui avaient ainsi obtenu des dieux leur délivrance (1). »

Les dieux se retiraient de la religieuse Étrurie, et passaient dans le camp des Romains :

> Excessere omnes, adytis arisque relictis,
> Di quibus imperium hoc steterat..... (2)

(1) Tit.-Liv., V, 13. Voy. M. Michelet, *Hist. Rom.*, t. I, p. 191, n. 1.
(2) Virg., Æn., II, 351.

D'étonnantes merveilles, que la tradition s'est plu à revêtir d'un caractère mystérieux, annonçaient déjà la chute de Véies, abandonnée par les destins. « Vers ce temps, dit Tite-Live, on donna avis de différents prodiges; mais comme la plupart n'avaient qu'un seul garant qui les attestât, ils obtinrent peu de créance; et l'on s'en occupa d'autant moins qu'étant en guerre avec les Étrusques, nous n'avions point d'haruspices pour en faire l'expiation. Un seul pourtant attira l'attention générale; ce fut la crue subite et extraordinaire d'un lac dans la forêt d'Albe, sans qu'il fût tombé de pluie et sans qu'on pût l'expliquer par aucune cause naturelle. Le sénat, inquiet de ce que pouvait présager un tel phénomène, envoya consulter l'oracle de Delphes. Mais il se trouva plus près de nous un interprète que nous ménagèrent les destins. C'était un vieillard de Véies, qui, au milieu des railleries que les sentinelles étrusques et romaines se renvoyaient les unes aux autres, prenant tout à coup le ton de l'inspiration, s'écria que les Romains ne prendraient Véies que lorsque les eaux du lac d'Albe seraient entièrement épuisées. Ce mot, jeté comme au hasard, fut d'abord à peine remarqué. Dans la suite il devint l'objet de toutes les conversations. Enfin un soldat romain, se trouvant aux postes avancés, s'adressa à la sentinelle ennemie qui était le plus près; car depuis le temps que durait la guerre il s'était établi entre les deux partis comme une liaison d'entretiens journaliers. Il lui demanda quel était cet homme à qui il était échappé quelques mots mystérieux sur le lac d'Albe. Quand il sut que c'était un haruspice, le soldat, naturellement superstitieux, prétexta de vouloir consulter le devin, si cela était possible, sur l'expiation d'un prodige qui l'intéressait personnellement, et il le fit consentir à une entrevue. Le Romain était sans armes; l'autre ne fit aucune difficulté de s'écarter à une certaine distance. Alors le jeune homme, plein de vigueur, saisit au corps le débile vieillard et l'enleva à la vue des Étrusques. Ils eurent beau donner l'alarme, il parvint à le traîner dans le camp, d'où le général le fit passer à Rome. Interrogé par le sénat sur sa prédiction au sujet du lac d'Albe, il répondit qu'il fallait sans doute que les dieux fussent courroucés contre les Véiens le jour qu'ils lui avaient mis dans l'esprit de révéler le secret auquel étaient attachées les destinées de son pays; mais qu'il ne pouvait plus revenir sur ce qui lui était échappé dans un moment où il avait obéi à l'inspiration du ciel, et que peut-être le crime ne serait pas moindre à taire ce que les dieux voulaient qu'on divulguât, qu'à divulguer ce qu'ils voudraient tenir secret; qu'ainsi donc les livres prophétiques et l'art de la divination des Étrusques leur avaient appris que le moment où le lac d'Albe serait prodigieusement grossi et où les Romains parviendraient à le dessécher entièrement la victoire leur serait donnée; qu'autrement Véies ne serait jamais abandonnée par ses dieux. Il indiqua ensuite la manière dont le desséchement devait s'opérer; mais le sénat, ne croyant pas le garant assez sûr pour une entreprise de cette importance, résolut d'attendre le retour des députés qui devaient apporter la réponse de l'oracle.

« .... Et déjà les Romains, ne comptant plus sur les forces humaines, attendaient tout leur succès des destins et des dieux, lorsque les députés arrivèrent avec la réponse de l'oracle, parfaitement conforme à celle du devin qu'on tenait prisonnier; elle était conçue en ces termes : « Romain, garde-toi de retenir l'eau du lac dans son lit; garde-toi aussi de lui laisser prendre son cours naturel vers la mer. Tu la distribueras dans tes champs pour les arroser, et tu la disperseras dans mille ruisseaux, où elle ira se perdre tout entière. Alors ne crains pas d'escalader les remparts ennemis, et songe que de ce moment la ville que tu assièges depuis tant d'années t'est livrée par les destins, si tu te conformes aux lois qu'ils t'ont prescrites. Ne manque pas, après ta victoire, de faire porter dans mon temple de riches présents. Tu n'oublieras pas non plus de recommencer quelques sacrifices de ton pays où tu as omis des cérémonies essentielles, et de t'y astreindre aux pratiques usitées de tout temps. »

« On conçut alors une haute vénération pour l'haruspice toscan, et les tribuns militaires Cornélius et Postumius lui confièrent la direction des travaux du lac et de toutes les cérémonies expiatoires (1). »

Nous ne suivrons pas dans ses détails plus ou moins authentiques l'histoire de cette Iliade qui n'a point trouvé d'Homère, et dont l'ennuyeuse monotonie est à peine rompue par les traditions poétiques que Tite-Live rapporte, aux dépens de la vraisemblance. La reprise d'Anxur, des combats sans cesse renouvelés contre les Volsques, les Capénates, les Falisques, les Tarquiniens; les troubles du forum, les luttes des patriciens et des tribuns, tel est le tableau peu varié que nous présentent les annales de Rome. Hâtons-nous d'arriver à la dictature de Camille. Nous sommes en 395; les Capénates et les Falisques sont vaincus. M. Furius Camillus, appuyé par les Latins et les Herniques, s'est avancé jusqu'à Nérète; il a mis les Étrusques en déroute, et, débarrassé de leurs attaques, il a réuni toutes ses forces sous les murs de Véies. Les Romains creusent une mine pour pénétrer dans l'intérieur de la ville et se frayent une route souterraine jusqu'au sanctuaire de Junon, la divinité protectrice de Véies. Enfin, après dix ans, arrive le jour fatal qui décide du sort de l'Étrurie. Le dictateur ordonne l'assaut. Il voue à Apollon la dixième partie du butin. « Et toi, reine Junon, s'écrie-t-il, toi qui habites encore cette cité, suis-nous, après la victoire, dans notre ville, qui sera bientôt la tienne et qui te recevra dans un temple digne de ta majesté. » Les Véiens courent aux remparts pour repousser les assiégeants; mais la galerie creusée par les Romains leur livre un passage jusqu'au sein de la citadelle. Ils s'élancent dans le temple de Junon, et le dictateur termine le sacrifice commencé sur l'autel de la déesse. C'en était fait de Véies : elle avait perdu à la fois son indépendance et ses dieux (395).

L'image sacrée de Junon fut enlevée par les vainqueurs. « Veux-tu aller à Rome, s'était écrié un jeune chevalier. » — « Je le veux, répondit la déesse, » et, portée presque sans effort, elle sem-

(1) Tit.-Liv., V, 15; cité par M. Michelet, *Hist. Rom.*, t. I, p. 192, n. 1.

bla suivre volontairement le dictateur jusqu'à l'Aventin, où plus tard Camille lui dédia le temple qu'il lui avait promis. Le sénat vota quatre jours de supplications. Accueilli par des transports d'enthousiasme, Camille parcourut la ville, monté sur un char attelé de quatre chevaux blancs; il avait pris pour son triomphe les coursiers de Jupiter et du soleil. « Ce n'était plus un citoyen, ce n'était plus même un homme. » Heureux si, moins enivré de sa gloire, il n'avait pas justifié par un excès d'orgueil l'ingratitude de sa patrie et préparé à la fois son propre malheur et le malheur de la république ! La magnificence de son triomphe, la vente des prisonniers au profit du trésor public, la dîme du butin consacrée à Apollon Pythien, son opposition à la proposition des tribuns, qui voulaient transporter à Véies le peuple romain, excitèrent bientôt contre lui la haine populaire. Accusé de concussion, il se retire à Ardée, et dans son exil il apprend que ses juges l'ont condamné à une amende (390).

Avant de sortir de Rome, il s'était arrêté aux portes de la ville, et là, les mains étendues vers le Capitole, il avait demandé aux dieux immortels le châtiment de son ingrate patrie. Ses vœux sacriléges ne tardèrent pas à s'accomplir. Les conquêtes de Rome au nord du Tibre, la prise de Véies, la reddition de Faléries (393), la défaite des Capénates (394) et des Volsiniens (390) étaient autant de pas vers un danger nouveau, vers un nouvel ennemi, plus redoutable que les Étrusques et que les Volsques. La confédération des Volci-Equi, vaincue dans trois campagnes (393, 392, 391), avait enfin posé les armes. Les colonies de Circeii et d'Anxur, établies au milieu des Volsques, celles de Bola, de Lavicum et de Vitellia, opposées comme une barrière aux invasions des Èques, assuraient au sud la suprématie de la république; mais du côté de l'Étrurie les progrès de ses légions la conduisaient au-devant des Gaulois. Entre les deux peuples, jusque-là séparés par la barrière de l'Étrurie, maintenant rapprochés et mis en présence, va s'engager une lutte sanglante; épreuve terrible, dont l'aigle romaine ne se relèvera pas sans blessure !

7ᵉ *Livraison.* (ITALIE.)

IV.

INVASIONS DES GAULOIS DE LA CISALPINE. PRISE DE ROME. SOULÈVEMENT DES LATINS. LA RÉPUBLIQUE, ABANDONNÉE DE SES ALLIÉS, RECOMMENCE CONTRE LES PEUPLES VOISINS UNE LUTTE D'UN DEMI-SIÈCLE POUR LA DOMINATION DE L'ITALIE CENTRALE. A L'INTÉRIEUR, TRIOMPHE DE L'ÉGALITÉ POLITIQUE.

LA HAUTE ITALIE SOUS LA DOMINATION GAULOISE. — Nous avons déjà parlé dans cette histoire des invasions successives des Gaulois et de leur établissement sur les deux rives du Pô. Reportons de ce côté nos regards, trop longtemps distraits par le spectacle de Rome fondant sa domination au centre de la Péninsule, et, avant de raconter cette expédition de 390 qui doit mettre en péril les destinées de l'impérissable Capitole, arrêtons-nous pour retracer le tableau de la puissance gauloise au nord de l'Italie et sur les frontières de l'Apennin. Nous emprunterons cet exposé à M. Amédée Thierry.

« Au moment où les émigrants gaulois franchirent les Alpes, la haute Italie présentait le spectacle d'une civilisation florissante. L'industrie étrusque avait construit des villes, défriché les campagnes, creusé des ports et de nombreux canaux, rendu le Pô navigable dans la presque totalité de son cours; et la place maritime d'Adria, par son importance commerciale, avait mérité de donner son nom au golfe qui en baignait les murs : toute cette prospérité, toute cette civilisation eurent bientôt disparu. Les champs, abandonnés, se recouvrirent de forêts ou de pâturages; et des chaumières gauloises s'élevèrent de nouveau sur l'emplacement de ces grandes cités qui avaient succédé elles-mêmes à des chaumières et à des bourgades gauloises. Cependant elles ne périrent pas toutes; par un concours de circonstances aujourd'hui inconnues, cinq restèrent debout : deux dans la Transpadane et trois dans la partie de l'Ombrie dont les Sénons s'étaient emparés. Les premières furent Mantua (Mantoue), défendue par le Mincio, qui formait autour d'elle un lac profond, et Melpum, place de guerre et de commerce,

l'une des plus riches de la Nouvelle-Étrurie, et jadis le boulevard du pays contre les incursions des Isombres ; les secondes, Ravennes, bâtie en bois au milieu des marécages de l'Adriatique, Butrium, dépendance de Ravenne, et Ariminum. A quelque motif que ces villes dussent d'avoir été épargnées, leur existence, on le sent bien, était très-incertaine et très-précaire ; Melpum en présenta un exemple terrible : pour avoir mécontenté ses nouveaux maîtres, il se vit assailli à l'improviste, pillé et détruit de fond en comble. Mais les villes qui furent assez prudentes ou assez heureuses pour éviter un sort pareil n'eurent dans la suite qu'à se féliciter de leur situation. Placées au sein d'une population qui n'avait pour le commerce ni goût ni habileté, et qui d'ailleurs manquait de marine, elles exploitèrent sans concurrence toute la Circumpadane ; formant de grands entrepôts d'où les Gaulois tiraient les marchandises grecques et italiennes, où ils portaient les produits de leurs champs et le butin amassé dans leurs courses. C'étaient de petits États indépendants, tributaires, selon toute apparence, des nations cisalpines qui les laissaient subsister. On les vit toujours garder entre ces nations et le reste de l'Italie une neutralité rigoureuse ; les noms de Ravenne, d'Ariminum, de Mantoue, ne sont pas même mentionnés dans la longue série des guerres que les peuples gaulois et italiens se livrèrent pendant trois siècles dans toutes les parties de la péninsule. — A part ces points isolés, où la civilisation s'était en quelque sorte retranchée, le pays ne présenta plus que l'aspect de la barbarie. Voici le tableau qu'un historien nous trace des peuplades cisalpines à cette époque :
« Elles habitaient des bourgs sans mu-
« railles, manquant de meubles, dor-
« mant sur l'herbe ou sur la paille, ne
« se nourrissant que de viande, ne s'oc-
« cupant que de la guerre et d'un peu
« de culture ; là se bornaient leur
« science et leur industrie. L'or et les
« troupeaux constituaient à leurs yeux
« toute la richesse, parce que ce sont des
« biens qu'on peut transporter avec
« soi, à tout événement (1). » Chaque printemps des bandes d'aventuriers partaient de ces villages pour aller piller quelque ville opulente de l'Étrurie, de la Campanie, de la Grande-Grèce ; l'hiver les ramenait dans leurs foyers, où elles déposaient en commun le butin conquis durant l'expédition ; c'était là le trésor public de la cité.

« La Grande-Grèce fut d'abord le but privilégié de ces courses. La cupidité des Gaulois trouvait un appât inépuisable et leur audace une proie facile dans ces républiques si fameuses par leur luxe et leur mollesse, Sybaris, Tarente, Crotone, Locres, Métaponte. Aussi toute cette côte fut horriblement saccagée. A Caulon on vit la population, fatiguée de tant de ravages, s'embarquer tout entière, et se réfugier en Sicile. Dans ces expéditions éloignées de leur pays, les Cisalpins longeaient ordinairement la mer supérieure jusqu'à l'extrémité de la péninsule, évitant avec le plus grand soin le voisinage des montagnards de l'Apennin, mais surtout les approches du Latium, petit canton peuplé de nations belliqueuses et pauvres, parmi lesquelles les Romains tenaient le premier rang (1). » Mais, après la prise de Véies, les Romains, en avançant dans l'Étrurie, étaient venus eux-mêmes à la rencontre des Gaulois. Les deux peuples, ainsi rapprochés, ne pouvaient pas rester plus longtemps étrangers l'un à l'autre, et la lutte, jusque-là différée mais devenue imminente, éclata par une circonstance fortuite.

PREMIÈRE INVASION DES GAULOIS ; SIÈGE DE CLUSIUM ; BATAILLE DE L'ALLIA. — Trente mille Sénons avaient traversé l'Apennin. Ils venaient réclamer aux habitants de Clusium le partage de leur territoire, et appuyaient leur demande d'un menaçant appareil de guerre. Les Clusiens, abandonnés par la confédération étrusque, implorèrent le secours de Rome. Ils alléguaient comme un titre à l'alliance et à l'amitié de la république, la stricte neutralité qu'ils avaient gardée pendant le siège de Véies. Ce n'était point une considération puissante et capable de décider un peuple moins disposé que le peuple romain à

(1) Polyb., l. II.

(1) Am. Thierry, *Hist. des Gaulois*, part. 1 ch. 2, t. I. p. 50-54.

ITALIE.

s'immiscer dans les affaires de ses voisins ; mais la république était jalouse d'étendre au dehors son influence : elle envoya trois députés à Clusium. Cette démarche toute pacifique aurait pu réussir, si l'on n'avait pas choisi pour ambassadeurs trois orgueilleux patriciens. Les trois Fabius avaient toute la fougue des Gaulois, avec lesquels ils avaient mission de négocier. Ils tinrent une conférence avec les chefs des Sénons. Le *brenn* leur exposa les motifs de son expédition. « Les Clusiens, dit-il, ont plus de terres qu'ils n'en peuvent cultiver ; nous sommes venus leur demander le partage ; ils refusent : eh bien ! les armes décideront. Nous respectons le courage des Romains ; c'est un peuple brave et puissant, puisque les Étrusques ont invoqué son appui. Mais nous ne pouvons écouter les paroles de paix que vous nous apportez au nom de votre nation. Il nous faut des terres en Étrurie, et c'est à ce prix que Clusium achètera la paix. Puisque les Clusiens préfèrent combattre que d'abandonner leurs champs, restez pour être témoins de la bataille, et vous irez redire chez vous combien les Gaulois surpassent en bravoure le reste des hommes. » A ces mots les Fabius ne purent retenir leur impatience : « A quel titre, s'écrie Q. Ambustus, exigez-vous des terres en Étrurie ? Quel est votre droit ? » — « Notre droit, répond le brenn en riant, Romains, c'est le même qui justifie tous vos massacres et vos brigandages. C'est celui que tous les hommes de cœur portent à la pointe de leur épée. »

Les Fabius quittèrent le camp des Gaulois pour entrer dans Clusium. Les habitants étaient prêts à céder ; mais les trois négociateurs changèrent leurs dispositions : ils les excitèrent à repousser les Sénons, et s'offrirent même pour diriger une attaque contre ces insolents ennemis. Les Clusiens saisirent avec empressement cette occasion de compromettre la république dans leur querelle et d'enlever à son intervention pacifique tout caractère de neutralité. Sous la conduite des Fabius, ils attaquent une troupe de Gaulois. Les trois Romains se distinguent dans la mêlée ; Q. Ambustus tue un chef sénon, et le dépouille. Mais il est reconnu, et les Gaulois, indignés, jurent de punir par la ruine de Rome une telle violation du droit des gens.

Avant de se mettre en marche ils résolurent d'attendre les renforts que leurs compatriotes ne tarderaient pas à leur amener, et ils envoyèrent à Rome une ambassade composée de plusieurs chefs dont la stature et la force devaient imposer aux étrangers. Ces députés avaient mission de dénoncer la conduite des Fabius et de réclamer l'extradition des coupables. La vue des barbares et leurs paroles hautaines jetèrent le trouble dans le sénat. Les patriciens craignaient d'attirer sur la république les armes d'une nation redoutable ; mais la famille Fabia était puissante dans la ville, et le sénat n'osait condamner les fils de M. Fabius Ambustus. Il offrit en réparation des sommes d'argent considérables. Mais les Gaulois rejetèrent tout accommodement. Sur leur refus, l'assemblée renvoya au peuple le jugement de l'affaire. En vain les féciaux, au nom de la religion et du droit des gens, appuyèrent les plaintes des Gaulois et réclamèrent le châtiment des coupables. Les Fabius furent absous, et le tribunat militaire fut la récompense de leur crime. Les ambassadeurs gaulois allèrent rapporter à leurs compagnons cette insultante provocation, qui ne permettait pas de différer plus longtemps la guerre. A cette nouvelle les Sénons arrachent leurs enseignes, et s'avancent à marches forcées sur le chemin de Rome. Au bruit de leur passage toutes les villes fermaient leurs portes. Mais les Gaulois s'avançaient sans désordre, et respectaient un territoire qui n'appartenait pas à leurs ennemis. « C'est à Rome que nous allons, s'écriaient-ils, c'est contre les Romains et contre eux seuls que nous combattrons. » Ils arrivèrent au confluent du Tibre et de l'Allia. C'est là qu'ils rencontrèrent les Romains, à onze mille de la ville. A l'approche du combat ils entonnèrent le chant de guerre. L'horrible harmonie de leurs clameurs sauvages annonçait déjà aux légions le sort qui les attendait.

Le combat s'engagea le 16 du mois de juillet 390. Dans la crainte d'être enveloppée par l'ennemi, l'armée romaine avait étendu ses deux ailes ; mais le centre, affaibli, ne forma plus qu'une ligne

7.

sans consistance ; l'aile droite couvrait les collines, la gauche était protégée à l'occident par le Tibre; entre les hauteurs et le fleuve, le centre occupait une vaste plaine. C'était le point le plus vulnérable du front de bataille présenté par les Romains. L'attaque commença du côté des collines. Le brenn, à la tête de l'aile gauche des Sénons, entreprit d'enlever cette position. Les tribuns militaires avaient rassemblé sur ce point toute leur réserve, composée des vétérans d'élite. Le choc des Gaulois fut soutenu avec vigueur par les *subsidiarii*; mais le centre ne put résister à l'impétuosité des barbares : enfoncé de toutes parts, il se rejeta sur l'aile gauche, et y porta le désordre. Dès lors la déroute fut plus complète. Sans attendre le choc des Gaulois, qui s'avançaient en poussant le cri de guerre et en frappant leurs boucliers, les troupes postées sur le bord du Tibre s'élancèrent dans le fleuve, et tentèrent de le traverser à la nage. Dans la confusion de cette déroute un grand nombre de soldats périrent, emportés par la force du courant. Tout ce qui put échapper chercha un refuge dans la fuite, et se retira sans armes dans les murs de Véies. L'aile droite s'était maintenue sur les hauteurs. Mais, abandonnée par le reste de l'armée, elle se vit contrainte de battre en retraite et de reprendre le chemin de Rome. Elle se croyait poursuivie par l'ennemi ; aussi, sans s'arrêter dans la ville, elle se renferma derrière les remparts de la citadelle.

Si les Gaulois avaient marché immédiatement sur Rome, c'en était fait de la république. Mais les Sénons ne surent point profiter de leur victoire et de la terreur que la nouvelle de leur approche avait jetée au sein de la ville ; ils passèrent près d'un jour à célébrer leur triomphe dans de bruyantes orgies, à élever des trophées, à couper les têtes aux morts, à partager le butin. Le lendemain seulement ils se mirent en marche ; un peu avant le coucher du soleil ils arrivèrent au confluent du Tibre et de l'Anio. Déjà Rome avait eu le temps de revenir de sa stupeur. Le sénat, les magistrats, les prêtres et l'élite de la jeunesse patricienne, s'étaient renfermés dans le Capitole. Les trésors des temples et tous les vivres de la ville furent confiés à leur garde. La multitude sortit de la ville, et se dispersa dans les cités voisines. Céré offrit un asile aux vestales et à tous les objets du culte.

PRISE DE ROME; SIÉGE DU CAPITOLE. — Le soir du jour qui suivit le désastre des Romains, les éclaireurs gaulois se montrèrent sous les murs de la ville. Effrayés du morne silence qui régnait dans la cité déserte, ils craignirent quelque piége, et se retirèrent. L'armée attendit le lendemain pour s'engager dans les rues et les carrefours abandonnés. Arrivée au *forum magnum*, elle s'y arrêta au pied du mont Capitolin. Cependant quelques corps détachés s'aventurèrent dans les rues adjacentes; ils trouvèrent quelques maisons ouvertes et y pénétrèrent avec une secrète inquiétude. Là un singulier spectacle se présenta à leurs regards et les frappa d'admiration. Des vieillards, revêtus de tous les insignes de leur rang, étaient assis dans leurs chaises curules, la main appuyée sur un long bâton d'ivoire. La vue des barbares ne troubla point ces visages impassibles, empreints d'une noble et majestueuse sérénité. Immobiles sur leurs siéges d'honneur, ces vieux patriciens qui avaient voulu périr à leur poste sous les ruines de leurs maisons et de leur patrie, voyaient d'un œil calme la mort prête à les frapper. Les Gaulois les prenaient d'abord pour des statues ou pour des dieux. Mais un soldat s'approcha de Papirius, et passa doucement la main sur la longue barbe du vieillard. Papirius leva son bâton d'ivoire et frappa le Gaulois au visage : ce fut le signal du massacre. Tous les Romains furent égorgés et l'incendie dévora leurs demeures.

La ville était détruite, mais la garnison du Capitole refusait de capituler. La position était presque inexpugnable. Cependant le brenn n'hésita point à donner l'assaut. Il gravit la pente rapide et étroite qui menait du forum à la citadelle ; mais au milieu du chemin il fut assailli à l'improviste, et repoussé vigoureusement. Les Gaulois changèrent le siége en blocus. Pendant sept mois ils restèrent campés au milieu des décombres de la ville. Un jour, un jeune Romain, revêtu des ornements sacerdotaux, les mains chargées des objets du culte, se présente à leurs yeux étonnés. Il descend à pas lents du Capitole, s'avance au milieu des barbares, traverse leur camp, et marche sans se troubler jusqu'au mont Quirinal. Les Gaulois, saisis d'une crainte superstitieuse, lui laissèrent un libre passage. Après avoir accompli les cérémonies sacrées il rentra dans la citadelle. Une telle audace, inspirée par la conviction religieuse et par le dévouement patriotique ne démentait point le sang des Fabius. Elle apaisa la colère des dieux.

La disette était dans le camp des Sénons : les renforts venus de la Cisalpine avaient porté l'armée à soixante-dix mille hommes, et pour nourrir cette multitude indisciplinée le brenn n'avait d'autre ressource que le pillage des campagnes. Les bandes gauloises s'avancèrent dans leurs courses jusqu'aux portes d'Ardée.

Dans cette ville vivait M. Furius Camillus, le vainqueur de Véies. L'exilé, après la défaite de l'Allia et l'incendie de Rome, avait oublié l'ingratitude de ses concitoyens et reproché aux dieux cruels la rigueur de leurs arrêts impitoyables. Il résolut de délivrer sa patrie avec l'appui des Ardéates. Il représenta à ses hôtes la nécessité de repousser un ennemi dont les progrès étaient menaçants pour tous les voisins de Rome, et entraîna sous son commandement une troupe de soldats d'élite. Un premier succès, remporté sur un détachement gaulois, encouragea la résistance; les paysans prirent les armes, et mirent en déroute un corps de dix mille hommes, qui avait gagné le territoire d'Antium. Les Latins suivirent l'exemple des Ardéates : ils se jetèrent sur les fourrageurs gaulois, et les exterminèrent sur la rive gauche du Tibre. Mais le centre des opérations fut établi au delà du fleuve, dans la partie méridionale de l'Étrurie. Les Étrusques s'étaient un moment réjouis des revers de la république; mais ils ne tardèrent à craindre les envahissements des barbares, et unirent leurs armes à celles des fugitifs romains rassemblés à Véies. Proclamé dictateur, Camille refuse d'accepter l'autorité souveraine avant d'avoir reçu la sanction du sénat. Il veut être rétabli dans ses droits de citoyen par une décision des curies. En vain lui représente-t-on qu'un retard imprudent peut compromettre le salut du Capitole. L'inflexible patricien persiste dans son refus. Il fallut qu'un jeune homme du peuple, un brave et vaillant soldat, Pontius Cominius, se dévouât pour lever les scrupules de Camille. Il part de Véies et arrive à la chute du jour sous les murs de Rome. Pendant la nuit, il traverse le Tibre à la nage, parvient au pied du mont Capitolin, et, par la voie la plus escarpée, escalade les hauteurs. Reconnu par les sentinelles romaines, il se fait conduire aux magistrats, demande la nomination du dictateur, et la rapporte à Véies par le même chemin. La fortune avait favorisé son courage ; mais le succès de cette entreprise hardie, dont lui-même était échappé sain et sauf, et pour ainsi dire victorieux, coûta cher à la république. Pour obtenir un titre inutile, Camille avait souffert qu'un de ses concitoyens s'exposât à une mort presque assurée, et le destin fit tourner contre Rome le noble dévouement de Cominius.

L'empreinte de ses pas indiqua aux assiégeants le chemin qu'ils devaient suivre pour pénétrer jusqu'au Capitole. Le brenn tint conseil avec les plus braves et les plus dispos de ses compagnons : « Les ennemis, leur dit-il, nous montrent la route. Un homme a pu gravir ces rochers; vous, vous y monterez l'un après l'autre en vous soutenant. » Les Gaulois obéirent. Dans le silence de la nuit ils suivirent la route tracée par Cominius sur le mont Capitolin, et parvinrent jusqu'au pied du rempart. Les sentinelles romaines étaient endormies; mais les oies sacrées entretenues près du temple de Junon remplirent l'air de leurs cris d'effroi, et jetèrent l'alarme dans la garnison. Les Gaulois étaient découverts; ils avaient perdu l'espoir de surprendre leurs ennemis par un coup de main ; cependant ils tentèrent d'escalader les murailles, et déjà, entonnant leur chant de guerre, ils atteignaient les créneaux, quand Manlius accourut sur le rempart, repoussa deux des barbares prêts à mettre le pied dans la citadelle, et donna aux Romains le temps de prendre leurs armes. Les Gaulois périrent presque tous.

Les Romains capitulent ; départ des Gaulois; succès de Camille.

— Les oies sacrées avaient sauvé le Capitole; mais les provisions étaient épuisées. Les Romains étaient réduits, dit-on, à faire bouillir le cuir de leurs chaussures. Cependant Camille, malgré le titre qu'il avait reçu, malgré les renforts qui s'étaient rangés sous ses drapeaux et qui portaient ses troupes à quarante mille hommes, Camille ne paraissait point. Les assiégés se décidèrent enfin à négocier. Pour tromper les Gaulois sur leur situation et déguiser la faiblesse où la famine les avait réduits, ils lancèrent du haut de leurs murailles les derniers pains qui leur restaient. Ce stratagème influa, suivant le rapport des historiens, sur les dispositions des barbares; mais des motifs plus puissants devaient forcer le brenn à lever le blocus: des maladies contagieuses décimaient son armée. Des bûchers étaient allumés jour et nuit sur les hauteurs pour brûler les morts, et les ravages du fléau ne s'arrêtaient pas. En même temps, de fâcheuses nouvelles jetaient l'inquiétude dans le camp. Les montagnards des Alpes menaçaient d'envahir la Cisalpine, et les Vénètes s'étaient jetés sur le territoire des Boïens et des Lingons. Le brenn se hâta de conclure la paix: on décida que les Gaulois recevraient 1° pour la rançon du Capitole mille livres pesant d'or; 2° des vivres et des moyens de transport, fournis par les alliés ou par les colonies de Rome; 3° une certaine portion du territoire de la république. Les assiégés s'engageaient à laisser dans la ville une porte toujours ouverte, en souvenir de l'occupation gauloise. La capitulation fut arrêtée le 13 février 389, sept mois accomplis après la bataille de l'Allia.

Ces conditions humiliantes n'étaient pas le dernier affront que les Gaulois devaient imposer à leurs ennemis. Le jour où les commissaires romains apportèrent la rançon convenue, le brenn mit de faux poids dans la balance. Le tribun Sulpicius s'en aperçoit et se récrie: le brenn, sans s'émouvoir, jette dans le plateau son épée et son baudrier: « Qu'est-ce à dire? » demande le Romain. Le Gaulois répond: « Malheur aux vaincus! » Il fallut souffrir cet outrage et l'écouter sans murmure.

L'armée gauloise partit enfin de Rome, et reprit le chemin de la Cisalpine, où la rappelaient les attaques des Vénètes et des montagnards des Alpes. Elle se divisa en plusieurs corps, et suivit différentes routes. Le brenn sortit par la voie Gabinienne sur la rive gauche du Tibre. Le reste des troupes prit, de l'autre côté du fleuve, la direction de l'Étrurie. Alors commença pour les barbares une retraite pénible au travers d'un pays soulevé à la voix de Camille. Le dictateur avait annulé le traité du Capitole. Les villes alliées et les colonies fermèrent leurs portes et refusèrent les subsides stipulés. En même temps Camille se jetait à l'improviste sur les détachements des Gaulois. Il battit le brenn sous les murs de Véascium. De leur côté, les Cérites, dans la plaine de Trausium, exterminèrent un corps nombreux. Harcelés par les paysans, forcés d'assiéger presque toutes les places, les Gaulois, dans cette marche difficile, subirent des pertes considérables.

« Ainsi se termina cette expédition devenue si fameuse et dont la vanité nationale des historiens romains a tant altéré la vérité. Il est probable qu'elle n'eut d'abord chez les Gaulois d'autre célébrité que celle d'une expédition peu productive et malheureuse, et que l'incendie de la petite ville aux sept collines frappa moins vivement les imaginations que le pillage de telle opulente cité de l'Étrurie, de la Campanie, ou de la Grande-Grèce. Mais plus tard, lorsque Rome, plus puissante, voulut parler en despote au reste de l'Italie, les fils des Boïens et des Sénons se ressouvinrent de l'avoir humiliée. Alors on montra dans les bourgs de Brixia, de Bononia de Sena les dépouilles de la ville de Romulus, les armes enlevées à ses vieux héros, les parures de ses femmes et l'or de ses temples. Plus d'un brenn, provoquant quelque consul au combat singulier, lui présenta, ciselée sur son bouclier, l'épée gauloise dans la balance; et plus d'une fois le Romain captif aux bords du Pô entendit un maître farouche lui répéter avec outrage: « Malheur aux vaincus (1)! »

(1) Am. Thierry, *Hist. des Gaulois*, t. I, p. 92.

Rome est rebâtie ; soulèvement des Volsques, des Èques, des Étrusques ; défection des Latins et des Herniques. — Les luttes des Boïens et des Sénons contre les Vénètes et les montagnards des Alpes, et les divisions intestines qui désolèrent la Gaule Cisalpine après l'expulsion de ses ennemis, laissèrent à l'Italie vingt-trois ans de repos. Rome avait besoin de ce répit pour se relever de ses ruines. La ville était détruite, il fallait la rebâtir tout entière. Ce fut pour les tribuns une occasion de renouveler la proposition que Camille avait déjà fait rejeter une fois. Ils demandèrent que le peuple se transportât dans les murs de Véies, où il trouverait des demeures toutes prêtes, des temples, des palais magnifiques et dignes de la grandeur du nom romain. Les patriciens, et Camille à leur tête, s'opposèrent à cette émigration, et la multitude, retenue par le respect des dieux tutélaires qui protégeaient le berceau de la république, abandonna, non sans regret, un projet qui lui était cher. Un centurion, traversant la ville avec sa cohorte, avait fait halte sur le forum. « Plante ici ton drapeau, avait-il dit au porte-étendard. » Le peuple accepta cet augure, et commença les travaux de construction. Le sénat fournit la brique, le bois et la pierre. Les maisons s'élevèrent de tous côtés sans alignement, et pour ainsi dire, au hasard. Au bout d'un an la ville était rebâtie.

La république avait encore à remplir les vides que les armes des Gaulois avaient faits dans la population romaine. Les habitants des territoires de Véies, de Capènes et de Falérie reçurent le droit de cité, et formèrent quatre tribus nouvelles. Cette mesure était nécessaire; elle répara les pertes d'une guerre malheureuse et la défection des Latins et des Herniques, qui avaient en partie abandonné leur ancienne alliée et rompu les traités de Spurius Cassius. Ces deux peuples étaient las de combattre pour une ville orgueilleuse, dont l'amitié n'était qu'une domination à peine déguisée. Jaloux de leur indépendance, ils profitèrent pour la reprendre du moment où les Gaulois assiégeaient le Capitole, et quand les barbares se furent retirés ils ne craignirent pas de seconder contre la république les Volsques, les Èques et les Étrusques de Tarquinies.

Ainsi, quoique délivrée des barbares, Rome ne pouvait jouir de la paix qu'elle avait achetée à des conditions humiliantes. L'invasion gauloise et les succès passagers des vainqueurs de l'Allia avaient, sinon renversé la puissance de la république, du moins ébranlé sa domination sur le centre de l'Italie, et détruit en quelques jours l'œuvre laborieuse d'un demi-siècle. Au moment où les Sénons mirent le siège devant Clusium l'empire de Rome semblait solidement affermi sur les deux rives du Tibre : Véies était conquise : Capènes, Falérie avaient fait leur soumission ; la confédération des Volsques et des Èques, réduite à la défensive, semblait reculer devant les légions victorieuses ; la fidélité des Latins et des Herniques ne chancelait pas encore ; en un mot, le peuple romain ne voyait, autour de son territoire agrandi, que des amis dévoués ou des ennemis impuissants. Après la reddition du Capitole tout se trouva changé par une subite révolution. Au nord et au midi toutes les populations se soulevèrent ensemble, et réunirent leurs forces pour assurer l'indépendance italienne. Rome sans Camille aurait succombé.

Le dictateur appela sous les armes tous les citoyens, et refusa d'admettre aucune exemption. Divisant ses troupes en trois corps, il confia le premier à L. Émilius, et l'envoya sur les terres de Véies pour tenir tête à l'Étrurie conjurée : il posta le tribun A. Manlius aux portes de la ville, et lui-même s'avança contre les Volsques. La rencontre eut lieu près de Lavinium, et les ennemis furent mis en déroute presque sans combat. Après avoir ravagé le territoire des Volsques, Camille se mit en marche vers le pays des Èques, écrasa leur armée sous les murs de Boles, et s'empara de cette place. En Étrurie les armées romaines avaient été moins heureuses. Sutrium, assiégé par les Étrusques, venait de capituler quand parut le dictateur. Il reprit la ville presque sans coup férir.

L'année suivante les hostilités recommencèrent : nouvelle campagne contre les Èques, nouveaux succès de peu d'importance. En Étrurie, Cortuosa et Contenebra furent emportées d'assaut; mais les Latins et les Herniques fournissaient secrètement des secours à la ligue des Volsques, et la guerre devenue de ce côté plus sérieuse et plus menaçante. Camille seul pouvait rendre aux légions leur confiance et leur ardeur. Il prit le commandement, culbuta les Antiates et enleva Satricum. Il se préparait à mettre le siége devant Antium, quand des envoyés de Népète et de Sutrium vinrent réclamer le secours des Romains contre les Étrusques. Ces deux places étaient, du côté de l'Étrurie, les barrières et les portes de Rome. Camille dut quitter son armée des Volsques pour s'avancer au delà du Tibre avec les légions de la ville. Sutrium fut reconquis et restitué aux alliés. Népète, livrée aux ennemis par la trahison d'une partie des habitants, arrêta quelque temps les armes de Camille. Elle fut escaladée à son tour, les Étrusques périrent dans un massacre général, et leurs partisans tombèrent sous la hache. Le reste de la population fut rétabli dans ses biens. Le vainqueur laissa dans la ville une garnison. Il restait à punir la défection des Latins et des Herniques. Aux réclamations du sénat les deux peuples répondirent, dans une assemblée solennelle, que la nation n'avait point autorisé les secours prêtés par une partie de la jeunesse aux Volsques d'Antium. Ils s'excusèrent de n'avoir point fourni à la république leur contingent de soldats, arrêtés qu'ils étaient par la crainte des Volsques, ces éternels ennemis attachés à leurs flancs, et dont tant de guerres n'avaient pu les délivrer encore; mais ils se lassèrent bientôt de feindre et se déclarèrent ouvertement. La nouvelle de leur insurrection vint surprendre Rome au milieu des troubles occasionnés par l'ambition de Manlius Capitolinus.

Il n'y a qu'un pas du Capitole à la roche Tarpéienne. Manlius succomba sous la vengeance des patriciens, et la liberté fut sauvée. La république, délivrée des agitations intérieures, tourna toutes ses forces contre les Volsques et contre leurs nouveaux alliés. Le dictateur A. Cornélius Cossus se porta dans le Pomptinum, où les ennemis s'étaient donné rendez-vous. « On se demandera peut-être, dit Tite-Live, comment les Volsques et les Èques, tant de fois vaincus, pouvaient fournir à de nouvelles armées. Les anciens historiens gardent sur cette question un silence absolu; j'avancerai donc ici une simple conjecture. Il est vraisemblable, ou que dans l'intervalle d'une guerre à une autre, comme cela se fait aujourd'hui pour les levées romaines, on prenait une nouvelle classe de jeunes hommes, qui suffisait pour recommencer les hostilités, ou que les armées ne se tiraient point toujours du sein des mêmes peuples, quoique ce fût toujours la même nation qui fît la guerre; ou enfin qu'il existait une innombrable multitude de têtes libres dans ces contrées, où maintenant on ne recueille qu'avec peine quelques soldats, et qui sans nos esclaves seraient une solitude. Au reste (et tous les auteurs sont d'accord sur ce point), malgré les derniers coups portés, sous la conduite et les auspices de Camille, à la puissance des Volsques, leur armée était immense (1). » Aux Volsques se joignirent les Latins et les Herniques, des Circéiens et même des Romains de la colonie de Vélitres. Le dictateur fut victorieux; mais le succès qu'il remporta ne termina point la guerre. Outre les colonies de Circéia et de Vélitres, Lanuvium et Préneste firent défection. La mollesse avec laquelle le sénat répondit aux dénonciations des Tusculans, des habitants de Gabies et du Lavicum, dont les Prénestins avaient ravagé les terres, montra que s'il n'ajoutait pas foi entière à ces accusations, c'est qu'il eût voulu qu'elles fussent moins fondées. Il fallut cependant envoyer deux tribuns militaires contre les colons de Vélitres, appuyés par les troupes de Préneste. Cette ville tenta bientôt contre les Romains une nouvelle attaque, et donna des secours aux Volsques pour enlever la colonie de Satricum. Camille, élevé pour la septième fois au tribunat militaire, est obligé, malgré sa vieillesse, de se montrer à la tête des légions. Il trouve dans cette campagne peu de profit et peu de gloire; mais ses succès préviennent du moins la défection ouverte de Tusculum. Cette ville demande

Tit.-Liv., VI, 12.

la paix au sénat; peu de temps après elle obtint le droit de cité.

En 379 les Prénestins firent une invasion sur le territoire de la république, et s'avancèrent jusqu'auprès de la porte Colline. T. Quinctius Cincinnatus fut nommé dictateur. Il leva sur-le-champ une armée, tandis que les ennemis se retiraient vers l'Allia. Le combat fut livré sur les bords du fleuve. Enfoncés par la cavalerie et l'infanterie romaines, les Prénestins prirent la fuite, et se retirèrent dans les murs de leur ville. Les Prénestins avaient huit autres places sous leur domination; elles tombèrent facilement au pouvoir du dictateur. Vélitres fut également emportée; après la prise de cette colonie rebelle, les Romains revinrent à Préneste, qui capitula. T. Quinctius obtint les honneurs du triomphe; il porta au Capitole une statue de Jupiter Imperator, enlevée de Préneste: elle fut consacrée entre la chapelle de Jupiter et celle de Minerve; une inscription rappela le souvenir des succès remportés par le dictateur. Les Prénestins étaient soumis; mais les Volsques, toujours acharnés contre Rome, préparaient déjà une nouvelle expédition. Dans cette campagne, deux tribuns militaires, P. et C. Manlius, tombèrent dans une embuscade, et leur camp fut enlevé par les ennemis. La victoire des Volsques amena une insurrection des Prénestins et des peuples du Latium. A Rome on enrôla de nouveaux colons pour Sétia, qui se plaignait elle-même de n'avoir plus d'habitants. L'année suivante les Volsques envahirent les frontières de la république; ils se retirèrent chargés de dépouilles. Pour triompher de l'opposition des tribuns, qui empêchaient les enrôlements, le sénat fut obligé d'accorder aux plébéiens la suspension de toute poursuite contre les débiteurs insolvables, et de remettre jusqu'à la fin de la guerre la perception du tribut. Grâce à cette concession, les tribuns militaires purent lever deux armées. Sp. Furius et M. Horatius s'avancèrent, le long de la côte, vers Antium; Q. Servilius et L. Géganius marchèrent, du côté des montagnes, sur Écétra. Ils séjournèrent quelque temps sur les terres des Volsques, et s'efforcèrent vainement d'attirer l'ennemi au combat. Ils ravagèrent toute la campagne, brûlèrent les habitations, abattirent les arbres fruitiers, et ramenèrent à Rome de nombreux troupeaux et des prisonniers.

Cette guerre de dévastation demandait des représailles. Les Volsques et les Latins se réunirent en armes près de Satricum. Attaqués par P. Valérius et L. Émilius, ils résistèrent pendant deux jours. Les Latins, qu'une longue alliance avait formés aux leçons de la discipline romaine, balancèrent longtemps la victoire. Enfin, ils furent enfoncés par le choc de la cavalerie et abandonnèrent le terrain. Ils se réfugièrent dans les murs de Satricum, et de là se mirent en marche vers Antium. Les Antiates étaient disposés à capituler. Abattus par leurs revers, ils avaient perdu l'ardeur qui animait encore les Latins; sans tenir compte des réclamations de leurs alliés, ils demandèrent la paix et l'obtinrent. Indignés de la faiblesse des Volsques, les Latins portèrent l'incendie dans Satricum, et détruisirent cette ville, qui leur avait donné asile après leur récente défaite. Ils tournèrent ensuite leur fureur contre Tusculum, dont les habitants avaient reçu de Rome le droit de cité. Ils s'emparèrent de la ville; mais la citadelle refusa d'ouvrir ses portes, et appela le secours des Romains. Tusculum fut reconquis par les tribuns militaires (375). La reddition d'Antium et les revers des Latins suspendirent enfin les hostilités. La guerre s'était prolongée presque sans résultat pendant quinze années. Rome n'était pas vaincue, mais elle n'avait pas relevé sa puissance au point d'où elle était déchue; elle n'avait point fait de nouvelles pertes, mais elle n'avait point réparé les pertes anciennes. Les Volsques avaient posé les armes, mais leur soumission n'était point assurée. Le Latium était rentré dans le repos, mais les traités de Sp. Cassius étaient rompus. Le soulèvement de Préneste, la défection de Vélitres et de Circeii attendaient encore leur châtiment, et pourtant le jour approchait où Rome aurait besoin de toutes ses forces, où l'appui de ses anciens alliés lui deviendrait nécessaire pour repousser une seconde invasion des Gaulois.

HISTOIRE DES TROUBLES INTÉRIEURS DE ROME; MANLIUS CAPITOLINUS; LICINIUS STOLON; PARTAGE DU CONSULAT. — Quand le peuple, après le départ des Gaulois, rentra dans les murs désolés de Rome, il contempla avec désespoir la ruine de ses demeures et de ses temples. Tous ces plébéiens dont la guerre avait épuisé toutes les ressources, dont les barbares avaient enlevé les moissons et les troupeaux, se demandèrent comment ils pourraient relever leurs maisons détruites et entretenir leur famille en attendant la récolte prochaine, que les Volsques et les Étrusques viendraient peut-être encore leur disputer. Les patriciens avaient de l'or et des esclaves; mais le pauvre légionnaire qui avait combattu sous Camille et poursuivi les Gaulois dans leur retraite n'avait point reçu de solde pour cette campagne. Il rentrait donc sans argent, sans doute même avec des dettes, et il lui fallait donner à ses enfants du pain pour se nourrir, un abri pour reposer leur tête. A Véies il aurait trouvé tout ce qui lui manquait; mais le sénat ne permettait point qu'on abandonnât les ruines sacrées de la ville. La raison politique était impérieuse, et l'État ne pouvait tenir compte des misères privées. Le sénat crut se montrer très-généreux en fournissant à chaque citoyen les matériaux nécessaires pour la construction. En revanche, il imposait de nouvelles taxes, pour payer les dépenses de la guerre, pour fortifier le Capitole, pour relever les murailles et les temples, que sais-je? pour rendre aux dieux l'argent qu'on avait pris dans leurs trésors, et qui avait payé la rançon du Capitole. Les patriciens trouvaient leur bénéfice à augmenter ainsi les revenus de l'État et les charges du peuple. Ils ouvraient leurs bourses aux pauvres, et plaçaient leur argent à bon intérêt. Forcé d'accepter toutes les conditions des nobles usuriers, le plébéien empruntait pour acquitter ses contributions; il empruntait pour vivre, pour achever sa maison, pour ensemencer son petit domaine, pour acheter un peu de bétail. Puis au jour de l'échéance il tombait sous la main d'un créancier impitoyable, qui le jetait au fond de l'ergastulum.

Ainsi deux fois la prise de la ville après le départ des Sénons, comme après la retraite de Porsenna, avait eu pour conséquences, au dehors le soulèvement des peuples voisins, au dedans l'odieuse querelle des créanciers et des débiteurs insolvables. C'était une loi fatale, à laquelle Rome ne pouvait se soustraire, et qui devait entraîner encore, avec de semblables misères, une semblable révolution. L'excès des cruautés exercées par les patriciens avait amené la première retraite du peuple sur le mont Sacré et l'établissement du tribunat. Ainsi aux premiers temps de la république les plébéiens étaient entrés dans la voie de l'égalité politique. Aujourd'hui il ne leur reste plus qu'un dernier pas à faire pour arriver au partage du consulat. Les mêmes causes amèneront les mêmes effets; de la lutte des usuriers et des débiteurs le peuple sortira victorieux, et le consulat plébéien sera le prix de son triomphe.

Un ambitieux vulgaire veut se servir des passions soulevées comme d'un instrument pour élever sa fortune au-dessus des lois. Marcus Manlius Capitolinus médite l'asservissement de cette patrie qu'il a sauvée. Imitateur maladroit de Sp. Mélius, il fonde sur la reconnaissance des malheureux de présomptueuses et coupables espérances, et se fraye une voie vers le pouvoir par des largesses intéressées. Aux débiteurs menacés par leurs créanciers il fournit des cautions, qui les mettent à l'abri de toute poursuite; il délivre plus de quatre cents prisonniers entassés dans les ergastula. En même temps il excite le peuple contre les patriciens, les pauvres contre les riches et attise le feu des querelles civiles. « Les grands, dit-il à la foule qui l'entoure et qui se réunit dans sa maison, les grands vous imposent de lourdes taxes pour rendre aux dieux leurs trésors; mais cet argent sacré se dissipe entre les mains qui le recueillent, rien n'en est entré dans le temple. » De telles accusations ont besoin de preuve. La multitude craignit de se laisser entraîner trop loin. Quand le dictateur Corn. Cossus, au retour de son expédition contre les Volsques, donna l'ordre d'arrêter Manlius et de le conduire en prison, le héros du Capitole fut obligé de se soumettre. Il fut cependant relâché par un décret du sénat;

mais il trouva des accusateurs parmi les magistrats mêmes du peuple. Deux tribuns le citèrent en jugement; les comices centuriates le renvoyèrent absous. La vue du Capitole, d'où sa main avait précipité les Gaulois, fit taire les soupçons inquiets de la liberté, et ne laissa place qu'au souvenir de ses exploits. Les comices curiates, présidés par Camille, se montrèrent moins généreux, et condamnèrent à mort le successeur de Cassius et de Mélius (383). Un historien raconte que Manlius occupa le Capitole avec ses partisans; mais un traître pénétra dans la citadelle, et vint annoncer aux conjurés le soulèvement prochain de tous les esclaves. Manlius, écoutant sans défiance les paroles de cet émissaire envoyé par les patriciens, se promenait sur le bord du rempart; un coup inattendu le précipita de la roche Tarpéienne.

La tentative de Manlius aurait retardé les conquêtes politiques du peuple et assuré dans l'avenir l'autorité toute-puissante de l'aristocratie, si le principe de l'égalité n'avait trouvé dans C. Licinius Stolon et L. Sextius des défenseurs énergiques. Nommés tribuns en 376, ces deux plébéiens réclamèrent le partage du consulat et l'exécution de la loi agraire. Au lieu des tribuns militaires ils voulaient deux consuls, dont l'un serait toujours pris dans les rangs du peuple. Ils restreignaient à cinq cents arpents au plus les possessions des détenteurs de l'ager publicus. Personne ne pourrait envoyer dans les pâturages publics plus de cent têtes de gros bétail et cinq cents têtes de petit. Le surplus des terres serait restitué à l'État, et distribué aux citoyens pauvres, à raison de sept arpents pour chacun. Les possesseurs de terrain domaniaux payeront une redevance annuelle fixée à la dîme des fruits de la terre, du cinquième du produit des oliviers et de la vigne, plus une taxe pour chaque tête de bétail. Ce revenu sera appliqué à la solde des troupes. Les réformateurs n'avaient pas non plus oublié les intérêts des débiteurs. D'après leurs propositions les intérêts payés devaient être déduits du capital; le reste serait remboursé en trois années par portions égales.

De tels changements ne pouvaient être admis sans résistance par le sénat. La lutte dura dix ans, comme le siége de Véies. Véies, c'était une autre Rome au delà du Tibre; le consulat, c'était le sanctuaire de la Rome patricienne. La rivalité des deux ordres, comme celle des deux peuples, devait se terminer par la victoire de l'unité romaine. La même persévérance assura les mêmes succès. Pour arriver au triomphe de l'égalité politique, les tribuns avaient à réduire d'opiniâtres adversaires : ils ne se laissèrent point abattre par l'opposition des patriciens, ni décourager par la faiblesse du peuple. Dix fois réélus, ils surent se maintenir au milieu de toutes les manœuvres du parti aristocratique. En vain le sénat sème la division dans leur collége, en vain il recourt deux fois à la dictature. Camille est menacé d'une amende de 500,000 as; il abdique. Son successeur Manlius choisit pour maître de la cavalerie un plébéien, Licinius Calvus.

Quand le sénat, en 444, avait établi le tribunat militaire, il avait eu soin d'enlever à cette nouvelle institution le gouvernement des choses sacrées; en ouvrant aux plébéiens le seuil des charges publiques, il leur avait fermé le sanctuaire de la religion. Cette exclusion était une barrière de plus à franchir avant d'arriver au consulat, magistrature à la fois politique et sacerdotale. Licinius Stolon réclame l'admission de cinq plébéiens dans le collége des décemvirs nommés pour lire les oracles de la sibylle. Le sénat est obligé de céder; mais sur les trois autres questions il prolonge les débats, et fatigue par des lenteurs calculées la patience du peuple. La multitude, plus occupée de ses intérêts matériels que des questions politiques, est près d'abandonner la plus importante proposition de ses tribuns. Les caresses trompeuses des patriciens, qui promettent d'accepter les deux lois sur les dettes et sur les terres, décident presque les partisans de Licinius et de Sextius à renoncer au consulat. Mais les réformateurs déclarent leurs trois projets inséparables; et ce seul mot : *tout ou rien* (1), décide la fin de la querelle. Les lois passent toutes ensemble dans les comices

(1) Aut omnia accipe, aut nihil fero... (Tite-Live, VI, 40).

par tribus, et les centuries élèvent au consulat L. Sextius. Mais dans les curies les patriciens résistèrent encore : ils refusèrent l'*imperium* au consul plébéien. Qu'arriva-t-il dans cette dernière crise? On l'ignore. La menace d'une nouvelle retraite du peuple et l'intervention de Camille ramenèrent la paix. Les curies ratifièrent l'élection de Sextius, et Camille voua un temple à la Concorde (366). Ainsi la Rome patricienne avait succombé; l'unité politique était fondée au sein de la ville : au dehors, continuait la lutte contre les Gaulois.

SECONDE INVASION DES GAULOIS; DUEL DE MANLIUS TORQUATUS. — Vingt-trois ans après la prise de Rome, les Sénons reprirent la route du Latium et envoyèrent une de leurs bandes dans la campagne romaine. Les barbares, s'il faut en croire le grave témoignage de Polybe, ne rencontrèrent pas de résistance. Tite-Live parle d'une victoire de Camille, nommé pour la cinquième fois dictateur. Camille avait introduit dans l'armement des légions d'utiles réformes. Au casque de cuivre, qui ne pouvait supporter les coups du sabre gaulois, fut substitué un casque en fer battu; le rebord des boucliers fut également garni d'une bande de fer. Enfin le *pilum* remplaça dans les mains des soldats les javelines frêles et allongées. Malgré tous ces changements, qui enlevaient aux barbares une partie de leur supériorité, on peut présumer que les Romains, encore pleins du souvenir de leurs désastres, ne hasardèrent point une bataille rangée contre les vainqueurs de l'Allia. Pendant cinq ans le Latium et la Campanie furent ravagés par les Gaulois sans que la république essayât de repousser les envahisseurs. Mais une de leurs bandes vint camper sur la rive droite de l'Anio, et menaça ouvertement la ville même. Alors les légions s'avancèrent au-devant de l'ennemi, et lui offrirent le combat de l'autre côté du fleuve. Les Gaulois ne s'attendaient point à cette démonstration; ils hésitèrent, et levèrent leur camp pendant la nuit. Remontant le cours de l'Anio, ils se retirèrent avec leur butin au milieu des montagnes de Tibur (361).

La tradition romaine, pour embellir l'histoire de cette expédition, a imaginé un brillant épisode, qui, par malheur, ne présente point les caractères de la vérité. Nous emprunterons les paroles d'un ancien annaliste cité par Tite-Live, et dont Aulu-Gelle nous a conservé le récit.

Les Romains et les Gaulois étaient campés sur les deux rives de l'Anio. Un pont les séparait, et les deux armées se disputaient vainement la possession de ce passage : « Cependant, dit Q. Claudius Quadrigarius, un Gaulois s'avance, nu et sans autres armes qu'un bouclier et deux épées, paré seulement d'un collier et de bracelets; par sa force, sa taille, sa jeunesse et sa bravoure, il surpassait tous les autres. Au milieu de la mêlée et dans toute la chaleur de l'action, il élève la main et fait signe de suspendre des deux côtés le combat. On s'arrête, on fait silence, et aussitôt il crie d'une voix forte que si quelqu'un veut combattre avec lui il paraisse. Personne n'osait, tant sa haute stature et son air féroce inspiraient de terreur. Alors le Gaulois de rire et de tirer la langue. Cependant un Romain d'une grande naissance, nommé T. Manlius, fut tout à coup saisi de honte en voyant un tel affront fait à la patrie, et que sur une armée si nombreuse personne ne sortait des rangs. Il s'avança donc, et ne souffrit pas que la valeur romaine devînt honteusement la proie d'un Gaulois. Armé d'un bouclier de fantassin et d'une épée espagnole, il se plaça en face de l'ennemi. La rencontre eut lieu sur le pont même, à la vue et à la grande terreur des deux armées. Le Gaulois, à sa manière, frappe son bouclier en chantant; Manlius, plus confiant en son courage qu'en son adresse, frappe avec le sien celui du barbare, qu'il ébranle par ce choc. Tandis que le Gaulois cherche à se remettre, Manlius frappe encore bouclier contre bouclier et fait reculer son ennemi. Alors il se glisse sous son épée gauloise, lui ôte ainsi le moyen de s'en servir, et lui plonge dans la poitrine sa lance espagnole; puis, d'un revers, il le blesse à l'épaule droite, et ne se retire qu'après l'avoir terrassé. Dès qu'il l'a renversé, il lui coupe la tête, détache le collier, et se le met au cou, tout sanglant. De cette action lui et ses descendants

eurent le surnom de Torquati (1). »
Cette anecdote, inventée sans doute par la famille Manlia, servit longtemps à amuser le peuple. Près de deux siècles après, la tête du Gaulois tirant la langue figurait sur l'enseigne d'un banquier. Plus tard Marius l'adopta pour devise.

L'armée gauloise s'était retirée à Tibur ; de là elle se mit en route vers la Campanie, en longeant l'Apennin. Après son départ, les Romains envoyèrent des troupes contre Tibur, et mirent au pillage le territoire de cette ville, qui avait donné un refuge aux barbares ; mais les Gaulois n'abandonnèrent pas leurs alliés. A l'instigation des Tiburtins, vivement pressés par le consul C. Pétélius Balbus, ils accoururent de la Campanie, et se jetèrent sur le Latium. Ils exercèrent de cruelles représailles sur les terres de Lavicum, de Tusculum, d'Albe, et s'avancèrent jusqu'aux portes de Rome. Le dictateur Q. Servilius Ahala leur livra bataille près de la porte Colline. Après une vigoureuse résistance, les barbares prirent la fuite, et retournèrent à Tibur, qui était comme l'arsenal de cette guerre gauloise. Ils sont surpris dans leur retraite par le consul Pétélius, et refoulés jusque dans les murs de la ville, avec les Tiburtins, sortis pour leur porter secours.

LES GAULOIS SE LIGUENT AVEC TIBUR, PRÉNESTE ET LES HERNIQUES ; LES LATINS RENTRENT DANS L'ALLIANCE DE ROME. — Tibur, Préneste et les Herniques ne cessaient point d'appuyer les armées gauloises. Les Èques, épuisés par leurs défaites, et les Volsques, inquiétés par les Samnites du côté du Liris, avaient mis un terme à leurs périodiques soulèvements ; mais leurs positions sur l'Algide et sur le mont Albain étaient occupées par les barbares. Les bandes des Sénons établies autour de Pedum portaient de là leurs ravages dans le Latium et dans la Campanie. Le danger commun rapprocha de Rome ses anciens alliés. Les peuples latins renouvelèrent avec la république les traités qu'ils avaient rompus après la prise du Capitole. Rome avait besoin de ce secours. Les Herniques,

(1) Aul. Gell. *N. A.* IX, 13. Voy. le Comm. de M. Lebas sur Tite-Live, p. 846.

fiers de leurs succès sur le consul Génucius, tué dans la campagne de 362, continuaient les hostilités. Vélitres et Priverne bravaient le ressentiment du peuple romain. Enfin les Tarquiniens et les Falisques, conduits au combat par leurs prêtres, s'avançaient en armes, portant des torches dans leurs mains, et la tête ceinte de bandelettes qui de loin ressemblaient à des serpents. Au milieu de tant d'alarmes ce fut pour Rome une consolation de recevoir les renforts envoyés par les villes latines. Aricie, Bovilœ, Gabii, Lanuvium, Laurentum, Lavinium, Nomentum et Tusculum réunirent leurs troupes aux légions du dictateur C. Sulpicius. Ce général connaissait le caractère des ennemis qu'il avait à combattre. Il redoutait l'impétuosité des Gaulois ; aussi par des lenteurs habilement calculées il fit traîner la guerre en longueur, et affama les bandes gauloises. Cependant ses propres soldats se fatiguèrent de tant de délais ; ils demandèrent hautement le signal du combat. Avant de hasarder une bataille rangée, le dictateur usa d'un stratagème grossier, qui fut plus d'une fois employé par les généraux romains. Il fit enlever les bâts aux mulets, et ne leur laissa que des housses pendantes. Les muletiers revêtirent des armures prises sur l'ennemi ou celles des malades. Ainsi équipés, ils se retirèrent, au nombre de mille environ, sur des hauteurs qui dominaient le camp, et se cachèrent dans les bois pendant la nuit ; ils avaient pour escorte une troupe de cent cavaliers. Le lendemain, au point du jour, Sulpicius étendit sa ligne au pied des montagnes. Les Gaulois engagèrent le combat, et chargèrent vigoureusement les Romains ; mais, ébranlés à leur tour, ils prirent la fuite à la vue de la cavalerie qui descendait des hauteurs, et n'attendirent point le choc d'une misérable troupe dont la faiblesse était déguisée par l'éloignement. Le camp des barbares tomba au pouvoir des Romains. Le dictateur enleva une partie des dépouilles, et les déposa dans le trésor du Capitole. Le reste du butin fut abandonné aux soldats (359).

La même année fut signalée par la défaite et la soumission des Herniques. Les armées romaines furent moins heureuses contre les Tarquiniens. Le consul Fabius subit un fâcheux échec, et trois cents légionnaires prisonniers furent immolés aux dieux de l'Étrurie. En même temps les Privernates envahissaient le territoire de la république, et leurs ravages étaient suivis d'une nouvelle incursion des habitants de Vélitres. Le sénat recourut alors à une mesure déjà employée avec succès en 486 : avec la population du Pomptinum il forma deux nouvelles tribus.

L'année suivante le consul C. Marcius porta la guerre sur le territoire des Privernates. Les ennemis s'étaient retranchés en avant de leurs murailles ; mais, enfoncés du premier choc, ils capitulèrent et rendirent leur ville. Marcius obtint les honneurs du triomphe. Son collègue Cn. Manlius marcha contre les Falisques. Ce peuple dans la dernière campagne avait donné quelques secours aux Tarquiniens ; ensuite il avait refusé de rendre aux féciaux les soldats romains qui s'étaient réfugiés à Faléries après la défaite de Fabius. L'expédition de Cn. Manlius ne présente rien de mémorable.

Tibur résistait encore. M. Popilius Lénas s'avança contre cette ville, et dévasta toute la campagne ; en Étrurie, M. Fabius Ambustus combattit les Falisques et les Tarquiniens. Les Étrusques, entraînés par leurs prêtres, rompirent les légions romaines, et le consul eut beaucoup de peine à rétablir le combat. La victoire resta aux mains de Fabius, et ses soldats rapportèrent de cette expédition un riche butin. Mais bientôt l'Étrurie se souleva tout entière ; les troupes des confédérés, sous la conduite des Tarquiniens et des Falisques, arrivèrent jusqu'aux salines d'Ostie. C. Marcius Rutilius, le premier dictateur plébéien, fut chargé de repousser cette ligue menaçante. Vaillamment secondé par le maître de la cavalerie, C. Plautius, un plébéien comme lui, il termina heureusement cette campagne, malgré la mauvaise volonté des patriciens, dont l'opposition entravait toutes ses mesures. Il suivit la rive du Tibre, et, transportant son armée sur des bateaux partout où l'attirait la marche de l'ennemi, il extermina les bandes étrusques qui s'étaient répandues des deux côtés du fleuve. Enfin il surprit le camp des Tarquiniens et leurs alliés, fit huit mille prisonniers délivra le territoire de la république, revint à Rome triompher par la volon du peuple (356).

Peu de temps après Empulum et Sa sula furent enlevés aux Tiburtins. D'a tres places auraient succombé si la n tion entière ne se fût remise à la discr tion des vainqueurs. La paix fut accord à Tibur et à Préneste. Rome ne se mo tra pas aussi clémente envers les Tarq niens ; elle avait à venger la mort d trois cents légionnaires égorgés da les murs de Faléries. Les Tarquinie furent écrasés dans une sanglante b taille ; trois cent cinquante prisonni furent battus de verges et frappés la hache sous les yeux du peuple. L revers de Fabius étaient réparés par odieuses représailles.

Cependant les Cérites, indignés tant de cruauté, embrassèrent la cau des Tarquiniens ; d'un autre côté, les d putés des cités latines annoncèrent sénat un mouvement des Volsques, q sortis enfin de leur repos, menaçaient frontières du Latium et se préparai à renouveler leurs anciennes incursio dans la campagne romaine. Placé en deux dangers, le sénat confia aux cons le soin de lever deux armées, et d'assur la défense de la république. Le cons Valérius partit contre les Volsques était déjà campé sur les terres de T culum, quand le sénat le rappela po nommer un dictateur. Les Étrus s'étaient avancés jusqu'aux Salin T. Manlius, élevé à la dictature, choi pour maître de la cavalerie A. Cor lius Cossus, et conduisit une armée c sulaire contre les Cérites ; mais Cé saisie de terreur, envoya une députati à Rome, pour rappeler le souvenir l'hospitalité qu'elle avait donnée a flamines et aux vestales pendant la p mière invasion gauloise. Le peuple, reconnaissance pour les services pass pardonna aux Cérites leur faute cente ; il aima mieux oublier l'injure le bienfait. Tout l'effort de la guerre tourna contre les Falisques ; mais ils tinrent renfermés dans leurs villes, laissèrent ravager leur territoire.

Cette guerre de pillage et de dévas tion, renouvelée chaque année, finit épuiser les Étrusques et dompta l'opiniâtreté des Falisques et des Tarquiniens. Ils demandèrent une trêve, qui leur fut accordée pour quarante ans (352).

NOUVELLE INVASION DES GAULOIS. — Les Herniques, les Tiburtins, les Étrusques avaient posé les armes ; les Samnites mêmes avaient demandé l'amitié de leurs voisins ; les Latins étaient rentrés dans l'alliance de Rome ; ainsi au dehors la puissance de la république semblait affermie. Le peuple comptait enfin jouir de la paix. Mais les Gaulois, depuis la victoire de Sulpicius, avaient eu le temps de réparer leurs pertes. En 350 ils poussèrent leurs bandes au milieu du Latium, et se fortifièrent sur le mont Albain. A cette nouvelle, Popilius Lænas rassemble quatre légions, laisse une réserve pour la défense de la ville, et s'avance contre les barbares. Fidèle à la tactique de Sulpicius, il veut connaître les forces de l'ennemi avant d'en venir à une épreuve décisive. Au lieu d'engager immédiatement le combat, il s'empare d'une hauteur voisine du camp des Gaulois, et s'y entoure de retranchements. A la vue des enseignes romaines, les Gaulois, avec leur impétuosité naturelle, courent aux armes, entonnent le chant de guerre et déploient leur ligne de bataille. Les Romains restaient immobiles sur la hauteur. Les assaillants essayent d'enlever cette position ; sans interrompre les travaux, l'armée repousse leur attaque. Les hastats et les princes lancent une grêle de traits, qui portent presque tous la mort dans les rangs des assaillants. Malgré leurs pertes multipliées, les Gaulois arrivent cependant au sommet du coteau ; mais ils s'arrêtent là : une haie de piques leur ferme le chemin. L'hésitation des barbares anime les légions de Popilius ; elles marchent en avant, refoulent les ennemis ébranlés, et les rejettent en désordre dans la plaine. Un grand nombre de Gaulois périssent écrasés ou tombent sous le fer des soldats romains. Enfin leur armée tout entière, enfoncée par Popilius, qui reçoit une blessure dans la mêlée, abandonne son camp, rempli de butin, et se retire sur le mont Albano. La journée était perdue pour les Cisalpins ; Popilius Lœnas avait égalé la gloire de Sulpicius (350).

Les rigueurs de l'hiver chassèrent bientôt les Gaulois des hauteurs des monts Albains. Les bandes de pillards se répandirent dans les plaines et sur les côtes de la mer. Les flottes des Grecs désolèrent en même temps les rivages d'Antium, le pays Laurentin et les bouches du Tibre ; une fois les brigands de mer, suivant l'expression de Tite-Live, en vinrent aux prises avec les brigands de terre. L'issue du combat demeura douteuse, et ils se retirèrent, les Gaulois dans leur camp, les pirates grecs sur leurs vaisseaux, sans que la victoire se fût décidée pour aucun des deux partis.

DÉFECTION DES LATINS ; SUITE DE LA GUERRE CONTRE LES GAULOIS ; COMBAT ENTRE LE TRIBUN VALÉRIUS ET UN GAULOIS ; FIN DE LA LUTTE CONTRE LES PIRATES GRECS. — Rome se préparait à une nouvelle attaque : elle réclama les contingents de ses alliés. A cette demande, les peuples Latins, après un conseil tenu dans le bois sacré de Ferentina, répondirent qu'on devait s'abstenir de commander à ceux dont on implorait les secours, et que la confédération latine aimait mieux prendre les armes pour sa propre liberté que pour accroître la puissance d'autrui (347). Les Romains, dans ces circonstances difficiles, ne devaient plus désormais compter que sur eux-mêmes.

Ils firent, dans la ville et hors la ville, des levées extraordinaires, et en un instant ils eurent dix légions. C'est Tite-Live qui nous l'apprend : sans ajouter foi lui-même à ce fait, qu'il emprunte à d'anciennes traditions, il avoue que Rome, au temps de sa plus grande puissance et maîtresse de l'Univers, n'aurait pu lever facilement une pareille armée.

Le consul Ap. Claudius étant mort, le pouvoir fut remis à Camille, qui demeura consul unique. On ne songea pas, à cause de son nom, à lui substituer un dictateur. Camille se mit en marche contre les Gaulois, après avoir laissé deux légions pour la garde de la ville et partagé le reste des troupes avec le préteur Pinarius, auquel fut confié le soin de la guerre maritime. Puis il descendit sur le territoire de Pomptinum. Là il choisit un poste favorable, et s'y retrancha.

Ici Tite-Live place dans son récit une légende célèbre : « Pendant que l'armée, dit-il, occupait cette position, un Gaulois s'avança, remarquable par sa haute taille et par son armure : il frappa de sa lance son bouclier ; et quand il eut obtenu silence il provoqua un des Romains à combattre avec lui. Il y avait alors dans l'armée consulaire un jeune tribun appelé Valérius, qui se crut digne de renouveler l'exploit de T. Manlius. Après avoir obtenu une autorisation du consul, il s'avança avec ses armes entre les deux camps. L'intervention des dieux dans cette lutte fit perdre à l'homme une part de sa gloire. En effet, au moment où le Romain venait de commencer le combat, un corbeau se percha sur son casque, la tête tournée vers l'ennemi, ce que d'abord le tribun vit avec joie, comme un augure envoyé du ciel ; puis, il pria, s'il en était ainsi, le dieu ou la déesse qui lui avait envoyé cet heureux message de vouloir bien lui être propice. Chose merveilleuse ! non-seulement l'oiseau demeura au lieu qu'il avait choisi ; mais chaque fois que le combat recommençait, se soulevant et battant des ailes, il attaquait du bec et des ongles le visage et les yeux de l'ennemi ; jusqu'à ce qu'enfin, effrayé à la vue d'un tel prodige, les yeux et l'esprit troublé tout ensemble, le Gaulois tombe égorgé par Valérius. Alors le corbeau prend son vol vers l'orient et disparaît. Jusque-là les deux armées étaient restées immobiles ; mais quand le tribun se mit à dépouiller le cadavre de son ennemi mort, les Gaulois ne purent se contenir. Ils se précipitèrent sur Valérius, et les Romains, de leur côté, volèrent au secours du vainqueur. Là, autour du cadavre gisant du Gaulois, un combat terrible s'engage. »

Camille fut vainqueur. D'abord, la multitude des Gaulois erra dispersée chez les Volsques et sur le territoire de Falerne, ensuite ils gagnèrent l'Apulée et la mer Inférieure. Le consul accorda à Valérius une récompense éclatante. Il assembla l'armée, fit l'éloge du tribun, et lui donna dix bœufs et une couronne d'or (349).

Camille joignit ensuite ses forces à celles du préteur Pinarius. Les Grecs, repoussés de toutes parts, furent enfin forcés de renoncer à leurs pirateries. Ils quittèrent l'Italie. Tite-Live suppose qu'ils avaient été envoyés par les tyrans de la Sicile.

Sur ces entrefaites, Camille ayant choisi pour dictateur T. Manlius Torquatus, celui-ci désigna pour consuls le jeune tribun Valérius, qu'on avait surnommé Corvus, et le plébéien M. Popilius Lœnas. C'était pour la quatrième fois que cet illustre citoyen était honoré de la dignité consulaire.

TRAITÉS DE ROME AVEC CARTHAGE. — Sous ses auspices fut signé entre Rome et Carthage un nouveau traité de paix (347).

La première mention que l'on trouve dans les historiens d'une alliance entre les Romains et les Carthaginois remonte aux temps qui suivirent l'expulsion des rois. On possède les textes des premiers traités conclus entre les deux républiques ; et c'est à Polybe (1) qu'on doit ces précieux documents, qui, par le haut intérêt qu'ils présentent pour l'histoire de la lutte de ces deux peuples, méritent d'être rapportés ici.

« Ces traités, dit Polybe, subsistent encore et sont conservés sur des tables d'airain au temple de Jupiter-Capitolin dans les archives des Édiles. Il n'est cependant pas étonnant que l'historien Philinus ne les ait pas connus ; de notre temps même il y avait de vieux Romains et de vieux Carthaginois qui, quoique fort versés dans les affaires de leur république, n'en avaient aucune connaissance (2).

« Le premier est du temps de Lucius Junius Brutus et de Marcus Horatius, les premiers consuls qui furent créés après l'expulsion des rois, et sous lesquels eut lieu la dédicace du temple de Jupiter Capitolin, vingt-huit ans avant l'invasion de Xerxès dans la Grèce (3). Le voici, tel qu'il m'a été possible de l'expliquer ; car la langue latine de ces temps-là est si différente de celle d'aujourd'hui, que les plus habiles ont bien de la peine à entendre certaines choses.

« A ces conditions il y aura amitié

(1) III, 22 et suiv.
(2) III, 26.
(3) Vers l'an de Rome 248 ; 507 avant J. C.

ITALIE.

« entre les Romains et les alliés des Romains, les Carthaginois et les alliés des Carthaginois. Les Romains et leurs alliés ne navigueront pas au delà du Beau-Cap (1), à moins qu'ils n'y soient poussés par la tempête ou par les ennemis. Si quelqu'un est jeté forcément sur ces côtes, il ne lui sera permis de faire aucun trafic, ni d'acquérir autre chose que ce qui est nécessaire aux besoins du vaisseau et aux sacrifices. Au bout de cinq jours tous ceux qui auront pris terre devront remettre à la voile. Les marchands ne pourront faire de marché valable qu'en présence du crieur et du scribe. Les choses vendues d'après ces formalités seront dues au vendeur sur la foi du crédit public. Il en sera ainsi en Libye et en Sardaigne. Un Romain arrivant dans la partie de la Sicile soumise aux Carthaginois jouira des mêmes droits que ceux-ci. Les Carthaginois n'offenseront pas les habitants d'Ardée, d'Antium, de Laurentum, de Circée, de Terracine, ni un peuple quelconque des Latins soumis aux Romains. Ils s'abstiendront aussi de nuire aux villes des autres Latins non soumis à Rome; mais s'ils les occupent, ils les lui livreront intactes. Ils ne bâtiront aucun fort dans le Latium; et s'ils entrent en armes dans le pays, ils n'y passeront pas la nuit. »

« Le Beau-Promontoire, ajoute Polybe, est celui de Carthage qui regarde vers le septentrion, et au delà duquel les Carthaginois interdisent aux Romains de naviguer sur des vaisseaux longs vers le midi, de peur que ceux-ci, comme je crois, ne connaissent les campagnes qui sont aux environs de Bysacium et de la petite Syrte, et qu'on appelle Emporia (les marchés), à cause de leur fertilité. Ils permettent seulement à ceux que la tempête ou les ennemis y auront poussés de prendre ce qui sera nécessaire aux sacrifices et aux besoins du vaisseau, pourvu qu'ils partent au bout de cinq jours.

« Pour ce qui regarde Carthage, toute la contrée qui est en deçà du Beau-Promontoire d'Afrique, la Sardaigne et la Sicile, dont les Carthaginois sont les maîtres, il est permis aux marchands romains d'aller dans tous ces pays, et on leur promet, sous la foi publique, que partout on leur fera bonne justice. Au reste, dans ce traité, on parle de la Sardaigne et de l'Afrique comme de possessions propres aux Carthaginois (περὶ ἰδίας); mais à l'égard de la Sicile ou distingue : les conventions ne tombant que sur cette partie qui obéit aux Carthaginois.

« De la part des Romains les conventions qui regardent le pays latin sont conçues de la même manière. Il n'est pas fait mention du reste de l'Italie, qui ne leur était pas soumis.

« Il y eut depuis un autre traité dans lequel les Carthaginois comprirent les Tyriens et les habitants d'Utique, et où l'on ajoute au Beau-Promontoire Mastie et Tarseium, au delà desquels il est défendu aux Romains de piller et de bâtir une ville. Voici ce traité (1) :

« Entre les Romains et les alliés des Romains, entre le peuple des Carthaginois, des Tyriens, des Uticéens, et leurs alliés, il y aura alliance à ces conditions : Que les Romains ne pilleront, ne trafiqueront, ni ne bâtiront de ville au delà du Beau-Promontoire, de Mastie et de Tarseium ; que si les Carthaginois prennent dans le pays latin quelque ville non soumise aux Romains, ils garderont l'argent et les prisonniers, mais ne retiendront pas la ville ; que si les Carthaginois prennent quelque homme faisant partie des peuples qui sont en paix avec les Romains par un traité écrit sans pourtant leur être soumis, ils ne le feront pas entrer dans les ports des Romains ; que s'il y entre, et qu'il soit pris par un Romain, il sera mis en liberté ; que cette condition sera aussi observée du côté des Romains. Que s'ils font de l'eau ou

---

(1) Promontorium Hermæum, aujourd'hui Cap Bon, ou Ras-Adder.

(1) C'est celui que Tite-Live, VII, 27, et Diodore, XVI, 79, placent à l'an de Rome 407 (345 avant J. C.), sous le consulat de M. Valérius Corvus et de M. Popilius Lænas IV, et qu'ils regardent comme le premier qui ait été conclu entre les Romains et les Carthaginois.

8ᵉ *Livraison*. (ITALIE.)

« des provisions dans un pays qui appartient aux Carthaginois, ce ne sera pas pour eux un moyen de faire tort à aucun des peuples qui ont paix et alliance avec les Carthaginois ;.....
« (que les Carthaginois seront tenus également à ces conditions ;) que si cela ne s'observe pas, il ne sera point permis de se faire justice à soi-même ; que si quelqu'un le fait, cela sera regardé comme un crime public ; que les Romains ne trafiqueront ni ne bâtiront de ville dans la Sardaigne ni dans l'Afrique ;..... (qu'ils ne pourront y entrer) que pour prendre des vivres ou réparer leurs vaisseaux ; que s'ils y sont jetés par la tempête, ils en partiront au bout de cinq jours ; qu'à Carthage, et dans la partie de la Sicile qui obéit aux Carthaginois, un Romain aura pour son commerce et ses actions la même liberté qu'un citoyen ; qu'un Carthaginois aura le même droit à Rome. »

« On voit encore dans ce traité que les Carthaginois considèrent l'Afrique et la Sardaigne comme des possessions propres (ἐξιδιαζόμενοι), et qu'ils ôtent aux Romains tout prétexte d'y mettre le pied ; qu'au contraire pour la Sicile ils ne parlent que de la partie qui leur obéit. Les Romains font la même chose à l'égard du pays latin ; ils ne permettent pas aux Carthaginois de nuire aux Antiates, aux Ardéates, aux Circéens, aux Terraciniens, tous habitant les villes maritimes du Latium.

« Au temps de l'expédition de Pyrrhus en Italie, avant que les Carthaginois eussent entrepris la guerre de Sicile, il y eut un autre traité, où l'on voit les mêmes conventions que dans les précédents (1). Mais on ajoute : « Que si les uns ou les autres font alliance par écrit avec Pyrrhus, ils la feront de telle sorte qu'il leur sera permis de se porter mutuellement secours sur le territoire attaqué ; que, quel que soit celui des deux peuples qui ait besoin de secours, les Carthaginois fourniront les vaisseaux, soit

(1) On peut le rapporter à l'année 476 de Rome (276 avant J. C.), au moment où Pyrrhus fut appelé en Sicile. Voy. Heyne, *Dissert. Acad.* III.

« pour le transport des troupes, soit pour le combat ; que chaque peuple pourvoira à la solde de ses troupes ; que les Carthaginois secourront les Romains même sur mer, s'il en est besoin ; qu'on ne forcera point l'équipage à sortir du vaisseau malgré lui. »

« Ces traités furent confirmés par serment. Au premier les Carthaginois jurèrent par les dieux de leurs pères, et les Romains par *Jupiter-pierre*, Δία λίθον, suivant un ancien usage, et ensuite par Mars et Euryalus. Le serment par *Jupiter-pierre* se faisait ainsi : celui qui jurait un traité s'engageait sur la foi publique ; puis, une pierre en main, il prononçait ces paroles : « Si je jure vrai, que tout me soit prospère ; si je pense autrement que je ne jure, que tous les autres jouissent tranquillement de leur patrie, de leurs lois, de leurs biens, de leur religion, de leurs tombeaux, et que moi seul je sois rejeté comme je le fais maintenant de cette pierre. » En même temps il jetait la pierre.

« Après la guerre de Sicile il y eut un nouveau traité (1) ; en voici les principales conditions : « Il y aura alliance entre les Romains et les Carthaginois aux conditions suivantes, si elles sont ratifiées par le peuple romain. Les Carthaginois se retireront de toute la Sicile ; ils ne feront pas la guerre à Hiéron ; ils ne prendront pas les armes contre les Syracusains ni contre leurs alliés. Ils rendront sans rançon tous les prisonniers romains ; ils payeront en vingt ans deux mille deux cents talents euboïques. »

Ce traité ne fut pas d'abord accepté à Rome ; on envoya sur les lieux dix députés pour examiner les affaires de plus près. Ceux-ci ne changèrent rien à l'ensemble ; mais ils étendirent un peu plus les conditions. Ils abrégèrent le délai du payement, ajoutèrent mille ta-

(1) Rapporté par Polybe au ch. LXII du livre I. C'est celui qui fut conclu entre Lutatius et Amilcar (510 de Rome, 242 avant J. C.), modifié quelque temps après, puis renouvelé avec quelques modifications encore par Asdrubal. Ce fut sur ce traité et ses modifications que porta le débat élevé au sujet du siége de Sagonte.

lents à la somme, et exigèrent de plus que les Carthaginois abandonnassent toutes les îles qui sont entre la Sicile et l'Italie.

Voici le sommaire du traité modifié (1) :

« Les Carthaginois sortiront de la
« Sicile et de toutes les îles qui sont en-
« tre la Sicile et l'Italie. De part ni d'au-
« tre on ne fera aucun tort aux alliés
« respectifs ; on ne commandera rien
« dans la domination les uns des autres ;
« on n'y bâtira point publiquement ; on
« n'y lèvera point de soldats ; on ne re-
« cevra pas dans son alliance les alliés de
« l'autre parti. Les Carthaginois paye-
« ront en dix ans deux mille deux cents
« talents, et mille sur le champ. Ils ren-
« dront sans rançon tous les prisonniers
« qu'ils ont faits sur les Romains. »

La guerre d'Afrique (celle des mercenaires) terminée, les Romains ayant porté un décret pour déclarer la guerre aux Carthaginois, on ajouta ces deux conditions au traité précédent (2) : « Que
« les Carthaginois abandonneront la Sar-
« daigne, et qu'ils payeront douze cents
« talents au delà de la somme fixée pré-
« cédemment. »

Enfin, dans le dernier traité, qui fut celui qu'on fit avec Asdrubal en Espagne, on convint de plus, « que les Car-
« thaginois ne feraient pas la guerre au
« delà de l'Ebre. »

SÉRIE DES ÉVÉNEMENTS QUI S'ACCOMPLISSENT A ROME, CHEZ LES VOLSQUES ET DANS LE PAYS DES AURUNCES, DEPUIS LA FIN DES INVASIONS GAULOISES JUSQU'A LA GUERRE CONTRE LES SAMNITES. — Rome jouissait enfin de la paix, lorsqu'elle fut attaquée par un terrible fléau. La peste éclata dans ses murs. Le sénat se crut obligé de recourir aux livres Sybillins, et, après les avoir consultés, d'ordonner un lectisternium. La même année, suivant les récits consultés, les Antiates établirent une colonie à Satricum, et relevèrent cette ville, qui avait été détruite par les Latins. Un peu plus tard, la question des dettes agita encore le peuple de Rome : on prit des mesures qui adoucirent un peu les souffrances du peuple.

(1) Polybe, III, XXIII.
(2) Polybe, I, LXXVIII.

M. Valérius Corvus fut élu consul, et reçut la mission de combattre les Volsques (346). Ils cherchaient à soulever la confédération latine. Les Volsques n'hésitèrent point à marcher à la rencontre des Romains. Nonobstant leur ardeur et leurs efforts, ils furent vaincus. Ils se jetèrent alors dans Satricum. La place fut emportée. Valérius l'incendia, et ne laissa debout que le temple de la déesse Matuta. Puis il revint triompher à Rome, où il fit marcher devant son char quatre mille prisonniers.

Sous les consuls Fabius Dorso et S. Sulpicius Camerinus Rome eut à combattre les Aurunces (345). La guerre était difficile à soutenir, puisqu'on nomma un dictateur, L. Furius, qui choisit, à son tour, pour maître de la cavalerie Cn. Manlius Capitolinus. Les Aurunces furent vaincus. Ce fut en souvenir de sa victoire que le dictateur voua un temple à Junon Moneta. Ce temple ne fut dédié que l'année suivante, sous les consuls C. Marcius Rutilus et T. Manlius Torquatus (344). On signale vers la même époque une dictature, la promulgation de lois sévères contre les usuriers, enfin un interrègne, à la suite duquel on vit s'élever au consulat deux patriciens : M. Valérius Corvus et A. Cornélius Cossus (343).

V.

LA GUERRE CONTRE LES SAMNITES.

NOUVELLE PÉRIODE DANS L'HISTOIRE DU PEUPLE ROMAIN ; OPINION DE TITE-LIVE. — Ici commence une nouvelle période dans l'histoire du peuple romain.
« Je vais, dit Tite-Live, raconter des
« guerres plus importantes, et par les
« forces de l'ennemi, et par l'éloignement
« des lieux qui en furent le théâtre, et
« par le temps qu'elles ont duré. Cette
« année en effet on eut la guerre avec
« les Samnites, nation puissante et
« brave. Après la guerre contre les Sam-
« nites, guerre dont les succès furent
« longtemps balancés, un autre ennemi
« se montra ; c'était Pyrrhus, et après
« Pyrrhus vinrent les Carthaginois.
« Quelle suite d'événements prodigieux !
« et aussi que de périls il a fallu tra-

« verser pour que l'empire romain pût
« parvenir enfin à cette grandeur qu'il a
« tant de peine à soutenir (1) ! »

La lutte que Rome soutint contre les Samnites devait laisser en effet de vifs et profonds souvenirs chez les vainqueurs et chez tous les peuples de l'Italie. Que de bravoure, de force et de persévérance n'avait-il pas fallu aux soldats et aux chefs de la république pour dompter cette belliqueuse population de bergers et de laboureurs ! Les poëtes et les historiens se plaisaient, au temps d'Auguste, à rappeler la défaite des Samnites, et le sentiment d'orgueil qui perce dans leurs paroles est le plus éclatant témoignage qu'ils aient pu rendre à l'héroïsme des vaincus (2). Jamais en effet, si l'on excepte Annibal, Rome n'avait eu à combattre de plus terribles ennemis.

ORIGINE DE LA GUERRE (3). — Les Samnites, s'il faut en croire les historiens romains, avaient sans cause déclaré la guerre aux Sidicins. Ceux-ci, trop faibles pour résister, demandèrent des secours aux Campaniens. Les Samnites battirent les deux peuples réunis ; puis, abandonnant les Sidicins, ils se jetèrent sur la Campanie. Ils s'emparèrent d'abord d'une suite de collines qui dominent Capoue, et quand ils furent maîtres de cette position ils descendirent dans la plaine. Là ils rencontrèrent encore une fois les Campaniens, qui furent vaincus et rejetés dans Capoue.

(1) Majora jam hinc bella, et viribus hostium, et longinquitate vel regionum, vel temporum spatio, quibus bellatum est, dicentur. Namque eo anno adversus Samnites, gentem opibus armisque validam, mota arma. Samnitium bellum, ancipiti Marte gestum, Pyrrhus hostis, Pyrrhum Pœni secuti. Quanta rerum moles ! Quoties in extrema periculorum ventum, ut in hanc magnitudinem, quæ vix sustinetur, erigi imperium posset ! (Tite-Live, VII, 29.)

(2) Voyez Horace, par exemple :

Sed rusticorum mascula militum
Proles, sabellis docta ligonibus
Versare glebas, et severæ
Matris ad arbitrium recisos
Portare fustes.

(3) Cette guerre de Rome contre les Samnites est assurément l'un des événements les plus graves de l'histoire de l'Italie ancienne. Nous avons dû lui donner une large place dans notre récit.

Rien, désormais, ne pouvait arrêter les Samnites. D'ailleurs tout les invitait à profiter de leur victoire et à s'emparer de la Campanie. « De toutes les con-
« trées de l'Italie et même de l'univers,
« dit Florus, c'est la plus belle. Rien
« de plus doux que son ciel, qui la fleu-
« rit de deux printemps ; rien de plus
« fertile que son sol. Cérès et Bacchus
« y sèment à l'envi. Rien de plus hos-
« pitalier que ses flots ; là vous voyez
« les ports célèbres de Caïéte, de Misène,
« les sources tièdes de Baies, le Lucrin
« et l'Averne, où la mer vient se reposer.
« Là, des monts chargés de vigne, le
« Gaurus, le Falerne, le Massique et
« le plus beau de tous, le Vésuve, qui
« n'avait point encore rivalisé par ses
« feux avec l'Etna. Près de la mer se
« trouvaient Formies, Cumes, Pouzzo-
« les, Naples, Herculanum, Pompéi et
« Capoue, la capitale, qui était comptée
« alors, avec Rome et Carthage, comme
« une des trois grandes villes du
« monde (1). »

LES ROMAINS INTERVIENNENT DANS LA GUERRE ; ILS VEULENT ARRÊTER LES PROGRÈS DES SAMNITES DANS LA CAMPANIE ; CAUSES DE CETTE INTERVENTION. — Les événements et une longue série de combats avaient peu à peu étendu le territoire de la République jusqu'aux frontières du pays habité par les Samnites. Ceux-ci et les Romains se trouvaient à portée de cette belle et riche Campanie, qu'ils convoitaient également. Rome avait alors des forces considérables (2) ; mais les laboureurs et les bergers de l'Apennin étaient braves et nombreux aussi. Le désir de posséder la même province ne devait pas tarder à les mettre aux prises.

Les Campaniens, vaincus par les Samnites, vinrent demander du secours aux Romains (342). Nonobstant les traditions consacrées par l'orgueil des vainqueurs, nous serions portés à croire que les Romains n'hésitèrent point par amour du

(1) Florus, I, 16.
(2) Eusèbe, dans sa Chronique, parle d'un dénombrement fait par les censeurs qui paraît convenir à cette année (celle où commença la guerre du Samnium), et où le nombre des citoyens montait à cent soixante mille. (Rollin.)

ITALIE.

bon droit, mais qu'ils cherchèrent seulement un prétexte de guerre et le temps de se préparer. On raconte qu'arrivés en présence du sénat les députés campaniens parlèrent ainsi : « Nous « sommes arrivés à cette extrémité, « Pères conscrits, que nous devions, « nous Campaniens, être soumis à « nos amis ou à nos ennemis. Si vous « nous défendez, nous serons à vous ; « si vous nous délaissez, nous subirons « la domination des Samnites. Voyez « et choisissez : les forces de Capoue « et de la Campanie doivent-elles se « joindre aux vôtres ou donner un nou- « vel accroissement à la puissance des « Samnites? » Tel ne fut point, peut-être, le langage des députés campaniens ; mais les raisons que, dans le récit de Tite-Live, fit valoir l'orateur sont assurément celles qui ont dirigé la politique romaine.

Machiavel dit : « Les Romains cherchèrent toujours à avoir, dans leurs nouvelles conquêtes, quelque ami qui fût comme un degré ou une porte pour y arriver et pour y pénétrer, ou qui leur donnât le moyen de s'y maintenir. C'est ainsi qu'ils se servirent des habitants de Capoue pour entrer dans le Samnium, des Camertins dans la Toscane, des Mamertins dans la Sicile, des Sagontins dans l'Espagne, de Massinissa dans l'Afrique, des Étoliens dans la Grèce, d'Eumène et de quelques autres princes dans l'Asie, des Marseillais et des Éduens dans la Gaule. Ils ne manquèrent jamais d'appui de cette espèce pour faciliter leurs entreprises, faire de nouvelles conquêtes et y consolider leur puissance (1). »

Les ambassadeurs, en définitive, n'offraient qu'une alliance. Les Romains, qui avaient pesé mûrement tous les motifs d'une intervention armée, virent bien que dans les conjonctures difficiles où se trouvaient les Campaniens, ils pouvaient encore espérer mieux. Ils affectèrent une modération qui n'était point dans leur politique : ils se rejetèrent sur la foi des traités, convaincus que les ambassadeurs avaient des pouvoirs qui les autorisaient à faire plus qu'ils n'avaient proposé. Ils ne s'étaient pas trompés.

Tite-Live a donné, dans son histoire, à cet incident une apparence dramatique. Après avoir parlé, dit-il, « les « députés se retirèrent, et le sénat délibéra. Plusieurs pensaient que Capoue, la ville la plus grande et la plus riche d'Italie, et son territoire, si fertile, pouvaient servir, en cas de disette, de grenier au peuple romain. Cependant la bonne foi l'emporta. Le consul, se faisant l'organe du sénat, répondit : « Campaniens, le sénat pense que vous « méritez sa protection ; mais il ne doit « pas en s'unissant à vous attenter à « une amitié et à une alliance plus an- « ciennes. Les Samnites nous sont unis « par un traité : les attaquer ce serait « offenser encore plus les dieux que « les hommes. Nous vous refusons un « secours armé. Toutefois, parce que « c'est chose naturelle et de droit, nous « enverrons des députés à nos alliés et « amis pour les engager à ne point « user envers vous de la violence. »

A ces mots, l'orateur des Campaniens s'écria : « Puisque vous ne voulez « point soutenir nos intérêts, compromis « par un injuste attentat, vous défen- « drez au moins les vôtres. Nous vous « donnons, Pères conscrits, en toute « propriété le peuple campanien, la « ville de Capoue, les terres, les temples « des dieux, enfin toutes les choses « divines et humaines. Si désormais on « nous attaque, c'est vous qu'on outra- « gera. » Après ce discours les députés étendirent leurs mains vers les consuls, et se prosternèrent en pleurant (1). »

(1) Discours sur la première décade de Tite-Live.

(1) Summotis deinde legatis, quum consultus senatus esset, etsi magnæ parti urbs maxima opulentissimaque Italiæ, uberrimus ager marique propinquus, ad varietates annonæ horreum populi romani fore videbatur, tamen tanta utilitate fides antiquior fuit, responditque ita ex auctoritate senatus consul : « Auxilio vos, Campani, dignos censet senatus : sed ita vobiscum amicitiam institui par est, ne qua vetustior amicitia ac societas violetur. Samnites fædere nobiscum juncti sunt. Itaque arma, deos prius quam homines, violatura, adversus Samnites vobis negamus. Legatos, sicut fas jusque est, ad socios atque amicos precatum mittemus, ne qua vobis vis fiat. » Ad ea princeps legationis (sic enim

Les Campaniens en étaient donc venus là où les Romains voulaient les amener. Tite-Live affirme que les patriciens furent touchés du discours des Campaniens (1). Ils durent plutôt s'en réjouir. Ils ne savaient pas sans doute ce que devait leur coûter, avant l'accomplissement de leurs desseins, leur injuste intervention. Il leur suffisait d'un prétexte. Les historiens romains supposent que le sénat dut se croire obligé de défendre les intérêts de ses nouveaux sujets (2).

On prit donc la résolution d'envoyer aux Samnites une députation qui leur exposerait ce qui s'était fait à Rome et les prierait, en invoquant les traités, de s'abstenir de la violence. Les députés, au besoin, ne devaient pas se contenter de recourir aux prières, il leur était enjoint d'aller jusqu'aux menaces. Les Samnites, comme on le prévoyait sans doute à Rome, s'indignèrent de la duplicité du sénat, qui regardait déjà comme légitime propriété la Campanie, qui s'était livrée dans un moment de terreur. Le conseil de la nation décida qu'on poursuivrait la guerre : on alla plus loin : par une sorte d'ostentation, on appela les chefs des guerriers en présence des Romains, et on leur ordonna de partir sans délai pour ravager les terres des Campaniens.

Le sénat romain ne devait plus hésiter. Il envoya d'abord les féciaux aux Samnites ; puis il leur déclara solennellement la guerre.

PREMIÈRES OPÉRATIONS DE LA

domo mandatum attulerant) : « Quandoquidem, inquit, nostra tueri adversus vim atque injuriam justa vi non vultis, vestra certe defendetis. Itaque populum Campanum, urbemque Capuam, agros, delubra deum, divina humanaque omnia in vestram, P. C., populique romani ditionem dedimus ; quidquid deinde patiemur, dediticii vestro passuri. » Sub hæc dicta omnes, manus ad consules tendentes, pleni lacrimarum in vestibulo curiæ procubuerunt. (Tite-Live, VII, 31.)

(1) Commoti Patres vice fortunarum humanarum... (*Id. ibid.*)

(2) Tum jam fides agi visa, deditos non prodi, nec facturum æqua Samnitium populum censebant, si agrum urbemque, per deditionem factam populi romani, oppugnarent. (*Id. ibid.*)

GUERRE SOUS LES CONSULS VALÉRIUS ET CORNÉLIUS ; PREMIÈRE BATAILLE CONTRE LES SAMNITES ; ILS SONT VAINCUS. — Valérius entra dans la Campanie et Cornélius dans le Samnium. Ils vinrent camper d'abord, l'un près du mont Gaurus, l'autre près de Saticula. Valérius, le premier, rencontra les Samnites. Ceux-ci, pleins de haine contre les Campaniens, qui leur avaient procuré l'inimitié de Rome, n'avaient pas tardé à se mettre en campagne. Ils ne se découragèrent point à la vue des légions romaines. Ils se montraient pleins d'ardeur ; et, supposant que les Romains ressemblaient aux habitants de la molle Campanie, ils attendaient le moment du combat avec la plus vive impatience. Valérius était un chef habile, très-aimé des soldats, dont il partageait tous les travaux ; il convenait merveilleusement à la guerre qu'on allait entreprendre. Devant un ennemi dont la valeur était redoutable, il s'efforça par ses paroles et ses actions de rassurer les légions et de leur enlever tout sujet d'inquiétude ou de découragement. Il les habitua, par des engagements partiels, à envisager sans crainte l'ennemi qui semblait les braver. Enfin il résolut d'en venir à une action générale. Le combat, dès les premières attaques, fut acharné de part et d'autre. Les Romains trouvaient un ennemi digne d'eux. Les bataillons samnites, hérissés de piques, restaient inébranlables. La cavalerie de Valérius ne put les entamer. Ce ne fut que vers la fin du jour que les Romains, par un effort désespéré, parvinrent à rompre les lignes ennemies et à faire lâcher pied à ces fiers montagnards qui les avaient combattus avec tant d'acharnement. Valérius resta maître du champ de bataille et du camp des Samnites.

L'ARMÉE DE CORNÉLIUS ; SON IMPRUDENCE ; IL COMPROMET SES LÉGIONS ; CONDUITE HÉROÏQUE DE DÉCIUS, QUI SAUVE L'ARMÉE ROMAINE. — « Peu s'en fallut, dit Tite-Live, que les avantages de cette victoire ne fussent perdus par un immense désastre dans le Samnium. En effet, parti de Saticula, le consul Cornélius avait imprudemment engagé son armée dans un défilé qui aboutissait à une vallée profonde. L'ennemi occupait les hauteurs. Ce ne fut qu'au moment où la retraite devint impossible que le consul s'aperçut de sa faute. Les Samnites n'attendaient plus que le signal de l'attaque, lorsque P. Décius, tribun militaire, conçut un projet hardi qui devait sauver l'armée romaine. Il avait aperçu une colline élevée qui dominait les positions des ennemis. Il s'adressa au consul : « Vois-tu, lui dit-il, Cornélius, cette éminence. Il faut « l'occuper sans délai. C'est notre dernière espérance. Donne-moi des troupes légères. Lorsque je serai parvenu « au faîte de la colline, marche sans « crainte, et mets-toi en sûreté avec « l'armée. L'ennemi, sous nos pieds, « en butte à nos coups, n'osera faire un « mouvement. En ce qui me touche, je « ne compte que sur la fortune du peu« ple romain et sur mon propre cou« rage. » Le consul n'hésita pas, et Décius se mit en marche avec sa troupe. Il réussit. Les Samnites ne l'aperçurent que lorsqu'il était déjà maître de la position qu'il avait choisie. Ils furent épouvantés, et ils laissèrent au consul le temps de sauver ses légions. Ils commirent une double faute : ils n'osèrent attaquer ni Cornélius ni le tribun Décius. La nuit vint et les surprit dans leur incertitude. Décius avait cru, peut-être, en quittant le camp romain marcher à une mort certaine. Quand il vit l'étonnement et l'hésitation des Samnites, il conçut l'espoir de se sauver lui-même avec tous les braves qui l'avaient suivi. Il attendit l'heure des épaisses ténèbres, celle de la seconde veille, où l'homme est livré d'ordinaire au plus profond sommeil. Il avait examiné attentivement les lieux où s'étaient fixés les ennemis : il traversa leurs lignes, jeta la terreur et le désordre dans leur camp, et le jour n'avait pas encore paru que déjà il était sauvé. Le consul, averti par un message, ne tarda pas à le rejoindre. Ce fut une grande joie dans le camp romain quand on vit reparaître, avec tous ses compagnons, l'audacieux tribun. Cornélius commençait déjà publiquement l'éloge de Décius, lorsque celui-ci l'interrompit, et lui conseilla de profiter des événements pour porter aux Samnites un dernier coup. Le consul donna le signal aux soldats, qui attaquèrent l'ennemi à l'improviste. Il fut battu et son camp fut livré au pillage (342).

Tite-Live trouve ici une occasion d'embellir son récit. Après le succès, dit-il, le consul convoqua l'armée. Il accabla d'éloges le tribun Décius; aux présents militaires qu'on donnait pour les actions d'éclat il ajouta une couronne d'or, cent bœufs, et de plus un bœuf d'une blancheur et d'une beauté rares, aux cornes dorées. Aux soldats qui l'avaient accompagné on donna à perpétuité une double ration de blé, et pour cette fois un bœuf et deux tuniques à chacun. Après le consul, ce fut le tour des légions. Elles voulurent aussi récompenser Décius. Les soldats lui posèrent sur la tête, au milieu des acclamations et des applaudissements, la couronne de gazon, et une autre couronne lui fut encore décernée par le détachement qui l'avait suivi. Près de ces insignes il immola à Mars le bœuf d'une blancheur éclatante, et fit présent des cent bœufs aux soldats qui l'avaient secondé dans son expédition. Tout le camp était plongé dans la plus vive allégresse.

Nouvelle bataille livrée aux Samnites par l'armée de Valérius; les Romains sont vainqueurs. — Les débris de l'armée que Valérius avait vaincue se réunirent, et bientôt, grâce à de nombreux renforts, ils formèrent un corps considérable. Les Samnites voulurent tenter encore une fois, avant la fin de la campagne, la fortune des armes. Ils s'avancèrent près de Suessula, et menacèrent de nouveau la Campanie. Valérius accourut en toute hâte, et campa en face de l'ennemi. Il aurait été forcé dans ses retranchements et vaincu, peut-être, par ses nombreux adversaires, si ceux-ci, trop confiants, n'eussent différé l'attaque du camp romain et ne se fussent dispersés, pour faire des vivres, dans la campagne. Valérius profita de leur imprudence : il attaqua leurs corps isolés, les dispersa, puis il se dirigea vers le camp des Samnites, qui fut emporté et livré au pillage (342).

Projet de révolte dans l'armée romaine, qui veut se fixer en Campanie. — Le brillant succès de la première campagne contre les Samnites effraya tous les ennemis de Rome. Les Falisques convertirent en un traité définitif la trêve qu'ils avaient conclue avec le sénat; et les Latins, de leur côté, qui déjà songeaient à combattre les Romains, tournèrent leurs troupes contre les Péligniens. Les deux consuls furent honorés du triomphe. Décius les suivit au Capitole. C'était sur lui que se portaient tous les regards; et les soldats, dans leur enthousiasme, célébrant sa valeur par des chants guerriers, ne lui donnaient pas moins d'éloges qu'à Valérius et à Cornélius.

Une sédition faillit compromettre alors le succès des armes romaines. Les soldats, qui avaient séjourné longtemps dans la Campanie, avaient subi l'influence de son climat et de ses mœurs. Ils s'étaient amollis : eux, si pauvres à Rome, toujours en proie à l'usure, ils se trouvaient au milieu des délices. Ici nul patricien pour les accabler de son mépris et pour les jeter dans la prison des débiteurs. Ils oublièrent aisément, à la vue de Capoue et des autres cités populeuses de la Campanie, la ville natale, et ils conçurent le dessein de se fixer pour toujours dans la belle contrée où les avait conduits la volonté du sénat. « Est-il juste, disaient-ils, que nous souffrions à Rome quand les Campaniens, qui sont devenus nos sujets, jouissent de tous les biens? » Les soldats essayèrent en vain d'organiser la révolte dans des réunions secrètes; leurs projets furent découverts. Le nouveau consul C. Marcius Rutilus avait laissé à Rome Q. Servilius, son collègue, et il s'était transporté en Campanie. Il essaya de la ruse pour arrêter la conspiration.

RÉVOLTE DE L'ARMÉE ROMAINE. — Il fit croire aux soldats qu'ils séjourneraient longtemps encore dans la Campanie, et par ses assurances il les maintint dans l'obéissance jusqu'au printemps. Il se mit enfin en campagne. Ce fut alors que, sous divers prétextes, il renvoya à Rome, un à un, ou par petites troupes, tous ceux qui s'étaient signalés dans la conspiration. Le consul leur accorda des congés : ils partirent donc, mais ils ne revinrent point. L'inquiétude et le mécontentement gagnèrent bientôt les soldats qui étaient restés au camp. Une cohorte qui se trouvait non loin d'Anxur alla se poster près de Lantules, dans un étroit défilé, entre la mer et les montagnes, afin de recueillir au passage ceux que le consul avait congédiés. La petite troupe, accrue sans doute aussi par des désertions, devint bientôt une armée. Elle se mit en marche, et vint s'enfermer dans un camp retranché, près d'Albe-la-Longue. Il ne manquait plus qu'un chef pour mettre dans ce corps indiscipliné de l'ordre et de l'unité. Les soldats révoltés se trouvaient dans le plus grand embarras, lorsque quelques-uns d'entre eux rencontrèrent un patricien, T. Quinctius, qui cultivait son champ près de Tusculum. Ils conçurent le dessein de le prendre pour chef. Ils s'emparèrent de lui au moment où il était plongé dans le plus profond sommeil, et ils le conduisirent au camp. Là on força Quinctius, à force de menaces, à revêtir les insignes du commandement et à marcher sur Rome. Ils approchaient de la ville lorsqu'ils apprirent qu'on envoyait contre eux une armée et que M. Valérius avait été nommé dictateur (341).

FIN DE LA RÉVOLTE; CONCESSIONS FAITES AUX RÉVOLTÉS PAR LE SÉNAT; LA RÉVOLTE RAPPORTÉE DIVERSEMENT DANS LES ANCIENS RÉCITS; OPINION DE TITE-LIVE. — Quand on fut en présence, une vive émotion s'empara de tous les soldats. Le souvenir de la patrie, dit l'historien latin, apaisa toutes les colères (1) : soldats et chefs se reconnaissaient et s'abordaient sans haine. Quinctius était certainement bien éloigné de vouloir porter sur les foyers paternels une main sacrilége; et Valérius, de son côté, ne pouvait se résigner à combattre les valeureux soldats qui, l'année précédente, avait tant contribué à son triomphe et à sa gloire. Valérius s'avança pour parler aux soldats insurgés. Tous l'environnèrent avec respect. Le dictateur ne fit entendre que des paroles de conciliation et de paix. Il rappela les anciens souvenirs qui rendaient son nom cher aux plébéiens. Il parla aussi de ses services récents; mais il déclara en même temps qu'il ne voulait user du pouvoir dictatorial qui lui avait été confié que pour terminer par les voies de la douceur la lutte déplorable qui venait de s'engager. S'il faut

(1) Extemplo omnibus memoria patriæ iras permulsit. (Tit. Liv., VII, 40.)

en croire Tite-Live, il termina son discours par ces mots : « Pour toi, « T. Quinctius, je t'engage, de quelque « manière que tu sois ici, à te retirer aux « derniers rangs. Il y aura pour toi plus « de gloire à fuir devant un citoyen « qu'à combattre contre ta patrie. Si, au « contraire, tu viens ici dans des idées « de paix, il sera beau, il sera glorieux « pour toi de rester aux premiers rangs, « afin d'être l'interprète d'une heureuse « conciliation. Demandez des choses « justes. J'aimerais mieux encore écou- « ter des propositions injustes que d'en « venir à une guerre impie. »

T. Quinctius se joignit volontiers à Valérius, et il adressa à ceux qui l'avaient choisi pour chef une allocution touchante. Les soldats se mirent à la disposition du dictateur. Valérius se rendit à Rome pour consulter le sénat, et il revint, en toute hâte, annoncer aux révoltés qu'ils avaient obtenu pour leur faute un entier pardon.

« Je trouve encore dans quelques historiens, dit Tite-Live, que L. Genucius, tribun du peuple, porta une loi contre l'usure ; que l'on défendit par des plébiscites d'exercer deux fois la même magistrature dans l'espace de dix ans et de remplir deux magistratures dans la même année ; enfin que l'on demanda qu'il pût être créé deux consuls plébéiens. Il paraît, d'après toutes ces concessions, si on les fit au peuple, que la révolte avait des forces considérables. Selon d'autres récits, Valérius ne fut pas nommé dictateur, et la conjuration aurait été comprimée par les consuls. Ce ne fut pas non plus, suivant les mêmes traditions, avant d'arriver à Rome, mais dans Rome même, que cette multitude de révoltés prit les armes : ce ne fut pas T. Quinctius dans sa maison de campagne, mais C. Manlius dans sa maison de ville, que les conjurés assaillirent la nuit et qu'ils saisirent pour en faire un chef ! De là ils seraient allés à quatre milles de Rome s'établir dans un poste fortifié. De même ce ne furent point les généraux qui d'abord proposèrent la paix, mais les deux armées, qui, soudain venues en présence et prêtes à combattre, se saluèrent ; alors les rangs se confondirent, les soldats se prirent les mains et s'embrassèrent en pleurant, et les consuls, voyant que les troupes refusaient de combattre, furent forcés d'aller prier le sénat d'approuver cette réconciliation. Ainsi le seul fait constant, dans les anciens auteurs, c'est qu'une sédition éclata et qu'elle fut apaisée. Le bruit de cette sédition et de la guerre dangereuse entreprise contre les Samnites, détacha quelques peuples de l'alliance de Rome, et, sans parler des Latins, depuis longtemps infidèles aux traités, les Privernates eux-mêmes envahirent subitement, dans leur voisinage, Norba et Sétia, colonies romaines, qu'ils dévastèrent (1). »

On a énuméré de la manière suivante les résultats de ce grave événement.
« Tous les soldats demandèrent et obtinrent :
« 1° Une amnistie générale et le complet oubli du passé ;
« 2° Un règlement militaire portant que le légionnaire sous les drapeaux ne pourrait sans son consentement être rayé des contrôles, c'est-à-dire être privé des immunités et des avantages attachés au service militaire, et que celui qui aurait servi comme tribun ne pourrait être enrôlé comme centurion ;
« 3° Une réduction sur la solde des chevaliers. »

De leur côté, les plébéiens, rentrés dans la ville, votèrent, sur la proposition du tribun Génucius, les lois suivantes, dont le double but était de soulager les pauvres et d'empêcher que les charges ne devinssent le patrimoine héréditaire de quelques familles ;
« 4° On ne sera rééligible à la même charge qu'après un intervalle de dix ans ; et on ne pourra être investi de deux magistratures à la fois ;
« 5° Les deux consuls pourront être plébéiens ;
« 6° Le prêt à intérêt et les dettes sont abolis ; les nexi seront relâchés.
« Dans ces graves circonstances, le sénat avait montré un esprit de conciliation dont il fit preuve encore deux années plus tard, lorsqu'il laissa le dictateur plébéien, Publilius Philo, porter le dernier coup au vieux régime par la suppression du véto législatif des assemblées curiates, d'où partaient toutes ces

(1) Tite-Live, VII, 42.

violences que la sagesse des sénateurs avait plus d'une fois condamnées.

« 1° Les plébiscites seront obligatoires pour tous;

« 2° Toute loi présentée à l'acceptation des comices centuriates sera à l'avance approuvée par les curies et le sénat;

« 3° On choisira toujours un des censeurs parmi les plébéiens; les deux consuls pourront être de cet ordre. »

La dernière de ces lois était une confirmation d'une loi de Génucius, et l'application à la censure de la première loi Licinia. Les deux autres enlevaient à l'assemblée exclusivement patricienne des curies toute part dans le pouvoir législatif, désormais concentré dans les centuries, les tribus et le sénat (1).

DÉFECTION DES PRIVERNATES; LES VOLSQUES PRENNENT LES ARMES; LES SAMNITES, ATTAQUÉS PAR L'ARMÉE ROMAINE, DEMANDENT LA PAIX ET L'AUTORISATION DE COMBATTRE LES SIDICINS. — C. Plautius et L. OEmilius Mamercinus, les nouveaux consuls, étaient déjà entrés en charge lorsque les habitants de Sétia et de Norba vinrent à Rome pour dénoncer l'attentat des Privernates. On apprit, en même temps, que l'armée des Volsques s'était réunie aux environs de Satricum (341). Plautius se mit en marche, battit les Privernates, et plaça une forte garnison dans leur ville, après leur avoir enlevé les deux tiers de leur territoire. Puis il se dirigea vers Satricum. Les Antiates s'étaient placés à la tête de la confédération des Volsques; le consul leur livra bataille. La lutte fut acharnée : la nuit seule sépara les combattants. Cependant les Volsques quittèrent le champ de bataille; et, abandonnant leurs blessés à la discrétion des Romains, ils se sauvèrent à Antium. Plautius ravagea le pays ennemi jusqu'au rivage de la mer.

Æmilius, l'autre consul, était entré dans le pays des Samnites. Il y porta le fer et la flamme sans rencontrer de résistance. Les Samnites, à la fin, vinrent lui demander la paix. Il renvoya leurs députés au sénat. Ces rudes et fiers guerriers s'humilièrent. Non-seulement ils implorèrent la paix, mais ils allèrent jusqu'à demander l'autorisation de faire la guerre aux Sidicins, leurs anciens ennemis. Cette autorisation leur fut accordée. « En ce qui concerne les Sidicins, leur répondit T. OEmilius au nom du sénat, le peuple samnite peut user librement de son droit de paix et de guerre. » Il y eut un traité qui fut suivi de la retraite de l'armée romaine; mais elle n'abandonna le territoire ennemi qu'après avoir reçu des vaincus une année de solde et trois mois de vivres. Les Samnites marchèrent alors contre les Sidicins. Ceux-ci, pour échapper au danger, essayèrent de suivre l'exemple des Campaniens. Ils voulurent se donner au sénat, qui n'accepta point leur offre. Poussés par la nécessité, ils se livrèrent aux Latins, qui de leur propre mouvement avaient déjà pris les armes. Les Campaniens, en haine des Samnites, s'associèrent aussi à cette guerre. De tant de peuplades réunies il se forma une armée immense, qui, sous le commandement d'un Latin, envahit le Samnium. La mauvaise foi des Romains était bien connue : les Samnites, les soupçonnant, peut-être, de s'être mis d'accord avec leurs ennemis, n'osèrent point résister. Ils abandonnèrent leurs terres au pillage; seulement ils envoyèrent des députés au sénat. On leur répondit, à Rome, avec embarras. Il était pénible de leur avouer, dit Tite-Live, qu'on ne pouvait plus commander aux Latins : il n'en était pas de même des Campaniens. On leur permit, cette fois, de les combattre.

LES LATINS VEULENT SE SOUSTRAIRE A LA DOMINATION ROMAINE; ILS ORGANISENT UN SOULÈVEMENT; LEURS PRÉTENTIONS. — La conduite du sénat inspira aux Latins une grande fierté. Ils supposèrent que Rome, par un sentiment de crainte, renonçait à tout droit sur eux. Ils feignirent de s'occuper de la guerre contre les Samnites, et dans de fréquentes assemblées ils se concertèrent pour attaquer par les armes la puissance romaine. Malgré leurs soins pour dissimuler leurs projets, le complot fut découvert. Rome choisit alors pour consuls deux de ses meilleurs généraux (340). C'étaient T. Manlius Torquatus et P. Decius Mus. Tite-Live croit pouvoir affirmer que ce fut cette année

(1) M. Duruy, *Histoire romaine*, t. I.

Fundi. Il revint prendre position sous les murs de Privernum.

BRUIT D'UNE INVASION GAULOISE ; CONDUITE DU SÉNAT ROMAIN A L'ÉGARD DES PRIVERNATES. — Au moment où l'armée romaine assiégeait Privernum, le bruit courut, s'il faut en croire Tite-Live, que les Gaulois se préparaient à une nouvelle invasion (1). On leva une nombreuse armée, qui se dirigea sur Véies. On sut bientôt que tout était calme en Italie, et que Rome n'avait rien à craindre des Gaulois. Toutes les troupes se dirigèrent alors sur Privernum. La ville tomba au pouvoir des Romains. Ses murailles furent renversées. Quant à Vitruvius, pris ou livré, il fut battu de verges et mis à mort. Sa maison fut démolie et ses biens consacrés à Semo Sancus.

Il fallut régler ensuite les rapports des Privernates avec les Romains. C'était, dans l'opinion du consul Plautius, une affaire urgente. Il dit un jour au sénat : « Puisque les auteurs de la révolte ont « reçu la juste punition de leur crime, « quelles sont vos intentions à l'égard « d'un peuple qui n'a participé que par « un aveugle entraînement à la révolte « de Vitruvius ? Pour moi, quand je considère que les Privernates sont voisins « des Samnites, avec lesquels nous n'a« vons aujourd'hui qu'une paix bien in« certaine, je voudrais ne pas laisser exis« ter entre eux et nous le moindre res« sentiment. » Les avis furent partagés. Les uns penchaient vers les mesures rigoureuses ; les autres conseillaient la douceur. Un député privernate faillit compromettre par sa noble fierté les intérêts de sa patrie. On lui demanda quelle peine, suivant lui, méritaient les habitants de Privernum. « Celle que méritent, répliqua-t-il, les hommes qui se croient dignes de la liberté (1). » Cette réponse irrita tous ceux qui l'entendirent. Alors le consul, pour provoquer par une question bienveillante des paroles plus douces : « Et si nous vous faisons la remise de toute peine, quelle paix pouvons-nous espérer de vous ? » — « Si vous nous la faites avantageuse et digne de nous, répondit le député, elle est sûre et durable ; si elle nous paraît lourde et honteuse, il faudra nous compter bientôt encore une fois parmi vos ennemis. » Ces mots furent suivis d'une longue clameur. « Le Privernate nous menace ! s'écria-t-on ; c'est par de semblables paroles qu'on pousse nos alliés à la révolte. » Cependant quelques sénateurs, frappés par tant de hardiesse, osèrent plaider la cause des vaincus. « Les pa« roles qu'on vient d'entendre, dirent« ils, sont celles d'un homme libre et « partent d'un noble cœur. Peut-on « croire, en effet, qu'un peuple ou qu'un « homme veuille rester dans un état « insupportable plus longtemps que ne « l'y retient la nécessité ? La paix est « sûre quand les deux parties intéres« sées sont également libres. Vous n'a« vez point de fidélité à attendre de ceux « auxquels vous imposez l'esclavage. » C'était là l'opinion de Plautius. Il la fit prévaloir dans le sénat, et on proposa au peuple d'accorder aux Privernates le droit de cité.

Dans la même année, dit Tite-Live, on envoya à Anxur trois cents colons. On donna à chacun deux arpents de terre.

ENVOI D'UNE COLONIE A FRÉGELLES ; LE TRIBUN FLAVIUS. — L'année suivante, sous le consulat de P. Plautius Proculus et de P. Cornélius Scapula, on envoya une colonie à Frégelles, dont le territoire avait appartenu aux Sidicins et ensuite aux Volsques (328).

Il faut remarquer que M. Flavius fit alors une distribution de viande au peu-

---

(1) Polybe ne mentionne pas cette alarme sur laquelle M. Amédée Thierry (*Hist. des Gaulois*, part. I, ch. 3) fait, avec raison, la remarque suivante. « L'alarme était sans fondement. Les précautions (que prirent les Romains) furent donc superflues ; mais elles témoignent assez quelle épouvante le nom gaulois inspirait aux Romains, et peuvent servir de confirmation à ces paroles mémorables d'un de leurs écrivains célèbres : Avec les peuples de l'Italie, Rome combattit pour l'empire ; avec les Gaulois, pour la vie. »

(1) Denys d'Halicarnasse, dans les extraits publiés par Aug. Mai, XIV, 23, rapporte cette réponse remarquable à la première guerre contre Privernum. Il y a une différence de vingt années. Mais Dion Cassius (*Excerpta vaticana*, ed. Aug. Mai, p. 158-159) est d'accord avec Tite-Live, comme on le voit par la suite des fragments.

ple. Ce ne fut point seulement à cause des funérailles de sa mère qu'il se montra magnifique : s'il faut en croire Tite-Live, il payait une dette à ceux qui l'avaient absous d'une accusation dirigée contre lui par les édiles, pour viol commis sur une dame romaine. M. Flavius gagna si bien la faveur de la multitude, qu'il fut élu, quoique absent, tribun du peuple de préférence à tous ceux qui se présentèrent.

GUERRE CONTRE PALÉPOLIS; LES SAMNITES VEULENT RECOMMENCER LA GUERRE CONTRE LES ROMAINS. — Palépolis était située à peu de distance de Néapolis. Ces deux villes avaient pour habitants des hommes originaires de Cumes. Cette dernière ville, comme on le sait, avait été fondée par des Grecs venus de l'île d'Eubée; c'était une population puissante, qui s'était enrichie moins par sa valeur que par le commerce. D'abord les Grecs s'étaient contentés d'occuper les îles OEnarie et Pithécuse (1); plus tard, ils avaient eu assez de confiance en leurs forces pour s'établir sur le continent. Palépolis, comptant sur ses propres ressources et sur l'alliance des Samnites, qui, dit Tite-Live, trahissaient Rome en secret, avait exercé de nombreuses hostilités contre les Romains établis dans les territoires de Capoue et de Falerne. On envoya des féciaux pour demander une réparation à l'ennemi. On leur répondit par des bravades. Les deux consuls L. Cornélius Lentulus et Q. Publilius Philo ne tardèrent point à se mettre en marche. Le premier devait surveiller les Samnites; le second était chargé de combattre les Palépolitains.

La cité grecque avait reçu dans son enceinte de nombreux défenseurs; d'autre part, tout le Samnium était sur pied. Les consuls avertirent le sénat qu'on essayait de soulever Privernum, Fundi et Formies. On envoya des ambassadeurs aux Samnites. Ils répondirent avec hauteur que les premiers torts étaient du côté des Romains. Ils crurent utile cependant de donner des explications sur leur conduite.

« La nation, dirent-ils, n'a donné ni « conseils ni secours aux Grecs; on n'a « cherché à soulever ni Fundi ni Formies. « Si nous voulions la guerre, nous n'au- « rions recours qu'à nos propres forces. « Nous devons déclarer cependant que « la confédération samnite voit avec « peine que la ville de Frégelles, prise « sur les Volsques et détruite par elle, ait « été relevée par le peuple romain, et « qu'on ait placé sur le sol samnite « une colonie qui s'appelle encore Fré- « gelles. C'est là un outrage dont on « nous doit réparation. Nous saurons « bien d'ailleurs nous faire justice. » Un député romain proposa alors d'en appeler à des arbitres. « Pourquoi tous « ces détours, lui répliqua-t-on? nos « différends ne peuvent être terminés ni « par des discours de députés ni par la « médiation d'arbitres. Il faut nécessai- « rement recourir aux armes. Voulez- « vous accepter la bataille entre Capoue « et Suessula? » Les députés romains répondirent qu'ils iraient non pas à l'endroit indiqué par l'ennemi, mais là où leurs chefs les conduiraient (326).

Publilius, qui avait déjà commencé le siège de Palépolis, et Cornélius furent continués dans leur commandement; seulement on exigea que le dernier choisît un dictateur; il désigna M. Claudius Marcellus, qui prit pour maître de la cavalerie Sp. Postumius. Les augures (peut-être parce que le dictateur était plébéien) déclarèrent cette élection vicieuse. Il y eut un interrègne, à la suite duquel on nomma consuls C. Pœtelius et L. Papirius Mugillanus.

ISSUE DE L'EXPÉDITION D'ALEXANDRE D'ÉPIRE EN LUCANIE. — Tite-Live place à cette époque la mort d'Alexandre, roi d'Épire.

Au moment, dit cet historien, où Alexandre fut appelé en Italie par les Tarentins, l'oracle de Dodone l'avertit de se garder de l'onde Achérusienne et de la ville de Pandosia, parce que là se trou-

---

(1) Dans le golfe de Cumes, vis-à-vis du cap Misène. Le nom moderne d'*OEnaria* est *Ischia*. Sous ces deux noms quelques géographes, et de ce nombre Pomponius Mela (II, 7), désignent deux et même plusieurs îles; et ils disent *Pithecusæ* et non *Pithecusa*. D'autres, comme Pline et Appien, les considèrent comme n'en formant qu'une seule. D'autres encore (Ptolémée et Strabon) ne citent que la seule Pithécuse; d'autres enfin, comme Suétone, que la seule OEnarie.

gner le plus possible de la ville de Pandosia, en Épire, et du fleuve Achéron, qui de la Molosside coule dans les lacs infernaux et se perd dans le golfe de Thesprotie.

Le roi d'Épire obtint d'abord de grands succès. Après avoir battu souvent les Bruttiens et les Lucaniens, enlevé la colonie d'Héraclée aux Tarentins, Consentia et Siponte aux Lucaniens, Ternia aux Bruttiens, d'autres villes ensuite aux Messapiens, après avoir envoyé de nombreux ôtages en Épire, Alexandre vint non loin de Pandosia occuper trois éminences situées à quelque distance l'une de l'autre; de là il faisait des incursions sur tous les points du territoire ennemi. Il avait autour de lui près de deux cents exilés lucaniens, sur la fidélité desquels il comptait. La trop grande confiance qu'il eut en ces hommes le perdit.

Les pluies continuelles, en inondant toute la campagne, avaient interrompu les relations entre les trois corps de l'armée, qui ne pouvaient plus se prêter secours. Les deux divisions où ne se trouvait pas le roi sont tout à coup surprises par une brusque attaque de l'ennemi, qui les détruit et se dirige vers le roi lui-même pour l'envelopper avec toutes ses forces. Les Lucaniens qui environnaient Alexandre envoient alors des messages à leurs compatriotes, et pour prix de leur trahison ils promettent de leur livrer le roi mort ou vif; lui, cependant, avec une troupe d'élite, et dans un généreux élan d'audace, se fait jour à travers l'ennemi, et tue de sa main le chef des Lucaniens, qui venait à sa rencontre. Puis, ralliant son armée dispersée et fugitive, il gagne un fleuve, et il essaye de le traverser là où il remarque les ruines d'un pont récemment emporté par la violence des eaux. Tandis que la troupe s'efforce d'atteindre l'autre bord, un soldat, harassé de fatigue, s'écrie : « Va, « on t'a bien nommé lorsqu'on t'appela « Achéron. » Ce mot parvient aux oreilles du roi, qui se rappelle aussitôt l'oracle de Dodone. Il hésite à passer et s'arrête. Alors Sotimus, un des jeunes officiers qui environnaient Alexandre, lui demande : « Qui peut te retenir en un « si grand péril? » Il l'avertit en même temps que les Lucaniens approchent et veulent le surprendre. Le roi, se retournant, les voit au loin qui s'avancent : il tire son épée et lance son cheval au milieu des flots. Déjà il atteignait l'autre rive lorsqu'un trait lancé de loin par un Lucanien le perce de part en part. Il tombe, et son cadavre, auquel reste fixé le javelot, est porté par le courant du fleuve jusqu'aux postes ennemis. Le corps du roi fut affreusement mutilé. On le coupa en deux : une moitié fut envoyée à Consentia ; l'autre servit de jouet aux soldats. Une femme, indignée de tant d'outrages, s'avança alors et s'écria en pleurant : « Mon époux et mes enfants sont « maintenant au pouvoir de l'ennemi. « Donnez-moi ce cadavre. Quelque mu- « tilé qu'il soit, il servira, j'en suis « sûre, à racheter ma famille. » On ensevelit à Consentia ce qui restait du corps d'Alexandre. Quant aux ossements, ils furent transportés à Métaponte et de là en Épire.

LES HOSTILITÉS RECOMMENCENT CONTRE LES SAMNITES; FIN DE LA GUERRE CONTRE LES GRECS DE PALÉPOLIS. — Les consuls, qui connaissaient le caractère belliqueux des populations du Samnium, firent d'immenses préparatifs pour soutenir la guerre dont Rome était menacée. Le sénat vit alors son alliance sollicitée par des peuples avec lesquels il n'avait jamais été en relation. C'étaient les Lucaniens et les Apuliens. On fit avec eux un traité. Dès l'entrée en campagne, trois places du Samnium, Allifæ, Callifæ, Ruffrium (1), tombèrent au pouvoir des Romains. Le reste du pays, à l'arrivée des consuls, fut ravagé sur tous les points.

D'autre part, Publilius Philo avait poussé avec vigueur le siège de Palépolis. Les Grecs d'origine étaient réduits aux dernières extrémités. Ils ne souffraient point seulement de la faim, mais encore des outrages de leurs alliés. Ils étaient devenus en réalité les prisonniers de ceux dont ils avaient im-

(1) *Ruffrium* est le nom donné par Tite-Live. Suivant d'autres auteurs, la ville du Samnium se nommait *Rufræ*; et le nom de *Rufrium* appartenait à une autre ville, située dans le pays des Hirpins.

9.

ploré l'assistance. Aussi les habitants de Palépolis apprirent avec joie qu'ils allaient recevoir un renfort de Tarentins. Ils supposaient que ces derniers, Grecs eux-mêmes au milieu d'une ville grecque, les protégeraient autant contre les Nolains et les Samnites que contre les Romains, leurs ennemis. A la fin, une capitulation parut encore le plus supportable des maux. Charilaüs et Nymphius, les premiers citoyens de la ville, après s'être concertés, se partagèrent les rôles pour mener à bonne fin l'entreprise. L'un devait se rendre auprès du général romain, l'autre demeurer dans la place pour préparer l'exécution du projet qu'ils avaient conçu.

Ce fut Charilaüs qui se rendit au camp de Publilius Philo. Il offrit de livrer Palépolis. Le général, qui avait hâte sans doute de revenir à Rome, approuva son dessein. Il loua Charilaüs, et lui confia trois mille soldats pour s'emparer de la partie de la ville que défendaient les Samnites. Ce corps de troupes fut placé sous les ordres de L. Quinctius, tribun militaire.

Nymphius, de son côté, affectant la plus grande résolution et en même temps usant d'adresse, parvint à persuader au chef samnite qu'il était important de faire une diversion. Il s'agissait, disait-il, non seulement de ravager la côte maritime, mais encore le territoire de Rome. Son avis fut goûté. Un corps nombreux se prépara pour cette expédition. Le départ devait avoir lieu pendant la nuit. Le désordre, préparé par Nymphius, fut immense. Pendant que les soldats, plongés dans d'épaisses ténèbres et obéissant à mille ordres contradictoires, s'embarrassaient les uns les autres, Charilaüs parvint à s'introduire dans la place avec les Romains. On poussa alors le cri d'alarme. Les Grecs restèrent en repos. Les Nolains, se voyant abandonnés, se sauvèrent à Nola. Les Samnites, de leur côté, prirent la fuite, abandonnant armes et bagages à l'ennemi.

Une autre tradition attribue à la trahison des Samnites la reddition de Palépolis; mais Tite-Live, se fondant sur un traité conclu avec Neapolis, penche à croire que les Grecs revinrent d'eux-mêmes à l'amitié de Rome. Le triomphe fut accordé à Publilius. Cet illustre plébéien fut le premier qui obtint la faveur singulière d'être prorogé dans son commandement, sous le titre de proconsul.

LES TARENTINS HOSTILES A ROME; LES LUCANIENS S'UNISSENT AUX SAMNITES. — Les Tarentins reprochèrent aux habitants de Palépolis de les avoir trahis. Ils s'étaient attiré, en effet, par leur expédition l'inimitié des Romains. Ils avaient en haine surtout les Lucaniens et les Apuliens, qui étaient devenus les alliés de Rome. « On est venu jusqu'à eux, dirent-ils; bientôt on viendra jusqu'à nous. Notre sort dépend des Samnites. Eux seuls résistent encore; leurs forces sont-elles diminuées par la défection des Lucaniens? C'est donc ce dernier peuple qu'il importe de ramener à notre alliance. » Les Tarentins s'adressèrent à la jeunesse, c'est-à-dire à la partie la plus vigoureuse de la nation, et ils réussirent. Tous ces peuples réunis ne tardèrent point à se joindre aux Samnites.

LA LOI SUR LES DETTES EST MODIFIÉE. — La législation sur les dettes subit à Rome cette année une grave modification. On dut ce changement à l'insigne cruauté d'un usurier nommé L. Papirius. Il retenait chez lui, dit Tite-Live, C. Publilius, qui s'était livré pour les dettes de son père; l'âge et la beauté du jeune homme excitèrent chez l'usurier d'impurs désirs. Publilius lui résista. L'usurier, irrité, le fit dépouiller de ses vêtements et frapper de verges. Le jeune homme parvint à s'échapper, et parcourut la ville qu'il souleva. Alors les consuls, effrayés par ce désordre imprévu, convoquèrent le sénat. Il y eut une délibération, à la suite de laquelle il fut décidé qu'un citoyen désormais ne pourrait, sinon pour une faute déterminée par la loi et en attendant le supplice, être retenu dans les chaînes. Les biens et non le corps du débiteur devaient répondre de ses dettes (1).

(1) Saumaise et d'autres érudits ont recueilli un grand nombre d'exemples de *nexi* postérieurs à l'époque de la guerre contre les Samnites. Ils pensent, ou que la loi n'avait pas été observée, ou qu'elle avait été abrogée, puisqu'on voit que des lois relatives aux

GUERRE CONTRE LES VESTINS. — L'année même où les Romains avaient à redouter les efforts combinés des Samnites, des Lucaniens et des Tarentins, on apprit le soulèvement des Vestins. On hésita pendant quelque temps, à cause de leurs alliances, à les combattre. Enfin, sans se soucier des intentions hostiles des Marses, des Péligniens, des Marrucins, le sénat prit la résolution de les combattre. Les consuls étaient alors L. Furius Camillus, qui avait été élu pour la seconde fois, et Junius Brutus Scœva.

Brutus eut pour mission de soumettre les Vestins; Camille reçut pour province le Samnium. Ce dernier, ayant été atteint d'une maladie grave, reçut ordre de nommer un dictateur qui pût mener à bonne fin l'expédition projetée. Il choisit un guerrier illustre, L. Papirius Cursor, qui prit Cn. Fabius Maximus pour maître de la cavalerie. Brutus battit les Vestins, qui se soumirent. A la fin il entreprit d'emporter les places où s'étaient réfugiés les derniers débris de l'armée ennemie : Cutina et Cingilia. Il réussit. Il abandonna le pillage de ces deux villes à ses soldats (1).

COMMENCEMENT DES HOSTILITÉS CONTRE LES SAMNITES; L. PAPIRIUS CURSOR ET Q. FABIUS MAXIMUS ; PREMIER SUCCÈS DE L'ARMÉE ROMAINE. — L. Papirius Cursor et Fabius, maître de la cavalerie, se dirigèrent enfin vers le Samnium. Ils ne rencontrèrent point d'obstacle. Toutefois ils ne s'avancèrent sur le territoire ennemi qu'avec une extrême circonspection, ne voulant point, sur des apparences qui pouvaient être trompeuses, provoquer une action décisive. Ils se bornaient à observer, lorsque le dictateur Papirius fut rappelé à Rome (2). Il laissa le commandement au maître de la cavalerie, en lui donnant ordre de se maintenir dans sa position et de ne point combattre. Fabius, après le départ du dictateur, ayant appris par ses éclaireurs que l'armée des Samnites était dans le plus grand désordre, ne put résister au désir d'acquérir par une action d'éclat une gloire qui, dans son opinion, devait égaler celle de Papirius et celle des premiers généraux de la République. Il s'avança à l'improviste et livra bataille aux ennemis. L'action se passa dans les environs d'Imbrinium (3). Le général fit preuve d'habileté et les soldats de la plus grande bravoure. Les cavaliers, par le conseil de Cominius, tribun militaire, après avoir fait peu-

nexi furent encore discutées. Or, un passage de Varron prouve jusqu'à l'évidence que Tite-Live a omis une restriction importante de la loi dont il parle. *Hoc C. Popilio vocare Sillo dictatore* (ou corrige : *hoc C. Popilio auctore, Visolo dictatore*) *sublatum ne fieret, ut omnes qui bonam copiam jurarunt ne essent nexi sed soluti*. C'est là sans doute la loi dont parle Tite-Live, loi qui, suivant Varron, n'affranchissait pas tout *nexus* en général, mais seulement ceux qui *juraient avoir de quoi payer*; d'où il résulte que les insolvables restaient *nexi*, comme par le passé, ce que prouvent encore les exemples de *nexi* postérieurs à la loi dont il s'agit. Le jeune homme qui motiva la proposition de cette loi est nommé dans Tite-Live C. *Publilius*, et, bien que Valère-Maxime le nomme T. *Veturius*, les critiques de Varron se sont sans doute trompés en donnant à leur dictateur le même nom. Il s'agit probablement de la dictature de C. Pœtélius Visolus, qui eut lieu l'an de Rome 440; car on voit dans Denys d'Halicarnasse (*Excerpta vales.*) et dans Valère-Maxime que le père du jeune homme dont parle Tite-Live était tombé dans la misère, parce qu'il avait commandé un corps de troupes lors de la capitulation des Fourches-Caudines. Voy. Niebuhr, t. III, p. 178 ; t. V, p. 211 de la trad. fr.

(1) Cluvier discute sur les noms de ces deux villes, qui lui paraissent douteux. Tite-Live était mieux instruit sans doute que Cluvier.

(2) Il partait, dit Tite-Live, pour renouveler les auspices (*quum ad auspicium repetendum Romam proficisceretur...*). On sait par Servius (*ad Æn.*, II, 178) que cet usage cessa quand Rome, étendant ses conquêtes, eut porté ses armes hors de l'Italie. Alors, pour éviter les inconvénients qui pouvaient résulter d'une trop longue absence du général, on choisissait, non loin du camp, sur le territoire conquis un lieu qu'on déclarait romain, et où le chef de l'armée venait prendre de nouveau les auspices.

(3) D'autres manuscrits donnent *Imbrivium* que Juste-Lipse et d'autres ont adopté, pensant que cet endroit se trouvait sur les collines Imbriviennes. Voy. Niebuhr, t. V, p. 263 de la trad. fr.

dant quelque temps de vains efforts pour rompre la ligne ennemie, ôtèrent les lourdes brides qui gênaient les chevaux et les lancèrent à coups d'éperons avec une telle force que rien ne put tenir devant eux. L'infanterie suivit de près la cavalerie. Les bataillons samnites furent enfoncés. Vingt mille ennemis, dit Tite-Live, périrent dans cette journée. Le même historien ajoute ici (ce qui montre la confusion des anciennes traditions) les mots suivants : « Des auteurs prétendent que deux fois, pendant l'absence du dictateur, on en vint aux mains avec les Samnites, et que deux fois les Romains triomphèrent. Dans les plus anciens écrivains il n'est fait mention que d'une seule bataille ; dans quelques annales on ne parle pas même de cette action (1). »

Fabius fit rassembler en un tas et brûler les armes prises sur les ennemis. Il ne voulait pas associer Papirius à sa gloire et laisser transporter à Rome des dépouilles qui n'auraient honoré que le dictateur. Celui-ci, en effet, à la nouvelle du succès obtenu par Fabius sur les Samnites, se montra plein de chagrin et de colère. « Ce sont moins, « dit-il, les légions samnites que la ma- « jesté dictatoriale et la discipline mili- « taire qui ont été vaincues et détruites « par le maître de la cavalerie. » Il partit pour le camp la menace à la bouche. Quoiqu'il fît diligence, il fut pourtant devancé. Le bruit courut bientôt parmi les soldats qu'il allait se montrer pour le maître de la cavalerie inexorable, comme l'avait été T. Manlius.

LUTTE ENTRE PAPIRIUS, LE DICTATEUR, ET FABIUS, LE MAÎTRE DE LA CAVALERIE, AU MILIEU DU CAMP ROMAIN ; FABIUS S'ÉCHAPPE DU CAMP ET REVIENT A ROME ; PAPIRIUS LE SUIT ; DISCUSSION DANS LE SÉNAT ; ASSEMBLÉE DU PEUPLE ; PAPIRIUS PARDONNE A FABIUS. — Fabius, effrayé, se hâta de convoquer l'armée. Quand les soldats furent réunis, il leur tint un discours qui était un véritable appel à la violation de toute discipline militaire et à l'insurrection. Il les anima par de violentes injures contre le dictateur. « C'est, disait-il, un homme cruel, qui ne songe qu'à sa propre gloire, et qui s'afflige, par envie, des succès que les autres généraux obtiennent sur les ennemis de Rome. Il n'est furieux et indigné que parce que les soldats ont remporté sans lui une éclatante victoire. Ce n'est pas à moi seul qu'il en veut, mais à vous tous, tribuns, centurions, et soldats. Comme il ne peut sévir contre l'armée entière, c'est moi Fabius qu'il frappera. Puis, quand il se croira maître absolu par mon supplice, c'est vous qu'il poursuivra, et il vous traitera alors comme de vils esclaves. Soutenez-moi donc ; ma cause est la vôtre. Si le dictateur croit que vous êtes prêts à me défendre, il inclinera, croyez-le, à des sentiments de douceur. En un mot, je confie ma fortune et ma vie à votre loyauté et à votre courage. » Les soldats applaudirent, et de toutes parts ils promirent à Fabius, qui dégradait son commandement en implorant leur appui, qu'ils le défendraient contre Papirius.

Peu après le dictateur arriva. Il fit sonner la trompette, et bientôt les soldats se groupèrent autour de son tribunal. Quand le silence régna dans cette foule, qui était en proie à la plus vive anxiété, le héraut somma Q. Fabius, maître de la cavalerie, de comparaître devant le général. Celui-ci demanda compte à son lieutenant de sa conduite. « Ne t'avais-je « pas défendu, lui dit-il, de rien tenter « pendant mon absence ? Ne t'avais-je « pas défendu d'en venir aux mains avec « l'ennemi ? Tu as agi nonobstant ma « défense, malgré l'incertitude des aus- « pices, au mépris de nos lois religieu- « ses. Tu as tout à la fois enfreint la « discipline, notre sauvegarde, et of- « fensé les Dieux. Est-ce vrai ? réponds. » Fabius s'était approché du tribunal. Il se croyait sûr des dispositions des soldats. S'il faut en croire les anciens récits, ses réponses furent hautaines. Il ne se borna pas à se justifier ; il accusa à son tour le dictateur (1). Papirius ne put se con-

---

(1) Tite-Live adopte plus loin (VIII, 33) la tradition des deux batailles.... *duobus praliis*.

(1) Adversus quæ singula quum respondere haud facile esset, et nunc quereretur eumdem accusatorem capitis sui ac judicem esse ; modo vitam sibi eripi citius quam gloriam rerum gestarum posse vociferaretur,

tenir longtemps. Il ordonna aux licteurs de dépouiller de ses vêtements le maître de la cavalerie et d'apprêter les verges et la hache. Fabius, déjà aux mains du bourreau, s'adressa à ceux qui l'environnaient et leur rappela leurs promesses. Il parvint, avec leur aide sans doute, à s'échapper et à se réfugier dans les rangs des triaires. Ce corps, qui lui était dévoué, poussait par ses clameurs et ses démonstrations les autres soldats au désordre. Il y eut bientôt dans le camp une affreuse confusion. C'était un mélange de prières et de menaces. Papirius, impassible sur son tribunal, restait sourd aux paroles de ceux qui lui conseillaient d'user de clémence et de pardonner à Fabius. La chose était difficile. Le dictateur voyait sans doute un peu plus loin le groupe qui entourait Fabius, et d'où partaient sans cesse des imprécations et des menaces. Lui-même se voyait environné d'officiers et de soldats qui semblaient prendre parti pour le maître de la cavalerie. Ils lui rappelaient l'illustration de la maison Fabia; ils s'apitoyaient sur la jeunesse du coupable, et imploraient sa grâce au nom même de la victoire qu'il venait de remporter. Papirius ne tint compte de leurs remontrances et de leurs prières. Le désordre augmenta, et dès lors la voix du dictateur ne put se faire entendre. La nuit seule mit fin à ces scènes tumultueuses.

Fabius profita des ténèbres pour sortir du camp et se sauver à Rome. Papirius, escorté de quelques cavaliers, l'y suivit. Déjà M. Fabius, qui avait été consul trois fois et dictateur, plaidait devant le sénat la cause de son fils, lorsqu'on entendit à la porte de la Curie les licteurs qui écartaient la foule. C'était Papirius qui arrivait. Il venait réclamer, au nom de la loi et de son autorité suprême, le coupable qui s'était enfui de son camp. Un nouveau débat ne tarda pas à s'engager devant les sénateurs. Papirius se montra inflexible, et, nonobstant les prières du sénat tout entier, il ordonna de saisir le jeune Fabius. Alors le père de l'accusé s'écria : « Puisque tu ne tiens « compte ni de l'illustration de ma race, « ni de ma vieillesse, ni de l'autorité du

purgaretque se invicem, atque ultro accusaret; tunc Papirius.... Tite-Live, VIII, 32.)

« sénat, je te somme de comparaître de-
« vant les tribuns du peuple. Ce sont là,
« Papirius, des juges que tu ne peux récu-
« ser. »

On se rendit à l'assemblée du peuple. Là, devant la foule profondément émue, eut lieu une nouvelle et vive altercation.

Le vieux Fabius prit aussi la parole : il reprocha amèrement au dictateur sa tyrannie et sa cruauté. « Moi aussi, « dit-il, j'ai été dictateur; mais il n'est « pas un homme du peuple, pas un cen- « turion, pas un soldat qui puisse dire « que je l'aie outragé. »

Il énuméra alors tous les dictateurs qui s'étaient montrés indulgents pour les fautes de leurs officiers. Il ajouta : « Jamais le peuple lui-même, qui est « la souveraine puissance, jamais, dans « sa colère contre ceux qui, par impru- « dence ou incapacité, ont perdu des « armées, n'a infligé de peine plus forte « qu'une amende pécuniaire. Aucun « chef jusqu'ici n'a vu sa tête mise en « péril pour le mauvais succès de ses « armes. Mais aujourd'hui les généraux « romains sont menacés, pour leurs « triomphes, des verges et de la hache. « Croyez-vous, d'ailleurs, que l'armée « supportera volontiers la mort de mon « fils? Quel deuil chez les Romains et « quelle joie dans le camp des Samni- « tes ! » C'était ainsi que le vieux Fabius, implorant l'aide des dieux et des hommes et versant des larmes, plaidait la cause de son fils.

Papirius prit enfin la parole. Il invoqua l'autorité des lois, il rappela que c'était par des exemples terribles que l'on avait fait la force et le salut de la république. Il ne fallait donc point, au moment du danger et pendant une guerre difficile, s'abandonner à un funeste relâchement. Quand le sénat et les tribuns se montraient indulgents pour la rébellion en d'aussi graves circonstances, ils manquaient aux plus sacrés de leurs devoirs. La parole austère de Papirius laissa tous ceux qui l'entendirent dans la plus vive agitation.

L'intervention du peuple tira Fabius du danger et Papirius d'une situation embarrassante. La foule recourut aux prières et aux supplications, et demanda la grâce du maître de la cavalerie. Les tribuns et les sénateurs s'adressent aussi au dictateur. Enfin le jeune Fabius et M. Fabius, son père, se jettent aux pieds de Papirius. Il ne put résister. « Romains, dit-il, tout s'est passé suivant « vos vœux et les miens. Victoire est « restée à la discipline et à la majesté « du commandement. Fabius, tu dois « ta grâce au peuple. Puisse cet exem- « ple te rappeler dorénavant l'obéis- « sance que tu dois à tes chefs. Tu es « libre. » Puis, il traversa la foule au milieu des acclamations.

On connaissait Papirius. Il n'avait point agi par une vaine ostentation de sévérité. Aussi, cette même année, quand il fut obligé de quitter le camp, les lieutenants se renfermèrent soigneusement dans leurs lignes sans tenter le moindre mouvement. La mort du jeune Manlius et la sévérité de Papirius contribuèrent singulièrement à rétablir la discipline dans l'armée romaine (324).

PAPIRIUS CONTINUE LA GUERRE CONTRE LES SAMNITES; IL LES OBLIGE A DEMANDER LA PAIX. — Le dictateur, après avoir laissé dans la ville pour maître de la cavalerie L. Papirius Crassus et retiré toute autorité à Q. Fabius, revint au camp où son arrivée n'inspira aux soldats ni joie ni confiance. Ils ne voyaient en lui que le persécuteur du jeune Fabius. Il s'en aperçut dès le lendemain, disent les anciennes traditions. En effet les Samnites s'approchèrent du camp en bataille rangée. Papirius prit les dispositions que lui suggérait sa vieille expérience, et il eût anéanti d'un coup toutes les forces de l'ennemi s'il avait été secondé par ses soldats. Ils se battirent, mais mollement et seulement pour conserver leurs positions. Le dictateur comprit alors qu'il fallait tempérer sa sévérité habituelle par la douceur, et se soumettre à certaines démarches qui pouvaient lui donner quelque popularité. C'est pourquoi, se faisant accompagner des principaux officiers de l'armée, il alla visiter les blessés, pénétrant dans leurs tentes, se faisant dire le nom de chacun d'eux, et les recommandant tous aux soins des lieutenants et des tribuns. Cette conduite si prudente lui rendit l'affection du soldat. Quand il livra bataille une seconde fois aux Samnites, les Romains se comportèrent avec tant d'ardeur, que l'ennemi ne put des

lors tenir la campagne. Papirius parcourut le pays ennemi, faisant un énorme butin et sans rencontrer ni troupes ni résistance. Les Samnites, à la fin, demandèrent la paix. Le dictateur convint avec eux qu'ils donneraient à chacun de ses soldats un vêtement et une année de paye, et il les renvoya, pour les autres conditions, au sénat romain. Ils répondirent qu'ils ne s'y rendraient qu'à sa suite, s'en remettant à lui seul et à sa loyauté bien connue, du soin de leur cause. Les hostilités cessèrent alors, et l'armée quitta le Samnium.

TRIOMPHE DE PAPIRIUS; LES HOSTILITÉS REPRISES CONTRE LES SAMNITES; GUERRE CONTRE LES APULIENS. — Papirius revint à Rome, où il triompha. Avant d'abdiquer la dictature, il choisit pour consuls C. Sulpicius Longus et Q. Aulius Cerretanus.

Les Samnites n'ayant point voulu se soumettre à toutes les conditions qu'on leur imposait, la paix ne fut point faite. Il n'y eut entre les deux peuples qu'une trêve d'une année. Mais dès l'instant où ils apprirent que Papirius avait cessé de commander les légions, les vaincus reprirent courage, et attaquèrent les Romains. Les Apuliens se joignirent à eux. Deux armées furent levées. Sulpicius reçut ordre d'entrer dans le Samnium, Aulius (1) marcha contre les Apuliens. Cette guerre n'offre rien de mémorable. Le Samnium et l'Apulie furent ravagés, mais l'ennemi ne se montra nulle part.

ALARME NOCTURNE A ROME; LES HABITANTS DE TUSCULUM JUGÉS PAR LE PEUPLE ROMAIN. — La même année il y eut à Rome, pendant la nuit, une alarme qui jeta la ville dans la plus vive inquiétude. Le cri aux armes! retentit dans tous les quartiers de la ville. Les citoyens se précipitèrent en foule vers les portes, sur les murailles et au Capitole. Les uns craignaient une conspiration, les autres une attaque imprévue de l'ennemi. Le jour vint qui fit évanouir toutes les craintes. C'était une fausse alerte.

(1) Tite-Live l'appelle aussi *Cerretanus*. En croisant *[...] les noms suivant les éditions les plus [...]*

ITALIE.

Nous ne devons pas oublier que ce fut aussi à cette époque que M. Flavius, tribun du peuple, proposa de punir les Tusculans, qui, par des conseils et des secours, avaient poussé les Véliternes et les Privernates à faire la guerre aux Romains. Les habitants de Tusculum, hommes, femmes et enfants, vinrent à Rome, où ils implorèrent la clémence du peuple. Ils excitèrent la pitié des citoyens. Toutes les tribus repoussèrent la proposition de M. Flavius. Il n'y en eut qu'une, la tribu Pollia, qui demanda que tous ceux qui avaient atteint l'âge d'homme parmi les Tusculans fussent fouettés et mis à mort, et que les femmes avec les enfants fussent vendus à l'encan, selon le droit de la guerre. « On sait que les Tusculans, dit Tite-Live, ne pardonnèrent jamais à ceux qui avaient proposé une si atroce vengeance. Leur ressentiment dura jusqu'à l'époque où vécurent nos pères. Presque jamais candidat de la tribu Pollia n'eut le suffrage de la tribu Papiria. » Nous devons ajouter que cette dernière se composait en grande partie des habitants de Tusculum qui avaient reçu le droit de cité romaine (1).

Les Samnites prennent les armes; le Samnium est envahi par les Romains; grande bataille; les Samnites sont vaincus et se soumettent; incertitude des historiens anciens relativement a ces derniers événements. — L'année suivante il fallut reprendre les armes contre les Samnites. Indépendamment des consuls Q. Fabius et L. Fulvius, on nomma un dictateur, A. Cornelius Arvina, qui choisit M. Fabius Ambustus pour maître de la cavalerie.

L'ennemi, disait-on, n'avait pas eu recours seulement à ses propres forces, il avait essayé aussi de soulever les populations qui l'avoisinaient. Il cherchait à former une vaste et puissante confédération. Les Romains entrèrent donc en campagne. Ils pénétrèrent dans le Samnium; et, sans trop se soucier d'un ennemi qui n'avait pas tenu devant eux dans les derniers combats, ils campèrent d'abord sans bien choisir leur position et sans précaution. Peu s'en fallut qu'ils ne payassent cette négligence par un grand désastre. Les bataillons samnites se présentèrent, une fois, à l'improviste; et ils osèrent, dans leur confiance, planter leurs palissades près des postes romains. Si le jour n'eût touché à sa fin ils auraient attaqué sans délai les retranchements. Ils attendirent le lendemain. Le dictateur, se voyant surpris et craignant que le désavantage de la position ne nuisît au courage de ses soldats, laissa partout des feux allumés pour tromper les regards des Samnites, et il fit sortir, sans bruit, les légions; mais les deux camps étaient si voisins qu'il ne put cacher ce mouvement. La cavalerie ennemie suivit sa marche, se bornant à l'observer et ne risquant point une attaque. L'infanterie demeura immobile. Au point du jour, les cavaliers samnites commencèrent à harceler les Romains, les gênant dans leur marche et les arrêtant dans les passages difficiles. Le dictateur ne pouvait continuer, sans un trop grand désavantage, son mouvement de retraite. Il s'arrêta, et ordonna à ses soldats de tracer un camp. Les Samnites ne lui donnèrent pas le temps de se mettre à l'œuvre. Il ne lui resta bientôt plus pour se sauver que la ressource de livrer un combat désespéré. Il rangea donc ses troupes en bataille. Les ennemis l'imitèrent, et se disposèrent à l'action. La marche de l'armée romaine, qui ressemblait à une fuite, doublait leur courage.

Les défaites qu'ils avaient essuyées dans les dernières campagnes leur avaient enlevé une partie de leur ancienne fierté et de leur confiance. Ils ne pouvaient déjà plus, s'il faut en croire Tite-Live, soutenir le cri de guerre des Romains. Cette fois, pleins d'assurance, ils se battirent avec acharnement. L'action dura, sans qu'il y eût avantage de part ou d'autre, depuis la troisième heure du jour jusqu'à la huitième. La nuit seule devait séparer les combattants. Les chefs de deux armées se trouvaient dans la plus complète incertitude, quand la cavalerie samnite, s'apercevant que les bagages de l'ennemi étaient abandonnés, essaya de les enlever. On apporta cette nouvelle au dictateur : « Laissez faire, dit-il; ce butin, en les embarrassant, les perdra.

(1) Voy. Tite-Live, VI, 26, VIII, 14; et Valère Maxime, X, 10, 1.

« Mais on pille, lui répliqua t-on, la for-
« tune du soldat. » Alors Cornélius appela
le maître de la cavalerie; « Fabius, lui
« dit-il, les cavaliers ennemis ont aban-
« donné le combat. Ils sont maintenant
« embarrassés avec nos bagages. Attaque-
« les pendant le désordre qui suit néces-
« sairement le pillage. Ils ne peuvent
« plus désormais te résister à cheval,
« et les armes à la main. Fais-leur expier
« leur attaque par une sanglante défaite.
« Je garde l'infanterie ; à toi l'honneur
« de conduire la cavalerie. »

Le dictateur ne s'était pas trompé.
Les cavaliers samnites, en désordre,
furent dispersés, battus, écrasés. Fabius
alors, par un mouvement habile, revint
au lieu où les fantassins des deux armées
se battaient avec un égal acharnement,
et attaqua l'ennemi par derrière. Cette
attaque fut décisive. Les Samnites commencèrent à plier ; puis, l'armée romaine
faisant de nouveaux efforts, ils furent enfoncés. Attaqués par devant et par derrière, tout moyen de résistance leur était
enlevé. Les uns furent massacrés sur
place, et les autres se sauvèrent dans le
plus grand désordre ; leur chef périt dans
la mêlée.

Les forces des Samnites étaient anéanties. Le découragement gagna la confédération. On tint des conseils où l'on
accusa ouvertement ceux qui avaient
provoqué les Romains et renouvelé la
guerre de l'indépendance. Il y avait un
nom surtout que désignaient les clameurs
des mécontents et des lâches. C'était celui de Brutulus Papius, homme riche et
puissant, qui avait pris une part active
dans les derniers événements. Les chefs
de la nation, entraînés par les accusations
injustes et les exigences de la multitude,
décrétèrent que Brutulus Papius serait
livré aux Romains ; qu'avec lui tout le
butin et les prisonniers faits sur les Romains seraient envoyés à Rome ; enfin,
que les objets revendiqués par les féciaux,
aux termes des anciens traités, seraient
restitués suivant le droit et la justice.
Des députés samnites partirent donc
pour Rome, traînant à leur suite le cadavre de Brutulus, qui, par une mort volontaire, s'était soustrait à l'opprobre et
au supplice. Il fut décidé aussi qu'on livrerait tous ses biens. Mais les Romains
n'acceptèrent que les prisonniers et ce

qu'on put reconnaître dans le butin.
On rejeta l'offre de tout le reste.

Le sénat accorda le triomphe au dictateur Cornélius.

« Quelques auteurs prétendent », dit
Tite-Live, que cette guerre fut menée à
bonne fin par les consuls, qui seuls entrèrent dans le Samnium. Ils disent bien
que Cornélius fut dictateur ; mais suivant eux, il ne fut nommé que pour présider à certaines cérémonies religieuses.
Il abdiqua ensuite sa dictature. Il n'est
pas facile, dans cette période de notre
histoire, de préférer un fait à un autre
fait, une autorité à une autre autorité.
Je suis persuadé que le souvenir du passé
a été altéré par les éloges funèbres et
par les fausses inscriptions des images,
parce que chaque famille veut, à l'aide de
mensonges, attirer uniquement sur soi
toute la gloire des hauts faits et des magistratures. De là vient cette confusion
dans tous les documents historiques. Il
ne nous reste de l'époque dont nous parlons aucun écrivain dont le témoignage
soit assez sûr pour qu'on puisse s'y arrêter (1). »

LES ROMAINS NE VEULENT POINT
PARDONNER AUX SAMNITES ; C. PON-
TIUS EXCITE SES CONCITOYENS A RE-
PRENDRE LES ARMES. — L'année suivante les Samnites prirent pour chef
C. Pontius, fils d'un homme qui jouissait
parmi eux d'une grande considération et
qui s'appelait Hérennius. Quand les députés envoyés pour donner satisfaction aux
Romains furent revenus sans avoir conclu la paix, Pontius parla ainsi dans l'assemblée de la nation : « Samnites, la dé-
« marche que vous avez faite n'est pas res-
« tée sans résultat ; vous avez apaisé, en
« vous humiliant, la colère divine. Les
« dieux exigeaient satisfaction ; mais,
« croyez-le, il n'entrait point dans leurs
« desseins, que vous fussiez repoussés ou-
« trageusement par les Romains. Et que
« pouvait-on faire de plus pour fléchir nos
« ennemis que ce que nous avons fait ? Le

(1) Nec quisquam æqualis temporibus illis
scriptor exstat, quo satis certo auctore ste-
tur. (Tite-Live, VIII, 40.) — On a longtemps discuté sur le fait dont parle Tite-Live.
Nous avons préféré la narration très-drama-
tique de l'historien latin à toutes les sécheresses
considérations des critiques modernes.

butin que nous avions enlevé, et qui nous appartenait par le droit de la guerre, nous l'avons renvoyé. Brutulus Papius était mort; nous avons livré son cadavre. Nous avons aussi livré ses biens pour qu'il ne restât rien entre nos mains qui fût souillé par son crime. Que devons-nous donc à Rome? Que devons-nous aussi aux dieux garants des anciens traités? Le droit est maintenant de notre côté. Que si la faiblesse, luttant contre la puissance, n'a rien à attendre de la justice des hommes, je ferai du moins un appel aux dieux vengeurs. Je les conjurerai de tourner leur colère contre ceux qu'on ne peut satisfaire ni en leur rendant ce qui leur appartient ni en leur donnant ce qui ne leur appartient pas. Leur cruauté ne peut se contenter du cadavre d'un ennemi. C'est notre sang qu'ils veulent boire; ce sont nos entrailles qu'ils veulent déchirer (1). Samnites, la guerre est juste quand elle est nécessaire. Qui donc pourrait nous accuser de prendre les armes quand il ne nous reste d'espoir que dans les armes? Nous avons pensé jusqu'ici avec raison qu'il fallait en toute occasion se ménager l'intervention divine. Samnites, nous n'avons plus rien à craindre; les dieux sont avec nous. »

Ce discours entraîna l'assemblée, et la guerre fut résolue.

LES ROMAINS SONT SURPRIS AUX FOURCHES CAUDINES (321). — La confédération leva, il faut le croire, une armée assez nombreuse pour résister aux forces combinées des deux consuls T. Véturius Calvinus et Sp. Postumius. Quant à Pontius, de Télésia, dont on connaissait la sagesse, l'habileté et l'expérience, il fut placé à la tête de toutes les troupes du Samnium. Quand il eut rassemblé tous les soldats, il vint camper aux environs de Caudium. Il choisit une position excellente. Ce fut de là qu'il envoya des émissaires aux Romains, qui se trouvaient alors près de Calatia. Il leur ordonna de se vêtir en bergers et de conduire leurs troupeaux à peu de distance des postes avancés qui avaient été établis par les consuls. « Vous direz, dit-il, aux « ennemis, car vous tomberez infaillible- « ment entre leurs mains, que Pontius « est en Apulie, qu'il assiège Lucérie « avec toutes ses forces, et qu'il est sur « le point d'emporter la place. » Déjà ce bruit, répandu à dessein, était arrivé jusqu'aux chefs de l'armée romaine. On crut facilement dès lors ceux qui avaient pris des vêtements de bergers. Il n'était point douteux que les Romains ne voulussent porter secours aux Lucériens, qui étaient de bons et fidèles alliés. D'ailleurs l'Apulie tout entière pouvait, si elle n'était secourue à temps, se soumettre aux Samnites et leur prêter aide et appui. Il y eut donc un conseil de tous les officiers, où il fut décidé qu'on marcherait sans retard pour dégager Lucérie. Il n'y eut de discussion sérieuse que sur la marche que l'on suivrait.

Deux chemins conduisaient à Lucérie, l'un qui longeait la côte de la mer Supérieure (1) en plaine et à découvert, très-sûr, mais très-long; l'autre, plus court, par les Fourches Caudines (2). Voici la description de ce dernier chemin. Ce sont deux défilés profonds et très-resserrés. Ils sont formés par des montagnes qui des deux côtés sont couvertes de bois. Entre ces deux défilés on rencontre une petite plaine, espèce de clairière où l'on trouve beaucoup d'eau et de verdure, et qui est traversée par le chemin. Avant d'y arriver il faut parcourir le premier défilé. Il ne reste donc plus à ceux qui veulent revenir sur leurs pas, tant la plaine dont nous parlons est environnée de bois épais, que l'alternative de traverser encore

---

(1) Quod si nihil cum potentiore juris humani relinquitur inopi, at ego ad deos vindices intolerandæ superbiæ confugiam; et precabor ut iras suas vertant in eos quibus non suæ redditæ res, non alienæ accumulatæ satis fuit; quorum sævitiam non mors noxiorum, non deditio exanimatorum corporum, non bona sequentia domini deditionem exsatient: placari qui nequeant nisi hauriendum sanguinem laniandaque viscera nostra præbuerimus (Tite-Live, IX, 1.)

(1) Il s'agit évidemment ici de toute la pente orientale des Apennins.
(2) Cette position est encore désignée aujourd'hui sous le nom de *Valle Caudina*. Le défilé (*angustiæ*) mentionné quelques lignes après s'appelle encore *Forchia di Arpaia*.

une fois le premier défilé ou de s'engager dans le second. Celui-ci est plus étroit et plus difficile que l'autre (1). Or, les Romains choisirent la route la plus courte; et, après avoir marché quelque temps à travers une roche creuse, ils arrivèrent à la plaine. Ils allaient s'engager dans le second défilé; mais ils le trouvèrent fermé par des abatis d'arbres et par d'énormes pierres. Quand ils aperçurent l'ennemi sur les hauteurs, ils comprirent tout le danger de leur situation. Pontius avait réussi à les tromper. C'est en vain qu'ils essayèrent de revenir sur leurs pas. Le premier défilé qu'ils avaient parcouru était déjà fermé par les Samnites.

L'armée s'arrêta d'elle-même, sans ordre des chefs. Elle était plongée dans la stupeur. Le soldat interrogeait le soldat, chacun espérant trouver en autrui plus de résolution qu'en lui-même. Tous restèrent longtemps immobiles. Enfin les consuls firent dresser les tentes, et donnèrent les ordres qui étaient nécessaires à un campement. Tous, quoiqu'ils s'exposassent à la risée de l'ennemi, se mirent à l'œuvre avec ardeur. Ils savaient bien que leurs efforts pour se retrancher étaient inutiles. Les consuls, plongés dans l'abattement, ne songent pas même à convoquer un conseil; c'est en vain que les légats et les tribuns se rendent auprès d'eux. Les soldats de leur côté jettent avec une vive anxiété des regards sur les tentes de leurs chefs. Ils semblent implorer des secours que pourraient à peine leur donner les dieux immortels.

DÉCOURAGEMENT ET DÉSESPOIR DES ROMAINS. — Ils se lamentent et discutent en vain sur les moyens d'échapper. La nuit vint les surprendre au milieu de leurs angoisses. Ils ne dormirent point. « Allons, disaient les uns, à travers tous les obstacles de la route. » Les autres, non moins résolus, ajoutaient : « Franchissons ces montagnes, traversons ces forêts, marchons partout où nous pourrons avancer avec nos armes. Cherchons seulement à atteindre cet ennemi que nous battons depuis tant d'années. Si nous parvenons à le joindre, notre salut est assuré. » D'autres, moins confiants, répondaient : « Où irons-nous? Pouvons-nous déplacer, écarter ces montagnes? Tant que ces hauteurs seront là, suspendues sur nos têtes, quel moyen d'arriver à l'ennemi? Nous sommes pris et vaincus. L'ennemi peut rester immobile. Notre perte, sans ses efforts, est assurée. » Ce fut dans de semblables discours que se passa toute la nuit (1).

INCERTITUDE DES SAMNITES; ILS CONSULTENT HERENNIUS PONTIUS; ILS REJETTENT L'AVIS DU VIEILLARD. — Les Samnites, de leur côté, étaient étourdis par le succès, et ils ne savaient à quelle résolution s'arrêter. Ils songèrent alors à prendre conseil d'un sage de leur nation. C'était Hérennius Pontius, père de leur général. Dans un corps affaissé par l'âge il avait conservé une grande force d'esprit. Quand il apprit, par un message de son fils, que les Romains étaient enfermés aux Fourches Caudines, son avis fut de leur donner, pour la retraite, un libre passage, sans les traiter en vaincus (2). On rejeta ce conseil, et on lui envoya un second message. « Je suis d'avis, dit-il, maintenant de les exterminer tous jusqu'au dernier (3). » On put croire un instant que l'esprit du vieillard était affaibli, ou que le messa-

---

(1) Duæ ad Luceriam ferebant viæ; altera præter oram superi maris patens apertaque, sed quanto tutior tanto fere longior; altera per Furculas Caudinas, brevior. Sed ita natus locus est : saltus duo alti angusti, silvosique sunt, montibus circa perpetuis inter se juncti; jacet inter eos satis patens clausus campus, herbidus aquosusque, per quem medium iter est. Sed antequam venias ad eum, intrandæ primæ angustiæ sunt; et aut eadem qua te insinuaveris retro via repetenda, aut, si ire porro pergas, per alium saltum arctiorem impeditioremque evadendum. In eum campum.... (Tite-Live, IX, 2.)

(1) Niebuhr suppose que Tite-Live, pour embellir son récit, a exagéré ici les terreurs de l'armée romaine. Il a examiné et critiqué avec soin la narration de l'historien latin. Voy. t. V, p. 289 et suiv. de la trad. fr.

(2) .... consulus ab nuntio filii, censuit omnes inde quam primum inviolatos dimittendos. (Tite-Live, IX, 3.)

(3) Quæ ubi spreta sententia est, iterumque, eodem remeante nuntio, consulebatur, censuit ad unum omnes interficiendos. (Id. Ibid.)

ger avait mal interprété ses paroles. Pleins d'anxiété, les Samnites prièrent Herennius de se rendre dans leur camp. Il n'hésita pas un seul instant. Quand il parut dans le conseil des guerriers, on lui rappela qu'il avait donné deux avis contradictoires : « Non, dit-il ; je « voulais seulement vous apprendre que « vous aviez deux moyens de profiter « de votre victoire. En vous montrant « généreux, vous affermissiez pour tou-« jours la paix que vous eussiez faite « avec une nation puissante ; en mas-« sacrant jusqu'au dernier ceux qui « sont enfermés dans ces défilés, vous « pouviez ainsi terminer la guerre et « enlever, pour longtemps, aux Ro-« mains affaiblis le pouvoir de recom-« mencer contre vous leurs injustes « agressions. Je n'admets pas qu'il existe « un troisième parti. » — « Eh, quoi ! « lui répondit-on, n'aurions-nous pas « avantage avant de livrer passage à « l'ennemi, d'user rigoureusement du « droit de la guerre, et d'imposer de « dures conditions aux Romains. » — « Prenez garde, dit Hérennius ; les « Romains accepteront vos conditions « par nécessité ; mais ils ne vous par-« donneront jamais l'humiliation qu'ils « auront subie. »

On ne crut point le sage vieillard. Herennius revint plein de tristesse, dans sa demeure (1).

PONTIUS OFFRE AUX ROMAINS UNE CAPITULATION ; LEUR HÉSITATION ; DISCOURS DE L. LENTULUS. — Les Romains firent plusieurs tentatives pour s'échapper ; mais toute issue leur était fermée. Bientôt les vivres commencèrent à manquer dans le camp des consuls. Il fallut alors envoyer une députation aux Samnites pour leur demander des conditions honorables. Les messagers avaient ordre, dans le cas où ils éprouveraient un refus, de provoquer l'ennemi au combat. « Pourquoi se battre, répondit « Pontius ? La guerre est finie ; et si « vous l'ignorez, vous l'apprendrez bien-

« tôt, puisque chacun de vous doit passer « sous le joug sans armes et avec un « seul vêtement. Quant aux autres con-« ditions de la paix, les voici : les Ro-« mains quitteront le territoire samnite « et en retireront leurs colonies ; les « deux nations vivront indépendantes « l'une de l'autre, chacune selon ses « lois et d'après un traité basé sur la jus-« tice. Si vos chefs repoussent ces con-« ditions, il est inutile de demander « de nouvelles conférences. Ne vous « représentez plus devant moi. »

Quand les députés revinrent au camp romain, on entendit de toutes parts des cris lamentables. On eût dit que Pontius avait signifié aux chefs et aux soldats un arrêt de mort. Puis aux cris, aux imprécations succéda un long silence. Ce fut alors que L. Lentulus, le premier des légats, prit la parole et dit : « Con-« suls, j'ai souvent entendu dire à mon « père qu'au Capitole, seul entre tous « les sénateurs, il n'avait point été d'a-« vis qu'on rachetât des Gaulois la ville « avec de l'or. Je suis fier d'avoir eu un « tel père ; moi aussi je proclame qu'il « est beau de mourir pour la patrie, et je « suis prêt à me dévouer pour le peuple « romain et ses légions, et à me précipi-« ter au milieu des ennemis. Mais je vois « ici en vous la patrie tout entière. A « quoi servirait aujourd'hui le plus héroï-« que dévouement ? Au lieu de sauver « les murailles de Rome, nous les livre-« rions à nos implacables ennemis. No-« tre mort serait le triomphe des Sam-« nites. Rome trouverait-elle à Véies une « nouvelle armée ; trouverait-elle aussi « un nouveau Camille pour la sauver ? « Ici sont toutes les forces et toutes les « espérances de la république. Ne les « anéantissez pas d'un coup ; conservez-« les précieusement, même par une « capitulation honteuse, pour le salut « de la république. Subissons donc « cette grande humiliation ; ce sont les « dieux qui nous l'imposent. Allez, con-« suls, rachetez, en livrant nos armes, « cette Rome que vos pères ont rache-« tée déjà par de l'or. »

LES CONSULS FONT UN TRAITÉ AVEC PONTIUS ; DÉSOLATION DANS LE CAMP ROMAIN ; LES CONSULS ET LES SOLDATS PASSENT SOUS LE JOUG. — Les consuls se rendirent auprès de Pontius. Ils ac-

---

(1) Suivant d'anciennes traditions (Voy. Cicéron, de Senectute, 12) Herennius était l'ami d'Archytas et de Platon. Ces traditions, mensongères d'ailleurs, attestent la grande réputation de sagesse que Tite-Live attribue au chef samnite.

ceptèrent ses conditions, et donnèrent pour garants de leurs promesses, les lieutenants, les questeurs, les tribuns militaires et eux-mêmes. Tite-Live essaye en vain dans son récit, pour atténuer la perfidie romaine, de prouver qu'un traité, pour être valable, devait être ratifié par l'assemblée du peuple et accompagné de cérémonies religieuses (1). Pontius connaissait bien la mauvaise foi de ses ennemis. Il exigea avant tout six cents otages, pris parmi les chevaliers, lesquels devaient payer de leurs têtes toute infraction au traité. On fixa ensuite le moment où seraient livrés ces otages et où les soldats, sans armes, passeraient sous le joug.

Le retour des consuls raviva dans le camp la douleur et le désespoir. Les soldats reprochaient en termes amers à leurs chefs de les avoir réduits à ces dures extrémités. Ils furent sur le point de les massacrer. Rendre leurs armes, se livrer sans défense aux railleries et aux insultes du vainqueur, traverser honteusement et dans le plus triste appareil les villes alliées, c'était pour eux chose plus triste que la mort. « Jusqu'ici, disaient-ils, « nous sommes les seuls Romains qu'on « ait vaincus sans combat. Qu'avions-« nous besoin d'armes ? A quoi nous ont « servi nos forces et notre courage ? » Ils murmuraient encore lorsqu'arriva le moment fatal de l'ignominie. D'abord il leur fut enjoint de sortir de leurs retranchements avec un seul vêtement et sans armes, et les otages furent les premiers livrés ; ensuite ce fut le tour des consuls, dont on renvoya les licteurs et à qui on enleva le *paludamentum*. A cette vue ceux-là même qui peu de temps auparavant les chargeaient d'exécrations et voulaient les sacrifier et les mettre en pièces furent tellement émus de compassion, que chacun, oubliant son propre malheur, détourna ses regards de cette dégradation d'une si haute majesté, comme d'un spectacle plein d'horreur.

Les consuls, presque à moitié nus, passèrent les premiers sous le joug, puis chaque chef, suivant son grade, subit à son tour cette ignominie, puis vinrent les légions (2). Les ennemis, rangés en armes autour des Romains, les accablaient, s'il faut en croire Tite-Live, d'insultes et de railleries. On en tua même plusieurs qui avaient laissé trop éclater, dans leurs regards ou dans leurs gestes, l'indignation qu'ils éprouvaient. Ce fut ainsi qu'à la vue de toute l'armée samnite ils courbèrent la tête sous le joug.

LES SOLDATS ROMAINS ARRIVENT EN CAMPANIE; RETOUR A ROME. — Les Romains, après avoir quitté les Fourches Caudines se dirigèrent sur Capoue. Ils auraient pu entrer dans cette ville avant la nuit; mais la honte les retint en dehors des murailles. La compassion des Campaniens leur vint en aide, et moins peut-être la compassion que la haine que dans tout le pays on avait vouée aux Samnites. Le sénat et le peuple de Capoue se portèrent à la rencontre des soldats romains. On les accueillit avec joie, et on remplit envers eux, comme envers des alliés et des amis, tous les devoirs de l'hospitalité. Mais tout cela ne pouvait leur rendre leur ancienne confiance. Ils étaient pleins de honte, et cherchaient à se soustraire à toutes les marques de sympathie qu'on leur prodiguait. Le lendemain une escorte d'honneur les accompagna jusqu'aux frontières de la Campanie (1). Ils rentrèrent enfin dans Rome.

OPINION DES CAMPANIENS SUR LE DÉSASTRE DE CAUDIUM. — Quand l'escorte revint à Capoue, elle communiqua au sénat de la ville ses impressions. « Les Romains, dirent-ils, ont été pen-« dant la marche, constamment silen-« cieux. On eût dit à les voir marcher

(1) Tite-Live, IX, 5.
(2) Primi consules, prope seminudi, sub jugum missi ; tum, ut quisque gradu proximus erat, ita ignominiæ objectus ; tum deinceps singulæ legiones. (Tite-Live, IX, 6.)

(1) Quod ubi est Capuam nuntiatum, evicit miseratio justa sociorum superbiam ingenitam Campanis....... Venientibus Capuam cunctus senatus populusque, obviam egressi justis omnibus hospitalibus, privatisque et publicis, funguntur officiis. Neque illis sociorum comitas, vultusque benigni, et alloquia non modo sermonem elicere, sed ne ut oculos quidem attollerent, aut consolantes amicos contra intuerentur, efficere poterant. Adeo super mœrorem pudor quidam fugere colloquia et cœtus hominum cogebat. (Tite-Live, IX, 6.)

« qu'ils sentaient encore peser sur leur
« cou le joug sous lequel ils avaient
« passé. Les Samnites ont remporté cette
« fois une victoire qui répond de l'a-
« venir. Ils ont fait plus que les Gaulois :
« ceux-ci n'ont fait que renverser des
« murailles ; ceux-là ont abattu la con-
« fiance et la fierté romaine (1). »

Ces paroles n'abusèrent point les hommes qui pensaient sagement et ne tenaient compte que des leçons de l'expérience. L'un d'eux, Ofilius Calavius, illustre par sa naissance et par les services qu'il avait rendus à ses concitoyens, s'exprima ainsi : « Ne vous abusez pas, ce silence
« et cette honte sont les indices d'ef-
« frayantes colères. Vous ne connaissez
« pas le caractère romain. Cet abatte-
« ment arrachera bientôt aux Samnites
« des cris de douleur et des pleurs amers.
« Le traité des Fourches Caudines sera
« pour eux une source de désastres. Les
« Romains auront toujours la valeur
« qui a fait leur fortune et leur gloire ;
« mais les Samnites n'auront pas tou-
« jours les défilés de Caudium (2). »

ROME EST PLONGÉE DANS LE DEUIL. — Les divers incidents de cette malheureuse campagne étaient connus à Rome. On y apprit d'abord que les légions, attirées dans un piége par les Samnites, étaient cernées de toutes parts et ne pouvaient échapper au massacre ou à la captivité ; plus tard, au moment même où l'on faisait des levées pour voler à leur secours, on sut qu'elles avaient passé sous le joug aux Fourches Caudines. Il y eut alors dans la ville un deuil immense. On ferma les boutiques et toutes les affaires furent suspendues.

Aux plaintes, aux gémissements succédèrent bientôt les menaces contre les généraux et les soldats qui avaient capitulé. Il fut question de leur refuser l'entrée de Rome. Mais repousser ainsi cette forte armée, c'était enlever à la république une de ses ressources les plus précieuses. D'ailleurs, quand on vit approcher ces soldats qui, sans se souvenir qu'ils avaient échappé au danger, n'avaient d'autre sentiment que celui de la honte et marchaient avec la contenance de malheureux captifs, la compassion gagna tous les cœurs. On leur ouvrit donc les portes ; mais ils n'osèrent point pénétrer dans la ville en plein jour ; ils attendirent la nuit.

ON DÉLIBÈRE A ROME SUR LA PAIX DE CAUDIUM ; DISCOURS DE POSTUMIUS ; DÉCISION DU SÉNAT. — Les circonstances étaient graves, et l'on crut nécessaire de remettre le pouvoir aux mains de Q. Publilius Philo et de L. Papirius Cursor. Ces deux hommes avaient fait preuve jusque-là d'une grande sagesse, et leurs noms rappelaient d'éclatants succès. Ils furent à peine entrés en charge qu'ils firent mettre en délibération la paix de Caudium. Postumius fut interrogé. « Consuls, dit-il en s'adressant à ses suc-
« cesseurs, je ne veux point essayer ici
« de me justifier. Je me bornerai à vous
« donner mon avis sur le grave objet de
« votre délibération. Cet avis vous prou-
« vera, d'ailleurs, que je ne perdais
« que moi-même quand je conservais
« vos légions. J'ai fait un traité, je l'a-
« voue ; mais je l'ai fait sans l'ordre du
« peuple. Ce traité n'oblige donc pas le
« peuple, qui ne l'a pas ratifié. Que de-
« vez-vous aux Samnites ? Rien que nos
« personnes. Livrez-nous donc, nus et
« enchaînés, à vos ennemis ; c'est ainsi
« que vous vous dégagerez des promes-
« ses que nous avons faites. Quand nous
« serons à la merci de Pontius et des
« siens, vous qui aurez fait des levées
« et de formidables préparatifs, vous
« pourrez continuer et mener à bonne
« fin, sans avoir violé vos serments, la
« plus juste des guerres (1). » Postu-

---

(1) .... Silens ac prope mutum agmen incessisse. Jacere indolem illam romanam ablatosque cum armis animos. Non reddere salutem...... Tamquam ferentibus adhuc cervicibus jugum sub quo emissi essent. Habere Samnites victoriam, non præclaram solum, sed etiam perpetuam..... (Tite-Live, IX, 6.)

(2) Silentium illud obstinatum, fixosque in terram oculos, et surdas ad omnia solatia aures, et pudorem intuendæ lucis, ingentem molem irarum ex alto animo indicia esse ; aut romana se ignorare ingenia, aut silentium illud Samnitibus flebiles brevi clamores gemitusque excitaturum...... saltus Caudinos non ubique Samnitibus fore. (Tite-Live, IX, 7.)

(1) Ego... omissa defensione,... sententiam de eo de quo retulistis paucis peragam : quæ sententia testis erit, mihine an legionibus vestris pepercerim, quum me seu turpi seu necessaria sponsione obstrinxi. Qua ta-

mius, dans son discours, n'eut pas honte d'invoquer les dieux. S'il faut croire Tite-Live, on plaignit Postumius, et on admira son dévouement. Toutefois, au milieu des incidents dramatiques de son récit, l'historien latin rapporte une tradition qui prouve que tous les Romains n'approuvèrent pas les paroles de Postumius. Quelques-uns essayèrent même de combattre ce qu'ils regardaient avec raison comme une odieuse violation des serments les plus sacrés. On raconte que les tribuns du peuple L. Livius et Q. Melius s'écrièrent : « Vous ne dégagerez pas la cons-
« cience du peuple en livrant les consuls.
« Si vous voulez être loyaux et libres d'a-
« gir, allez vous replacer dans les défilés de
« Caudium (1). » Postumius répondit :
« Je ne nie pas, pères conscrits, que les
« promesses ne soient aussi sacrées que
« les traités revêtus de toutes les for-
« malités pour quiconque respecte la
« bonne foi entre les hommes à l'égal
« de la religion; mais je nie que sans
« l'aveu du peuple on puisse rien con-
« clure qui oblige le peuple. Et qu'on ne
« vienne pas maintenant me demander
« pourquoi j'ai pris un pareil engage-
« ment, puisqu'un tel acte outre-pas-
« sait les droits d'un consul, puisque je
« ne pouvais leur garantir la paix ni en
« mon nom, moi de qui elle ne dépendait
« pas, ni en votre nom, vous de qui je
« ne tenais aucun ordre semblable.
« Rien de ce qui s'est fait à Caudium,
« pères conscrits, n'est arrivé par la
« volonté des hommes. Il faut s'en pren-
« dre aux dieux. Ce sont eux qui nous
« ont frappés d'aveuglement. Mais ils
« n'ont pas épargné non plus les Samni-
« tes. Les ennemis n'ont pas su profiter
« de leur victoire. Enfin, vous n'avez rien
« à débattre ni avec nous, à qui vous

men, quando injussu populi facta est, non tenetur populus romanus; nec quicquam ex ea præterquam corpora nostra debentur Samnitibus. Dedamur per fetiales nudi vinctique : exsolvamus religione populum, si qua obligarimus; ne quid divini humanive obstet quo minus justum piumque de integro ineatur bellum. (Tite-Live, IX, 8.)

(1)..... Neque exsolvi religione populum aiebant deditione sua, nisi omnia Samnitibus qualia apud Caudium fuissent restituerentur (Tite-Live, IX, 8.)

« n'avez rien ordonné, ni avec les Sam-
« nites, avec lesquels nous n'avons pas
« traité. Livrez-nous; nous seuls sommes
« responsables; les Samnites ne doivent
« frapper que nous. Allons, Véturius,
« mon collègue, et vous tous qui avez
« sanctionné le traité, marchons, et par
« notre supplice hâtons-nous de ren-
« dre la liberté aux armes romaines. »
Les Romains cédèrent sans peine à cette honteuse argumentation. Le danger les poussait à croire Postumius. S'il faut ajouter foi aux exagérations des historiens romains, on alla même jusqu'à comparer le général inhabile et vaincu au consul Decius, cette illustre victime d'un généreux dévouement.

POSTUMIUS AU CAMP DES SAMNITES; DISCOURS DE PONTIUS. — On fit à Rome d'immenses préparatifs et de nouvelles levées avec une promptitude extraordinaire; puis on se hâta de conduire au camp des Samnites Postumius et tous ceux qui avaient juré la paix des Fourches Caudines. Quand ils furent arrivés, les féciaux ordonnèrent de les dépouiller de leurs vêtements et de leur lier les mains derrière le dos. L'appariteur, par respect, n'osait serrer les liens qui devaient retenir Postumius. « Que ne me serres-tu davantage, dit-il, afin que je sois livré comme je dois l'être (1) ? » Lorsqu'on fut arrivé dans l'assemblée des Samnites et en présence de Pontius, le fécial A. Cornélius Arvina parla en ces termes : « Puisque ces hommes, sans
« l'autorisation du peuple romain, ont
« fait un traité de paix, et qu'en cela
« même ils se sont rendus coupables d'un
« crime; pour que le peuple n'ait point
« à répondre de ce crime, ces hommes je
« vous les livre (2). » Tandis que le fécial parlait ainsi, Postumius le frappa, et dit :
« Je suis citoyen samnite, et toi, fé-
« cial, tu es un ambassadeur. J'ai donc
« violé le droit des gens en te frappant.
« Désormais les Romains peuvent faire
« la guerre; ils ont pour eux le bon
« droit. »

(1) Quin tu, inquit, adducis lorum, ut justa fiat deditio? (Tite-Live, IX, 10.)

(2) Quandoque hice homines injussu populi romani Quiritium fœdus ictum iri spoponderunt...... hosce homines vobis dedo. (Tite-Live, IX, 10.)

La mauvaise foi des Romains excita chez tous les Samnites la plus vive indignation. Pontius, se faisant l'interprète de ceux qui l'environnaient, répondit : « Et moi, je n'accepte point « une pareille satisfaction. La nation « samnite la repousse avec moi. Pour- « quoi, Sp. Postumius, si tu crois qu'il « existe des dieux, pourquoi ne déclares- « tu pas nul tout ce qui s'est fait entre « nous ? Il faut nous rendre tous ceux « qui étaient enfermés avec toi dans « les défilés de Caudium, ou bien tu dois « t'en tenir aux conditions de la paix. « J'estime peu le sacrifice que tu fais « de ta personne. Une seule chose me « frappe, c'est la perfidie du peuple ro- « main. Eh bien, que tout soit comme « non avenu; que tes soldats repren- « nent leurs armes qu'ils nous ont li- « vrées par une capitulation; qu'ils re- « viennent dans leur camp; qu'ils aient « tout ce qu'ils avaient la veille de la « conférence; puis, tu te prononceras « pour la guerre et pour les fortes réso- « lutions. Tu rejetteras toute idée de « capitulation et de paix. Nous com- « battrons alors avec les chances que « toi et moi nous nous serons ménagées. « Le peuple romain ne t'accusera pas « de lâcheté et moi de perfidie. Ah ! « ce n'est pas la première fois que vous « avez violé les traités ! Romains, rap- « pelez-vous Porsenna et les Gaulois. « Vous n'aurez pour vous, cette fois, « l'apparence de la justice que si vous « ramenez vos légions aux Fourches « Caudines.

« Pour moi, je ne veux pas accepter « ceux que vous me livrez. Qu'ils re- « tournent dans leur patrie, et qu'ils y « bravent à leur aise la puissance des « dieux qu'ils ont outragés. Postumius, « tu as été frappé, mais c'est par tes « complices. N'as-tu donc pas honte de te « jouer ainsi de la religion ? Quoi ! ce sont « des personnages consulaires qui, pour « manquer à leur parole, cherchent des « ruses dignes à peine des petits enfants. « Allons, licteur, délivre ces hommes « de leurs liens, et qu'ils soient libres « d'aller où bon leur semblera (1). »

(1) Tum Pontius : « Nec ego istam dedi-
« tionem accipiam, inquit, nec Samnites ra-
« tam habebunt. Quin tu, Sp. Postumi, si

Ceux qui s'étaient rendus auprès des Samnites, dit un historien ancien, après avoir ainsi satisfait à ce qu'ils devaient personnellement, et *peut-être* aussi à ce que devait toute la nation, revinrent au camp romain sans avoir éprouvé ni insulte ni mauvais traitements (1).

DÉCOURAGEMENT DES SAMNITES; ILS ATTAQUENT FRÉGELLES. — Les Samnites avaient dicté la paix aux Romains avec hauteur, et ils se réjouissaient de leur triomphe; mais leur joie fut de courte durée. Ils comprirent bientôt qu'ils auraient à soutenir une guerre terrible. Alors ils se souvinrent des conseils du vieil Hérennius. Ils regrettèrent vivement de n'avoir point pris une résolution extrême, au lieu de rester dans un juste milieu qui les avait perdus. Ils allaient donc avoir à combattre des ennemis dont la honte avait doublé la haine et le courage. Ils ne s'abusaient point sur l'issue de la prochaine campagne. D'autre part, dit un historien ancien, Postumius, depuis la paix de Caudium brillait de plus d'éclat chez les Romains, par son dévouement, que Pontius chez les Samnites par une victoire qui n'avait pas coûté une seule goutte de sang.

Sur ces entrefaites, les Satricans passèrent aux Samnites. Les deux peuples coalisés se jetèrent sur la colonie de Frégelles. Ils la surprirent pendant la nuit. On se battit le lendemain; mais les Samnites triomphèrent. Les consuls ayant réglé leurs attributions, Papirius

« deos esse censes, aut omnia irrita facis, aut
« pacto stas? Samniti populo omnes quos in
« potestate habuit, aut pro iis pax debetur.
« Sed quid ego te appello, qui te captum vic-
« tori, cum qua potes fide, restituis ? Popu-
« lum romanum appello, quem, si sponsionis
« ad Furculas Caudinas factae pœnitet, resti-
« tuat legiones intra saltum quo septae fue-
« runt.... Hæc ludibria religionum non pu-
« dere in lucem proferre, et vix pueris dig-
« nas ambages senes ac consulares fallendæ
« fidei exquirere ? I, lictor, deme vincla Ro-
« manis : moratus sit nemo, quo minus, ubi
« visum fuerit, abeant. » (Tite-Live, IX,
11.)

(1) Et illi quidem, forsitan et publica, sua certe liberata fide, ab Caudio in castra romana inviolati redierunt. (Tite-Live, IX, 11.)

10me *Livraison.* (ITALIE.)

marcha droit sur Lucérie (1), en Apulie, où étaient gardés les chevaliers romains donnés en otage à Caudium. Publilius s'arrêta dans le Samnium en face des soldats qui avaient triomphé aux Fourches Caudines. Le plan adopté par les généraux romains jeta les Samnites dans un grand embarras : ils n'osaient ni se porter sur Lucérie, dans la crainte que l'ennemi ne les attaquât par derrière, ni rester immobiles, parce qu'ils auraient voulu sauver la place menacée par Papirius. Ils ne crurent pouvoir mieux faire que de s'en remettre au hasard et d'en finir avec Publilius en lui livrant combat. En conséquence, ils rangent leur armée en bataille.

LES ENNEMIS SONT VAINCUS ET POURSUIVIS JUSQU'EN APULIE; SIÉGE DE LUCÉRIE. — Publilius, avant d'engager le combat, voulait haranguer ses troupes. Sur son ordre les soldats s'assemblent et accourent au prétoire; mais, sans écouter la voix de leur général, ils demandent à marcher sur-le-champ contre l'ennemi. Le souvenir des Fourches Caudines irrite leur courage; ils brûlent de venger l'honneur du nom romain et de réparer par une éclatante victoire la honte de leurs aigles humiliées sous un joug infâme. Dans leur impatience généreuse, ils se précipitent sur les Samnites; la mêlée s'engage : les Romains se plongent au sein des rangs ennemis, et, jetant de côté leurs javelots, dont le coup est trop lent au gré de leur ardeur, ils ne frappent que de l'épée. Cette frénésie rend inutile l'habileté de Publilius, et ne laisse pas de place à l'art des manœuvres stratégiques. Renversés, culbutés de toutes parts, les Samnites n'osent pas même défendre leur camp; ils se dispersent en fuyant vers l'Apulie, et ne s'arrêtent qu'à Lucérie. Leur déroute ne suffisait pas à la rage des Romains : le camp, livré au pillage, fut le théâtre d'un horrible carnage et d'une aveugle dévastation.

L'autre armée, commandée par le consul Papirius, avait suivi la côte; elle parvint sans obstacle à Arpi; les populations qu'elle traversa ne remuèrent point, non par amitié pour les Romains, mais par haine des Samnites, qui avaient accablé ce pays de leurs injustices. Les Samnites, cantonnés sur la montagne, ravageaient sans cesse la plaine et la côte. Grâce à cette querelle et à ces antipathies des montagnards et des cultivateurs de la plaine, l'armée romaine s'avance presque sans danger. L'hostilité des habitants de la côte l'eût empêchée d'arriver à Arpi ou d'y subsister; elle eût fermé le chemin à tous les convois qui venaient de Rome et réduit à la famine les soldats de Papirius. Les Romains n'échappèrent pas longtemps à la disette : ils allèrent mettre le siége devant Lucérie. Toute l'infanterie était occupée à la garde des postes et des retranchements; la cavalerie seule allait chercher à Arpi de faibles provisions de grain, qu'elle rapportait dans de petits sacs de cuir. Quelquefois les ennemis se présentaient sur la route, le combat s'engageait, et les cavaliers étaient forcés de jeter leur charge à terre pour repousser les Samnites. Avant l'arrivée de Publilius, les assiégés recevaient, par la voie des montagnes, des vivres et des renforts; ils perdirent toutes ces ressources quand le consul victorieux eût fait sa jonction avec Papirius. Publilius remit à son collègue le soin de continuer le siége, et se chargea d'intercepter les convois de l'ennemi. Les assiégés étaient réduits à la dernière extrémité. Il leur était impossible de prolonger la résistance. Pour sauver Lucérie, les Samnites, campés dans la plaine près des Romains, résolurent de tenter un vigoureux effort; ils concentrèrent leurs forces, et appelèrent Papirius au combat (320).

INTERVENTION DES TARENTINS; PAPIRIUS N'ACCEPTE POINT LEURS PROPOSITIONS; IL LIVRE BATAILLE AUX SAMNITES; VICTOIRE DES ROMAINS. — On vit alors des députés tarentins; ils venaient signifier aux Romains et aux Samnites de suspendre les hostilités, menaçant de leur colère et de leurs armes celui des deux partis qui rejetterait leurs propositions. Papirius feignit de les écouter; mais, se concertant avec son collègue, il se prépara à livrer une grande bataille. Les députés de

(1) Tite-Live n'a pas parlé de la prise de Lucérie par les Samnites. L'occupation de cette ville fut sans doute le résultat de leur victoire.

Tarente accoururent : « Vous le voyez, « Tarentins, dit Papirius, les prêtres « et les entrailles des victimes nous pro- « mettent un plein succès. Ce sont donc « les dieux qui nous incitent et nous « poussent ; c'est par leur volonté que « nous allons combattre (1). » Puis, sans se soucier de leurs réclamations, il fit avancer ses soldats. De leur côté, les Samnites, qui avaient négligé toute disposition parce qu'ils désiraient sincèrement la paix et sans doute parce qu'ils avaient été trompés par les premières assurances de Papirius, à la vue des Romains s'avançant en bon ordre, se mettent à crier : « Nous avons cru les Ta- « rentins, et nous ne combattrons pas. « Nous aimons mieux nous exposer à « un échec que de paraître avoir méprisé « les propositions de paix de nos loyaux « alliés. »

Les consuls se bornèrent à répondre : « Faites, si telle est votre volonté. Nous « ne souhaitons qu'une chose, c'est que « vous ne défendiez pas vos retran- « chements. » Ils continuèrent à s'avancer, et attaquèrent le camp ennemi sur tous les points. Les Romains, après avoir comblé les fossés, se jetèrent sur les Samnites avec une sorte de rage qui était aiguillonnée par le souvenir des Fourches Caudines. Il y eut un immense massacre, que les consuls arrêtèrent à peine en rappelant à leurs soldats que la place de Lucérie contenait de nombreux otages et qu'il était dangereux de pousser l'ennemi, réduit au désespoir, à tourner sa fureur contre les six cents chevaliers livrés à Pontius.

CAMPAGNE EN APULIE; SIÉGE ET PRISE DE LUCÉRIE. — Après cette victoire Publilius parcourut avec son armée l'Apulie, qui accepta de gré ou de force l'alliance des Romains, tandis que Papirius investit Lucérie. Ce dernier ne tarda pas à voir réussir son entreprise. En fermant toutes les routes par où il arrivait des vivres aux assiégés, il dompta les Samnites par la famine. La garnison de Lucérie envoya des députés au consul. On lui promettait, dans le cas

) (1) Auspicia secunda esse, Tarentini, pullirius nuntiat..... Auctoribus diis, ut videtis, l rem gerendam proficiscimur. (Tite-Live, $\overline{1}$, 14.)

où il lèverait le siége, de lui rendre les six cents chevaliers romains. Papirius répondit avec arrogance. « Allez, leur « dit-il, allez prendre conseil du fils « d'Hérennius. Nous saurons, mieux « que vous, nous venger d'une longue « inimitié. Dites à ceux qui défendent « Lucérie de laisser dans la place les « armes, les bagages et les chevaux. « Quant aux soldats, ils passeront sous « le joug avec un seul vêtement. C'est « ainsi qu'ils expieront l'outrage qu'ils « ont fait subir aux Romains. »

Ces dures conditions furent acceptées. Sept mille Samnites passèrent sous le joug. Suivant certaines traditions, inventées sans doute par l'orgueil des Romains, Pontius, fils d'Hérennius, se trouvait au nombre des prisonniers. On délivra les six cents otages. Puis, les vainqueurs s'étant livrés au pillage, on fit dans Lucérie un immense butin. Nul triomphateur depuis Camille ne fut accueilli à Rome avec plus de joie que Papirius Cursor, qui avait fait oublier le désastre des Fourches Caudines (1).

SOUMISSION DE SATRICUM; PORTRAIT, D'APRÈS TITE-LIVE, DE PAPIRIUS CURSOR. — Après une expédition sans importance contre les Férentans, une armée consulaire se dirigea contre Satricum. Cette ville s'était livrée aux Samnites après le désastre de Caudium (2). A l'approche des légions romaines la terreur fut grande parmi les habitants, qui se hâtèrent d'envoyer des députés pour obtenir la paix. Le consul leur fit cette réponse : « Si vous ne « livrez pas, ou si vous n'égorgez pas « la garnison samnite, ne reparaissez « plus devant moi. » Cette réponse jeta la colonie dans la consternation. On

(1) Le récit de cette campagne, dans les historiens anciens, offre aux érudits de grandes difficultés. Toutes les traditions relatives à cet événement présentent de notables différences. *Voy.* Niebuhr, t. V, p. 307 et suiv. de la traduction française. — Tite-Live avoue lui-même à la fin du chapitre xv toutes ses incertitudes. Il paraît néanmoins avoir suivi les autorités les plus graves.

(2) On chercherait en vain dans Tite-Live à quelle époque les *Satricani* sont devenus citoyens romains. Du temps de Pline la ville de *Satricum* n'existait plus.

10.

s'assembla, et il y eut entre les notables de la ville une longue contestation. Les uns avaient appelé les Samnites ; les autres avaient voulu rester fidèles aux Romains. Toutefois les uns et les autres pour obtenir la paix s'empressèrent à l'envi de servir et d'aider le consul. Seulement comme la garnison samnite, qui n'était pas préparée à soutenir un siége, se disposait à sortir la nuit suivante, les uns firent connaître à Papirius la détermination prise par l'ennemi, les autres livrèrent une porte aux Romains. Grâce à cette double trahison, la garnison samnite fut attaquée à l'improviste et massacrée. Papirius, maître de Satricum, fit battre de verges et frapper de la hache tous ceux qui dans la colonie avaient poussé les habitants à se révolter contre les Romains.

Tite-Live, dans son enthousiasme, fait de Papirius le portrait suivant : « Il n'est pas de gloire militaire que n'ait méritée ce grand homme, qui à une grande vigueur d'âme joignait une force de corps extraordinaire. Il était surtout d'une agilité prodigieuse, et c'est à cela qu'il dut son surnom. Aucun de ses contemporains, dit-on, ne pouvait l'égaler à la course : et soit force de tempérament, soit résultat d'un exercice continuel, aucun homme ne mangeait ni ne buvait davantage. Comme il était lui-même infatigable à la peine, jamais le service militaire ne fut aussi rude que sous lui, soit pour l'infanterie, soit pour la cavalerie. Les cavaliers lui demandèrent un jour qu'en récompense des succès qu'ils venaient d'obtenir il voulût bien alléger un peu leurs corvées ; « Pour que vous ne disiez pas que je « ne vous dispense de rien, répondit-il, « je vous dispense de poser la main sur « la croupe de vos chevaux quand « vous mettez pied à terre. » Il maintenait l'autorité de son commandement avec une extrême énergie, qu'il eût affaire aux alliés ou à ses propres concitoyens. Un officier de Préneste avait, par crainte, hésité à faire avancer sa troupe de réserve à la première ligne. Papirius se promenant devant sa tente le fit appeler, et ordonna au licteur d'apporter sa hache. A cet ordre l'officier des alliés demeura immobile d'effroi : « Allons, licteur, dit Papirius, coupe- « moi cette racine, qui gêne ceux qui se « promènent. » Après avoir ainsi, par l'idée du dernier supplice, glacé de crainte l'officier de Préneste, il lui infligea une amende, et le renvoya. Assurément, dans le siècle dont nous parlons, le plus fécond de tous en grands hommes, il n'y en eut pas qui offrit un plus solide appui à la puissance romaine ; on suppose même qu'il ne l'eût cédé au grand Alexandre ni en talent ni en courage, si ce prince après avoir conquis l'Asie eût tourné ses armes contre l'Europe (1). »

(1) Fuit vir haud dubie dignus omni bellica laude, non animi solum vigore, sed etiam corporis viribus excellens. Præcipua pedum pernicitas inerat, quæ cognomen etiam dedit : victoremque cursu omnium ætatis suæ fuisse ferunt : et seu virium vi seu exercitatione multa, cibi vinique eumdem capacissimum ; nec cum ullo asperiorem quia ipse invicti ad laborem corporis esset, fuisse militiam pediti pariter equitique. Equites etiam aliquando ausos ab eo petere, ut sibi pro re bene gesta laxaret aliquid laboris : quibus ille : « Ne nihil remissum dicatis, remitto, « inquit, ne utique dorsum demulceatis, « quum ex equis descendetis. » Et vis erat in eo viro imperii ingens pariter in socios civesque. Prænestinus prætor per timorem segnius ex subsidiis suos duxerat in primam aciem. Quem quum inambulans ante tabernaculum vocari jussisset, lictorem expedire securim jussit. Adquam vocem exanimi stante Prænestino : « Agedum, lictor, excide radicem hanc, inquit, incommodam ambulantibus : » perfusumque ultimi supplicii metu, multa dicta, dimisit. Haud dubie illa ætate, qua nulla virtutum feracior fuit, nemo unus erat vir, quo magis invicta res romana staret. Quin eum parem destinant animis Magno Alexandro ducem, si arma, Asia perdomita, in Europam vertisset. (Tite-Live, IX, 16.)

« Sur ce morceau célèbre, où Tite-Live recherche quel aurait été le résultat probable d'une expédition d'Alexandre le Grand dans l'Occident, et particulièrement contre les Romains, on pourrait écrire une dissertation qui ne serait peut-être pas sans intérêt. L'occasion saisie par Tite-Live pour se livrer à cette digression est très-naturelle, et les reproches exagérés que lui adresse Dodwells sont faciles à réfuter ; car on sait pertinemment qu'Alexandre le Grand avait le projet de passer dans l'occident de l'Europe après avoir dompté les Carthaginois (*Voy.* Arrien,

ITALIE.

Ici Tite-Live se laisse entraîner dans une longue digression ; « En faisant mention d'un si grand roi et d'un si grand général, je me sens, dit-il, entraîné à consigner ici quelques réflexions qui plus d'une fois ont occupé secrètement ma pensée. Qu'il me soit donc permis d'examiner quel eût été pour la puissance romaine le résultat d'une guerre si l'on avait eu à lutter contre Alexandre. Ce qui paraît contribuer le plus au succès dans un combat, c'est le nombre et la valeur des soldats, c'est le talent des généraux, c'est enfin la fortune, dont l'influence est si grande dans les affaires humaines, et surtout à la guerre. Or, à peser ces considérations, à les prendre et chacune séparément et toutes ensemble, l'empire romain n'eût pas été moins invincible pour Alexandre que pour les autres rois et les autres nations. Et d'abord, pour commencer par la comparaison des chefs, je ne nierai pas assurément qu'Alexandre n'ait été un excellent général ; toutefois ce qui lui donne plus d'éclat, c'est d'avoir commandé seul, c'est d'être mort jeune, lorsque ses prospérités allaient encore croissant, et avant d'avoir éprouvé l'inconstance de la fortune. Pour ne point parler d'autres rois et d'autres généraux, qui ont été de grands exemples des vicissitudes humaines, ce Cyrus, tant célébré par les Grecs, quelle autre chose qu'une longue vie l'a exposé aux caprices de la fortune, comme dans ces derniers temps le grand Pompée ? Maintenant passons en revue les généraux romains, non pas tous ceux de toutes les époques, mais ceux-là seulement qui auraient pu être consuls ou dictateurs au moment de la guerre avec Alexandre ; M. Valérius Corvus, C. Martius Rutilius, C. Sulpicius, T. Manlius Torquatus, Q. Publilius Philo, L. Papirius Cursor, Q. Fabius Maximus, les deux Décius, L. Volumnius, et M. Curius. Il eût encore trouvé plus tard de grands hommes pour adversaires, s'il eût fait la guerre aux Carthaginois avant de la faire aux Romains, et s'il ne fût passé en Italie que dans sa vieillesse. Parmi tous ceux que je viens de nommer, il n'en est pas un seul en qui l'on ne retrouve tous les traits du courage et du grand caractère d'Alexandre ; joignez à ces qualités la discipline militaire, qui, transmise de main en main depuis les commencements de Rome, en était venue à former chez les Romains un art assujetti à des principes invariables. C'étaient ces principes qu'avaient suivis les rois dans leurs guerres, que suivirent après eux les auteurs de leur expulsion, les Junius et les Valérius, plus tard les Fabius, les Quinctius, les Cornélius, et ensuite Furius Camille, qu'avaient vu dans sa vieillesse tous ces jeunes hommes que l'on aurait opposés à Alexandre. Alexandre, dans l'action, déployait toute l'intrépidité d'un soldat, et ce n'est pas là un de ses moindres titres de gloire ; mais sur un champ de bataille, placé en face de Manlius Torquatus, de Valérius Corvus, eût-il fait reculer ces guerriers, illustres comme soldats avant de l'avoir été comme généraux ? Eût-il fait reculer les Décius, qui se dévouèrent et se précipitèrent au milieu des rangs ennemis ? Eût-il fait reculer Papirius Cursor, doué d'une si grande force de corps et d'âme ? L'eût-il emporté en sagesse, ce jeune homme, à lui seul, sur tout le sénat, pour ne pas en citer les membres les uns après les autres, dont celui-là seul s'est fait une idée juste et vraie qui le représentait comme une assemblée de rois ? Était-il à craindre qu'Alexandre ne montrât plus d'habileté qu'aucun de ceux que je viens de nommer, pour choisir ses campements, faire subsister ses troupes, se prémunir contre les embûches ; pour saisir le moment d'une bataille, pour bien diriger ses opérations, pour les seconder par des ressources de toute espèce ? Il n'eût pas manqué de dire qu'il n'avait plus affaire à un Darius, traînant à sa suite une armée de femmes et d'eunuques,

---

Exped. Alex. VII, 1). Une autre question serait de savoir si Tite-Live s'est fait une idée bien juste du génie et des forces d'Alexandre, et un examen, même superficiel, des chapitres XVII-XIX suffit pour la résoudre négativement. On peut à cet égard consulter Niebuhr, t. V, p. 229 et suiv. de la traduction française. » *Commentaire sur Tite-Live*, par M. Ph. le Bas, p. 862 ; dans la collection des auteurs latins publiée sous la direction de M. Nisard.

embarrassé dans sa pourpre et son or, chargé de tout l'attirail de sa grandeur, paraissant bien plutôt une proie qu'un ennemi, et qu'Alexandre vainquit sans coup férir, sans autre mérite que d'avoir heureusement bravé un vain épouvantail. L'Italie lui eût paru bien différente de l'Inde, qu'il parcourut à la tête d'une armée ivre et dans de continuelles débauches, lorsqu'il aurait aperçu les gorges de l'Apulie, les monts lucaniens, et les traces récentes du désastre de sa propre famille, dans ces lieux où son oncle Alexandre, roi d'Épire, venait de trouver la mort.

« Et je parle d'Alexandre avant qu'il fût enivré par la prospérité, que jamais personne n'a su moins supporter que lui. Si on le considère d'après la disposition d'esprit où l'avaient mis sa nouvelle fortune et le nouveau caractère que lui avaient donné ses victoires, il serait arrivé en Italie bien plus semblable à Darius qu'à Alexandre; il y aurait amené une armée ne se souvenant plus de la Macédoine et corrompue par l'adoption des mœurs des Perses. C'est avec regret que je rappelle dans un si grand roi ce dédain qui lui fit changer de costume, ces hommages d'adulation qu'il voulait qu'on lui rendît en se prosternant jusqu'à terre, hommages qui eussent été insupportables pour les Macédoniens vaincus, qui l'étaient à plus forte raison pour les Macédoniens vainqueurs; ces supplices affreux qu'il ordonnait, ces meurtres de ses amis au milieu de la joie des festins, cette vanité qui le portait à se dire faussement de race divine. Que dis-je? si son amour pour le vin se fût fortifié de plus en plus, et si ses accès de colère fussent devenus plus violents et plus terribles (je ne dis rien qui ne soit attesté par les historiens), croit-on que de pareils vices n'eussent fait aucun tort à ses talents militaires ? Mais peut-être était-il à craindre, comme répètent quelques Grecs, dont l'opinion est de peu de poids, et qui d'ailleurs vantent même la gloire des Parthes au préjudice du nom romain, peut-être était-il à craindre que les Romains ne pussent tenir devant la majesté du nom d'Alexandre (dont je ne pense même pas qu'ils aient entendu parler) : et qu'un homme contre qui dans Athènes, devenue la conquête des armes macédoniennes, près de Thèbes dont elle pouvait voir les ruines encore fumantes, on osait parler librement dans les assemblées (ce qui est prouvé par les harangues qui nous restent de cette époque), un tel homme n'aurait pas eu parmi tant de Romains d'un rang distingué un adversaire, une voix libre et fière qui s'élevât contre lui. Quelque idée que l'on se forme de la grandeur d'Alexandre, ce ne sera pourtant qu'une grandeur individuelle et le fruit d'un peu plus de dix années de prospérités. Ceux qui l'élèvent si haut, pour la raison que le peuple romain, quoiqu'il n'ait été vaincu dans aucune guerre, l'a été néanmoins dans beaucoup de combats, tandis qu'Alexandre n'en a jamais livré un seul où la fortune ne lui ait été favorable, ceux-là ne prennent pas garde qu'ils comparent les faits de la vie d'un seul homme, et d'un homme mort à la fleur de l'âge, avec les actions d'un peuple combattant déjà depuis huit cents ans. Qu'y a-t-il d'étonnant, si, lorsque d'un côté on compte plus de générations que de l'autre on ne compte d'années, la fortune a plus varié dans un aussi long espace de temps que dans une durée de treize ans au plus ? Pourquoi ne pas comparer homme à homme, général à général, fortune à fortune ? Combien ne pourrais-je pas nommer de généraux romains qui dans les combats n'ont jamais essuyé de revers ? On peut parcourir, dans les annales et les fastes des magistrats, les pages concernant les consuls et les dictateurs dont le peuple romain n'a jamais eu à accuser un seul instant ni le courage ni la fortune. Et ce qui les rend plus admirables qu'Alexandre ou tout autre roi, c'est que plusieurs n'exercèrent que dix ou vingt jours la dictature, et aucun plus d'une année le consulat; c'est que dans les levées de troupes ils étaient gênés par les tribuns du peuple; c'est qu'ils partaient quelquefois trop tard pour la guerre; c'est qu'ils en étaient rappelés trop tôt pour les comices; c'est qu'au moment même de leurs plus grands efforts leur année s'accomplissait; c'est que tantôt la témérité d'un collègue, tantôt sa malveillance, entravait ou ruinaît leurs opérations ; c'est qu'ils succédaient quelquefois à des hommes qui avaient mal conduit les affaires, c'est que souvent ils recevaient une armée composée de recrues ou de soldats mal disciplinés. Les rois, au contraire, libres de toute entrave, maîtres des choses et des moments, entraînent tout par leur volonté, sans se plier à celle des autres. Alexandre eût donc fait la guerre contre des généraux qui, comme lui, n'avaient pas été vaincus, et il n'eût pas apporté dans la lutte d'autres gages de succès que ceux qu'ils y apportaient. Et même l'épreuve eût été pour lui d'autant plus périlleuse, que les Macédoniens n'auraient eu que lui seul, qui non-seulement était exposé à tous les hasards de la guerre, mais qui les cherchait même : tandis que les Romains auraient eu à opposer à Alexandre une foule de concurrents, ses égaux, soit en gloire, soit par la grandeur de leurs exploits, dont la vie ou la mort n'eussent influé que sur leur destinée personnelle, sans compromettre celle de la république.

« Il ne me reste plus qu'à faire la comparaison des troupes, soit pour la qualité des soldats, soit pour le nombre, soit pour celui de leurs auxiliaires. Les recensements faits à chaque lustre de cette époque donnaient deux cent cinquante mille citoyens. Aussi tout le temps que dura la défection des Latins, Rome, presqu'à elle seule, fournit dix légions ; on eut souvent à cette époque quatre et cinq armées qui faisaient la guerre en Étrurie, en Ombrie, contre les Gaulois, dans le Samnium et contre les Lucaniens. Quant aux auxiliaires, c'était tout le Latium avec les Sabins, les Volsques, les Èques, la Campanie entière, une partie de l'Ombrie et de l'Étrurie, les Picentins, les Marses, les Péligniens, les Vestins, les Apuliens, en y joignant toute la côte de la Grande-Grèce sur la mer Inférieure, depuis Thurium jusqu'à Naples et à Cumes, et de là jusqu'à Antium et à Ostie. Alexandre n'eût trouvé alors dans les Samnites que de puissants alliés de Rome ou des ennemis épuisés par la guerre. Il n'aurait pas lui-même passé la mer avec plus de trente mille hommes d'infanterie de ses vieilles bandes macédoniennes et quatre mille hommes de cavalerie, Thessaliens la plupart ; ce qui faisait toute la force de son armée. S'il y eût joint les Perses, les Indiens et d'autres nations de l'Asie, il eût traîné à sa suite un embarras bien plutôt qu'un secours. Ajoutez que les Romains, étant chez eux, auraient eu des recrues sous la main ; au lieu qu'Alexandre (comme il arriva dans la suite à Annibal), faisant la guerre dans un pays étranger, eût vu son armée s'affaiblir par le temps. Les Macédoniens ont pour armes un petit bouclier et la sarisse ; le bouclier des Romains, plus large, couvrait mieux le corps, et leur pilum était une espèce de trait qui frappait plus fort et portait plus loin que la javeline. L'infanterie des uns comme celle des autres combattait de pied ferme, en gardant ses rangs ; mais la phalange macédonienne était immobile, et ne se composait que d'une espèce de combattants : les légions romaines au contraire sont moins uniformes ; elles se composaient de plusieurs sortes de soldats, qu'il était facile au besoin de diviser ou de réunir. Et pour les travaux, qui valait le soldat romain, qui résistait mieux à la fatigue ? Alexandre, vaincu dans un seul combat, aurait été vaincu sans retour : quelle bataille perdue aurait découragé les Romains, dont les journées de Caudium et de Cannes n'ont pu abattre le courage ? Alexandre, eût-il même obtenu des succès dans le commencement, aurait souvent regretté les Perses, les Indiens, et cette Asie si peu propre à la guerre ; il eût dit qu'il n'avait jusque alors combattu que contre des femmes ; comme s'exprimait, à ce qu'on rapporte, cet autre Alexandre, roi d'Épire, lorsque, atteint du coup dont il mourut, il comparait le résultat des guerres de ce jeune prince en Asie avec celui de la guerre qu'il avait entreprise. En vérité, quand je réfléchis que la première guerre punique a coûté vingt-quatre ans de combats sur mer avec les Carthaginois, je suis persuadé que la vie d'Alexandre aurait à peine suffi pour une seule guerre. Peut-être même que, d'anciens traités unissant alors les intérêts des Carthaginois à ceux des Romains, et des craintes pareilles armant contre l'ennemi commun deux cités si puissantes et si belliqueuses, Alexandre eût été écrasé à la fois par les forces de Carthage et par celles de Rome. A la vérité, ce ne fut point sous la conduite d'Alexandre ni dans le temps de leur splendeur que les Macédoniens eurent affaire aux Romains; toutefois c'étaient des Macédoniens que les Romains rencontrèrent dans leurs guerres contre Antiochus, contre Philippe, contre Persée, guerres qu'ils soutinrent, non-seulement sans essuyer de défaite, mais même sans danger sérieux. Toute partialité mise de côté, et abstraction faite des guerres civiles, jamais cavalerie ennemie, jamais infanterie, jamais bataille rangée, jamais position ou favorable ou également avantageuse pour les deux partis, ne nous a causé d'inquiétude. La cavalerie, les flèches, les défilés impraticables, les lieux inaccessibles aux convois, peuvent être des sujets de crainte pour le soldat romain, si pesamment armé; mais mille corps de bataille, plus redoutables même que celui des Macédoniens commandés par Alexandre, ont été culbutés par lui et le seront toujours, pourvu toutefois, que l'amour de la paix intérieure dont nous jouissons se conserve parmi nous et que nous prenions soin de maintenir la concorde entre les citoyens. »

SOUMISSION DU SAMNIUM ET DE L'APULIE; NOUVELLES TRIBUS A ROME, etc. — Les consuls de l'année qui suivit cette campagne glorieuse et décisive furent M. Foslius Flaccinator et L. Plautius Venno (318). Toutes les peuplades du Samnium accoururent alors pour implorer la paix des Romains; elles n'obtinrent qu'une trêve de deux ans; cette même année, suivant Tite-Live, pour la première fois, on créa des préfets pour aller à Capoue rendre la justice d'après les lois rédigées par le préteur L. Furius : c'étaient, ajoute l'historien latin, les Capouans eux-mêmes qui en avaient fait la demande, regardant ces magistrats et ces lois comme le seul remède aux dissensions intestines qui bouleversaient leur pays (1).

(1) Ce point, fort important pour l'histoire de Capoue, n'a pas encore été éclairci et ne le sera peut-être jamais, à moins que cet honneur ne soit réservé à M. J. Jules Stein

A Rome on ajouta aux anciennes tribus deux tribus nouvelles : l'Ufentine (1) et la Falérine. Puis, sous les consuls, C. Junius Bubulcus et Q. Æmilius Barbula, l'Apulie fut entièrement soumise (317). On marcha même contre les Lucaniens. Ce fut Æmilius qui emporta la ville de Nérulum.

« Quand la renommée, ajoute ici Tite-Live, eut répandu parmi les alliés que l'ordre avait été rétabli à Capoue par les institutions romaines, les Antiates, qui se plaignaient aussi de n'avoir ni lois fixes ni magistrats, obtinrent du sénat pour la révision de leurs lois et règlements des patrons pris dans la colonie même. C'est ainsi que non-seulement les armes mais les lois romaines étendaient au loin leur puissance (2). »

LES SAMNITES REPRENNENT LES ARMES; SIÉGE DE SATICULA; DÉFAITE DES SAMNITES. — A la fin de l'année, les consuls C. Junius Bubulcus et Q. Æmilius Barbula remirent les légions qui a déjà fait preuve d'une si grande sagacité dans une savante dissertation sur Capoue et les Campaniens (*de Capuæ gentisque Campanorum historia antiquissima;* Breslau, 1838), travail important qu'il promet de continuer. Ce qu'il y a de certain, c'est que dans les troubles civils les Capouans demandaient au préteur romain des lois en vertu desquelles ils choisissaient un chef parmi eux. Ce que Festus (p. 86, ed. Egger) dit de Capoue comme préfecture ne peut s'appliquer au passage dont nous parlons ici, Capoue n'étant devenue préfecture que dans la guerre contre Annibal (Tite-Live, XXVI, 16). Niebuhr (t. V, p. 399 de la traduction française) pense qu'on envoyait des préfets de Rome à Capoue, comme Tite-Live le dirait assez clairement, si la leçon *Capuam*, que Niebuhr préfère, était vraie. Son raisonnement n'est pas concluant. » *Commentaire sur Tite-Live*, par M. Ph. Le Bas, p. 862.

(1) Oufantinæ tribus initio causa fuit nomen fluminis Oufens, quod est in agro Privernate, mare intra et Taracinam..... Postea deinde a censoribus alii quoque diversarum civitatum eidem tribui sunt ascripti. (Festus, p. 266.)

(2) Postquam res Capuæ stabilitas romana disciplina fama per socios vulgavit, Antiatibus quoque, qui se sine, legibus certis, sine magistratibus, agere querebantur, dati ab senatu ad jura statuenda ipsius coloniæ patroni : nec arma modo sed jura etiam romana late pollebant. (Tite-Live, IX, 20.)

non pas aux consuls nouveaux, Sp. Nautius et M. Popilius, mais au dictateur L. Æmilius. Celui-ci, ayant entrepris avec L. Fulvius, son maître de la cavalerie, le siége de Saticula (1), fournit aux Samnites un prétexte pour reprendre les armes. Les Romains coururent alors un double danger : d'un côté les Samnites, qui avaient rassemblé une armée nombreuse pour délivrer du siége leurs alliés, vinrent camper à peu de distance du camp commandé par le dictateur; d'un autre côté, les habitants de Saticula, ouvrant tout à coup leurs portes, firent une sortie et se précipitèrent sur les postes ennemis, où ils causèrent un grand tumulte. Puis, les uns et les autres s'enhardissant par l'espoir d'être secourus bien plus que par la confiance qu'ils avaient en leurs propres forces, on en vint à un combat régulier, où les Romains furent serrés de près. Le dictateur tint bon et ne se laissa pas entamer. D'abord il occupait une forte position; ensuite il sut prendre ses mesures de telle sorte qu'il put faire face sur tous les points à la fois. Seulement il chercha principalement à repousser avec vigueur la garnison de Saticula, et il parvint à la rejeter dans la place. Alors il tourna toutes ses forces contre les Samnites; mais cette fois il trouva plus de résistance. Les légions romaines obtinrent à la fin une victoire complète. Les Samnites, refoulés dans leur camp, éteignirent leurs feux, et se sauvèrent pendant la nuit; puis, renonçant à l'espoir de défendre Saticula, ils allèrent, pour faire diversion, assiéger Plistia (2), ville alliée des Romains (316).

SATICULA EST EMPORTÉE PAR LES ROMAINS ET PLISTIA PAR LES SAMNITES. — L'année suivante (315), un autre dictateur, Q. Fabius, fut chargé de continuer la guerre. Les consuls restèrent à Rome. Les Romains poursuivaient le siége de Saticula; mais les Samnites ne s'étaient point arrêtés devant Plistia. Ils avaient reçu des renforts, et ils étaient revenus se placer devant le camp romain. Le dictateur se trouvait ainsi placé entre deux forces ennemies; mais il n'en persista pas moins à pousser le siége avec vigueur. Seulement quand il se trouva pressé trop vivement par les postes avancés des Samnites, il fit sortir sa cavalerie, et la jeta sur ceux qui le harcelaient sans cesse. Il y eut alors entre les cavaliers des deux armées un combat acharné. Le maître de la cavalerie, Aulius Cerretanus, et le chef des Samnites périrent dans l'action. Ce ne fut qu'à grand'peine que les Romains emportèrent dans leur camp le corps de leur général. Les Samnites, découragés par ce combat, se retirèrent. La ville de Saticula fut emportée par les Romains. Nous devons ajouter que Plistia fut prise d'assaut par les Samnites.

LA GARNISON ROMAINE DE SORA EST ÉGORGÉE; NOUVELLE DÉFAITE DES SAMNITES. — Les légions romaines partant de l'Apulie et du Samnium se dirigèrent vers Sora. Cette ville avait embrassé le parti des Samnites après avoir égorgé les colons venus de Rome. Les Romains, dans l'impatience de se venger et de recouvrer cette colonie, s'étaient portés devant la place à marches forcées, et y avaient devancé l'ennemi. Bientôt s'engagea entre les deux armées un combat qui dura jusqu'à la nuit. « Je trouve dans quelques auteurs, dit Tite-Live, que le désavantage fut du côté des Romains, et que dans ce combat périt Q. Aulius, maître de la cavalerie (1). » Puis il ajoute qu'à sa place on nomma Fabius, qui arriva de Rome avec une armée nouvelle. Instruit par des émissaires qu'il avait envoyés d'avance au

---

(1) C'est peut-être à tort que Niebuhr regarde Saticula comme une ville osque (Voy. Tite-Live, XXIII, 14). Dans cette campagne et celle de l'année suivante, s'il faut croire Niebuhr, Diodore a suivi les annales de Fabius.

(2) Plistia, suivant certains critiques modernes, avait reçu une garnison romaine.

(1) Diodore confirme cette tradition (XIX, 73). Tite-Live a peut-être pris dans des annales récentes un récit plus favorable aux Romains. C'est ainsi encore qu'au ch. XXXI, où l'historien raconte que les Romains furent attirés dans une embuscade, Zonaras (VIII, 1), qui assure que les Romains furent environnés de toutes parts et massacrés en grand nombre, mérite plus de crédit que Tite-Live, qui fait passer miraculeusement l'épouvante dans l'âme de ceux qui avaient dressé l'embuscade, et célèbre une grande victoire obtenue par les légions romaines.

dictateur, du lieu où il devait s'arrêter, du moment et du point où il attaquerait l'ennemi, il se plaça en embuscade après avoir pris toutes ses mesures. Le dictateur, qui pendant plusieurs jours depuis le dernier combat avait tenu ses soldats enfermés dans les retranchements, semblables à des assiégés plutôt qu'à des assiégeants, fit donner tout à coup le signal du combat : persuadé qu'il n'y avait rien de plus propre à enflammer le courage d'hommes de cœur que de ne laisser à chacun d'espérance qu'en lui-même, il ne parla point à ses soldats du maître de la cavalerie et de la nouvelle armée; mais comme s'il n'y avait plus d'autre ressource qu'une sortie : « Soldats, dit-il, il n'y a plus pour nous
« d'autre issue que celle que nous
« allons nous ouvrir par la victoire.
« Notre camp est suffisamment défendu
« par ses retranchements; mais nous
« avons à redouter la famine. Tout le
« pays autour de nous s'est révolté.
« D'autre part, notre position est mau-
« vaise. Souvenez-vous bien de mes
« paroles : ce sont les armes qui doivent
« protéger les retranchements, et non
« les retranchements qui doivent proté-
« ges les armes. Tout notre espoir
« est donc aujourd'hui dans une victoire.
« Marchez à l'ennemi, et je ferai mettre le
« feu au camp. Soldats, je le crois, vos
« pertes seront largement compensées
« par le butin que vous allez faire sur
« les peuples révoltés. » Les soldats, animés par ce discours, se jettent avec fureur sur l'ennemi. De son côté, le maître de la cavalerie, qui avait vu (c'était le signal convenu) les flammes qui s'élevaient du camp, attaque les Samnites par derrière. Les ennemis, pris de deux côtés, ne firent pas une longue résistance. Après la victoire, le dictateur ramena dans le camp le soldat chargé de dépouilles, et joyeux bien moins de son succès que de retrouver intact, contre son espoir, tout ce qu'il avait laissé, à l'exception de la faible partie qu'avaient endommagée les feux allumés par l'ordre du dictateur.

Prise de Sora. — Les nouveaux consuls, M. Pétélius et C. Sulpicius, reçurent alors du dictateur Fabius le commandement de l'armée, et conduisirent leurs troupes devant Sora (314). Ils avaient commencé un siége dont nul encore ne pouvait prévoir l'issue, lorsqu'un transfuge leur livra la place. Les Romains s'y introduisirent pendant la nuit. Ils tuèrent ceux qui essayaient de résister, et reçurent à composition les habitants qui avaient échappé au massacre. On choisit seulement deux cent vingt-cinq hommes qui étaient signalés comme les auteurs de la révolte contre les Romains. On les conduisit à Rome, où ils furent battus de verges et décapités (1).

Guerre contre les Ausones. — Les consuls quittèrent Sora pour porter la guerre chez les Ausones. Ce peuple, en effet, s'était soulevé à l'approche des Samnites. La révolte fut générale. Elle gagna Capoue, et trouva même des partisans, s'il faut en croire Tite-Live, dans l'enceinte de Rome. Les révoltés furent soumis comme les habitants de Sora. Leurs trois villes principales, Ausona, Minturnes et Vescia, furent livrées par des traîtres. Tite-Live enregistre ici un acte d'une singulière férocité. « Comme ce coup de main, dit-il, se fit en
« l'absence des généraux, il n'y eut au-
« cune borne aux massacres, et la nation
« des Ausones, dont la défection n'était
« pas bien prouvée, fut exterminée
« comme si elle eût fait aux Romains une
« guerre acharnée (2).

Défection et reprise de Lucérie. Dictature de C. Ménius; enquête a Rome; Ménius se démet de la dictature. — La même année Lucérie tomba au pouvoir des Samnites. Les Romains se vengèrent cruellement : ils rentrèrent dans la place, et massacrèrent les Lucériens et leurs alliés. La crainte qu'inspiraient au sénat tous les soulèvements qui venaient d'éclater était si grande, qu'on n'osa de longtemps envoyer des colons dans la ville reconquise. À la fin, cependant, on y établit deux mille cinq cents hommes. Il y eut aussi à la même époque une conspiration à Capoue. Elle

(1) Ici le récit de Tite-Live ne ressemble en rien à celui de Diodore (XIX, 76). Niebuhr a parfaitement apprécié cette différence
(2) Sed quia absentibus ducibus impetus es factus, nullus modus cædibus fuit : deletaque Ausonum gens, vix certo defectionis crimine perinde ac si internecivo bello certasset (Tite-Live, IX, 25.)

fut dénoncée à Rome. On décréta des enquêtes, et pour les diriger il parut convenable de nommer un dictateur. Ce fut C. Ménius, qui choisit M. Foslius pour général de la cavalerie. Les Capouans coupables ou ceux qui, sur des dénonciations vraies ou fausses, se croyaient désignés à la vengeance des Romains, se hâtèrent de se soustraire à un supplice ignominieux par une mort volontaire. Parmi eux se trouvaient les deux Calavius, Ovius et Novius, que Tite-Live désigne comme les chefs de la conspiration. Quand l'enquête fut achevée dans la Campanie, on la continua à Rome. On voulait sévir contre tous ceux qui provoquaient des désordres dans la république. La commission instituée par le dictateur, dont les attributions étaient d'autant plus étendues qu'elles étaient vagues, se mit à instruire contre les personnages de la plus haute distinction. Ceux-ci, soit par inquiétude, soit par indignation, en appelèrent aux tribuns du peuple. Enfin les patriciens en masse protestèrent contre les accusations dont ils étaient l'objet. « Ce n'est pas nous, disaient-ils, « qui devons être accusés, mais plutôt les « hommes nouveaux, parmi lesquels nous « rangeons le dictateur et son maître de « la cavalerie. » Ménius, plus jaloux de sa réputation que de sa dignité, se présenta devant l'assemblée du peuple, et parla en ces termes : « J'ai dans vous « tous, Romains, des témoins de ma vie « passée, et l'honneur même qui m'a été « déféré est une preuve de mon intégrité. « Car ce n'était pas, comme l'a exigé tant « de fois l'intérêt de la République, « parmi les plus illustres capitaines, mais « parmi les hommes les plus étrangers « aux intrigues coupables que vous « voulez punir, qu'il fallait choisir un « dictateur pour présider à cette enquête. « Mais puisque quelques nobles, par des « motifs que je vous laisse le soin d'ap- « précier, et sur lesquels il ne m'appar- « tient pas, dans l'exercice d'une magis- « trature, d'émettre une opinion hasar- « dée, se sont d'abord efforcés d'anéantir « autant qu'il dépendait d'eux l'enquête « même ; et que, voyant tous leurs efforts « inutiles, ils ont, pour ne pas présen- « ter leur défense, réclamé l'appui de « leurs adversaires, se mettant, eux pa- « triciens sous le patronage des tribuns

« du peuple ; puisque enfin, repoussés de « ce côté, ils en sont venus (tant il est « vrai qu'ils ne peuvent prouver leur in- « nocence) jusqu'à nous attaquer, et « n'ont pas rougi de donner l'exemple « d'un dictateur accusé par de simples « particuliers ; moi, pour que les dieux et « les hommes sachent bien qu'ils tentent « même l'impossible pour ne pas rendre « compte de leur vie, je veux me livrer, « comme accusé, à mes ennemis ; au- « jourd'hui je cesse d'être dictateur. « Consuls, si le sénat vous en donne la « mission, vous pouvez informer contre « moi d'abord, ensuite contre M. Foslius, « que voici, afin qu'il soit clair pour « tous que notre innocence, et non pas « la majesté de nos fonctions, nous sauve « de pareilles accusations (1). » Il se démit aussitôt de la dictature, et M. Foslius, de son côté, renonça à sa charge de maître de la cavalerie. L'un et l'autre furent absous avec éclat ; Publilius Philo, l'illustre plébéien, qui avait si bien mérité de la patrie, fut également acquitté. L'enquête, à la fin, ne porta plus que sur des personnages d'un rang inférieur ; il

(1) Omnes ante actæ vitæ vos conscios habeo, Quirites, et hic ipse honos delatus ad me testis est innocentiæ meæ. Neque enim quod sæpe alias, quia ita tempora postulabant reipublicæ, qui bello clarissimus esset, sed qui maxime procul ab his coitionibus vitam egisset, dictator deligendus exercendis questionibus fuit. Sed quoniam quidam nobiles homines (qua de causa, vos existimare, quam me, pro magistratu, quicquam incompertum dicere, melius est) primum ipsas expugnare quæstiones omni ope annisi sunt : dein, etc. (Tite-Live, IX, 26.)

Tite-Live est ici tout à fait en dissentiment avec Diodore (XIX, 76), dont le récit, beaucoup plus vraisemblable, nous apprend que Ménius ne fut pas créé dictateur sur le soupçon d'une conjuration, et ne se rendit pas à Capoue pour diriger les enquêtes, mais qu'il marcha avec son armée contre les Campaniens révoltés ; que ceux-ci se ravisèrent, et livrèrent les conspirateurs, qui furent mis à la question et se donnèrent la mort. Dans les *Fastes capitolins*, à la date de 434, ce dictateur est nommé pour diriger les enquêtes ; il reparaît avec ce titre une seconde fois. Les annales qu'a suivies Tite-Live omettaient cette première dictature, en réunissant en cet endroit les deux faits : 1° d'une guerre contre Capoue ; 2° des enquêtes exercées à Rome.

est vraisemblable que ceux-là furent punis avec la plus grande sévérité.

Nouvelle bataille livrée aux Samnites par les consuls Pétélius et Sulpicius. — Les Samnites, comptant sur une défection de la Campanie, s'étaient dirigés de nouveau vers Caudium. Les consuls se hâtèrent de les joindre. Mais cette fois ils se bornèrent à observer l'ennemi, sans essayer de s'engager dans des chemins difficiles. Par leurs manœuvres ils forcèrent l'ennemi à descendre en plaine. Les Romains suivirent les Samnites. Il y eut d'abord entre les deux armées une série d'escarmouches. On en vint bientôt à une bataille rangée. Pétélius et Sulpicius obtinrent un plein succès. Les Samnites vaincus, ne pouvant plus résister, se laissèrent tuer ou prendre, à l'exception de ceux qui se sauvèrent à Maleventum, ville qu'on appelle aujourd'hui Beneventum. Environ trente mille Samnites furent tués ou pris, s'il faut en croire, dit Tite-Live, les anciens historiens (1).

Siége de Bovianum ; prise de Frégelles et de Nola ; envoi de colonies romaines. — Après cette victoire signalée, les consuls se dirigèrent sur Bovianum (2), capitale des Samnites *Pentri*, pour en faire le siége. Ils eurent pour successeurs L. Papirius Cursor et C. Junius Bubulcus (313). Ceux-ci, à leur tour, remirent le commandement de l'armée au dictateur Pétélius, qui prit M. Foslius pour général de la cavalerie.

Ce fut sur ces entrefaites que l'on apprit que la ville de Frégelles était tombée au pouvoir des Samnites. On la reprit aisément, et on y laissa une forte garnison. Alors le dictateur se dirigea vers la Campanie.

Il s'agissait de recouvrer Nola, où s'étaient concentrées toutes les forces de l'ennemi. Pétélius, pour plus de sécurité, fit brûler tous les édifices (et le nombre en était considérable) qui se trouvaient en avant des remparts. Peu de temps après, Nola fut prise soit par le dictateur Pétélius, soit par le consul Junius. Ce fait historique est controversé ; ceux qui font honneur de cette conquête au consul lui attribuent aussi la prise d'Atina (1) et de Calatia. Selon les anciens chroniqueurs, Pétélius n'aurait été nommé dictateur, pendant une peste qui s'était répandue dans Rome, que pour ficher le clou sacré.

Les colonies de Suessa et de Pontia furent établies cette année. Suessa avait appartenu aux Auronces ; les Volsques avaient possédé Pontia, principale île d'un groupe situé en face de leurs côtes.

On fit aussi à cette époque un sénatus-consulte qui portait que des colonies seraient établies à Interamna et à Casinum ; mais la nomination des triumvirs et l'envoi des colons, au nombre de quatre mille, n'eurent lieu que plus tard, sous les consuls M. Valérius et P. Décius.

VI.

SUITE DE LA GUERRE CONTRE LES SAMNITES ; COALITION DES PEUPLES ITALIENS CONTRE ROME ; LES ÉTRUSQUES.

Menaces de guerre de la part des Étrusques ; censure d'Ap. Claudius ; les Potitius. — Les Samnites étaient réduits à la dernière extrémité ; mais un danger plus grave menaçait alors les Romains. On apprit que les Étrusques levaient des troupes et faisaient de grands préparatifs. Nulle guerre, à cause de la proximité de l'Étrurie, n'était plus dangereuse pour Rome. L'un des consuls était parti pour le Samnium ; mais l'autre, retenu dans

---

(1) *Maleventum, cui nunc urbi Beneventum nomen est* (Tite-Live, IX, 27). — On répète encore de vieilles traditions sur *Maleventum*, dérivé de *malus eventus*, ou *malus ventus*, bien que ces traditions aient été ridiculisées, il y a plus de deux siècles, par Scaliger (sur Festus, p. 399 sqq. éd. Lindemann). L'erreur, ainsi que Scaliger l'explique, vient de l'accusatif Μαλόεντα, de Μαλόεις, qui doit avoir été le nom de cette ville, riche en troupeaux. Les bestiaux, comme on sait, étaient la principale richesse du Samnium et de l'Apulie. L'abréviateur de Festus dit (p. 28) : *Namque eam urbem antea Græci incolentes* Μαλόεντον *appellarunt* ; forme que Dacier a cru trop facilement être éolienne. On trouve d'autres exemples de noms de ville changés par une semblable cause, dans les notes de Dacier sur Festus, p. 712, même édition.

(2) Aujourd'hui *Boiano*.

(1) C'est une ville volsque, que Virgile qualifie de *potens* (*Æneid.* VII, 630).

a ville par la maladie, dut nommer un dictateur. Il choisit C. Junius Bubulcus. Ce général, connu déjà par de grands succès, mit tous ses soins à organiser une forte armée. Il fit de nombreuses levées et prépara une grande quantité d'armes. Il était résolu à rester immobile, comptant sur une prompte aggression des ennemis. Les Étrusques, il faut le dire, imitèrent sa prudence.

Cette année fut signalée aussi par la censure mémorable d'Ap. Claudius et de C. Plautius. C'est surtout le nom d'Appius que la postérité aime à se rappeler. Ce fut lui qui fit venir de l'eau à Rome par un aqueduc (1) et qui construisit l'indestructible voie Appia, qu'admirent encore aujourd'hui les voyageurs (2). C. Plautius n'osa pas braver la colère du sénat, que son collègue irritait par de nombreuses épurations. Il abdiqua. Appius, qui avait dans le caractère l'opiniâtreté héréditaire de sa famille, garda seul la censure. C'est d'après l'autorisation de ce même Appius, dit la légende, que les Potitius, qui desservaient le grand autel d'Hercule, avaient obtenu, dans les cérémonies, d'être remplacés par des esclaves. Pour ce mépris des choses saintes, la famille des Potitius, qui comptait jusqu'à trente mâles en âge de puberté, s'éteignit tout entière (3). La colère des dieux atteignit aussi le censeur Appius, qui quelques années après perdit la vue. De là son surnom de *Cæcus*.

CONCESSIONS FAITES AU PEUPLE. — Les consuls de l'année suivante, C. Junius Bubulcus et Q. Æmilius Barbula, se plaignirent vivement de ce qu'on avait dégradé le sénat par d'injustes épurations (311). Ils accusaient Ap. Claudius d'avoir montré dans ses choix plus de passion que d'équité; on fit au peuple, à la même époque, deux concessions importantes. Il obtint de nommer seize tribuns militaires pour quatre légions. D'autre part, on lui laissa le choix des duumvirs chargés de l'armement et de la réparation de la flotte.

Il ne faut pas oublier qu'alors les joueurs de flûte se révoltèrent. Ils se rendirent à Tibur, et ils ne revinrent à Rome que lorsqu'ils eurent l'entière certitude qu'on leur rendrait les priviléges qui leur avaient été enlevés par les censeurs (1).

CAMPAGNE DANS LE SAMNIUM; VICTOIRE DU CONSUL C. JUNIUS BUBULCUS. — Cependant les discussions du forum n'avaient point distrait les Romains du soin de continuer la guerre étrangère. Le consul Junius reçut l'ordre de se diriger vers le Samnium. Cluvia (2), où se trouvait une garnison romaine, fut emportée par les Samnites, qui battirent de verges et massacrèrent tous ceux qu'ils rencontrèrent, nonobstant les clauses d'une capitulation. Junius reprit Cluvia, et égorgea à son tour tous ceux qui lui avaient résisté. De là il se dirigea sur Bovianum, capitale des Samnites *Pentri*. Il s'empara de cette place, où il trouva d'immenses richesses, qu'il partagea entre tous ses soldats.

Les Samnites, repoussés et battus sur tous les points, n'avaient plus de ressource que dans la ruse. Ils choisirent une position favorable, et firent annoncer aux Romains, par de faux transfuges, qu'ils avaient abandonné une immense quantité de bétail dans des pâturages écartés. Ils poussèrent ainsi le consul à marcher vers une proie qu'il croyait certaine. Un corps nombreux d'ennemis s'était posté en embuscade le long des chemins. Quand ils virent les Romains engagés dans le défilé, croyant sans doute avoir rencontré de nouvelles Fourches Caudines, ils poussèrent de grands cris, et fondirent avec impétuosité sur les légions, prises au dépourvu. La surprise jeta d'abord le dé-

---

(1) C'est le plus ancien aqueduc de Rome. Il était connu sous le nom d'*Aqua Appia*, et non d'Aqua Claudia, comme l'ont prétendu certains auteurs.

(2) C'est la célèbre *Via Appia*, que Stace dans ses *Sylves* (II, 11, 12) appelle *reginam longarum viarum*. Elle commençait à la porte Capène et aboutissait à Capoue. On la continua plus tard jusqu'à Brundusium.

(3) Cette légende relative à la famille *Potitia* est contestée par plusieurs critiques modernes.

(1) Ce fait, rapporté par plusieurs écrivains de l'antiquité, est célèbre dans les traditions romaines.

(2) On ne connaît plus l'emplacement de cette ville, dont le nom même est incertain, tant les manuscrits offrent ici de leçons différentes.

sordre parmi les soldats romains. Ils se hâtèrent cependant de porter au centre leurs bagages, de prendre les armes et de se ranger sous leurs enseignes. Ils se tinrent d'abord sur la défensive. Puis, le consul les encourageant par un discours où il leur rappelait leurs anciennes victoires, ils marchèrent résolument à l'ennemi. L'armée romaine fit des pertes en gravissant les hauteurs; mais quand les premières enseignes eurent atteint le plateau qui les couronnait, l'épouvante passa dans les rangs des ennemis. Les Samnites, se dispersant et jetant leurs armes, cherchaient à regagner ces profondes retraites où ils s'étaient cachés peu de temps auparavant : mais, victimes de leur propre ruse, les difficultés des lieux où ils avaient voulu attirer l'ennemi les arrêtaient à leur tour. Peu d'entre eux parvinrent à échapper : s'il faut en croire Tite-Live, il y en eut vingt mille de tués, et les Romains vainqueurs purent s'emparer des troupeaux que l'ennemi avait pris soin en quelque sorte de lui offrir (1).

GUERRE CONTRE L'ÉTRURIE; LES ÉTRUSQUES ATTAQUENT SUTRIUM; VICTOIRE DU CONSUL ÆMILIUS. — Au moment même où le consul Junius combattait les Samnites, l'Étrurie tout entière prenait les armes contre les Romains. Les habitants d'Arretium étaient restés seuls en dehors de ce vaste mouvement. Les Étrusques commencèrent la campagne par le siége de Sutrium, ville alliée des Romains. C'était la clef de l'Étrurie. Le consul Æmilius voulut délivrer ceux que l'ennemi tenait assiégés. Les Étrusques, à la vue des Romains, passèrent le premier jour à délibérer s'ils pousseraient la guerre avec vigueur, ou s'ils la laisseraient traîner en longueur. Le lendemain, comme les chefs préféraient le parti le plus prompt au plus sûr, ils se préparèrent au combat dès le lever du soleil, et s'avancèrent en bon ordre contre les Romains. Le consul, de son côté, fit ses dispositions. L'action pourtant ne s'engagea que vers le milieu du jour. Les deux armées se heurtèrent avec impétuosité et violence. Les ennemis, dit Tite-Live, l'emportaient par le nombre, les Romains par la valeur. Il y eut une foule de morts des deux côtés. Les Romains ne commencèrent à être victorieux que lorsqu'ils eurent fait avancer leur seconde ligne, c'est-à-dire quand des troupes fraîches succédèrent à des troupes fatiguées. Les Étrusques se battirent bravement, et tombèrent autour de leurs enseignes. Vainqueurs et vaincus ne s'arrêtèrent qu'à la nuit. Chaque armée regagna son camp. Dès lors les Samnites se tinrent immobiles. Les Romains, de leur côté, étaient tellement épuisés par leurs efforts et leur victoire qu'ils ne purent, en cette campagne, s'avancer au delà des murs de Sutrium (311).

APPIUS CLAUDIUS NE VEUT POINT SE DÉMETTRE DE LA CENSURE; IL RÉSISTE AUX TRIBUNS. — Tandis que Fabius, consul de l'année suivante, qui avait été nommé avec C. Marcus Rutilus, se dirigeait avec des renforts vers Sutrium, un grave débat entre Appius Claudius et les tribuns du peuple vint jeter le trouble à Rome. Le censeur, après dix-huit mois révolus, ne voulait point se démettre de sa charge, quoique C. Plautius, son collègue, eût abdiqué sa magistrature. P. Sempronius était alors tribun du peuple. Il intenta à Claudius une action pour qu'il eût à se soumettre à la loi Æmilia; et comme il relisait le texte de cette loi qui réduisait à dix-huit mois la censure, qui était auparavant quinquennale et dont la durée faisait une espèce de royauté, il s'écria tout à coup : « Dis-moi, Appius, si à l'époque « où C. Furius et M. Géganius furent « censeurs, tu l'avais été toi-même ? » — « La loi Æmilia, répondit Appius, « oblige ceux dont vous venez de parler ; « mais elle n'oblige pas leurs succes- « seurs (1). »

(1) Sed loca difficilia, hosti quæsita, ipsos tum sua fraude impediebant. Itaque ergo perpaucis effugium potuit : cæsa ad viginti millia hominum, victorque romanus ad oblatam ultro ab hoste prædam pecorum discurrit. (Tite-Live, IX, 31.)

(1) « Dic, agedum, inquit, Ap. Claudi, quidnam facturus fueris si eo tempore quo C. Furius et M. Geganius censores fuerunt censor fuisses? » —Negare Appius : .. « Non se aut eorum quemquam qui post eam legem latam creati censores essent teneri ea lege potuisse. » (Tite-Live, IX, 33.)

Cette réponse d'Appius irrita tous ceux qui l'entendirent. « C'est bien là, s'écria « Sempronius, l'orgueil de cette famille « qui a été non moins funeste à la liberté « de Rome que celle des Tarquins. « C'est elle qui a excité jusqu'ici tant « de séditions dans la ville et qui a con« duit deux fois le peuple insurgé sur « le mont Aventin. C'est elle qui a com« battu toutes les mesures adoptées con« tre l'usure, et qui s'est opposée avec « une persévérance sans égale a toutes « les lois favorables au peuple. Diras-tu « donc, Appius, que tu es le seul que « n'oblige point la loi Æmilia? D'autres « s'y sont soumis; pourquoi ne suivrais« tu point leur exemple? Prends garde : « si tu n'obéis point à la loi, nonob« stant l'éclat de ta charge, je te ferai « conduire en prison. »
Ce n'était point là une vaine menace. Sempronius ordonna de saisir Appius Claudius. Six tribuns approuvèrent son action; mais il y en eut trois qui reçurent l'appel du censeur. Appius resta maître, et conserva la censure.

FABIUS S'AVANCE VERS SUTRIUM; IL RENCONTRE LES ÉTRUSQUES, ET LES BAT. — Fabius avait reçu ordre de délivrer Sutrium. Il s'avançait pour dégager la place et attaquer, au besoin, les lignes des assiégeants, lorsqu'il rencontra les Étrusques, qui s'avançaient, dans une bataille, en ordre de bataille. Le consul, qui vit leur nombre, se hâta de gagner les hauteurs. Les Étrusques, se confiant en la multitude de leurs guerriers, engagèrent le combat avec une telle précipitation, qu'ils jetèrent leurs traits pour joindre plus tôt l'ennemi. Les Romains, au contraire, lancent tantôt des traits, tantôt des pierres, et par une grêle de projectiles, jettent le trouble parmi ceux qui essayaient d'arriver jusqu'à eux ; puis les hastats et les princes font une charge l'épée à la main. Les Étrusques, mis en désordre, essayèrent en vain de regagner leur camp. Le chemin avait été coupé par la cavalerie romaine. Ils cherchèrent alors à gagner les montagnes. Leur armée arriva ainsi, par petits détachements, dans la forêt Ciminia. Les Romains, après cet éclatant succès, s'emparèrent du camp ennemi, où ils trouvèrent un butin considérable. Ils se mirent bientôt à la poursuite de ceux qu'ils avaient vaincus.

LES ROMAINS PÉNÈTRENT DANS LA FORÊT CIMINIA; LEUR AUDACE EST COURONNÉE D'UN PLEIN SUCCÈS. — La forêt *Ciminia* était alors plus impénétrable et d'un aspect plus effrayant que ne l'étaient, dit Tite-Live, dans ces derniers temps les forêts de la Germanie (1). Aucun marchand n'osait y pénétrer. Il n'y avait guère que le général qui eût la hardiesse d'y entrer ; quant aux autres, ils n'avaient point encore perdu le souvenir des Fourches Caudines. Un de ceux qui assistaient aux conseils du général (c'était un frère du consul, que les uns nomment Céson et les autres C. Claudius) s'offrit pour aller reconnaître les lieux, avec promesse d'en rapporter bientôt des nouvelles certaines. Élevé à Céré, il y avait appris la langue étrusque. Les anciens auteurs assurent qu'à cette époque on instruisait généralement les jeunes Romains dans les lettres étrusques, comme on les instruisit plus tard dans les lettres grecques. Céson ne se fit accompagner que par un seul esclave, qui savait, comme lui, la langue du pays. En partant ils se contentèrent de prendre des notions générales sur la nature des lieux qu'ils devaient parcourir et de s'instruire des noms de ceux qui avaient autorité chez les peuples qu'ils allaient rencontrer. Ils se mirent en marche déguisés en bergers, avec les armes ordinaires aux paysans, des faux et des bâtons ; mais,

(1) Le mont *Ciminius* est aujourd'hui la montagne *di Viterbo*. Elle était dans ce temps, dit Tite-Live (IX, 36), *magis invia atque horrenda quam nuper fuere Germanici saltus*. Or, Drusus ayant pénétré dans les forêts de la Germanie, Niebuhr en conclut que ce neuvième livre fut écrit après les campagnes de Drusus, alors que Tite-Live avait déjà plus de cinquante ans ; mais ce raisonnement n'est pas rigoureux. Du reste, beaucoup de Romains ayant pu voir ou entendre parler de ces *Germanici saltus*, cette comparaison est amenée très-naturellement. On n'en peut dire autant de l'imitation de Florus, I, 17 : « *Ciminius interim saltus, in medio ante invius plane quasi Caledonius vel Hercynius, adeo tunc terrori erat, ut senatus consuli denuntiaret ne tantum periculi ingredi auderet.* »

dit Tite-Live, ni la connaissance de la langue étrusque, ni la nature du vêtement et des armes, ne les servit aussi bien que le peu d'apparence qu'il y avait qu'un étranger pût s'aventurer dans la forêt *Ciminia*. On dit qu'ils pénétrèrent jusque chez les Camertes-Ombriens ; que Céson, auprès de ce peuple, osa avouer sa mission ; qu'il reçut des promesses d'assistance, et que tous les hommes auxquels il s'adressa s'engagèrent à prendre les armes pour seconder l'entreprise des Romains. Quand le consul reçut ces nouvelles, il n'hésita point à pénétrer dans la forêt. Les ennemis, trompés par ses manœuvres, apprirent bientôt avec terreur qu'il occupait les hauteurs du Ciminius, et qu'il pouvait répandre ses soldats sur les riches campagnes de l'Étrurie. Il ravagea en effet le pays, fit un riche butin, et opéra son mouvement de retraite après cette heureuse expédition. Il occupait les premières positions lorsqu'il reçut de Rome des députés qui lui défendaient de s'engager dans la forêt Ciminia. Ils furent heureux d'apprendre que Fabius, à son insu, avait enfreint les ordres qu'ils lui apportaient.

NOUVELLE BATAILLE LIVRÉE AUX ÉTRUSQUES. — Tout le pays situé au pied du mont Ciminius se souleva après les dévastations des Romains. Les Ombriens, effrayés, se joignirent aussi aux Étrusques. Les uns et les autres levèrent une armée formidable, qui se porta aux environs de Sutrium, en face des Romains. Ce fut en vain que Fabius fut provoqué au combat. Il se maintint dans son camp, et attendit une occasion favorable. Quand il vit les ennemis plongés dans une complète sécurité, il donna ordre à ses soldats de prendre les armes ; et une nuit il les fit sortir en silence des retranchements. Il se jeta à l'improviste sur les Étrusques, qui étaient plongés dans le plus profond sommeil, les surprit et les massacra. Quelques-uns seulement (ce furent ceux qui gagnèrent la forêt) parvinrent à se soustraire aux coups des Romains. S'il faut ajouter foi aux exagérations de Tite-Live, les Étrusques perdirent par cette attaque imprévue soixante mille hommes (1).

(1) Cæsa aut capta eo die hostium millia ad sexaginta. (Tite-Live, IX, 37.)

Quelques historiens prétendent que cette bataille fut livrée par de là la forêt *Ciminia*, près de Pérouse, et que Rome fut dans de grandes alarmes, parce que l'armée, n'ayant pas une retraite assurée, pouvait être accablée par les Étrusques et les Ombriens, qui s'étaient soulevés de toutes parts. Mais la fortune de Rome l'emporta. On vit arriver alors dans la ville des députés de Pérouse, de Cortone et d'Arretium, cités puissantes de l'Étrurie, qui venaient demander aux Romains paix et alliance. Ils obtinrent une trêve de trente ans.

EXPÉDITION MARITIME DES ROMAINS SUR LES CÔTES DE LA CAMPANIE ; SUITE DE LA GUERRE CONTRE LES SAMNITES ; L. PAPIRIUS CURSOR NOMMÉ DICTATEUR PAR FABIUS. — En ce temps-là une flotte romaine, placée sous les ordres de P. Cornélius, fit une descente en Campanie. Ses équipages se jetèrent sur la côte, et firent un immense butin. Comme ils revenaient sans précaution, ils furent attaqués vivement par les habitants de la campagne, battus et dépouillés. Ce ne fut qu'à grand'peine qu'ils parvinrent à regagner leurs vaisseaux.

D'autre part, le consul C. Marcius Rutilus enleva de vive force la ville d'Allifas aux Samnites. Quelques autres places se rendirent sans assaut. Tout changea de face quand on apprit que l'armée de Fabius s'était engagée dans la forêt Ciminienne. « Les Romains, di-« saient les Samnites, ont donc retrouvé « les Fourches Caudines. Pourquoi la « gloire, non plus de les humilier, mais « de les écraser cette fois, nous a-t-elle « été refusée ? » Ils s'armèrent à la hâte pour écraser Marcius ou pour se joindre aux Étrusques en traversant le pays des Marses et des Sabins. Le consul marcha à leur rencontre. Le combat fut acharné de part et d'autre et le succès indécis. Cette affaire eut l'apparence d'une défaite pour les Romains. La nouvelle en vint à Rome, et le sénat fut saisi d'une grande terreur. Il fut convenu alors qu'on nommerait un dictateur. Personne ne doutait que le choix ne dût tomber sur Papirius Cursor, que l'on regardait comme le plus grand capitaine de son temps ; mais on ne pouvait faire parvenir sûrement un message dans le

ITALIE.

Samnium, à travers une multitude l'obstacles, et l'on n'avait pas la certitude que le consul Marcius, qui était blessé, vécût encore. L'autre consul, Fabius, était l'ennemi personnel de Papirius.

Dans la crainte que son ressentiment ne devînt un obstacle au bien public, le sénat crut devoir lui envoyer une députation, composée de personnages consulaires qui avaient pour mission d'amener Fabius à faire à la patrie le sacrifice de ses haines personnelles. Les députés ayant remis au consul le sénatus-consulte, et lui ayant adressé un discours conforme à leurs instructions, celui-ci, les yeux baissés vers la terre, se retira sans proférer une seule parole, les laissant dans l'incertitude de ce qu'il allait faire. Ensuite, dans le silence de la nuit, comme c'est l'usage, il nomma Papirius dictateur. Comme les députés le félicitaient d'une si belle victoire remportée sur lui-même, il garda un silence obstiné, et, sans rien leur répondre, sans rappeler ce qu'il avait fait, il congédia les députés d'un air qui montrait qu'il comprimait dans sa grande âme une extrême douleur (1). Papirius nomma C. Junius Bubulcus général de la cavalerie.

PAPIRIUS PASSE DANS LE SAMNIUM ; NOUVELLE VICTOIRE REMPORTÉE SUR LES ÉTRUSQUES AUPRÈS DU LAC VADIMON. — Papirius avec les troupes nouvellement levées à Rome se dirigea vers le Samnium. Ce fut à Longula que Marcius lui remit le commandement des légions. Il alla présenter le combat aux ennemis, qui se tinrent sur la défensive sans accepter son défi.

Cependant de graves événements s'accomplissaient du côté de l'Étrurie. D'abord on dispersa les Ombriens, qui s'étaient soulevés. Ensuite on en vint aux mains avec les Étrusques près du lac Vadimon. Suivant la loi sacrée de l'Étrurie, chaque soldat ennemi s'était associé pour ce jour terrible un compagnon qui devait le suivre jusqu'à la mort. Les Romains trouvèrent cette fois des adversaires qui se battirent en plus grand nombre et avec plus de courage que jamais. On se joignit avec une telle animosité que d'aucun côté on ne songea à lancer les traits. L'action s'engagea à l'épée, et en peu d'instants le combat fut terrible. La victoire demeura enfin aux Romains, qui triomphèrent grâce à leur corps de réserve. Le camp ennemi fut pris et pillé. Cette journée anéantit les forces et la puissance des Étrusques.

SUITE DE LA GUERRE CONTRE LES SAMNITES ; NOUVELLE VICTOIRE DES ROMAINS. — La guerre contre les Samnites eut un heureux résultat. L'ennemi avait deux corps d'armée ; l'un portait des boucliers ciselés en or, l'autre des boucliers ciselés en argent. Chaque soldat avait aussi un casque surmonté d'un haut panache. Les soldats aux boucliers dorés (et rien n'est moins vraisemblable que cette légende en ce qui concerne les rudes montagnards du Samnium) avaient des tuniques de pourpre (1); ceux aux boucliers d'argent avaient des vêtements de lin. « Ne vous « effrayez pas, dit le général romain à « ses soldats ; toute cette vaine parure « ne convient pas à des guerriers. Ce qui « sied au soldat, c'est un air mâle et de « la résolution. Vous possédez l'un et « l'autre. C'est à vous qu'appartiennent « ces riches dépouilles. »

Le combat commença bientôt entre les Romains et les Samnites. L'action fut vive ; ce fut Junius, le maître de la cavalerie, qui le premier refoula les soldats qui lui étaient opposés. C'étaient cependant les plus braves des Samnites, ceux qui avaient juré de périr en combattant. Papirius, habilement secondé

---

(1) .... Consul, demissis in terram oculis, tacitus ab incertis quidnam acturus esset legatis recessit. Nocte deinde silentio, ut mos est, L. Papirium dictatorem dixit : cui quum ob animum egregie victum legati gratias agerent, obstinatum silentium obtinuit, ac sine responso ac mentione facti sui legatos dimisit, ut appareret insignem dolorem ingenti comprimi animo. (Tite-Live, IX, 38.)

(1) *Tunicæ... versicolores*. Niebuhr (t. V, p. 343 de la traduction française) pense que par *versicolores* il faut entendre des tuniques couleur de pourpre. C'est en effet le sens que Tite-Live donne à cet adjectif dans le passage du livre XXXIV où il est question de la loi *Oppia* (ch. 1, 3 et 7). Il est permis de croire, d'après de graves autorités, que cette épithète convient parfaitement à la couleur changeante de la pourpre.

par M. Valérius à l'aile droite, et par P. Décius à l'aile gauche, décida la victoire. L'ennemi prit la fuite, et son camp fut enlevé. Les Romains y firent un riche butin. Ils recueillirent, çà et là, dans la campagne les boucliers dorés, qui servirent à décorer le forum.

SUITE DE LA GUERRE CONTRE LES ÉTRUSQUES; TRIOMPHE DE FABIUS. — La même année le consul Fabius combattit, aux environs de Pérouse, les débris de l'armée étrusque. La victoire ne fut ni difficile ni douteuse. Il aurait pris Pérouse même si les habitants ne s'étaient hâtés de faire leur soumission. Fabius néanmoins ne voulut point s'éloigner sans laisser dans la ville une forte garnison. Les Étrusques envoyèrent une députation à Rome pour demander la paix.

Le consul rentra triomphalement dans la ville, après une victoire qui, dans l'opinion publique, surpassait de beaucoup celle de Papirius. On attribuait en grande partie le succès obtenu sur les Samnites aux lieutenants Décius et Valérius, que le peuple, aux comices suivants, nomma, à une grande majorité, l'un consul, l'autre préteur.

SUITE DE LA GUERRE CONTRE LES ÉTRUSQUES; LES OMBRIENS SE SOULÈVENT ET MARCHENT SUR ROME; ILS SONT VAINCUS. — Décius fut envoyé contre les Étrusques, et Fabius, qui avait mérité par ses éclatants succès d'être continué dans le consulat, se dirigea vers le Samnium. Le dernier réduisit les habitants de Numéria et d'Alfaterna. Puis il y eut une bataille, dans laquelle les ennemis furent vaincus. Les Marses et les Péligniens, qui avaient compris trop tard que les Samnites défendaient la cause de l'indépendance italienne, avaient pris part à la guerre. Eux aussi furent vaincus.

Décius, l'autre consul, faisait, de son côté, la guerre avec un grand succès. Il avait réduit, par la terreur, les habitants de Tarquinies à fournir du blé à l'armée et à demander une trêve de quarante ans. Il prit de force quelques places aux Volsiniens; il les rasa presque toutes, de peur qu'elles ne servissent de retraite aux ennemis.

En se portant de tous côtés, il répandit une telle épouvante, que la confédération entière des Étrusques lui demanda un traité d'alliance. Elle ne put obtenir qu'une trêve d'un an. L'ennemi paya la solde de l'armée romaine pendant cette année, et fut obligé de donner deux tuniques à chaque soldat. Telle fut le prix de la trêve que Rome avait accordée.

Tout à coup on apprit que les Ombriens s'étaient soulevés; c'étaient eux déjà qui avaient poussé une grande partie de l'Étrurie à la révolte. Ils levèrent une puissante armée, et, tournant Décius, ils marchèrent brusquement sur Rome. Ils voulaient, disaient-ils, prendre et détruire cette ville, comme les Gaulois. Instruit du projet des Ombriens, le consul Décius revint vers Rome à marches forcées, et prit position sur le territoire Pupinien (1).

Cette guerre inspirait aux Romains une grande frayeur. Ils se souvenaient encore des Gaulois. On députa donc vers le consul Fabius pour l'engager, dans le cas où la guerre des Samnites lui laisserait quelque relâche, à conduire promptement son armée dans l'Ombrie. Le consul obéit, et il gagna Mévania, où étaient alors les troupes des Ombriens. L'arrivée imprévue du consul jeta la terreur parmi les ennemis. Ils voulaient s'éloigner, lorsqu'ils furent retenus par les soldats, dit Tite-Live, du canton de Matérina (2). Ils résolurent en définitive de marcher au combat. Ils se précipitèrent sur les troupes du consul au moment où elles travaillaient à s'entourer de palissades. Le danger que courait Rome inspira les soldats de Fabius. Le général voulait les encourager par quelques paroles, lorsqu'ils l'interrompirent et se précipitèrent avec fureur sur l'ennemi. En un instant les Ombriens furent culbutés et vaincus. Ils ne tardèrent pas à se soumettre.

SUITE DE LA GUERRE CONTRE LES ÉTRUSQUES; LES HERNIQUES. — Fabius

(1) *Ager Pupinus*, dit Festus, *est circa Tusculum urbem* (*Voy.* aussi Cluvier, *Ital. antiq.*, p. 966).

(2) Le nom de *Matérina* ne se trouvant nulle part, on a proposé de lire *Matilicam* ou *Matelicinam*, ville de l'Ombrie au pied des Apennins et sur la frontière des *Piceni*. *Voy.* Cluvier, *Ital. antiq.*, p. 613.

fut prorogé dans son commandement. Ap. Claudius fut nommé consul avec L. Volumnius (308). Claudius resta à Rome ; Volumnius partit pour aller faire la guerre aux Salentins. Celui-ci obtint le brillants succès, et mérita l'affection du soldat par son affabilité et en se montrant prodigue dans les distributions de butin. Le proconsul Fabius livra bataille à l'armée des Samnites, près de la ville d'Allifas. Le succès ne fut pas un instant douteux. Les ennemis furent forcés dans leur camp. On les fit tous passer sous le joug.

Quant aux Herniques qui avaient pris part à cette guerre, ils furent traités avec une excessive sévérité. On les dissémina chez les différents peuples latins. Les Herniques furent vivement irrités. Ils tinrent une assemblée générale à Anagnia, et tous les peuples de la confédération, excepté ceux d'Alatrium, de Ferentinum et de Verulæ, déclarèrent la guerre au peuple romain (1). Ces derniers événements s'accomplirent sous les consuls P. Cornélius Arvina et Q. Marcius Trémulus (307).

GUERRE CONTRE LES HERNIQUES ; DOUBLE VICTOIRE REMPORTÉE SUR LES SAMNITES. — Après la retraite de Fabius, il éclata de nouveaux mouvements dans le Samnium. Calatia et Sora, colonies romaines, tombèrent au pouvoir de l'ennemi, qui exerça d'horribles cruautés contre les prisonniers. P. Cornélius partit en toute hâte avec une armée. Marcius, de son côté, se dirigea contre les Herniques.

Ceux-ci s'étant emparés d'abord des postes avantageux interceptèrent les communications entre les deux consuls. Il y eut à Rome un moment de trouble. Les Herniques cependant n'étaient guère redoutables. Ils furent vaincus et obligés de se soumettre à Marcius.

Dans le Samnium, Cornélius avait choisi une mauvaise position. L'ennemi lui avait fermé toutes les routes, et ne voulait point, nonobstant les provocations du consul, hasarder ses avantages dans une bataille générale. Mais les Samnites n'avaient point compté sur Marcius, lequel se mit en marche après l'entière soumission des Herniques. De gré ou de force, il fallut combattre. Ils se jetèrent sur Marcius, qu'ils surprirent dans tout le désordre de la marche. Celui-ci eut à peine le temps de mettre en sûreté ses bagages et de ranger ses troupes en bataille. D'abord les cris qui parvinrent jusqu'au camp, puis la vue de la poussière qui s'élevait au loin, jetèrent le trouble dans l'armée de l'autre consul. Cornélius fit prendre les armes à ses soldats. Quand ils furent rassemblés il parcourut leurs rangs, et leur dit « que ce serait le comble de l'ignominie si la gloire de soumettre le Samnium était abandonnée à l'armée qui avait combattu les Herniques. » Il se fit jour à travers les troupes ennemies, et prit leur camp, qu'il livra aux flammes. Les Samnites se sauvent alors de tous les côtés ; mais partout ils rencontrent les Romains. Dans cette affaire, dit Tite-Live, ils perdirent trente mille hommes (1).

Les Samnites furent obligés de traiter. On les força à fournir trois mois de vivres, une année de solde et une tunique pour chaque soldat. Cornélius resta dans le Samnium; Marcius revint à Rome, où il triompha des Herniques. La même année le censeur Bubulcus commença le temple de la déesse *Salus*, qu'il avait voué, étant consul, pendant la guerre des Samnites (2). Puis avec M. Valérius Maximus, son collègue, il entreprit, aux dépens du trésor, plusieurs voies publiques.

Nous devons ajouter ici que dans cette même année, suivant Tite-Live, fut renouvelé pour la troisième fois le traité avec les Carthaginois. Leurs ambassadeurs venus à Rome y furent traités avec distinction, et reçurent des présents (3).

(1) .... Triginta millibus hostium cæsis. (Tite-Live, IX, 43.) — Cette double victoire sur les Samnites est aussi mentionnée par Pline (*Hist. nat.*, XXXIV, 6, § 11) et par Cicéron.

(2) C'est ce temple que C. Fabius décora de peintures auxquelles il dut le surnom de *Pictor*.

(3) Et cum Carthaginiensibus eodem anno fœdus tertio renovatum, legatisque eorum, qui ad id venerant, comiter munera missa. (Tite-Live, IX, 43.)

(1) *Anagnia*, située sur une montagne du Latium, à trente-sept milles de Rome. C'était la capitale des Herniques.

SUITE DE LA GUERRE CONTRE LES SAMNITES. — On fit aussi, à la même époque, un dictateur. C'était P. Cornélius, qui choisit P. Décius pour général de la cavalerie. « Ils tinrent les comices consulaires, dit Tite-Live, pour lesquels on les avait nommés ; L. Postumius et T. Minucius furent créés consuls (306). Pison place ces consuls après Q. Fabius et P. Décius, supprimant les deux années du consulat de Claudius, de Volumnius, de Cornélius et de Mucius (1). »

Les deux nouveaux consuls se portèrent sur le Samnium, pour arrêter les incursions des montagnards, qui s'étaient jetés encore une fois sur les riches plaines de la Campanie. Postumius se dirigea vers Tifernum et Minucius sur Bovianum. La tradition adoptée par Tite-Live veut qu'en ce temps-là les Samnites aient éprouvé une double défaite. Ils avaient deux camps qui furent enlevés, et ils perdirent quarante-sept étendards. Parmi les guerriers qui tombèrent au pouvoir de l'ennemi se trouvait Statius Gellius, leur général.

Peu de temps après, la place de Bovianum fut emportée. Les deux consuls furent récompensés par le triomphe de leurs brillants succès.

« Suivant quelques historiens, ajoute Tite-Live, Minucius mourut dans son camp, de ses blessures ; M. Fulvius fut nommé consul pour le remplacer (306). C'est lui qui, ayant reçu le commandement de l'armée de Minucius, emporta Bovianum. La même année les villes de Sora, d'Arpinum et de Censennia furent reprises sur les Samnites (2). »

GUERRE CONTRE LES ÈQUES ; ILS SONT VAINCUS ; LEUR SOUMISSION. — Sous le consulat de P. Sulpicius Saverrio et de P. Sempronius Sophus, les Samnites envoyèrent des députés à Rome pour demander la paix (305). Ces propositions n'inspirèrent aucune confiance aux Romains. On répondit aux députés :

(1) Tite-Live est ici d'accord avec les Fastes consulaires.

(2) Tite-Live, IX, 44. — On a discuté longtemps sur le nom de *Censennia*, de *Cesennia* ou de Σερεννία, comme l'appelle Diodore. Cluvier remplace ce nom par celui d'*Æsernia* ; d'autres ont lu *Cerfennia*. Ces corrections sont très contestables.

« Qu'on ne pouvait ajouter foi à leur paroles, parce que les Samnites avaie l'habitude de faire des préparatifs guerre au moment même où ils solli taient des trêves ou la paix. C'est pou quoi on exigeait d'eux non plus des pr messes, mais des actes. On leur imp serait donc une épreuve. Le cons Sempronius occuperait d'abord le territoire avec son armée ; puis, suiva les dispositions qu'il aurait remarqué dans le pays, il statuerait sur les co ditions de la paix demandée.

Pendant l'occupation de leur territoi les Samnites ayant fourni des vivr en abondance aux Romains et mont un désir sincère de la paix, on renou vela les anciens traités (1). Puis, cor mença la guerre contre les Èques.

Cette petite nation, comme tout celles qui l'avoisinaient, avait compr enfin qu'elle avait eu tort de ne poi seconder les premiers efforts des Sam nites. Ceux-ci, en effet, avaient défend jusque alors la cause de tous les peupl italiques ; les Èques, s'associant aux He niques, n'avaient fourni que dans l dernières campagnes des contingen à la confédération samnite. Ils savaie combien le joug romain était du « Pourquoi nous associer à vous, d « saient-ils aux Romains ? Ne savez-vou « pas que tous les peuples préfèrent leu « lois particulières au droit de cité ro « maine (2) ? »

Il fallut, à la fin, marcher contre le Èques. Ils étaient braves, et jadis i avaient été redoutables. Mais alors i n'avaient point de généraux pour le conduire, et tout chez eux était livr à la confusion et au désordre. Ils prire néanmoins les armes, et levèrent un armée ; mais bientôt les intérêts partic liers l'emportèrent sur l'intérêt général chacun rejoignit sa ville ou son cham pour les défendre. Les Èques se di

(1) Niebuhr (t. V, p. 357 de la tradu tion française) préfère la version de Den d'Halicarnasse, qui parle d'une soumissi complète.

(2) Tentationem aiebant esse, ut, te rore incusso belli, Romanos se fieri pat rentur ; quod quantopere optandum fore Hernicos docuisse : quum, quibus licueri suas leges romanæ civitati præoptaverint. (Tite-Live. IX, 45.)

persèrent donc, et abandonnèrent leur camp. Les Romains, qui ne pouvaient rencontrer une armée, furent obligés de faire une guerre lente et d'attaquer toutes les places. Ils en prirent quarante et une, qui furent incendiées et rasées. La défaite des Èques consterna les Marrucins, les Marses, les Péligniens et les Frentans, qui se hâtèrent de demander la paix aux Romains.

LE GREFFIER CN. FLAVIUS; SON OPPOSITION CONTRE LES NOBLES; IL DIVULGUE LES FORMULES JURIDIQUES. — Cnéius Flavius, petit-fils d'un affranchi, parvint vers cette époque, suivant d'anciens récits, à l'édilité curule. Pour arriver à cette charge il renonça à la profession de greffier. Il fut toujours en opposition avec les patriciens, qui méprisaient sa basse extraction. Il divulgua les formules juridiques, jusque-là cachées entre les mains des nobles patrons ou des prêtres, comme en un sanctuaire, et il fit placer autour du forum le tableau des fastes, afin que l'on sût quand il était permis de plaider. Il dédia à la Concorde un temple, qui prit la place de celui de Vulcain. Appius s'attira l'inimitié des patriciens en introduisant dans le sénat des petits-fils d'affranchis et en répandant le menu peuple dans toutes les tribus. Cet état de choses dura jusqu'à la censure de P. Décius et de Q. Fabius. Ce dernier surtout combattit toutes les mesures qui avaient été adoptées par Claudius. Ce fut à cette opposition, dit Tite-Live, qu'il dut son surnom de Maximus (1).

ÉTABLISSEMENT DE COLONIES; EXPÉDITION EN OMBRIE; GUERRE CONTRE LES ÈQUES. — Sous le consulat de L. Génucius et de Ser. Cornélius on conduisit des colons à Sora et à Albe(1)[304]. La même année les habitants d'Arpinum et de Trébula (2) renouvelèrent les traités qui les unissaient aux Romains. D'autre part, les Frusinates (3), convaincus d'avoir cherché à soulever les Herniques, furent condamnés à perdre le tiers de leur territoire. Les consuls firent une enquête, et les chefs de l'insurrection furent battus de verges et frappés de la hache.

« Cependant, dit Tite-Live, pour que cette année ne s'écoulât point sans guerre, on fit une expédition en Ombrie. Le bruit courait que des brigands qui s'étaient emparés d'une profonde caverne faisaient à main armée de fréquentes excursions dans les campagnes. On pénétra dans cette caverne, enseignes en tête; mais l'obscurité fut cause que les Romains eurent beaucoup de soldats blessés, surtout à coups de pierres. Enfin lorsqu'on eut découvert l'autre issue de la caverne (car il y en avait deux) on entassa du bois aux deux ouvertures, et on y mit le feu. Environ deux mille hommes qui s'y trouvaient enfermés furent étouffés par la fumée ou périrent dans les flammes où ils avaient fini par se précipiter en cherchant à s'évader (4). »

Sous les consuls Marcus Livius Denter et Marcus Émilius on reprit les armes contre les Èques (303). Il s'agissait d'une

---

(1) Le récit de Tite-Live est confirmé par un passage de Pison qui nous est conservé par Aulu-Gelle (VI, 9). — Cn. Flavius ne divulgua pas tout le système du droit romain, mais seulement les formules dont il fallait se servir dans les *legis actiones*, et la désignation des jours *fastes* pendant lesquels la religion permettait de rendre la justice (*nundinæ*). Or avant Flavius on n'avait connaissance de ces jours que par l'avertissement des pontifes. Voyez pour de plus amples explications Niebuhr, t. V, p. 434 et suiv. de la traduction française.

Quant à Fabius, certains auteurs, comme Polybe, donnent à entendre que ce fut plutôt Fabius Cunctator qui introduisit le surnom de *Maximus* dans la famille.

(1) Il s'agit ici de la ville d'*Alba Fucentia*, qui était située au nord du lac Fucin.

(2) Il y avait plusieurs *Trebula*. On pense que la ville que nous mentionnons en cet endroit de notre récit se trouvait dans le pays des Sabins.

(3) Ils habitaient le pays des Volsques.

(4) Tamen, ne prorsus imbellem agerent annum, parva expeditio in Umbria facta est, quod nuntiabatur ex spelunca quadam excursiones armatorum in agros fieri. In eam speluncam penetratum cum signis est, et ex eo loco obscuro multa vulnera accepta, maximeque lapidum ictu; donec altero specus ejus ore (nam pervius erat) invento, utræque fauces congestis lignis accensæ : ita intus fumo ac vapore ad duo millia armatorum, ruentia in ipsas flammas, dum evadere tendunt, absumpta. (Tite-Live, X, 1.)

guerre dangereuse, puisque Rome eut recours alors à l'un de ses meilleurs généraux. C'était C. Junius Bubulcus, qui fut nommé dictateur. Suivi de Titinius, son général de la cavalerie, il se mit en campagne. Les Èques furent domptés en moins de huit jours, et Bubulcus rentra triomphant dans Rome.

EXPÉDITION DU LACÉDÉMONIEN CLÉONYME DANS LE NORD DE L'ITALIE. — Ce fut à cette époque que le Lacédémonien Cléonyme fit une expédition en Italie (1); ses tentatives et ses revers, dans le sud de la Péninsule, ont été racontés par divers historiens; mais ce que l'on connaît moins, c'est son expédition au nord de l'Adriatique. Tite-Live en a parlé avec quelque étendue, parce que la tradition qu'il rapporte était un des titres de gloire de Padoue, sa ville natale.

Repoussé de l'Italie méridionale, Cléonyme, dit-il, « doubla le cap de Brindes, et fut porté par les vents au milieu de la mer Adriatique. Alors, craignant d'aborder, sur sa gauche, les côtes sans port de l'Italie, et, sur sa droite, d'arriver au pays des Illyriens, des Liburniens et des Istriens, nations fameuses surtout par leurs brigandages maritimes, il s'avança jusqu'au fond du golfe, vers les rivages de la Vénétie. Là, ayant fait débarquer quelques-uns des siens pour reconnaître les lieux, ils lui apprirent que ce qu'il prenait pour une côte n'était qu'une étroite langue de terre; qu'après l'avoir dépassée on trouvait par derrière des lagunes baignées par les eaux de la mer; qu'à peu de distance on apercevait une terre offrant d'abord une plaine, puis des collines; qu'ensuite on trouvait l'embouchure d'un fleuve très-profond (c'était le Méduacus), où ils avaient vu entrer des vaisseaux comme dans une rade sûre. Cléonyme ordonna de diriger la flotte de ce côté et de remonter le fleuve. Le lit n'était pas assez profond pour les gros navires. On fit passer sur les bâtiments légers une foule de soldats, qui gagnèrent des campagnes fort peuplées, où se trouvaient trois bourgs habités par les Padouans. Là, ayant pris terre et n'ayant laissé qu'un petit nombre d'entre eux pour garder les navires, les Grecs s'emparent des bourgs, y mettent le feu, enlèvent hommes et troupeaux, et, entraînés par l'appât du pillage, s'éloignent de plus en plus de leurs bâtiments. A cette nouvelle les habitants de Padoue, que le voisinage des Gaulois, tenait continuellement en armes, partagent leurs guerriers en deux corps. L'un se porte du côté où l'on avait vu l'ennemi dispersé pour le pillage; l'autre prend une route détournée, et se dirige vers l'endroit où avaient été laissés les navires. Ils tuent les gardes, et se précipitent sur les bâtiments légers. Les matelots, effrayés, essaient de naviguer vers l'autre rive du fleuve. Sur terre les Padouans avaient combattu avec le même succès contre les pillards. Dispersés dans la campagne, quand les Grecs veulent regagner leurs vaisseaux, ils rencontrent les Vénètes, qui s'opposent à leur passage. Ils sont enveloppés de toutes parts et massacrés. On apprit des prisonniers que la flotte et le roi Cléonyme étaient à trois milles de là. Laissant aussitôt leurs prisonniers sous bonne garde, les habitants de Padoue montent, les uns sur des barques à fond plat, les autres sur les bâtiments légers qu'on avait pris. Puis, se dirigeant vers la flotte, ils entourent les vaisseaux, qui restaient immobiles et qui n'osaient manœuvrer dans des parages inconnus. Plus empressés de gagner le large que d'opposer de la résistance, ces vaisseaux sont poursuivis jusqu'à l'embouchure du fleuve, et les vainqueurs reviennent après avoir pris ou brûlé ceux qui se trouvaient engagés dans les bas-fonds.

« Cléonyme se retira ramenant à peine la cinquième partie de la flotte et n'ayant éprouvé que des revers sur tous les points du littoral de la mer Adriatique. Les éperons des vaisseaux et les dépouilles enlevées aux Lacédémoniens restèrent longtemps exposés dans un vieux temple de Junon, où ils ont été vus par des personnes qui vivent encore. A Padoue on célèbre encore l'anniversaire de ce combat naval, par une

---

(1) *Voy.*, pour de plus amples renseignements sur les tentatives de Cléonyme en Italie, le chapitre suivant intitulé : *Histoire de l'Italie méridionale depuis l'établissement des colonies grecques dans ce pays jusqu'à la conquête romaine.*

joute de navires sur le fleuve qui traverse la ville (1). »

GUERRE CONTRE LES MARSES ET LES ÉTRUSQUES. — A l'époque même où Cléonyme faisait cette tentative malheureuse sur l'Italie on conclut à Rome un traité avec les Vestins.

On apprit en même temps que l'Étrurie et le pays des Marses étaient prêts à se soulever. Des troubles avaient éclaté à Arrétium, où l'on avait pris les armes pour chasser la famille, trop puissante, des Cilnius (2). Les Marses, de leur côté, essayaient d'empêcher par la force l'établissement de la colonie de Carséolis.

Dans ces circonstances on nomma un dictateur. Ce fut Marcus Valérius Maximus, qui prit M. Æmilius Paulus pour général de la cavalerie. Le dictateur n'eut besoin que d'un combat pour vaincre et disperser les Marses. Puis, les ayant forcés à se renfermer dans leurs places, il leur prit, en peu de jours, Milionia, Plestina et Frésilia. Il se contenta de les punir par la confiscation d'une partie de leurs terres; après quoi il leur rendit l'alliance romaine.

De là Valérius se dirigea vers l'Étrurie. Pendant l'absence du dictateur, qui était revenu à Rome pour y prendre les auspices, le général de la cavalerie, tombé dans une embuscade, éprouva de grandes pertes et fut repoussé jusque dans son camp. Ce revers, que l'on exagérait beaucoup, jeta Rome dans la consternation. On fortifia la ville, et l'on se hâta d'enrôler tous les citoyens qui étaient en âge de porter les armes. Le dictateur repartit bientôt pour l'armée. Il trouva que l'ordre avait été promptement rétabli par le général de la cavalerie. Le camp avait été transporté en un lieu plus sûr, et les cohortes qui avaient perdu leurs enseignes restaient, sans tentes, en dehors des palissades. Tous les soldats étaient impatients de combattre afin d'effacer la honte de leur défaite.

Valérius se porta en avant, et vint camper sur le territoire de Ruselles. C'est là que les ennemis l'atteignirent et essayèrent encore une fois de la ruse pour le combattre et le vaincre; mais les Romains ne tombèrent point dans le piége. Ils se tinrent immobiles jusqu'au moment où ils furent attaqués en rase campagne. Le dictateur abandonna un jour les avant-postes aux efforts de l'armée ennemie; puis, quand il crut que les Étrusques étaient fatigués, il se jeta sur eux avec tous ses soldats. Le combat ne fut ni long ni douteux. Les ennemis ne parvinrent à s'enfuir qu'après avoir fait des pertes considérables.

Cette bataille porta un coup terrible à la puissance des Étrusques. Le dictateur, après avoir exigé d'eux une année de solde pour son armée et des vivres pour deux mois, leur permit d'envoyer à Rome des députés pour traiter de la paix. Elle leur fut refusée; on ne leur accorda qu'une trêve de deux ans. Le dictateur obtint à Rome les honneurs du triomphe.

« J'ai sous les yeux des auteurs, dit Tite-Live, qui prétendent qu'il ne fut besoin de livrer aucun combat mémorable pour pacifier l'Étrurie, et que les exploits du dictateur se bornèrent à calmer les séditions d'Arrétium et à réconcilier avec le peuple la famille des Cilnius. M. Valérius fut nommé consul après avoir abdiqué la dictature. Quelques historiens ont pensé qu'il obtint cet honneur sans le solliciter, même en son absence, et que les comices furent tenus par un interroi. La seul chose sur laquelle on soit d'accord, c'est qu'il fut consul avec Appuléius Pansa (1). »

DISCUSSION ENTRE LES PATRICIENS ET LES PLÉBÉIENS; CES DERNIERS SONT ADMIS A PARTAGER AVEC LES PREMIERS LES FONCTIONS SACERDOTALES; LA LOI VALERIA. — Rome jouit pendant quelques instants, à l'extérieur, d'une paix profonde. Les Étrusques et les Samnites, abattus par tant de revers,

---

(1) Tite-Live, X, 2.
(2) Sur la famille *Cilnia*, voy. K. O. Müller, *Die Etrusker*, t. I, p. 376. Cilnius Mœcenas, l'ami d'Auguste, appartenait, comme on sait, à la famille *Cilnia*.

(1) On a supposé que ce récit des exploits de Valérius dans la campagne contre les Étrusques avait été emprunté par Tite-Live à Valérius Antias, qui pour relever la gloire de sa famille avait fait de Valérius un dictateur et lui avait donné un Fabius pour maître de la cavalerie.

ne songeaient plus à s'insurger; mais à la même époque le forum fut agité par de violentes discussions. Les tribuns du peuple cherchaient à ranimer entre les deux ordres les vieilles querelles. Q. et Cn. Ogulnius se distinguaient entre tous par leur violence. Ceux-ci, après avoir cherché mille prétextes pour accuser les patriciens, préparèrent un projet de loi qui était propre à échauffer non le menu peuple, mais les principaux d'entre le peuple, les consulaires et les triomphateurs plébéiens, aux honneurs desquels il ne manquait plus que les sacerdoces, qui n'étaient point encore accessibles à tous. Ils demandèrent que les pontifes et les augures qu'on voulait alors adjoindre aux autres fussent tous tirés de l'ordre des plébéiens.

Les patriciens ne se montrèrent pas moins irrités que lorsqu'il s'était agi de partager le consulat. Ils affectaient de dire que cette innovation regardait les dieux encore plus qu'eux-mêmes; que les dieux sauraient bien empêcher la profanation de leur culte; que pour eux, ils se bornaient à désirer qu'il n'en résultât rien de fâcheux pour la république. Un vif débat néanmoins s'engagea dans l'assemblée du peuple entre P. Décius Mus et l'orgueilleux Appius Claudius. Décius, rappelant le dévouement de son père, s'écria : « Alors le consul P. Décius ne « parut-il pas aux dieux immortels une « victime aussi sainte et aussi pure que « l'eût été son collègue? Eût-on pensé « que cette noble victime ne pouvait sans « profanation être élue ministre des sa- « crifices du peuple romain? Et quant « à moi, dois-je craindre que les dieux « soient moins favorables à mes prières « qu'à celles d'Appius Claudius ? »

Les patriciens cédèrent. Ils avaient, dit Tite-Live, l'habitude d'être vaincus dans ces sortes de combat (1). Que pouvaient-ils désormais refuser à ceux qui comptaient déjà tant de consulats, de censures et de triomphes?

On créa pontifes P. Décius Mus, P. Sempronius Sophus, C. Marcius Rutilus et M. Livius Denter. Cinq augures furent également choisis dans l'ordre des plébéiens.

(1) Assueti jam tali genere certaminum erant. (Tite-Live, X, 6.)

La même année le consul M. Valérius porta en faveur de l'appel au peuple une nouvelle loi, plus soigneusement rédigée que les autres. C'était la troisième fois, depuis l'expulsion des rois, qu'une loi semblable était portée, et toujours par la même famille. La loi Valéria, comme on sait, défendait de battre de verges ou de frapper de la hache celui qui en avait appelé au peuple. Valérius cherchait peut-être à rendre à son ordre un peu de popularité.

ANNÉE LUSTRALE; ADDITION DE TRIBUS NOUVELLES. — Nous devons mentionner ici deux expéditions, l'une contre les Èques, qui n'avaient conservé, après toutes les pertes qu'ils avaient subies, que leur humeur remuante; l'autre contre la ville de Néquinum en Ombrie.

On célébra le lustre, à Rome, sous les censeurs P. Sempronius Sophus et P. Sulpicius Saverrio. Deux tribus furent alors ajoutées aux anciennes, l'*Aniensis* et la *Térentine*.

PRISE DE NÉQUINUM. — Le siège de Néquinum fut continué sous les consuls M. Fulvius Pétinus et P. Manlius Torquatus (301). La place tomba au pouvoir des Romains par trahison.

Vers le même temps une armée gauloise envahit l'Étrurie. Les Étrusques songèrent moins à repousser les barbares qu'à contracter avec eux une alliance contre les Romains. On leur offrit de l'argent, et ils l'acceptèrent; mais quand il fallut marcher sur Rome les Gaulois prétendirent qu'ils n'avaient rien stipulé, sinon que moyennant la somme qu'ils avaient acceptée ils ne ravageraient point les terres de l'Étrurie. « Cependant, « dirent-ils, si vous l'exigez, nous pren- « drons part à la guerre, mais à la con- « dition expresse que vous nous céderez « une portion de territoire et que nous « aurons en votre pays un établisse- « ment durable (1). »

Cette proposition effraya les Étrusques, qui après de longues délibérations

(1)..... Quiquid acceperint accepisse ne agrum Etruscum vastarent, armisque lacesserent cultores. Militaturos tamen se, si utique Etrusci velint, sed nulla alia mercede quam ut in partem agri accipiendi, tandemque aliqua sede certa consistant. (Tite-Live, X, 10.)

laissèrent partir, sans réclamer davantage leur assistance, les Gaulois chargés de richesses qui ne leur coûtaient ni fatigues ni périls.

À Rome on conçut de vives alarmes quand on entendit parler d'une invasion gauloise, et on se hâta de conclure un traité avec les Picentins.

RAVAGES EN ÉTRURIE; LES SAMNITES REPRENNENT LES ARMES. — Le sort avait assigné au consul Manlius les affaires de l'Étrurie. Il était à peine entré sur le territoire ennemi qu'il mourut d'une chute de cheval. Ce fut aux yeux de l'ennemi un bon augure pour la campagne qui allait commencer. A Rome, on remplaça Manlius par un homme célèbre, Valérius, qui partit en toute hâte pour l'armée. Son nom inspirait à l'ennemi une terreur telle que, nonobstant de fréquentes provocations, la dévastation et le pillage de ses campagnes, il n'osa sortir de ses retranchements.

On apprit, sur ces entrefaites, par les Picentins, que les Samnites songeaient à reprendre les armes. Toute l'attention de Rome se tourna dès lors de l'Étrurie vers le Samnium.

SUITE DE LA GUERRE CONTRE LES ÉTRUSQUES; ALLIANCE AVEC LES LUCANIENS; REPRISE DES HOSTILITÉS CONTRE LES SAMNITES. — Au commencement de l'année suivante, Lucius Cornélius Scipion et Cn. Fulvius étant consuls (300), des députés lucaniens vinrent à Rome se plaindre des Samnites : « Vos ennemis et les nôtres, dirent-ils, ont envahi notre territoire. Prêtez-nous aide et appui; nous vous serons fidèles. » Le sénat, après une courte délibération, décida qu'on ferait un traité d'alliance avec les Lucaniens, et comme les Samnites refusaient de donner satisfaction on leur déclara la guerre.

Les consuls se partagèrent les provinces. Fulvius partit pour le Samnium, et Scipion pour l'Étrurie. Ce dernier comptait sur une guerre lente, sur une campagne semblable à celle de l'année précédente; mais il inspirait moins de crainte à l'ennemi que Valérius. Les Étrusques vinrent résolument à Volaterra lui présenter la bataille. On se battit un jour entier, et le soir le succès des Romains était encore douteux. Ce ne fut que le lendemain que Scipion apprit qu'il avait remporté la victoire. L'ennemi avait abandonné son camp, et y avait laissé un immense butin.

Toutes les troupes s'étant portées sur le territoire des Falisques, on laissa les bagages à Faléries, sous la garde d'un assez faible détachement; et l'armée, n'ayant plus rien qui gênât sa marche, se mit à ravager le pays ennemi. Tout fut dévasté, pillé, brûlé.

Le consul Cn. Fulvius livra, dans le Samnium, près Bovianum, un combat mémorable, dont le succès ne fut nullement douteux. Ensuite il attaqua Bovianum, et bientôt après Aufidena, qu'il prit de vive force.

LES SAMNITES ET LES ÉTRUSQUES MENACENT DE RECOMMENCER LA GUERRE; FABIUS EST NOMMÉ CONSUL. — Des bruits de guerre se répandirent à Rome. On apprit que les Étrusques et les Samnites se proposaient de former une vaste coalition. Ils se reprochaient mutuellement de n'avoir fait que de faibles efforts dans les précédentes campagnes. Ils se disposaient donc à mieux combiner leurs moyens d'attaque et à réunir toutes leurs forces contre le peuple romain.

Le danger était grave. Un grand nombre de citoyens se présentaient briguant l'honneur du consulat. Tous les yeux, nonobstant les intrigues, se portèrent sur le vieux Fabius, qui opposa d'abord aux acclamations des citoyens une énergique résistance. Il accepta enfin, mais à une condition, c'est que Publius Décius lui serait donné pour collègue. Fabius et Décius furent nommés consuls (1).

On appliqua fréquemment cette année la loi *Licinia Sextia*. Ajoutons aussi qu'on envoya des colons à Carséolis, dans le pays des Équicoles (2).

GUERRE CONTRE LES SAMNITES; COMBAT LIVRÉ A L'ENNEMI PAR LE CONSUL FABIUS. — Au moment où les deux consuls agitaient les questions relatives à la double guerre qu'ils allaient entreprendre, on apprit que l'Étrurie

---

(1) C'est probablement Pison que Tite-Live a suivi dans ce chapitre.

(2) Les *Æqui* et les *Æquicoli* étaient un seul et même peuple.

était disposée à demander la paix. Les deux chefs de l'armée romaine, rassurés de ce côté, se portèrent vers le Samnium. Fabius pénétra sur le territoire ennemi par Sora, Décius par Sédicinum. L'ennemi avait concentré toutes ses troupes près de Tifernum, dans un vallon couvert de bois, où il avait fait toutes ses dispositions pour surprendre les Romains. Fabius ne se laissa pas tromper. Il mit en sûreté ses bagages, et se prépara au combat. Les Samnites, obligés de renoncer à la ruse, se montrèrent enfin à ciel découvert, et acceptèrent la bataille. Elle fut longue et acharnée. Les Romains remportèrent enfin la victoire, grâce à une heureuse diversion d'un lieutenant du consul, Cornélius Scipion. Les Samnites prirent la fuite. Leurs pertes cependant ne furent pas grandes. On ne leur tua dans cette journée, dit Tite-Live, que trois mille quatre cents hommes. On fit huit cent trente prisonniers et on s'empara de vingt-trois étendards.

CAMPAGNE CONTRE LES APULIENS; TROUBLES A ROME A PROPOS DE L'ÉLECTION DES CONSULS. — Les Apuliens, dans cette campagne, auraient joint leurs forces à celles des Samnites, s'ils n'avaient été arrêtés par Décius près de Maleventum. Ils se dispersèrent à la vue de l'armée romaine, et perdirent deux mille hommes.

Décius entra alors dans le Samnium, où les deux armées consulaires se livrèrent à d'effroyables ravages. Fabius s'empara de la ville de Cimétra (1), où il tua quatre cents hommes à l'ennemi et fit deux mille quatre cents prisonniers. De là il se rendit à Rome.

Appius Claudius excitait alors de grands troubles dans la ville, en essayant de faire parvenir au consulat deux patriciens. Il voulait, disait-il, faire sortir cette dignité de la fange plébéienne (2). Fabius contribua à rétablir la paix par des paroles pleines de modération. L. Volumnius, de l'ordre des plébéiens, fut nommé consul avec Appius Claudius (298). La noblesse, s'il faut en croire Tite-Live, reprocha alors à Fabius d'avoir redouté dans le consulat la concurrence de Claudius, qui, pour l'éloquence et l'habileté dans les affaires, avait sur lui une incontestable supériorité (1).

P. DÉCIUS CONTINUE LA GUERRE DANS LE SAMNIUM; LES SAMNITES IMPLORENT LE SECOURS DES ÉTRUSQUES. — Cependant Décius, qui commandait toujours l'armée romaine sous le titre de proconsul, continuait à ravager le Samnium. L'ennemi n'osa point tenir devant lui. Les débris de l'armée samnite se rejetèrent alors vers l'Étrurie. Ceux qui les dirigeaient demandèrent alors la convocation des principaux chefs étrusques. Ils se réunirent, et les délégués des Samnites, essayant de réveiller en eux le désir de défendre l'indépendance de l'Italie contre les odieuses agressions des Romains, leur parlèrent en ces termes :

« Nous avons tout fait pour soutenir
« avec nos seules forces le poids de
« cette guerre redoutable. Pouvons-
« nous compter, en effet, les secours
« que nous avons demandés à quelques-
« uns des peuples qui nous avoisinent?
« Nous n'avons jamais demandé la paix
« aux Romains qu'au moment où nous
« ne pouvions plus faire la guerre. Si
« nous avons repris les armes aujour-
« d'hui, c'est que nous aimons mieux la
« guerre avec la liberté que la paix avec
« la servitude. Nous n'avons plus d'es-
« poir qu'en vous. Vous êtes la nation
« la plus puissante de l'Italie par le
« nombre de vos guerriers et par vos
« richesses. Vous avez (et ce sont là
« des auxiliaires naturels) pour voisins
« les Gaulois, dont la bravoure est si
« grande et qui se vantent, non sans
« raison, d'avoir vaincu et réduit les
« Romains à se racheter à prix d'or.
« Habitants de l'Étrurie, pénétrez-vous
« de l'esprit qui anima jadis Porsenna
« et vos ancêtres, et vous ne tarderez
« pas à rejeter au delà du Tibre les op-
« presseurs de l'Italie, qui sont vos en-

(1) La ville de *Cimétra* n'est pas connue. Cluvier n'en parle pas dans son *Italia antiqua*.

(2).... Ut ex cœno plebeio consulatum extraheret .. (Tite-Live, X, 15.)

(1) Nobilitas objectare Fabio, fugisse eum, Appium Claudium collegam, eloquentia civibusque artibus haud dubie præstantem (Tite-Live, X, 15.)

nemis et les nôtres. Vous nous voyez ici avec nos armes : unissez vos efforts aux nôtres, et marchons ensemble : nous sommes prêts à vous suivre jusque sous les murailles de Rome (1). »
LES CAMPAGNES DES SAMNITES ONT RAVAGÉES; PRISE DE MURGANTIA, DE ROMULÉA ET DE FÉRENTINUM. — Publius Décius, informé du départ de armée samnite, assembla ses soldats : Pourquoi, leur dit-il, vous borner à ravager les campagnes où vous ne trouvez qu'un mince butin? marchons sur les villes; c'est de là que vous emporterez d'abondantes richesses. » Aussitôt il s'approcha de Murgantia, qu'il mporta de vive force (2). On y fit dun ille prisonniers et un butin si considérable, qu'il eût singulièrement embarassé l'armée si, d'après les ordres du roconsul, on ne se fût hâté de le endre. De là Décius marcha sur Romuléa (3); la ville fut prise et livrée u pillage. Deux mille six cents hommes urent tués; six mille furent faits prisonniers. On rencontra plus d'obstales devant Férentinum; mais enfin s Romains s'en rendirent maîtres.

(1) « Omnia expertos esse, si suismet ipsoam viribus tolerare tantam molem belli ossent ; entasse etiam haud magni momenti nitimarum gentium auxilia : petiisse pacem populo romano quum bellum tolerare non ossent : rebellasse, quod pax servientibus avior, quam liberis bellum esset. Unam bi spem reliquam in Etruscis restare. Scire, antem Italiæ opulentissimam armis, viris, ecunia, esse : habere accolas Gallos, inter rrum et arma natos, feroces quum suopte genio, tum adversus populum romanum, nem captum a se auroque redemptum, ud vana jactantes, memorent. Nihil oesse, si sit animus Etruscis qui Porsennæ nondam majoribus eorum fuerit, cum Romanos, omni agro cis Tiberim pulsos, dicare pro salute sua, non de intolerando taliæ regno, cogant. Samnitem illis exertum paratum, instructum armis, stipendio misse : confestim secuturos, vel si ad ipsam omanam urbem oppugnandam ducant. » Tite-Live, X, 16.)

(2) Cette ville, qui a été omise par Danlle, est placée par Reichardt entre *Noviaum* et *Aquilonia*.

(3) Elle était sur le territoire des Hirpins. tienne de Byzance prétend qu'elle appartenait aux Samnites.

Là, comme ailleurs, ils se livrèrent au meurtre et à la dévastation. On lit dans quelques auteurs, dit Tite-Live, que Murgantia fut prise par Décius ; que Romuléa et Férentinum tombèrent au pouvoir de Fabius. Certains historiens rapportent tout ce qui se fit alors aux nouveaux consuls; d'autres, à l'un des deux seulement, à L. Volumnius, qui aurait obtenu le Samnium dans le partage des provinces.

COALITION DES SAMNITES, DES ÉTRUSQUES ET DES GAULOIS. — Cependant un danger immense menaçait Rome. Les Étrusques avaient formé avec les Samnites une formidable coalition. Les deux peuples réunis s'étaient assuré aussi les secours de l'Ombrie, et ils avaient soudoyé des bandes nombreuses de Gaulois. Tout cela s'était fait en un instant, grâce à l'activité du Samnite Gellius Egnatius.

Le consul Volumnius se trouvait alors dans le Samnium avec les seconde et troisième légions et quinze mille alliés. On dirigea donc, en toute hâte, Appius Claudius, l'autre consul, vers l'Étrurie. Il fut suivi de deux légions, la première et la quatrième, et de douze mille alliés. Le principal résultat de la prompte arrivée d'Appius Claudius fut d'arrêter quelques cantons étrusques, jusque alors tranquilles, qui étaient prêts à se soulever. D'ailleurs, le consul montra peu d'habileté dans la guerre. Il se fit battre, ce qui accrut la confiance de l'ennemi, en plusieurs rencontres.

Quelques annalistes affirment qu'Appius, peu rassuré sur sa position, écrivit à Volumnius. C'est un fait douteux, puisque sur ce point il s'éleva une grave discussion entre les deux consuls, et que Claudius ne reconnut jamais comme vraie la lettre qu'on lui attribuait. Quoi qu'il en soit, M. Volumnius, après avoir obtenu de grands succès dans la Lucanie et le Samnium, se mit en marche avec ses troupes pour rejoindre son collègue en Étrurie. Son arrivée causa une grande joie dans le camp d'Appius. Celui-ci ne vit Volumnius qu'avec dépit. Il vint à sa rencontre, et lui dit : « Que faut-il penser « de ton arrivée, Volumnius ? Où en sont « les affaires du Samnium ? Pourquoi « as-tu quitté ta province ? » — « Tout

« va bien dans le Samnium, dit Volum-
« nius. Si j'accours en Étrurie, c'est
« que je suis les instructions que tu
« m'as données dans ta lettre. D'ailleurs,
« si tu refuses maintenant mon assis-
« tance, je suis prêt à retourner sur
« mes pas. » — « Pars donc, répliqua
« Claudius; je ne chercherai point à te
« retenir. La guerre du Samnium est
« difficile. Ce n'est pas trop de ton ar-
« mée et de ta présence pour la mener
« à bonne fin. » — « Je souhaite, dit
« Volumnius, que le succès réponde à
« tes espérances. J'aime mieux, toute-
« fois, m'être trompé sur tes intentions
« que d'avoir contribué par ma lenteur
« ou mon indifférence à la défaite de
« ton armée. »

Volumnius se préparait à partir lorsque les légats et tribuns d'Appius accourent pour arrêter l'armée du Samnium. On presse Volumnius de rester;
d'autre part, on conjure Appius d'accepter les offres de son collègue. A la
fin, les deux consuls se trouvèrent au
milieu des soldats. Il y eut encore là
entre les deux généraux une vive altercation. C'eût été un débat interminable,
si de toutes parts les soldats, par
leurs cris, n'eussent contraint les consuls
à promettre de combiner leurs efforts
dans la guerre d'Étrurie. Il s'éleva de
leurs groupes une si grande clameur que
les ennemis, étonnés, sortirent de leurs
retranchements et se rangèrent en bataille.

Volumnius n'hésita pas un instant. Il
sortit au-devant d'eux, et Claudius fut
obligé de suivre son exemple. Toutefois,
rien ne s'était fait avec ensemble; et si
Gellius Égnatius, le chef ennemi, n'eût
été absent de son camp au commencement de l'action, les Romains auraient
éprouvé peut-être une grande défaite.
Ils triomphèrent néanmoins, grâce à
leur ardeur et à l'intrépidité de Volumnius et d'Appius Claudius. Ce dernier,
au moment du danger, voua un temple
à Bellone. Il le fit construire plus tard
à Rome, et y plaça les images de ses ancêtres. L'arrivée de Gellius Égnatius,
avec des cohortes sabelliennes, ne put
rétablir le combat. Les Samnites furent
vaincus et leur camp fut pris et livré au
pillage. Ils laissaient environ sept mille
hommes sur le champ de bataille.

LES SAMNITES FONT UNE DIVER-
SION, ET RAVAGENT LA CAMPANIE;
ILS SONT SURPRIS ET VAINCUS PAR
VOLUMNIUS. — Le consul Volumnius
revenait à marches forcées dans le
Samnium, lorsqu'il apprit que des bandes
ennemies s'étaient jetées sur la Campanie
et y faisaient d'affreux ravages. Il se
hâta d'accourir au secours des alliés.
Il sut bientôt, par les Caléniens, que les
Samnites, après avoir fait un immense
butin, se disposaient à revenir dans leur
pays. Volumnius, qui voulait avoir des
renseignements précis, arrêta quelques
pillards, qui lui apprirent que l'ennemi
était sur les bords du Vulturne. Il vint,
sur les indications qui lui étaient données, camper à peu de distance des
bandes qui se livraient sans ordre au
pillage et à la dévastation. La plus extrême
confusion régnait dans le camp des Samnites, qui s'apprêtaient à regagner leurs
foyers. Déjà ils se mettaient en marche
quand le consul les surprit.

Les Samnites n'eurent pas seulement
à lutter contre les Romains, mais encore contre leurs prisonniers. Ceux-ci,
brisant leurs liens, se jetèrent dans la
mêlée. Ils s'emparèrent même de Staius
Minacius, le chef ennemi, qui cherchait
à rallier les siens. Six mille hommes
environ furent taillés en pièces; deux
mille cinq cents se rendirent. On prit
trente étendards, et on rendit la liberté
à sept mille quatre cents prisonniers.
Le butin enlevé par les Samnites fut
rendu aux alliés (298).

ALARMES A ROME; NOUVELLES
COLONIES; GUERRE D'ÉTRURIE; FA-
BIUS ET DÉCIUS NOMMÉS CONSULS. —
Les ravages de la Campanie avaient
causé dans Rome de grandes alarmes.
On savait aussi que Gellius Égnatius
déployant une activité extraordinaire
poussait à la guerre les Ombriens et les
Gaulois. On fit des levées extraordinaires.
Bientôt la nouvelle des succès de Volumnius enleva aux Romains toutes
leurs inquiétudes. On voulut, néanmoins, préserver les Campaniens de
nouvelles invasions, et il fut décidé que
deux colonies nouvelles seraient envoyées aux environs de Vescia et de
Falerne, l'une vers l'embouchure du
Liris; plus tard on l'appela Minturn-
nes; l'autre à Sinuessa.

Le sénat tourna alors toute son attention vers l'Étrurie. Appius écrivait des lettres pressantes. Les Étrusques, les Samnites, les Ombriens et les Gaulois, disait-il, s'étaient ligués. Déjà deux camps avaient été établis pour contenir une si grande multitude. Volumnius fut alors rappelé à Rome pour tenir les comices. Il donna son opinion sur la guerre qu'on allait entreprendre. Je la crois si difficile, dit-il, que si je n'avais la conviction que vous choisirez pour consul le meilleur de vos généraux, je nommerais sur-le-champ un dictateur. » Volumnius avait clairement désigné Q. Fabius. Celui-ci répondit d'abord aux votes des centuries par un refus; mais il céda, enfin, à la condition qu'on ne le séparerait point, dans le commandement, de P. Décius. Volumnius applaudit à ce choix, et dans un discours énergique il énuméra tous les avantages que procure la concorde. » Je sais bien, dit-il, les funestes résultats qu'auraient pu amener mes contestations avec mon collègue. » On choisit donc pour consuls Q. Fabius et P. Décius. Appius Claudius fut nommé préteur. Quant à L. Volumnius, un sénatus-consulte et un plébiscite lui prorogèrent le commandement pour une année.

LA LUTTE ENTRE LES PATRICIENS ET LES PLÉBÉIENS SE PERPÉTUE PAR LES MATRONES ROMAINES; JUGEMENTS RENDUS PAR LES ÉDILES. — Un débat entre les matrones romaines éclata à l'occasion des solennités qui avaient attiré dans la ville une grande foule. Ce débat eut lieu dans le petit temple de la *Pudicité patricienne*, situé dans le forum *boarium*, auprès de la rotonde consacrée à Hercule. « Virginie, dit Tite-Live, femme d'origine patricienne, avait épousé le consul plébéien L. Volumnius. Pour la punir de cette mésalliance, les matrones l'avaient éloignée de leurs cérémonies sacrées. De là une altercation légère, qui par suite de l'irritabilité naturelle aux femmes, fut poussée jusqu'à une querelle des plus vives. Virginie prétendait avoir eu le droit d'entrer dans le temple de la *Pudicité patricienne*, étant femme chaste, n'ayant épousé qu'un seul homme, auquel elle avait été présentée vierge, et n'ayant point à rougir d'une telle alliance, mais au contraire à se glorifier du caractère, des dignités et des exploits de son époux. Ces belles paroles furent couronnées par une action qui ne les démentait point. Dans le quartier qu'elle habitait, elle réserva un petit emplacement où elle éleva un autel. Puis, ayant convoqué les matrones plébéiennes, elle se plaignit de l'outrage qu'on lui avait fait, et dit : « Je consacre « ce temple à la *Pudicité plébéienne*; « que désormais il n'y ait pas moins d'é- « mulation de chasteté parmi les fem- « mes que d'émulation de bravoure parmi « les hommes. Faites donc tous vos ef- « forts pour qu'on dise que cet autel est « encore mieux honoré que l'autre, s'il « est possible, et par des femmes plus « chastes. »

On adopta pour cet autel à peu près les mêmes rites que pour l'ancien, si bien que le droit d'y sacrifier ne fut accordé qu'aux femmes d'une chasteté reconnue et qui ne s'étaient mariées qu'une fois. Dans la suite ce culte, prostitué, non-seulement à d'indignes matrones, mais à des femmes de toute condition, finit par être abandonné.

Dans la même année les édiles curules et les édiles plébéiens prononcèrent plusieurs condamnations. Le produit des amendes fut consacré aux dieux et à l'ornement de leurs temples.

DÉBAT ENTRE FABIUS ET DÉCIUS A PROPOS DE LA GUERRE CONTRE LES ÉTRUSQUES; L'ÉTRURIE EST ADJUGÉE COMME PROVINCE A FABIUS. — Fabius et Décius se voyaient, pour la troisième fois, collègues dans le consulat (297). Ils avaient aussi exercé ensemble la censure. Leur union, dans toutes ces charges, avait été très-grande. Un débat causé par la rivalité des deux ordres, plutôt que par l'envie qu'ils pouvaient avoir de l'emporter l'un sur l'autre, faillit amener entre eux un funeste dissentiment. Les patriciens voulaient que l'Étrurie fût assignée, extraordinairement, pour province à Fabius; les plébéiens poussaient Décius à réclamer la décision du sort. L'affaire, en définitive, fut portée devant l'assemblée du peuple.

« Il est pénible pour moi, dit Fabius,

« qu'un autre recueille le fruit de mes
« travaux. J'ai ouvert la forêt Ciminia
« et frayé un chemin aux armes ro-
« maines à travers des défilés jusque
« alors inaccessibles. Pourquoi m'avoir
« si vivement sollicité, moi vieillard,
« si vous vouliez donner la conduite
« de la guerre à un autre? Je croyais
« avoir en Décius un collègue dévoué,
« et je ne trouve plus en lui qu'un ad-
« versaire. Envoyez-moi en Étrurie,
« si vous me jugez digne de cette dis-
« tinction. J'ai déjà accepté la décision
« du sénat; je m'en remets, cette fois,
« au jugement souverain du peuple. »
Décius, de son côté, se plaignait amèrement : « C'est bien là l'intrigue or-
« dinaire aux patriciens. Rien ne leur
« coûte quand il s'agit de nuire à un
« plébéien. Jusqu'ici les consuls ont
« tiré au sort leur province : on viole
« donc d'anciens et respectables usages,
« puisque le sénat donne à Fabius l'É-
« trurie. Confier à l'un des deux con-
« suls la seule guerre qui soit impor-
« tante, n'est-ce point dire que l'autre
« consul est inutile ou incapable? Et
« moi, n'ai-je donc rien fait en Étrurie?
« Je respecte Fabius, je reconnais ses
« services, mais je n'admets pas qu'il
« soit meilleur que moi dans les com-
« bats. D'ailleurs, quel que soit le résul-
« tat de cette lutte, je me féliciterai
« toujours d'avoir fait ordonner par le
« peuple ce que ne pouvait commander
« le sénat. » Après ce discours on lut
au peuple les lettres qu'Appius avait envoyées d'Étrurie. Le peuple ne songea
plus à recourir au sort. Il sanctionna la
décision du sénat, et l'Étrurie fut adjugée à Fabius.

ARRIVÉE DE FABIUS A L'ARMÉE D'É-
TRURIE; JOIE DES SOLDATS; APPIUS
EXAGÈRE LES DANGERS DE LA GUER-
RE. — Tous les jeunes gens se précipitèrent alors autour du consul pour s'enrôler. « Je ne veux, dit-il à la multitude
« qui l'environnait, que quatre mille fan-
« tassins et six cents cavaliers; si nous
« triomphons, il y aura un immense
« butin pour tous ceux qui prendront
« part à la guerre. » Puis, avec les
troupes qu'il avait demandées, il se hâta
de rejoindre le camp du préteur Appius.
Avant d'arriver il rencontra des fourrageurs escortés d'un détachement. Dès
que ceux-ci aperçurent les licteurs, et
quand ils eurent entendu nommer Fabius, ils manifestèrent la joie la plus
vive. Ensuite, comme ils entouraient
le consul pour le saluer, Fabius leur demanda où ils allaient; et sur leur réponse qu'ils allaient chercher du bois
« Quoi, dit-il, n'avez-vous pas un camp
« palissadé? — Oui, répondirent-ils,
« nous l'avons même entouré d'un dou-
« ble rang de palissades, à cause de la
« crainte que nous inspire l'ennemi.
« Vous avez donc du bois, repartit
« Fabius; allez et arrachez vos palis-
« sades. »

Le détachement, à la grande surprise
des soldats qui étaient restés au camp,
exécuta les ordres du consul. Fabius
n'aimait par les longs campements. Il
pensait que la marche exerçait et fortifiait le soldat. D'ailleurs, l'hiver, qui
durait encore, rendait alors les déplacements de l'armée fort difficiles.

Au printemps, Fabius ayant laissé la
seconde légion à Camérinum (1) et confié la garde du camp au propréteur
L. Scipion, revint à Rome pour faire
approuver à l'avance les mesures qu'il
avait adoptées. Quelques-uns prétendent qu'il revint de son propre mouvement, parce que, dans une guerre
si difficile, il n'osait rien entreprendre
sans demander conseil; d'autres disent
qu'il voulait seulement rassurer les

(1) Tite-Live dit *Clusium*. La seconde légion, dit Niebuhr (t. VI, p. 80 de la traduction française), était restée près de Camérinum et non près de Clusium. Voici
comment il le prouve : « Polybe, qui connaît
très-bien Clusium et les Clusini, dit (II, 19)
que la légion fut détruite ἐν τῇ Καμερτίων
χώρα. Tite-Live, qui se rappelle ici à contre-
temps que Clusium se nomme, en langage
étrusque, *Camars*, nomme plus bas (ch. 30)
les *Clusini* parmi les ennemis de Rome : mais
la ville auprès de laquelle la légion se trouvait était une ville amie des Romains, puisque, attaqués par les Gaulois, ils se rapprochèrent encore de la ville. » De plus, on
rencontre une difficulté géographique pour
la marche des Romains, après cette défaite,
si l'on suppose que la bataille eut lieu près
de Clusium; mais si l'on admet qu'elle a été
livrée à Camérinum, tout s'explique naturellement. *Commentaire sur Tite-Live*, par
M. Ph. Le Bas, p. 870.

Romains et répondre aux exagérations d'Appius. Celui-ci, en effet, ne cessait de répandre dans le sénat et parmi le peuple les plus vives alarmes sur la guerre d'Étrurie. « Un seul général et une « seule armée, disait-il, ne suffiront « jamais pour repousser les efforts de « quatre peuples coalisés. Dispersés ou « réunis, ils engageront contre nos sol- « dats une lutte que nous ne pourrons « soutenir. Nous n'avons en Étrurie que « deux légions, et Fabius n'est arrivé au « camp qu'avec un renfort de cinq « mille hommes. Je suis d'avis que le « consul P. Décius parte au plus tôt pour « aller joindre son collègue en Étrurie, « et que la province du Samnium soit « donnée à L. Volumnius. »

FABIUS à ROME ; LES DEUX CONSULS PARTENT POUR L'ÉTRURIE ; LES ROMAINS ÉPROUVENT UNE DÉFAITE ; TERREUR QU'INSPIRE à ROME LE NOM GAULOIS. — Fabius, de retour à Rome, parut devant le sénat et devant le peuple. Il tint un langage mesuré. Il n'exagéra point, il est vrai, les dangers de la guerre ; il dit aussi combien la situation où il se trouvait lui paraissait grave. « Toutefois, « ajouta-t-il, si je prends un collègue, « c'est moins par nécessité que pour « dissiper un peu vos craintes. Le choix « de ce collègue est décidé depuis long- « temps pour moi. C'est Décius que je « désigne. S'il refuse, donnez-moi L. Vo- « lumnius. »

Décius, s'il faut en croire certains historiens (car il y a ici dans les annales romaines de perpétuelles contradictions), déclara qu'il acceptait. Les deux consuls se mirent donc en marche.

Mais déjà, avant leur arrivée, les Gaulois Sénons s'étaient portés avec des troupes nombreuses sur Camérinum. Ce fut dans les environs qu'ils surprirent une légion commandée par Scipion et qu'ils la massacrèrent. Il ne resta pas un soldat pour porter la nouvelle de cet immense désastre. Certains historiens ajoutent que les consuls qui approchaient de Camérinum n'en furent instruits qu'en voyant les cavaliers gaulois, qui portaient les têtes des soldats romains suspendues au poitrail de leurs chevaux ou au bout de leurs lances, et qui célébraient leur victoire par des chants nationaux. Suivant d'autres traditions, qui ména-

geaient davantage l'orgueil des Romains, il n'y eut qu'un faible détachement qui fut surpris et massacré par les Ombriens. « Mais, ajoute Tite-Live, il est plus vraisemblable que l'ennemi qui fit essuyer cet échec était le Gaulois plutôt que l'Ombrien ; car en aucune autre année la terreur du nom gaulois ne préoccupa si fort les esprits. En effet, outre que les deux consuls étaient partis pour la guerre avec quatre légions, une nombreuse cavalerie romaine, mille cavaliers campaniens d'élite envoyés pour cette guerre, et une armée d'alliés et de Latins plus forte que l'armée romaine, il y avait encore deux corps qui, à peu de distance de la ville, formaient une barrière du côté de l'Étrurie, l'une dans le pays des Falisques, l'autre dans la campagne du Vatican. Cn. Fulvius et L. Postumius Mégellus, tous deux propréteurs, eurent ordre d'établir dans ces deux pays des camps retranchés (1). »

GRANDE BATAILLE LIVRÉE PAR FABIUS ET DÉCIUS AUX PEUPLES QUI S'ÉTAIENT LIGUÉS CONTRE ROME, 297 AVANT NOTRE ÈRE. — Ici se trouve dans Tite-Live un de ces récits merveilleux qui paraissent appartenir plutôt aux légendes héroïques qu'à la véritable histoire.

Les consuls, après avoir franchi l'Apennin, arrivèrent sur le territoire de Sentinum. Ils campèrent à quatre milles environ des ennemis. Ceux-ci décidèrent bientôt qu'ils se partageraient en deux corps. Les Gaulois se joignirent aux Samnites, les Ombriens aux Étrusques. Ils fixèrent le jour du combat. Les Samnites et les Gaulois devaient attaquer ; puis pendant l'action les Étrus-

(1) Similius vero est a Gallo hoste quam Umbro eam cladem acceptam, quod quum sæpe alias, tum eo anno, Gallici tumultus præcipuus terror civitatem tenuit. Itaque præterquam quod ambo consules profecti ad bellum erant cum quatuor legionibus, et magno equitatu romano, Campanisque mille equitibus delectis, ad id bellum missis, et sociorum nominisque Latini majore exercitu quam Romani; alii duo exercitus haud procul urbe Etruriæ oppositi, unus in Falisco, alter in Vaticano agro. Cn. Fulvius et L. Postumius Megellus, propraetores ambo, stativa in iis locis habere iussi. (Tite-Live, X, 26.)

ques et les Ombriens se proposaient de se jeter sur le camp romain. Des transfuges de Camerinum donnèrent l'éveil aux consuls. Ceux-ci, sans tarder, écrivirent à Fulvius et à Postumius de quitter les postes qu'ils occupaient et de s'avancer vers Camerinum en ravageant le pays ennemi. Les Étrusques abandonnèrent aussitôt le territoire de Sentinum pour défendre leurs foyers. Alors les consuls mirent tout en œuvre pour provoquer au combat ceux qui leur étaient opposés. Un événement imprévu amena la bataille.

Les deux armées étaient en présence quand une biche, chassée des montagnes par un loup qui la poursuivait, traversa la plaine qui séparait les Romains de leurs ennemis. Puis, les deux animaux se dirigèrent en sens opposé, la biche vers les Gaulois, le loup vers les Romains. Ceux-ci ouvrirent leurs rangs, et donnèrent passage au loup; les Gaulois percèrent la biche de leurs traits. Un soldat romain s'écria alors : « La fuite et la mort « passent du côté où vous voyez étendu « l'animal consacré à Diane. De notre « côté est la victoire, là où a passé vain« queur et sans blessure le loup de « Mars. »

Les Gaulois se placèrent à l'aile droite; les Samnites à la gauche. Fabius opposa aux Samnites la première et la troisième légion ; Décius fit face aux Gaulois avec la cinquième et la sixième. La seconde et la quatrième faisaient la guerre dans le Samnium avec le proconsul L. Volumnius. Le combat se soutint d'abord avec tant d'égalité, que si les Étrusques et les Ombriens eussent été là la défaite des Romains était inévitable.

La droite et la gauche étaient loin de présenter le même aspect. Fabius modérait l'ardeur de ses soldats, se tenant sur la défensive; il savait bien qu'à la longue il fatiguerait l'ennemi. Décius, au contraire, plus bouillant, déploya tout ce qu'il avait de forces dès le commencement de l'action; et comme une attaque d'infanterie lui paraissait trop lente, il ébranla sa cavalerie, et, se mettant à la tête des plus intrépides, il se précipita sur l'ennemi. Il fit deux charges heureuses; mais il pénétrait à peine dans les rangs qui lui étaient opposés, qu'un stratagème inventé par les Gaulois vint jeter la terreur dans l'armée romaine. Les ennemis, montés tout armés sur des chars de diverses formes, accoururent avec un grand bruit, et firent prendre l'épouvante aux chevaux des Romains. Alors une terreur qui semblait tenir du délire dissipa cette cavalerie, jusqu'alors victorieuse, et, dans la confusion de la fuite, hommes et chevaux tombèrent les uns sur les autres. Le désordre gagna aussi les fantassins. Les lignes furent rompues et emportées. L'infanterie gauloise s'élança aussitôt pour profiter de ce désordre. Les Romains prirent la fuite. Alors Décius s'écria : « Où fuyez « vous? Vous n'avez d'espoir que dans « une opiniâtre défense. » Voyant enfin que nulle force humaine ne pouvait arrêter ceux que la crainte avait saisis, il dit en invoquant P. Décius, son père, et l'appelant par son nom : « Pourquoi « tarder plus longtemps à subir le destin « de ma famille? Il lui a été donné de s'of« frir en victime pour détourner les dan« gers publics. Je vais, en me dévouant, « dévouer avec moi les légions des enne« mis pour être immolées à la Terre et « aux dieux Mânes. » Puis il ordonna au pontife M. Livius, qui le suivait, de lui dicter la formule qu'il devait employer en dévouant à la mort lui et l'armée gauloise. Il suivit donc l'exemple de son père. Après des prières solennelles, s'écria : « Je ferai marcher devant moi « la terreur et la fuite, le carnage et le « sang, la colère des dieux du ciel et cel« des dieux des enfers ; je frappe d'a« nathèmes les armes et les traits de l'en« nemi. Là où je mourrai doivent suc« comber les Samnites et les Gaulois. » Après ces imprécations, il poussa son cheval au milieu des bataillons enne mis, et tomba criblé de traits.

La mort héroïque de Décius rendit aux Romains tout leur courage et l'espoir de triompher. Ils s'arrêtent et recommencent le combat. Les Gaulois étonnés, essayent en vain de résister ; ils lancent au hasard des traits inutiles. Quelques-uns restent immobiles, ne pouvant ni fuir ni combattre. Le pontife Livius encourage les Romains : « Sol« dats, s'écrie-t-il, les Gaulois et les « Samnites sont dévoués à une mort « certaine ; Décius vous a sauvés par « son dévouement. »

Au moment même où le combat changeait de face on vit accourir L. Cornélius Scipion et C. Marcius, avec des renforts que le consul Q. Fabius avait tirés de son corps de réserve et qu'il envoyait au secours de son collègue. Là, ils apprirent le dévouement de Décius. Ils se jetèrent alors avec impétuosité sur les Gaulois, qui venaient de réunir en une seule masse tous leurs bataillons.

De son côté, Fabius, comme nous l'avons dit, avait ménagé ses troupes dès le commencement de l'action. Il attendit que les Samnites, perdant de leur ardeur et de leurs forces, offrissent moins de résistance aux coups qu'il voulait leur porter. A un moment donné il commanda aux troupes qui étaient engagées de presser l'ennemi, et en même temps il mit en mouvement toute sa réserve. Les Samnites ne purent soutenir cette terrible attaque; ils lâchèrent pied, et passant près des Gaulois, ils regagnèrent leur camp avec précipitation et dans le plus grand désordre.

Ce fut alors que Fabius apprit la mort de son collègue. Il envoya les cavaliers campaniens pour tourner les Gaulois. Ceux-ci, pris à dos, ne songèrent plus à résister.

Fabius, pour compléter son triomphe, résolut d'attaquer le camp des Samnites. Après avoir voué à Jupiter Vainqueur un temple et toutes les dépouilles de l'ennemi, il s'apprêta à soutenir un nouveau combat. Mais le désordre était au comble parmi les Samnites, et il n'y eut qu'un faible engagement au pied des palissades. Ce fut là que périt Gellius Égnatius, qui avait déployé jusqu'alors tant d'activité et de courage pour trouver des ennemis aux Romains et pour défendre contre d'injustes agressions l'indépendance de l'Italie.

Tite-Live achève en ces mots le récit de ce combat héroïque : « On tua aux ennemis dans cette journée vingt-cinq mille hommes, et on leur fit huit mille prisonniers. Cette victoire, d'ailleurs, coûta bien du sang aux Romains ; car on perdit sept mille hommes de l'armée de Décius et dix-sept cents de celle de Fabius. Ce dernier, ayant donné ordre de chercher le corps de son collègue, fit mettre en un monceau les dépouilles des ennemis, et les brûla en l'honneur de Jupiter Vainqueur. Le corps du consul, enseveli sous les cadavres des Gaulois, ne put être retrouvé le premier jour. Le lendemain, seulement, les soldats le rapportèrent au camp en versant beaucoup de larmes, et Fabius, laissant de côté tout autre soin, rendit à la froide dépouille de Décius les plus grands honneurs et lui fit de magnifiques obsèques. »

SUCCÈS DES ROMAINS DANS L'ÉTRURIE ET LE SAMNIUM. — Dans le temps même où fut livrée cette grande bataille, les Romains obtenaient d'autres avantages en Étrurie. Le propréteur Cn. Fulvius, après avoir dévasté le territoire de l'ennemi, livra bataille aux guerriers de Pérouse et de Clusium, leur tua trois mille hommes et leur prit quarante drapeaux. D'autre part, les Samnites, en fuyant, furent attaqués et battus par les Péligniens. Ils perdirent mille soldats dans cette rencontre. L. Volumnius, enfin, qui faisait la guerre dans le Samnium, mit en fuite une armée ennemie près du mont Tifernum (297).

Fabius ramena ses légions à Rome, où il triompha des Gaulois, des Étrusques et des Samnites. Les soldats, suivant un ancien usage, entouraient le char du triomphateur, et dans leurs chants de guerre, dont rien ne gênait la liberté, ils célébraient le dévouement et la mort glorieuse de Décius non moins que la victoire de Fabius.

SUITE DE LA GUERRE DANS L'ÉTRURIE ET DANS LE SAMNIUM. — Les ennemis de Rome, nonobstant de si grands et de si fréquents désastres, ne perdaient point courage. Ils essayaient encore de lutter. Les Étrusques et les Samnites reprirent les armes.

Dans l'Étrurie Fabius triompha des ennemis, leur fit éprouver des pertes considérables, et rapporta à Rome un immense butin.

On avait envoyé le préteur Ap. Claudius, avec l'armée de Décius, contre les Samnites. Il parvint à rejoindre L. Volumnius. Les Samnites, de leur côté, avaient concentré toutes leurs forces sur un seul point. Une grande bataille fut livrée sur le territoire de Stella : on tua à l'ennemi, si l'on ajoute foi aux récits exagérés des Romains, seize mille hommes et on leur fit trois mille prisonniers.

Tite-Live paraît s'étonner ici que ces rudes et fiers montagnards aient encore osé, après tant de défaites, soutenir l'effort des armes romaines. « Ils ne renonçaient point à la guerre, dit-il, et le malheur même ne pouvait les empêcher de défendre leur liberté. Ils aimaient mieux être vaincus que de ne pas essayer d'arracher la victoire à leurs implacables ennemis (1). »

SUITE DE LA GUERRE CONTRE LES SAMNITES; PRISE DU CAMP ROMAIN; L'ENNEMI EST REPOUSSÉ. — Q. Fabius et P. Décius eurent pour successeurs dans le consulat L. Postumius Mégellus et M. Atilius Régulus. Toutes les forces des Romains furent dirigées alors vers le Samnium (296). Le bruit courait que les Samnites avaient levé trois armées, l'une pour perpétuer l'insurrection dans l'Etrurie, l'autre pour ravager la Campanie, la troisième enfin pour défendre leur propre pays. Atilius, laissant Postumius à Rome, partit sur-le-champ pour commencer la campagne. Il rencontra les Samnites sur leurs frontières, et se trouva ainsi arrêté dès ses premières opérations.

L'ennemi, tant de fois vaincu, osa alors, par désespoir, ce que les Romains victorieux n'eussent jamais tenté (2). Il se jeta sur le camp de Régulus. A la faveur d'un brouillard épais, les Samnites s'avancèrent, sans être vus, jusqu'au pied des palissades. Assaillis à l'improviste, les soldats romains ne purent résister. Ce fut à la porte décumane, sur les derrières du camp, que l'attaque eut lieu. Le quartier du trésorier fut enlevé, et le questeur L. Opimius Pansa fut tué. Ce ne fut alors seulement qu'on poussa de tous côtés le cri : Aux armes ! Les soldats s'armaient lentement et ne se réunissaient qu'avec peine. Ils ne distinguaient l'ennemi que par la voix,

et non par la vue; ils ne pouvaient donc juger du nombre de ceux qu'ils avaient à combattre. Tout cela les jetait dans la plus grande incertitude. Ils reculaient peu à peu, et déjà les Samnites s'étaient avancés jusqu'au milieu du camp, lorsque Atilius Régulus s'écria : « Eh quoi ! « voulez-vous donc vous laisser chasser « de vos palissades pour avoir la peine de « reprendre votre propre camp? » Animés par la voix du consul, les Romains tiennent ferme; à la fin, ils gagnent du terrain, et chassent l'ennemi de leurs retranchements; mais ils n'osent pas le poursuivre.

Dès lors ils se tinrent toujours sur la défensive. Cette position devint bientôt intolérable. Ils ne se procuraient des vivres qu'à grand'peine, et craignaient toujours, dans leurs excursions, de rencontrer les Samnites. Quand on connut à Rome la situation où se trouvaient les troupes de Régulus, on se hâta de lui envoyer l'autre consul, Postumius, avec une armée. Celui-ci ne se mit en marche qu'après avoir fait la dédicace du temple de la Victoire; puis il rejoignit son collègue. Toutefois ils se séparèrent bientôt : les ennemis s'étaient dispersés, et il était important de porter la guerre sur différents points du Samnium.

PRISE DE MILIONIA ET DE FÉRÉTRUM PAR LES ROMAINS. — Le consul Postumius ne pouvant emporter Milionia de vive force commença un siége en règle. Il se rendit à la fin maître des murailles de la ville; mais en cet instant même il lui fallut redoubler d'efforts. Il eut à soutenir dans chaque quartier, depuis la quatrième heure environ jusqu'à la huitième, un combat opiniâtre. Enfin il l'emporta. Trois mille deux cents Samnites furent tués, et l'on fit quatre mille sept cents prisonniers. De là les légions se portèrent sur Férétrum (1); mais cette fois Postumius ne devait pas rencontrer de résistance. La ville avait été abandonnée. Les vieillards que l'on y rencontra apprirent au consul qu'il devait s'attendre à trouver la même solitude dans les autres villes.

---

(1) Nec suis, nec externis viribus jam stare poterant; tamen bello non abstinebant : adeo ne infeliciter quidem defensæ libertatis tædebat; et vinci quam non tentare victoriam malebant. (Tite-Live, X, 31.)

(2) Quum castra castris collata essent, quod vix Romanus, toties victor, auderet, ausi Samnites sunt (tantum desperatio ultima temeritatis facit) castra romana oppugnare. (Tite-Live, X, 32.)

(1) C'est la leçon adoptée par Niebuhr, qui la préfère à *Ferentinum*, que l'on rencontre dans presque toutes les éditions.

Les consuls purent se convaincre bientôt qu'on ne les avait pas trompés.

Atilius Régulus; opération de son corps d'armée; il bat les Samnites. — Atilius Régulus ne fut pas aussi heureux que Postumius. Comme il conduisait ses légions vers Lucérie, dont les Samnites faisaient le siége, il rencontra, sur les confins du territoire de cette ville, l'ennemi qui venait au-devant de lui. Des deux parts l'animosité rendit les forces égales. Le combat, après des chances diverses, resta indécis. Le résultat, toutefois, fut plus fâcheux pour les Romains que pour les Samnites : les premiers étaient habitués à vaincre, et cette fois ils n'avaient obtenu qu'un faible avantage, celui de n'être pas vaincus.

D'ailleurs, une chose jetait dans leurs rangs un découragement profond, c'est qu'ils comptaient plus de morts et de blessés que l'ennemi. La terreur était donc grande dans leur camp; mais elle n'était pas moins vive chez les Samnites. Ceux-ci ne cherchaient plus que les moyens de fuir sans combattre; mais il n'y avait de chemin que celui qui longeait le camp romain. Ils s'y engagèrent néanmoins, et l'on put croire un instant qu'ils s'avançaient pour attaquer les retranchements de Régulus.

Le consul se hâta de donner aux soldats l'ordre de prendre les armes. Les officiers s'avancèrent alors pour déclarer qu'ils ne pouvaient compter sur ceux qu'ils commandaient. Alors Régulus crut utile de se montrer lui-même et de parler aux soldats : « Que pouvez-vous « attendre, leur dit-il, de votre hésita-« tion? L'ennemi, si vous ne vous hâtez « de sortir, viendra dans votre camp. « Vous aurez bientôt à combattre pour « vos tentes, si vous refusez de combat-« tre pour vos retranchements. » Ces énergiques paroles ne purent tirer les légionnaires de leur torpeur; ils répondaient : « Nous sommes encore fatigués « du combat de la veille; nous n'avons « plus ni force ni sang. Voyez l'en-« nemi : il n'avait pas hier des troupes « aussi considérables. » Quelques-uns s'écrièrent alors que les Samnites portaient des pieux, qui devaient servir à entourer le camp romain d'une ligne de circonvallation. Alors le consul, dans son désespoir, s'écria : « Quelle igno-« minie! Nous laisserons-nous donc as-« siéger dans notre camp pour mourir « honteusement de faim plutôt que de « périr, s'il le faut, par le fer, en hom-« mes de cœur? Si vous ne me suivez « pas, j'irai seul à l'ennemi. » Les Romains sortirent alors, mais avec un air triste et semblables à des vaincus, de leurs retranchements. Quand les Samnites virent ce mouvement ils se dirent : « Nous ne pouvons plus fuir; « c'est ici qu'il faut vaincre ou mou-« rir. »

Ils mettent de côté leur bagage, et s'avancent à leur tour. Des deux parts, après une grande hésitation, on en vint aux mains avec une sorte de répugnance. Au commencement de l'action les Samnites furent vainqueurs, et rejetèrent les Romains du côté de leur camp. Régulus plaça des cavaliers au pied des palissades, et menaça de faire massacrer tous ceux qui fuiraient. « Où allez-vous, « soldats? cria-t-il : vous rencontrerez « aussi des ennemis dans votre camp. « Vous n'y rentrerez, d'ailleurs, que « lorsque je serai mort, ou bien encore « lorsque vous serez victorieux. » Ces paroles arrêtèrent les fuyards, qui revinrent au combat pleins d'ardeur. Les Samnites furent repoussés et vaincus. On leur fit sept mille prisonniers, et on leur tua cinq mille hommes. Les Romains, de leur côté, dans les deux rencontres dont nous venons de parler, avaient perdu sept mille deux cents hommes.

Régulus obtint encore un autre succès sur l'ennemi, qui avait essayé en vain de s'emparer d'Intéramna. Néanmoins le consul, de retour à Rome, ne put obtenir le triomphe, parce qu'il avait perdu un trop grand nombre de soldats, et parce qu'il s'était contenté, sans imposer aucune condition aux vaincus, de faire passer sous le joug les prisonniers.

Guerre en Étrurie; le consul Postumius. — Postumius, après sa campagne dans le Samnium, avait fait passer ses troupes en Étrurie. Il livra d'abord bataille aux habitants de Vulsinies, et leur tua deux mille hommes; puis il se dirigea vers le territoire de Ruselles. Là il battit non-seulement l'ennemi, mais encore il s'empara de la ville. Trois des cités les plus puissantes de l'Étrurie demandèrent alors la paix : c'était Vulsinii, Pérusia et Arretium. Elles obtinrent, moyennant une contribution en argent et en nature, une trêve de quarante ans. Postumius demanda le triomphe; le sénat le lui refusa. « Pères conscrits, dit-il, ce que « je dois à la majesté du sénat ne me « fera pas oublier que je suis consul. « C'est en vertu de mes pouvoirs que « j'ai fait la guerre. C'est donc après « avoir subjugué le Samnium et l'É- « trurie, après avoir conquis la victoire « et la paix que je triompherai. » Il sortit du sénat, et s'adressa aux tribuns du peuple, qui ne furent point d'accord sur sa demande; cependant il triompha (c'est la version la plus vraisemblable), aux applaudissements de la multitude.

NOUVEAU SOULÈVEMENT DES SAMNITES; LA LÉGION DU LIN. — Cette année (295) fut marquée par les succès de L. Papirius Cursor, qui était illustre par ses propres actions et par les exploits de son père.

Les Samnites, dit Tite-Live, avaient rassemblé de nombreuses troupes et les avaient parées d'armes magnifiques. Ils les préparèrent, en outre, à la lutte terrible qu'ils allaient soutenir par une sorte d'initiation. On envoya dans tous les cantons du Samnium des messagers qui criaient :

« Si parmi les hommes capables de « porter les armes il en est un seul « qui ne se rende pas à l'appel du gé- « néral, ou qui abandonne les drapeaux « sans permission, sa tête sera dévouée « à Jupiter. »

Aquilonia fut choisie pour servir de point de réunion à l'armée; on y réunit jusqu'à quarante mille hommes, qui formaient toute la force du Samnium.

Au milieu du camp on fit une enceinte, qui avait deux cents pieds en tous sens. Cette enceinte fut soigneusement fermée et couverte d'une toile de lin. On y célébrait des sacrifices suivant les vieilles traditions italiques. Le sacrificateur était Ovius Pactius, vieillard qui avait assisté aux premiers efforts de la guerre de l'indépendance.

Quand le sacrifice était terminé, le général envoyait chercher, un à un, les guerriers les plus illustres. Non-seulement tout l'appareil de cette cérémonie était fait pour pénétrer l'âme d'une religieuse terreur, mais encore au milieu de l'enceinte, partout couverte, on avait dressé des autels entourés de victimes immolées et gardées par des officiers qui se tenaient debout l'épée à la main. On faisait approcher de ces autels chaque soldat, plutôt comme victime que comme prenant part au sacrifice; et force lui était de s'engager par serment à ne rien révéler de ce qu'il aurait vu ou entendu. Ensuite on le contraignait à prononcer des imprécations horribles, dont on lui dictait la formule, contre lui-même, contre sa famille et toute sa race, s'il ne marchait au combat partout où ses chefs le conduiraient, s'il s'enfuyait lui-même du champ de bataille, ou s'il ne tuait à l'instant le premier qu'il verrait fuir.

Quelques-uns d'abord se refusèrent à prêter un pareil serment. On les égorgea près des autels, et leurs corps gisant au milieu des victimes sanglantes furent pour les autres un avertissement de ne pas résister (1). Quand les plus illustres guerriers se furent liés par ces serments, le général en nomma dix; chacun d'eux dut en nommer autant, jusqu'à ce qu'on eût complété le nombre de seize mille. La légion composée de ces initiés fut appelée *Linteata*. On donna à tous ceux qui en faisaient partie des armures éclatantes et des casques surmontés de panaches, afin qu'on pût les distinguer des autres soldats. Le reste des troupes se composait de vingt mille hommes et plus, qui ne le cédaient guère à la *légion du lin*. Telle était l'armée qui se rassemblait à Aquilonia.

PRÉPARATIFS DES ROMAINS POUR

(1) Dein jurare cogebatur diro quodam carmine in exsecrationem capitis familiæque et stirpis composito, nisi esset in prœlium quo imperatores duxissent, et si aut ipse ex acie fugisset, aut si quem fugientem vidisset non extemplo occidisset. Id primo quidam abnuentes juraturos se, obtruncati circa altaria sunt : jacentes deinde inter stragem victimarum, documento ceteris fuere ne abnuerent. (Tite Live, X, 38.)

LUTTER CONTRE LES SAMNITES. — Spurius Carvilius, le nouveau consul, rejoignit à Intéramna les légions qu'avaient commandées Atilius Régulus. Il entra avec elles dans le Samnium. Pendant que l'ennemi était occupé de ses cérémonies secrètes, il lui enleva de vive force la ville d'Amiterne; là les Romains tuèrent deux mille hommes et en prirent quatre mille. Papirius, de son côté, emporta Duronia (1). On fit dans les deux endroits un immense butin.

De là les consuls, après avoir parcouru le Samnium et ravagé surtout le canton d'Atina, se portèrent Carvilius sur Cominium, Papirius sur Aquilonia, où se trouvaient les principales forces des Samnites. Il y eut dans les deux endroits plusieurs combats; mais on n'en vint pas à une action décisive. Quoique les deux camps fussent séparés par une distance de vingt milles, les consuls avaient entre eux de fréquentes communications.

Quand Papirius, qui campait devant Aquilonia, eut fait toutes ses dispositions, il avertit son collègue que les auspices lui permettaient d'attaquer l'ennemi. Il l'engageait donc, pour faire diversion, à presser vivement Cominium. Les Samnites ne pourraient, disait-il, abandonner le poste qu'ils défendaient et se porter vers Aquilonia; puis il convoqua ses soldats : « Voyez, leur dit-« il, en leur montrant l'ennemi, ces « tuniques d'une éclatante blancheur; « bientôt le fer de vos épées et de vos « lances les rougira de sang. Ces magnifi-« ques armures seront votre proie : elles « serviront à vous enrichir ou à déco-« rer nos monuments publics. Marchez « donc sans crainte, car avec l'aide des « dieux vous vaincrez. »

BATAILLE D'AQUILONIE. — Les soldats romains, pleins de confiance dans les dieux et dans eux-mêmes, se tinrent prêts au combat. Papirius, après avoir pris les auspices, fit ses dernières dispositions. Il se ménagea une forte réserve; puis il envoya un corps qui devait tourner une éminence, se cacher et tomber à l'improviste sur l'ennemi. Ajoutons qu'il confia son

aile droite à L. Volumnius et sa gauche à L. Scipion; la cavalerie était sous les ordres de Caius Cœdicius et de C. Trébonius.

Le consul avait hâte d'en venir aux mains. On lui avait appris que les Samnites avaient envoyé vingt cohortes du côté de Cominium. Il fit avertir d'abord son collègue; ensuite il se mit en mesure de le sauver par une action décisive. On se battit de part et d'autre avec des dispositions bien différentes. Les Romains se montraient pleins d'ardeur : les Samnites au contraire, liés entre eux par des serments qui les épouvantaient, étaient en proie à un sombre désespoir. Ils avaient encore devant les yeux tout l'appareil de leurs affreux mystères : ils voyaient devant eux leurs prêtres armés, la terre couverte d'hommes et d'animaux égorgés, le sang humain ruisselant sur les autels avec le sang des victimes; enfin, ils entendaient ces imprécations, ces formules horribles qui les dévouaient aux Furies, eux, leur famille et leur race (1). Ils n'attaquèrent donc point, s'il faut en croire les récits des historiens romains; au commencement du combat, ils se bornèrent à se défendre avec une sorte de stupeur. L'apparition soudaine du corps d'armée qui avait été caché à dessein par le consul acheva leur défaite. On vit fuir alors même ceux qui s'étaient enrôlés dans la *légion du lin*. L'infanterie regagna ses retranchements près d'Aquilonia; les cavaliers et les hommes les plus illustres de la nation samnite se dirigèrent du côté de Bovianum.

Volumnius et Scipion complétèrent le succès de la journée. L'un s'empara du camp des Samnites : l'autre se rendit maître des murailles d'Aquilonia (295). La ville avait été abandonnée, déjà, par les ennemis. « Dans ce jour, dit Tite-Live, qui se soucie peu d'être taxé d'exagération, on tua aux Samnites trente mille trois cent quarante hommes; on leur

---

(1) C'est une ville inconnue.

(1) Quippe in oculis erat omnis ille occulti paratus sacri, et armati sacerdotes, et promiscua hominum pecudumque strages, et respersæ fando nefandoque sanguine aræ, et dira exsecratio, ac furiale carmen detestandæ familiæ stirpique compositum. (Tite-Live, X, 41.)

en prit trois mille huit cent soixante-dix ; ils perdirent en outre quatre-vingt-dix-sept étendards (1). »

Papirius s'était montré dans cette rencontre le digne émule de son père. Il avait, comme lui, une grande force d'âme, mais beaucoup moins de gravité. Dans une de ces rencontres où il est d'usage de vouer des temples aux dieux immortels il lui arriva de s'adresser à Jupiter Vainqueur et de lui promettre, s'il battait les légions des ennemis, une petite coupe de vin. Papirius était un général habile ; il obtint sur l'ennemi un plein succès.

PRISE DE COMINIUM ; LES DÉBRIS DE L'ARMÉE SAMNITE SE RÉFUGIENT A BOVIANUM. — L'autre consul ne fut pas moins heureux que Papirius. Il avait investi Cominium avec le plus grand soin, et mis son camp à l'abri d'un coup de main et des sorties, lorsqu'il reçut un messager de son collègue qui l'avertissait que vingt cohortes s'avançaient pour secourir la place assiégée. Le consul envoya à la rencontre du corps ennemi qu'on lui signalait D. Brutus Scœva, avec ordre de l'attaquer partout où il le rencontrerait ; puis lui-même livra l'assaut à Cominium. Les Romains éprouvèrent dès l'abord une vive résistance, mais à la fin l'ennemi céda, et recula jusqu'au centre de la ville, où il essaya encore de se défendre. Il fallut cependant mettre bas les armes et se rendre à discrétion. Onze mille hommes capitulèrent ; quatre mille huit cents déjà avaient été tués.

On s'attendait à un engagement entre les vingt cohortes détachées de l'armée d'Aquilonia et les soldats de Brutus ; mais les Samnites, avertis sans doute

(1) Cæsa illo die ad Aquiloniam Samnitium millia triginta trecenti quadraginta ; capta tria millia octingenti et septuaginta ; signa militaria nonaginta septem. (Tite-Live, X, 42.) — « Cela, dit M. le Bas, dans son *Commentaire sur Tite-Live* (p. 872), ferait trente-quatre mille hommes tués ou prisonniers, sur une armée de trente-six mille soldats (*voy.* ch. 38), ce qui est évidemment exagéré. Mais deux manuscrits donnent *millia decem*, leçon que les éditeurs auraient dû faire passer dans le texte. Orose (III, 22) ne parle aussi que de douze mille hommes : *duodecim millia*. »

par des fuyards, ne s'avancèrent poi[nt] vers Cominium ; ils revinrent près d[u] champ de bataille où avait triomph[é] Papirius. Après une nuit qui fut pou[r] eux pleine d'inquiétudes, ils fure[nt] obligés le lendemain de fuir devant le[s] Romains victorieux. Ce ne fut qu[à] grand'peine qu'ils parvinrent à s[e] mettre à l'abri derrière les murailles d[e] Bovianum.

LES ÉTRUSQUES ET LES FALISQUE[S] ESSAYENT DE SE SOULEVER ; SUITE D[E] LA GUERRE CONTRE LES SAMNITES[.] SUCCÈS DE CARVILIUS ET DE PAP[I]RIUS. — Les consuls, d'un commu[n] accord, abandonnèrent au soldat le pil[l]age des deux villes qu'on venait d[e] prendre. Lorsqu'on eut tout enlevé d[es] maisons on y mit le feu, et le mêm[e] jour Aquilonia et Cominium dispar[u]rent dans les flammes (1). Carviliu[s] et Papirius, après avoir largement ré[com]pensé leurs soldats, écrivirent a[u] sénat pour lui faire part de leurs succè[s] et pour lui faire voir la nécessité de fai[re] sans interruption aux Samnites affai[b]blis une guerre d'extermination.

Il y eut à Rome des transports d[e] joie quand on reçut les lettres des con[]suls. Les esprits étaient alors fort in[]quiets, parce qu'on avait reçu d'ailleur[s] de fâcheuses nouvelles. Les Étrusque[s] menaçaient de se soulever, et deja il[s] avaient ravagé les terres des alliés d[u] peuple romain. D'autre part, les Falis[]ques venaient de contracter alliance ave[c] les Samnites. Les succès des armée[s] envoyées dans le Samnium avaient don[c] préservé la république d'un immens[e] péril. Rome pouvait désormais oppose[r] des forces suffisantes à tous ses ennemis[.]

Les deux consuls, comme ils l'avaien[t] décidé, continuèrent la guerre dans l[e] Samnium, emportant l'une après l'autr[e] toutes les places qu'ils rencontrèrent[.] Il n'y eut guère que Sœpinum qui op[]posa aux Romains une vive résistance[.] Ils emportèrent la ville néanmoins, e[t] tirèrent vengeance du courage des as[]siégés. Ils tuèrent sept mille quatre cent[s]

(1) Uterque ex alterius sententia consu[l] captum oppidum diripiendum militi dedit[;] exhaustis deinde tectis ignem injecit ; eode[m] que die Aquilonia et Cominium deflagra[]vere. (Tite-Live, X, 44.)

hommes et en prirent trois mille. Le butin fut abandonné aux soldats (295).

FIN DE LA CAMPAGNE; LES DEUX CONSULS REVIENNENT TRIOMPHER A ROME. — Quand les neiges arrivèrent, Papirius tira ses troupes du Samnium et revint triompher à Rome. Ce fut une grande et belle solennité, où l'on étala aux yeux du peuple d'innombrables et riches dépouilles. Papirius, pendant son consulat, fit la dédicace du temple de Quirinus.

Carvilius continuait la guerre. Il prit encore aux Samnites quelques places fortes, et imposa la paix aux Falisques. Quand il revint à Rome il obtint, à son tour, le triomphe. Plus habile que Papirius, il gagna le peuple par ses largesses.

INTÉRIEUR DE ROME; TRIBUNS DU PEUPLE; LE LUSTRE; LA PESTE. — Voici en quels termes Tite-Live achève sa première décade : « L'année étant déjà révolue, de nouveaux tribuns du peuple entrèrent en charge; mais au bout de cinq jours, pour un vice d'élection, ils furent obligés de céder leur place à d'autres. Le lustre fut clos cette année par les censeurs P. Cornélius Arvina et C. Marcius Rutilus. Le recensement donna deux cent soixante-deux mille trois cent vingt-deux citoyens..... Pour la première fois on donna, à l'exemple des Grecs, dans les jeux, des palmes aux vainqueurs. A la même époque, les édiles curules qui firent célébrer ces jeux ayant condamné quelques fermiers des pâturages publics employèrent l'argent des amendes à paver la route depuis le temple de Mars jusqu'à Bovillæ. L. Papirius tint les comices consulaires. Il proclama consuls Q. Fabius Gurgès, fils de Fabius Maximus, et D. Junius Brutus Scœva. Papirius fut nommé préteur. Tant de prospérités suffirent à peine pendant cette année, pour consoler Rome, qui fut ravagée par la peste. Ce fut à l'occasion de ce fléau que fut introduit dans la ville le culte d'Esculape (295). »

LES SAMNITES REPRENNENT LES ARMES; ILS DÉFONT L'ARMÉE DE FABIUS GURGÈS; LE GÉNÉRAL VAINCU EST MANDÉ A ROME. — Les Samnites avaient éprouvé de si grandes défaites et perdu tant de guerriers, qu'à Rome on n'eût jamais osé penser qu'ils eussent l'intention de tenter de nouveaux efforts. Bien résolus cependant à se défendre jusqu'à la fin, ils trouvèrent dans la haine qu'ils portaient aux Romains, et dans leur amour pour l'indépendance, les moyens de lever encore une armée. Papirius était à peine de retour à Rome que déjà ils avaient pris les armes. Ils commencèrent la campagne en ravageant les terres des Campaniens.

Rome envoya en toute hâte une armée au secours de ses alliés (294). Le consul Fabius avait été chargé de cette guerre. Son nom, la gloire de son père, donnaient à tous les citoyens l'espoir du succès. Lui-même, trop confiant et trop enclin à mépriser un ennemi toujours vaincu qu'il croyait écrasé, s'avança résolument, mais avec trop de précipitation et de désordre, vers les Samnites. Ceux-ci se tenaient sur leurs gardes, et surveillaient tous les mouvements des Romains, qu'ils entretinrent même, par une fausse apparence de crainte, dans leur folle confiance.

Fabius ne fit pas même ses dispositions pour attaquer une armée qui dans sa pensée était déjà vaincue à l'avance; il laissa ses soldats se précipiter tumultueusement et sans ordre sur les ennemis. Mais les Samnites avaient eu le temps de se ranger en bataille et de se préparer à l'action. Ils reçurent les Romains vigoureusement, et leur firent éprouver une sanglante défaite. Fabius perdit en effet dans ce jour trois mille soldats. La nuit seule le sauva, et lui permit de se retirer avec ses légions fatiguées et ses nombreux blessés. Il choisit enfin un emplacement où il essaya de se fortifier; mais bientôt il s'aperçut qu'ayant laissé en arrière ses vivres et ses bagages, il se trouvait à la merci du vainqueur. Heureusement pour les Romains, les Samnites crurent à tort que l'armée de l'autre consul approchait, et à leur tour ils battirent en retraite.

L'indignation fut grande à Rome quand on apprit cette honteuse défaite. On supposait qu'enorgueillis par leurs succès, les Samnites allaient redoubler d'opiniâtreté et de constance pour continuer une lutte que Papirius et Carvilius avaient presque terminée. De toutes parts on maudissait Fabius; et cette fois ce n'étaient pas seulement les tribuns, toujours prêts à accuser, qui se répandaient en plaintes et en reproches, mais le sénat lui-même manifestait avec violence son mécontentement et sa colère. Il fut décidé que le consul serait mandé à Rome pour y rendre compte de sa conduite.

FABIUS MAXIMUS DÉFEND SON FILS DEVANT LE PEUPLE ; IL L'ACCOMPAGNE A L'ARMÉE EN QUALITÉ DE LIEUTENANT ; LES SAMNITES SONT VAINCUS, ET LEUR CHEF PONTIUS HÉRENNIUS EST FAIT PRISONNIER. — Fabius revint donc pour se soumettre au jugement du peuple. Tous les citoyens l'accusaient d'avoir compromis, par sa présomption et son imprudence, le salut de la république. Ils lui reprochaient en outre d'avoir terni le nom et la gloire de son père.

Le consul eût subi certainement une condamnation ignominieuse, car le peuple paraissait déterminé à ne pas même vouloir écouter sa défense, si Fabius Maximus n'était venu demander son pardon.

La vue et les paroles de ce noble vieillard, qu'avaient illustré tant de victoires et de triomphes, fit sur la foule une vive impression. Fabius, après avoir parlé des services rendus à Rome par sa famille, ajouta : « La faute de mon « fils est grande ; mais, croyez-le, il la « réparera. Si vous voulez m'accepter, « je serai sa caution ; je suis prêt à par- « tir pour l'armée et à servir sous lui « en qualité de lieutenant : soyez-en « sûrs, nous effacerons notre honte par « une glorieuse victoire. »

L'offre de Fabius fut accueillie avec enthousiasme, et aussitôt on lui conféra le titre de légat. Le consul et son père ne tardèrent point à se mettre en campagne. Les Romains brûlaient d'effacer le souvenir de leur dernière défaite ; les Samnites, de leur côté, fiers de la victoire qu'ils avaient remportée, demandaient qu'on les menât contre leurs implacables ennemis.

Bientôt les deux armées se rencontrèrent. Samnites et Romains luttèrent d'abord avec un égal acharnement. Il arriva, toutefois, un instant où ces derniers plièrent. Déjà Pontius Hérennius, chef des Samnites, enveloppait le consul et allait se rendre maître de sa personne, lorsque le vieux Fabius le délivra et décida la victoire en faveur des siens par une charge de cavalerie. Les Romains firent quatre mille prisonniers et tuèrent vingt mille hommes. Ils trouvèrent, en outre, dans le camp ennemi un immense butin.

Pendant cette campagne dans le Samnium, D. Brutus, l'autre consul, eut aussi d'heureux succès contre les Étrusques et les Falisques (294).

ÉLECTION DES CONSULS A ROME ; TEMPLE D'ESCULAPE. — L'année suivante, L. Postumius Mégellus et C. Junius Brutus prirent possession du consulat (293). S'il faut en croire d'anciens récits, Postumius affectait un grand dédain pour son collègue, qui était plébéien. Celui-ci, sans doute pour éviter de dangereuses discussions, lui céda, sans recourir au sort, la province du Samnium.

Ce fut dans la même année que, la peste continuant à dépeupler la ville, on crut nécessaire non plus seulement d'adresser des prières à Esculape, mais encore d'amener à Rome le dieu lui-même. Dix ambassadeurs se rendirent à Épidaure. Ce fut là qu'Esculape, suivant la vieille légende religieuse, se manifesta aux Romains sous la forme d'un serpent. Le dieu abandonna son autel, et vint de son propre mouvement se placer sur le vaisseau qui avait amené les ambassadeurs. Ce fut ainsi qu'on l'amena à Rome. On lui construisit un temple dans une île du Tibre. Pour ajouter encore au merveilleux de ce récit, les anciens auteurs prétendent que la peste dès l'arrivée d'Esculape cessa d'exercer ses ravages.

POSTUMIUS ; SON ORGUEIL ; SES EXPLOITS ; TRIOMPHE DE FABIUS ; MORT DE PONTIUS HÉRENNIUS ; POSTUMIUS, ACCUSÉ DEVANT LE PEUPLE, EST CONDAMNÉ. — Postumius montra à l'égard de Fabius Gurgès une extrême fierté. Il fut à peine en possession du commandement qu'il ordonna au proconsul, resté dans le Samnium, de lui abandonner les légions et de cesser ses opérations. Fabius lui répliqua en vain qu'il tenait son autorité du sénat, et que cette assemblée seule pouvait le dégager de ses devoirs. Des ambassadeurs venus de Rome se rendirent auprès de Postumius; mais l'orgueilleux général ne se rendit point à leurs sages injonctions. Il se préparait même, s'il faut en croire certains historiens, à marcher sur Cominium pour réduire Fabius par la force, lorsque celui-ci, d'après les conseils de son père, céda et sortit du Samnium. Postumius s'empara de Cominium; de là il conduisit son armée à Venouse, qui, comme quelques autres places, fut prise d'assaut. Dans cette campagne dix mille Samnites tombèrent sous le fer des Romains; six mille furent faits prisonniers.

Sur la proposition de Postumius on conduisit une colonie de vingt mille hommes à Venouse.

On ne méconnaissait point à Rome le talent et les services du consul; mais son orgueil avait vivement irrité tous les citoyens. Fabius, au contraire, était cher au peuple, qui lui accorda le triomphe. Le vieux Fabius accompagna son fils au Capitole, et ajouta par sa présence à l'éclat de cette solennité.

Pontius Hérennius, l'illustre chef des Samnites, que le souvenir des Fourches Caudines rendait si odieux aux Romains, suivait, les mains liées derrière le dos, le char du triomphateur. Il fut battu de verges et mis à mort (293).

Postumius se montra furieux à la nouvelle des honneurs rendus à Fabius Gurgès. Il distribua aux soldats tout le butin qu'il avait fait, et licencia son armée avant qu'on eût pu lui envoyer un successeur. Quand il fut sorti du consulat, deux tribuns l'appelèrent en jugement devant le peuple. Outre son orgueil, on lui reprochait d'avoir fait travailler dans ses terres deux mille légionnaires, oubliant qu'ils étaient soldats et non esclaves et qu'on les lui avait confiés non pour améliorer son domaine, mais pour accroître les possessions de la république. Postumius, qui était haï, fut condamné à une amende de cinq cent mille as.

Curius Dentatus. — L'année suivante les Samnites, battus encore une fois, envoyèrent demander la paix au consul Curius Dentatus, qui leur permit d'envoyer leurs députés à Rome. Il y eut aussi un soulèvement des Sabins, qui fut facilement comprimé (292). Curius obtint le triomphe, après quoi il retourna à sa métairie.

« Ce fut pour lors que les Samnites, qui avaient pris Curius pour leur patron et leur protecteur, députèrent vers lui les principaux de leur nation, et lui firent offrir des présents considérables pour l'engager à les aider de son crédit dans le sénat, et à leur faire obtenir de favorables conditions de paix. Ils le trouvèrent à la campagne, dans sa petite maison, auprès de son foyer, assis sur un escabeau, qui prenait son repas dans un plat de bois. Tout cet appareil fait assez connaître de quoi le repas était composé. Il n'y avait d'admirable dans cette maison que le maître. Après lui avoir exposé le sujet de leur députation, ils lui présentèrent l'or et l'argent que leur république les avait chargés de lui remettre entre les mains. Ils connaissaient bien peu Curius. Il leur répondit d'une manière gracieuse, mais refusa constamment leurs offres, et ajouta, avec une noblesse digne d'un véritable Romain, qu'il trouvait beau, non d'avoir soi-même de l'or, mais de commander à ceux qui en possédaient beaucoup. Tel était alors le caractère des Romains. Dans le particulier ils portaient la simplicité et la modestie jusqu'à ne pas rougir, disons mieux, jusqu'à se faire gloire de la pauvreté; en public ils soutenaient l'honneur du commandement avec une dignité et même avec une hauteur qui semblait annoncer les maîtres futurs de l'univers. Ce grand homme, la terreur des ennemis de sa patrie et l'admiration de son siècle, avait pour tout bien une métairie, apparemment de sept arpents de terre; car il n'avait pas craint de dire en pleine assemblée qu'un citoyen qui ne se contentait pas de sept arpents était un citoyen pernicieux. Oserait-on comparer les palais magnifiques de ces grands seigneurs, en qui souvent l'on ne voit rien de grand que leur faste et leur vanité, avec la cabane de Curius? car on peut bien, ce me semble, appeler ainsi sa petite et pauvre habitation. Caton allait exprès visiter cette maison, située dans le pays des Sabins, et voisine de sa terre, et ne se lassait point de la contempler avec une admiration mêlée de respect et d'un vif désir d'en imiter le maître (1). »

(1) Rollin.

TROUBLES A ROME POUR LES DETTES ; DICTATURE DE Q. HORTENSIUS. — On fit un dénombrement l'année suivante (291), qui donna le chiffre de deux cent soixante et treize mille citoyens. Ce fut aussi à la même époque que Q. Fabius Maximus fut nommé prince du sénat. C'était un honneur dont avait joui déjà Fabius Ambustus, son père, et que devait obtenir à son tour son fils, Fabius Gurgès.

Sous le consulat de Claudius Marcellus et de C. Nautius (289), un violent débat s'éleva à Rome au sujet des dettes. Le fils du consul Véturius poursuivi par un créancier inexorable vint un jour, portant encore les marques des coups de fouet qu'il avait reçus, demander justice au peuple. Il y eut alors dans la ville une violente émotion. Plautius fut jeté en prison ; mais cette punition ne satisfit point le peuple, qui demanda l'abolition générale des dettes, et qui, ne pouvant l'obtenir, se retira sur le Janicule.

Pour arrêter la sédition on crut nécessaire de nommer un dictateur. Le choix tomba sur un homme modéré, Q Hortensius. Il ramena le peuple en lui promettant que la loi Publilia serait strictement observée. Cette loi portait qu'au moment des assemblées le sénat donnerait préalablement son consentement, avant même que le peuple allât aux suffrages, à tout ce qui pouvait être statué. Q. Hortensius mourut dans l'exercice de sa charge.

La république eut alors deux guerres à soutenir, l'une contre les habitants de Vulsinies ; l'autre contre les Lucaniens.

GUERRE CONTRE LES GAULOIS. — Mais dans le même temps un danger plus grave menaçait Rome : il s'agissait de combattre les Gaulois. M. Amédée Thierry a raconté cette guerre de la manière suivante :

« Le désastre de Sentinum dégoûta les Cisalpins d'une alliance dans laquelle ils avaient été si honteusement sacrifiés ; au bout de quelques années cependant ils reprirent les armes à la sollicitation des Étrusques. Mais déjà le Samnium se résignait au joug des Romains ; plusieurs même des cités de l'Étrurie, gagnées par les intrigues du sénat, avaient fait leur paix particulière, et la cause de l'Italie était presque désespérée. Ce furent les Sénons qui consentirent à seconder les dernières tentatives du parti national étrusque ; guidés par lui, ils vinrent mettre le siége devant Arrétium, la plus importante des cités vendues aux Romains. Ceux-ci n'abandonnèrent pas leurs partisans ; ils envoyèrent dans le camp sénonais des commissaires chargés de déclarer aux chefs cisalpins que la république prenait Arrétium sous sa protection, et qu'ils eussent à en lever le siége immédiatement s'ils ne voulaient pas entrer en guerre avec elle. On ignore ce qui se passa dans la conférence, si les Romains prétendirent employer à l'égard de cette nation fière et irritable le langage hautain et arrogant qu'ils parlaient au reste de l'Italie, ou si, comme un historien le fait entendre, la vengeance personnelle d'un des chefs Kimris amena l'horrible catastrophe ; mais les commissaires furent massacrés et leurs membres dispersés avec les lambeaux de leurs robes et les insignes de leurs dignités autour des murailles d'Arrétium.

« A cette nouvelle, le sénat, irrité, fit marcher deux armées contre les Sénons. La première, conduite par Corn. Dolabella, entrant à l'improviste sur leur territoire, y commit toutes les dévastations d'une guerre sans quartier ; les hommes étaient passés au fil de l'épée, les maisons et les récoltes brûlées, les femmes et les enfants traînés en servitude. La seconde, sous le commandement du préteur Cécilius Métellus, attaqua le camp gaulois d'Arrétium ; mais dès le premier combat elle fut mise en déroute : Métellus resta sur la place avec treize mille légionnaires, sept tribuns et l'élite des jeunes chevaliers.

« Jamais plus violente colère n'avait transporté les Sénons ; la guerre leur paraissait trop lente à quarante lieues du Capitole. « C'est à Rome qu'il faut « marcher, s'écriaient-ils ; les Gaulois « savent comment on la prend ! » Ils en traînèrent avec eux les Étrusques, et atteignirent sans obstacle le lac Vadimon, situé sur la frontière du territoire romain. Mais l'armée de Dolabella avait eu le temps de se replier sur la ville, grossie par les débris de l'armée de Métellus et par des renforts arrivés de

Rome, elle livra aux troupes gallo-étrusques une bataille dans laquelle celles-ci furent accablées. Les Sénons firent des prodiges de valeur, et un petit nombre seulement regagna son pays. Les Boïes essayèrent de venger leurs compatriotes ; vaincus eux-mêmes, ils se virent contraints de demander la paix : ce fut la première que les Romains imposèrent aux nations cisalpines (285).

« Le sénat put alors achever sans trouble et avec régularité sur le territoire sénonais l'œuvre d'extermination commencée par Dolabella. Tous les hommes qui ne se réfugièrent pas chez les nations voisines périrent par l'épée ; les enfants et les femmes furent épargnés, mais, comme la terre, ils devinrent une propriété de la république ; puis on s'occupa à Rome d'envoyer une colonie dans le principal bourg des vaincus, à Séna, sur la côte de l'Adriatique.

« Voici la marche que suivaient les Romains lorsqu'ils fondaient une colonie. D'ordinaire le peuple assemblé nommait les familles auxquelles il était assigné des parts sur le territoire conquis ; ces familles s'y rendaient militairement, enseignes déployées, sous la conduite de trois commissaires appelés triumvirs. Arrivés sur les lieux, avant de commencer aucun travail d'établissement, les triumvirs faisaient creuser une fosse ronde, au fond de laquelle ils déposaient des fruits et une poignée de terre apportée du sol romain : puis, attelant à une charrue, dont le soc était de cuivre, un taureau blanc et une génisse blanche, ils marquaient par un sillon profond l'enceinte de la ville future ; et les colons suivaient, rejetant dans l'intérieur de la ligne les mottes soulevées par la charrue. Un pareil sillon circonscrivait l'enceinte totale du territoire colonisé ; un autre servait de limite aux propriétés particulières. Le taureau et la génisse étaient ensuite sacrifiés en grande pompe aux divinités que la ville choisissait pour protectrices. Deux magistrats, nommés duumvirs, et un sénat élu parmi les principaux habitants, composaient le gouvernement de la colonie ; ses lois étaient les lois de Rome. C'est ainsi que s'éleva parmi les nations gauloises de l'Italie une ville romaine, sentinelle avancée de sa république, foyer d'intrigues et d'espionnage, jusqu'à ce qu'elle pût servir de point d'appui à des opérations de conquête.

« L'ambition des Romains était satisfaite, leur vanité ne l'était pas. Ils voulurent avoir reconquis cet or au prix duquel ils s'étaient rachetés il y avait alors cent sept ans, et que les nations italiennes leur avaient tant de fois et si amèrement reproché. Le propréteur Drusus rapporta en grande pompe à Rome, et déposa au Capitole des lingots d'or et d'argent et des bijoux trouvés dans le trésor commun des Sénons ; et l'on proclama avec orgueil que la honte des anciens revers était effacée, puisque la rançon du Capitole était rentrée dans ses murs, et que les fils des incendiaires de Rome avaient péri jusqu'au dernier (1). »

LES SAMNITES REPRENNENT LES ARMES ; LES ROMAINS EN PRÉSENCE DES TARENTINS ; FIN DE LA GUERRE SOUTENUE PAR LES SAMNITES POUR L'INDÉPENDANCE DE L'ITALIE. — Sous le consulat de Q. Æmilius Papus et de C. Fabricius (284) les Samnites, s'il faut en croire d'anciens récits, tentèrent un dernier effort. Ils étaient soutenus par les Lucaniens et les Bruttiens. Ils livrèrent bataille ; on leur tua vingt mille hommes et on leur fit cinq mille prisonniers (1). L'Italie était conquise.

Ce fut alors que Rome engagea une lutte avec Tarente. On verra dans le chapitre suivant les détails de cette guerre, qui devait mettre en présence les Grecs et les vainqueurs de l'Italie.

Rien, en effet, ne résistait plus alors aux Romains. Les légionnaires promenaient sans crainte leurs enseignes depuis le pays des Ombriens jusqu'à la mer de Sicile. Ils n'avaient plus à redouter de nouvelles Fourches Caudines. Ils ne rencontraient plus dans leurs marches que les bergers, qui menaient paître leurs troupeaux dans les plaines dévastées du Samnium, ou bien encore, de loin en loin, dans les clairières des épaisses forêts des Apennins, les ossements blanchis de ces rudes et intrépides soldats qui avaient lutté avec une

(1) Amédée Thierry, *Histoire des Gaulois*, t. 1, p. 123 et suiv.
(2) Valère-Maxime, 1, 8.

héroïque constance contre la perfidie et les injustes agressions du peuple romain. Les guerriers samnites avaient disparu presque jusqu'au dernier. Des colonies fortement organisées, des garnisons toujours en éveil, gardaient ces villes et ces campagnes où les Valérius, les Manlius, les Décius, les Papirius et les Fabius avaient porté tant de fois le ravage et l'extermination. Le sang de la vieille Italie avait coulé à flots; il était épuisé.

Il ne restait donc plus à Rome que la faible barrière des colonies grecques à franchir pour sortir de la péninsule et se répandre au dehors. Pyrrhus n'avait pas encore essuyé sa dernière défaite, que déjà il lisait dans l'avenir et s'écriait, en abandonnant les plaines riches et fertiles de la Sicile : « Oh! quel beau champ de bataille nous laissons là aux Romains et aux Carthaginois (1)! »

VII.

HISTOIRE DE L'ITALIE MÉRIDIONALE DEPUIS L'ÉTABLISSEMENT DES COLONIES GRECQUES DANS CE PAYS JUSQU'A LA CONQUÊTE ROMAINE (2).

ANCIENNES POPULATIONS DE L'ITALIE MÉRIDIONALE. — Tandis que Rome, encore inconnue au monde, luttait héroïquement autour de son berceau, et disputait à ses voisins quelques chétives bourgades du Latium ou de la Sabine, l'Italie méridionale était partagée entre les indigènes, encore barbares, et les Grecs, qui avaient apporté sur ces rivages la civilisation de leur pays.

A l'embouchure du Silarus (Sèle) s'élevait un temple consacré à Junon l'Argienne, dont la fondation était attribuée à Jason. Cette tradition, rapportée par Strabon, nous autorise à penser que le pays au sud de ce fleuve fut anciennement occupé par des Pélasges. C'est, en effet, à la race pélasgique qu'il faut rapporter les Chônes et les OEnotriens, qui avant l'arrivée des Hellènes habitaient toute la côte, depuis le Silarus jusqu'au Siris (Sinno). Pandosia, ville très-forte, assise sur une triple éminence, baignée en dehors par le fleuve Achéron (Arconti ou Mare-Santo), passait pour avoir été jadis la résidence des rois œnotriens. C'est cette partie de la péninsule, depuis le Laos (Lao) jusqu'au Siris, qui fut la première désignée sous le nom d'Italie, selon le témoignage d'Antiochus, cité par Strabon (1).

L'Iapygie comprenait le sud-est de l'Italie, d'après les auteurs les plus anciens : elle s'étendait de l'embouchure du Siris à celle du Frento (Fortore); l'Apulie s'y trouvait donc comprise. Entre les limites que nous venons d'indiquer les Grecs distinguaient trois peuples, les Messapiens, les Peucétiens et les Dauniens : les Messapiens, sur la presqu'île, les Peucétiens un peu plus au nord, les Dauniens autour du mont Garganus. Strabon divise les Messapiens en deux peuples séparés par l'Apennin : les Salentins sur le golfe de Tarente, les Calabrois sur la mer Adriatique. L'établissement d'Argyrippa, anciennement nommé *Argos hippium*, que la tradition attribue à Diomède, nous atteste encore ici la présence des Pélasges. Les côtes reçurent probablement plus d'une émigration illyrienne, et les vallées voisines du Garganus durent être envahies de bonne heure par cette forte race sabellique, si longtemps invincible dans ses montagnes. Les Messapiens et les Peucétiens, comme la plupart des anciens peuples de l'Italie, obéissaient à des rois; et cette suprême magistrature, mêlée d'attributions religieuses, avait beaucoup d'analogie avec la royauté héroïque des premiers temps de la Grèce.

TERRITOIRE DES COLONIES GRECQUES. — Tels étaient les peuples qui se partageaient le sud de l'Italie à l'arrivée des Hellènes. Les Chalcidiens de l'Eubée, qui étaient de race ionienne, formèrent leur premier établissement dans l'île de Pithécuses et dans les petites îles

---

(1) Nous devons presque toute cette portion de l'histoire de *l'Italie ancienne*, depuis l'expulsion des rois de Rome, et notamment ce qui concerne la guerre des Samnites, à M. Jean Yanoski. (*Note des éditeurs*.)

(2) Ce chapitre si curieux et si complet, sur l'Italie méridionale et Pyrrhus, est l'œuvre de M. Filon, maître de conférences à l'École normale.

(1) Strabon, liv. VI, chap. 1.

voisines (1). Ils vinrent ensuite se fixer au nord du Silarus, sur le territoire des Opiques, dans ces fertiles plaines désignées plus tard sous le nom de Campanie. Ils y fondèrent la ville de Cumes, dont les chronologistes d'Alexandrie ont certainement exagéré l'antiquité, mais qui n'en est pas moins la plus ancienne colonie vraiment historique. Dicéarchie, bâtie sur une hauteur, était l'arsenal maritime des Cuméens. C'est à eux qu'il faut rapporter la fondation de Parthénope et celle de Zancle ou Messine en Sicile.

La ville de Rhégium fut bâtie par les habitants de Cumes, unis aux Chalcidiens de Sicile. Située sur le phare qu'elle dominait, elle était comme le lien entre les Grecs des deux côtés du détroit. Locres Épizéphyrienne, qui passait pour la plus ancienne ville grecque de l'OEnotrie, occupait toute la côte depuis le fleuve Halex (l'Alice), qui séparait son territoire de celui de Rhégium ; elle devint même assez puissante pour fonder, sur la rive opposée, Hipponium et Medama ; par là elle parvint à dominer sur tout le territoire compris entre les deux mers jusqu'aux frontières de Rhégium (2).

Au nord-est de Locres, deux villes achéennes, fondées vers la même époque, Crotone et Sybaris, se disputaient la prépondérance. La première, située à l'entrée du golfe auquel Tarente donna son nom, s'empara du territoire de Scylletium, dont la tradition faisait une ancienne colonie athénienne ; elle s'étendit jusqu'aux environs de Locres, où elle bâtit Caulonia ; en outre, elle fonda Terina sur la côte opposée à Scylletium. Sybaris, au nord de Crotone, était placée entre deux fleuves, le Crathis et le Sybaris (le Crati et le Cochile.) Strabon dit qu'elle occupait, le long du Crathis, l'espace de cinquante stades, et qu'elle régna sur quatre peuples et sur vingt-cinq villes de son voisinage. Elle fonda Posidonie, à cinquante stades du Silarus, et, plus au sud, Laos, sur le fleuve du même nom. D'autres Achéens, appelés par les Sybarites, renouvelèrent la population de Métaponte, dont la fondation primitive était attribuée aux Pyliens de Nestor. Deux colonies ioniennes s'élevèrent aussi sur ces rivages, Siris, sur le fleuve ainsi nommé, bâtie par les habitants de Colophon, qui fuyaient la domination lydienne, et sur la mer Inférieure, au sud de Posidonie, Élée, dite plus tard Velia, fondée par les Phocéens au moment où les Perses envahissaient l'Asie Mineure.

Enfin Tarente, qui représentait la race dorienne dans ce pays, régnait au fond de son golfe, sur la partie occidentale de l'Iapygie. Cette ville était heureusement placée pour le commerce et pour la navigation : elle avait un excellent port sur une côte généralement inhospitalière. Les Tarentins s'avancèrent, à travers les montagnes, jusqu'à la mer Adriatique ; ils durent s'emparer facilement d'Hyria, dont Hérodote parle comme d'une ancienne colonie crétoise ; ils s'approprièrent aussi une grande partie du territoire de Brentesium, Brindes, et cette ville elle-même tomba plus tard en leur pouvoir. C'était une position importante pour communiquer avec la Grèce ; d'ailleurs le territoire des Brentésiens valait mieux que celui des Tarentins : « Le sol, dit Strabon, y est plus léger et d'un excellent produit. On vante beaucoup son miel et ses laines. Brindes l'emporte également sur Tarente par la bonté de ses ports ; car cette ville en a plusieurs, auxquels conduit une seule et même entrée. Tous sont à l'abri des vagues, étant formés par diverses anses intérieures, dont la disposition donne à ce local la figure d'un bois de cerf ; circonstance d'où dérive le nom de Brentesium, qui en langue messapienne signifie une tête de cerf ; ce que la ville jointe à ses ports représente assez bien (1). »

RELIGION ET GOUVERNEMENT DES VILLES GRECQUES DE L'ITALIE. — Les Grecs qui venaient s'établir en Asie Mineure ou en Italie n'étaient pour la plupart que des aventuriers ou des proscrits, qui, ne pouvant pas vivre avec honneur dans leur patrie, comme les *parthéniens* de Sparte, étaient réduits à aller chercher fortune dans des contrées lointaines. Aussi commen-

(1) Tite-Live, VIII, 22.
(2) Strabon, V, 1.

(1) Strabon, liv. VI, ch. 5.

caient-ils par occuper le rivage où ils avaient abordé, par égorger les indigènes, et par s'emparer des femmes dont ils avaient tué les pères ou les maris (1). Mais, après le tumulte de la conquête, leurs passions se calmaient; ils sentaient la nécessité de pourvoir à l'avenir. Alors ils se ressouvenaient des dieux de leur pays, de ces lois sous lesquelles avait vécu leur enfance, et ils s'efforçaient de retracer dans leur établissement nouveau l'image fidèle de la métropole.

L'Italie méridionale se couvrit bientôt de temples qui rappelaient ceux de la Grèce, et qui imposaient le respect aux indigènes. C'était le temple de Neptune à Tarente, celui de Proserpine à Locres, celui de Minerve à Métaponte; c'était ce temple de Junon, élevé à six milles de Crotone, sur le promontoire de Lacinium, et qui passait, au temps de Tite-Live, pour plus ancien et plus noble que la ville elle-même. Strabon parle de deux monuments qui existaient encore de son temps dans la Daunie, et qui remontaient sans doute à l'arrivée des premiers colons grecs; c'étaient deux *héroóns* (Ἡρῶα, monuments consacrés à des héros) qui s'élevaient sur une colline appelée Drium : l'un, placé au sommet, était consacré à Calchas, et ceux qui venaient y interroger l'oracle sacrifiaient un bélier noir sur la peau duquel ils s'endormaient; l'autre, dédié à Podalire, était plus bas, et à environ cent stades de la mer. De la même colline sortait un petit fleuve (l'Althœnus), auquel l'opinion populaire attribuait la propriété de guérir toutes les maladies des bestiaux.

Les premières constitutions des cités italiennes furent aristocratiques : à Locres, à Rhégium, à Crotone, la souveraineté résidait dans un sénat de mille membres. Le pouvoir exécutif était exercé par un ou plusieurs magistrats annuels, désignés sous le nom d'Archontes ou de Stratèges. A Locres le premier fonctionnaire de l'État portait le titre de *Cosmopolis*. Il y avait aussi dans cette ville un certain nombre de magistrats, spécialement chargés de la garde des lois (νομοφύλακες). Cette magistrature, dont Cicéron a regretté l'ab-

sence à Rome, était très-commune dans les villes grecques : elle avait pour objet non-seulement de conserver la lettre des lois, mais de les faire exécuter, et d'y ramener sans cesse les paroles et les actions des citoyens (1).

Dans toutes les villes grecques d'Italie les familles des premiers conquérants formèrent des tribus privilégiées, en possession du gouvernement. Si dans la suite elles s'adjoignirent soit des Grecs émigrés plus tard, soit même des indigènes, elles se distinguèrent toujours des nouveaux citoyens, et se réservèrent avec la possession des meilleures terres, l'exercice des fonctions religieuses et des plus hautes magistratures. A Locres, où la noblesse venait des femmes, il y avait ce qu'on appelait *les cent familles* (2). A Crotone la tribu des Lampriades était exclusivement chargée des sacrifices dans le temple de Junon. Tel est le caractère commun de toutes ces villes, quelle que soit leur origine; mais en outre chacune est marquée de caractères particuliers, qui accusent la diversité des races. C'est dans les cités doriennes, à Tarente et dans ses colonies, que l'aristocratie était le plus fortement constituée. Les villes achéennes inclinaient vers la démocratie. Les villes chalcidiques avaient un gouvernement mixte, qui tendait à concilier les droits du peuple avec les priviléges des grands (3).

GUERRES DES VILLES GRECQUES CONTRE LES INDIGÈNES; COALITION ACHÉENNE CONTRE LES IONIENS DE SIRIS. — Les colonies grecques de l'Italie n'ont point d'histoire suivie; c'est à peine si les historiens anciens les mentionnent à de longs intervalles, pour raconter soit les guerres qu'elles ont soutenues au dehors, soit les révolutions

---

(1) Hérodote, liv. I, chap. 146.

(1) Græci hoc diligentius, apud quos Nomophylaces creantur; nec hi solum litteras sed etiam facta hominum observabant, ad leges que revocabant. (Cicéron, *de Legibus* III, 20.)

(2) Καλεῖσθαι τοὺς ἀπὸ τῶν ἑκατὸν οἰκιῶν (Polybe, XII.)

(3) Heyne, *Prolusiones de Civitatum Græcarum per magnam Græciam et Siciliam institutis et legibus*, *opuscula academica*, t. III. page 5.

ntérieures qui les ont agitées. Fondées presque toutes du huitième au sixième siècle avant l'ère chrétienne, elles ont eu d'abord à faire leur place parmi les peuples indigènes. Tarente refoula les Iapygiens loin du rivage, tandis que les villes achéennes et les villes chalcidiques luttaient, d'un autre côté, contre les Chônes et les Œnotriens. Après les guerres contre les anciens habitants vinrent les guerres entre les colons de race diverse. Siris était à peine fondée par les Ioniens de l'Asie Mineure, que les Achéens de Crotone, de Métaponte et de Sybaris s'unirent pour assiéger la nouvelle ville; ils la prirent d'assaut, et en traitèrent les habitants avec la dernière rigueur; ils allèrent jusqu'à égorger cinquante jeunes gens qui s'étaient réfugiés près de la statue de Minerve, et le prêtre même de la déesse fut immolé au pied de l'autel. Siris paraît avoir suivi depuis cette époque la fortune de Sybaris.

GUERRE DE CROTONE CONTRE LES LOCRIENS; BATAILLE DE LA SAGRA; GUERRE DE TARENTE CONTRE MÉTAPONTE. — Bientôt Crotone attaqua les Locriens, parce qu'en qualité de Chalcidiens ils avaient prêté secours aux Ioniens de Siris. Les deux armées se rencontrèrent sur les bords de la Sagra, avec des forces bien inégales. Crotone comptait cent vingt mille combattants, selon Justin, et cent trente mille selon Strabon. Il est probable que cette ville n'a pu mettre sur pied une armée aussi considérable qu'à l'aide de ses anciens alliés, de Sybaris et de Métaponte. Les Locriens, soutenus par leurs frères de Rhégium, n'étaient pas plus de quinze mille. Ceux-ci, désespérant du succès, ne songeaient qu'à ne point mourir sans vengeance : ils combattirent avec un courage héroïque; mais tandis qu'ils ne cherchaient qu'un glorieux trépas, ils rencontrèrent une heureuse victoire, et, comme dit Justin, tout leur salut ce fut leur désespoir (1). Au récit de cette bataille on a mêlé des traditions merveilleuses. Un aigle avait été vu, planant sur l'armée locrienne pendant toute la durée du combat; aux deux ailes avaient paru deux jeunes gens remarquables par la hauteur de leur taille, la beauté de leurs armes et la blancheur de leurs chevaux; et ces deux guerriers, on ne les avait plus revus après la bataille : c'étaient les Dioscures, protecteurs des Locriens. Mais, indépendamment de ces détails fabuleux, le fait lui-même trouvait des incrédules dans l'antiquité; et quand on voulait parler d'un événement authentique on disait : Cela est plus vrai que l'affaire de la Sagra (1).

Strabon a prétendu que Crotone ne s'était pas relevée de la défaite de la Sagra, et que depuis elle était restée presque inhabitée. Sainte-Croix a très-judicieusement réfuté cette opinion (2). Le célèbre géographe a certainement confondu les temps anciens avec celui où il vivait. Si Crotone avait été presque anéantie par les Locriens, comment plus tard aurait-elle pu se trouver en état de combattre et de détruire Sybaris? La réforme même de Pythagore, dont nous parlerons bientôt, ne suffirait point à expliquer cette résurrection. Ce qui est probable, c'est que Crotone perdit alors une partie de son territoire, et que Locres fut quelque temps plus puissante que sa rivale. Métaponte eut aussi beaucoup à souffrir du voisinage de Tarente; les Doriens de cette ville ne voulaient point souffrir si près d'eux un établissement achéen. Métaponte résista, sans doute avec l'appui des autres villes achéennes, et un traité de paix lui assura, dit Strabon, une portion du territoire qui dut servir de limite entre l'Iapygie et ce qu'on appelait alors l'Italie.

LÉGISLATION DE ZALEUCUS A LOCRES. — Malgré les querelles qui les divisaient trop souvent, les Grecs prirent une telle extension dans le midi de la Péninsule, que ce pays fut désigné sous le nom de *Grande Grèce*. Strabon et Athénée lui donnent ce nom; mais à quelle époque commença-t-on à l'appeler ainsi? Un auteur, cité par Jamblique, dit que ce fut après l'établissement de l'école pythagoricienne, c'est-à-dire à la fin du sixième siècle. Ce qui rendit si florissantes les villes grecques d'Italie, ce fut surtout leur législation. Les Lo-

(1) Justin XX, 3.

(1) Strabon, VI, 2.
(2) *Mémoires de l'Académie des Inscriptions et Belles-Lettres*, t. XLV, page 295.

criens passaient pour avoir eu les premiers des lois écrites. Les lois locriennes, si célèbres dans toute l'antiquité, paraissent avoir été rédigées par Zaleucus. Les auteurs anciens n'étaient point d'accord sur l'époque où vécut ce législateur; son existence même a été contestée par l'historien Timée. Parmi les modernes, Bentley a soutenu la même opinion. Mais l'assertion de Timée était démentie par le témoignage unanime de toute l'antiquité, et Cicéron, en la rapportant dans son *Traité des Lois*, a reconnu que l'autorité de Théophraste et la tradition des Locriens méritaient plus de confiance. Aristote, qui avait fait une étude si approfondie des anciennes législations, et Polybe, qui avait eu des relations particulières avec la république de Locres, ont tous deux parlé de Zaleucus comme d'un personnage réel. Nous devons donc admettre, comme vraiment historique, l'existence de Zaleucus. Ce fut, selon la chronologie d'Eusèbe, la quatrième année de la vingt-neuvième olympiade (661 avant J. C.) que Zaleucus promulgua ses lois. Diodore de Sicile et Stobée nous en ont conservé plusieurs fragments, empreints d'un esprit admirable de religion et d'équité. Plusieurs critiques ont nié l'authenticité de ces fragments, et ont prétendu qu'ils ne reproduisaient point exactement le texte primitif des lois locriennes. Il se peut en effet que plus d'un siècle après leur publication ces lois aient été modifiées et rédigées de nouveau par quelque philosophe de l'école pythagoricienne, d'où sera venue l'opinion erronée que Zaleucus était un disciple de Pythagore. Mais nous pensons, avec Heyne, que les fragments conservés par Diodore et Stobée contiennent sinon la lettre, du moins l'esprit des premières lois locriennes.

Dans l'œuvre de Zaleucus, comme plus tard dans les traités philosophiques de Platon et de Cicéron, la loi repose sur la religion. La loi n'existe point pour qui ne croit point à la Divinité, qui en est la source et l'auteur véritable : « Avant tout, que ceux qui veulent vivre dans notre cité se persuadent bien qu'il y a des dieux, et qu'en contemplant le ciel, le monde, et ce bel ordre de toutes choses, ils ne croient point que ces merveilles soient l'œuvre ou hasard ou de l'industrie humaine; qu'ils rapportent aux dieux seuls tous les biens de cette vie, et qu'ils les honorent, non par de somptueux sacrifices, mais par un cœur pur et par la pratique de toutes les vertus (1). » Le législateur recommandait de ne point altérer le culte national par le mélange des religions étrangères : « Que ceux qui veulent habiter notre ville n'aient de religion que celle qui nous a été transmise par nos ancêtres, et qu'ils regardent les rits de la patrie comme les meilleurs de tous. »

Avec l'observation de la loi religieuse Zaleucus prescrivait à ses concitoyens le respect de la loi civile : « Après les dieux, les génies et les héros, les premiers hommages sont dus aux parents, aux lois et aux magistrats. Que personne n'ait plus d'amour pour une ville étrangère que pour sa patrie; car un tel amour est le commencement de la trahison. » C'était un crime capital, non-seulement de porter les armes contre son pays, mais de le quitter pour aller vivre sur un sol étranger. La loi punissait toute calomnie soit contre la république en général, soit contre les citoyens en particulier. Ces sortes de délits étaient déférés aux magistrats chargés de la garde des lois, aux *nomophylaces*, qui infligeaient au coupable une réprimande publique, et une amende en cas de récidive. Les devoirs du magistrat étaient sévèrement déterminés par Zaleucus : « Qu'il juge sans colère et sans orgueil, sans haine et sans amour; qu'il n'ait en vue que la justice; en un mot, qu'il soit digne d'être l'arbitre de ce qu'il y a au monde de plus sacré, du droit des citoyens. »

Éphore, cité par Strabon, dit que le droit écrit des Locriens était un mélange de coutumes crétoises, lacédémoniennes et aréopagitiques. Il ajoute que la principale des lois nouvelles établies par Zaleucus était celle qui fixait un châtiment pour chaque délit, tandis qu'auparavant les juges avaient le pouvoir de déterminer la peine. Il le loue aussi d'avoir simplifié les lois sur les contrats. D'autres écrivains lui ont fait honneur d'avoir regardé les bonnes mœurs comme

(1) Stobée, *Serm.* XLII; Diodore, XII, 20.

les vrais fondements de toute société politique. Ces amours infâmes, qui ont été la honte de la Grèce, étaient, dit Maxime de Tyr, sévèrement défendus chez les Locriens d'Italie (1). Un homme convaincu d'adultère avait les yeux crevés. Le fils de Zaleucus lui-même, ayant commis ce crime, allait, dit-on, en subir la peine, lorsque son père racheta un des yeux du coupable par la perte de l'un des siens.

Les anciens législateurs cherchaient à immobiliser les fortunes dans un certain nombre de familles, investies des droits politiques. Zaleucus défendit aux citoyens de vendre leurs biens, à moins qu'ils n'y fussent contraints par quelque adversité bien constatée. Il s'efforça de prévenir les dettes, en défendant de satisfaire à aucune obligation par écrit envers des usuriers. Ce fut aussi pour conserver les anciens patrimoines qu'il porta plusieurs lois somptuaires. Une femme libre ne pouvait mener avec elle plus d'un esclave, si elle n'était ivre, ni sortir de la ville pendant la nuit, ni porter des bijoux d'or et des robes garnies de franges, si elle ne voulait se prostituer. Il n'était pas permis aux hommes de se vêtir avec des étoffes semblables à celles que l'on fabriquait à Milet, ni d'avoir des anneaux d'or, sous peine de passer pour des débauchés. Il n'y avait point de marchés chez les Locriens : chaque cultivateur vendait chez lui ses propres denrées. Ces lois, destinées à prévenir l'invasion du luxe et la diminution des anciennes fortunes, n'eurent pour résultat que de gêner la liberté des citoyens et d'entraver les transactions commerciales.

Une des lois les plus sévères de Zaleucus était celle qui punissait de mort tout citoyen qui paraîtrait armé dans le grand conseil ou dans l'assemblée du peuple. On prétend que le législateur, ayant par inadvertance encouru la peine qu'il avait prononcée, se perça lui-même de son épée. Mais ce fait ne paraît pas authentique; car plusieurs écrivains attribuent la même loi et une fin semblable à Charondas et à Dioclès. D'ailleurs Suidas rapporte que Zaleucus mourut en combattant pour sa patrie.

(1) Maxime de Tyr, *Dissert.* X.

Si Zaleucus voulait que ses lois fussent sacrées pour tous, il ne les croyait cependant point établies à perpétuité. « Comme il n'est pas convenable aux lois établies, disait-il, d'être vaincues par les hommes, il est au contraire honnête et utile qu'elles le soient par de meilleures institutions. » Mais la manière dont il était permis de procéder à ce changement devait glacer d'effroi les novateurs. Quand un citoyen voulait modifier une loi ancienne ou proposer une loi nouvelle, il paraissait à la tribune la corde au cou. Si la majorité des suffrages était favorable à la proposition il se retirait sain et sauf; mais si la loi ancienne était maintenue on serrait la corde, et l'orateur payait de sa vie son innovation téméraire. Démosthènes, en rappelant cette coutume dans son discours contre *Timocrate,* dit que pendant plus de deux cents ans il n'y eut qu'une seule loi de changée dans la république de Locres. Heyne croit que la loi citée par l'orateur athénien ne s'appliquait qu'aux simples particuliers, mais que les magistrats auxquels était confiée la garde des lois avaient le droit d'en proposer le changement. Quoi qu'il en soit, le gouvernement locrien passait pour être très-peu favorable aux innovations; car on raconte qu'un citoyen fut rigoureusement puni parce qu'au retour d'un long voyage il avait demandé ce qu'il y avait de nouveau. Démosthènes oppose cette immobilité de principes et de conduite à la perpétuelle mobilité des Athéniens, qui changeaient de lois tous les mois selon le caprice ou l'intérêt de leurs orateurs.

Lois de Charondas a Rhégium. — Rhégium eut aussi des lois célèbres, qui lui étaient communes avec les villes chalcidiques de Sicile, et dont la rédaction était attribuée à Charondas. Aristote le fait naître à Catane, et le nomme, après Zaleucus, parmi les plus anciens législateurs. Élien prétend que Charondas, après avoir réformé le gouvernement de Catane, fut obligé d'en sortir, et qu'il se retira à Rhégium, dont il corrigea les lois. Héraclide de Pont ne suppose pas, comme Élien, que Rhégium ait eu une législation antérieure; il dit seulement que cette ville adopta les lois de Charondas. Selon Diodore de Sicile,

Charondas est beaucoup moins ancien : législateur de Thurium, qui remplaça Sybaris au milieu du cinquième siècle, il examina les institutions des différents peuples, en tira ce qu'elles avaient de meilleur, et en fit un code particulier, qu'il compléta par plusieurs lois de son invention. Cette opinion est aussi celle de Plutarque et d'Athénée. Sainte-Croix suppose qu'il a existé deux législateurs du même nom, l'un à Catane et l'autre à Thurium. Nous aimons mieux croire, avec Heyne et Bentley, que les Thuriens adoptèrent la législation de Charondas de Catane, qui était depuis longtemps en vigueur dans plusieurs républiques de l'Italie et de la Sicile.

Stobée nous a conservé quelques fragments des lois de Charondas, où l'on a cru retrouver, comme dans les fragments attribués à Zaleucus, l'influence pythagoricienne. Il est possible que les lois de Catane et de Rhégium aient été remaniées, comme celles de Locres, par les disciples de Pythagore; mais le fonds n'en est pas moins authentique. Le préambule de Charondas est empreint, comme celui de Zaleucus, d'un profond sentiment religieux. Le législateur commence par rappeler cette vérité éternelle, que Dieu est la cause et la fin de toute chose ; il veut que les hommes aient en vue, dans toutes leurs actions, la Divinité, à laquelle ils ne peuvent échapper, et que le second mobile de leur conduite soit le désir de l'estime publique et la crainte de l'infamie. « Si ces sentiments qui répriment nos passions, dit-il, sont étouffés, l'injustice et la licence amènent bientôt la ruine de l'État. » Charondas prononçait une sorte d'excommunication contre les citoyens notés d'infamie. On ne pouvait ni leur fournir des secours, ni leur parler, sans participer soi-même à leur flétrissure.

Le législateur recommande l'amour de la justice et de la vérité, le respect des lois, des magistrats et des vieillards, l'union dans les familles et dans la cité. Il prescrit l'hospitalité, au nom de Jupiter. Il ordonne au riche de secourir, comme ses propre enfants, ceux qui sont devenus pauvres par la faute de la fortune et non par suite de leur paresse et de leurs désordres. Il recommande aux vieillards de former la jeunesse par leurs conseils et surtout par leur exemple. « Là où le vieillard est sans pudeur et sans foi, les enfants et les petits-enfants conservent la tradition de l'impudence. L'impudence traîne à sa suite l'injustice, et celle-ci la mort. »

Honte au citoyen qui osait surpasser par le luxe de sa maison celui des temples ou des autres édifices publics! Ce qui appartient à tous doit toujours l'emporter en richesse et en beauté sur ce qui n'appartient qu'à un seul. C'était le principe des anciennes républiques, qu'en toute circonstance l'individu doit s'effacer devant la communauté.

Charondas s'occupe, avec le plus grand soin, de tout ce qui concerne la pureté des mariages, et les devoirs imposés aux deux époux. L'adultère et tout commerce illicite étaient considérés comme des crimes publics. Le législateur menaçait les coupables de la vengeance terrible des génies, dont le pouvoir s'étendait, selon lui, jusque dans l'intérieur de toutes les maisons. Charondas allait jusqu'à condamner les secondes noces : il croyait qu'un homme qui contractait de pareils engagements s'exposait volontairement à introduire la discorde dans sa famille.

Diodore, qui a fait de Charondas un Thurien du cinquième siècle, a divisé l'œuvre de ce législateur en deux parties : d'un côté, ce qu'il avait emprunté aux législations antérieures ; de l'autre, ce qu'il avait tiré de son propre fonds. Parmi les lois qui lui appartiennent en propre il y en a une sur les secondes noces qui confirme le préambule que nous venons de citer d'après Stobée. « Sont déclarés incapables d'avoir part à l'administration des affaires publiques ceux qui après avoir eu des enfants d'une première femme en épouseraient une seconde les enfants étant encore vivants. » Les citoyens atteints et convaincus de calomnie étaient condamnés à ne paraître en public qu'avec une couronne de bruyère, triste emblème de leur crime. Et l'on craignait tellement ce symbole d'infamie, que quelques-uns se donnèrent, dit-on, la mort pour échapper à cet opprobre, et que d'autres, abandonnant la ville, allèrent chercher un pays où ils pussent impunément exercer leur honnête métier. Pour maintenir les mœurs publiques, Charondas avait établi des écoles, dont les maîtres étaient entretenus aux dépens de l'État. Il prescrivait de condamner à une forte amende ceux qui, étant intéressés à prévenir la corruption de leurs enfants ou de leurs parents, ne l'avaient point fait.

L'administration des biens des orphelins appartenait aux parents du côté paternel, et la garde de la personne du pupille aux parents du côté de la mère. Les premiers, qui étaient appelés à l'héritage dans le cas de la mort du mineur, avaient intérêt à faire valoir son bien; les autres, ne devant jamais en hériter, ne pouvaient être soupçonnés d'attenter à sa vie. C'est ainsi qu'au moyen âge la loi féodale distinguait avec soin la garde du fief et celle de la personne du mineur : elle attribuait la première à l'héritier présomptif, et la seconde au plus proche parent de la ligne qui ne devait point succéder. L'héritier ne pouvait être chargé de veiller sur la personne; les *Assises de Jérusalem* en disent naïvement la raison : *mauvaise convoitise lui ferait faire la garde du loup*.

La plupart des législateurs condamnaient à mort ceux qui avaient déserté leur poste ou refusé le service militaire. Charondas se contenta d'ordonner qu'ils resteraient trois jours exposés sur la place publique, en habits de femme. Ainsi ces anciens législateurs, auxquels Cicéron a rendu un si juste hommage, n'employaient pas toujours les peines matérielles; ils comptaient surtout sur le respect de la Divinité et sur le sentiment de l'honneur. Aussi leurs lois, religieusement conservées, firent-elles longtemps la force et la gloire des villes qui les avaient adoptées.

PYTHAGORE RÉFORMATEUR DE CROTONE. — Crotone était tombée dans une corruption profonde, lorsqu'elle fut ramenée à la vertu par l'un des plus grands philosophes de l'antiquité, par Pythagore, dont l'influence s'étendit sur toute l'Italie méridionale et jusque dans la Sicile. A travers les obscurités et les contradictions dont la vie de ce grand homme est enveloppée, il paraît certain, comme l'a très-bien prouvé le savant Fréret (1), que Pythagore naquit à Samos, au commencement du sixième siècle avant l'ère chrétienne. Après avoir passé la première partie de sa vie à voyager en Asie Mineure et en Égypte, il aborda dans l'Italie méridionale vers 540, à peu près à l'époque où Xénophane de Colophon venait de fonder l'école d'Élée. Selon Jamblique, Pythagore était d'abord venu à Sybaris; mais les mœurs de cette ville lui parurent trop corrompues pour pouvoir être corrigées, et il alla s'établir à Crotone, dont il devint bientôt le réformateur. A peine arrivé, il porte la parole dans les gymnases, dans les temples, dans les assemblées publiques. Il s'adressa d'abord aux adolescents, puis à la jeunesse, aux vieillards qui formaient le sénat, et, par l'ordre du sénat, aux matrones de la ville. Telle fut l'impression produite par la puissance de ses paroles, que les femmes déposèrent leurs robes brodées d'or et tout le luxe de leur toilette, pour en faire offrande au temple de Junon. Aux jeunes comme aux vieux, aux hommes comme aux femmes, Pythagore prêchait avec succès la vérité, la justice, la pudeur. Aristote dit que les Crotoniates croyaient voir en lui l'Apollon Hyperboréen, qui se manifestait sous une forme humaine (2). Timon, cité par Diogène Laerce, l'appelle un babillard enchanteur et un fin chasseur d'hommes.

INSTITUT PYTHAGORICIEN. — Pythagore ne se borna point à jeter vaguement des idées dans les âmes de ses auditeurs : il voulut former une société qui les mît en pratique et qui les perpétuât. Il fonda l'ordre ou l'institut pythagoricien, ἑταιρεία ou association, selon les uns; σχολή ou école, selon les autres; κοινωνία ou communauté, selon d'autres; enfin, selon Hérodote, ὄργια ou mystères, parce que quelques-uns comparaient cette société à celle des anciens prêtres orphiques. Justin dit que cette association se composait de trois cents jeunes hommes, unis entre eux par le serment. Jamblique est d'ac-

(1) *Mémoires de l'Académie des Inscriptions et Belles-Lettres*, t. XIV, p. 472.
(2) Aristot. ap. Ælian. *Hist. var.*, lib. II, cap. 26.

cord avec Justin. Diogène Laerce fait monter le nombre des associés jusqu'à six cents; mais il y comprend les simples auditeurs. Diodore dit que la société était répandue au delà de l'Italie méridionale, qu'elle avait des affiliés dans la Sicile, dans la Grèce proprement dite, dans les îles grecques et jusqu'à Cyrène et à Carthage.

La règle de Pythagore comprenait toutes les actions de la vie, tous les rapports de l'homme avec la nature ou avec ses semblables. Tout était prévu, depuis la méditation intérieure et la surveillance continuelle de soi-même jusqu'aux soins du corps les plus minutieux. Les pythagoriciens devaient employer pour se vêtir, non ces grossières étoffes de laine en usage parmi les Grecs, mais des toiles de coton d'Égypte très-fines, dont la blancheur éblouissante était relevée par une bordure de pourpre. Ces toiles ne leur servaient pas seulement pour leur habillement : ils en garnissaient encore leur lits, et, après leur mort, ils y faisaient envelopper leur cadavre. A cet égard ils furent les premiers imitateurs des prêtres égyptiens et de ceux qui présidaient aux mystères d'Orphée, circonstance qui, selon Meiners, engagea Hérodote à regarder la société de Pythagore comme une espèce de mystères et à lui donner le nom d'orgies (1).

Le matin, dès que les pythagoriciens étaient levés, ils allaient se promener seuls dans les bosquets sacrés ou sous les portiques des temples, non-seulement pour réveiller et rafraîchir leurs sens, mais aussi pour recueillir leurs esprits, pour renouer la chaîne de leurs souvenirs, et pour se préparer aux affaires de la journée qui commençait. Ils prenaient leur lyre et en tiraient des sons harmonieux, afin de dissiper les vapeurs du sommeil et de disposer leurs âmes à une activité régulière. Après cette promenade solitaire, ils se cherchaient les uns les autres, et employaient les premières heures du jour à s'instruire en commun, à discuter sur la science et sur la vertu. A ces utiles entretiens suc-

(1) Meiners, *Histoire de l'origine, des progrès et de la décadence des sciences dans la Grèce*, liv. III, chap. 3.

cédaient des exercices propres à augmenter les forces du corps, et le plu[s] simple repas, où ils prenaient seuleme[nt] autant de pain et de miel qu'il en fa[l]lait pour apaiser la faim. La plus grand[e] partie de l'après-midi était consacré[e] aux affaires publiques. Vers le soir, il[s] allaient se promener deux ou trois en semble, et s'entretenaient de ce qu'il[s] avaient appris dans la matinée. Ces pro[menades étaient suivies d'un bain froid après lequel ils s'assemblaient pou[r] prendre leur souper, qui était toujour[s] terminé avant le coucher du soleil. Ce[s] repas, où ils n'étaient jamais plus d[e] dix frères à la même table, afin que l[a] confiance fût plus intime, commen[çaient et finissaient toujours par de[s] libations ou des sacrifices. On y servai[t] des mêts plus nourrissants et plus varié[s] qu'au repas du matin; ils y buvaient d[u] vin, ils y mangeaient des légumes cuits et même quelquefois un peu de viande car l'interdiction absolue de la chair de[s] animaux ne paraît pas appartenir à l[a] règle primitive de Pythagore : c'es[t] l'œuvre de quelques disciples, qui on[t] exagéré la doctrine du maître. Aprè[s] souper, on faisait quelques lecture[s] agréables et instructives. Au momen[t] où l'on allait se séparer, le chef de l[a] société rappelait à tous les devoirs le[s] plus importants de la vie et les princi[paux articles de la règle. Chacun, avan[t] de se coucher, repassait dans son espri[t] tout ce qu'il avait vu ou entendu, tou[t] ce qu'il avait fait depuis le matin; puis finissant sa journée comme il l'avai[t] commencée, il se préparait, par le sons de la lyre, à un sommeil doux e[t] paisible.

On voit, par le tableau que nous ve[nons de tracer, que le but de Pythagor[e] était à la fois individuel et social. I[l] voulait former l'homme, c'est-à-dir[e] développer en lui tout ce qui était bon [et] détruire tout ce qui était mauvais. Pui[s] il s'efforçait de rapprocher les homme[s] et de les unir par un lien indissoluble [:] lui, qui rapportait tout aux nombres[,] et qui appelait Dieu l'unité suprême, savait l'influence des associations pol[i]tiques. Il voulait l'ordre et la paix parm[i] les hommes, comme la puissance [et] l'harmonie dans les facultés indiv[i]duelles.

GUERRE DE CROTONE CONTRE SYBARIS; DESTRUCTION DE CETTE DERNIÈRE VILLE. — La doctrine et la société de Pythagore avaient retrempé les mœurs de Crotone et doublé ses forces, lorsque s'éleva la guerre contre Sybaris. Cette dernière ville était tombée sous le joug du tyran Telys, qui avait déclaré la guerre aux riches, et qui confisquait leurs biens, pour se faire des partisans parmi les pauvres. Cinq cents Sybarites ruinés viennent à Crotone, et se réfugient en suppliants près des autels qui étaient construits dans l'*Agora*. Telys envoie des députés déclarer la guerre aux Crotoniates, s'ils ne consentent à l'extradition des fugitifs. Le sénat et le peuple étaient sur le point d'abandonner ces malheureux, lorsque Pythagore se déclara leur protecteur, et fit décider qu'on prendrait les armes pour les défendre. Diodore dit que Sybaris arma trois cent mille hommes et Crotone cent mille. Les Crotoniates marchèrent au combat sous la conduite de Milon, qui n'était pas seulement un athlète fameux par sa force et par son adresse, mais un général habile et même un des auditeurs les plus assidus de Pythagore. Milon vainquit sur le champ de bataille, comme il avait coutume de vaincre dans le stade. On raconte que les Sybarites avaient coutume d'exercer leurs chevaux d'élite à former une espèce de danse, au son des instruments. Les cinq mille chevaux dressés à ces exercices étaient placés au premier rang; Milon fit exécuter les airs qui leur étaient familiers: aussitôt ces animaux se mirent en danse, et, renversant leurs cavaliers, jetèrent le désordre dans l'armée des Sybarites. Le général des Crotoniates avait défendu à ses soldats de faire grâce à aucun ennemi, soit dans la mêlée, soit dans la fuite. Les vainqueurs marchèrent contre Sybaris, détruisirent cette ville de fond en comble, et firent passer le fleuve Crathis sur ses ruines. Cet événement se passa, suivant Diodore, la troisième année de la soixante-septième olympiade, c'est-à-dire l'an 510 avant l'ère chrétienne: c'est l'époque de l'expulsion des Pisistratides et de la chute des Tarquins.

LE PEUPLE DE CROTONE SE SOULÈVE CONTRE L'ARISTOCRATIE PYTHAGORICIENNE. — Après la prise de Sybaris, la plupart des esprits étaient mal disposés à Crotone à l'égard de Pythagore et de ses amis. On leur reprochait d'abord le partage des terres conquises, qui n'avait pas été fait au gré des passions populaires. Mais le principal grief qu'on leur opposait, c'était le système politique qu'ils avaient fait prévaloir. Pythagore voyait avec inquiétude les progrès de la démocratie, qui avait perdu tant de villes grecques: il voulut lui opposer une aristocratie d'un genre nouveau, non pas celle de la force matérielle ou de la richesse, mais celle du savoir et de la vertu. Tel était le but de l'institut qu'il avait fondé. Mais le parti démocratique, dont Cylon était le chef, ne voulait subir d'aristocratie d'aucune espèce. Quelques-uns des plus ardents de ce parti demandèrent que tout citoyen eût droit de suffrage dans les assemblées nationales, et pût arriver aux premières dignités de l'État. Ils proposèrent en même temps d'obliger les magistrats qui sortiraient de charge à rendre compte de leur administration à des hommes choisis dans tout le peuple par la voie du sort. Les pythagoriciens combattirent en vain ces innovations, et le gouvernement tomba aux mains de la multitude. Les anciennes dettes furent abolies, et un nouveau partage de terres fut décrété.

Dès lors une réaction était inévitable contre le parti vaincu. On accusa la société de Pythagore de vouloir imposer au peuple par des prestiges magiques, de s'isoler des autres citoyens, et de travailler dans un but d'ambition personnelle. Le symbole célèbre, *abstenez-vous des fèves*, fut regardé comme une déclaration de guerre au droit de suffrage universel, et toute la philosophie de Pythagore fut représentée comme un complot permanent contre la liberté. La perte de la société fut résolue. Un jour que ses membres s'étaient rassemblés près du temple d'Apollon Pythien pour célébrer la fête des Muses, une populace furieuse vint tout à coup les assaillir (1). Il en périt soixante, selon Justin; les autres furent obligés de s'exiler. Quelques auteurs ont prétendu que

(1) Apollonius ap. Iambl. cap. XXXV.

Pythagore lui-même était au nombre des morts; mais l'opinion la mieux établie veut qu'il ait quitté Crotone pour n'y plus rentrer. Il alla d'abord à Caulonia, et, après avoir vu les Locriens lui fermer les portes de leur ville, après avoir couru de nouveaux dangers à Tarente, il se retira à Métaponte, où il mourut (1). Fréret, dans le savant mémoire que nous avons déjà cité, place la mort de Pythagore en l'année 507 avant J. C.

La révolution qui avait bouleversé Crotone s'étendit dans toutes les villes de la Grande-Grèce où l'influence pythagoricienne avait pénétré. Partout les disciples du philosophe furent persécutés, et avec eux tomba l'aristocratie. On ne voyait, dit Polybe, dans toutes les villes grecques d'Italie que meurtres, séditions et troubles de toute espèce (2). Presque partout l'anarchie enfantait la tyrannie. Vers l'an 494 Clinias devint le tyran de Crotone; son parti se composait des dernières classes du peuple et même d'esclaves qu'il avait affranchis. Il se défit des plus illustres citoyens : il fit mourir les uns, exila les autres, et, avec leurs dépouilles, enrichit ses partisans (3). Anaxilaüs établit sa tyrannie à Rhégium, et parvint même à la rendre héréditaire. D'autres villes subirent le même sort. Déjà, un demi-siècle auparavant, Cumes était tombée au pouvoir du tyran Aristodème, qui donna un asile à Tarquin détrôné. Le bruit de ces révolutions se répandait jusque dans la Grèce, où les exilés allaient solliciter des secours. Vers 460, les Achéens intervinrent heureusement pour rétablir la paix dans leurs anciennes colonies. Grâce à leurs conseils, Crotone et quelques autres villes formèrent entre elles une ligue semblable à la ligue achéenne. Elles élevèrent à frais communs un temple à Jupiter-Homorius, où devaient se réunir les députés. Une amnistie générale fut proclamée, et les pythagoriciens furent rappelés de l'exil. Mais, comme le gouvernement démocratique établi dans les villes achéennes ne s'accordait point avec leurs principes, ils ne prirent plus aucune part aux affaires publiques. Les principaux membres de cette secte se retirèrent à Rhégium, où ils conservèrent religieusement la doctrine de Pythagore jusqu'au temps d'Aristote et de Platon.

Révolution politique a Tarente; établissement d'une démocratie modérée; doctrine politique d'Archytas. — Tarente conserva longtemps la forme aristocratique que les Doriens lui avaient donnée dans l'origine; mais un grand nombre de nobles ayant été tués par les Iapyges ou Messapiens, avec lesquels la république était en guerre continuelle, le gouvernement devint démocratique. Aristote dit que cette révolution arriva un peu après la guerre médique. Ce fut sans doute après la grande victoire que les barbares remportèrent sur les Tarentins et sur ceux de Rhégium leurs alliés, la troisième année de la soixante-seizième olympiade (474 avant J. C.). C'est, dit Hérodote, le plus grand échec que les Grecs aient jamais essuyé. Diodore dit que les Iapyges, vainqueurs, se divisèrent en deux corps : l'un poursuivit les Tarentins, et en fit un grand carnage; l'autre pressa la fuite des Rhégiens, entra avec eux dans leur ville, et s'en empara (1). Il est probable que la population dorienne de Tarente fut alors sensiblement altérée, et que ce fut là une des principales causes de l'établissement de la démocratie.

Il resta cependant toujours à Tarente quelques traces de l'aristocratie primitive : tous les magistrats n'étaient pas désignés par le sort; il y avait certaines dignités électives, afin qu'il restât quelques places pour le mérite et la supériorité véritable. Les mille *hipparques* dont parle Strabon étaient un corps d'élite, et une sorte d'aristocratie armée. Aristote loue les riches de Tarente de ce qu'ils savent se rendre populaires en donnant aux pauvres l'usufruit d'une partie de leurs terres (2). Ce qui prouve d'ailleurs que l'aristocratie avait conservé quelque influence dans cette ville, c'est que la philosophie de Pythagore y fut

---

(1) Sainte-Croix, *Mémoire sur la législation de la Grande-Grèce*, dans le Recueil de l'*Académie des Inscriptions*, t. XLV.
(2) Polybe, liv. II, ch. 7.
(3) Denys d'Halicarnasse, fragm. XII.

(1) Hérodote, VII, 170; Diodore, XI, 52.
(2) Aristot. *Polit.* VI, 5.

toujours en honneur. Au quatrième siècle avant l'ère chrétienne, Archytas fut élevé six ou sept fois de suite à la dignité de *stratège*. L'opinion de ce philosophe était que la meilleure constitution politique serait celle où la monarchie, l'aristocratie et la démocratie concourraient à une fin commune, et où les pouvoirs seraient dans un juste équilibre, comme dans la république de Sparte. Il disait que la société se maintient par l'autorité et l'obéissance : la première appartient aux hommes supérieurs, par leurs vertus ou par leurs talents ; la seconde est le partage des autres citoyens (1). Tels sont les principes qu'Archytas professa toujours, et qu'il s'efforça de faire dominer dans le gouvernement de son pays.

GUERRE DES ÉTRUSQUES CONTRE RHÉGIUM ET CUMES ; ABAISSEMENT DE LA PUISSANCE MARITIME DES ÉTRUSQUES. — Les Grecs de l'Italie méridionale avaient pour ennemis naturels les peuples indigènes, ou les étrangers qui les avaient devancés dans la Péninsule. Nous avons déjà parlé des guerres de Tarente et de Rhégium contre les Messapiens. Rhégium eut aussi à combattre les Étrusques, dont la puissance maritime menaçait toutes les côtes d'Italie, et qui s'étaient établis dans la Campanie vers l'époque de la fondation de Rome. Au commencement du cinquième siècle avant J. C., Anaxilaüs, tyran de Rhégium, bâtit un mur fortifié dans l'isthme qui sépare de la terre ferme le rocher de Scyllæum, et il y établit une station de vaisseaux pour fermer le détroit aux Étrusques (2). Cumes, réduite à ses propres forces, ne pouvait se défendre contre cette puissante nation ; elle implora, en 415, la protection d'Hiéron l'Ancien, roi de Syracuse. Ce prince fit partir quelques galères, qui se joignirent à celles des Cuméens. La flotte combinée vainquit les Étrusques dans une grande bataille navale, porta un coup terrible à leur puissance, et, en délivrant la ville de Cumes, affranchit les mers de Sicile et d'Italie des pirates qui les infestaient (3).

(1) Archyt. *Fragment.* ap. Stob.
(2) Strabon, VI, 1.
(3) Diodore, XI, 51.

PREMIÈRES RELATIONS DES GRECS D'ITALIE AVEC LES PERSES ET LES CARTHAGINOIS. — Les Perses, qui avaient soumis les Grecs en Asie, croyaient les vaincre partout. Hérodote raconte que, longtemps avant la première guerre médique, Darius avait à sa cour un médecin de Crotone nommé Démocèdes ; il le chargea d'aller, avec quinze Perses des premières familles, reconnaître toutes les contrées maritimes occupées par les Grecs. Les Perses commencèrent par lever le plan des côtes de la Grèce ; puis ils firent voile vers l'Italie, et abordèrent à Tarente, où ils furent très-mal accueillis. A Crotone, on leur prit le vaisseau de charge qu'ils avaient amené avec eux. Démocèdes leur échappa, et resta dans son pays. Privés de leur guide, les Perses ne poussèrent pas plus loin la reconnaissance, et voulurent retourner dans leur patrie ; mais ils furent jetés par les vents contraires sur les côtes d'Iapygie, où on les retint prisonniers. Ce fut un certain Gillus, banni de Tarente, qui les délivra et les ramena à Darius (1).

Lorsque éclata la première guerre Médique, la bataille de Marathon, en sauvant les Grecs, sauva leurs frères d'Italie. A l'époque de la seconde invasion, en 480, les Carthaginois, alors tout-puissants sur la Méditerranée, avaient fait alliance avec les Perses : ils devaient accabler les Grecs occidentaux en Sicile et en Italie, pendant que Xerxès attaquerait la Grèce par l'Orient. Mais, avant que la bataille de Salamine eût dispersé la flotte persane, le tyran de Syracuse, Gélon, avait détruit l'armée carthaginoise, et préservé l'Italie grecque de l'invasion qui la menaçait.

RÉTABLISSEMENT DE SYBARIS ; FONDATION DE THURIUM. — Cinquante-huit ans après la destruction de Sybaris, quelques Thessaliens essayèrent de relever cette ville de ses ruines. Ils y rassemblèrent les restes de l'ancienne population, qui s'était réfugiée à Laos et à Scidros. Mais cinq ans s'étaient à peine écoulés, que la jalousie de Crotone chassa les nouveaux Sybarites. Ceux-ci envoyèrent des députés à Athènes et à Sparte, suppliant ces deux républiques

(1) Hérodote, III, 138.

de leur rendre leur patrie, et de participer au rétablissement de la colonie. Sparte négligea cette prière; mais Athènes s'empressa d'y répondre. Périclès, dont les conseils gouvernaient la république, fondait volontiers des colonies : c'était un moyen d'étendre l'influence athénienne, de faire prospérer le commerce, et en même temps de débarrasser la ville d'une multitude oisive et turbulente. Athènes avait déjà poussé ses avant-postes en Thrace et jusque sur les côtes du Pont-Euxin ; elle n'aspirait qu'à s'étendre aussi en Occident, et elle avait l'œil sur la Sicile et sur l'Italie. Elle envoya aux Sybarites dix navires remplis de soldats, sous la conduite de Lampon et de Xénocrate (446 avant J. C.). Les colons athéniens, auxquels s'était adjoint un certain nombre de Péloponésiens, vinrent s'établir non loin de l'ancienne Sybaris, près de la source de Thuria, qui donna son nom à la nouvelle ville (1).

La colonie ne resta pas longtemps paisible. Les Sybarites, anciens maîtres du pays, prétendaient réserver pour eux seuls les premières dignités politiques, et ne laisser aux nouveaux venus que les magistratures subalternes. Dans les sacrifices, ils réclamaient le premier rang pour les femmes des anciens habitants. Ils s'étaient adjugé les terres les plus voisines de la ville, et ils ne voulaient donner à leurs hôtes que des domaines plus éloignés. La guerre ne tarda point à éclater entre les anciens et les nouveaux citoyens. Ceux-ci, qui étaient les plus nombreux et les plus forts, détruisirent presque entièrement l'ancienne population, et restèrent les maîtres de la ville. Quelques Sybarites échappèrent à ce désastre, et allèrent s'établir sur les bords du Traeis, où ils furent bientôt détruits par les indigènes. Les Thuriens se donnèrent un gouvernement démocratique, et firent alliance avec Crotone, l'irréconciliable ennemie de Sybaris. Ils adoptèrent les lois de Charondas ; ce qui a fait dire à Diodore que ce législateur était un de leurs concitoyens ; opinion que nous avons réfutée plus haut.

Thurium, pour augmenter sa population, avait fait appel à toute la Grèce, et la ville fut divisée en dix tribus, qui rappelaient par leur nom les nations diverses d'où elles tiraient leur origine. Trois tribus étaient sorties du Péloponèse : c'étaient l'Achéenne, l'Éléenne et l'Arcadique. Les sept autres étaient venues de la Grèce centrale ou des îles : c'étaient la Béotienne, l'Amphictyonique, la Dorienne, l'Ionienne, l'Athénienne, l'Eubéenne et l'Insulaire. Cette diversité d'origine excita des contestations sur le titre que devait porter la colonie. A quel peuple appartenait-elle? Les Athéniens et les Péloponésiens en revendiquaient également la fondation. L'oracle de Delphes fut pris pour arbitre : il mit les parties d'accord en adjugeant la colonie à Apollon.

TARENTE ET THURIUM SE DISPUTENT LA SIRITIDE; FONDATION D'HÉRACLÉE. — Selon le récit d'Antiochus, la ville de Thurium était à peine fondée, qu'elle fut en guerre avec Tarente pour la possession de la Siritide. Les Thuriens étaient commandés par Cléandrias, banni de Lacédémone. Les deux peuples convinrent qu'ils habiteraient en commun le territoire contesté, et que néanmoins la colonie serait considérée comme appartenant à Tarente (433). Mais les Tarentins fondèrent alors une cité nouvelle, à laquelle ils donnèrent le nom d'Héraclée ; ils y transportèrent tous les citoyens de Siris, et cette dernière cité ne fut plus que l'arsenal maritime des Héracléotes, situé à vingt-quatre stades de leur ville (1).

Nous avons sur les institutions civiles et politiques d'Héraclée un document du plus haut intérêt : ce sont des tables d'airain que le hasard a fait découvrir au commencement du dernier siècle, et que Mazochi a publiées avec un savant commentaire. Les monuments numismatiques nous donnent aussi de précieuses indications. D'abord il est constant qu'Héraclée, issue d'une ville dorienne, a toujours conservé quelques traces de son origine. Elle est restée soumise à Tarente, jusqu'à l'expédition d'Alexandre le Molosse en Italie, c'est-à-dire jusque vers l'année 332 ; et comme les *Tables* ne font aucune mention des Tarentins, Mazochi en a conclu qu'elles nt été rédigées à l'époque où la ville enait d'être affranchie par les armes u roi d'Épire. Les Héracléotes rendaient n culte particulier au dieu dont ils ortaient le nom : c'est ce qu'attestent lusieurs médailles, qui représentent lercule étouffant un lion. Ils adoraient ussi Bacchus et Pallas, comme on le oit par quelques médailles, ainsi que ar les tables d'Héraclée. La ville était ouvernée par des *éphores*, renouvelés haque année; l'un d'eux portait le titre d'*éponyme*, et son nom était inscrit la tête des actes publics. Il y avait aussi d'autres magistrats, également annuels, les *polianomes*, qui remplissaient des onctions analogues à celles des *préfets le la ville* chez les Romains. Les *Tables* ont aussi mention d'un greffier public, γραμματεύς), d'un géomètre (γαμέτρας), réposé à la délimitation des propriétés, et d'officiers subalternes, chargés, ous la surveillance des polianomes, le tout ce qui concernait les approvisionnements (σιταγέρται). Le peuple l'Héraclée, comme celui de Sparte, se livisait en plusieurs tribus, qui avaient hacune ses insignes particuliers. Ils se éunissaient en assemblée générale (κατάκλητος άλία), et c'était là que se décidaient en dernier ressort les affaires qui intéressaient la communauté (1).

FONDATION DE NAPLES; CONQUÊTE DE LA CAMPANIE PAR LES SAMNITES; CUMES ET NAPLES TOMBENT EN LEUR POUVOIR. — Il y a au milieu du cinquième siècle, après les grandes victoires des Grecs sur les Perses, un dernier mouvement d'expansion des populations helléniques en Italie : la fondation de Thurium et d'Héraclée en est sa preuve. Ce fut sans doute à cette époque qu'il s'éleva une nouvelle ville, *Neapolis*, sur le territoire de Parthénope, dont la partie ancienne ne fut plus désignée que sous le nom de *Palæpolis*. Le fond de la population de Naples se composait de Cuméens; mais il s'y joignit de nouveaux colons venus de Chalcis, ainsi qu'un certain nombre de Pithécuséens et d'Athéniens. Mais c'était le temps où les indigènes de l'Italie commençaient à réagir fortement contre les établissements étrangers. Les montagnards de l'Apennin descendaient dans la plaine; les Samnites chassaient les Étrusques de la Campanie (de 438 à 423). Ils traitèrent Cumes comme ils avaient traité Vulturnum (Capoue) : ils égorgèrent les citoyens, et s'emparèrent des femmes (421). Naples tomba aussi sous le joug de ces nouveaux conquérants de la Campanie. Les colons de diverses nations qui habitaient cette ville, ne pouvant s'accorder, dit Strabon, admirent les barbares dans leurs murs. La preuve de cette admission se trouve dans la liste chronologique de leurs *démarques* : on y trouve d'abord des noms tout grecs, puis des noms grecs mêlés de campaniens (1).

LES LUCANIENS S'ÉTABLISSENT DANS L'ŒNOTRIE. — Ce fut sans doute vers la même époque que les Lucaniens, qui étaient aussi des Samnites, vinrent s'emparer de Posidonie ou Pœstum, et s'établir dans la plus grande partie de l'OEnotrie. Pétélia, dont la tradition attribuait la fondation à Philoctète, fut la métropole du nouveau peuple. Le *Périple* qui porte le nom de Scylax de Caryande, et qui paraît avoir été rédigé au commencement du quatrième siècle, nous présente la Lucanie dans sa plus grande extension, c'est-à-dire comprenant tout le pays depuis Posidonie jusqu'à Thurium. Les villes grecques de ce côté avaient facilement triomphé des Chônes et des OEnotriens, dans lesquels elles avaient retrouvé d'anciens Pélasges; elles eurent beaucoup plus à souffrir des Lucaniens, qui étaient d'origine sabellique. La colonie de Thurium était à peine établie, qu'elle eut à défendre son existence contre ces belliqueux voisins.

ATHÈNES ESSAYE D'ENTRAÎNER LES VILLES D'ITALIE DANS SON EXPÉDITION CONTRE LA SICILE. — Au commencement de la guerre du Péloponèse, Athènes avait conçu l'ambition de dominer non-seulement la Grèce, mais tous les États grecs répandus sur les côtes de la Méditerranée. Thucydide dit qu'un des motifs qui décidèrent les Athéniens à intervenir dans les affaires de Corcyre, c'est que cette île leur parais-

(1) Mazochi, *In regii herculanensis Musæi æneas tabulas heracleenses Commentarii*, Neapoli, 1754.

(1) Strabon, V, 10.

sait heureusement située sur la route de la Sicile et de l'Italie (1). En 416, la flotte athénienne, en se dirigeant vers la Sicile, entra dans le golfe de Tarente, et longea les côtes d'Italie; mais aucune ville, pas même Thurium, ne voulut recevoir les Athéniens dans son enceinte, ni même dans le marché, ordinairement ouvert aux étrangers. On leur permettait seulement de se mettre en rade, et de faire de l'eau ; ce que Tarente et Locres n'accordèrent même pas. Ils arrivèrent enfin au promontoire de Rhégium. Là encore on ne voulut pas les recevoir dans la ville ; ils furent obligés de camper en dehors, sur le terrain consacré à Diane, où on leur ouvrit un marché. Ils tirèrent leurs vaisseaux à terre, et prirent quelque repos. Ils entrèrent en négociation avec les habitants de Rhégium, et ils les engagèrent, en qualité de Chalcidiens, à soutenir la cause d'Athènes et de Léontium. Les Rhégiens répondirent qu'ils se proposaient de ne point prendre part à la querelle; et ils ajoutèrent qu'ils se conformeraient à la décision commune des Grecs d'Italie (2). Ces dernières paroles prouvent qu'il y avait alors quelque lien politique entre toutes les villes italiennes, et qu'en certaines circonstances l'intérêt général dominait les distinctions d'origine.

ALCIBIADE A THURIUM ; LE PARTI ATHÉNIEN EST CHASSÉ DE CETTE VILLE. — Lorsque Alcibiade fut accusé de sacrilége, il quitta la Sicile, et aborda à Thurium. Il cherchait, dit Plutarque, à se dérober à toutes les poursuites. Quelqu'un l'ayant reconnu lui dit : « Alcibiade, vous ne vous fiez donc pas à votre patrie? — Il y va de ma vie, répondit-il; je ne me fierais pas à ma mère, de peur que par mégarde elle ne prît la fève noire pour la blanche (3). » Bientôt après il alla dans le Péloponèse se joindre aux ennemis de son pays. Quand Démosthènes et Eurymédon vinrent au secours de Nicias, ils traversèrent le golfe d'Ionie, et abordèrent au promontoire d'Iapygie ; ils prirent terre aux îles Chœrades, et

(1) Thucydide, I, 44.
(2) Thucydide, VI, 44.
(3) Plutarque, *Alcibiade*.

emmenèrent sur leurs vaisseaux quelques gens de traits de la race iapygienne. « Les généraux athéniens, dit Thucydide, renouvelèrent l'ancienne alliance avec Artas, qui gouvernait ce peuple. Ils arrivèrent à Métaponte, et obtinrent des habitants trois cents hommes armés de javelots et deux trirèmes. De là ils passèrent à Thurium, où le parti opposé aux Athéniens venait d'être vaincu dans une insurrection : cette ville était prête à leur fournir des secours; mais Crotone se déclara contre eux, et les força de regagner leurs vaisseaux (1). » La défaite des Athéniens en Sicile ralluma la guerre civile à Thurium : les Péloponésiens reprirent l'avantage; ils chassèrent le parti contraire, et parmi les exilés s trouvait, dit-on, le célèbre orateur Lysias, qui dans sa jeunesse avait pri part à l'établissement de la colonie.

A la fin de la guerre du Péloponèse la race dorienne l'emportait partout! Sparte dictait des lois à la Grèce. Syracuse, maîtresse de toute la Sicile sous Denys l'Ancien, voulait étendre son empire sur les villes grecques d'Italie, qu avaient toujours à combattre les indigènes de l'Iapygie et de la Lucanie. Denys quoique chef d'un État grec, ne se fai sait aucun scrupule de s'allier ave les barbares. Quand Syracuse s'étai révoltée contre son pouvoir, il avai pris à son service des mercenaires cam paniens, qui s'étaient déjà vendus au Carthaginois. Plus tard, il s'unit au Lucaniens contre les Grecs. On d même qu'il avait des intelligences ave les Gaulois qui ravageaient la campagn romaine.

RHÉGIUM S'ALLIE A MESSINE CON TRE DENYS L'ANCIEN. — Rhégium ré solut de prévenir l'attaque qui la mena çait. C'était la clef de l'Italie ; c'était u asile toujours ouvert aux exilés d Syracuse. C'était là que le tyran deva porter ses premiers coups. Les Rhe giens prirent les armes, équipèrent cin quante trirèmes, et passèrent le détroi (399). Arrivés à Messine, ils engagè rent les magistrats de cette ville à pren dre part à la guerre, pour détruire un tyrannie qui menaçait toutes les vill grecques. Le gouvernement de Messin

(1) Thucydide, VII, 33 et suiv.

rdonna aux troupes de marcher, sans être préalablement fait autoriser par un décret du peuple. Mais à peine l'armée eut-elle atteint la frontière, qu'une révolte éclata parmi les soldats : ils abandonnèrent leurs chefs, sous prétexte que la guerre n'avait point été décrétée par le peuple. Les Rhégiens, ne se sentant point assez forts pour tenter seuls les chances de la guerre, se hâtèrent de regagner leur pays, et les deux villes, au lieu de combattre le tyran, conclurent un traité avec lui. Denys avait intérêt à les ménager ; car il n'était pas encore bien affermi en Sicile ; il avait toujours à craindre les Carthaginois, et il lui importait de conserver des relations avec l'Italie, d'où il tirait des mercenaires, des ouvriers et des bois de construction (1).

ALLIANCE DE DENYS AVEC LES LOCRIENS. — Pour se concilier les Messéniens, Denys leur abandonna une grande étendue de pays (398). En même temps, il envoya à Rhégium des députés chargés de demander pour lui une épouse, issue d'une des familles de la ville. Il promettait de contribuer de toutes ses forces à agrandir le territoire et la puissance de cette république. Les Rhégiens se réunirent en assemblée générale, pour délibérer sur la proposition qui leur était faite ; et, après avoir entendu les discours de plusieurs orateurs, ils furent d'avis de ne point accepter cette alliance. On dit même qu'ils répondirent à Denys, mais ce ne fut sans doute pas la réponse officielle, qu'ils n'avaient d'autre épouse à lui donner que la fille du bourreau. Denys fut plus heureux chez les Locriens : ils lui accordèrent en mariage Doris, fille de Xenète, un de leurs plus illustres citoyens. Quelques jours avant l'époque fixée pour les noces, on vit entrer dans le port de Locres un vaisseau à cinq rangs de rames, le premier de ce genre qui eût été construit, richement décoré d'ornements d'or et d'argent. La jeune fiancée s'embarqua sur ce navire, qui la transporta à Syracuse, où elle fut reçue par son mari dans la forteresse qui lui servait de palais. A la même époque Denys épousait Aristomaque, fille de l'un des citoyens les plus distingués de Syracuse. Ce double mariage, réprouvé par les lois des Grecs, était comme un emblême de la double puissance que le tyran prétendait exercer, l'une sur la Sicile et l'autre sur l'Italie.

DENYS ATTAQUE RHÉGIUM ; CONFÉDÉRATION DES VILLES GRECQUES D'ITALIE. — En 394, Denys fortifiait Messine pour se rendre maître du détroit. Les Rhégiens vinrent assiéger la place, sous la conduite d'Héloris, un des bannis de Syracuse ; mais ils furent repoussés. L'année suivante Denys passa la mer à son tour, et vint attaquer Rhégium ; il arriva la nuit à l'improviste, et mit le feu aux portes de la ville, en même temps qu'il faisait appliquer des échelles aux murailles. Les Rhégiens, surpris, n'arrivaient qu'en petit nombre à la défense de leurs murs, et cherchaient à éteindre le feu. Héloris, leur général, donna une autre direction à la défense. Au lieu d'apaiser l'incendie, il travailla à le rendre plus violent ; et tandis que la flamme et la fumée interceptaient toutes les entrées, tandis que les toits embrasés s'écroulaient sur les assaillants, les citoyens se rassemblèrent, et mirent la ville en état de défense. Denys, ayant échoué dans son entreprise, se replia sur la campagne, qu'il dévasta, coupant tous les arbres et livrant aux flammes les moissons. A la suite de ces ravages il conclut une trêve d'une année avec les habitants de Rhégium, et revint à Syracuse. Ce fut alors que les Grecs d'Italie, voyant combien leur indépendance était menacée, formèrent une ligue entre eux, et établirent un conseil commun. Ce n'était plus, comme autrefois dans le temple de Jupiter-Homorius, le conseil particulier des villes d'origine achéenne ; c'était le conseil général de tous les Grecs d'Italie. Ils espéraient, dit Diodore, en se réunissant ainsi, pouvoir, d'une part, s'opposer facilement aux entreprises de Denys, et, de l'autre, se défendre contre les attaques des Lucaniens (1).

Quand le tyran de Syracuse fut débarrassé de la guerre qu'il avait à soutenir contre les Carthaginois, il recom-

(1) Diodore, XIV, 40.

(1) Diodore, XIV, 91.

mença ses attaques contre Rhégium. En 391, il partit de Syracuse, avec vingt mille hommes d'infanterie, mille chevaux et cent vingt vaisseaux, et il alla débarquer sur les côtes de la Locride. De là il pénétra dans l'intérieur des terres, et ravagea le territoire des Rhégiens, tandis que sa flotte suivait le littoral. Puis il vint, avec toutes ses forces, s'établir sur le détroit. Aussitôt que les Italiens furent informés de l'expédition syracusaine, ils firent partir de Crotone soixante vaisseaux, pour dégager les Rhégiens. Ces vaisseaux tenaient encore la haute mer lorsque Denys vint à leur rencontre avec cinquante galères. Les Italiens, voulant éviter le combat, s'enfuirent vers la côte, et déjà ils tiraient à terre leurs navires; mais Denys les poursuivit, cherchant à les enlever avec des crocs et des chaînes. Surpris par cette manœuvre, les soixante vaisseaux italiens étaient en péril, lorsque les Rhégiens, accourant à propos, parvinrent, à force de traits et de flèches, à écarter l'armée ennemie. Au même instant une tempête furieuse vint au secours de Rhégium. Les Italiens eurent le temps de tirer leurs vaisseaux à terre; mais la flotte sicilienne, battue par la violence des vents et des flots, perdit sept vaisseaux et quinze cents hommes. En outre, plusieurs bâtiments ayant été jetés par la mer sur le rivage de Rhégium, un grand nombre de matelots furent faits prisonniers. Denys lui-même, monté sur un bâtiment à cinq rangs de rames, après avoir failli plusieurs fois être submergé, ne parvint qu'avec peine à se réfugier dans le port de Messine, où il entra au milieu de la nuit. Enfin, comme l'hiver approchait, il conclut un traité avec les Lucaniens, et ramena ses forces à Syracuse.

VICTOIRE DES LUCANIENS SUR LES HABITANTS DE THURIUM. — Quelque temps après, les Lucaniens envahirent le territoire de Thurium; les habitants de cette ville en donnèrent avis à leurs alliés. D'après les conventions stipulées entre toutes les villes grecques d'Italie, si le territoire de l'une d'elles était ravagé par les Lucaniens, toutes les autres étaient obligées de venir à son secours, et, dans le cas où une ville ne serait pas prête à fournir immédiatement son contingent, les stratèges devaient être punis de mort. Aussi, à peine les courriers des Thuriens eurent-ils annoncé la présence de l'ennemi, que toutes les villes se disposèrent à faire marcher leurs troupes. Mais les Thuriens, sans attendre leurs alliés, ouvrirent la campagne avec leur armée seule, qui s'élevait environ à mille chevaux et à quatorze mille hommes d'infanterie. Les Lucaniens se retirèrent alors dans l'intérieur de leur pays; les Thuriens les y suivirent. Ils parvinrent d'abord à s'emparer d'un fort, et, comme dit Diodore, le riche butin qu'ils y trouvèrent devint un appât qui les conduisit à leur perte. Fiers de ce premier succès, et devenus trop confiants, ils s'engagèrent dans des défilés et des chemins bordés de précipices, pour aller assiéger Laos, une de ces villes grecques qui étaient devenues barbares; mais lorsqu'ils furent arrivés dans une certaine plaine entourée de toutes parts par des montagnes, les Lucaniens apparurent tout à coup sur les hauteurs. Ils avaient réuni trente mille fantassins et au moins quatre mille chevaux. Les Thuriens, voyant l'ennemi descendre dans la plaine, se rangèrent en bataille; mais ils furent écrasés par le nombre, et ils eurent plus de dix mille hommes de tués. Des débris de l'armée vaincue, les uns se réfugièrent sur une montagne d'où l'on découvrait la mer; les autres, apercevant à la voile quelques vaisseaux longs, et s'imaginant que ces bâtiments appartenaient aux Rhégiens, coururent vers la mer, et s'y jetèrent pour atteindre ces navires; mais c'était justement la flotte de Denys, qui l'avait envoyée, sous le commandement de son frère Leptine, au secours des Lucaniens. Cependant Leptine accueillit avec bonté les hommes qui arrivaient à la nage; il les remit à terre, et décida les Lucaniens à relâcher les prisonniers, moyennant une rançon d'une mine d'argent par tête: leur nombre s'élevait à plus de mille. Leptine s'étant donné lui-même pour caution du payement de la somme, réconcilia les Grecs avec les Lucaniens, et leur persuada de conclure la paix. Cette généreuse conduite le rendit très-populaire en Italie; mais ce n'était pas le compte de Denys, qui se flattait de profiter de la utte pour établir sa suprématie dans la Grande-Grèce. Aussi s'empressa-t-il d'ôter le commandement de sa flotte à Leptine, pour le donner à Théaride, son autre frère (1). Quant à la ville de Thurium, elle ne paraît pas s'être relevée du coup terrible que les Lucaniens lui avaient porté.

Conquêtes de Denys en Italie. — Bientôt Denys laissa voir à découvert tous ses projets sur l'Italie. Il partit avec plus de vingt mille hommes d'infanterie et environ trois mille chevaux; sa flotte se composait de quarante vaisseaux longs et de trois cents bâtiments de transport. Il commença par envoyer son frère Théaride, avec trente galères, occuper les îles de Lipari, où croisaient quelques bâtiments rhégiens. Ces vaisseaux furent capturés avec leurs équipages. Denys traversa le détroit, et vint assiéger Caulonia. Aussitôt que les Grecs d'Italie eurent appris le commencement des hostilités, ils rassemblèrent une armée, et confièrent à Crotone la conduite de la guerre. C'était, dit Diodore, la plus peuplée de toutes les villes grecques et celle qui renfermait le plus grand nombre d'exilés syracusains. Quand tous les contingents furent réunis, Héloris, élu généralissime, marcha au secours de Caulonia. Mais il se laissa surprendre par les Siciliens, et périt dans un combat d'avant-garde. L'armée entière fut taillée en pièces, et Denys s'honora dans cette circonstance par la clémence avec laquelle il traita les prisonniers. Ils étaient au nombre de plus de dix mille : le tyran les mit tous en liberté, sans exiger d'eux aucune rançon; puis il conclut des traités avec la plupart des villes grecques. Il leur permit de continuer à se gouverner par leurs propres lois; mais il avait atteint son but, puisqu'il avait rompu la ligue, et en isolant ces petits États il avait assuré sa propre domination.

Mais c'était surtout de Rhégium que Denys voulait se venger. Cette malheureuse ville n'avait plus d'alliés, et elle se trouvait hors d'état de se défendre elle-même. Elle fut réduite à traiter. Denys exigea des Rhégiens une contribution de trois cents talents, se fit livrer tous leurs vaisseaux, au nombre de soixante-dix, et cent otages. Il retourna ensuite avec son armée à Caulonia, dont il transféra les habitants à Syracuse, où ils furent admis au nombre des citoyens, avec une exemption d'impôts pendant cinq années. Quant à la ville, il la détruisit de fond en comble, et en distribua le territoire aux Locriens. L'année suivante (388) ce fut le tour d'Hipponium : les habitants furent transportés à Syracuse, les maisons détruites, et les terres, comme celles de Caulonia, données aux Locriens. Il profitait, comme dit Diodore, de toutes les occasions qui se présentaient de faire du bien à Locres et du mal à Rhégium. Sous prétexte que cette dernière ville ne lui fournissait point les vivres qu'elle lui avait promis, il lui renvoya ses otages, et vint en presser le siége avec vigueur. Les habitants se défendirent en désespérés, et tuèrent beaucoup de monde aux Siciliens. Denys lui-même, frappé d'un coup de lance dans l'aine, fut en danger de périr, et eut beaucoup de peine à se remettre de sa blessure. Mais, après environ onze mois de siége, les Rhégiens furent réduits aux dernières extrémités. La disette fut telle dans la place, que le médimne (environ 43 litres et demi) de blé s'y vendait cinq mines d'argent (environ 458 francs). Il fallut enfin se rendre. Denys fit mettre à mort le général qui avait défendu la ville, Phyton, ainsi que toute sa famille. Il envoya plus de six mille prisonniers à Syracuse, avec ordre de relâcher ceux qui pourraient payer une mine d'argent pour leur rançon, et de vendre comme esclaves ceux qui seraient hors d'état de se racheter à ce prix. A dater de ce moment (387), Rhégium reconnut la souveraineté du tyran, et toute l'Italie grecque fut soumise à son influence.

Ce fut probablement à cette époque que Denys essaya, comme le raconte Strabon, de fermer l'isthme qui s'étend au sud-ouest de la péninsule, entre le golfe Scyllétique et le golfe Hipponiate. Sous prétexte de mettre les habitants de la presqu'île à l'abri de l'invasion des barbares du dehors, il voulait couper toute communication entre les Grecs confédérés, afin de maîtriser plus facilement ceux d'en deçà de l'isthme; mais

---

(1) Diodore, XIV, 100 et suiv.

ceux d'au delà l'empêchèrent d'exécuter son projet. Par ceux d'au delà de l'isthme Strabon entendait sans doute les Crotoniates et leurs alliés, qui formaient dans la Grande-Grèce le parti essentiellement opposé aux tyrans de Sicile. Pline a attribué à Denys l'Ancien le projet, non de fermer, mais de couper cet isthme, et en quelque sorte de l'incorporer à la Sicile (1). Grimaldi, dans ses *Annales du royaume de Naples*, et Niebuhr, dans son *Histoire Romaine*, pensent que le fait doit se rapporter aux premières années du règne de Denys le Jeune; mais cette opinion ne nous paraît pas devoir être suivie, car elle a contre elle les textes de Strabon et de Pline que nous avons cités.

ÉTABLISSEMENTS DE DENYS SUR L'ADRIATIQUE; SES PROJETS SUR LA GRÈCE. — Maître de l'Italie méridionale, Denys ne comptait pas s'arrêter là. Il voulait dominer entièrement le détroit qui conduit dans la mer Ionienne. Son projet était de fonder diverses colonies sur les bords de l'Adriatique, et de s'ouvrir un chemin libre vers l'Épire, pour y bâtir des villes et y creuser des ports destinés à recevoir ses vaisseaux. En 385 il s'allia aux Illyriens, sous prétexte de rétablir sur le trône Alcétas, roi des Molosses. Il aida les Pariens à fonder une colonie dans l'île de Pharos. Déjà, quelques années auparavant, il avait fondé la ville de Lissus, sur la côte d'Illyrie. Vers la même époque il tentait une expédition en Étrurie, sous prétexte de détruire les pirates, mais en réalité dans le dessein de piller le temple d'Agylla. Diodore lui prête même le projet, assez peu vraisemblable, de dépouiller le temple de Delphes (2). Mais ce qui est certain, c'est qu'une fois maître de la Sicile et de l'Italie méridionale, Denys voulait aller plus loin encore; il prétendait être le maître de la navigation dans la mer Ionienne et dans l'Adriatique, comme dans les mers de Sicile et d'Étrurie, et peut-être entrait-il dans ses projets d'attaquer

(1) Nusquam angustiore Italia; 20 m. passuum latitudo est; itaque Dionysius Major intercisam eo loco adjicere Siciliæ voluit. (Pline, *Hist. Nat.*, III, 15.)
(2) Diodore, XV, 13.

la Grèce elle-même par l'Occident.

ALLIANCE DES CARTHAGINOIS AVEC LES GRECS D'ITALIE. — Quand les Carthaginois recommencèrent la guerre contre Syracuse (383), ils firent passer un corps de troupes en Italie, et conclurent des traités avec les villes grecques. Quelques années plus tard (379), ils firent rentrer dans Hipponium les habitants que Denys en avait bannis, et ils les rétablirent dans leurs biens et dans leurs honneurs. Mais la peste qui se déclara dans Carthage, les révoltes des Libyens et des Sardes vinrent en aide au tyran de Syracuse, et forcèrent les Carthaginois de lui abandonner l'Italie.

DENYS LE JEUNE FONDE DEUX VILLES EN APULIE. — A la mort de Denys l'ancien (368), son fils Denys le Jeune recueillit paisiblement l'héritage de la tyrannie; mais c'était un fardeau trop lourd pour sa faiblesse. Il s'empressa de conclure la paix avec les Carthaginois; il traita aussi avec les Lucaniens, qui avaient menacé les possessions syracusaines en Italie. Ce qu'il fit de plus utile, dans les premières années de son gouvernement, ce fut de fonder deux villes en Apulie, pour protéger la navigation de l'Adriatique contre les entreprises des barbares qui occupaient le littoral. Du reste, il était plongé dans une honteuse inaction; il laissa tomber en désuétude toutes les institutions militaires que son père avait fondées, et son indolence perdit bientôt cette puissante monarchie, que Denys l'Ancien croyait avoir attachée, comme il le disait lui-même, avec des chaînes de diamant.

DENYS LE JEUNE EN ITALIE. — Lorsque Dion vint affranchir Syracuse (357) le tyran était en Italie, visitant les villes qu'il avait fait récemment construire sur les bords de l'Adriatique, et où il avait rassemblé des forces considérables. Pendant tout le temps que dura la lutte ce fut toujours parmi les Grecs d'Italie que Denys chercha son point d'appui. Quand il eut vainement tenté de reprendre Syracuse, il se retira à Locres, la patrie de sa mère, la ville favorite de Denys l'Ancien. Il y resta plusieurs années, insultant à la pudeur publique par le scandale de ses débauches, et foulant aux pieds les vieilles lois qui vaient fait l'honneur de cette cité. Il vait aussi une garnison dans la ville e Rhégium, qu'il avait rétablie en par-e, sous le nom de *Phœbia*. Mais en 51 les Syracusains vinrent assiéger ette place, en chassèrent les merce-aires du tyran, et rendirent aux Rhé-iens le droit de se gouverner d'après urs propres lois.

Les troubles qui agitèrent Syracuse près la mort de Dion permirent à Denys 'y rétablir quelque temps sa domina-on (347). Les Locriens se vengèrent lors cruellement des affronts qu'il leur vait faits. Après avoir secoué son joug chassé les troupes qu'il avait laissées ans leur ville, ils se saisirent de sa mme et de ses enfants, et, malgré utes les instances faites auprès d'eux, oit par Denys lui-même, soit par l'en-emise des Tarentins, pour obtenir, 'importe à quel prix, le renvoi de ces risonniers, jamais ils ne voulurent les elâcher. Ils aimèrent mieux, dit Strabon, ouffrir un siége et voir leur pays dé-asté. Mais leur rage tomba sur les lles du tyran : après leur avoir fait subir s plus honteux outrages, il les étran-lèrent ; puis, ayant brûlé leurs cadavres, s en broyèrent les os, et les jetèrent ans la mer (1). Dès ce moment, tout ut rompu entre la Sicile et l'Italie recque, et quand Denys fut pour la econde fois chassé de Syracuse (345), æ possédant plus rien dans la pénin-ule, il fut réduit à se réfugier à Co-inthe.

ORIGINE DE LA CONFÉDÉRATION IES BRUTIENS. — La tyrannie des deux ienys, quelques excès qu'on pût lui im-uter, avait eu du moins pour résultat æ réunir les populations grecques en eçà comme au delà du détroit de Mes-ne, et de constituer ainsi une grande uissance hellénique, capable de résister ux peuples de l'Italie. Les tyrans tom-és, les villes grecques sont libres ; mais lles sont plus exposées que jamais aux nvasions des indigènes. C'est vers cette poque que Diodore place l'origine de a confédération des Brutiens. Une mul-itude d'aventuriers, mélange de toutes ortes de races, composée pour la plu-part d'esclaves fugitifs, se rassembla dans la Lucanie. D'abord ces hommes se li-vrèrent au brigandage ; puis, à force de tenir la campagne, devenus d'habiles soldats, ils attaquèrent les habitants de la contrée, et leur puissance s'accrut de jour en jour avec leurs richesses. Ils en-levèrent d'assaut la ville de Térina, et la livrèrent au pillage. Celles d'Hippo-nium, de Thurium et plusieurs autres tombèrent également en leur pouvoir. Enfin ils se formèrent en corps de nation, et prirent le nom de Brutiens, parce que la plupart d'entre eux avaient été es-claves fugitifs (1).

TARENTE AU MILIEU DU QUATRIÈME SIÈCLE ; LIGUE D'HÉRACLÉE ; ARCHIDA-MUS VIENT DÉFENDRE LES TAREN-TINS CONTRE LES LUCANIENS. — Au milieu des révolutions dont l'Italie avait été le théâtre depuis un demi-siècle, Tarente avait conservé l'importance que lui donnaient son commerce et sa po-sition. Tandis que les villes d'origine ionienne ou achéenne avaient à lutter contre les tyrans de Sicile, Tarente, en qualité de ville dorienne, était restée l'alliée de Syracuse. Ce fut sur les vives instances du philosophe Archytas, pre-mier magistrat de Tarente, que Denys le Jeune accorda à Platon la liberté de retourner à Athènes. Depuis l'abaisse-ment de Crotone, Tarente occupait le premier rang dans la Grèce italique. C'était dans une de ses colonies, à Hé-raclée, que siégeait l'assemblée géné-rale. Cependant les Tarentins n'en avaient pas moins à redouter ces peuples barbares qui n'épargnaient pas plus les Doriens que les Achéens. Les Luca-niens, obligés d'abandonner une partie de leur territoire aux Brutiens, cher-chaient à s'en dédommager par des con-quêtes sur les bords du golfe de Tarente. Scylax, vers 390, ne faisait point men-tion des Brutiens, et marquait à Thu-rium les limites de la Lucanie. Au mi-lieu du quatrième siècle, les Lucaniens s'étendirent de ce côté, et menacèrent le territoire de Tarente. Amollie par les richesses et par le luxe, cette ville ne sa-vait comment se défendre : elle prit l'habi-tude funeste de confier le commandement militaire à des étrangers. Vers 341 elle appela à son secours le roi de Sparte, Ar-

(1) Strabon, VI, 2.

(1) Diodore, XVI, 15 ; Strabon, VI, 1.

chidamus III, fils d'Agésilas. Ce prince fut tué trois ans après, en combattant contre les Lucaniens, le jour même de la bataille de Chéronée. Son corps resta entre les mains des ennemis, qui lui refusèrent les honneurs de la sépulture (1).

EXPÉDITION D'ALEXANDRE LE MOLOSSE EN ITALIE. — Toujours pressés par les barbares, les Tarentins cherchèrent un autre général : ils s'adressèrent au roi d'Épire, Alexandre le Molosse, l'oncle d'Alexandre le Grand. C'était le seul de tous les princes voisins qui n'eût pas subi de joug étranger, ou qui ne fût point retenu par des guerres particulières ; il accueillit avec joie la demande qui lui était adressée ; et déjà il partageait le monde avec son neveu, laissant l'Orient au fils d'Olympias, et se réservant l'Occident. Il ajoutait qu'il allait lutter contre des hommes, tandis qu'Alexandre de Macédoine n'aurait à combattre que des femmes. Il consulta l'oracle de Dodone, qui était pour les peuples d'Épire ce que l'oracle de Delphes était pour le reste de la Grèce. Le dieu lui conseilla, dit-on, de se défier du fleuve Achéron et de la ville de Pandosie. Comme il y avait en Épire un fleuve et une ville qui portaient ces noms, Alexandre crut l'oracle l'engageait à quitter ses États. Ce fut sans doute à cette occasion qu'il fit frapper une médaille où l'on voit la tête de Jupiter Dodonéen, et au revers un foudre surmonté d'une étoile, et au-dessous une espèce de lance avec ces mots : ΑΛΕΞΑΝΔΡΟΥ ΤΟΥ ΝΕΟΠΤΟΛΕΜΟΥ (2).

Alexandre le Molosse passa en Italie vers 334, au moment où Alexandre le Grand faisait la conquête de l'Asie Mineure. On lit dans Arrien que Tauriscus abandonna le roi de Macédoine après la bataille d'Issus, et alla trouver l'autre Alexandre en Italie. Le roi d'Épire attaqua d'abord les Apuliens ; mais, désespérant de les soumettre, il ne tarda point à traiter avec eux. Tite-Live parle d'une victoire qu'il remporta sur les Samnites et les Lucaniens, sous le consulat d'Aulus Cornélius Cossus et de Cn. Domitius Calvinus, c'est-à-dire en 332. A la même époque il conclut un traité avec les Romains. On ne sait, dit Tite-Live, jusqu'à quel point il serait resté fidèle à cette alliance s'il eût réussi dans son expédition. Il défit dans plusieurs combats les Lucaniens et les Brutiens. Il s'empara d'Héraclée, soit parce que cette ville était tombée sous le joug des barbares, soit, comme le dit Strabon, parce qu'il était déjà brouillé avec les Tarentins, qui l'avaient appelé en Italie. Ce qui est certain, c'est qu'il voulait transporter dans le territoire de Thurium le siége de l'assemblée générale, qui se tenait ordinairement à Héraclée. C'était pour réaliser ce dessein qu'il avait ordonné de fortifier, près du fleuve Acalandros, un lieu propre à recevoir les députés.

Le roi d'Épire enleva Consentia aux Lucaniens, Terina aux Brutiens ; il prit ensuite plusieurs autres villes, tant en Messapie qu'en Lucanie, et il envoya en Épire trois cents familles nobles, qu'il s'était fait livrer en otage. Il y avait environ trois ans qu'il était en Italie, lorsqu'il alla occuper trois petites montagnes situées à Pandosie, place importante qui dominait à la fois la Lucanie et le Brutium. Il avait auprès de lui environ deux cents exilés lucaniens, esprits mobiles comme tous ceux de leur race, et prêts à changer avec la fortune. Les pluies ayant inondé les vallées et interrompu toute communication entre les trois éminences qu'Alexandre avait fait occuper, les ennemis attaquèrent à l'improviste les deux camps où le roi n'était pas ; ils les détruisirent, et vinrent ensuite assiéger le camp royal. Les transfuges lucaniens négocièrent avec leurs compatriotes : ils leur promirent de leur livrer Alexandre mort ou vif si on voulait leur permettre de rentrer sains et saufs dans leur pays. Mais le roi, dont le courage croissait avec le péril, se fraye un passage à travers les ennemis, combat corps à corps avec le chef des Lucaniens et le tue. Puis, ralliant les siens, qui fuyaient de toutes parts, il arrive aux bords d'un fleuve : les restes d'un pont récemment emporté par les eaux lui indiquent la route qu'il doit suivre. Il ordonne de passer la rivière à gué. Cependant la fatigue et

---

(1) Theopomp. ad Pausan. *Lac.* cap. 10.
(2) M. de Nicolay, *Mémoire historique sur la vie et sur les ancêtres d'Alexandre Molossus*, dans le Recueil de l'Académie des Inscriptions, t. XII, p. 339.

crainte faisaient murmurer les soldats. L'un d'entre eux, apostrophant le fleuve avec colère : *C'est à bon droit*, s'écriet-il, *que tu t'appelles Achéron*. A ce mot, Alexandre se rappelle l'oracle de Dodone ; il s'arrête, hésitant s'il doit traverser. Mais un de ses officiers, nommé Sotime, craignant que le moindre retard n'ajoute au péril, l'avertit que les Lucaniens cherchent à lui dresser quelque embuscade. Le roi les voit en effet s'avancer en grand nombre ; il tire son épée, et lance son cheval au milieu du fleuve. Il touchait au rivage, lorsqu'un des transfuges qui l'avaient trahi le perça d'un javelot. Son corps tomba dans la rivière, et fut entraîné par le courant jusqu'aux postes ennemis. Là il fut mis en lambeaux : la moitié en fut envoyée à Consentia ; le reste servit de jouet aux vainqueurs. Mais une femme, qui s'était mêlée à cette troupe de furieux, leur dit, en fondant en larmes, que son mari et ses enfants étaient prisonniers, et qu'elle espérait les racheter avec les débris de ce corps royal. Les soldats cessèrent alors leurs outrages. Tite-Live dit que ce qui restait des membres d'Alexandre fut enseveli à Consentia par les soins de cette femme, et que ses os furent renvoyés à Métaponte, et de là transportés en Epire, auprès de sa femme Cléopâtre et de sa sœur Olympias. Selon Justin, ce sont les Thuriens qui rachetèrent son corps des deniers publics, et qui lui firent rendre les honneurs funèbres (1).

Au moment où l'expédition du roi d'Épire échouait ainsi en Occident, Alexandre le Grand triomphait à Arbelles, et poursuivait la conquête de l'Orient. En apprenant la mort de son oncle, il imposa un deuil de trois jours à son armée. Parmi les députés de toutes les nations qui vinrent à Babylone saluer le vainqueur de l'Asie, Arrien nomme des Lucaniens et des Brutiens (2). Peut-être ces peuples craignaient-ils que le roi de Macédoine ne songeât un jour à venger le roi d'Épire.

Premiers rapports des Romains avec les peuples de l'Italie méridionale. — Mais ce n'était pas là n'était le danger. Il s'élevait alors en Italie une puissance redoutable, qui, après avoir soumis le centre de la Péninsule, devait s'étendre jusqu'aux extrémités, et réduire sous le même joug les Grecs et les barbares. Rome, pendant la guerre du Samnium, intervint habilement dans les querelles des villes grecques contre les peuples de l'Italie méridionale. Au moment de l'invasion d'Alexandre le Molosse, elle s'était alliée aux Tarentins contre les Brutiens. Quelques années plus tard elle traitait avec les Lucaniens et les Apuliens (326), s'emparait de Palæpolis, et recevait Naples dans son alliance (1). La jalousie de Tarente parvint à soulever contre les Romains les peuples de la Lucanie et de l'Apulie ; mais Rome se fit un parti dans les villes grecques qui avaient le plus à redouter ou l'ambition des Tarentins ou les attaques des barbares. Elle conclut une alliance intime avec les habitants de Rhégium et avec ceux de Thurium. A la fin du quatrième siècle, les Lucaniens avaient été entraînés dans la défaite des Samnites ; presque toute l'Apulie était conquise, et la Grande-Grèce était menacée de devenir une province romaine.

Intervention d'Agathocle dans les affaires d'Italie. — Cependant la Sicile, livrée à l'anarchie depuis la mort de Timoléon, s'était relevée sous Agathocle. C'était le fils d'un exilé de Rhégium, qui était venu s'établir à Syracuse. Parvenu au rang de chiliarque par la faveur d'un des premiers citoyens, il fut envoyé au secours des Crotoniates, alors assiégés par les Brutiens (317). Sa valeur dans les combats contre les barbares l'eut bientôt placé au premier rang ; mais, privé du prix de ses exploits par les chefs de l'armée, qui devinrent bientôt les maîtres du gouvernement à Syracuse, il resta en Italie avec quelques-uns de ses partisans. Il essaya de s'emparer de la ville de Crotone ; mais, ayant échoué dans cette entreprise, il se réfugia à Tarente, où les habitants lui confièrent un corps de troupes étrangères qu'ils avaient à leur solde. Les Tarentins n'avaient pas coutume de rester longtemps fidèles aux chefs qu'ils avaient choisis. Ils accusèrent Agathocle de conspirer contre leur gouvernement, et ils

) (1) Tite-Live, VIII, 24 ; Justin, XII, 2.
) (2) Arrien, liv. VII.

(1) Tite-Live, VIII, 26.

lui retirèrent son commandement militaire. Celui-ci rassembla autour de lui tous les bannis qui se trouvaient en Italie, et marcha avec eux au secours de Rhégium, qui était en guerre contre Syracuse. Puis, il retourna dans cette dernière ville, où il renversa le gouvernement oligarchique, et où il constitua sa tyrannie, à la manière de Denys l'Ancien, en s'appuyant sur les pauvres et sur des mercenaires étrangers. C'était l'usage des peuples italiens, dans les temps de calamité, de vouer aux dieux ce qu'ils appelaient *un printemps sacré*, c'est-à-dire de leur consacrer tous les produits du printemps. Les jeunes gens compris dans ce vœu quittaient leur pays à l'âge de vingt ans, et allaient vendre leur sang à qui voulait le payer. Agathocle prit à sa solde un grand nombre de ces *Mamertins*, ou dévoués au dieu Mars.

Après avoir tenté pendant plusieurs années la conquête de l'Afrique carthaginoise, Agathocle tourna son ambition vers l'Italie. Et d'abord, pour s'assurer l'empire de la mer, il surprit les îles de Lipari, et imposa aux habitants une contribution de 50 talents (304). Comme on tardait à lui payer toute la somme, il força l'entrée du Prytanée, et s'empara des richesses consacrées à Éole et à Vulcain. Agathocle suivait encore ici l'exemple de Denys l'Ancien : il prenait aux dieux l'argent dont il payait ses mercenaires.

EXPÉDITION DE CLÉONYME EN ITALIE. — Les Tarentins craignaient de subir le joug d'Agathocle; ils avaient d'ailleurs à soutenir la guerre contre les Lucaniens et les Romains. Ils envoyèrent des députés à Sparte, et demandèrent pour général Cléonyme, fils du roi Cléomènes. Ce prince répondit aussitôt à leur appel, avec cinq mille hommes qu'il avait levés à leurs dépens dans les environs du cap Ténare. Arrivé à Tarente, il réunit un nouveau corps de mercenaires, auquel il adjoignit vingt mille fantassins et deux mille cavaliers, pris parmi les citoyens. Enfin il enrôla un assez grand nombre de Grecs d'Italie, et même une partie de la nation des Messapiens. A l'approche d'une armée aussi considérable, les Lucaniens, effrayés, s'empressèrent de traiter avec les Tarentins. Métaponte n'ayant pas voulu se déclarer pour Cléonyme, ce prince persuada aux Lucaniens d'envahir le territoire de cette ville, qui fut forcée d'ouvrir ses portes et de payer 60 talents. Il se fit livrer pour otages deux cents vierges des meilleures familles, moins pour s'assurer de la fidélité des habitants que pour satisfaire ses passions effrénées. Dans cette expédition, Cléonyme ne fit rien de digne de Sparte. Il avait, dit Diodore, dépouillé la robe lacédémonienne, pour s'abandonner au luxe et aux plaisirs; et il s'efforçait de réduire en esclavage ceux qui s'étaient confiés à sa foi. Il faisait grand bruit d'une expédition qu'il devait tenter en Sicile, pour renverser la tyrannie d'Agathocle et rendre aux Siciliens leur liberté; mais il laissa passer le moment favorable pour l'exécution de ce projet. Il se rembarqua, vint dans l'île de Corcyre, s'empara de la ville, dont il tira des sommes énormes, et y mit garnison (1).

Cléonyme revint bientôt en Italie pour châtier les Tarentins et quelques peuples voisins, qui s'étaient soulevés contre lui. Il aborda à un endroit de la côte où les barbares s'étaient mis en état de défense; il se rendit maître d'une ville que Diodore ne nomme point, mais qui pourrait bien être Brindes, alors soumise aux Tarentins. Tous les habitants de cette ville furent réduits en esclavage, et le territoire environnant fut dévasté. Cléonyme traita avec la même rigueur ce qu'on appelait le *Triopium*; il prit la ville d'assaut, et y fit trois mille esclaves; mais pendant ce temps les Barbares établis dans la contrée se réunirent, et attaquèrent au milieu de la nuit l'armée qui avait envahi leur pays. Un combat s'engagea. Cléonyme y perdit plus de deux cents hommes, et laissa environ mille prisonniers entre les mains de l'ennemi. Enfin, au moment même où ce combat avait lieu, une tempête détruisit vingt des vaisseaux qui étaient à l'ancre dans le voisinage du camp. Après ce double échec, Cléonyme, ne pouvant plus tenir la campagne, se rembarqua avec ce qui lui restait de troupes, et revint à Corcyre.

AGATHOCLE DÉLIVRE CORCYRE ET

(1) Diodore, XX, 104.

DOMINE DANS LA MER IONIENNE. — L'île de Corcyre était une position très-importante par sa situation intermédiaire entre la Grèce et l'Italie. Aussi était-elle à cette époque le point de mire de tous les ambitieux. Cassandre voulut l'avoir après Cléonyme. Il vint l'attaquer en 301 ; la ville, investie par terre et par mer, était sur le point de céder, lorsque Agathocle vint la sauver en incendiant toute la flotte lacédémonienne. Dès ce moment le tyran de Sicile était le véritable maître de la mer Ionienne.

CAMPAGNES D'AGATHOCLE EN ITALIE. — A son retour de Corcyre, Agathocle, informé que pendant son absence ses mercenaires étrusques et liguriens avaient exigé insolemment de son fils Archagatus le payement de leur solde, se rendit à son armée. Ces troupes étaient à peu près au nombre de deux mille hommes ; Agathocle les fit tous passer au fil de l'épée. Les Brutiens s'étant déclarés contre lui à la nouvelle de cette sanglante exécution, il vint assiéger leur ville, que Diodore appelle Ethæ, et dont la situation est inconnue ; mais, ayant rassemblé des forces considérables, ils attaquèrent Agathocle à l'improviste, pendant la nuit, et ils le forcèrent à regagner Syracuse, après lui avoir tué ou pris quatre mille hommes (1).

Agathocle voulut se venger de cet échec sur Crotone, qui avait fait la paix avec les Brutiens : il arma une flotte nombreuse, et fit accroire à Ménédème, tyran de cette ville, que cette flotte était destinée à servir d'escorte à sa fille Lanassa, qui allait se marier en Épire. Grâce à ce mensonge, il surprit les Crotoniates (299), mit le siège devant leur ville, éleva autour de la place un mur qui s'étendait d'une mer à l'autre, et, à l'aide de sapes et de balistes, il parvint à renverser la principale tour de Crotone. A la vue de ce désastre, les habitants, effrayés, ouvrirent leurs portes ; toutes les maisons furent livrées au pillage, et les hommes égorgés sans pitié. Agathocle conclut un traité avec les Iapyges et les Peucétiens ; il leur fournit même des navires armés en course, sous la condition d'avoir une part dans le butin. Quelques années plus tard, il se rendit maître d'Hipponium (293), et il y fit construire un arsenal maritime, dont les ruines se voient encore à Bivona, près de Montéléone, dans la Calabre ultérieure. La prise de cette ville frappa les Brutiens de terreur : ils se hâtèrent de traiter ; Agathocle, ayant reçu d'eux six cents otages, laissa une garnison dans leur ville, et revint à Syracuse ; mais à peine était-il parti, qu'ils attaquèrent la garnison sicilienne, la taillèrent en pièces, et brisèrent le joug du tyran.

RUPTURE ENTRE ROME ET TARENTE. — Après la mort d'Agathocle, la confusion fut à son comble dans l'Italie méridionale. Les Lucaniens et les Brutiens avaient juré la ruine de Thurium ; les Romains, sous la conduite de Fabricius, triomphèrent de ces peuples, délivrèrent la place, et y laissèrent une garnison (283). En même temps ils envoyèrent une escadre de dix galères croiser dans le golfe de Tarente. Un jour que le peuple de cette ville célébrait des jeux dans un théâtre qui dominait la mer, quelques-uns des vaisseaux romains apparurent à l'entrée du port. Le démagogue Philocharis s'écria que ces navires menaçaient la ville ; que, d'après le texte des anciens traités, les Romains ne pouvaient naviguer par le détroit de Sicile au delà du promontoire de Lacinium. A ces mots la foule se précipite vers les galères, attaque avec furie les bâtiments romains, en coule quatre dans le port, et en prend un cinquième. Le duumvir périt dans la mer avec un grand nombre de Romains ; les rameurs furent réduits en esclavage.

Dans l'ivresse de leur facile succès, les Tarentins s'empressèrent d'envoyer des forces devant Thurium ; et cette ville, qui n'avait plus rien à espérer du côté de la mer, fut réduite à ouvrir ses portes. On laissa partir la garnison romaine ; mais les principaux citoyens furent envoyés en exil, et la ville fut livrée au pillage. Rome aurait bien voulu éviter une guerre qui allait soulever contre elle toute l'Italie méridionale, au moment où elle avait encore à lutter contre l'Étrurie, et où elle pouvait craindre quelque soulèvement dans le Samnium. Aussi se contenta-t-elle de réclamer la

(1) Diodore, XXI, *Fragm.* 3 et 4.

liberté des prisonniers, le rétablissement de Thurium avec la réparation du dommage, et l'extradition des auteurs de cette rupture. Mais le peuple de Tarente voulait la guerre. Lorsque les ambassadeurs furent introduits dans le théâtre, où, selon l'usage grec, le peuple était rassemblé, leurs robes prétextes excitèrent un rire grossier. Quand Posthumius prit la parole, les fautes de langue qui lui échappèrent furent une nouvelle cause de rire. On ne daigna pas même répondre, et les ambassadeurs furent expulsés du théâtre. Comme Posthumius se retirait, un homme ivre s'approcha de lui, et souilla sa robe de la manière la plus honteuse. Toute l'enceinte retentit d'éclats de rires et d'applaudissements. Le Romain, transformant cette insulte en un présage favorable : « J'en accepte l'augure, s'écria-t-il, vous nous donnez ce que nous n'avions pas demandé. » Puis il montra au peuple son vêtement souillé; et comme les rires redoublaient : « Riez, dit-il, tant que vous voudrez; mais vous pleurerez bientôt, car les taches de cette robe seront lavées dans votre sang (1). » A Rome lorsqu'on apprit l'insulte qui avait été faite aux députés, le sénat délibéra pendant plusieurs jours, et il fut résolu que le consul Émilius Barbula, au lieu d'aller dans le Samnium, marcherait sur Tarente, renouvellerait les demandes déjà présentées par l'ambassade, et pousserait la guerre avec vigueur si ces conditions étaient encore rejetées.

TARENTE APPELLE PYRRHUS A SON SECOURS. — Tarente refusa toute espèce de satisfaction, et s'obstina à se heurter contre Rome. Elle comptait sur l'alliance de la plupart des villes grecques, sur l'appui des Messapiens, qu'elle avait autrefois combattus, mais dont elle était devenue comme la métropole. Les Brutiens et les Lucaniens devaient aussi la seconder. N'avaient-ils pas à se venger des derniers échecs que les Romains leur avaient fait éprouver? Les Samnites eux-mêmes n'allaient-ils pas se réveiller? Cependant, comme Tarente se sentait incapable de diriger toutes ces forces, elle eut recours, suivant sa coutume, à un chef étranger, et ce fu[t] au roi d'Épire, à Pyrrhus, qu'elle s'a[dressa. Tous les Tarentins n'approu[vaient point cette mesure; quelques uns d'entre eux voyaient avec in[quiétude l'arrivée prochaine du ro[i] d'Épire. Comme l'on discutait sur l[a] question de savoir si l'on appellerai[t] Pyrrhus, un des citoyens les plus con[sidérés, Méton, entra dans l'orchestr[e] du théâtre, où se tenait l'assemblée; i[l] était couronné de fleurs et accompagn[é] d'une joueuse de flûte. Cette apparitio[n] inattendue excita un rire universel, e[t] de toutes parts on criait à Méton d[e] danser au son de la flûte. « Vous ave[z] raison, Tarentins, répliqua-t-il, amu[sons-nous, dansons; quand Pyrrhus ser[a] venu il nous faudra prendre d'autre[s] mœurs (1). »

Le roi d'Épire accueillit avec joie l[a] proposition des Tarentins; depuis long[temps il aspirait à conquérir la Sicile e[t] à dominer tous les États grecs d'Occi[dent. Déjà il avait pris Corcyre avec le[s] vaisseaux de Tarente (2). C'était renou[veler l'entreprise de Denys et d'Aga[thocle, avec l'Épire pour point de dépar[t] Cependant, pour ne pas laisser soup[çonner son ambition, il fit mettre dan[s] le traité qu'il reviendrait dans ses État[s] immédiatement après la guerre, et qu'i[l] ne resterait en Italie que le temps né[cessaire à la défense de ses alliés. Il en[gagea, dit-on, les rois successeurs d'A[lexandre à concourir à son expédition[:] il demanda à Antigone des vaisseau[x] pour la traversée, à Antiochus de l'ar[gent, à Ptolémée Céraunus des soldats[.] Ce dernier seul, selon Justin, défér[a] aux demandes qui lui étaient adressées[;] il donna, pour deux ans, 5,000 fanta[s]sins, 4,000 cavaliers et 50 éléphants (3[). Si cette assertion est exacte, il faut e[n] conclure, avec Niebuhr, que ces troupe[s] auxiliaires n'arrivèrent que plus tard e[n] Italie; car le nombre des éléphants e[t] des cavaliers surpasse de beaucoup celu[i] que le roi amena avec lui. Les Taren[tins, dans leur orgueil menteur, pr[é]tendaient qu'ils n'avaient besoin qu[e] d'un capitaine sage et renommé, ma[is]

(1) Denys d'Halicarnasse, *Excerpta*.

(1) Plutarque, *Vie de Pyrrhus*.
(2) Pausanias, *Att.*, ch. xii.
(3) Justin, XVII, 3.

qu'ils ne manquaient point de bonnes troupes, et qu'en réunissant leurs forces et celles de leurs alliés ils mettraient sur pied une armée de 20,000 cavaliers et de 350,000 fantassins..

Quand on apprit à Rome la prochaine arrivée du roi d'Épire, le consul Æmilius poussa vivement les hostilités (281). Il força les Tarentins à accepter le combat, et il les battit plusieurs fois; il leur prit même plusieurs places fortes. Cependant il traitait les prisonniers avec bonté, et il renvoya sans rançon quelques-uns des plus importants. Effrayés de ses succès et en même temps séduits par son humanité, les Tarentins songeaient à négocier : ils donnèrent à un certain Agis, ami des Romains, le titre de stratège, avec pouvoir absolu (στρατηγὸς αὐτοκράτωρ). Mais, sur ces entrefaites, arriva le ministre et le confident de Pyrrhus, Cinéas, accompagné d'un petit corps de troupes. Dès ce moment, les Tarentins reprirent courage, il ne fut plus question de traiter avec Rome; la nomination d'Agis fut révoquée, et le pouvoir fut donné à un des ambassadeurs qui revenaient d'Épire. Bientôt Milon débarqua avec une armée, et s'établit dans l'Acropole. Les citoyens lui abandonnèrent volontiers la garde de leurs murailles; heureux de n'avoir aucun service à faire, aucune fatigue à supporter, ils fournirent des vivres aux soldats, et envoyèrent de l'argent à Pyrrhus (1).

L'hiver étant venu, L. Æmilius, ne pouvant tenir en Lucanie, alla prendre ses quartiers dans l'Apulie. Milon, avec ses Épirotes et les Tarentins, attaqua les Romains, chargés de dépouilles, dans un endroit où le chemin était resserré entre la mer et des montagnes inaccessibles. La flotte de Tarente avait jeté l'ancre à peu de distance, et se préparait à lancer des projectiles sur la colonne romaine. L'armée entière allait périr, à moins qu'elle ne pût gravir les montagnes en abandonnant ses bagages. Mais les chefs de la flotte n'osèrent point faire jouer leurs machines; car ils apprirent que les Romains avaient mis en avant leurs prisonniers, parmi lesquels il y avait un grand nombre de Tarentins, et ceux-ci auraient été atteints les premiers.

ARRIVÉE DE PYRRHUS EN ITALIE. — Enfin parut Pyrrhus. Il arriva en plein hiver, malgré la tempête qui avait dispersé sa flotte. Il amenait avec lui vingt mille fantassins, trois mille cavaliers, deux mille archers, cinq cents frondeurs et vingt éléphants. Aussitôt que toutes ses troupes furent réunies, il réclama dans la ville un pouvoir absolu, et il en usa, comme l'avait prédit Méton, pour soumettre les habitants à la plus rude discipline. Plus de jeux, plus de fêtes; les repas communs, dont la colonie dorienne avait conservé l'usage, mais qui n'avaient plus rien de l'austérité lacédémonienne, furent supprimés. On ferma le théâtre, et par là même on empêcha les assemblées du peuple. Les citoyens ne furent plus libres d'abandonner le service militaire à des étrangers : Pyrrhus les incorpora dans ses troupes, et les fit exercer du matin au soir sur la place publique. Les jeunes gens voulaient fuir cette ville, qui n'était plus qu'un camp; mais le roi avait occupé les portes, et les faisait garder avec soin. Les Tarentins commençaient à regretter amèrement de s'être donné un maître en croyant appeler un allié. Pyrrhus, craignant que les esprits ne tournassent vers les Romains, s'assura des hommes les plus influents, et, sous différents prétextes, il les envoya en Épire. Il s'efforça de gagner Aristarque, le plus renommé des orateurs populaires : il espérait le compromettre par son amitié; mais, ne pouvant y parvenir, il lui ordonna d'aller en Épire. Aristarque n'osa résister ouvertement; il s'embarqua, mais se rendit secrètement à Rome.

CAMPAGNE DE LŒVINUS; BATAILLE D'HÉRACLÉE. — Les Romains, de leur côté, se préparaient à la guerre. Ils levaient des troupes, et mettaient des garnisons dans les villes alliées. Quand la guerre eut été déclarée au roi d'Épire selon les formes consacrées, le consul Lœvinus conduisit l'armée en Lucanie (280). Il s'empara d'une place forte, d'où il dominait le pays, et par là il empêcha les Lucaniens de faire leur jonction avec Pyrrhus. Il envoya à Rhégium, qui était restée fidèle a

---

(1) Zonare, *Annal.* VIII, 2.

Rome, la huitième légion, composée de Campaniens, sous le commandement de Décius Jubellius. Les Romains avaient le plus grand intérêt à empêcher toute communication entre Pyrrhus et les Grecs de Sicile.

Quand le roi eut appris l'arrivée de Lœvinus, il voulut gagner du temps jusqu'à ce que tous ses alliés fussent réunis, et il adressa au consul une lettre que Zonare rapporte en ces termes : « J'apprends que vous vous avancez avec une armée contre les Tarentins ; laissez-là vos soldats, et venez vous-même me trouver avec une faible escorte : je serai votre arbitre, et j'obtiendrai par la force l'exécution de la sentence. » Lœvinus répondit à cette ouverture : « Vous me semblez bien présomptueux, ô Pyrrhus, de vous constituer juge entre nous et les Tarentins, quand vous avez vous-même à nous rendre compte de votre entrée en Italie. Je viendrai avec mon armée tout entière, et je vous infligerai un juste châtiment à vous et à vos alliés. Car à quoi bon des paroles quand Mars va décider entre nous, Mars l'auteur et le protecteur de notre race (1) ? » Aussitôt le consul hâta sa marche, voulant engager le combat que Pyrrhus cherchait encore à éviter.

Les deux armées se rencontrèrent sur les bords du Siris, entre Pandosie et Héraclée. Lœvinus parvint à passer le fleuve, malgré l'effort des Épirotes. Mégaclès, que le roi avait revêtu de ses propres armes, fut tué dans la mêlée, et le bruit de la mort du prince se répandit dans les deux armées ; mais la cavalerie thessalienne, et surtout les éléphants, dont l'aspect était nouveau pour les Romains, donnèrent l'avantage à Pyrrhus. Le consul rallia les restes de son armée, et les conduisit dans une ville d'Apulie. Zonare ne nomme point cette ville ; mais Niebuhr croit avec raison que ce ne peut être que Vénouse, si heureusement située dans ce pays pour faire une guerre soit offensive, soit défensive. Ce fut le lendemain de la bataille d'Héraclée, que Pyrrhus, en voyant les corps des Romains qui avaient si glorieusement succombé sans tourner le dos à l'ennemi,

(1) Zonare, VIII. 3.

prononça ces paroles célèbres : « Avec de pareils soldats j'aurais bientôt conquis le monde ; » et comme on le félicitait du succès de la journée : « Encore une victoire comme celle-là, et je m'en retournerai seul en Épire. » Il offrit du service aux Romains prisonniers. En Grèce le vainqueur était accoutumé à trouver des mercenaires parmi les vaincus ; mais ici c'étaient d'autres mœurs : pas un Romain n'accepta ; le roi respecta leur scrupule, et les laissa libres de fers. Il fit rendre les derniers devoirs aux Romains morts, comme à ses propres soldats. Les auteurs anciens ne sont pas d'accord sur le nombre de ceux qui périrent à la bataille d'Héraclée. Denys d'Halicarnasse en compte plus de quinze mille du côté des Romains, et treize mille du côté de Pyrrhus. Hiéronyme disait que les Romains n'avaient perdu que sept mille hommes, et Pyrrhus un peu moins de quatre mille. Plutarque s'est contenté de citer les deux auteurs, sans décider la question ; mais Niebuhr fait observer avec raison qu'Hiéronyme était contemporain des événements, et qu'il avait sous les yeux les mémoires mêmes de Pyrrhus ; par conséquent son opinion doit être préférée.

SOULÈVEMENT DES PEUPLES ITALIENS ; MARCHE DE PYRRHUS CONTRE ROME. — Les résultats de la victoire furent immenses. Non-seulement les Lucaniens et les Samnites firent leur jonction avec Pyrrhus ; mais la plupart des peuples italiques se déclarèrent pour lui. Beaucoup d'alliés de Rome firent défection, entre autres les Apuliens. Les Locriens trahirent la garnison romaine. Le chef de la légion Campanienne, Décius Jubellius, accusa les Rhégiens d'une trahison semblable. Rhégium fut traitée comme une ville prise d'assaut : on égorgea les hommes en état de porter les armes ; les femmes et les enfants furent réduits en esclavage. Bientôt les soldats ne se regardèrent plus comme Romains ; ils se séparèrent de la république, et firent cause commune avec les Mamertins, qui s'étaient emparés de Messine quelques années auparavant, et qui menaçaient d'étendre leurs brigandages dans toute la Sicile.

Pyrrhus se hâta de profiter de sa victoire, et se dirigea sur Capoue ; mais Lœvinus, qui venait de recevoir des renforts, occupa cette place et la défendit. Obligé de renoncer à Capoue, le roi essaya de surprendre Naples, et ne fut pas plus heureux. Alors il conçut un projet encore plus hardi : ce fut sur Rome elle-même qu'il marcha. Il prit Frégelles, et poursuivit sa route à travers le pays des Herniques ; il entra dans Anagnia, puis se dirigea sur Préneste, dont la citadelle tomba en son pouvoir. De là, dit Florus, il apercevait dans le lointain Rome, qu'il regardait déjà comme sa conquête. Ses avant-postes s'avancèrent encore de cinq milles sur la route de Rome. Il comptait rallier à son parti les peuples du Latium et de l'Étrurie ; mais il apprit bientôt que les Étrusques avaient traité avec le sénat. L'armée de Coruncanius, n'ayant plus à les combattre, était rentrée dans Rome ; et elle était prête à en sortir, pour aller au-devant du roi, tandis que Lœvinus ne cessait de le presser sur ses derrières et d'intercepter ses communications. Dans cette situation critique, Pyrrhus prit le parti de reculer, et, retrouvant Lœvinus en Campanie avec une armée plus nombreuse qu'auparavant : « Les légions romaines, s'écria-t-il, renaissent donc comme l'hydre! » Il rangea son armée en bataille, et ordonna de pousser des cris de guerre et de frapper les lances sur les boucliers. A ce bruit se mêlèrent le son des trompettes et les cris des éléphants. Les Romains y répondirent avec tant d'ardeur, que Pyrrhus n'osa pas risquer le combat; sous prétexte que les sacrifices n'étaient pas favorables, il ordonna la retraite, et revint à Tarente, où il prit ses quartiers d'hiver.

AMBASSADE DE FABRICIUS A TARENTE. — Ce fut alors qu'eurent lieu ces ambassades si célèbres dans l'antiquité. Fabricius fut envoyé, avec Q. Æmilius Papus et Pub. Dolabella, pour traiter du rachat des prisonniers. Plutarque ne place l'ambassade de Fabricius qu'après celle de Cinéas ; mais nous avons préféré suivre l'ordre indiqué dans l'*Épitome* de Tite-Live, dans le *Breviarium* d'Eutrope et dans les *Annales* de Zonare. Pour garantir de toute insulte Fabricius et ses collègues, Pyrrhus leur envoya une escorte à la frontière du territoire de Tarente ; il alla en personne, avec ses principaux officiers, les recevoir aux portes de la ville ; et il les combla de toutes sortes d'honneurs, espérant qu'ils allaient demander la paix, et que ce serait lui qui en dicterait les conditions. Mais Fabricius se borna, selon ses instructions, à proposer le rachat des captifs. Le roi en délibéra avec ses conseillers. Milon était d'avis de rejeter la proposition, et de pousser vivement la guerre contre Rome ; mais Cinéas était d'un avis opposé : il pensait qu'il fallait non pas seulement renvoyer les captifs, mais les renvoyer sans rançon, afin de gagner l'affection des soldats romains. Pyrrhus lui-même adopta cette opinion ; et, ayant fait venir les ambassadeurs : « Ce n'est point volontairement, dit-il, que j'ai fait la guerre aux Romains, et je ne veux plus la leur faire. Je veux être désormais votre ami ; aussi je vous rends vos captifs sans rançon, et je vous invite à traiter de la paix. »

Après avoir adressé ces paroles à toute l'ambassade, le roi prit Fabricius en particulier. « Si je désire, lui dit-il, l'amitié de tous les Romains, je tiens surtout à celle d'un homme tel que vous ; » et il ajouta qu'il comptait sur son entremise pour conclure la paix. En parlant ainsi, il lui offrait de magnifiques présents. Fabricius répondit par ces paroles, si souvent citées comme la plus noble expression du patriotisme et du désintéressement : « Je loue, ô Pyrrhus, votre ardeur pour la paix, et moi-même je suis prêt à y souscrire, pourvu qu'elle nous soit avantageuse ; car vous ne me demanderez pas, puisque vous me croyez un homme de bien, de rien faire contre ma patrie. Quant aux présents que vous m'offrez, je n'en accepterai aucun. En effet, ou vous pensez que je suis un honnête homme, ou vous ne le pensez point. Si je suis un méchant homme, qu'avez-vous besoin de mon amitié? Si je suis un homme de bien, pourquoi cherchez-vous à me corrompre? » Plutarque a brodé de plusieurs anecdotes assez connues l'entrevue de Fabricius et du roi d'Épire.

AMBASSADE DE CINÉAS A ROME. — Les ambassadeurs revinrent à Rome avec les captifs, et Cinéas les suivit de près. Le rusé Thessalien mit tout en œuvre pour gagner les esprits. On dit que dès le lendemain de son arrivée il salua par leurs noms les sénateurs et les principaux citoyens. Il leur distribua de riches présents, ainsi qu'à leurs femmes ; car il savait que dans tous les États où il y a des assemblées publiques les femmes ont une grande influence sur le résultat des délibérations. A quelles conditions Pyrrhus offrait-il la paix au sénat? C'est une question sur laquelle les auteurs ne sont point d'accord. Zonare s'exprime à ce sujet d'une manière très-vague. Plutarque fait dire à Cinéas que Pyrrhus promettait d'aider les Romains à conquérir toute l'Italie, et qu'il ne demandait autre chose que leur amitié pour lui-même et des garanties pour ses alliés, les Tarentins. Mais comment ce prince aurait-il pu, sans se déshonorer, faire de pareilles propositions ? Et s'il les avait faites, pourquoi le sénat les aurait-il rejetées ? L'*Épitome* de Tite-Live n'est pas plus vraisemblable lorsqu'il dit que Cinéas ne demandait qu'une chose, que Pyrrhus fût admis à Rome, afin d'y traiter lui-même avec le sénat. C'est dans Appien qu'il faut chercher les véritables conditions proposées par Cinéas : la liberté des Grecs d'Italie devait être solennellement reconnue, et Rome devait restituer tout ce qu'elle avait enlevé aux Brutiens, aux Apuliens et même aux Samnites. On conçoit que de pareilles propositions aient soulevé la colère de ces vieux Romains, à qui l'honneur de la république était plus cher que la vie. Appius l'Aveugle, qui depuis longtemps vivait dans la retraite, se fit transporter au sénat en litière, et son éloquente indignation fit rejeter les offres de Cinéas. L'ambassadeur reçut ordre de sortir de la ville le jour même, et d'aller dire à son maître que les Romains lui feraient une guerre irréconciliable jusqu'à ce qu'il fût sorti de l'Italie.

BATAILLE D'ASCULUM EN APULIE. — Pendant l'hiver on se prépara, de part et d'autre, à la reprise des hostilités. Au printemps, le roi ouvrit la campagne en soumettant quelques places de l'Apulie (279). Les deux consuls, P. Sulpicius et P. Décius Mus, avec leurs armées réunies, rencontrèrent Pyrrhus près d'Asculum en Apulie. Pendant plusieurs jours, les deux armées restèrent immobiles, se craignant et s'observant l'une l'autre. Un bruit sinistre se répandait parmi les Épirotes que l'un des deux consuls, Décius, se préparait à imiter son père et son aïeul, et à se dévouer aux dieux infernaux, pour donner la victoire à son pays. Le roi, entouré d'épicuriens, ne croyait guère à ces puissances occultes dont s'effrayait le vulgaire. Il dit à ses soldats que la mort d'un seul homme ne pouvait suffire pour vaincre toute une armée; que ces enchantements et ces prestiges ne pouvaient valoir les armes et le courage. Il fit mettre à l'ordre du jour la description des vêtements de celui qui devait se dévouer, et il défendit de toucher à celui qui se présenterait dans un tel costume, ordonnant de le prendre vivant. En même temps, il fit dire au consul que s'il était pris dans cet état il périrait misérablement. Les consuls répondirent qu'ils n'avaient pas besoin de recourir à de pareils moyens, et que de toute façon ils étaient sûrs d'avoir la victoire.

La bataille d'Asculum a été diversement racontée. Selon Denys d'Halicarnasse, les deux armées restèrent aux prises jusqu'au coucher du soleil, et l'on ne peut dire quel fut le vainqueur ; Pyrrhus fut blessé au bras d'un javelot; ses bagages furent pillés par ses alliés les Samnites, et il y eut environ quinze mille hommes de tués de chaque côté. L'*Épitome* de Tite-Live proclame aussi le résultat douteux : *dubio eventu pugnatum est.* D'autres, tels que Paul Orose et Zonare, attribuent la victoire aux Romains, qui surent cette fois résister aux éléphants, et même les refouler contre l'ennemi au moyen de traits enflammés. Mais Hiéronyme, dont le récit, plus vraisemblable, a été conservé par Plutarque, dit qu'il y a eu deux combats près d'Asculum. Le premier jour, Pyrrhus était acculé au pied des montagnes, sur un terrain inégal et marécageux, impraticable à la cavalerie et aux éléphants : aussi l'avantage resta-t-il aux Romains ; mais le lendemain, le roi parvint à attirer ses ennemis dans un lieu plus favorable, où il put développer toutes ses forces, et les légions vinrent se briser contre la phalange. Ce qui sauva les Romains d'une déroute complète, c'est que leur camp n'était pas loin, et qu'ils eurent le temps de s'y réfugier. Hiéronyme ajoute qu'il ne périt du côté des Romains que six mille hommes, et du côté de Pyrrhus, d'après les listes mêmes du roi, trois mille cinq cents. Ce qui est certain, c'est que, vainqueur ou vaincu, le roi d'Épire avait perdu ses meilleures troupes, presque tous ses amis et ses plus braves officiers. Il commençait à être complétement dégoûté de son expédition d'Italie, et il songeait à aller tenter la fortune en Sicile.

ALLIANCE DES ROMAINS AVEC LES CARTHAGINOIS. — L'intérêt commun réunit encore, à cette époque, deux peuples qui se feront plus tard une guerre acharnée. Rome et Carthage conclurent un traité d'alliance offensive et défensive. Il y fut stipulé qu'aucune des deux parties ne négocierait avec Pyrrhus sans le concours de l'autre, et que si l'un des deux peuples était attaqué, l'autre serait obligé de lui porter secours. Les auxiliaires devaient être payés par l'État qui les enverrait. Carthage s'engageait à fournir les vaisseaux pour le transport des troupes. En cas de besoin, elle enverrait aussi des bâtiments de guerre; mais les équipages ne débarqueraient que du consentement des Romains. Les Carthaginois s'empressèrent d'envoyer à Rome des secours qu'elle n'avait point demandés; tant ils étaient impatients de chasser Pyrrhus d'Italie, ou plutôt de l'empêcher d'aller en Sicile! Cent trente galères vinrent jeter l'ancre à Ostie, sous le commandement de Magon. Le sénat remercia les Carthaginois, mais renvoya leurs secours. On craignait sans doute qu'ils ne profitassent de l'occasion pour tenter de s'établir en Italie. L'amiral carthaginois, affectant désormais la neutralité, alla trouver Pyrrhus, en apparence pour terminer la guerre par sa médiation, en réalité pour sonder ses projets du roi sur la Sicile.

DÉPART DE PYRRHUS POUR LA SICILE; RÉTABLISSEMENT DE LA DOMINATION ROMAINE DANS L'ITALIE MÉRIDIONALE. — C'est ici que se place un fait dont les détails ont été diversement racontés par les historiens, mais dont le fond paraît cependant authentique. Tandis que les deux consuls Fabricius et Papus avaient pris position à peu de distance des Épirotes, un traître pénétra dans le camp romain, et proposa aux consuls d'empoisonner Pyrrhus (278). Fabricius repoussa cette offre avec indignation, et la dénonça au roi. Celui-ci, étonné de la générosité de ses ennemis, renvoya sans rançon les prisonniers, et chargea Cinéas de renouer les négociations. A Rome on déclara pour la seconde fois qu'on ne signerait la paix qu'après l'évacuation de l'Italie; mais on accepta l'échange des prisonniers, et l'on consentit à conclure un armistice. Pyrrhus était fort incertain de ce qu'il devait faire. D'un côté, il arrivait de Sicile des députés qui offraient de remettre entre ses mains Syracuse, Agrigente, Léontium, qui l'engageaient à chasser les Carthaginois de leur île, et à la délivrer des tyrans. D'un autre côté, il venait d'Orient des nouvelles sinistres. On apprenait que les Gaulois avaient envahi la Macédoine, que Ptolémée Céraunus avait été défait et tué avec son armée. Toute la Grèce et l'Épire elle-même étaient menacées. Pyrrhus ne savait s'il devait se rendre à l'appel des Siciliens, ou aller au secours de la Macédoine. Il se décida pour la Sicile, à cause du voisinage de l'Afrique, espérant, dit Plutarque, tirer de cette expédition plus de gloire et de profit. Il embarqua ce qui lui restait d'éléphants et de cavaliers, ainsi que huit mille fantassins, sur soixante galères que lui avaient envoyées les Syracusains.

Tout en faisant voile vers la Sicile, Pyrrhus n'entendait point renoncer à l'Italie. Il avait laissé à Milon le commandement des troupes qui gardaient Tarente et les autres villes. Alexandre, second fils du roi, restait à Locres en qualité de gouverneur. Ces précautions n'empêchèrent pas les Romains de rétablir leurs affaires en Italie. Fabricius fit une heureuse campagne contre les Lucaniens, les Brutiens, les Salentins. Il battit même les Tarentins, et ce fut sans doute à cette époque qu'Héraclée traita avec les Romains. Cicéron, dans son

Discours pour Balbus, dit que ce traité fut conclu à des conditions très-avantageuses pour l'ancienne colonie de Tarente (1).

Avant de se venger de Tarente elle-même, les Romains voulurent s'assurer du pays des Samnites, qui avaient été les alliés les plus redoutables de Pyrrhus. Les consuls P. Cornélius Rufinus et C. Junius Bubulcus entrèrent dans le Samnium avec deux armées (277); ils ravagèrent les campagnes, et s'emparèrent des bourgs abandonnés. Les Samnites s'étaient réfugiés dans les montagnes, avec leurs femmes, leurs enfants, et tout ce qu'ils possédaient de plus précieux. Les Romains n'hésitèrent point à les poursuivre dans ces retraites inaccessibles, et ils ne purent les réduire qu'au prix d'un grand nombre de morts et de prisonniers. Après cette expédition, les deux consuls se séparèrent. Junius continua d'occuper le Samnium; Rufinus marcha contre les Lucaniens; il acheva de dompter ces peuples, et alla reprendre Crotone, qui avait abandonné la cause de Rome. Cette ville était encore environnée d'une vaste enceinte, dont Tite-Live évalue la circonférence à douze milles; mais elle était tellement dépeuplée, que ses habitants ne suffisaient plus à défendre ses murailles. Elle avait imploré le secours de Milon, qui lui avait envoyé des troupes, sous le commandement d'un officier nommé Nicomaque. Rufinus ignorait cette circonstance, lorsqu'il parut devant la place; il comptait sur la coopération du parti romain, qui l'avait appelé; mais une brusque sortie de la garnison déconcerta ses espérances, et, ne pouvant triompher par la force, il eut recours à la ruse. Il parvint à persuader à Nicomaque qu'il renonçait au siége de Crotone, et qu'il allait se diriger sur Locres, où il avait des intelligences. Il se retira en effet, et Nicomaque, abandonnant Crotone, marcha vers Locres par le plus court chemin; alors Rufinus retourna sur Crotone à marches forcées, et entra sans obstacle dans la place. Nicomaque, apprenant ce qui s'était passé, voulut se replier sur Tarente. Le consul lui intercepta la route, et lui fit éprouver de grandes pertes. La ville de Locres passa du côté des Romains.

RETOUR DE PYRRHUS EN ITALIE. — Sous le consulat de Fabius et de Genucius (276), Rome triompha encore des Samnites, des Lucaniens et des Brutiens. Ces peuples implorèrent l'appui de Pyrrhus, dont les affaires commençaient à mal tourner en Sicile. Ce prince s'était d'abord facilement établi dans les villes grecques. Il avait triomphé des Mamertins; mais il avait échoué au siége de Lilybée, forteresse carthaginoise, et la discorde n'avait pas tardé à éclater entre lui et les Siciliens. Quand les Italiens le rappelèrent, il saisit volontiers ce prétexte d'abandonner la Sicile, et il se prépara à partir, chargé des dépouilles de l'île entière. Mais combien d'obstacles s'opposaient à son retour! Messine étant toujours au pouvoir des Mamertins, il ne pouvait s'embarquer qu'à Tauroménium ou à Catane; et, pour comble d'embarras, une flotte carthaginoise l'attendait dans le détroit. Cependant Pyrrhus s'avança bravement à la rencontre de l'ennemi, avec cent dix galères; mais les équipages, qui avaient été levés de force en Sicile, se défendirent mollement; les Carthaginois eurent une victoire facile; ils coulèrent soixante et dix bâtiments de guerre; et il n'y en eut guère qu'une douzaine qui arrivèrent sans avarie entre Rhégium et Locres, où la cargaison fut mise à terre. A peine débarqué, Pyrrhus eut à combattre les Mamertins, qui l'attendaient dans les défilés avec dix mille hommes. Au siége de Rhégium, il perdit beaucoup de monde et fut lui-même blessé. Locres se rendit; après avoir égorgé la garnison romaine et les citoyens du parti vaincu furent condamnés au supplice ou à d'énormes amendes. Le roi, n'ayant pas encore assez d'argent pour payer à ses troupes l'arriéré de leur solde, et ne pouvant obtenir de subsides de ses alliés, se tira d'embarras à la manière de Denys l'Ancien et d'Agathocle: il pilla le trésor du temple de Proserpine. Les vaisseaux qui emportaient ces richesses vers Ta-

(1) Ex ea civitate, quacum prope singulare fœdus, Pyrrhi temporibus, C. Fabricio consule ictum putatur. (Cicéron, *pro Balbo*, 22.)

rente furent rejetés par la tempête sur le rivage locrien. L'opinion populaire considéra cet événement comme un miracle, et Pyrrhus en fut, dit-on, si effrayé, qu'il ordonna la restitution des trésors enlevés à la déesse, et qu'il fît livrer au supplice quelques philosophes qui lui avaient conseillé ce sacrilége.

DÉFAITE DE PYRRHUS A BÉNÉVENT. — Si l'on en croit Plutarque, Pyrrhus ramena à Tarente vingt mille fantassins et trois mille cavaliers, c'est-à-dire exactement le même nombre que celui qu'il avait amené d'Épire cinq ans auparavant ; mais ses vétérans étaient morts, et ceux qui les avaient remplacés étaient des aventuriers grecs ou barbares, sur lesquels on ne pouvait compter. Cependant, en apprenant le retour de Pyrrhus, les Romains furent frappés de stupeur : ils se souvenaient d'Héraclée et d'Asculum. Des prodiges, comme on en rencontre souvent dans l'histoire romaine, ajoutaient encore à la terreur générale. La foudre avait brisé la statue d'argile de Summanus, sur le faîte du temple capitolin ; la tête du dieu ne se retrouvait nulle part, et ce présage semblait annoncer l'inévitable chute de la domination romaine. Mais la science des augures découvrit que cette tête avait été lancée dans le Tibre, et on la trouva dans le lit du fleuve, à l'endroit même qu'ils avaient indiqué.

Le danger pressait : les deux armées consulaires, recrutées à grand'peine, entrèrent en campagne (275). Curius Dentatus alla dans le Samnium, Cornélius Lentulus en Lucanie. Pyrrhus se porta rapidement au-devant des Romains. Les Samnites lui envoyèrent quelques auxiliaires ; mais cette nation était profondément découragée de ses derniers revers ; en outre elle avait, dit Plutarque, un secret ressentiment contre Pyrrhus de ce qu'il l'avait abandonnée pour courir en Sicile. Le plan du roi était d'empêcher les deux consuls de se réunir, et de les battre séparément ; il divisa son armée en deux corps : il envoya l'un dans la Lucanie pour l'opposer à Lentulus ; et lui-même, avec l'autre corps, marcha contre Curius. Celui-ci s'était retranché dans une forte position sur les hauteurs de Bénévent. Il cherchait à éviter le combat jusqu'à l'arrivée de son collègue. D'ailleurs, les auspices ne lui étaient pas favorables, et le détournaient de tenter aucune entreprise. Pyrrhus se hâta donc de l'attaquer : il choisit ses meilleurs soldats et ses éléphants les mieux dressés, et il partit pendant la nuit, pour surprendre le camp romain au point du jour. Mais pour s'emparer des hauteurs qui dominaient l'ennemi il fallait que les soldats fissent un chemin très-long à la lueur des flambeaux, à travers des forêts impraticables ; on avait mal calculé le temps et la distance ; les torches manquèrent, la plupart des soldats s'égarèrent et eurent beaucoup de peine à se rallier. Cependant la nuit finit, et le jour, venant à paraître, découvrit l'armée de Pyrrhus comme elle descendait des montagnes. Cette vue excita d'abord un grand trouble dans le camp romain. Mais Curius, qui avait obtenu des sacrifices favorables, et qui n'avait d'autre ressource que la victoire, sortit de ses retranchements avec quelques troupes, et tomba sur l'avant-garde, qu'il eut bientôt taillée en pièces. Ce premier succès donna au consul la confiance de sortir de son fort avec toute son armée, et d'accepter la bataille en rase campagne. Il eut d'abord l'avantage à l'une de ses ailes, et poussa vivement l'ennemi ; mais à l'autre aile il fut renversé par les éléphants et refoulé jusqu'à son camp. Dans cette position critique, il appela à son secours les soldats qu'il avait laissés à la garde des retranchements. Ces troupes descendirent à la hâte, et lancèrent sur les éléphants des traits garnis de poix et d'étoupes enflammées. Ces animaux tournèrent le dos, et portèrent dans leurs propres bataillons le désordre et la terreur.

La victoire des Romains fut complète. Le camp du roi fut pris ; on tua deux éléphants, et, sur huit qui furent pris, quatre furent réservés pour le triomphe : « Jamais, dit Florus (1), triomphe plus éclatant n'excita l'admiration des Romains. Jusque-là l'on n'avait vu derrière le char du triomphateur que les troupeaux des Volsques ou des Sabins, les chariots des Gaulois, les armes brisées des Samnites. Mais, cette fois, on voyait parmi les prisonniers, des Molosses, des Thessaliens, des Macédoniens, des Bru-

(1) Florus, I, 18.

tiens, des Apuliens et des Lucaniens. On admirait parmi les dépouilles, de l'or, de la pourpre, des statues, des tableaux, tout ce qui faisait la joie et l'orgueil de Tarente. Mais ce que les Romains regardaient avec le plus de plaisir, c'étaient ces éléphants, chargés de tours, qu'ils avaient tant redoutés. Ces monstrueux animaux marchaient, la tête baissée, derrière les coursiers vainqueurs, comme s'ils avaient quelque sentiment de leur captivité. » Frontin a dit, et beaucoup d'auteurs ont répété d'après lui, que les Romains avaient dans cette dernière guerre appris l'art des campements du roi qu'ils avaient vaincu. Juste-Lipse a réfuté cette assertion, et Niebuhr l'a repoussée par de nouveaux arguments. Il croit que la disposition des camps romains reposait sur les principes de l'art augural, et qu'elle remontait par conséquent à une bien plus haute antiquité.

RETOUR DE PYRRHUS EN ÉPIRE; ÉTABLISSEMENT DE LA DOMINATION ROMAINE DANS LA LUCANIE ET DANS LE BRUTIUM. — En même temps que Curius triomphait à Bénévent, son collègue Lentulus était vainqueur en Lucanie. Pyrrhus, après la défaite de son armée, n'était revenu à Tarente qu'avec un petit nombre de cavaliers. Il essaya encore de déterminer les rois de Macédoine et de Syrie à lui envoyer des secours en hommes, en vaisseaux et en argent. Mais, ne pouvant y parvenir, et craignant de se voir couper la retraite par une flotte carthaginoise, il se décida à quitter l'Italie. Il ne ramena en Épire que huit mille fantassins et cinq cents cavaliers. Mais il laissait une garnison à Tarente, et Milon, gouverneur de cette ville, en était comme le tyran. Un complot se forma contre lui, sous la conduite d'un certain Nicon. L'entreprise ayant échoué, les conjurés s'emparèrent d'un fort d'où ils traitèrent avec les Romains. Le sénat laissa respirer pendant deux ans les peuples de l'Italie méridionale. Il fit alliance avec le roi d'Égypte, Ptolémée Philadelphe, tandis que Pyrrhus conduisait ses soldats à la conquête de la Macédoine, et allait lui-même chercher la mort sous les murs d'Argos. En 272 la guerre recommença en Italie. L'un des consuls, Carvilius, acheva de soumettre les Samnites. Son collègue Papirius réduisit complétement le Brutium et la Lucanie. Les Brutiens cédèrent à Rome la moitié de la forêt de Sila, si riche en bois de construction (1).

SOUMISSION DE TARENTE PAR LES ROMAINS. — Le temps était venu d'en finir avec Tarente : Papirius fut chargé de l'expédition. Cette ville détestait la tyrannie de Milon, et en même temps elle craignait ses ennemis, qui étaient d'accord avec les Romains. A la nouvelle de la mort de Pyrrhus, elle implora le secours des Carthaginois. La flotte punique s'approcha du port de Tarente, tandis que Papirius campait devant la ville. Milon se sentait trop faible pour résister à ce double ennemi. Il fit accroire aux Tarentins que Papirius, craignant de voir la ville tomber au pouvoir des Carthaginois, était disposé à lui accorder une paix honorable. On l'autorisa à négocier pour la ville; il ne négocia que pour lui-même : il obtint la liberté de se retirer avec ses soldats et ses trésors. Ces conditions convenues, il livra la citadelle au consul, et partit pour l'Épire. En même temps les vaisseaux carthaginois se retiraient. Rome avait vivement réclamé contre l'apparition de cette flotte dans le port de Tarente : n'était-ce pas, en effet, une infraction évidente au traité conclu entre les deux républiques? Le sénat de Carthage protesta par serment qu'il n'avait donné aucun ordre à cet égard. C'était donc l'amiral carthaginois de Sicile qui avait répondu de lui-même à l'appel des Tarentins. Après le départ de Milon et de la flotte punique, la ville, livrée à elle-même, ne pouvait lutter contre la citadelle occupée par les Romains : elle se rendit à Papirius. Le sénat lui laissa la liberté; mais elle fut obligée de livrer ses armes et ses vaisseaux, d'abattre ses murailles et de payer un tribut.

PUNITION DE LA GARNISON DE RHÉGIUM. — Les rebelles de Rhégium, voyant que Rome allait bientôt les atteindre, et qu'ils n'avaient point de pardon à espérer, ravageaient partout le pays qui allait leur échapper. Ils surprirent la garnison romaine, la mas-

(1) Zonare, *Annales*, VIII, 9. — Denys d'Halicarnasse, *Excerpta*, XX, 5.

sacrèrent, et dévastèrent ce qui restait de cette ville. Le consul C. Genucius investit Rhégium (270), et traita séparément avec les Mamertins, auxquels les révoltés s'étaient alliés. Le siége se prolongeant, les Romains eurent à souffrir de la disette ; mais Hiéron, qui commandait aux Grecs de Sicile, et qui était déjà l'allié des Romains, leur envoya des vivres et même des soldats. Enfin, la ville fut prise d'assaut, malgré la résistance désespérée des Campaniens. Ceux qui restaient de la légion coupable furent chargés de chaînes et conduits à Rome. Selon Denys et Paul Orose, le peuple les condamna à mort. Selon Valère-Maxime, ce fut le sénat qui prononça la sentence, et qui la fit exécuter, malgré l'opposition du tribun M. Flaccus. Tous furent décapités ; il fut défendu d'en porter le deuil, et même de leur rendre les derniers devoirs. Les anciens citoyens de Rhégium furent rappelés dans leur patrie ; ils rentrèrent en possession de leurs biens, et la ville fut déclarée libre.

CONQUÊTE DE LA MESSAPIE ; PRISE DE BRINDES. — Les Romains ne tardèrent point à s'avancer jusqu'aux extrémités de la Messapie. Ils voulaient châtier ces peuples, qui avaient salué Pyrrhus comme un libérateur, et traité en ennemis les alliés de la république. Les Salentins, qui occupaient la pointe de la péninsule, furent soumis sous le consulat d'Atilius Régulus et de Julius Libon (267). Brindes devint une ville romaine. Dès lors, toute l'Italie était conquise : le chemin de la Grèce et de l'Orient était ouvert.

ÉTAT DES PEUPLES ITALIENS SOUS LA DOMINATION ROMAINE ; DROIT ITALIQUE. — Tous les peuples de l'Italie méridionale avaient reconnu la suprématie du nom romain ; mais tous ne jouissaient point des mêmes priviléges : chacun avait traité avec la république à des conditions différentes. D'abord, il faut distinguer les Italiens proprement dits, et les Grecs établis en Italie. Les premiers, malgré les guerres acharnées qu'ils avaient soutenues pour leur liberté, se rattachaient à Rome par un grand nombre d'analogies de mœurs, de religion et de langage. Les Apuliens, les Lucaniens, les Brutiens et les Messapiens n'entrèrent point alors dans la cité ; ils n'eurent même point ces priviléges du droit latin qui étaient comme une initiation au droit de bourgeoisie romaine ; mais ils furent admis à jouir de certaines franchises, qui ne furent point accordées aux habitants des provinces, et qui constituaient ce qu'on appelait *le droit italique*.

Le premier de ces priviléges concédés aux Italiens, c'était de conserver leurs lois et leur gouvernement, sans être soumis aux magistrats envoyés de Rome, en un mot, de rester libres. Mais ils ne pouvaient se faire la guerre, former des alliances, ni même traiter entre eux sur quelque affaire que ce fût sans le consentement du peuple romain. Toute assemblée générale, toute correspondance, tout commerce, les mariages même, étaient interdits entre les Italiens de cités ou de cantons divers. C'était le sénat qui était juge des différends qui s'élevaient soit entre les nations, soit entre les villes ou les cantons d'une nation. Rome n'avait donc laissé aux Italiens qu'une liberté très-limitée : elle s'était réservé partout la souveraineté véritable.

Le second privilége des Italiens était l'exemption d'impôts : ils en jouissaient pour leurs biens et pour leurs personnes. Il est vrai que les Romains s'étaient approprié une grande partie des terres, et que ces terres étant données à ferme, moyennant une certaine redevance qui se payait au trésor, presque toute l'Italie se trouvait ainsi frappée d'une sorte de tribut. En outre, les Italiens étaient assujettis au service militaire : ils devaient non-seulement fournir un certain nombre d'hommes, mais les équiper et les solder ; c'était donc encore un impôt qui pesait sur eux. Mais les terres qui avaient été laissées soit aux États, soit aux particuliers, n'étaient soumises à aucune taxe, et, comme l'a fait observer Beaufort, cette immunité était un des plus beaux priviléges de l'Italie.

La condition des peuples italiens variait suivant le degré de fidélité qu'ils avaient témoigné à la république. Ainsi lorsqu'en 326 les Apuliens et les Lucaniens s'étaient placés sous la protection de Rome, ils avaient traité avec elle sur le pied d'égalité. Ils promettaient, dit Tite-Live, de fournir des armes et des hommes toutes les fois qu'ils en seraient requis : c'étaient des alliés et non des sujets (1). Mais lorsque ces peuples eurent manqué à la foi jurée et conspiré contre Rome avec les Samnites et les Tarentins, on ne les traita plus que comme des ennemis vaincus; et ils n'obtinrent la paix qu'à condition de reconnaître non plus l'alliance, mais la domination de la république (2).

ÉTAT DES VILLES GRECQUES SOUS LA DOMINATION ROMAINE. — Les Grecs, que les Romains regardaient comme des étrangers, conservèrent leurs lois et leur liberté, sans être admis au bénéfice du droit italique. Naples, Rhégium, Tarente étaient soumises au tribut. Si Cumes obtint de bonne heure le droit de cité sans participer au droit de suffrage (*civitas sine suffragio data*), il ne faut pas oublier que depuis plus de quatre-vingts ans Cumes avait cessé d'être une ville grecque pour devenir une ville campanienne. Les Grecs n'étaient point admis à servir dans les légions. On voit par un passage de Polybe qu'après la première guerre punique les Latins et les Italiens fournissaient près des deux tiers des armées romaines. Sur les états qui furent alors dressés par ordre du sénat, et que l'historien Polybe nous a conservés, les Lucaniens sont portés pour 30,000 fantassins et 3,000 chevaux ; les Messapiens pour 16,000 chevaux et 50,000 fantassins. Il n'est point question de contingent grec : il est dit, au contraire, qu'il y avait une légion en garnison à Tarente. Il est cependant certain que les Romains employaient des étrangers dans leurs troupes légères; car, avant la bataille de Cannes, Hiéron leur envoya un corps auxiliaire de frondeurs et d'archers. Quand Rome n'avait point encore de marine, elle se servait des trirèmes des villes grecques, et lors même qu'elle eut une flotte, certaines villes, comme Naples, Rhégium et Tarente, continuèrent de lui fournir des vaisseaux.

COLONIES ROMAINES FONDÉES DANS L'ITALIE MÉRIDIONALE. — Rome n'avait point établi l'unité civile dans l'Italie méridionale, mais elle y avait assuré sa domination politique. Tous les peuples, libres ou fédérés, grecs ou italiens, ne devaient plus avoir, selon la formule consacrée, d'autres amis ni d'autres ennemis que ceux de la république. Les villes, les cantons, isolés les uns des autres, n'avaient plus la force de troubler la paix. D'ailleurs Rome était partout présente par ses colonies. Celle de Venouse, fondée avant la guerre de Pyrrhus, vers l'an 294, selon Velléius Paterculus, tenait en respect toute l'Apulie. Après la défaite du roi d'Épire, quand les Romains eurent conquis la plus grande partie de la Lucanie, ils envoyèrent une colonie à Pæstum ou Posidonie (273). C'était une ancienne ville grecque, qui depuis plus d'un siècle était devenue tout à fait barbare, et avait perdu l'usage de la langue et des institutions helléniques. La colonie de Bénévent, quoique placée sur le territoire Samnite (268), était une barrière contre les peuples du midi. Plus tard, deux colonies furent établies aux deux extrémités de la péninsule, l'une à Brindes (244), pour contenir la Messapie et garder l'entrée de l'Italie, l'autre à Hippone (239), qui depuis longtemps était une ville brutienne, et qui perdit alors son nom grec pour prendre le nom romain de Vibo-Valentia.

PERSISTANCE DES TRADITIONS GRECQUES A RHÉGIUM, A TARENTE, A NAPLES ET A CUMES. — Toutes les révolutions dont l'Italie méridionale a été le théâtre jusqu'au milieu du troisième siècle avant l'ère chrétienne, ont eu pour résultat d'affaiblir l'influence grecque, jadis toute-puissante dans ce pays. Strabon dit que toute cette contrée était devenue *barbare*, c'est-à-dire étrangère aux Grecs. Il n'en excepte que trois villes, Naples, Rhégium et Tarente, qui ont conservé, même sous la domination étrangère, le dépôt des traditions nationales (1). Naples est celle de ces trois villes où il resta le

---

(1) In fidem venerunt, arma virosque pollicentes : fœdere ergo in amicitiam accepti sunt. (Liv. VIII, 25.)

(2) Impetravere ut fœdus daretur, neque tamen ut æquo fœdere, sed ut in ditione populi Romani essent. (Liv. IX, 20.)

(1) Strabon, VI, 1.

plus de traces des institutions grecques. Au temps même de Strabon on y retrouvait des gymnases, des *éphébées*, ou colléges de jeunes gens, des *phratries*, ou espèces de confréries. On y célébrait tous les cinq ans des concours de musique et de gymnastique, jeux sacrés, qui duraient plusieurs jours, et qui le disputaient, par leur éclat, aux plus célèbres de la Grèce. Cumes conserva aussi quelques restes de cette belle civilisation grecque qu'elle avait reçue a première en Italie, et dont les Romains allaient recueillir l'heritage immortel.

VIII.

PREMIÈRE GUERRE PUNIQUE. — HISTOIRE DE ROME ET DE L'ITALIE DEPUIS LA CONQUÊTE DE LA SICILE PAR LES ROMAINS JUSQU'A LA DEUXIÈME GUERRE PUNIQUE.

§ Ier. — *Première guerre punique.*

HISTOIRE DE LA PREMIÈRE GUERRE PUNIQUE DEPUIS LA PRISE DE MESSINE PAR LE CONSUL APPIUS CLAUDIUS JUSQU'A L'EXPÉDITION TENTÉE EN AFRIQUE PAR LES ROMAINS (1). — Les Romains, comme on l'a vu dans le chapitre précédent, avaient châtié les mercenaires qui s'étaient rendus maîtres de Rhégium. Ils ne montrèrent point la même rigueur pour les *Mamertins*, qui s'étaient emparés de Messine : c'est qu'à l'aide de ceux-ci ils espéraient, sinon faire la conquête, au moins expulser les Carthaginois de la Sicile. Carthage, en effet, par ses possessions d'outre-mer, qui lui permettaient de surveiller toutes les côtes de l'Italie, donnait à Rome, pour l'avenir, de graves sujets d'inquiétude et de crainte.

Les Romains soutinrent donc en Sicile les complices de ceux qu'ils avaient

(1) On a fait connaître, dans une autre partie de cette vaste collection de l'*Univers*, les causes de la première guerre punique et les divers incidents de la lutte terrible qui s'engagea, après l'expédition de Pyrrhus, entre Rome et Carthage. Nous renvoyons nos lecteurs au volume consacré à l'*Afrique ancienne*. Voy. dans ce volume l'*Histoire de Carthage*. (*Note des éditeurs.*)

punis à Rhégium. Appius Claudius passa le détroit; et, après avoir examiné la position de l'ennemi, il introduisit, par surprise, ses troupes à Messine. Il lui fallut lutter alors contre les forces réunies des Carthaginois et de Hiéron, tyran de Syracuse. Il battit d'abord les Syracusains. Les coups portèrent ensuite sur les Carthaginois, qui, vaincus, n'osèrent plus tenir la campagne (266).

Appius quitta le commandement sans avoir pu amener Hiéron à contracter alliance avec les Romains.

L'année suivante on envoya en Sicile les deux consuls, avec des forces considérables. Les Syracusains et les Carthaginois furent encore vaincus. Les Romains s'emparèrent de soixante-sept villes, et notamment de Catane et de Tauromenium. Hiéron consentit alors à traiter avec les Romains (265).

Il fut convenu que de part et d'autre on rendrait les prisonniers; que Hiéron serait protégé dans sa tyrannie, et qu'il payerait cent talents pour les frais de la guerre.

Les Carthaginois, privés de l'alliance de Hiéron et abandonnés à leurs propres forces, n'hésitèrent point cependant à continuer la guerre. Ils soudoyèrent de nouveaux mercenaires, et jetèrent sur la Sicile une foule de Liguriens, de Gaulois et d'Espagnols. Ils choisirent Agrigente pour leur place d'armes.

Les Romains ne tardèrent point à assiéger cette ville, où se trouvaient rassemblés cinquante mille hommes. Le siége dura sept mois. Enfin, après une bataille terrible livrée aux Carthaginois, qui avaient reçu des renforts, les Romains s'emparèrent d'Agrigente. Ils avaient fait pour terminer cette entreprise utile et glorieuse d'immenses sacrifices. Ils avaient perdu, eux et leurs alliés, trente mille hommes. Se trouvant dès lors trop affaiblis, les consuls n'osèrent plus rien entreprendre. Ils revinrent à Messine.

L'année suivante les Romains se bornèrent à faire des conquêtes dans l'intérieur de la Sicile. Les Carthaginois occupaient presque tous les points fortifiés de la côte. On ne pouvait les leur enlever qu'en leur disputant l'empire de la mer.

Rien ne coûta aux Romains pour se

procurer une flotte, et en l'année 262 la république mit en mer cent vingt galères. Les deux consuls chargés de continuer la guerre en Sicile étaient alors Duilius et Cornélius. Celui-ci, à peine arrivé à Messine, voulut tenter une expédition maritime. Il se dirigea sur Lipari avec quelques vaisseaux. Trompé par les habitants de l'île, et surpris par des forces plus considérables, il fut obligé de se rendre aux Carthaginois, qui le conduisirent en Afrique.

Cornélius n'avait avec lui que dix-sept vaisseaux; le reste de la flotte romaine s'avançait lentement vers la Sicile, en longeant la côte de l'Italie. Le général carthaginois, encouragé par le succès qu'il avait obtenu à Lipari, voulut la surprendre, et il s'avança à sa rencontre. Il fut surpris lui-même et vaincu. Ce fut alors que Duilius, informé du combat et de la victoire, abandonna à ses lieutenants et tribuns le commandement de l'armée de terre. Il rejoignit la flotte, et s'apprêta, avec prudence, à lutter contre les Carthaginois. Il n'ignorait pas qu'il ne pouvait rivaliser avec eux pour les manœuvres : c'est pourquoi il fit placer sur chacune de ses galères une machine qu'on appela *corbeau*, et qui servait, au moment de l'action, à unir par une espèce de pont le vaisseau romain au vaisseau ennemi. On arrivait ainsi facilement à l'abordage, et dès lors le combat n'était plus égal. Il n'était pas de manœuvre qui pût séparer les deux vaisseaux, et les Romains se battant comme sur terre conservaient leur supériorité.

Duilius rencontra les Carthaginois près de Myles, et remporta une victoire qui excita à Rome le plus vif enthousiasme. On accorda au vainqueur les plus grands honneurs, et on érigea une colonne rostrale en souvenir de la bataille qu'il avait livrée.

Peu de temps après, la discorde ayant éclaté entre les Romains et leurs alliés, les Carthaginois survinrent qui obtinrent de faciles succès, s'emparèrent de plusieurs places, et tuèrent à leurs ennemis quatre mille hommes. Amilcar se fût rendu maître peut-être de la Sicile entière, s'il n'avait eu pour adversaire le consul Florus.

L'année suivante (260) les Romains s'emparèrent de plusieurs places; ma leurs succès étaient lents, parce qu' avaient à lutter contre un général h bile, Amilcar, qui les surveillait de prè et qui faillit, plus d'une fois, leur fai expier chèrement la moindre impr dence. Il parvint un jour à les enferm dans d'étroits défilés, et peu s'en fall qu'ils ne trouvassent encore de nouvell Fourches-Caudines. L'armée romaine i fut sauvée que par le dévouement (tribun Calpurnius Flamma.

En 258 les deux peuples rivaux con prirent que le temps était arrivé d'c venir aux actions décisives. D'ailleur: les Carthaginois avaient hâte, dans l'e poir de la victoire, et pour empêch les Romains de faire une descente (Afrique, de livrer une grande batail navale. Si, d'un côté, Amilcar était d(cidé à terminer promptement la guerr de l'autre, Manlius et Régulus se moi traient non moins résolus. Les deu flottes se rencontrèrent près d'Ecnom(On comptait des deux parts plus c six cents galères. Les Romains furer vainqueurs. Trente vaisseaux carthag nois furent coulés à fond, soixante quatre furent pris. Les Romains ne pe dirent que vingt-quatre vaisseaux.

EXPÉDITION DES ROMAINS EN AFR] QUE; RÉSULTATS DE CETTE EXPÉDI TION; RÉSUMÉ HISTORIQUE DES PRIN CIPAUX ÉVÉNEMENTS QUI S'ACCOM PLISSENT EN SICILE JUSQU'AU SIÉG(DE LILYBÉE. — Les consuls, après cett grande victoire, se dirigèrent vers l'A frique sans qu'Amilcar osât faire u seul mouvement pour s'opposer à leu passage. Ils touchèrent bientôt au pro montoire *Hermæum;* de là, en longean la côte, ils se portèrent sur Clypéa. Il: se rendirent maîtres de cette place, et après l'avoir fortifiée, ils continuèren leur marche, portant le pillage et la dé vastation dans les belles campagnes qu avoisinent Carthage. Ce fut sur ces en trefaites que les deux consuls se sépa rèrent : Manlius retournait à Rome Régulus avait reçu ordre de se mainte. nir en Afrique. On lui laissait quarant(vaisseaux, quinze mille fantassins e cinq cents cavaliers. Il poursuivit sa marche victorieuse; près d'Adis il livra bataille aux Carthaginois, et les vainquit J Puis il se rendit maître de Tunis.

ITALIE.

La terreur était grande à Carthage. On se hâta d'envoyer des ambassadeurs au général romain pour lui demander la suspension des hostilités. Régulus les reçut avec tant de hauteur, que, réduits au désespoir, les Carthaginois n'hésitèrent point, sur la parole d'un aventurier, à se défendre jusqu'à la dernière extrémité. Cet aventurier, Lacédémonien d'origine, s'appelait Xanthippe. Il se montra tout à la fois intrépide et habile. Après avoir reçu le commandement de l'armée carthaginoise, il la conduisit contre les Romains. Il les battit, et Régulus tomba au pouvoir des vainqueurs avec cinq cents hommes qui s'étaient ralliés autour de lui. Les faibles débris de l'armée romaine ne regagnèrent qu'avec peine les murs de Clypéa.

Au commencement de l'été, les Romains envoyèrent une flotte considérable sur les côtes de l'Afrique pour dégager la garnison de Clypéa. Cette expédition réussit. Mais, revenus sur les côtes de la Sicile, les consuls Marcus Æmilius et Servius Fulvius essuyèrent une effroyable tempête. Sur trois cent soixante-quatre vaisseaux, ils purent à peine en sauver quatre-vingts (257).

Les Carthaginois mirent à profit ce désastre pour reprendre et détruire Agrigente.

En 256, les deux consuls Cnéius Cornélius Scipion et Aulus Atilius Calatinus recueillirent les débris de la flotte romaine, et avec trois cents nouvelles galères ils recommencèrent à attaquer tous les points de la côte sicilienne qui étaient occupés par les Carthaginois. Ils échouèrent devant Drépane ; mais ils furent plus heureux à Panorme : ils s'emparèrent de cette dernière place. C'était le centre de la domination carthaginoise en Sicile. Le succès obtenu à Panorme amena promptement la reddition de plusieurs autres villes, parmi lesquelles on cite Iétine, Pétrinum, Solonte et Tyndaris.

Les années qui suivirent (252 à 255) ne furent marquées que par une course de la flotte romaine sur les côtes de l'Afrique et par les siéges, sans importance, de Thermes et de Lipari.

Les Romains étaient alors complètement découragés. La flotte qui avait paru sur les côtes de l'Afrique était presque entièrement détruite. Cent cinquante vaisseaux de guerre avaient été submergés dans une tempête, près du cap Palinure. Les Romains, qui avaient à lutter tout à la fois contre les hommes et contre les éléments, renoncèrent pour un instant à disputer aux Carthaginois l'empire de la mer ; il faut ajouter que depuis le jour où Xanthippe avait vaincu Régulus l'armée de terre elle-même avait perdu de sa confiance et de son courage. En Sicile elle se bornait à observer l'ennemi, se tenant dans de fortes positions et n'osant point accepter une grande bataille.

Le sénat romain revint pourtant sur ses premières déterminations. En 252 il prit la résolution de tenter encore une fois sur mer la fortune des armes. On avait appris à Rome que les Carthaginois faisaient d'immenses efforts pour recommencer la conquête de la Sicile, où ils avaient déjà envoyé, sous le commandement d'Asdrubal, deux cents vaisseaux, cent quarante éléphants et vingt mille hommes. Les deux consuls reçurent donc l'ordre d'équiper, promptement et avec le plus grand soin, une nouvelle flotte.

Une grande victoire remportée alors en Sicile par le proconsul Lucius Cœcilius Metellus vint encore accroître l'ardeur des Romains. Asdrubal, qui comptait sur le découragement des légions romaines, était sorti de Lilybée avec une nombreuse armée et ses éléphants. Il s'était avancé jusqu'aux murailles de Panorme. Il croyait emporter aisément cette place importante. Mais des espions avaient averti Métellus, et le proconsul se tenait sur ses gardes. Asdrubal, trop confiant et ne comptant point sur une sérieuse résistance, prit une mauvaise position, et se mit en quelque sorte, nonobstant la supériorité de ses forces, à la merci des Romains. Il fut vaincu, en effet, sous les murs de Panorme ; il perdit vingt mille hommes, tous ses éléphants, et ce fut à grande peine qu'il parvint à échapper à la poursuite de l'ennemi et à regagner Lilybée.

Les Carthaginois, dans de pareilles conjonctures, essayèrent de traiter avec les Romains. Ils choisirent pour porter leurs propositions au sénat, Régulus, qui était devenu leur prisonnier. Seulement, ils lui firent promettre par serment qu'il reviendrait à Carthage s'il échouait dans ses négociations. Régulus accepta. Il vint donc à Rome, où l'on rejeta les propositions des Carthaginois. Le sénat ne consentit à traiter que sur un point; il s'agissait de l'échange des prisonniers. Il voulait sauver Régulus; mais celui-ci, dit la tradition généralement reçue, s'opposa, en vue des intérêts romains et par grandeur d'âme, à toute espèce de négociation. Il revint donc en Afrique suivant sa promesse : les Carthaginois, irrités, le firent périr dans d'affreux supplices.

SUITE DE LA LUTTE ENTRE ROME ET CARTHAGE, DEPUIS LE SIÉGE DE LILYBÉE JUSQU'A LA FIN DE LA PREMIÈRE GUERRE PUNIQUE. — Les Romains, voulant mettre à profit la victoire de Panorme, redoublèrent d'efforts et s'imposèrent de nouveaux sacrifices. Ils envoyèrent en Sicile quatre légions et une flotte de deux cents vaisseaux. Toutes ces forces étaient destinées au siége de Lilybée. C'était là une grande entreprise. Les Romains pensaient que la conquête de cette place importante devait amener la fin de la guerre.

Les consuls vinrent donc mettre le siége devant Lilybée. Ils firent d'abord de fréquentes et vigoureuses attaques; mais ils se ralentirent bientôt devant l'habile et courageuse résistance du commandant carthaginois. Imilcon et ses mercenaires déployaient une valeur sans pareille et une infatigable activité. Ils épuisaient les Romains par de continuelles sorties, et les obligeaient, sans cesse, à recommencer leurs travaux. D'ailleurs, Imilcon se trouva, en ces circonstances, admirablement secondé par l'audace de deux officiers carthaginois, qui parvinrent, nonobstant la supériorité des forces de la flotte romaine, à introduire des soldats et des vivres dans la ville assiégée.

Bientôt les Romains furent en proie devant Lilybée à de grandes souffrances. Non-seulement il leur fallait repousser les sorties d'Imilcon; mais encore ils étaient obligés de se défendre contre les cavaliers carthaginois, qui infestaient la campagne, interceptaient leurs convois, et amenaient dans leur camp une affreuse disette. Une brusque attaque d'Imilcon, qui brûla leurs machines, les jeta dans un découragement profond. Ne pouvant emporter la place de vive force ils entourèrent leur camp d'une forte muraille, et convertirent le siége en blocus. Les assiégés relevèrent alors leurs fortifications et se ménagèrent dans la prévision de nouvelles attaques tous les moyens d'une vigoureuse résistance.

Dans un pareil état de choses les Romains se hâtèrent d'envoyer des renforts à leur armée de Sicile. Ils confièrent une flotte considérable au consul Publius Claudius Pulcher, homme présomptueux, qui devait faire perdre à la république, en un seul jour, presque tous les résultats des succès que l'on avait obtenus jusqu'alors dans la guerre contre les Carthaginois. Il vint, en effet attaquer Drépane, et s'exposa, par ses mauvaises dispositions, à une perte certaine. Il fut vaincu par Adherbal, et ne put à peine sauver trente vaisseaux. L'amiral carthaginois put alors entrer impunément dans le port de Lilybée. Il y introduisit un grand nombre de barques chargées de vivres, et ramena l'abondance dans la ville assiégée (251).

La même année les Carthaginois obtinrent un nouveau succès. Carthalon prit plusieurs vaisseaux aux Romains, et Imilcon fit subir une perte considérable à l'armée de terre, qui s'était avancée pour soutenir la flotte que les Carthaginois avaient attaquée.

Peu de temps après deux escadres romaines, dont l'une était commandée par le consul Junius, furent anéanties par les tempêtes. De ces deux escadres qui, par crainte des Carthaginois, s'étaient réfugiées dans de mauvais parages il ne resta que deux vaisseaux, avec lesquels Junius rejoignit, non sans peine la flotte qui se tenait devant le port de Lilybée.

Les Romains, découragés par tant d'échecs, renoncèrent encore une fois à disputer à leurs rivaux l'empire de la mer Junius tourna tous ses efforts du côté de la terre. Il poussa d'abord le siége de Lilybée avec une nouvelle vigueur. Puis, à la suite d'une expédition hardie qui ne pouvait être justifiée que par un plein succès, il se rendit maître d'une forte position, celle de la montagne d'É

.ryx, qui se trouvait près de la mer entre Panorme et Drépane.

Ce fut vers 250 que parut à la tête des armées carthaginoises Amilcar Barca, père d'Annibal. Investi du commandement des armées de terre et de mer, il commença ses opérations par ravager les côtes de l'Italie, et il revint, chargé de butin, jeter l'ancre près de Panorme. Bientôt, ayant remarqué une position admirable, celle de la montagne d'Ercté, d'où il pouvait braver tous les efforts de l'ennemi, il fit descendre ses troupes à terre, et les retrancha sur un fertile plateau qui était défendu par des rochers à pic, qui n'étaient percés, en deux ou trois endroits, que par d'étroits sentiers. Placé ainsi entre Éryx et Panorme, il surveillait tous les mouvements des Romains et les jetait dans de continuelles alarmes.

D'ailleurs, Amilcar, se trouvant près de la mer, agissait librement, et se portait tantôt sur un point, tantôt sur un autre. Ce fut ainsi qu'il défendit avec succès la ville de Drépane contre les premiers efforts du consul Fabius.

Amilcar se maintint, pendant trois ans, dans sa position d'Ercté, harcelant sans cesse les Romains, et soutenant contre eux une guerre d'escarmouche. Polybe apprécie comme il suit cette guerre, qui ne fut signalée par aucun incident remarquable : « Tous les stratagèmes que l'expérience peut apprendre, toutes les inventions que peuvent suggérer l'occasion et la nécessité pressante, toutes les manœuvres qui exigent le secours de l'audace et de la témérité, furent employés de part et d'autre sans amener de résultat important. Les forces des deux armées étaient égales, les deux camps bien fortifiés et inaccessibles, l'intervalle qui les séparait fort petit. Toutes ces causes réunies donnaient lieu chaque jour à des combats partiels, mais empêchaient que l'action devînt jamais décisive; car toutes les fois qu'on en venait aux mains ceux qui avaient le dessous trouvaient dans la proximité de leurs retranchements un asile assuré contre la poursuite des ennemis et le moyen de les combattre avec avantage. »

Nous devons cependant mentionner une expédition pleine de hardiesse, à la suite de laquelle Amilcar parvint à jeter des hommes et des vivres dans la ville de Lilybée, que les Romains tenaient assiégée.

De l'année 246 à 244 avant notre ère Amilcar continua la guerre dont nous venons de parler. Il parvint même à se rendre maître de la ville d'Éryx, où il se maintint pendant deux ans, nonobstant des combats sans cesse renouvelés et la trahison des Gaulois mercenaires, entre deux corps de l'armée romaine.

Rome cependant faisait alors de nouveaux efforts et armait une flotte de deux cents galères. Plus tard elle joignit à cette flotte celle de ses alliés, et rassembla trois cents vaisseaux de guerre et sept cents bâtiments de transport. Ce fut avec ces forces que le consul Lutatius s'avança vers la Sicile, et s'empara du port de Lilybée. A cette nouvelle Carthage, de son côté, s'épuisa d'hommes et d'argent, et confia à Hannon une flotte de quatre cents vaisseaux, qui devait, avant tout, porter des secours à Amilcar et ravitailler le camp d'Éryx. Lutatius, informé de l'arrivée des Carthaginois, marcha à leur rencontre, et les atteignit près des îles Égates. Il les força au combat, et les battit. Hannon perdit cent vingt galères. C'était là le dernier espoir de Carthage. Il devenait dès lors nécessaire de traiter, aux conditions même les plus dures, avec les Romains.

Amilcar fut chargé, au nom des Carthaginois, de diriger les négociations. On fit un traité, dans lequel il fut stipulé que les Carthaginois évacueraient complétement la Sicile; qu'ils ne feraient la guerre ni contre Hiéron et les Syracusains, ni contre leurs alliés; qu'ils rendraient sans rançon aux Romains tous les prisonniers et les transfuges; qu'ils leur payeraient, dans l'espace de vingt ans, deux mille deux cents talents euboïques d'argent.

Lutatius exigeait que la garnison d'Éryx se rendît et livrât ses armes. Amilcar, qui l'avait commandée avec tant de gloire, déclara qu'il ne se soumettrait jamais à une pareille ignominie, et qu'il était prêt, si le consul persistait dans sa demande, à rompre les négociations et à se défendre jusqu'à la dernière extrémité. Lutatius céda devant cette noble résistance.

Rome ne voulut pas, d'abord, ratifier ce traité. On envoya en Sicile dix commissaires, pour aggraver encore les conditions, déjà si dures, que le vainqueur des îles Égates avaient imposées aux Carthaginois et qu'Amilcar avait acceptées. Ces commissaires, après mûr examen, approuvèrent, dans son ensemble l'œuvre de Lutatius. Ils décidèrent pourtant que les Carthaginois payeraient sur-le-champ mille talents pour les frais de la guerre et deux mille dans les dix années suivantes, et qu'ils abandonneraient toutes les îles situées entre la Sicile et l'Italie.

Telles furent les clauses du traité qui mit fin à la première guerre punique. Elle avait duré près de vingt-quatre ans sans interruption.

§ II. — *Guerre contre les Falisques. — Soumission de la Corse et de la Sardaigne.*

GUERRE CONTRE LES FALISQUES. — Vainqueurs des Carthaginois, les Romains semblaient n'avoir plus rien à redouter pour le présent, lorsqu'une guerre que personne n'avait prévue vint de nouveau solliciter leurs armes. Cette guerre fut commencée et finie en une semaine. Les Falisques avaient attaqué les Romains. Les deux consuls Q. Lutatius et A. Manlius ayant mené leurs légions contre eux les défirent et réduisirent toute la nation au pouvoir de Rome (243).

La perte des Falisques, contraints de demander la paix, avait été de quinze mille hommes. On leur ôta, pour les punir de leur révolte, leurs armes, leurs chevaux, une partie de leur mobilier et de leur territoire (1). Les fortifications de leur ville, qui leur avaient inspiré l'audace de se soulever, furent rasées, et la ville elle-même fut transportée dans une plaine, du lieu élevé et presque inaccessible où elle était située auparavant. Le peuple romain, irrité, voulait punir avec plus de rigueur la rébellion tant de fois réitérée des Falisques; mais il modéra son courroux, lorsque Papirius, qui, par l'ordre des consuls, avait rédigé la formule de leur reddition, leur eut fait entendre que ce peuple s'était livré non à la puissance, mais à la *bonne foi* des Romains. Alors le mot respectable *bonne foi* fit tant d'impression sur les citoyens, que tous d'un commun accord jugèrent qu'il fallait s'en tenir à ce que le sénat avait ordonné. Le triomphe fut accordé aux consuls Q. Lutatius et Manlius [243] (1).

EXPÉDITION CONTRE LA SARDAIGNE. — Trois ans plus tard (240) commença l'expédition contre la Corse et la Sardaigne. Au retour d'une campagne contre les Liguriens, le consul Tib. Gracchus passa dans ces îles, d'où il ramena à Rome une si grande quantité de prisonniers qu'il donna lieu au proverbe qui met les esclaves de Sardaigne au rang des marchandises les plus communes et les plus viles (2). — Au reste, ce fut plutôt l'occasion favorable qu'une détermination prise à l'avance qui porta les Romains à s'emparer alors de ces deux îles. Les Carthaginois, après la paix des îles Égates, avaient été réduits à la dernière extrémité par le soulèvement de leurs troupes mercenaires. Cette révolte enhardit les soldats étrangers qui étaient à leurs gages dans la Sardaigne. Ils massacrèrent Bostar, commandant de la province, avec tous les siens. Non contents de cet attentat, ils soulevèrent contre Hannon envoyé de Carthage pour punir ce crime les troupes mêmes qu'il avait amenées avec lui; s'étant saisis de sa personne ils le mirent en croix, et, après avoir fait main basse sur tout ce qu'il y avait de Carthaginois dans l'île, ils s'emparèrent de toutes les places fortes; jusqu'à qu'enfin, chassés par les habitants du pays, à l'occasion des dissensions qui s'étaient élevées entre eux, ils se retirèrent en Italie. Ce fut là qu'ils firent consentir les Romains à une entreprise à laquelle ils n'avaient pu les engager dans le temps où ils se trouvaient en Sardaigne, quoique dès lors ils eussent employé pour les persuader les prières les plus pressantes et leur eussent présenté l'occasion favorable qu'ils avaient d'augmenter leur puissance. Il s'agissait de passer la mer et de s'emparer

(1) Suppl. de Tite-Live, liv. XIX.

(1) Supplément de Tite-Live, livre XIX.
(2) Suppl. de Tite-Live, liv. XX.

rer de la Sardaigne. Les Romains finirent par goûter cet avis. Le bras de mer fut traversé.

Les Carthaginois, qui ne pouvaient se résoudre à renoncer à la Sardaigne, ne se furent pas plus tôt mis en devoir d'y envoyer des troupes pour punir les auteurs de la révolte, après avoir réduit les mercenaires, que les Romains saisirent ce prétexte et les menacèrent eux-mêmes de la guerre s'ils ne quittaient les armes, qu'ils venaient de prendre en apparence contre des rebelles, mais, en effet, contre le peuple romain. Ainsi les Carthaginois, hors d'état de soutenir une guerre de cette importance, non-seulement abandonnèrent la Sardaigne aux Romains, mais furent encore forcés de leur payer, outre les sommes convenues, celle de douze cents talents d'argent. Les Carthaginois furent plus sensibles à cette dernière injustice qu'à toute autre, et ce fut la principale raison qui alluma bientôt après la seconde guerre punique (1).

Expédition contre la Corse. — Les Corses ne tardèrent point à être attaqués. Les consuls Pub. Lentulus et Licinius, après avoir battu les Gaulois At et Gall, et remporté des victoires successives sur les Liguriens, songèrent à transporter leurs troupes dans l'île de Corse, que le sénat voulait soumettre à la domination romaine (238). Licinius manquait de vaisseaux; ne pouvant conduire en même temps toutes ses forces dans l'île, force lui fut de faire prendre les devants à son lieutenant M. Claudius Glycia, avec une partie de l'armée. Celui-ci voulut dérober au consul la gloire de cette expédition: il n'eut pas plus tôt mis le pied dans l'île, qu'il agit en maître et comme s'il n'avait pas reçu d'ordre supérieur. Satisfait d'imprimer la terreur dans l'esprit des indigènes, il consentit à leur accorder un traité qui était avantageux à la république, mais qu'il octroya en son propre nom. Sur la foi de ce traité, les Corses déposaient déjà les armes, quand Licinius arriva avec le reste de ses troupes. Profondément irrité de la conduite de son lieutenant, et ne tenant aucun compte de ce qu'il avait conclu sans son aveu, il attaqua les Corses partout où il

(1) Polybe, I, 3 et 65.

les rencontra; et refusant d'écouter leurs réclamations au sujet du traité, il les contraignit de se soumettre sans condition à l'empire de Rome. Le sénat, pour se mettre à l'abri de tout reproche, livra aux vaincus M. Claudius Glycia, et, sur leur refus de le recevoir, le fit mettre à mort dans sa prison.

Les Corses n'acceptèrent point cette réparation. Ils se soulevèrent, et s'unirent aux Sardes, que les Carthaginois avaient secrètement excités à la révolte. Les deux nouveaux consuls étaient C. Atilius Balbus et T. Manlius Torquatus. Ce dernier fut désigné par le sort pour passer en Sardaigne. Il y rétablit sans peine la domination des Romains et revint triompher à Rome (237).

La république avait contraint tous ses ennemis à demeurer en repos, et put fermer le temple de Janus, ce qui n'avait point eu lieu depuis le règne de Numa. Mais, au bout de quelques mois, les Sardes se soulevèrent de nouveau (236). Pendant que le consul L. Postumius Albinus remportait de grands avantages sur les Liguriens, son collègue Carvilius Maximus passa en Corse et le préteur Pub. Cornelius dans la Sardaigne, où une épidémie l'emporta avec la plupart de ses soldats. Carvilius demeura seul contre les deux peuples les soumit. On eut encore besoin d'envoyer contre eux le consul M. Pomponius Mathon (235). Mais, comme il était évident que les Carthaginois fomentaient ces mouvements, on les menaça de la guerre s'ils continuaient à envoyer leurs émissaires en Corse et en Sardaigne.

C. Papirius et M. Pomponius Mathon (233) eurent enfin sur les Sardes et les Corses un succès plus décisif. Le premier se trouvait dans la Corse, le second dans la Sardaigne. Dans l'une et l'autre province les ennemis ne parurent point devant les légions romaines; mais en se réfugiant dans leurs forêts et dans leurs montagnes, ils se défendirent plutôt par la difficulté des lieux que par la force des armes. Aussi M. Pomponius, trouvant beaucoup plus difficile de rencontrer ces barbares que de les vaincre, fit venir d'Italie d'excellents chiens de chasse avec lesquels il les relança comme des bêtes jusque dans leurs tanières. Pour C. Papirius, ayant aussi chassé les Corses du plat pays, il les poursuivit dans les montagnes, où ils se tenaient cachés. Là il essuya de grands périls. La soif, les incursions subites des montagnards firent périr un grand nombre des siens; enfin ayant trouvé des sources d'eau, et par ce moyen apaisé l'ardeur qui tourmentait ses soldats, il se remit à la poursuite des Corses, qui, craignant l'issue de la guerre, se soumirent au consul, et aimèrent mieux se rendre que de périr. A partir de cette époque les deux îles parurent soumises.

§ III. — *Guerre des Romains contre les Gaulois cisalpins. — Partage des terres du Picénum. — Bataille de Fésules. — Bataille de Télamone. — Troisièmes dépouilles opimes remportées sur le roi Virdumar par Marcellus. — Son triomphe.*

COMMENCEMENT DE LA GUERRE CONTRE LES GAULOIS; LES DEUX ROIS AT ET GALL. — La guerre contre les Gaulois venait de se ranimer après quarante-cinq ans de rapports pacifiques. Elle n'eut point d'abord cette gravité que présentaient tous les *tumultes gaulois*. Avant d'éclater sur les divers points de la Cisalpine elle fut l'entreprise d'un petit nombre de jeunes gens avides de périls et humiliés des dernières défaites de leurs pères. Parmi les vieillards aucun ne poussait les Gaulois à tenter de nouveau la fortune contre un peuple terrible, qui leur avait fait sentir l'horreur de ses vengeances. Mais les Boïens avaient alors pour rois At et Gall, ardents ennemis de Rome, qui profitèrent de l'impatience de leurs jeunes guerriers pour attaquer la république. Comme la faiblesse de leurs troupes était manifeste, ils envoyèrent des émissaires au delà des Alpes, pour soulever les peuplades alliées. On répondit à leur appel; et quand l'armée fut réunie on se dirigea contre Ariminium, la colonie romaine la plus rapprochée. Mais cette guerre n'était pas populaire : la majorité des Boïens se refusait à marcher et menaçait les deux rois. Confiants dans l'appui des Transalpins, ceux-ci poursuivirent leur route; mais ils ne tardèrent pas à tomber entre les mains d'une troupe Boïenne qui les égorgea. Puis il y eut une bataille rangée entre les Boïens et ceux qui étaient descendus des Alpes. Ils se massacrèrent l[es] uns les autres. Les Romains, que la [le]vée d'armes des Gaulois avait plong[és] dans la terreur, étaient déjà complè[te]ment rassurés.

CRAINTES QU'INSPIRAIENT AUX GA[U]LOIS LES COLONIES ROMAINES. — [Le] sénat défendit alors de vendre des arm[es] dans la Circumpadane. Peut-être alla-t[-on] jusqu'à suspendre tout commerce ent[re] ce pays et le reste de l'Italie. C'était u[ne] imprudence, mais moindre que celle q[ui] fut commise à l'instigation du tribu[n] Flaminius (234). « Rome, dit M. Am[é]dée Thierry, longtemps absorbée par l[es] soins de la guerre punique, n'avait enco[re] établi que deux colonies dans le pays e[n]levé aux Sénons : c'étaient Séna, fond[ée] immédiatement après la conquête, et A[ri]minium, postérieure à la première [de] quinze années. Les terres non colo[ni]sées restaient depuis cinquante a[ns] entre les mains de riches patriciens, q[ui] en retiraient l'usufruit, et même s'[en] étaient approprié illégalement la mei[l]leure partie. Le tribun Flaminius aya[nt] éveillé sur cette usurpation l'attentio[n] des plébéiens, malgré tous les efforts d[u] sénat, une loi passa qui restituait a[u] peuple les terres distraites, et en régla[it] la répartition, par tête, entre les f[a]milles pauvres. Des triumvirs partire[nt] aussitôt pour mesurer le terrain, fixer l[es] lots et prendre toutes les dispositio[ns] nécessaires à l'établissement de la mult[i]tude qui devait les suivre. L'arrivée d[e] ces commissaires jeta l'inquiétude parm[i] les Cisalpins, et, en dépit d'eux-mêmes[,] les tira de leur inaction.

« Le mal que leur avait fait une seul[e] des colonies déjà fondées était incalc[u]lable. Ariminium, ancienne ville om[brienne, que les Sénons avaient jadi[s] laissée subsister au milieu d'eux, avai[t] été transformée par les Romains en un[e] place de guerre formidable; sans cesse[r] d'être le principal marché de la Cispa[]dane, sentinelle avancée de la politiqu[e] romaine dans la Gaule, Ariminium était depuis trente-cinq ans, un foyer de cor[]ruption et d'intrigues, qui malheureuse[]ment avaient porté fruit. De l'argen[t] distribué aux chefs et des promesses qu[i] flattaient la vanité nationale avaient ga[]gné les Cénomans à l'alliance de Rome [;] sous main, il la secondaient dans se[s] projets d'ambition; et jusqu'à ce qu'ils pussent trahir leurs compatriotes ouvertement et sur les champs de bataille, ils les vendaient dans l'ombre, semant la désunion au sein de leurs conseils et révélant à l'ennemi leurs projets les plus secrets. Par le moyen de ces traîtres et des Vénètes, dévoués de tout temps aux ennemis de la Gaule, l'influence romaine dominait déjà la moitié de la Transpadane. Dans la Cispadane les intrigues de Rome avaient échoué; mais ses armes poussaient avec activité, depuis six ans, l'asservissement des Ligures de l'Apennin, et de ce côté n'inquiétaient pas moins la confédération boïenne que du côté de l'Adriatique. »

LES BOIENS ET LES INSUBRIENS CHERCHENT A FORMER CONTRE ROME UNE VASTE COALITION. — On ne tarda pas à s'apercevoir chez les Cisalpins de la faute qu'on avait faite de ne pas soutenir At et Gall; néanmoins ce ne furent d'abord que les Insubriens et les Boiens qui prirent les armes. Les Vénètes s'élevèrent chaleureusement contre toute rupture avec Rome. Les Cénomans et d'autres attendirent avant de prendre une décision.

Les Insubres et les Boiens se liguent donc ensemble; c'étaient les deux plus grands peuples de la nation; mais leurs forces n'étant point suffisantes, ils envoyèrent des émissaires chez les Gaulois qui habitaient le long des Alpes et du Rhône et qu'on appelait Gésates. Voici, d'après les recherches de M. Amédée Thierry, quelles étaient la signification et l'origine de ce surnom:

« Les Gaulois d'Italie, dans le cours de trois siècles, avaient adopté successivement une partie de l'armure italienne et perfectionné leurs armes nationales; mais, sur ce point comme sur tout le reste, leurs voisins des vallées des Alpes n'avaient rien changé aux usages antiques de leurs pères. A l'exception du long sabre de cuivre ou de fer, sans pointe et à un seul tranchant, le montagnard allobroge ou helvétien ne connaissait pas d'autre arme que le vieux *gais* gallique, dont il se servait d'ailleurs avec une grande habileté; cette circonstance avait fait donner, par les Cisalpins, aux bandes qu'ils tiraient des montagnes, le nom de *gaisda*, c'est-à-dire, armés du *gais*. Plus tard, par extension et par abus, ce mot s'employa pour désigner une troupe soldée d'au delà des Alpes, quelles que fussent sa tribu et son armure. C'était l'acception qu'il portait du temps de Polybe, et *gésate* ne signifiait plus dès lors qu'un soldat mercenaire (1). »

ALLIANCE DES GAULOIS TRANSALPINS AVEC LES CISALPINS; TERREUR A ROME. — Les deux peuples ligués gagnent à force d'argent les deux rois Concolitan et Anéroeste (2). « Ils leur mettent devant les yeux la grandeur et la puissance des Romains; ils les flattent par la vue des richesses immenses qu'une victoire gagnée sur ce peuple ne manquera pas de leur procurer; ils leur promettent solennellement de partager avec eux tous les périls de cette guerre; ils leur rappellent les exploits de leurs ancêtres, qui, ayant pris les armes contre les Romains, les avaient battus et avaient pris d'emblée la ville de Rome; qui en étaient restés les maîtres pendant sept mois, et qui, après avoir cédé et rendu la ville, non-seulement sans y être forcés, mais même avec reconnaissance de la

---

(1) Dans une note de sa traduction de Polybe (livre II, chap. IV) le chevalier de Folard compare les Gésates aux Suisses des temps modernes, qui vendent aussi leurs services aux pays étrangers. Il est à remarquer qu'ils habitaient à peu près le même pays, et qu'ils quittaient de même l'indépendance de leurs montagnes et de leurs vallées pour aller guerroyer au loin.

« Les Gésates, dit Folard, fournirent un grand nombre de soldats aux Carthaginois. Ceux-ci les transportaient dans le pays de leur domination, et avec eux faisaient de bonnes conquêtes, qui les dédommageaient assez de ce qu'il leur en coûtait non-seulement pour leur solde, dont ils convenaient, mais encore pour les sommes qu'ils donnaient aux princes qui leur permettaient ces levées. Cela se remarque dans Polybe et dans Tite-Live. Ces Gaulois faisaient métier d'aller tuer les autres pour de l'argent et de s'entretuer quelquefois comme bons compatriotes, parce qu'ils se vendaient indifféremment aux deux partis : de sorte que les mêmes drapeaux se trouvaient souvent opposés les uns contre les autres. »

(2) Κογχολιτάνος καὶ Ἀνηροέστης, dans Polybe.

part des Romains, étaient retournés, sains et saufs et chargés de butin, dans leur patrie (1) »

L'espoir du gain entraîna les deux Gaulois et à leur suite une multitude de soldats telle qu'on n'en avait jamais vu sortir du pays. A Rome, où l'on apprend le commencement de l'invasion, le sénat se hâte de déclarer qu'il y a *tumulte*. En peu de jours, soldats, munitions, vivres en quantité, tout l'appareil de la guerre, en un mot, est déjà transporté au-devant de l'ennemi.

LES GAULOIS FRANCHISSENT LES ALPES; DÉFECTION DES CÉNOMANS; IMMENSES PRÉPARATIFS DES ROMAINS; ÉNUMÉRATION, D'APRÈS POLYBE, DES TROUPES ROMAINES. — Déjà les Gaulois avaient franchi les Alpes et s'étaient réunis à leurs alliés dans les plaines du Pô. Les Insubres et les Boïens étaient en grand nombre. Quant aux Cénomans, comme on avait pu le prévoir, ils avaient fait cause commune avec les Vénètes, c'est-à-dire qu'ils avaient rompu avec la ligue pour s'allier aux Romains. Les adversaires de ces derniers étaient ainsi réduits à cinquante mille hommes de pied, soutenus d'une cavalerie de vingt mille hommes. Le reste demeurait en observation pour prévenir les suites de la défection des Cénomans.

C'est contre cette armée que le sénat romain, écoutant ses craintes et se souvenant du terrible danger que les Gaulois avaient fait courir jadis à la république, leva ces troupes formidables dont Polybe nous a conservé l'énumération. Les livres sibyllins furent soigneusement feuilletés; leur prédiction fut aussi sinistre qu'au temps de Camille : les Gaulois devaient prendre deux fois possession du sol de Rome. Si l'on en croit Tite-Live, le collège des prêtres, consulté, détourna le sens de cet oracle par une interprétation ridicule, à laquelle la crainte fit ranger tous les sénateurs. La prédiction serait remplie, fut-il répondu, si quelques Gaulois étaient enterrés vifs dans l'enceinte des murailles; car par ce moyen ils prendraient possession du sol de Rome. « Une fosse maçonnée fut préparée dans le quartier le plus populeux de la ville, au milieu du marché aux bœufs. Là furent descendus en grande pompe, avec l'appareil des plus graves cérémonies religieuses, deux Gaulois, un homme et une femme, afin de représenter toute la race; puis la pierre fatale se referma sur eux. Mais les bourreaux eurent peur de leurs victimes assassinées : pour apaiser, comme ils disaient, *leurs mânes*, ils instituèrent un sacrifice qui se célébrait sur leur fosse chaque année dans le mois de novembre (1). »

Alors on mit en mouvement les levées qu'avait faites le sénat. « Faisons, dit Polybe, le détail des préparatifs de cette guerre et des troupes que les Romains avaient alors. De là on jugera en quel état étaient les affaires de ce peuple, lorsque Annibal osa l'attaquer. Il partit avec les consuls quatre légions romaines, chacune de cinq mille deux cents hommes de pied et de trois cents chevaux : il y avait encore avec eux du côté des alliés trente mille fantassins et deux mille chevaux; plus de cinquante mille hommes d'infanterie et quatre mille chevaux, tant des Sabins que des Étrusques, que l'alarme générale avait fait accourir au secours de Rome, et que l'on envoya sur les frontières de l'Étrurie avec un préteur pour les commander. Les Ombriens et les Sarsinates vinrent aussi de l'Apennin au nombre de vingt mille, et avec eux autant de Vénètes et de Cénomans, que l'on mit sur les frontières de la Gaule, afin que, se jetant sur les terres des Boïens, ils détachassent des autres et rappelassent chez eux ceux qui en étaient sortis. Ce furent là les troupes destinées à la garde du pays. A Rome on tenait prêt, de peur d'être surpris, un corps d'armée qui dans l'occasion tenait lieu de troupes auxiliaires, et qui était composé de vingt mille fantassins romains et de quinze cents chevaux, de trente mille fantassins des alliés et de deux mille hommes de cavalerie : les registres envoyés au sénat portaient quatre-vingt mille hommes de pied et cinq mille chevaux parmi les Latins, et chez les Samnites soixante et dix mille fantassins et sept mille chevaux. Les Iapyges et les Mésapyges fournissaient outre cela cinquante mille fantassins et seize mille caraliers ; les Lucaniens trente mille hommes de pied et trois mille chevaux ; les Marses, les Marucins, les Férentins et les Vestins vingt mille hommes de pied et quatre mille chevaux. Dans la Sicile et à Tarente il y avait encore deux légions composées chacune de quatre mille deux cents hommes de pied et de deux cents chevaux. Les Romains et les Campaniens faisaient ensemble deux cent cinquante mille hommes d'infanterie et vingt-trois mille de cavalerie. De sorte que l'armée campée devant Rome était de plus de cent cinquante mille hommes de pied et de six mille chevaux ; et ceux qui étaient en état de porter les armes, tant parmi les Romains que parmi les alliés, montaient à sept cent mille hommes de pied et soixante et dix mille chevaux (1). »

Lucius Æmilius Pappus, l'un des consuls, fut envoyé devant Ariminium ; le second, Caïus Atilius Régulus, s'arrêta en face de la Sardaigne (227). Nous avons vu que l'Étrurie était gardée par un préteur.

LES CHEFS CONCOLITAN, ANÉROESTE ET BRITOMAR PÉNÈTRENT DANS L'ÉTRURIE; BATAILLE DE FÉSULES; LES ROMAINS SONT VAINCUS. — Concolitan et Anéroeste, auxquels s'était joint un autre chef, nommé Britomar, avaient juré qu'ils ne détacheraient pas leurs baudriers avant d'être montés au Capitole. Ils se précipitent dans l'Étrurie, où ils ne rencontrent pas d'obstacles, et font de terribles ravages. En peu de jours ils sont à trois journées de Rome, aux environs de Clusium. Là seulement ils apprennent qu'une armée romaine s'est mise à leur poursuite; ils retournent sur leurs pas, prêts à combattre sur-le-champ. La nuit les arrête, et ils campent à quelques pas de l'ennemi, entre Arétium et Fésules. Mais ce n'était qu'une halte simulée. Pendant que les feux du camp font croire aux Romains qu'ils ont près d'eux leurs adversaires, l'infanterie gauloise se retire et va prendre position à Fésules, où la cavalerie doit la rejoindre au lever du soleil. En effet, aux premières lueurs du jour les sentinelles romaines voient la cavalerie gauloise s'ébranler. Le préteur croit les Gaulois en fuite, et les poursuit; mais il se trouve arrêté par le gros de l'armée, qui sort de Fésules et le défait complétement. Il est forcé de fuir, et laisse au moins six mille hommes sur le champ de bataille.

LE CONSUL ÆMILIUS MARCHE CONTRE LES GAULOIS, QUI ESSAYENT DE REVENIR EN GAULE ; IL LES ATTEINT PRÈS DU CAP TELAMONE ; GRANDE VICTOIRE DES ROMAINS. — A la nouvelle de ce désastre le consul Æmilius, qui avait son camp vers la mer Adriatique, se met en marche et arrive à Fésules dans la nuit même. Les fuyards se joignent à lui, avertis de sa présence par les feux de son camp. Il prend aussitôt les mesures les plus urgentes, et attend le jour avec anxiété. Les chefs gaulois avaient aussi vu les feux pendant la nuit, et l'augmentation des forces ennemies ne leur avait point échappé. Ils tiennent conseil. L'avis d'Anéroeste est qu'il faut se garder de courir les chances d'un nouveau combat. N'a-t-on pas assez de butin, de prisonniers, de bestiaux, de bagages ? N'est-il pas sage d'aller se débarrasser de ces richesses dans la Gaule, quitte à revenir ensuite, si c'est le désir commun ? Tous se rangeant à cet avis, ils lèvent leur camp avant le jour, et se mettent en route pour gagner la mer et suivre le rivage jusqu'en Ligurie. Leur

---

(1) Polybe, II, 5. — Quelle que soit la véracité ordinaire de Polybe, il est au moins permis de croire qu'il exagère un peu. « Je m'étonnerais volontiers à mon auteur, dit le chevalier de Folard, les faits et gestes de cette armée envoyée en Toscane. Je ne vois pas qu'elle mît le moindre obstacle à la marche des Gaulois ; ils font leur voyage tranquillement, et traversent les Apennins et des pas de montagnes très-dangereux, qu'il était fort aisé aux Romains de défendre et de chicaner jusqu'à faire perdre patience aux Gaulois et à obliger à se retirer faute de vivres.... Ce qui est digne de remarque c'est que tous ces peuples étaient alliés des Romains.... Mais lorsque Annibal entra en Italie ces alliés disparaissent; peu embrassent le parti d'Annibal, et aucun ne joint ses forces à celles des Romains. Cela paraît surprenant. N'est-ce pas que les puissances de l'Italie regardaient les Gaulois comme les ennemis communs, et que tous s'armaient généralement pour défendre leur liberté? au lieu que la guerre d'Annibal contre les Romains regardait uniquement ceux-ci, et non leurs voisins ni leurs alliés. » Folard, traduction de Polybe.

marche est gênée par le butin qu'ils traînent après eux, et le consul n'a pas besoin de se presser beaucoup pour les rejoindre. Confiant dans les forces réunies dont il dispose, il évite toute collision, jusqu'à ce qu'il ait trouvé un endroit et une circonstance favorables pour combattre. Les Gaulois atteignent le littoral à la hauteur du cap Télamone.

Polybe décrit avec son abondance ordinaire ce combat célèbre ; nous ne le suivrons pas dans tous les détails stratégiques qu'il se plaît à répandre dans sa narration. C'est à M. Am. Thierry que nous emprunterons le récit de ce combat : « Le hasard voulut que dans ce temps-là même le second consul Atilius Régulus, après avoir étouffé les troubles de la Sardaigne, vînt débarquer à Pise. Informé que les Gaulois avaient passé l'Apennin, il se porta en toute hâte du côté de Rome, en longeant la mer d'Étrurie, de manière qu'il marchait sans le savoir au devant de l'ennemi. Ce fut dans le voisinage de Télamone que quelques cavaliers de la tête de l'armée gauloise donnèrent dans l'avant-garde romaine ; pris et conduits devant le consul, ils racontèrent le combat de Fésules, leur position actuelle et celle d'Æmilius. Régulus alors, comptant sur une victoire infaillible, commanda à ses tribuns de donner au front de son armée autant d'étendue que le terrain pourrait le permettre, et de continuer tranquillement la marche ; lui-même, à la tête de sa cavalerie, courut s'emparer d'une éminence qui dominait la route. Les Gaulois étaient loin de soupçonner ce qui se passait ; à la vue des cavaliers qui occupaient la hauteur ils crurent seulement que L. Æmilius, pendant la nuit, les avait fait tourner par une division de ses troupes, et ils envoyèrent quelques corps de cavalerie et d'infanterie pour le débusquer de sa position. Leur erreur ne fut pas longue : instruits à leur tour par un prisonnier romain du véritable état des choses, ils se préparèrent à faire face aux deux armées ennemies à la fois. Æmilius avait bien ouï parler du débarquement des légions d'Atilius ; mais il ignorait qu'elles fussent si proches, et il n'eut la pleine connaissance du secours qui lui arrivait que par le combat engagé pour l'occupation du monticule.

Il envoya alors vers ce point de la cavalerie, et marcha avec ses légions sur l'arrière-garde gauloise.

« Enfermés ainsi, sans possibilité de battre en retraite, les Gaulois donnèrent à leur ligne un double front. Les Gésates et les Insubres, qui composaient l'arrière-garde, firent face au consul Æmilius ; les troupes de la confédération boïenne et les Tauriskes, à l'autre consul : le chariots de guerre furent placés aux deux ailes, et le butin fut porté sur une montagne voisine, gardé par un fort détachement. Les Insubres et les Boïens étaient vêtus seulement de braies ou de saies légères ; mais, soit par bravade soit par un point d'honneur bizarre, les Gésates mirent bas tout vêtement et se placèrent nus au premier rang, n'ayant que leurs armes offensives et leur bouclier. Durant ces préparatifs, le combat commencé sur la colline devenait plus vif d'instant en instant ; et comme la cavalerie envoyée de côté et d'autre était nombreuse, les trois armées pouvaient en suivre les mouvements. Le consul Atilius y périt ; et sa tête, séparée du tronc, fut portée par un cavalier aux rois gaulois. Cependant la cavalerie romaine ne se découragea point, et demeura maîtresse du poste. Æmilius fit avancer alors son infanterie, et le combat s'engagea sur tous les points. Un moment l'aspect des rangs ennemis et le tumulte qui s'en échappait frappèrent les Romains de terreur : « Car, dit Polybe, outre les trompettes, qui y étaient en grand nombre et faisaient un bruit continu, il s'éleva tout à coup un tel concert de hurlements, que non-seulement les hommes et les instruments de musique, mais la terre même et les lieux d'alentour semblaient à l'envi pousser des cris. Il y avait encore quelque chose de bizarre et d'effrayant dans la contenance et les gestes de ces corps énormes et vigoureux qui se montraient aux premiers rangs sans autre vêtement que leurs armes ; on n'en voyait aucun qui ne fut paré de chaînes, de colliers et de bracelets d'or. Et si ce spectacle excita d'abord l'étonnement des Romains, il excita bien plus leur cupidité, et les aiguillonna à payer de courage pour se rendre maîtres d'un pareil butin.

« Les archers des deux armées re

maines s'avancerent d'abord, et firent pleuvoir une grêle de traits. Garantis un peu par leurs vêtements, les Cisalpins soutinrent assez bien la décharge; il n'en fut pas de même des Gésates, qui étaient nus et que leur étroit bouclier ne protégeait qu'imparfaitement. Les uns, transportés de rage, se précipitaient hors des rangs pour aller saisir corps à corps les archers romains; les autres rompaient la seconde ligne formée par les Insubres, et se mettaient à l'abri derrière. Quand les archers se furent retirés, les légions arrivèrent au pas de charge; reçues à grands coups de sabre, elles ne purent jamais entamer les lignes gauloises. Le combat fut long et acharné, quoique les Gésates, criblés de blessures, eussent perdu beaucoup de leurs forces. Enfin la cavalerie romaine, descendant de la colline, vint attaquer à l'improviste une des ailes ennemies et décida la victoire; quarante mille Gaulois restèrent sur la place; dix mille furent pris. L'histoire leur rend cette justice qu'à égalité d'armes ils n'eussent point été vaincus. En effet, leur bouclier leur était presque inutile, et leur épée, qui ne frappait que de taille, était de si mauvaise trempe, que le premier coup la faisait plier; et tandis que les soldats gaulois perdaient le temps à la redresser avec le pied, les Romains les égorgeaient. Le roi Concolitan fut fait prisonnier; Anéroeste, voyant la bataille perdue, se retira dans un lieu écarté avec les amis dévoués à sa personne, les tua d'abord de sa main, puis se coupa la gorge. On ne sait ce que devint Britomar.

« Le consul Æmilius fit ramasser les dépouilles des Gaulois, et les envoya à Rome; quant au butin que ceux-ci avaient enlevé dans l'Étrurie, il le rendit aux habitants. Il continua sa marche jusqu'au territoire boïen, dont il livra une partie au pillage; après quoi il retourna à Rome. Il y fut reçu avec d'autant plus de joie que la frayeur avait été plus vive. Le sénat lui décerna le triomphe; et Concolitan ainsi que les plus illustres captifs gaulois furent traînés devant son char revêtus de leurs baudriers, « pour accomplir, dit Florus, le voeu solennel qu'ils avaient fait de ne point déposer le baudrier qu'ils ne fussent montés au Capitole. » Les enseignes, les colliers et les bracelets d'or conquis sur les vaincus furent suspendus par le triomphateur dans le temple de Jupiter.

« Pour mettre à profit sa victoire, la république envoya immédiatement dans la Cispadane les deux consuls nouvellement nommés, Q. Fulvius et T. Manlius. La confédération boienne était découragée et hors d'état de résister : les Anamans les premiers se soumirent, et leur exemple entraîna les Lingons et les Boïes. Ils livrèrent des otages et plusieurs de leurs villes, entre autres Mutine, Tanète et Clastidium, qui reçurent des garnisons ennemies. »

SUITE DE LA GUERRE; LES ROMAINS FRANCHISSENT LE PÔ; LES INSUBRES; MAUVAISE FOI DES GÉNÉRAUX ROMAINS. — La guerre n'était cependant pas terminée. L'année suivante (225) Publius L. Furius et Caius Flaminius transportent pour la première fois au delà du Pô une armée romaine. Les Anamans leur ouvrent le chemin, et ils entrent dans le pays des Insubres, à l'endroit où l'Adda se jette dans le Pô. Mais le passage ne se fait point sans difficulté, et les consuls y perdent une bonne partie de leurs soldats; puis, au moment où ils établissent leur camp sur la rive opposée ils sont assaillis tout à coup par les Gaulois, font encore une perte considérable, et se voient réduits à signer un traité avec les Insubres et à quitter le pays. Ils se mettent donc en marche, et se hâtent de gagner le pays des Cénomans, leurs alliés, pour reprendre avec leur aide la position qu'ils ont perdue et violer impunément le traité. En effet, se précipitant de nouveau sur les plaines des Insubres, ils mettent tout à feu et à sang, et ne se retirent qu'après avoir fait d'épouvantables ravages.

SOULÈVEMENT GÉNÉRAL DES GAULOIS; LEURS PRÉPARATIFS. — L'indignation des Gaulois fut alors portée au comble. Leurs chefs appelèrent autour d'eux tous les guerriers, afin d'en finir par une lutte désespérée avec ces perfides ennemis. Tous les drapeaux furent réunis dans un même endroit. Parmi eux brillaient les fameuses enseignes consacrées, surnommées immobiles (ἀκινήτους σημαίας), que l'on ne déployait que dans les grandes occasions, et qui étaient relevées d'or. On en avait dépouillé le temple de la déesse de la guerre. Bientôt les munitions abondent au lieu fixé pour le rassemblement de l'armée, et cinquante mille Gaulois qui ne respirent que la vengeance sont prêts à commencer la guerre.

FLAMINIUS; IL COMBAT MALGRÉ LES ORDRES DU SÉNAT; BATAILLE DE L'ADDA. — Cette fois les Romains étaient inférieurs en nombre, et avaient encore un autre désavantage : le sénat, hostile à Flaminius, provocateur du partage des terres sénonaises, avait fait casser sa nomination par les augures. Le bruit courut, dit Plutarque, que trois lunes avaient paru au-dessus d'Ariminium et qu'un des fleuves sénonais avait roulé des eaux teintes de sang. Flaminius, menacé d'une défaite, fut donc averti par le sénat qu'il devait se retirer et abandonner son commandement à son collègue, en attendant qu'un autre consul allât le remplacer. Il était impossible d'obéir dans un pareil moment; l'armée avait besoin de ses deux chefs, qui s'entendirent et prirent leurs mesures pour le combat sans plus se soucier des ordres du sénat.

Polybe fait ici une comparaison assez curieuse entre les armes des Romains et celles des Gaulois pour que nous tenions à citer son récit de la bataille de l'Adda.

« Cette bataille, dit-il, est célèbre par l'intelligence avec laquelle les Romains s'y conduisirent. Tout l'honneur en est dû aux tribuns, qui instruisirent l'armée en général et chaque soldat en particulier de la manière dont il fallait s'y prendre. Ils avaient observé dans les combats précédents que le feu et l'impétuosité des Gaulois, tant qu'ils n'avaient pas été entamés, les rendait à la vérité formidables dans le premier choc, mais que leurs épées n'avaient pas de pointe, qu'elles ne frappaient que de taille et un seul coup; que le fil s'en émoussait et qu'elles se pliaient d'un bout à l'autre; que si les soldats, après le premier coup, n'avaient pas le loisir de les appuyer contre terre et de les redresser avec le pied, le second n'était d'aucun effet. Sur ces remarques, les tribuns donnent à la première ligne les piques des triaires, qui sont à la seconde, et commandent à ces derniers de se servir de leurs épées. On attaque de front les Gaulois, qui n'eurent pas plus tôt porté les premiers coups que leurs sabres leur devinrent inutiles; au lieu que les Romains, ayant des épées pointues et bien affilées, frappent d'estoc et non pas de taille. Portant alors des coups à la poitrine et au visage des Gaulois, ils en terrassèrent le plus grand nombre. La prévoyance des tribuns leur fut d'un grand secours dans cette occassion, car le consul Flaminius ne paraît pas s'y être conduit en habile homme. Rangeant son armée en bataille sur le bord même de la rivière, et ne laissant par là aux cohortes aucun espoir pour reculer, il ôtait à la manière de combattre des Romains ce qui lui est particulier. Si pendant le combat les ennemis avaient pressé et gagné tant soit peu de terrain sur son armée, elle eût été renversée et culbutée dans la rivière. Heureusement le courage des Romains les mit à couvert de ce danger. Ils firent un butin immense; et, enrichis de dépouilles considérables, ils reprirent le chemin de Rome (1). »

LES ROMAINS ENVAHISSENT ENCORE LE TERRITOIRE DES INSUBRES; LE ROI VIRDUMAR; SIÉGE D'ACERRES; DIVERSION DES GAULOIS; BATAILLE DE CAVALERIE; VICTOIRE DE MARCELLUS DÉPOUILLES OPIMES. — L'an 224 les Gaulois ayant demandé vainement la paix, les deux consuls M. Cl. Marcellus et Cn. Cornélius partirent pour les combattre. Les Gaulois eurent de nouveau recours aux Gésates : ils en soudoyèrent environ trente mille, qui vinrent se ranger sous leurs drapeaux, conduits par le roi Virdumar (*Ferdhamar*, brave et grand). Dès que la saison le permit, les Romains se mirent en campagne. Ils envahirent le pays des Insubres et mirent le siège devant Acerres, ville située entre le Pô et les Alpes. Il étail impossible aux Insubres, surpris par la rapidité des consuls, de venir au secours de cette ville. Voulant donc faire diversion et forcer les assiégeants à se dégarnir de quelques troupes, ils se mirent de leur côté, à surprendre les Adréenses sur le territoire des Anamans, et assiégèrent Clastidium. Ils étaient au nombre

(1) Polybe, liv. II, c. 6; trad. de Folard.

l'environ dix mille cavaliers. Aussitôt M. Cl. Marcellus, à la tête de la cavalerie et d'une partie de l'infanterie, accourt pour sauver la ville dont les Romains avaient fait une place d'armes. Les Gaulois, dont le vœu était rempli, s'éloignent de la ville, contre laquelle ils n'avaient point formé de projets sérieux, et viennent à la rencontre des Romains. On se range en bataille. En vain les Gaulois comptent-ils sur la supériorité du nombre et sur la bonté de leur cavalerie; ils soutiennent bien le premier choc des consuls, mais sont ensuite accablés, refoulés et jetés dans la rivière qu'ils avaient à dos, laissant sur le champ de bataille beaucoup de morts.

Acerres fut livrée; et Milan, capitale du pays des Insubres, servit de refuge aux restes de l'armée gauloise.

Polybe ne nous donne pas d'autres détails sur cette bataille. Voici le récit qu'en fait M. Amédée Thierry, d'après Plutarque et Tite-Live.

« Marcellus craignait d'être débordé, à cause de son peu de troupes ; il étendit le plus qu'il put ses ailes de cavalerie, jusqu'à ce qu'elles présentassent un front à peu près égal à celui de l'ennemi. Pendant ces évolutions, son cheval, effrayé par les cris et les gestes menaçants des Gaulois, tourna brusquement et emporta le consul malgré lui. Dans une armée aussi superstitieuse que l'armée romaine, un tel accident pouvait être pris à mauvais présage et glacer la confiance du soldat; Marcellus s'en tira avec une présence d'esprit remarquable. Comme si ce mouvement eût été volontaire, il fit achever à son cheval le cercle commencé, et revenant sur lui-même il adora le soleil; car c'était là chez les Romains une des cérémonies de l'adoration des dieux. Il voua aussi solennellement à Jupiter Férétrius les plus belles armes qui seraient conquises sur l'ennemi. Au moment où il faisait ce vœu, Virdumar, placé au front de la ligne gauloise, l'aperçut; jugeant, par le manteau écarlate et par les autres signes distinctifs du commandement suprême, que c'était le consul, il poussa son cheval dans l'intervalle des deux armées, et brandissant un gais long et pesant, il le provoqua au combat singulier. « Ce roi, dit le biographe de Marcellus, était de haute stature, dépassant même tous les autres Gaulois. Il était revêtu d'armes enrichies d'or et d'argent, et rehaussées de pourpre et de couleurs si vives qu'il éblouissait comme l'éclair. »

« Frappé de cet éclat, le consul parcourut des yeux le front de l'armée ennemie, et , n'y trouvant pas d'armes plus belles : « Ce sont bien là, dit-il, les dé-« pouilles que j'ai vouées à Jupiter. » En disant ces mots, il part à toute bride, frappe de sa lance le Gaulois, qui n'était point encore sur ses gardes, le renverse, lui porte un second, un troisième coup, et met pied à terre pour le dépouiller. « Jupiter ! s'écria-t-il alors, en élevant « dans ses bras les armes ensanglantées : « toi qui contemples et diriges les grands « exploits des chefs de guerre au milieu « des batailles, je te prends à témoin que « je suis le troisième général qui, ayant « tué de sa propre main le général enne-« mi, t'a consacré ses dépouilles opimes. « Accorde-moi donc, Dieu puissant, une « fortune semblable dans tout le cours de « cette guerre. » Il avait à peine achevé que la cavalerie romaine chargea la ligne gauloise, où la cavalerie et l'infanterie étaient mêlées ensemble. Le combat fut long et acharné, mais la victoire resta au consul. Beaucoup de Gésates périrent dans l'action; les autres se dispersèrent (1). »

REDDITION DE MILAN; DERNIÈRE VICTOIRE DES ROMAINS; TRIOMPHE DE MARCELLUS; FIN DE LA GUERRE CONTRE LES GAULOIS. — Le consul Corn. Scipion avait suivi jusqu'à Milan les Gaulois de la garnison d'Acerres; sa présence les tint d'abord en respect, mais tout à coup ils sortirent de la ville, chargèrent les Romains, en tuèrent une bonne partie, et mirent le reste en fuite. Le consul, ayant resserré autour des ailes ce qui lui restait de troupes, reprit l'offensive, et força ses ennemis, malgré leur héroïque résistance, à prendre la fuite vers les montagnes. L'arrivée de Marcellus avait contribué puissamment au succès. Milan, abandonnée par les Gésates, succomba, et bientôt toutes les places importantes se rendirent. Le sénat préleva sur chacune d'elles de lourds tributs, et y établit des colonies.

(1) Am. Thierry, t. I, p. 227.

Le succès de la guerre était dû en dernier lieu à Marcellus. Il est étonnant que Polybe ne dise rien de son triomphe, qui offre cependant des particularités remarquables. Son biographe en a détaillé les circonstances, que M. Am. Thierry raconte, d'après lui, dans les termes suivants :

« Marcellus fut reçu avec enthousiasme par le peuple et par le sénat, et la cérémonie de son triomphe fut la plus brillante qu'on eût encore vue dans Rome.

« Le cortége partit du champ de Mars, se dirigeant par la voie des triomphes et par les principales places pour se rendre au Capitole : les rues qu'il devait traverser étaient jonchées de fleurs ; l'encens fumait de tous côtés; la marche était ouverte par une troupe de musiciens qui chantaient des hymnes guerriers et jouaient de toutes sortes d'instruments. Après eux s'avançaient les bœufs destinés au sacrifice : leurs cornes étaient dorées, leurs têtes ornées de tresses et de guirlandes; suivaient, entassés dans des chariots rangés en longues files, les armes et les vêtements gaulois, ainsi que le butin provenant du pillage des villes boïennes et insubriennes; puis les captifs de distinction vêtus de la braie et de la saie, et chargés de chaînes : leur haute stature, leur figure martiale et fière attirèrent longtemps les regards de la multitude romaine. Derrière les captifs marchaient un pantomime habillé en femme et une troupe de satyres, dont les regards, les gestes, les chants, la brutale gaieté insultaient sans relâche à leur douleur. Plus loin, au milieu de la fumée des parfums, paraissait le triomphateur traîné sur un char à quatre chevaux. Il avait pour vêtement une robe de pourpre brodée d'or; son visage était peint de vermillon, comme les statues des dieux, et sa tête couronnée de laurier. « Mais ce qu'il y eut, dans toute cette pompe, de plus superbe et de plus nouveau, dit le biographe de Marcellus, ce fut de voir le consul portant lui-même l'armure de Virdumar ; car il avait fait tailler exprès un grand tronc de chêne, autour duquel il avait ajusté le casque, la cuirasse et la tunique du roi barbare. » L'épaule chargée de ce trophée, qui représentait la figure d'un géant armé, Marcellus traversa la ville. Ses soldats, cavaliers et fantassins, se pressaient autour et à la suite de son char, chantant des hymnes composés pour la fête et poussant par intervalles le cri de *Triomphe triomphe!* que répétait à l'envi la foule des spectateurs.

« Dès que le char triomphal commença à tourner du Forum vers le Capitole Marcellus fit un signe, et l'élite des captifs gaulois fut conduite dans une prison où des bourreaux étaient apostés et des haches préparées; puis le cortége, suivant la coutume, alla attendre au Capitole, dans le temple de Jupiter, qu'un licteur apportât la nouvelle « que les barbares avaient vécu ». Alors Marcellus entonna l'hymne d'action de grâce, et le sacrifice s'acheva. Avant de quitter le Capitole, le triomphateur planta, de ses mains, son trophée dans l'enceinte du temple, dont il avait fait creuser le pavé. Le reste du jour se passa en réjouissances et en festins ; et le lendemain, peut-être, quelque orateur du sénat ou du peuple recommença les déclamations d'usage contre cette race gauloise, qu'il fallait exterminer, parce qu'elle égorgeait ses prisonniers et qu'elle offrait à ses dieux le sang des hommes. »

§ IV. — *Guerre d'Illyrie.*

LES PIRATES ILLYRIENS.— Sept ans après la fin de la première guerre punique, les Romains, dans une expédition s'ouvrirent un passage pour pénétrer dans la Grèce. Soit qu'ils eussent déjà formé le dessein d'y établir un jour leur domination, soit qu'ils voulussent seulement répandre la terreur de leur nom au delà de l'Adriatique et garantir leurs rivages des incursions redoutables des pirates illyriens, ils profitèrent avidement de l'occasion qui s'offrit à eux de s'immiscer dans les affaires du continent grec et de s'y créer des intelligences pour préparer les voies à leur ambition.

Depuis quelques années, la mer supérieure était couverte de vaisseaux illyriens, qui, descendant tout à coup sur le rivage des pirates audacieux, se faisaient craindre de toutes les villes maritimes. Corcyre, Leucadie, Céphallénie se voyaient tour à tour désolées par ces rigandages ; il n'y avait point de flotte qui pût résister à leurs légers navires, flexibles à tous les mouvements de la lame, habiles à l'attaque comme à la fuite, montés par des aventuriers que les rois d'Illyrie désavouaient parfois hypocritement, mais accueillaient avec joie dans leurs ports, quand on les reconnaissait au loin, entourés de vaisseaux capturés et chargés de riches dépouilles.

Leur puissance s'était surtout augmentée sous Agron, à qui Teuta, reine d'Illyrie avait succédé en 230. Il n'est point inutile de connaître leurs expéditions avant la lutte qu'ils soutinrent contre les Romains. On y verra quels ennemis ces derniers avaient à combattre et de quelle importance fut pour la république le traité qu'elle imposa aux Illyriens.

GUERRE DES ILLYRIENS ET DES ÉTOLIENS ; LE ROI AGRON ; LA REINE TEUTA. — Agron, fils de Plématus, gouvernait déjà ce peuple depuis quelque temps, lorsque Démétrius, père de Philippe, obtint de lui qu'il porterait du secours aux Mydioniens assiégés par les Étoliens. Ceux-ci avaient demandé à Mydionie de les associer à sa république. La ville ombrageuse avait refusé, et commençait à s'en repentir. Elle était aux extrémités. Telle était la confiance de ses ennemis que leurs différents chefs se disputaient déjà la gloire de l'avoir prise, et partageaient d'avance le butin. Il fut décidé que le nouveau préteur qui prendrait la ville serait chargé avec son prédécesseur de répartir le butin et l'inscription des armes.

« Le lendemain de cette décision, dit Polybe, jour où le nouveau préteur devait être élu et entrer en charge, selon la coutume des Étoliens, arrivent pendant la nuit, près de Mydionie, cent bâtiments portant cinq mille Illyriens, qui, débarquant sans bruit, au point du jour, et s'étant rangés en bataille à leur manière, sont, partagés en cohortes, droit au camp des Étoliens. Ceux-ci furent d'abord frappés d'une descente si subite et si hardie ; mais pour cela ils ne rabattirent rien de leur ancienne fierté : ils comptaient sur leur nombre et la valeur de leurs troupes, et firent bonne contenance. Ce qu'ils avaient d'infanterie pesamment armée et de cavalerie (et ils avaient beaucoup de l'une et de l'autre), ils le mirent en bataille dans la plaine, à la tête du camp. Il y avait là quelques postes élevés et avantageux, ils les firent occuper par une partie de la cavalerie et des soldats armés à la légère ; mais ceux-ci ne purent tenir contre les Illyriens, qui, au premier choc les accablèrent de leur nombre et de leur pesanteur, et refoulèrent la cavalerie vaincue sur les troupes pesamment armées des Étoliens. Fondant ensuite des hauteurs sur les troupes rangées dans la plaine, ils les renversèrent avec d'autant plus de facilité que les Mydioniens firent en même temps sur elles une vigoureuse sortie. Il en resta une grande partie sur le champ de bataille ; mais on fit un plus grand nombre de prisonniers, et l'on se rendit maître des armes et de tout le bagage. Les Illyriens, après avoir exécuté l'ordre de leur chef, chargèrent le butin sur leurs bâtiments et reprirent la route de leur pays (1). »

Agron mourut peu de temps après le retour de sa flotte, des suites des excès auxquels il s'était abandonné pour fêter la victoire. Le royaume passa entre les mains de Teuta, sa femme, qui abandonna une partie de ses affaires à ses amis. Cette reine, dont l'esprit n'avait rien au-dessus des personnes de son sexe, ne pensait qu'à la dernière victoire. Sans égards pour les États voisins, elle permit d'abord à ses sujets de pirater. Ensuite, ayant équipé une flotte et levé une armée aussi nombreuse que la première, elle exerça de côté et d'autre, par ses généraux, toutes sortes d'hostilités.

ORGUEIL DE TEUTA ; SA CONFIANCE DANS LE SUCCÈS DE SES PIRATES ; LES ILLYRIENS ATTAQUENT L'ÉPIRE. — Telle était la reine que les Romains devaient bientôt combattre. Elle avait tous les goûts, tous les défauts de son peuple. Orgueilleuse, avide, pleine d'audace, confiante dans la fortune de son peuple sur la mer, maîtresse de la longue bande de rivages qui, bordés d'îles innombrables, déchirés à chaque instant en ports spacieux, en baies commodes, s'étendent depuis le Tilaventus et les Alpes Juliennes jusqu'à l'Aoüs en Chao-

(1) Polybe, II, 1.

nie, elle ne redoutait pas ces Italiens, que ses vaisseaux n'avaient rencontrés que si rarement dans la mer supérieure, et qui étaient complétement dépourvus de marine avant la première guerre punique. Cette dominatrice de la mer ne comprenait pas une puissance sans navires; loin de toute méfiance de ce côté, elle tourna donc ses armes contre quelques îles de la mer Ionnienne, dont l'état florissant excitait sa jalousie. Puis ce fut le tour des Éléens et des Messéniens. Jamais ces deux peuples n'étaient en repos contre les Illyriens, parce que la côte étant fort étendue et les villes dont ils dépendent bien avant dans les terres, les secours qu'ils en pouvaient tirer étaient faibles et trop lents pour empêcher la descente des Illyriens, qui par cette raison fondaient sur eux sans crainte et mettaient tout au pillage. Ils avaient poussé un jour jusqu'à Phénice, ville d'Épire, pour y chercher des vivres. Là, s'abouchant avec des Gaulois qui y étaient en garnison, à la solde des Épirotes, au nombre d'environ huit cents, ils prirent avec eux des mesures pour se rendre maîtres de la ville. Les Gaulois donnent les mains au complot; les Illyriens font une descente, emportent la ville, et s'emparent de tout ce qu'ils y trouvent. A cette nouvelle les Épirotes se mettent sous les armes. Arrivés à Phénice, ils campent devant la ville, ayant devant eux la rivière; et pour être plus en sûreté ils enlèvent les planches du pont qui pouvait donner passage à leurs ennemis. Sur l'avis qu'ils reçoivent ensuite que Scerdilaïde arrivait par terre à la tête de cinq mille Illyriens, qu'il faisait passer par les défilés qui sont proches d'Antigonée, ils envoient un détachement à la garde de cette ville, et du reste se tranquillisent, font bonne chère aux dépens du pays et ne s'embarrassent pas du service du camp. Les Illyriens, avertis que les Épirotes avaient partagé leurs forces et que le service se faisait avec nonchalance, partent de nuit, jettent des planches sur le pont, traversent la rivière, puis, s'emparant d'un poste avantageux, ils demeurent là jusqu'au jour. Alors on se met de part et d'autre en bataille devant la ville. Les Épirotes furent vaincus : on en tua un grand nombre; beaucoup d'entre eux furent faits prisonniers, le reste se sauva chez les Atintaniens. Après cette défaite, ne voyant plus chez eux-mêmes de quoi se soutenir, ils deputerent aux Étoliens et aux Achéens, pour les supplier de venir à leur secours. Ces peuples, touchés de compassion, se mettent en marche e vont à Hélicrane ; là se rendent auss les Illyriens qu'avait amenés Scerdilaïde et qui s'étaient emparés de Phénice. Il se postent auprès des Étoliens et de Achéens, dans le dessein de leur donne bataille; mais, outre que le terrain étai désavantageux, ils reçurent de Teuta des ordres qui les obligeaient de reveni promptement dans l'Illyrie, parce qu'une partie de ce royaume s'était tournée du côté des Dardaniens. Ainsi, après avoi ravagé l'Épire, ils firent une trêve avec les Épirotes, leur rendirent avec la ville de Phénice ce qu'ils avaient pris sur eux d'hommes libres, pour une somme d'argent, et, ayant chargé su des barques les esclaves et le reste d leur bagage, les uns se mirent en mer les autres, que Scerdilaïde avait amenés s'en retournèrent à pied par les défilés d'Antigonée. Cette expédition excita la fureur des Grecs qui habitaient le long de la côte. Auparavant ils craignaien pour leurs campagnes; mais depuis que Phénice, la ville de toute l'Épire la plus forte et la plus puissante, avait passé sous d'autres lois d'une façon si extraordinaire, ils crurent qu'il n'y avait plus de sûreté, ni pour eux-mêmes ni pour leurs villes. Les Épirotes remis en liberté, loin de se venger des Illyriens ou de marquer leur reconnaissance aux États qui les avaient secourus, envoyèrent des ambassadeurs à Teuta, et de concert avec les Acarnaniens, firent alliance avec cette reine, alliance en vertu de laquelle ils prirent dans la suite les intérêts des Illyriens contre les deux peuples qui les en avaient délivrés.

QUELS FURENT, D'APRÈS POLYBE LES PREMIERS RAPPORTS DES ROMAINS ET DES ILLYRIENS; INSOLENCE DE TEUTA: LES AMBASSADEURS ROMAINS SONT INSULTÉS ; L'UN D'EUX EST TUÉ LES ILLYRIENS POURSUIVENT L COURS DE LEURS PIRATERIES. — Long temps avant la prise de Phénice, dit Polybe, les Illyriens avaient assez souven inquiété ceux qui venaient de l'Italie par mer. Pendant leur séjour dans cett lle, il s'en détacha de la flotte plusieurs, ui, courant sus aux marchands, pillent, tuaient et emmenaient des prisonniers. D'abord le sénat ne tint pas grand compte des plaintes qu'on lui porta contre ces pirates. Mais bientôt, ces plaintes devenant plus fréquentes, il envoya en Illyrie Caïus et Lucius Coruncanius pour s'assurer des faits. Quand Teuta vit, au retour de ses vaisseaux, le nombre et la beauté des dépouilles qu'ils avaient apportées de Phénice, ville alors la plus riche et la plus florissante de l'Épire, cela ne fit que redoubler la passion qu'elle avait de s'enrichir aux dépens des Grecs. Les troubles intestins dont son royaume était agité la retinrent un instant ; mais dès qu'elle eut rangé à leur devoir les révoltés, elle mit le siége devant Issa, la seule ville qui refusât de la connaître. Ce fut alors qu'arrivèrent les ambassadeurs romains. Dans l'audience qu'on leur donna, ils se plaignirent des torts que leurs marchands avaient soufferts de la part des corsaires illyriens. La reine les laissa parler sans les interrompre, affectant des airs de hauteur et de fierté. Quand ils eurent fini, sa réponse fut qu'elle tâcherait d'empêcher que leur république n'eût dans la suite sujet de se plaindre de son royaume en général ; mais que ce n'était pas la coutume des rois d'Illyrie de défendre à leurs sujets d'aller en course pour leur utilité particulière. A ce mot, la colère s'empara du plus jeune des ambassadeurs, et, avec une liberté à laquelle il ne manquait que d'avoir été prise à propos : Chez nous, reine, dit-il, une des plus belles coutumes est de venger en commun les torts faits aux particuliers, et nous ferons, s'il plaît aux dieux, en sorte que vous vous portiez bientôt de vous-même à réformer les coutumes des rois illyriens. » La reine prit cette réponse en très-mauvaise part. Elle en fut tellement irritée que, sans égard pour le droit des gens, elle fit poursuivre les ambassadeurs et tuer celui qui l'avait offensée. Là-dessus les Romains, indignés, font des préparatifs de guerre, lèvent des troupes et équipent une flotte. Au commencement du printemps, Teuta, ayant fait construire un plus grand nombre de bâtiments qu'auparavant, envoya encore des pirates contre la Grèce. Une partie passa à Corcyre, les autres allèrent mouiller à Épidamne, sous prétexte d'y prendre de l'eau et des vivres, mais en effet dans le dessein de surprendre la ville. Les Épidamniens les laissent entrer. Ils abordent : leurs vêtements sont retroussés ; ils ont un pot dans la main comme pour prendre de l'eau, et ils cachent un poignard dans ce pot. Ils égorgent la garde de la porte, et se rendent bientôt maîtres de l'entrée. Alors, de leurs vaisseaux, accourut promptement un secours selon le projet qui avait été conçu, et avec ces nouvelles forces il leur fut aisé de s'emparer de la plus grande partie des murailles. Mais les habitants, quoique attaqués à l'improviste, se défendirent avec tant de vigueur, que les Illyriens, après avoir longtemps disputé le terrain, furent obligés de se retirer. Les Illyriens, repoussés, cinglèrent droit à Corcyre, y firent descente, et entreprirent d'assiéger la ville. L'épouvante s'y répandit. Telle était la réputation des Illyriens, qu'on se crut obligé d'implorer l'assistance des Achéens et des Étoliens. Il se trouva là en même temps des ambassadeurs de la part des Apolloniates et des Épidamniens, qui priaient instamment qu'on les secourût, et qu'on ne souffrît point qu'ils fussent chassés de leur pays par les Illyriens. Ces demandes furent favorablement écoutées. Les Achéens avaient sept vaisseaux de guerre ; on les équipa et l'on se mit en mer. On comptait bien faire lever le siége de Corcyre ; mais les Illyriens, ayant reçu des Acarnaniens sept vaisseaux, en vertu de l'alliance qu'ils avaient faite avec eux, vinrent au-devant des Achéens, et leur livrèrent bataille auprès de Paxos. Les Acarnaniens avaient en tête les Achéens, et de ce côté là le combat fut égal ; on se retira de part et d'autre. Pour les Illyriens, ayant lié leurs vaisseaux quatre à quatre, ils approchèrent des ennemis. D'abord il ne semblait pas qu'ils se souciassent fort de se défendre. Ils prêtaient même le flanc comme pour aider les ennemis à les battre. Mais, quand on se fut joint, l'embarras des ennemis n'était pas médiocre, accrochés qu'ils étaient par ces vaisseaux liés ensemble et suspendus aux éperons des leurs. Alors les Illyriens sautent sur les ponts des Achéens, et les accablent de leur grand nombre. Ils prirent quatre galères à quatre rangs de rames, et en coulèrent à fond une de cinq rangs avec tout l'équipage. Ceux qui avaient eu affaire aux Acarnaniens, voyant que les Illyriens avaient le dessus, cherchèrent leur salut dans la légèreté de leurs vaisseaux, et, poussés d'un vent frais, arrivèrent chez eux sans courir de dangers sérieux. Cette victoire enfla beaucoup le courage des Illyriens. Ils continuèrent d'autant plus facilement le siége de Corcyre; et les assiégés perdirent toute espérance de le soutenir avec succès. Ils tinrent ferme quelques jours encore; mais enfin ils traitèrent, et reçurent garnison, et avec cette garnison Démétrius de Pharos. Après quoi les Illyriens retournèrent à Épidamne, et en reprirent le siége (1). »

LES RAPPORTS DE ROME AVEC L'ILLYRIE INSPIRENT AUX GRECS UNE GRANDE CRAINTE. — Nous suivons de près le texte de Polybe, qui est le plus abondant des historiens sur cette question. Si nous racontons avec lui, dans tous leurs détails, les expéditions des Illyriens qui ne se rattachent qu'indirectement à l'histoire de Rome, c'est qu'il est curieux de suivre ce peuple dans ses succès constants avant de le voir aux prises avec un ennemi qui le soumettra par une courte campagne au plus humiliant des traités. Il faut connaître les forces maritimes de l'Illyrie, sa position vis-à-vis de ses voisins et même des nations éloignées, qu'elle épouvante de ses armes, son habileté dans la conduite d'une guerre navale, pour bien apprécier le caractère de la victoire des Romains. Ce dut être un moment de vif effroi pour toutes ces républiques maritimes de la Grèce, orgueilleuses de leur passé, confiantes dans le présent, quand elles virent les Illyriens, ces redoutables rivaux contre lesquels leur commerce se maintenait si péniblement, écrasés tout à coup par la flotte romaine. C'était donc à la domination universelle qu'aspirait le sénat. La conquête de l'Italie envahie lentement, et comme avec timidité, n'était donc que le commencement de plus vastes entreprises. Déjà la première guerre punique avait éveillé

(1) Polybe, II, 2.

de terribles craintes dans le monde lexandre. On avait admiré les ressou d'un peuple qui, commençant la gu sans vaisseaux, avait pourtant su peu de temps se créer une flotte a nombreuse et assez forte pour la re supérieure à celle de l'ennemi par c génieuses améliorations, pour lui surer enfin des succès décisifs cont puissance maritime la plus célèbre plus florissante. Mais alors le danger loin encore. Aujourd'hui les Roma vainqueurs de l'Illyrie, installaient le continent grec leurs créatures répandaient leur influence et y en tenaient des garnisons. Ils vengeaie la vérité toutes les victimes des agg sions illyriennes; mais déjà l'on rec tait plus les alliés que les ennemis.

LES ROMAINS ENVOIENT UNE AR EN ILLYRIE; ELLE EST SOUTENUE DÉMÉTRIUS, GOUVERNEUR DE C CYRE; SUCCÈS DES ROMAINS; FUIT TEUTA; ELLE TRAITE AVEC LES MAINS; FIN DE LA GUERRE. — T ne tarda point à se repentir de sa c duite à l'égard des ambassadeurs mains. C'était alors à Rome le temps lire les consuls. Caïus Fulvius, ayant choisi, eut le commandement de l'ar navale, qui était de deux cents vaisse et Aulus Posthumius, son collègue, c de l'armée de terre. Caïus voulait d'a cingler droit à Corcyre, croyant y a ver à temps pour donner du seco mais, quoique la ville se fût rendue, laissa pas de suivre son premier des tant pour connaître au juste ce qu était passé que pour s'assurer de ce avait été mandé à Rome par Démétr qui, ayant été desservi auprès de T et craignant son ressentiment, avait dire aux Romains qu'il leur livrerait C cyre et tout ce qui était en son pouv Les Romains débarquent dans l'île, sont bien reçus. De l'avis de Démétr on leur abandonne la garnison illyrier et l'on se rend à eux à discrétion dar pensée que c'était l'unique moyen d mettre à couvert pour toujours de lyriens. De Corcyre, Caïus fait v vers Apollonie, menant avec lui Dé trius, pour exécuter, sur ses avis, to qui lui restait à faire. En même te Posthumius part de Brindes avec armée, composée de vingt mille hom pied et de deux mille chevaux. Les ux consuls paraissent à peine devant ollonie, que les habitants les reçoi nt à bras ouverts et se rangent sous urs lois. De là, sur la nouvelle que s Illyriens assiégeaient Épidamne, ils dirigent vers cette ville ; et, au uit qu'ils approchent, les Illyriens vent le siége et prennent la fuite. Les idamniens étant sauvés, les Romains nètrent dans l'Illyrie, et soumettent s Ardyéens. Là se trouvent des dé ités de plusieurs peuples, entre autres s Parthins et des Atintaniens, qui les connaissent pour leurs maîtres. En ite ils marchent sur Issa, qui était aussi siégée par les Illyriens, font lever le ge et reçoivent les Isséens dans leur iance. Le long de la côte ils s'emparent quelques villes d'Illyrie, entre autres Nytrie, où ils perdirent beaucoup de ldats, quelques tribuns et un questeur. Ils y prirent vingt bâtiments légers, n emportaient du pays un riche butin. s assiégeants d'Issa, les uns, en consi ration de Démétrius, furent ménagés demeurèrent dans l'île de Pharos ; us les autres furent chassés et se reti rent à Arbon. Pour Teuta, elle se sauva ns l'intérieur des terres, avec un petit mbre d'Illyriens qui lui étaient restés èles. Les Romains, ayant ainsi aug nté dans l'Illyrie le nombre des sujets Démétrius et étendu sa domina n, se retirèrent à Épidamne avec leur ite et leur armée de terre. Caïus ra ma à Rome la plus grande partie des nx armées, et Posthumius ayant ra ssé quarante vaisseaux et levé une ntribution sur plusieurs villes des en ons, prit ses quartiers d'hiver pour ir en respect les Ardyéens et les autres ples qui s'étaient mis sous la sauve rde des Romains. Au printemps, il vint Rome des ambassadeurs envoyés par uta, lesquels, au nom de la reine, pro èrent ces conditions de paix : « Qu'elle sayerait le tribut qui lui avait été imposé ; qu'à l'exception d'un petit ombre de places, elle quitterait toute l'Illyrie, et qu'au delà de certaines iimites elle ne pourrait mettre sur mer que deux bâtiments sans armes. » conditions étant acceptées, Posthu s envoya des députés chez les Étoliens es Achéens, pour les rassurer sur les dispositions des Romains. Ces ambassa deurs racontèrent ce qui s'était passé en Illyrie, et lurent le traité de paix con clu avec la reine Teuta. Puis, ils retour nèrent à Corcyre, très-contents du bon accueil qu'on leur avait fait dans l'Étolie et dans l'Achaïe. En effet, ce traité dont ils avaient apporté la nouvelle délivrait les Grecs d'une grande crainte ; car ce n'était pas seulement contre quelques parties de la Grèce que les Illyriens se déclaraient, ils étaient ennemis du pays tout entier. Ce fut ainsi que les légions romaines pénétrèrent pour la première fois dans l'Illyrie ; alors aussi fut con clue la première alliance qui se fit par ambassades entre les Grecs et le peuple romain. »

Telle fut la fin d'une guerre qui, ayant amené des rapports directs entre Rome et les deux plus puissantes confédérations helléniques, devait avoir pour dernier ré sultat l'entier asservissement de la Grèce.

IX.

SECONDE GUERRE PUNIQUE (1).

PROGRÈS DE ROME ET DE CAR THAGE DANS L'INTERVALLE DE LA PREMIÈRE A LA SECONDE GUERRE PU NIQUE. — Pendant que Rome s'établis sait en Corse, en Sardaigne, dans l'Il lyrie et sur les bords du Pô, d'où elle voyait les Alpes, ces barrières naturel les de l'Italie, Carthage tâchait de son côté de réparer les pertes de la première guerre punique par la conquête du nord de l'Afrique, et surtout par celle de l'Es pagne. Le grand Amilcar, le héros de la première guerre punique et de la guerre des mercenaires, commença cette grande entreprise, que continua après lui son gendre Asdrubal (1). Au bout de dix années d'efforts, l'Espagne se trouva soumise jusqu'à l'Èbre. Mais quand les conquêtes des Carthaginois touchèrent ce fleuve Rome s'alarma. Elle ne vou lait pas les laisser approcher des Pyré nées, ni surtout de la Gaule, où il y avait tant d'excellents mercenaires à recruter ; et par un traité de l'an 227 elle imposa

(1) Pour les détails de cette expédition, voyez dans le volume de cette collection con sacré à l'Afrique l'histoire de Carthage.

la condition à Asdrubal de ne pas franchir l'Èbre, et de respecter au sud de ce fleuve l'indépendance d'une ville gréco-latine, celle de Sagonte. Ces précautions n'étaient pas vaines ; car à la mort d'Asdrubal, l'armée d'Espagne mit à sa tête un des fils d'Amilcar, Annibal, qui rêvait déjà une audacieuse entreprise.

PLAN D'ANNIBAL. — Annibal avait alors vingt-six ans. Joignant la fougue de la jeunesse aux talents de son père, et pressé d'assurer, par la gloire des armes, le triomphe, dans Carthage même, de sa maison et de son parti, il ne songea, dès qu'il se vit maître d'une belle armée et d'une grande province, qu'à rallumer la lutte avec Rome. Sa position l'obligeait à prendre l'offensive, puisqu'il voulait entraîner, malgré lui, dans la guerre le sénat, encore hésitant, de Carthage. Et pour y entrer à toutes voiles, sans espoir de retour si ce n'est par la victoire, il conçut le plan le plus audacieux. Il se proposa, après s'être assuré de l'Espagne, de traverser les Pyrénées, les Gaules, les Alpes ; d'aller soulever l'Italie et de s'y prendre corps à corps avec Rome. Conception hardie, qui eût réussi s'il suffisait du génie d'un grand homme pour triompher des institutions d'un grand peuple.

Deux ans se passèrent à l'accomplissement de la première partie de son plan, c'est-à-dire en expéditions contre les peuples de race espagnole, pour obtenir l'obéissance de la Péninsule. La troisième fut consacrée au siége de Sagonte. Le prétexte de l'attaque fut l'oppression exercée par les Sagontins contre une des tribus alliées de Carthage. Le motif réel était l'amitié que Rome portait à cette ville, d'origine grecque, et le danger qu'il y aurait eu à laisser derrière soi cette porte ouverte aux légions romaines pour pénétrer jusqu'au cœur de l'Espagne. Le sénat de Rome avait garanti dans un traité avec Asdrubal l'indépendance de Sagonte : détruire cette place c'était déclarer la guerre.

PRISE DE SAGONTE. — Sagonte se défendit comme se défendra plus tard Numance, comme s'est défendu naguère Saragosse. Le siége dura vingt mois ; et lorsque tout espoir fut perdu, plusieurs des chefs firent dresser un bûcher sur la place publique, et s'y brûlèrent avec leurs effets les plus précieux. Le but fut pourtant considérable ; Annibal trouva de l'argent pour les frais de guerre, de nombreux captifs à distribu à ses soldats, et de magnifiques d pouilles, qui allèrent décorer les te ples et les palais de Carthage. Penda le siége il était venu à son camp d députés de Rome ; il refusa de les rec voir. Ils allèrent à Carthage sommer sénat de leur livrer l'audacieux généra Cette guerre est juste, leur répondit-o elle a été provoquée par Sagonte mêm Ils n'obtinrent pas d'autre satisfactio La prise et la destruction de la vil alliée de Rome porta au comble l'exa pération du peuple. Une seconde a bassade arriva, demandant une éclatan réparation. « Il faut choisir, disait F bius, entre la paix ou la guerre. » Et r levant un pan de son manteau : « Je por ici l'une et l'autre : décidez. — Choisis vous-même, s'écria tout le sénat ca thaginois. — Eh bien, la guerre ! » repi Fabius ; et, laissant retomber sa toge, semblait secouer sur Carthage la mo et la ruine.

PASSAGE DES PYRÉNÉES, DU RHÔ ET DES ALPES. — La guerre était d clarée : au printemps de l'année 218 Annibal partit de Carthagène à la tê de 94,000 hommes. Il avait, jeune e core, au milieu d'un sacrifice solenne juré devant son père une haine éternel aux Romains. Il accomplissait son se ment. Après le passage de l'Èbre, il re voya 10,000 soldats, qui s'effrayaie de ce long voyage et de cette expéditi périlleuse ; il en laissa 11,000 à Mag pour garder les passages, pendant qu'A drubal tiendrait l'Espagne en respe avec 15,000 hommes, 55 vaisseaux 21 éléphants. Il entra en Gaule av 50,000 hommes, 9,000 cavaliers et éléphants, et il touchait déjà le Rhô qu'on le croyait encore au delà des P rénées. Le plan des Romains était au habile et aussi hardi. Le consul Se pronius avait été envoyé en Sicile po passer de là en Afrique et attaquer C thage même, tandis que son collèg Scipion irait arrêter et combattre A nibal en Espagne. Mais Annibal déjo ces dispositions par la rapidité de marche ; Scipion n'était encore qu'à M seille quand le Carthaginois était déjà

…elà du Rhône. Les éléphants avaient …assé sur des radeaux, les troupes sur …es barques achetées aux riverains, les …hevaux à la nage, les Espagnols sur des …utres et sur leurs boucliers. Sur la rive …auche il dispersa les Volks, qui avaient …nté de s'opposer à son passage, évita …cipion, qui cependant lui fit perdre deux …ents Numides dans une escarmouche, …emonta le long du Rhône, jusqu'à cette …e que forment le fleuve et l'Isère; et, …rant parti de querelles intestines qui …visaient ce pays, se fit donner des …uides et des approvisionnements pour …on armée. Vers la fin d'octobre il entra …ans les Alpes, et neuf jours après, du …aut de leur cime, il montrait à ses sol…ats l'Italie. Mais il avait fallu vaincre …s montagards, le climat, et les lieux; …ne lui restait plus que 20,000 fan…ssins et 6,000 cavaliers. Il paya de la …oitié de son armée, disait Bonaparte, la …ule acquisition de son champ de ba…ille.

A la descente des Alpes Annibal …omptait trouver des alliés. Il était en…re en Gaule lorsque des Boïens étaient …enus lui proposer de lui servir de …uides et de s'associer à ses périls. …ans la Péninsule il croyait rencontrer …urtout cette haine du nom romain à …quelle il s'était voué lui-même. Il se …ompait. La domination romaine n'é…it point odieuse dans la plus grande …rtie de l'Italie, car elle n'était ni op…essive ni tracassière. Pourvu qu'on …tirât pas l'épée contre elle, mais pour …e, Rome laissait aux vaincus une …rande liberté. Et puis il y avait si long…mps que la plupart de ces peuples …aient habitués à reconnaître sa supré…atie!

ÉTAT DE L'ITALIE. — Quand An…bal envahit l'Étrurie, dit un récent …istorien de ces temps (1), il dut y …ouver peu d'Étrusques qui eussent vu …ur patrie libre. Tous ceux qui avaient …eint l'âge mûr étaient nés depuis que …Étrurie avait subi l'alliance de Rome. …orsqu'après la victoire du lac Trasimène …ntra dans le Samnium, cinquante-cinq

(1) Le docteur Arnold, *History of Rome*. …uteur de cet ouvrage très-estimable est mort …ant d'avoir pu terminer le troisième volume, …nsacré à la seconde guerre Punique.

ans s'étaient écoulés depuis que, abandonnés par Pyrrhus, les Samnites s'étaient soumis au consul Sp. Carvilius Maximus. Ainsi, dans le Samnium comme en Étrurie, la génération existante avait grandi sous l'alliance pacifique du peuple romain. Plus d'un Samnite pouvait même s'être enrichi des dépouilles de la Sicile, et avoir partagé la fortune des Romains dans la première guerre punique. Il est vrai que les vieux sentiments de haine et de rivalité n'étaient pas éteints, et que les Samnites s'unirent à Annibal, comme cent trente ans après ils s'unirent avec le jeune Marius contre le même ennemi, l'aristocratie romaine. Mais si leur défection ne fut pas persistante, si l'Étrurie n'encouragea pas le général carthaginois, si la fidélité du Picénum, de l'Ombrie, des Vestins, des Marses, des Péligniens, des Marrucins et des Sabins ne fit jamais défaut; si même en Campanie on put remarquer la fidélité de Nole et de Cume à côté de la défection de Capoue, tout cela doit être attribué au système de gouvernement que les Romains avaient établi après leur conquête de l'Italie. Ce n'était pas un gouvernement fondé sur la justice et qui garantit à ceux qu'il régissait l'égalité devant la loi; mais il assurait la domination romaine, sans avoir recours aux mesures extrêmes du despotisme.

Les rapports de Rome avec ses sujets italiens étaient ceux que l'on a avec des peuples alliés, sauf quelques différences. Ainsi le plus grand nombre des États italiens conservaient leur indépendance municipale; ils avaient des magistrats à eux, pouvaient régler leur gouvernement intérieur; et leur législation sur les successions et les mariages, comme leur code criminel, ne souffraient aucune atteinte. Mais cette manière d'être ne s'appliquait qu'aux États individuels, ou aux parties séparées d'une nation. Tout ce qui pouvait ressembler à une fédération était sévèrement proscrit. Arretium, Pérouse et Volaterre avaient leur législation particulière; mais nous ne voyons plus de congrès général des Lucumons au temple de Voltumne. Il arrivait même que les États ou les districts d'une même nation étaient isolés au point de ne pouvoir contracter mariage ni acquérir par succession ou par vente immobilière les uns à l'égard des autres. Les alliés étaient ainsi laissés en possession de leurs franchises municipales; mais toute indépendance nationale était anéantie. La cité italienne, libre de tous ses mouvements à l'intérieur, perdait au dehors sa liberté d'action. Elle était condamnée à la paix; était-ce un mal? Du Rubicon au détroit de Messine la guerre avait disparu et avec elle toutes les misères, suite nécessaire de ces luttes incessamment renouvelées. Les cités qui avaient survécu à la conquête des Romains étaient assurées de voir leurs dieux vieillir dans leurs temples.

D'un autre côté, si les alliés de Rome, par le fait même de leur alliance, échappaient aux misères de la guerre, ils étaient appelés à jouir des avantages que leur conférait pour une large part le système fédératif dans lequel ils étaient enveloppés. Ainsi dans le butin fait en Sicile, les alliés italiens et les légions romaines eurent une part égale; et après la quatrième guerre contre les Samnites, les Campaniens avaient reçu une grande partie de la côte du golfe de Salerne, qui auparavant appartenait aux Samnites. Les particuliers aussi, dans les États alliés, jouissaient du privilége de pouvoir *occuper* des terres du domaine public de Rome; et c'était là un lien puissant qui devait attacher aux intérêts de Rome les plus riches familles d'Italie, dont les unes possédaient déjà ce privilége et les autres désiraient l'obtenir.

Ajoutez à cela l'espérance que la domination romaine laissait à ceux qui lui étaient soumis de pouvoir arriver à une condition politique plus élevée. La marche régulière paraît avoir été qu'un État allié recevait d'abord le droit de cité, moins le droit de suffrage, et qu'après un certain temps ces demi-citoyens gagnaient graduellement le droit entier, et formaient une ou plusieurs tribus nouvelles, lorsqu'ils n'étaient pas admis dans les tribus déjà existantes. Il est vrai que le premier pas dans cette voie de privilége était généralement défavorable. Il entraînait l'abandon de toute indépendance municipale, et l'adoption entière d'un système étranger de législation. Mais il était des cas où on s'abs-

tenait de ces déchéances, et c'ét alors un pur bénéfice; telle semble av été la condition d'une grande partie la Campanie au commencement de seconde guerre punique. Capoue, au m ment où Annibal descend en Itali possède sans restriction l'indépendar municipale; elle a ses lois, ses mag trats et son territoire à elle, et de plu n'est pas moins certain que les nob Campaniens jouissaient de tous les dro de citoyen romain, excepté du droit suffrage. Tous les autres États pouvaie espérer la même récompense de leur fi lité persévérante; ce n'était qu'une faire de temps; et sans aucun dou telle aurait été la récompense de C poue si, au lieu d'ouvrir ses porte Annibal après la bataille de Cann elle avait dévoué à la cause de Ro tout ce qu'elle avait de force et de r sources.

Vivant dans un tel état, avec tant priviléges conservés, tant d'autres quis, et l'espérance d'en obtenir un j bien plus encore, les alliés de Ro avaient des motifs nombreux pour se s mettre à une condition d'ailleurs d ancienne et de se regarder comme un Rome d'une manière indissoluble. M ils avaient aussi beaucoup à souffrir. nous ne devons pas être surpris si descendants de C. Pontius, de Gell Egnatius, de Stimius Statilius, ou Calavius de Capoue regardaient n comme intolérable sous la dominati absolue d'un peuple que leurs pè avaient si longtemps combattu.

Les plébéiens de Rome avaient moins dans l'intérieur de la ville jusqu'à un mille de ses murs la pro tion de leurs tribuns; dans cette ceinte tout était soumis à la loi (*A tima judicia*). Mais au delà de ce limite commençait le pouvoir absol irresponsable (*imperium*), pour les toyens même, à plus forte raison p les Italiens, qui ne pouvaient arrêter violences d'un magistrat par la cra de leur vote au forum un jour d'o tion, ni par un appel à la justices sénat, si ce n'est dans de très-rares constances. Les magistrats roma avaient en effet pleins pouvoirs sur personne et les biens des sujets Rome: tout était permis en allég 'intérêt du peuple et le maintien de la dignité de ses représentants ; la plus faible opposition était regardée comme rébellion. Aussi, bien que des vols audacieux aux dépens de la propriété privée fussent difficiles parce que l'opinion publique ne permettait pas encore qu'un magistrat usât de son pouvoir pour commettre des brigandages à son profit, des actes de pillage et de cruauté, bien autrement graves que de simples atteintes à la propriété particulière, avaient été commis dans les commencements de la domination romaine en Italie.

Jusqu'ici nous avons considéré les alliés dans leurs relations générales avec Rome, sans parler des différences qui les distinguaient les uns des autres ; à la distance où nous sommes et avec le petit nombre de documents qui nous restent, ces différences sont à peine sensibles. Nous n'apercevons guère que l'uniformité de la puissance romaine. — Les traités qui établissaient les relations des divers alliés variaient cependant à l'infini dans leurs conditions. Camerinum en Ombrie, et Héraclée sur la mer Ionienne sont cités comme ayant traité avec les Romains sur le pied de l'égalité. L'Étrurie, faisant la paix au moment où Pyrrhus victorieux marchait sur Rome, devait s'être assuré des conditions plus avantageuses que les Samnites et que les Lucaniens, lorsque ceux-ci, épuisés, abandonnés de tous, se soumirent à leurs vainqueurs. Mais nous ne savons ni ce que contient ces différences, ni si on devrait attacher beaucoup d'importance à les connaître, à défaut de plus amples informations sur d'autres points que nous ne saurions découvrir. Cependant il faut insister sur cette distinction qui séparait tous les autres alliés de l'Italie de ceux du nom latin.

Lorsque Magon apporta à Carthage la nouvelle de la victoire de Cannes, et raconta comment non-seulement les Bruttiens et les Apuliens, mais encore une partie des Lucaniens et des Samnites, et surtout la grande ville de Capoue s'étaient joints aux Carthaginois, on prétend que le chef du parti opposé à Annibal demanda si un seul peuple du nom latin s'était révolté, si un seul citoyen des trente-cinq tribus avait passé à l'ennemi ? On regardait la trahison comme aussi impossible de la part des alliés du nom latin que de la part des citoyens mêmes. Le Samnium et Capoue pouvaient se révolter, mais jamais le Latium. Quels liens unissaient donc les deux nations d'une manière si indissoluble ?

Pour répondre avec ordre à cette question, il nous faut expliquer d'abord ce qu'on entendait au sixième siècle de Rome par le nom latin. Si nous nous souvenons que presque toutes les villes de l'ancien Latium depuis longtemps déjà étaient devenues romaines, de sorte que quelques-unes à peine devaient être comprises parmi les alliés, nous pouvons nous étonner de ce que le nom latin passait encore pour si puissant, et nous demander où l'on avait pu trouver les 85,000 Latins qui s'étaient présentés pour porter les armes dans la grande guerre gauloise.

C'est que le nom latin, étendu bien au delà de ses limites géographiques, était représenté par un grand nombre de cités florissantes, répandues dans toute l'Italie, depuis la frontière de la Gaule cisalpine jusqu'à l'extrémité méridionale de l'Apulie. Le peuple du nom latin au sixième siècle de Rome n'était pas composé seulement des Tiburtins et des Prénestins, mais encore des habitants de Circéi et d'Ardée sur l'ancien rivage du Latium, de Cora et de Norba sur le versant du pays montagneux des Volsques, de Frégelles et d'Interamna dans la vallée du Liris, de Sutrium et de Népète au-dessous des monts Ciminiens, de Calès, de Suessa Aurunca, et de Saticula sur le bord des plaines de la Campanie, d'Albe dans le pays des Marses, d'Ésernie et de Bénévent au cœur du Samnium, de Narnie et de Spolète en Ombrie, de Lucérie et de Venouse dans l'Apulie, d'Hadria et de Firmum dans le Picenum, et enfin de Brundisium, bien loin au midi, là où l'Adratique se réunit à la mer Ionienne, et d'Ariminium sur les frontières de la Gaule cisalpine. Tous ces États et bien d'autres formaient le nom latin au sixième siècle ; non pas qu'ils fussent latins d'origine, ou annexés aux cités de l'ancien Latium ; ils étaient au contraire d'origine romaine ; c'étaient des colonies fondées par le peuple romain et composées de ses propres citoyens; mais le sénat avait voulu pour rendre plus précieux le titre de citoyen, en le rendant plus rare, que ces colons fussent considérés seulement comme des Latins; ceux-ci, en considération des avantages dont ils jouissaient comme colons, avaient accepté de descendre politiquement à une condition plus humble que celle qu'ils avaient à Rome. Là ils étaient pauvres, dans leur nouvelle patrie ils trouvaient quelquefois même l'aisance.

Les cités du nom latin, soit villes de l'ancien Latium soit colonies de citoyens romains, avaient toutes leur gouvernement particulier sous la souveraineté de Rome. Ils étaient si bien regardés comme étrangers, qu'ils ne pouvaient ni acheter ni hériter des terres appartenant à des citoyens romains; en revanche, ils avaient deux priviléges particuliers: l'un que tout Latin qui laissait derrière lui un fils dans sa propre ville pour y perpétuer sa famille, pouvait retourner à Rome et acquérir la cité romaine; l'autre que quiconque avait été magistrat dans une ville latine pouvait devenir citoyen romain; de cette manière les principales familles des cités latines avaient la perspective certaine d'arriver avec le temps à partager les droits des citoyens de Rome.

Cependant il est à remarquer que lorsque douze des colonies latines, au milieu de la seconde guerre punique, rejetèrent toutes les demandes d'hommes et d'argent faites par le sénat, les consuls firent appel non à leurs obligations vis-à-vis de Rome, mais à leurs sentiments de devoir et de reconnaissance à l'égard de la mère patrie. « Ils étaient Romains d'origine, disaient-ils, et ils avaient été établis sur des territoires conquis par les armes romaines pour qu'ils y élevassent des enfants qui servissent un jour la patrie, et tous les devoirs auxquels les fils étaient obligés envers leurs parents, ils y étaient obligés vis-à-vis de la république romaine. » Et comme, d'après le droit romain, l'âge ne rendait pas le fils indépendant de son père, et qu'il lui devait toujours une entière obéissance, la fidélité des colonies ne devait pas dépendre des avantages qu'elles retiraient de leur alliance avec Rome, mais d'un sentiment de piété filiale.

Quand, au contraire, ils exhortaient les Campaniens à ne pas faire défection après la bataille de Cannes, ils en appelaient à leur reconnaissance, en raison des priviléges politiques et sociaux qu'ils leur avaient donnés. « Nous vous avons accordé, disaient-ils, la jouissance de nos propres lois, et nous avons fait participer une grande partie de votre peuple aux droits de nos propres citoyens. » Que ce langage est différent de la simple exhortation faite aux colonies latines : « qu'elles étaient les enfants de Rome, et qu'elles devaient avoir pour leur mère l'obéissance d'un enfant. »

L'attachement des colonies avait une autre cause, le besoin où elles étaient pour la plupart de la constante protection de Rome. Les colons de Bénévent et d'Esernie, de Lucérie et de Spolète n'étaient pas les seuls habitants de ces villes; ils n'avaient pas été envoyés comme en un désert où chacun pouvait occuper sans conteste la place qui lui convenait; on les avait envoyés pour occuper des villes déjà bâties et habitées, pour prendre possession de terres que depuis longtemps le travail des habitants avait rendues fertiles. On voulait qu'ils fussent les maîtres et comme les patriciens de leur nouvelle ville, et que les anciens habitants leur fussent soumis et devinssent étrangers sur leur propre territoire. En un mot on voulait reproduire l'ancien état de Rome même. Les colons étaient les patriciens, la bourgeoisie souveraine de la colonie, où les anciens habitants ne formaient plus que la foule, sans droits des plébéiens. Tant que les colons restaient fidèles à leurs devoirs envers la métropole, la puissance de Rome maintenait leur autorité; mais si Rome cessait de les soutenir, ils étaient en grand danger de se voir chassés par l'ancienne population de la colonie, qu'eussent aidée volontiers les habitants du voisinage; ou dans ce cas Bénévent et Esernie, cessant d'être plus longtemps colonies latines, seraient revenues à leur condition primitive d'États libres du Samnium.

On demandera cependant pourquoi

...ome refusait à tout prix à ses colonies les droits des citoyens romains; pourquoi, puisqu'il y eut quelques exemples de colonies fondées par des citoyens romains, on ne se fit pas une règle d'envoyer toujours des citoyens dans ces nouveaux établissements; pourquoi, enfin, la plus grande partie des colonies devait se contenter du nom et des priviléges des Latins. Aucun des écrivains anciens qui nous restent n'a répondu directement à cette question, et l'incertitude répandue sur les premiers temps de Rome nous réduit à ne faire que des conjectures. Il est probable, cependant, que les colonies formées lorsque l'alliance de Rome et du Latium existait encore sur le pied d'une complète égalité, telles que Norba et Ardée, étaient des cités latines proprement dites, dans lesquelles Latins et Romains envoyaient un nombre égal de colons, de sorte que les colonies n'appartenaient pas exclusivement à Rome. On comprend plus difficilement pourquoi *Sutrium* et *Népète*, colonies établies sur la frontière de l'Étrurie, recevaient encore le *jus Latii* et non le *jus civitatis*, à une époque où la vieille alliance avec le Latium touchait à sa fin; et pourquoi Calès et les autres colonies fondées après la grande guerre du Latium étaient des colonies portant non pas le nom romain, mais celui de cités latines. On peut supposer, d'une part, que dans tous ces établissements la population de la colonie fut dès l'origine mélangée, et que quelques-uns des colons primitifs étaient venus de cités latines alliées avec Rome; d'un autre côté, qu'après la guerre du Latium il y avait un des Latins que, soit à titre de récompense, soit par précaution, les Romains avaient établis hors du Latium. Il est encore probable que les colons romains furent non-seulement pris dans la classe des plus pauvres citoyens, mais encore dans celle des affranchis, que le gouvernement n'était pas fâché d'éloigner de Rome et de rayer de la liste des citoyens. D'ailleurs la colonie était fondée surtout au point de vue de la défense de la république. Les colons formaient comme une garnison permanente qui ne pouvait abandonner son poste pour venir voter à Rome.

Outre les alliés et les cités du nom latin, il y avait encore une troisième classe de sujets, qui étaient Romains par les droits civils et non par les droits politiques. Ils pouvaient contracter mariage avec des Romains, hériter d'un Romain et acquérir par *mancipation*; ils avaient le *jus connubii et commercii*, mais ils n'avaient le droit ni de voter dans les comices ni d'être élus à aucun emploi. Bien que cet état préparât souvent à recevoir complétement la cité romaine, il était cependant regardé comme inférieur à celui d'alliés ou de citoyens du nom latin, parce qu'il entraînait la confiscation de tous les droits ou de toutes les institutions locales, et l'adoption absolue des lois et des coutumes de Rome. La conséquence naturelle de ces conditions était de détruire tout gouvernement municipal. Un peuple devenu de cette façon le sujet de Rome n'avait pas, à vrai dire, ses propres magistrats; aussi les officiers publics qu'il conservait encore avaient des charges purement honorifiques; ils surveillaient les sacrifices, présidaient aux fêtes et réglaient le cérémonial; mais la chose la plus importante, l'administration de la justice, était confiée à des préfets envoyés de Rome, et les cités ainsi gouvernées étaient appelées *préfectures*.

Ces préfectures étaient probablement très-nombreuses dans toute l'Italie; car les magistrats des cités n'avaient pas toujours juridiction au dehors de leurs murs, et les districts ruraux pouvaient être administrés par des préfets. Le territoire des colonies formait ainsi des préfectures, bien que dans ce cas le préfet ne fût pas envoyé de Rome, mais nommé par la colonie elle-même. Ceci expliquerait à la rigueur ce qui autrement paraîtrait si embarrassant, l'application des termes de préfecture et de municipe aux mêmes places, lors même que le titre de municipe indiquait très-certainement l'existence d'un gouvernement municipal, comme à Cumes, Fundi et Formies. Les villes que nous citons avaient leurs magistrats particuliers, mais le pays qui les entourait pouvait bien être une préfecture, et le préfet n'être pas nommé comme dans les colonies, par le gouvernement local, mais être envoyé de Rome.

Ce mélange de différentes espèces de gouvernement renfermées dans les mêmes limites géographiques, attire l'attention sur un point de quelque importance : la différence qui existait aussi dans la condition des terres comme dans celle des personnes et des cités. On pouvait trouver partout trois sortes de propriétés foncières : d'abord les terres possédées par les anciens habitants et qui n'avaient jamais été confisquées, ou avaient été restituées après la conquête ; puis les terres concédées par le sénat aux colons romains ou latins ; enfin celles qui formaient le domaine public du peuple romain, et qui étaient louées ou affermées par le gouvernement, ou bien occupées par des particuliers, soit romains, soit latins, soit italiens.

Il ne nous reste pas pour l'Italie de ce temps de cadastre qui nous permette de déterminer les proportions relatives de ces trois sortes de propriétés ; mais nous pouvons affirmer que les terres de la troisième sorte, c'est-à-dire celles qui composaient le domaine de l'État, étaient en nombre énorme. Le peuple romain, en effet, maintenait son droit absolu de propriété, comme nous l'avons déjà vu, sur toutes les terres qu'il avait laissé occuper par des particuliers. Il n'y avait qu'une assignation régulière qui pût légitimer leur aliénation. Comme diverses circonstances accroissaient de temps à autre leur nombre, leur étendue, en somme, augmentait plutôt qu'elle ne diminuait ; de sorte qu'une quantité immense de terres domaniales appartenaient encore à l'État quand les Gracques songèrent, à la fin du septième siècle de Rome, à proposer une loi agraire générale.

Dans l'antiquité, toute l'activité sociale était renfermée dans les villes ; les campagnes étaient placées dans l'absolue dépendance des cités. Aussi les villes qui avaient été prises lors de la première conquête du pays, et dont les habitants avaient été massacrés ou réduits en esclavage, sans avoir été remplacés par des colons romains, étaient condamnées à une désolation perpétuelle en devenant la propriété du vainqueur. Leur ancienne population était dispersée ou détruite, et les riches Romains entrés en possession de leur territoire, en laissaient une large part en friche ; le reste ils le faisaient cultiver par des esclaves qu'ils établissaient dans des fermes au milieu des champs bien plutôt que dans les maisons de l'ancienne cité. De cette manière, une population esclave, rare et dispersée, remplacera les nombreuses villes qui s'élevaient autrefois sur tous les points de l'Italie, et qui pour n'être le plus souvent que des bourgs fortifiés n'en remplissaient cependant pas moins le grand objet de la société civile, en devenant chacune un théâtre où l'activité humaine pouvait se développer dans toutes les directions. Les villes qu'on laissa subsister, séparées alors par de vastes solitudes, se trouvèrent isolées entre elles, et virent diminuer leurs ressources parce que le sénat leur enleva à elles aussi une partie de leur territoire.

Parmi les cités les plus considérables plusieurs étaient devenues des colonies latines, et se trouvaient ainsi à jamais séparées de la nation dont elles faisaient autrefois partie. C'est ainsi que lorsque les Samnites se réunirent à Annibal ce fut comme une insurrection de paysans dans un pays où toutes les forteresses étaient en la possession de l'ennemi. Bénévent et Ésernie, les cités principales du Samnium, étaient colonies latines, ou, en d'autres termes, garnisons romaines. Les villes samnites étaient toutes peu considérables, et aussitôt que la protection d'Annibal se retira d'elles, la première armée romaine qui envahit la contrée les força d'abandonner la cause des Carthaginois, sans rencontrer de résistance.

ANNIBAL EN ITALIE. — Annibal se trompait donc quand, sur la promesse des députés boïens, il s'attendait à voir l'Italie entière se soulever à son approche. La domination romaine, comme nous venons de le voir, était trop bien organisée pour être ébranlée par la seule présence d'une armée carthaginoise. Il fallait qu'Annibal prouvât d'abord qu'il était assez fort pour se mesurer seul avec les Romains avant de pouvoir entraîner les Italiens à sa suite ; encore n'y eut-il jamais, même dans les plus mauvais jours, d'insurrection générale.

Annibal, descendu des Alpes, trouva aux prises les Taurins et les Insubres, qui, même en présence des Romains

vaient conservé leurs haines héréditaires. Il offrit son alliance aux premiers; refusé par eux, il prit leur ville l'assaut, et en fit massacrer les habitants. Annibal dut à ce succès quelques volontaires, mais ce fut tout. Les Gaulois attendaient de plus éclatants triomphes.

COMBAT DU TÉSIN. — Le sénat, pris au dépourvu par la marche hardie des Carthaginois, rappelle Sempronius, qui venait de s'emparer de Malte, entre la Sicile et l'Afrique. Scipion confie à son frère Cnéus le soin de conduire ses légions à la hâte en Espagne, et revient dans l'espérance d'atteindre assez tôt le pied des Alpes pour profiter de l'épuisement d'Annibal à la descente des monts. Mais il arrive trop tard, et rencontre l'ennemi sur les bords du Tésin. Ce premier coup sera décisif pour Annibal. Il a besoin de frapper vivement l'esprit de ses soldats. Des saies brillantes, des armes de luxe, des chevaux de guerre sont portés par son ordre au milieu du camp. Il fait venir ensuite des prisonniers : Qu'ils combattent, le vainqueur aura les présents, la mort délivrera le vaincu de l'esclavage. C'est l'image de la situation où le général carthaginois a placé ses compagnons d'armes : la mort, s'ils reculent; et s'ils triomphent, l'Italie pour prix de la victoire, le butin de cent peuples, les récompenses de Carthage, où il leur donnera, s'ils le veulent, droit de cité. « Si je manque à mes promesses, s'écrie Annibal, que les dieux m'immolent comme j'immole cette victime, » et il broie contre l'autel la tête de l'agneau qui devait servir au sacrifice.

Le combat s'engagea, mais point aussi décisif que l'aurait voulu Annibal. Scipion, ne laissant donner que son avant-garde, fit aussitôt retraite vers Plaisance, et de là vint asseoir son camp derrière la Trébie. Dans cette retraite, il perdit son arrière-garde, et deux mille Gaulois passèrent à l'ennemi, après avoir égorgé les gardes du camp. D'autres défections suivirent : Clastidium fut vendu aux Carthaginois par le commandant romain, avec les provisions de blé qu'elle contenait. Épuiser Annibal dans des escarmouches multipliées, ne pas lui offrir la chance d'une victoire, tel devait être le plan des consuls romains.

L'amour-propre personnel, la crainte de voir un collègue de l'année suivante mériter la gloire d'avoir sauvé l'Italie, et peut-être aussi le besoin de balancer l'effet moral qu'avait produit le combat du Tésin au profit des Carthaginois, engagèrent Sempronius, qui arrivait de Sicile, à céder aux tentations de combattre que son adversaire faisait habilement naître en lui.

BATAILLE DE LA TRÉBIE. — Les Romains, insultés par les Numides, eurent l'imprudence de passer la Trébie, et de venir donner dans une embuscade préparée par Annibal. Épuisés par la faim, le froid, la fatigue, la neige, qui leur tombait en plein visage, ils eurent à combattre contre les Carthaginois repus, reposés, les membres assouplis par l'huile, et réchauffés au-devant de grands feux allumés dans leur camp. Trente mille Romains restèrent sur le champ de bataille; Sempronius se sauva avec dix mille hommes. Cette victoire donnait à Annibal la Cisalpine moins Plaisance et Modène, et rejetait les Romains au delà de l'Apennin.

ANNIBAL HIVERNE EN CISALPINE. — Rome était le but et l'espoir de l'expédition carthaginoise. Annibal passe la Trébie, et marche droit à l'Apennin. C'était la route la plus difficile, mais la plus courte. Un ouragan le repousse, et il se voit forcé d'attendre le printemps devant Placentia. Pendant ce temps, on lui coupait toute communication avec l'Espagne par la Gaule, avec Carthage en plaçant des garnisons dans toutes les villes fortes de Sardaigne, de Sicile, à Tarente, et en interceptant tout arrivage par une flotte de soixante galères. Qu'importait à Annibal, il avait moins espéré en sa patrie qu'en l'Italie, et n'avait-il pas son génie? Les Gaulois lui arrivaient en foule, et tout ce qui était italien était traité dans le camp carthaginois avec des ménagements qui allaient peut-être préparer des trahisons.

Des troupes mercenaires veulent avant tout le pillage; c'était là l'embarras d'Annibal. Ses soldats et surtout ses alliés du moment ne savaient pas attendre. Le temps passé dans l'inaction était autant de perdu pour le butin. De là des mécontentements et des complots, surtout de la part des Gaulois, qui avaient à nourrir l'armée et à subir la discipline. Annibal, dit Appien, ne parvint à se soustraire à ces dangers qu'en faisant croire qu'il avait quelque don surnaturel, se montrant à leurs yeux surpris, tantôt sous les traits d'un jeune homme, tantôt sous ceux d'un vieillard. Il inspirait ainsi, par des travestissements continuels, un respect religieux. Mais il comprenait bien que ce rôle ne pouvait être joué longtemps, et que le succès dépendait de sa promptitude à agir.

BATAILLE DE TRASIMÈNE (217). — Aussi à peine l'hiver fut-il terminé, qu'il franchit l'Apennin, et descendit dans les marais de l'Arno. Sa marche y dura quatre jours et trois nuits, passés dans l'eau et la vase. Les Gaulois furent ceux qui souffrirent le plus. Venant après les Africains et les Espagnols, ils avancèrent sur un sol déjà défoncé, et auraient infailliblement reculé sans la cavalerie, qui les poussait l'épée dans les reins. Beaucoup périrent; une grande partie du bagage et des bêtes de somme fut laissée dans le marais. Annibal lui-même y contracta une maladie qui lui fit perdre un œil.

C'était au passage de ces marais dangereux que les Romains auraient dû attendre les Carthaginois et les combattre. Mais ils étaient bien loin de là, à Ariminum, pour lui fermer la route de l'Ombrie, ou plus près, mais encore trop en arrière, à Arretium; et à leur tête se trouvait un chef que les dieux abandonnaient. Nommé une seconde fois consul, malgré les grands, qui avaient suscité contre son élection les présages les plus sinistres, Flaminius était parti de Rome sans avoir sacrifié à Jupiter Latiaris. Il craignait qu'on ne fît mentir les auspices pour l'empêcher de rejoindre son armée. Plus que Scipion et que Sempronius, il avait besoin de vaincre pour se réhabiliter; il manqua la victoire par son indécision avant l'action et pour avoir trop osé le jour du combat. Suivant la même tactique qu'à la Trébie, Annibal attira le consul entre le lac Trasimène et les collines qu'il avait garnies de soldats. Les Romains, une fois entrés dans ce piège, se trouvèrent attaqués et pris de tous côtés. Ils perdirent trente mille hommes, dont quinze mille morts et autant de prisonniers. Le combat avait été si acharné, qu'un tremblement de terre qui renversait des montagnes ne fut senti ni des Romains ni des Carthaginois.

Annibal, après Trasimène, devait-i marcher sur Rome, dont il n'était sépare que par trente-cinq lieues? La froideu avec laquelle l'Étrurie l'avait accueill ne devait certes pas l'y encourager; e l'état de ses troupes, harassées par l marche et par la maladie, lui montrai qu'avant d'oser frapper un coup auss hardi il fallait refaire son armée. I tourna donc vers l'Ombrie, pour ga gner les plaines fertiles du Pice num. Sur sa route, il rencontra la colo nie de Spolète, qu'il attaqua vainement Cet échec montra quel aurait été ce lui qu'il eût essuyé devant Rome s'i avait tenté de l'emporter par un coup d main.

FABIUS PRODICTATEUR. — A Rom on eut recours aux moyens énergiques Nous avons été vaincus dans un gran combat, dit au peuple le préteur Pom ponius. Et le sénat, après une délibéra tion de deux jours, fit élire prodictateu le chef de la noblesse, Fabius Maximus Le parti populaire se serait peut-êtr alarmé de cet excès de pouvoir dans le mains d'un patricien; mais le sénat, qu dans ce moment critique avait besoin d ménager tous les intérêts et de réuni toutes les forces de Rome, choisit u homme aimé du peuple, Minucius, pou l'adjoindre à Fabius comme général d la cavalerie. Il ne négligea rien en mêm temps pour frapper et relever l'espri public. Des prières solennelles furen ordonnées; on célébra des sacrifices Les dieux semblaient irrités; un pré teur fut chargé de veiller aux expiation qui devaient les apaiser.

Annibal, en quittant le Picenum était descendu en Apulie, le long d l'Adriatique. L'Italie méridionale, su laquelle il comptait, resta fidèle en pré sence des armées carthaginoises, comm l'avait été l'Étrurie. La présence de Gaulois dans l'armée d'Annibal épou vantait les populations. On se rappe lait ces invasions gauloises dont l'éner gie de Rome avait jadis délivré l'Ita lie; et les Africains passaient auprès de Italiens pour se nourrir de chair hu maine. De toutes les villes de la grand Grèce, Tarente était la seule qui fît de vœux pour Carthage. A Naples et à Pers m on dépouilla les temples, afin de nir en aide au sénat pour les frais de guerre; et Hiéron, même après Tra- nène, offrit une statue en or de la ctoire, du poids de trois cent vingt res, mille archers ou frondeurs, trois t mille boisseaux de blé, deux cent lle boisseaux d'orge. Tant cette forte habile politique que nous avons mon- e avait étroitement rattaché les Ita- ns à Rome et à sa fortune.

TACTIQUE DE FABIUS. — Fabius com- t que le temps et la prudence étaient t en face d'un ennemi si redoutable aque fois qu'on osait l'affronter, mais ulé maintenant au fond de la Pé- sule, sans communications directes c sa patrie, puisqu'il ne possédait s un seul port, et séparé par l'Italie la Gaule de l'Espagne, qui seule pou- t lui envoyer des secours efficaces. uiser l'armée carthaginoise en lui upant les vivres, refuser à Annibal combat pour lui enlever le prestige de victoire, tel fut le plan du prodicta- r. Il eut le mérite de le trouver, celui, aucoup plus difficile, de le pratiquer d'y persévérer, malgré les railleries des rthaginois, les insultes des siens et méfiances du peuple de Rome.

Un jour seulement Fabius hasarda un mmencement de bataille; il croyait ir Annibal. Le général carthaginois it venu donner, du côté de Casili- m, dans une vallée que fermaient des rais impraticables. Fabius s'empare s hauteurs, tue huit cents hommes à nnemi, et lui coupe la retraite. Anni- l ne s'en tira que par la ruse; il fit acher aux cornes de deux mille bœufs s sarments enflammés, et les fit chasser rs le haut de la montagne. La garde défilé, croyant que l'ennemi fuyait de côté, abandonna son poste; Annibal m empara aussitôt et s'enfuit.

Il n'en fallut pas plus pour mettre à ut la patience des Romains. « Si le mporisateur, comme on appelait Fa- s, n'avait pas hésité dans cette occa- n, l'Italie, disait-on, eût été cette s délivrée. A quoi bon toutes ces len- ars, qui n'étaient que des lâchetés, elles menaient à ne pas savoir mettre main sur l'ennemi qu'on tenait pris mme dans un filet. Fabius ménage An- oal, parce qu'Annibal épargne les terres de Fabius. » Le combat, criait-on dans l'armée! et on le demandait à Rome, en y joignant le mot de trahison.

Fabius répondait à ces calomnies en faisant vendre par son fils Quintus les terres qu'Annibal avait perfidement épargnées et racheter avec le prix qu'il en tirait deux cent quarante-sept prisonniers; mais il ne changeait rien à sa conduite. Obligé de se rendre à Rome pour as- sister aux cérémonies religieuses, il ne quitta son armée qu'après avoir donné à Minucius, son maître de la cavalerie, des conseils de prudence et lui avoir ordonné de ne se départir jamais de cette prudence qui avait apporté un peu de relâche aux désastres des Romains. Minucius, impétueux et hardi, pouvait être utile sous la direction d'un chef habile, mais il était incapable de com- prendre la gloire que l'on peut retirer d'une guerre sans combats. Aussi, à peine Fabius était-il parti que le camp établi sur un point élevé et sûr était déjà descendu dans la plaine. Le succès vint en aide à l'imprudence. La cavale- rie romaine surprit les fourrageurs car- thaginois et en massacra un grand nom- bre. Annibal, surpris à l'improviste, n'osa pas risquer une bataille et se renferma dans son camp.

Lorsqu'à Rome on apprit ce succès la joie fut grande : on le célébra comme une importante victoire. Et Fabius ayant paru douter qu'il fût aussi complet que le disait le maître de la cavalerie, on s'indigna; même un tribun du peuple l'accusa de traîner la guerre en longueur, afin de commander seul à Rome et à l'armée, et demanda que le maître de la cavalerie partageât l'autorité avec le dictateur. Le peuple fut assemblé. Té- rentius Varron, ambitieux de bas étage, fils d'un boucher et boucher lui-même dans son enfance, appuya fortement la motion du tribun, qui passa. Fabius, dé- daignant de lutter contre ses ennemis, était parti pour son armée.

Fier de cette victoire, Minucius perdit toute modération; par prudence Fabius partagea avec lui les légions, plutôt que de partager le commandement. On forma deux armées et deux camps. Annibal, ins- truit de cette mésintelligence, voulut profiter de la témérité du collègue de Fabius; il plaça quelques troupes en embuscade, l'attira en plaine ; et lorsque le combat fut engagé, il le fit envelopper. La déroute commençait ; mais Fabius a vu la faute de Minucius : il accourt avec ses légions, et arrache la victoire aux ennemis. *Le nuage vient de vomir la tempête*, dit Annibal, en faisant sonner la retraite. Cette leçon profita à Minucius. Lorsqu'il fut rentré dans son camp il ordonna à ses soldats de prendre leurs enseignes et d'aller les planter devant la tente de Fabius ; il abdiquait de lui-même, et redevenait maître de la cavalerie. Six mois après, Fabius, en sortant de charge, laissait les affaires de la république dans une situation presque prospère. Carthage oubliait son glorieux général comme les Gaulois l'avaient oublié depuis que, par la retraite des Romains, tout occupés d'Annibal, ils avaient retrouvé leur indépendance. Ainsi il restait seul, et Rome voyait la fortune lui revenir. En Espagne, chaque jour de nouveaux peuples se ralliaient à sa cause. Dans l'Italie aucune défection ne se montrait ; et le sénat, sachant bien que pour réussir il faut d'abord croire à soi-même, conservait une attitude digne de la grandeur du nom romain ; et partout ailleurs qu'en face d'Annibal il faisait prendre à ses armées l'offensive. Aux peuples et aux rois qui eussent pu être tentés d'abuser des paroles, il tenait le langage le plus résolu ; il signifiait à Philippe de Macédoine qu'il eût à accorder l'extradition de Démétrius de Pharos, l'ennemi des Romains. On sommait les Liguriens d'avoir à se disculper de l'appui qu'ils avaient prêté à Annibal. On reprochait à Pinéus le retard qu'il mettait à payer son tribut.

C'était là une politique hautaine, qui contrastait fortement avec les temporisations conseillées par Fabius. La fortune, qui avait abandonné les aigles à la Trébie, au Tésin, à Trasimène, devait, disait-on à Rome, revenir au quatrième combat. L'année 217 on n'avait pas changé de plan de campagne, et les ressources d'Annibal s'épuisaient en même temps que diminuait la terreur de son nom. Le peuple, qui ne comprend que les résultats prompts et décisifs, voulut le combat. Le sénat y consentit. Paul-Émile, élève de Fabius, et le fils d'un boucher, Térentius Varron, furent élus consuls : l'un noble de vieille souche l'autre plébéien et parvenu aux grande charges, malgré le sénat, par consequent tous deux ennemis politiques ; c'é tait la discorde dans le camp : Paul-Émile voulant attendre, Varron voulan précipiter le dénoûment. Prends garde dit Fabius à Paul-Émile, ton plus dan gereux ennemi ne sera point Annibal il est dans ton propre camp ; c'est to collègue, qui te combattra avec tes pro pres soldats. Mais les efforts de Paul Émile furent vains ; Varron avait promi de faire cesser ce qu'il appelait la hont des armes romaines. Dès qu'il eut l commandement, il rendit la bataille iné vitable.

Annibal, cette fois encore, comme Trasimène et à la Trébie, sut se choisi son champ de bataille et y attirer l'en nemi, de manière à ce que le soleil et l poussière lui donnassent en plein visage Puis, ordonnant aux Gaulois qui for maient la première ligne de son front d bataille de reculer peu à peu sur le cen tre, il força les Romains à venir s'enga ger entre ses ailes, qui les enveloppèren en se repliant. La bataille se donna dan les plaines de Cannes, en Apulie, prè de l'Aufidus. Les Romains y perdirer soixante-dix mille hommes, Paul-Émile ses deux questeurs, quatre-vingts séna teurs, des consulaires, parmi lesquel Minucius, vingt et un tribuns légionna res, et une foule de chevaliers (2 aoû 216). Annibal n'avait perdu que cin mille cinq cents hommes, dont quatr mille Gaulois.

Cannes fut jusqu'à Zama la dernièr grande bataille livrée par Annibal au Romains. Le plan de campagne de Fa bius, en effet, sera suivi désormais, et l guerre se passera en sièges de ville, e ruses de guerre, et en escarmouch longtemps sans résultat. Il sera beau cependant de voir Annibal, réduit à so seules ressources, tenir en échec ce gran peuple romain, et, s'il ne peut l'abattr lui-même, au moins le harceler jusqu'à ce che et soulever le monde contre lui : S racuse, la Sicile, la Sardaigne, l'Espagn et la Macédoine.

MESURES PRISES A ROME APRÈS CAN NES. — C'est surtout après la défaite d Cannes qu'on peut juger de la grandeu de Rome. Le sénat, pour relever le cou

...ge du peuple et se concilier la multitude
...nt il allait réclamer le dévouement,
...clare que Varron a bien mérité de la
...trie, parce qu'il n'a pas désespéré du
...lut de l'État. En même temps Fabius
...donne aux femmes de se renfermer dans
...urs demeures, de peur qu'elles n'amol-
...sent les courages en remplissant la ville
... leurs lamentations et du spectacle de
...ur douleur. Le deuil public dut cesser
... bout de trente jours. Deux vestales
...ises à mort pour avoir violé leurs
...eux, deux Gaulois et deux Grecs en-
...rrés vivants sur l'ordre des livres si-
...llins durent apaiser la colère des dieux.
...s sénateurs donnèrent l'exemple du
...vouement, et mirent leurs fortunes
...rticulières à la disposition de l'État.
...es patriciens s'enrôlèrent. Ceux des
...gionnaires qui après Cannes s'étaient
...fugiés à Canusium et à Vénouse fu-
...nt relégués en Sicile, sans solde ni
...nneur militaire ; et plutôt que de payer
... rançon des captifs, on acheta des es-
...ves à leurs maîtres, et on leur promit
... liberté à la condition de la gagner
... armes à la main, en combattant pour
...me.
...Marcellus, qui commandait la flotte
...Ostie, avait augmenté la garnison de
...ome de quinze cents soldats. A la
...emière nouvelle du désastre de Can-
...s, il avait pris une détermination ha-
...e pour fermer aux Carthaginois le
...emin du Latium : il avait en toute hâte
...sté une légion à Téanum Sidicinum ;
...esure nécessaire et urgente, car An-
...bal était déjà dans Capoue.
...ANNIBAL A CAPOUE. — Cette ville,
...i prétendait rivaliser avec Rome, lui
...ait ouvert ses portes, après avoir
...ouffé dans les bains publics ceux
...s citoyens romains qui l'habitaient.
...tte soumission avait été accompagnée
...celle des Brutiens, des Lucaniens, des
...udiniens, des Hirpins, de quelques
...uliens, d'Atella et de Calatia. Cepen-
...nt ces défections d'une partie considé-
...ble de l'Italie méridionale n'ouvraient
... encore à Annibal le chemin de
...me. Pour l'accabler il lui fallait plus
... forces qu'il ne lui en restait ; il en
...manda donc à Carthage. Magon, son
...voyé, en entrant dans le sénat car-
...aginois, répandit un boisseau d'an-
...ux d'or. Autant d'anneaux, disait-

il, autant de chevaliers romains laissés
morts sur le champ de bataille de Cannes.
Malgré la résistance d'Hannon, la faction Barcine fit décréter l'envoi en Italie
de quatre mille Numides et de quarante
éléphants. Asdrubal reçut en même
temps l'ordre de franchir les Pyrénées
avec vingt mille hommes levés aux frais
de l'État.

FABIUS ET MARCELLUS; SUCCÈS
PARTIELS DES ROMAINS. — Annibal
songeait pendant ce temps à s'assurer
d'un port pour communiquer plus aisément avec sa patrie. Mais il échoua
devant Naples, grâce au dévouement
des Grecs Campaniens, et devant Nole
par l'énergie de Marcellus. Il se rejeta
sur Nucéria et Acerra, dont il s'empara.
Ce n'était pas là un brillant succès pour
le vainqueur de Cannes. Mais aussi le sénat romain avait pris d'excellentes mesures pour l'enfermer dans la Campanie :
vingt-cinq mille hommes, campés à Téanum, couvraient le Latium et fermaient
les voies Latine et Appienne ; Marcellus à
Nole défendait le sud de la Campanie, et
Varron maintenait l'Apulie ; l'Italie centrale était fidèle. Quant aux Gaulois cisalpins, ils semblaient ne s'inquiéter plus
de cette guerre. Fabius, consul pour la
troisième fois, et dont la prudence venait
d'être si tristement justifiée, prit en main
la direction de la guerre.

Pour affamer l'ennemi, il ordonna que
tous les grains des campagnes fussent
transportés dans les places fortes avant
les kalendes de juin. Lui-même il occupa l'importante position de Téanum,
et posta Sempronius Gracchus à Sinuessa
avec vingt-cinq mille alliés et les esclaves.
Bientôt, se fiant à l'obstacle qu'opposaient
les marais du Vulturne, Gracchus s'a-
vança jusqu'à Liternum pour intercepter
les secours qui pourraient venir de Carthage par mer. Marcellus demeurait à
Nole ; la garnison de Bénévent, une légion en Apulie, Varron dans le Picénum,
Pomponius en Gaule, les débris de Cannes en Sicile, trois flottes sur les côtes
de cette île, de la Calabre et du Latium
complétaient le plan de défense des
Romains.

Ces mesures eurent pour résultat de
déconcerter toutes les espérances du général carthaginois, en le contraignant
à faire des sièges de villes au lieu de

livrer des batailles, que son génie savait rendre si meurtrières pour les Romains. Cumes et Nole, deux fois attaquées, le repoussèrent, et Marcellus lui tua cinq mille hommes, succès peu important, quant au chiffre des morts, immense quant à l'impression qu'il produisit; car il montrait qu'Annibal n'était pas invincible. Fabius, de son côté, le resserrait tous les jours davantage. Hannon était battu à Grumentum; les villes des Hirpins étaient reprises, et de nouvelles défections étaient prévenues par le supplice des traîtres et le ravage des terres des Samnites Caudiniens. De sorte qu'Annibal, sans avoir essuyé de sérieuse défaite, reconnut bientôt qu'il ne pouvait plus tenir en Campanie. Il prit le chemin d'Arpi, en Apulie, espérant aller au-devant de Philippe de Macédoine. Ce prince, effrayé de voir les Romains établis aux portes de la Macédoine depuis la conquête de l'Illyrie, avait, à la nouvelle de la victoire de Cannes, conclu avec Annibal un traité, d'après lequel il devait mettre toutes ses forces au service du Carthaginois, qui lui assurait la Grèce, à condition que le roi lui abandonnerait l'Italie. Philippe devait incessamment arriver avec deux cents vaisseaux; il l'avait du moins promis, et c'était une des raisons qui engageaient Annibal à se porter vers la rive italienne de l'Adriatique. Mais il laissait derrière lui Capoue à découvert; les Romains l'assiégèrent aussitôt.

Les menaces du roi de Macédoine et une révolution qui vers ce même temps chassa de Syracuse les partisans des Romains montraient au sénat qu'il s'en fallait que les plus grands dangers fussent passés. Heureusement Rome était riche de patriotisme, et avec cette vertu-là un peuple ne manque jamais de ressources.

On fit aisément face en effet à tous les dangers, parce que les citoyens rivalisèrent de dévouement. Les tuteurs conférèrent au trésor l'argent de leurs pupilles; chaque sénateur fournit huit matelots pour la flotte; les esclaves enrôlés furent déclarés libres, et les maîtres ne voulurent pas en recevoir le prix. Enfin la loi Oppia restreignit pour les matrones l'usage des parures d'or et d'argent, afin de laisser à l'État la libre disposition de tout ce que la république poss dait de métaux précieux.

Les circonstances exigeaient po l'année 214 d'habiles généraux. Cepe dant aux comices consulaires la p mière centurie, dont le vote était souve décisif, proposa deux personnages d't mérite fort secondaire. Fabius, qui pı sidait l'élection, prend aussitôt la p role; l'un des deux consuls est s neveu, il repousse néanmoins sa non nation : Dans le calme, dit-il, chacun, matelot comme le passager, peut pre dre le gouvernail; mais dans la tempé il faut un homme de cœur et un pilo éprouvé; puis il renvoie la première ce turie aux suffrages, et tout d'une vc Fabius et Marcellus sont élus.

La guerre continuait dans le sud l'Italie. Annibal rentre en Campar pour faire diversion en faveur de C poue, attaque Pouzzole, Naples, et e une troisième fois battu par Marcell sous les murs de Nole. Par une de c tactiques qui lui avaient valu ses pr mières victoires en Italie, il descend raj dement vers Tarente, espérant y amen après lui Marcellus et l'entraîner à coı battre en rase campagne. Mais Fabii est là avec ses temporisations désa treuses pour les Carthaginois. Marcellu sans plus s'émouvoir, opère sa jonctio avec son collègue, et Tarente résist

Une victoire de Sempronius Gra chus, qui, en allant rejoindre les consul avait rencontré Hannon sur sa rou et l'avait battu, permet à Fabius de cha ser des villes du Samnium toutes l garnisons ennemies.

A la fin de l'année 214 Annibal e réduit à quelques villes d'Apulie, qu tient à conserver pour garder ses coı munications avec le roi de Macédoin Les Romains au-dessus de lui tienne la Lucanie par Gracchus, l'Apulie p Fabius, et au-dessous de lui la Calabı Tarente, Rhégium; dans la Campar le siège de Capoue continue. Annib seul occupe quatorze légions romaine

Rome, énergique en Italie, ne "ét pas moins contre les alliés lointaiı d'Annibal. Philippe, perdu par ses lo teurs, avait été forcé par Valérius brûler sa flotte sur l'Aoüs et de regagı par terre la Macédoine (214). Son inte vention si menaçante fut conjurée pan politique habile du sénat, qui suscita contre lui tous les peuples de la Grèce, et lui donna tant d'occupation autour de lui, qu'il ne put songer à remplir les promesses qu'il avait faites à Annibal.

SIÉGE ET PRISE DE SYRACUSE. — Un autre danger plus rapproché était la défection de Syracuse, passée, après la mort du fidèle Hiéron, dans le parti carthaginois. Le sénat, pour réduire cette grande ville, envoya en Sicile le glorieux soldat qui seul jusqu'à présent pouvait se vanter d'avoir vaincu Annibal, Marcellus.

Par sa position, par ses hautes murailles, assises sur le roc ou baignées par la mer, par les soins constants d'Hiéron à remplir les magasins de vivres, les arsenaux d'armes et de machines, Syracuse semblait inexpugnable. Si le mur d'enceinte était en quelque endroit forcé, la place pouvait résister encore; car la ville formait cinq quartiers : Ortygie ou Naxos, appelée aussi l'île Achradine, Tycha, Néapolis et Épipole, enfermés chacun, comme autant de villes, d'une muraille fortifiée.

Ce qui ajoutait encore à la force de Syracuse, c'est qu'elle possédait Archimède, génie profond, qui consentit à faire servir à la défense de sa patrie les talents qui l'ont placé au premier rang des géomètres. Il couvrit les murs de machines qui lançaient au loin d'énormes quartiers de roc. Si les vaisseaux romains approchaient du rempart, une main de fer les saisissait, les levait et les laissait retomber brisés au fond de la mer. S'ils se tenaient au large, des miroirs habilement disposés y portaient l'incendie; les légionnaires, saisis d'effroi, ne voyaient plus paraître sur le mur une poutre ou un bout de corde qu'ils ne s'enfuissent en criant que c'était encore quelque terrible machine d'Archimède.

Marcellus fut donc contraint de changer le siège en blocus et d'essayer si la trahison ne réussirait pas mieux que la force.

Dans son camp les transfuges syracusains étaient nombreux, et pour la plupart de noble naissance. On leur promit la conservation de leur liberté et de leurs lois; et à ce prix ils crurent pouvoir conspirer contre la patrie. Leurs partisans, restés à Syracuse, avaient reçu le mot d'ordre; toutes les mesures étaient prises pour la trahison, lorsque le plan de la conspiration fut révélé à Épicyde, qui commandait alors dans la ville. Les traîtres périrent dans les supplices.

On ne se découragea pas; on attendit. Instruit par un transfuge que Syracuse allait pendant trois jours célébrer par des débauches la fête de Diane, Marcellus pensa que le moment favorable était venu d'essayer une surprise. Il rassemble un petit nombre de tribuns, de centurions, de légionnaires intrépides, leur fait prendre des échelles, et au milieu de la nuit se dirige, d'après le conseil d'un soldat, vers un endroit où la muraille était moins élevée qu'elle ne le paraissait. Lorsqu'il juge que les assiégés sont plongés dans le lourd sommeil de l'orgie, il donne le signal de l'escalade, et mille soldats gagnent promptement et sans tumulte le sommet de la muraille; les gardes, ivres ou endormis, sont égorgés, une porte est enfoncée, et de nouvelles troupes pénètrent dans la ville. Réveillés par le son des trompettes, par les cris des Romains, les habitants, les soldats s'enfuient. Au point du jour Marcellus était campé dans l'Hexapyle, un des quartiers; la ville était à moitié prise. Épicyde accourt, et pense repousser promptement ce qu'il croit être seulement un coup de main audacieux; mais la vue des forces de Marcellus le détrompent; et la crainte d'une trahison le décide à se retrancher dans l'Achradine et l'île de Naxos.

Avant de l'y assiéger, Marcellus fit tourner les enseignes vers l'Euryale, fort qui dominait les routes de l'intérieur de l'île et qui menaçait ses derrières. Philodème d'Argos, chargé de le défendre, comptait sur le secours prochain des Carthaginois. Aussi refusa-t-il de se rendre; mais lorsque tout espoir se fut évanoui il capitula.

Il fallait récompenser les légionnaires de leurs fatigues, Marcellus abandonna la ville à la discrétion du soldat. Puis, voyant tout autour de lui, pillage, meurtres et incendies, il oublia un instant son triomphe, et versa quelques larmes sur cette ville, autrefois l'alliée opulente de Rome, maintenant la proie du soldat.

Cette victoire n'était pourtant pas complète; il fallait encore s'emparer des positions occupées par Épicyde; et ce n'était point chose facile, car les Carthaginois étaient enfin accourus, commandés par Hippocrate et Himilcon.

Hippocrate était venu camper près du grand port; il attaqua les Romains en faisant le signal à la garnison qui occupait l'Achradine d'attaquer de son côté. Cette double tentative échoua complétement. Épicyde fut refoulé dans la ville et Hippocrate dans son camp. Aux maux de la guerre vint se joindre une maladie contagieuse, qui, frappant les deux partis, les obligea de suspendre les hostilités. Les Carthaginois arrivés récemment en Sicile ne purent résister au fléau; les débris de leur armée se retirèrent dans deux villes voisines.

Les assiégés comptaient encore sur quelque secours de Carthage; elle envoya en effet cent trente vaisseaux longs et sept cents navires de charge. Mais les galères romaines sortirent à leur rencontre, et la flotte carthaginoise, intimidée, s'éloigna. Épicyde, découragé, s'enfuit lui-même à Agrigente.

Dès que l'on sut que le général avait déserté et que les Carthaginois avaient abandonné la Sicile, on envoya des députés à Marcellus; ils offraient de livrer leurs armes, leurs personnes, leur ville. Il rappelaient les cinquante années de dévouement d'Hiéron envers le peuple romain, et demandaient que les Syracusains fussent reçus à vivre sous le patronage de leur vainqueur. Le général romain accepta ces conditions. Durant les pourparlers, un mercenaire livra une porte de l'Achradine; les légionnaires s'y jetèrent en foule, et le pillage recommença. Ce fut là que périt Archimède. Les yeux fixés sur des figures tracées sur le sable, il ignorait même que la ville fût prise. Un soldat lui commanda de venir trouver son général. Il ne l'entendit pas; et le soldat de colère lui passa son épée au travers du corps. Marcellus donna des regrets à cette mort et prit soin de ses funérailles (212).

Succès des Carthaginois en Italie et en Espagne. — Annibal avait compté sur Philippe et sur Syracuse; l'un était vaincu, l'autre était prise. En Italie même, Arpi, son principal poste en Apulie, lui fut enlevé, et Capoue était plu étroitement serrée. Cependant il ne de sespère point encore. A ces succès de Romains il répond par la surprise de Tarente; il attire et tue Gracchus dans une embuscade. En même temps Mago entre à Capoue, les centurions Pénula Fulvius perdent l'un quinze mille, l'autre seize mille hommes. Enfin d'Espagne l arrivent de bonnes nouvelles, la défai et la mort des deux Scipions.

Reprise de Capoue et de Tarente. — Encouragé par ces succès Annibal tente pour délivrer Capoue u coup hardi. Il marche sur Rome mêm espérant, non la prendre, mais que l'ar mée assiégeante accourra au secours de la capitale, et qu'il pourra surprendre è chemin ces légions et les détruire. Rom était sur ses gardes, et pas un soldat n quitta les lignes de Capoue. Appius de meura devant les murs qu'il assiégeai et Annibal ne tira d'autre profit de cet marche audacieuse que de pouvoir vanter d'avoir ravagé les campagnes d Latium. Il fut obligé de rebrousser che min jusque dans le Brutium en frémi sant de ne pas avoir sauvé sa plus fidè alliée. La malheureuse ville fut cruelement traitée. Rome voulut donner u sanglant exemple à l'Italie : soixante-d. sénateurs de Capoue périrent sous hache, et tout le peuple fut vendu (211 L'année 210 Marcellus fut consul, ma les résultats furent indécis; 209 vit r venir Fabius, qui reprit Tarente et traita comme Capoue. Mais Marcell fut tué dans une reconnaissance, et de symptômes d'épuisement se déclarère du côté des Romains. Douze colonie refusaient les troupes et l'argent d mandé. A ce moment le péril redev nait cependant plus grand qu'après Ca nes. Asdrubal, échappé à Scipion, ava franchi les Pyrénées, ramassé soixan mille hommes en Gaule; et il descenda des Alpes pour rejoindre son frère. Q la jonction s'opère, et Rome est perdu

Bataille du Métaure (207). — On le sentait bien en Italie; et le pe ple, effrayé, ne voyait partout que pr sages sinistres. A Véies, disait-on, il éta tombé une pluie de pierres. A Minturne un ruisseau de sang avait coulé près de portes de la ville. Un jour de supplica ns fut ordonné par les pontifes. Les ;nes de malheur n'en continuèrent s moins. La foudre tomba au mont entin sur le temple de Junon-Reine. s craintes devinrent plus vives. Pour ndre à la république la faveur des ;ux on eut recours à des cérémonies isitées. Les dames romaines offrirent unon un pur et chaste sacrifice, et une ocession solennelle traversa la ville. ux génisses ouvraient la marche; derre elles on portait deux statues de Junn; puis venaient vingt-sept jeunes es aux robes flottantes, chantant un mne en l'honneur de la déesse; à leur te marchaient les décemvirs, courons de lauriers et vêtus de la prétexte. On rrêta au Forum; là les jeunes filles, les ins enlacées, exécutèrent une danse igieuse au son cadencé de leurs voix. rivés au temple de Junon, les décems immolèrent les deux victimes et pla'ent les deux statues dans le sanctuaire. On crut avoir par ces expiations apailes dieux, et les consuls procédèrent 'enrôlement avec une activité et ;ueur que justifiaient les lettres de Porıs, préteur de la Gaule. « Asdrubal, rivait-il, avait quitté ses quartiers d'hir et s'était engagé dans les Alpes : son née était nombreuse, et huit mille Liriens devaient l'augmenter encore à n entrée en Italie. Pour faire face au nger, on demanda des hommes aux onies maritimes, malgré l'exempm dont elles jouissaient. On rappela volontaires licenciés, et l'on fit reve- de Sicile et d'Espagne quinze mille mmes. Livius et Néron eurent ainsi cent lle légionnaires. C'était avec ces forces 'il fallait empêcher la réunion des ux frères et des deux armées carthanoises. Annibal était instruit de la marche Asdrubal; mais il se rappelait ces lutopiniâtres et sanglantes qu'il avait à soutenir contre les montagnards Alpes; et il ne se pressait pas de litter ses cantonnements. Mais depuis ze ans les passages étaient devenus ins difficiles et les sauvages habitants ces montagnes savaient maintenant on n'en voulait plus à leurs rochers à leurs troupeaux. Aussi, loin d'oppo) de la résistance, ils venaient grossir

l'armée, et la marche d'Asdrubal fut rapide; malheureusement, le siége de Plaisance lui fit perdre le fruit de sa célérité.

A la nouvelle de son entrée en Italie, Annibal sentit la faute qu'il venait de commettre; il réunit à la hâte ses forces dispersées dans le Brutium, et marcha sur Grumentum. Néron l'y suivit; la bataille s'engagea. Les Carthaginois, culbutés par la cavalerie romaine, se reformaient à la voix de leur chef, accouru avec ses vieilles bandes, lorsqu'ils virent leur retraite menacée par quelques cohortes placées en embuscade. Ils s'enfuirent, laissant sur le champ de bataille huit mille hommes et neuf enseignes. Annibal, vaincu, n'en gagna pas moins Canusium, où il se retrancha, attendant là des recrues du Brutium et des nouvelles de son frère. Néron avait placé son camp en face du sien.

Asdrubal venait enfin de lever le siége de Plaisance, et à la tête de soixante mille hommes s'avançait vers l'Ombrie; il était trop tard : Livius lui barrait le passage. Il avait envoyé à son frère, pour le prévenir de sa marche, six cavaliers numides et gaulois; mais égarés, surpris et amenés devant Néron, ils livrèrent la dépêche dont ils étaient chargés. Néron résolut alors d'aller, par une marche audacieuse, rejoindre son collègue Livius en lui amenant ses meilleurs soldats. Il instruit le sénat de son projet, fait préparer dans les villes qu'il va traverser des vivres et des chevaux, prend sept mille hommes d'élite, et après six jours de marche entre de nuit dans le camp de Livius.

Au réveil des troupes, les trompettes sonnent deux fois. A ce signe Asdrubal reconnaît la présence des deux consuls. Alors il se dit qu'Annibal n'est plus; que devant lui sont toutes les forces de la république réunies pour l'accabler, et déjà il songe à la retraite. La nuit venue, il abandonne en effet son camp, et veut repasser le Métaure; mais au milieu de la confusion ses guides se sont échappés; on s'égare, et le lendemain, avant d'avoir pu prendre une position avantageuse, il est attaqué par Néron. Livius lui-même arrive avec l'infanterie; et le combat devient général. Il est bientôt décidé. Les Ligures et les Espagnols, pris à dos, sont massacrés; les

17.

Gaulois n'opposent qu'une faible résistance, et se sauvent en jetant leurs armes; cinquante-six mille hommes restent sur le champ de bataille. Asdrubal ne voulut pas leur survivre. Poussant son cheval au milieu d'une cohorte romaine, il mourut en combattant, comme il convenait à un fils d'Hamilcar et à un frère d'Annibal. Cette victoire effaçait la défaite de Cannes.

Six jours après, Néron rentrait dans son camp. La tête d'Asdrubal jetée dans les retranchements carthaginois apprit à son frère la marche savante de son adversaire et la ruine de ses dernières espérances. « Fortune de Carthage, s'écria-t-il, je te reconnais! » Dès lors il se retira dans le Brutium, qu'il ne devait quitter que quatre ans plus tard, pour se trouver à Zama en face de Scipion.

Pendant qu'Annibal perdait l'Italie, Rome gagnait l'Espagne.

OPÉRATIONS EN ESPAGNE ; LES SCIPIONS. — On a vu que Cornélius Scipion, parti avec une armée pour l'Espagne en 218, et prévenu par Annibal au passage du Rhône, avait rebroussé chemin pour l'attendre à la descente des Alpes. Mais en quittant Marseille il avait laissé à son frère Cnéus ses deux légions pour que celui-ci allât occuper le pays entre l'Èbre et les Pyrénées et fermât la route de l'Italie à une nouvelle armée carthaginoise. Secondé par les Massaliotes, Scipion se trouva bientôt maître de la mer. La défaite des Carthaginois près de Scissis (218) et la destruction de leur flotte aux bouches de l'Èbre attirèrent à Rome de nouveaux alliés. Cent vingt cités entrèrent dans son parti, et les Celtibériens battirent deux fois Asdrubal.

Cornélius, au sortir du consulat, vint retrouver son frère avec huit mille hommes et trente vaisseaux. Asdrubal fut repoussé loin de l'Èbre, et ne put empêcher la prise de Castulon et de Sagonte (215). En même temps la promesse d'une solde attirait dans le camp romain la jeunesse celtibérienne. Mais la nature de ce pays, hérissé de montagnes et de places fortes, semblait devoir éterniser la guerre ; les Scipions essayèrent une diversion en Afrique. Syphax, roi d'une partie de la Numidie, gagné à la cause de Rome, combattit et vainquit les Carthaginois. Malheureusement Ma-sinissa, fils d'un autre roi numide, chass Syphax de ses États, et passa ensuit en Espagne, de sorte que cette diversio qui devait diminuer les dangers de l'a mée romaine ne fit que les accroître.

Trois armées menaçaient maintenar les Scipions, et les Suessétans, les Cel tibériens retournaient aux Carthaginois Les Scipions pensèrent pouvoir mieu résister en se séparant ; attaqués suc cessivement par des ennemis supérieur en nombre, ils succombèrent.

L'Espagne semblait perdue. Mais Ca thage y avait trop de généraux pour tire grand parti de ce double avantage D'ailleurs les Romains ne s'abandonne rent point dans ce désastre. Les reste de l'armée se donnèrent pour chef Ma cius, jeune chevalier, qui battit Asdr bal et Magon, et repassa l'Èbre à leu suite. Néron, envoyé avec treize mill hommes pour remplacer ce général él par les soldats, trouva Asdrubal rejet déjà sur la Bétique.

C'est alors que parut Publius Scipio fils de Cornélius : une renommée brillant le précédait, et lui assurait d'avance le d vouement des troupes. A la Trébie avait, disait-on, sauvé la vie à son père à Cannes il avait forcé un Métellus d'autres jeunes nobles à faire le serme solennel qu'ils n'abandonneraient p l'Italie. Édile à vingt-deux ans, il veu à vingt-quatre ans de recevoir le cor mandement de l'Espagne et le soin venger son père et son oncle. Il comme ça (211) par combler d'honneurs Ma cius, que les légions qu'il avait sauvé voyaient avec peine relégué dans l'o scurité. Ensuite, voulant ouvrir les ho tilités par un coup d'éclat, il amena sept jours de marche ses soldats so les murs de Carthagène, traversa à faveur de la marée basse l'étang q baignait une partie de ses murs et rendit maître de la ville en plein jo dès le premier assaut. De nombreu otages espagnols étaient renfermés da Carthagène ; il les traita avec bonté, gagna à son alliance les principaux chef entre autres Édécon, Mandonius et dibilis.

Restaient Massinissa, Magon et A drubal Giscon. Un quatrième génér Hannon, fut battu par le lieutenant nus. En même temps Oringis tombait ι pouvoir des Romains, et les trois généraux carthaginois se faisaient vaincre Ilipa par Scipion. Dès lors Carthage ne ιssédait plus en Espagne que Gadès.

Scipion conçut dès ce moment la penιe de porter la guerre sur le territoire ιême de Carthage ; et, pour s'y faire à ιvance des partisans, il se rendit secrèιment en Afrique, gagna les deux rois ιmides Syphax et Massinissa à la cause ι Rome. Au retour de cette démarche ιdacieuse il s'empara de Castulon, d'Iliurgis et d'Astapa, qui tenaient encore. ιdès ouvrit enfin ses portes, et Carthage ι posséda plus rien dans toute la péninιle ibérique. Le vainqueur retourna à ιome recevoir le consulat, qu'il avait si ιorieusement gagné (205). Depuis la ιtaille du Métaure, Annibal n'avait ιus rien à espérer de l'Italie ; Carthage ιe-même était menacée. Scipion disait ιut haut qu'il fallait passer en Afrique ι fournir ainsi à Annibal, qui l'attenιit sans doute, un prétexte honorable ι quitter l'Italie. Mais le sénat lui reιsait une flotte et une armée : les alliés, ιssés de cette interminable guerre, firent ι dernier effort, et lui fournirent les ωyens de mener à fin son entreprise. IÉtrurie offrit des vaisseaux et des arιes ; l'Ombrie, la Sabine, les Marses, ι Péligniens et les Marrucins, des solιts. Cependant en Sicile la mauvaise ιlonté du sénat le poursuivit encore ; il ιtait emparé de Locres, sur la côte ιItalie, et en avait donné le gouverneιent à Pléminius. Pléminius et ses solιts se souillèrent de mille excès, et ιipion fut accusé de connivence. Une ιmmission envoyée à Locres reconnut ιnnocence de Scipion, et, témoin à Syιcuse de ses immenses préparatifs, ne ιpporta au sénat que des paroles d'esιrance et d'admiration.

SCIPION EN AFRIQUE. — Enfin Sciιon s'embarqua à Lilybée. En ce moιent Syphax venait d'épouser Sophoιsbe, fille d'Asdrubal, et, quittant le ιrti de Rome, il avait chassé Massiιssa de son royaume. Le prince vaincu, ιhappé par miracle aux embûches de ι ennemis qui le croyaient mort, reιnt tout à coup attaquer Carthage et ι phax. Battu de nouveau, il retourna ιns le désert, où il lassa la poursuite de ses vainqueurs, et vint rejoindre Scipion à son débarquement au Beau promontoire.

Les Romains commencent la guerre par deux combats de cavalerie et le blocus d'Utique. L'année suivante (203) Scipion brûle le camp d'Asdrubal et de Syphax. Des cinquante mille hommes qu'il renfermait, trois mille seulement s'échappèrent. Une nouvelle armée est écrasée à la journée des Grandes-Plaines, et Scipion envoie Massinissa pour recouvrer la Numidie sur Syphax, deux fois vaincu. Syphax, Cirta sa capitale et Sophonisbe tombent au pouvoir de Massinissa ; il voulait épouser la fille d'Asdrubal : Scipion la réclame comme captive. Plutôt que de la livrer, le prince numide envoie à sa fiancée une coupe de poison.

Effrayé des progrès de Scipion, le sénat carthaginois essaya de l'arrêter en négociant. Il rendit quelques prisonniers, et envoya une ambassade à Rome. En même temps il rappelait Magon et Annibal. Le premier, parti de Gênes, mourut dans le chemin, des suites d'une blessure. Quant à Annibal, depuis longtemps il avait prévu ce rappel, et ses vaisseaux étaient prêts : il obéit sans murmure. Mais jamais exilé, forcé de quitter sa patrie, ne s'éloigna avec plus de douleur qu'Annibal n'en éprouvait à évacuer le sol ennemi. Il fit voile vers la petite Syrte. Scipion venait d'être continué dans le commandement de l'armée d'Afrique ; Annibal, avant de combattre, lui fit demander une conférence dans laquelle il essaya de le décider à la paix. Mais Scipion, qui jugeait la défaite d'Annibal nécessaire à sa gloire et à la tranquillité de Rome, impatient d'ailleurs de profiter des quatre mille Numides que Massinissa venait de lui amener, refusa d'écouter ses propositions. Le combat s'engagea (19 oct. 202) dans les plaines de Zama.

Malgré ses admirables dispositions, Annibal, vaincu, perdit vingt mille soldats, s'enfuit à Adrumète, et de là retourna à Carthage, où il rentrait après trente-cinq ans d'absence.

Scipion revint à Tunis après avoir battu encore une armée que Vermina, fils de Syphax, amenait à Annibal. Puis on songea à traiter ; le vainqueur posa les conditions suivantes : Carthage gardera ses lois, et ce qu'elle possède en Afrique ; elle livrera les prisonniers, les transfuges, tous ses navires, excepté dix, tous ses éléphants, sans pouvoir en dompter d'autres à l'avenir; elle ne fera point de guerre, même en Afrique, sans la permission de Rome, et elle ne pourra lever des mercenaires étrangers ; elle payera dix mille talents en cinquante ans, indemnisera Massinissa, et le recevra comme allié. Annibal fit accepter, non sans peine, ces conditions au sénat de Carthage : le sénat Romain y souscrivit également. Scipion reçut quatre mille prisonniers, et d'assez nombreux transfuges. Cinq cents vaisseaux carthaginois furent brûlés en vue de Carthage, comme si Rome eût voulu proclamer par là qu'elle dédaignait pour elle-même cette puissance maritime qu'elle venait de détruire. Massinissa reçut le titre de roi avec les États de ses pères, Cirta, et tout ce qu'on avait pris à Syphax (201).

Scipion revint ensuite à Lilybée; puis il traversa toute l'Italie au milieu de l'admiration publique, et rentra à Rome, où il reçut le surnom d'Africain. Il apportait au trésor cent vingt-trois mille livres d'argent, et chaque soldat avait reçu quatre cents as. Syphax, enchaîné, suivait son char de triomphe. Le sénat ordonna que la statue de Scipion serait placée dans le temple de Jupiter, d'où on la tirerait chaque année pour recommencer un pareil triomphe. Dans son enthousiasme, le peuple offrait au vainqueur d'Annibal le consulat et la dictature à vie.

ÉTAT DU MONDE ANCIEN APRÈS LA SECONDE GUERRE PUNIQUE. — La défaite de Carthage laissait Rome sans rivale. Mais elle-même n'était-elle pas épuisée par cette lutte acharnée de seize années? Ne voyait-on pas en Italie les ruines fumantes encore de quatre cents villes et des plaines qu'avaient jonchées trois cents mille cadavres romains. Mais les plaies de la guerre se ferment vite chez le peuple victorieux. Des colonies envoyées de Rome repeuplèrent les solitudes qu'Annibal avait faites. Des distributions de terre soulagèrent la misère des pauvres, et le retour de la prospérité publique, le butin, le tribut de Carthage permirent d'éteindre rapidement les dettes de l'État. De cette guerre terrib[le] Rome sortait plus forte et plus redou[table, d'autant plus qu'autour d'elle il n'[y] avait partout que faiblesse ou anarchi[e].

Dans l'Occident, encore barbare, Rom[e] n'avait rien à craindre; des travaux, d[es] fatigues séculaires y attendaient ses l[é]gions, mais point de sérieux périls. E[n] Afrique, elle avait ménagé un terribl[e] rival à Carthage, pour le cas où Ca[r]thage se relèverait de sa chute, dans l[a] personne du roi de Numidie Massiniss[a]. En Espagne elle allait trouver dans se[s] alliés mêmes des ennemis acharnés, mais leur longue résistance ne servir[ait] qu'à aguerrir ses soldats et à forme[r] ses généraux. La Gaule lui avait caus[é] récemment de trop vives terreurs pou[r] qu'elle osât de longtemps y hasarde[r] ses légions. Restaient les Cisalpins, guerre ingrate et laborieuse, qui deva[it] lui coûter bien des soldats et bien d[e] consuls. Ainsi, plus rien de grand [à] faire pour le moment au sud, à l'ouest, ni au nord de la Péninsule : dès lo[rs] Rome, dans son infatigable ardeur d[e] conquêtes, tourna ses vues du côté d[e] l'orient, dont les immenses trésors, m[al] défendus, lui offraient une proie facil[e].

Le royaume des Séleucides forma[it] une longue et étroite ligne de l'Indu[s à] la mer Égée, et cependant, malgré l[es] inconvénients de sa position topograph[i]que, malgré la présence des ennemis qu[i] l'entouraient de tous côtés, rien n'ava[it] été fait pour rattacher les peuples vain[c]us à la cause de leurs vainqueurs. L[es] successeurs d'Alexandre étaient d[es] étrangers pour les peuples de l'Asi[e] dont ils méprisaient les mœurs, le lan[ga]ge et la religion. Les indigènes étaien[t] même exclus des armées, ou ne se[r]vaient qu'à en grossir inutilement [le] nombre.

L'Égypte paraissait plus forte et plu[s] unie. Les premiers Ptolémées, por[r] étendre les ressources commerciales [de] ce riche pays, y avaient rattaché a[u] nord Chypre, la Palestine et la Syrie, a[u] sud les contrées situées le long de [la] mer Rouge. Mais les Ptolémées, de mê[]me que les Séleucides dans la Syrie et [la] Perse, méconnurent cette nationali[té] égyptienne que quatre siècles de pe[r]sécution n'avaient pas entièrement étou[f]fée. Ils ne virent que la Grèce, ses art[s] civilisation; ils éloignèrent les hommes de race égyptienne pour s'entourer d'hommes de race hellénique; ils délaissèrent Thèbes et Memphis pour Alexandrie, ville nouvelle, placée presque hors du pays, et qui fut comme ses Rois à la merci de ces soldats mercenaires que Polybe appelle les Macédoniens.

Les Ptolémées avaient embrassé de bonne heure l'alliance de Rome, dont leurs possessions d'outre-mer et leurs inimitiés avec la Macédoine et la Syrie leur faisaient sentir l'importance. Un traité fut conclu par Philadelphe en 273, et maintenu par ses successeurs. L'influence de la république s'accrut tellement, que la tutelle du jeune Ptolémée Épiphane fut confiée en 201 au sénat romain.

La Grèce, à l'époque qui nous occupe, n'était plus que l'ombre d'elle-même. Son union au temps des guerres médiques et sous Alexandre lui avait donné un grand éclat et une grande puissance ; mais chaque cité, rendue à elle-même, était retombée dans sa première faiblesse.

Deux peuples nouveaux apparurent alors, les Étoliens et les Achéens. Les Étoliens, peuple guerrier et pillard, étaient pour la Grèce une menace et un danger continuels. Rome venait de les avoir pour alliés dans sa guerre contre Philippe. Les Achéens semblaient avoir pour but que le salut de la Grèce ; et ils voulaient l'assurer par une confédération dont le principe eût été l'égalité des peuples associés. Mais l'union était-elle possible entre toutes les républiques et les ambitieux rois de Macédoine ? Il eût fallu pour réaliser ce rêve effacer les rivalités séculaires des cités, détruire la corruption des mœurs, rallumer le patriotisme et faire renaître la religion éteinte; il eût fallu surtout préserver la Grèce du contact de l'Orient. Alors, elle eût conservé ces poëtes, ces savants, ces guerriers, tous ces hommes de courage et de génie, qui, suivant l'impulsion donnée au monde grec, par Alexandre, vers l'Orient, allaient, comme des transfuges, remplir les cours des Séleucides et des Ptolémées. L'Orient à son tour eût gardé cet or qui était pour la Grèce un aliment de corruption, la source de tous les désordres et de toutes les mauvaises passions. Voyez où Athènes en était venue. Elle ne se faisait plus remarquer que par ses bassesses et ses flatteries envers les rois, Thèbes par son luxe et sa dissolution, Corinthe et Argos par leur lâcheté et leur asservissement. Sparte n'était qu'une révolution perpétuelle. Après avoir en quelques années massacré quatre fois les éphores, après avoir aboli, rétabli, et vendu enfin la royauté, elle parut reprendre quelque énergie sous Cléomène; mais elle succomba avec lui à Sellasie, et tomba au pouvoir du tyran Machanidas.

Nous ne dirons rien des petits peuples : d'Égine, l'ancienne rivale d'Athènes et qui aujourd'hui ne donne plus signe de vie, de Mégare, perdue dans la ligue Béotienne ou Achéenne, de l'Eubée, des Phocidiens, plus faibles et plus impuissants que jamais, de la Crète, livrée à tous les désordres. Aussi les Grecs étaient-ils incapables, quoi qu'on en ait dit, d'opposer la moindre résistance aux Romains. Lors même qu'ils eussent été unis, ils n'auraient pas encore échappé à la servitude. Car chez eux il n'y avait plus de force militaire, et des troupes mercenaires composaient toutes leurs armées.

La Macédoine seule, étrangère à cette décadence générale, était vraiment une puissante monarchie; aussi Rome s'y prit-elle à trois fois pour l'abattre. Philippe, outre la Macédoine, possédait la Thessalie et l'Eubée, Opunte en Locride, Élatée et la plus grande partie de la Phocide, l'Acrocorinthe et Orchomène d'Arcadie. Il avait des garnisons dans trois îles des Cyclades, à Thasos et dans quelques villes des côtes de Thrace et d'Asie; et il était maître d'une grande partie de la Carie. Mais aussi, grâce à cette puissance et à ces possessions lointaines, il avait de nombreux et puissants ennemis, dont Rome sut utiliser les dispositions et les ressources. C'étaient Ptolémée, Attale et Rhodes, Athènes, les Étoliens et Sparte.

Dans l'espace de moins de soixante-dix ans tous ces peuples, Espagnols, Gaulois, Cisalpins, Grecs, Asiatiques, Africains tomberont sans effort considérable sous le joug de Rome. Racontons rapidement ces guerres peu dangereuses pour les Romains, et qui cependant leur donnèrent l'empire du monde.

GUERRE CONTRE PHILIPPE (200-197). — Carthage venait à peine de succomber : le sénat annonça une nouvelle guerre contre Philippe, qui alors assiégeait Athènes ; les centuries s'y opposèrent d'abord, mais le peuple finit par céder, vaincu par les instances du sénat, qui lui représentait le roi de Macédoine comme un autre Annibal, Athènes comme une autre Sagonte. Les Romains avaient pour eux Massinissa ; les Étoliens, ennemis déclarés de Philippe, leur fournissaient des cavaliers, Rhodes et Attale des vaisseaux. Philippe, qui n'avait d'autres alliés qu'Antiochus, roi de Syrie, et Prusias, roi de Bithynie, oppose vingt-quatre mille hommes aux deux légions de Rome envoyées contre lui ; mais sans succès. Les incursions du roi d'Illyrie et des Dardaniens ouvrent l'entrée de la Macédoine à Sulpicius, qui pénètre par la Dassarétie jusqu'au cœur du pays, et vient ensuite prendre ses quartiers d'hiver à Apollonie. Les garnisons de Philippe, chassées par la flotte ennemie, avaient quitté les Cyclades ; Orée était au pouvoir des Romains.

L'année suivante (199) Philippe, enhardi par l'inaction du consul Villius, prend l'offensive, et vient camper sur les bords de l'Aoüs. T. Quinctius Flamininus est alors envoyé contre lui. Après quarante jours d'attente devant le camp inexpugnable de Philippe, quatre mille Romains, guidés par un pâtre, parviennent sur des hauteurs qui dominaient les positions de l'armée macédonienne. Attaqué à la fois de deux côtés, Philippe est forcé de quitter la place, et rentre en Thessalie ; Flamininus, qui le poursuit, arrive sans obstacle jusqu'aux bords du Pénée, où la résistance de la ville d'Atrax arrête enfin sa marche victorieuse (198).

Au lieu de retourner en arrière à Apollonie, Flamininus alla passer l'hiver dans la Grèce centrale, et parvint à faire entrer dans le parti de Rome les Béotiens et les Achéens. Dès le commencement de la campagne suivante, il s'avança contre Philippe jusqu'à Phères, en Thessalie, avec une armée de vingt-six mille hommes, parmi lesquels se trouvaient huit mille Grecs. Philippe lui opposa vingt-cinq mille soldats, rassemblés à grand'peine, et fut vaincu dans les plaines de Cynocéphale (197). Flamininus lui imposa les plus dures conditions. Il dut retirer toutes les garnisons qu'il avait en Grèce et en Asie, payer cinq cents talents, licencier son armée, et s'engager à ne faire aucune guerre sans la permission du sénat ; de plus, il donna des otages, et parmi eux son fils Démétrius. Bientôt après, un héraut promulgua le décret suivant pendant la célébration des jeux isthmiques : « Le sénat « romain, et T. Quinctius Flamininus, « vainqueur du roi Philippe, rendent « leurs franchises, leurs lois, et l'im- « munité de garnisons et d'impôts aux « Corinthiens, aux Phocidiens, aux Lo- « criens, à l'île d'Eubée, et aux peu- « ples de la Thessalie. Tous les Grecs « d'Europe et d'Asie sont libres. » Cette proclamation excita une joie insensée, et Flamininus fut presque étouffé sous les couronnes (196). Puis le vainqueur quitta la Grèce, après avoir enlevé Argos et Gythium à Nabis, tyran de Sparte, qu'il trouvait trop puissant. Dès lors il pouvait emmener ses soldats ; car, avec cette apparence illusoire de liberté, la Grèce, remplie de haines et de factions, était plus faible que jamais, et malgré le désintéressement du sénat, elle portait déjà le joug de Rome.

GUERRE CONTRE ANTIOCHUS (192-190). — Après la seconde guerre punique, Annibal était rentré à Carthage. Malgré sa défaite à Zama, il méditait de nouvelles luttes contre Rome ; et il s'efforçait de lui créer des ennemis. Pendant la guerre contre Philippe, ses émissaires excitaient Antiochus à prendre les armes, et cherchaient à réveiller le patriotisme des Grecs.

Mais la victoire de Cynocéphale et plus encore, la proclamation des jeux isthmiques portèrent un coup fatal à ses desseins. Le sénat envoya des députés à Carthage pour demander sa tête ; Annibal s'enfuit en Syrie (195). Il offrait à Antiochus de renouveler avec onze mille hommes et cent vaisseaux les prodiges de la seconde guerre Punique. Le roi ferma l'oreille à ses conseils, pour écouter les promesses pompeuses de l'Étolien Thoas.

Les Étoliens, mal payés de leurs services à Cynocéphale, cherchaient, en effet, l'occasion de se récompenser eux-mêmes. A un même jour ils attaquèrent Chalcis, qui les repoussa, s'emparèrent de Démétriade, et par la mort de Nabis se rendirent maître de Sparte, que Philopœmen délivra presque aussitôt, pour la réunir à la ligue achéenne. Les Étoliens appelèrent alors le roi de Syrie, qui amena à Démétriade une armée de dix mille hommes. Mais il indispose Philippe, au lieu de se l'attacher : le sénat profite de ces lenteurs pour faire ses préparatifs, et bientôt une armée conduite par le consul Acilius Glabrion, après avoir, avec l'aide de Philippe, débloqué Larisse et réduit la Thessalie, vient triompher d'Antiochus aux Thermopyles (191).

Le roi de Syrie, réfugié à Éphèse, s'empresse, pour fermer aux Romains le passage d'Europe en Asie, d'augmenter les fortifications de Sestos et de Lysimachie. Mais Livius, par la défaite de l'amiral syrien Polyxénidas, assure aux Romains l'empire de la mer Égée, malgré une défaite des Rhodiens alliés de Rome, et un échec de Livius lui-même devant Éphèse et Patra. Les Rhodiens, en effet, prirent une revanche éclatante, et la destruction de la flotte syrienne près de Myonèse par le successeur de Livius ouvrit la route aux légions. Lucius Scipion et son frère l'Africain, après avoir conclu avec les Étoliens une trêve de six mois, traversèrent la Macédoine. Antiochus avait quitté Lysimachie ; l'Hellespont fut donc franchi sans obstacle. La bataille s'engagea (6 octobre 190) près de Magnésie du Sipyle. L'armée romaine, forte de trente mille hommes, avait à combattre quatre-vingt-deux mille Asiatiques. Cinquante-deux mille Syriens furent, dit-on, pris ou tués, et la victoire ne coûta aux Romains que trois cent cinquante hommes. Antiochus livra ses éléphants et ses vaisseaux, recula jusqu'au Taurus les limites de ses États, et paya une contribution de quatre-vingts millions. L'Asie Mineure était évacuée par le roi de Syrie ; mais il restait dans cette région un peuple puissant et renommé, le seul qui conservât quelque force, les Gallo-Grecs ou Galates. Manlius Vulso va les chercher aux monts Olympe et Magaba ; et l'imprudence des Gaulois, qui ne s'étaient point pourvus d'armes de jet, lui donne deux fois la victoire (189).

Le sénat fit ensuite le partage des dépouilles. Eumène, roi de Pergame et fidèle allié de Rome, reçut la Lydie, l'Ionie, la Phrygie de l'Hellespont et la Grande Phrygie, la Lycaonie et la Myliade, avec la riche cité d'Éphèse, Tralles en Lydie, et Telmessus en Syrie. On lui abandonna aussi les possessions d'Antiochus en Europe, la Chersonèse et Lysimachie. Rhodes, déjà trop puissante au gré de Rome, n'obtint que quelques agrandissements dans la Carie et la Lycie. Le sénat accorda l'immunité à presque toutes les anciennes colonies grecques situées le long des côtes, dans la Troade, l'Élide et l'Ionie. Cependant Éphèse et Élée, livrées, de même que Sardes, à Eumène, furent privées de ce bienfait.

Pendant que Manlius combattait les Galates, son collègue Fulvius attaquait Ambracie, et en finissait avec les Étoliens. Ce petit peuple, qui avait bravé trois ans le sénat, reconnut enfin « l'empire et la majesté du peuple romain. » Alors les légions repassèrent l'Adriatique, et pas un soldat romain ne resta en Asie ou en Grèce. Mais tout ce qui avait quelque force, la Macédoine, les Étoliens, la Syrie, les Galates, avait été affaibli et abaissé; les vainqueurs, en se retirant, laissaient derrière eux dans chaque ville, dans chaque État, un parti dévoué, qui faisait pour le sénat la police de la Grèce et de l'Asie.

GUERRE CONTRE LES ESPAGNOLS ET LES GAULOIS CISALPINS (197-178). — En l'année 200 le sénat croyait l'Espagne soumise. Mandonius et Indibilis en effet ayant été battus après une tentative de révolte, il semblait que tout fût fini de ce côté; mais un nouveau soulèvement, l'an 197, prouva au sénat que les indigènes n'avaient pas renoncé à leur indépendance. Le préteur Sempronius fut tué. Rome envoya en Espagne une armée commandée par Caton. Le consul dégagea par une victoire les Romains, refoulés jusque sur la ville massaliote d'Empories ; et, secondé par les Celtibériens, dont il acheta le secours, il fit démanteler en un jour quatre cents villes ou bourgades (195). Mais son départ ralentit les succès des Romains, dont la fortune parut chanceler, malgré une victoire de Cn. Scipion et une brillante campagne de Fulvius Nobilior (192). Deux ans après Paul-Émile combattit les Lusitaniens, et perdit six mille hommes; mais il leur en tua trois fois autant l'année suivante. En 185 les Celtibériens, les Lusitaniens et les Carpétans perdent trente-cinq mille hommes près de Tolède, dans une grande bataille contre Quintius et Calpurnius. Le foyer de la résistance était dans la Celtibérie. Les Romains l'attaquent par le nord (victoires d'Acidinus à Calagurris (186), de Térentius sur l'Èbre (183), de Flaccus dans la Carpétanie, où il prend Æbura et Contrebia), et par le sud (victoires de Fulvius et de Calpurnius à Tolède, de Posthumius dans l'Ultérieure). Dès lors Sempr. Gracchus pénètre facilement jusqu'au cœur de la Celtibérie, où trois cents bourgades tombent en son pouvoir (179). Au lieu d'indisposer les vaincus par trop de dureté, Gracchus les traite avec douceur, et, persuadé que la civilisation pouvait seule rendre leur soumission durable, il fonde des villes, où il les rassemble, en leur donnant de sages lois (198).

L'Espagne semblait conquise pour la deuxième fois; la Cisalpine le fut réellement. Magon y avait laissé Amilcar, qui, avec quarante mille Gaulois, incendia Plaisance et attaqua Crémone (200). Crémone fut sauvée par le préteur Furius, qui tua quinze mille Gaulois. En 197 et en 196 les deux consuls sont envoyés à la fois dans la Cisalpine; et les Insubres, les Boïens et les Ligures sont accablés. Mais les Boïens s'unissent de nouveau aux Ligures, et le sénat, effrayé, déclare qu'il y a un tumulte (193). Vaincus par Mérula, les Boïens sont forcés par les ravages de L. Flamininus et de Scipion Nasica de demander la paix (192), et ils se retirent sur les bords du Danube pour se soustraire à l'ambition romaine. Plaisance, Crémone, Bologne, Parme et Modène sont alors repeuplées. Les Insubres, les Cénomans et les Vénètes se soumettent; mais les Ligures résistent encore. On en transporte quarante-sept mille dans le Samnium, et l'on entoure le reste de colonies établies à Pise, à Lucques et à Modène. Malgré tant d'efforts ils tinrent jusqu'en 163.

Une nouvelle conquête de l'Istrie assura la possession de la Cisalpine (178-177). En même temps, les Corses, vaincus, se résignèrent à payer le tribut de cent mille livres de cire; et en Sardaigne Sempronius Gracchus tua vingt-sept mille hommes, et en vendit un si grand nombre, que dès lors, pour désigner une denrée de vil prix, on disait: « Sardes à vendre (175). »

TROISIÈME GUERRE DE MACÉDOINE (172-168). — Le sénat avait abandonné à Philippe, pour prix de son alliance durant la guerre contre Antiochus, toutes les conquêtes qu'il pourrait faire, et il commençait déjà à étendre ses possessions en Thrace; mais, dénoncé par Eumène, il fut forcé de comparaître devant trois commissaires du sénat, qui prononcèrent contre lui.

Dès lors il se prépara à une troisième lutte contre Rome (185). Il ouvrit des mines, établit de nouveaux impôts, favorisa le commerce, et changea la population des villes maritimes, qui lui semblait peu disposée à le seconder. En même temps ses émissaires excitaient les barbares du Danube à marcher contre l'Italie; tandis que par ses soins une nouvelle ville, Philippopolis, s'élevait sur les bords de l'Hèbre, non loin de l'Hœmus.

Mais le sénat avait les yeux sur lui. Deux hommes en Orient pouvaient encore entraver les desseins de Rome, Philopœmen en Grèce, Annibal en Asie. Philopœmen essayait de réunir tout le Péloponèse à la ligue achéenne. Flamininus excita à Messène un soulèvement contre les Achéens; aussitôt un sénatus-consulte permit à Corinthe, Argos et Sparte de se séparer de la ligue. Philopœmen accourut pour prévenir l'insurrection; mais il fut pris dans une rencontre avec les Messéniens, et condamné à boire la ciguë (183). Annibal périt la même année. Il s'était retiré auprès de Prusias, roi de Bithynie: le sénat envoya demander sa tête. Annibal n'eut pas le temps de fuir; il s'empoisonna, pour ne pas tomber vivant dans les mains de Flamininus.

Rome n'avait plus à redouter d'efforts sérieux. L'Égypte allait s'affaiblissant; Massinissa venait d'enlever aux Carthag inois une nouvelle province, sans qu'ils sassent réclamer. En Italie, presque us les Cisalpins s'étaient soumis, et guerre d'Espagne languissait. Philippe ul restait menaçant. Les Bastarnes vaient accepté ses offres, et de ce côté out semblait s'organiser pour une lutte rochaine. En ce moment le sénat lui envoya son fils Démétrius, depuis quinze ns otage à Rome. Démétrius se plaça aturellement à la tête du parti romain; 'ersée, son frère aîné, était le chef du arti contraire. Pour perdre Démétrius, n qui il voyait déjà le successeur de on père, il l'accusa d'avoir voulu l'assiner, et le malheureux prince condamna son fils à mort (181). Lui-même mourut deux ans après (179).

Persée, devenu roi, poursuivit en silence les desseins de Philippe. Il écrasa es Dolopes, s'assura de la soumission e la Thrace, et s'allia avec l'Épire. Genius, roi d'Illyrie, et Cotys, roi des Thraces-Odryses, lui promirent de le secourir. Les rois de Syrie et de Bithynie, ses eaux-frères, Rhodes et les Grecs d'Asie, fatigués de la suprématie romaine, ournaient vers lui leurs regards et leurs espérances. Enfin trente mille Bastarnes ppelés par lui s'avançaient déjà sur l'Italie. Eumène courut dénoncer au sénat ses préparatifs; mais au retour il fut essailli par des agents de Persée et laissé our mort. Le sénat demanda compte de ce meurtre au roi de Macédoine, qui épondit avec hauteur; la guerre commença (172).

Rome n'envoya d'abord qu'un préeur et cinq mille hommes; mais sept ommissaires parcoururent la Grèce, et Persée vit de ce côté l'effet de ses intrigues détruit en un instant. Cependant il oattit en deux rencontres le consul Licinius, tua dix mille hommes aux Dardaniens révoltés, et pénétra lui-même dans l'Illyrie et l'Étolie. Mais le consul Marcius parvint à entamer la Macédoine, et, après avoir forcé le passage des monts Cambuniens, vint prendre ses quartiers dans la Piérie.

Ce fut alors que Paul-Émile fut élevé au consulat. Gentius, à qui le roi de Macédoine avait promis trois cents talents, s'était déclaré contre Rome; Eumène, à son tour alarmé de la toute puissance de Rome, négociait avec Persée;
les Rhodiens étaient pour lui, et sa flotte dominait dans la mer Égée et les Cyclades. Mais il détacha de sa cause les vingt mille Gaulois qu'il avait appelés des bords du Danube, en leur refusant la solde promise. Paul-Émile, son nouvel adversaire, commença par rétablir la discipline dans ses légions, puis les conduisit à l'ennemi. Persée occupait une forte position derrière l'Énipée, qui traverse la Piérie; le consul la fit tourner par Scipion Nasica, et le roi fut forcé de se retirer sous les murs de Pydna. Ce fut là que s'engagea la bataille. La phalange, vaincue comme à Cynocéphale, périt tout entière; onze mille hommes furent faits prisonniers (168).

Persée s'enfuit à Pella, puis en Samothrace; mais il vint bientôt se remettre entre les mains du préteur Octavius, auquel un traître avait livré ses enfants. Gentius, assiégé dans Scodra, sa capitale, avait été pris avant la bataille. La Macédoine, déclarée libre, fut divisée en quatre districts, dont les habitants ne pouvaient contracter mariage, vendre ni acheter hors de leur territoire. On partagea aussi l'Illyrie en trois cantons. Les soixante-dix villes de l'Épire furent détruites, et cent cinquante mille habitants vendus comme esclaves.

Paul-Émile vécut quelques années encore après son triomphe. Persée l'avait précédé au tombeau. Jeté dans un cachot de la ville d'Albe, il se laissa mourir de faim. Son fils, pour gagner sa vie, apprit le métier de tourneur; plus tard il parvint à la charge de greffier.

Réduction de la Macédoine en province (146). — Cette victoire enrichit Rome de quarante-cinq millions, et les tributs imposés à la Macédoine permirent au sénat de supprimer l'impôt de la capitation. La chute de Persée avait jeté partout l'effroi. Le roi de Syrie, Antiochus Épiphane, assiégeait Alexandrie. Popilius, envoyé par le sénat, lui ordonna de rentrer dans son royaume. Antiochus hésitait; Popilius traça autour de lui un cercle sur le sable : « Avant de sortir de ce cercle, vous répondrez au sénat, » lui dit-il; et Antiochus, intimidé, rappela ses soldats. Les Rhodiens, qui avaient osé offrir leur médiation, furent privés de la Lycie et de la Carie. En Grèce tous ceux qu'on soupçonnait d'avoir fait des vœux contre Rome furent emmenés en Italie et jetés en prison. Tout le sénat étolien fut massacré. Mille Achéens, et tout ce qu'il y avait d'hommes considérés en Épire, dans l'Acarnanie, l'Étolie et la Béotie, furent transportés à Rome.

Cet exil des Achéens dura dix-sept ans; en 150, quand les exilés, grâce à la protection de Scipion Émilien, retournèrent dans leur patrie, ils n'étaient plus que trois cents.

Les circonstances semblaient alors redevenir favorables à de nouveaux efforts. Un prétendu fils de Persée, Andriscus, à la tête d'une armée de Thraces, venait de soulever la Macédoine (152). Chassé de la Thessalie par Scipion Nasica (149), il y rentre, tue le préteur Juventius Thalna (148) et s'allie aux Carthaginois, qui commençaient alors la troisième guerre Punique. Mais, battu à Pydna par Métellus, il est emmené à Rome (147). Un nouvel imposteur essaya en vain quelques années plus tard de recommencer la guerre (142); cette fois la Macédoine fut réduite en province (146).

RÉDUCTION DE LA GRÈCE EN PROVINCE (146). — L'armée de Métellus n'avait pas encore quitté la Macédoine, quand deux exilés achéens, Damocrite et Diœus, de retour dans leur patrie, y furent élus stratèges. Ils revenaient le cœur ulcéré et plein du désir de la vengeance. Aussi des troubles bientôt éclatèrent. Sparte demanda encore à sortir de la ligue. Damocrite et Diœus commencent aussitôt les hostilités (147). A l'instant un décret du sénat sépare de la ligue Sparte, Corinthe, Argos et Orchomène. A cette nouvelle Diœus soulève le peuple de Corinthe, et les députés de Rome n'échappent à la mort que par une prompte fuite. C'était une déclaration de guerre; le peuple l'accepte et retrouve enfin quelque énergie. Les Achéens font entrer dans leur parti les habitants de Chalcis, les Béotiens, et marchent avec eux au-devant de Métellus jusqu'à Scarphée dans la Locride (146). Ils sont taillés en pièces; mais Diœus réunit encore quatorze mille hommes, et vient se poster à Leucopetra; il y fut vaincu par le consul Mummius. Corinthe fut prise et incendiée. Les ligues achéenne et béotienne furent dissoutes, toutes les villes désarmées, et soumises à un gouvernement oligarchique. La Grèce perdit jusqu'à son nom; elle forma, sous le nom d'Achaïe, une nouvelle province romaine.

SOUMISSION DE L'AFRIQUE CARTHAGINOISE (146). — Depuis Zama, Carthage, exposée à l'ambition de Massinissa, allait s'affaiblissant sans cesse. En 193 ce prince lui avait enlevé le riche territoire d'Empories, onze ans après des terres considérables, en 174 toute la province de Tysca, et soixante-dix villes. Cette fois les Carthaginois réclamèrent à Rome. Le sénat leur promit satisfaction; cependant Massinissa garda ses conquêtes. Caton, envoyé comme arbitre, avait trouvé Carthage riche, peuplée et florissante. Il s'effraya de cette prospérité renaissante, et, de retour à Rome, il répétait sans cesse qu'il fallait détruire Carthage (*delenda est Carthago*).

L'occasion s'en présenta bientôt. Carthage avait pris les armes pour repousser les attaques de Massinissa. Le sénat réclama contre ce qu'il appelait une violation du traité, et les consuls débarquèrent bientôt en Afrique avec quatre-vingt mille hommes. Ils se firent livrer les armes, les machines de guerre: puis ils voulurent obliger les Carthaginois d'abandonner leur ville, et de s'établir à dix milles dans les terres loin de cette mer qui avait fait la fortune de Carthage. Alors ce peuple, encore immense, à bout de patience et de résignation, se prépare à la résistance; les esclaves sont enrôlés et Asdrubal rassemble jusqu'à soixante-dix mille hommes. Il devenait urgent d'agir avec vigueur. Scipion Émilien est chargé de la guerre. Pour affamer les habitants il ferme le port de Carthage au moyen d'une digue immense. Les assiégés creusent dans le roc une nouvelle sortie vers la haute mer, et une flotte construite avec les débris de leurs maisons, manque de surprendre les galères romaines; mais elle est repoussée, et pendant tout l'hiver Carthage resta exposée aux horreurs de la famine, tandis que Scipion forçait le camp de Néphéris, où Asdrubal avait réuni une armée pour essayer de faire lever le siège. Au printemps les Romains enlevèrent la muville que baignait le port de Cothon. De ce moment ils purent pénétrer dans l'intérieur des murs, mais ce ne fut qu'après six jours et six nuits de combats, dans les rues de la ville, qu'ils parvinrent jusqu'à la citadelle Byrsa, où s'étaient enfermés cinquante mille hommes. Scipion leur promit la vie sauve, et abandonna au pillage ces ruines fumantes. Le territoire de Carthage devint une nouvelle province d'Afrique.

Soumission de l'Espagne (197-133). — Ce fut le même Scipion Émilien qui détruisit Numance, la seconde terreur de Rome. Depuis la pacification de l'Espagne par Sempr. Gracchus jusqu'en 153 la paix de ce pays fut rarement troublée. En 170 un fanatique parcourut la Celtibérie, en montrant une lance d'argent, qu'il disait avoir reçue du ciel, et qui devait mettre les légions en fuite; mais il périt au premier engagement, et sa mort dispersa les rebelles. En 153 les Lusitaniens, excités par les secrets émissaires de Carthage, se soulevèrent. Mummius échoua contre eux, et Galba perdit neuf mille hommes en les combattant (151). Mais il feignit de traiter avec eux, leur offrit des terres, les dispersa, et en tua trente mille. Dans la Celtibérie, Lucullus attaqua les Vaccéens, et assiégea Cauca, dont les habitants furent massacrés ou vendus. Aussi Intercatia n'ouvrit ses portes que sous la garantie de la parole de Scipion.

Tant de perfidies devaient porter leurs fruits. Un pâtre, échappé du massacre des Lusitaniens, Viriathe, entreprit contre Rome une guerre d'escarmouches et de surprises, où périrent les meilleurs soldats (149). Pendant cinq ans tous les généraux romains furent battus par lui, et son alliance avec les Celtibériens acheva de rendre cette guerre inquiétante. Métellus le Macédonique, envoyé dans la Celtibérie, s'empara bien d'un grand nombre de villes; mais pendant ce temps Fabius, réduit à ses propres forces, était enfermé dans un défilé et obligé de signer un traité où il était dit : « Il y aura paix entre le peuple romain et Wiriathe (141). » Le frère du vaincu se chargea de le venger par une lâche trahison : il fit assassiner le héros lusitanien par deux de ses officiers (140). Privés de leur chef, les révoltés se soumirent. Cépion en transporta une partie sur les bords de la Méditerranée, et revint ensuite triompher des derniers efforts de l'indépendance lusitanienne.

Alors la guerre d'Espagne se concentra au nord, vers Numance. Quatre mille Numantins enfermèrent le consul Mancinus dans une gorge sans issue, et ne lui livrèrent passage que sur la promesse qu'on ferait la paix. Les Espagnols exigèrent que le traité fût juré par le questeur de Mancinus, Tibérius Gracchus, dont le père avait laissé en Espagne les meilleurs souvenirs (137). Mais le sénat désavoua tout, et livra le consul. La guerre recommença, et il fallut donner au vainqueur de Carthage la conduite de cette guerre (134). Scipion refoula les Numantins dans leur ville, et les y enferma par quatre lignes de retranchements. Pressés par la famine, ils demandèrent le combat. Scipion le refusa, et les força de s'entr'égorger (133). L'Espagne rentra enfin dans le repos. Mais les montagnards du nord, Astures, Cantabres, Vascons, n'étaient pas domptés, et la pacification de l'Espagne ne devait s'achever que sous Auguste. En 124 les îles Baléares furent acquises à la république par les soins de Métellus.

Réduction du royaume de Pergame en province (29). — Peu après tomba le royaume de Pergame. Le sénat s'était porté pour héritier d'Attale III. Mais Aristonic, fils naturel d'Eumène, souleva les habitants, vainquit et fit prisonnier le consul Licinius Crassus. Perpenna s'empara d'Aristonic à Stratonicée, et l'envoya à Rome. Ce fut Manius Aquilius qui acheva la conquête du royaume de Pergame, et le réduisit en province sous le nom d'Asie (139). Aristonic fut étranglé dans sa prison après le triomphe.

Possessions de la république (129 ans avant J. C.). — L'an 129 la république possédait, sauf quelques districts du nord, toute l'Espagne, l'Italie et la Grèce. La soumission des Istriens, des Japodes (129), des Dalmates (154) et des Illyriens lui avait ouvert, entre l'Italie et la Grèce, une route autour de l'Adriatique. Entre l'Italie et l'Espagne devaient bientôt s'élever Aix et Narbonne (123, 118). En attendant, Marseille prêtait ses navires, son port, ses pilotes, pour conduire les légions, depuis le Var jusqu'à l'Èbre.

Dans l'Asie Mineure Rome dominait jusqu'au Taurus. En Afrique elle possédait le territoire de Carthage. L'Égypte était sous sa tutelle, les Juifs dans son alliance, les petits rois de l'Asie Mineure à sa discrétion. Rhodes et les villes grecques d'Asie lui rendaient des honneurs divins. Ainsi la domination ou l'influence de Rome s'étendaient de l'Océan aux bords de l'Euphrate, et des Alpes à l'Atlas.

Le sénat avait divisé en deux grandes parties tout le territoire de la république : l'Italie, au sud du Rubicon et de la Macra, et les provinces ou terres tributaires. Il y avait alors neuf provinces : la Sicile, la Corse et la Sardaigne, la Cisalpine, la Macédoine avec la Thessalie, l'Illyrie et l'Épire, l'Achaïe, c'est-à-dire l'Hellade, le Péloponnèse et les îles; l'Asie, l'Afrique, l'Espagne ultérieure et l'Espagne citérieure.

ÉTAT INTÉRIEUR DE LA RÉPUBLIQUE AVANT LES GRACQUES.

RÉSULTATS POUR LES ROMAINS DE LA CONQUÊTE DU MONDE. — Il s'en fallait de bien peu, on le voit, que le pompeux ouvrage de la grandeur romaine, comme dit Plutarque, ne fût achevé. Mais l'étendue même de cet empire causa la ruine de la république. Sa constitution, longtemps minée par le mélange des vieilles mœurs romaines avec celles des peuples vaincus, finit par s'écrouler après les violentes secousses des révolutions intérieures.

Cette décomposition de la société romaine fut l'œuvre de la Grèce et de l'Orient, de leurs mœurs, de leurs idées importées après la conquête chez le peuple conquérant. Le pillage de tant de pays avait introduit à Rome d'immenses richesses. De 201 à 189 les contributions payées par les vaincus s'élevèrent à près de cent cinquante millions, et les généraux, après leur triomphe, en versèrent autant dans le trésor. Ces sommes énormes seraient presque doublées si on y joignait l'argent détourné par les officiers et les soldats, les gratifications faites à l'armée, et les objets précieux, meubles, tissus, ouvrages de bronze enlevés à la Grèce et à l'Asie. En une seule fois Paul-Émile rapporta quarante-cinq millions. Cette opulence, devenue tout d'un coup le partage d'un peuple pauvre, sans industrie ni commerce, porta aux mœurs un coup irrésistible. « Tu demandes, dit Juvénal, d'où viennent ces désordres? une humble fortune maintenait jadis l'innocence des femmes latines. De longues veilles, des mains endurcies au travail, Annibal aux portes de Rome, et les citoyens en armes sur les murailles défendaient du vice les modestes demeures de nos pères. Maintenant nous subissons les maux d'une longue paix. Plus redoutable que le glaive, la luxure a fondu sur nous, et le monde vaincu s'est vengé en nous donnant ses vices depuis que Rome a perdu sa noble pauvreté. Sybaris et Rhode, et Milet, et Tarente, couronnées de roses et humides de parfums, sont passées dans nos murs. »

La censure était bien indulgente : cependant en 204 sept membres du sénat furent dégradés, sept aussi par Caton neuf en 174, et plus encore en 164; mais bientôt elle devint impuissante devant le rang et le crédit des coupables. Les plus graves personnages ne craignaient plus en effet de se déshonorer publiquement. En 181 Lépidus, censeur, prince du sénat, et grand pontife, employa l'argent du trésor à construire une digue à Terracine pour préserver ses terres de l'inondation.

Un autre censeur, Fulvius, faisait couvrir un temple à Rome avec les tuiles de marbre du sanctuaire de Junon Lacinienne. En Illyrie un envoyé du sénat recevait de l'argent du roi pour faire un rapport favorable. En 141 un Métellus, rappelé d'Espagne, où il espérait gloire et butin, désorganise l'armée. D'autres refusent d'aller gouverner les provinces où il n'y a pas chance de s'enrichir, ou bien vendent jusqu'à des congés à leurs soldats.

En même temps que tant de richesses perdait les mœurs, la religion chancelait sous les efforts d'une philosophie sceptique. En 155, le Grec Carnéade venu à Rome y enseigna publiquement le mépris des dieux et des préceptes moraux. Il fut chassé de la ville : mais ses doctrines y restèrent. L'ancienne éducation étrusque fut remplacée par l'éducation recque, et la nouvelle génération apprit à mépriser la religion et les coutumes des ancêtres. Entraîné lui-même, peuple courait à des dieux nouveaux. n culte mystérieux, les bacchanales, élange de crimes et de débauches, s'éit introduit dans Rome. Le sénat le écouvrit, et fit périr sept mille personnes. On trouva des coupables dans toute talie, et les années suivantes on condamna jusqu'à deux mille empoisonneurs. ette influence de la Grèce se retrouve sque dans les lettres et les arts. On pie Ménandre, Philémon et Diphile. ussi dans les pièces de Plaute et de érence se croirait-on volontiers à Athènes. Au lieu du tableau des mœurs nationales, ce n'est plus, sauf quelques rares allusions, que la peinture affaiblie s vices et des ridicules de l'homme. l'art y perd en force et en vérité ; et le éâtre n'est plus une leçon. Cependant et là Plaute au moins se souvient qu'il t à Rome ; et le sénateur qui court à curie parce qu'on y partage les commandements, le pauvre diable qui va revoir sa part d'un congiarium, le jeune égant qui ne se fait pas scrupule de ôler une courtisane en attendant qu'il lle une province, ces matrones dont le xe irrite Mégadore autant que Caton, vieux célibataire enfin qui développe complaisamment son sensuel égoïsme, ce précoce débauché qui menace du uet son esclave de condition servile, sont bien là des personnages romains.

L'impiété paraît être en général l'esprit cette littérature. On voit dans Lucius les douze grands dieux réunis ensemble, et se moquant des hommes, qui appellent leurs pères, ou Neptune embarrassé dans un raisonnement d'où arnéade, dit-il pour s'excuser, ne tirait pas lui-même. Les dieux de Plaute nt aussi peu vénérables. Lucrèce doit us tard développer, dans son magnifique langage, ces doctrines athées et atérialistes. Il exclut les dieux des 'énements humains, et arrache à Jupiter son tonnerre, « flamme aveugle, qui rise les temples sacrés, égare sa fureur ans les déserts de l'Océan, et passe à ité d'un coupable pour aller frapper une te innocente. »

Ainsi l'influence de la Grèce enlevait insensiblement à Rome son caractère national et ses antiques vertus ; mais cette révolution, qui changeait les mœurs et les idées, n'épargnait pas l'organisation politique.

RUINE DE L'ÉGALITÉ. — Au deuxième siècle avant notre ère la paix et l'union régnaient dans Rome. Les vieilles querelles étaient éteintes et les grandes luttes politiques semblaient finies. Les tribuns, au lieu de se faire chefs de parti, n'employaient leur pouvoir qu'au maintien de l'ordre et de la justice. En 198 le sénat avait injustement accordé l'ovation à un préteur : les tribuns l'en privèrent. Flamininus venait d'être questeur, et briguait le consulat : les tribuns s'y opposèrent, et plus tard le firent continuer, en dépit des consuls, dans son commandement, quand il eut justifié par ses services cette dérogation aux lois. Plus d'une fois les consuls furent humiliés par eux, et ils menacèrent un jour deux censeurs de la prison.

Le tribunat avait une autorité immense et incontestée, parce que les tribuns n'étaient plus seulement les chefs de la plèbe, mais ceux du peuple entier. Aussi voit-on maintenant passer par le tribunat les nobles les plus illustres, les Marcellus, les Fulvius Nobilior, les Sempronius Gracchus, les Scévola. Honoré par de tels hommes, le tribunat devint une haute magistrature, de laquelle sortirent les meilleures lois de ce temps : l'institution des tribunaux permanents, l'établissement du scrutin secret et le droit de cité conféré à Fundi, à Formies et à Arpinum, qui devait donner à Rome Marius et Cicéron. Vingt-trois colonies en vingt ans furent établies sur la proposition des tribuns. Ce sont eux encore qui firent distribuer des terres aux soldats de Scipion et du blé à bas prix au peuple. En même temps ils poursuivaient ou faisaient poursuivre par les édiles les fermiers des pâturages publics qui cherchaient à se soustraire à l'obligation de payer la dîme, les usuriers, et leurs prête-noms italiens. En 198 ils firent ordonner que les citoyens romains ne pourraient être battus de verges.

Les droits et les intérêts du peuple étaient également respectés par le sénat, qui, ne s'occupant que des affaires du dehors, s'en remettait pour le reste aux décisions de l'assemblée générale. En 209, un plébéien sollicitait pour la première fois la charge de grand curion; repoussé par les patriciens, il fit appel aux tribuns, qui loin de le soutenir renvoyèrent l'affaire au sénat. Les sénateurs refusèrent, et, vaincus dans cette lutte d'un genre nouveau, les tribuns furent contraints de laisser le peuple décider. Le peuple, de son côté, avait porté dans l'affaire des Campaniens le décret suivant : « Ce que le sénat aura arrêté à la majorité des voix, nous voulons et nous ordonnons que cela soit. » Enfin, dans l'élection de Flamininus, le sénat, étendant, malgré les tribuns, les droits du peuple au forum, soutint que celui qui faisait les lois pouvait aussi dispenser de l'observation des lois. Quelques années plus tard, après la conquête de la Macédoine, il déclarait que le trésor n'avait plus besoin de l'impôt des citoyens.

Loin donc que le peuple fût dépouillé de ses prérogatives, il conservait, comme par le passé, le droit de condamner à l'exil ou à l'amende, de nommer aux charges, de faire des lois, de décider de la paix, de la guerre et des alliances. Ainsi la république durait, et cependant la liberté se mourait. Le peuple n'était pas opprimé, et cependant il était dans la plus affreuse misère ; le cens marquait un plus grand nombre de citoyens qu'il n'en avait jamais indiqué, et cependant on manquait de soldats. C'est que les mœurs, sinon les lois, avaient changé, et que le peuple romain était déjà ce que disait Catilina, « un corps sans tête, et une tête sans corps: » une foule immense de pauvres, et au-dessus d'elle, bien loin, quelques nobles, plus fiers et plus riches que des rois. Un siècle de guerres, de pillages et de corruption avait dévoré cette classe moyenne à qui Rome avait dû sa force et sa liberté. Voilà le grand fait de cette période et la cause de tous les bouleversements qui vont suivre ; car avec cette classe disparurent le patriotisme, la discipline et l'austérité des anciennes mœurs ; avec elle périt l'équilibre de l'État, qui, désormais livré aux réactions sanglantes des partis, oscilla entre le despotisme de la foule et celui des grands, jusqu'au jour où tous, nobles et prolétaires, riches et pauvres, trouvèrent le repos so[us] un maître.

Bien des faits montrent cette dispa[ri]tion de la classe moyenne. Seule e[lle] fournissait des légionnaires, et dès l'a[n]née 180 Tite-Live avoue qu'on e[ut] beaucoup de peine à compléter neuf [lé]gions. En 151, Lucullus sans le dévou[e]ment de Scipion Émilien n'aurait [pu] faire les levées nécessaires à l'armée d'E[s]pagne; et nous verrons C. Gracch[us] défendre d'enrôler des soldats au-d[essous] sous de dix-sept ans.

Si le cens de l'an 159 donna tr[ois] cent trente huit mille trois cent q[ua]torze citoyens, le cens lui-même d[i]minua. En 131 il ne marquera plus q[ue] trois cent dix-sept mille huit cent ving[t-]trois citoyens, et le censeur Metellus, e[f]frayé, proposera de contraindre tous l[es] célibataires au mariage. Plus tard, il r[e]montera jusqu'à quatre cent cinquan[te] mille ; mais en ce moment même Tit[e-]Live avouera que Rome ne pourra [pas] réunir huit légions, elle qui en leva[it] jadis vingt-trois contre Annibal. C'e[st] que l'élévation du chiffre du cens atte[s]tait non un accroissement de force v[i]rile, mais seulement un accroissemen[t] de populace; ce qui augmente, ce n'e[st] que la classe des prolétaires, qu'une just[e] défiance tient éloignés des armées. Rom[e] s'affaiblit tout en semblant grandir.

Les principales causes de cette dispa[]rition de la classe moyenne furent [la] continuité des guerres, la ruine d[e] l'agriculture, la substitution du trava[il] des esclaves à celui des hommes libres[.] Les guerres décimaient ou corrompaien[t] la bourgeoisie romaine. Les campagne[s] abandonnées pour les camps depuis qu[e] la guerre n'était plus que le pillage d[u] monde, voyaient disparaître la petit[e] propriété, absorbée par la grande. A[u] lieu de porter de riches moissons, l[a] terre n'était plus couverte aux environ[s] de Rome que de parcs, de jardins et d[e] villas. Les prairies remplaçaient partou[t] les terres à labour, c'est-à-dire que l[a] solitude se faisait dans ces lieux qui ja[]dis nourrissaient une nombreuse et ro[]buste population d'agriculteurs et d[e] soldats.

Pour la culture et l'entretien de leu[rs] vastes propriétés, de leurs *latifundia*, les riches employaient des esclaves ; o[n] sorte que les hommes libres n'avaient plus même pour vivre la ressource d'offrir leurs bras comme fermiers ou journaliers. En vain eussent-ils voulu, en dépit du préjugé qui notait le travail d'infamie, se faire à la ville ouvriers ou artisans : ici encore les esclaves étaient seuls employés. On avait des esclaves maçons, tisserands, ciseleurs, doreurs. L'État en entretenait des milliers pour les travaux publics, dans les temples, dans les arsenaux, dans les ports. Il ne restait plus au pauvre de condition libre qu'à assiéger la porte des grands, à vendre sa voix, son témoignage et jusqu'à son bras pour l'émeute et la guerre civile.

Ce peuple d'ailleurs n'était plus qu'un mélange des affranchis du monde entier. Les citoyens romains, dispersés dans les provinces comme légionnaires, publicains, intendants des riches, agents des gouverneurs, étaient remplacés par les affranchis de toutes les nations, qui apportaient à Rome la corruption des sociétés grecques ou les vices des sociétés barbares. Entre Rome et les provinces il y avait comme une circulation non interrompue ; le sang refluait sans cesse du cœur vers les extrémités, qui le renvoyaient, mais vicié et corrompu.

Ainsi cette classe moyenne qui avait conquis le monde et la liberté avait disparu ; et les grands, n'étant plus retenus par la crainte salutaire de ces plébéiens qui les avaient forcés de partager avec eux toutes les charges publiques, se livraient sans contrainte à l'orgueil et à la corruption. Le sénat était bien toujours cette assemblée habile, prudente et modérée que nous connaissons ; mais il subissait l'influence d'une aristocratie nouvelle, plus forte que lui-même.

Les familles nobles, presque toutes pourtant d'origine plébéienne, s'étaient maintenant unies entre elles par des mariages, et exerçaient un despotisme plus exclusif peut-être que celui de l'ancien patriciat. Elles s'étaient réservé toutes les dignités ; et en imposant la nécessité d'exercer avant toute autre magistrature la charge de l'édilité, dans laquelle on devait donner au peuple à ses frais les jeux ruineux, ces nobles avaient habilement interdit aux citoyens pauvres toute ambition. La noblesse d'autrefois ouvrait ses rangs aux plébéiens capables, la noblesse actuelle rompait tout lien avec le peuple, et, maîtresse de toutes les positions, réglait l'État suivant son bon plaisir. Plus d'une fois elle méconnut même l'autorité du sénat. Malgré lui Appius Claudius triompha des Salasses ; et sans attendre son autorisation Manlius attaqua les Galates, Lucullus les Vaccéens, Cassius les montagnards des Alpes. En même temps les nobles se livraient envers les alliés et les provinciaux à tous les excès. Les exactions furent telles en Espagne, que deux préteurs, mis en jugement, partirent pour un exil volontaire. En Grèce ils vendaient les citoyens, comme à Thèbes et à Chalcis. Ils obligèrent l'Attique, malgré la stérilité de son territoire, à fournir cent mille boisseaux de blé, Abdère cinquante mille. A chaque victoire les généraux se faisaient donner par les alliés des couronnes d'or, qui ne pesaient pas moins ordinairement de douze livres, et les édiles faisaient payer aux provinciaux les frais des spectacles qu'ils étaient obligés de donner au peuple.

Cette conduite portait ses fruits et ces exemples, n'étaient point perdus. Les légionnaires imitaient les généraux avec la certitude de l'impunité. Par suite le courage et la discipline se perdaient ; l'autorité des chefs était méconnue. Pendant la guerre contre Antiochus, l'armée d'Émilius pilla Chio, ville alliée, et en 140 Cépion faillit être brûlé vif dans sa tente. Les soldats faisaient porter leurs armes par des esclaves. Il fallut que Marius, pour préserver Rome des suites de ce désordre, rétablit, avant d'oser attaquer les Cimbres, la discipline et l'esprit militaire.

Les généraux n'étaient pas seuls à piller les sujets. Les publicains, à qui on avait vendu le droit de lever des impôts, ruinaient les provinces qui leur étaient livrées. Une fois, en Asie, au lieu de vingt mille talents, ils en levèrent cent mille. Ils obtenaient par corruption ou par crainte le silence des gouverneurs. Aussi disait-on que partout où ils se trouvaient le trésor était lésé et les sujets opprimés.

Tant de guerres et de conquêtes n'avaient donc abouti qu'à détruire la classe moyenne et la petite propriété,

18ᵉ *Livraison.* (ITALIE.)

c'est-à-dire l'égalité et la liberté ; à augmenter le nombre des esclaves, dont le travail était partout substitué à celui des hommes libres; à créer enfin une noblesse impérieuse et avide, et au-dessous d'elle un peuple oisif et misérable. Caton lutta avec courage contre cette dégradation du peuple et cette insolence des nobles.

CATON ET LES SCIPIONS. — Caton était né à Tusculum, l'an 233 avant J. C. Longtemps il cultiva de ses mains son modeste patrimoine, voisin de la chaumière de Curius Dentatus, dans le pays des Sabins. Il partageait ses soins entre les travaux des champs et l'étude de l'éloquence, et il allait dans les bourgs et les petites villes du voisinage plaider pour ceux qui réclamaient son assistance. De là il revenait à son champ, qu'il labourait, mêlé à ses esclaves, partageait leurs fatigues et leur nourriture. Valérius Flaccus, dont les terres touchaient à celles de Caton, s'attacha au rude et actif paysan dont les mœurs lui rappelaient celles de ses aïeux. Il lui persuada d'aller à Rome, et de s'y occuper des affaires publiques. Ses plaidoyers lui firent bientôt des admirateurs et des amis, et le crédit de Valérius lui ouvrit la route des honneurs. Il fut nommé questeur de Scipion, à la guerre d'Afrique. Comme il le voyait, en attendant que ses préparatifs fussent achevés, vivre avec magnificence et prodiguer l'argent à ses troupes sans ménagement, il l'en reprit avec liberté, disant que le plus grand mal n'était pas dans cette dépense excessive, mais dans l'altération de l'ancienne simplicité des soldats, qui employaient en luxe et en plaisir le superflu de leur paye. Scipion lui répondit qu'il n'avait pas besoin d'un questeur si exact, et qu'il devait compte à la république non des sommes qu'il aurait dépensées, mais des exploits qu'il aurait faits. Caton le quitta dès la Sicile, et de retour à Rome il provoqua contre lui une enquête qui n'eut aucun résultat.

Que cette anecdote soit fausse, comme on pourrait l'induire du récit de Tite-Live, qui nous montre Caton s'embarquant pour l'expédition d'Afrique à la suite de Scipion, peu importe; le fait certain, c'est l'inimitié qui de bonne heure s'éleva entre le chef de ceux qui voulaient introduire à Rome l'élégance et l'urbanité grecque, et celui qui devint le représentant des vieilles mœurs romaines.

Il commençait en effet à être rare de voir un citoyen dans l'aisance, conservant l'ancien usage de cultiver lui-même ses terres et mener une vie frugale et laborieuse comme celle des premiers Romains. Aussi Caton devint bientôt l'objet de l'attention générale. Jamais, écrit-il lui-même, il ne porta de robe qui coûtât plus de cent drachmes tant qu'il commanda les armées, et même pendant son consulat, il ne but d'autre vin que celui de ses esclaves; et son dîner ne lui coûta jamais que trente as. Il pensait que rien de superflu n'est à bon marché, et qu'une chose dont on peut se passer, ne coûtât elle qu'une obole, est toujours trop chère.

Plutarque a recueilli quelques-unes de ses reparties. Elles font connaître son caractère et sa tournure d'esprit. Un jour le peuple romain demandait instamment et hors de propos qu'on lui fît une distribution de blé. Caton, qui voulait l'en détourner, commença ainsi son discours : « Citoyens, il est difficile de parler à un ventre qui n'a point d'oreilles. » Une autre fois il blâmait la dépense prodigieuse que les Romains faisaient pour leur table, et disait qu'il n'était pas facile de sauver une ville où un poisson se vendait plus cher qu'un bœuf. — Il comparait les Romains aux moutons qui chacun en particulier n'obéissent point aux bergers, mais suivent les moutons qui les précèdent. « De même disait-il aux Romains, quand vous êtes ensemble vous vous laissez conduire par des hommes dont chacun de vous séparément ne voudrait pas suivre les avis. » Caton disait que le peuple romain mettait le prix, non-seulement aux différentes sortes de pourpre, mais encore aux divers genres d'étude. « Comme les teinturiers, ajoutait-il, donnent plus souvent aux étoffes la couleur pourpre parce qu'elle est le plus recherchée, de même les jeunes gens apprennent et recherchent avec le plus d'ardeur ce que vous louez davantage. »

« Si c'est pour la vertu et la sagesse, disait-il aux Romains dans ses remontrances, que vous êtes devenus grands, ne changez pas pour être pires; si c'est à l'intempérance et aux vices que vous devez votre grandeur, changez pour devenir meilleurs: car vous vous êtes assez aggrandis par ces voies perverses. » Il comparait ceux qui briguaient souvent les charges à des hommes qui, ne sachant pas leur chemin, voulaient, de peur de s'égarer, avoir toujours des licteurs devant eux pour les conduire. Il les blâmait de nommer souvent les mêmes magistrats. « Il faut, leur disait-il, ou que vous regardiez les fonctions de magistrat comme bien peu importantes, ou que vous trouviez bien peu de gens capables de les remplir. » Voyant un de ses ennemis mener une vie infâme : « Sa mère, dit-il, doit faire une imprécation et non une prière en souhaitant de laisser son fils sur la terre après elle. » Il montrait un jour un homme qui avait vendu ses biens paternels situés sur le bord de la mer, et il disait en feignant de l'admirer : « Cet homme est plus fort que la mer même. Ce que la mer ne mine que lentement et avec peine, il l'a englouti en un instant. » Le roi Eumène étant venu à Rome, le sénat lui rendit des honneurs extraordinaires, et les premiers de la ville s'empressaient autour de lui à l'envi les uns des autres. Caton seul laissait voir qu'il lui était suspect, et l'évitait avec soin. Quelqu'un lui ayant dit qu'Eumène était un bon prince et fort ami des Romains : « Soit, répondit-il, mais un roi est par nature un animal vorace; et aucun des rois les plus vantés ne peut être comparé à Épaminondas, à Périclès, à Thémistocle, à Manius Curius, ni même à Amilcar surnommé Barca. » Les Romains avaient choisi pour aller en Bithynie trois ambassadeurs, dont l'un avait la tête légère, le second était goutteux, et l'autre avait un vide dans le crâne par suite du trépan. Caton dit en plaisantant que les Romains envoyaient une ambassade qui n'avaient ni pieds, ni tête, ni cœur.

L'affaire des bannis d'Achaïe était fort agitée dans le sénat : les uns voulaient les renvoyer dans leur patrie, les autres s'y opposaient. Caton, que Scipion, à la prière de Polybe, avait voulu intéresser en faveur de ces bannis, se lève et prend la parole : « Il semble, dit-il, que nous n'ayons rien à faire à nous voir disputer ainsi une journée entière pour savoir si quelques Grecs décrépis seront enterrés par nos fossoyeurs ou par ceux de leur pays. » Le sénat ayant décidé leur renvoi, Polybe, peu de jours après, demanda la permission de rentrer dans le sénat pour y solliciter le rétablissement des bannis dans les dignités dont ils jouissaient en Achaïe avant leur exil; et d'abord il voulut tenter Caton pour savoir quel serait son sentiment. « Il me semble, Polybe, lui répondit Caton, qu'échappé comme Ulysse de l'antre du cyclope, vous voulez y rentrer pour prendre votre chapeau et votre ceinture, que vous y avez oubliés. » Il disait que les sages tirent plus d'instruction des fous que ceux-ci ne sont instruits par les sages; parce que les sages évitent les fautes dans lesquelles tombent les fous, et que les fous n'imitent pas toujours les bons exemples des sages. Il aimait mieux voir rougir que pâlir les jeunes gens. Il se moquait d'un homme qui était d'une grosseur extraordinaire. « A quoi, dit-il, peut être utile à sa patrie un corps qui n'est que ventre? » Un homme voluptueux voulait se lier avec lui, Caton s'y refusa : « Je ne saurais, lui dit-il, vivre avec un homme qui a le palais plus sensible que le cœur. » Il disait que l'âme d'un homme amoureux vivait dans un corps étranger, et que dans toute sa vie il ne s'était repenti que de trois choses : la première d'avoir confié son secret à une femme ; la seconde, d'être allé par eau là où il pouvait aller par terre; la troisième, d'avoir passé un jour entier sans rien faire. « Mon ami, dit-il un jour à un vieillard de mauvaises mœurs, la vieillesse a assez d'autres difformités sans y ajouter celle du vice. » Un tribun du peuple, soupçonné d'avoir donné du poison à quelqu'un, proposait une mauvaise loi qu'il s'efforçait de faire passer : « Jeune homme, lui dit Caton, je ne sais lequel est le plus dangereux ou de boire ce que tu prépares ou de ratifier ce que tu écris. » Injurié par un homme qui menait une vie très-licencieuse : « Le combat, lui dit-il, est inégal entre vous et moi : vous écoutez volontiers les sottises, et vous en di-

18.

tes avec plaisir; moi je les entends avec peine et je n'ai pas l'habitude d'en dire. »

CONSULAT DE CATON. — Après avoir exercé l'édilité plébéienne, Caton fut nommé préteur de Sardaigne. En peu de temps il chassa de l'île tous les usuriers, et il refusa les frais de représentation que la province lui voulait allouer suivant l'usage. Cette conduite, ses mœurs sévères, sa mâle éloquence attirèrent sur lui tous les regards. Dès l'an 195 les comices l'élevèrent au consulat. On agitait alors la question de l'abrogation de la loi Oppia, qui limitait la dépense des femmes dans leur parure. Caton s'y opposa par un éloquent discours.

Plaute, lui aussi, venait de lancer au théâtre une mordante satire contre le luxe des matrones. Cependant la loi fut abrogée. Caton partit alors pour l'Espagne, où, comme il le dit lui-même, il prit plus de villes qu'il n'y passa de jours. Il donna pendant cette campagne de nouvelles preuves de son désintéressement et de ses talents militaires, et il revint à Rome recevoir le triomphe.

EXIL DE SCIPION L'AFRICAIN. — Cependant le vainqueur de Zama, Scipion l'Africain, perdait tous les jours de son crédit. Malgré ses efforts, il voyait sa popularité diminuer. Flamininus, Caton lui avaient succédé dans la faveur du peuple. Pour rappeler l'attention sur lui, il se fit nommer consul, en 194 : mais l'année se passa sans fait éclatant pour lui ; il essaya en vain deux ans après de faire arriver à la même charge Scipion Nasica, son gendre, et Lœlius, son ami. Son frère fut nommé en 190, et partit pour l'Asie, où Scipion l'accompagna. L'année précédente Caton avait, dans cette même guerre, accru encore sa réputation en tournant l'armée d'Antiochus aux Thermopyles. Pour Scipion cette expédition sans péril fut aussi sans honneur, et causa tous les ennuis de sa vieillesse. Dès ce moment Caton ne cessa, selon l'énergique expression de Tite-Live, d'aboyer contre ce grand citoyen. A son instigation, les tribuns Pétilius sommèrent Scipion de rendre compte de l'emploi des trésors livrés par Antiochus. L'Africain fit apporter ses registres, et les déchira en s'écriant : « Il ne sera pas dit que j'aurai subi l'affront de répondre à une pareille accusation ; qu'il m'aura fallu rendre raison de quatre millions de sesterces quand j'en ai fait entrer deux cents millions dans le trésor. » Caton, décidé à ramener sous le niveau de l'égalité républicaine cet orgueilleux citoyen, dont l'exemple encourageait le mépris des lois et des magistrats, le dédain pour les mœurs et les institutions de son pays, le fit accuser par un autre tribun d'avoir vendu la paix au roi de Syrie.

Au jour marqué, Scipion monta à la tribune. « Tribuns et vous, Romains, dit-il avec une magnifique insolence, c'est à pareil jour que j'ai vaincu Annibal et les Carthaginois. Comme il convient, dans une telle journée, de surseoir aux procès, je vais de ce pas au Capitole rendre hommage aux dieux. Venez avec moi les prier de vous donner toujours des chefs qui me ressemblent ; car si vos honneurs ont devancé mes années, c'est que mes services avaient prévenu vos récompenses. » Et il monta au Capitole, entraînant le peuple tout entier sur ses pas. Toutefois, ne prévoyant désormais qu'attaques de la jalousie et débats avec les tribuns, il se retira à Liternum pour ne point comparaître. On allait le condamner absent. Un tribun, Sempronius Gracchus, s'écria : « Tant que P. Scipion ne sera pas de retour à Rome, je ne souffrirai pas qu'il soit mis en cause. Eh quoi ! ni les services, ni les honneurs mérités, n'assureront donc jamais aux grands hommes un asile inviolable et sacré, où, sinon entourés d'hommages, du moins respectés, ils puissent reposer leur vieillesse ? » L'affaire fut abandonnée, et le sénat en corps remercia Gracchus d'avoir sacrifié ses inimitiés personnelles à l'intérêt général. Retiré dans sa villa, dont n'aurait pas voulu le plus obscur des contemporains de Sénèque, Scipion y acheva sa vie dans le culte des Muses.

Polybe place sa mort en la même année que celles de Philopœmen et d'Annibal (183). On croit voir encore aujourd'hui à Patrica, l'antique Liternum, son tombeau et le second mot de cette inscription qu'il y avait fait graver : « Ingrate patrie, tu n'auras pas mes cendres. »

L'exil de Scipion enhardit ses enne[m]is : Caton fit reprendre aux Petilius [l']accusation contre l'Asiatique, qui laissa [sai]sir et vendre ses biens. Ils furent in[s]uffisants pour payer l'amende.

CENSURE DE CATON. — Caton, [n]ommé censeur peu de temps après, [co]ntinua ses vives attaques contre les [n]obles et les publicains. Il fit rayer de [la] liste du sénat sept sénateurs, entre [au]tres Lucius Quintius, personnage [co]nsulaire, frère de ce T. Flamininus qui [a]vait vaincu Philippe. Pour atteindre le [lu]xe il fit établir que le cens des citoyens [co]mprendrait à l'avenir les bijoux, les [v]oitures, les parures des femmes, et [le]s esclaves achetés depuis le dernier [lu]stre pour une valeur décuple de ce [q]u'ils avaient coûté. Il supprima tous [le]s conduits qui détournaient dans les [m]aisons ou dans les jardins des par[ti]culiers l'eau des fontaines publiques. [Il] fit démolir tous les bâtiments qui [ét]aient en saillie sur les rues, diminua [le] prix des entreprises données à bail par [l']État, et porta au plus haut taux pos[si]ble les fermes et les revenus de la ré[p]ublique. Enfin il fit passer un chemin [à] travers la montagne de Formies et [él]ever la basilique Porcia. Pour prix de [s]es travaux, le peuple lui éleva une [st]atue avec cette inscription : « A Caton, [p]our avoir, par de salutaires ordonnances [e]t de sages institutions, relevé la répu[b]lique romaine, que l'altération des [m]œurs avait mise sur le penchant de sa [ru]ine. »

EFFORTS DE CATON POUR CONTENIR [LE]S GRANDS. — Caton se trouvait alors [à] la tête d'un parti nombreux ; avec lui il [ne] cessa de combattre, au profit de la li[b]erté contre l'ambition, l'avidité et le luxe [d]es grands. Plusieurs lois somptuaires ou [m]enaçantes pour les grands furent pré[s]entées sous ses auspices, et passèrent : [e]n 181 une loi des consuls contre la bri[g]ue, et la loi Orchia, qui limitait le nom[b]re des convives et les dépenses des fes[ti]ns ; en 179 la loi Villia ou Annalis, qui [ré]primait encore la brigue, en fixant l'âge [où] l'on pouvait arriver aux charges ; [e]n 174 la loi Voconia, pour empêcher, [c]omme à Sparte, l'accumulation des [b]iens dans les mains des femmes ; en 161 [la] loi Fannia, contre le luxe de la table ; [en]fin en 159 une loi qui prononça la peine capitale contre les candidats convaincus d'avoir acheté les suffrages à prix d'argent. Il provoqua en 168 le décret qui interdit aux rois l'entrée de Rome, où leur venue introduisait toujours des vices et des désordres nouveaux. Plus tard, il fit chasser Carnéade, et renvoyer les Achéens retenus en Italie. On sait aussi combien il fit d'efforts pour tourner les armes de Rome contre Carthage et abattre cette ancienne rivale, qui lui semblait encore dangereuse pour la race dégénérée qui avait remplacé les héros du Métaure et de Zama.

Avec de tels principes, Caton ne pouvait manquer d'ennemis. Cinquante fois il fut mis en jugement ; la dernière fois il avait quatre-vingt-trois ans. Néanmoins, il composa et prononça lui-même son plaidoyer, où se trouvaient ces belles et simples paroles : « Il est bien difficile, Romains, de rendre compte de sa conduite devant des hommes d'un autre siècle que celui où l'on a vécu. » A quatre-vingt-cinq ans il cita encore devant le peuple Serv. Galba ; car il avait, dit Tite-Live, « une âme et un corps de fer, et la vieillesse, qui use tout, ne put le briser. »

Malgré ses efforts et sa haine persévérante, Caton fut pourtant témoin du triomphe de la réaction aristocratique ; car la noblesse trouvait dans le peuple même, dans son respect héréditaire pour les grands noms, une force dont elle savait habilement se servir pour entraîner souvent la foule à voter contre ses intérêts. Caton put voir un exemple de cette faiblesse populaire. L. Quintius Flamininus, une des victimes du rigide censeur, étant venu au théâtre un jour qu'on donnait des jeux, passa près du banc des consulaires sans oser s'y arrêter, et alla s'asseoir beaucoup plus loin. Le peuple, touché de son humiliation, se mit à crier qu'il remplît sa place, et le força d'aller s'asseoir parmi les anciens consuls. Bientôt nous verrons le peuple prêt à renoncer, sur les prières des grands, à la loi agraire de Tibérius Gracchus. Et nous-mêmes avons-nous droit de nous étonner de cet engouement du peuple pour les grands noms, quand nous regardons quel a été chez nous le premier élu du suffrage universel.

Réaction aristocratique. — En 181 les nobles enlevèrent aux comices leur organisation démocratique. Lépidus et Fulvius, censeurs après Caton, rétablirent pour les assemblées du peuple les catégories de fortune qu'on avait supprimées aux beaux jours de l'égalité. Sempronius Gracchus renferma les affranchis dans une des quatre tribus urbaines, l'Esquiline. Plus tard, quand on institua les *Quæstiones perpetuæ*, les nobles trouvèrent le moyen de s'emparer du droit jusqu'alors attribué au peuple de juger au criminel sans appel. La religion ne fut pas oubliée. La loi Fuffia maintint la sainteté des jours fastes, et la loi Ælia (167) mit l'assemblée des tribus dans la dépendance des augures. C'était donc une restauration des vieux priviléges aristocratiques. « Rome, dit Salluste, était divisée, les grands d'un côté, le peuple de l'autre, et au milieu, la république déchirée, la liberté mourante. La faction des nobles triomphait : le trésor, les provinces, les magistratures, les triomphes, toutes ces sortes de gloire, et les richesses du monde, ils avaient tout. Sans lien et sans force, le peuple n'était plus qu'une impuissante multitude, décimée par la guerre et la pauvreté. Car, tandis que les légionnaires combattaient au loin, leurs pères, leurs enfants, étaient chassés de leur héritage par des voisins puissants. Le besoin de la domination et une insatiable cupidité firent tout envahir, tout profaner, jusqu'au jour où cette tyrannie se précipita elle-même. »

Scipion Émilien. — Une révolution se préparait. Dans son contact avec la Grèce, Rome avait perdu ses mœurs; il n'en eût pas été ainsi si l'on eût pu retenir ce mouvement dans les limites où s'efforçaient de l'arrêter quelques nobles citoyens : Paul-Émile, Scipion Nasica, les Scœvola, Sempr. Gracchus, les Tubéron, et au-dessus d'eux tous Scipion Émilien, le destructeur de Carthage. Celui-là seul, disait Caton de ce dernier, en lui appliquant un vers d'Homère, celui-là seul a conservé sa raison : les autres, vaines ombres, passent et se précipitent. Nommé censeur, Scipion fut entravé sans cesse dans ses projets de sévérité par la faiblesse de son collègue Mummius. Il prévoyait les suites funestes de cette décomposition insensible des mœurs et du peuple lui-même. Quand la révolution éclata, il était aux portes de Numance; et à son retour il trouva Rome en proie à des désordres et à des violences qu'il était impossible d'arrêter, et où il périt lui-même. Il avait vu le danger, et il s'était efforcé de le prévenir : d'autres le voyaient aussi, mais ils se contentaient de le déplorer : ils ne comprenaient pas que la république, comme un malade désespéré, avait besoin de ces remèdes énergiques des temps de révolution qui sauvent ou qui tuent les empires.

Soulèvement des esclaves; Eunus (133). — A l'exception de ces grands orgueilleux qui dominaient partout, il n'y avait qu'opprimés dans l'empire : le peuple de Rome, les esclaves les Italiens et les provinciaux. Les esclaves, dont le sort était le plus misérable, furent aussi les premiers à se révolter. Ce fut dans la ville d'Enna que le soulèvement commença par les quatre cents esclaves du riche et cruel Damophile. Aidés de tous leurs compagnons de misère, dont ils avaient brisé les chaînes, ils massacrèrent les habitants d'Enna. Agrigente fut le théâtre d'un semblable mouvement. Cinq mille hommes vinrent s'unir aux esclaves d'Enna. Un Syrien, esclave comme eux, se fit donner par ses impostures le commandement de cette armée, et il réunit bientôt jusqu'à soixante-dix mille hommes.

Les révoltés battirent successivement quatre préteurs et un consul. De Messine à Lilybée ils étaient les maîtres et leur exemple excitait partout des soulèvements. A Délos, dans l'Attique, dans la Campanie, dans le Latium même, y eut des tentatives aussitôt comprimées. Enfin, en 133, Calpurnius Piso leur fit lever le siége de Messine. Tauroménium leur fut enlevée ensuite par Rupilius, qui se rendit aussi maître d'Enna par trahison. Dès lors le danger disparut. Dispersés dans les montagnes, ils furent exterminés. Eunus, qui n'avait pas eu le courage de se tuer, fut fait prisonnier, et périt dans sa prison.

Rupilius essaya de prévenir par de sages réglements une nouvelle révolte il n'avait plus rien à craindre des esclaves, mais la guerre civile allait commencer.

Tribunat de Tibérius Gracchus. — Les Gracques étaient fils de Tibérius Gracchus, le pacificateur de l'Espagne, et de Cornélie, fille de Scipion, le vainqueur d'Annibal. Ils perdirent leur père de bonne heure; mais leur mère le remplaça dignement : elle les entoura des maîtres les plus habiles de la Grèce, et dirigea elle-même leur éducation. « Tibérius, l'aîné des deux frères, à peine sorti de l'enfance se fit, dit Plutarque, une réputation si vive et si brillante qu'il fut jugé digne d'être associé au collége des augures, moins encore pour sa naissance que pour sa vertu. Appius Claudius rendit à son mérite un éclatant témoignage, lorsque cet homme illustre, honoré du consulat et de la censure, et que sa dignité personnelle avait fait nommer prince du sénat, s'étant trouvé avec lui à un festin des augures, après l'avoir comblé de marques d'amitié, lui proposa sa fille en mariage. Tibérius accepta sans balancer une proposition si flatteuse. Les conventions ayant été faites sur-le-champ, Appius, en rentrant chez lui, appela sa femme; dès le seuil de la porte : « Tusticia, lui dira-t-il, je viens de promettre en mariage notre fille Claudia. — Pourquoi donc cet empressement? lui répondit sa femme avec surprise; et qu'était-il besoin de précipiter ce mariage, à moins que vous ne lui ayez trouvé pour mari Tibérius Gracchus? »

Tibérius servit d'abord en Afrique, où il monta le premier sur les remparts d'une ville ennemie. Après cette guerre il fut nommé questeur, et alla combattre en Espagne les Numantins, sous les ordres du consul Mancinus. Les Numantins, après plusieurs victoires, avaient enfermé l'armée romaine dans un défilé. Mancinus envoya auprès d'eux Tibérius pour négocier; et le jeune questeur obtint un traité qui sauvait l'armée entière. Le sénat désapprouva la paix dont il avait été l'agent, et voulut le livrer aux Numantins avec Mancinus, nu et chargé de fers; mais le peuple ordonna que le consul serait seul livré; il ne voulut pas que Tibérius fût puni pour l'impéritie de son chef.

A son retour, Tibérius traversa l'Étrurie. Il ne trouva sur son chemin que des campagnes désertes, à la culture desquelles les esclaves étaient seuls employés. A Rome il ne vit qu'un peuple pauvre, oisif et affamé, que la guerre ne nourrissait plus. La situation où se trouvait alors la république a été bien expliquée par Appien. Après avoir rappelé qu'une partie des terres enlevées aux Italiens étaient restées indivises et abandonnées en jouissance à ceux qui voulaient les défricher, à condition de payer la dîme et le quint des fruits perçus, il ajoute : On croyait avoir ainsi pourvu aux besoins de la vieille race italienne, race patiente et laborieuse, et aux besoins du peuple vainqueur; mais le contraire arriva : les riches s'emparèrent peu à peu de ces terres du domaine public, et dans l'espérance qu'une longue possession deviendrait un titre inattaquable de propriété, ils achetèrent ou prirent de force les terres situées à leur convenance, et les petits héritages de tous les pauvres gens leurs voisins. De cette manière ils firent de leurs champs de vastes *latifundia*. Pour la culture des terres et la garde des troupeaux ils employaient des esclaves, qui ne pouvaient leur être enlevés, comme l'étaient les ouvriers libres, par le service militaire. Ces esclaves étaient une propriété des plus fructueuses, à cause de leur rapide multiplication, que favorisait l'exemption du service militaire. De là il arriva que les hommes puissants s'enrichirent outre mesure, et que l'on ne vit plus que des esclaves dans les campagnes. La race italienne, usée et appauvrie, périssait sous le poids de la misère, des impôts et de la guerre. Si parfois l'homme libre échappait à ces maux, il se perdait dans l'oisiveté, parce qu'il ne possédait rien en propre dans un territoire tout entier envahi par les riches; et parce qu'il n'y avait point de travail pour lui sur la terre d'autrui, au milieu d'un si grand nombre d'esclaves. » Dans un semblable état de choses, il n'y avait qu'un seul remède : rendre aux hommes libres la culture des campagnes, partager entre les pauvres ces immenses domaines tombés au pouvoir des grands : en un mot reconstituer la petite propriété et la classe moyenne.

Loi agraire de Tibérius Gracchus. — A peine Tibérius fut-il parvenu au consulat que le peuple lui donna de nombreuses preuves de sa sympathie et de l'espoir qu'il fondait en lui. On couvrait les portiques, les murailles et les tombeaux d'affiches par lesquelles on l'excitait à faire rendre aux pauvres les terres du domaine. Au reste, il ne voulut pas seul rédiger sa loi ; il prit conseil des citoyens de Rome les plus distingués. De Crassus, le grand pontife, de Mucius Scœvola, célèbre jurisconsulte, alors consul, et d'Appius Claudius, son beau-père. Il proposa dans une assemblée du peuple par tribus la loi suivante : « Que personne ne possède plus de cinq « cents arpents de terres conquises ; « que personne n'envoie aux pâturages « publics plus de cent têtes de gros bé- « tail, ou plus de cinq cents têtes de « petit ; que chacun ait sur ses terres « un certain nombre d'ouvriers de con- « dition libre. » Il était dit plus loin : « Les détenteurs des terres publiques « garderont deux cent cinquante ar- « pents pour chacun de leurs enfants « mâles, et une indemnité leur sera al- « louée pour les dédommager des dé- « penses utiles faites par eux dans le « fonds qui leur sera ôté. Ce que l'État « aura ainsi recouvré sera distribué aux « citoyens pauvres par des triumvirs « qu'on changera tous les ans. Ces biens « seront inaliénables et ne devront au « trésor aucune redevance. »

Cette loi était, comme on le voit, la plus douce et la plus modérée qu'il fût possible de porter contre l'injustice et l'avarice des grands. Néanmoins elle souleva de leur part une vive opposition.

On voulait, disaient-ils, leur arracher les tombeaux de leurs aïeux, la dot de leurs épouses, l'héritage de leurs pères, des terres qu'ils avaient légitimement acquises à prix d'argent, qu'ils avaient améliorées, couvertes de constructions. En même temps ils cherchaient à indisposer le peuple contre Tibérius, en le lui peignant comme un homme séditieux, qui n'avait d'autre but que de troubler le gouvernement, et de mettre la confusion dans les affaires. Mais le peuple pouvait-il se laisser aveugler quand il entendait Tibérius défendre ses intérêts à la tribune. « Pensez-vous, d « sait le tribun, que ce qui appartien « au peuple doive être donné au peu « ple ? Pensez-vous qu'un citoyen soi « plus utile à la patrie qu'un esclave « un brave légionnaire qu'un homm « incapable de combattre, un membr « dévoué de la cité qu'un étranger et u « ennemi ? » Et s'adressant aux riches « Cédez quelque peu de vos trésors « ajoutait-il, si vous ne voulez vous voi « tout ravir un jour. Eh quoi ! le « bêtes sauvages ont leurs tanières, e « ceux qui versent leur sang pour leu « patrie ne possèdent rien que l'ai « qu'ils respirent ! Sans toit où s'abri « ter, sans demeure fixe, ils erren « avec leurs femmes et leurs enfants « Les généraux les trompent quan(« ils les exhortent à combattre pour le « temples des dieux, pour les tombeau « de leurs ancêtres. De tant de Ro « mains en est-il un seul qui ait u « tombeau, un autel domestique ? Il « ne combattent, ils ne meurent qu « pour nourrir le luxe et l'opulence d « quelques-uns. On les appelle les maî « tres du monde, et ils n'ont pas e « propriété une motte de terre. »

Il ne s'agissait plus que de voter mais le projet de Tibérius avait attiré Rome les riches des colonies et de municipes ; et leurs efforts, joints ceux des grands, présentèrent à Ti bérius un obstacle qu'il n'avait pa prévu. Octavius, son collègue, gagn par eux d'autant plus aisément qu'i possédait lui-même beaucoup de terre du domaine, opposa son veto.

Déposition d'Octavius. — Tibé rius espéra vaincre sa résistance e lui rendant de son propre bien le pri: des terres que la loi allait lui enlever Octavius s'y refusa. Alors, le tribun irrité, supprima dans sa loi les article: qui assuraient une indemnité aux riche: et réservaient aux détenteurs des terre: et à leurs fils un certain nombre d'ar pents. La loi revenait moins accept. table que jamais : aussi Octavius pei sista dans son opposition. Tibérius, Il voyant inébranlable, usa de la puissanc(illimitée que lui donnait le veto : il sus pendit de leurs fonctions tous les magi i trats, apposa son sceau sur les porto du trésor, et défendit qu'on s'occupa d'aucune affaire avant d'avoir voté sur sa loi. Alors on vit à Rome un étrange spectacle : les riches, vêtus de deuil, remplissant les rues et implorant la pitié du peuple contre son tribun. En même temps ils cherchaient à le faire périr secrètement. Le jour de l'assemblée, pour empêcher de recevoir les suffrages, ils enlevèrent les urnes, et sans l'intervention de deux consulaires, qui se jetèrent aux pieds de Tibérius, le sang allait couler.

Le tribun se résolut enfin à un moyen extrême. « Puisque, tous deux tribuns du peuple, dit-il un jour à son collègue, nous sommes égaux en puissance, il faut qu'un de nous soit déposé; prenez sur moi les suffrages. » Octavius s'y refusant : « Eh bien, demain le peuple décidera si un tribun opposé aux intérêts qu'il doit défendre peut rester en charge. » Le jour suivant Tibérius conjura publiquement son collègue de se rendre à ses prières et aux vœux du peuple : il le suppliait de ne pas s'exposer à l'affront d'une destitution publique, et de ne pas se charger lui-même de l'odieux d'une mesure semblable. Octavius parut attendri, et garda longtemps le silence : mais enfin la honte et la crainte des reproches que les riches ne manqueraient pas de lui adresser, s'il montrait une telle faiblesse, triomphèrent de son hésitation : il répondit au tribun qu'il n'avait qu'à faire ce qu'il voudrait. Tibérius fit prononcer sa déposition, et Octavius ne se déroba qu'avec peine à la fureur du peuple : l'esclave qui marchait devant lui fut mis en pièces.

AUTRES LOIS DE TIBÉRIUS GRACCHUS. — La loi passa dès lors sans résistance : trois commissaires furent chargés de son exécution. C'étaient Tibérius lui-même, avec Appius Claudius, son beau-père, et Caïus Gracchus, son frère, qui servait alors en Espagne sous les ordres de Scipion l'Africain. Mais alors se présentèrent de nombreuses difficultés. On ne savait comment reconnaître ces domaines usurpés depuis des siècles. Il fallait lutter sans cesse contre la mauvaise volonté des riches et l'impatience des pauvres. Le sénat, de son côté, cherchait par tous les moyens à entraver sa marche. On employait pour le perdre les intrigues auxquelles avaient succombé Spurius Cassius, Manlius et Spurius Mélius. Au rapport d'un sénateur, Eudème, qui avait apporté le testament d'Attale, roi de Pergame, avait secrètement remis à Tibérius la robe de pourpre et le diadème du roi, dont le tribun se flattait sans doute de se vêtir un jour à Rome. Tibérius répondit à cette imputation en faisant décréter que les trésors du roi de Pergame, dont le peuple romain était l'héritier, seraient partagés entre les citoyens auxquels il était échu des terres par le sort, afin qu'ils pussent se fournir d'instruments aratoires et couvrir les premiers frais de culture.

Dans cette occasion Tibérius porta une première atteinte aux droits politiques des grands, en déclarant qu'il ferait lui-même à l'assemblée du peuple le rapport sur le royaume de Pergame. Il prétendait par là transporter du sénat au peuple l'administration des affaires extérieures. Il proposa aussi des lois qui abrégeaient la durée du service militaire; qui permettaient d'en appeler au peuple des sentences de tous les tribunaux; qui adjoignaient aux sénateurs, chargés seuls alors de tous les jugements, un pareil nombre de chevaliers; qui enfin affaiblissaient de toutes manières la puissance du sénat. Il fit même, dit-on, des promesses aux Italiens; mais déjà le peuple ne suivait plus son tribun. Quand il avait mis en avant sa loi agraire, les tribus avaient voté unanimement; mais l'intérêt qui avait rallié les pauvres autour de Tibérius dans cette occasion ne leur apparaissait plus au milieu de ces nouvelles rogations. S'il avait, comme Licinius deux siècles plus tôt, déclaré sa loi agraire inséparable de ses lois politiques, elles eussent sans doute passé toutes ensemble; mais il proposa celles-ci après la première, et il échoua.

Cependant on l'aimait encore : un de ses amis étant mort subitement, le peuple voulut porter lui-même le cadavre au bûcher, et quand Tibérius parut sur la place publique vêtu de deuil, avec ses enfants, et demandant pour eux et pour leur mère la protection du peuple, la foule s'émut, et pendant quelque temps on fit nuit et jour une garde vigilante autour de sa maison. Cependant on lui reprochait déjà d'avoir porté atteinte dans la personne d'Octavius à l'inviolabilité tribunitienne. Un certain Annius, qu'il accusait, lui ayant dit : Si tu voulais me déshonorer et me couvrir d'infamie, et qu'un de tes collègues se levât pour prendre ma défense, irrité de cette démarche, le ferais-tu déposer de sa charge? Tibérius, déconcerté, n'eut rien à répondre, et congédia l'assemblée.

MORT DE TIBÉRIUS GRACCHUS. — Cependant ses amis, voyant la ligue des grands et les menaces qu'ils ne cessaient de lui faire, crurent qu'il importait à sa sûreté de demander un second tribunat. Mais quand il fallut prendre les suffrages, les riches et quelques-uns de ses collègues s'écrièrent qu'un tribun ne pouvait être continué deux ans de suite dans sa charge. Comme la plupart de ses partisans étaient alors retenus aux champs par la moisson, Tibérius, craignant d'échouer, congédia l'assemblée, et la remit au lendemain.

Le jour suivant, sans se laisser intimider par les présages contraires, Tibérius se rendit au Capitole, où il fut accueilli par des acclamations générales : on lui prodigua les témoignages du plus grand zèle, et on veilla avec soin à la sûreté de sa personne. Cependant une collision s'engagea. Les partisans de Tibérius, armés de bâtons, se jetèrent sur les opposants, qui s'enfuirent en répétant par la ville que Tibérius avait destitué ses collègues et s'était proclamé lui-même tribun pour l'année suivante. Le tribun n'avait pas autour de lui trois mille hommes.

En ce moment Tibérius fut averti par Fulvius que dans l'assemblée du sénat les riches avaient formé le dessein de le tuer eux-mêmes, et qu'ils avaient réuni pour ce projet un grand nombre de leurs amis et de leurs esclaves, tous armés. Aussitôt les partisans de Tibérius s'arment à la hâte et se préparent à la défense. Ceux à qui leur éloignement n'avait pas permis d'entendre Tibérius, surpris de ce qu'ils voyaient, en demandaient la cause. Alors Tibérius porta la main à sa tête, pour faire connaître par ce geste à ceux qui ne pouvaient pas l'entendre le danger qui le menaçait.

Ses ennemis coururent à l'instant annoncer au sénat que Tibérius demandait le diadème. Cette nouvelle causa l'émotion la plus vive. Scipion Nasica requit le consul d'aller au secours de Rome et d'abattre le tyran. Le consul répondit avec douceur qu'il ne ferait périr aucun citoyen qui n'eût été jugé dans les formes. Alors Nasica s'élançant de sa place : Puisque le premier magistrat, s'écria-t-il, trahit la république, que ceux qui veulent aller au secours des lois me suivent. En disant ces mots il marche au Capitole, suivi d'un grand nombre de sénateurs. A leur approche, la foule se retira. Tibérius voulut aussi s'enfuir. Saisi par sa robe, il la laissa aux mains de celui qui le retenait; mais il fit un faux pas, et tomba sur ceux qui étaient renversés devant lui. Au moment où il se relevait, un de ses collègues le frappa le premier sur la tête, avec le pied d'un banc. Plus de trois cents de ses partisans furent assommés à coups de bâton et de pierres. Le corps de Tibérius fut jeté dans le Tibre avec les autres cadavres : ses partisans furent tués ou bannis. Un d'eux, Blossius, de Cumes, avoua aux consuls qu'il n'avait fait que suivre les ordres de Tibérius. Mais, lui dit Nasica, s'il vous eût ordonné d'incendier le Capitole. Jamais, répondit Blossius, il ne m'eût donné un tel ordre. Et comme on insistait : S'il l'eût ordonné, dit Blossius, j'aurais cru devoir le faire, parce qu'il ne m'aurait pas donné cet ordre, s'il n'eût été utile au peuple romain.

MORT DE SCIPION ÉMILIEN. — Le peuple, honteux d'avoir laissé périr son tribun, empêcha les grands de mettre leur victoire à profit, et pendant quelque temps le parti modéré put croire qu'il allait ressaisir l'influence. En effet Scipion Nasica, le meurtrier de Tibérius, fut contraint de s'exiler, et on conserva la loi agraire.

Mais un redoutable adversaire se prononça tout à coup contre elle; c'était le vainqueur de Carthage et de Numance, le beau-frère de Tibérius, Scipion Émilien.

Effrayé, comme le consul Mucius Scævola, du caractère révolutionnaire que

a réforme avait pris, Scipion avait condamné Tibérius : « Ainsi périsse quiconque voudra l'imiter, » avait-il dit en apprenant sa mort ; et de retour à Rome, avec son armée victorieuse (132), il n'hésita pas à sacrifier sa popularité en blâmant publiquement les lois de Tibérius et de Carbon. Il passait donc du côté des grands, lui à qui le peuple avait donné, malgré les grands et malgré les lois, deux consulats et la censure ; lui qui savait si bien de quels maux périssait la république. Mais il y passait en portant de vastes desseins. Tibérius avait voulu renvoyer aux champs la populace de la ville ; et il s'était trouvé que cette foule n'avait pas voulu renoncer à son beau soleil de Rome, à cette vie paresseusement passée sous les portiques au Forum, au théâtre. Ils avaient refusé l'aisance que Tibérius leur offrait avec le travail ; et ils n'avaient pas osé défendre celui qui combattait pour eux. Cette lâcheté inspira au vainqueur de Numance un indicible mépris pour ces hommes, que jamais d'ailleurs il n'avait trouvés parmi ses légionnaires. Un jour qu'ils l'interrompaient au Forum :
 Silence, s'écria-t-il, à vous que l'Italie ne reconnaît pas pour ses enfants ; » et comme des murmures s'élevaient encore : « Ceux que j'ai amenés ici enchaînés ne m'effrayeront point, parce qu'aujourd'hui on leur a ôté leurs fers. » Et les affranchis se turent.

C'était la première fois qu'était prononcé ce mot : l'*Italie*. A la vue des tribus rustiques dépeuplées et de la ville encombrée d'une foule étrangère, Scipion avait compris que les temps de Rome étaient finis, que ceux de l'Italie devaient commencer. Par la destruction de la classe moyenne la république avait perdu la ferme et large base qui jusqu'alors l'avait portée. Pour sauver les destinées de l'empire, il ne fallait plus compter sur le sénat, les grands ou le peuple. Ces trois ordres n'avaient montré dans les dernières circonstances que faiblesse, arrogance et lâcheté. En ne restant qu'une cité, quelque immense qu'elle fût, Rome allait demeurer livrée à tous les désordres des petites républiques dégénérées. De cette ville il fallait faire un peuple. Pour les anciens, qui ne connurent guère le système représentatif, c'est-à-dire l'exercice de la souveraineté par délégation et qui concentraient cette souveraineté dans un certain lieu, le problème était difficile. Peut-être n'était-il pas au-dessus de la haute intelligence de celui que Cicéron a pris pour son héros.

Dans ce plan nouveau, la loi agraire n'était plus nécessaire : elle aurait diminué quelques misères et quelques fortunes injustement acquises ; mais si les citoyens des tribus rustiques la demandaient, ni le peuple de Rome ni les grands n'en voulaient, et elle blessait les Italiens : Scipion la combattit en montrant les inextricables difficultés qu'elle soulevait. Pour forcer les possesseurs des terres publiques à fournir l'état de leurs propriétés, les triumvirs avaient invité tous les citoyens à les dénoncer et à les traduire en justice. « De là, dit Appien, une multitude de procès embarrassants. Partout où, dans les voisinages des terres que la loi atteignait, il s'en trouvait d'autres qui avaient été vendues, ou distribuées aux alliés, pour avoir la mesure d'une partie, il fallait arpenter la totalité, et examiner ensuite en vertu de quelle loi les ventes ou les distributions avaient été faites. La plupart n'avaient point de titres de vente. Quand on avait rectifié l'arpentage, il se trouvait que les uns passaient d'une terre plantée et garnie de bâtiments sur un terrain nu ; d'autres quittaient des champs pour des landes, des terres en friches et des marécages. Dès l'origine, les terres conquises avaient été divisées négligemment ; d'autre part, le décret qui ordonnait de mettre en valeur des terres incultes avait fourni occasion à plusieurs de défricher les terres limitrophes de leurs propriétés, et de confondre ainsi l'aspect des unes et des autres. Le laps des temps avait d'ailleurs donné à toutes ces terres une face nouvelle, et les usurpations des citoyens riches, quoique considérables, étaient difficiles à déterminer. De tout cela il ne résultait qu'un remuement universel, un chaos de mutations et de translations respectives de propriétés.

« Excédés de ces misères, et de la précipitation avec laquelle les triumvirs expédiaient tout cela, les Italiens se déterminèrent à prendre pour défenseur contre tant d'injustices Cornélius Scipion, le destructeur de Carthage. Le zèle qu'il avait trouvé en eux dans les guerres ne lui permettait pas de s'y refuser. Il se rendit au sénat, et sans blâmer ouvertement la loi de Gracchus, par égard pour les plébéiens, il fit un long tableau des difficultés de l'exécution, et conclut à ce que la connaissance de ces contestations fût ôtée aux triumvirs, comme suspects à ceux qu'il s'agissait d'évincer. La chose paraissait juste, et fut adoptée. Le consul Tuditanus fut chargé par le sénat de ces jugements ; mais il n'eut pas plus tôt commencé qu'effrayé des difficultés, il partit pour l'Illyrie. Cependant personne ne se présentait devant les triumvirs. Ce résultat commença d'exciter contre Scipion l'animosité et l'indignation du petit peuple. Deux fois ils l'avaient, malgré les grands et malgré les lois, élevé au consulat, et ils le voyaient agir contre eux dans l'intérêt des Italiens. Les ennemis de Scipion, qui entendaient ces reproches, disaient hautement qu'il était décidé à abroger la loi agraire par la force des armes, et en versant beaucoup de sang. »

Le mot de dictateur était prononcé. « Nous avons un tyran, » disait Caïus Gracchus, et Fulvius le menaçait : « Les ennemis de la patrie ont raison, répondit-il, de souhaiter ma mort; car ils savent bien que Rome ne pourra périr tant que Scipion vivra. »

Un soir que Scipion s'était retiré avec ses tablettes, pour méditer la nuit le discours qu'il devait prononcer le lendemain devant le peuple, au matin on le trouva mort, toutefois sans blessure. Selon les uns, le coup avait été préparé par Cornélie, mère des Gracques, qui craignait l'abolition de la loi agraire, et par sa fille Sempronia, femme de Scipion, laide et stérile, qui n'aimait pas son mari, et n'en était pas aimée ; selon d'autres, il se donna la mort, voyant qu'il ne pouvait tenir ce qu'il avait promis. Quelques-uns prétendaient que ses esclaves, mis à la torture, avaient avoué que des inconnus, introduits par une porte de derrière, avaient étranglé leur maître ; mais qu'ils avaient craint des déclarer le fait, parce qu'ils savaient que le peuple se réjouissait de sa mort. Les grands, qui peut-être le redoutaient autant que le peuple, ne cherchèrent pas à venger sa mort ; on ne fit point d'enquête ; et celui qui avait détruit le *deux terreurs de Rome* n'eut pas même de funérailles publiques. Mais un de ses adversaires politiques lui rendit un glorieux témoignage. Métellus le Macédonique voulut que ses fils portassent le lit funèbre. « Jamais, leur dit-il, vous ne rendrez le même devoir à un plus grand homme (129). »

Les Italiens chassés de Rome. — Révolte des Frégellans. — Les Italiens, qui depuis si longtemps enviaient le droit de cité, s'étaient crus un instant au terme de leur longue attente. Chaque jour il s'en glissait dans Rome. Un d'entre eux, Perpenna, venait d'être nommé consul, et Scipion avait pris en main leur cause. Sa mort les laissant sans protecteur, les nobles se hâtèrent de repousser le nouvel ennemi qui voulait se mêler à leurs querelles intestines, et le sénat fit bannir de Rome par un décret tous les Italiens qui s'y trouvaient. Il fallut que le vieux père du vainqueur d'Aristonic arrachât de sa demeure les faisceaux consulaires et qu'il retournât dans sa bourgade du Samnium, chassé comme un intrus, de la ville où son fils avait triomphé.

Mais les chefs du parti populaire s'aperçurent vite que le sénat, par ces rigueurs, leur fournissait une arme puissante ; et ils s'en saisirent avec habileté. Caïus Gracchus, alors questeur, s'opposa vivement à l'expulsion des Italiens, et prit hautement leur défense contre la tyrannie des magistrats romains ; et l'un des triumvirs, l'ami de Tibérius, Fulvius, nommé consul, leur permit d'en appeler au peuple du décret de bannissement, puis, afin d'unir dans la même cause ces deux intérêts contraires, le peuple et les Italiens, il proposa de donner le droit de cité à tous ceux qui n'auraient reçu aucune portion des terres publiques. Heureusement pour le sénat, que Fulvius refusait de convoquer, les Massaliotes implorèrent l'assistance de Rome contre leurs voisins. Fulvius partit avec une armée ; on éloigna aussi Caïus, en l'envoyant comme proquesteur en Sardaigne ; et les habitants de Frégelles ayant

ulu arracher par la force ce qui était
fusé à leurs prières, une armée mar-
a contre eux, sous la conduite du
réteur Opimius. La ville, trahie par
i des siens, Vimitorius, fut prise et dé-
uite. Cette exécution sanglante arrêta
our trente-cinq ans le soulèvement de
Italie.

CAIUS GRACCHUS (123-121).

Caïus avait vingt et un ans à la mort de
on frère. Plus impétueux, plus éloquent,
une ambition peut-être moins pure, il
onna à la lutte commencée par Tibé-
us des proportions plus grandes. Ce-
i-ci n'avait voulu que soulager la mire des pauvres, Caïus prétendit chan-
er toute la constitution. D'abord il
vait paru répudier le sanglant héritage
e son frère; mais une nuit, dit Cicéron,
crut entendre sa voix : « Caïus, pour-
uoi différer ? Ta destinée sera la mien-
e ; combattre et mourir pour le peuple. »
es applaudissements qui l'accueillirent
première fois qu'il parla en public
animèrent sa confiance; il soutint les
is de Carbon; et en 127 il brigua la
aesture. Le sort le désigna pour ac-
ompagner en Sardaigne le consul Ores-
s (126). Tel était l'ascendant de son
om sur les alliés, que la province ayant
ans une saison mauvaise refusé au con-
al, avec l'autorisation du sénat, des vêtements pour ses légionnaires, le ques-
ur alla de ville en ville, et obtint d'elles
lus qu'il ne leur avait été demandé. A
a considération, le roi de Numidie,
icipsa envoya aussi dans l'île un grand
onvoi de blé. Déjà le sénat s'alarmait de
e crédit d'un jeune homme qui seul ha-
illait et nourrissait une armée. Pour
mpêcher le retour de Caïus à Rome, il
rdonna au consul de rester dans sa
rovince, même après le licenciement des
oupes. Mais Caïus n'accepta pas cet
til, il accourut à Rome; et quand on
accusa devant les censeurs d'avoir violé
loi qui retenait le questeur auprès
e son général, il se défendit en jetant
e la tribune, comme il le disait lui-mê-
e, des épées et des poignards : « J'ai
ait douze campagnes, et la loi n'en exige
ue dix ; je suis resté trois ans questeur,
: au bout d'une année je pouvais sortir
e charge. Dans la province ce n'est pas
on ambition, mais l'intérêt public qui

a réglé ma conduite. Chez moi il n'y eut
jamais ni festins ni jeunes gens à belle
figure ; et à ma table la modestie de vos
enfants fut plus respectée que devant les
tentes de vos chefs. Personne ne peut
dire qu'il m'a donné un as en présent ni
rien dépensé pour moi. Aussi les ceintu-
res que j'avais emportées de Rome pleines d'argent, je les rapporte vides.
D'autres ont rapporté pleines d'argent
les amphores qu'ils avaient emportées
pleines de vin. »

On lui suscita encore d'autres chi-
canes : on l'accusa d'avoir trempé dans
la révolte de Frégelles. Il se disculpa
aisément. Ces attaques ne servaient pas
moins son ambition, car elles le désignaient à la faveur des Italiens, et
attiraient sur lui les regards du peuple. Aussi il crut bientôt sa popularité
assez grande pour demander le tribunat.

Cependant Cornélie, si forte, sentit
son courage faiblir ; elle s'effraya de le
voir entrer dans la voie de son frère, et
tenta de l'arrêter. « Quand donc cessera
notre famille de délirer ainsi ? quand
donc aurons-nous honte de troubler la
république ? Mais s'il faut absolument
qu'il en advienne ainsi, dès que je serai
morte, demande le tribunat, fais ce que
tu voudras : alors je n'en sentirai rien.
Dès que je serai morte, tu m'offriras
le culte des aïeux, et tu invoqueras la
divinité de ta mère. Mais ne rougiras-tu
pas d'implorer par des prières ces divinités que vivantes et présentes tu auras dé-
laissées ? Veuille Jupiter ne pas permettre que tu persévères davantage, ni qu'il
te vienne dans l'esprit une si grande démence ! car je crains bien que tu ne re-
cueilles de ta faute une telle douleur,
qu'en aucun temps tu ne puisses être
bien en paix avec toi-même. »

CAÏUS GRACCHUS EST ÉLU TRIBUN
DU PEUPLE. — Mais il ne pouvait reculer. « Les nobles firent à son élection
l'opposition la plus vive ; mais il vint de
toute l'Italie une multitude de citoyens
pour prendre part au vote. L'affluence
fut telle dans Rome qu'un très-grand
nombre n'y put trouver de logement. Le
champ de Mars même ne pouvait contenir cette foule immense ; plusieurs donnèrent leurs voix de dessus les toits les
maisons. Tout ce que les nobles par leurs

intrigues purent arracher au peuple et rabattre des espérances de Caïus fut qu'au lieu d'être élu premier tribun, comme il s'y attendait, il ne fut nommé que le quatrième.

Caïus voulut inaugurer son tribunat (123) en vengeant son frère, « Où irai-je, s'écriait-il d'une voix puissante qui allait remuer jusqu'aux derniers rangs de la foule ? où trouverai-je un asile ? Au Capitole ? mais le temple saint est inondé du sang de mon frère. Dans la maison de mon père ? mais j'y trouverai une mère inconsolable. Romains, vos pères ont déclaré la guerre aux Falisques, parce qu'ils avaient insulté le tribun Génucius. Ils condamnèrent à mort C. Véturius pour ne s'être pas rangé devant un tribun qui traversait le forum, et ces hommes ont sous vos yeux tué Tibérius et ignominieusement traîné son cadavre par les rues de la ville. Tous ceux de ses amis qu'on a pu arrêter ont été mis à mort sans aucune formalité de justice. Cependant c'est une des plus anciennes lois de Rome, que lorsqu'un citoyen accusé d'un crime capital ne se présente pas au jugement, un officier public aille dès le matin à la porte de la maison le sommer à son de trompe de comparaître, et les juges ne vont jamais aux opinions que cette formalité n'ait été remplie ; tant nos ancêtres portaient loin les précautions et les formes conservatrices de la vie des citoyens. » Et quand il vit le peuple soulevé par ces paroles, il proposa deux lois ; la première, dirigée contre Octavius, portait qu'un citoyen frappé par le peuple de destitution ne pourrait être élevé à aucune charge ; la seconde, qu'un magistrat qui aurait banni sans jugement un citoyen serait traduit par-devant le peuple. A la prière de Cornélie il révoqua la première ; mais l'ancien consul Popilius, le persécuteur des amis de son frère, s'exila dès que la seconde eut été votée. Tibérius avait donné le fatal exemple d'attenter à l'inviolabilité tribunitienne. Caïus, en imprimant à ces deux plébiscites un effet rétroactif, donna celui de faire servir la loi à des vengeances privées. Clodius devait un jour s'en souvenir.

Cette satisfaction accordée aux mânes de son frère, Caïus reprit hautement ses projets en les développant. Nouvelle confirmation de la loi agraire, distributions régulières de blé, au prix de cinq sixièmes d'as le boisseau ; fourniture gratuite aux soldats sous les drapeaux de vêtements militaires ; défense d'enrôle des citoyens n'ayant pas dix-sept an accomplis ; établissement de nouveaux impôts à l'entrée des marchandises ti rées, pour les besoins des riches, des con trées étrangères ; des colonies pour le citoyens pauvres ; et pour ceux qui vou laient du travail, en attendant que l loi agraire leur donnât des terres, cons truction de greniers publics, de ponts de grands chemins, qu'il traça lui-mêm à travers l'Italie, et qui augmentèrent l valeur des terres, en donnant plus d facilités pour leur exploitation. En mé me temps il flattait l'orgueil de la mul titude. Jusqu'alors les orateurs qui par laient du haut de la tribune s'étaien tournés du côté du sénat ; afin de bie montrer que c'était au peuple que pas sait la puissance, Caïus ne s'adressa ja mais qu'à la foule, comme au souverai véritable.

Après avoir gagné par ces innovation populaires l'armée, les tribus rustique et le petit peuple de Rome, Caïus com mença la lutte politique contre les pr vilégiés.

Depuis l'année 181 les nobles et le riches avaient ressaisi la prépondéranc dans l'assemblée centuriate ; pour la leu arracher, sans bouleverser encore un fois cette constitution, le tribun fit dé créter qu'à l'avenir le sort désignera l'ordre dans lequel les centuries vot raient. Les dernières pouvaient ains être appelées les premières ; et la maj rité ne dépendait plus ni du vote des ri ches ni de l'influence de la centur prérogative. De nouveaux articles ajo té à la loi Porcia défendirent à to magistrat de jamais rien entrepren contre un citoyen sans l'ordre du peu ple. C'était enlever au sénat la facult de recourir à la dictature. Un chang ment bien autrement grave fut celui q donna aux chevaliers toutes les plac de juges.

Les jugements sont donnés au chevaliers. — Dans une républiqu le pouvoir judiciaire est peut-être de to les pouvoirs publics le plus importan l tombe aux mains d'un parti il devient instrument de persécutions et d'injustices. Aussi dans les cités italiennes moyen âge le podestat n'était-il jamais un citoyen, mais un étranger. A ...me, quand le sénat avait les jugements, ... gouverneurs de province étaient à ...près assurés de l'impunité. Si les ...valiers remplissaient les tribunaux, ... publicains n'avaient pas à craindre ...'on se risquât à appeler de leurs ...actions, et les gouverneurs intègres ...ient placés, comme Rupilius, sous le ...up d'une sentence capitale. En ce mo-...nt même les envoyés de plusieurs ...ovinces demandaient vainement jus-...e d'Aurélius Cotta, de Salinator et de ...nius Aquilius. Le tribun profita de ... scandale pour proposer sa loi.

Cependant en provoquant cette révolution judiciaire, Caïus porta une rude ...einte à la moralité publique. Les sé-...teurs ne rendaient pas bonne justice, ...is les hommes d'argent la vendirent; ... moins les nobles ne descendaient pas ...es honteux marchés. Sans doute il ...ait prévu ce danger et les reproches ...s vieux Romains; qui lui criaient : la ...publique a maintenant deux têtes, la ...erre civile sera donc éternelle ? Mais ...n frère ayant échoué en cherchant à ...er du peuple une classe moyenne qui ...t la balance égale entre le sénat et la ...ule, cet ordre intermédiaire, ce *ter-...s ordo*, Caïus se résigna à le former ...hommes qui tenaient au peuple par leur ...agine, aux nobles par leurs richesses. ...alheureusement ce n'était pas créer une ...asse nouvelle, mais un parti nouveau. ...s gens de finance, chevaliers et pu-...icains, ces deux mots sont maintenant ...peu près synonymes, formaient déjà ...ne corporation puissante, à laquelle il ...t fallu donner tout autre chose que ... jugements, pour laisser la justice ... dehors des querelles de partis. Mais ...ius ne pouvait faire descendre plus ...s des fonctions jusque alors réservées ...x premiers de l'État. Ce ne sera qu'au ...mps de César qu'enfin l'on comprendra ...e pour être impartiale la justice doit ...re confiée non à une classe de citoyens, ...ais aux plus intègres citoyens de toutes ...s classes; et puis pour Caïus, dans cette ...forme la question politique primait ... question d'équité. Toute arme lui était bonne contre les grands. Il pensait que ce qu'il ôtait au sénat profiterait au peuple et à la liberté, et que les chevaliers reconnaissants l'aideraient dans ses autres desseins. D'un coup, disait-il, j'ai brisé l'orgueil et la puissance des nobles. Ceux-ci le savaient et le menaçaient de leur vengeance. Mais, répondait-il, quand vous me tueriez, arracheriez-vous de vos flancs le glaive que j'y ai enfoncé. Et malgré le jugement sévère de Montesquieu, qui écrivait dans cet esprit parlementaire si hostile aux *traitants*, malgré les faits trop avérés de sentences iniques rendues par les nouveaux juges, cette tentative de Caïus pour créer ce que Bonaparte appelait et ce qu'il chercha lui-même à réaliser, un grand corps intermédiaire, cette tentative ne fut pas vaine. Sans elle peut-être la république fût tombée plus vite, car ce fut avec l'ordre équestre que Cicéron combattit Catilina; il est vrai qu'il eût mieux valu pour le monde que cette agonie de la liberté eût duré moins longtemps.

Caïus croyait avoir raffermi la constitution. Pour assurer l'empire en intéressant à sa cause un peuple nombreux, il proposa de donner aux alliés latins tous les droits des citoyens romains et aux Italiens celui de suffrage. Les forces du parti démocratique allaient être par cette mesure singulièrement accrues. Mais l'élément aristocratique devait se fortifier aussi de tous les nobles alliés que leur fortune classerait dans l'ordre équestre. Et le sénat avec sa noblesse, les chevaliers avec leur pouvoir judiciaire, seraient assez forts pour contenir la foule et conserver l'équilibre.

Puissance de Caïus Gracchus. — Ainsi aux soldats des vêtements, aux pauvres des tribus urbaines du blé, à ceux des tribus rustiques des terres, aux Latins le droit de cité, aux chevaliers les jugements; c'est-à-dire, les pauvres soulagés, les opprimés défendus et une tentative pour rétablir l'équilibre dans l'État, tels sont les actes de ce tribunat mémorable. Caïus avait donc réalisé ce qu'avaient voulu son frère et son beau-frère, Tibérius et Scipion Émilien. Il semblait plus grand qu'eux; et à le voir entouré sans cesse de magistrats, de soldats, de gens de lettres, d'artistes, d'ambassadeurs, on eût dit d'un roi dans Rome. Il l'était en effet par la faveur du peuple, par la terreur des nobles, par la reconnaissance des chevaliers et des Italiens ; il voulut l'être aussi par l'amour des provinciaux. Le propréteur Fabius avait envoyé d'Espagne des blés extorqués aux habitants, Caïus leur en fit rendre le prix. L'Asie surtout était opprimée par les publicains : pour la délivrer de leurs exactions, il autorisa les habitants de la province à prendre eux-même la ferme de l'impôt qu'ils devaient payer. Cette mesure, s'il l'eût généralisée, eût enlevé à sa loi judiciaire son principal inconvénient. Les consuls se faisaient assigner par le sénat, pour y être envoyés gouverneurs, une province à leur convenance, celle qui prêtait le plus au pillage ou à l'ambition militaire ; il fit décréter que les provinces seraient désignées avant l'élection des consuls, pour que l'intérêt seul de l'État, non celui des élus fût désormais consulté. Il voulait aussi relever Capoue, Tarente, et, malgré les imprécations prononcées contre ceux qui rebâtiraient Carthage, envoyer une colonie sur ses ruines, afin de bien montrer au monde l'esprit nouveau de libéralité et de grandeur qui allait régner dans les conseils de Rome.

« L'entreprise qu'il suivit avec le plus d'ardeur, dit Plutarque, ce fut la construction des grands chemins ; il y réunit à la commodité la beauté et la grâce. Il les faisait tirer en ligne droite à travers les terres et paver de grandes pierres de taille qu'on liait avec du sable battu comme du ciment. Quand il se rencontrait des fondrières ou des ravins formés par des torrents ou des eaux stagnantes, il les faisait combler ou couvrir de ponts, ce qui mettait les deux côtés du chemin à une hauteur égale et parallèle, et rendait tout l'ouvrage parfaitement uni et agréable à la vue. Il fit aussi mesurer tous les chemins par des intervalles égaux, que les Latins appellent milles ; et chaque mille était marqué par une colonne de pierre qui en indiquait le nombre. Il plaça de chaque côté du chemin, et à des distances plus rapprochées, d'autres pierres, qui donnaient aux voyageurs la facilité de monter à cheval sans le secours de personne. »

Pour consolider son pouvoir et so[n] ouvrage, Caïus demanda au peuple d[e] donner le consulat à son ami Fannius. Quant à lui, il n'eut pas même besoi[n] de solliciter sa réélection au tribunat. L[e] peuple l'y porta par d'unanimes suffrages. Les nobles étaient atterrés ; mais connaissant la mobilité et l'égoïsme d[e] la foule, ils dressèrent contre Caïus u[n] plan de campagne qui eut bientôt ruin[é] sa popularité ; ce fut de se montrer plu[s] populaires que lui-même. Ils subor[don]nèrent un des nouveaux tribuns, Liviu[s] Drusus, qui à chaque proposition de so[n] collègue en fit une, au nom du sénat plus libérale.

Caïus avait demandé l'établisseme[nt] de deux colonies ; Livius proposa d'e[n] fonder douze de trois mille citoyen[s] chacune. Il avait assujetti à une rente a[n]nuelle pour le trésor les terres distr[i]buées aux pauvres ; Livius la suppri[ma]. Il avait donné le droit de cité au[x] Latins ; Livius y ajouta qu'aucun so[l]dat latin ne pourrait être battu de verge[s]. Dans son activité, Caïus se mettait [à] toutes les commissions, puisait dans [le] trésor pour les travaux qu'il avait fa[it] voter et les dirigeait lui-même, se mo[n]trant partout, se mêlant à tout. Drusu[s] au contraire, affectait de se tenir au[x] stricts devoirs de sa charge ; et cette r[é]serve, cette probité, qui ne voulait p[as] donner prise même au plus léger sou[p]çon d'ambition ou d'avidité, charma la foule, qui se plaît aux contrastes, court à tout spectacle nouveau.

MORT DE CAÏUS. — Fatigué de cet[te] lutte étrange, où tous les coups portaie[nt] sur lui, Caïus partit pour conduire s[a] mille colons romains à Carthage. Cett[e] absence, imprudemment prolongée d[u]rant trois mois, laissait le champ lib[re] à Drusus. Il sut montrer aux chevalie[rs] qu'ils n'avaient plus qu'à perdre da[ns] l'alliance de ce tribun, exécuteur de la l[oi] agraire ; et au peuple, que le sénat, pl[us] libéral que Caïus, ne le dégradait pas [en] lui associant les Italiens. Lorsque Caï[us] reparut sa popularité était ruinée, s[es] amis menacés, les chevaliers détachés [de] lui ; et l'un de ses plus violents ennem[is,] le destructeur de Frégelles, Opimiu[s] proposé pour le consulat. Dès lors il f[ut] aisé de prévoir que la tragédie où T[i]bérius avait péri allait recommence[r]

Caïus quitta sa maison du Palatin pour e loger au milieu du peuple, près du forum, et appela autour de lui les Latins. Mais un édit des consuls chassa de Rome tous les Italiens ; le tribun protesta contre ce décret, sans oser toutefois en arrêter l'exécution. Sous ses yeux un de ses amis, un de ses hôtes, fut traîné en prison, et il ne l'empêcha point. Sa confiance diminuait ; bientôt son pouvoir lui échappa : il ne put obtenir sa réélection à un troisième tribunat.

Le nouveau consul, pour l'irriter et le pousser à quelque acte qui légitimât la violence, ordonna une enquête sur la colonie de Carthage, et parla tout haut de défendre ou casser ses lois. Il fallait les défendre ou s'attendre à périr. Des deux côtés on se prépara au combat. Cornélie envoya à son fils une troupe nombreuse d'étrangers déguisés en moissonneurs. Le premier sang fut versé par ses partisans. Ils tuèrent un certain Antyllus, qui, selon les uns, avait pris les mains de Caïus et le suppliait d'épargner sa patrie, mais qui, selon d'autres, licteur du consul, avait insulté l'ancien tribun et ses amis, en leur criant : Mauvais citoyens, faites place aux honnêtes gens. Opimius, aussitôt investi de la puissance dictatoriale par la formule consacrée : *caveat consul*, ordonna aux sénateurs d'aller prendre leurs armes, et aux chevaliers d'amener, le lendemain matin, chacun deux esclaves armés. Fulvius, de son côté, rassembla autour de lui une foule nombreuse. En se retirant de la place Caïus s'arrêta devant la statue de son père ; et, après l'avoir longtemps considérée sans proférer une seule parole, il s'en alla en versant des larmes et en poussant de profonds soupirs. Le peuple, témoin de sa douleur, en fut vivement touché ; et, tous se reprochant les uns aux autres leur lâcheté d'abandonner, de trahir un homme si dévoué à leurs intérêts, ils le suivirent et passèrent la nuit devant sa maison, qu'ils gardèrent avec bien plus de soin que ceux qui veillaient auprès de Fulvius. Ceux-ci ne firent que boire, pousser des cris de joie, et tenir dans la débauche les propos les plus audacieux ; Fulvius lui-même, qui le premier s'était plongé dans l'ivresse, se permit des discours et des actions indignes de son âge et de son rang. Les partisans de Caïus, au contraire, gardaient un profond silence, comme dans une calamité publique ; ils songeaient aux suites que pouvaient avoir ces premières démarches, et se relevaient tour à tour pour prendre quelque repos.

Le lendemain, à la pointe du jour, on eut bien de la peine à réveiller Fulvius, que l'ivresse avait plongé dans un sommeil profond : toute sa suite s'arma des dépouilles qu'il avait dans sa maison, et qui venaient de la victoire remportée jadis par lui sur les Gaulois en l'année de son consulat. Cette troupe se mit en marche en poussant de grands cris et en faisant beaucoup de menaces, afin d'aller s'emparer du mont Aventin. Caïus ne voulut point s'armer ; il sortit avec sa toge, comme il allait ordinairement sur la place, sans autre précaution que de porter un petit poignard. Il était sur le seuil de sa porte lorsque sa femme l'arrêta, et se jeta à ses genoux en le prenant d'une main, et tenant de l'autre son fils encore enfant. « Mon cher Caïus, lui dit-elle, je ne te vois point partir aujourd'hui pour aller à la tribune proposer des décrets, comme tribun et comme législateur. Tu ne marches pas à une guerre glorieuse, qui pourrait, il est vrai, me priver de mon époux, mais qui me laisserait du moins un deuil honorable. C'est aux meurtriers de Tibérius que tu vas te livrer, et tu y vas sans armes, dans la disposition vertueuse de tout souffrir plutôt que de te porter à aucun acte de violence. Tu périras, et ta mort ne sera d'aucune utilité à la patrie. Déjà le parti des méchants triomphe, déjà c'est la violence et le fer qui décident de tout dans les tribunaux. Si ton frère fût mort devant Numance, on eût, par une trêve, obtenu son corps pour lui rendre les honneurs de la sépulture, et moi, peut-être, je serai réduite à aller sur les bords d'un fleuve ou d'une mer, leur redemander ton corps, que leurs eaux auront longtemps couvert : car, après le massacre de Tibérius, quelle confiance peut-on avoir dans les lois et dans les dieux eux-mêmes. »

Pendant que Licinia exprimait ainsi ses tristes plaintes, Caïus se tira doucement d'entre ses mains, et sortit en silence avec ses amis. Sa femme, en voulant le retenir par sa robe, tomba sur le seuil de la porte, et y resta longtemps étendue sans mouvement et sans voix. Ses esclaves vinrent enfin l'enlever; et, la voyant privée de connaissance, ils la portèrent chez son frère Crassus.

Quand Fulvius eut rassemblé tous ceux de son parti, il envoya sur la place, par le conseil de Caïus, le plus jeune de ses fils, avec un caducée à la main. Ce jeune homme était d'une beauté ravissante, que relevait encore sa contenance modeste, la rougeur qui couvrait son front, et les pleurs dont son visage était baigné. Il fit au sénat et au consul des propositions d'accommodement. La plupart des sénateurs n'étaient pas éloignés de les accepter. Mais Opimius leur représenta que ce n'était point par des hérauts que des citoyens coupables devaient traiter avec le sénat.

« Il faut, ajoutait-il, qu'ils descendent de leur montagne et viennent en personne subir leur jugement; ce n'est qu'en se livrant à la discrétion du sénat qu'ils désarmeront sa juste colère. » Il défendit au jeune Fulvius de revenir, à moins que ce ne fût pour accepter ces conditions. Caïus, dit-on, voulait aller au sénat, pour l'amener à des sentiments de paix; mais personne n'y ayant consenti, Fulvius envoya une seconde fois son fils aux sénateurs, pour leur faire les mêmes propositions. Opimius, qui ne demandait qu'à combattre, fit sur-le-champ arrêter le jeune homme; et l'ayant remis à des gardes, il marcha contre Fulvius avec une infanterie nombreuse et un corps d'archers crétois qui tirèrent sur les factieux, et après en avoir blessé plusieurs, mirent les autres en désordre, et les obligèrent à prendre la fuite.

« Fulvius se jeta dans un bain public qui était abandonné; il y fut découvert peu de temps après, et massacré avec l'aîné de ses enfants. Caïus ne fut vu par personne les armes à la main : vivement affligé de tout ce désordre, il s'était retiré dans le temple de Diane, résolu de s'y donner la mort. Mais il en fut empêché par ses deux amis les plus fidèles, Pomponius et Licinius, qui lui arrachèrent le poignard des mains, et lui conseillèrent de prendre la fuite. Alors s'étant mis, dit-on, à genoux, il tendit les mains vers la déesse, et la pria punir par une servitude perpétue cette ingratitude et cette trahison Romains, qui l'avaient presque t abandonné dès l'instant que l'amnis avait été publiée.

« Caïus avait pris la fuite : mais il atteint près du pont de bois par qu ques-uns de ses ennemis. Ses deux an le forcèrent de prendre les devants; s'étant tournés contre ceux qui le po suivaient, ils tinrent ferme à la tête pont, et combattirent avec tant de c rage que personne ne put passer j qu'au moment où ils tombèrent mo sur la place. Caïus avait pour com gnon de sa fuite un esclave nommé P locrate. Tous les spectateurs l'encou geaient, comme s'il eût été question disputer le prix des jeux; mais person ne lui donnait du secours, et ne présentait un cheval, quoiqu'il le mandât avec instance; car les enne le suivaient de très près, il les devan néanmoins un peu, et il eut le temps se jeter dans un bois consacré aux Furie où il reçut la mort de la main de s esclave Philocrate, qui se la donna e suite à lui-même.

« Quelques historiens racontent qu'i furent arrêtés tous deux en vie, et q Philocrate serra si étroitement son ma tre dans ses bras, qu'on ne put port aucun coup à Caïus avant que l'escla eût péri des blessures qu'il avait reçue

« On dit qu'un homme, qu'on nomme pas, coupa la tête de Caïus, qu'il la portait au consul lorsqu'el lui fut enlevée par un ami d'Opimius nommé Septimuléius, parce qu'avant combat le consul avait fait une procla mation dans laquelle il promettait à qu conque apporterait les têtes de Caïus de Fulvius leur pesant d'or. Septim léius apporta au consul celle de Caï au bout d'une pique : on prit des ba lances, et elle se trouva peser dix-sep livres huit onces. Septimuléius, non co tent de s'être souillé d'un crime, ava encore commis la fraude d'en ôter la ce velle et de faire couler dans le crâ du plomb fondu. Ceux qui avaient a porté la tête de Fulvius n'eurent aucun récompense, parce que c'était des ge d'une condition obscure. Les corps Fulvius et de Caïus, et ceux de to leurs partisans qui avaient été tués, au nombre de trois mille, furent jetés dans le Tibre. On confisqua leurs biens au profit du trésor public; on défendit à leurs femmes de porter le deuil; et Licinia fut même privée de sa dot. Les ennemis de Caïus, par la plus cruelle inhumanité, firent périr le plus jeune des fils de Fulvius, qu'ils avaient arrêté avant le combat, qui n'avait point pris les armes et ne s'était point mêlé parmi les combattants, puisqu'il n'avait été envoyé vers le consul que pour offrir un accommodement.

« Mais ce qui offensa, ce qui affligea bien plus le peuple que tous ces actes de cruauté, c'est qu'Opimius éleva un temple à la Concorde. C'était s'enorgueillir et tirer vanité de ce qu'il venait de faire, et regarder en quelque sorte comme un sujet de triomphe le meurtre de tant de citoyens. Aussi, la nuit qui suivit la dédicace de ce temple, on écrivit en vers au-dessous de l'inscription : « La Fureur éleva ce temple à la Concorde. »

« Opimius fut le premier Romain qui porta dans le consulat toute l'autorité de sa dictature, en faisant mourir, sans aucune des formalités légales, trois mille citoyens, et avec eux Caïus Gracchus et Fulvius, l'un personnage consulaire honoré du triomphe; l'autre jeune encore et supérieur à tous ceux de son âge par sa gloire et par sa vertu. Mais Opimius finit lui-même par prévariquer. Envoyé en ambassade vers Jugurtha, il se laissa corrompre à prix d'argent; et condamné pour ce crime par la sentence la plus flétrissante, il vieillit dans l'ignominie, objet de la haine et du mépris du peuple, que la cruauté de ce consul avait jeté dans l'abattement et dans la consternation.

« Mais le peuple ne tarda pas à faire connaître tout le regret que lui causait la mort des Gracques; il leur fit faire des statues qui furent exposées publiquement : il consacra les lieux où ils avaient péri, et il allait y porter les prémices des fruits de chaque saison. Un grand nombre même d'entre eux y offraient chaque jour des sacrifices et s'y acquittaient des mêmes devoirs religieux que dans les temples. Leur mère, Cornélie, supporta son malheur avec courage et grandeur d'âme. Elle disait en parlant des édifices sacrés qu'on avait construits sur les lieux mêmes où ils avaient été tués : « Ils ont les tombeaux qu'ils méritent. » Elle vécut le reste de ses jours dans une maison de campagne qu'elle possédait près du mont Misène, sans rien changer à sa manière ordinaire de vivre. Comme elle avait un grand nombre d'amis et que sa table était ouverte aux étrangers, elle avait toujours auprès d'elle beaucoup de Grecs et de gens de lettres; les rois mêmes lui envoyaient et recevaient d'elle des présents. Ceux qu'elle admettait dans sa maison étaient charmés de l'entendre raconter la vie et les actions de Scipion l'Africain, son père; mais ils étaient ravis d'admiration lorsque, sans témoigner aucun regret, sans verser une larme, elle rappelait tout ce que ses deux fils avaient fait, tout ce qu'ils avaient souffert, comme si elle parlait de quelques personnages anciens qui lui auraient été étrangers. »

MARIUS.

Dans une de ses plus vives apostrophes contre la noblesse de son temps Mirabeau s'écriait : « Quand le dernier des Gracques tomba, frappé du coup mortel, il jeta de la poussière contre le ciel, et de cette poussière naquit Marius... » Moins de deux ans après la mort de Caïus, Marius était tribun.

Marius était né de parents obscurs et pauvres, réduits à gagner comme lui leur vie du travail de leurs mains. Il ne vint pas de bonne heure à Rome, et ne connut que tard les mœurs et les usages de la ville. Il avait passé les premières années de sa vie dans un bourg de l'Arpinum, où il menait une vie grossière, mais tempérante, semblable à celle des anciens Romains. Il fit sa première campagne contre les Celtibériens, pendant que Scipion Émilien faisait le siège de Numance. Ce général eut bientôt reconnu dans Marius une grande supériorité de courage et une soumission à la discipline qui était d'un bon exemple dans une armée corrompue par le luxe et la mollesse. Un jour il tua un ennemi sous les yeux même de son général. C. Scipion depuis ce moment se l'attacha, et le combla d'honneurs. Un soir que Marius était à sa table, la conversation étant tombée sur les généraux de ce temps-là, un des convives lui demanda quel capitaine le peuple romain aurait après lui pour le remplacer. Scipion, qui avait Marius au-dessous de lui, lui frappa doucement sur l'épaule, en disant : Celui-ci, peut-être.

Ce mot de Scipion fut pour Marius comme la révélation de ses hautes destinées. Dès lors il ne songea plus qu'à courir la carrière des charges publiques. La faveur de Cicélius Métellus, dont la maison avait toujours protégé sa famille, le fit arriver à la charge de tribun du peuple.

TRIBUNAT DE MARIUS. — Pendant son tribunat, il proposa sur la manière de donner les suffrages une loi qui paraissait priver les nobles de l'influence qu'ils avaient dans les jugements. Le consul Cotta ayant combattu cette rogation persuada au sénat de s'y opposer et de citer Marius pour rendre raison de sa conduite. Le décret fut rendu. Marius parut devant l'auguste assemblée, non avec l'embarras d'un jeune homme qui entrait à peine dans le gouvernement, mais avec l'air assuré que lui donnèrent depuis ses exploits. Il menaça le consul de le faire traîner en prison, s'il ne faisait révoquer le décret. Cotta se tournant vers Métellus pour prendre sa voix, ce sénateur se leva, et soutint l'avis du consul. Marius appela aussitôt un licteur, et lui ordonna de conduire Métellus en prison. Celui-ci en appela aux autres tribuns; mais aucun d'eux n'ayant pris sa défense, le sénat crut devoir céder, et retira son décret. Ce début fit bien augurer de lui dans la foule. Mais peu de temps après quelqu'un ayant proposé de faire aux citoyens une distribution gratuite de blé, Marius s'y opposa. Cette prétention de faire la loi au sénat et au peuple tourna tout le monde contre lui, et quand après son tribunat il se mit sur les rangs pour l'édilité curule, il fut refusé.

Il se présenta sur-le-champ pour l'édilité plébéienne, et ne fut pas plus heureux. Deux refus essuyés en un jour, ce qui était sans exemple, ne lui firent rien rabattre de sa fierté.

Il brigua plus tard la préture, et se vit sur le point d'échouer encore. Élu enfin, mais le dernier, il fut accusé d'avoir acheté les suffrages, parce qu'on avait vu en dedans des barrières où se tenait le peuple pour voter un esclave de Cassius Sabacon, son intime ami. Appelé devant les juges, Sabacon répon[dit] que la chaleur lui ayant causé une s[oif] extrême, il avait demandé de l'e[au] fraîche; que son esclave lui en avait [ap]porté dans une tasse, et qu'à peine l'avait eu bue que l'esclave s'était reti[ré.] Cependant il fut chassé du sénat par [les] premiers censeurs nommés après ces [co]mices. On pensa qu'il avait mérité ce[tte] flétrissure, ou pour avoir fait une fau[sse] déposition, ou pour avoir cédé à son [in]tempérance. Caius Hérennius, patron [de] Marius, appelé aussi en témoignage co[n]tre lui, répondit qu'il n'était pas d'us[age] de déposer contre ses clients. Les ju[ges] reçurent cette excuse; mais Marius s'[op]posa à ce qu'elle fût admise : il sout[int] que du moment qu'il avait été no[m]mé à une charge publique sa client[èle] avait cessé; ce qui n'était cependant [pas] tout à fait vrai, car toute magistrat[ure] ne dispense pas les clients eux-mêm[es] ni leurs descendants, de leurs devo[irs] envers les patrons : ce privilége n'[est] attaché qu'aux charges qui donnent [le] droit de chaise curule. Les premi[ers] jours l'affaire de Marius allait ma[l;] cependant, contre l'attente du public [il] fut absous, parce que les suffrages [se] trouvèrent partagés.

Il se conduisit avec assez de modé[ra]tion dans sa préture. En sortant [de] charge, il alla commander dans l'E[s]pagne ultérieure, qu'il délivra des b[ri]gandages dont elle était le théâtre; c[ar] cette province avait encore des mœu[rs] sauvages, et beaucoup parmi les ind[i]gènes ne connaissaient rien de plus be[au] que de vivre de vols et de rapines. R[e]venu à Rome, Marius prit part aux a[f]faires publiques; mais il n'y apporta [ni] richesses ni éloquence, deux des pl[us] puissants moyens qu'on eût alors po[ur] obtenir une grande influence. Cependa[nt] il fit un grand mariage : il épousa Juli[e,] tante de ce Jules César qui fut dans [la] suite le plus grand des Romains, et qui, [en] raison de cette parenté, se fit gloire de r[é]tablir les honneurs de Marius. A la te[m]pérance dont Marius faisait profession [il] joignait, dit-on, une patience invincib[le] dans la douleur, et il en donna une gran[de] preuve dans une opération qu'il se [fit] faire. Ses jambes étaient pleines de va[ri]ces, dont il supportait avec peine la d[ou] ormité. Ayant donc appelé un chirurgien pour les lui couper, il lui présenta une de ses jambes sans vouloir qu'on la lui liât, et souffrit les douleurs cruelles que lui causèrent les incisions, sans faire aucun mouvement, sans jeter un soupir, avec un visage assuré et dans un profond silence; mais quand le chirurgien voulut passer à l'autre jambe, il refusa de la lui donner, en disant : « Je vois que la guérison ne vaut pas la douleur qu'elle cause. »

GUERRE DE JUGURTHA. — Vers ce temps-là le consul Cécilius Métellus, ayant été chargé d'aller en Afrique faire la guerre contre Jugurtha, choisit Marius pour son lieutenant. Marius, qui vit dans cette expédition un vaste champ à de grands combats et à des actions glorieuses, n'eut garde, comme les autres lieutenants, de servir à l'élévation de Métellus et de travailler pour sa gloire, persuadé que c'était moins Métellus qui l'avait choisi pour cet emploi, que la fortune elle-même, qui, lui ménageant l'occasion la plus favorable, l'avait placé sur un vaste et magnifique théâtre. Il déploya tout ce qu'il avait de talents militaires et de courage. Supérieur à tous ses égaux en prévoyance et en prudence pour tout ce qui pouvait contribuer à l'utilité commune, il disputait avec les simples soldats de patience et de frugalité, et il acquit ainsi la bienveillance de l'armée entière; car le soldat romain aime que son général mange le même pain que lui, couche à la dure et travaille avec lui à ouvrir une tranchée ou à fortifier un camp. Marius en suivant cette conduite devint très-populaire, non-seulement en Afrique, mais dans l'Italie même. Tous ceux qui de l'armée écrivaient à Rome ne cessaient de répéter qu'on ne verrait la fin de la guerre contre ce roi barbare que lorsque Marius, nommé consul, en aurait seul la conduite. Une préférence si marquée déplaisait fort à Métellus; mais rien ne lui causa plus de chagrin que la mort de Turpilius : c'était un ami de Métellus, qui avait à l'armée la charge d'intendant des ouvriers. Préposé par Métellus à la garde d'une ville considérable, de Vacca, il crut qu'en ne faisant aucune injustice aux habitants, en les traitant même avec beaucoup de douceur, il s'assurerait de leur fidélité; mais ils n'en tinrent compte, et reçurent Jugurtha dans leurs murs, en obtenant toutefois de ce prince la vie et la liberté de Turpilius. Cité en justice comme coupable de trahison, il eut pour un de ses juges Marius, qui anima tellement les autres contre lui, que Métellus fut forcé, par la pluralité des suffrages, de le condamner à mort. Peu de temps après l'accusation fut reconnue fausse. Métellus témoignait une vive douleur de cette erreur : Marius, au contraire, afficha publiquement sa joie, se vantant d'avoir attaché une furie vengeresse à l'âme du consul, en le forçant à faire mourir son hôte.

MARIUS CONSUL. — A quelque temps de là Marius sollicita un congé pour aller briguer à Rome le consulat. « Il sera temps pour toi, lui dit Métellus, de demander cette charge lorsque mon fils sera en âge de l'avoir; » le fils de Métellus était encore dans la première jeunesse. Cependant Métellus lui accorda la permission de partir; mais il ne restait plus que douze jours jusqu'à l'élection des consuls. Marius fit une telle diligence qu'il arriva à temps. Le peuple le reçut avec de vives démonstrations de joie. Conduit aux comices par un des tribuns, il demanda le consulat, en promettant de tuer de sa main Jugurtha ou de l'amener prisonnier à Rome. Il fut nommé sans opposition; et aussitôt, au mépris des lois et des coutumes, dans les nouvelles levées qu'il fit, il enrôla des esclaves et des gens sans aveu. Les généraux, avant lui, ne confiaient les armes qu'à des hommes qui en fussent dignes et dont la fortune connue répondît de leur fidélité. Ce ne fut pas néanmoins cette nouveauté qui décria le plus Marius : il offensa bien davantage les premiers de Rome par des discours pleins de fierté, de mépris et d'insolence. Il criait partout que son consulat était une dépouille qu'il enlevait à la mollesse des patriciens et des riches; que pour lui il se glorifiait auprès du peuple, non de vains monuments et d'images étrangères, mais de ses propres blessures. Souvent même, en parlant de généraux qui avaient été défaits en Afrique, tels que Bestia et Albinus, qui tous deux, issus de maisons anciennes, mais sans capacité pour la guerre, n'avaient dû leurs défaites qu'à leur inexpérience : « Croyez-vous, demandait-il au peuple, que les ancêtres de ces deux généraux n'auraient pas préféré de laisser des descendants qui me ressemblassent? Ne se sont-ils pas eux-mêmes rendus illustres bien moins par leur noblesse et par leur sang, que par leurs vertus et leurs exploits? »

Cependant Métellus avait, par ses habiles manœuvres, réduit le roi de Numidie aux dernières extrémités. Menacé par la trahison, poursuivi sans relâche par un infatigable ennemi, Jugurtha ne savait plus où reposer sa tête. Il n'osait se fier à aucun de ses serviteurs, et jamais il ne couchait deux fois dans le même lieu. Longtemps il erra dans les déserts des Gétules. Sa réputation, ses trésors, attirèrent autour de lui ces barbares; il les arma, les disciplina, et, se retrouvant à la tête de forces nombreuses il traita avec son beau-père Bocchus, roi de Mauritanie. Ce prince, déjà irrité que le sénat eût rejeté son alliance au commencement de la guerre, voyait avec épouvante les désastres répétés de Jugurtha, son gendre. Celui-ci eut peu de peine à l'entraîner, et les deux rois, réunissant leurs forces, marchèrent vers Cirtha, sous les murs de laquelle Métellus s'était retranché. C'est là qu'il apprit que son commandement lui était enlevé et que son odieux rival arrivait. Pour ne le point rencontrer, il chargea Rutilius de lui remettre l'armée, et partit pour Rome, où ses amis lui firent donner le triomphe avec le surnom de Numidicus. Un tribun l'accusa cependant de concussions; mais quand il présenta ses registres aux juges, ceux-ci détournèrent les yeux, et le renvoyèrent absous.

La guerre n'était pas finie; Jugurtha et Bocchus, toujours retirés dans des lieux inaccessibles, suivaient de loin la nouvelle armée de Marius, espérant trouver une occasion favorable de tomber sur ces légions inexpérimentées. Mais le consul, habilement servi par ses espions, savait jour par jour ce que faisait l'ennemi, et prévenait tous ses desseins. Dans maintes escarmouches il battit les Gétules, et il faillit même dans une rencontre près de Cirtha tuer de sa main Jugurtha (107). Quand il eut ainsi aguerri ses troupes, il revint au système de Métellus. De tous les exploits de ce général le plus vanté était la prise de Thala. Marius alla attaquer plus loin, dans le désert, au milieu d'une plaine infestée de serpents, la ville de Capsa; et il la prit en un jour, sans perte d'un seul homme. Beaucoup d'autres furent enlevées encore ou abandonnées de leurs habitants. Jusque alors la guerre s'était concentrée dans la partie de la Numidie voisine de la province romaine; Marius la porta à l'autre extrémité, vers les frontières de la Mauritanie, et s'empara, par l'adresse d'un soldat ligure, d'une forteresse qui renfermait une partie des richesses du roi. Ce fut à ce siége que Sylla, son questeur, vint le rejoindre avec un corps de cavalerie latine. Il eût été difficile de réunir deux hommes de caractères plus opposés : Sylla, de l'illustre famille Cornélia, mais d'une branche restée jusque alors obscure, aimait autant les mœurs nouvelles, le plaisir, l'élégance des manières et du langage grec que Marius les haïssait. Prodigue de son bien comme de son amitié, avide de gloire, brave, éloquent, et d'un zèle, d'une activité que rien n'arrêtait, il fut bientôt cher aux soldats et aux officiers. Marius lui-même aima ce jeune noble, qui ne comptait pas sur ses aïeux (106).

JUGURTHA LIVRÉ AUX ROMAINS. — Jugurtha avait perdu ses villes et ses châteaux; pour décider Bocchus à risquer une grande bataille, sa dernière espérance, il lui promit un tiers de son royaume. L'armée romaine, surprise par les deux rois dans une marche, fut comme assiégée durant toute une nuit sur une colline; mais au point du jour les légionnaires reprirent l'avantage, et firent un affreux massacre des Maures et des Gétules. Une seconde surprise tentée sur les légions près de Cirtha réussit un instant. Au milieu de la mêlée Jugurtha criait, en montrant une épée ensanglantée, qu'il avait tué Marius, et déjà les Romains s'ébranlaient, quand Sylla et Marius lui-même accoururent. Les deux rois n'échappèrent que par une fuite précipitée. La fidélité de Bocchus ne survécut pas à ce double désastre. Cinq jours après la bataille, il demanda à traiter. Marius renvoya ses députés au sénat, qui répondit : Le peuple romain n'oublie jamais ni les injures ni les services; il pardonne à Bocchus, puisqu'il se repent; mais pour l'alliance et l'amitié de Rome, il ne l'obtiendra que quand il aura su

s mériter. Sur de nouvelles instances
e Bocchus, Marius confia à son ques-
eur la dangereuse mission de traverser
oute la Numidie pour aller conférer
vec le roi maure. Ici les historiens
nt placé le dramatique tableau des
ncertitudes de Bocchus, voulant un jour
vrer Jugurtha aux Romains, et le len-
emain Sylla au roi numide. La preière trahison terminait la guerre et
ui assurait une province; la seconde
ttirait sur lui la vengeance de Rome
ans lui donner une chance de plus de
uccès ni en ôter une au consul : il n'a
as dû même y penser. Jugurtha, appelé
 une conférence, fut chargé de liens et
emis à Sylla, qui lui fit traverser enchaîné
out son royaume (106). Marius l'emmena
 Rome. Loin de porter envie à son ques-
eur, comme on l'a dit, il associa Sylla
 son triomphe en lui laissant distribuer
ux soldats des médailles qui représen-
aient le consul sur un char à quatre che-
aux et portaient au revers ces mots :
. *Corn. Sylla Proq.*

Avant de quitter l'Afrique Marius
régla le sort de sa conquête. Bocchus
vait reçu la Numidie Massésylienne;
a province d'Afrique s'était agrandie
l'une partie de la Numidie Massylienne;
e reste du royaume avait été partagé
entre deux princes d'ancienne famille
royale. Le sénat avait en ce moment
ur les bras de trop sérieuses affaires
pour se donner l'embarras d'organiser
une nouvelle province et de lutter peut-
être, non plus contre un homme, mais
contre un peuple. Il aimait mieux livrer
ce royaume divisé à des princes que leur
rivalité placerait dans sa dépendance
jusqu'à ce qu'il lui convînt de les remplacer par ses proconsuls. En attendant
l'ancienne province d'Afrique sera
comme un foyer d'où la civilisation romaine rayonnera sur la Numidie, et insensiblement elle attirera à elle par les
liens invisibles des mœurs et des idées
gagnant de proche en proche jusqu'au
sauvage pays des Maures. Cette politique expectante était alors possible, car
il n'y avait nul État dans le monde qui
pût profiter des coups que Rome frappait, substituer son influence à la sienne,
ni relever ce qu'elle avait une fois abattu.
Les choses iraient aujourd'hui différemment. Neuf ans plus tard le sénat
suivit la même politique pour une autre
province Africaine.

Entre le huitième et le dix-huitième
degré de longitude orientale, la côte
d'Afrique se creuse devant la Méditerranée en un vaste demi-cercle qu'on appelle la région des Syrtes; mer inhospitalière, que nos vaisseaux même n'af-
frontent jamais, côte stérile recouverte
de sables mouvants et où les Nomades
pillaient sans pitié les voyageurs et les
naufragés. Mais aux deux extrémités de
ce demi-cercle s'étendent deux régions
montueuses, bien arrosées et d'une fertilité proverbiale. Les Phéniciens avaient
pris l'une, les Grecs l'autre. Les Romains avaient déjà succédé aux premiers,
le testament de Ptolémée Apion, roi de
la Cyrénaïque, leur livra le pays des seconds. Toutefois le sénat se contenta de
déclarer libres sous sa protection les cinq
villes principales de ce petit royaume.
Ce n'en était pas moins une acquisition
précieuse comme position politique,
sans parler de l'importance commerciale
de ce pays, qui fournissait à l'exportation
les produits d'un sol appelé le jardin
d'Afrique et une denrée, le sylphium,
qui se vendait à Rome son poids d'argent.
De la Cyrénaïque Rome surveillait l'É-
gypte, comme de la province d'Afrique
elle menaçait la Numidie. Leptis, qui, au
milieu de la côte des Syrtes, avait reçu
une garnison romaine, unissait ces deux
possessions de la république, et com-
plétait l'investissement de toute la côte
d'Afrique.

GUERRE DES CIMBRES ET DES TEU-
TONS. — Au moment où se terminait
cette guerre une autre, plus terrible, éclatait, et tel était l'effroi qu'elle inspirait
que pas un noble n'osait se mettre sur les
rangs pour demander le consulat. Marius,
quoique absent, y fut nommé tout d'une
voix. Cet ennemi c'était une innombrable
multitude de Cimbres et de Teutons, partis des bords de la Baltique, qui étaient venus comme une nuée orageuse fondre sur
les Gaules et sur l'Italie. Ils étaient trois
cent mille combattants, tous bien armés,
et ils traînaient à leur suite une multitude
beaucoup plus considérable de femmes
et d'enfants. Rien ne leur résistait; tous
les peuples sur leur passage étaient entraînés comme une proie facile.

Quand on apprit à Rome qu'ils avaient

franchi le Danube, qu'ils ravageaient le Norique, qu'ils étaient déjà dans la vallée de la Drave, à deux journées de marche des Alpes Carniques, un consul, Papirius Carbon, courut à ces montagnes avec une forte armée pour défendre le passage qui les traverse Les barbares étaient alors occupés au siége de Noreia. Papirius crut les surprendre à l'aide d'une perfidie; mais il éprouva une sanglante défaite. Soit que le nom de Rome imposât à ces barbares, soit que les débris de l'armée consulaire sauvés par un orage gardassent les passages, les barbares s'arrêtèrent au pied des Alpes Carniques. Mais durant trois années le Norique, la Pannonie et l'Illyrie, depuis le Danube jusqu'aux montagnes de la Macédoine, furent horriblement dévastés. Quand il n'y resta plus rien à prendre, la horde traversa la Rhétie, et par la vallée du Rhin entra sur les terres des Helvètes. La moitié de ce peuple, les Ambrons, les Tughènes et les Tigurins, consentit à les suivre, et tous ensemble ils descendirent le Rhin pour pénétrer en Gaule. Dans les Kymris de la Belgique les Cimbres reconnurent des frères : ils conclurent alliance avec eux, et laissèrent sous leur protection, à la garde de six mille hommes, tout le butin dont leur marche était embarrassée (110). Puis ils descendirent au midi, et la Gaule subit pendant une année les maux de la plus terrible invasion. Arrivés sur les bords du Rhône, les Teutons virent encore devant eux ces Romains qu'ils avaient déjà rencontrés dans leurs courses vers l'Orient, en Illyrie, en Macédoine et en Thrace. Car peu d'années auparavant les Romains, venus en Gaule à la sollicitation des Massaliotes, avaient vaincu les Salyens, les Allobroges et les Arvernes, et fondé dans leur nouvelle province transalpine les deux puissantes colonies d'Aix et de Narbonne. L'immensité de cet empire, dont les Cimbres trouvaient partout les frontières, les frappa d'étonnement, et, reculant pour la première fois devant une bataille, ils demandèrent au consul Silanus de leur donner des terres, offrant en retour de faire pour la république toutes les guerres qu'elle leur demanderait. « Rome, répondit Silanus, n'a ni terres à donner ni services à demander » Puis il passa l

Rhône, et se fit battre (109). Les coalisé ne purent cependant forcer le passag du fleuve. Au printemps de l'année 10 ils divisèrent leurs forces. Les Tigurin s'acheminèrent vers Genève, où le Rhôn offrait des gués ; les Teutons devaier attaquer par le bas du fleuve. Les Ro mains aussi partagèrent leurs forces; l consul Cassius fit tête aux Tigurins; so lieutenant Aurélius Scaurus march contre les Cimbres. Mais les légior romaines savaient fuir maintenant, l deux armées furent battues : l'une pass sous le joug, après avoir vu périr le co sul et l'un de ses lieutenants; l'aut regagna la province en désordre, laissar son général prisonnier aux mains c l'ennemi.

La province restait sans défense, l Alpes n'étaient plus gardées, et le prestig du nom romain commençait à s'affaibl chez ces barbares, tant de fois vair queurs des légions. Un conseil fut ten par eux pour choisir la route à suivre Scaurus, prisonnier, assista, chargé c chaînes, à cette délibération. Interrog par les barbares, il les intimida de se réponses courageuses : « Je vous le cor « seille, dit-il, passez les Alpes, mette « le pied en Italie, et vous saurez quel « est la force de Rome. » Ces parol hardies irritèrent un jeune chef, qu comme les sauvages américains qu provoquent les sarcasmes du prisonnie attaché au poteau de guerre, se jeta su Scaurus, et le perça de son épée. Tout fois les barbares hésitèrent encore. Dar leur incurie, ils passèrent une année jouir de leurs victoires. Pourquoi s presser d'ailleurs : savaient-ils où ils a laient? La terre était féconde, le ci doux, le butin immense, n'avaient-i pas tout ce qu'ils étaient venus cher cher? Ils laissèrent même le consu Cépion saccager la capitale des Volk Tectosages, avec lesquels ils traitaien Ces Volks avaient autrefois, disai on, rapporté du pillage de la Grèc d'immenses richesses, qu'ils avaient con sacrées au dieu Belen, en précipitant le lingots d'or et d'argent dans le lac voisi de son temple. Mais le dieu ne put le défendre contre l'avidité des légionnaire et de leur chef. Des plongeurs allèren chercher au fond des eaux les trésors sa crés Du lac de Toulouse Cépion recuei it cent mille livres pesant d'or et quinze cent mille livres d'argent. Il dirigea ce riche butin sur Marseille; mais des agents apostés par lui tuèrent l'escorte, et enlevèrent l'argent. La triste fin de Cépion fit dire plus tard de ceux qu'un destin implacable semblait poursuivre: Ils ont de l'or de Toulouse.

L'année suivante le sénat envoya une nouvelle armée et un autre consul, Manius, qui dut partager avec Cépion le commandement. Cette mesure mauvaise, la mésintelligence qui en naquit entre les deux généraux, la séparation enfin de leurs forces en deux camps adossés au Rhône, amenèrent un épouvantable désastre. Les deux camps, attaqués l'un après l'autre, furent forcés. Quatre-vingt mille légionnaires, quarante mille esclaves ou valets d'armée tombèrent sous le glaive; tout le reste fut pris; dix hommes seulement échappèrent: de ce nombre Cépion et un jeune chevalier romain, que nous retrouverons plus tard, Q. Sertorius. Tout blessé qu'il était, il avait traversé le Rhône à la nage, sans quitter sa cuirasse ni son bouclier. C'était la sixième armée romaine détruite par les barbares (6 octobre 105).

Avant la bataille, les barbares, pour venger un outrage fait à leurs députés, avaient juré de sacrifier aux dieux tout ce que leur donnerait la victoire; ils accomplirent religieusement leur serment: les hommes furent tués, les chevaux précipités dans le Rhône, les cuirasses, les armes, les chariots, brisés et brûlés; l'or même et l'argent jetés dans le fleuve. Puis ce ne fut plus, des Alpes aux Pyrénées, qu'une immense dévastation.

Arrivés aux portes de l'Espagne, et trouvant les passages ouverts, les barbares oublièrent l'Italie. Ils furent curieux de voir cette contrée nouvelle, et, passant les Pyrénées, ils allèrent émousser leurs épées contre cette race des Celtibériens, si dure et si opiniâtre dans ses montagnes. Ce fut le salut de Rome: elle eut le temps d'appeler d'Afrique Marius, et de l'envoyer garder les Alpes. Il vint prendre position derrière le Rhône; et pour assurer les approvisionnements de son camp, qui ne pouvaient lui arriver quand les passes du fleuve n'étaient point praticables, il songea à creuser un canal qui permettrait aux navires de Marseille et d'Italie d'éviter cette dangereuse embouchure (1).

VICTOIRE D'AIX. — Ses soldats l'exécutèrent. On les appelait par dérision les mulets de Marius. Mais dans ces pénibles ouvrages les légionnaires perdaient les molles habitudes qui depuis un demi-siècle s'étaient introduites dans les camps et qui venaient de coûter six armées à la République. Impitoyable pour toutes les fautes, aucune considération ne faisait faillir sa sévérité. Un jeune soldat outragé par un neveu de Marius l'avait tué. Au lieu de le punir, le général le récompensa. Il modifia les armes du légionnaire, auquel il donna un bouclier rond plus léger, et il voulut, à l'exemple de Rutilius, que tous ses soldats apprissent l'escrime. Il avait eu soin de ramener d'Afrique les corps que son collègue avait si bien dressés à cet exercice. Autrefois l'ordre de bataille était de trois lignes: les hastats, les princes et les triaires; il composa les cohortes de manipules fournis par ces trois armes, de sorte que chaque cohorte fut, comme nos bataillons, une image de la légion.

Ce répit que leur donnaient les barbares avait donc été bien employé, puisqu'avec leur discipline et leurs mœurs d'autrefois Marius avait rendu à ses légions leur confiance et l'assurance de vaincre. Il s'en était aussi servi pour contenir les peuples de la province et écraser les Volks Tectosages. Sylla, qu'il avait emmené comme lieutenant, avait eu l'honneur de cette expédition: il avait défait en plusieurs rencontres cette grande tribu et fait prisonnier son roi Copill.

Ces services, cette justice impartiale et sévère et le retard des barbares valurent à Marius un quatrième consulat. Il avait paru vouloir refuser, et plusieurs Romains de distinction s'étaient mis sur les rangs; mais un tribun alors très-populaire, Lucius Saturninus, gagné par Marius, haranguait dans toutes les as-

(1) Après la victoire il donna ce canal aux Marseillais, et il devint pour eux une source de richesses par les droits qu'ils levèrent sur ceux qui remontaient ou descendaient le fleuve. (Strabon, liv. IV, p. 183.) Nos ingénieurs conseillent aujourd'hui de reprendre le plan de Marius.

semblées les citoyens pour leur persuader de continuer Marius dans le consulat. Comme celui-ci affectait de ne s'en point soucier, Saturninus l'accusait de trahir la patrie. On voyait bien que le tribun jouait assez maladroitement son rôle; mais le peuple, qui croyait avoir besoin des talents et de la fortune de Marius, lui décerna le quatrième consulat, où il eut pour collègue Catulus Lutatius.

Cependant les barbares étaient revenus d'Espagne, avec l'intention cette fois de pénétrer en Italie. Ils se séparèrent en deux armées : les Cimbres prirent à gauche par l'Helvétie et le Norique pour descendre par le Tyrol et la vallée de l'Adige ; les Teutons marchèrent à Marius, qui, pour habituer ses soldats à voir de près les barbares, leur refusa longtemps de combattre. Sertorius, qui parlait la langue gallique et qui chaque jour pénétrait, sous un déguisement, dans le quartier des Ambrons, le tenait au courant de leurs résolutions. Les Teutons essayèrent de forcer son camp: après trois attaques sans succès, ils se décidèrent à passer outre. Six jours entiers, sans que leur marche fût interrompue, ils défilèrent en vue du camp romain; et comme ils passaient sous les remparts, on les entendait crier : « Nous allons voir vos femmes, n'avez-vous rien à leur mander ? » Marius les suivit à petites journées, épiant une occasion favorable.

Arrivée près d'Aix, la horde s'arrêta, et Marius, résolu de combattre, vint camper près d'elle, sur une colline où l'eau manquait. Quand ses soldats se plaignirent de la soif, il leur montra de la main une rivière qui baignait le camp des barbares : « C'est là, leur dit-il, qu'il faut en aller chercher au prix de votre sang. » Cependant les valets de l'armée, qui n'avaient d'eau ni pour eux ni pour leurs bêtes, descendirent en foule vers la rivière. Les barbares, se croyant attaqués, coururent prendre leurs armes, et revinrent, frappant leurs boucliers en mesure, et marchant en cadence au son de cette musique sauvage. Mais, en passant la rivière, ils rompirent leur ordonnance; et ils n'avaient pas eu le temps de la rétablir, lorsque les Romains fondirent sur eux de leurs postes élevés, et les heurtèrent avec tant de force, qu'ils les obligèrent, après grand carnage, à prendre la fuite. P venus à leurs chariots, ils trouvèrent nouvel ennemi, auquel ils ne s'atte daient pas ; c'étaient leurs femmes, q grinçant les dents de rage et de d leur, frappaient également et les fuya et ceux qui les poursuivaient ; elles jetaient au milieu des combattants, de leurs mains nues, s'efforçaient d' racher aux légionnaires leurs épées leurs boucliers.

Les Romains, après ce premier s cès, regagnèrent leurs postes à la n tombante ; mais l'armée ne fit pas tendre, comme il était naturel aprés si grand avantage, des chants de j et de victoire. Ils passèrent la nuit dans trouble et dans la frayeur, car leur ca n'avait ni clôture ni retranchemer Il restait encore un grand nombre barbares qui n'avaient pas combatt toute la nuit ils poussèrent des c horribles, mêlés de menaces et de mentations ; on eût dit de hurlemer de bêtes féroces. Les cris de cette m titude immense faisaient retentir montagnes voisines, et jetaient la t reur dans le camp romain. Marius l même, frappé d'étonnement, s'attend à une attaque nocturne, dont il cr gnait le désordre. Mais ils ne sortire de leur camp ni cette nuit ni le jo du lendemain ; ils les employèrent à préparer au combat.

Cette seconde bataille, livrée de jours après la première, ne fut pas pl heureuse pour les barbares : attaqués face par les légions, surpris par derri par un lieutenant de Marius, ils ne rent résister. Le massacre fut horrib comme dans toutes ces batailles l'antiquité où l'on se battait à l'arr blanche, homme à homme. Quelqu historiens cités par Plutarque préte dent que depuis cette bataille les M seillais firent enclore leurs vignes av les ossements de ceux qui avaient tués, et que les corps consommés da les champs par les pluies qui tombèr pendant l'hiver engraissèrent tellemo la terre et la pénétrèrent à une si grai profondeur, que l'été suivant elle ra porta une quantité prodigieuse fruits (102).

Après la bataille, Marius ayant cho

[...]ur son triomphe les plus belles armes [et] les plus riches dépouilles, fit de tout [le] reste un immense amas, comme [Pa]ul-Émile, après Pidna, pour le brû[le]r en l'honneur des dieux. Déjà l'armée [en]tière entourait le bûcher, couronnée de [la]uriers; lui-même vêtu de pourpre, et [la] robe relevée comme pour les sacrifices [so]lennels, et élevant de ses deux mains [ve]rs le ciel un flambeau allumé, il allait [me]ttre le feu, lorsqu'on vit accourir à [tou]te bride quelques-uns de ses amis; [qui] lui apportaient la nouvelle qu'on [l'a]vait élu consul pour la cinquième fois. [L']armée témoigna sa joie par des cris [de] triomphe, qu'elle accompagna du [bru]it guerrier des armes; et les officiers [ay]ant de nouveau couronné Marius de [lau]rier, il mit le feu au bûcher, et [ach]eva le sacrifice.

Cependant la guerre n'était point [fini]e, les Teutons seuls avaient été ex[ter]minés; restaient encore les Cimbres. [Ca]tulus, qu'on avait envoyé pour défen[dr]e contre eux le passage des Alpes, [dé]sespérant de garder ces défilés, était [de]scendu en Italie, et s'était réfugié [de]rrière l'Adige. Il éleva des deux côtés [du] fleuve de bons retranchements, afin [d']en empêcher le passage. Pour insulter [à] la timidité des Romains et pour faire [pa]rade de leur force et de leur audace, [ils] s'exposaient tout nus à la rigueur [de]s frimas, grimpaient sur les monta[gn]es, à travers des monceaux de neige [et] de glace; et, parvenus au sommet, [s']asseyaient sur leurs boucliers, et, glis[sa]nt le long des rochers, s'abandon[na]ient à la rapidité de la pente sur le [bo]rd de précipices d'une effrayante pro[fo]ndeur.

Quand ils eurent transporté leur camp [pr]ès de celui du consul, et qu'ils eurent [ex]aminé comment ils pourraient passer [la] rivière, ils résolurent de la combler. [Oc]cupant donc les tertres des environs, [dé]racinant les arbres, détachant d'énor[me]s rochers et de grandes masses de [te]rre, ils les roulaient dans le fleuve, [po]ur en resserrer le cours; ils jetaient en [mê]me temps au-dessus du pont que [le]s Romains avaient construit des mas[se]s d'un grand poids, qui, entraînées [pa]r le courant, venaient le battre et en [éb]ranlaient les fondements. Les légions, [ef]frayées, forcèrent leur général de re-

culer jusque derrière le Pô, en abandonnant sur la rive gauche de l'Adige quelques soldats dans un fort qu'ils défendirent jusqu'à la dernière extrémité. Les barbares s'en emparèrent; mais, remplis d'admiration pour le courage de ces légionnaires, les Cimbres les laissèrent aller à des conditions honorables, dont ils convinrent en jurant sur leur taureau d'airain. On dit que ce taureau fut pris après la bataille, et porté dans la maison de Catulus, comme les prémices de sa victoire. Les barbares, trouvant le pays sans défense, firent partout un horrible dégât.

Heureusement on venait d'apprendre à Rome la victoire de Marius. Il fut rappelé en toute hâte et envoyé au secours de son collègue. Sylla, blessé par son humeur hautaine, l'avait déjà quitté, pour rejoindre Catulus, qui l'accueillit avec distinction. Il lui donna une division, qu'il mena contre les montagnards des Alpes pour les contenir, et avec laquelle il ramassa assez de vivres pour tenir dans l'abondance le camp de Catulus, tandis que celui de Marius souffrait de la disette.

Victoire de Verceil (101). — Cependant les Cimbres attendaient toujours l'arrivée des Teutons. Ils ne voulaient pas croire à leur défaite, et envoyèrent même à Marius des ambassadeurs chargés de lui demander pour eux et pour leurs frères des terres et des villes où ils pussent s'établir. « Ne vous inquiétez plus de vos frères, leur dit le consul; ils ont la terre que nous leur avons donnée, et qu'ils conserveront à jamais. » Les barbares s'emportèrent en injures et en menaces, et lui déclarèrent qu'il allait être puni de ses railleries, d'abord par les Cimbres, et ensuite par les Teutons, lorsqu'ils seraient arrivés. « Ils le sont, répliqua Marius, et il serait peu honnête de vous en aller sans avoir salué vos frères. » En même temps il ordonna qu'on amenât, chargés de chaînes, les rois des Teutons, que les Séquanes avaient faits prisonniers comme ils s'enfuyaient vers la Germanie.

Les Cimbres n'eurent pas plus tôt entendu le rapport de leurs ambassadeurs, qu'ils marchèrent sur-le-champ contre Marius. Un de leurs rois s'approcha de son camp, à la tête de quelques cavaliers, et le provoqua à fixer le jour et le lieu du combat. Marius lui répondit que les Romains ne prenaient jamais conseil de leurs ennemis ; que cependant il voulait bien les satisfaire sur ce qu'ils demandaient. Ils convinrent donc que la bataille se donnerait dans trois jours, et dans la plaine du Verceil. Les barbares furent exacts au rendez-vous. Le jour venu, leur infanterie se rangea en bataille dans la plaine ; elle formait une phalange carrée, qui avait autant de front que de profondeur, et dont chaque côté couvrait trente stades de terrain. Leurs cavaliers, au nombre de quinze mille, étaient magnifiquement parés ; leurs casques se terminaient en gueules béantes et en mufles de bêtes sauvages, surmontés de hauts panaches semblables à des ailes, ce qui ajoutait encore à la hauteur de leur taille. Ils étaient couverts de cuirasses de fer, et de boucliers dont la blancheur jetait le plus grand éclat ; ils avaient chacun deux javelots à lancer de loin, et dans la mêlée ils se servaient d'épées longues et pesantes.

A peine le combat était-il commencé qu'il s'éleva sous les pas de cette multitude un tel nuage de poussière, que les deux armées ne purent se voir. Marius, qui s'était avancé pour tomber le premier sur l'ennemi, le manqua dans cette obscurité ; et ayant poussé bien au delà du champ de bataille, il erra longtemps dans la plaine, tandis que Catulus avait seul à soutenir tout l'effort des barbares.

Les rayons brûlants du soleil qui donnaient dans le visage des Cimbres secondèrent les Romains ; nourris dans des lieux froids et couverts, les barbares ne pouvaient supporter la chaleur ; inondés de sueur et tout haletants, ils se couvraient le visage de leurs boucliers, et exposaient leur corps sans défense aux coups de l'ennemi.

Les plus braves d'entre les Cimbres furent taillés en pièces ; car, pour empêcher que ceux des premiers rangs ne rompissent leur ordonnance, ils s'étaient liés ensemble par de longues chaînes attachées à leurs baudriers. Les vainqueurs poussèrent les fuyards jusqu'à leurs retranchements ; et ce fut là qu'on vit le spectacle le plus affreux. femmes, vêtues de noir et placées les chariots, tuaient elles-mêmes fuyards ; elles étouffaient leurs enfa les jetaient sous les roues des char ou sous les pieds des chevaux, e tuaient ensuite elles-mêmes. Une d'e elles, après avoir attaché ses deux fants à ses talons, se pendit au ti de son chariot. Les hommes, faute d bres pour se pendre, se mettaient cou des nœuds coulants qu'ils a chaient aux cornes ou aux jambes bœufs, et, les piquant ensuite pour faire courir, ils périssaient étranglé foulés aux pieds de ces animaux. Ma le grand nombre de ceux qui se tuè ainsi de leurs propres mains, on fit de soixante mille prisonniers, et o tua deux fois autant (101).

Les honneurs rendus à Marius a ce succès témoignèrent de la cra des Romains. Il fut surnommé le t sième Romulus ; chaque citoyen, nouvelle de sa victoire, répandit des bations en son nom. Lui-même il s'i gina avoir égalé les exploits de Bacc dans l'Inde, et il fit ciseler sur son b clier la tête d'un barbare tirant la gue. Rome croyait en effet avoir éto la barbarie dans ses bras puissants.

SIXIÈME CONSULAT DE MARIUS TURNIUS. — La guerre de Numidie, c des Cimbres, même celle des esclaves se soulevèrent une seconde fois en Sic sous la conduite de Salvius et d thénion (103-100), avaient mis à l'impéritie aussi bien que la vénalité nobles. Ce déshonneur des grands a rendu aux tribuns la voix et le coura Deux d'entre eux, Memmius et Ma lius, avaient accusé hautement les c pables, et cherché à réorganiser le p populaire, qui, croyant trouver un c dans Marius, le porta au consulat. fortune et la confiance des soldats, ne voulurent pas d'un autre général firent conserver pendant quatre dans cette charge, au mépris de tou les lois. Dans l'intérêt du salut pul les grands acceptèrent ces consulat l'homme nouveau ; mais les tribuns fitèrent de la haute position q avaient faite à Marius pour reconm cer, à l'abri de son nom et de ses vices, la guerre contre le sénat. Le stre d'Orange et les concussions de ...pion servirent de prétexte. Le mal...ureux proconsul, que le sénat défen...t en vain, fut jeté en prison, où peut-...re il périt étranglé.

En l'an 102, le tribun Marcius Philip...s proposa une loi agraire ; dans son ...scours se trouvaient ces terribles pa...les : « Il n'y a pas dans toute la répu...que deux mille propriétaires. » La loi ...t rejetée ; mais son collègue au tribu...t Servilius Glaucia, pour payer l'as...tance des chevaliers, arracha aux sé...teurs les places de juges que Cépion ...ir avait données. Glaucia, cherchant ...ssi des appuis dans les alliés, assura ...droit de cité aux Latins qui pourraient ...nvaincre un sénateur de concussion, ...rendit plus sévère la loi de Calpur...us *De repetundis*. Le tribunat reder...it donc agresseur. Le sang des Grac...es semblait lui avoir rendu sa vieille ...ergie populaire.

Telle était la situation intérieure de ...république quand Marius revint de la ...salpine. Jusqu'à présent il n'avait été ...nsul que dans les camps ; il voulait ...tre à Rome durant toute une année ...us les yeux de ces nobles qui l'avaient ... longtemps méprisé. Mais les grands ...ouvaient que le paysan d'Arpinum ...ait eu assez d'honneur. Quand il de...anda un sixième consulat ils lui oppo...rent son ennemi personnel, Métellus ... Numidique. Marius fut réduit cette ...is à acheter les suffrages. Il ne le leur ...rdonna pas, et se jeta dès lors pour se ...nger dans de basses et tortueuses in...gues. Calme au milieu des batailles ...devant la mort, Marius en face du peu...e perdait son assurance. Si les flots ... cette mer agitée venaient en grou...nt battre la tribune, il se troublait ; ...plus obscur démagogue avait alors ...us de courage que le grand général. ...pendant pour être puissant dans la ...lle il fallait pouvoir agir sur le peuple : ...arius chercha un homme qui parlât ...ur lui.

Il y avait alors à Rome un personnage ...lèbre par ses violences et ses intrigues, ... Apuléius Saturninus. Il avait été ques...ur et chargé du département d'Ostie ; ...ais sa négligence durant une famine ...ait forcé le sénat de le destituer. (106) ...us tard le censeur Métellus avait voulu

le chasser du sénat, en même temps que Glaucia, un autre mauvais citoyen ; mais ces deux hommes, ameutant la populace, avaient poursuivi le censeur jusque dans le Capitole ; et ils l'auraient massacré si les chevaliers n'étaient accourus le tirer de leurs mains. Ce jour-là encore beaucoup de sang fut versé ; ce n'était malheureusement plus une nouveauté ; ces violences contre le Numidique rapprochaient naturellement Glaucia et son complice de Marius. Tribun en 102, Saturninus contribua beaucoup à lui assurer son quatrième consulat ; ce fut sur lui que Marius jeta les yeux. Il lui promit l'appui de ses vétérans, et le poussa à demander un second tribunat.

Cette candidature tourna mal. Nonius, un ami des grands, fut préféré au protégé de Marius. Le nouveau tribun se retirait après l'élection, quand en plein jour, au milieu de la ville, Saturninus, aidé du préteur Glaucia, son ancien complice, et d'une bande d'hommes déterminés, se jeta sur lui, et l'égorgea. Le lendemain au petit jour une assemblée formée des assassins de la veille proclama Saturninus tribun du peuple (100).

Son premier soin fut de payer tous ses complices ; il proposa de distribuer aux citoyens pauvres tout le pays occupé par les Cimbres dans la Transpadane, de donner à chacun des vétérans de Marius cent arpents en Afrique, enfin d'acheter d'autres terres encore en Sicile, en Achaïe et en Macédoine pour y fonder des colonies. Un article additionnel portait que si le peuple votait la loi, le sénat serait tenu d'en jurer, dans les cinq jours, l'exécution ; si un sénateur refusait le serment il payerait vingt talents d'amende. Cette clause inusitée était dirigée contre Métellus. Le jour du vote un affreux tumulte éclata sur le Forum ; deux fois on en vint aux mains. Pour dernière ressource les nobles crièrent qu'il avait tonné : ce moyen était usé, et Saturninus, après avoir chassé ses adversaires du Forum, fit passer sa proposition. Marius réunit aussitôt le sénat, parla contre la loi, et déclara que ni lui ni aucun sénateur qui eût du sens ne prêterait un pareil serment, bien sûr que si Métellus faisait une déclaration semblable il ne violerait jamais son serment, et que ce refus attirerait sur lui la haine implacable du peuple. La chose arriva comme il l'avait pensé : cinq jours après, sous prétexte de prévenir un soulèvement des tribus rustiques par cette concession, sur laquelle il serait d'ailleurs, disait-il, aisé de revenir, puisque la loi n'avait passé que par la violence et malgré les auspices, il jura le premier. Les sénateurs l'imitèrent; le seul Métellus resta fidèle à l'engagement qu'ils avaient tous pris. On s'y attendait. Saturninus réclama aussitôt l'amende. Métellus ne voulut ou ne put la payer ; et comme on s'armait autour de lui pour le défendre, il s'opposa à ce qu'une goutte de sang fût versée pour sa cause, et il partit pour l'exil. « Où les affaires, disait-il, prendront une meilleure tournure, et le peuple se repentira de ce qu'il fait aujourd'hui : alors il me rappellera lui-même ; ou elles resteront dans le même état, et dans ce cas il vaut mieux être éloigné. » Il se retira à Rhodes, où il se livra à l'étude de la philosophie.

Marius avait satisfait son ambition et sa haine; son ennemi, le Numidique, fuyait devant lui, dans l'exil; le peuple l'applaudissait encore ; ses vétérans lui offraient un dévouement aveugle, et la nullité de son collègue lui livrait le consulat, Glaucia la préture, Saturninus le tribunat. Il était donc tout-puissant. Qu'allait-il faire de cette toute-puissance ? Ici se révèle son incapacité politique : point de projets, aucune réforme ; sur rien il ne prit l'initiative. Mais il laissa si bien agir Saturninus et Glaucia, que ceux-ci saisirent le premier rôle, et que bientôt il ne sut plus lui-même s'il était pour le sénat et les nobles, qu'il n'aimait pas, ou pour le peuple, qu'il méprisait. Aristocrate par caractère, démocrate par habitude et par position, il resta inactif entre les deux factions, essayant de les tromper toutes deux, et perdant à ce jeu double sa considération et son honneur. Cette politique égoïste porta ses fruits. Il arriva un jour où le vainqueur de Jugurtha et des Cimbres se trouva seul, abandonné de tous, dans cette ville qui retentissait naguère du bruit de ses triomphes.

Saturninus n'avait été d'abord qu'un instrument; la faiblesse de Marius l'enhardit à travailler pour lui-même ; ses desseins sont mal connus peut-être qu'il n'en eut pas, et que sa politique se faisait comme celle de son ancien patro[n] au jour le jour. Cependant les Italie[ns] les étrangers l'entouraient ; et une fo[is] on les entendit le saluer du nom de r[oi]. A la tribune il parlait sans cesse de [la] vénalité des grands ; et pour accréditer [ses] accusations il insulta publiquement [les] envoyés de Mithridate, au risque d'a[llu]mer une guerre difficile ; il évoquait au[ssi] les souvenirs des Gracques. Un jou[r il] présenta au peuple un prétendu fils [de] Tibérius Gracchus, élevé, disait-il, da[ns] le secret depuis la mort de son père. [La] veuve de Scipion Émilien vint reni[er] du haut de la tribune cet étranger po[ur] son neveu. Mais le peuple ne voulut p[as] croire à son témoignage, et nomma [cet] aventurier tribun. Saturninus voula[it] lui-même se faire réélire, en même tem[ps] que Glaucia, toujours mêlé à tous s[es] plans, obtiendrait le consulat. Mais l[es] comices élurent unanimement le gra[nd] orateur Marc-Antoine ; et Memmius, a[u]tre homme honorable, allait obtenir [la] seconde place, quand la bande de Satu[r]ninus se rua sur lui au milieu du F[o]rum, et l'égorgea.

Cette fois tout le monde se soule[va] contre les assassins, et Marius fut viv[e]ment pressé de sévir contre eux. Les pri[n]cipaux sénateurs s'étaient rendus ch[ez] lui ; Saturninus y vint aussi, en secre[t] et le consul, allant sous divers prétext[es] d'une chambre à l'autre, écoutait les de[ux] partis pour les ménager tous les deu[x]. Cette duplicité ne trompa personne. [Il] voulut la faire oublier par une lâchet[é]. Pendant la nuit Glaucia, Saturninus, [le] faux Gracchus et le questeur Saufei[us] s'étaient emparés avec leur bande du C[a]pitole. Le sénat lança la formule *Carea[nt] consules*, et Marius vint assiéger lu[i-]même ses anciens complices. Il coupa l[es] conduits qui fournissaient de l'eau à [la] forteresse. Saturninus comptait enco[re] sur la protection de Marius : il se rend[it]. Le consul le conduisit avec Glaucia [et] Saufeius dans le lieu ordinaire des séanc[es] du sénat, espérant peut-être encore l[es] sauver. Mais quelques citoyens mont[è]rent sur l'édifice, en arrachèrent la toitu[re] et lapidèrent le tribun avec ses deux co[m]plices : ils périrent revêtus encore to[us] trois des insignes de leurs charges. Le s[é]nateur Rabirius coupa la tête de Satu[r]ninus, et la porta au bout d'une piqu[e]

hte-sept ans plus tard il fut pour ce fait
en justice par un ami de César. Le
dit de Marius tomba si bien après cette
ire qu'il n'osa se mettre sur les rangs
r briguer la censure. Elle fut donnée
es citoyens moins élevés que lui en
nité. Il tenta vainement d'arrêter la
ction : un tribun, L. Furius, qu'il char-
de combattre la proposition du rap-
de Métellus, fut massacré par la popu-
e ; un autre, qui parlait de la loi agraire
qui conservait un portrait de Saturni-
s, fut banni. Decianus fut frappé
la même peine pour avoir déploré le
urtre des complices de Marius. Enfin,
ncu par les larmes et les prières du
ne Métellus, le peuple prononça le
pel du Numidique. Il était à Smyrne
théâtre lorsqu'on lui en apporta la
uvelle. Il attendit stoïquement la fin
spectacle pour ouvrir ses lettres. Une
le immense l'accueillit à son retour,
il eut comme une entrée triomphale
). Marius ne voulut pas en être témoin ;
us prétexte d'aller accomplir des sa-
fices qu'il avait voués à Cybèle, il par-
pour l'Asie, dans la secrète espérance
mener entre Mithridate et la Républi-
e cette rupture que Saturninus avait
à provoquée par ses insultes. Il avait
oin d'une guerre pour se relever aux
ux de ses concitoyens. Il disait lui-
ême : Ils me regardent comme une épée
i se rouille dans la paix. Aussi tous
témoignages d'estime que Mithridate
prodigua ne purent rien gagner sur
. « Prince, lui disait-il, ou essayez de
venir plus puissant que les Romains,
faites sans rien dire ce qu'ils vous com-
ndent. » Ces paroles étonnèrent Mi-
ridate, qui avait souvent entendu parler
la liberté du langage romain, mais qui
l'avait pas encore éprouvée. Marius
retour à Rome fit bâtir une maison
ès de la place publique afin de se mettre
us en évidence. Mais un événement
rrible, qui faillit emporter Rome elle-
ême, mit pour quelque temps un terme
cette ambition envieuse et insatiable.

GUERRE SOCIALE.

Causes de la guerre sociale. —
guerre sociale est un des incidents
cet universel soulèvement du monde
ntre la domination de l'aristocratie
romaine, qui a commencé un siècle

avant la chute de la République. Tout
ce qui portait le joug de Rome, ce joug
qui s'aggravait chaque jour à mesure que
croissaient la fortune et l'insolence des
vainqueurs, frémit alors et fit un effort
énergique pour s'affranchir ; les esclaves, les pauvres de Rome, les alliés,
l'Asie sous Mithridate, l'Espagne sous
Sertorius, eurent tour à tour leurs jours
de révolte. De toutes ces protestations
la plus terrible et la plus menaçante
pour Rome fut celle des alliés. Placés à
ses portes, initiés à sa discipline et à sa
science militaire, ils eussent vaincu si
leur révolte se fût rencontrée avec celle
des provinces.

Par quelles causes et à quelle occasion
éclata la guerre sociale, c'est ce que nous
allons essayer d'exposer, avant d'entrer
dans le récit de cette lutte, qui est un
des points les plus importants de l'histoire de l'Italie ancienne.

Rome, simple ville dans l'origine,
s'était d'abord acquis par les armes un
territoire autour de ses murs ; puis, le
cercle de ses conquêtes s'élargissant
peu à peu, avait enveloppé le Latium et
l'Étrurie ; la Campanie, l'Ombrie, le
Samnium ; la Grande-Grèce et la Gaule
Cisalpine ; en un mot toute la presqu'île
qui porte aujourd'hui le nom d'Italie.

A mesure qu'elle soumettait quelques
peuples nouveaux, Rome pouvait, ou les
considérer comme des sujets et les traiter comme tels, ainsi qu'avaient fait
Athènes, Sparte, Carthage ; ou les élever au rang de ses propres citoyens, et
les admettre au partage de leurs droits.
De ces deux partis, le premier, formant
des vaincus une caste inférieure, qu'il
eût fallu maintenir dans l'obéissance, eût exigé l'emploi de forces considérables et une tension continuelle du
gouvernement ; le second, outre qu'il
blessait la vanité romaine en prodiguant
ce titre glorieux et envié de citoyen de
Rome, eût bientôt ruiné ses conquêtes :
tant de peuples, profondément différents d'origine, de civilisation, de
mœurs et d'usages, n'auraient usé de leur
droit de citoyen que pour briser une
unité factice qui transportait hors de
chacun d'eux le centre du gouvernement.

Rome n'adopta aucun de ces deux
partis. Avec cette sage et profonde politique qui a fait sa gloire, et qui est l

secret de sa puissance, elle suivit un système mixte, qui ne déplaçait pas la souveraineté, mais aussi qui appelait une partie des Italiens à la partager avec elle. Créer aux peuples soumis des intérêts divers et diverses conditions d'existence; parmi les vaincus, abaisser les uns, rebelles à son influence, élever les autres, plus dociles, même jusqu'à elle; par là les attacher à sa fortune, leur faire oublier la honte de la défaite, leur donner sur leurs voisins, moins favorisés, une supériorité qui, leur inspirant un sentiment d'orgueil et de dédain, empêchât pour jamais une coalition contre elle de ces intérêts contraires; puis jeter au milieu d'eux des colonies de ses propres citoyens pour les surveiller et les contenir, mais aussi pour être par toute l'Italie comme autant de foyers d'où se répandrait l'esprit romain, voilà quel fut le système suivi par le sénat. J'ai déjà précédemment exposé cette politique, je ne veux en reproduire ici que les traits généraux et les résultats, afin de faire comprendre pourquoi les Italiens voulaient changer de condition.

Les distinctions accordées par les Romains à quelques-uns des peuples soumis établissaient parmi ceux-ci trois catégories.

La première était celle des Latins. Les alliés du nom latin avaient conservé le droit d'élire leurs magistrats et de s'administrer suivant leurs coutumes. Ils pouvaient ester personnellement en justice à Rome; la cité même ne leur était pas fermée, et, à condition d'avoir exercé dans leur ville une magistrature annuelle ou d'y laisser des enfants, ils pouvaient acquérir les droits des citoyens romains. C'était là le *jus Latii*. Mais qu'on veuille bien ne pas oublier ce qui a été dit déjà sur la véritable signification du *nom latin*. Ce mot ne désignait pas les habitants du Latium, presque tous Romains, mais toutes les villes et tous les peuples qui, au centre, au nord ou au sud de la Péninsule avaient reçu les privilèges des anciens Latins.

Les nations italiennes qui n'avaient pas ces derniers avantages conservaient leurs lois et leur administration nationales; mais cette administration restait souvent soumise au contrôle d[es] magistrats romains. Libres de to[ut] impôt personnel ou territorial, les It[a]liens étaient assujettis, comme les L[a]tins d'ailleurs, à fournir, solder et e[n]tretenir des contingents de troupes. A[u] reste les limites du *jus Italicum* so[nt] assez incertaines; et ce qu'on peut di[re] de plus positif, c'est que le *jus Italicu[m]* se résumait en une facilité moins gran[de] pour les Italiens que pour les Lati[ns] d'acquérir la cité romaine.

Quant aux peuples étrangers étab[lis] dans la Péninsule, comme les Gaul[ois] au nord et les Grecs au midi, ils étaie[nt] soumis à un tribut et gouvernés par d[es] magistrats romains. Leurs contingen[ts] étaient appelés *auxilia*, et eux-mêm[es] *auxiliares*, pour les distinguer des It[a]liens ou *socii*.

Rome retenait tous ces peuples da[ns] la soumission, soit par des garnison[s,] soit par des colonies, soit enfin par [le] parti qu'elle savait se ménager et s'a[t]tacher dans chaque ville: c'était en g[é]néral une aristocratie assez semblable [à] l'aristocratie romaine elle-même; car l[es] différentes cités de l'Italie avaient m[o]delé leur constitution sur celle de Rom[e.] Mais, à la différence de Rome victorieus[e,] les cités vaincues virent la démocrat[ie] arrêtée dans sa marche par l'effet mêm[e] de la conquête. Des aristocraties ami[es] de Rome et protégées par elle s'étaie[nt] formées; au-dessous d'elles, le peup[le] était retenu dans l'immobilité, sous [le] poids en quelque sorte de deux gouve[rne]ments distincts, celui de la cité, [et] au-dessus de ce dernier celui des vai[n]queurs. Ceci était remarquable surto[ut] en Étrurie.

Avant la conquête, des ligues exi[s]taient entre les différents peuples de [la] Péninsule, qui formaient des group[es] par races et par contrées. Rome bri[sa] ces groupes, soit par les priviléges do[nt] nous avons parlé, soit par des mesur[es] qui rendaient presque impossibles l[es] communications des peuples entre eu[x.] Le droit de faire des transactions [ou] des mariages (*jus commercii*, *jus co[n]nubii*) d'un peuple à l'autre leur ét[ait] enlevé. Le Marse ne pouvait se mari[er] chez le Samnite, ni l'Ombrien chez l'É[?]trusque. Il leur était interdit de mê[ler] leur sang et leurs idées.

A côté de ces dispositions, qui humiliaient les Italiens, mais contribuaient puissamment à les maintenir unis et forts sous la main de Rome, il en est d'autres où se montrent exclusivement l'orgueil des vainqueurs et le droit de la conquête ; qui, mettant les Italiens en état d'inégalité et d'abaissement vis-à-vis des citoyens, ouvrirent la porte à de nombreux abus ; qui enfin, lors même qu'elles n'eussent pas dégénéré en abus et en tyrannie, n'auraient pas manqué de soulever quelque jour de la part des Italiens de vives réclamations.

Ainsi les conditions de la propriété étaient différentes. Après les nombreuses guerres dont l'Italie fut le théâtre, beaucoup de terres, devenues désertes et incultes, avaient été livrées au premier occupant. Si c'était un citoyen romain, la possession pouvait se transformer au bout d'un certain temps en propriété quiritaire (*dominium*) ; si c'était un Italien, cette transformation n'était pas possible, et au premier jour il pouvait être dépouillé.

Les colonies et la formation de vastes domaines ruraux avaient répandu sur le sol de l'Italie un grand nombre de citoyens romains. Il arriva plus d'une fois qu'un citoyen puissant et riche s'empara du champ de son voisin italien. Celui-ci réclame ; mais à qui ? Il n'a pas le droit d'ester en justice à Rome. Il va chez son patron ; mais le plus souvent ce patron a quelque intérêt à ménager un citoyen riche, puissant, quelquefois un ami ou même un adversaire politique ; il oublie bientôt son client, et lui laisse perdre sa cause.

La garantie des transactions n'existe pas pour l'Italien. Il ne peut, du moins tous ceux des Italiens qui n'ont obtenu ni le *jus commercii* ni le *jus connubii*, hériter, ni acheter d'un citoyen romain, ni lui transmettre ou lui vendre ; s'il le fait, c'est à ses risques et périls, la loi ne s'en mêle pas. Un Italien achète et paye une propriété à un citoyen : le vendeur peut, si l'honneur ne le retient pas, garder la propriété et l'argent ; il n'est pas d'acte ni d'engagement qui vaille. Est-ce le Romain qui achète, promettant de payer bientôt ? Il trouve commode de garder son acquisition sans en payer le prix, l'Italien se trouve dépouillé, sans protection assurée, sans recours légal.

Du créancier au débiteur, même inégalité, même injustice : si le créancier est citoyen, le *jus civile* lui accorde une action contre son débiteur ; s'il ne l'est pas, le *jus gentium* ne lui en accorde point, et nulle contrainte légale ne peut obliger le débiteur à payer la dette et les intérêts.

Si l'Italien réclame et devient trop pressant, le Romain trouve bien le moyen de le faire taire, car la personne de l'Italien, pas plus que sa fortune, n'est protégée par la loi. Le citoyen menacé dans sa liberté peut en appeler au peuple ; menacé dans sa vie, invoquer la sauvegarde de lois spéciales ; le seul nom de citoyen le préserve du supplice de la croix et du supplice des verges. L'Italien n'est pas si heureux.

A l'armée l'Italien n'est pas davantage l'égal du Romain, dont il partage cependant les fatigues et les dangers. On ne l'admet pas dans les légions, on le relègue dans les cohortes. Le centurion réserve le sarment de vigne pour le soldat romain qui enfreint la discipline ; quant au soldat allié, il lui faut subir l'ignominie des verges. S'agit-il de se battre, on lui demande de prodiguer son sang ; quand vient le partage du butin, on le laisse le dernier, et sa part est souvent moindre de moitié que celle du citoyen.

Tant que les mœurs pures et sévères régnèrent à Rome, la condition des alliés fut encore tolérable : dans leur conduite envers les vaincus, les Romains d'alors étaient durs, mais justes ; sous cette rudesse de mœurs et de caractère il y avait une grande intégrité et un sentiment droit de la justice. Et puis, qui n'eût été saisi de respect à la vue de ces vieux Romains, qui de leurs mains guerrières labouraient et ensemençaient leurs champs ? C'étaient des maîtres, mais vénérés comme des demi-dieux. Plus tard, avec la corruption, l'injustice et l'insolence devinrent des habitudes romaines. Efféminés et dégradés, ils perdirent le respect des vaincus ; ils firent peser sur eux toutes les oppressions que l'inégalité de leurs droits et de leurs conditions ne rendaient que trop faciles ; ils furent arbitraires, violents, hautains :

de toutes les tyrannies c'est la moins supportable et celle qui pousse le plus à la révolte.

Cependant, avant que ce changement se fût opéré dans les mœurs, Rome recueillit les fruits de son habile politique. La guerre punique amena sur son territoire et jusqu'à ses portes les armées carthaginoises; et pourtant l'Italie tout entière ne se souleva pas. Il fallut le génie et les efforts prodigieux d'Annibal pour en détacher de Rome une faible partie. Trébie, Trasimène et Cannes, ajoutées ensemble, ne prévalurent pas contre la terreur qu'avaient inspirée les Romains et les liens puissants dont ils avaient enlacé les Italiens.

Mais, délivrés des terreurs qu'Annibal leur avaient inspirées, les Romains s'abandonnèrent aux influences énervantes qui leur arrivaient de toutes parts. Avec les richesses des vaincus, de Carthage, de la Grèce et de l'Asie, entrèrent dans Rome et leurs civilisations caduques et leurs mœurs corrompues. Les antiques institutions furent ébranlées; tout se transforma dans la vieille cité.

Cette transformation s'accomplit sous le patronage d'un grand nom et d'une grande gloire. Scipion, livré à l'étude des lettres grecques et entouré de rhéteurs, n'aimait pas les questeurs, trop exacts. Il méprisait ces mœurs rudes, cet esprit étroit des temps passés, et ambitionnait pour Rome une gloire plus relevée que celle des conquêtes brutales. Le prestige de ses grands services l'environnait. Fier et plein de la conscience de son génie, il menait le sénat, il bravait le peuple, qui se taisait et courbait la tête, il se mettait au-dessus des lois et des règles. Il autorisa par sa conduite tous ceux qui voudraient faire de même. Il donna de brillants, mais funestes exemples. Il enseigna à sauver la patrie en violant les lois. Et s'il fallait porter un jugement sur lui, nous oserions dire qu'il fut un grand homme, mais un dangereux citoyen.

La contagion fut rapide en effet. Une faction aristocratique domina bientôt, et effaça presque ce corps respectable du sénat, qui avait élevé la puissance romaine; faction hautaine, qui croyait volontiers que le monde était fait pour lui fournir de l'or, des esclaves, du blé et des murènes; faction pleine de mép[ris] pour le peuple, qui se regardait com[me] l'unique héritière légitime des vieux R[o]mains, et semblait revendiquer pour [elle] seule toutes les conquêtes de la Ré[pu]blique.

Du reste, elle paraissait justifiée d[ans] ses prétentions. Le pur sang de la vie[ille] Rome s'était épuisé. Cette classe moyen[ne] si forte qui avait défendu Rome au te[mps] des guerres puniques était considé[ra]blement affaiblie. Une foule d'escla[ves] affranchis commençait à la rempla[cer.] Cette multitude oisive, qui avait resp[iré] l'air corrompu des *ergastula*, l'État é[tait] obligé de la nourrir, et c'est ainsi [pas] moins qu'ils étaient payés du mépris [des] nobles.

Ce changement, qui altéra si prof[on]dément la constitution de Rome, amen[a-]t-il pour les Italiens quelque avanta[ge?] Loin de là. Tandis que l'aristocratie s'[en]richissait de ses conquêtes et que le p[eu]ple de Rome acquérait le droit de vi[vre] de son oisiveté et de sa corruption, [les] Italiens voyaient chaque jour empi[rer] leur situation; car il ne leur était pas p[os]sible, à eux, de vivre sans gagner leur v[ie,] sans travailler. Eh bien, quelles étai[ent] pour eux les conditions du travail da[ns] ce nouvel état de choses?

De toutes parts il arrivait à Rome [du] blé, des denrées précieuses, des esclav[es.] Or l'Italien n'avait que deux moye[ns] d'existence : l'agriculture ou l'industr[ie.] L'agriculture? Relégué au fond des ca[mpagnes,] éloigné des voies de commu[ni]cation (car partout les Romains s'étai[ent] emparés des terres voisines des gran[ds] chemins), dévoré, s'il recourait aux e[m]prunts, par un intérêt monstrueux de [1]0, de 20, de 30 pour 100, comment s[ou]tenir cette immense concurrence av[ec] l'univers tout entier? L'industrie, ce[tte] autre source de bien-être, leur était f[er]mée par les préjugés du temps, surto[ut] par l'affluence prodigieuse des esclav[es] à qui l'on faisait exercer tous les métie[rs.] Voilà pour le travail libre. Quant à [se] mettre au service des riches Romain[s,] il n'y fallait pas songer. Les Roma[ins] préféraient de beaucoup l'esclave : l'escl[ave] travaille souvent mal et à contre-cœu[r,] mais il n'est pas payé, et sa nourrit[ure] coûte peu; le service militaire ne v[ous] enlève pas; ses enfants vous apparti[ennent]

[...]ent; vous pouvez le battre, le tuer [mê]me, si bon vous semble. Avec l'Ita[li]en, aucun de ces avantages, il faudrait [m]ême quelque réserve : ce serait gênant.

Au moins avant les guerres puniques [l]e sénat donnait le droit de cité aux bra[v]es populations italiennes; mais depuis [la] fin de la première il n'avait pas été [f]ormé une seule tribu. Rome ne s'ou[v]rant plus à eux, les Italiens cherchaient [à] s'y introduire frauduleusement et à se [f]aire inscrire au nombre des citoyens. [Il]s employaient plusieurs ruses : entre [a]utres, ils se vendaient à un citoyen, à [c]ondition que celui-ci les affranchirait [b]ientôt. Mais le sénat découvrit ces pra[t]iques, les défendit sévèrement, et, à [p]lusieurs reprises (187 et 177), ordonna [de] chasser de Rome les familles italien[n]es qui s'y étaient glissées.

Ainsi l'Italien est nécessairement [ru]iné; et nulle issue pour sortir de ce [dé]dale de misère! Ce fut là sans contre[di]t la cause fondamentale de la guerre [so]ciale, ce fut cet immense malaise qui [pe]sait sur l'Italie entière. Ajoutez-y des [ve]xations, qui irritèrent les esprits, déjà [ai]gris par la misère et l'injustice.

Les réformateurs semblèrent long[te]mps ne pas voir les maux de l'Italie, [o]u n'en pas comprendre l'importance. Caton, ce vieux Romain, ne s'attaqua [qu']aux mœurs. Il voulut faire l'impos[si]ble : ramener la frugalité, le travail, la [di]gnité du pauvre, dans une ville où [qu]elquefois une victoire versait tout en [co]up sur les marchés jusqu'à cent qua[ra]nte mille esclaves (victoire de Verceil), [et] où des flottes considérables appor[ta]ient de toutes parts du blé, des denrées [de] toutes sortes, et d'immenses trésors. Tibérius Gracchus vit en Étrurie cette [v]ie hideuse de la misère italienne; [ma]is il semble qu'il n'ait eu de pensée [que] pour la plèbe de Rome, et sa loi [ag]raire indisposa un grand nombre d'I[tali]ens, principalement les Ombriens et [les] Étrusques, qui voyaient bien que si [elle] était mise en pratique ce serait à [leu]rs dépens.

On ne sait trop quels étaient les des[sei]ns de Scipion Émilien; ce qu'on peut [affir]mer c'est qu'il songea aux Italiens. [Il m]éprisait la plèbe romaine : « Silence, [s']écriait-il, vous que l'Italie ne reconnaît [pas] pour ses enfants! » L'Italie! il la mettait donc au-dessus de cette multitude de citoyens nouveaux qui encombraient Rome? C'est qu'il avait reconnu dans les batailles quels étaient les plus dignes de porter le nom de citoyens : les Italiens étaient encore une race énergique; ils formaient le nerf des armées romaines. Les tribuns eux-mêmes savaient bien quel cas ils devaient faire de cette populace de Rome, criarde et lâche, qui s'enfuyait au moment de la lutte. Leur force résidait dans les hommes des campagnes voisines; lorsque Tibérius fut massacré, les campagnards étaient retenus hors de la ville par les travaux de la moisson.

C. Gracchus le premier patrona hautement les Italiens, et demanda pour eux le droit de cité, indiquant le remède en même temps qu'il découvrait le mal. Une fois ce drapeau levé, les tribuns ne le laissèrent plus tomber, soit qu'ils s'en fissent un instrument de puissance dans des vues ambitieuses, soit qu'ils comprissent la gravité de la question qu'il fallait résoudre. L'ancien peuple romain périssait dans les batailles ou se dégradait dans l'oisiveté du Forum. À qui ce peuple qui disparaissait allait-il léguer ses anciens droits, son ancienne puissance? Était-ce à cette plèbe nouvelle de Rome, à ce ramas d'étrangers, de vaincus et d'esclaves affranchis? ou bien à cette mâle population italienne de même origine, de mêmes mœurs, de même territoire, aux plus anciens alliés de Rome, à ceux qui les premiers s'étaient associés à sa fortune?

C. Gracchus voulait attirer à Rome soixante mille Italiens comme suppliants; c'était une armée qu'il appelait à son secours. Le sénat l'en empêcha, et fit échouer ses efforts en faveur de l'émancipation italienne. Le succès de C. Gracchus se borna à faire établir à Carthage une colonie de six mille Italiens.

Bientôt c'est Marius qui ouvre les légions aux Italiens et donne le droit de cité aux deux cohortes de Camerinum après la bataille de Verceil. Les Italiens devenaient donc à l'armée les égaux des Romains, et trouvaient un protecteur dans le plus redoutable des citoyens de Rome.

Puis Saturninus ramène sur le Forum la proposition de C. Gracchus, et redemande pour tous les Italiens le droit de cité. Les tribuns poursuivaient sans relâche leur œuvre au bruit de la révolte de Frégelles (124) et de la double insurrection des esclaves sous Eunus et sous Athénion (103). Symptômes menaçants, qui auraient dû avertir le sénat et qui n'étaient que le présage des deux explosions de la guerre sociale et de la guerre de Spartacus.

Loin de voir le danger, loin de comprendre que le temps était venu d'admettre les Italiens au partage du droit de cité, que l'Italie avait assez subi l'influence romaine pour qu'on pût sans crainte la délivrer de ses entraves; loin de sacrifier des passions étroites à l'intérêt de la patrie, les factions s'obstinaient à refuser toute concession, et poussaient à bout les Italiens.

On redoublait de rigueur. En 125 on les chasse encore de Rome, et le vieux père du consul Perperna se voit obligé d'émigrer; en 95 la loi Licinia-Mucia les repousse de nouveau, brisant sans pitié des affaires engagées et des relations établies depuis une génération. Les outrages sanglants leur sont prodigués. L'usage s'introduisait chez les nobles romains de se faire donner des missions par le sénat et de voyager aux frais des alliés : s'ils ne trouvaient pas qu'on leur fît un accueil assez pompeux ou assez empressé, ils s'en vengeaient comme Posthumius, qui, devenu consul, imposa aux habitants de Préneste des corvées dures et humiliantes. A Locres, c'est Pleminius qui se rend odieux par ses rapines et ses violences. Un consul se trouve à Teanum : la fantaisie prend à sa femme d'aller au bain des hommes ; ordre est donné de lui faire place. Mais la matrone, obligée d'attendre que les baigneurs soient sortis, s'impatiente : le consul aussitôt fait saisir et battre de verges Marius, questeur de la ville. A Ferentinum, pour le même motif, le préteur ordonne l'arrestation des questeurs : l'un subit l'affront, l'autre se précipite du haut des murs. Ce ne sont pas seulement les nobles et les riches qui sont victimes de ces traitements; les derniers des Italiens en souffrent tout autant. Un jeune homme traversait une campagne, couché dans sa litière : « Est-ce que vous portez un mort ? » demande en riant un paysan à ses esclaves. Aussitôt le malheureux tombe sous les coups. Quoi de propre à faire comprendre cette tyrannie, que l'histoire de ce pauvre homme dont les abeilles avaient été détruites par un voisin puissant qui s'en trouvait incommodé ? Le pauvre homme voulut transporter ailleurs ses pénates : « Moi, disait-il en se défendant, nulle part n'ai pu trouver un coin de terre qui fût environné d'hommes riches et puissants, nulle part un asile contre l'oppression et l'arbitraire ! »

Ainsi les nobles et les magistrats romains laissaient partout derrière eux la haine et le désir de la vengeance.

Cependant les débats du Forum avaient retenti au loin ; le mot d'émancipation de l'Italie, tombé du haut de la tribune aux harangues, avait été recueilli par toute la péninsule. Cette idée avait pris possession des esprits, elle y pénétrait chaque jour davantage : il fallait qu'elle se fît jour et portât ses fruits. Il devenait évident que désormais l'Italie devait à tout prix la faire triompher, et que si les moyens pacifiques ne suffisaient pas, elle n'hésiterait plus à courir aux armes.

Il se trouva cependant un homme qui eut encore le courage de tenter, à l'exemple des Gracques, une réforme radicale et pourtant pacifique : c'était le fils de l'adversaire de Caïus, de celui qu'on avait nommé le patron du sénat, Livius Drusus. Tribun en l'année 91, il prit au sérieux le rôle qu'avait joué son père, à la fois ami du sénat et du peuple. On reprochait aux Gracques d'avoir donné deux têtes à la république en réservant aux seuls chevaliers l'administration de la justice, qu'ils venaient de déshonorer par la condamnation de l'intègre Rupilius. Drusus renonça à cette combinaison, au tertius ordo. Pour fortifier dans l'État l'aristocratie, l'élément de durée, il rendit les jugements aux sénateurs; mais il fit entrer trois cents chevaliers dans le sénat. Pour relever la démocratie, l'élément de force, et tirer le peuple de son abaissement et de sa misère, il promit à tous les pauvres des distributions gratuites de terres en Italie, en Sicile, et à tous les alliés le droit de cité. Malheureusement ces lois mécontentaient à la fois le sénat, qui repousait de son sein les chevaliers ; l'ordre équestre, pour lequel il ne pouvait y avoir de compensation à la perte des jugements ; le petit peuple, à qui l'on demandait de travailler pour vivre ; tous enfin, en élevant les sujets à la condition des maîtres. Parmi les alliés même, beaucoup s'alarmaient des colonies promises au peuple de Rome, et qui ne pouvaient être fondées qu'à leurs dépens. Les Étrusques et les Ombriens, plus particulièrement menacés, se souciaient bien moins du titre de citoyen qu'on leur offrait, que des terres qu'on leur voulait ôter. Mais les autres Italiens, se rattachant à Drusus, comme à leur dernière espérance, accoururent en foule autour de lui. Il y eut des réunions secrètes, un plan arrêté, une conjuration véritable, dont Drusus fut le chef, peut-être avec des intentions moins désintéressées qu'on ne lui en a jusqu'à présent prêtées, sur la foi de l'anecdote touchant cette maison de verre où il aurait voulu vivre sous l'œil de ses concitoyens. Les Italiens avaient foi en ses promesses et en son génie. Il tomba malade : aussitôt ils n'eurent tous qu'une voix pour demander aux dieux la santé de leur tribun, de leur sauveur. Il était comme le roi de l'Italie, sans en avoir le nom ; et ce nom lui-même n'inspirait point aux Italiens une si grande aversion : ne les avait-on pas entendus le donner à Saturninus ?

Ainsi une vaste conjuration s'était formée et grossissait chaque jour. Un Marse, guerrier célèbre, Pompœdius Silo, en était l'âme et le chef. Ceux que la loi Licinia avait bannis de Rome ou que les magistrats avaient maltraités, les anciens chefs militaires qu'on avait récompensés de leurs services par le licenciement, tous ceux enfin qui avaient souffert quelque injustice ou quelque outrage, y entraient avec ardeur. Les conjurés des diverses villes se correspondaient et échangeaient les otages : c'étaient les enfants des principaux citoyens que l'on faisait voyager de l'une à l'autre, sous prétexte de les envoyer à des parents ou à des amis. Déjà la trame s'étendait sur le Samnium, la Lucanie, sur les provinces du sud et de l'est de la péninsule, et même jusqu'aux portes de Rome, car plusieurs villes latines avaient été gagnées, et le sénat ne soupçonnait encore rien.

Un serment que Drusus fit prêter à chaque conjuré nous montre quel rôle il jouait lui-même dans cette conspiration. Voici comment il était conçu : « Par Jupiter Capitolin, par les dieux pénates de Rome, par Hercule, son protecteur, par le soleil et la terre, par les demi-dieux fondateurs de son empire, par les héros qui l'ont accru, je jure que je n'aurai pas d'autres amis que les amis de Drusus, pas d'autres ennemis que ses ennemis ; que je n'épargnerai rien, ni mon père, ni mes enfants, ni ma vie, s'il le faut, pour l'avantage de Drusus et de ceux qui ont juré le même serment. Si je deviens citoyen par la loi de Drusus, je tiendrai Rome pour ma patrie et Drusus pour le plus grand des bienfaiteurs. Et ce serment, je le ferai jurer au plus grand nombre de personnes qu'il sera possible. Si moi-même j'y suis fidèle, que tout me soit prospère ; que tout me soit contraire, si je le fausse. »

Le moment approchait où Drusus devait présenter sa fameuse rogation. Mais les conjurés ne se dissimulaient pas qu'elle allait rencontrer dans la haine du sénat et la jalousie du petit peuple de Rome une vive opposition. Tout le monde connaît ce trait du second Caton encore enfant, dont Pompœdius ne put vaincre l'opiniâtre aversion pour les Italiens, bien qu'il fût élevé dans la maison de Drusus lui-même, leur protecteur.

Envisageant donc tous les obstacles que la proposition de Drusus allait rencontrer, Pompœdius Silo crut le moment arrivé de frapper un coup décisif et d'emporter le succès par l'audace. Il fut arrêté qu'aux féries latines, pendant le sacrifice solennel célébré sur le mont Albain, on assassinerait les deux consuls et une partie du sénat. Mais Drusus eut la générosité de révéler lui-même le complot au consul, et Pompœdius dut changer de dessein. Il rassemble environ dix mille hommes, et leur fait cacher des armes sous leurs vêtements. A leur tête, il marche sur Rome par des sentiers détournés. Il voulait envelopper le sénat et lui arracher le droit de cité pour les alliés, sinon mettre la ville à feu et à sang. Il rencontre en chemin le consulaire Domitius, qui lui demande où il se rend avec cette troupe nombreuse : « A Rome, répond-il, où le tribun nous appelle. » Mais Domitius l'ayant assuré à plusieurs reprises que le sénat était fort bien disposé pour les alliés, et que cette violence serait plus funeste qu'utile à leur cause, il se laissa persuader, et renvoya ses gens.

Domitius l'avait trompé. Sans doute le sénat penchait pour le moment vers Drusus, qui lui rendait les jugements; mais il n'avait nulle sympathie pour la cause italienne. Lorsqu'une lutte opiniâtre eût fait passer la rogation qui leur était favorable, les sénateurs changèrent tout à coup de disposition, et se tournèrent contre le tribun. Drusus avait déjà de nombreux ennemis ; d'abord les chevaliers, qu'il dépouillait des jugements, puis une multitude d'Ombriens et d'Étrusques, qui, menacés par sa loi agraire, étaient accourus à l'appel des consuls. Un soir il revenait du Forum, suivi de la foule de ses clients; comme il passait sous un portique sombre il se sentit tout à coup blessé : l'assassin avait fui et la blessure était mortelle. Le tribun expirant se voyait avec douleur arrêté par ce coup imprévu dans ses grands desseins : « Oh, mes amis ! s'écriait-il, quand la république trouvera-t-elle un citoyen qui me ressemble? »

Dans l'excès de leur joie les chevaliers semblèrent saisis de vertige. Un tribun espagnol, Varius, leur créature, ordonna des recherches contre tous ceux qui avaient favorisé les alliés, et contre tout Italien qui s'immiscerait dans les affaires de Rome. Ses collègues opposant leur veto, tous les chevaliers mirent l'épée à la main, et les forcèrent de voter la loi Varia. Les plus illustres sénateurs, Cotta, Bestia, Mummius, Pompeius Rufus, Memmius, furent bannis, et Æmilius Scaurus lui-même, prince du sénat, fut accusé par Varius. Le meurtre de Drusus, suivi de cette réaction violente, rendait la paix impossible : dans toute l'Italie on se prépara à la guerre.

Ainsi, aux réclamations légales par la voix des tribuns, avaient succédé les conspirations : les conspirations ayant échoué, les Italiens allaient en appeler aux armes et à la lutte ouverte.

L'activité des conjurés était prodigieuse. Ils agissaient dans toute l'Italie, organisant avec le plus grand secret une révolte générale. Cinq petits peuples, placés à l'est de Rome et au centre de la Péninsule, formaient comme le noyau de l'insurrection : c'étaient les Marses, les Péligniens, les Vestins, les Frentans et les Marrucins. Au nord les Picentes, au midi les Samnites et les Lucaniens embrassaient avec ardeur la même cause. Presque tous montagnards, ces peuples avaient une sauvage énergie et un grand amour de l'indépendance. Le plus rapproché de Rome, celui des Marses, parlait la langue latine et s'était vu mieux traité dans les armées romaines, où les postes d'honneur parmi les alliés lui étaient toujours réservés; s'il prit les armes contre Rome, il y fut sans doute poussé par son caractère belliqueux, sa réputation de bravoure parmi les nations italiennes, enfin le grand nombre de chefs militaires et de soldats que le licenciement avait répandus dans le pays, et qui, ne connaissant d'autre métier que la guerre, se jetaient volontiers dans les hasards de l'insurrection. Pour les Samnites et les Lucaniens, ces populations de pâtres, qui continuaient à parler la langue de la vieille Italie, n'avaient pas cessé de nourrir contre Rome une haine sombre et farouche, et voyaient avec joie s'approcher le moment de la vengeance. Leur voisinage et l'espèce de terreur qu'ils inspiraient sans doute paraissaient devoir soulever facilement la Campanie, l'Apulie, la Lucanie et le Brutium. Quant aux provinces septentrionales, l'Ombrie et l'Étrurie, elles s'étaient montrées assez tièdes pour l'insurrection et assez attachées à Rome. Mais on ne désespérait pas de les entraîner, et d'envelopper ainsi Rome de tous les côtés.

Les conjurés établirent un gouvernement. On s'étonne au premier abord qu'en haine de Rome ils n'aient pas fait choix d'un chef unique. Cela tient sans doute au peu d'unité de l'Italie et au caractère fédératif que dut nécessairement prendre l'insurrection, par l'embarras où l'on eût été de choisir un roi parmi tous ces petits peuples égaux et jaloux. D'ailleurs l'Italie était depuis

…ngtemps couverte de petites républiques aristocratiques. Si les conjurés …odelèrent leur gouvernement sur celui … Rome, c'est qu'habitués à en voir …er les ressorts, ils le connaissaient …eux que tout autre, et que d'ailleurs …xpérience avait montré plus d'une fois …mbien il était propre à la bonne di…ction des affaires.

Un sénat de cinq cents membres, pris …ns doute parmi les principaux conju…s de tous les pays, fut établi à Cor…ium, qu'on choisit pour capitale. Cette …lle, située dans le pays des Péligniens, … foyer de l'insurrection, au centre de …talie, était couverte du côté de Rome …r le pays des Marses, le lac Fucin et … Apennins. Elle était d'ailleurs dans …e forte position et défendue par des …mparts réputés imprenables. Enfin … disait qu'à une époque reculée, au …mps de l'indépendance, elle avait joué …n grand rôle parmi les peuples de race …bellique, et cette tradition lointaine …mblait un heureux présage pour la ré…arrection de l'Italie. Outre le sénat, …eux consuls annuels furent créés, et …hoisis l'un et l'autre parmi les deux …euples qui exerçaient dans la ligue la …lus grande influence : c'étaient le Marse …ompœdius Silo, et le Samnite Papius …lotulus. Chacun eut une province dé…erminée, et sous ses ordres six lieu…enants ou préteurs.

Le projet des conjurés était de sur…rendre, à un jour fixé, toutes les gar…isons romaines disséminées sur le sol …e l'Italie, et, par la stupeur que ce …oup eût inévitablement jeté dans Rome, …e paralyser les conseils du sénat. Un …vénement imprévu fit échouer ce plan, …t hâta le commencement de la lutte. …e sénat avait enfin remarqué qu'une …gitation extraordinaire régnait dans …oute l'Italie, et, sans soupçonner en…ore ce qui se tramait contre Rome, …hargea des agents choisis dans son …ein d'aller dans les villes italiennes où …ls avaient quelque autorité pour exami…ner d'où venait cette agitation. L'un …'eux reconnut dans une ville marse …ou samnite le fils d'un habitant d'As…culum : cet enfant n'avait pas ses pa…rents auprès de lui, et semblait remis à … la garde d'une famille étrangère. Ce fut …n trait de lumière pour le sénateur :

en toute hâte il prévient le consul Servilius qu'il doit exister un complot dont les Asculans sont complices. Servilius accourt à Asculum, irrité et la menace à la bouche : les habitants étaient alors réunis pour une fête; indignés de ce ton humiliant et de l'interruption de leurs jeux, ils couvrent sa voix de cris furieux, dispersent la faible escorte de ses clients qui l'accompagnent, et le massacrent avec son lieutenant. Puis, se répandant par la ville, ils égorgent tous les Romains qui s'y trouvent, sans épargner même les femmes. Les conjurés n'étaient pas encore prêts; mais bien que cette brusque déclaration de guerre contrariât leur dessein, ils comprirent qu'il fallait soutenir les Asculans, et que tout délai serait une faute. Comme une traînée de poudre qu'une seule étincelle enflamme, l'insurrection éclate à ce signal du nord au midi. Sur tous les points de l'Italie, et comme par enchantement, des bandes d'insurgés se forment, grossissent, s'organisent en légions, et marchent sous des chefs reconnus. La guerre commence.

Arrêtons-nous un instant, et voyons quelles étaient les ressources de Rome pour résister à cette formidable insurrection qui l'enveloppait tout à coup. Les Latins, les Étrusques et les Ombriens, tous fidèles à la république, pouvaient à eux seuls lui fournir cent vingt mille hommes, c'est-à-dire les trois cinquièmes des forces dont les peuples sabelliens et ceux de l'Apulie disposaient. Rome renfermait en outre dans son sein quatre cent mille citoyens. Elle avait de plus les secours des Gaulois Cisalpins, qui laissèrent Sertorius lever des troupes sur leur territoire; la cavalerie des rois numides, les fantassins maures de Bocchus, les secours maritimes de Marseille, de Rhodes et même de villes aussi lointaines qu'Héraclée sur le Pont-Euxin. Au milieu des peuples soulevés, elle conservait presque toutes ses grandes villes, ses anciennes colonies, c'est-à-dire toutes ses positions militaires importantes. Son trésor renfermait à peu près deux millions de livres d'or. Enfin le sénat romain avait cette longue expérience, les soldats cette discipline, et les généraux cette habitude du commandement qui peuvent tirer un État des crises les plus dangereuses.

Malgré la supériorité des forces de Rome, le péril était grand : elle allait combattre des ennemis qui savaient tous ses secrets, qui poussaient l'insurrection jusqu'à ses portes, qui combattaient chez eux, au sein de montagnes faciles à défendre, dangereuses à attaquer; c'était enfin une nation tout entière qui s'armait, et l'on sait combien de semblables guerres sont terribles. D'autre part, les esclaves étaient mal soumis, entre deux révoltes : Mithridate méditait des desseins hostiles, et la guerre sociale pouvait allumer une conflagration universelle, à laquelle Rome eût nécessairement succombé.

La politique du sénat fut ce qu'elle avait toujours été aux jours du danger, ferme, habile et pleine d'audace. Il ne souffrit point que personne remuât, même aux extrémités de l'empire. Au plus fort de la lutte, les Gaulois Salluviens s'étant révoltés, une armée sort de Rome et va les punir. Mithridate se voit bravé jusqu'au cœur de l'Asie par le rétablissement de Nicomède en Bithynie et d'Ariarathe en Cappadoce. Il se laisse intimider, il hésite, et lorsqu'il prend les armes, Rome, triomphante en Italie, peut tourner contre lui toutes ses forces.

Il semble qu'avant de verser le premier sang, les Italiens n'aient rien voulu négliger pour éviter une lutte désespérée, une lutte fatale à Rome et à eux-mêmes, une véritable guerre civile. Ils firent une dernière tentative d'accommodement, et envoyèrent demander au sénat le droit de cité. Mais le sénat, comme au temps de Pyrrhus, refusa de voir leurs ambassadeurs tant qu'ils n'auraient pas posé les armes. Déjà l'on était entré en campagne. Les deux consuls alliés s'étaient partagé les troupes et les provinces. Au milieu de la confusion des historiens de cette guerre, on peut démêler le plan des Italiens. Deux armées principales devaient prendre Rome par le nord et par le midi. Pompédius, avec l'armée du nord, devait agir de Carseoli jusqu'à l'Adriatique, essayer de soulever l'Ombrie et l'Étrurie, enfin pénétrer par la Sabine dans la vallée du Tibre. Papius Motulus, avec l'armée du midi, devait entrer dans la Campanie, de là dans le Latium le soulever, et pousser jusqu'à Rome Couverts par ces deux armées, les lieutenants Judacilius, Lamponius, Afranius, Vettius Scato, Marius Egnatius à la tête de cent mille hommes partagés en divers corps, mirent le siège devant les places qui résistaient encore Albe chez les Marses, OEsernia dans l Samnium, Pinna chez les Vestins, e entreprirent de chasser les garnison romaines de la Lucanie et de la Pouille Ce plan était habile, et décélait une d rection expérimentée.

Le sénat, de son côté, mit sur pie cent mille légionnaires. Les consul étaient L. Julius Cæsar Strabo et P. Ru tilius Lupus (90). Le premier garda l Campanie, et chercha à pénétrer dan le Samnium, tandis qu'à l'extrémité su Crassus occupait avec un corps d'armé la Lucanie et inquiétait les derrières d Samnite Motulus. Rutilius, placé der rière le Tolemus, couvrait la Sabine e fermait à Pompœdius la voie Tiburtine qui seule donnait accès de ce côté ver Rome. Perperna, avec dix mille hom mes, était placé entre les deux consuls et fermait le Latium du côté des mor tagnes. Ces trois armées principale étaient reliées entre elles par des corp moins considérables, commandés pa Marius et Cæpion, et jetés sur les flanc de Rutilius. Au nord, Cn. Pompeiu Strabon, père du grand Pompée, a centre le lieutenant Sulpicius, devaien former une double pointe, qui s'avan cerait en pays ennemi, et, prenant revers Pompœdius Silo, se jeter, l'u sur Asculum, l'autre sur Corfinium.

Les troupes romaines formaient don une longue ligne qui regardait le ve sant occidental de l'Apennin; elle cou vrait Rome, et se développait dans le contrées restées fidèles, l'Ombrie, ! Sabine, le Latium, la Campanie. So but était de se plier par ses extrémités d'envelopper ainsi l'insurrection et d la resserrer dans le pays des Samnite et des Péligniens, pour lui porter la dernier coup.

Le début de la guerre fut malheureu pour les Romains. Le consul Cæsar s'a venturu au secours d'Æsernia. Vetti

...cato le surprit, lui tua deux mille ...mmes, et mit le siége devant la ville. ...blée, dépourvue de vivres, Æsernia défendit énergiquement. Elle vit sans décourager la ville de Venafrum, qui ...mmandait la vallée du Vulturne et la ...ie Latine, tomber par trahison au ...uvoir de Marius Egnatius. Le sort ...ervé par le vainqueur à la garnison, ...i fut massacrée, ne fit qu'accroître ...constance de ses défenseurs.
Dans le même temps un chef italien, Pré...nteius, fondait à l'improviste sur Per...rna et lui tuait quatre mille hommes. La ...ne des Romains était brisée. Aussitôt ...otulus, laissant un corps de blocus de...nt Æsernia, se précipita par cette brè...e dans la Campanie. Il avait dans le sud ...s intelligences qui lui ouvrirent les ...rtes de Nole. La garnison, qui était de ...ux mille hommes, fut incorporée à ses ...oupes, sauf les chefs, qu'il fit mourir ... faim : cruauté inutile, qui prouve à ...el point était poussée chez les Italiens ... soif de la vengeance, puisque les chefs ...x-mêmes se montraient sans nécessité ... barbares. De tous les alliés les Mar...s étaient les plus humains. Après No...s, toutes les villes voisines du golfe de ...aples furent contraintes d'accéder à ... ligue. Les forces de Motulus s'accru...nt ainsi de onze mille auxiliaires, sans ...mpter des esclaves qu'il incorpora. ...ais Naples demeura fidèle comme au ...mps d'Annibal, et la partie septentrio...le de la Campanie était puissamment ...fendue par Capoue et Acerræ. Capoue, ...eine de Romains, était à la fois un ...senal et un refuge pour les armées ...ttues. Pour Acerræ, placée en avant ... Capoue, elle essuya plusieurs fois les ...taques des alliés, et les repoussa tou...rs courageusement. Quoique Sapius ...otulus se vît arrêté par ces deux pla...es, les armes italiennes avaient partout ...n avantage marqué : en Lucanie, Cras...s avait perdu huit cents hommes, et cet ...hec avait livré à Lamponius la forte ...ace de Grumentum. Judacilius s'em...ra de Canusium et de Venouse. Pinna ...tta longtemps : en vain les assaillants, ...menant aux pieds des murs les en...nts des assiégés, menacèrent-ils de ...ire tomber leurs têtes sous la hache, si ... ne leur ouvrait les portes ; rien ne ...ut fléchir l'opiniâtreté des assiégés, qui ne se rendirent enfin qu'à la force.

Cependant Cæsar s'avança pour déga ger Acerræ que les alliés menaçaient toujours. Il avait dans son armée le secours des Numides et les dix mille Gaulois amenés par Sertorius. Motulus entreprit de séduire les étrangers. A la prise de Venouse, Judacilius avait trouvé dans cette ville un fils de Jugurtha nommé Oxynthas. Connaissant l'affection des Numides pour la famille de Jugurtha, Motulus fait revêtir au jeune homme le costume des rois de Numidie, et l'exhorte à se présenter devant les Numides et à leur déclarer qu'il est leur roi légitime. Oxynthas obéit, et aussitôt une foule de Numides vient se ranger à ses côtés, et passe dans le camp des Italiens. La défection devint telle que Cæsar fut obligé de les éloigner. Papius sut aussi gagner un assez grand nombre de Gaulois, qui sans doute combattaient à regret la cause italienne, leur propre cause. Chaque jour il faisait faire à l'armée romaine des pertes véritables. Il osa enfin attaquer Cæsar jusque dans son camp. Il fut repoussé par la cavalerie; mais les Romains avaient été si maltraités, que le consul se vit réduit à faire retraite et à découvrir Acerræ.

Au nord, les revers étaient plus sanglants. Sourd au conseil que lui donnait Marius de se tenir sur la défensive, et d'aguerrir ses jeunes légions avant de les mettre aux prises avec des soldats aussi braves que les Marses, Rutilius voulut imprudemment livrer bataille. L'indiscipline des troupes, la mésintelligence du consul plébéien et de ses officiers patriciens, furent la cause d'une déroute complète. Vettius Scato, tombant à l'improviste sur cette armée en désordre, qui venait de traverser le Liris, la tailla en pièces et la rejeta dans le fleuve, où beaucoup de Romains trouvèrent la mort. Rutilius, blessé, alla mourir à quelques milles du champ de bataille. Marius était campé plus bas sur la rive. Les cadavres et les armes des Romains, entraînés par les eaux, lui apprirent le désastre du consul. Il sentit aussitôt la nécessité de reprendre une attitude respectable, et, par une marche hardie, il força les Italiens à se replier. Sans lui, Rome était découverte de ce côté.

La terreur et la consternation y étaient

profondes. A peine le courrier qui annonçait la retraite de Cæsar était-il entré par la porte du midi, que les portes du nord s'ouvrirent pour laisser passer le convoi funèbre du consul et les cadavres des sénateurs et des jeunes Romains, dont les blessures, encore saignantes, annonçaient que l'ennemi n'était qu'à trois journées du Capitole. Le sénat, craignant l'effet funeste qu'un semblable spectacle, s'il se renouvelait, pouvait produire sur les citoyens, ordonna qu'à l'avenir les morts seraient ensevelis aux lieux où ils auraient succombé. Tous les citoyens prirent l'habit de guerre, comme dans le tumulte gaulois. On arma les affranchis, et on en forma douze corps, qui furent distribués à Ostie, à Cumes et tout le long de la côte et de la voie Appienne. Des secours d'ailleurs arrivaient des pays étrangers : la Sicile se signalait par son zèle, et se chargeait, suivant l'expression de Cicéron, de vêtir, de nourrir et d'armer les troupes romaines. Aussi, au milieu de ses revers, Rome était plus près de la victoire que les alliés. Ceux-ci s'épuisaient et voyaient leurs armées affaiblies, leurs territoires ravagés, leurs ressources détruites ; elle, au contraire, par sa nombreuse population, par ses flottes, qui, maîtresses de la mer, lui apportaient les tributs des pays étrangers, se trouvait en état de soutenir dix ans la lutte. Encore quelques revers, et elle reprendra l'avantage que les alliés lui ont ravi pendant une campagne.

On ne nomma point de consul pour remplacer Rutilius : cette élection eût exigé le retour de Cæsar à Rome, et il ne pouvait quitter la Campanie. L'armée du nord resta sans chef unique. Marius et Cœpion manœuvraient séparément : le premier toujours circonspect, comme un Fabius Cunctator ; mais le second semblait avoir hérité de la témérité présomptueuse de Rutilius. Cependant un adversaire redoutable venait de prendre le commandement de l'armée ennemie : Pompædius Silo paraît alors pour la première fois sur le théâtre de la guerre.

On a supposé sans invraisemblance qu'il avait été retenu jusque-là à Corfinium pour y établir le sénat et présider ses premières délibérations. L'heureux début de la guerre pouvait faire espérer aux alliés qu'un nouvel ordre de cho allait naître, et ils sentaient la néces d'établir un gouvernement complet pût recevoir l'Italie au sortir de la lu et lui imprimer une direction certai En un mot, ils cherchaient à reco truire en même temps qu'ils détr saient. C'est ce que prouvent les t vaux considérables exécutés à Co nium, travaux qui annonçaient ouver ment le dessein de déplacer la capit de l'Italie. Une vaste curie, un imme forum destinés à réunir les députés l liens et les citoyens de la nouvelle ré blique, le nom d'*Italica* donné à Co nium comme gage de la révolution lienne, enfin une monnaie nouvel dont le coin représentait le taureau bellien écrasant la louve romaine, permettent pas le doute à cet égard.

Quel' que soit le motif qui eût rete Pompædius loin des armées, son app rition fut signalée par un stratagè que sa grossièreté n'empêcha pas d'ê désastreux pour les Romains. Instru de l'imprévoyance et de la témérité Cœpion, il se rendit à son camp com transfuge, annonçant avec indignati que les sénateurs de la ligue l'avaie par jalousie dépouillé du comman ment, qu'il brûlait de se venger, et q si les Romains voulaient le suivre leur livrerait l'armée des Marses sa défense. Il leur donnait comme gag de sa sincérité une caisse pleine de li gots d'or et ses deux enfants. Les li gots d'or n'étaient que du plomb do et les enfants deux jeunes esclaves q s'étaient dévoués à ce rôle. Cœpion, soupçonnant point cette ruse, accep avec empressement les offres du Mars et, le prenant pour guide, s'engagea sa suite dans d'étroits et tortueux dé lés. Tandis que son armée s'avançait désordre, comptant déjà sur une victo facile et un riche butin, Pompædi tout à coup s'élance sur un tertre v sin, et pousse le cri de guerre. Dix mi voix y répondent ; de toutes parts se vent des enseignes et des bataillons e nemis : les Romains prennent la fui on les cerne, on les massacre ; Cœpi tombe un des premiers percé de cou

Ce fut encore Marius qui recueil les débris de cette armée : trois fois revers de Perperna, de Rutilius et

…pion avaient failli laisser Rome dé-
…verte vers le nord, et trois fois Ma-
…l'avait préservée de ce danger. Ses
…ices enfin reconnus lui valurent le
…mandement en chef de l'armée du
…d. Seul en effet de tous les généraux
…ains il avait été heureux dans cette
…rre. Tout nouvellement Cæsar ve-
… encore de se faire battre par Marius
…atius, et de perdre toute son ar-
…e-garde dans les défilés en voulant
…loquer Æsernia. A l'extrême nord,
…npée s'était jeté entre les Picentes et
… Ombriens pour les empêcher de se
…mmuniquer; trois chefs alliés, Juda-
…us, Vettius Scato et T. Lafrenius,
…taquèrent près du mont Fiscellus,
…vainqueurs, l'obligèrent à se replier
…Firmum, du côté de l'Adriatique.
…sée au nord comme elle l'avait été au
…li, la ligne des Romains livrait pas-
…e aux alliés, qui inondèrent l'Ombrie
…l'Étrurie et soulevèrent quelque agi-
…on dans ces deux contrées. Il était
…ps que Rome reprît l'avantage, si elle
…voulait pas voir ses plus fidèles alliés
…andonner.
…ompœdius Silo provoquait souvent
…rius et le raillait de sa prudence : « Si
…es un si grand général, lui disait-il,
…ne viens-tu combattre? » — « Et
…répondait Marius, si tu es si habile,
…ne m'y forces-tu pas? » Et le Ro-
…n continuait à se tenir dans de for-
…positions et sur les montagnes. Une
…enfin il prit les Marses en défaut, et
…une attaque soudaine leur fit per-
…beaucoup de monde, entre autres le
…teur des Marrucins, Herius Asinius,
…t-être un des ancêtres du favori d'Au-
…te. Mais Marius, toujours en contra-
…tion avec lui-même dans sa vie poli-
…e, était suspect au sénat qu'il servait,
…favorable aux Italiens qu'il combat-
…. Un jour les deux armées ennemies
…rencontrent : leurs chefs se joignent
…'entretiennent de la paix, qu'ils appel-
…t de leurs vœux. Cependant les sol-
…s, d'une armée à l'autre, reconnais-
…t des parents, des hôtes, des amis;
…s'approchent, se mêlent, quittent
…rs armes, et présentent l'aspect d'une
…itique assemblée. S'il eût eu en main
…tes les forces de Rome, Marius eût
…s doute terminé sur-le-champ la
…rre, sauf à dire, comme à Verceil,

que le bruit des armes l'avait empêché
d'entendre la loi. Ce n'était donc pas à
lui qu'il appartenait de frapper les coups
décisifs dans cette guerre. Cette gloire
était réservée à Sylla, son ancien lieutenant : Sylla, à la tête d'une armée du
côté du Latium, avait mission de le surveiller; ce fut lui qui acheva l'armée
vaincue par Marius et qui recueillit
l'honneur de ce succès. Le vieux général, dévoré de haine et de jalousie, se
retira devant la gloire croissante de son
jeune rival, et quitta le commandement
des armées : il ne devait plus reparaître
que pour les proscriptions.

Au midi, Æsernia venait de succomber; mais le fruit de cette conquête fut
perdu pour les alliés, qui furent complétement défaits par Cæsar, et perdirent
huit mille hommes. Cette victoire rendit
toute la Campanie aux Romains, et produisit à Rome un tel effet que tous les citoyens déposèrent le sagum, indiquant
par là que le salut de la patrie n'était
plus en question. Une autre nouvelle arriva presqu'en même temps du nord :
Pompée, agissant de concert avec Sulpicius, venait de sortir de Firmum,
d'enlever le camp de Lafrenius, qui l'y tenait assiégé, et de détruire l'armée alliée
dans un combat où ce chef avait péri;
puis, s'étant porté rapidement sous les
murs d'Asculum, il assiégeait cette ville.
Les magistrats de Rome reprirent la
robe prétexte et les insignes de leurs dignités. En Ombrie enfin et en Étrurie,
les préteurs A. Plotius et Porcius Caton
avaient comprimé les mouvements et
châtié les deux villes rebelles de Fæsules
et d'Otriculum.

Ainsi, au centre, au midi, au nord,
Rome avait reconquis la supériorité, et
partout elle était sur l'offensive quand
se termina l'année 90. Le sénat profita
de cet état prospère pour être généreux
sans paraître faible. Sur la proposition
de J. Cæsar, il rendit la loi Julia par
laquelle le droit de cité était accordé à
tous les habitants des villes restés fidèles
qui viendraient à Rome, dans le délai de
soixante jours, déclarer devant le préteur qu'ils acceptaient les droits et les
charges du *jus civitatis*. Cette habile
concession devait raffermir la fidélité
des uns à la république, et ébranler le
dévouement des autres à la cause ita-

lienne. Rome avait toujours divisé ses ennemis, et se sauvait cette fois encore en les divisant.

Les consuls de l'année 89 furent Cn. Pompée et Porcius Caton. Pompée continua à faire la guerre dans le Picénum, Caton fit tête aux Marses. Sylla, légat consulaire de Caton, et Cæsar, proconsul, durent chasser Motulus de la Campanie; Cæsar mourut dès le commencement de l'année, et tout le poids de la guerre de ce côté retomba sur Sylla.

Les alliés signalèrent l'ouverture de la campagne par une marche hardie. Quinze mille hommes, commandés par Vettius Scato, filèrent par les gorges de la Sabine jusqu'en Ombrie, pour de là se jeter sur Clusium et soulever l'Étrurie; ils virent avec une douloureuse surprise que tout y était tranquille; la loi Julia avait produit son effet : les paysans étrusques, satisfaits de se voir élevés au niveau des Lucumons, qui les avaient tenus jusqu'alors dans un état de servage, ne songeaient plus à rien demander. Vettius Scato dut faire retraite : il se replia sur le Picénum, et, ralliant tous les corps italiens dispersés dans ce pays, se trouva bientôt près d'Asculum, en présence de Pompée. Selon Vellius Paterculus, dont les chiffres sont sans doute exagérés, il avait sous ses ordres soixante-dix mille hommes, et Pompée soixante-quinze mille hommes. Avant de se livrer bataille, les deux chefs entrèrent en pourparlers. Pompée offrait les conditions de la loi Julia; Scato les trouvait trop restreintes. Sex. Pompée, jadis hôte de Vettius, se rendit auprès du chef italien pour l'exhorter à faire la paix. Cicéron, qui faisait ses premières armes, fut présent à cette entrevue : il y remarqua, dit-il, beaucoup de bonne foi, point de crainte, point de soupçon, et peu de haine (*mediocre odium*).

« Quel nom te donnerai-je? dit Sex. Pompée en abordant Vettius. — Appelle-moi ton hôte, répondit le Marse; je le suis d'intention; c'est la nécessité qui me fait ton ennemi. » Tout le monde sentait bien qu'au fond cette guerre était une guerre civile. On se livra bataille. Les alliés furent vaincus, et perdirent, selon Orose, dix-huit mille hommes; selon Appien, cinq mille. La retraite leur fut plus désastreuse encore que le comba[t] sans corps d'armée intact qu'ils pusse[nt] rallier, rejetés en désordre dans les Ap[en]nins, dépourvus de vivres et de r[es]sources, au milieu de l'hiver, ils fuyai[ent] sur les crêtes des montagnes, et qu[el]quefois les Romains qui les harcelai[ent] trouvaient des cohortes entières imm[o]biles sur la neige, comme dans u[ne] halte : les malheureux étaient mo[rts] gelés. Scato périt : on ne sait si ce [fut] dans la retraite ou dans la bataille. [Vellé]nèque raconte que, fait prisonnier [avec] quelques soldats, on le conduisait [au] consul; une de ses esclaves qui se tr[ou]vait a côté de lui arracha l'épée d'un [des] gardiens, et la plongea dans le flanc [de] son maître, puis dans le sien, en criant : « J'ai affranchi mon maître[. »]

Cette victoire de Pompée entraîna [la] soumission des Marrucins, des Vest[ins] et des Péligniens; les Marses eux-mêm[es] singulièrement refroidis depuis la [loi] Julia, posèrent les armes, excepté le[s] chefs, qui, ne se flattant pas d'une réc[on]ciliation sincère avec Rome, contin[uè]rent la lutte. La diète, forcée de quit[ter] précipitamment Corfinium, vint cherc[her] un asile à Bovianum, au milieu du p[ays] des Samnites.

C'est en effet dans ce pays, son [plus] ardent foyer, que l'insurrection semb[la] se concentrer. Les généraux roma[ins] s'efforcèrent de l'y enfermer. Tout [le] littoral de l'Adriatique fut parcouru [par] le préteur Cosconius, qui pénétra [en] Apulie, et y livra bataille à Marius Eg[na]tius. Ici se passe un fait qui caracté[rise] les Romains. Les deux armées éta[ient] en présence, séparées par l'Aufide. [Le] Samnite fit porter au préteur un [défi] pour combattre en rase campagne [et] éprouver la valeur des deux armées[. Il] offrait ou de s'éloigner et de laisser [les] Romains passer le fleuve, ou de le pa[sser] lui-même à condition que les Roma[ins] se retireraient dans la plaine. Coscon[ius] accepte la seconde proposition. Ma[is] Egnatius, confiant dans sa parole, [per]mit à passer tranquillement l'Aufid[e,] mais tout à coup le préteur fond [sur] lui, le bat, le tue, et par cette vict[oire] range toute l'Apulie sous son ob[éis]sance. Telle était la foi romaine. C[ette] provocation du Samnite rappelle c[elle] des barbares : c'était le dernier cri d[e]

més et de vaincus qui en appelaient quelque sorte au jugement de Dieu demandaient à combattre en champ s.
Pendant ces événements, Porcius Ca- s'était fait tuer près du lac Fucin, s une attaque imprudente contre mpœdius Silo. Le jeune Marius, qui vait sous lui, fut accusé de l'avoir ppé pour venger son père de quelques pos outrageants. Ce revers n'eut point suites funestes, à cause des succès Pompée sur les derrières du général rse. En Campanie, Sylla poussait les liens avec la fougue et l'activité de son actère : Stabies, Pompéi, Herculanum ient à lui. Près de Pompeï il força lignes des ennemis, mit ceux-ci en route, et les poursuivit jusqu'à Nole ; il voulut renouveler le combat, et as- llit leur camp formidable : cette té- érité faillit lui coûter une partie de n armée ; mais il effaça sa faute en vant ses soldats par son courage, et ut d'eux la plus belle des récompenses litaires, la couronne obsidionale. uentius, le chef des Italiens, avait péri ns le combat.
Rejetés de tous côtés sur les Apen- ns, les alliés rassemblèrent toutes leurs rces. Elles ne se montaient plus qu'à ente mille hommes ; Pompœdius y gnit vingt et un mille esclaves que l'on franchit et que l'on arma. Des escla- s furent également armés dans la Cam- nie par Motulus, dans la Pouille par dacilius : la cause servile et la cause lienne, distinctes jusqu'ici, semblaient voir se confondre. On recourait aux rnières ressources. Pompœdius ne né- geait pas Mithridate lui-même, et le llicitait vivement de répondre à son pel et aux secrètes prières des provin- ux de Grèce, d'Afrique et d'Asie.
Tous ces efforts ne pouvaient plus lancer désormais l'immense avantage s Romains. Sylla, maître de la Cam- nie, veut séparer la Lucanie du Sam- um, se jette sur le pays des Hirpins, ur prend Eclanum, et les force à poser s armes. Puis il marche sur Æsernia ; veloppé par Papius Motulus, qui a re- ris le commandement des alliés, une ise le dégage ; il fait à l'ennemi des ou- rtures pour la paix ; le Samnite les oit sincères, le laisse échapper. Sylla

tombe alors sur lui, le met en déroute, et le force à s'enfuir, mortellement blessé, à Æsernia. La diète italienne, chassée pour la seconde fois de sa rési- dence, quitte Bovianum, et se réfugie auprès du consul italien. Elle appelle Pompœdius Silo, lui défère par acclama- tion le commandement suprême, et le ré- compense ainsi de son malheureux cou- rage. Pompœdius répond à cette con- fiance par la reprise de Bovianum, où il fait une entrée triomphale ; en même temps, le préteur italien Lamponius bat en Lucanie le préteur romain Gabinius.

Malgré ces faibles succès, les Italiens étaient tellement abattus qu'on ne leur fit pas même l'honneur d'envoyer con- tre eux les nouveaux consuls, Lucius Corn. Sylla et Q. Pompée (88). C. Pom- pée resta dans le nord, pour y étouf- fer le dernier soupir de l'insurrection. Les Asculans s'étaient longtemps dé- fendus avec un admirable héroïsme. Plus tard, les revers des armes italien- nes avaient porté le découragement dans leurs âmes. Le parti romain relevait la tête : on parlait de se rendre et d'envoyer auprès du général romain les princi- paux citoyens et les moins compromis pour traiter des conditions. Ces bruits parvinrent au préteur Judacilius : avec une troupe d'Italiens résolus comme lui à mourir, il court vers Asculum, et fond sur les Romains ; il espère que les assié- gés, ranimés par sa vue, vont sortir de leurs murs. Mais les Asculans, immo- biles sur leurs remparts, le regardent combattre seul. Furieux à ce spectacle, il comprend que les partisans de Rome l'emportent, et veut, avant de mourir, se venger des traîtres. Perçant la ligne des assiégeants, il entre dans la ville, s'y montre comme un vainqueur irrité, et fait massacrer par ses soldats tous ceux qui ont donné d'indignes conseils. Il fait ensuite construire dans le temple prin- cipal un immense bûcher, ordonne qu'on y jette tous les objets précieux qui eus- sent orné le triomphe du vainqueur, et qu'on place sur le sommet un lit fu- nèbre. Un repas somptueux est préparé dans le vestibule du temple ; Judacilius y rassemble ses amis, et les exhorte à suivre l'exemple qu'il va leur donner ; a la fin du repas il vide une coupe de poi- son, et, la mort dans les entrailles, va s'étendre sur le lit funèbre. Dès qu'il eut rendu le dernier soupir, ses soldats mirent le feu au bûcher, qui, en consumant le plus brave des Asculans, sembla annoncer que la cause italienne était perdue sans retour.

Pompœdius ne lui survécut pas longtemps. Étant descendu dans l'Apulie avec une faible armée, il rencontra près de Téanum les forces supérieures du préteur Métellus. La bataille s'engagea : les Italiens eurent le sort auquel ils s'attendaient et qu'ils ne fuyaient pas : ils furent taillés en pièces, et Pompœdius lui-même tomba dans la mêlée en combattant comme un héros.

Dès qu'elle apprit sa mort, la diète se sépara : elle n'avait plus de défenseurs. Les deux consuls alliés avaient péri ; des douze préteurs, quatre seulement survivaient. Les armées italiennes étaient détruites. Des bandes couraient encore dans le Samnium et la Lucanie, tandis que Nole résistait courageusement. Quelques-unes même se réunirent et s'enfoncèrent dans le Brutium et jusqu'à la pointe méridionale de l'Italie, pour jeter de là un appel aux esclaves de Sicile. Mais le préteur Norbanus les repoussa de Rhégium, qu'ils attaquaient, et leur appel ne fut pas entendu. Ils se rejetèrent donc dans les impraticables forêts de la Sila, d'où ils devaient sortir plus tard pour se mêler aux guerres civiles des Romains, jusqu'au jour où Pontius Télésinus, le dernier champion de l'Italie, tomba au pied des remparts de Rome, sous les coups de Sylla.

Après une lutte de près de trois années, l'Italie était pour la seconde fois soumise à Rome. Elle retombait brisée sous ce joug qu'elle avait tenté de secouer. Cette indépendance dont elle s'était leurrée un instant lui échappait. Ses efforts étaient-ils donc perdus? Et le plus pur de son sang avait-il coulé en vain?

Deux lois semblent au premier abord l'unique résultat de la guerre Sociale : la loi Julia, dont nous avons parlé, et qui donnait le droit de cité aux habitants des villes qui dans le délai de soixante jours viendraient à Rome déclarer au préteur qu'ils acceptaient les droits et les charges de citoyen ; et la loi Plautia-Papiria, qui, promulguée vers la fin de la guerre, accordait le droit de cité aux villes qui avaient déjà le titre de fédéré

La loi Julia n'avait profité qu'à d'Italiens ; elle avait été rendue au de la guerre, alors que vingt armées disputaient l'Italie et la ravageaien beaucoup d'Italiens craignirent s doute de s'exposer aux dangers d pareil voyage ; d'autres trouvèrent le lai fixé bien court, dans un temps communications difficiles ; les gens petite fortune ne voulurent pas dépen leur patrimoine pour un titre vain ; d les cités commerçantes, les négocia ne pouvaient renoncer au droit de c dans la ville où ils avaient leur co merce ; un grand nombre sans doute purent se résigner à échanger les lois et usages de leur pays natal pour ceux d'u ville qui leur était étrangère. Qui de profita de la loi Julia? Les peuples r prochés, Latins, Étrusques, Ombrien les riches, dont la fortune pouvait s porter facilement les frais du voyag et qui espéraient trouver à Rome rang honorable ; enfin les malheure sans ressource aucune, qui, n'aya rien à perdre, ne trouvaient que bé fice dans l'acquisition du droit de ci et qui, par nécessité ou dépravation, craignaient pas de se mêler à la plèbe Rome.

Quant à la loi Plautia-Papiria, elle fut utile qu'à un petit nombre, pa que d'abord les villes fédérées étai peu nombreuses, et qu'ensuite plusie ne l'eurent pas : ainsi, Pouzzoles, qui refusa, et Brindes, à qui Sylla le don seulement à son retour d'Asie. Naples Héraclée hésitèrent à l'accepter.

Ces deux lois firent donc entrer da Rome quelques riches, qui se joigniru à l'aristocratie, et beaucoup de pauvr qui grossirent la plèbe. En somme, nombre des citoyens ne fut pas consid rablement accru. Le cens, qui avant guerre accusait trois cent quatre-vin quatorze mille trois cent trente-six toyens, n'en indiquait en 86 que qua cent soixante-trois mille. Il est vrai q faut ajouter à ce dernier chiffre to ceux qui périrent dans la guerre ; m si on rejette les exagérations éviden de Velleius Paterculus, qui prétend q trois cent mille hommes succombèro dans la guerre Sociale, on reconnaî que tout compris, le nombre des no

...ux citoyens ne dut pas excéder beau-
...p cent mille. Ces nouveaux citoyens,
...les répartit dans des tribus nouvelles
...uit ou dix) qui votèrent les dernières
...ne purent exercer qu'une très-faible
...luence.
...Le droit de cité donné à cent mille
...ividus, et ce droit rendu presque illu-
...re, voilà donc en apparence le fruit
...trois années de guerre.
...Mais si l'on considère l'influence que
...guerre Sociale exerça sur l'avenir de
...ome, on reconnaît que ses résultats
...rent importants et profonds. L'abîme
...i séparait jusque-là les alliés des ci-
...yens fut comblé. S'il n'y eut dans le
...incipe que cent mille citoyens nou-
...aux, la porte était ouverte à d'autres
...ncessions ; passer de la classe des al-
...s à celle des citoyens ne fut plus re-
...rdé comme impossible. Bientôt même
...s alliés le droit de cité s'étendit aux
...ovinciaux et aux étrangers ; les pre-
...iers pas une fois faits, les autres de-
...ient moins coûter, et déjà les traités
...rmettaient aux Sardes, aux Espagnols
... aux Africains d'entrer dans la cité.
...les nouveaux citoyens furent classés
...ns huit tribus impuissantes, la voix
...un tribun suffisait pour les répandre
...ns toutes les autres et leur donner
...ut à coup une importance décisive :
...tait une simple affaire de forum, et
...lpicius le comprit.
...Jetés au milieu de la cité, ces hommes
...uveaux furent un instrument formi-
...ble dans la main des démagogues. Ce
...était plus cette populace trop souvent
...gradée des villes, c'étaient de rudes
...énergiques campagnards. Leur pré-
...nce se fit sentir dans les troubles qui
...latèrent ensuite à Rome, et qui eurent
... caractère plus violent encore que
...r le passé. Ils contribuèrent sans
...ute à hâter l'établissement du pou-
...ir d'un seul, d'abord par l'excès même
...s désordres qui se produisirent, en-
...ite par les idées qu'ils apportèrent à
...ome et qui n'avaient rien d'hostile à
... monarchie : on a eu occasion de voir
...us d'une fois dans ce récit qu'ils ne
...testaient ni la chose ni même le nom,
... haine sans doute du gouvernement
...istocratique de Rome sous lequel ils
...aient tant souffert.
... La situation de l'Italie dut être bien
changée : l'Italien fut relevé tout à coup
par cette capacité du droit de citoyen.
Le Romain dut avoir un certain respect
pour cet allié qui pouvait à l'heure
même devenir son égal. Les tyrannies
et les vexations ne cessèrent pas sans
doute immédiatement ; mais il est probable qu'elles furent beaucoup plus rares :
elles perdirent au moins ce caractère
humiliant qu'elles avaient d'abord du
vainqueur au vaincu. L'Italie ne fut plus
un pays conquis, elle devint capitale du
monde avec Rome. Cet empire, cet immense édifice élevé par les Romains, ne
pouvait plus reposer sur une simple ville :
il lui fallait désormais une base plus
large.

L'Italie se fondit en un seul État : elle
devint cette Italie d'Auguste, qui ne
forme plus qu'un seul corps, dont toutes
les parties concourent à l'unité commune
et apportent sans jalousie à la cité romaine leur tribut de puissance et de
gloire : Mantoue donne Virgile, Arpinum Cicéron, Venouse d'Apulie donne
Horace, Padoue Tite-Live, Sulmone
aux Abruzzes Ovide, et Vérone Catulle ;
des bords du Pô aux rivages de Tarente
s'élève un concert harmonieux d'orateurs, d'historiens, de poëtes, comme
pour célébrer l'union de l'Italie, enfin
réconciliée. Elle marchait donc à l'unité,
à la centralisation, à la nationalité.
Elle tendait à devenir italienne, après
n'avoir été longtemps que samnite,
ombrienne, étrusque, romaine.

Pourquoi cette unité qu'elle acquit
sous le règne d'Auguste ne subsista-
t-elle pas ? C'est qu'elle fut absorbée,
et pour ainsi dire noyée dans cette immense unité de l'empire romain. Il eût
fallu, pour la fortifier et la consolider,
que l'Italie se fût alors détachée de
l'empire pour vivre isolément ; qu'entourée d'ennemis elle eût senti son in-
dividualité, et se fût comme resserrée
en elle-même. Si elle eût été alors
moins glorieuse et moins dominante,
elle serait peut-être moins malheureuse
aujourd'hui. Les armes et l'administration romaine avaient préparé les voies
et réuni toute la Péninsule par des
liens énergiques. Le voisinage de quelque peuple puissant et hostile ou de
quelque coalition redoutable eût resserré cette union et rendu ces liens in-

dissolubles. A l'époque d'Auguste l'Italie était reine du monde : elle oubliait dans la quiétude d'une domination incontestée ses laborieux commencements ; elle perdait l'originalité, le mouvement, l'énergie. La vie active et forte dont elle eût eu besoin à l'intérieur pour accomplir ce travail de fusion de ses parties, au lieu de la concentrer en soi, elle la répandait et la dissipait au dehors d'un bout du monde à l'autre. Aussi son unité, au lieu d'être intime et réelle, fut superficielle et apparente. Et quand l'ébranlement des invasions barbares eut déchiré cette apparence, quand des secousses violentes tirèrent l'Italie de ce rêve de grandeur et de domination universelle qu'elle faisait depuis Auguste, elle se réveilla divisée de nouveau, elle se retrouva Grecque, Romaine, Toscane, Lombarde, et pas encore Italienne.

Après avoir indiqué les résultats de la guerre Sociale, il n'est peut-être pas sans intérêt de conjecturer ce qu'elle aurait produit si elle avait tourné autrement, et d'examiner jusqu'à quel point le succès des Italiens eût été désirable. Pour la justice, la cause italienne devait l'emporter ; pour le bien des peuples, elle devait succomber. Si chaque peuple a une mission qui lui est propre ; si celle de Rome fut la plus grande et la plus imposante qui ait échu à aucune nation de l'antiquité, la victoire des Italiens eût été un malheur pour l'Italie et pour le monde ; car la mission de Rome n'eût pas été remplie, ni le bien qui en devait sortir, accompli. La défaite de Rome eût été le signal d'une révolte universelle; le monde ancien, déjà réuni presque tout entier sous ses lois, se fût brisé en mille pièces. La vie individuelle aurait recommencé pour toutes ces populations dégénérées avec les désordres d'une civilisation qui ne contenait pour l'avenir aucun germe de régénération. L'unité du monde, cette unité qui se préparait pour le christianisme, était perdue pour longtemps, sinon pour toujours.

Qu'auraient fait les Italiens victorieux ? Le dessein de transporter à Italica (Corfinium) la capitale de la Péninsule ne semble pas douteux. Mais alors que serait devenue Rome ? L'auraient-ils détruite par vengeance, et auraient-ils dispersé au loin ses habitants ; ou bien l'auraient-ils laissée vivre isolée, déchue de sa prospérité, dépouillée de toutes ses provinces, capitale d'empire sans empire, tête sans corps, trop vieille, trop épuisée de sève pour refaire ses anciennes conquêtes, chargée de population, sans territoire pour la nourrir livrée à d'affreuses discordes, arène sanglante, plaie monstrueuse au flanc de l'Italie ?

Quelle qu'eût été leur vengeance ou leur pitié, l'empire de Rome était fini et son œuvre ruinée. Cette œuvre, qui l'eût reprise ? Est-ce Italica ? Avait-elle cette admirable position au cœur de l'Italie, sur les rives de son plus grand fleuve, au sein des fertiles plaines de la Campanie, du Latium et de l'Étrurie, en face d'une large mer, regardant les rivages de l'Espagne, de la Gaule, de l'Afrique, de la Sicile et de la Sardaigne ? Si elle eût possédé ces avantages, aurait-elle eu la puissance nécessaire pour maintenir ensemble tant de peuples divers ? Comment eût-elle cimenté l'union du guerrier gaulois et du paysan des Abruzzes, de l'Étrusque et du Samnite, du Marse et du Bruttien ? Était-elle prédestinée à ce rôle par son origine, sa constitution, ses mœurs, son caractère, ses traditions ; cette ville ignorée, capitale factice, centre de convention, où il eût fallu apporter la vie, loin qu'elle en émanât comme d'un foyer ? Italica n'était rien de tout cela, et ne pouvait par conséquent jouer le rôle de Rome. Son triomphe sur Rome eût donc ruiné à la fois et l'unité générale du monde, nécessaire à l'établissement du christianisme, et l'unité particulière de l'Italie, qui n'a pas subsisté, mais dont le souvenir est encore vivant chez les Italiens de notre temps.

SYLLA.

COMMENCEMENTS DE SYLLA. — Sylla, né l'an de Rome 617 (137 av. J. C.) descendait de l'illustre famille Cornélia, mais d'une branche restée jusque-là obscure. Rufinus, un de ses ancêtres, avait été, il est vrai, nommé deux fois consul, une fois dictateur, et avait même obtenu les honneurs d'un triomphe. Mais il avait été chassé du sénat parce que, contrairement aux lois, il possédait us de dix livres pesant de vaisselle argent. Aucun de ses descendants, ans l'espace de deux siècles, ne joua un le brillant dans la république. Sylla i-même fut élevé dans un état de forme très-médiocre. Pendant sa jeunesse occupait une maison avec un fils affranchi, celui-ci louant le haut pour 000 sesterces, et Sylla le bas pour 3,000. Malgré sa triste condition de fortune, lla avait les goûts de plaisir et les ces de la noblesse d'alors. Il passait l vie avec des pantomimes et des bouffons, dont il partageait la licence et les bauches. Et ces goûts, il les conrva toujours; lorsqu'il eut usurpé l'aurité souveraine il faisait venir du théâtre dans sa demeure les mimes les plus pudents, et passait les journées à ire ou à faire avec eux assaut de railies obscènes.

Il était sans biens; ses vices lui proèrent : une courtisane qui en mourant légua tout son avoir répara pour lui torts de la fortune. Dès lors il se uva au nombre des chevaliers opuits, et put se frayer un chemin aux nneurs.

SYLLA QUESTEUR ET LIEUTENANT DE ARIUS. — Nommé questeur (l'an 107 J. C.), il s'attacha à la fortune de rius, occupé alors contre Jugurtha. eut d'abord à faire son apprentissage s camps; mais il ne tarda pas à y monr de l'habileté. Actif, infatigable, il it partout où il y avait des périls ; aussi rius, malgré l'austérité et la rudesse son caractère, accorda-t-il sa conce et son estime à ce noble, qui ne pargnait pas plus que le dernier des solts. Jugurtha, battu et chassé de toutes villes, avait enfin entraîné à la révolte cchus, son beau-père; leurs forces nies étaient nombreuses et imposan: deux fois ces deux chefs attaquèrent rius, et, deux fois, grâce au sang-froid Sylla, l'armée romaine fut sauvée et rois obligés de prendre la fuite. Ces ers ouvrirent les yeux à Bocchus, qui chercha plus qu'à rentrer dans l'alace des Romains. L'amitié de Rome, le lui avait fait comprendre, serait inée en échange de Jugurtha; mais il iitait devant un crime odieux. Pour ousser à la trahison Marius choisit lla, qui par ses bons procédés envers

les ambassadeurs du prince avait déjà gagné son estime. Sylla accepta, et bientôt il amena à son chef Jugurtha enchaîné; c'était un heureux début, dont Marius pourtant ne fut pas d'abord jaloux, puisqu'il associa son questeur à son triomphe.

Il l'emmena encore avec lui dans ses campagnes contre les Cimbres, et le vit sans colère remporter une victoire sur les Tectosages, et faire prisonnier leur roi. Ce ne fut qu'en l'année 102 que les odieuses menées employées par Saturninus pour faire conférer à Marius un quatrième consulat firent enfin souvenir Sylla qu'il était lui-même de race illustre. Il refusa de servir plus longtemps sous les ordres d'un plébéien qui voulait faire du consulat une royauté, sans même tenir compte aux nobles de leur patience. Il alla offrir ses services à Catulus, avec lequel il combattit glorieusement à Verceil (101).

Après sept années données de nouveau à d'obscurs plaisirs, Sylla, à l'âge de quarante-quatre ans, résolut enfin d'acheter la préture, qui lui avait été refusée l'année précédente; il réussit. Mais nul n'ignora par quel moyen. « J'userai contre vous du droit de ma charge, disait-il un jour à un noble. » — « Vous avez raison, repartit l'autre en riant, de dire votre charge; elle est bien à vous, puisque vous l'avez achetée. » On riait de cette corruption; car alors elle était malheureusement universelle. A chaque élection le peuple entier était à vendre, et se vendait. Quelquefois cependant il choisissait parmi les acheteurs et même se donnait pour rien ; mais pour l'amener là il fallait bien des prévenances. Sylla y travailla. Grâce à Bocchus, cent lions du désert furent à grands frais transportés à Rome, et chassés dans le cirque sous les yeux du peuple, émerveillé de cette magnificence.

RIVALITÉ DE MARIUS ET DE SYLLA. — L'année suivante, en qualité de propréteur, Sylla partit pour la Cappadoce, renversa du trône par une victoire Gordius, créature de Mithridate, et rétablit Ariobarzane, l'élu de la nation. Ce fut dans ces circonstances qu'il reçut Orobase, ambassadeur d'Arsace, roi des Parthes, avec une fierté dont le bruit retentit à Ctésiphon et à Rome. Le jour de la réception de cet envoyé il avait fait dresser trois sièges, un pour Ariobarzane, roi de Cappadoce, l'autre pour Orobase, et un troisième au milieu, sur lequel il se plaça lui-même pour donner audience. Le roi des Parthes fit mourir Orobase, qu'il accusait d'avoir laissé avilir en cette circonstance la dignité de l'empire; et dans toute l'Asie on parla de la fierté de Sylla et des prédictions d'un Chaldéen de la suite d'Orobase, qui avait promis, disait-on, à Sylla qu'il serait un jour le maître du monde.

Cette renommée de son ancien lieutenant blessa Marius. Une circonstance fortuite fit éclater sa haine. Bocchus, pour flatter l'orgueil du peuple romain, consacra au Capitole des Victoires qui portaient des trophées, et auprès d'elles des images d'or qui représentaient Jugurtha remis par Bocchus entre les mains de Sylla. Marius voulut voir dans ce trophée une insulte à sa gloire. Il assembla ses partisans; de leur côté, les amis de Sylla se serrèrent autour de leur chef. Rome était divisée en deux camps. La guerre civile allait éclater, lorsque la révolte des Marses appela les deux rivaux sur un même théâtre.

Dans cette guerre le vainqueur des Cimbres se montra peu habile, ou du moins d'une habileté stérile. Sylla, au contraire, fut heureux, et, au milieu de ses victoires, il sut sans danger flatter l'armée et se préparer un appui redoutable. Ses succès lui valurent le consulat et le commandement de la guerre contre Mithridate. Il en fallait moins pour faire de deux chefs rivaux deux ennemis mortels.

VIOLENCES DE SULPICIUS. — A Rome, déjà depuis longtemps, l'argent conduisait aux honneurs, et l'on aimait à faire la guerre dans ces riches provinces d'Asie. Aussi était-ce peut-être autant par cupidité que par ambition que Marius, oubliant ses infirmités et son âge, dont il parlait souvent alors qu'il s'agissait de combattre les Marses, voulut, à l'aide du tribun Sulpicius, auquel il avait déjà promis une partie des trésors de Mithridate, arracher le commandement à Sylla.

A la tête de six cents jeunes gens comme lui perdus de dettes et de débauches, et qu'il appelait son anti-sénat, il semait l'effroi dans Rome, et il exploitait cette terreur en se permettant mille choses qui en d'autres temps eussent appelé sur la rigueur des lois. On le vit vendre à enchères sur la place publique le dr de cité. Afin d'être plus libre encore résolut de se rendre maître des comic et pour y parvenir il proposa le rap de tous les amis des Italiens que la Varia avait bannis, avec la répartit dans les trente-cinq tribus des nouvea citoyens et des affranchis. Les cons Sylla et Pompeius Rufus comprirent danger, et proclamèrent la suspension toutes les affaires. Sulpicius, averti, courut avec ses satellites, dispersa l' semblée, massacra le fils de Pompei qui lui-même eut peine à se soustra aux coups des assassins; Sylla, poursui se jeta dans la maison de Marius; fut contraint d'y jurer sous le poigna qu'il retirerait son édit; à ce prix il libre.

SYLLA MARCHE SUR ROME. — T dis que Sulpicius et ses complices m trisaient à Rome toute volonté contrai et que le sénat tremblant confiait à M rius le commandement de la guer contre Mithridate, Sylla arrivait à No haranguait les soldats, leur parlait batailles qu'ils avaient livrées ensemb les poussait à la révolte, et leur laiss massacrer les deux tribuns envoyés p Marius pour prendre le commandeme des légions. Les officiers hésitaient à suivre; l'arrivée de Pompeius leva to les scrupules. On marcha sur Rom pour y rétablir, disait-on, l'ordre troubl Les premiers ambassadeurs qui lui a portèrent des ordres furent insultés, seconde ambassade obtint quelqu promesses, violées aussitôt que faites. devait s'arrêter en attendant une de nière réponse du sénat. Mais à peine l députés étaient-ils partis, le croyant o cupé à disposer son campement, qu leva les enseignes, se saisit de la por et des murailles voisines du mont E quilin, et engagea ses troupes dans ville. Le peuple faisant pleuvoir sur ell des tuiles du haut des maisons, il o donne d'y mettre le feu et y jette lu même la première torche incendiair En vain Marius appelle les esclaves la liberté; on le laisse presque seul. Apr un léger combat il fut obligé de s'enfu Sulpicius, livré par un de ses esclaves, f aussitôt égorgé. Sylla, suivant sa pl esse, donna la liberté à l'esclave pour ~~av~~oir obéi aux édits, mais ensuite il le ~~fit~~ précipiter du haut de la roche Tar~~pé~~ienne pour avoir trahi son maître. Vainqueur, Sylla n'abusa pas trop de ~~sa~~ victoire. Pendant son absence on avait ~~ma~~ssacré ses amis, brûlé leurs maisons; ~~il~~ se contenta de mettre à prix la tête de ~~Ma~~rius et de son fils et de proscrire ~~dou~~ze personnes. Devant l'assemblée du ~~peu~~ple il justifia sa conduite, abolit les ~~lois~~ de Sulpicius, et, pour gagner l'af~~fec~~tion du peuple, diminua les dettes d'un ~~quatr~~ième. Cette modération réussit mal: ~~les~~ deux candidats qu'il présentait au ~~con~~sulat furent repoussés par le peuple, ~~qui~~ choisit Octavius, l'homme du sénat, ~~et~~ L. Cinna, partisan déclaré de Marius. ~~Syl~~la crut s'assurer le concours du der~~ni~~er en lui faisant jurer qu'il n'entrepren~~dra~~it rien contre lui. Il le conduisit au ~~Cap~~itole, et là Cinna, tenant une pierre ~~dan~~s sa main, dit en présence de nom~~bre~~ux témoins: « Si je ne garde pas à ~~toi~~ l'assistance qu'ici je lui promets, ~~je p~~rie les dieux de me chasser loin de ~~la v~~ille, comme je jette cette pierre loin ~~de~~ ma main. » Et en même temps il ~~lan~~ça au loin la pierre. C'était une ~~étra~~nge garantie pour une telle époque ~~qu'u~~n serment prêté sur les autels des ~~die~~ux. Le premier acte du nouveau ~~con~~sul fut de faire accuser Sylla par le ~~tri~~bun Virginius. Sylla comprit alors que ~~c'ét~~ait en Asie qu'il devait conquérir la ~~for~~ce de ramener l'ordre dans Rome; ~~auss~~i, laissant accusateurs, juges et pro~~cès,~~ il s'embarqua pour aller combattre ~~Mit~~hridate.

~~F~~UITE DE MARIUS. — Cependant ~~Ma~~rius fuyait devant son heureux rival. ~~A~~ peine sorti de Rome, il se vit aban~~don~~né de tous ceux qui l'accompagnaient; ~~com~~me il était déjà nuit, il se retira dans ~~la~~ maison de campagne, voisine des ~~terr~~es de Mucius, son beau-père. Il en~~voy~~a son fils pour y prendre quelques ~~pro~~visions; et descendant à Ostie, où ~~Nu~~mérius, un de ses amis, lui tenait une ~~barq~~ue toute prête, il partit aussitôt. ~~Pe~~ndant son fils ramassait chez Mucius ~~les~~ provisions dont il avait besoin. Sur~~pris~~ par le jour, il fut sur le point d'être ~~déco~~uvert par quelques cavaliers qui, ~~so~~upçonnant que Marius était dans cette ~~mais~~on, étaient venus l'y chercher. Heu-

reusement l'intendant de Mucius les vit de loin, et eut le temps de cacher le jeune homme dans un chariot de fèves; il y attela ses bœufs, et les ayant fait marcher du côté de Rome, il alla au devant des cavaliers. Marius, conduit ainsi jusqu'à la maison de sa femme, y prit tout ce qui lui était nécessaire, et, s'étant rendu la nuit au bord de la mer, il s'embarqua sur un vaisseau qui partait pour l'Afrique. Cependant le vieux Marius, ayant mis à la voile, côtoyait l'Italie, poussé par un vent favorable; mais, craignant de tomber entre les mains d'un des principaux habitants de Terracine, nommé Géminius, son ennemi personnel, il avait averti ses matelots d'éviter cette ville. Ils auraient bien voulu faire ce qu'il désirait; mais le vent changea, et, soufflant de la haute mer, souleva une si furieuse tempête qu'ils crurent que le vaisseau ne résisterait pas à l'effort des vagues. D'ailleurs, Marius se trouvant fort incommodé de la mer, ils gagnèrent avec peine le rivage de Circéi. La tempête qui devenait toujours plus violente, et le défaut de vivres les ayant forcés de descendre à terre, ils errèrent de côté et d'autre, sans avoir de but certain. Sur le soir, ils trouvèrent des bouviers qui n'eurent rien à leur donner, mais qui, ayant reconnu Marius, l'avertirent de s'éloigner promptement, parce qu'ils venaient de voir passer plusieurs cavaliers qui le cherchaient. Privé de toute ressource, affecté surtout de voir ceux qui l'accompagnaient près de mourir de faim, il quitta le grand chemin, et se jeta dans un bois épais, où il passa la nuit.

« Le lendemain, il se remit en chemin le long de la mer, encourageant les gens de sa suite, et leur racontant des présages qui lui avaient promis un septième consulat. Un jour, disait-il, dans son enfance, pendant qu'il vivait à la campagne, il était tombé dans sa robe l'aire d'un aigle, qui contenait sept aiglons. Ses parents, surpris de cette singularité, consultèrent les devins, qui leur répondirent que cet enfant deviendrait un des hommes les plus célèbres; qu'il obtiendrait sept fois la première dignité de la république, et jouirait de la plus grande réputation. Les uns disent que ce prodige arriva réellement à Marius, d'autres assurent que ceux qui le suivaient, le lui ayant entendu raconter alors et dans une autre de ses fuites, y ajoutèrent foi, et écrivirent ensuite ce récit, qui n'était qu'une fable de son invention, car l'aigle ne fait jamais plus de deux aiglons.

« Ils n'étaient plus qu'à vingt stades de Minturnes, lorsqu'ils aperçurent de loin une troupe de cavaliers qui venaient à eux, et ils virent en même temps deux barques qui côtoyaient le rivage. Ils coururent de toutes leurs forces vers la mer; et ayant gagné à la nage les deux barques, ils montèrent sur l'une, qui était précisément celle de Granius, fils de la femme de Marius, et passèrent vis-à-vis dans l'île d'Énaria. Marius, qui, gros et pesant, ne se remuait qu'avec peine, fut porté par deux esclaves qui, le soulevant sur l'eau avec beaucoup d'efforts, le mirent dans l'autre barque, au moment que les cavaliers, arrivant sur le rivage, criaient aux mariniers de ramener la barque à terre, ou de jeter Marius à la mer. Celui-ci les conjurait, les larmes aux yeux, de ne pas le sacrifier à ses ennemis. Les maîtres de la barque, après avoir formé en quelques instants plusieurs résolutions contraires, répondirent enfin qu'ils ne trahiraient pas Marius. Les cavaliers s'étant retirés en leur faisant des menaces, les mariniers changèrent de sentiment, et gagnant la terre, ils allèrent mouiller près de l'embouchure du Liris, dont les eaux, en se répandant hors de leur lit, forment un marais. Ils conseillèrent à Marius de descendre pour prendre de la nourriture sur le rivage et attendre que le vent devînt favorable.

« Marius les crut; ils le descendirent donc sur le rivage, et il se coucha sur l'herbe; mais les mariniers, remontant aussitôt dans leur barque, lèvent les ancres et prennent la fuite; ils avaient pensé qu'il n'était ni honnête de livrer Marius ni sûr pour eux de le sauver. Abandonné ainsi de tout le monde, il resta longtemps sans proférer une parole. Enfin, reprenant son courage et ses forces, il s'avança par des chemins détournés à travers des marais profonds, des fossés pleins d'eau et de boue. Arrivé à la cabane d'un vieillard, il se jette à ses pieds, et le supplie de sauver un homme qui, s'il échappait à malheur présent, le récompenserai jour bien au delà de ses espérances. vieillard, soit qu'il connût depuis le temps Marius, soit que son air ma tueux lui fît juger que c'était un sonnage distingué, lui dit que, s'i voulait que se reposer, sa cabane suffirait; mais que s'il errait pour ses ennemis, il le cacherait dans un plus sûr et plus tranquille. Ma l'ayant prié de le faire, cet homme mena près de la rivière, dans un end creux du marais, où il le fit couch et le couvrit de roseaux et d'au plantes légères, dont le poids ne pou le blesser. Il n'y avait pas longte qu'il y était caché, lorsqu'il entendi grand bruit du côté de la cabane. Gé nius avait envoyé de Terracine plusie cavaliers à sa poursuite; quelques-d'entre eux étant venus par hasard cet endroit, cherchèrent à effraye vieillard, en lui criant qu'il cachait ennemi des Romains. Marius, qui les tendit, se leva du lieu où il était cac et, s'étant dépouillé, il s'enfonça d l'endroit où l'eau était la plus épaiss la plus boueuse; c'est ce qui le fit couvrir par ceux qui le cherchaient.

MARIUS A MINTURNES. — « Ret de là, tout nu et couvert de fange, fut conduit à Minturnes, où on le rem entre les mains des magistrats; car décret du sénat qui ordonnait à t Romain de le poursuivre et de le t s'il était pris avait été déjà publié d toutes les villes. Les magistrats av de mettre le décret à exécution vou rent en délibérer, et, en attendant, posèrent Marius dans la maison d' femme, nommée Fannia, qu'on croy indisposée contre lui pour une ca déjà ancienne. Fannia avait eu po mari un homme nommé Zinnius, d elle se sépara, en redemandant une t riche dot qu'elle lui avait apportée. Z nius, pour se dispenser de la rend l'accusa d'adultère, et l'affaire fut p tée devant Marius, alors consul p la sixième fois. D'après l'instruct du procès, il parut que Fannia av son mariage avait mené une mauva vie, et que Zinnius, qui ne l'igno pas, n'avait pas laissé de l'épouser el vivre longtemps avec elle. Marius,

eant tous deux coupables, condamna
nari à rendre la dot, et nota la femme
ıfamie, en lui imposant une amende
n as. Fannia dans cette occasion ne
conduisit pas en femme offensée :
qu'elle eut Marius entre ses mains,
n loin de lui témoigner du ressenti-
nt, elle le secourut de tout son pou-
r, et chercha à lui redonner du cou-
e. Marius la remercia de sa généro-
:, et l'assura qu'il était plein de con-
ıce, d'après un signe favorable qu'il
it eu et qu'il lui raconta. Lorsqu'on
nenait chez elle, et qu'il était près
ntrer dans sa maison, on eut à peine
'ert la porte, qu'il vit sortir un âne,
 allait tout courant boire à une fon-
ıe voisine. Il s'était arrêté devant
rius, l'avait regardé d'un air gai et
oué, et, dans sa joie, il s'était mis à
ire de toutes ses forces et à bondir
our de lui. Marius en avait conjec-
é que le dieu lui marquait par ce
ne que son salut lui viendrait plutôt
a mer que de la terre, parce que l'âne,
partant d'auprès de lui, ne s'était pas
été à sa pâture, mais était allé tout
suite boire à la fontaine. Après avoir
osé sa conjecture à Fannia, il voulut
oser, demanda qu'on le laissât seul
qu'on fermât la porte sur lui.

Les magistrats et les décurions de
nturnes, après une longue délibéra-
n, résolurent d'exécuter sans retard
lécret, et de faire périr Marius; mais
un des citoyens ne voulut s'en char-
. Enfin il se présenta un cavalier
lois ou cimbre (car on a dit l'un
l'autre), qui entra l'épée à la main
ıs la chambre où Marius reposait.
mme elle recevait peu de jour, et
elle était fort obscure, le cavalier, à
qu'on assure, crut voir des traits de
ımne s'élancer des yeux de Marius; et
ce lieu ténébreux il entendit une voix
rible lui dire : « Oses-tu, misérable,
ıer Caïus Marius ! » A l'instant le bar-
se prend la fuite, et, jetant son épée,
ort dans la rue en criant ces seuls
ts : « Je ne puis tuer Caïus Marius. »
tonnement d'abord, ensuite la com-
ısion et le repentir, gagnèrent bientôt
ɩte la ville. Les magistrats se repro-
ïrent la résolution qu'ils avaient prise,
ɩme un excès d'injustice et d'ingra-
ɔde envers un homme qui avait sauvé

l'Italie, et à qui l'on ne pouvait sans
crime refuser du secours. « Qu'il s'en
« aille, disaient-ils, errer où il voudra, et
« accomplir ailleurs sa destinée, et prions
« les dieux de ne pas nous punir de ce que
« nous rejetons de notre ville Marius nu
« et dépourvu de tout secours. » D'après
ces réflexions, ils se rendent en foule
dans sa chambre, l'en font sortir, et le
conduisent au bord de la mer. Comme
chacun lui donnait de bon cœur ce qui
pouvait lui être utile, il se passa un
temps assez considérable; d'ailleurs, il
y a sur le chemin qui mène à la mer le
bois sacré de la nymphe Marica, singulièrement respecté de tous les Min-
turniens, qui ont grand soin de n'en
rien laisser sortir de ce qu'on y a une
fois porté. Ne pouvant donc le traverser
pour se rendre à la mer, il aurait fallu
prendre un long circuit qui les aurait
fort retardés. Enfin un des plus vieux
de la troupe se mit à crier qu'il n'y
avait point de chemin où il pût être
défendu de passer pour sauver Marius,
et lui-même, le premier, saisissant quelqu'une des provisions qu'on portait au
vaisseau, il prit son chemin à travers
le bois. On lui fournit avec le même zèle
et la même promptitude tout ce qui lui
était nécessaire; et un certain Béléus
lui donna un vaisseau pour faire son
voyage. Dans la suite il fit représenter
toute cette histoire en un grand tableau,
qu'il consacra dans le temple de Marica,
d'où il s'était embarqué par un vent favorable. »

MARIUS SUR LES RUINES DE CAR-
THAGE. — « Il fut heureusement porté
à l'île d'Ænaria, où il trouva Granius et
quelques autres amis, avec qui il fit
voile vers l'Afrique. Mais, l'eau leur ayant
manqué, ils furent obligés de relâcher
en Sicile, près de la ville d'Erix. Il y
avait là un questeur romain, chargé de
garder cette côte, qui pensa se saisir de
Marius, et tua seize de ceux qui étaient
allés faire de l'eau. Marius, s'étant rem-
barqué précipitamment, traversa la mer,
et s'arrêta à l'île de Menin, où il eut
pour première nouvelle que son fils
s'était sauvé de Rome avec Céthégus,
et qu'ils étaient allés à la cour d'Hiempsal, roi de Numidie, pour implorer son
secours. Encouragé par cette nouvelle
favorable, il partit de Menin pour aller

à Carthage. L'Afrique avait alors un gouverneur romain, nommé Sextilius. Marius, qui ne lui avait jamais fait ni bien ni mal, espérait que la compassion seule lui en ferait obtenir quelques secours. Mais à peine il fut descendu avec un petit nombre des siens, qu'un licteur de Sextilius vint à sa rencontre, et, s'arrêtant devant lui : « Marius, lui dit-il, Sextilius vous fait dire de ne pas mettre le pied en Afrique, si vous ne voulez pas qu'il exécute contre vous les décrets du sénat, et qu'il vous traite en ennemi de Rome. » Cette défense accabla Marius d'une tristesse et d'une douleur si profondes, qu'il n'eut pas la force de répondre, et qu'il garda longtemps le silence, en jetant sur l'officier des regards terribles. Le licteur lui ayant enfin demandé ce qu'il le chargeait de dire au gouverneur : « Dis-lui, répondit Marius en poussant un profond soupir, que tu as vu Marius assis sur les ruines de Carthage.

« Cependant Hiempsal, roi des Numides, porté tour à tour, par ses réflexions, à des résolutions contraires, traitait avec honneur le fils de Marius ; mais lorsque ce jeune homme voulait s'en aller, le roi trouvait toujours quelque prétexte pour le retenir, et l'on voyait clairement que dans tous ces délais il n'avait rien moins que des intentions favorables; mais une femme d'Hiempsal lui fournit les moyens de se sauver avec ses amis, et il alla retrouver son père. Après s'être embrassés, ils se mirent en route. En marchant le long du rivage, ils virent deux scorpions qui se battaient, ce qui parut à Marius un mauvais présage. Ils se pressèrent donc de monter sur un bateau pêcheur, pour passer dans l'île de Cercina, qui est à peu de distance du continent. Ils avaient à peine levé l'ancre, qu'ils virent des cavaliers arriver à l'endroit même qu'ils venaient de quitter. Marius avoua qu'il n'avait pas encore échappé à un péril plus pressant.

Retour de Marius a Rome. — Durant ces vicissitudes les affaires changeaient en Italie. L'éloignement de Sylla, l'incapacité d'Octavius avaient encouragé Cinna à reprendre les projets de Sulpicius. Les nouveaux citoyens accoururent autour de lui, et les riches du parti allèrent jusqu'à lui offrir 300 t lents. Qu'il leur ait vendu ou donné s appui, peu importe; en échange de ce protection ils devaient toujours lui vrer les comices. C'était là le prix r du marché. Appuyé de plusieurs tribun il proposa en effet de les répartir dans trente-cinq tribus; et dans la pensée q Marius, lui devant son retour dans Ror et la vie, deviendrait pour lui un instr ment utile, il demanda le rappel d bannis. Le jour du vote la majorité d tribus repoussa ses lois, et un cor bat sanglant s'engagea sur le Foru entre les anciens et les nouveaux citoye commandés, les premiers par Octaviu les seconds par Cinna. Celui-ci, chas de la place, essaya de soulever les escl ves de la ville. Déjà nous avons vu Caï Gracchus et les amis ou les chefs des I liens recourir à cette ressource, comm pour se donner le droit d'associer e semble toutes ces misères. Mais Italien esclaves, prolétaires, tous ces homm ne formaient qu'une troupe sans ord ni discipline; les anciens citoyens rest rent aisément maîtres de Rome, et sénat déposa le consul fugitif, qu'il remplacer par Cornélius Merula. Cet fois dix mille hommes avaient péri.

La guerre Sociale n'était pas encore te minée, bien que depuis le succès de Syl les hostilités eussent été sans impo tance. Les Samnites, les Lucaniens n' vaient pas fait soumission, plusieurs v les de la Campanie résistaient, et Appi Claudius assiégeait Nole. Cinna se pr senta aux Italiens comme une victime son dévouement pour leur cause. Il reçut quelques secours en hommes et argent; puis il alla se montrer aux tro pes du blocus de Nole, et les entraîn en accusant le sénat d'avoir violé en personne tous les droits du consulat ceux des citoyens qui l'avaient élu. L'a mée passa de son côté; il l'augmenta p des levées nombreuses faites de tous l peuples d'Italie, et la guerre Sociale p rut recommencer. Quand Marius app ces nouvelles, il partit en toute hâte, vint débarquer à Telamone en Étru avec environ mille cavaliers ou fanta sins maures et numides. Six mille claves qu'il attira sous ses drapeaux p la promesse de la liberté, et des labo reurs, des bergers du pays, attirés par

...putation, lui formèrent une petite ar-
...ée. Sertorius conseillait à Cinna de ne
...s s'associer cet ambitieux et vindica-
...f vieillard. Mais Marius se montrait si
...mble que Cinna crut à son désintéres-
...ment; il lui donna le titre de proconsul
...les faisceaux. Marius refusa tout, en di-
...nt que ces ornements ne convenaient
...s à sa fortune présente. Couvert d'une
...auvaise toge, la barbe longue, les yeux
...és à terre, il semblait encore sous le
...ids de la proscription. Mais dès qu'il
... vit au milieu de ses soldats il anima
...ut de son activité. Quatre armées,
...us Marius, Cinna, Sertorius et Carbon
...archèrent sur Rome; les convois furent
...upés, tous les arrivages par le fleuve in-
...rceptés, et Rome menacée de la famine.
...ctavius et Merula y faisaient d'inutiles
...réparatifs de défense, élargissant le
...ssé, fermant les brèches, couvrant la
...uraille de machines, mais refusant,
...mme on les en pressait, d'armer les
...sclaves, pour ne pas faire, disaient-ils,
... qu'ils reprochaient à leurs adversaires.
... Cependant le sénat avait encore en Ita-
...e deux armées, celle de Métellus Pius,
...ui faisait tête aux Samnites, et celle de
...ompeius Strabon, qui, pour tenir en res-
...ect les alliés qu'il avait soumis, avait
...epuis son consulat conservé les troupes.
...ylla avait voulu le remplacer par son col-
...ègue Pompeius Rufus; mais les soldats
...vaient massacré ce nouveau-venu, peut-
...tre à l'instigation de leur ancien chef.
...uand la guerre civile éclata, Strabon se
...rouva fort embarrassé; ses antécédents
...t ses affections le portaient vers le sénat,
...mais il craignait qu'après la victoire les
...yllaniens ne voulussent venger sur lui
...e meurtre du consul, son parent. En-
...ore irrésolu, il s'approchait lentement
...e Rome, quand Cinna et Sertorius l'atta-
...quèrent en vue de la porte Colline. On
...e battit jusqu'à la nuit sans rien décider,
...t les deux armées restèrent en présence.
...ompée, tué peu de temps après dans son
...amp par un coup de tonnerre, fut rem-
...lacé par Crassus. Le sénat avait aussi rap-
...elé Métellus, en lui ordonnant de traiter
... tout prix; mais les Samnites voulaient
...garder leur butin, ils exigeaient en outre
...e droit de cité pour eux-mêmes et pour
...ous leurs alliés, la remise de leurs prison-
...iniers, l'extradition de leurs déserteurs.
...Métellus refusait. Marius leur fit dire

qu'il leur accordait tout, et ils passèrent
de son côté. Cependant Métellus put rentrer dans Rome avec ses troupes; mais un
tribun des soldats, Appius Claudius, livra
à Marius une porte du Janicule. La désertion se mit dans l'armée sénatoriale, découragée par les lenteurs d'Octavius, qui
voulait conduire une guerre civile sans
jamais s'écarter des prescriptions légales
et religieuses. Les esclaves aussi fuyaient
par bandes nombreuses aux camps des
Marianistes. Métellus, jugeant la partie
perdue, gagna l'Afrique.

PROSCRIPTIONS ORDONNÉES PAR
MARIUS. — Le sénat se décida à traiter.
Il reconnut Cinna pour consul, et ne demanda que la promesse qu'il n'y aurait
pas de sang versé. Cinna refusa de donner un serment, ajoutant toutefois que,
pour lui, il ne causerait sciemment la
perte de personne; il avertit même Octavius de s'éloigner. Mais les députés
avaient vu à côté de lui Marius silencieux et leur jetant des regards farouches;
ils retournèrent avec terreur dans la ville.
Cinna et Marius se présentèrent bientôt
aux portes. « Une loi m'a chassé de la ville,
dit Marius, une loi seule peut me permettre d'y rentrer. » On se hâta de réunir
une assemblée. Mais deux ou trois tribus
avaient à peine voté que, jetant le masque, il entra entouré des esclaves qu'il
avait affranchis. Aussitôt les massacres
commencèrent. Octavius fut tué sur sa
chaise curule, et l'on planta sa tête sur
la tribune aux harangues. Crassus, le père
du triumvir et l'un de ses fils, et C. Julius César, Atilius Serranus, P. Lentulus, C. Numitorius, M. Bœbius, les plus
grands personnages, périrent. Les assassins avaient ordre de tuer tous ceux auxquels Marius ne rendait pas le salut. Un
ancien préteur, Ancharius, se présenta
devant lui, au moment où il sacrifiait
dans le Capitole; il fut tué dans le temple
même. Pour quelques-uns on parodia la
justice. Mérula, le consul substitué, et
Catulus, le vainqueur des Cimbres, furent
cités devant un tribunal : ils n'attendirent
pas le jugement; l'un fit allumer un brasier, et périt suffoqué, l'autre se fit ouvrir les veines. A côté du cadavre de Mérula on trouva une tablette portant que
avant de se donner la mort il avait eu
soin de déposer ses insignes de flamine
diale, suivant les prescriptions du rituel.

Les amis de Catulus implorèrent pour lui Marius; mais ils n'avaient pu obtenir que cette réponse : Il faut qu'il meure.

Bien peu des proscrits échappèrent. Cornutus fut sauvé par ses propres esclaves. « Ayant caché leur maître dans sa maison, ils prirent un de ceux qu'on avait tués dans la rue, le pendirent par le cou, lui mirent au doigt un anneau d'or, et le montrèrent aux satellites de Marius : après quoi ils l'ensevelirent comme si c'eût été leur maître et l'enterrèrent sans que personne se doutât de la supposition. Cornutus, ainsi sauvé par ses esclaves, se retira dans la Gaule.

« L'orateur Marcus Antonius, qui avait aussi trouvé un ami sûr, n'eut pas le même bonheur. Son hôte était un homme du peuple, fort pauvre, qui, ayant chez lui un des premiers personnages de Rome, et voulant le traiter aussi bien que ses moyens le lui permettaient, envoya son esclave acheter du vin dans un cabaret du voisinage. L'esclave ayant goûté le vin avec plus de soin qu'il ne faisait ordinairement, en voulut de meilleur. Le cabaretier lui demanda pourquoi il ne prenait pas, comme de coutume, du vin nouveau et commun; l'esclave lui répondit tout simplement, comme à un homme qu'il connaissait depuis longtemps et qu'il croyait son ami, que son maître avait Marcus Antonius dans sa maison, et qu'il voulait le bien traiter.

« L'esclave ne fut pas plus tôt sorti, que le cabaretier court chez Marius, qui était déjà à table ; il est introduit, et annonce qu'il va lui livrer Marcus Antonius. A cette nouvelle Marius, transporté de joie, jette un grand cri et bat des mains. Peu s'en fallut qu'il ne se levât de table pour aller lui-même sur le lieu. Mais ses amis le retinrent, et il se contenta d'y envoyer Annius et quelques soldats, avec ordre de lui apporter sur-le-champ la tête de Marcus Antonius. Lorsqu'ils furent à la maison où il était caché, Annius se tint à la porte, et les soldats montèrent dans la chambre. Mais la vue d'Antonius leur imposa tellement, qu'ils se renvoyèrent l'un à l'autre l'exécution de l'ordre dont ils étaient chargés. L'éloquence de ce célèbre orateur, telle qu'une sirène enchanteresse, avait tant de douceur et de charme qu'aussitôt qu'il eut ouvert la bouche pour demander la vie à ces soldats, il n'y en eut pas un qui osa le frapper ou même le regarder en face; ils baissèrent les yeux en versant des larmes. Annius, impatienté de ce retard, monte dans la chambre; il voit Antonius parler à ses soldats, charmés et attendris par son éloquence; il leur reproche leur lâcheté, et courant à Antonius, il lui coupe la tête de sa propre main. »

Pendant cinq jours et cinq nuits on tua sans relâche, jusque dans les lieux les plus sacrés et sur les autels même des dieux. De Rome la proscription s'étendit sur l'Italie entière : on tuait dans les villes, sur les chemins; et comme défense était faite, sous peine de mort, d'ensevelir les cadavres, ils restaient aux places où ils étaient tombés, jusqu'à ce que les chiens et les oiseaux de proie les eussent dévorés. Les sénateurs avaient seulement le privilége que leur tête, séparée du tronc, fût plantée sur la tribune aux harangues. Cinna et Sertorius se lassèrent les premiers de cette boucherie : une nuit ils enveloppèrent avec des troupes gauloises quatre mille des satellites de Marius, et les tuèrent jusqu'au dernier.

MORT DE MARIUS. — On n'avait pu frapper Sylla à la tête de son armée victorieuse. Sa femme même, Métella, avait échappé avec ses enfants. Du moins Marius le déclara ennemi public, confisqua ses biens et abrogea ses lois. Qu'il fallait que Rome eût encore de force ou ses adversaires de faiblesse pour qu'elle donnât impunément au monde cet étrange spectacle d'un chef et d'une armée proscrits au moment où ils combattaient les ennemis de leur pays. Assurément aussi l'homme qui dans une telle situation ajournait sa vengeance personnelle jusqu'à ce qu'il eût satisfait à la vengeance publique, contre l'étranger, n'était pas un homme ordinaire. Marius le savait, et quoiqu'il eût pris avec Cinna, sans élection, le 1er janvier 86, possession du consulat, il s'effrayait d'avoir bientôt à le combattre. La nuit il croyait entendre une voix menaçante lui crier : « Le gîte du lion même absent, est terrible »; et pour échapper à ses craintes il se plongea dans des débauches qui hâtèrent sa fin. Pison racontait que, se promenant u ir avec lui et quelques amis, Marius ur parla longtemps de sa vie passée, s faveurs et des disgrâces qu'il avait çues de la fortune, ajoutant qu'il n'é- it pas d'un homme sage de se fier vantage à son inconstance. En di- nt ces mots, il les embrassa, leur t adieu, et rentra chez lui pour se ettre au lit, d'où il ne se releva plus. oursuivi jusqu'à ses derniers moments r ses rêves de gloire militaire et des ages de combat, dans son délire il isait tous les gestes d'un homme qui ombat, se levait sur son séant, com- andait la charge, poussait des cris e victoire. Le septième jour il expira, ans sa soixante-dixième année et son eptième consulat (13 janvier 86). Il eut des funérailles dignes de lui. imbria traîna à son bûcher le grand ontife Mucius Scœvola, coupable d'avoir oulu s'interposer comme médiateur ntre les deux partis; et il l'égorgea omme ces victimes humaines qu'an- iennement on immolait sur le tombeau es grands. Mucius tomba, mais non lessé à mort. Il guérissait même, uand Fimbria l'apprenant le cita en ugement. « Eh! de quoi donc l'accuses- u? lui demandait-on. — Je l'accuse, dit- , de n'avoir pas reçu le poignard assez vant; » et il le fit achever. Marius avait onné l'exemple de ces sacrifices hu- ains : sur la tombe de Varius il avait ait couper en morceaux l'ancien censeur . César.

Cinna, resté seul, se trouva au-dessous e son rôle. Valérius Flaccus, qu'il sub- titua à Marius, ne lui apportait ni de rands talents ni beaucoup de crédit. Après avoir réduit toutes les dettes au quart, il partit pour aller combattre à sa fois Sylla et Mithridate. De sa pleine utorité, Cinna se continua pendant les eux années suivantes 85 et 84 dans le consulat, en se donnant Papirius Car- on pour collègue (1). Un calme ap- arent régnait, bien que les meurtres avaient essé, bien que chaque jour la crainte chassât de l'Italie vers le camp de Sylla e qui restait encore d'anciens nobles. Les nouveaux quirites, répartis dans les trente-cinq tribus, réduisaient au silence et à l'inaction les tribuns, le sénat, les anciens citoyens, et livraient la république à Cinna, qui, consul quatre années de suite, sans élections, exerçait une véritable royauté. Ce parti, formé de toutes les classes inférieures de l'État, montrait déjà avec quelle facilité il accepterait un maître, même indigne. La victoire allait lui en donner un autre plus grand, mais plus terrible; Sylla arrivait.

OPÉRATIONS DE SYLLA CONTRE MITHRIDATE. — Pendant que ces tra- gédies sanglantes s'accomplissaient à Rome, Sylla, tout proscrit qu'il était, combattait pour la république et sauvait son empire.

La guerre contre Mithridate était dangereuse : il fallait lutter contre un roi puissant, qui possédait toute l'Asie Mineure, le Bosphore et une flotte de quatre cents vaisseaux, une armée de trois cent mille soldats. A ces troupes il ne manquait plus rien, pas même la confiance que donne le succès. Favorisé par les circonstances, par la guerre civile qui était prête à éclater dans Rome, et par la guerre sociale qui déchirait l'I- talie, il s'était jeté sur la Cappadoce; le roi Nicomède et deux généraux ro- mains, Aquilus et Oppius, avaient été écrasés en trois batailles, la flotte de l'Euxin anéantie, et le proconsul Cassius était contraint de fuir.

L'heureux vainqueur s'était présenté partout comme le vengeur des cruautés et des exactions des Romains; aussi par- tout les villes lui avaient ouvert leurs portes et prêté serment de fidélité. Il fallait les attacher irrévocablement à sa cause; les moyens ne coûtèrent pas à Mithridate. Dans un même jour, à la même heure, quatre-vingt mille Ro- mains furent égorgés.

L'Asie était conquise; Archélaüs avec sa flotte victorieuse soumit les Cyclades, puis débarqua en Grèce, à la tête d'une nombreuse armée. Athènes, le Pélo- ponnèse, la Béotie, l'Eubée attendaient son arrivée pour faire défection. En même temps Taxile s'avançait par la Thrace sur la Macédoine, espérant écra- ser les troupes romaines entre deux armées. Le succès paraissait certain; mais l'intrépidité de Brutius Sura re-

---

(1) Durant son consulat Papirius Carbon fit élever, en vertu d'un senatus-consulte, une statue équestre à Marius.

mit tout en question. Il marcha résolument sur Archélaüs, l'attaqua, et malgré l'infériorité du nombre l'obligea de se replier sur Athènes. L'invasion était arrêtée faute d'un chef capable de la diriger. Que faisait donc alors Mithridate? Il perdait au siége de Rhodes son temps, ses troupes et son argent. Lorsque Sylla arriva avec ses légions, Archélaüs s'était renfermé dans le Pirée.

Siége d'Athènes. — Le général romain en forma aussitôt le siége, sentant bien qu'une fois maître du port, Athènes ne pourrait résister. Il attaqua avec acharnement. Dix mille attelages de mulets travaillaient chaque jour pour apporter les matériaux nécessaires aux machines. Le bois manquant, il fit couper les bosquets sacrés et les arbres du Lycée et de l'Académie; les trésors d'Épidium, d'Olympie et de Delphes furent pillés et transportés dans son camp pour solder les troupes. Au fond du sanctuaire les prêtres avaient entendu, disaient-ils, la lyre d'Apollon. « C'est un signe de joie, et non de colère! » s'écria Sylla; « le dieu lui-même nous offre ses richesses. »

Le siége du Pirée traînait pourtant en longueur; l'hiver arriva : il fallut attendre pour la fin des opérations le retour du printemps : les lenteurs de Taxile le permettaient sans danger. Sylla avait compris qu'une flotte était nécessaire pour bloquer le Pirée par mer et affamer Archélaüs; mais le printemps était arrivé, et Lucullus, malgré des ordres pressants qu'il avait reçus, ne put réunir un nombre suffisant de navires. Il fallut que le général romain se décidât à tourner ses efforts contre Athènes. Cette ville, en proie à la famine, ne pouvait tenir longtemps; et puis il voulait à tout prix « se venger des injures et des railleries obscènes qu'Ariston lançait chaque jour contre lui et contre sa femme Métella. « Sylla, criait-on du haut des murailles, en faisant allusion à son teint couperosé, Sylla est une mûre saupoudrée de farine. » Aussi lorsque le tyran lui envoya deux ambassadeurs, qui, au lieu de s'humilier, parlèrent longuement des exploits de Thésée, des Athéniens et des Mèdes, il leur répondit : « Les Romains ne m'ont pas envoyé à Athènes pour entendre vos beaux discours ou pour prendre vos leçons d'éloquence mais pour châtier des rebelles. » La famine devint bientôt telle dans la ville que le médimne de blé s'y vendait 1,000 drachmes, et que les habitants n'avaient d'autre nourriture que les herbes qu croissaient autour de la citadelle, et l cuir des souliers qu'ils faisaient bouillir Même la lampe sacrée qui brûlait toujours dans le temple de Minerve s'é teignit faute d'huile. Enfin, quelque jours après le 1er mars 86, Athènes fu surprise. Sylla fit renverser une portion de la muraille, et ne voulut entrer qu par cette brèche, à minuit, au son de clairons et des trompettes, au milieu de cris féroces de ses soldats, auxquels il laissa toute licence d'égorger et de pi ler. On ignora le nombre des morts mais le sang versé sur la place rempli tout le Céramique jusqu'au dipyle. L citadelle et le Pirée furent rasés; s'il n détruisit point Athènes, c'est qu'il vou lait bien, disait-il, pardonner aux vivant en faveur des morts.

Victoire de Chéronée. — Une foi Athènes prise, Archélaüs s'était embar qué et avait été rejoindre Taxile. Dan l'espérance d'enfermer le proconsul dan les campagnes stériles et ravagées d l'Attique, ils s'avancèrent en toute hâte mais Sylla le suivait, et avec ses quarant mille hommes, ou, selon Plutarque, ave seize mille seulement, il alla campe dans la Béotie au milieu de la plain d'Élatée, en face de cent vingt mille ba bares. A la vue d'aussi nombreux enne mis, les Romains s'effrayèrent. Syll essaya en vain de ranimer la confiance Il recourut alors aux moyens qui avaien si bien réussi à Marius : il condamna se troupes à de pénibles travaux, et leu fit détourner le cours du Céphise, leu disant, à l'exemple de Scipion Émilien « Couvrez-vous de boue, si vous n'ose vous couvrir de sang »

Las de ces fatigues et plus encore d insultes des soldats d'Archélaüs, ils do mandèrent le combat. Sylla se mit leur tête, et attaqua les barbares, san leur laisser le temps de former leur rangs. Les chars à faux manquant d'es pace pour se lancer restèrent sans effe Derrière eux étaient quinze mille esclave affranchis et armés en hoplites. Saisi d'indignation à la vue de tels ennemis es Romains, laissant leurs javelots, prirent leurs épées et se jetèrent sur eux avec fureur. Leurs rangs furent bien vite rompus, et ils répandirent le désordre dans le reste de l'armée placée derrière eux. Hortensius, pressé vivement par la cavalerie d'Archélaüs et bientôt dégagé par Sylla, put à son tour voler au secours de Muréna et mettre l'ennemi en fuite. La victoire était gagnée; cent dix mille Barbares périrent; Sylla, à en croire ses *Commentaires*, ne perdit que douze soldats.

BATAILLE D'ORCHOMÈNE. — Sylla célébrait encore à Thèbes ses succès, lorsqu'il apprit en même temps la mort de Marius et la nouvelle que le consul Flaccus s'embarquait pour l'Asie, espérant sans doute abattre à la fois Mithridate et Sylla, et recueillir seul toute la gloire de cette guerre. Sylla marcha aussitôt à sa rencontre. Il était déjà en Thessalie lorsque Dorylaüs vint débarquer à Chalcis avec quatre-vingt mille hommes. Sylla n'hésita pas à revenir attaquer l'ennemi. Les deux généraux en vinrent aux mains près d'Orchomène, dans de vastes plaines découvertes et sans arbres, par conséquent très-favorables à la nombreuse cavalerie des Barbares. Pour gêner ses mouvements Sylla fit tirer des tranchées en divers endroits. Les barbares comprirent son dessein, et attaquant les travailleurs à l'improviste, ils les dispersèrent; les troupes chargées de protéger les travaux furent même mises en fuite. Sylla, sautant à bas de son cheval et saisissant une enseigne, pousse aux ennemis à travers les fuyards. « Romains, leur dit-il, il me sera glo-
« rieux de mourir ici pour vous; quand
« on vous demandera où vous avez aban-
« donné votre général, souvenez-vous
« de répondre que c'est à Orchomène. »
Cette parole leur fit tourner tête sur-le-champ; et deux cohortes de l'aile droite étant venues à leur secours, il les mena contre l'ennemi, qu'il obligea de prendre la fuite. Après avoir fait reculer un peu ses soldats pour prendre de la nourriture, il les employa de nouveau à faire des tranchées pour environner le camp des ennemis, qui revinrent en meilleur ordre qu'auparavant. Leurs gens de trait, vivement pressés par les Romains et n'ayant pas assez d'espace pour faire usage de leurs arcs, prenaient leurs flèches à pleines mains, en guise d'épées, et en frappaient les Romains. Repoussés enfin jusque dans leurs retranchements, ils y passèrent une nuit cruelle, à cause du grand nombre de leurs morts et de leurs blessés. Le lendemain Sylla ramena ses troupes vers le camp des ennemis pour continuer les tranchées. Les barbares étant allés en plus grand nombre charger les travailleurs, il tomba sur eux si rudement qu'il les mit en fuite. Leur frayeur s'étant communiquée à ceux du camp, personne n'osa y rester pour le défendre, et Sylla l'emporta d'emblée. Il y fit un si grand carnage que les marais furent teints de sang et le lac rempli de morts. Encore aujourd'hui, près de trois cents ans après cette bataille, on trouve souvent des arcs de ces barbares, des casques, des pièces de cuirasse, des épées et d'autres armes enfoncées dans la bourbe.

TRAITÉ AVEC MITHRIDATE. — Ce fut après cette seconde et décisive victoire qu'arrivèrent au camp de Sylla, couverts d'habits de deuil, Métella son épouse, ses enfants, les sénateurs échappés aux fureurs de Marius, de Carbon et de Cinna, demandant protection et vengeance. Les nouvelles qu'ils lui apportèrent le jetèrent dans une grande perplexité. Devait-il aller délivrer Rome et le sénat, et donner ainsi à Mithridate le temps de rassembler de nouvelles forces, ou le laisser succomber sous les efforts de Fimbria, le meurtrier de Flaccus? Au milieu de ces irrésolutions Archélaüs lui fit demander une entrevue; elle eut lieu à Delium près du temple d'Apollon. Le général de Mithridate proposait à Sylla d'abandonner l'Asie et le Pont à Mithridate, et de retourner à Rome terminer la guerre civile; lui offrant pour cela, de la part de son prince, autant d'argent, de vaisseaux et de troupes qu'il en aurait besoin. Sylla, prenant à son tour la parole, lui conseilla de quitter Mithridate, de se faire roi à sa place, lui promettant l'alliance des Romains. Comme Archélaüs repoussait avec horreur cette trahison : « Eh quoi! lui dit
« Sylla, vous l'esclave d'un roi barbare,
« vous ne pouvez supporter une propo-
« sition honteuse au prix de tant de
« biens que je vous offre! et à moi, qui

« suis général romain, à moi Sylla, vous osez me proposer une trahison! comme si vous n'étiez pas cet Archélaüs fuyant de Chéronée avec quelques soldats, débris de cent vingt mille hommes, et se cachant deux jours entiers dans les marais d'Orchomène! » A ce fier langage Archélaüs courba la tête devant son vainqueur, et le supplia d'accorder la paix à son maître. Sylla dicta ses conditions : Mithridate devait renoncer à l'Asie Pergaméenne et à la Paphlagonie, restituer la Bithynie à Nicomède, la Cappadoce à Ariobarzane; payer aux Romains 2,000 talents et leur livrer soixante-dix galères tout équipées. A ces conditions, Mithridate conservait ses autres États et devenait l'allié de Rome. En attendant la réponse du roi du Pont, Sylla conduisit son armée dans la Thrace, pour punir ces peuples de leurs continuelles incursions en Macédoine et pour enrichir ses troupes. Ce fut à Larisse que des ambassadeurs de Mithridate vinrent lui apporter la réponse. Mithridate consentait à tout, excepté à abandonner la Paphlagonie et à livrer ses vaisseaux. Sylla comprit qu'on voulait profiter des embarras que Fimbria lui suscitait. Aussi s'écria-t-il avec indignation : « Il refuse d'abandonner la Paphlagonie et de me livrer ses vaisseaux, lui que je devrais voir à mes pieds me remercier de ce que je lui laisse la main qui a signé l'arrêt de mort de tant de Romains. Dans quelques jours je serai en Asie, et alors il tiendra un autre langage. » Effrayé de ces menaces, Archélaüs supplia Sylla de le renvoyer près de son maître, l'assurant qu'il lui ferait ratifier la paix aux conditions proposées.

Mithridate et Sylla se rencontrèrent à Dardanum dans la Troade. Le roi vint au-devant du général et lui tendit la main. « Avant tout, lui dit Sylla, consentez-vous aux conditions proposées? » Le roi gardait le silence. « Ignorez-vous, reprit-il, que ceux qui ont des demandes à faire doivent parler les premiers, et que les vainqueurs n'ont qu'à les écouter en silence? » Mithridate entra dans une longue apologie, et voulut rejeter les causes de la guerre, sur les dieux, sur les Romains. Mais Sylla l'interrompant : « J'avais, lui dit-il, entendu dire depuis longtemps que Mithridate était un prince très-éloquent, et je le reconnais aujourd'hui moi-même en voyant avec quelle facilité il déguise sous des paroles spécieuses les actions les plus injustes et les plus cruelles. » Alors, lui reprochan avec amertume toutes ses perfidies, il lu demande une seconde fois s'il s'en tien aux articles arrêtés avec Archélaüs. M thridate ayant répondu qu'il les ratifiai Sylla lui rendit le salut et l'embrass avec des témoignages d'affection. En suite ayant fait approcher les rois Nicomède et Ariobarzane, il les réconcili avec lui. Débarrassé d'un ennemi en core redoutable, Sylla marcha aussitô contre Fimbria, entraîna son armée, et l réduisit à se donner la mort (84). Pou empêcher ses soldats de murmurer d'un paix qui les privait de l'espérance du pi lage, Sylla frappa sur l'Asie un impô de 100 millions de francs, et fit campe ses soldats dans les villes, ordonnan que chacun d'eux recevrait par jour d son hôte 4 tétradrachmes avec un sou per pour lui et pour autant d'amis qu' voudrait amener; que chaque officie aurait par jour 50 drachmes avec un robe pour rester à la maison et une au tre pour paraître en public. C'était ache ter d'avance son armée pour la guerr civile.

LA GUERRE CIVILE. — Après avoi ainsi gorgé ses troupes de butin, Syl partit d'Éphèse avec toute sa flotte e entra le troisième jour dans le port d Pirée. Là, se voyant à la tête de quarant mille vétérans, il se souvint de sa maiso incendiée, de ses biens pillés, de ses ter res ravagées, de ses amis morts de l main de ses ennemis, et il écrivit un lettre au sénat dans laquelle il rappelai ses services et annonçait ses vengeances

Le sénat trembla. Afin de fléchir l vainqueur, il lui envoya une députation et défendit par un décret aux consuls d continuer leurs préparatifs. Mais l'auto rité de cette assemblée fut méconnu des deux partis : Cinna et Carbou parcou rurent l'Italie, soulevant toutes les ville demandant aux Samnites et aux Luca niens l'appui de leurs armes.

Sylla n'hésita point, et s'embarqu avec ses cinq légions, allant avec con fiance attaquer quinze chefs comman dant quatre cent cinquante cohortes était de l'audace; mais il comptait vec raison que ses vieux soldats triompheraient facilement de ces troupes improvisées, sans discipline, et ayant trop e chefs pour agir avec ensemble. Aun de ces chefs n'avait d'ailleurs le renom militaire de Sylla et ne pouvait ompter comme lui sur le dévouement e ses soldats. Lorsqu'il avait fait embarquer son armée, il avait affecté de raindre qu'une fois rentrés en Italie ils e voulussent se débander et se retirer hacun dans sa ville. Mais ils vinrent ous d'eux-mêmes lui jurer qu'ils resteraient sous les drapeaux et qu'ils ne ommettraient volontairement aucune iolence en Italie. Ensuite, sachant qu'il vait besoin d'argent, ils firent une collecte entre eux, et vinrent lui offrir ce u'ils avaient ainsi ramassé. Les soldats ayant eux-mêmes les frais de la guerre! e fait était nouveau. Il est vrai qu'ils royaient prêter à gros intérêts. Ce n'en st pas moins une preuve de leur dévouement à leur général. Avant même e commencement des hostilités, ceux u parti contraire massacrèrent un de eurs chefs, Cinna, le plus redoutable des dversaires de Sylla. Arrivé en Campanie, Sylla se trouva en face de l'armée du eune Marius et du consul Norbanus. Sans se donner le temps de mettre ses roupes en bataille et de leur assigner un poste, il fait sonner la charge. L'arleur et l'audace de ses soldats suppléèrent à tout; les deux généraux furent battus. Norbanus perdit à lui seul sept mille hommes, et se jeta dans Capoue. Marcus Lucullus, lieutenant de Sylla, fut aussi heureux : campé auprès de Fidentus avec seize cohortes seulement, il en avait cinquante à combattre, et il hésitait. Pendant qu'il délibérait il s'éleva tout à coup un vent doux et léger qui enlevant d'une prairie voisine une grande quantité de fleurs les porta au milieu de ses troupes; il semblait qu'elles vinssent d'elles-mêmes se placer sur les casques et les boucliers des soldats, de manière qu'ils paraissaient, aux yeux de l'autre armée, couronnés de fleurs. Encouragés par cette espèce de prodige, ils se précipitèrent sur l'ennemi, lui tuèrent dix-sept mille hommes et prirent son camp.

Cependant Sylla était toujours entouré de forces considérables; mais il recourut à la ruse. Il fit faire à Scipion, l'un des consuls, des propositions d'accommodement, et pendant qu'il multipliait à dessein les conférences, il travaillait à corrompre ses troupes, soit par l'argent, soit par les promesses; il y réussit, et bientôt Scipion se trouva prisonnier au milieu de son camp : ses soldats étaient devenus ceux de Sylla. Cette affaire fit dire à Carbon qu'ayant à combattre à la fois le lion et le renard qui habitaient dans l'âme de Sylla, c'était le renard qui lui donnait le plus d'affaires.

Peu de temps après le jeune Marius, campé près de Signium, vint offrir, à la tête de quatre-vingt-cinq cohortes, la bataille à Sylla; celui-ci, avant d'accepter le combat, voulait attendre les forces que Dolabella devait lui amener, et l'ordre avait été donné aux soldats de faire des retranchements, lorsque Marius s'avança fièrement à cheval jusqu'aux palissades. Les troupes, irritées, mettent l'épée à la main, fondent en poussant de grands cris sur les ennemis, en tuent vingt mille et font huit mille prisonniers. Marius se jeta dans Préneste. De leur côté, Pompée, Crassus, Métellus et Servilius, tous les chefs du parti des nobles qui s'étaient déclarés pour Sylla dès qu'il eut mis le pied en Italie, levaient des troupes et combattaient dans le nord et au centre pour la même cause, l'abaissement du parti populaire. Mais cette faction était toujours maîtresse de Rome. Le jeune Marius y renouvela les massacres ordonnés par son père. Les plus illustres sénateurs, ceux qui étaient courageusement restés à leur poste pour représenter la république et la liberté au milieu des partis furieux, furent égorgés dans la Curie même.

Laissant Lucrétius Ofella devant Préneste, Sylla entra dans Rome, qu'il ne fit que traverser, pour courir en Étrurie contre Carbon, qui, battu dans toutes les rencontres, s'embarqua pour l'Afrique, au moment même où lui arrivait un secours inespéré.

Le Samnite Télésinus avait avec le Lucanien Lamponius rassemblé un corps de troupes, et marchait sur Préneste, dans l'espoir de délivrer Marius, qui y était assiégé. Mais, informé que Sylla et Pompée s'avançaient pour l'envelopper, il décampe au milieu de la nuit et marche sur Rome même; il voulait, disait-il, « enlever et détruire ce repaire de loups ravisseurs de l'Italie ». Une nuit passée dans l'inaction sauva la ville. Le lendemain Balbus accourut avec sept cents chevaux; Sylla le suivait de près. Il arrive, et refusant d'écouter Torquatus et Dolabella, qui le supplient de remettre le combat au lendemain, il range ses troupes en bataille et attaque Télésinus; on se battit le reste du jour et la nuit entière. Malgré tous les efforts de Sylla, l'aile gauche, qu'il commandait, fut culbutée, et des fuyards allèrent annoncer sous les murs de Préneste sa défaite et sa mort. Mais Crassus, vainqueur à l'autre aile, avait poursuivi l'ennemi jusqu'à Antemnæ. Pontius Télésinus avait trouvé une mort glorieuse sur un champ de bataille couvert de cinquante mille cadavres, dont la moitié étaient romains.

Toute résistance devenait inutile, les Prénestins ouvrirent leurs portes; le jeune Marius et le frère de Télésinus s'entretuèrent, dans la crainte de tomber au pouvoir du vainqueur.

LES PROSCRIPTIONS. — En échappant aux mains de Télésinus, Rome avait sans doute échappé au pillage, à l'incendie et au meurtre; mais elle ne devait pas se réjouir longtemps de la victoire de Sylla. Dès le lendemain du combat de la porte Colline, Sylla haranguait le sénat dans le temple de Bellone; tout à coup on entendit des cris de désespoir; l'assemblée est dans la terreur : « Ce sont quelques séditieux que je fais châtier, dit-il »; et il continua son discours : on égorgeait six mille prisonniers samnites et lucaniens!

Il désigna d'abord aux coups de ses sicaires les citoyens contre lesquels il avait des haines particulières; puis pour récompenser le zèle de ses amis il leur abandonna leurs ennemis. La ville était déjà remplie de sang, lorsque Caïus Métellus osa lui demander en plein sénat quel serait le terme de tant de crimes. « Nous ne vous demandons pas, ajouta-t-il, de sauver ceux que vous avez destinés à la mort, mais de tirer de l'incertitude ceux que vous avez résolu de sauver. — Je ne sais, répondit Sylla, ceux que je veux laisser vivre. — Eh bien, reprit Métellus, déclarez-nous ceux que vous voulez sacrifier. » Le jour même il fit publier les noms de quatre-vingts citoyens; le surlendemain les tables de proscription contenaient les noms de deux cent vingt personnes, puis vint une troisième liste de pareil nombre. « J'ai proscrit, dit-il au peuple, tous ceux dont je me suis souvenu, et ceux que j'ai oubliés je les proscrirai à mesure que leurs noms reviendront à ma mémoire. » Il ajouta bientôt à ces listes fatales ceux qui avaient reçu et sauvé un proscrit, fût-ce un frère, un fils ou un père. Les meurtres étaient payés quelques-uns jusqu'au prix de deux talents, le meurtrier fût-il un esclave ou un fils. Un homme se signala dans ces temps funèbres. Catilina avant que la guerre fût terminée, avait tué son frère; quand Sylla commença ses listes il le pria de mettre sur une de ses listes le nom de son frère, ce qui légitimait son crime. Pour reconnaître ce service il s'enrôla parmi les sicaires, tua de sa propre main M. Marius, et porta sa tête à Sylla, alors assis sur son tribunal dans la place publique; après quoi il alla froidement laver ses mains dégouttantes de sang dans le vase d'eau lustrale placé à la porte du temple d'Apollon. Jules César, alors âgé de dix-huit ans, avait été inscrit sur les listes fatales; il dut la vie aux larmes de sa famille et des vestales : « Je vous le laisse, dit le proconsul, mais dans cet enfant je vois plusieurs Marius. »

Du 1er décembre 82 au 1er juillet 81, on tua impunément; si on ne tuait plus par haine, on tuait par cupidité : aussi disait-on : Celui-ci, c'est sa belle maison qui l'a fait périr; celui-là, ses magnifiques souliers; cet autre, ses bains superbes. Un citoyen obscur lisait au Forum la liste fatale. Tout à coup il y voit son nom. « Malheureux que je suis, s'écrie-t-il, c'est ma maison d'Albe qui me tue. » Il eut à peine fait quelques pas qu'un homme qui le suivait l'égorgea. Les biens des proscrits, en effet, étaient confisqués, et Sylla, les regardant comme un butin légitime, les gardait pour lui, ou les distribuait à des courtisanes et les vendait à vil prix. Rome n'eut pas seule à souffrir; les villes de l'Italie qui s'étaient dans la dernière guerre déclarées contre le vainqueur virent la proscription le

ITALIE.

eindre. A Préneste douze mille habitants furent égorgés ; c'était la ville entière. Sylla ne voulait faire grâce qu'à h hôte : « Je ne veux point devoir ma au bourreau de ma patrie ! » s'écria-t-il ; et il se rejeta au milieu de ses comtriotes, où il trouva la mort.

Dictature de Sylla. — Dictateur fait, Sylla voulut l'être de droit. Il rétablir pour lui-même la dictature, gnité suspendue à Rome depuis cent gt ans. Le peuple déclara qu'il ratifit tous ses actes, qu'il lui donnait le oit de vie et de mort, le pouvoir de nfisquer les biens, de partager les ters, de bâtir des villes, d'en détruire autres, d'ôter et de donner les royaumes à son gré. Il inaugura sa nouvelle gnité par un triomphe. On porta à te solennité les riches dépouilles des is de l'Asie ; mais le plus bel ornement de son triomphe était une foule illustres personnages qui, bannis par rius, suivaient le char couronnés de urs, en donnant à Sylla les noms de re et de Sauveur. La pompe termie(1), il fit dans l'assemblée du peuple pologie de sa conduite, rappela avec in les faveurs de la fortune, et termina ajoutant à son nom de Sylla celui de élix. Nous exposerons ailleurs sa législion, dont tout l'esprit peut se résumer quelques mots : Restauration du uvernement aristocratique.

Quand Sylla eut tué par ses lois, il le oyait du moins, ce parti populaire dont avait tué les chefs par ses proscripons, il rentra audacieusement dans la œ privée. Il fallait qu'il eût une bien rande foi dans son bonheur, pour oser, orès avoir égorgé tant de milliers de toyens, après avoir fait tant et de si rands changements dans la république, démettre volontairement de la dicture, rendre au peuple les élections onsulaires, et descendre sans escorte ur la place publique, confondu dans la ule, prêt à rendre compte de sa conuite. Toutefois, en abdiquant (79) il avait pas de grands dangers à courir : sénat était rempli de ses créatures,

) (1) *Voyez* la seconde partie de l'*Italie Ancienne*, chapitre V : *Organisation politique es Romains et développements successifs de ur constitution*.

il avait dans Rome ses dix mille Cornéliens, esclaves des proscrits qu'il avait affranchis et ses cent vingt mille vétérans, répandus, il est vrai, dans toute l'Italie, mais qui se seraient réunis promptement à la voix de leur ancien général pour châtier quiconque aurait osé élever la voix contre lui. Pourtant au moment où il renvoya ses licteurs pour se mêler à la foule, un jeune homme le poursuivit longtemps de ses injures. Sylla se contenta de dire : « Ce jeune homme sera cause qu'après moi un autre ne se désistera pas de la puissance qu'il aura acquise. » Avant de quitter le pouvoir, il avait fait au peuple de magnifiques adieux. Pendant plusieurs jours il l'avait gorgé de viandes, de vins précieux, de mets recherchés, et avec une telle profusion que chaque jour on en jetait dans le Tibre. Retiré dans sa maison de Cumes, Sylla passait le temps au milieu des orgies, ou bien occupé à rédiger ses mémoires. Deux jours avant sa mort il mettait la dernière main à son vingt-deuxième livre, et y rappelait que les Chaldéens lui avaient prédit que jusqu'à sa dernière heure il serait heureux et tout-puissant. La prophétie s'accomplit. Quelques jours auparavant il avait apaisé une sédition qui s'était élevée entre les habitants de Dicéarchie, et leur avait donné des lois touchant le gouvernement de leur cité. La veille de sa mort, apprenant que le questeur Granius, qui devait au trésor public une somme considérable, comptait se l'approprier dès que Sylla ne serait plus, il le fit venir et étrangler au pied de son lit. Dans cette colère un abcès creva, il rendit beaucoup de sang, et le lendemain il mourut. Sa maladie avait été affreuse. Ses chairs, décomposées, tombaient en pourriture et engendraient incessamment une innombrable vermine. Le demi-dieu n'était qu'un objet de dégoût et d'horreur.

On lui fit des funérailles telles que Rome n'en avait pas vu encore. Les vétérans, appelés de leurs colonies, escortèrent son cadavre de Pouzzoles jusqu'à Rome. Un décret du sénat lui avait décerné l'honneur insigne d'une sépulture dans le Champ de Mars. Le corps était dans une litière dorée ; autour d'elle on portait les insignes de la dictature, et plus de deux mille couronnes d'or envoyées par les villes et les légions. L'armée précédait et suivait, comme pour un dernier triomphe, et, à intervalles égaux, les trompettes sonnaient des airs funèbres. Les populations accouraient, les femmes surtout, qui, pour honorer le favori des dieux, répandaient sur son passage les plus précieux parfums. Le sénat, les magistrats, les vestales, les prêtres, revêtus de leurs insignes, et tout l'ordre équestre attendaient le cortége aux portes de Rome pour l'accompagner au Forum. Après l'éloge funèbre, les sénateurs eux-mêmes chargèrent le corps sur leurs épaules jusqu'au Champ de Mars, et le déposèrent sur un bûcher. Sylla avait voulu qu'on brûlât son cadavre, pour qu'un vengeur de Marius ne pût profaner son tombeau. Il avait lui-même composé son épitaphe; elle était véridique. Nul n'a fait jamais plus de bien à ses amis, ni plus de mal à ses ennemis. Ainsi mourut dans la soixantième année de son âge, tranquille et sans remords, cet homme qui a laissé dans l'histoire de si sanglants souvenirs, mélange de superstitions et d'impiété, de mollesse et de courage, de vices honteux et de hautes pensées; grand par l'esprit, misérable par le cœur; homme du temps présent par ses mœurs, du temps passé par ses idées. Deux jours avant sa mort il travaillait encore au vingt-deuxième livre de ses *Commentaires*, qu'il légua à Lucullus avec la tutelle de son fils. Les derniers mots que traça sa main défaillante célébrèrent encore son bonheur. Heureux et tout-puissant jusqu'à sa dernière heure, disait-il, comme les Chaldéens le lui avaient promis, il ne lui manquait que de pouvoir faire lui-même la dédicace du nouveau Capitole. Cependant au milieu de ses occupations tranquilles parfois le maître impitoyable reparaissait.

POMPÉE.

ÉTAT INTÉRIEUR DE ROME APRÈS LA MORT DE SYLLA. — Sylla n'était plus, et le peuple revenait à peine du Champ de Mars, où il avait suivi en foule les funérailles de l'homme terrible, que Lépidus, l'un des consuls, proposait d'abolir tous ses actes. C'était le premier indice de la vie politique qui allait recommencer à Rome; la vie politique c'est-à-dire, à cette époque, le désordre la lutte des partis, le conflit des passions et des ambitions rivales, les cris des démagogues, les séditions sur le Forum, les prises d'armes et les guerres civiles.

Sylla avait refoulé rudement le flot populaire. Le pouvoir des tribuns et celui des comices presque anéantis; les chevaliers, cet ordre nouveau dont le second des Gracques avait voulu faire le lien des deux autres, privés de la place que Caïus leur avait donnée dans l'État; le sénat investi de toute autorité, voilà par quelles mesures Sylla avait pensé rendre à la constitution romaine son ancienne force. L'époque où nous entrons fut consacrée à défaire son œuvre, et à descendre du point où il avait fait remonter la constitution romaine, cette pente rapide qui devait mener à la monarchie populaire. Cette révolution devait s'accomplir, parce qu'elle avait sa source dans les besoins réels du peuple et de tout l'empire, que les plus habiles politiques n'auraient su tromper longtemps, que les plus violents dictateurs n'auraient pu étouffer. Mais jetons un coup d'œil sur la situation de la république et des partis au sortir de la dictature de Sylla; voyons quels hommes vont diriger la génération nouvelle et prendre part à cette révolution de quarante-huit ans, soit pour lui résister, soit pour l'entraîner.

Quand les corps politiques perdent leur indépendance, ils perdent bientôt leur dignité; et quand ils ont perdu l'une et l'autre ils ne sont plus que les misérables jouets des ambitieux qui s'en servent en les méprisant. Tel était le sénat. Encore fier avant Marius, quoique déjà divisé et ébranlé par la corruption des mœurs privées et politiques, le sénat s'était vu décimé, avili par le paysan d'Arpinum, puis il s'était habitué, sous la rude protection de Sylla, au silence et à la servitude. Quand, à la mort du dictateur, il sortit de ce sommeil, il avait oublié toutes ces traditions du passé qui l'avaient si longtemps soutenu; timide, incertain, il fut embarrassé de ces immenses pouvoirs que Sylla avait accumulés dans ses mains, et, fléchissant sous le poids du gouvernement qui retomb[ait] sur lui, il chercha à se mettre à la su[ite] e quelque homme illustre et populaire ui le soutînt dans son crédit. Plusieurs ersonnages attiraient alors et partaeaient à des titres différents l'attention u public. Le sénat, si puissamment favorisé par Sylla, devait nécessairement attacher à ceux d'entre eux qui avaient uivi le parti du dictateur. En première gne était Pompée.

Fils de Pompeius Strabo, ce général étesté de ses soldats et peut-être égorgé r eux, Cn. Pompeius, à peine âgé de ingt-huit ans à la mort de Sylla, jouisait déjà d'une gloire brillante. Dès sa unesse il s'était signalé par des actions eines de courage et d'audace. Dans ne révolte excitée par Cinna dans le amp de son père, on l'avait vu se jeter a travers de la porte devant les soldats rêts à sortir, et imposer par sa fermeté l'insolence des plus mutins. Plus tard, défendit la mémoire de son père devant le tribunal, et eut un tel succès que juge Antistius lui donna sa fille en lariage. Il avait été auparavant l'occaion du meurtre de Cinna, que les soldats assacrèrent sur le bruit qu'il avait fait érir Pompée. Mais ce qui lui attira surout de la renommée, ce fut la conduite u'il tint au temps de Carbon : de sa ropre autorité, il leva des troupes dans Picénum, où il avait de grandes proriétés, s'en fit le général à vingt-trois ns, battit coup sur coup trois armées ui l'environnaient; et quand il remit Sylla ces troupes nouvelles, déjà bien istruites et victorieuses, il reçut l'homage le plus flatteur du vainqueur de lithridate, qui le salua du nom d'impeator, et descendit même de cheval pour ller à sa rencontre. Sylla ne cessa point e témoigner une grande estime et une orte de condescendance à ce jeune homue qui avait si bien servi sa cause. Il lui t répudier Antistia, pour qu'il épouât Æmilia, fille de Métella, sa femme; uis il le chargea d'aller réduire les deriers restes du parti de Carbon : Persenna, qui s'était réfugié en Sicile, et omitius, qui s'était retiré en Afrique.

Mais les rapides succès du jeune géiéral dans ces deux provinces commenèrent à inquiéter le dictateur, et il lui nvoya l'ordre de quitter le commandeient et de revenir en Italie. Tel était mamour que Pompée avait inspiré à ses soldats, qu'il fut obligé de descendre aux prières et aux larmes pour obtetenir d'eux la permission d'obéir. Sylla ne put se défendre d'admirer l'ascendant merveilleux exercé par ce jeune homme, et lui donna le surnom de Grand, *Magnus*, que ses contemporains lui confirmèrent. Pompée tenait pour Sylla; cependant il fit quelques actes d'indépendance assez hardis, soit pour attirer l'attention, soit pour faire entendre qu'il voulait être excepté de la soumission commune. Il demanda le triomphe, et, comme Sylla le lui refusait, il osa persister et dire que le soleil levant avait plus d'adorateurs que le soleil couchant. « Qu'il triomphe donc! qu'il triomphe! » s'écria Sylla, étonné et presque interdit de tant de liberté. Plus tard il fit élire consul Lépidus, encore malgré Sylla, et ne craignit pas de montrer de la joie de son succès. D'où vient que Sylla le respecta ainsi, tandis qu'un autre jeune homme, César, était poursuivi par lui avec animosité? Pensait-il qu'il serait un jour le soutien de la cause patricienne? Avait-il jugé que dans cette âme élevée, dans ce génie militaire, il y avait bien l'étoffe d'un grand capitaine, mais non d'un grand politique, et que, loin d'être dangereux, il ne serait qu'une vaillante épée au service de la constitution syllanienne? Quelque chose manqua en effet à Pompée pour être un homme du premier ordre : ce fût le génie politique. Il eut du reste des vertus et des qualités éminentes. Simple et modeste dans ses mœurs, ses mains étaient pures et n'avaient jamais pris part aux pillages des partisans de Sylla. Sobre, frugal, rompu aux fatigues, il passait des nuits à méditer sur l'art militaire, également bon soldat et bon capitaine. Il refusait de se soumettre aux exigences d'un parti; quoique éloquent et doué d'avantages extérieurs qui charmaient, il manquait de cette facilité, de cette souplesse qui se plie à tous les rôles, qui circonvient, enlace, attire, et que César possédait à un si haut degré. Ambitieux, il ne comprit pas qu'à cette époque on ne pouvait exercer une influence durable sans se faire le chef d'un parti, sans vouloir fermement quelque chose, et cette chose la vouloir jusqu'au bout. Toujours à moitié dans la légalité, à moitié dans l'intri-

22ᵉ *Livraison*. (ITALIE.)

gue, il ne fut qu'un aventurier politique.

Incapable de flatter le peuple et de condescendre à ses caprices, il s'écartait avec une sorte de mépris du sénat, et ne se rendit quelquefois à ses sollicitations qu'avec mauvaise grâce et pour un temps. Il semblait croire que toute la république dût être aux pieds du *grand Pompée*.

A défaut de Pompée, qui refusait d'enchaîner sa fortune à la cause chancelante du sénat, cette compagnie tournait ses regards vers plusieurs autres hommes, dont le plus influent était Crassus.

Crassus avait perdu toute sa famille dans les proscriptions de Cinna; obligé de fuir en Espagne et de se tenir caché huit mois dans une caverne, il revint auprès de Sylla triomphant. Il demandait une escorte pour aller faire des levées chez les Marses : « Pour escorte, lui dit Sylla avec colère, je te donne ton père, ton frère, tes amis indignement égorgés au mépris des lois et de la justice, et dont je poursuis les meurtriers. » Il servit le dictateur avec zèle et succès. Mais, quoique plus âgé que Pompée, puisqu'il avait près de quarante ans à la mort de Sylla, il ne pouvait égaler ses talents et sa gloire militaire, et en était jaloux. On parlait devant lui du grand Pompée, « Quelle taille a-t-il? » demanda-t-il avec ironie. L'importance que les armes ne lui donnaient pas, il la chercha par d'autres moyens. Habile orateur, il se mettait au service de tous, en même temps qu'il acquérait d'immenses richesses et devenait propriétaire de tout un quartier de Rome. Il jouissait d'une influence plus réelle peut-être que celle de Pompée, mais non pas de la même estime. On lui reprochait les moyens honteux qu'il employait pour s'enrichir. Ambitieux de second ordre, sans vue ni patience, il voulait dominer au jour le jour, et cette ambition dépourvue de grandeur le jetait dans des contradictions politiques qu'il affichait sans pudeur. « Il n'était, dit Plutarque, ni ami constant, ni ennemi irréconciliable, et passait aisément, suivant son intérêt, de la haine à la faveur et de la faveur à la haine. » Un tel homme devait inspirer peu de confiance, et se montrait lui-même peu empressé de répondre aux prières du sénat.

Un homme déjà connu comme habile capitaine, bien qu'il ne se fût pas encore couvert de gloire dans ses fameuses campagnes d'Asie, était Lucullus. Il s'était signalé par sa fidélité et ses succès au service de Sylla : c'est lui qui avait refusé de donner à Fimbria, lieutenant séditieux et révolté, la gloire de prendre Mithridate. Du reste, il semblait peu fait pour la politique, et ne demandait qu'à gagner des victoires ou à mener cette vie voluptueuse qui devait exciter plus tard les railleries de Caton et de Crassus. Ajoutons qu'il aimait les lettres et qu'il écrivait en grec aussi aisément qu'en latin.

Métellus Pius passait pour général expérimenté, mais il était dépourvu de tout prestige et de toute influence politique.

Le sénat trouvait dans Catulus un défenseur sincère, un homme doux, honnête et loyal. C'était le fils du vainqueur des Cimbres, du rival de Marius. Sans avoir la rigidité de Caton, il ne manquait pas de fermeté. Sa probité était reconnue de tous les partis. On l'appelait le plus honnête homme de l'État; estimé de tous les citoyens, il était écouté avec respect par le peuple. Son éloquence était pure, simple, élégante, pleine de dignité. Couvert par la gloire de son père, il en acquit aussi par lui-même : il eut l'honneur, envié de Sylla, de dédier le nouveau Capitole et d'y voir inscrire son nom. Plus tard l'empereur Galba se faisait gloire de descendre de Catulus Capitolinus. Mais ce sage manquait de l'éclat nécessaire pour éblouir le peuple et soutenir un parti. Il ne refusait pas d'être le chef du sénat et de se dévouer à cette tâche; mais le sénat sentait bien qu'il était insuffisant, et cherchait des appuis dans les hommes d'une renommée plus éclatante, comme Pompée et Crassus.

Quant à Cicéron, homme nouveau, Italien, âgé seulement de vingt-huit ans, à peine connu par deux plaidoyers courageux contre des partisans de Sylla, nul sénateur ne songeait encore à lui.

Telle était donc la situation du sénat, sans chef habile et imposant, mal soutenu par la faction aristocratique, dont une partie se groupait autour de Pompée et de Crassus; et il lui fallait porter

...éritage de Sylla, le défendre contre ...s attaques violentes et gouverner Rome ...ns ces temps difficiles!

Les ennemis des réformes de Sylla ...aient bien autrement forts et nom-...eux; c'étaient les chevaliers, c'étaient ...s tribuns, c'était presque tout le peu-...e de Rome et de l'Italie.

Mais ce vaste parti manquait lui-même ...nité. Les chevaliers ne pouvaient ...ire cause commune avec le peuple, et ...ttaquaient la législation de Sylla que ...ur recouvrer leurs privilèges, leurs ...rmes, leurs revenus et la liberté de ...ller sans crainte les provinces. Pour-...ivis par Sylla, c'était une animosité ...rsonnelle qui les soulevait contre ses ...ltes.

Dans le peuple lui-même la réaction se faisait pas ouvertement et avec ...olence. Il semblait que l'ombre du dic-...teur le tînt encore en respect. Son ...mbre, c'étaient les cent vingt mille lé-...onnaires qu'il avait établis en Italie, ...les dix mille Cornéliens qu'il avait ré-...mdus dans la ville. On craignait des ...mmes violents, hardis, prêts à tout, ...ibitués aux excès, qui imposaient au ...tit peuple. C'étaient simplement des ...ms avides, sans patrie et sans parti, ...ii s'étaient vendus à Sylla et ne feraient ...s difficulté sans doute de se vendre à ...elque autre quand ils auraient dissipé ...s largesses. Il faut y joindre tous les ...mmes que les proscriptions avaient ...és dans la misère, et qui, pour la ...upart, au milieu du sang et des ruines, ...saient perdu tout sens moral, toute ..., tout respect; hommes prêts à bou-...rerser l'État par vengeance, par haine, ...r envie, par cupidité. Cette faction ...sse et crapuleuse n'était pas le vrai ...rti populaire; elle n'avait pas alors, à ...oprement parler, de chef. Mais L. Ser-...us Catilina, homme d'environ trente ...s, connu seulement par les meurtres ...nt il s'était souillé dans les proscrip-...ons de Sylla, couvert du sang de son ...re et peut-être aussi de son fils, com-...ençait à rassembler ces éléments im-...rs pour s'en faire un instrument de ...struction.

Le vrai parti populaire, qui conser-...it les traditions des Gracques et de ...arius, était ouvertement dirigé par ...pidus, personnage de peu de valeur, turbulent sans dessein réfléchi. En réalité, il manquait de chef sérieux. Sertorius, l'ancien compagnon de Cinna, l'un des derniers débris de la génération précédente, était relégué en Espagne, et devait y trouver son tombeau. Mais un jeune homme, âgé de vingt-deux ans, donnait de grandes espérances à ce parti dispersé, affaibli et réduit au silence par le dictateur. C. Julius Cæsar, d'une antique et illustre famille, s'était rattaché dès sa première jeunesse au souvenir des plus fameux chefs populaires. Parent de Marius, il avait épousé Cornélie, fille de Cinna; et, malgré les invitations et les menaces de Sylla, il avait constamment refusé de la répudier. Il osa même demander au peuple le sacerdoce, bravant ainsi le dictateur, qui crut *entrevoir en lui plusieurs Marius*. Il fut proscrit, s'enfuit au pays des Sabins, puis en Asie auprès de Nicomède. On ne connaissait encore de lui que son audace en présence de Sylla, son étonnante captivité chez les pirates, son éloquence adroite et séduisante, son amour pour les plaisirs, son affabilité, sa douceur, la grâce de ses manières. Il n'avait pas jeté, comme Pompée, un éclat subit, et il eût fallu un œil bien habile pour reconnaître en lui le futur maître de Rome et le plus grand capitaine de l'antiquité.

En face d'une telle situation, en présence de ces éléments confus et désordonnés, de tant d'hommes puissants, dont un ou deux à peine conservaient le culte de la république, tandis que les autres, animés d'ambitions personnelles, ne travaillaient que pour eux, et, cachant leurs desseins, se préparaient des leviers et des forces soit dans la ville, soit dans les camps. A ce spectacle, les hommes soucieux de l'avenir devaient être profondément inquiets. De grands changements étaient inévitables. On était au bord d'un abîme, et il fallait marcher. Aussi presque tout le monde hésitait avant de se lancer dans des voies nouvelles et de porter atteinte à cette paix établie par Sylla.

TENTATIVE DE LÉPIDUS POUR RENVERSER LES LOIS DE SYLLA. — Lépidus n'eut pas ce scrupule, et dès le premier moment il justifia les prévisions de Sylla en proposant d'abolir sa législation. Il était consul avec Catulus, de sorte que les chefs des deux grands partis de la république partageaient la première magistrature de l'État. Catulus conseillait l'énergie, et appelait à Rome les colons de Sylla. Mais le sénat se répandit en prières pour calmer ces deux rivaux et détourner Lépidus de ses desseins. Quoi donc! fallait-il déjà rentrer dans les voies de la violence et des proscriptions? Craignait-on de prolonger trop longtemps un repos si nécessaire après les plus cruelles secousses? Douceur, ménagements, supplications, rien ne fut épargné. On parvint enfin à faire jurer aux deux consuls qu'ils ne se feraient pas la guerre, et Lépidus partit pour la Cisalpine, tandis que Catulus restait en Italie.

A l'appel de Lépidus, César était accouru d'Asie ; mais quand il vit les choses de plus près il jugea que le temps n'était pas venu d'agir, et que l'entreprise de Lépidus était prématurée. Celui-ci persistait dans ses desseins malgré son serment. Retiré à Volaterra, refuge de tous les proscrits et de tous les mécontents, il s'y entourait de Perpenna, ancien partisan de Marius, et de Céthégus, jeune homme violent qui avait été un satellite de Sylla. Quand son consulat fut expiré, on le nomma proconsul dans la Narbonnaise ; c'est alors qu'il jeta le masque : soutenu par les habitants de sa province et par Junius Brutus, gouverneur de la Cisalpine, il se mit à la tête d'une armée, grossie chaque jour par des proscrits qui attendaient de sa victoire la restitution de leurs biens. Il la conduisit hardiment sur Rome. Rien ne l'arrêta jusqu'au Janicule, et Rome, à la vue de cette armée menaçante, se crut revenue aux temps de Marius. Il avait compté sur un mouvement dans la ville ; mais Catulus prit des mesures promptes, et ajouta deux articles à la loi Plautia *de vi publica*, pour lui donner plus de force et d'étendue. Les vétérans de Sylla accouraient à Rome. Pompée accepta la défense du sénat, pour ne pas en laisser la gloire à un autre et pour maintenir un état de choses encore favorable à sa puissance.

Catulus et Pompée vinrent à la rencontre de Lépidus, près du pont Milvius. Une foule innombrable était sortie de Rome, et du champ de Mars, séparé seulement par le Tibre du lieu combat, assistait à ce spectacle.

Les soldats de Lépidus ne pure soutenir l'ardeur des légionnaires sénat. Ils prirent la fuite, et aussi toute la foule qui regardait passa fleuve, se répandit sur le champ de b taille et se mêla avec joie aux vainqueu Catulus ramena dans la ville une arm victorieuse, et cependant pleine d'ord de discipline et de respect pour les toyens, ce qui ne s'était pas vu depu longtemps. Tout le monde lui sut g d'avoir au moins différé par sa victo le moment où la lutte des partis reco mencerait à Rome.

Pompée s'était détaché pour pou suivre les rebelles jusque dans la Cis pine. Lépidus crut qu'il fallait profit de son absence, et revint audacieus ment sur Rome avec les débris qu avait rassemblés. Les sénateurs, surpri voulaient, dans leur frayeur, offrir d accommodements. L'orateur Philip leur demanda s'ils étaient pressés de voir les proscriptions de Marius, et le fit comprendre qu'au moment où Se torius et Mithridate ébranlaient les de extrémités de l'empire, c'était d'u souveraine imprudence de laisser les p turbateurs se relever au cœur de la publique. Catulus marcha contre Lé dus, le battit, et le força de s'enfuir Volaterra.

Cependant Pompée avait vaincu parti dans toute la Cisalpine. Juni Brutus, enfermé dans Modène, s'ét rendu à lui. On lui reproche sa perfi à l'égard de ce citoyen, qu'il fit condu jusqu'à Reggio, suivant les condition mais qui fut assassiné dans cette vi par ses ordres. Il avait d'abord écrit sénat que Brutus s'était rendu volo tairement et plein des meilleures dis sitions ; dans une seconde lettre, il l'a cabla des accusations les plus grav Ce trait fait peu d'honneur à Pomp Cependant il redescendait vers Rom Lépidus, craignant d'être pris en deux armées, se rejeta vers la côte d'I trurie. Battu près de Cosa par Catul il prit position sur le mont Argentari sorte de presqu'île, qui ne tient à la te que par un môle, souvent couvert les eaux de la mer. Catulus l'y assiég i rendit impossible le retour en Italie, écrivit au sénat que la guerre était terminée. Lépidus, en effet, n'eut plus autre ressource que de s'enfuir en Sardaigne, où il mourut bientôt après.

A la fin de cette guerre, qui avait étouffé en Italie la réaction populaire, se trouva que Pompée en avait le plus profité. Il était à la tête d'une armée qui venait de vaincre sous lui, et lorsque Catulus lui ordonna de la licencier, il feignit de ne pas entendre, se approcha de Rome, et demanda la direction de la guerre contre Sertorius. Cette guerre languissait entre les mains de Métellus ; et Pompée, jeune, actif, plein d'ardeur, semblait alors seul capable d'y mettre fin. Le sénat n'avait point à choisir : Pompée avait une armée, était prudent de l'entendre à demimot, et de ne pas le réduire à donner des ordres. Dans la position indépendante qu'il s'était faite, libre de tout engagement, demeuré en dehors des partis, les nobles avaient tout intérêt à ménager un homme aussi puissant, qu'une résistance imprudente eût pu jeter dans le parti populaire, tandis qu'il semblait porté, si on le laissait faire, à s'attacher au parti des grands. Le sénat laissa donc de côté une fierté intempestive, et accorda de bonne grâce ce qu'au fond il n'eût pas été fâché de pouvoir refuser. Pompée fut envoyé en Espagne.

GUERRE DE SERTORIUS. — Nous connaissons déjà Sertorius, ce Sabin qui fut, comme Marius, sans aïeux et sans postérité, et, comme lui, meilleur général que politique habile. Il s'était distingué dans la guerre des Cimbres. Lors du désastre de Cépion il avait eu un cheval tué sous lui dans la bataille, et il avait été blessé ; néanmoins il traversa le Rhône à la nage avec sa cuirasse et son bouclier. Quand Marius fut chargé du commandement de l'armée et que les Barbares reparurent, Sertorius lui offrit de pénétrer comme espion dans le camp des ennemis. Il apprit les termes les plus communs de leur langue, et, ayant pris un habit gaulois, il alla se mêler à ces barbares. Après y avoir vu et entendu ce qu'il importait le plus de savoir, il retourna vers Marius, qui lui décerna le prix du courage.

Durant la guerre Sociale il fut encore l'intermédiaire entre le sénat et les Gaulois Italiens, qu'il sut retenir dans la fidélité. Dans les combats auxquels il prit part alors, il déploya toujours la plus brillante valeur, et perdit un œil d'une blessure. Le peuple aimait encore ces preuves de l'antique vertu. La première fois que Sertorius parut au théâtre après sa blessure, il fut reçu avec d'unanimes applaudissements. Cependant lorsqu'il demanda le consulat les amis de Sylla combattirent sa candidature, et il échoua. Aussi se jeta-t-il dans le parti opposé, sans beaucoup d'enthousiasme néanmoins pour Marius, dont il connaissait et redoutait le despotisme et l'ambition. Il aurait voulu que Cinna ne l'eût pas rappelé ; et quand le vainqueur des Cimbres eut rempli Rome de carnage, il fit égorger en une nuit quatre mille des assassins instruments ordinaires de ses vengeances. La mort de Marius et la ruine de son parti après le retour de Sylla lui firent quitter l'Italie. Il partit pour l'Espagne, afin d'y préparer un asile pour ceux de ses amis qui pourraient s'échapper de Rome.

Il lui fallut pour traverser les montagnes payer aux barbares le prix du passage ; ceux qui l'accompagnaient s'en indignaient. « Ce que j'achète, leur dit-il, c'est le temps, le bien le plus précieux pour qui aspire à de grandes choses. » Il arriva en Espagne en l'année 82 avec le titre de préteur, étudia le pays, ses ressources, l'esprit des habitants, et les gagna par sa douceur, qui contrastait avec la rapacité et l'insolence des gouverneurs ordinaires. Il avait déjà servi dans la péninsule après la guerre des Cimbres comme tribun militaire, et mérité l'estime des Espagnols en les battant par un adroit stratagème.

Il commandait dans la ville de Castulon. Ses soldats, y vivant avec la plus grande licence, furent surpris une nuit par les habitants réunis à un corps venu d'une ville voisine. Sertorius s'échappa avec quelques hommes, fit le tour de la ville, et, trouvant encore ouverte la porte par où l'ennemi était entré, il s'en saisit, et égorgea tout ce qui était en état de porter les armes. Après cette exécution sanglante, il fait prendre à ses soldats les habits des barbares qu'ils avaient tués, et marche sur leur ville. Les habitants, trompés par ce déguisement, sortirent en foule au-devant de ceux qu'ils prenaient pour leurs concitoyens. La plus grande partie fut tuée près des portes, les autres furent vendus à l'encan. Cet exploit rendit son nom célèbre dans toute la péninsule, et quand il y reparut sa réputation attira autour de lui de nombreux volontaires ; malheureusement ses préparatifs n'étaient pas achevés lorsqu'un lieutenant de Sylla, le proconsul Annius, se dirigea sur l'Espagne avec une nombreuse armée. Julius Salinator, qu'il avait chargé de garder le passage des montagnes, repoussa toutes les attaques ; mais un traître l'ayant assassiné, ses six mille hommes se débandèrent, et Annius pénétra dans la province (81). Sertorius, trop faible pour lui tenir tête, recula jusqu'à Carthagène.

Partout Sylla triomphait ; la terre lui obéissait et rejetait les proscrits ; la mer seule était libre encore. Sertorius embarqua les trois mille hommes qui lui restaient, et pendant plusieurs mois il erra des côtes d'Espagne à celles d'Afrique ; une fois il surprit l'île Pityusa, un autre jour il vint piller le pays aux bouches du Bœtis. Mais fatigué de cette existence précaire qui l'assimilait aux pirates ses alliés, il voulut renoncer à une lutte impossible et chercher loin du monde asservi, au milieu de l'Océan, un séjour tranquille dans les îles Fortunées (les Canaries). Les mœurs de l'âge d'or avaient peu d'attrait pour ses soldats, ils lui firent abandonner ce projet. Les Marusiens, peuple maure, étaient alors soulevés contre le roi Ascalis, qu'un lieutenant de Sylla avait secouru. Sertorius battit le prince et ses auxiliaires. Le bruit de ses succès se répandit en Espagne, agrandis par l'amour que lui portaient déjà ces peuples. On y joignit des circonstances merveilleuses : il avait, disait-on, découvert le corps du géant Antée, et, le seul des hommes, vu ces ossements longs de soixante coudées. Les Lusitaniens, opprimés par Annius, l'invitèrent à se mettre à leur tête : il accepta, et repassa dans la péninsule avec 1,900 Romains et 700 Africains. Les Lusitaniens ne lui fournirent que 4,000 fantassins et 700 cavaliers, et ce fut avec moins de 8,000 hommes qu'il lutta contre quatre généraux commandant à près de 130,000 soldats.

Un lieutenant d'Annius fut d'abord battu ; puis le nouveau gouverneur de la Bétique, Fufidius, qu'il chassa au delà de l'Èbre. Métellus Pius, envoyé par Sylla pour arrêter ce mouvement, ne put amener son adversaire à une bataille générale. Sertorius, qui connaissait tous les passages aussi bien que le plus habile chasseur du pays, avait adopté la manière de combattre des habitants. Ses soldats étaient aussi prompts à la retraite qu'à l'attaque ; habitués à profiter de tous les accidents du terrain, ils menaçaient l'ennemi presqu'en même temps malgré leur petit nombre, en tête, en flanc et en queue. Avec sa nombreuse armée, Métellus ne possédait rien au delà de l'enceinte de son camp, et pouvait à peine nourrir ses troupes. Les attaques imprévues de son adversaire, ses rapides mouvements, ses bravades déconcertaient le général méthodique. Assiégeait-il une ville, ses convois étaient coupés, et il se trouvait lui-même comme prisonnier dans son camp ? Traversait-il un défilé, de derrière chaque rocher se levait un soldat, qui lançait ses traits, puis fuyait plus léger que le vent. Sertorius donnait aux siens l'exemple du courage et de l'audace. Robuste, agile, tempérant, il supportait les plus rudes travaux, faisait de longues marches, et pouvait passer plusieurs nuits sans dormir. Les jours de bataille on le voyait magnifiquement armé et toujours aux avant-postes, se réservant les coups les plus hardis. Une fois il provoqua Métellus en combat singulier. Les Espagnols croyaient voir revivre Annibal.

Deux lieutenants de Métellus furent battus ; lui-même ne se croyant plus assez fort, malgré l'assurance qu'il avait d'abord montrée, il appela à son aide le proconsul de la Narbonnaise, Lollius ; son questeur Valérius remonta la Sègre avec une division pour recevoir les trois légions qui allaient arriver. Sertorius prévint cette jonction ; le questeur et sa division furent enlevés, et quand Lollius déboucha des Pyrénées il fut si complétement battu qu'il se sauva presque seul à Ilerda (Lérida). La route de la Gaule était ouverte, une attaque de Métellus sur Lacobriga dans le sud de la Lusita-

le rappela Sertorius en arrière. Le proconsul croyait avoir bien pris cette fois toutes ses mesures ; mais Sertorius jeta un secours dans la place, surprit un de ses lieutenants, et le força à lever le siége et à sortir de la Lusitanie.

Malgré la présence de cette grande armée, Sertorius était véritablement maître de toute l'Espagne. Il réglait les contestations des peuples et des particuliers, levait des troupes qu'il cantonnait dans des casernes, pour ne pas les rendre à charge aux habitants, fortifiait les villes et les passages des montagnes, exerçait les indigènes à la tactique romaine, et surtout s'appliquait à gagner leur confiance et leur amour. Il avait su leur persuader qu'il était en rapport avec les dieux. Une biche blanche, qui toujours le suivait, en était l'intermédiaire : lui arrivait-il secrètement une nouvelle importante, il faisait cacher le courrier, et la biche, couronnée de fleurs, annonçait à tout le camp une victoire que le messager bientôt confirmait. Ce manége suffisait à la crédulité de ces peuples enfants. Du reste, il commandait leur respect par la sévérité de ses mœurs et par son attention à ne souffrir de la part de ses officiers ni de ses soldats romains aucune licence. Un jour il fit tuer toute une cohorte qui s'était rendue odieuse par ses excès. Aussi leur dévouement à sa personne était sans réserve : comme les chefs aquitains, il s'était entouré d'une troupe fidèle prête à mourir pour lui. Cette troupe comptait plusieurs milliers de soldats. Un jour que son armée fut mise en déroute, ces soldats, quoique poursuivis de près par Métellus, ne pensèrent qu'à le sauver. L'enlevant sur leurs épaules, ils se le passèrent de l'un à l'autre jusqu'aux murailles de la ville, et ne songèrent à se sauver eux-mêmes que lorsqu'il fut en sûreté.

Il eut de la peine à discipliner ses cohortes espagnoles. N'ayant pu y réussir par la persuasion, il les laissa un jour attaquer l'ennemi dans une mauvaise position. Ils furent battus, et auraient été écrasés s'il n'était accouru à leur secours. Alors, faisant amener devant toutes ses troupes deux chevaux, l'un très-vieux et très-faible, l'autre grand, robuste et remarquable par la beauté de sa queue et l'épaisseur des crins dont elle était garnie, près du cheval faible il place un homme grand et fort, et près du cheval vigoureux un petit homme qui n'avait aucune apparence de force. Au signal donné l'homme fort saisit à deux mains la queue du cheval faible, et la tire de toute sa force comme pour l'arracher, pendant que l'homme faible prenant un à un les crins de la queue du cheval fort les arrache tous très-facilement. Vous voyez, dit alors Sertorius à ses soldats, que la patience peut beaucoup plus que la force, et que des choses qu'on ne peut surmonter toutes à la fois cèdent quand on les prend les unes après les autres. La persévérance est invincible.

La défaite de Lépidus lui valut un secours important. Perpenna, que Pompée avait chassé de la Ligurie et qui n'avait pu se maintenir en Sardaigne, passa en Espagne avec des forces considérables. Il voulait agir seul; ses soldats le forcèrent à se placer sous les ordres de Sertorius. Avec lui étaient venus plusieurs sénateurs et d'autres Romains de distinction. Sertorius en forma un sénat de trois cents membres ; et pour bien montrer qu'il était resté Romain au milieu des barbares, il n'admit aucun Espagnol dans ce sénat, de même qu'il leur refusait tout grade dans ses troupes. Jusque alors ils avaient pu croire que Sertorius combattait pour eux. De ce jour ils comprirent que Marianistes et Syllaniens, parti populaire et parti des grands, ne voulaient que la même chose, maintenir à leur profit la domination de Rome sur les provinces. Sertorius avait réuni à Osca (Huesca) les enfants des meilleures familles pour les instruire dans les lettres grecques et les lettres latines ; il se plaisait à suivre leurs travaux, et à distribuer aux plus habiles les bulles d'or qu'on donnait à Rome aux fils des nobles. Ils avaient regardé ces soins comme un honneur, comme une promesse d'élever un jour leurs enfants aux charges de la république ; ils commençaient à penser qu'ils pouvaient bien n'être là que des otages de leur fidélité, leur zèle en fut refroidi. Cependant le gouvernement de Sertorius était doux, et Métellus avait débuté avec des menaces, et par l'établissement de nouveaux impôts : ils continuèrent à le soutenir.

A la suite de ses derniers succès Sertorius avait soulevé les Aquitains et facilement entraîné la Narbonnaise, qui récemment avait fourni à Lépidus de nombreuses recrues. Un de ses lieutenants alla même garder les passages des Alpes, et de Rome même il reçut des sollicitations pressantes de descendre en Italie; car bien des grands souhaitaient le renversement d'un ordre de choses qui embarrassait de trop lourdes entraves leur avidité et leur ambition. Le sénat s'effraya ; la guerre civile grondait déjà aux portes de l'Italie et l'œuvre de Sylla menaçait sa ruine. Malgré sa répugnance à demander à Pompée de nouveaux services, il fut obligé, n'ayant point d'autre armée, de l'envoyer au secours de Métellus. Pompée n'avait pas encore licencié ses troupes; en quarante jours il eut achevé ses préparatifs, et il s'achemina vers les Alpes avec 30,000 fantassins et 1,000 cavaliers (76). Pour éviter les détachements de Sertorius et signaler les commencements de son expédition par une marche hardie, il s'ouvrit une route nouvelle par les Alpes grecques ou pennines. Les cohortes espagnoles, tournées, se replièrent sur les Pyrénées, abandonnant la Narbonnaise, qui expia cruellement sa révolte : elle fut mise à feu et sang ; l'ancien lieutenant de Sylla semblait encore animé de son esprit. Jusqu'à Narbonne, dit Cicéron, sa route fut marquée par des massacres. Ensuite vinrent les confiscations; des populations entières furent chassées. Les terres des Helves et des Arécomiques récompensèrent la fidélité de Marseille, qui devait un jour s'en montrer reconnaissante ; et quand il entra enfin en Espagne il laissa derrière lui aux Gaulois l'homme le plus dur et le plus avide pour gouverneur.

Sertorius ne défendit pas les passages ; il assiégeait alors Lauron, non loin de Valence. Pompée se vanta de le chasser aisément de ses positions, et il marcha sur la ville. « J'apprendrai à cet écolier, dit Sertorius, qu'un général doit plutôt regarder derrière que devant lui. » Il lui enleva d'abord une légion, puis il l'affama dans son camp, battit tous ses détachements, emporta Lauron sous ses yeux, et le contraignit à repasser l'Ebre. Avant d'aller prendre ses quartiers sur les bords de l'Ebre en face de Pompée, Sertorius força encore la ville de Contrebia chez les Carpétans. Tels étaient les résultats de cette campagne si pompeusement annoncée (76).

Durant l'hiver il appela dans son camp les députés des villes qui soutenaient sa cause, leur exposa ses plans, et obtint d'eux les moyens de renouveler son matériel et d'habiller ses troupes. Au retour du printemps il envoya Perpenna avec 21,500 hommes aux bouches de l'Ebre pour empêcher Pompée de s'approvisionner par mer. Deux autres de ses lieutenants, Hérennius et Hirtuleius, furent échelonnés le long de la côte jusque dans la Bétique, où Métellus était occupé. Luimême, il remonta le long de l'Ebre pour que Pompée ne pût tirer des vivres par le haut du fleuve. Malheureusement Hirtuleius se laissa battre près d'Italica par Métellus, et Pompée tua dix mille hommes à Perpenna et à Hérennius près de Valence. La jonction des deux généraux, que Sertorius avait jusque alors empêchée, devenait possible ; il essaya encore de la prévenir en courant à Pompée, qu'il battit sur les bords du Sucrone ; il comptait le lendemain l'accabler, quand Métellus parut. « Sans cette vieille femme, dit-il, j'aurais renvoyé ce petit garçon à Rome, châtié comme il le mérite »; et assignant à ses troupes un lieu de réunion il les dispersa. Les deux généraux se réunirent, près de Sagonte ; mais la difficulté de faire vivre leurs troupes allait les obliger à se séparer quand Sertorius attaqua. Sa biche, présent de Diane, avait disparu depuis la dernière bataille; des soldats la lui ramenèrent ; il acheta leur silence, et annonçant que son retour était le présage d'une victoire, il réunit ses troupes et s'avança en couvrant sa marche pour enlever les détachements que l'ennemi enverrait au fourrage. Il tomba en effet sur une division de Pompée, assez près du camp toutefois pour que ce général pût envoyer au secours toute son armée. Il le battit, lui tua six mille hommes, et parmi eux son questeur Memmius. Mais toujours malheureux dans ses lieutenants, il apprit que dans le même moment Métellus repoussait Perpenna, qui laissait cinq mille morts sur le champ de bataille : une attaque essayée le lendo-

...in sur les lignes de Métellus ne réus[sit] pas. Il renvoya encore la plus grande [pa]rtie des siens, en leur fixant un ren[de]z-vous; cela le dispensait d'avoir un [tré]sor et des magasins; avec le reste il [re]gagna les montagnes de l'Ortospoda, [et] se porta sur le flanc droit de l'armée [co]mbinée pour arrêter ses mouvements, [et] la menaçant toujours; tandis que les [pi]rates, ses alliés, coupaient les convois [qu]i pouvaient lui arriver par mer. L'hi[ve]r approchait; Métellus alla prendre [se]s quartiers au nord de l'Èbre. Pom[pé]e, plus confiant, marcha sur Ser[to]rius; mais ses légions, dominées par le [fr]oid, par la faim et par des combats [co]ntinuels, ne gagnèrent qu'en désordre [le] pays des Vaccéens. « Ce fut de là que [Po]mpée, pour demander des secours, [éc]rivit au sénat une lettre menaçante, [su]r laquelle nous aurons occasion de [re]venir bientôt. Le consul Lucullus, qui [cr]aignait que Pompée ne vînt lui dis[p]uter le commandement de la guerre [co]ntre Mithridate, se hâta de lui en[vo]yer du blé, de l'argent et deux légions. [M]ithridate suivait d'un œil attentif tous [se]s mouvements. Depuis la mort de Sylla [il] était décidé à reprendre les armes, les [su]ccès de Sertorius lui promettaient [un]e utile diversion; il envoya offrir à ce [gé]néral quarante navires et 3,000 ta[le]nts; mais il demandait la cession de [l']Asie. Sertorius ne consentit qu'à l'a[ba]ndon de la Cappadoce et de la Bithy[ni]e. Nos victoires, disait-il à ses conseil[le]rs, doivent agrandir et non diminuer [l']empire de Rome. Que nous comman[de]ra donc Sertorius, répondit le prince, [qu]and il sera à Rome, si proscrit il nous [fa]it de telles conditions? Cependant il ac[ce]pta, et Sertorius lui envoya un de ses [of]ficiers, Varius, avec quelques troupes. [L]es pirates devaient servir de lien entre [l]es deux alliés. Heureusement pour la [ré]publique tout se borna à ces ambas[sa]des. Les pirates étaient une force in[di]sciplinable, et à cette distance de mille [li]eues Sertorius et Mithridate ne pou[va]ient rien concerter.

Cette alliance avec un ennemi de [R]ome servit de prétexte à Métellus pour [m]ettre à prix la tête de Sertorius; il [p]romit au meurtrier 100 talents et [vi]ngt mille *jugera* sans ébranler la fi[dé]lité d'un de ses gardes. A la bataille de Sagonte, Métellus avait pris le titre d'*Imperator*. Fier d'avoir vaincu là même où son jeune rival avait éprouvé un revers, il oublia toute modération; il se fit décerner par les villes des couronnes et offrir des sacrifices comme à un dieu. Tous les poëtes de la province reçurent l'ordre de célébrer ses hauts faits. Il fallait justifier par de plus sérieux succès cette puérile vanité; il prit bien encore quelques villes que Perpenna ne sut pas défendre, tandis que Pompée, ayant Sertorius en tête, ne pouvait mener à fin aucune entreprise. Il voulait pénétrer par le pays des Vaccéens dans la Lusitanie, d'où son adversaire tirait ses principales forces; mais Sertorius l'obligea à lever le siége de Pallantia et à se rapprocher de Métellus; puis il entraîna à sa suite les deux chefs, au nord de l'Èbre. Ils espéraient l'enfermer dans Calagurries, tandis qu'ils manœuvraient à cet effet; pour Sertorius, il avait appelé toutes ses forces. Ce furent eux qui se trouvèrent cernés, affamés, battus en détail, et enfin contraints de se retirer, Métellus sur l'ultérieure, Pompée jusqu'en Gaule, où, à sa honte, il prit ses quartiers d'hiver.

Les événements militaires des années 73 et 72 sont inconnus. S'il faut en croire des récits propagés peut-être par ses adversaires, Sertorius aurait alors perdu dans la mollesse et la débauche cette activité qui jusqu'alors avait fait sa force. L'envie et la haine veillaient autour de lui. Les sénateurs qu'il avait recueillis se voyaient avec dépit forcés d'obéir à un parvenu; ils prirent à tâche de le rendre odieux en accablant sous son nom les Espagnols d'exactions et d'injustices. Des signes de mécontentement éclatèrent, Sertorius les réprima avec dureté; et aigri par cette résistance inattendue, rendu soupçonneux et cruel parce qu'il se sentait entouré d'invisibles ennemis, il se laissa aller à des actes qui lui aliénèrent davantage les esprits. Plusieurs des enfants retenus à Osca furent égorgés ou vendus. Un chef proscrit, qui se défend par les supplices, est à demi vaincu. Une conspiration se forma, Perpenna en était le chef. Ils l'assassinèrent au milieu d'un festin (72). Perpenna prit sa place; mais il n'avait ni ses talents ni la confiance des troupes; il n'éprouva partout que des revers, et il tomba lui-même entre les mains de Pompée. Pour racheter sa vie il offrait de livrer les lettres des grands de Rome qui avaient invité Sertorius à passer en Italie. Pompée, qui déjà pensait à rompre avec le sénat, ne voulut pas abandonner à ses vengeances des hommes dont il allait faire ses amis. Il brûla les lettres sans les lire, et fit tuer le traître. Cependant, avant que le repos fût rendu à l'Espagne, il coula encore beaucoup de sang. Les chefs indigènes, qui en s'associant à Sertorius n'avaient combattu que pour eux-mêmes, se jetèrent dans les plus fortes places et s'y défendirent une année encore. Termes, Uxama, Clunia dans le pays des belliqueux Arevaques, Valence et Turia sur la côte de l'est, Calagurries chez les Vascons, résistèrent avec l'acharnement que dans les sièges les Espagnols ont de tous temps montré à Sagonte, comme à Saragosse.

Après la mort de Sertorius, Métellus avait regagné l'Italie; les dernières opérations de cette guerre furent donc conduites par Pompée, qui parut l'avoir achevée, et à qui en resta toute la gloire. Mais revenons à Rome, et voyons ce qu'il s'y était passé depuis la défaite de Lépide, et suivons la réaction qui s'opère contre la législation de Sylla.

EFFORTS DES TRIBUNS POUR RECONQUÉRIR LEURS DROITS. — Comme dans tous les temps de violentes secousses et de vives appréhensions, des terreurs religieuses agitaient alors tous les esprits. Un météore singulier avait été vu par Silanus : les consuls ordonnèrent des expiations, invoquèrent les génies tutélaires de Rome, et frappèrent une médaille en mémoire de cet événement. La rumeur publique attribuait ces menaces du ciel à la perte des livres Sibyllins, brûlés dans l'incendie du Capitole : trois pontifes furent chargés de recueillir les divers passages de ces livres qui avaient été copiés par des particuliers, et de rassembler ces debris. Les vieilles prédictions de la Sibylle reprirent du crédit : on en causait avec une crainte superstitieuse : on se rappelait cette prédiction que C. C. C. devaient régner à Rome : les deux premiers avaient été Corn. Sylla et Cinna : quel serait le troisième? tout cela travaillait les esprits plus qu'on ne saurait croire. Puis, comme pour réaliser ces frayeurs, arrive par l'Illyrie une peste terrible. Elle ravage l'Italie septentrionale, et descend au cœur de la péninsule : elle s'attaquait aux hommes, mais surtout aux animaux. En quelques endroits, ses effets furent désastreux, et plusieurs contrées furent tellement dépeuplées d'animaux domestiques, qu'au temps de Virgile ces pertes n'étaient pas encore entièrement réparées.

Dans ces grandes calamités, quand les institutions sont d'ailleurs profondément ébranlées, les âmes mollissent, l'opinion publique, qui a besoin d'une règle, d'un principe, d'une institution fixe, ne sait plus où se prendre et flotte incertaine. Au temps de Pyrrhus d'Annibal, qui avait sauvé Rome? L'amour de la patrie et la fermeté du sénat. Mais aujourd'hui qui se souciait de la patrie et qu'était le sénat? Dans cette fluctuation des institutions et des idées, la stabilité ne pouvait plus se trouver que dans quelqu'homme supérieur, puissant par le génie, appuyé sur une idée, auquel on pût s'attacher. Tout le monde cherchait cet homme, et il manquait. Beaucoup espéraient en Pompée, ne voyant pas toute l'indécision de ce faible caractère. Mais pour le moment il était loin de Rome.

L'orage grondait au Forum continuellement, sourdement. On s'aigrissait consuls et tribuns s'attaquaient avec haine et par de basses personnalités. Sicinius, tribun du peuple, réclama les droits du tribunat (76), soutenu en secret par César. Les consuls en charge, Octavius et Curion le combattirent. Octavius était un homme de bien, courageux, supportant stoïquement la douleur : toujours tenu par la goutte et les pieds enveloppés dans des linges, on le portait au Forum auprès de son collègue. Celui-ci était un brillant parleur, ayant peu d'idées et beaucoup de phrases, s'agitant, gesticulant, et se démenant de tous ses membres à la tribune. Le satirique Sicinius ne manquait pas de saisir ce ridicule, et se vengeait par ses sarcasmes de sa propre impuissance. Il désignait Curion aux moqueries du peuple, le surnommait Burbuleius (nom d'un bouffon alors célèbre), lisait *qu'avec ses mouvements il était au moins pour écarter les mouches son immobile collègue.* Ainsi les matratures républicaines perdaient cha[que] jour du respect, et tombaient dans [l']avilissement qui devait rendre enfin [né]cessaire l'autorité d'un pouvoir nou[vea]u. Sicinius fut assassiné peu de temps [ap]rès : on soupçonna Curion de s'être [ven]gé.

Ces luttes, ces soupçons entretenaient [et] excitaient le mécontentement du peu[pl]e, qui souffrait de la famine. De mauvai[se]s récoltes, la nécessité de nourrir non[seu]lement Rome, mais les armées con[sid]érables répandues dans les diverses [pro]vinces en Espagne, en Asie, en Thrace, [le]s brigandages des pirates, qui enle[v]aient des convois entiers, rendaient [trè]s-difficiles les approvisionnements. [D]es vaisseaux chargés de vin, d'huile et [de] blé, que les questeurs de Sicile, dont [l']un était Cicéron, envoyaient à Rome, [fu]rent interceptés en chemin. Cotta, con[su]l avec Octavius (75), fit de vains ef[for]ts pour réparer ces pertes et fournir [à] la subsistance de la ville. Le peuple, af[fa]mé, l'accusa lui-même d'être l'auteur [de] ces maux, de s'enrichir de la misère [de]s citoyens, et de comploter avec les [sé]nateurs pour se débarrasser du peuple [en] le faisant mourir de faim. « Il fallait [en] finir, s'écriait-on, avec ces éternels en[nem]is. » Une multitude menaçante en[va]hit le Forum, et enveloppa le temple [de] la Concorde, où tremblait le sénat. [Da]ns ce danger, Cotta, le plus menacé [de] tous, sortit du temple, imposa à la [fo]ule par son courage, et se dirigea, au [mi]lieu de ses clameurs, vers la tribune. [L]à, il leur livra sa vie : « Prenez-la, [dit]-il, si vous me croyez coupable. Mais [c]omptez qu'après moi nul ne voudra se [ch]arger d'un si difficile et si dangereux [p]ouvoir. Vous souffrez ? Les légions ne [s]ouffrent-elles pas dans leurs camps, [su]r les champs de bataille ? Ne souf[fr]ent-ils point, nos soldats de Thrace [e]t d'Espagne ? Vous voulez être maîtres [d]u monde, jouir des biens, de la paix, [d]e la gloire, sans endurer ni travail ni [p]eine! » Cette foule oisive comprit le [re]proche : elle se tut, et s'écoula peu à [p]eu en silence.

Cotta ne se contenta pas d'avoir [ca]lmé l'émeute, il comprit que des pa-roles ne suffisaient point, et s'occupa de nourrir le peuple. Il fit venir des grains, et en fit des distributions, aux dépens, il est vrai, du trésor, déjà fort épuisé. Il voulut aussi satisfaire le peuple sur la politique, et, d'accord avec le tribun Opimius, il fit abolir la loi qui interdisait aux tribuns de remplir d'autres charges. Cette première atteinte à la législation de Sylla irrita vivement le sénat, et surtout Catulus, Hortensius et Curion. Leur indignation fut au comble lorsque Cotta voulut encore transporter les jugements des sénateurs aux chevaliers. Ils l'accusèrent de renier lâchement la cause du sénat; plus tard le tribun Macer l'accusa d'avoir voulu trahir le peuple par de perfides avances : c'était simplement un bon citoyen qui s'efforçait de rétablir l'équilibre et la concorde par de sages concessions. Opimius fut la victime de la vengeance des grands : ils le traduisirent devant le préteur, qui était alors Verrès, et le firent condamner, pour avoir violé la loi de Sylla, à être déposé et à payer une lourde amende.

Les grands d'ailleurs trahissaient leurs propres intérêts par leur avidité, leurs déprédations, leurs violences, leur vénalité. Pressés de s'enrichir, ils n'avaient plus même la prudence d'un parti habile, et justifiaient eux-mêmes les tentatives de rétablissement du tribunat. « Ces désordres ne cesseront, s'écriait le tribun Quinctius, que quand on aura rétabli ces magistrats vigilants, dont l'incorruptible activité inspirait une crainte salutaire. Les sénateurs venaient de recouvrer récemment les jugements : il parvint à faire condamner C. Junius, président d'un tribunal, et plusieurs juges. Il eût poussé plus loin ses attaques, si Lucullus, alors consul (74), ne les eût arrêtées, peut-être en achetant son silence.

Chaque année les tribuns se succédaient, et toujours il s'en trouvait quelqu'un, à la parole hardie, pour occuper la tribune, rappeler au peuple ses griefs, entretenir le mécontentement contre le sénat et la législation du dictateur. En 73 ce fut le tribun Licinius Macer qui remplit ce rôle. De famille patricienne, il s'était néanmoins déclaré pour la cause populaire : plein de talent et de véhémence, ennemi des ménagements et de la timidité, il parlait à la foule comme un tribun des vieux temps. Salluste nous le montre adressant des reproches au peuple, qui s'abandonne lui-même et meurt de faim, tandis qu'une aristocratie insatiable vole le trésor, pille les provinces, vit au sein du luxe le plus effréné, et, maîtresse de tous les pouvoirs, foule aux pieds les droits et les conquêtes des plébéiens. « Vous vous croyez libres, s'écrie-t-il, parce que vous allez à droite et à gauche et que vos maîtres ne vous battent pas. Voilà en effet une glorieuse liberté! Mais les habitants des campagnes sont-ils libres? Non, ils sont les esclaves des gouverneurs; ils appartiennent, leurs personnes, leurs familles et leurs biens, aux agents du sénat. Ne disait-on pas, au temps de Sylla, qu'après lui tout changerait, que la liberté allait renaître et le tribunat rentrer dans ses droits? Il n'est plus, le dictateur. Qu'avons-nous gagné? De sa tyrannie nous sommes tombés sous celle de Catulus, qui n'est guère plus aimable, et de Cotta, qui vous trompe par des concessions perfides. Et aujourd'hui, maîtres, ô maîtres du monde, vous trouvez votre liberté bien vendue pour cinq boisseaux de blé. Sachez donc agir aussi bien que vous savez parler. » Mais il se défend d'exciter à la guerre civile : « Non, point d'armes, point de violence. Faites mieux, Romains. Ces victoires gagnées, ces provinces conquises, qui en a le profit? Le sénat. Refusez-lui donc vos bras et votre sang, et bientôt vous verrez son impuissance, vous le verrez s'humilier devant vous et implorer votre appui. » C'était ressusciter la vieille tactique tribunitienne, mais le temps était loin où un pareil langage entraînait le peuple sur le mont Sacré. La multitude du Forum écouta sans entendre, et ne fut pas longtemps émue : cette population, chaos de races, d'intérêts et de passions divers, était incapable d'énergie et de toute résolution. Les consuls parlèrent; on calma, on endormit les mécontents, on jeta dans le public un nom magique, Pompée. « Attendons, disaient les sénateurs, attendons ce grand citoyen ; lui seul peut ramener l'ordre et rétablir l'harmonie dans la cité. » Et le peuple d'applaudir : « Oui, Pompée! Attendons Pompée. » Les uns avaient c démêler en lui quelques intentions pl béiennes, les autres espéraient qu'il r résisterait point aux flatteries de la mu titude ; le plus grand nombre cédait sans savoir pourquoi, au prestige q environnait ce jeune homme : quant a sénat, son but était de gagner du temp et d'éloigner encore de quelques mois moment fatal où la constitution de Syl serait ébranlée.

Il faut convenir que Pompée s'y éta pris habilement pour acquérir prompt ment une influence souveraine. Il av excité l'espérance de tous les parti dominé et intimidé le sénat, amené s soldats jusqu'aux portes de Rome. O le savait à la tête d'une armée dévoué Vaincu par Sertorius à Lauron, à S crone, le bruit de ses défaites sembla se transformer en bruit de victoire tant le peuple avait pour lui de faveu Le sénat était accusé de le trahir, haine de ses tendances populaires. Lu même prenait avec ce corps le ton d'u maître, et lui écrivait (75) une lettre m naçante où on lisait : « J'ai tout épuisé mon bien et mon crédit, et vous, dar ces trois campagnes, vous nous avc donné à peine la subsistance d'une anné Pensez-vous donc que je puisse supplée au trésor ou entretenir une armée sar vivres et sans argent? Vous connaisse nos services, et dans votre reconnai sance vous nous donnez l'indigence la faim. C'est pourquoi je vous avertis et je vous prie d'y réfléchir, ne me force pas à ne prendre conseil que de la néce: sité... Je vous le prédis, mon armé et avec elle toute la guerre d'Espagn passeront en Italie. » Cette lettre devi publique, et tout le monde connut l'a baissement du sénat. Une autre foi Pompée écrivit qu'on attendit son re tour avant de rien décider, qu'il se cha geait de régler les affaires et de rétabli l'ordre.

On l'attendit en effet, et, sur la f de son nom, les partis furent moment nément réconciliés. Cet accord était bie nécessaire alors à la république, qui me nait de front cinq guerres différentes, le unes aux extrémités, les autres au cœu même de l'empire. C'étaient, d'abord l guerre d'Espagne, dirigée par Pompée Metellus et que Sertorius soutenait ent

ITALIE.

e avec une infatigable activité; la [gue]rre d'Asie, où Lucullus, depuis 74, [emp]loyait contre Mithridate ses rares [tale]nts militaires, et forçait le vieux roi [du] Pont à s'enfuir sur le Pont Euxin, [por]té par une pauvre barque, comme [jadi]s Xerxès; la guerre de Thrace, que [Lucul]lion faisait avec succès en qualité de [pro]consul; c'était ensuite, à l'intéri[eu]r, la guerre des Pirates, qui durait [dep]uis 77 : Servilius, envoyé contre eux [po]ur arrêter leurs impudents briganges, les avait battus, s'était emparé [de] Coryque, d'Isaure, et de leurs prin[cip]aux refuges, succès qui lui avaient [va]lu le surnom d'Isauricus; enfin la [cin]quième guerre était celle des Gladia[te]urs au sein même de l'Italie. L'histoire [de] cette guerre, qui eut la Péninsule [po]ur théâtre, trouve ici naturellement [sa] place.

SOULÈVEMENT DES GLADIATEURS; [SP]ARTACUS. — « Un certain Lentulus [Ba]tiatus entretenait à Capoue des gla[dia]teurs, qu'il louait aux grands de Rome [po]ur leurs jeux et leurs fêtes. Deux cents [d']entre eux, la plupart Gaulois ou Thra[ce]s, firent le complot de s'enfuir. Leur [pr]ojet ayant été découvert, soixante-dix[hu]it qui en furent avertis, eurent le [te]mps de prévenir la vengeance de leur [ma]ître; ils entrèrent dans la boutique [d']un rôtisseur, se saisirent des couperets [et] des haches, et sortirent de la ville. Ils [re]ncontrèrent en chemin des chariots [ch]argés d'armes de gladiateurs qu'on [p]ortait dans une autre ville; ils s'en sai[s]irent, s'emparèrent d'un lieu très-for[ti]fié et élurent trois chefs, deux Gaulois, [C]rixus et OEnomaüs, et Spartacus, [T]hrace de nation, mais de race numide, [qu]i à une grande force de corps et à [u]n courage extraordinaire joignait une [p]rudence et une douceur bien supérieu[r]es à la fortune, et plus dignes d'un [G]rec que d'un barbare. On raconte que [l]a première fois qu'il fut mené à Rome pour y être vendu, on vit, pendant qu'il [d]ormait, un serpent entortillé autour [d]e son visage. Sa femme, de même [na]tion que lui, était possédée de l'es[p]rit prophétique de Bacchus, et faisait [ce] métier de devineresse; elle déclara [q]ue ce signe annonçait à Spartacus un [p]ouvoir aussi grand que redoutable, et [d]ont la fin serait heureuse. Elle était

alors avec lui, et l'accompagna dans sa fuite (73).

« Ils repoussèrent d'abord quelques troupes envoyées contre eux de Capoue, et, leur ayant enlevé leurs armes militaires, ils s'en revêtirent avec joie, et jetèrent leurs épées de gladiateurs, comme désormais indignes d'eux. Clodius, envoyé de Rome avec trois mille hommes pour les combattre, les assiégea dans leur fort sur une montagne. On n'y pouvait monter que par un sentier étroit et difficile, dont Clodius gardait l'entrée; partout ailleurs, ce n'étaient que rochers à pic, couverts de ceps de vignes sauvages. Les gens de Spartacus coupèrent des sarments, en firent des échelles solides et assez longues. Ils descendirent en sûreté à la faveur de ces échelles, à l'exception d'un seul, qui resta pour leur jeter leurs armes. Les Romains se virent tout à coup enveloppés, prirent la fuite et laissèrent leur camp au pouvoir de l'ennemi.

Ce succès attira dans le camp des rebelles beaucoup de gens des campagnes et de pâtres des environs. Spartacus, pour en séduire un plus grand nombre, avait soin de traiter les nouveaux-venus, dans le partage du butin, aussi bien que ses premiers compagnons. Il descendit dans la Lucanie et le Bruttium, où sa troupe devait se grossir de nombreux partisans. Ces deux contrées étaient en effet couvertes de brigands, d'esclaves échappés ou que leurs maîtres marquaient d'un fer chaud et laissaient ensuite errer dans le pays, gardant les troupeaux ou s'occupant à des travaux divers. Ces hommes, sans abri, mal vêtus et mal nourris, se pourvoyaient aux dépens des passants qu'ils volaient, des métairies et des maisons de campagne qu'ils pillaient. Leurs marques mêmes leur servaient de sauve-garde, en les mettant sous le patronage de leur maître, qui était le plus souvent quelque chevalier, quelque homme puissant par son crédit. Ces bandits, couverts de peaux de loup et de sanglier, armés de massues et de bâtons ferrés, accoururent autour de Spartacus, prêts à le seconder de leur sauvage énergie et de leur connaissance parfaite de la contrée. Avec les chevaux enlevés dans les métairies on forma une cavalerie; avec les outils de labourage on fabriqua des armes, et bientôt la troupe, devenue considérable, osa se porter sur Capoue, dans l'espoir de se venger des mauvais traitements qui avaient donné naissance à la révolte.

Ils échouèrent devant cette ville, et se vengèrent sur le pays environnant, qui fut saccagé. Cora, sur les confins des Volsques et des Herniques, Nucearia, Nole surtout, eurent beaucoup à souffrir. Tout ce qu'on put imaginer d'atroce se vit à Nole. Les esclaves de cette ville se joignirent aux rebelles, indiquèrent les retraites où leurs maîtres se tenaient cachés, et se signalèrent par leurs cruautés : hommes, femmes, enfants furent victimes de leurs violences; ils se plaisaient à les mutiler, puis à leur laisser encore un souffle de vie, afin de prolonger leurs souffrances. Mais que pouvait-on légitimement reprocher à ces hommes, que le despotisme des maîtres s'efforçait de dégrader et d'abrutir, les uns voués à la servitude la plus abjecte, les autres condamnés à s'entr'égorger dans le cirque pour le plaisir d'une populace insensible et cruelle? Spartacus ne pouvait contenir ces bandes farouches par sa seule autorité; il eut recours à la ruse : par son conseil, un de ses plus fidèles compagnons sortit en secret de la ville, et y rentra bientôt annonçant l'approche de P. Varinus Glaber à la tête de l'armée romaine : on cessa le pillage, on reprit les armes, et l'on marcha à l'ennemi. L'invention de Spartacus se trouva réelle : Varinus approchait en effet. Les Gaulois s'avancèrent témérairement sous la conduite d'OEnomaüs; ils en furent punis par une défaite et par la mort de leur chef, et Spartacus se vit enfermé dans la Lucanie par les légions romaines; mais il recueillit les débris de la bande vaincue, et se tira de ce mauvais pas par un stratagème. Au milieu de la nuit, il fit allumer les feux du camp, disposa tout autour, comme des sentinelles, des cadavres revêtus de leurs armes et maintenus droits par des pieux; puis, laissant dans le camp un des siens chargé de donner avec la trompette les signaux habituels, il emmena en silence toute son armée, sans éveiller les soupçons des ennemis.

Par une marche rapide et ignorée de l'ennemi, il se porta sur les bords de l'Aufide, où était campé le lieutenant Cossinius, et faillit le surprendre au bain. Il s'empara de son camp, et, se retournant contre Varinus, le battit à son tour si complétement, qu'il s'empara de sa pourpre, de ses faisceaux et de ses licteurs. Il fit marcher désormais devant lui ces insignes respectés, qui imposèrent aux populations et décidèrent plus d'un Italien à se ranger sous son drapeau. Ses ressources croissant chaque jour, il se trouvait à la tête d'une armée considérable, et sentait la nécessité d'établir dans cette multitude une discipline ou d'organiser l'insurrection si l'on ne voulait pas qu'elle devînt fatale à ses auteurs. Il publia la loi Lucanienne, qui invita tous les Italiens habitant en deçà du Pô les villes latines et étrusques, à se joindre aux révoltés, leur promettant à tous les mêmes priviléges. Il couvrit de sa protection les marchands, et les invita à faire tranquillement leur négoce, sans craindre de violence. Il chercha à les attirer dans le camp, et conclut des marchés avec des pourvoyeurs de toute sortes, pour faire cesser cette vie de brigandage qu'avaient menée jusqu'ici les révoltés. Il voulut même leur interdire dans son camp l'usage des métaux autres que le fer et le bronze, nécessaires à la fabrication des armes : le premier il donna l'exemple de ce désintéressement, qui faisait honte aux magistrats romains, et fut imité des principaux chefs; mais la masse continua à vivre dans la licence et le pillage. Malgré ses sages recommandations, ses prières même pour qu'on n'aliénât pas les villes par des traitements cruels, Métapont et Thurium furent successivement saccagées. Il comprit enfin qu'il ne pouvait espérer de discipliner ces hordes déchaînées, et n'eut plus qu'une pensée : sortir au plus vite de l'Italie par les Alpes, et rentrer chacun dans sa patrie. Mais ce projet ne convenait pas à tout le monde : les Gaulois et les Germains avec leur témérité naturelle et leur haine contre Rome, l'accusaient de trahir leurs espérances et de renoncer lâchement à la vengeance. Crixus était à leur tête. La discorde se mit dans le camp. Cependant Varinus, battu sur les bords du Sybaris, venait de se replier sur Rome et de laisser le chemin libre à

rtacus, avec les Thraces, les Gètes, Daces et les Lucaniens, saisit le moment, et courut vers le nord, laissant rière lui Crixus et les siens.

La retraite de Varinus fit enfin concevoir à Rome des inquiétudes; on commença à prendre cette guerre au sérieux; les deux consuls, Gellius et Lentulus, ont envoyés contre les gladiateurs, et l'ordre de mettre un terme à cette honteuse (72). Ils débutèrent par un succès : Gellius écrasa la bande de Crixus, fut tué; mais c'était peu de chose, que Spartacus était là pour recueillir les vaincus et relever l'insurrection. Il attit en effet les deux consuls au moment où ils allaient opérer leur jonction pour lui barrer le passage dans les gorges de l'Apennin, non loin de l'Arno, et continua sa route jusque dans la Cispadane, où le gouverneur Cassius amena contre lui 10,000 hommes. Vainqueur dans un nouveau combat, rien ne l'arrêtait plus, il pouvait sortir d'Italie. Avant de quitter cette terre, où il avait souffert avec compagnons l'opprobre et la servitude, il voulut lui laisser un sanglant eu et de solennelles représailles : au pour d'un vaste bûcher où le corps de Crixus fut brûlé avec les plus grands honneurs, il fit combattre, comme des gladiateurs, quatre cents citoyens romains.

Arrivé sur les bords du Pô, Spartacus trouva gonflé par les pluies; on n'avait point de barques, il fallut s'arrêter. Ne peut croire qu'un si faible obstacle ait fait changer subitement de desseins; sans doute ses forces considérables (il n'avait pas moins de 70,000 hommes), l'orgueil de ses succès constants, les espérances et la fougue de ses compagnons, peut-être aussi un message secret de Mithridate, le décidèrent à rentrer dans l'arène, et à jouer sa vie contre la gloire de venger le monde en détruisant Rome.

Rome, qui, au prix de tant de défaites se croyait au moins délivrée de ces terribles ennemis, les vit avec effroi redescendre au cœur de la Péninsule. La ville présentait un déplorable spectacle : on croyait voir déjà les temples et les maisons pillés, livrés aux flammes; on imaginait de plus affreuses cruautés que celles de Marius. Les femmes et les enfants se jetaient aux pieds des sénateurs, muets et interdits. La guerre Sociale n'avait pas causé une si grande terreur. Les consuls ayant été rappelés, c'était aux préteurs à commander les armées; mais en vain on annonça l'election, en vain on appela aux suffrages : nul candidat ne se présentait, nul n'osait affronter une tâche si périlleuse; on ne trouvait pas même un Varron. Dans ce désespoir, Crassus enfin se dévoua, et tout le peuple l'accueillit avec transport.

Il convoqua tous les citoyens valides, quel que fût leur âge, choisit de préférence les anciens soldats, et reçut les renforts des villes latines. Ces villes en répondant ainsi aux sollicitations de Crassus montraient bien qu'aujourd'hui, comme au temps de la guerre Sociale, elles étaient loin de confondre la cause italienne avec celle des esclaves et des gladiateurs, et que si elles protestaient contre l'oppression politique, elles ne voulaient pas associer leur protestation à celle de la servitude, de la dégradation morale, et du brigandage. Elles redoutaient moins la tyrannie, fort adoucie, de Rome que l'alliance dangereuse des esclaves : le sort de Nole, de Cora, de Métaponte était devant leurs yeux, et les retours prodigieux de la fortune en faveur de Rome étaient présents à leur souvenir.

Crassus partit avec ces troupes d'élite (71). « Il alla camper dans le Picénum, pour y attendre Spartacus, qui dirigeait sa marche vers cette contrée; il ordonna à son lieutenant Mummius de prendre deux légions et de faire un grand circuit, pour suivre seulement l'ennemi, avec défense de le combattre ou même d'engager aucune escarmouche. Mais à la première occasion Mummius présenta la bataille à Spartacus, qui le défit et lui tua beaucoup de monde. Le reste des troupes ne se sauva qu'en abandonnant ses armes. Crassus, après avoir traité durement Mummius, donna d'autres armes aux soldats, et leur fit promettre de les mieux garder. Prenant ensuite les cinq cents d'entre eux qui avaient donné l'exemple de la fuite, il les partagea en cinquante dizaines, les fit tirer au sort, et punit du dernier supplice celui de chaque dizaine sur qui le sort était tombé.

« Spartacus, qui avait traversé la Lucanie et se retirait vers la mer, ayant rencontré au détroit de Messine des corsaires ciliciens, forma le projet de passer en Sicile et d'y jeter 2,000 hommes; ce nombre aurait suffi pour rallumer dans cette île la guerre des esclaves, éteinte depuis peu de temps, et qui n'avait besoin que d'une étincelle pour former de nouveau un vaste incendie. Il fit donc un accord avec ces corsaires, qui se firent payer et mirent à la voile, en le laissant sur le rivage. Alors, s'éloignant de la mer, il alla camper dans la presqu'île de Rhégium. Crassus y arrive bientôt après lui, et entreprend de fermer l'isthme, voulant à la fois occuper ses soldats et affamer l'ennemi. Il fit tirer d'une mer à l'autre, dans une longueur de trois cents stades, une tranchée large et profonde de quinze pieds, et tout le long il éleva une muraille d'une épaisseur et d'une hauteur étonnantes. Ce grand ouvrage fut achevé en peu de temps. Spartacus se moquait d'abord de ce travail; mais lorsqu'il voulut sortir pour fourrager, il se vit enfermé par cette muraille, et, ne pouvant rien tirer de la presqu'île, il profita d'une nuit neigeuse pour combler avec de la terre, des branches d'arbres et d'autres matériaux, une partie de la tranchée sur laquelle il fit passer le tiers de son armée. Crassus craignait que Spartacus ne voulût aller droit à Rome; il fut rassuré par la division qui se mit entre les ennemis; les uns, s'étant séparés du corps d'armée, allèrent camper sur les bords d'un lac de Lucanie. Crassus attaqua d'abord ceux-ci, et les chassa du lac; mais il ne put en tuer un grand nombre ni les poursuivre : Spartacus, qui parut tout à coup, arrêta la fuite des siens.

« Crassus avait écrit au sénat qu'il fallait rappeler Lucullus d'Asie et Pompée d'Espagne pour le seconder; mais il se repentit bientôt de cette démarche, et, sentant qu'on attribuerait tout le succès à celui qui serait venu à son secours, il se hâta de terminer la guerre. Il résolut donc d'attaquer d'abord les troupes qui s'étaient séparées des autres, et qui campaient à part sous les ordres de Cannicius et de Castus; il envoya 6,000 hommes pour se saisir d'un poste avantageux. Pour ne pas être découverts, ils avaient caché leurs casques so[us] des branches d'arbres; mais ils fure[nt] aperçus par deux femmes qui faisaie[nt] des sacrifices pour les ennemis, à l'e[n]trée de leur camp, et ils auraient couru plus grand danger si Crassus, paraissa[nt] tout à coup avec ses troupes, n'eût [li]vré le combat le plus sanglant qu'on e[ût] encore donné dans cette guerre : il re[s]sui le champ de bataille 12,300 ennem[is] parmi lesquels on n'en trouva que de[ux] qui fussent blessés par derrière; to[us] les autres périrent en combattant a[vec] la plus grande valeur, et tombèrent [à] l'endroit même où ils avaient été plac[és]. Spartacus, après une si grande défai[te] se retira vers les montagnes de Pételi[e] toujours suivi et harcelé par Quintus Scrophus, le lieutenant et le queste[ur] de Crassus. Il se tourna brusqueme[nt] contre eux, et les mit en fuite. Ce succ[ès] en inspirant aux fugitifs une confian[ce] sans bornes, causa la perte de Spar[ta]cus : ne voulant plus éviter le comb[at] ni obéir à leurs chefs, ils les entourè[rent] en armes au milieu du chemin, les fo[r]cent de revenir sur leurs pas à trav[ers] la Lucanie et de les mener contre les R[o]mains. C'était entrer dans les vues [de] Crassus, qui venait d'apprendre que Pom[pée] approchait, que déjà, dans les c[o]mices, bien des gens sollicitaient po[ur] lui, et disaient hautement que ce[tte] victoire lui était due; qu'à peine arri[vé] en présence des ennemis, il les comba[t]trait et terminerait aussitôt la guer[re].

« Crassus campait donc le plus p[rès] qu'il pouvait de l'ennemi. Un jour q[ue] faisait tirer une tranchée, les troupes Spartacus étant venues charger les t[ra]vailleurs, le combat s'engagea; et comm[e] des deux côtés il survenait sans ce[sse] de nouveaux renforts, Spartacus se [vit] dans la nécessité de mettre toute s[on] armée en bataille. S'étant fait amen[er] son cheval, il tira son épée, et le tua : « [Si] victoire, dit-il, me fera trouver assez [de] bons chevaux, et si je suis vaincu [je] n'en aurai plus besoin. Il se précip[ita] alors au milieu des ennemis, cherch[ant] à joindre Crassus, et tua deux centurio[ns] qui s'attachaient à lui. Enfin, resté s[eul] par la fuite de tous les siens, il ven[dit] chèrement sa vie (71). »

Ainsi finit cette guerre qui avait m[is] Rome dans le même péril que la gue[rre]

...ciale. Vingt ans auparavant la cité ...maine avait en Italie deux sortes d'en[ne]mis, les Italiens et les esclaves. Elle ...it désarmé les premiers en leur ou[vr]ant ses bras; quant aux seconds, elle ...nait de les abattre et de les écraser: ...dignes d'être admis dans son sein, et ...[dé]sormais d'ailleurs nécessaires à son ...istence, ils furent tenus immobiles ...ns leurs fers. Rien ne remua plus dès ...rs dans la Péninsule, libre théâtre [po]ur les guerres des citoyens entre eux: [la] guerre civile est seule désormais pos[si]ble en Italie.

L'année précédente, la guerre d'Es[pa]gne avait expiré avec Sertorius; en [As]ie Lucullus poussait vivement Mithri[da]te et ses alliés. Ces deux guerres, [d']Espagne et d'Asie, Sertorius et Mithri[da]te, c'était la protestation armée, et [le]s provinces conquises opprimées et [le]s États indépendants menacés. Pom[pé]e venait de lui porter les derniers [co]ups en Espagne; avant d'aller l'acca[bl]er en Asie, il trouva sur son chemin [un]e autre guerre à finir, celle des es[cl]aves, une autre gloire à s'approprier, [cel]le de Crassus.

RETOUR DE POMPÉE A ROME. — [O]n avait décerné l'ovation au vainqueur [de] Spartacus: il avait eu assez de rete[nu]e pour ne pas demander le grand [tri]omphe en récompense d'exploits qu'il [av]ait, pour la gloire de Rome, ensève[lis] dans un profond oubli. Les gens [éc]lairés ne lui rendaient pas moins jus[tic]e, et reconnaissaient en lui un sauveur [de] Rome. Mais la multitude, prompte à [ou]blier les services, semblait faire un re[pr]oche à Crassus d'avoir enlevé à son [rô]le, à Pompée, une victoire qui lui ap[pa]rtenait de droit. Lorsque tout à coup [on] apprit que les débris des bandes de [Sp]artacus s'étaient rassemblés et mena[ça]ient une ville de la côte, ce fut un cri [gén]éral: « Voilà donc les victoires de [Cra]ssus, voilà comme il a terminé la [gu]erre! » Il semblait qu'il n'eût rien fait [pui]sque Pompée seul sût frapper des coups [dé]cisifs. Celui-ci arrivait à grand bruit [d']Espagne: il venait d'y fonder une [vill]e de son nom (Pamplona), et au [so]mmet des Pyrénées il avait élevé un [tr]ophée fastueux, dont l'inscription por[ta]it que depuis les Alpes jusqu'au dé[tr]oit d'Hercule il avait pris huit cent soixante-seize villes. En entrant en Italie, il rencontra cette terrible bande conduite par Publipor: c'étaient cinq mille pauvres gens qui gagnaient les Alpes. Il les anéantit, et vint proclamer pompeusement à Rome que si Crassus avait vaincu Spartacus, il avait, lui, arraché les racines de cette guerre. On applaudit, et nul n'osa s'élever contre ces vaines prétentions. On ignorait sa pensée; ce qu'on savait seulement, c'est qu'il était puissant, c'est qu'il arrivait avec une armée victorieuse, c'est que le peuple lui accordait une faveur sans bornes. On n'osait lui dicter la conduite qu'il devait suivre; on craignait qu'il n'eût des desseins arrêtés et de se compromettre auprès de lui. Tout le monde lui souriait en cherchant à lire dans ses regards. Beaucoup même, tant il y avait alors d'impuissance et d'indifférence pour la liberté! s'attendaient à le voir conserver son armée et recommencer le rôle de Sylla; ils s'y résignaient, et couraient même au-devant de lui pour se ménager les bonnes grâces du futur dictateur: l'opinion était donc toute prête si Pompée eût voulu renouveler Sylla. Mais il eut à la fois et plus d'abnégation et plus de prudence. Il déclara qu'il licencierait son armée aussitôt après le triomphe, et par cette conduite ferma la bouche aux envieux.

Comment résister aux hommages d'un grand peuple? Était-ce possible, même pour un politique plus éprouvé que Pompée? Il devait payer au peuple ses applaudissements; c'était un tribut auquel il lui était difficile de se soustraire. Il n'était pas d'ailleurs de ces hommes froids et résolus que la popularité n'enivre point, et qui peuvent s'abreuver sans danger à cette coupe dangereuse. Épris de lui-même et élevé loin du Forum, la tête lui tourna: dès les premiers applaudissements il fut acquis au peuple. Et puis comment hésiter entre le sénat et le peuple? Ici tant d'enthousiasme, d'amour, d'hommages délicats! là, beaucoup de réserve, beaucoup d'arrière-pensées, beaucoup de jalousie chez les principaux personnages; d'un côté des droits à rétablir, des services à rendre, des bienfaits à accorder, mille moyens et de payer sa dette et de mériter la reconnaissance; de l'autre, rien à donner à

23ᵉ *Livraison.* (ITALIE.)

des hommes que Sylla avait rassasiés de pouvoir et de richesses, et par conséquent aussi plus rien à en recevoir.

RÉTABLISSEMENT DE LA PUISSANCE TRIBUNITIENNE. — Pompée s'occupa aussitôt de régler les différends, ainsi qu'il l'avait promis, et il le fit de manière à plaire au peuple. Dans une assemblée réunie aux portes de la ville, il parla en qualité de consul désigné, et promit de rétablir la puissance tribunitienne en son entier : un murmure favorable accueillit ses paroles. Quand il ajouta ensuite que le pillage et les vexations des provinces, la corruption et le scandale des jugements, étaient autant de maux qu'il se flattait de guérir, aux murmures succédèrent des cris et des transports de joie, car le peuple, jaloux des droits de sa magistrature, s'y attachait moins comme à un instrument d'influence politique que comme à une garantie des droits civils qui sont de tous les plus chers et les plus inaliénables.

Dès les premiers jours de son entrée en charge, Pompée fit proposer une loi pour rendre au tribunat sa puissance. Son instrument était un certain tribun, Palicanus, homme vain et bavard, qui s'attribua tout l'honneur du succès, et fit frapper en mémoire de cet événement une médaille qui portait son nom. Mais on savait bien que si la loi avait passé malgré la vive opposition de Catulus, de Lucullus et de Lépidus, elle le devait à l'appui de Crassus et de César, et surtout à l'influence de Pompée, dont les troupes, encore réunies, pesaient puissamment dans les délibérations et ne permettaient pas au sénat de résister longtemps.

Le premier pas était fait : restaient maintenant les jugements, où les sénateurs exerçaient sans contrôle une tyrannie rapace et odieuse. Le peuple demandait qu'on y mît un terme. Au fond les instigateurs de ces réclamations étaient les chevaliers, qui se souvenaient d'avoir occupé exclusivement les tribunaux après C. Gracchus, puis, par la loi Plautia, de les avoir partagés avec les sénateurs, jusqu'à la dictature de Sylla. Il est probable que le sénat se disposait à bien défendre ses priviléges et à ne pas abandonner sans résistance les jugements, lorsqu'un événement inattendu, en mettant au grand jour les désordres, les exactions et les crimes des magistrats sortis de son sein, porta un coup fatal à son autorité.

PROCÈS DE VERRÈS; CICÉRON. — L'homme qui se chargea de lever le voile fut un homme nouveau encore peu connu, mais qui allait s'élever en peu de temps à une renommée oratoire sans égale à Rome. Cicéron, après avoir osé plaider la cause de Roscius contre le dictateur lui-même, avait jugé prudent de s'éloigner et s'était rendu en Grèce sous prétexte de rétablir sa santé. A Athènes et à Rhodes il suivit les meilleurs maîtres d'éloquence, et les étonna par l'éclat, l'abondance, la verve prodigieuse de sa parole. A la suite d'un de ses brillants exercices oratoires, tout l'auditoire était transporté; Apollonius seul semblait étranger à l'admiration générale; comme on s'en étonnait : « Je vous admire, Cicéron, s'écria-t-il; mais je vois avec douleur que vous ne laissez rien à la Grèce. » De retour à Rome Cicéron, nommé questeur à trente ans, fut envoyé à Lilybée en Sicile, et s'y fit aimer par son administration juste et sévère. Bien que cette charge lui eût ouvert les portes du sénat, son origine plébéienne, et le dédain que les anciennes familles de Rome montraient pour l'homme nouveau, devaient l'éloigner de ce parti; d'un autre côté, la modération de son esprit lui donnait peu de goût pour la démagogie, et s'attacha naturellement à cet ordre intermédiaire des chevaliers, dont il voulut faire, l'exemple de Brutus, le lien des deux autres ordres. Rendre les jugements aux chevaliers était le seul moyen de leur donner l'importance nécessaire à ce dessein. Il fallait donc arracher les jugements aux sénateurs, et pour cela trouver une occasion de montrer les abus dont ils souillaient les tribunaux et les charges publiques. Elle se présenta d'elle-même. C. Verrès, patricien décrié pour ses mœurs et sa cupidité, avait été questeur en Sicile après Cicéron, et s'y étant rendu tellement odieux que les Siciliens à l'expiration de sa charge, le citèrent devant les tribunaux romains, et prirent pour défenseur leur ancien questeur Cicéron. Celui-ci se chargea avec empressement d'une cause qui devait li-

donner matière à un double triomphe oratoire, car Verrès avait pour défenseur Hortensius, l'orateur alors le plus célèbre de Rome, et à qui Cicéron voulait enlever le premier rang; triomphe politique, car Verrès était patroné par les hommes les plus considérables du sénat, les Métellus, les Scipions, qui ne craignaient pas d'associer ainsi leur cause à celle d'un homme perdu dans l'opinion publique.

Ce fut un grand procès que celui de Verrès. D'un côté était cet homme, soutenu par les personnages les plus influents et les noms les plus illustres, plein de confiance dans ses intrigues, ses richesses et la corruption des juges; de l'autre, Cicéron, appuyé sur les chevaliers, sur le peuple, et armé de son irrésistible éloquence. Les spectateurs de cette lutte étaient innombrables : les comices, le cens, les jeux qui allaient se célébrer, avaient attiré à Rome les Latins et les Italiens de tous les points de la Péninsule.

Cicéron posa tout d'abord la question des jugements; il agrandit le procès, et le transforma en un événement politique. « Reconnaissez, juges, la main des dieux, qui n'ont suscité ce grand procès que pour vous donner l'occasion de détruire à jamais les bruits déshonorants qui se répandent sur vous et sur la justice romaine. Une opinion funeste à la république prend chaque jour plus de force et pénètre jusque chez les nations étrangères. On dit qu'aujourd'hui, dans vos tribunaux, l'homme riche et coupable ne peut jamais être condamné. » Il raconte alors tout au long par quels vils moyens Verrès espère se sauver. Il retrace son odieuse administration et son insolente confiance; il le montre amassant de telles richesses, qu'il pouvait faire de ses trésors trois parts, une pour ses juges, l'autre pour son défenseur, la troisième pour lui-même, fondant ses incroyables calculs et son impudente croyance sur la corruption des principaux citoyens; puis, de retour à Rome, luttant sans relâche pour faire traîner le procès jusqu'à l'année suivante, dans l'espoir de trouver des juges plus dociles, triomphant lorsqu'il apprend qu'Hortensius est consul désigné, ne se possédant plus de joie lorsque Métellus est désigné préteur, et faisant savoir à sa femme par un exprès cette heureuse nouvelle; enfin achetant les suffrages aux comices pour faire échouer la candidature de Cicéron lui-même à l'édilité, il dévoile sans crainte la honteuse connivence des hommes les plus considérables. « Avez-vous pu penser que je laisserais dans le silence de si coupables manœuvres, et que, dans ce danger de la république et de ma réputation, je consulterais autre chose que le devoir et l'honneur? » Q. Métellus, consul désigné, a fait venir chez lui les députés siciliens; il les a menacés de sa colère et des vengeances de son frère, préteur en Sicile : « Métellus, s'écrie l'orateur, qu'appelez-vous corrompre les jugements, si ce n'est faire ce que vous faites? » Il revient ensuite au sénat, l'attaque de nouveau, déclare que tout le monde est las de ces tribunaux corrompus, et rappelle les paroles de Catulus reprochant aux sénateurs d'avoir rendu nécessaire, par leur vénalité comme juges, le rétablissement du tribunat; celles de Pompée disant aux portes de Rome : « Les provinces sont au pillage, la justice aux enchères; il faut arrêter ces désordres. » — « Oui s'écrie-t-il lui-même, et j'en prends l'engagement solennel : bientôt je serai édile; alors je déroulerai, en m'appuyant sur des preuves certaines, tout ce qui s'est commis d'horreurs et d'infamies dans l'administration de la justice pendant ces dix années que les tribunaux ont été confiés au sénat. Je dirai pourquoi, durant les cinquante années que les chevaliers ont jugé, pas un n'a pu être convaincu d'avoir vendu sa voix. » Il enchaîne étroitement la question judiciaire au procès de Verrès; il contraint, pour ainsi dire, les sénateurs à prononcer son arrêt, leur faisant entendre que l'absoudre ce serait accepter la responsabilité de ses forfaits, s'en rendre solidaires, et combler la mesure de la patience publique. « Verrès, dit-il, n'a que de grands vices et de grandes richesses; si donc vous l'acquittez, on ne dira point qu'il doit sa délivrance à son crédit, à son caractère, aux actions honorables de sa vie passée; mais on dira que vous vous êtes vendus. » Il devient presque menaçant, et fait le procès au sénat lui-même : « Tout

le monde convient, s'écrie-t-il avec audace, que cette réunion de juges qui siège aujourd'hui dans ces tribunaux est la plus considérable qu'on y ait vue depuis qu'ils sont ainsi constitués. Que si vous venez à faillir en cette occasion, ce ne sera plus parmi vous, mais dans un autre ordre de l'État qu'on ira chercher des juges plus consciencieux. »
Verrès, confondu devant l'Italie entière présente à Rome, s'enfuit après le premier discours de Cicéron, abandonnant aux Siciliens 45 millions de sesterces. Mais sa fuite ne le déroba point aux accablantes révélations de son accusateur. Cicéron retraça, dans un plaidoyer écrit, la vive peinture de tout ce qu'il avait fait souffrir aux provinces, de ses exactions, de ses vols, de ses cruautés, de ses outrages aux temples des dieux, de ses infamies. Mais ce n'était pas sur le seul Verrès que portaient tous ces coups : ils retombaient sur tout l'ordre des sénateurs, qui avaient pu considérer sa cause comme leur propre cause. Car il n'en était pas un parmi eux qui ne se reconnût à quelque trait dans cette peinture du gouverneur de province. Cicéron leur avait bien dit que absoudre Verrès, c'était se perdre eux-mêmes; mais il n'avait pas dit qu'en le condamnant ils pussent se sauver. Lui-même avait tué leur influence par ses révélations; lui-même leur annonçait leur chute, et prononçait leur arrêt. « Tant que la force l'y a contrainte, Rome a souffert votre despotisme royal ; elle l'a souffert : mais du jour où le tribunat a recouvré ses droits, votre règne, ne le comprenez-vous point, est passé. » En vain condamnèrent-ils le coupable, ils n'en perdirent pas moins les jugements. Le préteur Aurelius Cotta, oncle de César, fit adopter une loi qui, à l'imitation de la loi Plautia, partageait les fonctions judiciaires entre les sénateurs, les chevaliers et les tribuns du trésor.

IMPORTANCE PUBLIQUE DE L'ORDRE ÉQUESTRE. — Tant de corruption avait été mis au jour par cet événement que le rétablissement de la censure semblait en devoir être la conséquence nécessaire. Rome revit en effet cette magistrature abolie par Sylla. Les deux censeurs furent, en cette année 70, Gellius et Lentulus. Leur premier acte fut une épuration sévère du sénat, d'où soixa[nte-] quatre membres furent chassés ; c'éta[it le] coup de grâce porté à l'édifice de S[ylla.] Tous les ennemis de la constitution [sylla-] lanienne eurent satisfaction cette [an-] née-là, et firent tomber une pierre de l['édi-]fice par les trois questions du tribu[nat,] des jugements et de la censure. Les [che-]valiers surtout, si violemment pour[sui-]vis par le dictateur, triomphèrent. [Dès] de ce moment qu'ils prirent une [véri-]table importance. Ils se rallièrent au[tour] de Cicéron et de Pompée, qui leur re[ndit] cette année même un public et solen[nel] hommage. Le jour où les censeurs [pas-]saient la revue de l'ordre équestr[e, la] foule vit tout à coup paraître à l'ex[tré-]mité du Forum les faisceaux consulai[res;] d'abord on ne sut que penser, mais b[ien-]tôt on reconnut avec étonnement et [ad-]miration Pompée, qui, écartant les [lic-]teurs, passa comme un simple cheva[lier] devant le tribunal des censeurs, à [pied] et tenant son cheval par la bride. « A[vez-]vous fait toutes les campagnes que l[a loi] exige? lui demanda l'un des magistr[ats.] — Oui, dit-il à haute voix, je les ai to[utes] faites, et je n'ai jamais eu que moi p[our] général. » La foule applaudit avec tra[ns-]port, comme s'il n'eût point insulté [aux] lois de la république et à l'égalité des [ci-]toyens; les censeurs mêmes le rec[on-]duisirent jusque chez lui pour satisf[aire] la multitude, qui les suivit en battant [des] mains.

Quand le procès de Verrès cessa d'[oc-]cuper l'attention publique, elle se repo[rta] sur Pompée. Il avait alors le privi[lège] d'attirer seul tous les regards. Mais c[om-]ment répondre à cette curiosité génér[ale,] et, dans le rôle qu'il s'était donné, [que] lui restait-il à faire désormais à Ro[me?] Avoir rétabli le tribunat, rendu les [ju-]gements aux chevaliers et relevé la c[en-]sure, c'était assez pour lui. Il n'a[vait] point ce génie actif et infatigable [qui] trouve partout un aliment, et que t[ra-]vaille sans cesse le désir de fonder q[uel-]que chose. Il ne sut que ressusciter d'[an-]ciennes institutions réclamées par le v[œu] public, soit qu'il n'imaginât rien au d[elà,] soit que les réformes possibles, s'il [les] entrevoyait, l'eussent effrayé par [leur] gravité. Enveloppé dans sa dignité [im-]passible, comme une véritable idol[e, il] n'avait pas cette souplesse, cette v[a-]

ujours prête et une certaine impu-
nce nécessaire au démagogue, qui ne
anquait pas à César. Embarrassé dans
public, on le voyait rougir lorsqu'il y
enait la parole. Incapable de se plier
x nécessités d'une vie de Forum, plus
lontiers prince que citoyen, il ne mar-
ait plus qu'entouré d'un cortége d'a-
is qui le préservait des rencontres inat-
ndues et des familiarités des citoyens.
assus, toujours en mouvement, offrant
s services, donnant la main aux uns
aux autres, et, dans le sénat même,
us instruit des formes et des usages,
mportait sur lui dans les détails de la
a politique. Pompée s'en apercevait
ec dépit. Lorsqu'à la fin de l'année le
uple exigea des deux consuls qu'ils se
conciliassent publiquement, il ne bou-
a point. Mais Crassus fit le généreux,
., lui prenant la main, dit à haute voix
'il ne croyait point s'abaisser en cédant
premier rang à celui que le peuple
ait proclamé grand dès le jeune âge et
i deux fois avait obtenu le triomphe,
ant même d'être sénateur. Ces avances
un rival furent cruelles pour sa vanité
essée : il s'éloigna dès lors de la place
blique, et ne songea plus qu'à se faire
nner quelque commandement mili-
ire, qui, en le dérobant aux soins du
rum, lui permît d'occuper encore le
uple du bruit de ses exploits.

)GUERRE DES PIRATES. — Rome con-
nuait à souffrir du brigandage des pi-
tes. Des expéditions de Servilius et de
etellus il ne restait guère que les glo-
eux surnoms de vainqueur de l'Isaurie et
l la Crète qu'ils s'étaient donnés. Écrasée
r un point, cette puissance insaisissable
s pirates renaissait sur mille autres. On
savait où frapper cette hydre dont les
lle têtes couvraient la Méditerranée.
pendant leur audace toujours crois-
nte n'était plus tolérable. Ils intercep-
ient les convois, pillaient les vaisseaux
s marchands, ravageaient les côtes, et
aient ensuite chaque prise par de
yeuses orgies dans leurs vaisseaux or-
s de pourpre et d'or, aux rames argen-
es. Un préteur et son escorte avaient
é faits prisonniers; ils avaient enlevé
r la côte la fille d'Antonius, riche patri-
en; Misène, Gaëte, Ostie même avaient
à souffrir de leurs descentes auda-
ieuses. Lorsqu'ils prenaient un citoyen
romain et qu'il se prévalait de ce titre,
ils feignaient la frayeur et le respect, se
jetaient à ses pieds, imploraient leur
pardon; alors l'un lui apportait des san-
dales, un autre une toge romaine, et,
attachant une échelle au flanc du vaisseau, ils l'invitaient à descendre et à retourner à Rome; s'il refusait, ils le
poussaient dans la mer. Et cependant,
malgré leurs mille vaisseaux, ils n'étaient
pas redoutables; car aucun lien ne les
unissait, et loin de prêter un concours
actif aux ennemis de Rome, ils avaient
abandonné Mithridate et trahi Spartacus. Jamais la majesté romaine n'avait
été si ouvertement insultée par d'aussi
méprisables ennemis.

Gabinius, tribun ami de Pompée,
proposa (67) d'en finir avec les pirates,
et de confier à l'un des généraux de la
république des forces assez considérables pour les envelopper de tous côtés :
un pouvoir absolu sur toute la Méditerranée et sur les côtes jusqu'à vingt-cinq
lieues dans l'intérieur des terres, une
flotte de deux cents voiles, autant de soldats qu'il en voudrait lever et liberté
entière de puiser dans le trésor sans être
tenu de rendre compte en aucun temps.
A qui destinait-on cet immense pouvoir? Tout le monde le devinait, il
n'était pas besoin de nommer Pompée.
Les sénateurs se récrièrent tous, excepté
César, qui appuya la proposition pour
accoutumer Rome au pouvoir d'un seul.
Catulus vint étaler à la tribune avec une
emphase hypocrite les rares qualités et
les grands services de Pompée, suppliant
le peuple de ne pas exposer sans cesse
aux dangers une tête si précieuse. « Car
enfin, dit-il, si vous veniez à le perdre,
quel général auriez-vous pour le remplacer? — Vous-même. » lui répondit-
on de toutes parts. Roscius voulut prendre la parole après lui; mais les cris
étouffèrent sa voix, et le peuple, pour
irriter davantage encore le sénat, décida
qu'on donnerait à Pompée des forces
doubles de celles qu'avait demandées
Gabinius, cinq cents galères, cent vingt
mille fantassins, cinq mille chevaux, et
un pouvoir dictatorial pour trois ans.
Le consul Pison et le tribun Trébellius
essayèrent encore, mais en vain, d'enlever à Pompée cette guerre; il se mit à
la tête des forces qui lui étaient confiées,

prit pour lieutenants vingt-quatre sénateurs qui avaient déjà commandé en chef, et, partageant la Méditerranée en treize régions, enveloppa les pirates comme dans un filet, si bien qu'au bout de quarante jours ils étaient tous prisonniers ou exterminés.

A peine la loi Gabinia avait-elle passé qu'une diminution considérable du prix des vivres se fit tout à coup. On en rendit grâce à Pompée, dont le nom seul, disait-on, avait suffi pour effrayer les pirates. Lorsque, au bout de quarante jours, on apprit que les mers étaient libres, et que les marchands pouvaient apporter sans crainte les denrées lointaines, lorsqu'on vit arriver à Rome d'immenses convois débarqués au port d'Ostie, il sembla que Pompée fût un dieu libérateur, pour faire triompher ainsi partout les armes de Rome et ramener comme par enchantement l'abondance. Cependant il avait montré une basse jalousie à l'égard de Métellus, allant jusqu'à prêter son appui aux pirates de la Crète contre ce général, et envoyant même son lieutenant Octavius pour les encourager? Dans le peuple, on l'en louait : c'était humanité; il avait voulu sauver des suppliants qui imploraient sa protection; mais dans le sénat on accusait cette ambition qui lui faisait regarder comme un vol fait à sa gloire tout succès gagné par d'autres. Une plus criante injustice acheva de soulever contre lui la noblesse. Il arracha à Lucullus Mithridate vaincu, pour se réserver le facile mais pompeux honneur de lui porter les derniers coups.

Après l'entrevue de Dardanum, Mithridate avait regagné ses États, où de toutes parts des révoltes éclataient. Les peuples de la Colchide voulaient l'un de ses fils pour roi, il le leur donna; mais peu de temps après il le fit saisir, charger de chaînes d'or et décapiter. Dans le Bosphore, les villes lui refusaient obéissance; il réunit contre elles une armée si nombreuse, que le lieutenant de Sylla, Muréna, resté en Asie avec les deux légions de Fimbria, feignit de se croire menacé. Excité par Archélaüs, que ses liaisons avec Sylla avaient compromis auprès du roi et qui avait fui pour sauver sa tête, Muréna envahit la Cappadoce, dont Mithridate retenait une partie. Ce prince invoqua le traité conclu naguère; comme il n'avait pas été écrit, le légat en nia l'existence, e avança toujours. Mais il se fit battre repassa l'Halys en désordre; et l'armée pontique touchait déjà la frontière de la province, quand un envoyé du dictateur, Gabinius, vint arrêter les hostilités et tout rétablir dans l'ancien état (82) Pour gage d'amour, Ariobarzane donna au roi de Pont la main de sa fille avec une partie de la Cappadoce.

Mithridate avait besoin de la paix pour raffermir son autorité et réparer ses pertes; pendant quelques années il ne parut occupé qu'à soumettre de nouveau le Bosphore, dont il confia l'administration à son fils Macharès, et à dompter quelques peuples barbares établis entre la Colchide et le Palus Mœotis Mais dès qu'il apprit la mort du dictateur (78) il excita sous main le roi d'Arménie, Tigrane III, à envahir la Cappadoce d'où ce prince enleva 300,000 habitants pour agrandir sa capitale Tigranocerte La cession que Nicomède III fit au sénat de la Bithynie (75) le décida à entrer lui, même en lice. D'ailleurs l'occasion semblait favorable. Les meilleurs généraux et presque toutes les forces de Rome étaient occupés en Espagne contre Sertorius, les pirates couvraient la mer, et les Bithyniens, que les publicains avaient en quelques mois soulevés contre eux, l'appelaient à leur délivrance. Il commença aussitôt d'immenses préparatifs Tous les peuples barbares, du Caucase au mont Hœmus, lui fournirent des auxiliaires, des Romains proscrits par Sylla dressèrent les troupes, et Sertorius lui envoya des officiers (74) : nous avons dit plus haut à quelles conditions.

Lucullus était alors consul avec M. Cotta; il souhaita la direction de cette guerre. Loin d'avoir passé, comme on l'a dit, dans les plaisirs et l'étude une jeunesse inutile à l'État, Lucullus durant près de dix années, n'avait pas quitté le harnais. En 90 il servait dans la guerre Sociale; en 88 il précéda Sylla en Grèce comme proquesteur. Son général n'avait pas de vaisseaux pour disputer la mer aux forces ennemies; au milieu de mille dangers, il alla en Crète à Cyrène, en Égypte, en Chypre, à Rhodes, à Cos, à Cnide, etc., faisant ainsi as

lieu des pirates et des flottes royales tour de la Méditerranée orientale ur rassembler des navires. Il réussit, et une importante diversion en encougeant les villes grecques d'Asie dans ir révolte contre Mithridate. A Chio, Colophon il aida les habitants à chasser irs garnisons; et si plus tard il laissa happer le roi enfermé dans Pitane pour pas donner à Fimbria l'honneur de miner la guerre, il battit deux fois ses ittes, et ouvrit à Sylla le chemin de l'A-. Chargé de répartir l'impôt de guerre 20,000 talents, il usa de la plus grande odération. Plusieurs villes cependant sistaient encore; il battit en deux rentres les Mityléniens et les Éléates, et ne revint à Rome qu'à la fin de l'anie 80, tout juste assez tard pour ne s tremper dans les proscriptions. Le ctateur l'accueillit avec la plus grande stinction. Leurs goûts les rapproaient; tous les deux aimaient à mêler s plaisirs de l'esprit aux recherches du ке, et Sylla lui laissa, avec la tutelle de m fils, le soin de revoir, avant de les blier, ses *Commentaires* qu'il avait rits en grec. Préteur en 77, et consul fin en 74, il combattit, par respect pour mémoire de Sylla autant que par zèle ur le parti des grands, les efforts du bun Quintius, qu'il finit peut-être par heter.

Le sort lui avait assigné pour province insulaire la Cisalpine, tandis que son llègue avait eu la Bithynie. Mais le oconsul de Cilicie étant mort sur ces trefaites, Lucullus demanda et obtint province. Son armée, qui comptait un u moins de 32,000 hommes, se comsait de recrues sans expérience ou des térans de Fimbria, déjà deux fois reilles et habitués à une extrême licence. mme Scipion et Paul-Émile, il comença par exercer ses troupes et rétair la discipline, et il s'avançait déjà r les bords du Sangarius en Galatie, ur envahir le Pont, quand il apprit e Mithridate, entraînant la républie d'Héraclée dans son alliance, avait vahi la Bithynie; que tous les publiins y avaient été massacrés par les dbitants; que Cotta, pressé de combatpour avoir seul l'honneur de vaincre, sait éprouvé deux défaites en un jour, ne sur terre, l'autre sur mer; qu'en-

fin il était étroitement bloqué dans Chalcédoine. Archélaüs et ses propres officiers lui conseillaient de se jeter sur la Cappadoce et le Pont, laissés par le roi sans défense : « J'aime mieux, dit le général, sauver un Romain qu'enlever à l'ennemi de faciles dépouilles. Qu'est-ce d'ailleurs que de laisser la bête pour courir au gîte abandonné? » Et il marcha au secours des assiégés. Mais, effrayé par le nombre immense des troupes royales et encore peu sûr des siennes, il refusa une action générale.

Dans la Péninsule montagneuse dont Chalcédoine occupe une extrémité, Mithridate, serré de près par le proconsul, manqua bientôt de vivres. Pour en trouver, il s'étendit à l'ouest dans la Mysie, et essaya d'enlever Cyzique par surprise. Lucullus le suivit; campé sur ses derrières dans une bonne position, il intercepta les routes, et attendit que la famine lui livrât une victoire assurée. La ville était forte et dévouée aux Romains; quelques troupes que Lucullus y fit passer, la vue de son camp, que les habitants découvraient du haut de leurs murs, soutinrent leur courage. La saison aussi les favorisait; c'était l'hiver : une violente tempête détruisit un jour tous les ouvrages du roi. Après avoir vécu de tout ce que leur camp pouvait fournir, même des cadavres de leurs prisonniers, les assiégeants étaient décimés par la famine et la peste. Un grand détachement que forma Mithridate pour faire des vivres fut surpris au passage du Ryndacus, et perdit 15,000 hommes et 6,000 chevaux. Un de ses lieutenants, Rumachus, qui devait inquiéter les Romains sur leurs communications, fut encore battu en Phrygie par le prince galate Dejotarus. Entre ce camp immobile et cette ville inexpugnable, Mithridate voyait fondre son immense armée, sans pouvoir la faire combattre. Il se décida à fuir sur ses vaisseaux, laissant ses troupes de terre se tirer comme elles pourraient des mains de l'ennemi. Hermœus et Varius les menèrent jusqu'au fleuve OEsopus, qui, grossi par les pluies, les arrêta; Lucullus les atteignit, en tua la plus grande partie; le reste se sauva à Lampsaque. Quelques vaisseaux du roi croisaient encore dans la Propontide et sur les côtes de la Troade : il arma des galères, les poursuivit et les coula. Dans une de ces rencontres il prit Varius, l'agent de Sertorius, et le fit mettre à mort ignominieusement (73).

Cependant Mithridate fuyait vers l'Euxin. Le proconsul avait ordonné à Vocanius de fermer le Bosphore de Thrace. Cet officier s'oublia à célébrer des fêtes et à se faire initier au mystère de Samothrace. Quand le roi parut à l'entrée du détroit le passage était libre. Mais des tempêtes détruisirent sa flotte, et ce fut à bord d'un pirate qu'il rentra dans Héraclée. De là il gagna Sinope et Amisus, d'où il sollicita son fils Macharès et son gendre Tigrane de lui envoyer de prompts secours. Dioclès, qu'il chargea d'aller avec de grosses sommes chez les Scythes, passa aux Romains.

Lucullus laissa Cotta soumettre les villes de Bithynie qui tenaient encore, et pénétra dans le Pont. 30,000 Galates le suivaient portant des vivres pour son armée. Dans l'intention d'attirer le roi à une bataille avant l'arrivée des secours qu'il attendait, il ravagea le pays et s'arrêta longtemps, malgré les murmures de ses troupes, au siége d'Amisus (72). Au printemps de l'année suivante, apprenant que le roi avait réuni 44,000 hommes à Cabira, presque aux sources de l'Halys, dans les montagnes qui séparent le Pont de l'Arménie, il laissa Muréna devant Amisus, et alla chercher le roi, avec trois légions. Un traître lui ouvrit les passages qui menaient au camp royal. La cavalerie pontique repoussa d'abord celle des Romains, et Lucullus manqua d'être assassiné par un chef scythe qui était passé de son côté, comme transfuge. Mais lorsqu'il eut bien reconnu les lieux, il recommença la tactique qui lui avait réussi devant Cyzique ; et par une foule de petits combats il cerna et affama l'ennemi. Déjà Mithridate songeait à battre en retraite, quand une terreur panique saisit ses troupes. Pour mieux fuir elles renversent les murs du camp; les légions surviennent, et Mithridate n'échappe qu'en semant ses trésors sur sa route, pour arrêter la poursuite. Désespérant de défendre encore son royaume, il va avec 2,000 chevaux demander un asile à Tigrane. Mais avant de passer la frontière de l'Arménie, le despote s'est souvenu qu'il avait laissé ses sœurs et ses femmes enfermées da[ns] Pharnacie. Il aime mieux les savoir mo[r]tes que tombées aux mains du vai[n]queur, et un de ses eunuques, Bacchide va leur porter l'ordre fatal. La belle M[o]nime, la plus chérie de ses femmes, vo[u]lut s'étrangler avec le diadème que s[on] époux avait placé sur son front. Tr[op] faible, il se rompit; alors le foulant a[ux] pieds avec mépris : Funeste bandeau, s['é]cria-t-elle, à quoi m'as-tu jamais serv[i]? Aujourd'hui même tu ne peux m'aide[r à] mourir. Et elle se jeta sur l'épée q[ue] l'eunuque lui tendait.

A la suite de ce succès, Lucullus p[rit] Cabira et chassa de la Cappadoce les de[r]nières troupes pontiques. Assuré sur s[es] derrières, il traverse la petite Arménie [et] le Pont pour aller soumettre, jusque s[ur] les frontières de la Colchide, les Cha[l]déens et les Sibaréniens. Les légio[ns] n'avaient plus d'ennemis devant elle[s]; quelques places seulement résistaie[nt] avec courage. Amisus, défendue par l'i[n]génieur Callimaque, bravait tous les e[f]forts de Muréna; Héraclée arrêta de[ux] ans le proconsul Cotta. Placées au mili[eu] des barbares, ces villes grecques s'étaie[nt] entourées de fortifications dont l'art de [ce] temps ne savait pas triompher, et la m[er] leur restant ouverte, elles ne craignaie[nt] pas la famine. Cependant, se voya[nt] sans espoir de secours, elles se soumiren[t.] Lucullus eut la gloire d'emporter l[a] même Amisus par un stratagème. Apr[ès] avoir réglé l'administration du Por[t] qu'il considérait comme une nouvel[le] province, rendu la liberté à Sinope et [à] Amisus, enfin traité avec Macharès, q[ui] n'eut pas honte d'envoyer une couron[ne] d'or au vainqueur de son père, Lucull[us] revint passer l'hiver à Éphèse.

La province avait besoin de sa p[ré]sence, dévorée qu'elle était par les pub[li]cains et les usuriers. Elle n'avait pu e[n]core payer toute la contribution de guer[re] imposée par Sylla, ou plutôt elle l'av[ait] déjà payée six fois par l'accumulati[on] des intérêts et les exactions des fermi[ers] de l'impôt. La désolation était génér[ale] aussi quand Lucullus eut fixé la rent[e de] l'argent à 1 pour 100 par mois, il défe[n]dit de prendre l'intérêt de l'intérêt,[et] abandonna au créancier seulement [un] quart des revenus du débiteur. Les béné[-] dictions des peuples l'empêchèrent d'o[

ndre les violents murmures des publi[ca]ins; nous le verrons bientôt expier son [ha]bile et généreuse conduite.

Depuis plusieurs mois il avait envoyé [so]n beau-frère Clodius réclamer de Ti[gr]ane III l'extradition de Mithridate. Maî[tr]e de l'Arménie, et vainqueur des Par[th]es, qui lui avaient cédé tout le nord de la [M]ésopotamie, Tigrane avait encore sou[m]is la Syrie, à la faveur des guerres ci[vi]les, au milieu desquelles la domination [de]s Séleucides avait honteusement dis[pa]ru. Pour animer dans son royaume le [co]mmerce, l'industrie et les arts, il y [av]ait transporté nombre de Grecs et d'A[ra]bes. Ce prince était alors le plus puis[sa]nt monarque de l'Orient. Une foule de [ch]efs renommés vivaient à sa cour, le [se]rvant comme des esclaves; et quand il [pa]rtait quatre rois couraient à pied de[va]nt son char. Il avait contraint les Par[th]es à lui laisser prendre le nom de roi [de]s rois, titre qu'avaient jadis porté Da[ri]us et Xercès, et qui semblait placer [dan]s sa dépendance tous les princes de [l'A]sie. Au temps de sa prospérité Mithri[da]te n'avait pas voulu reconnaître cette [su]prématie; aussi n'avait-il obtenu de [Ti]grane dans la dernière guerre contre [R]ome que des secours insignifiants, et [ava]it-il été froidement reçu quand il était [ven]u se réfugier sur ses terres. L'ambas[sa]de de Clodius changea ces dispositions; [Ti]grane, irrité d'une telle proposition, [con]gédia l'envoyé avec colère, et appelant [au]près de lui Mithridate, que jusqu'alors [il] n'avait pas admis en sa présence, lui [rem]it 10,000 hommes pour rentrer [da]ns son royaume, tandis qu'il allait [m]ettre lui-même sur pied toutes ses [fo]rces. Il renouvelait donc la faute qui [ava]it perdu Philippe et Antiochus. Pen[da]nt que son beau-père combattait à [Cy]zique et à Cabira pour la liberté de [l'A]sie, au lieu de le soutenir il était allé [g]uerroyer contre quelques villes obscu[res] de la Phénicie; et maintenant que [Mi]thridate était fugitif il entrait en lice. [Ro]me devait avoir à bénir jusqu'à la [de]rnière guerre l'imprévoyance de ses [ad]versaires (70).

Lucullus ne recula point devant cette [tri]ste nouvelle. Il laissa 6,000 hommes à [la] garde du Pont, et ne prit avec lui [que] 12,000 fantassins et moins de 3,000 [che]vaux. Ses soldats, surtout ceux des légions fimbriennes, mécontents de ce que en toute occasion il protégeait les indigènes contre leurs violences, ne le servaient qu'à regret (69). Il se dirigea vers les provinces de l'Euphrate récemment conquises par Tigrane, et où la population, en grande partie grecque d'origine, se voyait avec horreur soumise à un prince qui rendait l'obéissance humiliante. Clodius y avait pratiqué à son passage de secrètes intelligences, dont le général voulait maintenant profiter. Il passa l'Euphrate à la hauteur de Mélitène, entra dans la Sophène, où il fit observer à ses troupes la plus sévère discipline, et franchit le Tigre sans obstacle. Tigrane ne pouvait croire à tant d'audace; le premier qui lui annonça l'approche des légions paya cet avis de sa tête. Cependant il fallut bien admettre que l'ennemi n'était plus à Éphèse, comme le soutenaient les courtisans, et Tigrane donna ordre à Mithrobarzane d'aller châtier ces insolents et de lui amener leur chef vivant. L'avant-garde de Lucullus suffit pour disperser cette armée et tuer son commandant; cette fois le roi abandonna en toute hâte sa capitale, et se retira dans ces montagnes qui séparent les sources du Tigre de celles de l'Euphrate, appelant autour de son étendard ses contingents et ses alliés, depuis le Caucase jusqu'au golfe Persique. Muréna et Sextilius arrêtèrent quelques-uns des convois qui arrivaient des provinces du sud; mais par le nord et l'est les Arméniens, les Mèdes, les peuples du Caucase rejoignirent le camp royal.

Quand Tigrane se vit à la tête de plus de 250,000 hommes et qu'il sut que Lucullus assiégeait sa capitale avec une armée si faible en nombre qu'il n'eût pas voulu en faire son escorte ordinaire, il repoussa les conseils de Mithridate; et au lieu d'envelopper, d'affamer son adversaire, il courut lui présenter la bataille. Dès que son innombrable armée couronna les hauteurs d'où l'on découvre Tigranocerte, Lucullus, laissant à Muréna 6,000 auxiliaires pour empêcher une sortie, marcha avec 11,000 hommes et quelque cavalerie à la rencontre du roi. « S'ils viennent comme ambassadeurs, dit Tigrane en voyant leur petit nombre, ils sont beaucoup; si c'est comme ennemis, ils sont bien peu. » Le général romain, qui portait dans cette guerre autant d'audace qu'il avait mis de prudence et de lenteur en face du roi de Pont, commença l'attaque en gravissant lui-même à la tête de deux cohortes une colline sur laquelle étaient postés 17,000 cavaliers bardés de fer. Ils n'attendirent même pas le choc, et se rejetèrent sur leur infanterie, où ils portèrent le désordre. Tigrane fut le premier à fuir; sa tiare et son diadème tombèrent aux mains du vainqueur; les Romains, dit-on, ne perdirent que cinq hommes et eurent seulement cent blessés; c'est par 100,000 qu'on compte les morts dans l'armée barbare (6 octobre 69). Une révolte des habitants grecs de Tigranocerte facilita l'assaut. Les légionnaires y trouvèrent, sans parler d'autre butin, 8,000 talents d'argent monnayé, et reçurent encore de leur général 800 drachmes par tête. Jamais plus facile succès n'avait été plus richement récompensé.

Lucullus hiverna dans la Gordyène et la Sophène, recevant l'alliance de tous les princes du voisinage et sollicitant celle de Phraates roi des Parthes. Ce prince réclamait de Tigrane la Mésopotamie, et avait à venger sur les Arméniens les longues humiliations de sa maison. Mais Tigrane lui offrait l'Adiabène, et lui montrait tous les trônes de l'Orient également menacés par les victoires de Rome. Un député, Sextilius, le trouva flottant incertain entre les deux partis. Lucullus n'accepta point cette neutralité; et il ordonna à ses lieutenants dans le Pont de lui amener leurs troupes. Il avait pris en tel mépris ces rois de loin si puissants et si redoutés, qu'il ne craignait plus de s'enfoncer au cœur de l'Asie pour renverser un troisième empire. Mais ses officiers et ses soldats étaient trop riches pour vouloir courir de nouveaux hasards : ils refusèrent de le suivre, et Lucullus dut se résigner à achever la défaite du roi d'Arménie. L'armée de Tigrane, reformée par Mithridate, qui n'y avait admis que les meilleures troupes, avait reparu autour de lui, refusant le combat et cherchant à lui couper les vivres. Afin de l'amener à une action, Lucullus marcha sur Artaxata, qui renfermait les femmes, les enfants et les trésors du roi. Tigrane en effet le suivit, et pour sauver sa seconde capitale livra bataille (68). Le ré-

sultat fut le même que l'année précédente.

Artaxata, bâtie, dit-on, par Annibal s'élevait sur les bords de l'Araxe, au nord-est du mont Ararat, haute montagne, dont la cîme, toujours glacée, se cache à plus de seize mille pieds dans les nues. Quand les vents qui passent sur ces neiges éternelles descendent dans les vallées, l'hiver arrive tout à coup. Un froid subit et une neige abondante arrêtèrent ainsi l'armée romaine dans sa poursuite; les soldats refusèrent de rester plus longtemps sous ce rude climat, et Lucullus, abandonnant le siége d'Artaxata, recula vers le sud, dans la Mygdonie, où il emporta d'assaut la forte place de Nisibe (67). Ce fut le terme de ses succès. Il n'avait pas su, comme Scipion ou Sylla, adoucir par l'affabilité des manières la rigueur du commandement, et ses soldats ne pouvaient lui pardonner de les avoir tenus sans relâche sous la tente. Depuis six ans que durait cette guerre, Clodius, son beau-frère, jeune noble plein d'une criminelle audace, les encourageait par de séditieuses paroles. « Vous n'êtes, leur disait-il, que les muletiers de Lucullus, vous ne lui servez qu'à escorter ses trésors. Il pille pour son compte les palais de Tigrane, et il vous force d'épargner ceux que le droit de la victoire vous livre. » A Rome Lucullus avait d'autres ennemis, les publicains, ces harpies qui dévoraient la subsistance des peuples et dont ses règlements avaient arrêté les rapines. Depuis qu'il commandait en Asie, la province s'était relevée; en quatre années toutes les dettes avaient été acquittées, tous les biens-fonds dégagés; mais il oubliait en Rupilius cette conjuration permanente que les chevaliers formaient, dit Cicéron, contre tous ceux qui réprimaient leur avidité. Redevenus tout-puissants, grâce à Pompée, ils avaient hâte de se venger de l'homme qui les forçait à être justes et modérés. Tandis que l'armée de Lucullus retenait son général dans une inaction forcée, les publicains, soutenus par l'ancien tribun Quintius, alors préteur, lui enlevaient à Rome son commandement, faisaient décréter le licenciement d'une partie de ses troupes, et donner à Glabrion la Bithye et à Marcius Rex la Cilicie (67). Mithridate et Tigrane mirent à profit mésintelligences pour rentrer dans rs États, et le roi de Pont battit même lieutenant Fabius (66). La division un autre lieutenant, Triarius, eût été truite sans une blessure que Mithridate ut, dans la mêlée, de la main d'un nsfuge. L'arrivée de Lucullus, qui it encore une fois réussi à entraîner soldats en leur faisant honte d'abanner leurs camarades, le rejeta dans Petite Arménie; mais ils ne voulut pas l'y poursuivre. En vain leur éral descendit aux plus humbles ères; plus maîtres que lui dans son np, ils lui dirent d'aller seul chercher memi s'il voulait combattre; et ils ronsentirent à demeurer sous ses ors jusqu'à la fin de l'été, qu'à la conon de ne point quitter leur camp. Cependant les deux rois avaient repris fensive; la Cappadoce fut envahie, Romains chassés du Pont, le proconGlabrion mis en fuite sans avoir combattre, et poursuivi par Midate jusque dans la Bithynie. Quand vèrent les commissaires chargés le sénat d'organiser en province les velles conquêtes, tout était à recomacer.

OI MANILIA; CAMPAGNES DE IPÉE CONTRE MITHRIDATE. — npée venait d'achever sa guerre des htes, et se trouvait avec des forces sidérables dans la Cilicie. Depuis gtemps ses amis de Rome lui destint la conduite de cette guerre. Le un Manilius proposa formellement 'envoyer contre Tigrane et Mithri, avec des pouvoirs illimités sur mée, la flotte et les provinces d'Asie. sénat repoussait cette loi, qui contit la royauté d'un transfuge du parti nobles. Mais l'aveuglement du peuple es chevaliers était tel qu'il n'eut pas ne la peine d'y résister.

e n'est qu'en lisant le discours de rron *pro lege Manilia* qu'on peut se une idée de cet engouement du ple. Ces éloges pompeux, démesuintarissables, ces longs et magniæs développements sur chacune des us de Pompée comme sur autant de ets d'une thèse, pour que la multil les supportât sans murmures, il fallait que l'orateur fût bien éloquent et le héros bien populaire. C'était là première fois, du reste, que Cicéron, encouragé sans doute par son titre nouveau de préteur, parlait à l'assemblée du peuple, et le Forum dut être ébloui de cet éclat merveilleux de style et de pensée, de cette richesse de figures et de cette inépuisable abondance.

Il en fut de la loi Manilia comme de la loi Gabinia. Le sénat n'osa faire une opposition ferme et décidée, bien que la constitution de Sylla lui permît de ne soumettre les propositions législatives à l'assemblée du peuple qu'après un examen préalable. Catulus seul prit cette fois encore la parole, et discourut longtemps contre la rogation; mais le malheureux orateur n'était pas écouté; il s'en aperçut : « Sénateurs, s'écria-t-il, en se tournant de leur côté, il n'y a plus rien à faire désormais pour vous dans une ville qui s'aveugle à ce point sur les dangers de la liberté. Cherchez donc quelque roc Tarpéien, quelque mont Sacré, où vous puissiez fuir et rester libres. » Vains efforts, vain désespoir : les chevaliers, le peuple, Cicéron et César soutenaient la proposition.

Cicéron fit plutôt une brillante parade oratoire qu'un véritable discours de Forum. Il ne lui restait rien à faire, la cause était déjà gagnée. Il s'efforça de persuader, tout en ménageant fort habilement Lucullus, que la guerre d'Asie était encore une guerre pressante et très-redoutable. A qui devait-on en confier la direction, plutôt qu'à celui de tous les généraux romains qui, par sa science militaire, son courage, sa tempérance, son humanité, son bonheur constant, semblait un dieu descendu du ciel? Ici un long panégyrique de Pompée, un magnifique étalage de ses services. Cicéron rencontre encore sur ce terrain Hortensius, comme dans la discussion de la loi Gabinia. Il profite de l'occasion pour attaquer avec avantage son rival d'éloquence. « Déjà nous t'avons entendu, Hortensius, déployer dans le sénat contre Gabinius les ressources de ton éloquence, lorsqu'il proposa de confier à un seul général la guerre des pirates, et de cette tribune même tu parlas alors longtemps contre sa rogation

Eh bien, j'en atteste les dieux, si ton influence l'eût emporté auprès du peuple romain sur le soin de son salut et sur la bonne cause, aurions-nous aujourd'hui et ces nouveaux lauriers et cet empire incontesté qui nous est rendu sur le monde?...... Le peuple romain veut croire, ajoute-t-il, que toi, Hortensius, et ceux de ton parti vous ne vouliez sincèrement que le bien de la république; mais ce même peuple romain a mieux aimé consulter ses besoins pressants que votre autorité. Et il s'en est bien trouvé. »

Quant à César, si l'on veut qu'il ait conçu dès cette époque le dessein de s'emparer de la dictature, il appuya la proposition pour accoutumer le peuple aux pouvoirs extraordinaires. Ce qui est plus certain, c'est que la présence de Pompée le gênait alors. Pompée à Rome, il fallait ou le ménager et rester caché sous son ombre, ou l'attaquer ouvertement, entreprise folle assurément, car le crédit de Pompée était sans bornes. Au contraire, éloigné et relégué en Asie, on devait moins parler de lui, l'oublier un peu, et le champ devenait libre à Rome pour s'y produire sans être éclipsé.

La loi Manilia fut emportée facilement; non cependant sans avoir recouru à cet expédient dont Marius le premier avait donné l'exemple : avant le vote on répandit les affranchis dans les trente-cinq tribus. La nouvelle de ce nouveau succès alla trouver Pompée en Cilicie; on dit qu'en la recevant il s'écria : « O dieux! ne serai-je donc jamais au bout de tant de travaux? » et qu'il se plaignit de ne pouvoir vivre loin des combats, en paix, au milieu de sa femme et de ses enfants. Au fond, tous ses désirs étaient satisfaits; il ne demandait pas mieux que d'occuper de loin la ville, et de cueillir encore des lauriers qu'un autre avait semés. Son entrevue avec Lucullus est triste : elle montre en lui l'absence de la véritable élévation, une âme envieuse, un amour vulgaire de la renommée. Les deux généraux se séparèrent l'injure à la bouche; on pardonne aisément à Lucullus, qui se voyait arraché à ses victoires au moment même d'en recueillir les fruits; il appartenait à Pompée, plus généreux, de consoler son rival et de proclamer le premier ses services et sa gloire. Comme un oise[au] de proie, qui ne s'attaque qu'aux co[rps] morts et renversés sur la terre, Pom[pée] n'abordait que des guerres presque ac[he]vées déjà par ses prédécesseurs, et rendait fameux à peu de frais. Lucullus, indigné, revint en Italie, dit ad[ieu] aux honneurs et aux affaires publique[s] et ne songea plus qu'à vivre dans [ses] riches villas, au milieu de voluptue[ux] loisirs, qu'ennoblirent, à son honne[ur] l'étude et le culte des lettres.

Lucullus n'avait eu qu'une petite a[r]mée et seulement quelques navires, so[us] le commandement indépendant de Cot[ta] Pompée avait soixante mille homm[es] et une flotte immense, dont il envelop[pa] toute l'Asie Mineure depuis Chypre j[us]qu'au Bosphore de Thrace. Mithrida[te] était encore à la tête de trente-de[ux] mille soldats. Mais, fatigué à la fin [de] cette lutte sans repos, il fit deman[der] au nouveau général à quelles conditio[ns] on lui accorderait la paix. « Qu'il s'en [re]mette à la générosité du peuple romain[, »] répondit le proconsul. Finir comme P[om]sée après avoir combattu comme An[ni]bal! Mithridate avait un trop grand cœ[ur] pour s'y résoudre. « Eh bien, dit-il, co[m]battons jusqu'à notre dernière heure[. »] Et il jura de ne jamais faire de paix a[vec] Rome. Pompée marchait de là vers [la] Petite Arménie. Dès la première renco[n]tre, dans un combat de nuit sur [les] bords du Lycus, l'armée pontique fut [dé]truite. Mithridate voulut fuir vers T[i]grane : ce prince mit sa tête à prix[, il] remonta donc vers les sources de l'E[u]phrate, et gagna la Colchide, où il pa[ssa] l'hiver dans la ville de Dioscurias. S[ur] le champ de bataille Pompée fonda [la] ville de la victoire, *Nicopolis*.

Dans les cours despotiques de l'[O]rient le prince n'est jamais ni épo[ux] ni père; Tigrane, rendu par ses défai[tes] soupçonneux et cruel, avait fait tu[er] deux de ses fils. Le troisième se révol[ta,] peut-être à l'instigation de Mithrida[te,] et s'enfuit chez les Parthes. Phra[ate] avait enfin compris qu'il était tem[ps] pour lui de décider s'il voulait parta[ger] avec Rome les dépouilles de son pu[is]sant voisin ; et il venait de conclure a[vec] Pompée un traité d'alliance. La fu[ite] du jeune Tigrane lui offrait les moy[ens] de faire une puissante diversion : il[

ITALIE.

nna une de ses filles, et le ramena avec [son]e armée dans les États de son père. Le [ja]ux roi, entouré de mécontents, s'en[fui]t dans les montagnes; mais les deux [pri]nces furent arrêtés par les murailles [d'A]rtaxata, et Phraate ayant regagné son [ro]yaume, de peur qu'une trop longue [ab]sence n'y excitât des troubles, le [jeu]ne Tigrane fut vaincu par son père. Il [s'en]fuit dans le camp de Pompée, qui [éta]it arrivé déjà vers les montagnes d'où [de]scendent l'Euphrate et l'Araxe et qui [s']acheminait vers Artaxata. Il n'en était [pl]us qu'à seize milles, quand parurent [le]s envoyés de Tigrane, et bientôt le roi [lu]i-même, aux portes du camp. Un lic[te]ur le fit descendre de cheval. Dès qu'il [ap]erçut Pompée, il détacha son diadème [et] voulut se prosterner lui-même à ses [gen]oux. Le général le prévint, le fit as[se]oir à ses côtés, et lui offrit la paix à [co]ndition de renoncer à ses anciennes [po]ssessions de Syrie et d'Asie Mineure, [de] payer 6,000 talents et de reconnaître [so]n fils pour roi de la Sophène. La vieille [po]litique du sénat était encore ici appli[qu]ée. Tigrane affaibli, mais non pas [re]nversé, était trop peu puissant pour [êt]re redoutable, assez pour tenir en échec [le] roi des Parthes, dont la conduite avait [ét]é si longtemps équivoque. Ce nouveau [va]ssal allait donc faire pour Rome la [po]lice de la Haute-Asie, comme jadis [Eu]mène dans l'Asie Antérieure, *reges...* [*vetus*] *servitutis instrumentum.*

[Si] Tigrane avait craint un plus fâcheux [trai]tement; dans sa joie il promit aux [tr]oupes romaines une gratification d'une [mi]ne par soldat, de 10 par centurion, [de] 60 par tribun. Mais son fils, qui avait [es]péré prendre sa couronne, ne put cacher [so]n mécontentement. De secrètes me[n]ées avec les Parthes et des grands d'Ar[m]énie ayant été découvertes, Pompée, au [mé]pris du droit des gens, le fit charger [de] chaînes, quoiqu'il fût son hôte, et le [ré]serva pour son triomphe. Quelques [tr]oupes occupèrent l'Arménie sous Afra[n]ius; avec le reste de l'armée, partagée [e]n trois divisions, Pompée vint hiverner [su]r les bords du Cyrus. Il comptait aller [a]u printemps chercher Mithridate jus[q]ue dans le Caucase, pour se vanter à [R]ome d'avoir porté ses aigles du fond [d]e l'Espagne et de l'Afrique aux der[n]ières limites du monde habitable. Le Cyrus borne l'Albanie par le sud. Au milieu de décembre 40,000 Albaniens franchirent le fleuve, dans l'espérance de surprendre les trois camps. Partout ils furent repoussés, et Pompée, passant lui-même le fleuve, au retour de la bonne saison (65), pénétra, en traversant l'Albanie, chez les Ibériens, que ni les Perses ni Alexandre n'avaient domptés. Ces peuples vaincus, il touchait au Phase, dont son lieutenant Servilius occupait l'embouchure avec la flotte du Pont, lorsqu'une révolte des Albaniens le rappela sur ses pas; il les écrasa, et voulut pousser jusqu'à la mer Caspienne; le défaut de guide, la difficulté des lieux, et la nouvelle d'une tentative des Parthes sur la Gordyenne le ramenèrent en Arménie. Mais il ne fit que la traverser, pour gagner Amisus, où durant l'hiver il tint, comme un roi de l'Orient, une cour magnifique. Entouré de chefs barbares et d'ambassadeurs de tous les princes de l'Asie, il distribuait les commandements et les provinces, accordait ou refusait l'alliance de Rome, traitait avec les Mèdes et les Élyméens, jaloux des Parthes, et refusait à Phraate le titre de roi des rois. Pour Mithridate, rejeté dans des lieux impraticables, où il semblait impossible de le poursuivre, il se faisait oublier; et l'heureux proconsul, peu désireux d'aller risquer sa gloire dans une guerre sans éclat contre les barbares des côtes septentrionales de l'Euxin, rêvait déjà d'autres et de plus faciles conquêtes. Il avait presque touché le Caucase et la mer d'Hyrcanie, il voulait atteindre encore la mer Rouge et l'océan Indien, en prenant possession sur sa route de la Syrie, que Tigrane avait abandonnée.

Au printemps de 64, après avoir organisé le Pont en province, comme si Mithridate eût été déjà mort, et laissé une croisière sur l'Euxin, il passa le Taurus; la Syrie était dans le plus déplorable état. Antiochus Callinicus, que Lucullus avait reconnu pour roi, n'avait pu se faire obéir; une foule de petits tyrans se partageaient les villes; et les Ituréens, les Arabes, pillaient le pays. Pompée, décidé à donner, malgré la Sibylle, l'Euphrate pour frontière à la république, réduisit en province la Syrie et la Phénicie, et laissa seulement la Comagène à Antiochus, la Chalcidique à un Ptolémée, l'Osrhoène à un chef arabe, afin que ces princes dépendants de Rome gardassent pour elle les deux rives de l'Euphrate au seul endroit où les Parthes pouvaient le passer. Dans l'intérieur de la Syrie, les Ituréens, qui possédaient nombre de châteaux dans le Lyban, furent ramenés au repos par un châtiment sévère.

Dans la Palestine, les Machabées avaient glorieusement reconquis l'indépendance du peuple hébreu, et depuis l'année 107 un de leurs descendants, Aristobule, s'était fait appeler roi des Juifs. Avec ce titre, la nouvelle dynastie semblait avoir pris les mœurs et la cruauté des princes de ce temps : Aristobule tua sa mère et un de ses frères. Sous son successeur, Alexandre Jannés, six années de guerre civile avaient coûté la vie à cinquante mille Juifs, et les querelles des Sadducéens et des Pharisiens avaient ébranlé l'État. Ceux-ci à la fin l'avaient emporté sous la régence de sa femme Alexandra, et avaient commis d'horribles excès, comme les partis à la fois politiques et religieux savent en accomplir lorsqu'ils en ont le pouvoir. Une seconde guerre civile entre les deux fils d'Alexandra, Hyrcan et Aristobule, amena de nouvelles péripéties : Hyrcan fut renversé du trône ; puis, dirigé par l'Iduméen Antipater et soutenu par le roi des Arabes Nabathéens, Arétas, il revint assiéger son frère dans Jérusalem. Un questeur de Pompée, Æm. Scaurus, était alors à Damas. Les deux prétendants offrirent de lui payer son assistance 3 ou 400 talents. Hyrcan avait déjà promis beaucoup à Arétas, et il ne pourrait s'acquitter qu'après la victoire ; Aristobule payait comptant : Scaurus se déclara pour Aristobule (64). Quand Pompée arriva il voulut examiner lui-même cette affaire. Une guerre soulevée entre Phraate et Tigrane, auxquels il offrit sa médiation, l'arrêta quelque temps ; ce ne fut qu'en l'année 63 qu'il cita Hyrcan et Aristobule à plaider devant lui leur cause à Damas. Aristobule, condamné, déclara audacieusement la guerre. Pompée l'alla chercher dans Jérusalem, et l'assiégea dans le temple pendant trois mois. Un dernier assaut, où Cornélius Sylla, le fils du dictateur, monta le premier sur la muraille, lui livra la place ; il entra dans le *Saint des saints*, et enleva tous les trésors du temple. Hyrcan fut rétabli, mais sans prendre le titre de roi ni le diadème et à condition de restituer à la Syrie les conquêtes des Machabées et de payer un tribu annuel. Si la Judée n'était pas réunie à la province, elle était du moins tombée dans cette condition de demi-servitude par laquelle Rome faisait passer les peuples qui n'avaient pas encore perdu tout amour du pays.

Durant ces opérations la fortune travaillait pour Pompée dans le Bosphore Cimmérien. Mithridate, qu'on avait cru mort ou réduit à vivre en aventurier avait reparu avec une armée à Phanagora, dans le Bosphore, pour demander compte à son fils Macharès de ses engagements avec les Romains. Macharès, savait son père implacable : il voulut fuir ; déjà il était entouré, il se tua lui-même. Mithridate avait donc encore un royaume, mais ni l'âge ni ses revers n'avaient brisé cette haute ambition. Les flottes romaines lui fermaient la mer, et l'Asie leur était soumise ; une route encore lui restait. Jusque dans la Thrace les peuples connaissaient son nom et ses enseignes : il ira au milieu d'eux, à sa voix ils se lèveront, il les entraînera en remontant la vallée du Danube jusque dans la Gaule, dont les belliqueux habitants grossiront ses rangs, et du haut des Alpes il précipitera sur Rome ce torrent des nations barbares. Ce plan audacieux, le vieux roi l'accepte ; il ne parle plus que de Brennus et d'Annibal et avec son activité ordinaire il en prépare l'exécution. Mais ses projets transpirent, ses soldats, ses officiers reculent devant tant de fatigues et de dangers ; l'un d'eux, Castor, donne l'exemple : il s'empare de Phanagorie, et s'y enferme. Son fils même, Pharnace, conspire contre lui : il lui pardonne ; mais le traître ne peut croire à cette clémence : il gagne les transfuges romains, qui plus que tous les autres s'effrayent de cette expédition gigantesque, et bientôt la défection est générale. Averti par les cris des rebelles, Mithridate marche au-devant d'eux ; son escorte l'abandonne ; il rentre dans son palais, et du haut des murs il voit, il entend proclamer roi son fils. Des messages qu'il adresse à Pharnace restent sans réponse ; il craint qu'on

joigne la honte au crime, et pour ne
s être livré aux Romains, il prend
 poison, mais en vain : la boisson
ortelle est sur lui sans effet; il essaye
 se percer de son épée, sa main le
ompe encore. Un Gaulois lui rendit ce
rnier service (63).
Pompée était sous les murs de Jéricho
and il apprit que le plus grand ennemi
Rome après le héros de Carthage avait,
mme Annibal et Philopémen, péri
r la trahison. Dès que Jérusalem fut
ise il retourna dans le Pont à Amisus,
 Pharnace lui envoya, avec de magni-
ues présents, le corps de son père. Il
ait défiguré; mais on put le recon-
ître aux cicatrices qui sillonnaient
n visage. Le Romain le fit ensevelir
ec honneur à Sinope, dans le tombeau
 ses pères.
En récompense de son parricide, Phar-
ce garda le Bosphore et partagea avec
stor de Phanagorie le titre d'ami et
llié du peuple romain. Le roi galate
éjotarus obtint quelques accroisse-
ents de territoire; Brogitarus, son gen-
e, la ville de Mithridatium; le fils du
aître Archélaüs fut nommé grand
être de Comana; un certain Attale et
lœmènes reçurent une partie de la
phlagonie. Ariobarzane avait recouvré
 Cappadoce, Pompée y joignit la So-
iène et la Gordyène; puis des villes
rent fondées, d'autres repeuplées; Séucie, Antioche, Phanagorie, déclarées
ores. La formule des nouvelles pro-
nces, le Pont, la Cilicie, la Syrie et la
hénicie fut écrite. Toute l'Asie anté-
eure, du Pont-Euxin à la mer Rouge,
 trouva reconstituée; il n'y restait plus
 seul prince puissant, mais des vas-
ux de Rome. Le Pont était pays romain, et l'Arménie, tombée du haut rang
 elle était montée, n'allait plus être
'une barrière ou un champ clos entre
s deux empires qui se partageaient
Asie.

Venu sur ce continent après Sylla et
ucullus, Pompée n'avait pas eu de
ands coups à frapper; mais il y orga-
sa la domination de Rome; il y fixa
 limites que l'Empire ne put jamais
anchir; et volontiers nous le laisserons
 vanter, en étalant sa robe triomphale,
avoir achevé le pompeux ouvrage de
 grandeur romaine.

CATILINA.

Cette guerre avait tenu Pompée pendant six années hors de Rome. Que s'y était-il passé durant cette longue absence?

Pompée avait sur la génération contemporaine l'avantage de l'avoir devancé de beaucoup dans la carrière des honneurs. Comme un grand arbre, il étouffait sous son ombrage tout ce qui eût voulu croître autour de lui. Sa dignité, son crédit, ce rôle de conciliateur et de maître qu'il avait pris dans les affaires, intimidaient et embarrassaient ceux qui avaient besoin d'agitation pour se faire jour. Lui parti, toutes les ambitions et toutes les espérances avaient respiré plus à l'aise. Les rôles s'étaient tracés plus hardiment; les scènes du Forum étaient devenues plus violentes.

L'influence de Pompée dirigea encore malgré son éloignement le mouvement populaire pendant quelque temps. En l'année 67, son ancien questeur, C. Cornélius, alors tribun, porta à l'assemblée deux propositions : l'une avait pour but de réprimer les prêts usuraires, avec lesquels les nobles ruinaient les provinces; l'autre d'empêcher quelques sénateurs vendus de dispenser, au nom de leur compagnie, de l'observation des lois. Le consul Pison s'opposa au tribun, et, comme la foule murmurait, il envoya ses licteurs pour saisir les plus turbulents. Mais il les vit repoussés violemment, leurs faisceaux brisés, et lui-même, chassé à coups de pierres, fut obligé de s'enfuir honteusement du Forum. Cornélius renonça à sa loi sur les prêts usuraires, et se contenta, quant à l'autre, d'exiger que le sénatus-consulte qui dispenserait des lois fût signé de deux cents membres au moins et approuvé par le peuple. Puis il proposa d'étendre le crime de brigue à quiconque aurait aidé le candidat. Pison voulut renchérir sur lui, par une tactique bien connue du sénat, et ajouta pour les coupables l'expulsion du sénat, l'interdiction des charges et une amende. Ce n'était pas le compte de Cornélius de se voir vaincu en popularité par le consul même; il souleva une émeute, et chassa de nouveau Pison du Forum. Mais celui-ci fut plus hardi cette fois, et, rentrant avec ses amis sur la place publique, enleva de force la loi. Puis lorsque le tribun fut sorti de charge, les deux Cominius l'accusèrent du crime de majesté pour n'avoir pas tenu compte du *veto* de ses collègues. Il était en danger, si Manilius, survenant avec une troupe armée, n'eût menacé de mort les accusateurs, que la protection des consuls put à peine soustraire aux vengeances des amis du tribun (66).

Qu'était-ce donc que Cornélius et Manilius? Des amis de Pompée; mais qui s'en fut douté? Sans doute leurs propositions étaient toutes dirigées dans le sens de cette grande réforme administrative qu'il avait déclarée nécessaire; cette année même (67) une loi importante et sage avait obligé les préteurs à publier à l'avenir, en entrant en charge, les règles d'après lesquelles ils jugeraient et à ne jamais s'écarter de leur édit. Singulière contradiction! Ils plaidaient pour l'ordre et le troublaient au Forum; ils sortaient violemment de cette modération vers laquelle Pompée devait être, par instinct, invinciblement porté; ils rouvraient la route aux troubles et aux violences, chemin funeste où allaient se jeter après eux de véritables démagogues et de fougueux chefs de partis.

Catilina, cet ancien sicaire de Sylla, dont nous avons déjà prononcé le nom, n'avait pas cessé, depuis plus de dix années, de grossir par tous les moyens en son pouvoir ce hideux parti, dont les vétérans de Sylla étaient en quelque sorte le noyau. Ces soldats, si licencieux déjà sous les drapeaux, et que le dictateur n'avait maîtrisés que par de constantes largesses et un empire habilement ménagé, on peut se figurer sans peine ce qu'ils étaient devenus depuis que leurs propriétés, vendues après la mort de Sylla, leur avaient fourni les moyens de vivre à Rome dans les prodigalités et la débauche; hommes violents, insolents, pleins de brutalité, et que nul frein ne pouvait retenir. Catilina seul avait sur eux l'empire que donne dans une pareille société un tempérament à l'épreuve de tout, un corps de fer, que nul excès ne fatigue, ni la faim, ni les veilles, ni les débauches; un esprit actif, ardent, adroit, un caractère violent et haineux, une âme vindicative et implacable. Il y avait en l[ui] du César, moins la magnanimité, la gé nérosité, la clémence, la grandeur de vues. De lui, comme du grand homme Cicéron aurait pu dire: *hoc τέρας, hor ribili vigilantia.* Il savait prendre mill formes diverses, et se couvrir de tou les masques: sérieux et grave avec le vieillards, joyeux compagnon avec le jeunes gens, homme d'orgie et de dé bauche lorsqu'il le fallait, il ne se pas sait point de jour qu'il n'amenât au m lieu de sa société quelque nouvel adepte quelque jeune patricien qu'il avait s[é] duit habilement et conduit par une pent rapide jusqu'au vice et à la ruine. C n'était pas chose difficile du reste à cett époque de corruption, où la société d'u homme perdu n'était pas un déshonneu et une flétrissure. Et puis les plus âg[é] eux-mêmes étaient dupes de la profond dissimulation de Catilina. Maint jeun citoyen se laissait donc attirer par lui le suivait, charmé par ses manières élé gantes; la liaison croissait, il descendai peu à peu dans l'abîme, et à mesure Ca tilina se montrait davantage sous sa vé ritable figure et dans sa hideuse réalité mais il n'était plus temps de revenir: fa[s] ciné, emporté, le malheureux devai glisser jusqu'au fond. Alors seulemen il se reconnaissait; mais sa ruine et se vices nouveaux le retenaient enchaîné l[à] il devenait lui aussi un Catilina, et s'oc cupait à son tour de faire des conquête pour le parti. Tous les hommes ruiné par les proscriptions, les confiscation[s] les procès, les débauches, les profusion et la brigue, étaient des recrues pour cet[te] armée.

La partie riche et honnête de la so ciété romaine détournait ses regard avec horreur de cette sentine impur[e] Elle sentait avec effroi frémir et bouil lonner sous elle cette lave mal contenu[e] qui menaçait sans cesse l'État de quelqu[e] secousse terrible. Catilina, redouté d[e] tous comme le chef de ce parti, réu[s] sit pourtant, en 67, à se faire nomme[r] préteur, l'année même où il arrivait [à] l'âge légal (quarante ans) fixé pour exe[r] cer cette magistrature. C'était enco[re] un succès honorable, bien que Pomp[é]e eût habitué Rome à voir des magi[s] trats nommés même avant l'âge. L'a[n]

e suivante (66) il s'était fait envoyé
mme propréteur en Afrique, et, comme
près, s'était signalé dans sa province
r d'horribles exactions, dont le fruit
it destiné à briguer le consulat. De
tour à l'expiration de sa charge, il se
it sur les rangs (65).
Catilina au consulat! Cela ne pouvait
e : le sénat saisit avec empressement
ur l'en éloigner les accusations diri-
es contre lui par les envoyés de la pro-
nce d'Afrique. Au moment des comi-
s, il lui interdit tout à coup de se faire
scrire avant de s'être justifié. Le sé-
t n'était pas d'ordinaire tellement vigi-
lt qu'on ne vît clairement ici l'effet de
haine et de l'esprit de parti. D'ail-
irs le procès ne pouvait être jugé qu'a-
ès les comices; c'était donc positive-
nt fermer pour un an la porte du
nsulat à Catilina. Doublement irrité
cette provocation, qui blessait son or-
eil et frustrait son ambition, il se re-
a la menace à la bouche, et jura de se
uger.
La vengeance d'un tel homme devait
e terrible. Pour lui, qui avait vu les
mps de Marius et de Sylla, et qui en
it si bien conservé la tradition, bou-
verser l'État n'était pas un cas de cons-
nce. Déjà couvert de crimes particu-
rs, celui-ci avait de plus que les autres
l'audace et une certaine grandeur. Il
iuva sur son chemin des griefs analo-
es aux siens et des alliés prêts à faire
use commune avec lui. P. Autronius
tus et P. Cornélius Sylla, consuls dési-
és par le peuple, homme décriés d'ail-
rs et de nul mérite, avaient été des-
nés par le sénat à la suite d'une accu-
ion de brigue intentée par L. Aurélius
tta, compétiteur malheureux des deux
suls, et par L. Torquatus, fils d'un
re candidat non moins heureux.
ta et Torquatus le père furent portés
consulat; Autronius et Sylla, qui
ls n'eussent point sans doute osé son-
à la vengeance, devinrent des ins-
ments redoutables dans la main de
tilina. Il leur rappela qu'ils avaient
ès tout obtenu les suffrages du peu-
, et mit sous leurs yeux l'exemple de
lna, qui, jadis déposé, avait ressaisi les
sceaux par la force. Tous deux furent
mtôt à lui. Il s'associa encore deux sé-
eurs : L. Vargunteius, connu pour

sa force de corps et sa brutalité, et
C. Cornélius Céthégus, patricien d'une
famille illustre, mais perdu de dettes et
qui avait osé, dans un camp romain, frapper Métellus, son général. Enfin Calp.
Pison, plébéien illustre, mais ruiné, apportait sans doute aux conjurés l'appui
d'un nom respecté, d'une influence considérable, et d'une résolution intrépide
à tout entreprendre.

Ce complot, conçu précipitamment,
dans un moment de trouble et de colère,
n'était pas formé suivant un plan bien
profond et pour un but bien déterminé.
On devait assassiner les consuls aux kalendes de janvier, au moment où ils
iraient sacrifier au Capitole, alors que
Rome, entre les consuls de la veille et
ceux du lendemain, n'avait réellement
pas de magistrats. Le coup frappé, un
dictateur devait être nommé pour *constituer la république*, mot vague qui signifiait sans doute satisfaction complète
au parti, c'est-à-dire probablement vengeances et pillage, recouverts, pour la
forme, de quelques actes politiques. Le
dictateur devait abdiquer au bout de
peu de temps, après avoir rétabli Autronius et Sylla dans leur charge.

L'indiscrétion des conjurés fit échouer
le complot : les consuls, avertis, avaient
pris des mesures : on ne put rien faire
aux kalendes de janvier. L'exécution fut
remise aux nones de février, jour fixé
pour une réunion solennelle du sénat.
Dans l'intervalle, un sénatus-consulte
fut rendu contre les conjurés; mais un
tribun opposa son veto, et les sénateurs,
satisfaits d'avoir prévenu le mal, ne demandèrent pas mieux que de laisser
tomber dans l'oubli une affaire trop dangereuse à éclaircir. Les nones de février
venues, soit que cette modération eût
refroidi le zèle des conjurés, ou que le
premier coup manqué les eût fait réfléchir; soit, comme on le raconte, que
Catilina ait donné trop tôt le signal, le
complot fut encore déconcerté. Rentrant
alors dans les voies des ambitions ordinaires, Catilina résolut de se présenter
aux comices consulaires. Mais le double
échec des conjurés était une occasion
précieuse pour les frapper par des coups
sensibles. On excita contre Catilina
P. Clodius, jeune patricien, débauché,
audacieux, aimé du peuple, et qui cher-

24ᵉ Livraison. (ITALIE.)

chait à se faire remarquer. On vit avec surprise Catilina, accusé par lui de concussion, trouver un défenseur dans ce même Torquatus, l'un des deux consuls qu'il avait voulu faire périr. Une ancienne amitié et le besoin de défendre en même temps la mémoire de Sylla, que Catilina invoquait, expliquent peut-être ce fait singulier. Du reste, Cicéron lui-même fut sur le point de plaider pour l'accusé. Catilina n'échappa qu'avec peine, en achetant ses juges avec l'argent qu'il avait destiné d'abord à acheter le consulat.

Dans le même temps, Pison était envoyé en Espagne, on ne sait dans quel dessein, et par une sorte de dérision, car c'était la province même que les conjurés, dans leur plan, lui avaient assignée. A peine arrivé, il fut assassiné par des cavaliers espagnols : crime attribué par les uns à Pompée, jaloux de voir une influence ennemie se substituer à la sienne en Espagne, et par d'autres au sénat, ce qui est plus vraisemblable. Ainsi, des deux chefs des conjurés, l'un périssait assassiné et l'autre était couvert de honte. Du reste, comme de tous les complots avortés et que les tribunaux ne portent point à la lumière, le public n'eut de celui-ci qu'une vague connaissance. Rome ignora alors l'étendue du danger auquel elle venait d'échapper deux fois. Elle ne le connut que plus tard, quand Cicéron déchira le voile sur la grande conspiration dont celle de l'an 65 ne fut que le prologue et comme la première ébauche.

Nous n'avons point nommé dans le récit du complot deux hommes qui n'y parurent point en effet d'une manière évidente, mais sur qui des soupçons se répandirent alors : Crassus et César. Leur complicité est douteuse. Il est probable que, sollicités vivement par les chefs des conjurés, ils éludèrent, sans les repousser, leurs avances, et se maintinrent dans un rôle équivoque qui les dispensait de se prononcer ouvertement, et néanmoins ne les compromettait pas dans le cas d'un succès du complot.

Crassus, jaloux de Pompée et ennemi du sénat, ne poussait pas ces petites passions jusqu'à aider de son crédit et de ses richesses un parti qui ne rêvait qu'abolition des dettes et partage des biens, et qui, vainqueur, l'eût sans doute sacrifié comme les autres, lui le plus ric[he] propriétaire de Rome.

Pour César, il n'était certaineme[nt] pas homme à se faire des scrupules [de] conscience; il n'avait d'un autre cô[té] rien à perdre, hormis ses dettes ; da[ns] le besoin, il n'eût donc point refusé l'a[l]liance du parti de Catilina, et si ce pa[rti] eût triomphé, il eût essayé sans remor[ds] d'en profiter et de s'y faire une plac[e.] Cependant il aimait encore mieux [ne] point le voir réussir ; car il ne suiva[it] pas le même chemin que Catilina : s[on] ambition s'agitait dans une sphère pl[us] élevée ; au lieu de remuer comme [lui] cette lie infime de la société, les instr[u]ments dont il voulait se servir étaie[nt] les mêmes dont les Gracques et tous l[es] grands tribuns avaient fait usage ; il vo[u]lait agir avec le peuple de Rome, co[r]rompu sans doute, mais enfin vérita[ble] peuple, et non avec une troupe d'homm[es] perdus.

Il est temps de parler de cet homm[e] extraordinaire que nous n'avons fa[it] jusqu'ici qu'entrevoir par intervalle[s.] C. Julius Cæsar appartenait à l'illust[re] famille patricienne des Jules, qui préten[dait] descendre à la fois des rois par le[s] femmes, et d'une déesse, de Vénus, pa[r] les hommes. Il tirait vanité de cette o[ri]gine antique et divine, en même tem[ps] qu'il se glorifiait d'avoir eu pour tant[e] la femme de Marius, réunissant le do[u]ble prestige d'une noblesse sans égale [et] d'une étroite parenté avec celui que [le] peuple honorait plutôt comme un Die[u] que comme un mortel. Sa personne r[é]pondait à merveille à ces prétentions[:] mélange étonnant de mollesse et d'éne[r]gie, ses yeux noirs étaient pleins d'u[n] feu qu'on ne pouvait soutenir ; son fron[t] large et impérieux ; mais sa bouche, p[e]tite et féminine, lui donnait une moll[e] expression ; de telle sorte que selon qu[e] la passion dominait dans la parti[e] supérieure ou la partie inférieure [de] son visage, on tremblait ou l'on éta[it] charmé. Son corps était grand et bie[n] fait ; ses membres, délicats et arron[dis] dans la jeunesse, ne semblaie[nt] pas faits pour résister aux fatigues : c[e]pendant nul ne l'égalait au champ [de] Mars pour dompter un cheval fougueu[x,] courir au soleil, et se jeter tout couve[rt] de sueur dans le Tibre. Il ne supporta[it] les moins les fatigues du plaisir et de la débauche, et eût pu tenir tête aux compagnons les plus exercés de Catilina. Comme son corps, son esprit était propre à toutes les situations: vaste et élevé, souple et adroit, également fait pour conspirer avec Catilina et pour s'entretenir de philosophie avec Cicéron. Son éloquence, formée par les leçons d'Apollonius de Rhodes, était tantôt gracieuse, tantôt violente. Il avait débuté dans la carrière oratoire en accusant successivement (77 et 76) Dolabella et Antonius, pour leurs exactions en Grèce ; tous deux furent absous, mais non sans avoir couru un danger réel, et César avait été vivement applaudi. Quand il montait à la tribune pour défendre les droits du peuple, il devenait si terrible que les vieux sénateurs croyaient revoir un des Gracques.

Son courage n'était pas douteux ; il en avait donné des preuves au siége de Mitylène, où, servant sous Minucius Thermus, il avait mérité une couronne civique (80), puis dans deux autres circonstances, où son audace s'était également montrée. Fait prisonnier par les pirates de Cilicie, il avait exercé sur eux un invincible ascendant. Il partageait leurs exercices violents, et les étonnait par sa force et son adresse. D'autres fois il leur lisait ses compositions oratoires, et, s'ils n'applaudissaient pas, il les traitait d'hommes ignorants et barbares, et les menaçait de les faire pendre. Ils aimaient ce caractère hardi, téméraire, hautain, et riaient de ses menaces comme d'un badinage. Ce n'en était point un : dès qu'il eut fait réunir dans les villes de Cilicie une somme suffisante pour sa rançon et qu'il fut sorti des mains des pirates, il rassembla des barques et des soldats, les cerna dans leur retraite, et les fit mettre en croix comme il l'avait promis. Il se trouvait en Asie Mineure au moment où le départ de Lucullus laissa Mithridate reprendre l'avantage ; les lieutenants du roi de Pont se répandirent de tous côtés, et les colonies romaines ne furent préservées que par le courage de César, qui, sans ordre aucun, se mit à la tête de quelques troupes, et repoussa les ennemis.

Hors de la tribune et des affaires, dans la vie privée, César n'était pas reconnaissable. On l'eût pris alors pour un élégant débauché, incapable de s'élever jamais à des choses sérieuses. Sa ceinture lâche, sa toge flottante et élégamment drapée, sa chevelure arrangée avec soin donnaient le change à ceux qu'alarmaient par moment les éclairs de son ambition. Elle était grande pourtant : Sylla l'avait deviné : « Qu'on prenne garde à César, disait-il, il y a en lui plusieurs Marius ! » Une fois des amis le surprirent pleurant aux pieds d'une statue d'Alexandre et s'écriant : « A mon âge il avait conquis le monde, et je n'ai encore rien fait. » Cicéron l'observait aussi quelquefois avec inquiétude ; puis il haussait les épaules, et riait de ses propres craintes : « Vraiment, se disait-il, est-ce possible? César ambitieux, César conspirateur ! Non je ne puis le croire, quand je le vois se gratter la tête du bout du doigt, de peur de déranger sa chevelure. »

Ses dépenses étaient prodigieuses, et il était enseveli sous les dettes ; les sages disaient : « C'est un fou, il se perdra. » Mais la somptuosité de sa table, la magnificence de son train de vie avaient un but, éblouir le peuple. D'ailleurs il n'empruntait pas pour lui seul, mais pour ses amis, toujours prêt à les secourir de son crédit, de son éloquence et de sa fortune ; pour le peuple, auquel il faisait de fréquentes distributions : c'était de l'argent bien placé.

Les femmes ne savaient pas résister aux séductions de cet homme ; et il n'était pas jusqu'à leur société dont il ne fît un instrument de son ambition : tout ce que les femmes ont d'influence, il l'avait par elles, et dans la Rome de ce temps les femmes disposaient souvent des plus hautes charges (1). Et César se plaignait de n'avoir rien fait! Cela lui plaisait à dire. Mais il avait réuni dans sa main tous les moyens d'action ; il avait saisi toutes les avenues qui conduisent au pouvoir et tous les fils par lesquels on mène les hommes. L'éclat puissant des victoires lui manquait encore. Mais qu'à cela ne tienne : dès que le moment sera venu on trouvera que c'est le plus grand capitaine de l'antiquité.

(1) Voyez dans Plutarque, *Vie de Lucullus*, ch. 9, le rôle de Precia.

24.

César était patient : sa conduite le prouve. A trente-cinq ans (il était né en l'an 100), il avait à peine exercé une magistrature. Pendant longtemps, on le voit marcher lentement, mais sûrement, et de progrès en progrès. Dès sa jeunesse, il s'était attaché, quoique patricien, à la cause populaire, parce qu'il y avait vu l'avenir, et depuis il n'avait jamais manqué l'occasion de s'y attacher davantage. En 70 il avait contribué au rappel des compagnons de Lépidus. Quand la veuve de Marius, sa tante, vint à mourir, il fit publiquement son oraison funèbre, et trouva sans peine le moyen de rappeler des souvenirs chers au peuple. Plus tard, à la mort de sa première femme, Cornélie, fille de Cinna, il renouvela la même scène et réveilla les mêmes souvenirs. Cette fois c'était une nouveauté hardie; car l'usage permettait de prononcer l'oraison funèbre des femmes âgées et non des jeunes femmes; il fut couvert d'applaudissements par le peuple, qui « vit dans cette sensibilité, dit le bon Plutarque, une marque de ses mœurs douces et honnêtes. » On en jugerait autrement sans doute de nos jours, et le mari qui trouverait le courage de prononcer l'oraison funèbre de sa femme ne paraîtrait pas à tout le monde pénétré d'une bien profonde douleur. Mais la douleur antique ne fuyait pas la lumière.

En même temps qu'il trouvait ainsi le moyen d'entretenir le peuple de Marius et de Cinna, et de faire reparaître, au grand scandale des sénateurs, leurs images depuis longtemps proscrites, il se l'attachait par ses distributions de blé, ses profusions, son facile abord, les nombreux services qu'il rendait aux particuliers, et les sacrifices qu'il fit sur sa propre fortune pour aider à la réparation de la voie Appienne, qu'il avait été chargé de surveiller. Mais en 65 il voulut agir sur une plus grande échelle et faire jouer des séductions plus puissantes : il obtint l'édilité curule, et de cette charge, ordinairement obscure et étrangère à la politique, il sut se faire un instrument redoutable. Jamais édile aussi prodigue n'avait été vu de mémoire d'homme. Ce fut pour le peuple une année de fêtes entre toutes, tant la magnificence des jeux et des distributions surpassa tout ce que racontaient les plus vieux citoyens. Le Forum, les basiliques, les temples s'ornaient de statues et de tableaux; le cirque voyait paraître de véritables bataillons de gladiateurs : pour honorer la mémoire de son père, César en fit descendre dans l'arène trois cents vingt paires, tous couverts d'armures dorées. Il dépensait et dépensait toujours, comme si le Pactole eût coulé dans ses mains, et sans s'inquiéter des dettes énormes qu'il accumulait : on prétend qu'à cette époque il devait déjà 1 300 talents (environ 7,000,000 de francs). Mais l'avenir était caution pour lui. Ce qu'il y a de remarquable, c'est que nul ne refusait de lui prêter encore, comme si l'instinct de l'usurier avait deviné dès lors le prodigieux accroissement de sa fortune. Du reste, César était secondé par son collègue Bibulus, qui faisait aussi d'énormes sacrifices; mais lui seul en profitait, ce qui causait l'étonnement naïf de Bibulus : « Nous nous ruinons tous deux, disait-il, et il semble que lui seul paye, le peuple ne voit que lui. »

Le sénat s'alarmait de cette brigue nouvelle et publiquement étalée. A la suite de ces jeux si fastueux, un décret fixa le nombre de gladiateurs qu'on ne pourrait dépasser, et la loi Tullia interdit toute candidature à quiconque aurait donné un combat de gladiateurs dans les deux années précédant cette candidature. Mais César imagina bientôt un spectacle d'un autre genre, non moins désagréable aux sénateurs qu'utile à ses desseins. Le parti populaire ne s'était pas encore entièrement réveillé depuis que Sylla avait appesanti sur lui sa lourde main : César comprit que pour lui rendre son énergie et son unité, il n'était pas de meilleur drapeau que le nom de Marius, qui vivait toujours au fond des cœurs et dont il avait observé plus d'une fois l'effet magique. Les images qu'il avait exhumées un instant aux funérailles de sa tante Julie, il voulut que le peuple les eût constamment sous les yeux, et qu'il pût contempler sans cesse le vieux vainqueur des Cimbres, son orgueil et sa gloire. Aux portes du Capitole on avait vu jadis deux trophées de la guerre des Cimbres, que Sylla avait fait disparaître : à cette même place César fit élever en une nuit deux statues de Marius, fabriquées secrètement et envinnées de victoires et de trophées. orsque le jour vint et que de toute la ille on aperçut ces statues étincelantes or, la cité tout entière fut émue. Les nateurs, indignés, ne pouvaient se contenir. Catulus, dont le père était mort victime de Marius, monta à la tribune, s'écria que César n'attaquait plus la publique par des mines secrètes, mais ouvertement, à la face du ciel, et qu'il essait le bélier contre la constitution. Mais le peuple, accouru en foule, était transporté de joie et d'enthousiasme ; aucoup pleuraient : c'était la plus belle fête que César lui eût encore donnée.

Avec deux statues César fit presque une révolution. Le vieux parti populaire, secoué brusquement, se retrouva lui-même ; c'est celui-là que représentait César. Quant à cet autre parti, prétendu populaire, représenté par Pompée, il descendit tout à coup au second rang dans la faveur publique. On sentit alors que Pompée ne tenait pas au peuple, comme César, par les entrailles ; on se rappela avec une sorte de dépit cette dignité froide au milieu des hommages publics ; cet air hautain, presque indifférent, comme d'une divinité environnée de nuages. Ainsi César supplantait celui qui, naguère si élevé au-dessus de tous les Romains, devenait dès lors son rival. Il avait poursuivi ce but avec une merveilleuse habileté. Dans le temps de la plus grande faveur de Pompée, il s'était mis en quelque sorte sous son ombre ; il s'était rapproché de lui et introduit dans ses conseils ; il contribua beaucoup à le détacher du sénat et à l'engager dans la cause populaire ; le succès des lois de Gabinius et de Manilius fut en grande partie son ouvrage. Pompée se laissait prendre à ces flatteries, et ne s'apercevait pas qu'il était victime d'une perfidie. En l'éloignant au fond de l'Asie, après l'avoir brouillé avec le sénat, César empêchait tout rapprochement qui eût pu naître des circonstances nouvelles, et en même temps il prenait sa place dans l'affection du peuple.

César n'avait pas eu de peine à justifier dans le sénat l'érection de ces trophées, qu'il avait dressés comme des instruments de supplice pour les sénateurs toutes les fois qu'ils prenaient place devant le Capitole. Les acclamations du peuple avaient parlé si puissamment pour lui, que nul n'osa proposer d'enlever ces monuments.

A la fin de sa charge, César, qui laissait à Rome de tels souvenirs de lui-même, crut pouvoir s'éloigner sans courir le danger de l'oubli. Il sollicita la mission d'aller réduire en province le royaume d'Égypte, que le testament de Ptolémée-Alexandre Ier léguait au peuple romain. Cette riche contrée payait chaque année 14,800 talents. Le gouverneur d'une telle province y devait trouver facilement de quoi payer les dettes les plus considérables et des moissons assez riches pour faire au peuple d'abondantes distributions. Crassus lui disputait cette proie ; mais elle leur échappa à tous deux, et Papius chassa par une loi tous les étrangers qui se trouvaient à Rome ; cette mesure fit échouer les prétentions de César, qui s'était attaché les Transpadans par la promesse du droit de cité et en avait attiré à Rome un grand nombre.

Au lieu du gouvernement de l'Égypte, on lui donna la présidence du tribunal chargé de punir les meurtriers, *de sicariis* (64). Qui se fût douté qu'il pût trouver dans cette charge, plus obscure encore que l'édilité, un moyen d'agitation politique ? C'est cependant ce qui arriva. Il remonta dans le passé, et remua ce levain de haine qui fermentait sourdement dans les cœurs. Deux ministres des proscriptions de Sylla, L. Luscius et L. Belliénus, pour avoir tué, le premier trois proscrits, le second Lucrétius Ofella, furent traduits par lui devant son tribunal, et condamnés. L. Belliénus était cependant l'oncle de Catilina ; on a cru pouvoir conclure de là qu'il n'existait pas d'alliance entre Catilina et César. Et en effet quelque temps après Catilina lui-même fut accusé par L. Lucceius, et, bien que César n'eût pas dirigé lui-même cette accusation, on peut croire qu'il ne fut pas fâché de montrer qu'il se sentait assez fort pour négliger ou même braver le parti de Catilina. Une fois entré dans cette voie de poursuites judiciaires contre ceux qui avaient prêté leur bras au dictateur, il devenait facile de faire remonter la vengeance populaire, une fois éveillée, jusque dans le sénat. C'est ce qui arriva bientôt par l'accusation de Rabirius.

L'année 63, qui devait être fertile en événements, s'ouvrit par l'arrivée au consulat d'un homme nouveau, de Cicéron. Ce fait indique un changement dans la situation des partis : Pompée éloigné, Crassus ennemi, Lucullus dans la retraite, laissaient le sénat privé d'hommes considérables. Pour tout défenseur il lui restait Catulus, patricien respecté, mais dépourvu de l'éclat nécessaire pour soutenir un parti. Cette situation et les progrès menaçants du parti populaire sous l'intelligente direction de César, firent réfléchir les sénateurs, et ils songèrent à attirer de leur côté cet homme, qu'ils dédaignaient naguère si ouvertement, quand il leur arrachait les jugements et faisait condamner Verrès. Ses éloquents discours en cette occasion, son plaidoyer si vanté des anciens en faveur de Cornélius, le tribun de l'an 67, enfin son discours pour la loi Manilia, avaient fait de lui un des plus importants personnages de la république, et le secours de cette voix éloquente était une véritable force pour un parti. Cicéron avait dans le caractère quelque ressemblance avec Pompée : beaucoup de vanité, une ambition peu profonde, recherchant pour eux-mêmes les applaudissements populaires et l'ivresse des grands jours, qui pour César n'étaient qu'un accident, un moyen, une fleur cueillie en route, et non pas un but. Ajoutez l'orgueil de l'homme nouveau, qui se voit courtisé par des patriciens fiers de leur noblesse et de leurs priviléges. Il ne résista pas à leurs séductions, et, de cette manière, se trouva un instant l'objet des sentiments unanimes de toute la cité, réunissant à la fois et la faveur récemment acquise des patriciens et celle que le peuple lui conservait sans connaître ses nouvelles alliances.

Depuis ses grands succès oratoires Cicéron courait la carrière des honneurs et de l'ambition. Il s'était rapproché du centre de la ville, et, laissant à son frère la maison paternelle, était venu louer sur le mont Palatin une maison dont Crassus était propriétaire. Cette précaution ambitieuse, son zèle, son désintéressement dans les causes, ses services au parti populaire, son rapprochement des nobles, l'enthousiasme des Italiens pour le citoyen d'Arpinum, tout concourut alors à lui procurer un triomphe éclatant. Parmi les six compétiteurs qui lui disputaient le consulat, il fut choisi le premier et nommé par acclamation. Ses principaux concurrents étaient Catilina et Antonius. Catilina était le plus sérieux par son influence; mais Antonius était un fourbe, qui sut les ménager à la fois tous deux de manière à réussir dans tous les cas. Cicéron l'eut donc pour collègue, et Catilina se retira une seconde fois des comices consulaires, plein de colère et de projets de vengeance.

Cet éclatant succès et le peu de valeur d'Antonius, qui, jadis chassé de Rome, avouait lui-même que devant les tribunaux romains il n'eût pas plaidé avec un Grec à crédit égal, plaçaient Cicéron à une telle hauteur qu'on pourrait comparer sa position à celle de Pompée revenant d'Espagne. Tout le monde était en admiration devant le grand orateur, et tout le monde cherchait à le gagner. Il y a cependant cette différence que Cicéron, à cause de son origine plébéienne, avait peine à se mettre dans une complète indépendance politique, et puis qu'il n'avait pas, comme Pompée, l'appui toujours respecté d'une armée prête à le suivre.

Dès le premier jour de son entrée en charge, sa popularité reçut une grave atteinte. César s'était irrité de cette unanimité du peuple; jaloux de la faveur populaire comme d'un bien que bientôt il refuserait de partager, il ne respecta pas même ces premiers instants d'ambitieuse jouissance auxquels se livrait le consul, et le tira brusquement de ces rêves de gloire par une rogation menaçante. Son organe était le tribun Servilius Rullus; sa loi, sous le nom du tribun (lex Servilia), une reproduction de celle des Gracques et de Drusus. Repeupler l'Italie, donner des terres aux citoyens pauvres, tel en était l'objet. Une vente de toutes les terres de l'État, en Italie, en Sicile, en Espagne, en Macédoine et en Grèce, et jusque dans l'Asie, devait fournir, avec les revenus des provinces, les moyens nécessaires pour acheter en Italie des champs où l'on établirait les citoyens indigents. Des décemvirs devaient être nommés pour cinq ans, avec plein utorité pour diriger les opérations, vérifier et annuler les titres de possession, découvrir les terres du domaine public, à faire le partage et la distribution, afin disposer, pendant le temps de leurs fonctions, de toute les finances de la république.

Le succès de la loi Servilia eût amené abdication de tous les pouvoirs dans les mains de dix dictateurs, et le bouleversement de la fortune publique et des fortunes particulières. Nul doute que, non-seulement la constitution déjà ruinée de Sylla, mais les vieilles institutions elles-mêmes n'y eussent trouvé leur tombeau. Durant une anarchie de cinq années tout pouvoir eût appartenu aux chefs de la faction populaire, et au bout de ce temps, qui sait dans quelles mains il fût resté? Dans celles de César sans doute ou de Catilina. Il semble donc que César eût risqué ici sa fortune, et se fût écarté de ces voies sûres, et n'appartenant qu'à lui, qu'il avait suivies jusque là. Aussi pense-t-on qu'il ne voulait réellement pas le succès de la rogation Servilia, mais qu'il se servit seulement de cette redoutable machine de la loi agraire comme d'un épouvantail pour jeter la terreur parmi les nobles, les accoutumer aux propositions subversives, et surtout mettre à l'épreuve cette popularité du nouveau consul dont l'éclat l'avait si vivement blessé.

Cicéron, en effet, comme consul, devait se prononcer le premier sur la proposition. Il le fit hardiment dans quatre discours, dont trois seulement nous restent. Les deux premiers furent prononcés dans le sénat, et les deux derniers devant le peuple ; son langage fut fier et ferme. Il s'annonça comme l'ennemi déclaré de ces agitateurs qui ne voulaient que bouleversement, et sembla s'être donné pour mission, durant son consulat, de faire disparaître ces ferments de désordre qui troublaient sans cesse la république. «Résolu, dit-il, à suivre dans mon consulat la seule conduite qui puisse en assurer la dignité et l'indépendance, je ne demanderai rien, province, ni honneur, ni récompense, avantage quelconque, qui soit en la puissance des tribuns. C'est moi, consul, qui le proclame aujourd'hui, jour des calendes de janvier, en plein sénat, si la république n'est point ébranlée, s'il ne surgit pas quelque nouveau péril auquel il soit lâche de se soustraire, je n'accepterai pas de province. Le peuple romain trouvera en moi un consul qui saura répondre par des mesures énergiques aux fureurs des tribuns contre la république, et à leur colère contre moi par le mépris.» Rarement on entendait dans la bouche des consuls d'aussi nobles paroles. L'adversaire de Catilina s'annonce clairement dans ce qui suit. Il cherche à détacher les tribuns du parti de ce conspirateur, à leur montrer qu'ils font alliance avec leurs véritables ennemis. « C'est pourquoi, par les dieux immortels, serrez vos rangs, tribuns du peuple. Quittez ces hommes qui, si vous n'y prenez garde, vous quitteront bientôt. Soyez des nôtres, n'ayez qu'un cœur avec les honnêtes gens ; pour défendre la patrie commune, mettons en commun et notre zèle et notre amour. La république a des plaies cachées ; des citoyens pervers tramant de funestes complots ; le danger n'est point au dehors ; ni roi, ni peuple, ni nation n'est à craindre : le mal est enfermé dans nos murs, il est dans nos entrailles, il est dans nos foyers. Chacun de nous, selon ses forces, doit y porter remède, et tous nous devons nous efforcer de le guérir.»

Il était plus difficile de combattre la loi agraire au Forum que dans le sénat, où elle était détestée. La loi agraire était toujours pour le peuple un mot magique, une sorte d'idéal d'autant plus puissant sur les imaginations que l'opposition infatigable des nobles l'avait toujours empêchée d'être complétement réalisée. L'orateur se tira de ce mauvais pas avec un art merveilleux. « C'est l'usage, dit-il, que ceux dont vos bienfaits passés ont illustré les ancêtres, consacrent cette première assemblée à confondre comme en un seul trophée et leur propre gloire et celle de leurs aïeux. » Pour lui, qui n'a point d'aïeux illustres, il ne peut entretenir le peuple que des services qu'il lui a rendus et des marques de faveur qu'il en a reçues. Rappelant tous les liens qui l'attachent au peuple, il s'efforce en quelque sorte de les resserrer encore. Il va jusqu'à glisser quelques insinuations hypocrites sur ses rapports avec les patriciens. « Voyez, dit-il, quel est le péril de ma position : dans mes incertitudes, point de conseil fidèle; dans mes dangers, point d'appui assuré du côté des nobles. » Il mentait, l'orateur, et savait fort bien que toutes les forces du sénat lui étaient acquises dans la nouvelle voie où il venait d'entrer. Sorti du peuple, disait-il, élevé par le peuple, n'ayant d'autre soutien que le peuple, comment ne serait-il pas un consul populaire? seulement ce mot *populaire*, il faut l'entendre. Il le développe en termes magnifiques. Ce qui est populaire, c'est la paix, c'est la liberté, c'est le repos, biens inestimables dont il veut faire jouir le peuple dans son consulat. « Gardez-vous, citoyens, d'accorder votre reconnaissance et votre popularité à des promesses de distributions qu'on peut faire briller à vos yeux dans des discours trompeurs, mais qu'on ne saurait en effet réaliser sans épuiser le trésor; n'appelez pas non plus actes populaires le désordre jeté dans les jugements, les arrêts des tribunaux brisés, les biens rendus aux proscrits; c'est par là que finissent et rendent le dernier soupir les États ébranlés et sur le penchant de leur ruine; et si des hommes viennent promettre des terres au peuple romain; si, ourdissant en secret des trames obscures, ils étalent au dehors des séductions et des mensonges brillants, citoyens, gardez-vous de les appeler populaires. »

Ce n'est pas, continue-t-il, qu'il désapprouve le principe même de la loi agraire, défendu jadis par deux citoyens illustres, pleins de génie et de dévouement à la république, Tibérius et Caïus Gracchus. Il y a de bonnes lois agraires, il y en a de mauvaises; il veut qu'on distingue. Assurément c'était la voix de la sagesse; elle fut écoutée, et la rogation ne passa point. Mais Cicéron avait été obligé d'expliquer comment il entendait la popularité, et tout le monde n'était pas d'accord avec lui à cet égard. Ses concessions au principe des lois agraires ne trompaient personne; il était clair qu'il ne les aimait pas. En plus d'un endroit même, il avait laissé percer une certaine haine contre les tribuns et le ton aristocratique du parvenu. Quand le dernier écho de ses harmonieuses périodes eut expiré dans les oreilles, que les riches images de son style eurent disparu des esprits, que les cœurs échauffés par les mouvements de son éloquence furent refroidis, on trouva que Cicéron, avec ses raisons d'ordre, de paix et de respect des institutions, parlait absolument le même langage que les nobles, et défendait leur cause. Sa popularité était ébranlée; César avait atteint son but, et Rullus, avant même la fin des débats, avait retiré son projet de loi.

César était un infatigable ennemi; le monstre de la loi agraire était à peine terrassé, que les sénateurs, qui déjà respiraient, virent tout à coup se dresser devant eux une accusation qui les frappait, s'il est possible, d'une manière plus sensible encore. On menaçait d'arracher un d'entre eux de sa chaise curule et de le clouer au gibet à la porte même de la Curie. On se rappelle que déjà César avait fait condamner deux ministres obscurs de Sylla : cette fois, il ne remontait pas seulement aux proscriptions du dictateur, mais à la révolte de Saturninus; l'accusé n'était plus un homme obscur et sans dignité, c'était un membre du sénat.

C. Rabirius, sénateur septuagénaire, s'était armé comme tant d'autres, trente-six ans auparavant, pour étouffer la révolte de Saturninus et obéir au sénatus-consulte qui avait mis les rebelles hors la loi. Il paraît qu'il s'était vanté depuis d'avoir tué le tribun révolté, quoiqu'il n'en fût pas réellement coupable. Ces fanfaronnades faillirent lui coûter la vie : un procès lui fut intenté pour avoir osé porter la main sur la personne sacrée d'un tribun. Ce ne fut point César lui-même qui s'en chargea, sans doute pour ne point avoir à parler lui-même d'une affaire où Marius, son parent, avait figuré d'une manière fâcheuse : c'est le tribun T. Attius Labiénus, alors son lieutenant au Forum, comme il le fut plus tard dans la guerre des Gaules, qui se chargea du procès. C'était pour lui en quelque sorte une vengeance de famille, car son oncle avait péri aux côtés de Saturninus. Aussi y porta-t-il une grande violence, et, non content de la loi de *lèse-majesté*, il alla chercher dans la poudre de la vieille législation la loi bien plus terrible du *perduellion*, par laquelle le coupable con-

…ncu, loin de pouvoir échapper à la …rt par un exil volontaire, devait pé… ignominieusement au gibet.

La ville entière fut émue, les nobles …aient les hauts cris. Mais tel était …charnement des accusateurs que l'élo…ence de Cicéron ni celle d'Hortensius … purent sauver Rabirius de la con…mnation. Ces deux grands orateurs, …guère ennemis, s'étaient réconciliés …ur défendre la cause du sénat, vers le…el Cicéron faisait encore un pas. Il …tait à Rabirius une ressource, l'appel … peuple. Il en usa. Cicéron, que sa di…ité de consul n'avait pas empêché de …aider en justice la cause de l'accusé, …it encore la parole au Forum. Cette fois … temps lui avait été mesuré; et Labié…is ne lui accordait qu'une demi-heure; …ais il sut réunir dans ce court espace … temps les arguments les plus forts. …on moins éloquent cette fois que toutes …s autres, il montra jusqu'à la plus com…ète évidence ce que tout le monde …mprenait, que Rabirius n'avait fait …'obéir aux ordres du sénat et des con…ls, et imiter l'exemple des personnages …s plus respectés. Il fut clair que si Ra…rius était coupable, les Catulus, les …ompée, les Scœvola, les citoyens les …us considérables, et Marius lui-même …vaient l'être à plus forte raison et au …remier chef : « Marius, s'écria-t-il, que …ous pouvons proclamer le père et le …auveur de la patrie, de votre liberté, …e la république tout entière ! » Si l'on …ondamnait Rabirius, il fallait aussi …ouer au gibet les images du vainqueur …es Cimbres. Tout cela était si évident …u'il n'était pas besoin de le prouver :

… peuple s'impatienta d'entendre péro…er sur une cause que sa haine avait ir…évocablement jugée; l'orateur ne fut …as respecté de coutume, et plu…eurs fois des cris, partis de différents …oints de la place, interrompirent sa voix. …es meneurs avaient pris d'ailleurs leurs …récautions : à l'éloquence qui frappe par …es oreilles, Labiénus opposa celle qui …rappe par les yeux, et fit apporter à …a tribune un tableau représentant la …ort de Saturninus : fait qui prouve com…ien s'étaient accrues l'audace et la puis…ance du parti populaire, car quelques …nnées auparavant deux citoyens avaient …té condamnés dans les tribunaux pour avoir conservé chez eux des images du tribun massacré.

Le peuple fut entraîné à cette vue : on se rendit au Champ de Mars pour voter. Ce fut alors un curieux spectacle : les patriciens, les sénateurs éplorés, gémissant, en deuil, parcouraient les tribus, les suppliant de ne point infliger au premier ordre de l'État une si grande ignominie. On aurait cru qu'il s'agissait de sauver Coriolan ou Manlius. Toutes ces prières faisaient peu d'effet, et le peuple prenait plaisir à voir s'humilier l'orgueil des grands. Le péril était menaçant pour Rabirius, quand tout à coup le préteur Métellus Céler se hasarda à faire disparaître le drapeau blanc du Janicule : ce signal annonçait jadis qu'on apercevait l'ennemi, et qu'il fallait courir aux armes; quoique Rome ne fût plus menacée depuis des siècles, il flottait toujours au dessus du Janicule quand l'assemblée s'ouvrait. La ruse réussit quoiqu'elle ne trompât personne; ce peuple si fort attaché aux vieux usages, dès qu'il ne vit plus ce drapeau, se dispersa presqu'en riant de lui-même. Il faut croire d'ailleurs qu'il ne courait pas tout entier avec la même ardeur pour condamner Rabirius; le plus grand nombre cédait sans doute à l'entraînement et aux excitations d'un parti plus violent ; c'est ce qui avait paru pendant le discours de Cicéron : les cris qui l'avaient interrompu n'avaient pas été unanimes. « Vos clameurs ne m'émeuvent pas, s'était écrié le consul ; elles me rassurent au contraire ; car elles montrent bien qu'il y a quelques citoyens égarés, mais qu'ils sont en petit nombre. Jamais, croyez-moi, ce peuple romain qui garde le silence ne m'eût nommé consul s'il eût pensé que je me laisserais troubler par vos cris. » La masse du peuple, satisfaite de l'abaissement des grands, laissa avec indifférence échapper un vieillard dont tout le crime était d'avoir suivi Marius et de s'en être vanté.

D'ailleurs les excitations des tribuns avaient cessé; si Labiénus eût voulu, il pouvait faire renouveler la condamnation : il ne le fit pas, parce que César, qui ne tenait nullement à faire périr Rabirius, avait une seconde fois atteint son but. Le sénat était humilié, et Cicéron rejeté du côté des grands. Une nouvelle proposition fit bientôt déchoir encore le consul dans l'affection populaire : il s'agissait de relever de la dégradation civique les fils des proscrits. Cicéron convenait que la justice et l'humanité l'ordonnaient ; mais si les fils des proscrits rentraient dans leurs droits politiques, il n'était pas douteux qu'ils réclameraient bientôt les biens de leurs pères, ce qui eût tout bouleversé. Pour cette raison d'État, à laquelle le peuple était loin de prêter la même valeur que lui, il violait cette loi d'éternelle justice qui veut que le fils ne soit pas puni pour le père. Ce fut une belle occasion d'accuser d'injustice cet homme qui faisait si souvent retentir les mots de justice et d'humanité. On remarqua aussi que le consul, qui prétendait être populaire, se montrait dans toutes les causes le défenseur assidu des grands. La popularité de Cicéron tombait pièce à pièce, comme un édifice en ruines.

Ce n'est pas qu'il fût sans pouvoir sur le peuple. On vit au contraire, vers cette époque, un merveilleux effet de sa puissance oratoire. Le tribun Marcus Othon avait fait disposer au théâtre des places particulières pour les chevaliers. Quand il parut dans l'enceinte, le peuple, mécontent de cette distinction, le couvrit de huées et de sifflets. Les chevaliers répondirent par d'énergiques applaudissements. Cette lutte de tumulte devint si violente au bout de quelque temps qu'on craignait de la voir dégénérer en une lutte sanglante, lorsque le consul parut : ordonnant au peuple de le suivre, il l'entraîna au temple de Bellone, réprimanda, menaça, et, terminant par un magnifique éloge de l'ordre équestre, fit si bien que le peuple, rentré au théâtre, couvrit d'applaudissements et le tribun et les chevaliers. Certes, il était glorieux d'avoir en un instant transformé tout un peuple furieux ; mais c'était le triomphe de l'éloquence et non de l'homme, de l'orateur et non du politique ; quand on n'était plus sous l'empire de sa puissante parole, il n'avait plus de parti, son pouvoir expirait avec sa voix.

Ne perdons pas de vue César au milieu de ces événements. Il a relevé les trophées de Marius, condamné les agents de Sylla, fait reparaître la loi agraire, jeté dans le sein du sénat une terrible menace, compromis Pompée auprès des grands, Cicéron auprès du peuple. Si la situation respective des partis est changée, c'est son ouvrage. Comme il a réveillé les vieux souvenirs et les vieilles passions ! Comme il a su rendre au parti populaire son énergie, sa fierté son audace ! Comme il a de nouveau creusé entre ce parti et celui des nobles l'abîme qui semblait comblé ! Comme il a remis en présence ces deux partis ennemis ! Qu'il est puissant lui-même quoiqu'on le voie rarement au premier plan ! Invisible il remue tout ; d'autant plus respecté qu'il se prodigue moins.

Cette année même (63) il acquiert une dignité importante, non par un pouvoir réel et effectif, mais par le prestige et l'inviolabilité qu'elle conférait. C'était le grand pontificat, que la mort de Métellus Pius venait de laisser vacant. Par l'organe de Labiénus, il fit rendre au peuple le droit d'élire les pontifes, et se mit sur les rangs. Nommé flamine dial en 87, privé plus tard de ce titre par Sylla, il l'avait recouvré en 74 ; il n'était donc pas novice dans les fonctions religieuses. Quant à son athéisme bien connu, ce n'était pas une raison d'exclusion dans le temps même où Lucrèce écrivait son audacieux poëme contre la crédulité populaire. Pour beaucoup de gens, ses dettes semblaient le principal obstacle : il n'avait plus d'argent à répandre ; Catulus, son compétiteur, lui offrit, s'il voulait se désister, des sommes considérables : « J'en emprunterai de plus grandes encore pour réussir, » répondit César. Catulus l'avait pris pour un de ces débiteurs vulgaires toujours pressés de rendre ; mais César n'allait point à si petits pas. Il voulait d'ailleurs être grand pontife, il le voulait, et cela devait être, fallût-il recourir aux grands moyens : le jour des comices il dit à sa mère en la quittant : « Aujourd'hui je serai banni, ou vous me reverrez grand pontife. » Il fut élu presque à l'unanimité. Voici un trait qui caractérise ce souple et prodigieux génie. Quelque temps avant de solliciter cette dignité, il avait publié, lui incrédule et athée, un volumineux traité d'astronomie et de droit augural, au grand ébahissement des pontifes, qui ne le croyaient pas avant en religion. Et ce traité fut tellement estimé qu'il fit longtemps autorité parmi les théologiens du paganisme. [Ce] fait prouve encore que César connaissait au moins depuis assez longtemps [le] souverain pontificat.

[A]u milieu de ces luttes d'ambition et [de] parti, véritables intrigues de Forum, [écla]ta tout à coup une catastrophe qui [atti]ra toute l'attention et produisit de [gra]ves changements sur la scène politi[qu]e.

[O]n connaît Catilina, ses desseins [am]bitieux, ses ressources, ses projets [de] renversement, son coup d'essai de [l'an] 65. On l'a vu briguant deux fois en [vai]n le consulat dans les comices. Les [voi]es légales lui étant fermées, on pré[voi]t sans peine qu'il va recourir aux [mo]yens violents. D'ailleurs il y a un [mo]ment précis où les hommes qui se [son]t formés un parti doivent agir; l'ou[tre]passer, ce serait s'exposer infailli[ble]ment à perdre son crédit et son auto[rité]. Ce moment était venu pour Ca[tili]na : le plus grand nombre de ses [par]tisans, plongés dans une profonde [mi]sère, ne pouvaient plus attendre, et [p]ressaient de réaliser ses promesses.

[Un] autre motif le poussait : les progrès [con]tinuels de César et du parti populai[r]e lui faisaient craindre que, si ce [par]ti venait à se rendre maître des af[fai]res, le sien, à lui Catilina, ne trouvât [pa]s la même faiblesse dans le gouver[ne]ment et la même faveur dans une [gra]nde partie du peuple. Ceux des con[damn]és qui avaient servi les vengeances [de] Sylla, réveillés par la condamnation [de] Luscius et de Belliénus, craignaient [au]ssi pour eux-mêmes un sort semblable. [Ai]nsi il n'y avait plus à tarder : il fallait [jou]er la partie.

[P]révoyant l'approche d'un dénoû[me]nt, Catilina préparait tout. Ce n'é[tai]t plus cette fois un complot, pour [ain]si dire, improvisé, comme en 65 ; [c'é]tait une conspiration profondément [co]nçue, habilement ordonnée, vaste et [pui]ssante, un chef-d'œuvre de conspi[rat]ion, qui devait faire de Catilina, pour [la] postérité, comme un type de conspi[rat]eur.

[P]lus de vingt sénateurs ou chevaliers, [ain]si qu'un grand nombre de patriciens, [don]naient à la conjuration l'appui de leur nom, de leur crédit, de leur autorité. Le principal d'entre eux, celui qui tenait, après Catilina, le premier rang parmi les conjurés, c'était Lentulus Sura, consulaire, et nommé préteur cette année même. C'était par lui-même un auxiliaire de peu de valeur; mais il comptait parmi ses aïeux douze consuls; son orgueil était grand, ses clients nombreux; une puérile superstition l'avait jeté dans le parti de Catilina : il s'appliquait cet oracle sibyllin qui promettait à trois Cornélius l'autorité souveraine dans Rome, et, après Cinna et Sylla, il se croyait le troisième que désignaient les destins. Chacun de ces nobles pouvait disposer presque en maître de ses amis, de ses protégés, de sa *famille* d'esclaves, ce qui formait sans peine une petite armée, grossie de tous les gens sans aveu et sans patron que nous avons montrés tout prêts à accomplir, au premier signe du chef, la révolution si impatiemment attendue.

Mais le complot n'était pas enfermé dans Rome. Il avait au contraire dans toute l'Italie des racines profondes. Il y avait tant de misère dans la Péninsule, depuis que les guerres civiles l'avaient ravagée, que les colons de Sylla avaient dépouillé les anciens propriétaires, et que les terres, négligées et incultes dans leurs mains, avaient été abandonnées par eux ou transformées en prairies par de riches et fastueux acheteurs! Les colons de Sylla et leurs victimes se réunissaient aujourd'hui pour la même cause et la plus terrible de toutes, pour vivre. D'autres idées se joignaient à celle-là dans les provinces où le feu de la guerre Sociale avait été le plus ardent; là le mouvement était encore excité par ces souvenirs et par de vieilles espérances renaissantes. Le Samnium et l'Étrurie surtout étaient dans le plus déplorable état : le spectacle en était affreux, car sans doute la misère n'avait fait que s'y accroître depuis ce jour où elle avait arraché des larmes à C. Gracchus. Les émissaires de Catilina n'avaient qu'à se montrer : dans l'Ombrie, Septimius; dans l'Étrurie Mallius, vieil officier du dictateur, Furius de Fésules et Flaminius Flamma d'Arretium; dans le Bruttium, T. Volturcius de Crotone. On comptait aussi sur un mouvement dans la Campanie.

La conspiration avait des ramifications même en dehors de la Péninsule. Dans la Gaule Cisalpine et même au delà des Alpes, des agents sollicitaient les barbares. P. Sittius, Romain plein d'adresse à gagner les esprits, répondait de l'Afrique, où il séjournait, et de l'Espagne, où il avait de nombreuses intelligences.

Une division de la flotte d'Ostie promettait de prêter son secours aux conjurés; elle devait leur servir, soit à se rendre maîtres de la mer et à tenir dans leur dépendance tous les approvisionnements, soit, en cas de revers, à fuir dans une province éloignée. Sur beaucoup de points de l'Italie de secrets dépôts d'armes avaient été formés et des lieux de réunion étaient assignés aux soldats de la conjuration.

On voit avec quelle prévoyance et quel ensemble de vues la conspiration s'organisait partout, sous la main de Catilina. Quelle était donc la véritable pensée de cet homme, car il ne pouvait se cacher qu'il allait ruiner l'État de fond en comble? Était-elle aussi élevée et aussi politique que son génie était actif et habile à ourdir une vaste trame? En un mot, que comptait-il faire après le triomphe? Personne ne l'a dit, personne sans doute ne l'a su. Catilina était trop dissimulé pour avoir des confidents : il parlait à chacun dans le sens le plus propre à l'attirer parmi les conjurés, et s'il eut véritablement des desseins sérieux il ne les confia point. Mais il est permis de douter de ces desseins (1). Il espérait sans doute s'emparer du pouvoir et s'y affermir, quoique Lentulus, naïvement confiant dans la Sibylle et dans l'éclat de sa noblesse, crût que ce rang lui était réservé. Du reste, quels changements durables voulait-il introduire dans l'État ou dans la société? Il est à craindre qu'il n'ait pas eu d'autre but que de faire tourner encore une fois cette roue des proscriptions qui jetait en bas ceux qui étaient en haut, de rendre leurs biens aux gens ruinés et de dépouiller ceux qui ne l'étaient pas, de faire changer de rôle aux créanciers et aux débiteurs, de livrer toutes les fortunes à un partage ou même à un pillage effréné. C'est du reste ce qui serait arrivé nécessairement et malgré lui quand cette multitude avide et misérable se serait vue maîtresse de tout. Aucune idée politique ne ralliait ce parti, où patriciens et plébéiens, syllaniens et marianistes, Romains et Italiens se trouvaient confondus sans souvenir de ces anciennes inimitiés. C'était véritablement la conspiration de la misère ; conspiration qui devait éclater par la force même des choses, et qui eût trouvé un autre chef si Catilina ne se fût pas offert. Lui-même inscrivit presque ce mot de *misère* sur son étendard. « Le malheureux (ce sont des paroles que lui prête Cicéron dans le discours *Pro Murena*, et elles sont vraisemblables) ne trouveront un défenseur fidèle qu'en choisissant un homme malheureux lui-même. Les pauvres et les opprimés ne doivent accorder aucune confiance aux promesses des riches et des puissants. Que ceux qui veulent recouvrer ce qu'ils ont perdu, reprendre ce qu'on leur a volé, que ceux-là considèrent mes dettes, ma position, mon désespoir. Aux opprimés et aux malheureux, qu'on ne l'oublie pas, il faut un chef hardi et le plus malheureux de nous tous! »

La conspiration de Catilina est une trace terrible des souffrances et de l'immoralité de ces temps. Aussi se laisse-t-on prendre parfois d'intérêt pour cet homme qui osa se charger de cette cause redoutable. Lorsqu'on songe que ce sont ses vainqueurs qui ont écrit son histoire, et qu'ils ont eu tout intérêt à le peindre sous de noires couleurs, on est presque tenté de réagir contre ces jugements sévères, et de le regarder comme un grand homme, qui sacrifia sa renommée pour tirer d'un abîme de misère une immense multitude. Ce qui le condamne à jamais c'est qu'immoral lui-même, au témoignage de Salluste, qui n'était pas précisément son ennemi (1), il étendit

---

(1) Son mot fameux : *Il y a deux corps dans la république*, cité plus loin, peut-il être regardé comme un indice sérieux de grands desseins?

(1) Il nous semble qu'on a tort en général de représenter Salluste plutôt favorable que défavorable à Catilina. Salluste, et César dont il était l'ami, tous deux connus par l

sir cette plaie rongeuse, entraîna
s la même corruption des jeunes
s qui sans lui peut-être y eussent
appé, et conspira pour un bouleverment stérile qui, sans régénérer la so-
é, eût fait couler des flots de sang.
illeurs, s'il restait quelque doute sur
éritable caractère de Catilina, les
nes avérés dont il se rendit coupable
s Sylla suffiraient pour les dissiper.
avec une nature puissante, les temps
nt de lui un scélérat.
Quand nous disons que Catilina ap-
e autour de lui tous les malheureux,
ut faire une exception. Fidèle en
 aux préjugés de son temps, Catilina
tte l'esclave, ce *paria* de la société
ique. Qu'on se rappelle combien,
s la guerre Sociale, les Italiens mon-
rent de répugnance pour s'allier avec
te classe misérable. Quelques conju-
, entre autres Lentulus, étaient d'a-
contraire, et voulaient qu'on soulevât
esclaves ; mais de leur part ce n'était
humanité, c'était impudence à bra-
l'opinion publique. Le noble L. Ser-
s Catilina gardait encore un reste
bienséance et d'orgueil patricien.
e secret d'une conjuration n'est ja-
s si fidèlement gardé qu'il n'en trans-
e quelque chose ; en outre, à l'ap-
che des grands événements, le public
 pressent par une sorte d'instinct.
is il ne circulait que des bruits incer-
is et de vagues rumeurs. Dans son
ond discours sur la loi agraire, Cicé-
 peint admirablement l'inquiétude qui
ait les esprits lorsqu'il entra au con-
at : « Je sais, dit-il, citoyens, dans
ll état la république a été confiée à
s soins, aux calendes de janvier :
tout l'inquiétude, la crainte; point
maux, point de calamités qui n'exci-
ient l'effroi des gens de bien et l'es-
ance des pervers. On parlait de mille
seins factieux tramés, soit alors
me, soit avant mon entrée en charge,
tre l'état présent de la République,
tre votre sûreté, contre la paix de la
.. Plus de confiance au Forum ; non
 des calamités nouvelles eussent

nce de leurs mœurs, avaient intérêt à
er quelque sombre image de crime et de
ruption, auprès de laquelle ils parussent
res-honnêtes gens.

frappé la république, mais parce qu'on n'avait plus foi dans la justice, parce que le désordre régnait dans les tribunaux, parce que les sentences des juges étaient sans force. On disait que de nouvelles dictatures se préparaient, que ce n'était plus à des pouvoirs extraordinaires, mais à de véritables royautés, qu'aspiraient des ambitions coupables. — J'eus connaissance de ces menées, non par de simples soupçons, mais par une claire certitude (car l'intrigue ne se cachait pas), et je dis alors en plein sénat qu'avant l'expiration de ma charge je serais un consul populaire. »

Populaire en rendant à Rome le repos et la sécurité, en chassant de son sein les factions impures et les mauvais citoyens, voilà ce qu'ambitionnait Cicéron, voilà l'œuvre à laquelle il avait voué son consulat dès le premier jour qu'il en revêtit les insignes ; c'est là qu'il rêvait déjà d'élever le principal monument de sa gloire.

Il avait à redouter deux choses : que Catilina obtînt enfin le consulat, et qu'il attirât dans son alliance Crassus et César, ce qui eût tout perdu. Voici comment il conjura seul ce double danger malgré l'opposition sourde de son collègue Antonius, qui prêtait secrètement l'oreille aux conspirateurs. César voulait faire arriver au consulat D. Junius Silanus, par amour pour sa femme Servilia, dont il était violemment épris. De son côté, Crassus protégeait la candidature de son ami L. Licinius Muréna, l'ancien lieutenant de Lucullus en Asie. Cicéron, en favorisant ouvertement ces deux candidats, espéra gagner Crassus et César en même temps qu'il enlèverait les faisceaux à Catilina. Et pour le cas où ce dernier parviendrait à se faire jour, il disposa un second piège plus sûr : c'était la loi Tullia, qui, en renouvelant les lois précédentes sur la brigue, introduisait quelques moyens d'influence tolérés jusque-là. On pouvait assurer que Catilina serait trouvé coupable selon cette loi. Du reste, elle était si bien faite contre lui, et si peu dans le véritable intérêt de la justice, qu'on ne l'appliqua point à Muréna, qui fut convaincu tout le premier d'avoir répandu l'or parmi le peuple. Cicéron prit même ouvertement la défense de Muréna contre ses accusateurs, et dans tout le parti patricien il ne se trouva qu'un seul homme assez vertueux pour s'indigner d'une telle monstruosité ; cet homme, qui foulait aux pieds la politique et la fausseté de son parti, nous en parlerons plus loin : c'était Caton.

Il n'y avait pas besoin d'être Catilina pour se sentir transporté de colère à de pareilles manœuvres ; pour lui, sa colère éclatait en menaces terribles : « On veut porter le feu dans ma maison ; qu'on y prenne garde, je ne l'éteindrai pas avec de l'eau, je l'étoufferai sous des ruines ! » Son indignation était au comble et ses résolutions prises irrévocablement, lorsqu'il se vit tout à coup attaqué à front découvert. La veille des comices consulaires, fixés au 12 des calendes de novembre, le consul réunit le sénat : en présence de Catilina, il donna connaissance à l'assemblée des rapports alarmants qui lui arrivaient de toutes parts : réunions suspectes, tentatives auprès des gladiateurs, amas d'armes, mouvements d'esclaves en Apulie, complot découvert dans la flotte par L. Gellius, chef de la station navale d'Ostie. Pour le 5 des calendes de novembre on annonçait une prise d'armes en Étrurie, pour le lendemain une émeute à Rome et l'assassinat des consuls. Ces desseins, le consul ne cachait pas que Catilina en était, à ses yeux, l'auteur ; il citait ses paroles séditieuses, et rappelait tous les moyens dont il cherchait à séduire la partie la plus basse du peuple. Quoique le danger fût évident, il ne demandait au sénat que d'ajourner les comices et de délibérer sur la situation des affaires. Catilina, démasqué, se leva furieux ; il s'emporta en invectives contre le gouvernement, contre les grands, seuls cause, par leur avarice et leur tyrannie, des malheurs publics. Il nia avec un air de mépris les projets de révolte qui lui étaient imputés, accusa le consul de calomnie, et termina par cette figure menaçante : « Il y a deux corps dans la République, l'un débile avec une tête caduque, l'autre fort mais sans tête. Eh bien, tant que je vivrai, il aura une tête. » Il sortit à ces mots, laissant le sénat dans une sorte de stupeur. Bientôt cependant on se mit à délibérer : tout le monde reconnut que le danger était grave et pressant ; les co-

mices furent ajournés ; un sénatus-sulte investit les consuls, par la for[me] consacrée, des pouvoirs les plus éte[ndus] pour veiller au salut de la Républi[que].

Quand on sut dans la ville ce qui s['était] passé dans le sénat, quand on co[nnut] le sénatus-consulte qui venait d['être] rendu, l'émotion fut grande. Des b[ruits] de révolte, de guerre sociale, de tum[ulte] gaulois coururent dans toutes les [rues]. Des prodiges célestes récem[ment] apparus ajoutaient l'effroi de la su[persti]tion et grossissaient dans l'imagin[ation] populaire les dangers réels. On se fa[isait] d'épouvantables récits : dans une [nuit] sombre, disait-on, les conjurés s'ét[aient] réunis : tous, la main dans les entr[ailles] d'un esclave égorgé, avaient juré [d'a]néantir la ville, et avaient bu en[semble] dans une même coupe du vin mêl[é au] sang de la victime. Les jours qui p[récé]dèrent les comices furent pleins d'a[gita]tion et d'anxiété ; de toutes les colo[nies] de vétérans arrivaient des bandes [d'an]ciens soldats licenciés ; les rues d[e la] ville étaient à chaque instant traver[sées] par ces troupes, qui marchaient sou[s la] conduite de vieux centurions, dans [un] ordre plus effrayant encore que le [dé]sordre, car on apercevait sous l[es] vêtements des poignards et des é[pées] courtes qu'ils prenaient à peine le soi[n de] cacher.

Le jour des comices venu, Catilin[a se] présenta suivi d'Autronius, de Lent[ulus] et des principaux conjurés : les hom[mes] des colonies et une partie du petit pe[uple] accueillit avec enthousiasme l'en[nemi] des grands et des riches. De l'autre [côté] de la place se pressaient autour [de] Silanus et de Muréna tous les citoy[ens] qui possédaient quelque fortune, et C[icé]ron se montrait entouré d'une tro[upe] de jeunes chevaliers qui du regard [inter]roqaient la foule. Beaucoup de [gens] ne savaient pas comment se term[ine]rait la journée. Du reste, le consul a[vait] eu soin de faire occuper les princi[paux] points de la ville et les environs [du] Champ de Mars par les soldats qu'il a[vait] levés dans la ville en vertu de ses p[ou]voirs extraordinaires. Lui-même lai[ssait] voir à dessein sous sa toge une cuir[asse] brillante, pour indiquer qu'il connai[ssait] le danger et qu'il était en mesure [d'y] faire face.

Le vote des comices trompa complétement les espérauces de Catilina, qui vit [pro]clamer avec une grande majorité [Sila]nus et Muréna. Certes, si les lois [eus]sent été également observées pour [tou]s, Muréna n'eût point été élu plutôt [qu]e lui; il le sentait avec colère et dépit, [ma]is il n'était pas homme à intenter [in]siblement un procès : il laissa ce rôle [à S]ulpicius, quatrième candidat, qui [ava]it partagé son malheur, et dont l'honn[ê]te indignation ne craignit pas de [tir]er en justice un homme défendu par [Ci]céron, Hortensius et Crassus, les trois [plu]s grands orateurs, le plus riche patri[cie]n et le premier consul de la république.

La réunion des colons à Rome pour [les] comices avait du moins servi à les [me]ttre en rapport direct avec Catilina. [Dè]s le lendemain ils retournèrent tous [à l]eurs postes, et rapportèrent dans les [pr]ovinces des instructions nouvelles [po]ur se préparer à une imminente ex[plo]sion. Quelques jours après, un sé[na]teur, L. Senius, lisait dans le sénat [un]e lettre de Fésule annonçant que le 5 [de]s calendes de novembre Mallius était [v]e[nu] camper devant cette ville avec une [tro]upe de vétérans et de paysans armés; [ma]is on n'avait pas de preuve qu'il cor[res]pondît avec Catilina; les autres con[jur]és de l'Italie n'étaient pas dans un [éta]t moins inquiétant, et le sénat n'a[vai]t pas d'armée. Le salut de Rome vou[lut] qu'il y eût alors aux portes de la [vill]e deux proconsuls, Q. Marcius Rex [et] Q. Métellus, qui, revenus récemment, [l'u]n de Cilicie et l'autre de Crète, atten[dai]ent avec un détachement de troupes [les] honneurs du triomphe. Marcius dut [se] rendre en Étrurie, Métellus en Apu[lie], où les conjurés avaient aussi envoyé [des] agents. Le préteur Q. Pompeius [Ru]fus reçut l'ordre d'éloigner de Capoue [les] gladiateurs et de les disperser en [div]erses villes. Métellus Céler fut chargé [de] contenir le Picénum et la Gaule Ci[sal]pine : tous avaient pleins pouvoirs [po]ur lever des troupes. Dans la ville [l'ar]mement des citoyens continuait, les [pré]cautions redoublaient; le consul an[non]çait ouvertement la conspiration, et [pro]voquait des dénonciations par la [pro]messe de 200,000 sesterces pour un [ho]mme libre, de 100,000 et de la liberté [po]ur un esclave.

Cicéron était dans une situation fort difficile, entre deux écueils, soit qu'il compromît par faiblesse le salut de l'État, soit que par trop de sévérité il encourût le blâme du parti populaire. Une grande prudence était nécessaire. Moralement convaincu du crime de Catilina, il manquait de preuves assez claires et assez odieuses pour soulever contre le coupable l'indignation universelle. Un jeune patricien, qui ne comprenait rien à ces délais, L. Æmilius Paulus, voulut être plus hardi, et accusa Catilina aux termes de la loi Plautia (*de vi*), qui condamnait quiconque avait excité les citoyens à la révolte ou même porté des armes dans les comices. Selon la loi, l'accusé devait être confié à la garde d'un citoyen; c'est ce qu'on appelait *liberæ custodiæ*. Catilina s'offrit de lui-même, et se présenta chez Lépidus, Cicéron, Métellus Céler, qui ne voulurent point le recevoir; son parent M. Métellus fut le seul qui se chargea de le garder. Tout en bravant ses accusateurs avec une audace qui ne pouvait que lui être favorable, Catilina trouvait le moyen d'entretenir ses relations actives avec les conjurés.

Dans la maison même de Métellus il forma le plan d'un coup de main sur Préneste, qui fut tenté, mais sans succès, à cause des mesures prises par le consul. Cicéron était averti par un traître de tous les projets des conjurés. Parmi les alliés de Catilina, il en est quelques-uns dont nous n'avons pas parlé; ce sont quelques femmes nobles, dont l'esprit, subtil et hardi, était souvent aux conjurés un puissant secours pour l'intrigue. Cette alliance, si utile à Catilina, fut cependant ce qui le perdit. Q. Curius, un des conjurés, avait pour maîtresse une femme d'illustre origine, nommé Fulvia. Quelques paroles imprudentes qui lui échappèrent piquèrent la curiosité de cette femme, qui bientôt connut tout. Elle se mit en rapport avec le consul, et lui révéla les secrets qu'elle avait arrachés. Cicéron fit appeler Curius : comme c'était un homme méprisable, jadis chassé du sénat, il n'eut pas de peine à s'assurer de lui et à s'en faire un espion d'autant plus dangereux pour les conjurés qu'ils avaient en lui une pleine confiance. C'est par lui qu'il avait en connaissance du coup de main tenté sur Préneste ; c'est par lui qu'il connut bientôt un projet bien autrement dangereux.

Catilina avait résolu de quitter Rome. Mais avant de partir il voulut s'entendre une dernière fois avec ses complices, et les réunit secrètement, dans la nuit du 7 au 6 des ides de novembre, chez M. Porcius Læna. On ne sait s'il se rendit à cette réunion du consentement de Métellus ou à son insu. Il ne faut pas s'étonner que les projets les plus affreux d'incendie et de destruction aient été discutés dans cette nuit : l'excitation des esprits, le caractère violent de ces hommes, l'heure même expliquent fort bien comment de pareils desseins purent être agités. Le seul, du reste, qui paraisse avoir été bien arrêté est celui qui avait pour but d'assassiner Cicéron. La vigilance du consul était le principal obstacle que rencontraient les conjurés. C. Cornélius, chevalier, et le sénateur L. Vargunteius se chargèrent de le frapper en s'introduisant chez lui sous prétexte de lui communiquer des secrets de la plus haute importance. Un tribun désigné, L. Calp. Bestia, promettait de soulever alors la populace, tandis que Catilina, précédé déjà d'Autronius, courrait en Étrurie et jeterait ses bandes farouches dans Rome perdue d'effroi.

Curius avertit sur-le-champ Cicéron du complot par l'entremise de Fulvia, au moment même où Crassus, M. Marcellus et Métellus Scipion venaient, pleins de frayeur, apporter au consul des lettres alarmantes. Peu de temps après, comme le jour commençait à paraître, Cornélius et Vargunteius se présentèrent pour l'entretenir ; mais il avait donné l'ordre de ne point leur ouvrir les portes, et désormais averti que ses jours étaient menacés, il ne sortit plus qu'entouré d'une troupe de chevaliers et de Réatins, ses clients, tous armés.

C'était le 6 des ides de novembre. Cicéron, ravi de voir Catilina se déclarer rebelle lui-même en quittant la ville, rassuré d'un autre côté sur les intentions de Crassus par sa démarche de la nuit, résolut de rompre brusquement avec les ménagements et les précautions. Les sénateurs, convoqués par lui, se rassemblèrent dans le temple de Jupi[ter] Stator, sur le mont Palatin. Tous vaient bien de quoi le consul allait entretenir ; mais les révélations q[u'il] allait faire, les mesures qu'il allait [com]mander, aucun ne pouvait le prévo[ir]. Ce fut avec une surprise inquiète qu[e] virent Catilina entrer le front haut venir s'asseoir à sa place : par un mo[u]vement presque unanime, tous les siè[ges] se vidèrent autour de lui. Quelque tr[ou]ble parut sur son visage.

Tout était morne et silencieux da[ns] le temple, quand tout à coup la voix consul éclata : « Jusques à quan[d], s'écria-t-il (il s'adressait à Catilina l[ui-]même, et non à l'assemblée, com[me] c'était l'usage), jusques à quand abu[se]ras-tu de notre patience? Combien temps encore serons-nous le jouet tes fureurs? Combien de temps se [en]chaînera ton audace effrénée? Quoi !! cette garde de nuit du mont Palati[n], ni les postes placés dans la ville, l'effroi du peuple, ni ce concours tous les honnêtes gens, ni ce lieu fort où j'ai réuni le sénat, ni l'attitude [des] sénateurs, rien ne peut t'émouvoir ! devines-tu pas que tes complots s[ont] découverts? Ne vois-tu pas que ta c[on]juration est captive, pour ainsi di[re,] sous les regards de tous ces sénateu[rs] qui l'observent et l'épient? Ce que[tu] as fait la nuit dernière, la nuit d'ava[nt,] où tu as été, quels hommes tu as réun[is,] quelles résolutions tu as prises, cro[is-]tu qu'un seul d'entre nous l'ignor[e?] O temps! ô mœurs! Le sénat connaît[,] consul voit ces complots : et Catilina en vie! Que dis-je? Il vient dans le sén[at,] il prend part aux délibérations du co[n]seil de la République ; il marque et cho[i]sit des yeux parmi nous ceux qu'il d[es]tine au poignard ! »

Cicéron se propose dans ce prem[ier] discours d'effrayer Catilina et de [le] pousser hors de la ville. Le temps n'é[tait] plus où le gouvernement de Rome, ft et redouté, pouvait sans danger po[ur] lui-même s'arroger le droit de frapp[er] un citoyen : il fallait que Catilina ne plus qu'un rebelle aux yeux de tous p[our] que nul n'accusât le consul et le sé[nat] d'abus de pouvoir. « Tes projets, dit Cicéron, me sont connus. Toutes [tes] démarches, je les surveille depuis lo[ng-temps]

...ps. Ne vois-tu pas que tu ne peux ...n tenter dont je ne sois aussitôt ins-...it? J'ai su, j'ai annoncé d'avance le ...ulèvement de Mallius ; je viens de jouer la surprise que tu as essayée ...ntre Préneste. Je te dirai ce que tu as ...t la nuit dernière. Tu es allé chez ...rcius Læna, tu as distribué les rôles ...es complices. A ceux-ci l'insurrection ...telles provinces de l'Italie ; à ceux-là ...cendie de tels quartiers de Rome. Tu ...r as annoncé ton départ pour le camp ...Mallius. Tu as chargé deux chevaliers ...mains de m'assassiner. Ose le nier? ...te convaincrai, car tu es entouré ...eux et d'oreilles que tu ne soupçonnes ..., mais à qui rien n'échappe.

« Je pourrais, je devrais peut-être ...re justice à l'instant, ici même, d'un ...lérat tel que toi. J'en ai le droit, j'en ...e pouvoir. Si je faisais un signe, ces ...ves chevaliers qui entourent la curie ...mettraient en pièces. Naguère, un sé-...us-consulte déclarant la patrie en ...nger, le consul L. Opimius n'attendit ... la nuit pour faire mettre à mort, sur ...lques soupçons de sédition, Fulvius, ...sonnage consulaire, et C. Gracchus, ...t ne purent protéger ni la gloire ni les ...vices de ses ancêtres. Armé d'un sé-...us-consulte semblable, Marius fit ...nber aussitôt la tête de Saturninus et ...e de Glausia. Et nous, il y a vingt ...rs que nous laissons le glaive des lois ...rouiller inutile, car il y a vingt jours ... les pères m'ont remis un sénatus-...sulte comme une épée dans son four-...u.

...insi, dans Rome Catilina ne peut ...e un mouvement qui ne soit connu, ...s Rome mille dangers, mille ven-...nces le menacent; hors de Rome seu-...ent il sera libre et à l'abri des glaives ... chevaliers et des décrets des séna-...rs. Pour soulever au consul un der-...r obstacle, il demande qu'on en réfère ...sénat; mais Cicéron voit le piège : il ...compromettra pas le sénat dans cette ...estion douteuse, s'il a le droit de con-...mner un citoyen. Il n'en référera donc ...nt au sénat, *ce qui serait contraire à* ...*principes*. D'ailleurs, pourquoi Cati-... réclame-t-il cette mesure? Qu'es-...-e-t-il de là? « Ne vois-tu pas les senti-...ments de cette compagnie? L'horreur que ...ui inspires ne t'en dit-elle pas assez?

Crois-moi, quitte Rome, ou tu n'as plus d'espoir. Deux partis te restent. Va-t'en au camp de Mallius, où tu es attendu. Là tu trouveras bientôt une mort digne d'un brigand. Ou bien, si tu veux vivre, choisis une retraite éloignée, et tâche qu'on t'oublie. J'accepte volontiers la responsabilité du conseil que je donne, dussent mes ennemis m'accuser un jour d'avoir abusé contre toi de l'autorité consulaire. Je défie la calomnie ; et, quoi qu'il arrive, je croirai avoir bien mérité de la patrie en la délivrant d'un monstre tel que toi.

« Vous me demanderez, Pères conscrits, pourquoi je permets à Catilina de se mettre à la tête de bandes armées contre la république, et d'exciter une guerre en Italie, au lieu de sévir contre lui, comme les lois et vos décrets m'y autorisent. Mais le supplice du seul Catilina ne suffirait pas pour délivrer Rome de cette peste déjà invétérée qui la consume. Laissez se grossir cette bande de malfaiteurs : quand ils seront tous réunis, d'un seul coup nous écraserons tous les ennemis de l'État. D'ailleurs, je le sais, il y a dans cette enceinte des hommes qui se refusent à l'évidence, dont la faiblesse a longtemps encouragé l'audace de Catilina, dont l'incrédulité volontaire lui permis de tout oser : si j'étais juste, ils m'accuseraient de cruauté, ils diraient que je fais le roi. Je veux les convaincre, et les placer entre deux camps, celui de la république et celui des rebelles. »

Cette terrible harangue eut son effet. Catilina, plein de confusion et de colère, voulut se justifier ; mais il ne trouva que des paroles mêlées d'orgueil et de supplication, priant les sénateurs de ne pas condamner un Sergius, de ne pas croire qu'un Sergius eût voulu renverser la république, sur la foi d'un Sabius, d'un étranger, locataire d'une maison à Rome. Ces insultes au consul étant couvertes par les murmures, il sortit en menaçant, et l'on apprit le soir qu'il avait quitté la ville.

Ainsi désormais, ou Catilina va fuir en exil, et dès lors il cesse d'être dangereux, ou il va se mettre à la tête des rebelles et se déclarer rebelle lui-même. Cicéron, en se donnant les moyens d'agir ouvertement contre lui comme contre un ennemi public, a réussi à forcer Céser et son parti de rompre avec Catilina, et s'est mis à l'abri de cette accusation redoutable d'avoir *agi en roi.*

Il triompha quand il apprit le départ de Catilina ; et voyant le champ libre enfin, il parut le lendemain au Forum pour prévenir les impressions fâcheuses et gagner le peuple par un air de franchise. Un parti, même faible, a de la force quand l'opinion publique le croit fort : Cicéron veut s'emparer de l'opinion publique, et, jetant le ridicule sur le parti de Catilina, le réduire en fumée pour ainsi dire aux yeux même du peuple. Il est railleur et mordant : à l'entendre, ce parti ne mérite que la risée. Quels sont ses défenseurs ? Ce ne sont pas les grands propriétaires endettés, qui ne pourraient que perdre encore, dans son triomphe, ce qu'ils ont conservé ; ce ne sont pas les ambitieux, qui se verraient fermer toutes les voies par les avides compagnons du conspirateur. Ce sont donc seulement ces vétérans de Sylla, que tout le monde hait et méprise. Ce sont des assassins, des voleurs, de jeunes débauchés, couverts non de toges, mais de voiles transparents, qui savent manier également bien le luth et le poignard. Il lui échappa même, dans la joie du succès et le feu de la raillerie, quelques mots dont les sénateurs eussent bien pu lui garder rancune. « On nous parle d'un soulèvement de gladiateurs ; eh ! nos gladiateurs sont plus honnêtes gens que bien des patriciens : ils resteront dans le devoir. » Plus loin, avec assez d'irrévérence pour le dictateur : « Ces hommes des nouvelles colonies, dit-il, voudraient tirer des enfers le spectre de leur Sylla..... Mais qu'ils cessent de rêver proscriptions et dictature : les douleurs de ce temps ont laissé dans la ville de si profondes traces, que désormais non-seulement les hommes, mais les bêtes elles-mêmes n'en souffriraient plus le retour ! » Est-ce la nature plébéienne qui se remontre par moments, ou bien est-ce une hypocrite flatterie lancée au peuple ?

Le consul, l'homme résolu et l'artiste enivré de son œuvre, paraissent en plus d'un endroit. La république est malade, il espère la guérir ; il se flatte de prolonger son existence, non de quelque bref espace de temps, mais de plusieurs

siècles. Pour cela il faut faire la guerre aux hommes perdus : il la fera, il bravera leur inimitié, et il sera général, e général vainqueur sous la toge. « Je n'e pargnerai rien pour guérir les membre qui pourront l'être ; mais ceux qu'il fau dra couper, je n'exposerai pas l'Éta pour les conserver, à une ruine certaine Qu'ils partent donc ou qu'ils demeurer en repos ; car si, restant dans la ville, i persistent dans les mêmes sentiments qu'ils s'attendent au châtiment mérité. Cependant, toujours humain, pruden modéré, tout en protégeant les gens d bien, il s'efforcera de ne pas attrister ville par le spectacle d'un sanglant châ ment.

Catilina était sorti de Rome précip tamment, chassé par l'éloquence de C céron. A peine avait-il fait préven Lentulus et Céthégus de son départ, e les engageant à persévérer courageus ment dans la conjuration. Une fois ho de la ville, il s'arrêta, incertain de direction qu'il allait suivre. Cicéron lu même avait fait naître dans son esp l'idée d'un exil volontaire, et comme route où il se trouvait menait aussi bi à Marseille qu'en Étrurie, il hésita. Pe dant plusieurs jours il parut chois l'exil, et l'écrivit à Rome, se représenta comme une victime de la tyrannie du co sul. Mais il abandonna bientôt cette p litique égoïste, qui en le sauvant lui-mêm et en lui ménageant peut-être pour l' venir une fortune nouvelle, lui faisa laisser sans chef, sans direction uniq et puissante, ces malheureux qu'il ava réunis sur tant de points de l'Italie p la promesse d'un sort meilleur. Rama sant sur sa route des colons et des pa sans, gagnés de longue main, il se res dit au camp de Mallius devant Fésule

Les conjurés se flattaient alors réussir : leur troupe grossissait chaq jour ; ils n'avaient en tête que Marci Rex, avec de faibles troupes ; Mallii venait d'exposer dans un manifes leurs principaux griefs, l'usure dont étaient dévorés et qui menaçait ju qu'à leurs personnes, et la nécessité réduire les dettes comme Sylla l'av fait pour un quart, si l'on ne voula pas les forcer à mourir pour vivr Marcius avait répondu qu'il fallait d' bord déposer les armes, que le sén rait ensuite. Cette réponse excita la [joi]e des rebelles; ils virent dans le [mê]me temps arriver Catilina, et appri[ren]t que le consul Antonius avait été [cha]rgé de marcher contre eux; à cette [nou]velle, leur joie fut au comble: le sé[nat] semblait avoir perdu le sens, puis[qu']il leur donnait pour adversaire un de [leu]rs meilleurs amis.

[L]eurs espérances étaient mal fondées: [la] direction de la république était non [pas] insensée, mais adroite et ferme. On [fe]ait de confier le commandement de [l'ar]mée à Antonius, mais en lui adjoi[gna]nt un jeune questeur fidèle et actif, [S]extius, pour le surveiller et l'exciter, [l']on était sûr de tous les officiers de [cet]te armée. Dans les provinces la con[jur]ation manquait; les agents de la [Ga]ule Cisalpine avaient attiré sur eux la [sur]veillance, par l'imprudence de leurs [dé]marches; les mouvements du Pice[nu]m, de la Campanie, de l'Apulie et du [La]tium étaient facilement réprimés. [C'e]st à Rome surtout que se tranchait le [noe]ud de la conjuration. Cicéron conti[nua]it à épier par les yeux de Curius tous [les] actes des conjurés demeurés dans [la v]ille. Il apprenait leur désaccord et [leu]rs propositions diverses. Lentulus, [in]dolent et timide, reculait toujours le [mo]ment d'agir, tandis que le violent [Cét]hégus voulait tout mettre à feu et à [sang]; les prudents proposaient les voies [léga]les et l'accusation du consul par le [trib]un nouveau Calp. Bestia. Il paraîtrait [que] Céthégus l'emporta, et qu'un grand [cou]p de main fut résolu pour la nuit du [17] des calendes de janvier, pendant la [fêt]e des Saturnales, au moment où les [esc]laves, libres pour quelques heures et [éch]auffés par les orgies, se laisseraient [fac]ilement entraîner. On avait arrêté les [no]ms des personnes qui devaient être as[sass]inées, tandis que Statilius et Gabi[ni]us avec leurs agents mettraient le feu [dan]s douze quartiers à la fois. Rome se [rév]eillerait au milieu des flammes et des [cri]s de meurtre.

[C]icéron, informé de tous ces desseins, [éta]it cependant dans le plus grand em[ba]rras. Quoique la conjuration lui fût [con]nue aussi bien qu'aux conjurés, il [ne] pouvait les dénoncer publiquement, [ca]r toute preuve écrite lui manquait; et [d']un autre côté il n'osait faire paraître Curius, soit qu'il rougît de mettre au jour les moyens qu'il employait, soit que l'espion eût mis cette condition à ses révélations.

Vers cette époque, un conjuré nommé Umbrenus, affranchi qui avait jadis trafiqué en Gaule, étant entré dans le Grœcostasis (palais des ambassadeurs à Rome), y rencontra des députés allobroges qui sollicitaient depuis longtemps du sénat un dégrèvement d'impôts: la voix de ce petit peuple était à peine écoutée par le gouvernement de la république, au milieu des événements graves qui se passaient à Rome. Rebutés par tant de lenteur, les Allobroges entendirent avec joie Umbrenus leur faire des ouvertures et de brillantes promesses s'ils voulaient, de leur côté, par un soulèvement de leur nation, favoriser les desseins des conjurés. Umbrenus leur nomma quelques-uns des principaux conjurés, et, sur leurs instances, les conduisit auprès de Lentulus lui-même, qui leur raconta tout au long ses projets ambitieux; après une demi-heure d'entretien avec cet homme vain et léger, ils n'avaient plus rien à apprendre sur les espérances, les ressources et les chefs de la conspiration.

Sortis de chez Lentulus, les Allobroges commencèrent à réfléchir sur l'entreprise où on venait de les entraîner: la majesté du sénat, si imposante pour des barbares, la frivolité de l'homme qui passait pour diriger le complot, se présentaient en même temps à leur esprit. Rentrés dans le Grœcostasis, ils étaient déjà ébranlés, et bientôt ils résolurent, pour se tirer de cette incertitude, de consulter sur ce qu'ils devaient faire Fabius Sanga, patron de la nation allobroge. Fabius les eut à peine entendus qu'il courut instruire Cicéron de tout ce qu'il venait d'apprendre, et les Allobroges furent mandés chez le consul. Celui-ci, maître de leur secret et de leur vie, les décida sans peine à lui prêter leur secours pour mettre au jour la conspiration. Il fut convenu qu'ils exigeraient de Lentulus des lettres pour leur nation. Cela fut fait; et Lentulus les chargea en outre d'une lettre pour Catilina, qu'ils devaient voir en traversant l'Étrurie; il leur adjoignit de plus un Volturcius de Crotone, conjuré qui devait entretenir Catilina et servir ensuite d'interprète auprès des Allobroges.

La nuit du 4 au 3 des ides de décembre, vers la troisième veille, quelques hommes traversaient en silence le pont Milvius, sur lequel passe la route d'Étrurie. Quand ils furent au milieu du pont ils se virent enveloppés par des hommes armés : c'étaient les Allobroges, et la troupe armée était celle des Béotiens, apostée par Cicéron sous les ordres des préteurs Valérius Flaccus et C. Pomptinus. Les prisonniers furent conduits chez le consul, et l'on trouva sur eux les lettres des conjurés, qui furent déposées dans les mains du préteur Valérius Flaccus.

Les conjurés croyaient Volturcius et les Allobroges sur la route d'Étrurie, lorsqu'ils se virent mandés de grand matin chez le consul. Ils s'y rendirent avec leur audace habituelle, d'abord Gabinius, puis Céthégus et Statilius. Lentulus, lent et paresseux, arriva le dernier. Trois seulement, avertis sans doute, s'enfuirent de la ville; c'étaient Céparius, Umbrenus et Manlius Chilon; mais Ceparius fut ressaisi dans la campagne le jour suivant. Ceux qui vinrent chez le consul furent aussitôt déclarés prisonniers.

La ville, sur l'ordre de Cicéron, se remplissait de troupes, et le sénat se rassemblait dans le temple de la Concorde. Lui-même ne tarda pas à y paraître, conduisant par la main Lentulus, pour montrer que le consul seul pouvait faire violence au préteur, et l'interrogatoire commença, tandis que le préteur Messala et plusieurs sénateurs écrivaient en caractères abrégés les réponses des accusés. Après quelques explications données au sénat sur l'objet de la séance et les arrestations de la nuit, Cicéron fit introduire Volturcius. Celui-ci, rassuré par la promesse du pardon, révéla tout ce qu'il savait, tout ce qu'il avait mission de dire à Catilina; il avoua qu'il était envoyé par Lentulus, et dénonça plusieurs conjurés. La déposition des Allobroges confirma la sienne.

On introduisit ensuite Céthégus; il n'avait rien perdu de son impudence habituelle. Quand on lui demanda pourquoi cette provision d'armes que le préteur avait trouvée le matin même dans sa maison, il répondit que cela s'expl{quait} tout naturellement par son go{ût} particulier pour les bonnes armes; so{n} audace ne l'abandonna que lorsqu'o{n} lui eût montré la lettre marquée de so{n} sceau qu'il avait remise aux Allobroge{s} et qu'on eut donné lecture des engag{e}ments pris par lui envers leur natio{n}. Alors il demeura interdit, et ne put r{é}pondre.

Statilius ne montra que trouble {et} abattement.

Lentulus enfin fut introduit : Cicéro{n} lui montra sa lettre, encore envelopp{ée} dans les bandes de lin sur lesquelles o{n} appliquait le sceau; l'accusé reconnut l{e} sien, on y voyait l'image de son aïeul « Quoi ! lui dit Cicéron, les traits d{e} ce grand et généreux citoyen dont t{u} descends ne t'ont pas détourné d'u{n} pareil forfait ! » Troublé un instant, se raffermit promptement, et prit le to{n} de l'indignation. Comment pouvait-o{n} le soupçonner, lui Lentulus, dont la fa{mille comptait douze consuls ? Qu'y avai{t}-il de commun entre lui et des barbares Mais les Allobroges parurent, et, sou{te}nant leur déposition, lui rappelère{nt} leur entretien avec lui, ses espéranc{es} ambitieuses, sa confiance dans l'oracl{e} Sibyllin. Il demeura muet, et sa con{fusion s'accrut encore lorsqu'on lut s{a} lettre à Catilina, saisie sur Volturcius elle contenait ces simples mots : « Pa{r} celui que je t'envoie, tu sauras qui j{e} suis. Sois homme, et songe où tu e{s} Pense à ce qui t'est nécessaire aujou{rd'hui. Accepte les secours de tous même des derniers. » Volturcius expliq{ua} qu'il s'agissait des esclaves dans cett{e} dernière phrase : on sait qu'à leur égar{d} Catilina et Lentulus étaient divisé{s} Lentulus, abattu, pâle, les yeux fixés terre, céda la place à Gabinius, qui n{e} tarda pas non plus à avouer son crim{e} Du reste, on ne put arracher à aucun d{es} conjurés les détails du complot; ma{is} c'était assez pour Cicéron de les avo{ir} convaincus, aux termes de la loi Corn{é}lienne, du crime de lèse-majesté de la r{é}publique, pour avoir tenté de trait{er} avec une nation étrangère sans l'autor{i}sation du sénat, et correspondu avec u{n} homme déclaré ennemi public.

Sur neuf accusés, quatre s'étaie{nt} enfuis; les cinq principaux, restés pr{isonniers}

nniers, furent confiés chacun à la
rde d'un citoyen puissant : Lentulus à
n parent Lentulus Spinther, Gabinius
Crassus, Statilius à César : habile po-
ique qui compromettait les chefs po-
laires auprès des conjurés et les enchaî-
it à la cause du sénat ; aussi vit-on
entôt César, prenant son parti, venir
fin offrir ses services à Cicéron. La fin
 la séance fut employée à voter des
merciments à Cicéron pour avoir sauvé
république du plus grand péril, aux
éteurs Val. Flaccus et Pomptinus, qui
vaient secondé, et à Antonius lui-
ême, qu'il importait d'affermir dans
 cause du sénat en même temps qu'il
it été dangereux de laisser paraître
elque division dans le pouvoir.
Au sortir du sénat, Cicéron se rendit
 Forum pour rendre compte à la mul-
tude inquiète de ce qui s'était passé la
it dans la ville et le jour dans le sénat.
mais la période ne s'était déroulée
us ronflante et plus ampoulée, et, il
ut bien reconnaître, sauf le respect
à un si grand homme et à une si grave
stoire, Cicéron fit le charlatan (1).
outez son début : « Romains, votre
rieuse république, vos vies, vos
ens, vos fortunes, vos femmes, vos en-
nts, et ce siége du plus illustre em-
re, et cette ville la plus florissante
 la plus belle de toutes, aujourd'hui,
r la protection particulière des dieux,
r mes soins, ma prévoyance, mes
ngers, quand déjà la flamme et le
r vous menaçaient, quand tout chan-
lait sur le penchant de l'abîme, vous
t été conservés et rendus à jamais.
t si les jours où la vie nous est conser-
e sont plus chers à notre souvenir que
jour où nous l'avons reçue ; s'il est
us doux de se sentir arracher aux por-
s de la mort que de naître dépourvu
 conscience et de sentiment, auprès
n fondateur de cette ville, de Romu-
s, que nous avons élevé au rang des

) (1) On sait que les deux dernières *Catili-
ires* ne sont pas reconnues par tous les
inistes pour l'œuvre de Cicéron ; mais c'est
ne opinion qui semble fort hasardée. Cicé-
on vit dans ces deux discours, comme dans
ous les autres dont on ne doute point, par
 détails historiques, le style, et surtout l'é-
quence, qui n'est pas le fait d'un rhéteur.

dieux immortels, vous devez faire une
place dans votre reconnaissance à celui
qui vient de sauver cette ville, devenue
la plus grande et la plus puissante du
monde ! Oui, des torches incendiaires
s'allumaient de toutes parts pour consumer vos temples, vos sanctuaires,
vos toits, vos murailles, la ville tout
entière : je les ai étouffées ; des glaives
étaient tirés contre la république, je les
ai brisés ; des poignards étaient levés
sur vous, je les ai détournés de votre
sein. »

Du reste, l'orateur déploie la plus
grande habileté pour persuader le peuple, qui peut-être eût été porté à concevoir
des doutes sur la réalité et la grandeur
du danger. Après un récit détaillé de
l'arrestation et de l'interrogation des
accusés, il peint en vives couleurs les périls qui menaçaient la république tant
que Catilina est resté dans la ville, l'actif, l'infatigable Catilina, qui ne croyait
qu'à lui-même, dont la vigilance se portait sur tout, qui jamais ne s'en remettait à autrui. Mais dès qu'il l'eut chassé
de Rome, il ne craignit plus *ni la somnolence de Lentulus, ni l'obésité de
Cassius, ni l'aveugle et folle témérité
de Céthégus ;* dès lors la conjuration se
révéla d'elle-même par leur imprudence
et leur ineptie. L'indignation, la raillerie, le sarcasme sont tour à tour sur
ses lèvres ; il fait agir aussi la superstition
si puissante sur le peuple. Qui pourrait
douter des immenses périls dont il vient
de sauver la république ? N'a-t-on pas
vu le Capitole frappé de la foudre, les
statues des dieux renversées, les tables
des lois fondues par le feu du ciel ? Romulus lui-même fut atteint, et les Arus-
pices de l'Étrurie annoncèrent les plus
affreuses calamités si l'on n'apaisait pas
les dieux. On a célébré des jeux pendant
dix jours, on a fait faire une statue de
Jupiter à laquelle était attachée le salut
de la république. Cette statue, ce n'est
pas sous les précédents consulats, ce
n'est pas au commencement du sien
qu'elle a été placée, c'est seulement hier ;
et cette nuit même la conspiration était
découverte. « Ici, Romains, quel est
l'homme assez sourd à la vérité, assez
aveugle, assez égaré d'esprit, pour nier
que les événements accomplis sous nos
yeux, et surtout ceux qui se passent dans

cette ville, sont gouvernés par la puissance et la volonté des dieux ?..... A peine cette statue est-elle debout, la face tournée vers vous et vers le sénat, que soudain, et le sénat et vous, vous voyez les desseins des méchants dévoilés et manifestés à vos yeux! »

Ces preuves furent si puissantes sur le peuple, jointes à une incomparable éloquence, que Cicéron fut reconduit aux flambeaux jusqu'à sa demeure.

L'émotion de cette journée rendit la nuit inquiète; Cicéron avait recommandé d'ailleurs aux citoyens de se garder encore eux-mêmes (1), promettant de les délivrer bientôt de ce soin; et comme l'imagination des hommes peu faits à la guerre s'excite sous les armes, mille bruits couraient. Tantôt c'était Catilina qui approchait de Rome avec son armée, on l'avait vu; tantôt les esclaves qui se révoltaient; tantôt un quartier de la ville dévoré par les flammes. Dans ce tumulte les politiques cherchaient à voir clair dans l'avenir ce qu'ils allaient gagner et ce qu'ils allaient perdre. Quelques inimitiés basses essayèrent de se satisfaire à la faveur du désordre. Cicéron vit arriver chez lui Catulus et Pison, qui venaient le sonder à l'égard de César: le premier se souvenait avec dépit que ce jeune homme lui avait enlevé le grand pontificat, le second qu'il avait été vivement poursuivi par lui pour avoir fait mourir injustement un Gaulois de la Transpadane. Il eût été facile, avec un peu de complaisance, d'impliquer César dans la conjuration. Cicéron repoussa avec indignation les avances de ces deux vieillards ambitieux et jaloux. Crassus faillit aussi être victime de la calomnie. La veille des nones de décembre, un certain Tarquinius, arrêté comme conjuré, et sommé de dire dans le sénat tout ce qu'il savait, accusa ouvertement Crassus d'avoir conspiré; il n'y eut qu'un cri d'indignation, et tout le monde ne vit là qu'une ruse des conjurés. Les ennemis de Cicéron l'ont accusé de cette bassesse, mais cela n'est pas croyable.

Il faut arriver enfin à cette fameuse

(1) Il avait exigé de tous les citoyens le serment militaire, ce qui transformait presque la ville en un camp.

journée des nones de décembre d[e] l'an 63, où le sort des conjurés fut pro[-]noncé et la conspiration éteinte.

Ce fut encore dans le temple de [la] Concorde que le sénat fut convoqué ce monument rappelait la victoire d'O[-]pimius sur la faction populaire. Un[e] troupe nombreuse de jeunes chevalier[s] en armes en gardait les abords, et le[s] principaux points de la ville étaient occupés par des soldats. Des patrouille[s] qui parcouraient les rues pour veiller [au] repos public rappelaient à tous les ci[-]toyens la grave question qui s'agita[it] dans le sénat.

Cicéron, comme consul et présiden[t] de la compagnie, exposa l'objet de la dé[-]libération, puis consulta les sénateurs en commençant, suivant l'usage, par [le] premier consul désigné, c'était Silanus[.] Celui-ci opina en peu de mots, et, a[u] milieu d'un profond silence, déclara qu[e] les accusés méritaient la dernière peine[.] Les esprits sont en général, dans les a[s-]semblées, incertaines et sans originalité[;] la sévérité de Silanus, cachée sous de[s] termes modérés, entraîna presque tou[s] les sénateurs, et il vit se ranger auto[ur] de lui L. Muréna, son collègue désign[é,] puis les consulaires Catulus, Serviliu[s] Isauricus, L. et M. Lucullus, C. Curio[n,] L. Torquatus, M. Lepidus, L. Gellius[,] L. Cotta, L. Cæsar, C. Pison et M. Ac[i-]lius Glabrion. Tout le monde remarqu[a] L. Cæsar: comme on savait qu'il suivai[t] en politique les inspirations de C. Cæ[-]sar, son parent, beaucoup de sénateur[s] crurent pouvoir conjecturer par là le[s] dispositions de celui-ci. Déjà même l[es] partisans du sénat se félicitaient de cet[te] importante conquête, lorsque C. Cæsa[r,] interrogé à son rang comme préteur dé[-]signé, se leva et prit la parole. Tous le[s] yeux étaient fixés sur lui; beaucoup d[e] sénateurs qui eussent voulu, comme to[u-]jours les esprits faibles, se débarrasse[r] au plus vite de cette délibération péni[-]ble, se voyaient avec angoisse rejet[és] dans de nouvelles perplexités.

L'excellent comédien que César[,] comme il est maître de lui, comme [il] prend facilement tous les masques! Es[t-]ce la passion, est-ce le calcul qui fait [le] fond de son caractère? On ne le sait[,] tant l'un et l'autre sont chez lui natu[-]rels! A-t-il besoin de passion, il [en]

uve; est-ce de calcul, toute passion
tait. Quels étaient alors ses vrais sen-
nents? Peu de colère sans doute, car
 somme il ne tenait pas beaucoup à
ver les conjurés; il avait calculé froi-
ment tout le parti qu'il pourrait tirer
 la situation présente, et se présentait
us le sénat comme un acteur qui sait
 rôle ou un joueur habile qui tend un
ge à un habile adversaire. Au milieu
cette assemblée inquiète, de ces poi-
nes palpitantes, et du langage frémis-
nt des passions, il se levait de son siége
ec sa toge aussi élégamment drapée,
 chevelure aussi soigneusement arran-
e qu'aux jours les plus paisibles. Jeune
rmi tant de vieux sénateurs, auxquels
avait paru tant de fois un Gracchus et
 tribun déchaîné, il venait leur débi-
r de froides sentences du ton d'un
bius Maximus Cunctator ou d'un pé-
gogue qui morigène son écolier. « Pè-
s conscrits, dit-il (1), ceux qui délibè-
nt sur des questions difficiles doivent
re exempts de haine, d'affection, de
lère, de pitié. Il est malaisé de décou-
ir la vérité lorsque ces sentiments
ennent nous distraire, et personne
a obéi en même temps à sa passion et
son intérêt. Que votre esprit soit libre,
aura toute sa force; si la passion le
ossède, il sera sans force. » Tout au-
e, à de semblables paroles, eût été in-
rrompu, et cent voix se fussent écriées:
ous vous jouez du sénat! Mais sous cet
il perçant, qui lisait sur les visages et
ndait les pensées, nul n'osait élever
 voix; on sentait en lui la puissance
 génie et celle de la popularité. Les
eux sénateurs l'écoutèrent patiemment
squ'au bout, tandis qu'il leur débitait
es exemples de clémence, leur parlant
e ses heureux effets, des anciens Ro-
ains, des peuples étrangers, de la Ma-
édoine et des Rhodiens, de Persée et
s Carthaginois.

En maint endroit on devine des allu-

 (1) On a quelques raisons de penser que
 discours, rapporté par Salluste, est authen-
que. Il y avait des sténographes dans le
nat, et Salluste, par respect pour César,
t se faire un scrupule d'altérer ses paroles.
i Salluste y changea quelque chose, il est
moins certain que le sens et le ton général
rent être conservés par lui.

sions couvertes qui devaient faire leur
effet. Qui n'en voit une à l'éloquence
souvent rhétoricienne de Cicéron, dans
les paroles suivantes : « La plupart des
orateurs qui ont parlé avant moi se sont
apitoyés avec beaucoup d'art et d'éloquence sur la triste situation de la république. Ils vous ont dit la cruauté de
nos ennemis; ils ont énuméré tous les
maux réservés aux vaincus : les vierges,
les enfants déshonorés, les fils arrachés
aux bras d'un père, nos matrones abandonnées à la brutalité des vainqueurs,
les temples, les maisons au pillage, le
meurtre, l'incendie, enfin partout du
fer, des cadavres, du sang, des larmes...
Mais, par les dieux immortels! pourquoi
ce hideux tableau? Veulent-ils nous animer contre la conjuration? Eh quoi! es-
pèrent-ils que celui que n'a pas ému un
si grand attentat se laisse enflammer par
des paroles? Non, non. Nul ne regarde
d'un œil indifférent les maux qui lui
sont personnels. La plupart des hommes
ne les sentent que trop vivement. » Il
pense ici aux maux des hommes obscurs
que la misère pousse à la révolte; mais
il avertit les sénateurs qu'ils n'ont pas
la même excuse. « Les hommes de peu,
si la colère les pousse à quelque violence,
à peine le sait-on... Ceux qui dominent,
revêtus d'un grand pouvoir, pas une de
leurs actions n'est ignorée de tous les
mortels... Là il ne faut ni haine, ni partialité, ni colère surtout, car ce qui passerait ailleurs pour emportement, dans
le pouvoir c'est de la tyrannie, de la
cruauté. » On le voit, César ne demande
autre chose que la punition des coupables; il voudrait pour eux les plus sévères châtiments; César aime le sénat, il
l'aime tant qu'il veut l'empêcher de s'exposer à un péril. « Pour moi, pères conscrits, il n'y a pas de tourments qui ne
me paraissent trop doux pour ces hommes. Mais, vous le savez, la plupart ne
conservent des événements que les dernières impressions. Des grands coupables, on oublie bientôt le crime, on ne
parle que de leur supplice, s'il a été
quelque peu sévère. » Dans la bouche de
César un avis pareil avait beaucoup de
sens, et sans doute en l'entendant plus
d'un sénateur frissonna sous sa toge.

Puis il s'adresse à Silanus. Il ne doute
pas qu'il n'ait parlé « en honnête homme

et en bon citoyen, dans l'intérêt de la république. » Toutefois son avis lui paraît, non pas « cruel, car que pourrait-il y avoir de cruel pour de tels hommes? » mais étranger aux mœurs et aux précédents de la république. Veut-on d'ailleurs infliger aux coupables les plus cruelles souffrances? qu'on s'abstienne donc de les faire mourir : car la mort, « c'est la fin des souffrances, et non un châtiment. Avec elle finissent les maux de l'humanité; au delà il n'y a pas plus de soucis que de plaisirs. » Cependant qui pourrait blâmer la sentence que l'on va rendre contre ces fils parricides de la république? Qui? « Le temps, dit-il, l'occasion, la fortune, dont le caprice gouverne le monde. » Un abus de sévérité peut avoir des conséquences funestes. Quand les Lacédémoniens, après avoir vaincu Athènes, lui imposèrent un conseil de trente magistrats, ceux-ci s'en prirent d'abord à des misérables détestés de tout le monde, et les firent mourir, à la grande joie des Athéniens. Mais ensuite ils devinrent pleins d'orgueil et de tyrannie, et, frappant sans distinction bons et méchants, firent expier à Athènes sa joie insensée par une dure servitude. Quand Sylla arriva au pouvoir, et qu'il fit périr Damasippus et quelques autres scélérats, tout le monde applaudit ; mais bientôt de cette vengeance il passa à d'autres, qui n'avaient pas le même motif, et il suffit d'une maison, d'une terre, d'un vase ou d'un vêtement pour qu'il vous fît mettre sur ses tables de proscription. César se plaît à tourmenter les sénateurs par le récit des cruautés de Sylla, comme tout à l'heure, par une comparaison mordante, il rapprochait le sénat du conseil des trente tyrans.

Enfin il termine en rappelant la loi Porcia, qui ouvre aux condamnés la voie de l'exil. Cependant, voyez quelle concession aux circonstances! il ne réclamera pas le privilège de cette loi. « Conclurai-je qu'on mette en liberté les coupables et qu'on les envoie grossir l'armée de Catilina? Nullement. Voici mon avis : que leurs biens soient confisqués ; que leurs personnes soient retenues dans des municipes fortifiés ; qu'à l'avenir nul ne puisse en référer au sénat ou se présenter devant le peuple pour demander leur réhabilitation, à peine d[e] être déclaré par le sénat ennemi de la r[é] publique et du salut commun. »

Quand César eut versé son eau froi[de] sur le bouillonnement des esprits, to[u]tes les dispositions se trouvèrent cha[n]gées. Les yeux des sénateurs semblaie[nt] se dessiller, comme au sortir d'un rê[ve.] Naguère excités par des émotions de pl[u]sieurs jours, par la chaude éloquence [du] consul, ils commençaient maintenant [à] envisager froidement l'avenir que Cés[ar] leur faisait entrevoir. Beaucoup pr[e]naient au sérieux le calme et la modér[a]tion de César ; les irrésolus étaient ébra[n]lés par ce ton de sagesse et par la légali[té] qui paraissait être en effet de son côt[é] aux termes de la loi Porcia et des autr[es] qu'il avait citées ; les timides, ceux q[ui] craignent toujours pour leur vie ou po[ur] leur fortune (et ils font les majorit[és] dans les assemblées), commençaient [à] penser qu'il était bon de se ménager C[é]sar et de ne pas se trop compromett[re] auprès du parti populaire. Qui pouva[it] dire si ce parti ne l'emporterait pas qu[el]que jour? Enfin, bien des sénateurs q[ui] une heure auparavant juraient, l'œil [en] feu, de mourir s'il le fallait avec le con[sul, étaient prêts maintenant à le taxe[r] de tyrannie et d'inhumanité. Silanus e[x]prima parfaitement la situation de bie[n] des esprits dans le sénat, lorsque, tou[t] troublé encore des interpellations d[e] César, il prit la parole pour expliquer [et] commenter son vote : Jamais, dit-il, [il] n'avait entendu faire mourir les conju[ré]rés ; lorsqu'il avait demandé la *derniè[re] peine*, il voulait parler de l'exil, qu'il r[e]gardait comme la dernière peine pou[r] un sénateur, et point du tout du dernie[r] supplice ; on avait fort mal compris s[a] pensée.

Ces paroles furent un véritable signal[;] presque tous les sénateurs, malgré le[s] efforts de Catulus, allèrent se groupe[r] autour de César, jusqu'à Q. Cicéron lui[-]même, frère du consul. Beaucoup d'en[-]tre eux, cherchant à se dissimuler à eu[x-]mêmes et aux autres leurs véritable[s] motifs, disaient que c'était là, tout bie[n] considéré, le parti de la sagesse, et qu'[il] ne fallait pas exposer Cicéron, par tro[p] de rigueur, à la vengeance populaire. L[e] consul s'en aperçut, et fit cesser cett[e] comédie ridicule par sa parole, qui rend[it] délibération sa gravité. « Je vois, es conscrits, dit-il, tous les yeux rnés vers moi. Je vous vois préoccu- non-seulement des dangers qui me- ent la république, mais encore de x qui me menacent moi-même. Dans si funeste moment, cet intérêt m'est n doux sans doute; mais, par les ux immortels! oubliez-moi et ne pen- qu'à vous et à vos enfants. Si votre sul, par une espèce de fatalité, doit e condamné à toutes les douleurs, à tes les tortures, n'en doutez pas, il ra les supporter avec courage, avec même, pourvu que son sacrifice con- ve au peuple romain l'honneur et la li- té.... Pourquoi craindrai-je la mort? ut-elle être honteuse pour un homme onneur? prématurée pour un consu- re? affligeante pour un philosophe? » n'est pas qu'il ait un cœur de fer et 'il oublie sa femme, sa fille, son fils, i, sans doute éplorés en ce moment, endent avec inquiétude la fin de la rnée; mais ces chers objets ne font e l'exciter davantage à les défendre défendant la république. Il rappelle quemment aux sénateurs qu'il ne s'a- point d'un Gracchus ou d'un Satur- us, d'un tribun ou d'un ambitieux or- aire, mais d'hommes qui ont voulu rer la ville à la ruine et à l'incendie : en a la preuve dans leurs lettres, rs aveux, les dépositions des témoins; sénateurs ont pris des engagements illeurs lorsqu'ils ont exigé de Lentu- sa démission comme préteur, lors- ils ont ordonné l'arrestation des ac- és, et voté des remercîments au con- , aux préteurs et aux députés allo- ges. Silanus vote pour la mort des conju- :; César se croit plus sévère en de- ndant la prison perpétuelle, sanction- par des menaces terribles contre qui- que les délivrerait; César ne croit , comme les anciens Romains, qu'il it au delà de la vie des peines pour méchants. Sans doute, en suivant l'a- de César, le sénat mettra le consul s une situation plus « populaire, » sque la ligne politique suivie par Cé- est celle de la « popularité. » Mais si vis de Silanus est écouté, le consul se rge de faire aussi bien exécuter la tence, et il supplie les sénateurs de

ne pas changer leur arrêt à cause de lui. Qu'on se souvienne des barbaries rêvées par les conjurés ; que le sénat ait con- fiance dans sa force, dans l'impuissance des méchants : « Les forces du peuple ro- main, pères conscrits, ne vous manquent point dans le danger; vous, ne manquez point à vos devoirs envers la patrie. Vous avez un consul protégé par la Pro- vidence contre les embûches et les poi- gnards de vos ennemis; tous les ordres de l'État se serrent autour de vous : ja- mais vous n'avez été plus forts, jamais plus en mesure de faire un exemple qui mette pour toujours un terme aux en- treprises, aux pensées mêmes contre la république. Assiégée par les torches et les poignards d'une conjuration impie, la patrie vous tend les bras; elle vous implore et vous adjure de la sauver, de défendre votre Capitole, vos autels do- mestiques, le feu de Vesta, vos tem- ples, vos murs, vos maisons. »

Puis, revenant toujours à lui-même, il tombe dans un enthousiasme presque lyrique : « La mort n'est rien, s'écrie- t-il, auprès de la gloire unique que je dois à vos décrets »; et le voilà qui fait sa propre apothéose, se plaçant à côté des Scipions, de Paul-Émile, de Marius, de Pompée, dont les exploits, dit-il, n'ont d'autres bornes que celles que le soleil met à son cours.

Ce n'était plus cette éloquence abon- dante et verbeuse qu'il fallait en ce mo- ment, ce n'était plus un orateur qui cherchât lui-même à s'étourdir sur le danger ; aussi rien ne fut changé après ce long discours, et César vit peu de sé- nateurs se détacher de son avis. Cela touchait peu du reste : il eût peut-être préféré sauver les accusés, dont la mort lui semblait inutile; mais, quel que fût le succès, il serait reconnu qu'il avait seul défendu leur vie, et c'était un titre pour lui auprès d'une partie du peuple.

Caton se chargea de ramener les sé- nateurs à leur premier avis. Caton, quoiqu'il n'eût fait jusque-là rien d'il- lustre, était connu depuis son enfance pour un de ces caractères forts et inflexi- bles, qui s'attachent invinciblement à la droite ligne de la justice et ne s'en écartent jamais. Stoïcien par caractère et par doctrine, il était impitoyable pour le vice, comme son aïeul Caton le Censeur, et poussait la rigueur à tel point qu'il attirait quelquefois sur lui les railleries de ses adversaires (1). C'était, dans les grands jours un auxiliaire du plus grand secours : inébranlable au milieu des tempêtes populaires, il semblait personnifier l'homme de bien chanté plus tard par Horace : *firmum et tenacem propositi virum*. Les sénateurs le redoutaient et le respectaient : de la main dont il flagellait si rudement leur faiblesse et leurs vices, il les soutenait l'instant d'après au milieu des plus grands dangers.

Caton se lève ; sa voix ferme, sa figure sévère firent plus d'effet que les discours prodigués sans discrétion du consul. Cette parole énergique, concise et austère, secoua, pour ainsi dire, les esprits flottants. Il flétrit la rétractation de Silanus, reproche sévèrement à César son indulgence pour les hommes les plus criminels, et montre sous ce respect apparent des lois une politique égoïste.

« Pères conscrits, dit-il, vous discutez froidement la peine due à ces hommes qui ont conspiré la ruine de leur patrie, la mort de leurs pères ; mais le danger présent nous avertit de nous mettre en défense contre eux plutôt que de délibérer sur le châtiment qu'ils méritent. Poursuivez les crimes ordinaires, alors qu'ils sont consommés. Attendrez-vous que ces hommes soient maîtres de la ville pour les juger? Ce ne sont point des accusés que je vois ici, mais des ennemis dont il faut se défaire. Oui, par tous les dieux, je vous appelle aux armes, vous tous à qui vos palais, vos villas, vos statues et vos tableaux ont toujours été plus chers que la patrie. Si vous voulez conserver ces objets de votre culte, si vous tenez à ce doux repos, si nécessaire à vos voluptés, réveillez-vous, il le faut, et défendez la république. Il ne s'agit pas des tributs ni des injures de vos alliés, c'est de votre liberté, qui est en péril, c'est de votre vie. »

« Les mots, ajoute le mordant orateur, ont perdu aujourd'hui leur véritable sens. Prodiguer le bien d'autrui c'est libéralité ; audace dans le crime, c'est courage. Mais par les dieux ! ne souffrons pas qu'on soit libéral de notre sang.... C. César vient de disserter en bon orateur sur la vie et sur la mort apparemment parce qu'il regarde comme faux tout ce qu'on dit des enfers. Il ne croit pas qu'il y ait des chemins différents au delà de cette vie pour les bons et les méchants, et que ces derniers habitent des lieux sombres, incultes, horribles, épouvantables. Il veut que les biens de ces hommes soient confisqués, qu'on les garde en prison dans des municipes, craignant sans doute que Rome leurs complices ou bien la multitude achetée ne les enlève de force comme s'il y avait à Rome seulement des traîtres et des scélérats ! comme un coup de main audacieux n'était pas plus praticable là où les moyens de défense sont moindres. S'il redoute quelque danger de leur part, son projet est illusoire ; si, au milieu de la terreur générale, lui seul est rassuré, c'est pour vous et pour moi un motif de craindre davantage. »

Ce dernier trait s'adressait à César.

Après avoir montré le danger de faiblesse et la nécessité d'une conduite hardie, en présence de l'armée de Catilina, l'orateur s'indigne de voir que sénat hésite encore. « Quoi ! les sénateurs se prennent de pitié pour un Lentulus, pour un Céthégus, quand jadis Manlius Torquatus fit périr son fils pour avoir vaincu sans son ordre ! Nous sommes pressés de toutes parts, dit-il en terminant. Catilina, avec son armée, nous tient l'épée sur la gorge ; dans nos murs sont d'autres ennemis ; nous ne pouvons rien préparer, rien décider en secret. Hâtons-nous donc d'en finir. Voici mon avis : Attendu qu'un complot exécrable tramé par quelques citoyens pervers, a mis la république dans le plus grand danger ; attendu que, d'après la déposition de T. Volturcius et des députés allobroges, et d'après leur propre aveu, ils ont été convaincus d'avoir projeté des meurtres, des incendies et d'autres attentats affreux et abominables contre leurs concitoyens, je vote pour qu'ils soient traités comme les coupables de faits capitaux manifestes, et qu'ils soient

(1) Voir celles de Cicéron dans le *Pro Murena*. Caton l'écouta sans colère, et se contenta de dire : « Nous avons un bien plaisant consul. »

és au supplice suivant la coutume [de n]os ancêtres. »

[C]ésar se leva dès qu'il eut fini pour [r]ousser les insinuations de Caton. [L]es deux engagèrent un débat fort vif, [qui] menaçait de dégénérer en querelle, [lors]qu'on vint remettre un billet à Cé[sar] ; il l'ouvrit et le lut en le cachant [der]rière un pan de sa toge : « Qui sait, [s'éc]ria aussitôt Caton, si ce billet ne vient [pas] de quelque conjuré ; il prouve peut-[être] cette complicité que je soupçonne. [Con]sul, ordonnez qu'on lise tout haut [ce] billet mystérieux. » César tendit la [lett]re à Caton lui-même, qui reconnut [la m]ain de sa sœur Servilia, dont César [éta]it alors épris. Il n'y était pas question [de] politique. « Tiens, ivrogne! » lui dit[-il,] en jetant la lettre à ses pieds ; et [il c]ontinua son discours.

[L]e sénat, relevé par l'audace et les [rep]roches de Caton, changea encore une [fois] de sentiment et revint à son pre[mie]r avis. Silanus, qui s'était rétracté [si] lâchement, perdit l'honneur de voir [fig]urer son nom dans le sénatus-consulte, [et] Cicéron proposa de rendre confor[mé]ment au vote de Caton. Caton lui-[mê]me rédigea sans doute cet acte, y in[tro]duisit des éloges délicats pour la vi[gila]nce du consul, et, pour y rappeler [le] rôle de César dans cette journée, [ajou]ta au supplice capital la confisca[tio]n des biens. Cette question ranima la [disc]ussion avec plus de vivacité qu'au[para]vant : « Comment ! s'écriait César, on [reje]tte l'avis modéré que j'ai proposé, [et] on y va chercher une rigueur nou[vell]e! » Il invoquait en même temps les [trib]uns, et les sommait d'opposer leur [vét]o à une pareille iniquité. Mais ceux-ci [n'os]aient le soutenir en présence de l'é[ner]gie nouvelle du sénat.

[C]ependant César persistait opiniâtré[me]nt dans ses protestations, et bravait [dé]jà le plus violent tumulte. Le désordre [n'é]tait pas moins grand hors du temple. [Sur] la place c'était la multitude, qui, [ins]truite de ce qui se passait dans le sé[nat], se répandait tout autour en flots [gro]ndants, et réclamait à grands cris [Cé]sar, qu'elle croyait en danger. Le par[vis] du temple était rempli de chevaliers [ar]més de sentiments tout contraires et [prê]ts à se précipiter dans la salle au pre[mi]er signal du consul. Ce signal ne fut pas donné ; mais il semblerait, d'après le récit de Suétone, qu'ils y pénétrèrent néanmoins l'épée à la main et se jetèrent sur César, que Cicéron fut obligé de dégager. César regagna sa demeure, annonçant hautement qu'il ne paraîtrait plus dans le sénat jusqu'à ce que de nouveaux consuls eussent assuré par leur fermeté l'ordre et la liberté des délibérations.

Le premier soin du consul, dès qu'il eut en main le senatus-consulte, fut de le faire exécuter. Peu de temps s'était écoulé depuis la fin de la séance, quand la foule qui se tenait sur la place le vit arriver par la voie Sacrée ; il venait du mont Palatin, et en amenait Lentulus et ses quatre complices : Cethégus, Statilius, Gabinius et Céparius. Une escorte nombreuse l'accompagnait; on y remarquait les préteurs et les principaux citoyens de Rome. Il fendit la foule, et une masse de peuple se précipita à sa suite, « gardant un profond silence et frissonnant d'horreur sur l'exécution qu'on allait faire. Les jeunes gens surtout assistaient avec un étonnement mêlé de frayeur à cette espèce de mystère politique que la noblesse faisait célébrer pour le salut de la patrie (1). »

Dans la prison où le consul venait de faire entrer les condamnés, il y avait, à douze pieds sous terre, un caveau humide, ténébreux, dont la voûte basse était formée de pierres énormes. On l'appelait le *Tullianum*, parce qu'on en attribuait la construction à Servius Tullius. C'est là que les triumvirs capitaux avaient fait préparer les instruments du supplice, et l'exécuteur attendait. Lentulus, passé le premier par l'ouverture unique du caveau, fut aussitôt saisi et étranglé ; les autres subirent le même sort.

La foule au dehors commençait à s'animer et devenait menaçante; quelques voix proposaient même d'enfoncer les portes et de délivrer les prisonniers, quand Cicéron parut, le front triste et grave, et comme pénétré de la haute justice dont il venait de se faire le ministre : « Ils ont vécu ! » dit-il au milieu du silence ; et, traversant de nouveau la place, il reprit le chemin par où il était

(1) Plutarque, *Vie de Cicéron*.

venu, suivi cette fois d'un cortége plus considérable encore. Dans la foule, le simple mot du consul produisit des effets divers : l'abattement avait saisi les uns ; les autres, et c'était le plus grand nombre, manifestaient bruyamment leur joie et vantaient le dévouement du consul, qui venait de les délivrer sans combat d'une conspiration dangereuse. Les fenêtres, les toits s'illuminèrent pendant cette nuit, comme durant une fête, et Cicéron, proclamé par tant de bouches le sauveur de la patrie, put se croire enfin possesseur de cette gloire dont l'espérance l'avait si longtemps bercé.

La conjuration terrassée dans Rome, il restait encore à se délivrer de Catilina, qui tenait toujours en Étrurie. Il avait alors autour de lui environ vingt mille hommes ; mais c'étaient presque tous des paysans peu aguerris ; sur ce nombre d'ailleurs, à peine quatre ou cinq mille avaient des armes, les autres n'étaient armés que de bâtons et d'instruments de la campagne. Catilina ne pouvait donc espérer raisonnablement de tenir tête à des troupes régulières ; mais tant qu'il ignora la mort de Lentulus et des autres conjurés, il attendit de ceux-ci tout le succès de la conjuration ; plus tard, lorsqu'il apprit que tout était perdu dans Rome, il espéra encore dans ses anciennes relations avec le consul Antonius, qui commandait les troupes envoyées contre lui.

Antonius n'était pas éloigné au fond de favoriser Catilina ; mais la surveillance étroite exercée sur lui par son lieutenant Sextius l'obligea d'y renoncer. Catilina se repentit alors de n'avoir pas fait retraite plus tôt vers la Gaule, où les Allobroges l'eussent reçu à bras ouverts ; la Cisalpine elle-même se fût peut-être soulevée en le voyant. Il l'essaya enfin, et se dirigea vers Pistoia pour franchir en cet endroit les Apennins. Son armée était considérablement réduite par les défections ; à peine avait-il autour de lui quatre mille hommes. Ce qui lui fut le plus funeste, c'est que Métellus, qui venait d'étouffer des mouvements dans la Cisalpine et d'y lever des troupes, averti par des transfuges de son dessein, se porta en toute hâte au col de la vallée qu'il se proposait de franchir, et lui ferma le passage. Catilina voulut rebrousser chemin ; mais l'armée d'Antonius l'avait suivi, et reconnut enfin qu'il fallait mourir là.

Il ne se flattait pas de pouvoir vaincre ; mais, pour finir en homme de cœur, il se prépara à livrer bataille. Sa petite armée était entièrement composée d'hommes dévoués et résolus, d'anciens soldats licenciés, qui savaient se battre et rester à leur poste. Il la disposa de telle sorte qu'elle fut couverte sur ses flancs par des rochers et des montagnes ; il était habilement secondé par Mallius et le Fésulan, dont le nom est resté inconnu ; ils eurent le commandement des ailes, et lui-même se plaça au centre, faisant porter à ses côtés la fameuse aigle d'argent de Marius.

De son côté, Antonius remit le commandement de son armée au préteur Pétréius, vieux soldat plein d'expérience. Celui-ci connaissait tous les soldats, parcourait les rangs, rappelant à chacun ses précédents exploits, tandis que Catilina haranguait les siens et les exhortait à conquérir en ce jour l'honneur, la liberté, la vie, ou bien à mourir vaillamment en ne laissant à l'ennemi qu'une douloureuse et sanglante victoire.

Les deux armées marchèrent l'une contre l'autre l'épée à la main, et se rencontrèrent sans reculer d'un pas. Antonius dut faire avancer la cohorte prétorienne ; cette vaillante troupe perça la ligne ennemie, et dès lors le succès fut décidé. Sur le champ de bataille toute la ligne où s'était donné le premier choc était marquée par une rangée de rebelles morts à leur poste ; Catilina lui-même, après avoir combattu en bon soldat et en bon général, s'était fait tuer ainsi que Mallius et le Fésulan : son corps fut retrouvé au milieu d'un monceau d'ennemis ; on lui coupa la tête, et on l'envoya à Rome.

Antonius triompha pour une victoire dont il n'avait pas même été témoin puisqu'il était resté dans sa tente ; mais comme consul, il avait pris les auspices, et c'est à lui qu'appartenait le triomphe.

Ainsi fut étouffée dans Rome et dans l'Italie cette conspiration qui avait paru si redoutable, et qui l'était en effet. Pendant quelque temps encore elle occupa les esprits, et servit d'arme à qui-

...que avait des ennemis à perdre et [ne] reculait pas devant l'emploi des délateurs ou même des faux témoins. [Mais] bientôt on cessa d'en parler ; des [évé]nements graves détournèrent l'attention, et ce nom de Catilina, naguère la [ter]reur de tant de citoyens, n'eut plus [qu']un écho monotone dans les harangues de Cicéron, qui ne se lassait point [de] rappeler la conjuration et son consulat, au point, dit Plutarque, qu'il en devint insupportable à tout le monde. Si nous avons déroulé si longuement [ce] grand drame sous les yeux du lecteur, c'est qu'il nous a semblé qu'il n'y [a] pas dans toute cette époque d'événements dont les détails soient aussi connus et aussi propres à faire voir l'intérieur de Rome, les mœurs de ce temps, [les] forces et l'attitude des partis, les [bes]oins, les maux, les passions de cette [soc]iété, enfin les caractères et les rôles [des] hommes célèbres qui vont remplir [la] scène politique.

Là se voit l'empire romain tout entier : Rome avec son immense multitude, [so]n forum agité, ses comices corrompus; [l'Ita]lie avec ses colons mal déshabitués [de] la guerre, ses paysans d'Étrurie misérables, et sa province de Cisalpine [tou]jours frémissante sous le joug (1). [On] y voit ce que deviennent dans Rome [les] députés d'une province étrangère [do]nt les cris de détresse ne sont pas [ent]endus dans le fracas de la vaste cité, [pui]s le jeu des intrigues, le rôle de tous [ces] agents subalternes, hommes vendus, [esp]ions, faux témoins, qui abondent dans [un]e société corrompue, l'altération des [mœ]urs, la vie débauchée des principaux [cito]yens, l'influence des femmes, preuve [frap]pante de décadence dans un État [où la] femme n'était primitivement qu'une [esc]lave soumise au père de famille, en[fer]mée auprès du foyer et étrangère à [tou]tes les affaires publiques.

[Ci]tons cependant, pour l'honneur de [ces] temps, quelques traits qui rappellent [l'a]ncienne Rome, quoique du reste ils [n'i]ndiquent rien pour les mœurs générales. C'est le sénateur A. Fulvius, qui, [ap]prenant que son fils vient de quitter [la vi]lle pour rejoindre Catilina, se met à sa poursuite, l'atteint et le fait égorger sous ses yeux ; c'est Curion, qui voit César menacé par les chevaliers dans le sénat, et se jette devant les glaives pour protéger de son corps son ennemi déclaré ; c'est surtout Caton, image rude et assez farouche, mais pure et respectable, de la vertu courageuse.

Un événement qui avait profondément agité les passions politiques devait nécessairement avoir changé les relations des partis entre eux. Le sénat se croyait tout-puissant après l'acte de souveraine autorité qu'il venait de faire ; il croyait avoir reconquis la suprématie que les lois de Sylla lui avaient donnée, et qui lui échappait de plus en plus depuis quelques années. César lui semblait moins redoutable et Pompée moins grand. Son capitaine désormais c'était Lucullus, son héros et son plus ferme soutien c'était Caton, son orateur et son chef c'était Cicéron. Celui-ci, tout fier du parti qu'il avait formé par la réunion des sénateurs et des chevaliers contre la démocratie, tout vain d'avoir prouvé publiquement son courage, dont il savait que le peuple était assez porté à douter (1), commençait à prendre naïvement auprès des personnages les plus respectés un ton de familière égalité : c'est ainsi qu'il envoya à Pompée en Asie un récit de ses actions pendant son consulat et de sa courageuse conduite à l'égard des conjurés ; il s'y égalait au vainqueur des pirates et de Mithridate : on reconnaît à ce trait le questeur de Lilybée. Sa vanité et sa gaucherie de parvenu, l'inflexibilité souvent inintelligente de Caton, les habitudes de mollesse et d'indolence contractées par Lucullus, rendaient ces trois hommes incapables de diriger avec succès le parti sénatorial dans ces difficiles circonstances.

Le parti populaire n'avait pas été atteint du coup qui avait frappé Catilina ; loin d'en souffrir, il recueillit les débris de ce parti qui s'était séparé de lui, parti qui réellement n'en était pas un, comme nous l'avons déjà fait remarquer, puisqu'il n'avait pas pour drapeau un principe ou une idée. Catilina n'était que le lien passager des gens sans aveu, et ne représentait pas quelque chose de

(1) Aujourd'hui c'est la Lombardie, et on [l']appelle *la Schiava ognor' fremente*.

(1) Plutarque.

durable : ce n'est pas à lui, mais à César qu'appartenait l'aigle d'argent de Marius. Voilà ce qui explique la prompte dissolution de cette faction dès que ses chefs eurent péri et que le sénat, sur l'avis de Caton, eut pourvu aux besoins les plus pressants par une distribution de blé renouvelée tous les mois. Ces hommes, qui ne préféraient pas un parti à un autre, rentrèrent naturellement dans le parti populaire. César, chef du peuple, était encore plus étroitement uni qu'auparavant avec la démocratie, et n'avait fait que gagner dans l'affection du forum par sa conduite courageuse et populaire dans les derniers événements. Il était désormais sans rival, et ménageait si adroitement sa puissance qu'elle ne s'usait pas.

Il y avait encore un personnage qui, éloigné dans ces derniers temps de la scène politique, n'y était pas cependant indifférent, c'était Pompée. Bien avant de recevoir le mémoire de Cicéron, il avait été informé de son influence croissante et de sa suprématie politique. Quoiqu'il flottât dans un milieu incertain et qu'il fût aussi près du peuple que du sénat, il semblait que les progrès de Cicéron fussent autant d'usurpations sur ses droits, tandis que ceux de César ne lui causaient point d'inquiétude, tant il était facilement ébloui par les apparences ! Cicéron se vantait et se glorifiait bien haut ; César, au contraire, cachant adroitement son jeu, faisait accorder à Pompée le privilége d'assister aux jeux avec la couronne de laurier et la robe triomphale.

Pour surveiller Cicéron, Pompée avait envoyé à Rome un de ses agents, Metellus Népos, qui se mit sur les rangs pour le tribunat et fut nommé. Quelques jours après, selon l'usage, les consuls de l'année 63 durent transmettre les faisceaux à leurs successeurs ; mais, avant de déposer l'autorité, Cicéron voulut parler encore une fois au peuple comme consul et terminer par une dernière harangue son année consulaire. Il comptait y résumer ses services et trouver là une occasion d'être applaudi à cette tribune, où il avait annoncé, dès son entrée en charge, qu'il ne finirait pas comme ses prédécesseurs. Alors Métellus se leva, et opposa son *veto* : « Celui, dit-il, qui a fait périr des citoyens sans leur permettre de se défendre ne fera pas lui-même son apologie devant le peuple. » Le tribun était dans son droit, car le bénéfice légal de l'appel au peuple avait été enlevé aux conjurés par la promptitude de leur exécution. Cicéron dut se borner au serment d'usage qu'il n'avait rien fait de contraire aux lois ; mais, lui donnant une forme éloquente : « Je jure, s'écria-t-il, que j'ai sauvé la république. » Les sénateurs, le peuple entier applaudirent, et Caton lui décerna en plein forum le beau nom de père de la patrie.

A partir de ce jour commencèrent les déceptions du malheureux consulaire. Un agent de Pompée venait de lui faire un affront public ; Pompée lui-même laissa sans réponse la lettre où il lui racontait si complaisamment son consulat. Cicéron comprit qu'il avait été imprudent, et répara sa faute dans une seconde lettre, plus modeste : « Crois-moi, écrivait-il cette fois, tu verras à ton retour que j'ai montré assez de prudence, assez de courage, pour que le grand Pompée, bien plus grand que Scipion me permette, en politique et en amitié de prétendre à remplir auprès de lui le rôle d'un Lœlius. »

Tout effrayé d'avoir eu tant de courage dans son consulat, Cicéron cherchait partout des appuis dans les tempêtes auxquelles il prévoyait qu'il allait être exposé. César était de sa part l'objet des mêmes respects que Pompée, et prenait déjà devant lui cette position assez humble qu'il conserva plus tard devant le maître du monde. On sait comment il avait refusé à Catulus et à Pison de faire rechercher sa conduite à l'égard de la conjuration ; quelque temps après la fin du consulat, Curius, dont il a déjà été question, accusa César de complicité, et fut soutenu par un certain Vettius, plus méprisable encore, qui disait le tenir de Catilina lui-même ; les instigateurs de cette accusation étaient encore Pison et Catulus. Cicéron invoqué par César, se leva, et se porta garant de son innocence. Du reste, il n'y avait pas à hésiter ce jour-là : du sénat on entendait les cris tumultueux de la foule, qui réclamait César ; et quand Vettius sortit de la curie il faillit être en pièces par le peuple : César le [a] à grand'peine, et se contenta de le [je]ter en prison.

[O]n peut dire que Cicéron suivait en [ce]le mouvement de sa conscience, et [ne c]royait pas César coupable. Mais il [n'a]vait pas la même excuse quand il s'a[gissait] de P. Sylla, l'un des conjurés, qu'il [déf]endit et fit acquitter malgré l'évidence [des] preuves. Il désirait se faire partout [des] amis. Aulu-Gelle donne sur ce fait [une] explication moins honorable, et raconte que Sylla lui *avait prêté* deux millions de sesterces, qui lui servirent à [ach]eter une magnifique maison. On sait [que] le grand orateur était d'une in[tégr]ité douteuse, et que sa morale flexible se pardonnait aisément d'assez fréquents écarts. Celui qui avait tonné [cont]re Verrès avait aussi défendu Fon[teiu]s et fait absoudre Muréna. [Il fit de] mêmes avances à l'égard de Crassus, [qui] lui imputait les accusations de Tar[qui]nius et d'ailleurs était jaloux de son [éloqu]ence. Cicéron ne conservait donc [pas] assez d'indépendance et de fierté [en f]ace des personnages influents et des [che]fs de parti, pour tenir un premier [rang].

[C]hez nul homme cette indépendance [n'ét]ait poussée plus loin que chez Caton. [Il a]llait droit et roide, heurtant de front [to]us les obstacles et frappant comme [un] sourd : amis ou ennemis, cela ne [l'in]quiétait guère. Il s'était levé contre [Cic]éron, dans ce procès de Muréna, au [ris]que de jeter la division dans le parti [du] sénat; dans l'affaire d'un huissier [obsc]ur, il avait combattu Catulus. On [l'a]vait vu, pendant sa questure, usant [de] tous les droits de sa charge, et mé[pri]sant les railleries des élégants de [Ro]me, s'occuper de comptes et de chif[fre]s, se charger de soins dès longtemps [aba]ndonnés aux subalternes, rétablir [l'o]rdre dans les comptes de l'État, et [fai]re rendre gorge à ceux qui, au temps [de]Sylla, s'étaient fait payer par l'État [leu]rs coups de poignard.

A la fin de l'an 63, Caton se rendait [dans u]ne campagne qu'il avait en Lucanie, [po]ur aller y prendre du repos. En route [il] apprit que Métellus Népos arrivait [d'A]sie pour briguer à Rome le tribunat : [«] Ce n'est pas le moment de se reposer, [dit]-il aussitôt ; voilà un agent de Pom-pée qui va tomber comme la foudre sur le gouvernement. » Et sur-le-champ il était retourné à Rome, et avait demandé le consulat en même temps que Métellus ; il l'obtint, et se montra dès lors un adversaire vigilant et infatigable de toutes les propositions menaçantes pour la liberté.

Le tribun Métellus ne tarda pas à montrer dans quel but il était venu à Rome, et proposa de rappeler Pompée avec son armée pour rétablir le calme dans la ville : Catilina tenait encore en ce moment, et c'était un prétexte assez plausible. Son véritable but était, en rappelant Pompée, de lui rendre une influence que les derniers événements avaient trop fait oublier, et de se venger de Cicéron et de l'oligarchie, qui venaient de montrer leur mauvais vouloir à son égard dans une circonstance récente : César avait proposé de faire remplacer le nom de Catulus au fronton du nouveau Capitole par celui de Pompée, qu'il continuait à flatter par des honneurs sans conséquence ; le sénat avait fait échouer cette proposition. Celle de Métellus fut bien plus sérieuse, et faillit causer au Forum une sanglante lutte.

Caton avait d'abord tenté auprès de son collègue les voies de la douceur et de la conciliation ; mais il avait vu ses avances prises pour de la crainte et rejetées avec hauteur. Il se releva alors dans toute sa fierté, s'emporta avec aigreur contre Métellus, et jura que lui vivant la proposition ne passerait pas. Ni les sénateurs ni sa famille ne purent modérer sa colère ou changer sa résolution, et le lendemain il se rendit au Forum entouré de quelques amis. Il vit le temple de Castor et de Pollux entouré d'hommes armés, et les degrés occupés par des gladiateurs derrière lesquels se tenaient César en sa qualité de préteur, et Métellus. « Les lâches ! s'écriat-il, que d'armes contre un seul homme sans défense ! » Il n'en avança pas moins résolument jusqu'aux degrés du temple, et se fit jour à travers les gladiateurs, qui n'osèrent l'arrêter de force : mais de tous ses amis il ne put faire monter que Minucius Thermus, qu'il tirait derrière lui par la main. Il s'assit entre Métellus et César pour les empêcher de se concerter ; et quand le greffier voulut lire la proposition, il l'en empêcha. Métellus ayant pris les tablettes, il les lui arracha des mains et les brisa. Métellus voulut alors réciter de mémoire la proposition. Minucius Thermus lui mit la main sur la bouche. Cette courageuse opiniâtreté commençait à ébranler le peuple, et Métellus, pour réussir par la terreur, ordonna aux gladiateurs d'accourir à grands cris : la foule aussitôt se dispersa, et Caton resta seul exposé à une grêle de pierres et de bâtons qui pleuvait sur lui ; s'il fut sauvé, il le dut au dévouement de son ennemi, Muréna, qui le couvrit de sa toge et l'entraîna dans le temple. Cependant les nobles arrivaient sur la place en grand nombre, et prêts à venger leur tribun. Les hommes armés s'enfuirent à leur aspect, et Métellus lui-même s'échappa, pendant que Caton, monté à la tribune, félicitait le peuple de n'avoir pas obéi au tribun factieux et ennemi de la liberté. La proposition ne passa point, et Métellus, presqu'au sortir de l'assemblée, quitta Rome pour retourner en Asie auprès de Pompée.

C'était trop de succès pour le sénat : toujours victorieux, depuis un an, du parti populaire, il s'enivra, comme tous les pouvoirs faibles, et ne sut pas se mesurer sagement l'action, semblable à ces malades qui reviennent à la santé et se traitent comme les hommes les plus sains et les plus vigoureux. Il déclara le tribun Métellus déchu de sa charge, et destitua César de la préture. Celui-ci résista, espérant amener les grands à quelque fausse démarche ; il y réussit en effet, car on le menaça, s'il persistait dans son refus, d'employer contre lui la force. C'était tout ce qu'il désirait : il céda, et put se présenter au peuple comme une victime de la tyrannie et de la violence du sénat. De toutes parts on accourut autour de lui, et on lui offrit de le rétablir malgré le gouvernement ; un seul mot de sa bouche en ce moment eût soulevé le Forum ; le sénat fut assez prudent pour prévenir le danger en le réintégrant dans sa charge.

César avait ce don des grands politiques de savoir faire servir les autres à ses desseins. Il s'était aidé de Pompée pour renverser l'œuvre de Sylla : il s'aida de Crassus pour battre en ruines l'ouvrage de Cicéron, cette seconde renaissance du parti sénatorial. Crassus était un des plus influents personnages de la république : ses victoires sur Télésinus et Spartacus, surtout ses immenses richesses et la foule innombrable de ses clients, de ses affranchis, de ses débiteurs, de ses locataires, lui donnaient une influence considérable, et pendant sept années on l'avait vu diriger le parti des grands. Redevenu plus tard l'objet des soupçons du sénat, et rejeté du côté de César, qui partageait cette disgrâce, il consentit aisément à un rapprochement plus étroit. César trouva en lui un allié fort utile ; car d'une part il était pressé par ses créanciers, qui réclamaient leur argent, et de l'autre n'en pouvait plus emprunter et se trouvait privé par là du plus puissant moyen d'action. Il mit d'abord à profit cette amitié dans la fameuse affaire de Clodius.

La fierté arrogante de Clodius avait dégénéré dans ce dernier rejeton d'une grande famille en pétulance et en désordre. Jeune encore, et déjà plein de vices et couvert de dettes, il s'était introduit sous des vêtements de femme dans la maison de César pendant qu'on y célébrait les mystères de la bonne déesse. Il espérait réussir, par ce stratagème, à satisfaire sa passion pour Pompéia, femme de César, que sa belle-mère Aurélia tenait dans une rigoureuse surveillance. Mais sa voix le trahit, et on le reconnut. La présence d'un homme dans ces mystérieuses cérémonies était une profanation sans exemple. Les pontifes firent recommencer les mystères, et le lendemain il n'était bruit dans la ville que du sacrilége commis pendant la nuit. C'est un sujet sur lequel le peuple est souvent facile à émouvoir. Les grands espéraient y trouver un appui, et se flattaient de se délivrer par ce moyen d'un ennemi acharné et méchant, en même temps que le scandale, mis au grand jour, jetterait sur César un reflet de ridicule toujours défavorable. Les matrones criaient bien haut ; Caton, qui trouvait en ceci sa haine d'accord avec la justice, insistait vivement pour qu'on fît le procès au coupable. Cicéron, à l'instigation de sa femme Térentia, qui poussaient des motifs de jalousie, se gnit à lui. César paraissait dans une [situ]ation d'autant plus embarrassante [que] sa femme n'étant point coupable, [il n]'avait pas de juste raison pour la ré[pud]ier. Il la répudia néanmoins, en disant [que] la femme de César ne devait pas [mê]me être soupçonnée, et trouva ainsi [u]ne dans cette scandaleuse aventure [un]e occasion de s'élever au-dessus des [aut]res. Il fit plus, et, loin de témoigner [à C]lodius du ressentiment, il lui fit prê[ter] par Crassus l'argent nécessaire pour [ach]eter ses juges. Le sénat se croyait [sûr] du résultat, et pour l'assurer da[van]tage encore, avait entouré le tribu[nal] d'une garde, sur la demande des ju[ges]. Mais l'argent de Crassus et l'irrup[tio]n de ses bandes d'esclaves dans le fo[ru]m firent tant d'effet, que trente et une [vo]ix favorables à Clodius se trouvèrent [dan]s l'urne contre vingt-cinq qui le con[dam]naient. « C'était donc pour garder [vot]re argent, dit Catulus à l'un des ju[ges], que vous demandiez une garde ? » [C]et événement, qui par lui-même était [tou]t à fait étranger à l'État, eut cepen[da]nt une portée politique à cause de la [par]t que les partis y avaient prise. Il [fu]t un échec pour le sénat, et prépara [pou]r ce parti un plus dangereux [déc]lanement. En effet, si Clodius avait [éch]appé, c'était la faute des juges tirés [de] l'ordre des chevaliers ; c'est donc [aux] chevaliers que le sénat attribuait [la] défaite qu'il venait d'éprouver. La [vie]ille jalousie au sujet des jugements [se r]éveilla ; les chevaliers, mécontents [de] la flétrissure que les sénateurs im[pri]maient à leur ordre, commencè[re]nt à se détacher. Crassus recueillit [aus]sitôt ce germe de discorde, et, pour [le] faire fructifier, leur persuada de de[ma]nder une diminution sur le prix des [fer]mes de l'Asie. Le sénat, placé en[tre] ces deux alternatives, ou de leur [fai]re une concession dangereuse et hu[mil]iante dans un pareil moment, ou de [se c]ompre avec eux par un refus, se dé[cid]a pour ce dernier parti, et l'union [des] ordres, l'œuvre chérie de Cicéron, [fu]t brisée.

Ceci se passait après le départ de Cé[sar] pour l'Espagne ultérieure, dont il [ava]it obtenu le gouvernement (61). Il [n'a]vait pas craint de quitter Rome ; il [lai]ssait le parti populaire sous la direc-

tion sûre de Crassus, qu'il s'était attaché par ses dettes mêmes en se faisant cautionner par lui pour 850 talents. La nouvelle de l'approche de Pompée, qui inquiétait beaucoup de gens pour la liberté, ne l'avait pas dissuadé de s'éloigner : il connaissait trop bien Pompée pour n'être pas assuré qu'il licencierait ses troupes dès son entrée en Italie. C'est ce qui, en effet, arriva. A peine débarqué à Brindes, Pompée licencia ses soldats, les engageant seulement à se rendre à Rome pour le jour de son triomphe. Du reste, cette modération fit une si favorable impression, que partout sur son passage les populations se levaient pour l'accompagner ; les villes se vidaient, dit Plutarque ; et il arriva à Rome entouré d'une telle escorte qu'il eût été moins puissant à la tête même de son armée.

Le sénat, au lieu de se tenir pour averti par cet accueil magnifique et de chercher à adoucir et attirer Pompée, prit de l'ombrage, et le manifesta sans ménagements comme s'il se fût agi d'un citoyen ordinaire. Tout récemment on venait d'accorder le triomphe, après trois ans, à Lucullus et à Métellus Créticus, les deux rivaux de Pompée, dans la guerre des pirates et dans celle d'Asie. Déjà blessé par cette conduite, dont le sens était facile à saisir, Pompée se vit assez durement rebuté lorsqu'il demanda que les comices consulaires fussent différés jusqu'à son triomphe, afin qu'il pût appuyer un de ses amis : pour le moment, il ne pouvait pas entrer dans Rome, à moins de renoncer au triomphe. Caton avait donné le signal et était principal organe de cette guerre contre Pompée, et celui-ci, voyant quelle était son influence sur les affaires, chercha à le gagner en lui demandant en mariage une de ses nièces. De semblables alliances entre les grandes familles étaient assez fréquentes et servaient à sceller et à consacrer des alliances politiques. C'est ainsi qu'on avait vu César épouser Pompéia, et que l'on vit plus tard Pompée épouser la fille de César. Mais Caton, avec son âpreté ordinaire, refusa, malgré les reproches de sa famille, cette alliance avec un homme illustre, mais qu'il croyait l'ennemi de la liberté.

Cependant, le triomphe de Pompée

eut lieu. Il fut d'une magnificence extraordinaire, quoique le sénat n'eût accordé que deux jours pour le célébrer. Telles étaient les richesses apportées par le vainqueur, qu'il resta de quoi orner encore un autre triomphe. Le cortége triomphal était précédé d'écriteaux portant les noms de tous les peuples vaincus. On y lisait que Pompée avait pris 800 vaisseaux, 1,000 forteresses et 300 villes, repeuplé 39 cités, élevé le revenu de l'État de 50 millions de drachmes à 81 millions, enfin apporté au trésor pour 20,000 talents d'or et d'argent monnoyés, d'objets précieux, de joyaux, sans compter tout ce qu'il avait distribué aux soldats. Le char était suivi par de nombreux et illustres prisonniers : c'étaient les capitaines des corsaires, la femme du roi Tigram, son fils avec sa famille, le roi des Juifs Aristobule, la sœur de Mithridate avec cinq de ses enfants, des femmes scythes, des otages hibériens et albaniens : c'était l'Orient tout entier qui payait son tribut au peuple de Rome.

Pompée avait eu quelques instants d'orgueilleuse jouissance : quand le second jour du triomphe fut écoulé et que le dernier applaudissement eut cessé de retentir, il ne trouva autour de lui que froideur. Embarrassé par cet isolement, sa première harangue fut glacée, insignifiante, pleine de ménagements pour tous les partis, et fut accueillie en silence. Il dut trouver que le peuple de Rome avait bien changé depuis son départ pour l'Asie. Point de parti vers lequel il se trouvât porté ou qui lui fît des avances; point d'hommes sur qui il pût s'appuyer : entre Cicéron et lui, un nuage s'était formé; il avait bien à sa discrétion Afranius, l'un des deux consuls, dont il avait payé la charge, à telle enseigne que l'argent avait été distribué dans ses jardins mêmes, ce qui avait fait scandale ; mais Afranius était, au témoignage de Cicéron, le plus incapable des hommes, et on ne pouvait rien fonder sur lui.

Un des premiers soins de Pompée devait être de faire confirmer par le sénat tout ce qu'il avait fait en Asie avec une autorité souveraine. Cette affaire réveilla Lucullus : il se rappela l'hostilité ouverte qu'avait montrée contre lui Pompée dès son arrivée en Orient, toutes s conquêtes traitées avec mépris, to ses actes cassés ou contrariés. Il s'u aussitôt à Caton, et tous deux imagin rent une tactique qui, en conservant l apparences de la sévère équité, ét tout à fait propre à servir leur hai contre Pompée. Elle consistait à exa ner son administration, non dans s ensemble, mais acte par acte et dét par détail. Il était évident qu'on pouv ainsi disputer sur chaque point, et e gager une suite de discussions dans le quelles Pompée n'aurait pas toujou l'avantage, lui qui, revêtu tant de fo de pouvoirs extraordinaires, n'avait p dû peser toutes ses actions comme simple citoyen. C'était proprement d molir, à petits coups, la majesté po péenne.

Pompée refusa de se placer sur terrain désavantageux, et, plein de c lère contre le sénat, saisit la premiè occasion de rentrer dans le parti pop laire : il alla trouver Clodius. Que chute, si on se rappelle cette année 7 où on l'avait vu devenir l'idole du peup par le rétablissement du tribunat! C'e qu'il s'était fait bien du chemin depu cette époque, tant dans les esprits q dans les institutions. Partisan, comm Cicéron, d'un juste milieu entre les pa tis extrêmes, Pompée, qui avait donn la première impulsion, était aujourd'h véritablement dépassé : c'est son amb tion qui le poussait du côté du peupl contre ses goûts et ses sentiments. O le vit alors à la remorque de cet impr dent Clodius, « qui vous le prit incont nent, dit Plutarque, traduit par Amyot et le bailla en proie au peuple, l'aya toujours à ses côtés, et le traînant tou jours à tout propos par la place apr lui, contre sa dignité, pour lui faire co firmer toutes les nouvelletés que lui pr posait. » Ce spectacle inspirait quelqu tristesse aux hommes qui avaient tan admiré jadis le grand Pompée, et Cic ron écrivait à son ami Atticus que so héros n'avait plus ni grandeur ni élév tion, rien que d'humble et de compo en vue de la popularité.

Pour se donner la même force q avait si puissamment servi à Syll Pompée voulut faire distribuer des te res à ses vétérans, et en fit présenter

)position par le tribun Flavius. Mais
collègue d'Afranius, Métellus Céler,
ma une violente opposition, soutenue
Caton et du sénat. La discussion de-
t tellement vive que Flavius, recou-
ıt aux moyens extrêmes, fit entraîner
consul vers la prison. Cette audace
ıleva chez les sénateurs un mouve-
nt unanime, et tous déclarèrent qu'ils
ılaient y suivre le consul. On ne peut
e ce qui fût arrivé, si Pompée, ef-
yé d'une si grave résolution, n'eût
lé et fait délivrer Métellus.
Pompée reparaissait donc au forum
ıs de tristes auspices. Ne pouvant agir
ectement sur le peuple, il avait es-
é d'y réussir par l'entremise d'agents
ɔalternes. Ceux-ci lui avaient fait jouer
rôle indigne de lui, et n'avaient réussi
à lui attirer un échec. Portant au-
ır de lui ses regards, il ne vit pas un
ti, pas un homme lui tendre la main.
en était un cependant qui, depuis
rs premières relations politiques,
vait cessé de lui témoigner une con-
ıcendance respectueuse et de le com-
r d'hommages et de flatteries. Dans
e heure de découragement, sans doute,
npée se jeta dans les bras de César. Il
st pas probable qu'il crût toutes ses dé-
ınstrations désintéressées ; et assuré-
nt il n'espérait pas trouver en lui un
ıple agent comme Clodius. Mais quoi !
illusions s'envolent, et Pompée, dé-
mais, ne refuserait pas, s'il le fallait,
partager l'empire. L'imprudent ! parer avec César !... Au commencement
l'année 61, comme César, se rendant
on gouvernement d'Espagne, traver-
: dans les Alpes une humble bourgade,
que ses amis lui demandaient en riant
pensait qu'il y eût là des brigues et
rivalités pour l'empire : « J'aimerais
ıux, dit-il, être le premier parmi ces
ıbares que le second dans Rome. »
Pour le présent, le premier effet du
ıprochement de ces deux hommes,
ıplus considérables de l'État, fut de
ıter le coup de grâce au gouvernement.
ısque-là, placés aux deux pôles de la
ıublique, ils l'avaient maintenue en
iilibre, de même qu'un navire éga-
ıent chargé sur ses deux bords ne
ɔche ni d'un côté ni de l'autre ; mais
ınd ils réunirent leurs forces, et
qportèrent ensemble du même côté,

alors l'inclinaison fut si forte, qu'il ne se trouva personne qui pût y faire contrepoids, et bientôt tout culbuta (1). »

X.

§ I. *Le premier triumvirat.*

César brigue le consulat. — César, après avoir recueilli, dans quelques expéditions obscures contre les Lusitaniens et d'autres peuplades espagnoles, assez de butin pour récompenser largement ses soldats et pour s'enrichir lui-même, se hâta de repasser en Italie (60). Il n'attendit pas qu'on lui eût envoyé un successeur. Une année à peine s'était écoulée depuis son départ.

César désirait vivement deux choses : les honneurs du triomphe et la dignité consulaire. Mais il dut faire un choix entre les deux objets de son ambition : pour demander le triomphe, il fallait qu'il restât hors de Rome ; pour briguer le consulat, au contraire, il était nécessaire qu'il se montrât au peuple, dans la ville, avec la robe blanche des candidats. César fit quelques efforts pour obtenir l'abrogation d'une coutume qui avait toujours été respectée ; mais, voyant qu'il ne réussirait point, il renonça au triomphe, et il entra dans Rome.

Pompée et Crassus s'étaient chargés de lui assurer un plein succès. En s'unissant à César, ils espéraient diriger en maîtres les affaires de la République. Chacun d'eux, d'ailleurs (indépendamment de l'intérêt commun qui avait amené l'association), espérait occuper bientôt dans l'État le premier rang. Ils formèrent donc entre eux une ligue, qui est connue dans l'histoire sous le nom de *premier triumvirat*. Ainsi Pompée, pour se venger du sénat qui avait cessé de lui prodiguer pour ses heureux et faciles exploits des récompenses ou des louanges exagérées ; Crassus, pour sortir du second rang, où l'avait relégué le parti qui dirigeait la vieille aristocratie, travaillèrent à l'élévation de César.

Caton et Cicéron ne se trompaient point sur les projets des triumvirs. Ils voyaient dans l'union de ces trois hommes la formation d'une puissance

(1) Plutarque, *Vie de Pompée.*

qui devait absorber en elle toutes les forces de l'ancienne république. Cicéron fit de grands efforts pour dissuader Pompée de s'allier à César. C'est lui-même qui nous l'apprend dans un discours écrit, après la mort de César, discours où il veut expliquer et justifier sa conduite : « On a osé dire et répéter « mille fois que j'avais essayé de rompre « les liens d'amitié qui unissaient Pom- « pée à César; que par là j'avais con- « tribué à allumer la guerre civile. On « n'a pas tenu compte de l'époque où il « me parut bon d'agir ainsi. Il est vrai « que, sous le consulat de M. Bibulus, je « fis tous mes efforts pour séparer César « et Pompée. Je ne réussis point : ce fut « César, qui, plus habile, m'enleva l'a- « mitié de Pompée. Plus tard, quand « Pompée se fut livré tout entier à son « rival, je lui donnai, en deux circons- « tances graves, des conseils que je crois « encore sages, puisque, à mon sens, ils « auraient pu prévenir de grands mal- « heurs. Enfin quand le temps des illu- « sions fut passé, quand Pompée vit son « erreur, je ne changeai point mon rôle, « je ne cessai point, parce que j'étais « prévoyant, d'être un homme de paix « et de conciliation, et je m'écriai : *Plût* « *aux dieux, Pompée, que tu ne te fus-* « *ses jamais uni à César, ou que tu ne* « *te fusses jamais séparé de lui* (1)! « Telle est mon opinion : je la crois « bonne; et si mes conseils avaient été « suivis, nous n'aurions pas vu la ruine « de la république. »

L'ARISTOCRATIE DONNE BIBULUS POUR COLLÈGUE A CÉSAR. — Malgré ses intrigues et de grandes dépenses, César ne put se faire donner dans le consulat le collègue qu'il désirait. Il avait jeté les yeux sur Lucceius, qui lui était entièrement dévoué. Le sénat, qui ne pouvait lutter avec avantage contre César, fit d'immenses efforts pour repousser le second candidat des triumvirs. Il combattit la corruption par la corruption, et, sacrifiant de grandes sommes (Caton ne rougit point de prêter à ces manœuvres l'autorité de son nom), il parvint à faire élire Bibulus.

(1) Utinam, Cn. Pompei, cum C. Cæsare societatem aut nunquam coisses, aut nunquam diremisses! Cicéron, *Philip.* II, 23.

PREMIÈRES ATTAQUES DE CÉS. CONTRE LE SÉNAT; PROPOSITI(D'UNE LOI AGRAIRE. — César fut peine revêtu de la dignité de cons qu'il attaqua ouvertement l'aristocrat Il commença par flatter le peuple proposant une loi agraire. Il s'adres d'abord au sénat : « Il montra à l'a semblée, s'il faut en croire Dion Ca sius, la nécessité d'une loi qui, assura des terres aux pauvres citoyens, déba rassait la ville de la plèbe qui la st chargeait. Par cette mesure on obtena disait-il, plusieurs résultats : d'abor on prévenait les séditions; puis on 1 peuplait plusieurs contrées de l'Ita qui étaient complètement abandonné et on les rendait à la culture; enfin, récompensait dignement les soldats q avaient longtemps servi la républiqu Il ajoutait que sa loi avait le caractè de la plus grande modération, puisqu'e ne portait pas atteinte aux intérêts l'État et ne nuisait en rien aux partic liers. Dans cette distribution de terre César mettait en réserve le territoire Capoue, qui par sa fertilité pouvait fou nir à l'État d'abondantes ressources. ne voulait pas non plus que dans l territoires assignés et délimités par loi on eût recours, là où il y avait dé des droits acquis par une longue po session, à une expropriation force Tout cela coûterait bien quelqu sommes : mais Pompée n'avait-il pas la suite de ses lucratives expédit rempli d'or et d'argent le trésor publi Il faisait remarquer encore que po présider à la distribution des terres, nommait vingt commissaires. C'ét. assez pour qu'on n'eût pas à craind un complot qui fût redoutable à la berté. Ces vingt commissaires pouvaie être choisis parmi les sénateurs. Césa enfin, pour témoigner de ses intentio loyales et de son désintéressement, o clarait qu'il ne voulait prendre aucu part à l'exécution de la loi qu'il proj(sait. »

Le sénat, consulté, gardait le silenc lorsque Caton se leva, et protesta vi ment contre la proposition du cons « Je ne considère pas tant, dit-il, « distribution de terres dont parle C « sar que le salaire que demanderont 1 « peuple ceux qui essayent de le flatt

ujourd'hui par de telles largesses. »
pendant plusieurs jours Caton
pêcha le sénat de prendre une déci-
n. Il en vint même dans son opposi-
n et ses discours à un tel degré de
lence, que César, à la fin, dans un
ment de colère, ordonna de le con-
re en prison. Le triumvir cependant
ula devant cette mesure extrême, et
on fut rendu à la liberté.

CONDUITE DE CÉSAR A L'ÉGARD DE
N COLLÈGUE BIBULUS; POMPÉE ET
ASSUS SOUTIENNENT DE LEUR CRÉ-
T LA LOI AGRAIRE; CÉSAR S'A-
ESSE AU PEUPLE, ET OBTIENT UN
EIN SUCCÈS. — Quand César eut en
n sollicité l'adhésion du sénat, il ma-
ista sa volonté, et dit : « Puisque vous
 contraignez je vais recourir au
iple. » Il se donnait par là les appa-
ces du droit, et se ménageait les
yens de ne plus consulter le sénat
les affaires sérieuses. Il alla plus
n encore : pour blesser davantage les
ateurs, il décida que dans la distribu-
n des terres on comprendrait le terri-
re de Capoue, qu'il avait d'abord
epté.

l fallait ensuite compromettre Bibu-
 auprès du peuple. César affecta la
s grande modération : il consulta son
lègue sur la loi agraire, le pria, le
jura de lui prêter aide et appui. Bi-
lus, dirigé par le sénat, répondit avec
iteur aux avances qui lui étaient faites.
se laissa emporter jusqu'à dire au
iple : « Quand vous voudriez tous la
, vous ne l'aurez point tant que je
ai consul. » Dès lors César put agir
rement : Bibulus, par son imprudente
position, venait d'enlever aux séna-
rs et à lui-même ce qui leur restait
itorité.

Ce n'était point encore assez : Pom-
, fidèle à ses engagements, fit l'é-
e de la loi que le consul avait pro-
sée; et quand César, devant le peuple,
eut demandé : « Que ferais-tu dans
cas où l'on repousserait ma loi par la
ce? — Si on l'attaque avec l'épée,
il, je la défendrai avec l'épée et le
clier. « Ces mots furent couverts des
llaudissements de la multitude. Cras-
parla comme Pompée.
Bibulus, dans son trouble, essaya
core une fois de lutter contre César

Il recourut à un moyen que lui fournissait la superstition populaire. Il déclara
jours fériés tous les jours de son consulat. Il connaissait peu le temps où il
vivait. On se moqua de Bibulus, et César
désigna enfin le jour où le peuple devait
voter sur la loi. Pressé par ses amis, et
surtout par Lucullus et Caton, Bibulus
vint encore devant la multitude pour
renouveler son opposition. Cette fois,
il faillit être victime de ceux auxquels
il résistait avec plus de persévérance que
de bon sens. On brisa les faisceaux de
ses licteurs; on le traîna lui-même avec
violence sur les degrés du temple de
Castor, et il eût été massacré, peut-être,
s'il n'eût trouvé un asile dans le temple
de Jupiter Stator. Caton, de son côté,
fut écarté, par la force, de l'assemblée.
Enfin la loi agraire fut votée. Ce fut en
vain que Bibulus se plaignit devant le
sénat de la violence qui lui avait été
faite. Personne ne se leva pour le défendre. Il se retira donc dans sa maison, pour vivre en simple particulier,
abandonnant à César toute l'autorité
consulaire. Ce fut alors que les plaisants de Rome répétèrent à l'envi que
l'on vivait sous le consulat de Julius et
de César.

ON FAIT JURER AUX SÉNATEURS
L'OBSERVATION DE LA LOI AGRAIRE;
CONDUITE DE CICÉRON; CÉSAR FAVO-
RISE CLODIUS. — César ne se contenta
pas d'avoir fait voter la loi agraire; il
voulut que le peuple s'engageât par serment à la faire observer. Il s'adressa
également aux sénateurs. Métellus Celer, Favonius et Caton lui résistèrent.
Cependant ils ne tardèrent pas à s'apercevoir qu'ils étaient seuls, même dans
le sénat. Les autres, entraînés pas la
peur, avaient obéi à César.

Dans le principe Cicéron avait ma-
nifesté quelque envie de s'opposer à la
volonté des triumvirs. Il se montra
surtout ferme et résolu, là où il ne
pouvait guère se compromettre, dans
les lettres qu'il adressait à ses amis dévoués : « Demeurer neutre, disait-il,
c'est comme si je m'ensevelissais dans
une maison de campagne. César espère
que je le seconderai, et il m'y invite. Dans
ce parti voici les avantages que je trouve-
rais : l'amitié de Pompée, et même, si
je le voulais, celle de César; une récon-

ciliation avec mes ennemis ; la paix avec le peuple ; l'assurance de jouir du repos dans ma vieillesse. Mais après la conduite que j'ai tenue dans mon consulat et les règles que j'ai posées dans mes ouvrages, ne dois-je point dire comme Homère : « *Le meilleur de tous les augures, c'est de défendre la patrie.* » Ce fut Cicéron, pourtant, qui conseilla à Caton de prêter le serment qu'exigeaient les triumvirs. Cette fois il penchait à croire *qu'il n'était peut-être pas juste de s'opposer seul à ce qui avait été décidé et sanctionné par le peuple tout entier ;* et, disait-il encore : « N'est-ce point une conduite insensée que de vouloir se jeter dans un précipice lorsque le mal est fait et ne peut plus admettre ni changement ni remède? » Caton céda : et cette grande affaire, qui intéressait toute l'Italie, parut enfin terminée.

Ajoutons encore que les triumvirs imposèrent le serment même aux candidats qui briguaient les charges pour l'année suivante. Ils leur dressèrent une formule par laquelle ils s'engageaient, sous les plus terribles imprécations, à ne rien changer aux dispositions de la loi qui réglaient la distribution et la possession des terres de la Campanie.

César, qui ne s'était point aperçu sans quelque dépit de l'esprit d'opposition qui avait animé Cicéron depuis l'origine du triumvirat, résolut de se venger. Pour atteindre son but il lui suffit de favoriser Clodius, qui briguait le tribunat.

LA LOI AGRAIRE MISE A EXÉCUTION EN CAMPANIE. — Quand la loi agraire eut été votée César se mit en mesure de la faire exécuter. Toutefois, il semble que le territoire de Capoue ait été seul mis en distribution. Vingt mille colons prirent part à cette largesse des triumvirs. On avait nommé vingt commissaires pour présider au partage des terres. On comptait parmi eux Pompée et Atius Balbus, qui fut l'aïeul d'Auguste.

On établit une colonie à Capoue. C'était rendre à cette ville son ancienne importance, et la tirer en quelque sorte de l'esclavage qui depuis cent cinquante ans lui avait été imposé par les Romains (1). Elle avait tout perdu, même

le droit de s'administrer elle-même d'avoir des magistrats municipaux. C'était un fonctionnaire venu de Rome qu la gouvernait à son gré. La loi agrair la sauvait d'une complète décadence.

Cette loi, quoiqu'elle eût été suggéré par une ambitieuse pensée, pouvait avoi les plus heureux résultats pour l'avenir d l'Italie. En effet, si elle eût été exécuté dans toutes ses dispositions, on aurait v renaître l'agriculture sur de fertiles te ritoires, qui, abandonnés, n'offraien plus au temps dont nous parlons qu l'aspect d'un vaste désert. On aurait v reparaître aussi cette vigoureuse e brave population des campagnes, qu avait si puissamment aidé la républi que à faire la conquête du monde. Ma heureusement, nous le répétons, s' faut en croire les témoignages anciens la Campanie seule fut colonisée.

CONDUITE DE CÉSAR A L'ÉGAR DES CHEVALIERS ; IL RESSERRE SO ALLIANCE AVEC POMPÉE ; CÉSAR, LA FIN DE SON CONSULAT, SE FAI DONNER LE COMMANDEMENT DE L GAULE CISALPINE ET DE L'ILLYRI — César chercha à se concilier la bien veillance de l'ordre équestre. Quand le fermiers des revenus de la Républiqu en Asie, qui depuis longtemps sollici taient en vain une remise, s'adressèren à lui, il la leur accorda sur-le-cham Il fit plus : il diminua d'un tiers le pri de leur bail. Il arrêta peut-être p ces concessions l'opposition que les ch valiers lui auraient faite ; mais, si nou devons croire Cicéron, il ne gagna leur estime ni leur affection.

Il fit ratifier aussi tous les actes d commandement de Pompée. Celui- n'avait pu, l'année précédente, obten cette ratification.

Avant de sortir de charge César vou lut s'assurer les moyens de conserve qu'il fût près ou loin de Rome, son aut rité et son influence. Il fit donner à s amis, là surtout où l'on comptait nombreux soldats, les meilleurs gou vernements de provinces. Puis, s'a dant du tribun Vatinius et des suffrag

(1) Ita circiter XX millia civium eo de ducta, et jus civitatis restitutum post annu circiter CLII quam bello punico ab Romani Capua in formam præfecturæ redacta erat (*Velleius Paterculus*, II, 44.)

peuple, il obtint pour lui-même commandement de l'Illyrie et de la ːule Cisalpine avec trois légions. Bien-ː, profitant de la mort de Métellus ler, il demanda au sénat, qui n'osa reːer, une nouvelle légion et le gouːrnement de la Gaule Transalpine.

Pompée, il est vrai, devait rester à ːme ; mais César était rassuré de ce té. Il lui avait fait épouser Julie, sa ːe, qu'il avait eue de Cornélie, sa preːère femme. Lui-même, pour se méːger d'un nouvel appui, s'engagea encore ːe fois dans les liens du mariage. Il ːnit à Calpurnia, fille de Pison, que ː triumvirs destinaient au consulat ːur l'année suivante. Il leva prompteːnt les derniers obstacles qui s'oppoːent à son départ. Caton reçut l'ordre ːller réduire en province l'île de Cypre. ːant à Cicéron, qui avait toujours fait ː triumvirat une timide mais fatigante ː position, César pensa qu'il suffisait ː l'abandonner à la haine de Clodius.

§ II. — *Guerre des Gaules* (1).

LA GAULE MENACÉE D'UNE INVAːON ; LES HELVÈTES ET LES SUÈVES ; ːEMIERS SUCCÈS DE CÉSAR. — En ːnnée 58 avant notre ère, la Gaule, si ːn excepte la partie méridionale, qui ːonnaissait la domination romaine, ːit non-seulement désolée par des ːerres intestines, mais encore elle était ːposée à une formidable invasion. Les ːpulations germaniques s'étaient mises ː mouvement, et cent vingt mille Suè-ːs, commandés par Arioviste, cam-ːient sur les bords du Rhin.

La guerre que se faisaient entre eux ː Gaulois assurait le succès des enva-ːsseurs. Les Arvernes et les Séquanes, ː se croyant pas assez forts pour lutter ːuls contre les Édues, appelèrent à leur ːle Arioviste et ses guerriers. Le chef ːrmain contribua puissamment à la ːːtoire de ses alliés, mais il exigea ːmme prix de ses services un tiers du ːrritoire séquanais. Bientôt il demanda ː autre tiers pour vingt-cinq mille Ha-ːlles, ses alliés. Les Séquanais et les ːues se réconcilièrent alors, pour im-plorer le secours de Rome. Au même moment on apprit que les Helvètes, pressés de toutes parts, sur leurs frontières de l'est, par les peuplades germaniques, s'apprêtaient à quitter leur pays et à traverser la Gaule, dans toute sa largeur, pour aller s'établir à l'ouest sur les bords de l'Océan. Alors parut César : il atteignit sur les bords de la Saône les Helvètes, qui s'étaient mis en mouvement. Il extermina leurs guerriers dans une sanglante bataille ; puis, il força ceux qui avaient échappé à ses coups à repasser les montagnes et à regagner les cantons qu'ils avaient abandonnés.

Après cette victoire César marcha contre Arioviste ; le chef barbare, vaincu et blessé, fut obligé de repasser le Rhin avec les débris de son armée. La victoire des Romains, en jetant l'épouvante parmi les Suèves et les autres peuplades de la Germanie, arrêta le mouvement qui les entraînait vers le midi et l'occident.

CONQUÊTE DE LA BELGIQUE, DE L'ARMORIQUE ET DE L'AQUITAINE. — Quand les Belges apprirent les rapides succès de César, quand ils surent que les légions romaines campaient non loin de leur territoire, ils se crurent menacés, et se préparèrent à une vigoureuse résistance. Ils décidèrent que trois cent mille guerriers prendraient les armes au printemps. Instruit de leurs desseins, César se hâta de faire venir d'Italie de nouveaux renforts. On lui envoya deux légions. Il pénétra alors en Belgique, et se trouva en face des barbares. Il divisa, par d'habiles diversions, la foule qui lui était opposée, et bientôt il put frapper sans danger pour lui-même et pour les siens, des coups assurés sur des ennemis qui fuyaient dans toutes les directions (57).

Il soumit facilement les Suessions, les Bellovaques et les Ambiens ; mais les Nerviens, les Atrébates et les Veromandues lui opposèrent une héroïque résistance. Presque tous les guerriers nerviens se firent tuer : « De nos six cents sénateurs, disaient les vieillards à César, il en reste trois ; de soixante mille combattants, cinq cents ont échappé. » La défaite des Atuatiques acheva la soumission de la Belgique. Dans le même temps le jeune Crassus parcourait tout

ːːː1) Voy. aussi les *Annales de l'Histoire de ːːːnce*, tom. I, p. 9, faisant partie de l'*Univers ːːːtoresque*.

le pays compris entre la Seine et la Loire sans rencontrer de résistance.

L'année suivante (56) l'Armorique tout entière se souleva. César, qui avait repassé les Alpes, se hâta d'accourir pour combattre les Vénètes. Il leur fit éprouver une grande défaite, et après la victoire, il les traita avec une extrême rigueur. Sabinus était alors occupé à disperser les troupes qu'avaient levées les Aulerques, les Éburoviques et les Lexoves; tandis que Crassus, dans une rapide expédition, arrivant jusqu'à la Garonne et traversant ce fleuve, recevait la soumission de presque toute l'Aquitaine.

VICTOIRE REMPORTÉE SUR LES GERMAINS; EXPÉDITION EN BRETAGNE; SOULÈVEMENTS PARTIELS EN GAULE.— Les frontières du nord étaient toujours menacées par les Germains : les Suèves ne cessaient de s'agiter, et dans leurs déplacements ils rejetaient sur la Gaule les populations qui les avoisinaient. C'est ainsi qu'ils contraignirent en quelque sorte les Usipiens et les Tenctères à franchir le Rhin. Ce fut au confluent de ce fleuve et de la Meuse que César les arrêta, les battit et les extermina (55).

Après cette victoire il résolut de traverser la mer et de porter la guerre dans la Bretagne, qui avait fourni des secours à l'Armorique. Il ne fit d'abord que paraître dans l'île avec son armée, et il repassa sur le continent. Ce ne fut que dans une seconde expédition qu'il s'avança jusqu'à la Tamise. Cassivellaun fut obligé de traiter avec César, et les Bretons livrèrent des otages. Le proconsul, qui ne désirait pas pousser plus loin ses avantages, ne tarda pas à ramener ses légions dans la Gaule (54).

« Dans sa première campagne, César avait refoulé les Helvètes dans leurs montagnes, les Suèves au delà du Rhin, c'est-à-dire asservi l'est de la Gaule ; dans la seconde, le nord avait été conquis; dans la troisième, l'ouest ; dans la quatrième, il avait montré aux Gaulois, par ses deux expéditions de Bretagne et de Germanie, qu'ils n'avaient rien à attendre de leurs voisins ; et il venait, dans la cinquième, de renouveler cette leçon en portant de nouveau dans la Bretagne ses aigles victorieuses. On regardait donc la guerre des Gaules comme finie : elle n'avait pas encore commencé. Jusque alors quelques peuples avaient séparément combattu bientôt ils se levèrent tous à la fois. César pour les tenir asservis, avait cependant appelé à son aide l'expérience si profonde des généraux romains en cette matière. Partout il avait favorisé l'élévation de quelques ambitieux, qui lui livraient l'indépendance de leurs cités, ou formé un parti romain, qui dominant l'assemblée publique et le sénat, gênait leur action et trahissait leurs conseils. Un autre moyen d'influence dont il s'était habilement saisi était la tenue des États de la Gaule, réunion annuelle des députés de tous les peuples. La paix la plus profonde semblait donc régner. Ce calme trompeur et l'apparente résignation des chefs gaulois, aux états qu'il tint à Samarobriva, chez les Ambiens, lui inspirèrent une entière sécurité; et la disette ayant rendu les vivres rares, il dispersa ses huit légions sur un espace de plus de cent lieues » (Duruy, Hist. rom., p. 277).

Deux Gaulois, un chef éburon, Ambiorix, et le Trevire Indutiomar, avaient formé un vaste complot, et ils avaient résolu de frapper un coup décisif pour s'affranchir de la domination romaine. L'impatience des Carnutes donna l'éveil à César. Toutefois il fut prévenu : par Ambiorix, qui massacra une légion et vint assiéger le camp de Q. Cicéron. Indutiomar, de son côté, soulevait les Trevires et menaçait les soldats commandés par Labiénus. César déploya plus grande activité; il se porta sur tous les points menacés. Son premier soin fut de dégager Cicéron, qui s'était défendu avec la plus grande valeur ; puis il envahit le territoire des Senons, des Carnutes et des Trevires. Ceux-ci étaient réduits à l'impuissance : leur chef Indutiomar était tué, et Labiénus avait dispersé leur armée. La colère de César éclata surtout contre les Éburons : n'ayant pu s'emparer d'Ambiorix, leur chef, il livra la nation tout entière à l'extermination. Les châtiments rigoureux infligés par le vainqueur, dans cette dernière révolte, ne firent qu'accroître la haine du nom romain (53).

RÉVOLTE GÉNÉRALE DE LA GAULE; LES ARVERNES; SIÈGE D'ALÉSIA.—

Les Gaulois, qui supportaient avec im

ience et douleur la domination étrangère, ne se laissèrent point abattre par tant d'échecs : ils continuèrent à conserver, et, se rassemblant dans les lieux [dése]rtés, ils s'engagèrent, par serment, à combattre jusqu'au dernier pour la cause de l'indépendance nationale. Une révolte générale ne tarda pas à éclater : [on] commença par massacrer tous les Romains qui s'étaient établis à Genabum. Quand la nouvelle de ce massacre arriva à Gergovie, un jeune Arverne souleva le peuple et se fit décerner le commandement militaire sous le titre de Vercingétorix. Il relia les unes aux autres toutes les villes du centre de la Gaule, et il montra une si grande activité que la confédération gauloise n'hésita point à lui confier la conduite de la guerre. Il ne perdit pas un instant : au moment même où il s'avançait vers le nord pour combattre les soldats de César, il envoya, au midi, un de ses lieutenants pour attaquer la Province, où depuis longtemps déjà était établie solidement la domination romaine. La Province pouvait fournir aux envahisseurs de la Gaule de grandes ressources : là, en effet, il leur était facile d'organiser leurs troupes, de préparer à loisir tous leurs plans de campagne, de rassembler d'immenses approvisionnements, et de trouver, en cas d'échec, un refuge assuré.

César se trouvait alors en Italie : il accourt, bat l'ennemi dans la Province, traverse les Cévennes, ravage le pays des Arvernes, puis il se porte brusquement vers le nord. La présence du général ranima les légions. Sous ses ordres elles devenaient invincibles.

César se jeta, d'abord, sur Genabum : tous les habitants furent massacrés ou vendus. Il emporta ensuite Noviodunum, qui appartenait aux Bituriges. Les Gaulois, de leur côté, pour affamer l'ennemi, brûlaient leurs villes. Quelques-unes seulement avaient été épargnées : Avaricum était du nombre. César l'assiégea, et quand elle fut prise il la traita comme Genabum.

Quand le printemps fut venu l'armée romaine se partagea en deux corps : l'un, confié à Labiénus, resta dans le nord ; l'autre, commandé par César lui-même, se dirigea vers le pays des Arvernes. Mais de ce côté le Vercingétorix avait organisé une vigoureuse résistance. Les Romains furent obligés de se retirer et de se rapprocher en toute hâte des quatre légions de Labiénus. Celui-ci était exposé lui-même à de grands dangers. L'insurrection était générale : on venait d'apprendre que les Édues eux-mêmes avaient massacré dans leurs villes tous les Romains. La confédération gauloise gagnait à cette défection de nouvelles forces. Les guerriers du nord accouraient de toutes parts se ranger sous les ordres de l'Aulerque Camulogène. Ce vieux chef, plein d'énergie et d'activité, se tenait à Lutèce, d'où il surveillait tous les mouvements de Labiénus. Il attendait avec impatience l'occasion de livrer bataille au lieutenant de César. Il comptait principalement sur la coopération des Bellovaques. Une habile manœuvre du général romain déjoua tous ses plans. Camulogène fut battu sur les bords de la Seine. Il périt dans l'action, avec presque tous ses guerriers. Labiénus put alors agir librement ; mais au lieu de prendre l'offensive, il se hâta de rejoindre César dans le pays des Sénons.

César ayant pu, grâce à l'intervention des Lingons, des Rèmes et des Trevires, soudoyer quelques corps de cavaliers germains, se porta avec toutes ses forces contre le Vercingétorix. L'assemblée des députés de la Gaule venait de confirmer au jeune Arverne son commandement suprême, et elle avait placé sous ses ordres presque toutes les forces dont pouvait disposer la confédération. César rencontra le Vercingétorix non loin de la Saône : il y eut alors entre les Gaulois et les Romains un combat terrible. Les Gaulois, vaincus, furent poursuivis jusque sous les murs d'Alesia (52).

La place était forte, et d'ailleurs elle était couverte par le Vercingétorix, qui avait encore sous ses ordres quatre-vingt mille fantassins et dix mille cavaliers. César voulut terminer la guerre d'un seul coup. Il commença alors de prodigieux travaux, à l'aide desquels il tint assiégées Alesia et l'armée du Vercingétorix. En vain des troupes gauloises se rassemblèrent pour dégager la place et le chef de la confédération. Les Romains repoussèrent toutes les attaques. Enfin, Alésia fut forcée de capituler, et le Vercingétorix vint se livrer à César.

DERNIERS SOULÈVEMENTS DES GAULOIS (51); MESURES PRISES POUR PACIFIER LA GAULE (50). — « César n'osa pourtant pas aller hiverner au delà des Alpes; il fallait surveiller les Gaulois du nord et de l'ouest, qui n'avaient pris qu'une faible part à la dernière lutte, et qui armaient en secret. Au milieu de l'hiver il tomba sur les Bituriges, et, portant dans tout le pays le fer et la flamme, il força cette population à fuir chez les nations voisines. Les Carnutes, qui remuaient, furent aussi sévèrement châtiés. Les Bellovaques s'étaient levés en masse. Le proconsul écrasa, au passage d'une rivière, leur meilleure infanterie, et les força d'implorer sa clémence; toutes les cités du nord-est livrèrent comme eux des otages. César parcourut la Belgique, et rejeta encore une fois Ambiorix au delà du Rhin; puis il retourna demander des otages aux cités armoricaines et étouffer l'insurrection entre la Loire et la Garonne. Bientôt il n'y eut plus de guerre que chez les Cadurques à Uxellodunum; ce fut en coupant l'eau aux assiégés qu'on les força de se rendre. César, qu'une telle guerre à la longue aurait ruiné, voulut faire un terrible exemple; il fit trancher les mains à tous ceux qu'il trouva dans Uxellodunum. Cette odieuse exécution fut le dernier acte de cette guerre terrible, qui ferma glorieusement la liste des conquêtes de la république romaine. César y avait employé huit années, dix légions, et les inépuisables ressources de la discipline romaine, de son génie militaire, de son incomparable activité. La Gaule domptée par les armes, il passa une année encore (50) à la gagner, à lui faire oublier sa défaite. Point de confiscations, d'impôts onéreux; aucune de ces mesures violentes et vexatoires dont tant de proconsuls avaient donné l'exemple. La Gaule Chevelue fut réduite en province; mais les villes conservèrent leurs lois et leur gouvernement; le seul signe de la conquête fut un tribut de quarante millions de sesterces. Suivant les traditions de la politique romaine, il en accorda certaines villes l'exemption; d'autres prirent son nom, et entrèrent dans clientèle. Par ces ménagements habile il associa la province à ses vues personnelles d'ambition, et se créa dans ses ennemis de la veille des instruments intéressés pour l'oppression de patrie. » (Duruy, *Hist. rom.*, p. 283

§ III. — *Clodius et Cicéron; les désordres publics ont pour dernier résultat d'affermir la puissance triumvirale.*

CICÉRON OPPOSÉ A CÉSAR ET POMPÉE. — Nous avons déjà dit que Cicéron s'était montré hostile au triumvirat. Néanmoins son opposition aux actes de César, de Pompée et de Crassus n'avait jamais pris le caractère d'une énergique résistance. Il blâmait les triumvirs; mais, en définitive, il subissait leur domination. Il ne confiait sa pensée ses chagrins, ses colères qu'à ses plus fidèles amis.

Le vaniteux orateur était poussé l'opposition par l'aristocratie sénatoriale, qui essayait de raviver son ardeur en lui rappelant les hauts faits de son consulat. Il supposait aussi que l triumvirs s'efforçaient, par jalousie, lui ravir dans l'État la place que l avaient méritée ses discours au forum et sa lutte contre Catilina.

D'autre part, la conduite que les triumvirs avaient tenue d'abord à son égard le faisait reculer dans ses projets résistance. Ils avaient essayé maintes fois de le rendre complice de leurs desseins. C'était rendre hommage à sa renommée et reconnaître son influence. Cela suffisait pour l'arrêter et pour maintenir dans ce qui fut l'état habituel de sa vie politique, l'incertitude.

Tantôt il blâme avec amertume l actes de César; tantôt il laisse voir que pour une affaire tout entière de vanité il se laisserait volontiers séduire. Metellus Celer en mourant laissa vacante une place d'augure. Cicéron écrivit alors à Atticus « que cette place, qu'il convoitait, était le seul point par où les triumvirs pussent le toucher et le gagner; » il ajoute avec une sorte de naïveté, en s'

essant à son ami : *Vois ma légèreté* (1).
L'avénement de Clodius au tribunat [vi]nt dissiper presque toutes ses illusions. [Il] n'avait pas à compter sur les deux [no]uveaux consuls, Pison et Gabinius (58). [Po]mpée lui paraissait alors le seul [ho]mme qu'il pût appeler à son aide [co]ntre ses ennemis conjurés. Il croyait [à] sa loyauté nonobstant les avertisse[m]ents de ses amis : « Il est trompé par [C]lodius, dit-il ; mais il ne me trompe [pa]s. Il m'est facile de me mettre en [ga]rde contre la fraude ; mais ne pas [cr]oire Pompée, c'est ce que je ne puis [fa]ire (2). » Il ne tarda pas à voir son [er]reur. Pompée l'abandonna.

LOIS PROPOSÉES PAR CLODIUS ; [IL] ATTAQUE OUVERTEMENT CICÉRON. — Fort de l'appui des deux con[su]ls, sachant d'ailleurs qu'il accom[pl]issait la volonté de César et de Cras[su]s, le tribun Clodius se disposa à pour[su]ivre et à frapper Cicéron. Il dut agir, [d']abord, avec prudence. Il ne pouvait [at]taquer ouvertement le sénat et l'ordre [é]questre, parti puissant, qui se tenait [au]tour de Cicéron comme une garde [v]igilante. Clodius prit une voie détour[n]ée pour arriver à son but. Il proposa [u]ne série de lois qui devaient lui conci[li]er l'affection de la multitude et en [m]ême temps faire disparaître tous les [o]bstacles qu'il allait rencontrer.

La première de ces lois concernait [la] distribution de blé, qui, depuis [...] Gracchus, se faisait aux citoyens à [tr]ès-bas prix. Clodius voulait que la [d]istribution fût gratuite. Une telle lar[g]esse gagnait la multitude au tribun ; [m]ais, d'autre part, elle allait appauvrir [la] république, si, comme le prétend Cicéron, elle privait le trésor du cinquième [de] ses revenus.

La seconde loi proposée par Clodius [r]établissait les corporations d'artisans. [O]n les avait abolies, parce qu'elles [a]vaient été pour la ville le foyer de [p]erpétuelles agitations. Cette fois, le [b]ut du tribun était apparent : il prépa[r]ait ces troupes d'hommes armés qui devaient soutenir toutes ses violences.

La troisième loi détruisait l'autorité de la censure. Les censeurs, dans le projet de Clodius, ne pouvaient dégrader un sénateur sans l'accuser, au préalable, et le juger dans les formes. Ils avaient été dispensés jusque alors de discuter leurs actes en public. Ils étaient exempts, par la nature même de leur charge, de tout contrôle et de toute responsabilité.

Clodius avait remarqué que, nonobstant le mépris affiché par les classes éclairées de Rome pour les anciennes pratiques religieuses, Bibulus, en feignant de s'y conformer, lorsque César était consul, avait produit une forte impression sur les esprits faibles, et entaché d'une sorte d'illégalité les actes de son collègue. C'était là un obstacle et un danger pour les ambitieux. Le tribun, pour prévenir les oppositions, fit statuer par le peuple qu'il ne serait permis à aucun magistrat de consulter les auspices pendant que les tribus seraient occupées à délibérer. La même loi abolissait la distinction que l'on avait établie, entre certains jours, de tenir ou de ne pas tenir les assemblées.

Cicéron voulait s'opposer vivement à toutes ces lois. Il s'était ménagé l'appui de quelques-uns des collègues de Clodius, de L. Mummius, entre autres, qui se montra, en cette circonstance, ami courageux et dévoué. Il eût réussi peut-être sans une ruse de son ennemi, qui fit évanouir tous ses projets de résistance. Clodius changea de langage à l'égard de Cicéron : il assura qu'il n'avait contre lui aucun mauvais dessein ; il rejeta sur une femme la cause de leur inimitié, et en échange de toutes ces protestations, il ne demanda qu'une chose, c'est que l'homme qu'on l'accusait de poursuivre avec acharnement voulût bien ne point lui susciter des embarras en s'opposant à ses lois. Cicéron, Atticus et Mummius furent trompés. Cicéron se tut, et Mummius s'abstint de faire de l'opposition le jour même où l'un et l'autre auraient dû combattre Clodius de la manière la plus énergique. Les lois passèrent.

Alors Claudius leva le masque. Il proposa une nouvelle loi qui prononçait la peine d'exil contre quiconque ferait ou aurait fait mourir un citoyen sans forme

---

(1) Quo quidem uno ego ab istis capi possum.... Vide levitatem meam.

(2) Non me ille fallit, sed ipse fallitur.... Alterum facio, ut caveam ; alterum, ut non credam, facere non possum.

de procès. Un article ajouté à son projet déclarait en outre (et il y avait un précédent) que l'opposition des tribuns à cette loi serait regardée comme non avenue. Cette fois Cicéron était désigné au peuple et frappé directement. C'était lui qui avait fait étrangler, dans la prison, sans jugement, Lentulus et d'autres complices de Catilina. Il faut remarquer, en outre, que le sénat, qui avait donné à Cicéron consul son approbation, et qui avait accepté ainsi, dans tout ce qui se fit alors, une large part de responsabilité, se trouvait aussi attaqué par la loi de Clodius.

Cicéron prit le deuil : presque tous les chevaliers le prirent avec lui. Les patriciens ne l'abandonnèrent point : ils s'adressèrent au peuple, le sollicitant en sa faveur. Quant au sénat, il recourut aux consuls, et les pressa de prendre la défense de Cicéron. Mais le rôle de Pison et de Gabinius était tracé à l'avance : en vertu d'une nouvelle loi proposée par Clodius, Pison devait recevoir, en sortant de charge, le gouvernement de la Macédoine, et Gabinius celui de la Cilicie. Jamais le sénat, même s'ils eussent été complices de ses desseins, ne leur eût accordé d'aussi belles provinces.

LES CONSULS SONT LIGUÉS AVEC CLODIUS CONTRE CICÉRON; CELUI-CI IMPLORE EN VAIN L'ASSISTANCE DE POMPÉE; IL S'ÉLOIGNE DE ROME. — Mummius, collègue de Clodius dans le tribunat, eut le courage de proposer au sénat un décret portant que tous les sénateurs prendraient le deuil comme dans une calamité publique. Ce fut, plus tard, un grand sujet d'orgueil pour Cicéron : « O jour funeste pour le sénat « et pour tous les gens de bien, funeste « pour la république, mais jour aussi « glorieux pour ma mémoire qu'il me « fut pénible à l'époque de mes douleurs ! »

Clodius, irrité par l'opposition du sénat, exerçait dans la ville de grandes violences. Il se servait des bandes armées qu'il soudoyait pour avoir raison de tous ses ennemis. Cicéron était exposé à continuelles insultes. Hortensius faillit être tué, et un autre sénateur, Vibiénus, fut blessé mortellement. Gabinius éclatait aussi en menaces.

« Voici le temps, disait-il, où ceux « (les complices de Catilina) qui ont « tremblé sous le consulat de Cicéron « pourront se venger de leurs ennemis. » Bientôt les deux consuls publièrent une ordonnance qui enjoignait aux sénateurs de quitter le deuil et de prendre leurs vêtements accoutumés. Cicéron s'adressa en vain à Pison. Celui-ci, s'il faut en croire le langage souvent passionné et exagéré de l'orateur, lui répondit : « Gabinius est perdu de « dettes : il ne peut se soutenir que « par un gouvernement de province. « Le sénat ne le lui donnera pas; il at-« tend de Clodius. Moi, j'ai de la dé-« férence pour mon collègue comme « vous en avez eu pour le vôtre dans « votre consulat. N'espérez point l'ap-« pui des consuls : chacun est ici pour « soi. »

Il ne restait plus à Cicéron qu'une ressource : c'était la protection de Pompée. Celui-ci se trouvait alors à Albe. Cicéron se rendit auprès de lui, et, au nom de leurs anciennes relations, réclama son appui. On raconte qu'il se jeta à ses pieds, et que Pompée eut la dureté de ne le point relever. Il ne pouvait rien faire, disait-il, contre la volonté de César.

Les amis de Cicéron eurent un instant la pensée d'user de la force contre la force. Mais, cédant aux conseils d'Hortensius et de Caton, ils prirent la sage résolution d'éviter la guerre civile. Cicéron sortit enfin de Rome, et se déroba par la fuite à la haine de Clodius.

Le tribun, instruit de ce départ, se hâta de proposer une loi qui exilait Cicéron à quatre cents milles de Rome, et qui défendait à tout magistrat et à tout sénateur de demander ou de favoriser son rappel. Cette loi passa sans opposition.

CICÉRON QUITTE L'ITALIE, ET PASSE EN GRÈCE; IL MANQUE DE DIGNITÉ DANS LE MALHEUR. — Clodius, après avoir forcé son ennemi à prendre la fuite, s'empara de l'emplacement que sa maison occupait à Rome. Elle avait été incendiée par la multitude. Gabinius, d'un autre côté, s'empara de tout ce que renfermait la villa de Cicéron, à Tusculum. Cela étant fait, Clodius se servit du ministère de Pinarius Natta, pontife, et fit consacrer une statue à la liberté

...tte statue était l'œuvre d'un artiste
...ec. Elle représentait originairement
...e courtisane de la ville de Tanagre,
... Béotie.
Cicéron, nous l'avons déjà dit, s'était
...ustrait, en fuyant de nuit, aux pour-
...ites de Clodius. Il se dirigea d'abord
...rs les provinces méridionales de l'Ita-
..., et gagna la Lucanie. Il comptait sur
...ppui du préteur Virgilius et sur quel-
...es citoyens qui approuvaient sa con-
...ite dans le maniement des affaires pu-
...ques. Il croyait, en un mot, trouver
... Sicile une retraite douce et tran-
...ille. Ses espérances furent trompées.
...es triumvirs, soit que leur adminis-
...ation fût douce et régulière, soit pour
...e autre cause, comptaient en Italie un
...and nombre de partisans. D'ailleurs,
...ur puissance était grande et n'était
...s circonscrite dans les murs de Rome.
...lodius, soutenu du crédit de César, de
...ompée et de Crassus, comptait bien
...autres adhérents que ceux qui l'accom-
...gnaient, en armes, sur le forum.
Cicéron ne tarda pas à s'apercevoir
...'il s'était fait illusion sur l'influence et
... force de son parti. Il se cacha d'abord
...r les terres d'un homme qu'il nomme
...ica. Puis, de la Lucanie il se rendit
... Brindes. Ce fut là, dans la maison de
... Lenius Flaccus, qu'il rencontra, pen-
...ant treize jours, une noble et coura-
...euse hospitalité. Il put enfin s'embar-
...uer à Brindes et passer à Dyrrachium.
...tticus l'engagea alors à se retirer sur
...s terres qu'il possédait en Épire. Cicé-
...on avait des ennemis en tous lieux :
...apprit avec terreur que les complices
...e Catilina s'étaient réfugiés en grand
...ombre dans toutes les parties de la
...rèce. Il s'apprêtait à chercher un re-
...uge en Asie lorsqu'un ami vint changer
...es résolutions. C'était Cn. Plancius,
...uesteur d'Apuléius, préteur de la Ma-
...édoine. Il conduisit Cicéron à Thessa-
...onique.
L'exilé se montra peu digne dans l'ad-
...ersité. Il ne se souvenait plus de cette
...hilosophie qu'il recommandait, en si
...eaux termes, à ses amis, et qui aurait
...û être la règle de sa conduite. D'abord
... voulut se tuer; puis il se contenta
...le se livrer à de perpétuelles et ridi-
...ules lamentations. Il ne se bornait pas
... accuser Clodius et les auteurs de son

exil : il accablait d'injustes reproches ses
amis les plus fidèles. On crut un instant
à Rome que le chagrin avait dérangé son
esprit.

TENTATIVE DE RÉACTION A ROME.
— Cependant les partisans de l'aristocratie, à Rome, commençaient à reprendre courage. Ils eurent même un instant la hardiesse de vouloir soumettre
au sénat les actes du consulat de César.
Celui-ci se contenta d'invoquer la loi
qui mettait à l'abri de toute poursuite
ceux qui étaient absents pour le service
de l'État, et il se hâta d'aller commencer contre les Gaulois sa glorieuse
expédition. Comme les patriciens ne
pouvaient atteindre le chef, ils voulurent
frapper ses partisans les plus dévoués.
Vatinius était du nombre. Il consentit
d'abord à paraître comme accusé devant le préteur Mummius. Il comptait,
sans doute, sur le crédit de César ; mais
quand il s'aperçut que, grâce à l'audace des fauteurs de la réaction, il courait risque d'être condamné, il appela
Clodius à son aide, et, se faisant suivre
d'une troupe de gens armés, il n'hésita
point à attaquer le préteur sur son tribunal. Ce ne fut qu'à grand' peine que
les accusateurs parvinrent à échapper à
ses coups.

CLODIUS FAIT DONNER A CATON LA
MISSION DE RÉDUIRE L'ÎLE DE CYPRE
EN PROVINCE ROMAINE. — Cicéron,
nous l'avons déjà dit, n'était pas le seul
homme qui dans Rome donnât des inquiétudes à César et à ses amis. L'inflexible opposition de Caton gênait les
triumvirs. Ils résolurent de l'éloigner à
tout prix. Ce fut encore Clodius qui se
chargea de l'exécution de leurs desseins.
Ptolémée, frère de Ptolémée Aulète,
gouvernait alors l'île de Cypre avec le
titre de roi. On invoqua un testament,
peut-être faux, de Ptolémée Alexandre,
qui léguait l'Égypte et ses dépendances
aux Romains. On pouvait invoquer ce
testament contre Ptolémée Aulète ; mais
celui-ci avait acheté à un prix énorme,
avec la protection de César et de Pompée, le droit de régner sur l'Égypte. Le
roi de Cypre, moins habile, n'écouta
que son avarice ; il aima mieux garder
son or que de se ménager l'appui de
ceux qui n'avaient qu'à prononcer un
mot pour le priver de la vie et de la

couronne. Il ne tarda pas à s'apercevoir de sa faute. Clodius, s'appuyant sur le testament de Ptolémée Alexandre, proposa de réduire l'île de Cypre en province romaine.

La loi passa, et le but de Clodius fut atteint. Il se vengeait, d'un côté, du malheureux Ptolémée, qui jadis avait refusé de le retirer, en payant sa rançon, des mains des pirates; d'un autre côté, il avait un prétexte pour éloigner de Rome l'homme que le peuple, séduit par les apparences et les exagérations, appelait le vertueux Caton. Celui-ci fut désigné par une loi pour détrôner le roi Ptolémée, et on lui donna le titre de préteur. De plus, il avait mission d'aller apaiser les troubles qui avaient éclaté à Byzance.

Caton se soumit. Il se rendit d'abord à Byzance, où il apaisa les dissensions; puis, il se rendit dans l'île de Cypre. Là il n'eut plus qu'à organiser sa nouvelle province, et à dresser l'inventaire des trésors de Ptolémée, qui était mort par le poison. Il rapporta à Rome sept mille talents, qu'il déposa dans le trésor public. Il ne s'était réservé dans les riches dépouilles de l'île de Cypre qu'une statue de Zénon, chef de la secte stoïcienne. Lorsque Caton rentra dans Rome on voulut lui décerner de grands honneurs. Il montra alors, en les refusant, moins de vertu peut-être que d'affectation.

LES PATRICIENS S'ENHARDISSENT; LA RÉACTION DEVIENT PLUS FORTE; CLODIUS SE FAIT L'ENNEMI DE POMPÉE; L'ARISTOCRATIE DEMANDE LE RAPPEL DE CICÉRON. — Les nouvelles qui arrivaient de Rome à Thessalonique durent peu à peu diminuer les chagrins de Cicéron. Le parti aristocratique se relevait des coups que lui avaient portés les triumvirs, et il reprit bientôt assez d'influence et de force pour lutter avec avantage contre Clodius. Pompée lui-même vint prêter aide et appui aux patriciens. Il avait confié le jeune Tigrane à la garde de L. Flavius, un de ses amis. Clodius voulait favoriser l'évasion du prince; mais comme il ne put réussir dans son dessein, il se laissa entraîner aux plus grandes violences. Flavius faillit périr sous les coups des hommes que soudoyait le tribun.

C'était là une attaque directe cont[re] Pompée, qui, vivement irrité de l'insul[te] qu'il avait reçue, prêta l'oreille aux am[is] de Cicéron. Il fut permis dès lors [de] proposer ouvertement le rappel [de] l'exilé. Le consul Gabinius, de s[on] côté, abandonna Clodius. Le tribu[n] eut besoin dès lors de toute son éne[r]gie et de toute son audace pour rési[s]ter à ses nombreux ennemis. Il osa, s['il] faut croire le témoignage de Cicéro[n], attenter à la vie de Pompée. Il senta[it] que sa puissance allait décroître : Césa[r] était éloigné de Rome, et les magistra[ts] désignés pour l'année suivante, consu[ls] et tribuns, se montraient disposés à f[a]voriser les projets de l'aristocratie.

En effet, les consuls P. Corneli[us] Lentulus Spinther et Q. Cœcilius Mete[l]lus Népos étaient à peine entrés [en] charge (janvier 57), que le rappel d[e] Cicéron fut proposé dans le sénat. C[e] fut Lentulus qui prit la parole dan[s] cette grave affaire; il était sûr, à l'a[d]vance, de l'approbation et des applau[dissements de la faction aristocratiqu[e] qui l'écoutait. Le sénat se croyait dé[jà] tellement fort qu'il supposa un insta[nt] qu'il lui suffisait de manifester ses i[n]tentions et d'exprimer un vœu pour ab[o]lir les actes du tribunat de Clodius [et] pour ramener Cicéron en Italie. Pomp[ée] se montra plus prudent : il fallait, s[ui]vant lui, que dans cette circonstanc[e] les suffrages du peuple vinssent en aid[e] au sénat. Ce n'était qu'ainsi qu'on pou[vait annuler la loi de Clodius.

On essaya donc de tenir une assem[blée. Clodius ne recula point devant c[es] audacieuses tentatives de l'aristocrati[e]. Il rassembla tous ceux qui lui étaient d[é]voués, et il dissipa facilement les amis [de] Cicéron. Il y eut une mêlée qui coûta [la] vie à un grand nombre de citoyens, [et] dans laquelle fut blessé Cispius, l'un d[es] tribuns du peuple. Ce fut alors que [le] parti aristocratique songea à combattr[e] Clodius par ses propres armes. Il vou[lut avoir à ses ordres une troupe d'hon[mes armés : il soudoya des assassin[s], à la tête desquels se plaça le tribun Mi[lon. Cet homme, dont Cicéron n'a p[u] dissimuler la violence par ses éloges, éta[it] un italien de Lanuvium. Il était fils [de] Papius, qui avait joué un grand rôle dan[s] la guerre sociale. Il faut croire que, p[ar] alliances, il jouissait à Rome d'un [cert]ain crédit, puisqu'il épousa Faus[ta,] fille du dictateur Sylla. Devenu, par [con]viction ou par intérêt, l'ami des pa[tric]iens, il ne recula devant aucune [ext]rémité pour soutenir leur cause. [Qua]nd il eut à sa disposition une bande [d'a]ssassins, il engagea la lutte avec les [hom]mes du peuple qui suivaient le parti [de] Clodius. Il y eut alors à Rome un [dés]ordre effroyable; c'étaient des ba[tail]les perpétuelles qui jetaient la terreur [dan]s les esprits et causaient le plus grand [dom]mage à la république. Enhardi peut-[êtr]e par les violences de Milon, violen[ces] qu'il blâmait quand elles étaient com[mi]ses par Clodius, le sénat poursuivait [sa] marche et hâtait le retour de Cicéron. [Il f]ut décidé enfin (et l'aristocratie ap[pel]a autour d'elle tous les partisans [qu'el]le comptait en Italie) qu'il y au[rai]t une grande assemblée par centuries. [On] alla aux suffrages : la majorité resta [aux] sénateurs, et la loi tribunitienne qui [ex]ilait Cicéron fut abrogée.

Retour de Cicéron; continua[tio]n des désordres a Rome. — [Qu]and la Macédoine devint le gouverne[me]nt de Pison, Cicéron cessa de se [cro]ire en sûreté à Thessalonique. Il [qu]itta cette ville; mais comme ses amis [lui] annonçaient chaque jour quelque [nou]veaux progrès de la réaction, au lieu [de] fuir en Asie, il se rapprocha de l'I[tal]ie. Il se tint en observation à Dyrra[chi]um. Ce fut là qu'il apprit qu'une [loi] avait mis fin à son exil. Il se hâta [lor]s de s'embarquer et d'arriver à Brin[de]s. On fit en Italie au vaniteux ora[teu]r un accueil qui laissa dans son es[pr]it une trace profonde. « Toute la [r]oute, dit-il, depuis Brindes jusqu'à [R]ome, était encombrée par les popu[l]ations qui se pressaient sur mon pas[s]age. Il n'y eut aucun canton, au[c]une ville qui ne m'envoyât des dépu[t]ations pour me féliciter. Dirai-je la [m]anière dont j'étais reçu à mon arri[v]ée en chaque lieu ? Comment des [v]illes et de la campagne les hommes, [el]les femmes et les enfants accouraient [a]sur les chemins pour me témoigner [l]eur joie ? C'étaient partout des fêtes, [c]omme s'il se fût agi d'honorer les [ ]dieux. Mais le jour surtout où je ren[ ]trai dans Rome, ce seul jour me « vaut une immortalité. Je vis le sénat « et le peuple entier sortir des portes « pour me recevoir. Rome elle-même « s'arrachant, pour ainsi dire, à ses fon- « dements, semblait s'avancer pour em- « brasser son sauveur. On eût dit que « non-seulement les hommes et les fem- « mes de tout âge et de toute condi- « tion, mais les murailles elles-mêmes, « les maisons et les temples entraient « à ma vue dans des transports de joie. »

La foule accompagna Cicéron au Capitole. Crassus assista à ce triomphe. Il est permis de croire que dans cette démarche il était guidé par la peur. Il s'exagérait sans doute les forces de la réaction.

A peine rentré dans le sénat, Cicéron réclama les biens que la loi de Clodius lui avait enlevés. Il fut décidé par un sénatus-consulte que ses maisons de ville et de campagne seraient réédifiées aux dépens de la république.

Cicéron trouva bientôt moyen de témoigner sa reconnaissance à Pompée. Celui-ci l'avait abandonné d'abord à la haine de Clodius; mais enfin il s'était ravisé, et avait contribué à mettre fin à son exil. Cicéron sembla oublier l'injure pour ne se souvenir que du bienfait. Au moment où Rome était menacée d'une disette et où les pauvres citoyens, presque tous partisans de Clodius, commençaient à murmurer, il provoqua la loi qui donnait à Pompée, pour cinq ans, l'intendance des vivres dans toute l'étendue de l'Empire. Cette charge nouvelle conférait à celui qui devait l'exercer des pouvoirs presque illimités. Elle rendit pour quelque temps à Pompée l'influence et le crédit qu'il avait perdus, peu à peu, depuis le jour où il avait porté le dernier coup à la puissance de Mithridate.

Cependant les désordres continuaient dans la ville. Encouragé par Cicéron, soutenu par l'aristocratie, Milon ne cessait de provoquer Clodius. Celui-ci résista à Milon en repoussant la violence par la violence, et il rendit à Cicéron insulte pour insulte. Alors, il était encore assez puissant pour obtenir l'édilité, nonobstant la résistance de ses nombreux ennemis.

Ce fut vers ce temps que mourut Lucullus.

POMPÉE DEMANDE A ÊTRE ENVOYÉ EN ÉGYPTE POUR RÉTABLIR LE ROI PTOLÉMÉE AULÈTE; ON LUI PRÉFÈRE LENTULUS SPINTHER; SUITE DE LA LUTTE ENTRE CLODIUS ET CICÉRON. — Le roi d'Égypte, Ptolémée Aulète, était venu à Rome solliciter la protection des maîtres du monde. Il croyait qu'avec leur appui il reprendrait aisément possession du trône que lui avaient enlevé les Alexandrins. Il trouva, en effet, à Rome, un grand nombre d'hommes puissants qui se montrèrent disposés à soutenir ses droits. C'étaient ceux qui espéraient obtenir la mission de conduire une armée en Égypte. Pompée surtout convoitait un commandement qui devait non-seulement lui procurer d'immenses richesses, mais encore raviver le souvenir de ses anciens exploits. La faction aristocratique lui préféra Lentulus Spinther. Le peuple, peut-être, eût désigné Pompée, si, par une ruse habile, quelques citoyens n'eussent déjoué toutes les ambitions. On statua que celui qui aurait mission de rétablir Ptolémée sur son trône n'emmènerait avec lui que deux licteurs. C'était ménager au protecteur du monarque égyptien un rôle qui ne convenait pas à Pompée.

Sous le consulat de Cn. Cornélius Lentulus Marcellinus et de L. Marcius Philippus (56), Cicéron et Clodius continuèrent à agiter la république. Clodius avait été accusé, l'année précédente, par les amis de Cicéron. Quand il fut nommé édile, il usa de représailles. Il poursuivit Milon, l'accusant devant le peuple de s'être rendu coupable de violences attentatoires à la tranquillité publique. Milon, soutenu du crédit de Cicéron, n'essaya point d'éviter un jugement. Il comparut devant le peuple. C'était Pompée qui s'était chargé de le défendre. Il prit la parole, en effet; mais bientôt il fut interrompu par la foule qui environnait Clodius : on l'accabla de sarcasmes et des plus sanglantes injures. De là un désordre immense qui finit par un combat.

Ce fut alors que Cicéron, excité sans doute par Milon, prit la résolution, pour triompher dans la lutte, de recourir aux moyens qu'il avait si souvent condamnés chez ses ennemis. Il se rendit au Capitole et enleva de force les tables sur lesquelles étaient gravées les lois por[tées] par Clodius. Cet acte révolta Cato[n et] tous les bons citoyens. Cicéron éga[la] d'un coup, Clodius dans ses violen[ces].

CÉSAR, POMPÉE ET CRASSUS L[E] SERRENT LA LIGUE TRIUMVIRALE. – n'y avait alors à Rome nulle auto[rité] qui pût triompher de tels excès. Pom[pée] qui était resté trop longtemps inac[tif] n'avait plus assez de crédit pour dom[pter] les factions. Il inspirait de la jalousi[e à] Bibulus, à Hortensius, à Marcellinu[s et] aux autres chefs du parti aristocratic[ue] qui ne lui pardonnaient point, d'ailleu[rs] de s'être ligué avec César. D'autre p[art] il était haï de la multitude, parce q[u'il] s'était fait l'ennemi de Clodius. Il é[tait] évident pour tous que la républi[que] allait périr.

Pompée ne se faisait plus alors [il]lusion sur sa faiblesse. Il redoutait [les] embûches de Crassus et l'ambition [de] César; mais enfin il comprenait qu'[eux] seuls pouvaient l'aider, par une so[lide] alliance, à reprendre dans l'État le r[ang] qu'il avait si longtemps occupé. Il réso[lut] donc de se rapprocher d'eux et de r[a]fermir le triumvirat. Crassus et C[ésar] aussi avaient besoin de Pompée, C[ésar] surtout, qui, éloigné de Rome, était [en] butte à de continuelles attaques. Que[lles] fois, en effet, depuis son départ, n'av[ait]on pas contesté la légalité des actes [de] son consulat! Que de fois ne lui ava[it]on pas disputé son commandement[!]

Pompée, Crassus et César se conc[er]tèrent pour une entrevue. Comme Cé[sar] ne pouvait sortir des limites de sa p[ro]vince, Crassus vint le trouver à Raven[ne] et Pompée le rencontra à Lucques. [On] accourut, de toutes parts, dans ce[tte] dernière ville, pour voir le vainqueur [des] Gaulois. Le nombre des magistrats [qui] le visitèrent fut si grand que l'on com[pta] à sa porte jusqu'à cent vingt licteu[rs].

Quand les triumvirs se séparèrent [ils] avaient réglé entre eux les affaires de [la] république et du monde. César dev[ait] être prorogé dans son commandem[ent] pour cinq années. Après avoir resse[rré] les liens qui l'unissaient à Pompée [et à] Crassus, il ne craignait plus de s'él[oi]gner. Il savait bien qu'après la c[on]quête de la Gaule, nul ne lui dispu[te]rait dans l'État la place qu'il conv[oi]tait.

Quant à Pompée et à Crassus, ils devaient s'assurer du consulat pour l'année suivante. Le premier s'était, en outre, réservé l'Espagne pour province; le second avait jeté les yeux sur la Syrie. Restait Cicéron, qui pouvait gêner les triumvirs dans l'accomplissement de leurs desseins. Pompée se chargea de lui imposer silence. Il le menaça : Cicéron, effrayé, changea de langage, et consentit à louer César. Comme ses amis s'étonnaient d'un pareil changement, il leur répondit : « Jamais les politiques habiles n'ont donné pour règle de s'attacher invariablement à une même façon de penser. Dans la navigation l'art prescrit de céder à la tempête..... En ce qui touche les affaires publiques, quand il s'agit de tendre au terme que nous nous proposons, qui est une tranquillité accompagnée d'honneur et de dignité, nous ne devons pas toujours tenir le même langage, quoique toujours nous devions envisager le même but. »

Pompée et Crassus, usant de la brigue et de la force, se firent nommer consuls (55). Ce ne fut pas sans peine, toutefois, qu'ils écartèrent un de leurs compétiteurs, L. Domitius Ahénobarbus, ennemi déclaré de César et l'un des plus fermes soutiens de l'aristocratie. Ils disposèrent de toutes les magistratures, et firent refuser à Caton le titre de préteur. Ils rencontraient parfois quelque résistance : ainsi lorsqu'on nomma les édiles, il y eut entre les partisans des divers candidats une terrible mêlée. On tua des hommes si près de Pompée que sa robe fut couverte de sang.

Les triumvirs étaient arrivés à leurs fins. Ils n'avaient plus qu'à donner à leurs actes l'apparence de la légalité. Ce fut le tribun Trébonius qui proposa la loi qui assignait aux consuls les gouvernements de Syrie et d'Espagne pendant cinq ans. Trébonius réussit, malgré l'opposition de Caton. Pompée se chargea lui-même de maintenir devant le peuple les intérêts de César. Il le fit maintenir, par une loi, dans le commandement des Gaules et de l'Illyrie. Ce fut alors que Caton, dans l'assemblée, se tournant vers Pompée, s'écria : « Ne vois-tu donc pas que tu te donnes un maître? Lorsque tu sentiras le joug, et que tu ne pourras le se-« couer ni le porter, alors tu retomberas avec ton fardeau sur la république. Tu te souviendras, mais trop tard, des avis de Caton. Aujourd'hui il parle dans ton intérêt lorsqu'il défend les lois et la vertu. »

§ IV. — *Expédition de Crassus contre les Parthes.*

CRASSUS REÇOIT POUR GOUVERNEMENT LA SYRIE ; SA JOIE ; SON DÉPART DE ROME ; IMPRÉCATIONS D'ATÉIUS. — Quand les consuls avaient tiré au sort les deux gouvernements que leur assignait la loi de Trébonius, le hasard les avait servis au gré de leurs désirs. L'Espagne appartenait à Pompée ; la Syrie à Crassus. Celui-ci manifesta la joie la plus vive. « Il se livrait à des transports qui ne convenaient ni à son âge, ni même à son caractère, assez éloigné de la jactance et de la fanfaronnade. La Syrie, les Parthes n'étaient que le prélude des projets dont il se repaissait. Il traitait de bagatelles les exploits de Lucullus contre Tigrane et de Pompée contre Mithridate. La Bactriane, les Indes et tous les pays qui s'étendent jusqu'à la mer orientale, voilà les conquêtes qu'il se promettait. Rien de tout cela n'était contenu dans la loi de Trébonius, qui faisait son titre. Mais elle lui ouvrait le champ : cela suffisait. Et quoique ce fût un crime contre l'autorité de la république que de donner une extension si violente à la loi, la puissance de Crassus, s'il eût réussi dans ses desseins, non seulement l'eût mis à l'abri de toute poursuite, mais lui eût assuré les applaudissements et le triomphe. César, par quelque motif que ce puisse être, augmentait l'ivresse de Crassus en entrant dans ses vues et en l'exhortant par lettres à entreprendre la guerre contre les Parthes. (*Crévier*.) »

Les levées de soldats que Crassus fut obligé de faire pour l'exécution de ses desseins excitèrent parmi le peuple de grands murmures. Deux tribuns surtout, Gallus et Atéius Capito, rendaient de plus en plus hostiles au consul les dispositions de la foule. Ils essayèrent même d'arrêter les levées de troupes et de mettre obstacle au départ du consul. Il persista, néanmoins, dans son dessein ; mais pour plus de sûreté et pour exciter le respect de la multitude, il voulut se faire accompagner jusqu'aux portes de la ville par Pompée. Celui-ci se prêta de bonne grâce aux désirs de son collègue. A la vue de Pompée, le peuple se calma, et abandonna toute idée d'insulte et de résistance. Il n'en fut pas de même d'Atéius Capito. Il suivit Crassus depuis le Capitole, où il essaya en vain de le troubler par de funestes présages, jusqu'aux portes de la ville. Là il fit allumer un brasier, et, après avoir fait des libations suivant le rit consacré, il dévoua le consul et son armée aux dieux infernaux. Ce spectacle étrange frappa les soldats, et dut les jeter dans un profond découragement.

LA SYRIE GOUVERNÉE PAR GABINIUS; RÉTABLISSEMENT DE PTOLÉMÉE AULÈTE SUR LE TRÔNE D'ÉGYPTE; COMMENCEMENTS DE MARC-ANTOINE. — Pompée, en quittant l'Asie, avait laissé l'administration de la Syrie à Scaurus, qui, comme ses successeurs Marcius Philippus et Lentulus Marcellinus, s'enrichit sans doute dans cette belle province, mais ne sut pas toujours la protéger contre les incursions des Arabes. Sur la proposition de Clodius, la Syrie devint province consulaire. On la destinait à celui qui avait si bien servi la haine du tribun contre Cicéron.

Quand Gabinius entra en possession de son gouvernement, il eut d'abord à régler les affaires de la Judée. Ce petit pays était toujours en proie à de violentes dissensions. La guerre qui avait éclaté au temps de Pompée, entre Hyrcan et Aristobule, s'était rallumée. Gabinius se comporta avec sagesse et fermeté, et apaisa tous les troubles dans le pays. Il ramena Hyrcan à Jérusalem, et le remit en possession du souverain sacerdoce, qu'on lui avait enlevé. De là il se préparait à faire la guerre aux Parthes, qui étaient alors en proie à de violentes discordes, lorsque l'arrivée de Ptolémée Aulète changea tous ses desseins. Le roi détrôné lui promit dix mille talents s'il parvenait à le replacer sur le trône d'Égypte.

Gabinius n'hésita pas un instant. Il traversa la Judée avec ses troupes, s'engagea dans le désert qui se trouve aux confins de l'Afrique et de l'Asie, et bientôt il arriva devant Péluse. Après s'être emparé de cette ville, il ne rencontra plus de résis tance en Égypte. Les Alexandrins aba donnèrent lâchement Archélaüs, qu'il avaient choisi pour roi, et Ptolémée Au lète régna une seconde fois par la v lonté de Gabinius.

Le général romain avait été parfaite ment secondé dans toutes ses opératio par le commandant de sa cavalerie. C' tait Marc-Antoine, fils d'Antoine Crétique (ainsi nommé parce qu'il ava échoué dans une expédition contre l'î de Crète), et de Julie, qui appartena à la famille des Césars. Ce jeune homm n'était connu à Rome que par ses d bauches. Il se trouvait en Grèce, où étudiait l'éloquence, lorsqu'il rencont Gabinius, qui se rendait en Syrie. Il co sentit à suivre le proconsul, qui lui co fia le commandement de sa cavalerie. n'eut pas de peine à gagner, par sa f miliarité et son courage, l'affectio des soldats. Il fut à coup sûr, dès s débuts, l'un des officiers les plus h biles et les plus braves de l'armée Gabinius.

Celui-ci revint de son expédition ple d'inquiétude. Il n'ignorait pas qu'u loi, qui avait pour but de modérer l'a bition de Pompée, avait défendu d'en ployer les troupes romaines pour le r tablissement du roi d'Égypte. Il cr qu'il n'avait un moyen de se fai pardonner, c'était de mener à bonne f quelque entreprise glorieuse. Déjà il préparait à faire la guerre aux Parthe lorsqu'il reçut un lieutenant de Cra sus, qui venait prendre le command ment de toutes les troupes qui se tro vaient en Syrie.

EXPÉDITION DE CRASSUS CONTI LES PARTHES (1). — Crassus n'écou point les imprécations d'Atéius; il ava hâte d'aller en Asie chercher la gloire les richesses dans les aventures d'u guerre lointaine. Il s'embarque à Bri des en dépit de l'hiver, et sa flotte pe quelques vaisseaux. Ses premiers succ en Syrie augmentent ses espérances son ardeur. Il jette sans obstacle un po sur l'Euphrate, et son armée travers ce fleuve en sûreté. Plusieurs villes des

(1) V. pour les détails l'*Histoire de la Sy* ancienne qui a été publiée dans la collect de l'Univers.

Mésopotamie font leur soumission. Zénodotie résiste seule, et ses défenseurs tuent ent soldats romains. Crassus donne l'assaut, s'empare de la place, la met au pillage, et ordonne de vendre tous les habitants. L'armée romaine décerne à son énéral le titre d'Imperator. Les villes oumises reçoivent des garnisons qui iontent à sept mille fantassins et mille ievaux. Crassus retourne prendre ses uartiers d'hiver en Syrie.

Ce retard fut une faute; les Romains iraient dû poursuivre leur marche et ccuper les villes de Babylone et de Séucie, de tout temps ennemies des Pares. Par leur funeste lenteur, ils donèrent aux barbares le temps de préparer la défense. Crassus, durant ce second jour en Syrie, se conduisit, dit Plurque, plutôt en commerçant qu'en énéral d'armée. Au lieu de faire la reue de ses troupes, de les tenir en haîne par des exercices et des jeux mitaires, il s'amusa pendant plusieurs urnées à compter les revenus des lles, à peser lui-même, à la balance, us les trésors que renfermait le temple e la déesse d'Hiérapolis. Sur ces entreiites arrivèrent des ambassadeurs d'Arce, roi des Parthes. « Si cette armée, rent-ils à Crassus, est envoyée par les omains, notre roi leur fera une uerre implacable; mais si, comme on ous l'a dit, c'est contre la volonté de ome, et pour satisfaire sa propre cuxdité, que Crassus est entré en armes ins le pays des Parthes et s'est emparé leurs villes, Arsace, lui donnant xemple de la modération, aura pitié sa vieillesse, et laissera la libre sortie ses États aux soldats romains, qu'il garde plutôt comme ses prisonniers, ie comme des troupes établies en garson dans ses villes. » Crassus s'ingna de ce dédain orgueilleux des barres : « C'est à Séleucie, s'écria-t-il, que vous rendrai réponse. » Vagisès, le us âgé des ambassadeurs, se mit à re : « Crassus, il croîtra du poil dans creux de ma main, avant que tu aies vu Séleucie. » Le sort en était é. Les armes seules allaient décider la erelle (1).

Les Parthes étaient de redoutables ennemis. « Cette cavalerie scythique, qui se recrutait par des achats d'esclaves, comme les mamelucks modernes, campait sur l'ancien empire des Séleucides, dans la haute Asie. Hommes et chevaux étaient bardés de fer; leurs armes étaient des flèches terribles, meurtrières et dans l'attaque et dans la fuite, lorsque le cavalier barbare, courant à toute bride, les décochait par dessus l'épaule. L'empire des Parthes était fermé aux étrangers comme aujourd'hui celui de la Chine (2). »

Quelques-uns des principaux officiers de l'armée romaine, et de ce nombre le questeur Cassius, étaient d'avis que Crassus s'arrêtât devant les périls d'une nouvelle campagne. Le général n'écouta point leurs conseils. L'arrivée d'Artabaze, roi d'Arménie, accrut encore son aveugle confiance. Ce prince lui amenait six mille cavaliers; il promettait, en outre, dix mille chevaux bardés de fer et trente mille hommes de pied, tous entretenus à ses frais. Il engagea les Romains à pénétrer dans le pays des Parthes par l'Arménie, où ils trouveraient toutes les provisions nécessaires, et où ils marcheraient en sûreté, protégés contre les attaques des ennemis par une longue chaîne de montagnes et par les accidents d'un terrain impraticable à la cavalerie. Crassus voulut passer par la Mésopotamie. Le roi d'Arménie se retira.

L'armée romaine traversa l'Euphrate sur un pont près de Zeugma. Elle comprenait sept légions d'infanterie, un peu moins de quatre mille chevaux, et à peu près autant de troupes légères. Les Parthes ne se montraient nulle part. Crassus, abusé, se crut vainqueur sans combat; mais Cassius lui représenta « qu'il devait laisser reposer son armée dans une des villes où il avait mis garnison, jusqu'à ce qu'il eût pris des informations plus sûres sur les desseins de l'ennemi ; que s'il n'approuvait pas cet avis, il fallait, en suivant l'Euphrate, gagner Séleucie, où il serait à portée de tirer des vivres en abondance de ses vaisseaux de charge, qui suivraient toujours le camp; que l'Euphrate les empêchant d'être enveloppés, ils auraient tou-

---

(1) Plutarque, *Vie de Crassus*, ch. 22.

(2) Michelet, *Hist. Romaine*, t. III, ch. 5.

jours l'ennemi en face et le combattraient sans désavantage (1). »

Crassus délibérait avec son conseil sur les propositions de Cassius, lorsqu'un chef d'Arabes, nommé Ariamnes, arriva dans le camp.

Cet homme, qui était d'intelligence avec les Parthes, persuada au général de s'éloigner du fleuve; il mène l'armée à travers de grandes plaines, par un chemin d'abord uni et aisé, mais qui bientôt devient très-difficile. On ne trouve plus que des sables profonds, que des campagnes découvertes, sans arbres, sans eau, s'étendant à perte de vue. Dans cette mer immense de sables les Romains se fatiguent et perdent courage. Artabaze, attaqué par les Parthes, envoie des courriers à Crassus, et l'invite à retourner vers l'Arménie. Crassus persiste à s'avancer dans les plaines ouvertes à la cavalerie des barbares. Il voit enfin apparaître l'armée, jusque là insaisissable, du suréna. Il range ses troupes en bataille; d'abord, par le conseil de Cassius, il étend le front de son infanterie et place la cavalerie sur les ailes; mais ensuite il change de tactique, et forme une phalange carrée d'une grande profondeur, soutenue par la cavalerie. Il force ceux qui veulent prendre leur repas à manger debout, sans quitter leurs rangs. Il marche au combat d'un pas précipité, et ne s'arrête qu'en face de l'ennemi. Le suréna avait dissimulé une partie de ses forces; mais dès que le signal est donné tout s'ébranle; la campagne retentit de cris affreux et d'un bruit épouvantable : les Parthes avaient pour s'animer à la guerre des instruments creux, couverts de cuir, entourés de sonnettes d'airain, sur lesquels ils frappaient avec force, et qui rendaient un bruit sourd et effrayant. Bientôt les lourdes légions sont environnées d'une cavalerie qu'elles ne peuvent ni éviter ni poursuivre. Les Parthes font étinceler au soleil le vif éclat de leurs armes. A leur tête brille le suréna, le visage peint à la façon des Mèdes, les cheveux séparés sur le front; il se distingue à sa taille et à sa beauté. Les longues flèches portent des coups sûrs dans le bataillon carré des Romains, et cette pluie redoutable ne s'arrête pas. Les Par[thes] ont derrière leur armée des cham[eaux] tous chargés d'armes, et ils renouve[llent] sans cesse leurs carquois. Cepen[dant] le jeune Crassus, avec la cavalerie [s'é]lance contre les barbares; ceu[x-ci] prennent la fuite; l'infanterie [ro]maine se précipite en avant pour le[s at]teindre. Alors les cavaliers ba[rba]res tournent bride, et font volt[iger] autour des légions leurs chevaux, [qui] les pieds, frappant le sable, élèvent [un] épais nuage de poussière. Les Roma[ins] aveuglés, peuvent à peine se défen[dre.] Vainement le fils de Crassus les ex[cite] ils lui montrent leurs mains atta[chées] à leur bouclier, leurs pieds percé[s et] cloués en terre. Crassus se lance en a[vant] avec une troupe de cavaliers; il est t[ué] les barbares lui coupent la tête, et la [pro]mènent sur une pique. Le sort de la j[our]née était décidé. L'infanterie prolo[ngea] mollement la lutte jusqu'à la nuit. [Le] lendemain, le vieux Crassus, qui a[vait] supporté avec beaucoup de courag[e la] mort de son fils, fut contraint de l[ever] le camp, d'abandonner environ qu[atre] mille blessés et de chercher un a[sile] dans la ville de Carres. Il quitta b[ien]tôt cette place; mais, encore trompé [par] un traître, il se vit de nouveau entou[ré] par les Parthes. Les soldats le for[cèrent] à accepter une entrevue avec le suré[na.] Il se livre avec une faible escorte [et] tombe assassiné. Une partie de ses tr[ou]pes se rend; l'autre prend la fu[ite,] mais elle fut presque anéantie par [les] Arabes lancés à sa poursuite. On é[va]lua la perte des Romains, dans cette [ex]pédition, à vingt mille morts et [dix] mille prisonniers. Sans le lieuten[ant] Cassius les vainqueurs auraient env[ahi] la Syrie (54).

ACCUSATION PORTÉE A ROME C[ON]TRE GABINIUS. — Sous le consulat [de] L. Domitius Ahénobarbus et d'Ap. Cl[au]dius Pulcher, l'année même où Cr[as]sus succombait en Asie avec son ar[mée, l'ancien gouverneur de la Sy[rie] Gabinius, avait à répondre à Rome [des] plus graves accusations. Le plus acha[rné] de ses ennemis était Cicéron. Gabin[ius] fut jugé d'abord pour avoir, non [ob]stant les lois, conduit une armée [en] Égypte. La protection de Pompée [et] d'abondantes largesses le sauvèrent

(1) Plut., *Vie de Crassus*, 24.

t absous. Puis, il eut encore à répondre deux autres accusations, celle de bri- le et celle de concussion. Pompée ne ssa point de le protéger ; mais cette is, peut-être, Gabinius avait trop mé- gé son argent : il fut condamné. Cicéron, par une complaisance ser- le pour Pompée, avait, à la fin, non- ulement cessé de poursuivre Gabinius, 'il méprisait, mais encore il avait pris défense. Ce fut sans doute dans un ␣ment où, revenant sur lui-même, il ␣ngeait à de pareilles lâchetés, qu'il s'é- ␣a : « O Caton, que tu es heureux ! toi qui personne n'ose demander une ␣ose qui soit contraire à l'honneur. »

V. Pompée seul maître à Rome après la mort de Crassus.

CORRUPTION DES MŒURS ; TOUS ␣S PARTIS SE LIVRENT A DE HON- ␣USES INTRIGUES. — La mort de ␣assus rompit la ligue triumvirale. ␣mpée et César restaient seuls en pré- ␣nce. Ils ne cessaient point de se donner ␣s marques d'amitié, et il semblait qu'ils ␣ voulussent rien changer à leurs pre- ␣ers arrangements. Toutefois, on pré- ␣yait déjà qu'entre eux la lutte était im- ␣nente. L'un et l'autre ne pouvait vivre ␣ns la république qu'à la condition ␣occuper le premier rang. Bientôt la ␣rt de Julie, fille de César et femme ␣Pompée, vint rompre le dernier lien ␣ unissait les deux ambitieux. Rome était alors en proie aux plus ␣ves désordres. La corruption était ␣rtout. Les magistratures les plus éle- ␣es ne s'acquéraient qu'au moyen de ␣mbats sanglants, que se livraient entre ␣ les différents compétiteurs, ou bien ␣ore elles étaient le prix des plus infâ- ␣s transactions. Il n'était pas, en réalité, ␣e fonction publique qu'on ne pût ac- ␣érir par un sordide marché. Parfois ␣e voix austère, celle de Caton, par ␣mple, se faisait entendre, et modé- ␣t pour un instant les ambitieux ; ␣is bientôt la république avait à gé- ␣r de nouveaux scandales. En l'an- ␣e 54, quand il fallut élire de nou- ␣ux consuls, quatre candidats se pré- ␣ntèrent : c'étaient Messala, Scaurus, ␣mitius Calvinus et Memmius. Ils n'é- ␣␣gnèrent rien pour réussir. Deux ␣ntre eux, Domitius et Memmius, s'a- dressèrent aux consuls en charge, Do- mitius Ahénobarbus et Ap. Claudius Pulcher. Ils proposèrent à chacun quatre cent mille sesterces, et, à défaut d'ar- gent, ils offraient de fournir, par un faux sénatus-consulte, de riches provinces à exploiter à ceux qui les auraient fa- vorisés. Cette coupable transaction fut connue du sénat ; et cependant cette af- faire n'eut aucune suite. Seulement les élections traînèrent en longueur. Il y eut un interrègne à la suite duquel Cn. Domi- tius Calvinus et M. Valérius Messala fu- rent nommés consuls. L'année où ils exer- cèrent leur magistrature (53) fut mar- quée par l'édilité de Favonius, qui se rendit ridicule par le soin qu'il prit d'i- miter Caton. Nous devons ajouter en- core que les désordres continuèrent dans les assemblées pour les élections. Il y eut souvent des combats entre les parti- sans des divers compétiteurs. Le con- sul Domitius fut blessé dans une de ces sanglantes collisions.

CLODIUS EST ASSASSINÉ PAR MI- LON. — Les brigues et la violence avaient arrêté le cours des lois, et il n'avait pas été possible de procéder d'une manière régulière aux élections. Il y eut donc, au commencement de l'année 52, un interrègne. Un crime commis par un des partisans de l'aristocratie vint met- tre le comble à tous ces désordres.

Milon se rendait à Lanuvium, lors- qu'il rencontra sur la route Clodius, son ennemi. L'un et l'autre étaient accom- pagnés d'amis et d'esclaves dévoués. Les deux troupes s'abordèrent et en vinrent aux mains. Clodius, blessé dans l'action, se retira dans une maison voisine du lieu où s'était livré le combat. Il se croyait en sûreté, lorsque Milon, suivi d'une troupe d'assassins, le surprit et le tua. On traîna son cadavre sur le che- min. Ce fut un sénateur qui le rapporta à Rome. Milon, l'auteur de cet odieux assassinat, se hâta d'affranchir tous ceux de ses esclaves qui avaient porté des coups à Clodius, pour n'être point forcé de les abandonner aux juges, qui les auraient livrés à la question.

La veuve de Clodius, Fulvie, qui de- vint plus tard la femme d'Antoine, ex- posa aux yeux de la foule le cadavre de son mari. Elle montrait, en pleurant, les blessures qu'il avait reçues. Ce spectacle émut le peuple, et la ville fut bientôt en proie à la plus vive agitation. On porta d'abord le corps de Clodius sur la tribune aux harangues, puis dans le palais Hostilien. Ce fut en cet endroit que la foule lui construisit un immense bûcher. On y mit le feu : la flamme dévora le palais Hostilien, plusieurs maisons, et elle laissa des traces nombreuses sur la basilique Porcienne qui avait été bâtie autrefois, par Caton le Censeur.

POMPÉE SEUL CONSUL. — Pompée comptait bien tirer parti de tous ces troubles, et il ne se trompait pas. Les excès des amis de Clodius ne tardèrent point à produire une sorte de réaction. Milon en profita. Il eut l'audace de revenir à Rome, et il continua à briguer le consulat. C'était accroître tous les embarras de la république. Deux hommes puissants, Métellus Scipion et Hypséus, se mettaient aussi sur les rangs. La lutte entre les trois candidats devint si vive, que les interrois n'osèrent point pendant deux mois convoquer le peuple pour les élections. Pompée ne se décidait pour aucun parti. Il attendait que par nécessité on vînt déposer en ses mains la souveraine puissance. Fatigués de ces longues discordes, les sénateurs, nonobstant leurs antipathies ou leurs appréhensions, se concertèrent, et l'un d'eux, Bibulus, autrefois si opposé au triumvirat, proposa de nommer Pompée seul consul. Il fut appuyé, pour cette grave infraction aux lois fondamentales de la république, même par Caton.

Pompée se trouvait, en réalité, investi de la dictature.

PROCÈS DE MILON. — Pompée était à peine entré en charge qu'il proposa de nommer une commission pour faire une enquête sur le meurtre de Clodius, sur l'incendie du palais Hostilien et sur les attaques qui avaient été dirigées contre la maison de l'interroi Lépidus. Le sénat, qui protégeait Milon, fit quelque opposition à Pompée; mais, à la fin, il céda. Le consul porta une nouvelle loi contre la brigue.

Quand la commission pour informer des désordres qui avaient troublé la ville fut nommée, les parents et les amis de Clodius se présentèrent devant elle, et se portèrent pour accusateurs contre Milon. Celui-ci, qui se faisait illusion, peut-être, sur la puissance et le cou[rage] de la faction aristocratique, ne re[cu]cula point devant le jugement. Il se pré[senta] avec fierté devant ses accusateurs.

Cicéron s'était chargé de le défendre. Il n'est pas douteux que l'orateur n'a[it] eu d'abord la ferme résolution de met[tre] au service de Milon toutes les res[sources] de son éloquence; mais quan[d] vint le moment de parler il trembla. Milon, qui connaissait bien le caractèr[e] de Cicéron, lui avait recommandé de s[e] faire apporter devant les juges dan[s] une litière fermée, afin de s'épargner [le] spectacle d'une multitude furieuse. C'é[ait] une sage précaution; mais elle fu[t] inutile. A la vue de Pompée, environn[é] de gardes, des gens armés qui couvraien[t] la place publique, et des partisans d[e] Clodius, qui poussaient de violentes cla[meurs], Cicéron se troubla. Il essaya d[e] parler; mais son discours, en un parei[l] instant, ne pouvait sauver Milon. L[e] meurtrier de Clodius fut condamn[é]. Il partit pour l'exil, et ses biens fu[rent] vendus. Il était à Marseille lorsqu[e] Cicéron lui envoya le plaidoyer qu[e] nous connaissons. Il avait été écri[t] après le jugement. « Si ce discour[s] avait été prononcé devant mes juges, dit Milon, je ne mangerais pas de si bo[n] poisson à Marseille. »

Après la mort de Julie, Pompée ava[it] épousé Cornélie, fille de Métellus Scipion. Vers le milieu de l'année il s'adjoigni[t] son beau-père dans le consulat.

Les deux consuls désignés pour l'an[née] suivante (51) furent Ser. Sulpiciu[s] Rufus et M. Claudius Marcellus.

CICÉRON PROCONSUL DE CILICIE. — Avant de commencer le récit de l[a] guerre civile qui éclata entre César e[t] Pompée, et qui ébranla l'Empire ro[main], nous devons parler en deu[x] mots de Cicéron, qui fut nommé, en l'an[née] 50, proconsul de Cilicie. Toutes le[s] provinces de l'Asie qui avaient subi l[a] domination romaine se trouvaient alor[s] exposées aux incursions des Parthes, qui se croyaient invincibles depuis la dé[faite] de Crassus. Ils poussèrent leur[s] ravages jusqu'aux portes d'Antioches; mais ils furent repoussés et battus pa[r] Cassius. Quand Cicéron arriva dans s[a] province, il ne trouva plus l'occasio[n] (et ce fut peut-être un bonheur pour armes romaines) d'entreprendre, à la tête de son armée, quelque sérieuse expédition. Il n'eut à combattre qu'une peuplade de brigands qui habitait le mont Amanus. Il les soumit aisément, ses soldats le proclamèrent *imperator*. Ce titre flatta sa vanité : il se crut un grand général, et dès lors il ne cessa de rêver le triomphe. Il faut dire, toutefois, que s'il ne brilla point dans la guerre, il se distingua par la justice et la douceur de son administration. Il réprima tous les excès, et, contrairement aux usages reçus, il ne vola ni l'argent des Ciliciens ni les deniers de la république. Il faut noter un fait : c'est qu'au temps de son proconsulat il eut à contraindre d'une manière sévère la connaite du rigide Brutus, qui se trouvait en liaison d'affaires avec d'infâmes usuriers.

Parlons aussi de la censure d'Appius. Cet homme, dont la conduite était loin d'être irréprochable, et qui était connu pour son luxe, essaya de jouer un instant dans la république le rôle de réformateur. Ce fut par lui que l'historien Salluste fut dégradé du rang de sénateur.

XI.

CÉSAR ET POMPÉE. — LA GUERRE CIVILE. — LA DICTATURE DE CÉSAR.

1. *Commencements de la guerre civile.*

L'ARISTOCRATIE OPPOSÉE A CÉSAR; ELLE AUGMENTE LA PUISSANCE DE POMPÉE, ET LE PREND POUR CHEF; CÉSAR POUSSÉ A LA GUERRE PAR DE CONTINUELLES ATTAQUES. — La mort de Crassus, comme nous l'avons déjà remarqué, avait rompu la ligue triumvirale. On ne voyait plus dans Rome que César et Pompée. Il ne faudrait pas croire pourtant que Crassus eût pu mettre longtemps obstacle à la rivalité qui devait amener la ruine de la république et fonder le principat. Il n'y avait en réalité que deux grands partis, celui de la démocratie et celui de la vieille aristocratie. Ces deux partis devaient naturellement prendre pour chefs, au moment de la lutte, César et Pompée. Crassus eût été relégué au second rang. Il ne lui était pas donné non plus d'empêcher la guerre civile. Il n'existait pas à Rome un troisième parti qui pût se placer, comme modérateur, entre les deux autres et maintenir dans l'État un salutaire équilibre. La lutte entre César et Pompée était inévitable. La mort de Julie contribua plus, peut-être, que celle de Crassus à désunir les deux ambitieux.

« Pompée, demeuré seul à Rome, s'y regarda comme solidement appuyé; son troisième consulat, en effet, après de si grands désordres, le rendit définitivement l'arbitre des affaires, en lui conciliant le parti qui voulait encore conserver la république. Il pensait gagner beaucoup à taire ou diminuer les victoires de la Gaule, et empêchait quelquefois les consuls de lire les lettres de César. Ce rival, plus habile, au milieu des révoltes de la Gaule, avait toujours l'œil sur Rome. Après un commandement si long, il n'y avait pas plus de sûreté que de douceur pour lui à rentrer dans la vie privée; il faisait toutes ses dispositions pour garder son pouvoir. En renouvelant ses levées, il renvoyait sans cesse des soldats dévoués, qui se trouvaient aux élections et soutenaient ses amis. Des sommes considérables accroissaient en secret le nombre de ses partisans, et en public sa renommée. Ainsi, quoique absent, il embellissait Rome d'un nouveau forum, et commençait à construire sur le Champ-de-Mars des parcs de marbre, entourés d'un portique de mille pas et couverts d'un toit, avec une villa publique pour les comices. Un de ceux qui dirigeaient ces travaux était Cicéron. Tous les accusés, bannis par suite des réformes de Pompée dans les procédures, se retiraient auprès de César. En même temps le grand capitaine, durant ses quartiers d'hiver, s'occupait avec soin des habitants de la Cisalpine, réunissait régulièrement leurs états ou assemblées générales, et suivait son premier projet de substituer dans leurs villes le régime municipal au droit latin; il fondait comme premier essai le municipe de Novocomum (Côme). Il s'attachait par ses bienfaits toute cette énergique population. Quand il vit Pompée prorogé dans ses gouvernements, il ne manqua pas de demander le même avantage, et une prorogation au moins en

Cisalpine; le sénat refusa. Alors un des centurions chargés de cette demande mit la main sur son épée en disant : celle-ci le lui donnera. L'un des consuls, M. Marcellus, s'était déclaré contre César avec une sorte d'acharnement, et non content de ce refus, il y ajouta une injure inutile, en faisant battre de verges un magistrat de Novocomum sorti de charge, et qui se présentait en conséquence comme citoyen romain : « Va, lui dit-il, montrer à César ces marques d'infamie. » Il était sans doute si hardi à cause des bruits fâcheux qui couraient tout bas sur la position du général en Gaule : César avait perdu toute sa cavalerie; sa septième légion avait été fort maltraitée, et lui-même était assiégé par les Bellovaques, sans communication avec le reste de son armée. Quand ces nouvelles furent dissipées, Marcellus n'insista pas moins pour la révocation de César; la délibération sur cette affaire fut remise à l'année suivante; on décida seulement que les deux rivaux donneraient chacun une légion, qu'on enverrait à la défense de la Syrie contre les Parthes. Pompée tergiversait, ne disant jamais ce qu'il pensait, quoiqu'il n'eût pas assez d'esprit pour dissimuler entièrement. Son langage fit conjecturer qu'il était en négociation avec César, et que celui-ci opterait entre sa province et le consulat; rien ne fut décidé.

« Pompée prit du reste la précaution de faire nommer consul C. Marcellus (1), un des hommes les plus zélés du bon parti, et tribun Curion, qui promettait de servir également cette cause. Pour fournir sa légion, selon le décret, il redemanda celle qu'il avait prêtée à César, afin de lui en ôter deux. Sa confiance s'accrut singulièrement l'année suivante. Une maladie grave, qui le retint à Naples quelque temps, fit éclater les plus flatteuses démonstrations. Aux vœux publics pour sa santé succédèrent quand il fut guéri des sacrifices et des fêtes de plusieurs jours, avec une émulation de joie dans toute l'Italie. On voyait des banquets jusque sur les chemins; une foule continuelle, ornée de couronnes et portant des flambeaux, se pressait sur son passage et lui jetait des fleurs. La vanité de Pompée n'y tint pas; et pour achever de l'éblouir, les deux légions demandées arrivèrent de la Gaule. César s'était empressé de les envoyer; il évitait par là de donner prétexte contre lui, et en profitait pour lever bien plus de soldats nouveaux; mais le départ ne se fit pas sans de riches gratifications. Les deux légions arrivées en Italie parurent peu regretter leur chef; on parlait de César comme d'un homme fort au-dessous de sa réputation et peu aimé. Son armée tout entière devait l'abandonner à la première occasion, et, selon les rapports d'Appius, Pompée pouvait vaincre avec les forces mêmes de son ennemi. La vanité de Pompée n'en douta pas un instant. Désormais plein de mépris pour son rival, il se moquait de ceux qui appréhendaient une guerre; et quand on lui demandait avec quelles troupes il pourrait résister, il répondait d'un air riant : « En quelque endroit de l'Italie que je frappe du pied la terre, il en sortira des légions. »

« Pompée avait voulu cette année faire montre de la censure, après une interruption de quinze ans, pour simuler une restauration complète de la république, et s'attacher davantage le parti des gens de bien, en restituant l'ambition aristocratique la charge autrefois la plus honorable. C'était dans cette double vue que sous son récent consulat il avait essayé de remettre la censure à neuf, par la loi de son beau père Scipion, laquelle annulait l'interdiction prononcée par Clodius. Mais quoi bon? Longtemps avant Clodius la censure ne pouvait plus rien : elle n'agissait que par la honte, et il n'y en avait plus. Les coupables lui échappaient par le nombre; des magistrats zélés auraient eu trop à punir pour éviter le reproche de n'avoir pas assez puni : aussi dès cette époque nul homme un peu sensé ne brigua plus cette charge. Pison et Appius furent les derniers censeurs. Cette triste politique nuisit à Pompée au lieu de lui servir. Appius, pour se donner du relief, nota, malgré son collègue, beaucoup de chevaliers et de sénateurs, qui devinrent, par cette raison, autant de partisans pour César.

« Un calme de longueur régnait dans

(1) C. Marcellus et L. Æmilius Paulus furent consuls en l'an 50.

ITALIE.

:ité; des deux côtés on semblait ndre d'engager le différend; aucune position de la part des deux consuls. ion n'était pas plus ardent, et l'on mençait à s'en défier. Il avait, en t, reçu de la Gaule de quoi payer ses :es immenses, et il savait qu'il n'aurait in consul à combattre; quinze cents nts avaient acheté le silence d'Émi--Paulus. Curion cachait son jeu pour plus sûrement; il attendait une occa- de rompre avec le sénat sans paraître rner au parti opposé. A la première tradiction qu'il éprouva, il se retira ; le peuple, et affecta de demander, un plébiscite qui ressemblait à ce- de Rullus, l'intendance pour cinq . Il comptait bien sur un refus des npéiens, et ne manqua pas de s'en ntrer offensé. Enfin C. Marcellus posa de donner un successeur à Cé- . Curion approuva, mais en ajoutant Pompée devait aussi renoncer à ses vinces et à ses troupes; ainsi, la ublique serait libre, n'ayant plus à craindre. Beaucoup se récrièrent ce que le temps du commandement de mpée n'était pas fini; Curion soutint nement son avis, et se fit ainsi un nd honneur parmi le peuple, qui le vrit de fleurs en le reconduisant, sortir du sénat; car rien n'était ; redoutable que de résister à Pom- . Ce chef alors, promenant sa con- escence en Italie, écrivit au sénat lettre artificieuse, où il rappelait : louange les actions de son rival et siennes, et finissait par offrir sa dé- sion d'un pouvoir qu'il n'avait ac- té que malgré lui, et pour rétablir dre dans l'État. A son retour, il ré- a la même chose, assurant que Cé- , son ami et son allié, ne désirait, mme lui, que le repos après tant de vaux et de gloire, et recevrait avec sir un successeur. Curion décon- a cette ruse, et répondit que ce n'é- pas assez promettre; que César ne de- pas être désarmé avant que Pompée rentrât lui-même dans la condition inaire; il voulait que tous deux fus- t déclarés ennemis publics, s'ils n'o- saient au sénat. Par ce détour adroit, laissait fort étonnés ceux qui le yaient vendu à César. Pompée, atta- .de front, ne put retenir sa colère,

et sortit de la ville en menaçant le tribun, et regrettant d'avoir relevé cette puissance tribunitienne qu'avait presque anéantie Sylla. Le sénat, fort agité, ne décida rien encore.

« Cependant César donnait la contre-partie des démonstrations de l'Italie en faveur de Pompée. Il vint lui-même parcourir les villes voisines de la Cisalpine : c'était la première fois qu'on le revoyait depuis ses guerres de Gaule ; il voulait remercier les habitants de l'augurat obtenu par Antoine, et leur recommander ses intérêts pour l'année suivante ; car ses adversaires se vantaient d'avoir fait élire consuls un autre Marcellus et un Lentulus, tous deux ses ennemis. On le reçut partout avec un incroyable empressement ; on décorait les chemins et les portes ; la multitude sortait à sa rencontre avec les enfants ; on immolait des victimes ; on dressait des tables dans les temples et sur les places. Il apprit que ses deux légions redemandées, au lieu de partir pour la Syrie, étaient retenues à Capoue, d'après l'avis de C. Marcellus. Il retourna une dernière fois visiter la Gaule, résolu de patienter encore, dans l'espérance d'en finir par les voies de droit plutôt que par les armes. Une nouvelle délibération eut lieu au sénat. Marcellus, divisant adroitement la question, proposa d'abord de révoquer César, ensuite d'abroger les pouvoirs de Pompée : on se partageait sur le second point ; on s'accordait sur le premier. Mais Curion, par une tactique contraire, persistait à proposer ou que Pompée licenciât ses troupes, ou que César gardât les siennes ; tous deux, réduits au rang de simples citoyens, en viendraient plus facilement à un traité plus équitable ; ou, s'ils restaient armés, ils se contenteraient de leurs avantages et seraient l'un pour l'autre un contre-poids, tandis qu'en affaiblir un seul c'était doubler la force de l'autre. Vainement Pompée reprenait l'exercice des déclamations, pour répondre avec plus de facilité à un si rude adversaire. Antoine, tribun désigné, avait lu devant le peuple, malgré le sénat, une lettre de César, qui offrait le licenciement des deux armées ; après quoi, les deux chefs viendraient aux comices rendre compte de leurs actes. Marcellus s'emporta, traita César de brigand, qu'on devait déclarer ennemi public, s'il ne désarmait pas. Curion, néanmoins, soutenu d'Antoine et de Pison, vint à bout de remettre à une nouvelle épreuve l'opinion du sénat; il fit d'abord voter ensemble sur la révocation de César et le maintien de Pompée, et la majorité se prononça pour cette double mesure; puis il posa cette seconde question : s'il ne convenait pas davantage que tous deux quittassent leur commandement; et vingt-deux sénateurs seulement rejetèrent cet avis, qu'adoptèrent le plus grand nombre. Alors Marcellus, se levant, s'écria : « Triomphez donc, afin d'avoir César pour maître; moi je ne resterai pas plus longtemps à écouter de vaines paroles, quand je vois déjà dix légions s'avancer du haut des Alpes sur la ville; je vais envoyer contre elles un homme capable de les arrêter et de défendre la patrie. » Il demanda aussitôt que l'armée de Capoue fût appelée à Rome, afin de s'opposer à l'ennemi du peuple romain. Ceci fit une vive impression; le bruit courait même que quatre légions césariennes allaient entrer dans Placentia. Comme Curion réfutait cette fausse nouvelle, le consul, plus irrité, reprit : « S'il ne m'est pas permis par le commun conseil de pourvoir au danger de l'État, seul j'y pourvoirai en vertu de ma charge. » Et, traversant la ville avec son collègue et presque tout le sénat, il se rendit chez Pompée : « Reçois, lui dit-il, ce glaive, avec lequel les deux consuls t'ordonnent de combattre César et de secourir la patrie. Nous te confions, en conséquence, l'armée de Capoue, toutes les troupes d'Italie, et la permission d'en lever de nouvelles à ta volonté. » Pompée obéit, en ajoutant avec sa fausseté accoutumée : « si l'on ne peut quelque chose de mieux. » Curion, n'ayant plus rien à faire, exhorta du moins le peuple à refuser l'enrôlement. Dès que son tribunat fut fini, il partit pour la Cisalpine, où il trouva César, qui s'approchait de l'Italie avec une seule légion de cinq mille hommes et trois cents chevaux. Ils tinrent conseil; César aima mieux négocier encore que de mander promptement toute son armée, comme le voulait Curion, et il pria ses amis de lui obtenir seulement deux légions, la Cisalpine et l'Illyrie, jusqu'à son procha[in] consulat. Cicéron, récemment arrivé [de] Cilicie, n'avait point pris part à ce d[ébat] mêlé; il était engagé avec les deux [ri]vaux : il eût désiré n'avoir point à se d[é]clarer entre eux; il regrettait presq[ue] son insupportable province; il compt[ait] sur sa demande du triomphe pour d[e]meurer hors de Rome et du sénat. Il r[e]cevait des lettres de César, et lui av[ait] emprunté de l'argent; mais il le cr[ai]gnait toujours plus qu'il ne l'aimait. [Il] penchait pour Pompée, qui l'entreten[ait] confidemment, qui lui témoignait bea[u]coup d'affection et de zèle, qui para[is]sait tenir en outre le parti le plus ho[n]nête, celui du sénat, des magistra[ts], tandis que la faction se grossissait [de] tous ceux qui n'avaient à craindre que [le] bien, à espérer que dans le mal. D'[un] autre côté, quel tort d'avoir rendu Cés[ar] si puissant? C'était s'y prendre un p[eu] tard que de combattre un homme qu'[on] élevait depuis dix ans sur la tête de tou[s]. « Dites-moi, je vous prie, ce que c'est q[ue] le bon parti. Je vous avoue que je ne [le] connais pas, du moins je ne le vois da[ns] aucun corps de l'État. Est-ce le sénat, q[ui] laisse les provinces sans commandemen[t]? Sont-ce les chevaliers, qui n'ont jam[ais] été attachés à la république, et qui so[nt] maintenant dévoués à César? Les co[m]merçants et les agriculteurs, qui [ne] cherchent qu'à vivre en repos? César [a] onze légions, de la cavalerie tant qu[i'il] voudra, les villes transpadanes, la p[o]pulace de Rome, presque tous les t[ri]buns, une jeunesse perdue; sa glo[ire] militaire et son audace... Oui, comb[at]tons, afin que, si nous sommes vaincu[s] il nous en coûte la vie, et si nous so[m]mes vainqueurs, la liberté. Que fa[ire] donc?... Les choses étant venues à [ce] point, je ne demanderai pas où est [le] vaisseau des Atrides; le mien sera ce[lui] que Pompée conduira. Comme le bo[euf] suit son troupeau, je suivrai les ho[n]nêtes gens, ou ceux qu'on appelle de [ce] nom; mais je vois bien ce qui serait [le] mieux. »

« Ainsi le sage consulaire, en reco[n]naissant qu'il était plus honorable [de] périr avec Pompée que de vaincre av[ec] César, ne se dissimulait pas que la [ré]publique était toujours sacrifiée; qu[i'il] fallait avant tout éviter la guerre, rder au vainqueur des Gaules ce demandait. Plein de cette pen-, il essaya sa médiation, et trouva moyen terme : que César se contentât ses provinces, en ne gardant que six le hommes. Cet accommodement fut pté de César et de ses amis ; Pompée cédait aussi ; mais Marcellus n'y sentit point, et Caton criant que npée se laissait duper, la négociation rompue. Curion revint tout à coup une dernière lettre de César au sé-, dans laquelle il protestait qu'il était t à se démettre, pourvu que Pompée ît autant ; sinon, loin de se livrer à ennemis, il vengerait enfin ses inju- Les consuls Lentulus et M. Marcel- empêchaient que cette lettre ne fût ; Antoine, tribun, l'emporta ; mais, t d'une voix, sur l'avis de Métellus ion, il fut décidé que César serait placé par Domitius dans la Gaule ; à un jour fixé il licencierait ses lé- s, sous peine d'être regardé comme emi public : on n'écoute ni ses amis, ison, son beau-père ; on interdit aux uns le veto ; on chasse avec menaces oine et Cassius, en dépit de leur in- abilité. Ils sortirent en menaçant à tour ; pour se soustraire aux satellites Pompée, ils partirent de Rome sous habits d'esclave, et se dirigèrent vers ar, qui les attendait. Le sénatus-con- e des extrêmes nécessités avait pro- é que les consuls, tous les magis- s et les consulaires pourvussent au lt de la cité (1). »

ÉSAR, POUSSÉ A BOUT, COMMENCE GUERRE ; IL PASSE LE RUBICON ; IREUR QU'IL INSPIRE ; POMPÉE S'EN- T DE ROME AVEC LES MAGISTRATS LES SÉNATEURS. — Quand César rit à Ravenne ce qui s'était passé à ne il n'hésita pas un instant ; il ras- bla les soldats qu'il avait autour de leur parla, et il ne lui fut pas difficile es entraîner. Ils promirent tous, à nds cris, de le suivre, de le défendre e venger l'injure qui avait été faite tribuns. Il n'avait alors à sa dis- tion que cinq mille hommes de pied rois cents cavaliers. Il se hâta d'é- à ses lieutenants de lui amener les lé-

() Dumont, *Hist. Romaine*, t. II, p. 159

gions qu'il avait laissées dans la Gaule, et, sans les attendre, il se décida à surprendre Ariminum. Il fit partir dix cohortes sous les ordres du fils d'Hortensius. Pour lui, il resta encore quelques heures à Ravenne. Il se montra à un spectacle, assista à un banquet, et quand il vit que nul ne soupçonnait ses desseins, il partit secrètement, et rejoignit ses cohortes près du Rubicon. Il traversa bientôt ce petit ruisseau. Tous les historiens ont parlé du passage du Rubicon ; il faut remarquer toutefois qu'il n'en est pas fait mention dans les *Commentaires*. Suétone raconte qu'arrivé au bord de la rivière, César se retourna vers ses amis, parmi lesquels se trouvait Asinius Pollion, et leur dit : « Nous pouvons encore revenir sur nos « pas ; mais si nous traversons ce petit « pont, la guerre est notre unique res- « source (1). » Il ne faut, peut-être, rien ajouter à ce passage de Suétone. Il prouve seulement que César ne s'engageait pas sans tristesse, quoiqu'il y fût forcé, dans une guerre terrible dont nul ne pouvait prévoir les résultats. Mais sa résolution était prise : il n'avait pas encore quitté Ravenne que déjà il était décidé à franchir le Rubicon.

César s'empara d'Ariminium. Ce fut dans cette ville qu'il rencontra les deux tribuns Antoine et Cassius. Ils avaient été obligés de fuir avec des vêtements d'esclave qu'ils avaient conservés pour se montrer aux soldats. Ceux-ci, à la vue des deux tribuns, poussèrent des cris de fureur, et jurèrent encore une fois de venger leurs magistrats outragés et de suivre César contre ses ennemis, en quelque lieu qu'il voulût les mener.

La nouvelle de la prise d'Ariminium causa dans Rome un trouble immense. Pompée, le sénat, toute la faction aristocratique furent étourdis d'un coup si imprévu. Ils croyaient apercevoir déjà César aux portes de la ville avec ses vétérans et des bandes de Gaulois. Tout le monde s'adressait à Pompée. Ceux qui ne l'avaient élevé ou maintenu au premier rang que par nécessité l'accablaient de reproches. « Où sont tes forces, lui disaient-ils, pour nous défen-

(1) Etiam nunc regredi possumus ; quod si ponticulum transierimus, omnia armis agenda runt. (Suétone, *Cæs*, 31.)

dre contre César? Frappe donc la terre du pied pour en faire sortir des légions. » Caton lui-même, qui conseillait de remettre entre les mains de Pompée toute l'autorité, ne cessait d'augmenter l'anxiété de ses amis et du sénat par d'amères réflexions. « Oui, disait-il, si « vous aviez voulu me croire, vous ne « seriez point réduits aujourd'hui à cette « alternative, ou de craindre un seul « homme ou de mettre toutes vos es- « pérances en un seul. »

Pompée vit bien sa faiblesse quand il se trouva plutôt l'esclave que le chef d'un parti qui consumait en vains discours et en récriminations souvent dangereuses le temps qu'il aurait dû employer dans les préparatifs d'une vigoureuse résistance. Aussi, dans son découragement, le premier usage qu'il fit du commandement suprême fut d'abandonner Rome et d'ordonner à tous les sénateurs de le suivre. Il déclara qu'il regarderait comme partisan et complice de César quiconque refuserait de sortir de la ville. Les consuls L. Cornélius Lentulus et Marcellus quittèrent Rome, et leur exemple fut suivi par les autres magistrats. Il n'y eut pas jusqu'à Pison, beau-père de César, qui ne marchât à la suite de Pompée. Cependant, au moment même où la ville était ainsi abandonnée par l'aristocratie, on voyait accourir dans ses murs les Italiens, qui, effrayés par de faux bruits, fuyaient à l'approche du vainqueur des Gaulois. Les chemins étaient couverts d'une foule immense d'hommes, de femmes et d'enfants qui cherchaient un asile, dans la prévision d'une guerre d'extermination. Il ne faudrait pas croire, toutefois, que les Italiens fussent, en général, hostiles à César. Les petits propriétaires redoutaient bien davantage la rapacité et la dure administration de l'aristocratie. Aussi, quand les craintes qu'engendre la surprise furent dissipées, ils refusèrent de prêter aide et appui à Pompée. Ce ne fut qu'avec la plus grande difficulté que celui-ci put faire quelques levées en Italie.

PROPOSITIONS DE PAIX; MODÉRATION DE CÉSAR. — Pompée se retira, d'abord, en Campanie. Il était à peine sorti de Rome qu'il songeait déjà à gagner l'Apulie, pour se rendre ensuite dans les provinces de l'Orient, où il espérait trouver un grand nombre de partisans et de soldats. Toutefois, avant de prendre ce parti extrême, il essaya de négocier avec César. Il semble qu'en cette conjoncture il ait plutôt voulu lui donner des ordres que conclure un bon et solide arrangement. César était encore à Ariminium quand un jeune homme qui portait son nom et le préteur Roscius se présentèrent à lui, et cherchèrent à expliquer la conduite de Pompée. Celui-ci, disaient-ils, n'agit point par haine ni par envie, mais seulement par amour pour la république. César feignit de les croire; il accueillit leurs ouvertures et se montra disposé à faire la paix. Ce fut lui qui dans ses propositions se montra vraiment l'ami de la loi et de la république. Il voulait que Pompée allât en Espagne; que toutes les armées fussent licenciées; que dans toute l'Italie on mît bas les armes; que l'on écartât du gouvernement tout ce qui ressentait la terreur et la violence; que les élections des magistrats se fissent avec une liberté entière, et que la république fût administrée, comme autrefois, par l'autorité du sénat et du peuple. Il demandait, en outre, une entrevue avec Pompée. Cicéron nous apprend que César allait plus loin encore; il s'engageait à céder la Gaule transalpine à Domitius et la Cisalpine à Considius. Il renonçait enfin au privilége qui lui avait été accordé de solliciter le consulat quoique absent de Rome. Il déclarait que sur ce point il était prêt à soumettre à la règle commune. Pompée, excité par son entourage, rejeta ces propositions. Le parti aristocratique, qui tant de fois avait violé les lois, affectait de ne voir en César qu'un rebelle. Il exigeait qu'abandonnant Ariminium il repassât le Rubicon et rentrât dans sa province. Pompée et ses amis montraient par de telles prétentions, qu'ils ne voulaient pas devant la guerre civile. Une chose surtout avait accru leur audace, c'est que Labiénus, le meilleur des lieutenants de César, avait embrassé leur cause. Mais Labiénus prouva bientôt qu'il n'avait été habile dans la guerre des Gaules que parce qu'il avait suivi les ordres de César. Celui-ci, plein de mépris pour cette trahison, se vengea de son lieutenant avec sa générosité ttumée : il lui renvoya son argent et bagages.

CÉSAR, POUSSÉ A LA GUERRE, ATTA-E VIVEMENT LES POMPÉIENS; SES EMIERS SUCCÈS; PRISE DE CORFI-JM; DOMITIUS AHÉNOBARBUS ; GÉ-ROSITÉ DE CÉSAR. — César n'avait :ore autour de lui qu'un petit nom-: de soldats ; mais il déconcerta bien-ses ennemis par la rapidité de ses uvements. Il se jeta d'abord sur l'É-rie, et s'empara de Pisaurum et d'Ar-ium. Puis, Iguvium, Auximum et culum tombèrent en son pouvoir. jà les Italiens, rassurés, prenaient parti ır César. Les habitants d'Auximum di-ent au commandant pompéien qu'ils :ntendaient pas retarder par leur ré-tance le général victorieux qui avait si n servi la république. Le Picénum se larait ouvertement pour César, et lui irnissait de nombreux soldats. Les ha-:ants des municipes et des campagnes, i avaient tant souffert de la dureté des injustices des patriciens, commen-ient à mettre toutes leurs espérances celui qui s'annonçait comme le défen-ir des lois et qui n'usait de ses pre-iers succès que pour faire éclater sa odération. « Ils le reçoivent comme dieu, avec bien plus de zèle qu'ils n montraient auparavant pour la santé Pompée. Ils ont peur, dira-t-on ; mais lst, autrefois, répondent-ils, qu'ils aient peur. On tient compte au nou-au Pisistrate de tout le mal qu'il ne lt pas ; on espère en lui autant qu'on loute maintenant la cruauté de Pom-e. »

Corfinium fut la seule ville qui sem-a vouloir résister à César. C'est là e se trouvait Domitius Ahénobarbus ec trente cohortes et un grand nom-e de sénateurs et de chevaliers. Pom-e lui avait recommandé pourtant de rejoindre en Apulie, où il avait des-ın de concentrer toutes ses forces. Mais omitius aima mieux se porter contre ɛsar. Il fut bientôt assiégé dans Cor-iium. S'il avait commis une faute ne suivant pas les instructions de mpée, celui-ci, à son tour, eut le rt bien grave de ne pas le secourir. : succès de César à Corfinium devait ılever au parti pompéien la force de ré-iter en Italie.

Domitius tomba au pouvoir du vainqueur avec tous les personnages de marque qui l'environnaient. Parmi eux se trouvait Lentulus Spinther. César dit à ce dernier, qui implorait sa miséricorde : « Je ne suis pas sorti des limites de « ma province pour vous nuire ; je viens « pour rétablir dans ses droits et dans « sa liberté le peuple romain, opprimé par « la faction d'un petit nombre de riches « et de puissants. » Il pardonna aussi à Domitius Ahénobarbus et à tous ceux qui l'accompagnaient. Il fit plus : il restitua six millions de sesterces qui avaient été apportés à Corfinium pour la solde des troupes pompéiennes. « Je crains autant, « dit-il, le reproche d'avidité que ce-« lui de cruauté. » Plus tard, il écrivait à deux de ses amis, Balbus et Oppius : « Je suis charmé que vous approuviez « ce que j'ai fait à Corfinium... Tentons « de regagner par cette voie, s'il est « possible, tous les esprits, et de nous « procurer une longue jouissance des « fruits de la victoire ; car les autres, en « se montrant cruels, n'ont pu éviter la « haine publique, ni jouir longtemps de « leur succès, excepté Sylla, que je ne « veux point imiter. Donnons l'exem-« ple d'une nouvelle façon de vaincre, « et assurons notre fortune par la clé-« mence et par l'humanité. »

Domitius et Lentulus oublièrent le bienfait de César. On les vit bientôt reparaître dans le parti de Pompée, et s'y distinguer par leur acharnement contre celui à qui ils étaient redevables de la vie. César avait l'âme généreuse et fière : il n'eut que du dédain pour une semblable conduite. Il écrivait à Cicéron : « Ce n'est point une raison pour « moi de me repentir de ma clémence que « d'apprendre que ceux que j'ai renvoyés « de Corfinium sont partis pour aller « me faire la guerre. Je préfère qu'ils « continuent à se montrer dignes d'eux-« mêmes, comme il me convient, à moi, « de ne point me démentir. »

CÉSAR POURSUIT POMPÉE, QUI S'ENFUIT A BRINDES ET PASSE EN GRÈCE; IRRÉSOLUTIONS DE CICÉRON, QUI VEUT MÉNAGER LES DEUX PARTIS ; CÉSAR ENTRE A ROME. — César, après s'être rendu maître de Corfinium, se porta à marches forcées vers le port de Brindes. C'est sur ce point que Pompée avait dirigé ses troupes; car depuis longtemps il se préparait à passer en Grèce; « c'était sa pensée secrète depuis deux ans; il méditait de soulever pour cela la terre et les mers, de faire marcher sous ses ordres les rois étrangers, les nations les plus barbares : Gètes, Arméniens, hommes de la Colchide; tous les vaisseaux rassemblés de Colchos, de Tyr, de Sidon, de Cypre, d'Alexandrie, de Pamphilie, de Lycie, de Rhodes, de Byzance, de Smyrne, de Milet, de Chio et de Cos. A quelle intention, sinon d'intercepter les convois, d'occuper les provinces à blé, d'affamer l'Italie (1)? » Cicéron eut peur un instant que César ne surprît les pompéiens et ne portât en Italie même, dès le commencement de la guerre, le dernier coup au parti qu'il favorisait et qu'avaient embrassé tous ses amis. Il était épouvanté de l'infatigable activité du conquérant des Gaules, et il le comparait, pour la rapidité de ses mouvements, à ces monstres qui parcourent un grand espace d'un seul bond. César, en effet, ne tarda pas à paraître devant Brindes.

Les ordres qu'il avait donnés à ses lieutenants avaient été si bien compris et si bien exécutés, d'autre part, grâce à la haine qu'inspirait le parti aristocratique, l'Italie lui avait fourni de si nombreux soldats, qu'au moment même où il atteignait ses ennemis il disposait déjà de six légions. Pompée néanmoins avait pu se mettre à l'abri. Il parvint, avant que César eût achevé les grands travaux qui devaient fermer la ville et le port de Brindes, à s'échapper et à passer en Grèce. Il n'était ni prudent ni facile de le poursuivre. Les forces de Pompée n'étaient pas en Grèce. Les légions d'Espagne étaient bien autrement redoutables que cette tourbe de consulaires, de sénateurs, de chevaliers et de soldats peu dévoués qui accompagnaient, en tumulte, le fugitif. César, d'ailleurs avait hâte de se présenter à Rome et d'y reconstituer un gouvernement qui pût donner à ses actes l'apparence de la légalité.

Ce fut à son retour de Brindes qu'il rencontra Cicéron. Il l'accabla de ca-

(1) *Cicéron à Atticus*, 8-11; 9-9; 10.

resses, l'exhorta à le suivre, lui promettant, comme à tous les personnages illustres qu'il voulait entraîner dans son parti, de s'abandonner à ses conseils. César désirait vivement que quelques-uns de ceux qui brillaient dans la république par leur propre mérite ou par de grands noms vinssent, en se rangeant à côté de lui, donner plus d'autorité à son commandement. Plusieurs cédèrent. Cicéron refusa. Il assure que devant César il se comporta avec fermeté. Il est permis de ne pas ajouter foi à son témoignage quand on lit dans ses épîtres les innombrables variations de son esprit. Depuis le commencement de la guerre il n'avait jamais su prendre une résolution. Il aurait bien voulu ménager les deux partis. Il préféra l'un; mais il craignait l'autre. A la fin cependant, soit qu'il voulût sérieusement remplir ce qu'il regardait comme un devoir, soit qu'il se fiât, pour l'avenir, à la clémence de César, il alla rejoindre en Grèce Pompée et le sénat. Caton le blâma : « Tu aurais pu, lui dit-il, en restant en Italie, te faire, dans des circonstances extrêmes, le médiateur entre le vainqueur et les vaincus. Moi, je devais fuir César; mais rien ne te forçait à devenir son ennemi. » Cicéron s'aperçut bientôt qu'il avait commis une grande faute. Il ne trouva dans le camp de Pompée que des ennuis des dangers.

Rome n'avait pas tardé à se remettre du trouble et de l'agitation où l'avait jetée la fuite de Pompée et de la noblesse. Tout avait repris une apparence de paix et de prospérité. Quand César arriva, il fit réunir les sénateurs qui n'avaient pas voulu fuir; et, après avoir plaidé cause devant eux, il déclara qu'il était prêt à leur abandonner le gouvernement de la république. « Seulement, ajouta-t-il, si ce fardeau vous paraît trop lourd, je le porterai. » Il parla dans le même sens au peuple. C'était demander la dictature. On ne la lui refusa pas; mais il y renonça bientôt. Il avait hâte de combattre ses ennemis. Seulement, avant de sortir, il s'empara du trésor public. Comme le tribun Métellus essayait de lui résister en lui parlant des lois : « Il n'y a pas de lois, dit César, en temps de guerre. » Métellus persista dans ses

)position. César menaça de le faire
er : « Prends garde, jeune homme;
m'est plus facile de le faire que de le
re. » Il prit même l'argent consacré
ur la guerre contre les Gaulois. On
i parla de sacrilége. « Point de scru-
iles, répondit-il, Rome n'a plus à
aindre les Gaulois depuis que je les ai
incus. »
Après avoir laissé Lépidus à Rome,
ntoine en Italie, Crassus dans la Ci-
lpine; après avoir envoyé Valérius
 Sardaigne et Curion en Sicile, d'où
devait passer en Afrique, César par-
 pour l'Espagne. « Allons, dit-il,
mbattre une armée sans général; nous
viendrons ensuite combattre un géné-
l sans armée. »
EXPÉDITION DE CÉSAR EN ESPA-
NE; SIÉGE DE MARSEILLE; CURION
 AFRIQUE. — César avait hâte de
umettre l'Espagne; mais la ville pom-
ienne de Marseille semblait devoir
ettre obstacle à son impatience. Cette
orissante cité refusa de lui ouvrir ses
rtes. César commença le siége avec
ois légions. En même temps il
nstruire à Arles trente galères. Cette
ttille fut confiée au commandement
 D. Brutus. Trois légions, conduites
r C. Fabius, poursuivirent leur route
rs l'Espagne.
Pompée avait en Espagne sept légions,
us les ordres d'Afranius, de Pétréius
de M. Varron. Pétréius et Afranius
réunirent. Leurs forces combinées
llevaient à plus de soixante mille
immes; elles comprenaient cinq lé-
ons et quatre-vingts cohortes espa-
ioles. Cette armée se campa près de
rida, sur la Sègre. C'est là qu'elle at-
ndit les Césariens. Afranius fit, il est
ai, occuper les gorges des Pyrénées;
is Fabius força les passages, et, par
e marche rapide, il s'avança jusqu'à
rida, en face de l'armée pompéienne.
Les deux corps de troupes étaient en
ésence, séparés seulement par le
uve, lorsque César arriva avec une
corte de neuf cents chevaux. Il avait
ssé à Trébonius la direction du siége
 Marseille. Le combat commença
entôt entre les césariens et les pom-
iens. Afranius obtint d'abord quelque
antage. La Sègre, débordée, renversa
ux ponts construits par Fabius. Cé-

sar se trouva enfermé entre ce fleuve
et la Cinca, dans une plaine qui n'avait
pas plus de dix lieues. Ainsi assiégé, il
eut bientôt à souffrir de la famine. Les
convois qui lui venaient de la Gaule
étaient arrêtés par Afranius. Heureusement, il réussit à faire passer sur des
barques légères une légion qui traversa
la Sègre, s'établit sur l'autre bord, et
parvint à jeter un pont sur ce fleuve.
Dès ce jour sa fortune changea de face.
La cavalerie gauloise harcela les Pompéiens. Les populations voisines envoyèrent des vivres au camp de César,
et la liberté des communications ramena
l'abondance. De plus César fit détourner une partie des eaux de la Sègre. Le
fleuve allait devenir guéable. Afranius
et Pétréius redoutèrent un engagement;
ils résolurent de se retirer en Celtibérie. Ils levèrent le camp.
César s'élance à leur poursuite; il
passe le fleuve avec l'élite de ses troupes, se dirige vers les gorges des montagnes, et prévient Afranius. Des négociations s'engagent entre les soldats des
deux partis; elles sont rompues par les
lieutenants de Pompée. César évite de
livrer bataille; il veut réduire ses ennemis par la famine. En quelques jours
il force Pétréius et Afranius à se rendre
presque sans coup férir. Vainqueur, il
licencie les soldats des légions pompéiennes : ceux qui avaient un domicile ou
des possessions en Espagne devaient
recevoir leur congé sur-le-champ; les
autres furent menés en Gaule jusqu'au
Var, sous les ordres de Q. Fufius Calénus; un grand nombre s'enrôlèrent
dans l'armée de César.
M. Varron, avec deux légions et trente
cohortes auxiliaires, tenait encore l'Espagne ultérieure. César envoya de ce
côté deux légions, commandées par le
tribun du peuple Q. Cassius; lui-même
il se mit en marche avec six cents chevaux. Toute la province se déclara en sa
faveur. Varron, abandonné d'une de
ses légions, vint faire sa soumission dans
la ville de Cordoue.
César partit de Tarragone pour Marseille. Cette ville s'était vaillamment défendue; deux fois ses vaisseaux avaient
tenté contre la flottille de D. Brutus le
sort des armes. Attaquée par terre et
par mer, vivement pressée de toutes

parts, elle capitula; le vainqueur lui épargna le pillage. Après avoir établi son autorité à Marseille comme en Espagne, César reprit le chemin de l'Italie.

Ses lieutenants avaient été moins heureux en Illyrie et en Afrique. Dolabella et C. Antonius, qui commandaient sur les côtes Illyriennes, furent vaincus par M. Octavius et Scribonius Libo. En Afrique, Curion se fit battre par une imprudente témérité. Il avait pour adversaire un général orgueilleux et incapable, Attius Varus. Mais son armée n'était pas sûre. Elle se composait de légions nouvellement attachées à la fortune de César. Il y eut des troubles et des trahisons. Cependant les premiers engagements ne tournèrent pas à l'avantage de Varus. Ces succès et les conquêtes de César en Espagne inspirèrent trop de confiance à Curion. L'arrivée de Juba, roi des Numides, changea les chances de la guerre. Utique refusa de se rendre. Bientôt les césariens, attirés dans un piège par les barbares, furent presque écrasés. Curion se fit tuer en combattant. Une partie de son armée se retira en Sicile. Le reste se rendit à Varus. Mais Juba ne respecta point la capitulation; il fit égorger un grand nombre de prisonniers. Cette triste destinée de l'armée d'Afrique dut attrister le triomphe de César.

CÉSAR EST NOMMÉ DICTATEUR; IL SE FAIT CRÉER CONSUL POUR L'ANNÉE SUIVANTE; IL SE PRÉPARE A COMBATTRE POMPÉE. — César apprit à Marseille qu'il était nommé dictateur. Les consuls seuls avaient le droit de lui conférer le pouvoir suprême : le préteur Lépidus prit sur lui la responsabilité de cette grave infraction aux lois. César n'hésita point à accepter le titre qu'on lui donnait; mais, avant de prendre possession de la dictature, il se dirigea vers Plaisance, où la neuvième légion s'était révoltée. Il la ramena à la discipline par sa fermeté. Ensuite, il concentra toutes ses forces dans les environs de Brindes, d'où il se proposait de les transporter en Grèce pour combattre Pompée. Enfin, il entra dans Rome.

Il se fit nommer consul pour l'année suivante, et se donna pour collègue Servilius Isauricus. Le dictateur désigna les préteurs, les édiles curules et les questeurs. Pour se concilier la multitude, il adoucit les charges des débiteurs, et força les créanciers à abandonner le quart de ce qui leur était dû. Il rappela aussi tous les exilés. Milon seul fut excepté. Sylla avait défendu aux fils des proscrits de solliciter les charges publiques : César mit fin à cette odieuse injustice. Puis, abdiquant la dictature au bout de onze jours, il alla rejoindre les troupes qui l'attendaient à Brindes.

Nous ne devons pas oublier de dire ici que l'Italie fut troublée pendant son absence par Cœlius et par Milon. Le premier ne pardonnait pas à César de lui avoir préféré Trébonius pour la préture de la ville, le second de l'avoir excepté de la loi qui rappelait tous les exilés. Cœlius, après avoir excité quelque désordres à Rome, alla rejoindre Milon qui parcourait l'Italie avec le reste de bandes d'assassins qu'il avait autrefois soudoyées. Leurs efforts furent vains. Milon fut tué d'un coup de pierre en assiégeant Compsa dans le pays des Hirpins. Cœlius eut le même sort : tomba sous les coups des cavaliers de César, dans les environs de Thurium.

§ II. *La bataille de Pharsale et la mort de Pompée.*

CÉSAR PASSE EN GRÈCE; FORCES RESPECTIVES DES DEUX PARTIS. (av. J. C.). — César, nous l'avons dit était décidé à poursuivre au delà de mer son redoutable ennemi.

« Pompée avait eu une année entière de repos pour faire ses préparatifs. Libre des soins de la guerre étrangère, avait tiré une flotte considérable de l'Asie, des îles Cyclades, de Corcyre, d'Athènes, du Pont, de Bithynie, de Syrie, de Cilicie, de Phénicie, d'Égypte partout il avait fait construire de nouveaux vaisseaux; de fortes contributions avaient été imposées à l'Asie, à la Syrie à tous les rois, aux princes, aux tétrarques, aux peuples libres de l'Achaïe les compagnies des provinces qu'il occupait avaient dû également fournir de grosses sommes.

« Il avait formé neuf légions de citoyens romains; cinq qu'il avait amenées avec lui d'Italie; une de vétérans Sicile, qu'il nommait *Gemina*, par l'elle était formée de deux autres; une [de] Crète et de Macédoine, composée [de] vétérans qui, licenciés par leurs anc[i]ens généraux, s'étaient établis dans [ce]s provinces; deux autres enfin que le [co]nsul Lentulus avait levées en Asie. [D]es troupes nombreuses, tirées de la [T]hessalie, de la Béotie, de l'Achaïe, de [l']Épire, avaient été incorporées dans [ce]s légions et servaient à les compléter. [I]l y mêla aussi les débris de l'armée [d']Antoine. Il attendait encore deux légi[o]ns que Scipion lui amenait de Syrie. [Il] avait trois mille archers de Crète, de [Sp]arte, du Pont, de la Syrie et d'autres [ro]yaumes; deux cohortes de frondeurs, [de] six cents hommes chacune; sept mille [ch]evaux, dont six cents furent amenés [de] la Gaule par Déjotarus, cinq cents [de] la Cappadoce par Ariobarzane, autant [de] la Thrace, envoyés par Cotys et [co]mmandés par Sadala, son fils; deux [ce]nts étaient venus de Macédoine, sous [le]s ordres de Rascypolis, renommé par [sa] vaillance; le fils de Pompée avait [am]ené avec la flotte cinq cents cavaliers [ga]ulois et germains, que Gabinius [av]ait laissés à Alexandrie pour la garde [de] Ptolémée, et huit cents levés parmi [se]s esclaves et ses pâtres. Tarcondarius [C]astor et Donilaus en fournirent trois [ce]nts de la Galatie. Le premier vint lui-[m]ême; le second envoya son fils. Deux [ce]nts furent envoyés de la Syrie par [A]ntiochus de Comagène, qui avait de [g]randes obligations à Pompée; la plu[pa]rt étaient archers à cheval. Venaient [en]core des Phrygiens, des Bessiens, [so]udoyés ou volontaires, des Macédo[ni]ens, des Thessaliens et autres peuples; [le] tout formant le nombre que nous [av]ons indiqué.

« Il avait tiré de grands approvisionn[n]ements de vivres de la Thessalie, de [l']Asie, de l'Égypte, de Crète, du pays [de] Cyrène et autres contrées. Son des[se]in était de passer l'hiver à Dyrra[c]hium, à Apollonie et autres villes ma[ri]times, afin de fermer à César le pas[sa]ge de la mer; aussi avait-il disposé sa [flo]tte sur toute la côte. Le fils de Pompée [co]mmandait les vaisseaux d'Égypte; [C.] Lélius et C. Triarius ceux d'Asie; [Ca]ssius ceux de Syrie; C. Marcellus et [C.] Coponius ceux de Rhodes; Scribonius [Li]bon et M. Octavius ceux de Liburnie et d'Achaïe; le commandement général de la flotte appartenait à M. Bibulus, il en dirigeait seul toutes les opérations » (1).

César avait ordonné à douze légions et à toute la cavalerie de se rassembler dans Brindes; mais il trouva si peu de vaisseaux, qu'il put à peine embarquer quinze mille fantassins et cinq cents chevaux. Ces légions mêmes étaient fort affaiblies par les campagnes de la Gaule et par leurs longues marches depuis l'Espagne. Au sortir du climat salubre de ces deux pays, elles avaient senti l'influence maligne de l'automne à Brindes et en Apulie, et des maladies s'étaient répandues dans toute l'armée.

César ne comptait pas, comme Pompée, parmi ses auxiliaires, une foule de peuples et de rois. « Cependant, sans parler de la légion de l'alouette, ni des secours fournis par les cités gauloises et espagnoles, par les Cisalpins et les peuples d'Italie, il avait enrôlé nombre de ces cavaliers germains dont il avait maintes fois éprouvé le courage; et sans doute que l'exemple de ce roi du Noricum qui lui avait envoyé des troupes dès le début de la guerre, avait été suivi par d'autres chefs des bords du Rhin et du Danube; c'étaient donc l'Orient et l'Occident qui allaient se trouver aux prises et combattre, non pour un sénat et une liberté qu'on ne connaissait plus, mais pour César ou Pompée, que chacune des deux grandes portions de l'Empire voulait avoir pour maître, après les avoir eus tour à tour pour conquérants et pour bienfaiteurs. Toutefois les forces ne semblaient pas égales. César n'avait ni flotte, ni argent, ni magasins, et ses troupes étaient moins nombreuses; mais depuis dix ans elles vivaient sous la tente; leur dévouement à leur chef était sans bornes, comme leur confiance en sa fortune; nuls travaux, nulles fatigues ne pouvaient les effrayer, et elles avaient ce qui double le nombre, l'habitude de vaincre. Si l'armée de Pompée était plus forte, il y avait aussi moins de discipline dans les soldats, moins d'obéissance dans les chefs. A voir dans le camp ces costumes étrangers, à écouter ces commandements

(1) B. C., III, 3-5.

donnés en vingt langues, on eût pris les légions pompéiennes pour une de ces armées asiatiques auxquelles le sol de l'Europe fut toujours fatal. Au prétoire, autre spectacle : tant de magistrats et de sénateurs gênaient le chef, quoiqu'on lui eût donné pouvoir de décider souverainement de toutes choses. Puisque l'on combattait, disait-on, pour la république, il fallait bien que le généralissime montrât aux pères conscrits, constitués en conseil à Thessalonique, une déférence qui ne s'accordait pas toujours avec les nécessités de la guerre (1). »

C'est le 4 janvier 48 que César, en dépit de l'hiver, s'embarqua pour la Grèce. Il ne rencontra point la flotte de Bibulus, qui aurait pu anéantir ses quinze mille hommes. La traversée ne dura qu'un jour. Le 5 les sept légions prirent terre près des monts Acrocérauniens, dans une rade assez sûre. Lucrétius Vespillo et Minucius Rufus étaient alors à Oricum, avec dix-huit vaisseaux de la flotte d'Asie, que D. Lélius avait mis sous leurs ordres; et M. Bibulus était à Corcyre avec cent dix voiles. Mais les premiers n'osèrent paraître, quoique César n'eût que douze galères, dont quatre seulement étaient pontées; et Bibulus ne put assez tôt rassembler ses rameurs. César était sur le rivage avant que le bruit de son approche ne se fût répandu dans ces contrées. Les vaisseaux des césariens retournaient à Brindes pour prendre le reste des légions et la cavalerie, lorsqu'ils furent surpris dans la nuit par Bibulus. Trente tombèrent aux mains des Pompéiens; ils furent brûlés avec les pilotes et les matelots. Après ce succès tardif, Bibulus déploya sa flotte sur toute la côte depuis Salone jusqu'au port d'Oricum, et observa une active surveillance. Malgré la rigueur de l'hiver il ne quitta point son bord et ne s'épargna aucune fatigue. Il gagna à ce rude métier une maladie dont il mourut.

LES DEUX CAMPS SUR LES BORDS DE L'APSUS; NÉGOCIATIONS. — Oricum avait ouvert ses portes à César : Apollonie suivit cet exemple. La possession de Dyrrachium et de son port avait plus d'importance; César résolut de s'en emparer. Mais Pompée était couru de la Candavie macédonienne s'avança jour et nuit, à marches cées, vers Dyrrachium, et sut prév les césariens. César s'arrêta sur bords de l'Apsus, aux environs d'A lonie, pour couvrir les villes de l'É qui venaient d'embrasser sa cause. deux chefs restèrent en présence. Le camps n'étaient séparés que par fleuve. Avant d'engager le combat cisif, on entama quelques négociatio Mais la bonne foi et le sincère am de la paix n'y présidaient point. Cé avait envoyé à L. Vibullius Rufus, fet de Pompée, un message ami « Les deux généraux devaient l'u l'autre mettre fin à leur querelle, po les armes et ne plus courir les chan de la fortune; leurs pertes mutue devaient leur être une puissante le pour en appréhender de nouvelles. Po pée avait été contraint de quitter l'Ita il avait perdu la Sicile, les deux Es gnes, cent trente cohortes de citoy romains. César avait eu à regrette mort de Curion, l'échec de l'ar d'Afrique, la capitulation de ses trou à Corcyre. Qu'ils pensent enfin à la ré blique et à leur repos; la guerre le assez instruits du pouvoir de la fortu Le meilleur moment de traiter de paix est celui où les deux partis sembl encore égaux en espérances et en for Quant aux conditions, puisqu'ils n' pu s'accorder encore, ils doivent s remettre au jugement du sénat et peuple. En attendant il convient à république et à eux-mêmes de s'enga par serment et devant le peuple à lic cier les troupes dans l'espace de tr jours. Une fois qu'ils auraient posé armes et licencié leurs auxiliaires, n'auraient plus l'un et l'autre qu'à conformer à la décision du peuple et sénat. Pour mieux convaincre Pomp César était prêt à renvoyer sur-le-cha toutes ses troupes de terre et ses gar sons (1). » Ce n'étaient là que de vai paroles. César voulait se donner les ap rences de la modération. Au fond, n gré l'infériorité numérique de ses forc il aimait mieux soumettre sa quere aux décisions de la guerre qu'à l'arbitr

---

(1) Duruy, *Hist. des Romains*, t. II, p. 491.   (1) B. C., III, 10.

l'une assemblée aristocratique. A l'en
roire, ce furent les pompéiens qui, par
ne odieuse violence, rompirent les né-
ociations et empêchèrent tout arran-
ement pacifique.

César avait envoyé sur le bord même
e l'Apsus un de ses lieutenants, P. Va-
nius, avec ordre de faire ce qu'il croi-
ait le plus convenable à la paix, et de
emander à haute voix « s'il ne serait
as permis aux citoyens de la même pa-
ie d'envoyer à leurs concitoyens deux
éputés pour traiter de la paix, comme
aient pu le faire les esclaves des monts
yrénées et les pirates, et cela pour em-
êcher des concitoyens de s'égorger? »
atinius pressa, supplia en homme oc-
pé du salut public et du sien propre;
s soldats l'écoutèrent en silence. On
pondit de la rive opposée que le lende-
ain A. Varron promettait de se rendre
l'entrevue; et aussitôt on arrêta le lieu
i les députés pourraient de part et
autre être envoyés en toute sûreté et
oposer ce qu'ils jugeraient convena-
e: l'heure fut fixée. Le lendemain on s'y
nd des deux côtés; la foule accourt;
lacun était dans l'attente et paraissait
sposé à la paix. T. Labiénus s'avance;
ommence son discours d'un ton paisi-
e; bientôt il entre en discussion avec
atinius. Mais tout à coup, au milieu de
ir entretien, une grêle de traits lancée
tous côtés les sépare. Vatinius fut
ranti par les boucliers de ses soldats.
usieurs furent blessés. « Cessez, dit
ors Labiénus, de parler de la paix; elle
peut exister entre nous qu'au prix de
tête de César » (1).

**CÉSAR ATTEND DES RENFORTS D'I-
LIE; ARRIVÉE D'ANTOINE.** — Cepen-
at plusieurs mois s'étaient déjà écou-
, et l'hiver approchait de sa fin. Les
ions d'Antoine n'arrivaient pas. Li-
m interceptait le passage de la mer.
vré à une cruelle incertitude, César
t enfin la résolution hasardeuse de
mbarquer seul, à l'insu de ses troupes,
un simple bateau à douze rames,
ur se rendre plus promptement à
indes, quoique la mer fût couverte
vaisseaux ennemis. A l'entrée de la
it, il se déguise en esclave, monte
as le bateau, se jette dans un coin,
comme le dernier des passagers, et s'y
tient sans rien dire. La barque descendait le fleuve Anius, qui le portait vers
la mer. L'embouchure de ce fleuve était
ordinairement tranquille : cette fois, un
vent contraire refoulait les vagues; le
pilote, effrayé, ordonne de remonter le
courant. « Que crains-tu? lui crie le passager, tu portes César et sa fortune. »
Mais la tempête était plus forte que la
volonté de César; il fallut regagner le
rivage. Heureusement, après la mort de
Bibulus, Pompée n'avait point donné de
commandant à sa flotte. La division
du commandement rendit impossible le
concert des chefs d'escadre. Ce fut le
salut des césariens. Un jour, à la faveur d'un vent du midi, M. Antoine et
Fulvius Calénus s'avancèrent hardiment à la vue d'Apollonie et de Dyrrachium. Poussés par l'orage, les césariens
arrivèrent au port de Nymphée. L'escadre du pompéien C. Caponius fut brisée
par la tempête.

Antoine mit ses troupes à terre : elles
se composaient de trois légions de vétérans, d'une autre nouvellement levée
et de huit cents chevaux. Il renvoya ensuite la plupart de ses vaisseaux en Italie, pour ramener le reste des troupes;
il retint à Lissus quelques embarcations
gauloises, afin que si Pompée profitait de
l'absence des troupes en Italie pour y
passer, comme on l'assurait, César eût
le moyen de l'y suivre. En même temps il
le fit avertir du lieu où il était débarqué
et du nombre de soldats qu'il avait amenés. Pompée essaya vainement d'empêcher la jonction des deux armées césariennes. Il s'éloigna de Dyrrachium. César, par une habile contre-marche, sépara les pompéiens de cette ville; mais il
ne put leur couper toute communication
avec la mer. Pompée établit son camp
sur le mont Pétra, près de la côte. Il dominait de là une petite anse où ses vaisseaux pouvaient lui apporter du blé et
des vivres.

**POMPÉE CERNÉ SUR LE MONT PÉ-
TRA ; DOUBLE ÉCHEC DE CÉSAR.** —
Dans cette position l'armée pompéienne
refusait le combat. Pour la réduire, César tenta une manœuvre qui a été sévèrement blâmée par Napoléon. Le camp
de Pompée était environné de collines
hautes et escarpées; César commença

(1) B. C., III, 19.

par s'en emparer, et y plaça des gardes et des forts. De là, autant que le terrain le permit, il fit tirer d'un fort à l'autre des lignes de circonvallation pour enfermer Pompée. Il a expliqué dans ses *Commentaires* les motifs qui l'engagèrent à cette entreprise : le besoin de vivres, le désir d'en faire venir de toutes parts avec moins de risque, d'interdire les fourrages aux ennemis, de rendre inutile la supériorité de leur cavalerie, enfin de diminuer le crédit de Pompée auprès des nations étrangères, en apprenant à toute la terre que César le tenait assiégé sans qu'il osât en venir aux mains.

« Ces manœuvres, dit Bonaparte, étaient extrêmement téméraires ; aussi en fut-il puni. Comment pouvait-il espérer de se maintenir avec avantage le long d'une ligne de circonvallation de six lieues, entourant une armée qui avait l'avantage d'être maîtresse de la mer et d'occuper une position centrale. Après des travaux immenses, il échoua, fut battu, perdit l'élite de ses troupes, et fut contraint de quitter ce champ de bataille. Pompée lui avait opposé une ligne de circonvallation protégée par vingt-quatre forts, et qu'il agrandissait sans cesse pour forcer son adversaire à s'affaiblir en s'étendant. »

César avait envoyé en Épire Q. Titius et L. Canuléius pour s'assurer des subsistances. En attendant ce secours indispensable, il établit des magasins en différents lieux, ordonna aux villes voisines de fournir des transports, et mit en réquisition tout le blé qui pouvait se trouver à Lissus, chez les Parthiniens et dans tous les châteaux. Ces ressources étaient fort insuffisantes. Les césariens supportèrent avec courage les plus horribles souffrances. « On entendait dire aux sentinelles et aux soldats qu'ils mangeraient plutôt l'écorce des arbres que de laisser échapper Pompée. » La lutte dura quatre mois. Elle se termina tristement pour César. Guidé par des transfuges, Pompée faillit un jour enlever une légion campée près de la mer ; elle fut sauvée par Antoine. César voulut sur l'heure réparer cet échec : il se jeta dans le camp des pompéiens, à la tête de trente-trois cohortes. Mais son aile droite fit fausse route, et resta séparée de l'aile gauche. Pompée, avec la cinquième légion, se lança dans l'intervalle : ce fut parm césariens une complète déroute ; tout l'effroi, le désordre, la fuite, gré la présence de César, qui saisi les enseignes des mains des fuyards e donnait de faire halte ; les uns aban naient leurs chevaux et continuaie fuir, les autres jetaient les drape personne ne s'arrêtait. César l'avou même : « Dans ce désastre généra hasard seul empêcha la ruine tota son armée. Pompée, qui sans dout s'attendait pas à ce succès, après a vu peu de temps auparavant ses tro chassées de leurs fortifications, crai quelque embuscade, et hésita à s'ap cher des retranchements : sa cava était retardée par le passage étroit portes et par la foule des césariens. » deux combats livrés le même jour co rent à César neuf cent soixante hom plusieurs illustres chevaliers roma trente-deux tribuns militaires ou ce rions. On perdit trente-deux enseig Pompée prit le titre d'*Imperator*. biénus obtint qu'on lui remît les pri niers. Voulant sans doute mérite confiance du nouveau parti où il s' engagé, il les promena à la tête camp, les appela du nom de camara puis leur demandant avec insulte s vétérans avaient coutume de fuir, i fit égorger.

César, Pompée et Scipion Thessalie; bataille de Phars (9 août 48). — César changea imm tement son plan de campagne. Il la ses blessés à Apollonie, met des ga sons à Lissus, à Oricum, lève le cam se met en marche par l'Épire et l'Aca nie. C'est vers la Thessalie qu'il se di Il opère heureusement sa jonction son lieutenant Domitius, s'empar Gomphi, entre à Métropolis, reçoit la mission de toutes les villes voisines, prépare à soutenir l'effort des Pompéi réunis sous les ordres de Scipion et Pompée. Scipion commandait les t pes de Thessalie. Pompée, après a laissé au camp de Dyrrachium Cato Cicéron, s'était lancé à la poursuit César. Les deux chefs des armées p péiennes rassemblèrent leurs lég dans le même camp près de Pharsale présomption de leurs troupes ne naissait plus de bornes. Chaque mo coulé leur semblait un retard à leur retour en Italie. « Si Pompée voulait agir avec circonspection et prudence, on répondait que c'était l'affaire d'un jour; mais que sans doute, fier de commander, il se plaisait à traîner à sa suite des consulaires et des prétoriens. Déjà l'on se disputait hautement les récompenses et les sacerdoces; on désignait les consuls pour les années suivantes; on se partageait les maisons et les biens des partisans de César. Domitius, Scipion, Lentulus Spinther, se disputaient chaque jour avec la plus vive aigreur le sacerdoce dont César était revêtu; Lentulus réclamait les égards dus à son âge; Domitius faisait valoir sa popularité et sa considération dans Rome; Scipion se fondait sur la parenté qui l'unissait à Pompée. Là Attius Rufus accusait de trahison L. Afranius pour les événements d'Espagne. L. Domitius disait en plein conseil qu'il fallait, après la fin de la guerre, remettre à ceux des sénateurs qui avaient servi la cause de Pompée trois tablettes pour juger les citoyens qui étaient restés à Rome ou dans le camp de Pompée sans lui rendre aucun service : l'une servirait pour absoudre, les deux autres pour condamner soit à mort soit à une amende. En un mot, tous ne s'entretenaient que de leurs prétentions, de leurs récompenses pécuniaires ou de leurs vengeances; ils pensaient moins aux moyens de vaincre qu'à la manière dont ils useraient de la victoire » (1).

Enfin Pompée, sur les instances de ses lieutenants, prit le parti de livrer bataille. Labiénus applaudit à cette résolution. Il affectait beaucoup de mépris pour les césariens. « Pompée, disait-il, garde-toi de croire que ces troupes soient les mêmes qui vainquirent la Gaule et la Germanie; j'ai pris part à tous les combats; je ne parle pas ici au hasard de choses que je n'aie point vues. Il reste peu de ces soldats; la plus grande partie a péri soit par la guerre, soit par les maladies d'automne sous le climat pernicieux de l'Italie; beaucoup se sont retirés dans leurs foyers ou ont été laissés sur le continent. N'avez-vous pas vous-mêmes entendu dire que de ces malades restés à Brindes on a formé des cohortes? Les troupes que vous voyez sont de ces nouvelles levées faites dans la Gaule citérieure, et la plupart dans les colonies transpadanes; ce qui en faisait la force a péri aux deux combats de Dyrrachium. » Dans son aveugle confiance, Labiénus jura même de ne rentrer au camp que vainqueur, et ce serment fut répété par tous les officiers, à l'exemple de Pompée.

La première et la troisième légions formaient l'aile gauche des pompéiens. Scipion était au centre avec les légions de Syrie; celles de Cilicie, avec les cohortes espagnoles, faisaient l'aile droite. Le tout s'élevait à cent dix cohortes, environ quarante-cinq mille hommes. Toute la cavalerie était à l'aile gauche, avec les archers et les frondeurs. Un ruisseau protégeait la droite.

La ligne de César était de quatre-vingts cohortes, environ vingt-deux mille hommes; la dixième légion était à l'aile droite, commandée par P. Sylla; la neuvième et la huitième formaient l'aile gauche sous le commandement d'Antoine. C. Domitius était au centre. César se plaça en face de Pompée. Craignant d'être enveloppé par les cavaliers ennemis, il couvrit ses derrières par une quatrième ligne, dont le sang-froid et la fermeté inébranlable devaient décider le succès de la journée.

« Quand toutes ses dispositions furent achevées, César, dans une harangue militaire, après avoir rappelé à ses soldats ses continuels bienfaits, les prit à témoin de ses nombreuses instances pour obtenir la paix, des conférences de Vatinius, de celles de Clodius auprès de Scipion, des négociations entamées à Oricum avec Libon pour l'envoi des députés. Il ajouta qu'il n'avait jamais voulu prodiguer le sang des troupes, ni priver la république d'une de ses armées. Ce discours fini, les césariens brûlaient d'engager la lutte; César céda à leurs vœux, et fit sonner la charge. »

Nous emprunterons au vainqueur le récit de cette mémorable bataille. Pharsale ne saurait avoir de meilleur historien que César.

« Il ne restait d'espace entre les deux
« armées que le terrain nécessaire pour
« la charge; mais Pompée avait recom-
« mandé aux siens d'attendre le choc

(1) *B. C.*, III, 83.

« sans s'ébranler, afin de laisser notre
« ligne s'ouvrir : C. Triarius en avait,
« dit-on, donné le conseil. Son dessein
« était d'amortir notre élan et d'épuiser
« nos forces, puis d'attaquer en masse
« nos rangs entr'ouverts et épars; il
« pensait que nos javelots feraient moins
« d'effet sur des corps immobiles que
« sur des troupes qui iraient elles-mêmes
« au-devant des coups, et que nos sol-
« dats, obligés de doubler la course, per-
« draient haleine et se lasseraient en
« peu de temps. En cela, Pompée était,
« je crois, dans l'erreur. La vivacité na-
« turelle à l'homme s'enflamme encore
« par l'ardeur du combat. Loin de com-
« primer ce premier élan, un général
« doit l'exciter et l'accroître; de là cet
« ancien usage de faire sonner toutes
« les trompettes et de pousser à la
« fois de grands cris, afin d'inspirer de
« l'effroi à l'ennemi et de l'ardeur aux
« siens.

« Cependant nos soldats s'élancent le
« javelot à la main; mais, remarquant
« que ceux de Pompée restent immo-
« biles, ils ralentissent le pas et s'arrê-
« tent d'eux-mêmes au milieu de leur
« course, pour ne pas arriver hors d'ha-
« leine; leur propre expérience les gui-
« dait. Quelques moments après, ils re-
« commencent leur charge, lancent le
« javelot, et, d'après l'ordre de César,
« ils tirent aussitôt l'épée. Les soldats
« de Pompée font bonne contenance; ils
« reçoivent la décharge, soutiennent le
« choc sans se rompre, lancent aussi le
« javelot et mettent l'épée à la main. En
« même temps la cavalerie de l'aile gau-
« che de Pompée s'élance, comme elle
« en avait l'ordre, et la foule des archers
« se répand de toutes parts. Notre ca-
« valerie ne peut soutenir l'attaque, et
« recule : celle de Pompée redouble
« d'ardeur, se déploie par escadrons, et
« se dispose à nous prendre en flanc et
« à nous envelopper. A cette vue César
« donne le signal à la quatrième ligne,
« qu'il avait formée de six cohortes.
« Elles s'élancent aussitôt et chargent
« si vivement cette cavalerie, qu'elle
« plie de tous côtés, tourne bride et
« non-seulement quitte la place, mais
« s'enfuit à la hâte sur les plus hautes
« montagnes. Alors les frondeurs et les
« archers, se trouvant sans défense,

« sans armes, sans appui, sont taillés
« en pièces. Avec la même impétuosité,
« ces cohortes se portent sur l'aile gau-
« che, dont le centre résistait encore,
« la prennent à revers et l'enveloppent.

« En même temps César fit avancer
« la troisième ligne, qu'il avait tenue en
« réserve jusqu'alors. Ces troupes fraî-
« ches relèvent celles qui avaient com-
« battu; l'ennemi, pressé à dos et de
« front, ne peut résister, et tout se met
« en fuite. César ne s'était pas trompé
« en annonçant, dans sa harangue, que
« les cohortes placées en quatrième ligne
« contre la cavalerie ennemie commen-
« ceraient la victoire. Ce fut en effet par
« elles que la cavalerie fut d'abord re-
« poussée; ce furent elles qui taillèrent
« en pièces les archers et les frondeurs,
« qui enveloppèrent l'aile gauche de l'en-
« nemi et commencèrent la déroute.
« Dès que Pompée vit la défaite de sa
« cavalerie et la frayeur qui avait saisi
« la partie de son armée sur laquelle il
« espérait le plus, il compta peu sur le
« reste; il quitta la bataille, et poussa
« son cheval droit au camp; là, s'adres-
« sant aux centurions qu'il avait postés
« à la porte prétorienne, il dit à haute
« voix, pour être entendu des soldats :
« Gardez le camp, et défendez-le soi-
« gneusement en cas de quelque revers;
« je vais faire le tour et assurer les
« postes. » Ensuite il se retire au pré-
« toire; quoique sans espoir, il attend
« l'évènement.

« Les ennemis, en déroute, s'étaient
« jetés dans leurs retranchements. César
« ne voulut pas leur laisser le temps de
« se remettre; il exhorta les soldats à
« profiter de leur avantage et à attaquer
« le camp. Quoique déjà épuisés par la
« chaleur, car le combat s'était prolongé
« jusqu'au milieu du jour, ils retrouvent
« des forces dans leur courage, et obéis-
« sent. Le camp fut d'abord vaillam-
« ment défendu par les cohortes qui en
« avaient la garde, et surtout par les
« Thraces et les barbares; car les autres
« qui avaient fui du champ de bataille,
« pleins de frayeur et accablés de fatigue,
« jetaient les armes, les drapeaux, et
« pensaient plus à se sauver qu'à se dé-
« fendre. Bientôt les soldats qui avaient
« bordé le rempart ne purent soutenir
« la grêle de traits qui pleuvait sur eux;

ils se retirèrent couverts de blessures, ayant à leur tête les centurions et les tribuns, et s'enfuirent sur les hauteurs voisines du camp.

« Tout offrait dans le camp de Pompée les signes du luxe et l'espérance de la victoire ; on y voyait des tables dressées, des buffets chargés d'argenterie, des tentes couvertes de gazon frais, quelques-unes même, comme celle de L. Lentulus, ombragées par des guirlandes de lierre. Il était aisé de voir à tant de recherche et de volupté, qu'ils n'avaient conçu aucun doute sur le succès ; et cependant ils accusaient de mollesse l'armée de César, si pauvre, mais si forte, et qui toujours avait manqué des choses les plus nécessaires. Pompée, aussitôt que nous fûmes dans ses retranchements, se saisit d'un cheval, quitta les marques de sa dignité, s'échappa par la porte décumane, et courut à toute bride vers Larisse. Il ne s'y arrêta pas ; mais avec la même vitesse, recueillant quelques fuyards, il courut toute la nuit, escorté de trente cavaliers, arriva à la mer, et monta sur un vaisseau de transport. Il se plaignit, dit-on, plusieurs fois, d'avoir été si étrangement trompé dans ses espérances et de n'avoir trouvé que faiblesse et même que trahison chez ceux dont il attendait la victoire (1). »

SOUMISSION DES POMPÉIENS ; CLÉMENCE DE CÉSAR ; ASSASSINAT DE POMPÉE. — Quinze mille pompéiens périrent dans cette journée (9 août 48) ; vingt-quatre mille furent faits prisonniers. César se montra clément après la victoire. Il défendit qu'on tuât un seul citoyen, et accorda à ceux des chefs qui demandèrent grâce une généreuse amnistie. Bientôt il ne resta plus rien de l'armée de Pompée. Celui-ci s'était embarqué à l'embouchure du Pénée ; il se dirigea vers Mitylène, prit dans cette île sa femme Cornélie, fille de Scipion, longea la côte d'Asie, enleva les fonds des compagnies, emprunta de quelques particuliers, chargea ses vaisseaux d'une grande quantité de monnaie en cuivre pour la solde des troupes, arma deux mille hommes, tant parmi les marchands que parmi les domestiques des compagnies, et se rendit à Péluse. Le jeune roi d'Égypte, Ptolémée, s'y trouvait avec des troupes nombreuses. Il était en guerre avec sa sœur Cléopâtre. Les deux camps étaient à peu de distance. Pompée députa vers ce prince, et lui demanda, au nom de l'hospitalité et de l'amitié qui l'avait uni à son père, de le recevoir dans Alexandrie et de donner asyle à son infortune. Ptolémée avait parmi ses troupes d'anciens soldats de Pompée. Il craignit des tentatives d'embauchage, et n'hésita point à se délivrer d'un hôte incommode. Il l'invita perfidement à une entrevue, et lui envoya une barque pour l'amener au rivage. Pompée se livra aux mains de ses meurtriers. « Comme dans le trajet aucun de ceux qui étaient avec lui dans la barque ne lui disait un mot d'honnêteté, il jeta les yeux sur Septimius, officier de Ptolémée : « Mon ami, lui dit-il, n'as-tu pas fait autrefois la guerre avec moi ? » Septimius lui répondit affirmativement par un signe de tête, sans lui dire aucune parole, sans lui montrer aucun intérêt. Il se fit de nouveau un profond silence, et Pompée, prenant des tablettes où il avait écrit un discours grec qu'il devait adresser à Ptolémée, se mit à le lire. Lorsqu'ils furent près de la côte, Cornélie, en proie aux plus vives inquiétudes, regardait avec ses amis du haut de la galère ce qui allait arriver ; elle commençait à se rassurer en voyant plusieurs officiers du roi venir au débarquement de Pompée, comme pour lui faire honneur. Mais, dans le moment où il prenait la main de Philippe, son affranchi, pour se lever plus facilement, Septimius lui passa le premier, par derrière, son épée au travers du corps ; et aussitôt Salvius et Achillas tirèrent leurs épées. Pompée, prenant sa robe avec ses deux mains, s'en couvrit le visage, et sans rien dire ni rien faire d'indigne de lui, jetant un soupir, reçut avec courage tous les coups dont on le frappa. A la vue de cet assassinat, ceux qui étaient dans la galère de Cornélie et dans les deux autres navires poussèrent des cris affreux, qui retentirent jusqu'au rivage ; et, levant les ancres, ils prirent précipitamment la fuite. Les assassins coupèrent la tête à Pompée, et

(1) *B. C.*, III, 102-106.

jetèrent hors de la barque le corps tout nu, qu'ils laissèrent exposé aux regards des curieux.

« Philippe, qui ne l'avait point quitté, lava le cadavre dans l'eau de la mer, l'enveloppa, faute d'autre vêtement, de sa propre tunique, et ramassa sur le rivage quelques débris d'un bateau de pêcheur, presque pourris de vétusté; tel fut le bûcher du grand Pompée. Un Romain qui se trouvait là vint aider Philippe dans ce pieux devoir. Le lendemain Lucius Lentulus, arrivant de la pleine mer, aperçut la flamme. « Quel est celui, dit-il, qui est venu terminer ici sa destinée et se reposer de ses travaux? » Quelques instants après il débarquait, et tombait assassiné » (1).

GUERRE D'ALEXANDRIE (47). — Après avoir laissé Cornificius en Illyrie et Calénus en Grèce pour tenir en respect la flotte et les villes pompéiennes, César s'était mis à la poursuite du vaincu de Pharsale. Il était suivi d'une escorte plutôt que d'une armée. En traversant l'Hellespont, il rencontra l'escadre de Cassius, et la somma de se rendre. Les dix galères pompéiennes se soumirent devant une seule barque qui portait César. Il ne s'arrêta que peu de jours en Asie, déchargea du tiers des impôts cette province, cruellement foulée par Scipion, et lui donna pour gouverneur Domitius Calvinus. Bientôt il arriva devant Alexandrie avec dix galères de Rhodes, quelques autres d'Asie, huit cents chevaux et deux légions, en tout trente-trois vaisseaux et quatre mille hommes. A peine avait-il débarqué, que la vue de ses faisceaux souleva la multitude. Ce premier tumulte fut promptement apaisé. Mais les rassemblements continuèrent les jours suivants; il y eut des soldats tués dans la ville. César se hâta de faire venir d'Asie d'autres légions, qu'il avait formées des débris de celles de Pompée. Les vents étésiens le forçaient à prolonger son séjour à Alexandrie; il voulut le rendre sûr et profitable. Il s'institua arbitre entre Ptolémée et Cléopâtre; il leur donna l'ordre de licencier leurs troupes et de comparaître devant lui. En même temps il réclamait une dette de Ptolémée Aulète,

montant à dix millions de sesterce Le ministre Photin accueillit ces d mandes avec orgueil. Il appela secrèt ment l'armée de Péluse à Alexandri Achillas se présenta bientôt devant ville. « Il avait, dit César, vingt mil hommes sous ses ordres. Ces troupes composaient des soldats de Gabinius, q tous avaient pris les habitudes et l mœurs d'Alexandrie. Ils avaient perdu souvenir de Rome et de ses usages; plupart s'étaient mariés dans le pays avaient des enfants. Leur troupe s'éta grossie d'un ramas de voleurs et de br gands de Syrie, de Cilicie et des contré voisines, sans compter une foule de ge condamnés à mort ou au bannissemen les esclaves fugitifs trouvaient à Alexa drie une retraite sûre et un état; s'enrôlaient et devenaient soldats. Si u maître en saisissait quelqu'un, tous a couraient et l'arrachaient de ses main sachant bien qu'ils étaient intéressés la même cause. Suivant l'usage d armées égyptiennes, ils pouvaient d mander la tête des favoris; ils s'em chissaient du pillage des riches, assi geaient le palais des rois, ôtaient (déplaçaient la couronne. On voyait e core dans cette armée deux mille cav liers vieillis dans la guerre d'Alexa drie. » César ne pouvait livrer b taille à de telles forces. Il s'empa de la personne du roi, « dont le no pouvait être d'un grand poids aupr du peuple, en montrant que la guer était plutôt une entreprise de brigan qu'un ordre émané de lui-même ». L quatre mille césariens se portèrent da le Phare. Ils brûlèrent la flotte égyptien qui remplissait le port. Cet incendi qui malheureusement atteignit l'arsen et la bibliothèque, permit à César faire venir par mer des vivres et d secours; il en appela de toutes les co trées voisines.

CLÉOPATRE GAGNE LA FAVEUR D CÉSAR; MORT DE PHOTIN; ARSINO FAIT TUER ACHILLAS. — César ava mandé secrètement la sœur aînée Ptolémée. « Cléopâtre partit sur-l champ avec le seul Apollodore, son con fident, et arriva de nuit devant ce pala Comme elle ne pouvait en passer ll portes sans être reconnue, elle s'env loppa dans un paquet de hardes qu'

(1) Plut., *Vie de Pompée*.

llodore lia avec une courroie et qu'il entrer chez César par la porte même palais. Cette ruse de Cléopâtre lui ut ; vaincu ensuite par les grâces de la nversation, il la réconcilia avec son ère, à condition qu'elle partagerait le ône avec lui. » Mais Ptolémée avait e autre sœur. Arsinoé, regardant le ône comme vacant et se flattant d'y onter, s'échappa du palais, courut vers chillas, et voulut diriger le siége. Pho-, qui était prisonnier avec le roi, entenait des intelligences dans le camp nemi. César le fit tuer.

Cependant les Égyptiens pressent acement le siége. Ils envoient par toute Égypte des députés et des commissaires ur hâter les levées. Déjà ils avaient it un amas considérable de traits et machines et réuni des forces considérables. De nombreux ateliers avaient é établis dans la ville ; les esclaves êmes furent armés ; les maîtres les us riches furent chargés de leur solde de leur subsistance. Arsinoé avait it assassiner Achillas ; elle donna le ommandement des troupes à Ganymède. e nouveau général montra beaucoup 'ardeur et d'intelligence. Il voulut prir d'eau l'armée romaine. La ville était raversée presque tout entière par une ultitude de canaux souterrains qui artaient du Nil et conduisaient l'eau ans les maisons particulières. Les aîtres n'avaient pas d'autre eau pour x-mêmes et pour leurs esclaves ; celle u fleuve était trouble, limoneuse, alsaine ; cependant le peuple, plus alheureux que les esclaves, était forcé e s'en contenter ; car il n'y avait point e fontaines dans toute la ville. Ganyède coupa les aqueducs qui fournisient le quartier du Phare ; puis avec es machines, il fit arriver l'eau de a mer jusqu'aux citernes des Romains. ur l'ordre de César on creusa des puits, t en une seule nuit on eut une grande uantité d'eau douce. Ainsi se trouvèrent éjouées toutes les manœuvres de Gaymède.

Le gouverneur de Syrie, Domitius Calvinus, avait envoyé à César une égion par terre et une autre par mer. Les vaisseaux abordèrent à l'ouest d'A-Txandrie. Les vents contraires les reteaient sur la côte. César, presque seul, alla les chercher. Attaqué au retour par Ganymède, il fut vainqueur. Il eut moins de succès dans son entreprise contre l'île de Pharos. La lutte continuait péniblement. Il était temps d'y mettre un terme. César rendit Ptolémée aux Alexandrins ; mais cette concession ne rétablit pas la paix. Enfin Mithridate le Pergaméen amena de Syrie une armée grossie, en chemin, de Juifs et d'Arabes. Il s'empara de Péluse, força le passage du Nil et se réunit aux assiégés. César, enhardi par cet utile secours, attaqua le camp des Égyptiens. Sa victoire fut complète. Ptolémée périt dans le Nil. Cléopâtre fut donnée pour reine à l'Égypte et sa sœur Arsinoé partit pour Rome.

CAMPAGNE CONTRE PHARNACE. — Retenu par Cléopâtre, César prolongea son séjour à Alexandrie. Il attendit le mois d'avril 47 pour aller en Asie combattre Pharnace. Ce prince, fils de Mithridate, roi du Bosphore, avait chassé de la petite Arménie et de la Cappadoce Déjotarus et Ariobarzane. Il avait même battu Domitius. César débarqua à Tarse, gagna à travers la Cappadoce les frontières de la Galatie et du Pont, et termina la guerre en cinq jours. *Veni, vidi, vici*, écrivait-il à un de ses amis de Rome. « Heureux Pompée, ajoutait-il, d'avoir acquis à si peu de frais le surnom de grand ! » Pharnace tué, le Bosphore donné à Mithridate le Pergaméen, Ariobarzane et Déjotarus rétablis, César partit pour l'Italie (47). Il trouva, à son retour, l'Illyrie et la Grèce pacifiées et soumises. Rien, désormais, ne pouvait lui faire obstacle en Orient.

CÉSAR DICTATEUR ; IL REVIENT A ROME ; MARC-ANTOINE ; TROUBLES EXCITÉS DANS LA VILLE PAR DOLABELLA ; ILS SONT APAISÉS PAR CÉSAR ; RÉVOLTES DES LÉGIONS. — César à peine arrivé en Italie rencontra Cicéron. Celui-ci accourait, plein d'inquiétude, et il regrettait alors amèrement d'avoir suivi Pompée. Il s'était retiré à Brindes, où il vivait dans de continuelles alarmes. César accueillit avec douceur et bienveillance le timide orateur, et lui pardonna.

Rome était alors tourmentée par de violents désordres. Tout était resté calme, d'abord, sous l'administration du consul Servilius Isauricus. Mais quand, après la défaite de Pompée, César, absent, eut été proclamé dictateur, quand Marc-Antoine, nommé maître de la cavalerie, resta maître de la ville et de toute l'Italie, les séditions recommencèrent. Elles eurent, peut-être, pour cause principale les violences et les scandaleuses débauches d'Antoine. Il ne faut pas négliger non plus de parler ici de Dolabella. Celui-ci, pour se débarrasser de ses créanciers, proposa l'abolition complète des dettes, et d'autre part, pour se rendre l'ami de la multitude, il demanda, par une autre loi, que les locataires fussent exemptés de payer leurs loyers aux propriétaires. De là une suite de querelles et de disputes qui se terminèrent souvent par des combats sanglants. Antoine favorisa d'abord Dolabella; plus tard il refusa de l'aider dans ses desseins. Il n'agissait point ainsi par esprit de justice; il voulait seulement se venger de Dolabella, qui, disait-il, entretenait avec sa femme des relations criminelles. Il avait introduit dans la ville des troupes, qui s'opposèrent par la force à l'assemblée tumultueuse où devaient être proposées les lois sur les dettes et les loyers. César arriva sur ces entrefaites. Comme il désirait la paix intérieure pour arriver à ses fins, comme, d'ailleurs, il était naturellement porté à la modération et à la clémence, il pardonna aux excès d'Antoine et aux tentatives séditieuses de Dolabella.

Il ne cherchait alors qu'une chose, l'argent qui devait lui servir à anéantir en Afrique le parti pompéien. Il avait déjà reçu des sommes immenses à titre de don gratuit; il fit encore des emprunts considérables; enfin, il vendit les biens de ceux qui avaient péri dans la guerre civile. Ce fut Antoine qui acheta la maison, les jardins et les meubles de Pompée.

Pour retenir l'affection de la multitude, César reprit, en les modifiant, les propositions de Dolabella. Il ne voulut point, il est vrai, une abolition complète des dettes, mais il accorda aux débiteurs la remise de tous les intérêts dus depuis le commencement de la guerre civile. En ce qui concerne les loyers, il soulagea les citoyens pauvres par un décret qui portait que ceux q[ui] n'avaient que deux mille sesterces [de] loyer seraient exempts, dans Rom[e], [du] payement d'une année entière, et dans [le] reste de l'Italie d'un terme seulemen[t].

César avait à cœur aussi de récom[-]penser ceux qui s'étaient dévoués à [sa] fortune. Il donna aux plus éminents d[e] sacerdoces ou des magistratures. Il [fit] créer consuls Calénus et Vatinius, et [au] nombre des préteurs il plaça l'historie[n] Salluste. C'était lui fournir les moyen[s] de rentrer dans le sénat et le relever de [la] dégradation qui lui avait été infligée p[ar] les derniers censeurs. Il faut remarqu[er] que souvent il choisit, pour les emplo[is] publics, ceux qui avaient porté les a[r-] mes contre lui. Ce fut ainsi qu'à cet[te] époque il donna le gouvernement [de] l'Achaïe à Ser. Sulpicius, et celui de [la] Gaule Cisalpine à Brutus.

César se disposait à passer en Afriqu[e] lorsqu'il eut à réprimer une sédition [de] ses vieilles légions. Les soldats se pla[i-] gnaient de n'avoir point encore reçu l[es] récompenses qu'on leur avait tant [de] fois promises. Ce fut en Campanie q[ue] le mouvement éclata. On envoya le pr[é-] teur Salluste au foyer de la révolte. [Il] trouva tous les esprits irrités; et il [n'eut] grand'peine, en fuyant, d'échapper à [la] mort. Les séditieux se portèrent bient[ôt] aux plus grandes extrémités. Ils march[è-] rent sur Rome. Quand ils furent arriv[és] au Champ-de-Mars, César n'hésita point [à] se présenter devant eux. Il monta s[ur] son tribunal, et leur dit d'une voix ferm[e]: « Que voulez-vous ? » Ils furent décon[-] certés par la fière attitude du dictateu[r] et n'osèrent plus parler de récompense[s]. Ils répondirent : « Nous avons servi lon[g-] temps; nous sommes épuisés par [de] longues fatigues et de perpétuels com[-] bats : nous avons droit au congé. » — « Je vous l'accorde, » dit César; pui[s] avec une sorte de dédain, il ajoute[:] « Lorsque j'aurai triomphé avec d'au[-] tres troupes, je m'acquitterai des pr[o-] messes que je vous ai faites. » Les s[é-] ditieux avaient pensé que César ava[it] besoin d'eux pour achever la guerr[e;] quand ils virent son calme et son indiff[é-] rence, ils commencèrent à se repenti[r.] On pressa le dictateur de ne point séparer avec tant de dureté de ses ancie[ns] compagnons d'armes. Il consentit

r parler encore; mais, au lieu de les
eler *soldats*, il employa le mot *ciens*. C'était une punition pour ces
ux légionnaires : aussi ils s'écrièrent
toutes parts qu'ils étaient soldats et
ils voulaient rester soldats. Ils recou-
ent alors aux prières, et ils obtinrent,
a fin, le pardon de leur général.
rès avoir apaisé cette dangereuse
ition, César se hâta de partir pour
frique.
GUERRE D'AFRIQUE; INCAPACITÉ
SCIPION; ALLIANCE DE JUBA AVEC
S POMPÉIENS; FORCES DE LABIÉ-
S; COMBAT PRÈS DE RUSPINA; BA-
ILLE DE THAPSUS; MORT DE CA-
N. — Après la bataille de Pharsale,
pompéien Octavius avait rassemblé
elques troupes en Macédoine, et les
ait conduites en Illyrie. Il remporta
bord quelques avantages sur Gabi-
s; mais Cornificius et Vatinius le
cèrent de se retirer en Afrique. Il y
uva Caton, qui n'avait point déserté
cause de la république. Toute l'Afri-
e, à l'exception de la Mauritanie,
it pompéienne. Le véritable chef de
rmée, ce n'était point Scipion, que les
mpéiens avaient choisi pour général
ause de son nom, c'était Juba, le roi
s Numides, qui voulait profiter de la
erre civile pour anéantir en Afrique
domination romaine. Enflé de sa puis-
ce et de ses richesses, Juba montrait
e fierté et un orgueil insupportables.
rsqu'il donna à Caton sa première au-
ence, il fit placer son siége entre ceux
Caton et de Scipion. Caton voulut
primer l'arrogance de ce barbare, qui
sait des généraux romains ses satrapes
ses lieutenants (1). Il empêcha Scipion
saccager Utique que Juba voulait
truire, sous prétexte que ses habitants
aient dévoués à César. Mais il ne put
parer les funestes dévastations qui
aient déjà ruiné toute la province ro-
aine.
Le 1ᵉʳ janvier 46 César débarqua près
Adrumète, avec trois mille fantas-
ns et cent cinquante cavaliers. Il fut
joint par un ancien complice de Cati-
na, P. Sittius, aventurier à la solde
es princes africains. P. Sittius amena
eu de troupes; mais il connaissait le

pays. Il fut envoyé en Mauritanie pour
faire une diversion contre Juba. Adrumète, défendue par Considius, refusa
d'ouvrir ses portes au dictateur. Considius obligea même les césariens à se retirer vers Ruspina. Ils manquaient de vivres. La disette les força d'abandonner
cette position et de tourner vers Leptis.
César avait ordonné à la Sardaigne et
aux autres provinces voisines de lui envoyer sur-le-champ des troupes, des
vivres et du blé. Il déchargea une partie
de ses galères, et fit partir en Sicile
Rabirius Postumus pour amener un
deuxième convoi. En attendant, il détacha dix autres galères pour rallier les
bâtiments dispersés et assurer la navigation. Il envoya aussi le préteur C. Sallustius Crispus, avec un certain nombre de
vaisseaux, vers l'île de Cercina, dont
les ennemis étaient maîtres; on y avait
fait, disait-on, des approvisionnements
de blé considérables. César avait eu soin
de donner des ordres précis, qui ne laissaient aucune excuse à la négligence et
à la lenteur. Il apprit dans ce temps,
par les transfuges et par les habitants
du pays, les engagements contractés
par Scipion et les siens avec Juba. Il sut
que Scipion entretenait la cavalerie du
roi aux frais de la province d'Afrique,
« et il gémit de la démence de ces hommes
qui aimaient mieux être tributaires d'un
roi, que de jouir paisiblement de leur
fortune au sein de leur patrie et de leur
famille (1). »
César laissa une garnison dans Leptis,
et retourna vers Ruspina. Il emmenait
trente cohortes. Sur sa route il rencontra
Labiénus et la cavalerie des pompéiens.
La mêlée fut sanglante. Enveloppés par
des forces supérieures, les césariens
résistaient avec peine. Labiénus, à cheval, la tête découverte, se montrait au
premier rang, exhortant les siens, et
parfois s'adressant aux légionnaires de
César. « Conscrit, tu fais bien le brave!
Il vous a donc tourné la tête, à vous
aussi, avec ses belles harangues. Il vous
a mis dans un mauvais pas, et je vous
plains. » Un légionnaire lui cria : « Je ne
suis pas un conscrit, mais un vétéran
de la dixième légion. » — « Je n'en reconnais pas les enseignes. » — « Eh bien!

(1) Plut., *Caton d'Utique*, 74.   (2) *B. Afr.* 8.

tu vas me reconnaître, » dit le soldat jetant son casque; et il lui lance un javelot avec tant de force, qu'il s'enfonce dans le poitrail du cheval. « C'est un soldat de la dixième légion qui te frappe. »

Après ce combat, des transfuges de toutes les armes passèrent dans les rangs des césariens. On sut que l'intention de l'ennemi avait été d'étonner les jeunes soldats de César et le petit nombre de ses vétérans, en les enveloppant avec la cavalerie. Labiénus s'était vanté en plein conseil d'envoyer contre les césariens tant de troupes que la seule fatigue de tuer et de vaincre les obligerait à succomber. Il comptait beaucoup sur le nombre des Pompéiens; il avait appris qu'à Rome les vieilles légions refusaient de passer en Afrique. Trois années de séjour dans le même pays lui avaient attaché les soldats; il était soutenu par de nombreuses troupes de cavalerie et d'infanterie numide armée à la légère. De plus, il avait avec lui les débris de l'armée de Pompée, qu'il avait amenés de Brindes, des cavaliers germains et gaulois, des étrangers, des affranchis, des esclaves qu'il avait instruits et dressés à manier des chevaux bridés, les secours fournis par le roi, cent vingt éléphants, une cavalerie innombrable, enfin, douze légions composées d'hommes de toutes les classes.

Cependant Sittius et le roi de Mauritanie avaient pris Cirtha. Juba partit pour défendre son royaume. Renforcé par l'arrivée de deux légions, le dictateur voulut profiter de cette diversion si heureusement opérée. Il ne put amener Scipion à une bataille. Enfin, après trois mois de marches et de contre-marches, il mit le siége devant Thapsus. Les pompéiens se décidèrent à secourir cette ville. Ils présentèrent le combat; mais la fortune et le génie étaient dans le camp de César : Scipion fut complétement battu. Ce fut une déroute générale; Thapsus, Adrumète et Zama firent leur soumission. Labiénus et les fils de Pompée s'enfuirent en Espagne. Presque tous les chefs périrent; Juba se tua de sa main; Scipion eut le même sort. Restait Caton, qui était encore maître d'Utique. C'est le 8 avril qu'il apprit la défaite de Thapsus. Il aurait voulu se défendre; mais les sénateurs et les négo-

ciants romains refusèrent d'armer l[es] esclaves. La résistance était impossibl[e.] Caton, après avoir engagé ses amis [et] tous les personnages notables qui l'e[n]vironnaient à se mettre en sûreté, p[rit] la résolution, non point de résiste[r,] mais de se tuer à Utique.

« Il y avait parmi les amis de Cat[on] un jeune homme, nommé Statyllius, q[ui] se piquait d'un grand courage et voul[ait] imiter l'impassibilité de Caton. Près de partir avec les autres, parce qu[']il était connu comme ennemi de Césa[r,] il s'y refusa constamment. Caton alor[s] se tournant vers Apollonide le Stoïci[en] et Démétrius le Péripatéticien : « C'[est] « à vous, leur dit-il, de guérir l'enflu[re] « de ce jeune homme, et de lui fai[re] « connaître ce qui lui est plus utile. » Cependant il conduisit tous les autr[es] à leur vaisseau, écouta ceux qui avaie[nt] quelque chose à lui demander, et e[m]ploya à cette occupation toute la nu[it] et une grande partie du lendemain. L[u]cius César, parent du vainqueur, av[ait] été choisi pour aller intercéder en fave[ur] des habitants; il vint prier Caton de [lui] composer un discours qui pût inté[res]ser César pour eux. « Car, ajouta-t-[il,] « quand je parlerai pour vous, je me [fe]« rai gloire de baiser ses mains et d'e[m]« brasser ses genoux. » Mais Caton lui défendit. « Si je voulais, lui dit-[il,] « devoir la vie au bienfait de Césa[r,] « j'irais moi-même le trouver seu[l;] « mais je ne veux pas tenir d'un tyr[an] « ce qu'il ne doit qu'à des injustices; « c'en est une de sa part que de donn[er] « la vie comme maître à ceux qu'il [n'a] « pas le droit de commander. Mais « vous voulez, voyons ensemble ce q[ue] « vous direz. » Il en conféra quelq[ue] temps avec Lucius; et quand il fut s[ur] le point de partir, il lui recomman[da] son fils et ses amis. Il entretint ensu[ite] ceux-ci de divers objets, et consei[lla] surtout à son fils de ne jamais se mê[ler] du gouvernement.

« L'état des choses, lui dit-il, ne vo[us] « permet pas de vous en occuper d'u[ne] « manière digne de Caton; et il ser[ait] « honteux de vous en mêler autrement[.] » Sur le soir, il alla se baigner; com[me] il était dans le bain, il se souvint [de] Statyllius, et s'écria : « Eh bien, Ap[ollonide,] [as-tu] [d]onc, vous êtes donc parvenu à ô[ter]

ITALIE.

Statyllius cette fierté dont il se pi[q]uait, et il est parti sans me dire [a]dieu. » — « Comment! lui dit Apollo[n]ide, nous avons disputé longtemps [e]nsemble, et il est plus fier, plus inflexible que jamais; il déclare qu'il [r]estera, et qu'il fera tout ce que vous [v]erez. » — « C'est ce qu'on verra bientôt, » reprit Caton en souriant.

« Après le bain il soupa avec une [com]pagnie nombreuse, mais assis, [com]me il avait toujours fait depuis la [ba]taille de Pharsale, ne s'étant plus [cou]ché, depuis lors, que la nuit, pour [dor]mir. Il avait à souper ses meilleurs [am]is et les magistrats d'Utique. Après [le] repas, on se mit à boire, et on en[ta]ma une conversation aussi agréable [qu]e savante, où l'on traita successive[me]nt plusieurs matières philosophi[qu]es; elle finit par une discussion de ces [thè]mes qu'on appelle les paradoxes des [sto]ïciens : par exemple, que l'homme [de] bien est seul libre, et que tous les [mé]chants sont esclaves. Le philosophe [pé]ripatéticien ne manqua pas de s'élever [con]tre ce dogme; mais Caton, l'ayant [con]tredit avec beaucoup de force, et [d'u]n ton de voix plus rude que de coutume, poussa si loin la dispute, que [per]sonne ne put douter qu'il n'eût résolu de mettre fin à sa vie pour se dé[liv]rer de la situation pénible où il se [trou]vait. Aussi, quand il eut cessé de [pa]rler, voyant tous les convives dans le [sil]ence et dans la tristesse, il s'occupa [de] les rassurer et d'éloigner d'eux le [so]upçon. Il remit la conversation sur [les] affaires présentes, témoigna de l'in[qu]iétude et de la crainte pour ceux qui [é]taient embarqués, et ne parut pas [m]oins en peine pour ceux qui, s'en al[la]nt par terre, avaient à traverser un [dé]sert sauvage et sans eau.

« Lorsqu'il eut congédié ses convives, [il] se promena quelque temps avec ses [am]is, comme il avait coutume de faire [ap]rès le souper. Il donna au capitaine [qui] commandait la garde les ordres [que] les circonstances exigeaient ; puis, [qu]and il se retira dans sa chambre, il [em]brassa son fils et chacun de ses amis [en] particulier, et, en leur donnant des [té]moignages d'amitié plus marqués [qu]'à l'ordinaire, il renouvela leurs [so]upçons sur ce qu'il avait résolu de faire. Quand il fut sur son lit, il prit le dialogue de Platon sur l'immortalité de l'âme, et, après en avoir lu la plus grande partie, il regarda au-dessus de son chevet. N'y voyant pas son épée suspendue (son fils l'avait enlevée pendant le souper), il appela un de ses esclaves, et lui demanda qui lui avait ôté son épée. L'esclave n'ayant rien répondu, il reprit sa lecture ; puis, après avoir laissé passer quelque temps, pour ne montrer ni empressement ni impatience d'avoir son épée, et, comme s'il eût voulu seulement savoir où elle était, il commanda qu'on la lui apportât. Cependant il s'écoula sans qu'on la lui eût apportée assez de temps pour qu'il eût achevé sa lecture. Il appela alors ses esclaves l'un après l'autre, la leur demanda d'un ton de voix très-haut, et donna même un si furieux coup de poing sur le visage d'un de ses esclaves, que sa main en fut tout ensanglantée; il s'écria en même temps, avec beaucoup d'emportement, que son fils et ses esclaves voulaient le livrer sans armes entre les mains de son ennemi.

« Son fils, fondant en larmes, entra alors avec ses amis, et, se jetant au cou de son père, il se mit à déplorer son malheur et à le conjurer de conserver sa vie. Caton, s'étant levé sur son séant, et jetant sur lui un regard sévère : « Quand et en quel lieu, dit-il, m'a-t-on « vu donner, sans m'en apercevoir, des « preuves de folie? Pourquoi, si j'ai « pris un si mauvais parti, personne « ne cherche-t-il à m'éclairer et à me « détromper? Pourquoi ne veut-on que « m'empêcher de suivre ma résolution « et m'enlever mes armes? Que ne fais- « tu aussi attacher ton père? Que ne « lui fais-tu lier les mains derrière le « dos, jusqu'à ce que César arrive et « me trouve hors d'état de me défendre? « Ai-je donc besoin d'une épée pour « m'ôter la vie? Ne me suffit-il pas, « pour me donner la mort, de retenir « quelque temps mon haleine, ou de me « frapper une fois la tête contre la mu- « raille? » A ces paroles, son fils sortit de la chambre en versant des torrents de larmes, et tous ses amis le suivirent. Démétrius et Apollonide restèrent seuls auprès de Caton, qui, prenant un ton plus adouci : « Et vous, leur dit-il, vou-

« lez-vous aussi retenir dans la vie, par
« force, un homme de mon âge? et res-
« tez-vous auprès de moi pour me gar-
« der en silence? ou avez-vous préparé
« quelques beaux raisonnements pour
« me prouver que, n'ayant pas d'autre
« moyen de sauver ma vie, il n'est ni
« déshonorant ni affreux pour Caton
« de la tenir de son ennemi? Que ne
« cherchez-vous à me convaincre de
« cette belle maxime, à me faire changer
« de résolution, à me dégoûter de ces
« opinions dans lesquelles j'ai vécu jus-
« qu'à présent, afin que, devenu plus
« sage, grâce à César, je lui en doive
« plus de reconnaissance? Ce n'est pas
« que j'aie encore rien arrêté par rapport
« à moi-même; mais ma résolution
« une fois prise, je dois être le maître
« de l'exécuter. J'en délibérerai en quel-
« que sorte avec vous, puisque je con-
« sulterai les raisons que vous donnez
« sur cette matière dans votre philoso-
« phie. Allez-vous-en donc, sans rien
« craindre, et dites à mon fils de ne pas
« prétendre forcer son père, quand
« il ne peut pas le persuader. »

« Démétrius et Apollonide ne lui répondirent pas; ils sortirent de sa chambre en versant des larmes, et on lui envoya son épée par un enfant. Il la prit, la tira du fourreau, examina si elle était en bon état; et lorsqu'il vit que la pointe en était bien acérée et le tranchant bien aiguisé : « Je suis mainte-
« nant mon maître », dit-il; et ayant mis son épée auprès de lui, il reprit le livre de Platon, qu'il relut, dit-on, deux fois tout entier. Après cette lecture, il s'endormit d'un sommeil si profond, que ceux qui étaient en dehors l'entendaient ronfler. Vers minuit il appela deux de ses affranchis, Cléanthe, son médecin, et Butas, celui qu'il employait le plus dans les affaires politiques. Il envoya ce dernier au port, pour s'assurer si tout le monde était embarqué, et pour venir lui en dire des nouvelles. Il présenta ensuite au médecin sa main, qui était enflée du coup qu'il avait donné à son esclave, et lui dit d'y mettre un bandage. Cela fit croire qu'il tenait encore à la vie, et causa dans toute la maison une grande joie. Peu de temps après Butas revint, et lui rapporta que tous ceux qu'il avait renvoyés avaient

mis à la voile, excepté Crassus, q[ue] quelque affaire avait retenu, et qui [al]lait s'embarquer dans un instant. [Il] ajouta qu'il faisait un très-grand ven[t] et que la mer était agitée d'une tempê[te] violente. Ce rapport fit soupirer Cato[n] il craignait pour ceux qui étaient [en] mer, et il renvoya Butas au port po[ur] voir si quelques-uns d'entre eux, ob[li]gés d'y relâcher, n'auraient pas beso[in] de secours. Comme les oiseaux co[m]mençaient à chanter, il se rendor[mit] pour quelques moments. Butas lui aya[nt] dit, à son retour, que tous les enviro[ns] du port étaient fort tranquilles, il [lui] commanda de se retirer et de ferm[er] la porte de sa chambre; puis il se [re]mit dans son lit, comme pour dorm[ir] le reste de la nuit. Mais dès que Bu[tas] fut sorti il tira son épée, et se l'enfon[ça] sous la poitrine. Toutefois, l'inflamm[a]tion de sa main ayant affaibli le cou[p] il ne se tua pas, et, luttant contre [la] mort, il renversa en tombant de son [lit] une table qu'il avait auprès de lui, et [qui] servait à tracer des figures de géomét[rie] Au bruit que fit ce meuble, ses escla[ves] jetèrent un grand cri, et son fils en[tra] dans sa chambre avec ses amis. Ils [y] virent tout baigné de sang : la plus gran[de] partie de ses entrailles lui sortai[t du] corps, mais il vivait encore et les [re]gardait fixement. Ce spectacle les pé[né]tra de la plus vive douleur; son méde[cin] arriva, et, ayant reconnu que les entr[ailles] les n'étaient pas offensées, il essaya [de] les remettre et de coudre la plaie. M[ais] lorsqu'il fut revenu de son évanouiss[e]ment, et qu'il eut commencé à repren[dre] ses sens, repoussant le médecin, il ar[ra]cha l'appareil qu'on lui avait mis sur [ses] entrailles, et ayant rouvert la plaie, il [ex]pira sur-le-champ. » (*Voyez* Plutarqu[e].)

On raconte que César s'écria en a[p]prenant ce qui s'était passé à Utiqu[e :] « O Caton! je t'envie ta mort, puisq[ue]
« tu m'as enlevé la satisfaction de [te]
« sauver la vie. » Mais il n'en pre[ss]a pas moins ses ennemis, pour recuei[llir] tous les fruits de la victoire. Il ne song[ea] à revenir à Rome que lorsqu'il eut f[ait] disparaître en Afrique jusqu'aux derni[ers] débris du parti pompéien. Il réduisit [la] Numidie en province romaine, et [la] donna Salluste pour gouverneur. Cell[ui]ci commit de tels excès dans le p[ays]

avait été confié à sa surveillance, on supposa qu'il avait reçu ordre non d'administrer, mais de piller. César montra indulgent encore après la victoire de Thapsus; mais il le fut moins après la journée de Pharsale. Il punit sévèrement ceux qui avaient persévéré à le combattre, nonobstant ses avantages et sa modération. Il fit tuer Afranius, Faustus Sylla et L. César. Enfin, il rentra à Rome. La campagne d'Afrique n'avait pas duré six mois.

§ III. *Dictature de César.*

RETOUR DE CÉSAR A ROME. — Rien ne peut donner une idée de l'abjection où était tombé alors le peuple romain. On accabla le vainqueur d'honneurs excessifs. Ce n'était point l'admiration ou l'amour qui guidait, dans cette circonstance, ceux qui prodiguaient à César les plus viles flatteries; c'était la peur. Il n'avait d'amis sincères que chez le pauvre peuple, dont les droits lui étaient chers, et que dans ses diverses magistratures il avait toujours soulagé et défendu.

On décréta quarante jours de fêtes pour les succès de la guerre d'Afrique; il fut décidé aussi que le triomphateur monterait sur un char attelé de quatre chevaux blancs, comme les chars de Jupiter et du Soleil; en outre, il devait être précédé de soixante et douze licteurs. Mais César tenait moins à cette pompe qu'aux titres d'une puissance réelle, qu'on lui décerna bientôt : on lui donna la dictature pour dix ans et l'inspection des mœurs pour trois ans. On alla plus loin encore : on vota une statue qui devait être placée dans le Capitole, vis-à-vis de Jupiter, avec cette inscription : *à César, demi-dieu.*

César ne se fit point illusion, d'abord, sur tous ces honneurs. Il savait que la peur n'est point un élément de puissance : il voulut commander par d'autres moyens. Il ne cessait de parler au sénat et au peuple de modération, d'oubli du passé, de clémence. « Ne croyez pas, disait-il, que je veuille prendre Sylla pour modèle. Je suis votre chef, et non votre maître; je puis gouverner vos affaires sans vous tyranniser. » C'était là, en effet, sa pensée; et comme sa conduite était en tout conforme à ses discours, on ne tarda pas à voir renaître à Rome la paix et la tranquillité.

LE TRIOMPHE. — « Ce fut un spectacle merveilleux et terrible à la fois que le triomphe de César. Il triompha pour les Gaules, pour l'Égypte, pour le Pont et pour l'Afrique. On ne parla pas de Pharsale. Derrière le char marchaient en même temps les déplorables représentants de l'Orient et de l'Occident; le Vercingétorix gaulois, la sœur de Cléopâtre, Arsinoé, et le fils du roi Juba. Autour, selon l'usage, les soldats, hardis compagnons du triomphateur, lui chantaient des vers outrageants pour lui : *Fais bien, tu seras battu, fais mal tu seras roi....... Maris de Rome, gare à vous! nous amenons le galant chauve.* Sauf un couplet sanglant sur l'amitié de Nicomède, César ne haïssait pas ces grossières dérisions de la victoire. Elles rompaient l'ennuyeuse uniformité de l'adulation, et le délassaient de sa divinité.

« D'abord il distribua aux citoyens du blé et trois cents sesterces par tête, vingt mille sesterces à chaque soldat; ensuite il les traita tous, soldats et peuple, sur vingt-trois mille tables de trois lits chacune; on sait que chaque lit recevait plusieurs convives.

« Et quand la multitude fut rassasiée de vin et de viande, on la soûla de spectacles et de combats : combats de gladiateurs et de captifs, combats à pied et à cheval, combats d'éléphants, combat naval dans le Champ-de-Mars, transformé en lac. Cette fête de la guerre fut sanglante comme une guerre. On dédommagea Rome de n'avoir pas vu les massacres de Thapsus et de Pharsale. Une joie frénétique saisit le peuple. Les chevaliers descendirent dans l'arène, et combattirent en gladiateurs; le fils d'un préteur se fit mirmillon. Un sénateur voulait combattre, si César le lui eût permis. Il fallait laisser quelque chose à faire aux temps de Domitien et de Commode.

« Par-dessus les massacres de l'amphithéâtre, flottait pour la première fois l'immense *velarium* aux mille couleurs, vaste et ondoyant comme le peuple qu'il défendait du soleil. Ce *velarium* était de soie, de ce précieux tissu dont une livre se donnait pour une livre pesant d'or.

« Le soir, César traversa Rome entre quarante éléphants, qui portaient des lustres étincelants de cristal de roche. Il assista aux fêtes, aux farces du théâtre. Il força le vieux Labérius, chevalier romain, de se faire mime et de jouer lui-même ses pièces : « Hélas ! s'écriait dans le prologue le pauvre vieillard obligé d'amuser le peuple, où la nécessité m'a-t-elle poussé presque à mon dernier jour? Après soixante ans d'une vie honorable, sorti chevalier de ma maison, j'y rentrerai mime. Oh ! j'ai vécu trop d'un jour !... » César n'avait voulu que l'avilir ; il lui refusa le prix ; Labérius ne fut pas même le premier des mimes.

« Il était bien hardi, en effet, de réclamer seul au milieu de ces grandes saturnales, de ce nivellement universel qui commence avec l'Empire ; il s'agit bien de l'honneur d'un chevalier dans ce bouleversement du monde.

Aspice nutantem convexo pondere mundum,
Terrasque tractusque maris cœlumque profundum;
Aspice venturo lætentur ut omnia sæclo!

« Tout n'est-il pas transformé ? les siècles antiques ne sont-ils pas finis ? les temps, le ciel n'a-t-il pas changé par édit de César ? L'immuable Pomœrium de Rome a reculé ; les climats sont vaincus ; la nature asservie ; la girafe africaine se promène dans Rome, sous une forêt mobile, avec l'éléphant indien : les vaisseaux combattent sur terre. Qui osera contredire celui à qui la nature et l'humanité n'ont refusé rien, celui qui n'a jamais lui-même rien refusé à personne, ni sa puissante amitié, ni son argent, pas même son honneur ? Sans le large front chauve et *l'œil de faucon* reconnaîtriez-vous le vainqueur des Gaules dans cette vieille courtisane, qui triomphe en pantoufles et couronnée de toutes sortes de fleurs ? Venez donc tous de bonne grâce chanter, déclamer, combattre, mourir dans cette bacchanale du genre humain qui tourbillonne autour de la tête fardée du fondateur de l'Empire. La vie, la mort, c'est tout un ; le gladiateur a de quoi se consoler en regardant les spectateurs. Déjà le Vercingétorix des Gaules a été étranglé ce soir après le triomphe : combien d'autres vont tantôt mourir parmi ceux qui sont ici ? Ne voyez-vous pas près de César la gracieuse vipère du Nil, traîna dédaigneusement après elle son épée de dix ans, qu'elle doit aussi faire rir ; c'est son Vercingétorix, à elle. l'autre côté du dictateur, apercev vous la figure hâve de Cassius, le cr étroit de Brutus ; tous deux si pâ dans leurs robes blanches bordées d rouge de sang (1)? »

GOUVERNEMENT DE CÉSAR ; M SURES POUR ARRÊTER LA DÉPOPU TION DE L'ITALIE; LOIS SOMPTU RES; RÉFORME DU CALENDRIER; ACT DE CLÉMENCE ; MARCELLUS, LI RIUS ET CICÉRON. — Quand le br des fêtes eut cessé, il fallut bien son à remettre l'ordre dans la république à faire disparaître, au moins en part les traces des longues discordes et d guerre civile. César porta dans les faires si difficiles du gouvernement t son génie.

Une chose, d'abord, attira son att tion : ce fut l'effrayante dépopulation Rome et de l'Italie. La ville et les ca pagnes étaient couvertes d'esclav mais les hommes libres disparaissai peu à peu : la guerre civile en avait core diminué le nombre. Il y avait d nécessité, pour réparer les pertes de république et arrêter un complet épui ment, à faire renaître, pour ainsi di dans toutes les parties de l'Italie ce forte et courageuse population qui av aidé Rome à faire la conquête monde. César promit des récompen aux citoyens mariés qui auraient p sieurs enfants. Il défendit à tout cito qui n'aurait pas atteint l'âge de vi ans ou qui n'aurait pas dépassé celui quarante de quitter l'Italie pour plus trois ans. Les soldats seuls étaient exc tés de cette mesure. Aucun fils de nateur ne pouvait voyager hors de talie, si ce n'est en compagnie de quelo fonctionnaire public.

Il faut remarquer qu'à l'époque nous sommes arrivés les petits prop taires avaient disparu dans presque t tes les provinces de l'Italie. La gra propriété avait absorbé tout le sol d péninsule. Plus de petits domain

(1) Michelet, *Histoire Romaine*, t. p. 272-276.

joutez à cela que le riche patricien, qui possédait à lui seul des champs qui n'avaient pas de limites, avait grand soin : prendre, au lieu de fermiers, les esclaves de sa maison. Que devenaient donc les hommes libres? ils cherchaient un asile, dans les villes, à Rome surtout, où ils mouraient dans la misère. César essaya de porter remède à un si grand mal. Il comprenait déjà que la destruction de cette classe laborieuse des campagnes amènerait, peu à peu, la ruine de l'Empire romain. Il ne pouvait encore prévoir, au temps où il vivait, que les petits propriétaires des villes disparaîtraient à leur tour, et qu'il arriverait un instant où la puissance romaine périrait faute de Romains. Le dictateur voulut que les riches prissent au moins, sur leurs domaines, le tiers de leurs autres parmi les hommes libres.

César renouvela les lois somptuaires, et veilla soigneusement dans Rome à leur exécution.

Il encouragea tous ceux qui cultivaient les lettres, les sciences ou les arts. Quand un étranger se distinguait dans une profession libérale, il le récompensait par le droit de cité.

Il réforma le calendrier. L'année civile des Romains, depuis le règne de Numa, avait subi, par l'ignorance ou la négligence des pontifes, de grandes altérations. Sosigène, astronome alexandrin, fit un travail de rectification qui ne fut modifié que dans les temps modernes, sous le pontificat de Grégoire XIII.

Ce fut alors que César pardonna à M. Marcellus et à Q. Ligarius. Sa douleur était si grande, et l'on pouvait tellement compter sur sa clémence, que Cicéron lui-même s'enhardit jusqu'à faire l'éloge de Caton. En jouant et en exaltant son héros, il condamnait le dictateur. Celui-ci se contenta de répondre par l'Anti-Caton, et d'opposer ainsi livre à livre. César ne ménagea pas, il est vrai, Caton, le représentant de l'aristocratie et des vieilles idées; mais il ne s'irrita point contre celui qui l'avait forcé de se défendre et de discuter. Il ne parla de Cicéron que pour donner des éloges à son style et à son éloquence.

GUERRE D'ESPAGNE; BATAILLE DE MUNDA; ANÉANTISSEMENT DU PARTI POMPÉIEN (45 avant J. C.). — Le nom de Pompée avait rallié une armée en Espagne autour de Cnéus et de Sextus. L'Espagne, comme l'Afrique, était pompéienne. César partit à la fin de septembre 46 pour combattre ceux qui avaient survécu aux journées de Pharsale et de Thapsus. En vingt-sept jours il arriva près de Cordoue. Il força Cnéus à lever le siège d'Ulia, s'empara de la forte place d'Atégua; mais Cnéus persistait à éviter toute bataille rangée. Il comptait sur la famine comme sur la plus sûre auxiliaire des pompéiens contre César. Enfin, une rencontre terrible eut lieu près de Cordoue, sous les murs de Munda. « Cette fois, dit M. Michelet, César ne reconnut plus ses vétérans. Les uns étaient de vieux soldats qui depuis quinze ans le suivaient dans la meurtrière célérité de ses marches, des Alpes à la Grande-Bretagne, du Rhin à l'Ebre, puis de Pharsale au Pont, puis de Rome en Afrique, tout cela pour vingt mille sesterces; l'ascendant de cet homme invincible les avait pourtant décidés encore à porter leurs os aux derniers rivages de l'Occident. Les autres, qui jadis, sous le signe de l'alouette, avaient gaiement passé les Alpes, avides des belles guerres du midi, et comptant tôt ou tard piller Rome, ceux-là aussi, quoique plus jeunes, commençaient à en avoir assez. Et voilà qu'on les ramenait devant ces tigres d'Afrique, si altérés de sang gaulois... Les ordres et les prières de César échouaient contre tout cela; ils restaient mornes et immobiles; il avait beau lever les mains au ciel. Il eut un moment l'idée de se poignarder sous leurs yeux; mais enfin, saisissant un bouclier, il dit aux tribuns des légions : *Je veux mourir ici*, et il court jusqu'à dix pas des rangs espagnols. Deux cents flèches tombent sur lui. Alors il n'y eut plus moyen de différer le combat : tribuns et soldats le suivirent. Mais la bataille dura tout le jour. Ce ne fut qu'au soir que les Espagnols se lassèrent. On apporta à César la tête de Labiénus et celle d'un des fils de Pompée. Les vainqueurs, épuisés, campèrent derrière un retranchement de cadavres. »

L'honneur de cette journée appartint encore à la dixième légion. Les césariens eurent mille morts, tant fantassins que cavaliers, et cinq cents blessés. Cn. Pompée perdit plus de trente mille hommes et trois mille chevaliers romains. La ville de Munda sauva les restes de son armée. César fit le siége de cette place. La circonvallation fut formée d'armes et de cadavres; la palissade, de javelots, de dards, de boucliers, d'épées et de piques portant sur leur fer des têtes coupées et tournées vers les remparts. Le vainqueur marcha ensuite sur Cordoue. Scapula, qui avait soulevé les affranchis et les esclaves, s'y était retiré après la bataille; il les assembla tous, se fit dresser un bûcher splendide, couvrit les lits des plus riches étoffes, distribua son argent et sa vaisselle, soupa avant le soir, se parfuma d'essences, puis, sur la fin du repas, il se fit tuer par un de ses esclaves, tandis qu'un affranchi mettait le feu au bûcher. La discorde était dans la ville. Cordoue tomba aux mains de César. Vingt-deux mille hommes y périrent. Hispalis, Asta, firent leur soumission. Cn. Pompée s'était réfugié à Cartéia. Forcé de quitter cette ville, il s'enfuit avec trente galères et réussit à échapper à la flotte césarienne. Mais il n'avait point d'eau; il descendit à terre. Atteint par la cavalerie, il chercha un asile dans une caverne. On le découvrit et on le tua. Sur ces entrefaites, Munda était prise. Les césariens y firent quatorze mille prisonniers. Un des fils de Pompée échappa seul à la ruine de sa famille.

NOUVEAU TRIOMPHE; HONNEURS EXAGÉRÉS QUE L'ON REND A CÉSAR. — Le gouvernement de César plaisait au peuple; mais il était odieux à l'aristocratie, qui avait jusque là dominé dans la république. La dictature enlevait aux nobles, si longtemps orgueilleux et oppressifs, toute leur puissance: elle ne leur laissait que des souvenirs et de vains regrets. Le sénat lui-même avait été enlevé en quelque sorte au patriciat: César avait introduit dans l'auguste assemblée des hommes nouveaux, des étrangers, même des Gaulois demi-barbares (1). Puis il avait accru de trois cents le nombre des sénateurs. Ceu qui regrettaient la république des an ciens jours avaient mis dans les fils Pompée leurs dernières espérances Après la journée de Munda, la résistance était impossible. Tous s'inclinèrent d vant le nouveau maître. Mais ce qu'il n'osaient essayer en plein jour, ils r solurent de le faire dans l'ombre, et i organisèrent le complot qui coûta vie à César.

Après la guerre d'Espagne, César r vint à Rome, où l'attendait un nouvea triomphe. Cette solennité ne convena point à sa grande âme. Il triomphait cet fois non des étrangers et des barbare mais des Romains. Le peuple lui témo gna par un froid accueil son méconte tement. Cependant on continuait à l'a cabler d'honneurs extraordinaires, et o augmentait sans cesse son pouvoir. O plaça sous son commandement tout les armées de la république, en le décla rant *imperator*. On le salua du nom *Père de la Patrie* et on le nomma di tateur perpétuel. On lui conféra la plu précieuse des prérogatives du tribuna sa personne fut déclarée sacrée et invi lable. On changea en son honneur nom du mois *quintilis*, dans lequel était né, et on l'appela *julius*. On al plus loin encore: on fit de lui un *Jup ter Julius*. Antoine était le prêtre d nouveau Dieu. On raconte qu'il fut se sible surtout à l'autorisation qu'on l accorda de porter en tout temps u couronne de laurier. Cette couronn devait cacher sa tête chauve.

PUISSANCE DE CÉSAR; SES PR JETS. — César était devenu tout pui sant, autant par la bassesse des Romai que par son génie. Il pouvait mett impunément sa volonté au-dessus de lois et des vieilles coutumes. Déjà, quan il était parti pour l'Espagne, il ava supprimé à Rome la préture, l'édili et la questure: c'étaient des préfets d signés par lui qui devaient gouverner ville, sous la direction de Lépidus. Pl tard, quand il rétablit les ancienn

---

(1) On sait qu'on trouva un jour, affiché dans Rome, l'avis suivant, qui avait été rédigé sans doute par quelque patricien: *Ne pas montrer aux nouveaux sénateurs le chemin du sé-* *nat.* Cicéron, de son côté, répondait à un ses amis qui sollicitait pour son beau-fils titre de sénateur dans un municipe de l talie: *A Rome la chose serait aisée: à Po pèse vous aurez plus de peine.*

magistratures il les avilit en augmentant, sans besoin, le nombre des magistrats. Il distribuait aussi selon sa volonté les gouvernements de province. Il s'attribua même la nomination des consuls. Il ne laissa au peuple que le droit de choisir la moitié des autres magistrats.

Pourtant l'excès de la puissance ne conduisit point César à la violence et à l'oppression. Son gouvernement était doux et équitable. Il ne voulait se servir de son pouvoir que pour d'utiles réformes et accomplissement de grands projets.

Réformer le droit civil, et résumer en un code régulier l'immense et diffuse multitude des lois; rassembler une bibliothèque grecque et latine (ce soin était confié au docte Varron); mesurer la surface et tracer un plan de l'Empire romain ; après neuf colonies fondées en Italie, rebâtir Corinthe et Carthage, couper l'isthme de Corinthe par un canal, dessécher les Marais-Pontins, écouler le lac Fucin, reculer le Pomœrium, enfermer le Champ-de-Mars dans l'enceinte de Rome, suppléer au Champ-de-Mars par la plaine du Vatican, détourner le Tibre depuis le pont Milvius, le long de la colline Vaticane jusqu'à Cirçœum, et lui creuser une embouchure plus sûre et plus commode ; construire dans la rade périlleuse d'Ostie de vastes ports et des arsenaux de marine ; contenir par de fortes digues la mer voisine de Rome; ouvrir une grande route de la mer Supérieure au Tibre, par-dessus l'Apennin; tels étaient les travaux qui occupaient ce génie actif. En même temps il préparait une grande expédition : il aurait d'abord resserré dans leur pays les Daces, qui se répandaient dans la Thrace et jusque dans le Pont; il aurait ensuite vengé Crassus, dompté les Parthes, et, passant près du Caucase et de la mer Caspienne, il aurait subjugué la Scythie, la Germanie, et serait rentré en Italie par la Gaule. » Ce fut au moment même où il allait sans doute accomplir ses merveilleux travaux qu'il fut assassiné.

CONJURATION; MORT DE CÉSAR. — César s'était réservé le consulat pour l'année suivante (45). Il eut soin, toutefois, de s'adjoindre pour collègue un partisan dévoué ; il choisit Marc-Antoine.

La haine du parti aristocratique ne diminuait pas devant la clémence de César. En vain il appelait aux charges tous ceux qui l'avaient combattu, et nommait préteurs Brutus et Cassius; en vain il pardonnait aux auteurs de tous les discours injurieux et de tous les libelles diffamatoires; en vain il relevait les statues de Pompée, et paraissait même respecter le nom de Sylla : il ne pouvait ramener à lui ceux qu'il avait abattus et réduits à l'impuissance. Il avait encore d'autres ennemis : c'étaient ceux qui l'avaient servi jadis, et qui lui reprochaient ses actes de clémence. Ils n'admettaient pas que, par esprit de conciliation, il pût partager les honneurs entre tous les hommes, pompéiens ou autres, qui brillaient dans la république, et les priver, eux, des biens des vaincus. Ajoutez à cela les mauvaises dispositions de certains esprits qui, connaissant mal le temps et la société où ils vivaient, abhorraient la dictature et reprochaient à César d'avoir, par ses innovations, renversé la république.

Tous se réunirent dans leur haine, et ils essayèrent de rendre César odieux au peuple. Mais c'était là une difficile entreprise. Ils l'accusèrent d'orgueil, et ils prétendirent qu'il voulait se faire roi. Il n'est peut-être pas vrai que César ait désiré la royauté. Un jour qu'il revenait de célébrer les Féeries latines sur le mont Albain, des hommes le saluèrent du nom de roi. Il répondit : *Je m'appelle César, et non pas roi.* Il arriva une autre fois qu'un homme du peuple plaça sur sa statue une couronne de laurier avec le bandeau royal. Deux tribuns, Épidius Marcellus et Césétius Flavus, ordonnèrent d'enlever ces insignes, et firent jeter le coupable en prison. César les accusa devant le sénat, et il voulut qu'ils fussent exclus du tribunat. Sa colère fut alors regardée par ses ennemis comme un indice de ses secrètes pensées. Pourtant il n'avait reproché aux tribuns qu'une chose : d'avoir voulu le rendre suspect par leur zèle exagéré, et de lui avoir enlevé l'occasion de refuser lui-même le titre de roi qui lui était décerné. Enfin on sait qu'Antoine lui ayant présenté, dans la fête des Lupercales, un diadème, il le fit porter au Capitole en disant que Jupiter était le seul roi des

Romains. Suivant d'autres, il le jeta, loin de lui, à la foule qui l'environnait. Faut-il croire que César ait essayé, par diverses tentatives, de sonder l'opinion du peuple, et qu'il ait reculé seulement devant des signes non équivoques de mécontentement et d'indignation? Il faut supposer plutôt que dans le peuple, si longtemps opprimé par les patriciens, il y eut des hommes qui, craignant le retour de la domination de l'aristocratie, aimèrent mieux déposer entre les mains d'un seul la souveraine puissance dont ils avaient tant souffert quand elle était partagée entre mille tyrans. Ce furent eux qui de leur propre mouvement, et par haine des nobles, offrirent à César le titre de roi.

Les ennemis du dictateur ne pouvaient compter que sur leurs propres forces. Il ne restait qu'un moyen de vaincre César, c'était de le tuer. Cassius, homme violent et ambitieux, qui sacrifiait volontiers la justice à ses intérêts, organisa la conjuration. Il eut bientôt plus de soixante complices. C'étaient des sénateurs et des chevaliers, parmi lesquels on distinguait Ligarius, Trébonius, D. Brutus, Servilius Galba, Servilius Casca, Tillius Cimber, Minucius Basilus et Labéon. On n'essaya point de faire entrer Cicéron dans le complot. Les conjurés ne craignaient point qu'il les trahît; mais ils se défiaient de son courage. Ils pensèrent un moment à s'associer Marc-Antoine; puis, comme ils virent qu'ils ne réussiraient point à le gagner, ils prirent la résolution de l'écarter de la personne de César, le jour où ils mettraient leurs projets à exécution.

Les conjurés, qui ne comptaient pas, pour la plupart, parmi les citoyens les plus recommandables, avaient besoin d'un chef qui brillât par son nom et par les apparences de la vertu. Ils s'étaient adressés, dès le commencement, à M. Brutus. Celui-ci s'étudiait à imiter Caton. Il se plaisait dans l'étude de la philosophie, affichait un ardent amour de la justice et une grande sévérité de mœurs. Il s'était franchement rallié à César; mais on ne doutait pas qu'on ne pût le gagner en le flattant dans son secret orgueil. On savait qu'il voulait passer pour l'homme le plus vertueux de la république. Plus d'une fois on avait crié près de lui : *Il nous faut un Brutus.* C[...] avait aussi jeté sur le tribunal où il rem[...] plissait ses fonctions de préteur des b[...] lets qui portaient ces mots : *Tu do[...] Brutus; tu n'es point le vrai Brutu[...]* Tout cela agissait fortement sur so[...] âme, et il se laissa enfin entraîner quan[...] il pensa qu'on le regardait vraime[...] comme le représentant du bon dro[...] et l'homme prédestiné à sauver la répu[...] blique.

Les conjurés prirent jour pour [...] meurtre de César. Il fut décidé qu'on [...] tuerait, en plein sénat, aux ides [...] mars. Tout cela cependant ne put se fai[...] si secrètement qu'il n'en transpirât que[...] que chose. Le dictateur fut plusieu[...] fois averti. On lui dénonça un jour, su[...] de faux renseignements, Antoine et D[...] labella. « Ce ne sont point ces homm[...] « si gros que je redoute, dit-il, ce so[...] « ceux qui sont maigres et pâles. » [...] désignait ainsi Brutus et Cassius. C[...] pendant quand on l'engageait à se dé[...] lier de Brutus il disait : « Pensez-vou[...] qu'il n'attende pas la fin de ce corps de[...] bile. »

Le jour de sa mort, quand il se dispos[...] à sortir, Calpurnie, sa femme, essaya d[...] l'arrêter. Elle s'était imaginée, dans u[...] rêve, le tenir entre ses bras, percé d[...] coups et tout sanglant; et pendant so[...] sommeil elle poussa des soupirs et de[...] sanglots que César entendit. A son ré[...] veil, elle le conjura avec les plus vive[...] instances de se tenir en sûreté chez lu[...] et de ne point aller au sénat. Les crain[...] tes de Calpurnie firent une vive impres[...] sion sur l'esprit de César, et il commenç[...] à se laisser ébranler. On immola des vi[...] times, et les auspices ne manquèren[...] pas d'annoncer que les signes trouvé[...] dans leurs entrailles étaient funeste[...] Décimus Brutus, l'un des conjurés, q[...] voyait l'hésitation du dictateur, lui dit[...] « Eh quoi, César! manquerez-vous a[...] respect que vous devez au sénat pour le[...] folles visions de Calpurnie »; et en pa[...] lant ainsi il entraîna la victime. D. Br[...] tus sauva ainsi les conspirateurs. Dé[...] on connaissait leurs secrets, et César fu[...] sur le point d'en être instruit. Lorsqu'[...] sortait, un esclave voulut l'aborder, [...] ne l'ayant pu, à cause de la foule q[...] environnait le dictateur, il entra dan[...] la maison, et se remit entre les main[...]

Calpurnie pour être gardé par elle [jus]qu'au retour de César. Il voulait, di[sa]it-il, révéler au dictateur des choses [tr]ès importantes.

Plus loin il reçut un rapport détaillé [qu']il prit dans ses mains, et ne le lut pas. [Il] était d'Artémidore, philosophe grec, [qui] avait tout appris des amis de Bru[tu]s. Celui-ci s'était rendu seul au sénat, [ay]ant un poignard sous sa robe; les au[tr]es conjurés avaient accompagné au [C]apitole Cassius, qui faisait prendre, ce [jo]ur-là même, la robe virile à son fils. [A]près la cérémonie, ils vinrent tous en[se]mble au portique de Pompée, où de[va]ient se réunir les sénateurs.

Ce qu'il y eut de remarquable alors, [ce] fut le sang-froid que montrèrent ceux [q]ui devaient commettre le plus odieux [a]ttentat. Quelques-uns étaient préteurs [e]t tenaient l'audience, écoutant les avo[ca]ts, discutant attentivement les affai[re]s et rendant des jugements qui prou[v]aient la connaissance de la cause. Un [p]laideur que Brutus condamnait, s'é[ta]nt plaint avec beaucoup d'emporte[me]nt, et déclarant qu'il en appellerait à [C]ésar : « César, lui répondit froide[me]nt Brutus, ne m'empêche et ne m'empêchera point de faire observer les lois. »

Casca, qui était du complot, pensa [la]isser échapper le secret. Un homme [a]borda en lui disant : « Pourquoi tant [d]e mystère ? Brutus nous a tout dit. » [Ca]sca crut cet homme instruit; et s'il [e]ût pressé de répondre, il se perdait [a]vec ses amis. L'étonnement dont il [f]ut frappé donna le temps à l'autre d'a[jo]uter en riant : « Comment donc êtesvous devenu assez riche pour aspirer à l'édilité ? » A cette parole, Casca se [ri]t, frémissant du péril auquel l'avait [ex]posé son erreur. Brutus lui-même fut [so]umis à une rude épreuve. On vint lui [a]nnoncer que sa femme, qui était tombée [é]vanouie, allait mourir. Il resta impas[si]ble, à sa place, sans rien témoigner [d]e ses inquiétudes et de sa douleur.

Au moment où César arriva, un séna[t]eur, Popilius Lænas, alla à la rencon[tr]e du dictateur, qui descendait de sa li[ti]ère, et lui parla longtemps et avec [a]ction. César paraissait l'écouter atten[ti]vement. Or, Popilius Lænas, peu de [te]mps auparavant, s'était approché de Brutus et de Cassius, et leur avait dit : « Je souhaite que votre dessein réus« sisse, et je vous exhorte à ne point « différer; car il commence à s'en ré« pandre sourdement quelque bruit. » Ils pensèrent que Popilius savait leur secret; et lorsqu'ils le virent parler à César, eux et leurs amis ne doutèrent point qu'ils ne fussent découverts et trahis. Ils se regardèrent les uns les autres, convenant par signes de ne point attendre qu'on les arrêtât, mais de se tuer eux-mêmes pour prévenir l'ignominie du supplice. Déjà Cassius et quelques autres portaient la main aux poignards qu'ils avaient sous leur robe. A la fin pourtant Brutus, ayant remarqué que le geste et l'attitude de Popilius annonçaient un suppliant plutôt qu'un homme qui en accuse d'autres, se rassura ; et comme la prudence lui défendait de parler, il se contenta de porter sur tous ses complices des regards assurés, pour leur faire comprendre qu'il n'y avait rien à craindre. En effet, après quelques moments, Popilius, ayant baisé la main du dictateur, se retira, et César entra dans le sénat.

Tous les sénateurs s'étant levés pour le recevoir, ceux qui étaient de la conspiration l'environnèrent, et le conduisirent à sa chaise curule, pendant que deux d'entre eux, Décimus et Trébonius, retenaient Antoine hors de l'assemblée. Tillius Cimber s'était approché de César.

Il feignait de demander pour son frère, qui était en exil, la liberté de revenir à Rome. Tous les autres sollicitaient avec lui, faisaient de grandes instances et prenaient les mains de César, sous prétexte de les baiser et comme pour tâcher de l'attendrir. Le dictateur refusait; se voyant trop pressé, il voulut se lever. En ce moment Cimber lui rabattit avec les deux mains la robe de dessus les épaules, ce qui était le signal dont on était convenu; et pendant que César s'écrie : « Ce ne sont pas là des prières, mais une violence, » Casca, qui était derrière son siége, lui porta le premier coup et le frappa à l'épaule. César se retourna; apercevant Casca : « Misérable ! lui dit-il, que fais-tu ? » Et il lui perça le bras d'une aiguille à tablettes qu'il avait à la main. En même temps Casca appela son frère, lui criant en grec : « Mon frère, à mon secours ! » Tous les conspirateurs tirèrent alors leurs poignards; et César, en faisant effort pour s'élancer, reçut dans la poitrine un second coup, qui, après sa mort, fut jugé par les médecins comme le seul mortel de tous ceux qu'on lui avait portés. Malgré le sang qu'il perdait, malgré les poignards qu'on lui présentait aux yeux et au visage, il se tournait en tout sens, comme un lion au milieu des épieux des chasseurs. Quelques-uns racontent qu'il ne proféra aucune parole. Selon d'autres, lorsqu'il aperçut Brutus, il dit : « Et toi aussi, mon fils. » Alors il s'enveloppa la tête, et, baissant sa robe pour tomber avec dignité, il se livra sans résistance à ses meurtriers. Suivant la tradition, il expira devant la statue de Pompée.

Le corps de César, souillé de sang, dit Nicolas de Damas, resta quelque temps à l'endroit même où il était tombé. C'était pourtant cet homme qui, après avoir pénétré du côté de l'Occident jusqu'à la Bretagne et à l'Océan, avait médité de se tourner vers l'Orient pour vaincre les Parthes et soumettre l'Inde, essayant de placer le monde entier sous la suprématie de Rome et sous sa propre domination. Il était donc là couché par terre; et personne n'osait le relever. Ceux qui avaient accompagné César au sénat s'étaient enfuis. Ses autres amis se cachaient dans leurs maisons, ou, après avoir changé de vêtements, sortaient de la ville et cherchaient un asile dans la campagne. Personne ne le défendit pendant qu'on le tuait; personne ne resta à côté de lui quand il fut mort. Il faut excepter toutefois Sabinus Calvisius et Censorinus. Ils demeurèrent quelque temps à leur poste; à la fin cependant, effrayés par le nombre de ceux qui accompagnaient Brutus et Cassius, ils prirent la fuite. Ce furent trois esclaves qui placèrent le cadavre de César sur une litière et le rapportèrent à sa maison en traversant le forum. On voyait pendre les bras de la victime, et on apercevait les blessures de son visage. Il n'y eut personne qui ne fût profondément ému et ne versât des larmes en voyant passer ainsi celui que l'on avait naguère adoré comme un Dieu. On entendait des plaintes et des gémissements dans les maisons, sous les vestibules, dans les rues, partout où passait le corps de César. Quand on approcha de sa maison la douleur publique éclata encore d'une manière plus vive. Sa femme venait, avec une multitude d'esclaves, à la rencontre de celui que dans le même jour elle avait en vain essayé de préserver du danger. Tel fut le cortége funèbre de César (1).

« Les conjurés, dit M. Michelet, avaient cru qu'il suffisait de vingt coups de poignards pour tuer César. Et jamais César ne fut plus vivant, plus puissant, plus terrible qu'au moment où sa vieille dépouille, ce corps flétri et usé eut été percé de coups. Il apparut alors, épuré et expié, ce qu'il avait été, malgré tant de souillures, l'homme de l'humanité.

« Le poignard qui frappa César, dit un autre historien moderne, sembla du même coup avoir frappé au cœur toutes les provinces. La consternation fut universelle; et lorsqu'on sut que par son testament il léguait à la Sicile le droit de cité, comme un magnifique adieu qu'il envoyait en mourant aux nations conquises, la douleur n'eut plus de bornes. Dans ce brusque dénoûment de tant d'espérances si vives et si tristement déçues, on crut reconnaître la main d'une fatalité ennemie. La superstition se mêla aux regrets : chaque pays eut ses prodiges, chaque peuple raconta ses pressentiments; et l'apparition d'une comète au milieu de cette disposition des esprits vint donner en quelque sorte à toutes les illusions un droit d'incontestable réalité. Les étrangers qui se trouvaient alors à Rome (et le nombre en était immense) prirent le deuil spontanément, et firent retentir les rues et les places de lamentations prononcées dans tous les idiomes de la terre. Les Juifs se distinguèrent entre tous dans le cortége funèbre des peuples, par la vivacité de leur affliction : pendant plusieurs nuits de suite ils restèrent sentinelle près du bûcher. Ces faits, authentiques qu'ils soient, se refuseraient à toute explication, s'ils ne

(1) *Nicolai damasceni Fragmenta*. Frag. Hist. Gr., vol. III, p. 446; Collect. Didot.

pportaient qu'à l'homme, et au peu bien qu'un homme, fût-il César, ut faire à l'humanité. Mais ici l'ac on personnelle du fondateur de l'em re se confondait avec le mouve ent intime du monde ; son ambition ait favorisé, excité une tendance qui venait irrésistible ; son génie avait ouvé pour point d'appui la plus grande ise qu'ait éprouvée la société antique. a situation des peuples était neuve, ef ctivement ; les organisations politiques a passé croulaient de toutes parts ; ome, après avoir détruit les nationali s diverses dans tout l'univers civilisé, ntait à son tour sa propre nationalité ancelerer et céder à la réaction de l'uni vers. Il était manifeste à tous que les nditions sous lesquelles avaient jus u'alors vécu les sociétés politiques ne fiisaient plus à une grande portion u genre humain, et qu'un ordre de hoses tout nouveau allait commencer. »

XII.

LES PARTIS POLITIQUES A ROME APRÈS LES IDES DE MARS.

ATTITUDE DU SÉNAT APRÈS LES DES DE MARS ; JOIE DE CICÉRON. — ésar était mort. La tête enveloppée 'un pan de sa toge, livrant au poignard e Brutus ce corps chétif dont l'impa ience du meurtrier n'avait pas attendu a fin (1), il était tombé avec dignité, δσχημόνως (2), comme un gladiateur ans le cirque. Étendu aux pieds de la tatue de Pompée, sous les yeux de es soldats et de ces affranchis dont l avait fait des sénateurs (3), sous les eux de Cicéron, il était mort, et les as assins s'acharnaient encore sur son ca lavre. Ils se disputaient l'honneur de rapper un homme sans défense et sans ie. Vingt-trois blessures sur le corps e César attestèrent la rage de ses enne mis (4). Les coups qu'ils se portèrent entre eux au hasard, et comme à l'envi, indiquèrent le seul danger qu'ils sem blent avoir couru dans cet héroïque égorgement.

Et toi, Brutus, aussi ! avait dit César. Brutus était peut-être son fils ; s'il ne l'é tait pas par le sang, il aurait dû l'être par le cœur. Et Cassius, et Ligarius, et Trébonius et Décimus Brutus ? César ne les avait-il donc sauvés que pour périr de leurs mains ? *men', men' servasse ut essent qui me perderent* (1)! C'était pour tant dans cette même salle du sénat que le tyran avait pardonné à Marcel lus.

C'était là pourtant que Cicéron s'était écrié : « Je veux parler de ces plaintes amères, de ces horribles soupçons qui doivent exciter vos sollicitudes et celles de tous les citoyens, de nous surtout, qui vous devons la vie. Je les crois peu fon dés ; mais je me garderai de les affaiblir, car en veillant sur vos jours vous as surerez les nôtres, et s'il faut pécher par quelque excès, j'aime mieux être trop timide que de n'être pas assez prudent. Toutefois quel furieux voudrait... ? Un des vôtres ? Eh ! quels hommes ont donc mieux mérité ce nom que ceux à qui vous avez rendu la vie qu'ils n'osaient espérer ? Serait-ce quelqu'un de ceux qui ont suivi vos drapeaux ? Un tel excès de démence n'est pas croyable. Pourraient-ils hésiter à se sacrifier eux- mêmes pour un chef dont les bienfaits ont comblé tous leurs vœux ? Mais ne faut-il pas du moins vous prémunir contre vos ennemis ? Eh ! quels sont-ils ? Tous ceux qui le furent ont perdu la vie par leur opiniâtreté, ou l'ont conser vée par votre clémence (2). »

C'était là que Cicéron disait aux ap plaudissements du sénat : « Est-il un homme assez étranger aux affaires, et qui réfléchisse assez peu sur son propre intérêt et sur celui de la patrie, pour ne pas comprendre que son existence est attachée à la vôtre, et que de la vie de César dépend la vie de tous les ci toyens ?... Je frémis quand je pense que

---

(1) Τί δὲ ; οὐκ ἂν ὑμῖν δοκεῖ Βροῦτος ἀνα μεῖναι τουτὶ τὸ σαρκίον. (Plut., *Brut.*, VIII ; cf. *Anton.* XI ; *J. Cæsar*, LXII.)

(2) App., C., II, 117.

(3) Dion Cass., l. 43, t. II, p. 174 ; éd. Sturz.

(4) Ἀλλήλους ἐτίτρωσκον, ὥστε καὶ Βροῦ τον εἰς τὴν χεῖρα πληγὴν λαβεῖν τοῦ φόνου συνεφαπτόμενον, πίμπλασθαι δὲ τοῦ αἵμα τος ἅπαντας. (Plut., *Brut.*, XVII ; cf. Plut., *J. Cæsar*, LXVI.)

(1) Sueton., *J. Cæsar*, 72, ex Pacuvii *Armorum Judicio*.

(2) Cic., pro Marcello, VII.

de l'existence d'un seul mortel dépend le destin d'un empire fondé pour l'éternité. Si aux accidents humains et aux dangers des maladies viennent se joindre encore les crimes et les complots, quel dieu, quand il le voudrait, pourrait secourir la république ? »

C'était là que Cicéron disait encore (1) : « Je vous ai entendu avec peine prononcer ces mots pleins de grandeur et de philosophie : J'ai assez vécu soit pour la nature, soit pour la gloire. Oui, peut-être assez pour la nature ; assez même, si vous le voulez, pour la gloire ; mais la patrie, qui est avant tout, vous avez certes trop peu vécu pour elle. »

Les murs mêmes n'avaient-ils pas gardé souvenir de cette promesse solennelle, de cet engagement pris tout haut par l'ami de Marcellus au nom de la reconnaissance publique ? « César, point de salut pour nous si vous ne vivez... Tous ceux qui veulent le salut de l'État vous pressent donc et vous conjurent de prendre soin de vos jours. Nous vous offrons tous, car c'est au nom de tous que je prends cet engagement, nous vous offrons de veiller autour de votre personne, de vous faire un rempart de nos corps et de nous jeter au-devant des coups qu'on voudrait vous porter (2). » De tous ces serments que resta-t-il ? de tous ces défenseurs promis, qui se leva seulement pour épargner au cadavre de César d'odieux et inutiles outrages ? Les sénateurs prennent la fuite. Vainement Brutus cherche à les retenir. Il veut parler (3) ; mais la peur chasse de l'assemblée tous les témoins de son attentat ; tous ils se pressent aux portes de la curie (4) ; ils ignorent le nombre des conjurés, leurs desseins, et l'incertitude du danger (5) augmente le tumulte et le trouble. Dans cette scène, indig[ne] de la majesté du sénat romain, que[l]ques-uns sont blessés, d'autres tués (1[)] Que devint Cicéron ? nul ne l'a dit. [Il] se sauva comme les autres, sans dout[e.] Est-ce au sortir de l'assemblée qu[']il écrivit à Basilius ce billet d'un se[ns] équivoque et encore inexpliqué ? *T[ibi] gratulor, mihi gaudeo ; te amo ; t[ua] tueor ; a te amari, et quidquid ag[as] quidque agatur, certior fieri volo (2[).]* Ce Basilius ou Basilius est cité p[ar] Appien au nombre des anciens amis [de] César devenus ses meurtriers (3). P[ar] quel hasard deux lignes adressées à [ce] personnage, datées du mois de mar[s,] ont-elles trouvé place dans le recueil d[es] lettres de Cicéron ? Il y a là un secr[et] qui appelle et qui autorise les conj[ec]tures. Mais, après tout, que nous i[m]porte ce billet énigmatique ? Nous avo[ns] des témoignages plus explicites, d[es] preuves plus sûres de la joie inspir[ée] à Cicéron par les ides de mars. No[us] en avons trop pour sa gloire.

Cependant le corps du dictateur re[s]tait, baigné dans le sang, au lieu où [il] était tombé. Enfin, placé sur une litiè[re,] comme nous l'avons dit, un bras pe[n]dant, il fut emporté par trois jeunes e[s]claves (4). Son médecin Antistius ex[a]mina ses blessures, il n'en trouva qu'u[ne] seule de mortelle ; elle venait d'un secon[d] coup de poignard qu'il avait reçu dans [le] cœur (5).

STUPEUR ET MÉCONTENTEMENT [DU] PEUPLE ; IL RESTE SOURD A LA VO[IX] DE BRUTUS. — Les sénateurs, les ma[gi]strats qui avaient accompagné Césa[r,] les citoyens et les étrangers qui avaie[nt] formé son cortége, les affranchis et l[es] esclaves qui l'avaient suivi de sa maiso[n]

---

(1) ...Illam tuam præclarissimam ac sapientissimam vocem invitus audivi : satis diu, vel naturæ vixi, vel gloriæ : at, quod maximum est, patriæ certe parum. (Pro Marcello, VIII.)

(2) ...Non modo excubias et custodias, sed etiam laterum nostrorum oppositus et corporum pollicemur. (Pro Marcello, X.)

(3) Plut., *Brut.*, 18 ; App., C., II, 119.

(4) Ἡ δὲ σύγκλητος ὑπὸ δέους ἔφευγεν ἄτακτος καὶ περὶ τὰς θύρας, ὠθισμὸς ἦν καὶ ταραχός. (*Brut.*, 18.)

(5) Cf. Dion Cass., XLIV, 20.

(1) ...Καὶ ἐτρώθησάν τινες τῶν βουλευτ[ῶν] ἐν τῷδε τῷ θορύβῳ, καὶ ἀπέθανον ἕτερ[οι]. (App., C. II, 118.)

(2) F., VI, 15.

(3) App., C., II, 113.

(4) App., C., II, 118.

(5) Exanimis aliquandiu jacuit, donec [ler]ticæ impositum, dependente brachio, t[res] servuli domum retulerunt. Nec in tot vul[ne]ribus, ut Antistius medicus existimabat, [ul]thale ullum repertum est, nisi quod secun[do] loco in pectore acceperat. (Sueton., J. Cæs[ar].)

a curie (1), toute cette foule, subitement troublée par un coup inattendu, it en déroute. Ils couraient à travers rues, chacun cherchant un refuge répandant sur son passage une terreur nique (2). « Fuyez, fermez ; fuyez, mez. » C'était le seul cri qu'on entendît dans la ville. On se cachait dans boutiques et dans les maisons. y eut encore des citoyens tués dans tumulte. Les gladiateurs qui le ma- s'étaient armés pour la représentation du cirque s'étaient répandus hors théâtre, et avaient pénétré dans l'ennte de la curie (3). Les marchandises ient enlevées ; les portes fermées, les ts gardés, pour repousser une attaque semblait imminente. On eût dit que mort de César arrêtait dans Rome le uvement régulier de la vie. Déjà mmençaient pour les meurtriers les barras du triomphe. Qu'ils se fussent ntrés grands par le cœur, c'est Cicéron i le dit ; mais pour la tête, il reconnut entôt que ces hommes n'étaient que des fants. *Acta illa res est animo virili, nsilio puerili* (4).

Le bras gauche enveloppé de sa toge, guise de bouclier, son poignard sanant à la main (5), Brutus s'est élancé rs du sénat. Les conjurés le suivent. courent droit au forum (6). Leurs stes et leurs cris indiquent aux ciyens que personne n'a rien à craindre, les invitent à descendre sur la place blique. Un bonnet sur une pique, sie de la liberté reconquise, appelle les mains à proclamer le gouvernement peuple (7). Avec les meurtriers acuraient quelques hommes qui, étranrs à l'assassinat du dictateur, vouent s'associer à la gloire de Brutus.

C'étaient C. Octavius (1), Lentulus Spinther, Favonius, Aquinus, Dolabella, Murcus, Patiscus. Ce n'est pas l'honneur, mais le châtiment qu'ils partagèrent bientôt avec les coupables (2).

La froideur ou plutôt la stupeur du peuple dut à la fois les étonner et les avertir. Vainement Brutus rappelait aux Romains le nom de son aïeul et l'expulsion des Tarquins et le serment fait contre les rois (3) ; vainement les conjurés criaient-ils qu'ils avaient tué le roi, le tyran (4) ; vainement ils protestaient que s'ils avaient frappé César, ce n'était pas pour prendre sa place, pour s'approprier sa puissance, mais pour rétablir la liberté, les lois, la république (5). Ces traditions d'un autre âge, ces vieux souvenirs, ces grands mots ne trouvaient pas d'écho dans le Forum, déshabitué des orages populaires.

Les Romains restaient sourds à la voix des conjurés ; l'enthousiasme révolutionnaire était mort ; partout le trouble, la crainte, la défiance. Les discours de Brutus, ses lieux communs étaient impuissants à remuer le peuple. Il s'attendait à soulever des passions républicaines ; il fut réduit à calmer des inquiétudes et des colères. Quand on vit que le sang ne coulait pas dans la ville, que personne n'était frappé, personne arrêté, on se rassura (6) ; mais, par prudence et précaution, les assassins et leurs amis gagnèrent le Capitole avec les gladiateurs. La première journée de la révolution était accomplie.

LES CONJURÉS SE RETIRENT AU CAPITOLE ; ILS REDOUTENT ANTOINE ET LEPIDUS. — Le soir, on tint conseil au Capitole. Le tyran était mort ; il

---

(1) App., C., II, 118.
(2) Dion Cass., XLIV, 20.
(3) App., C., II, 118.
(4) Cic., *A.*, XIV, 21.
(5) Οὐδενὸς δὲ παραμείναντος, τὰ ἱμάτια ταῖς λαιαῖς, ὥσπερ ἀσπίδας, περιπλεξάμενοι, τὰ ξίφη μετὰ τοῦ αἵματος ἔχοντες, ἐβοήμουν βασιλέα καὶ τύραννον ἀνελεῖν. (App., II, 119.)
(6) Dion Cass., XLIV, 20.
(7) Καὶ πῖλόν τις ἐπὶ δόρατος ἔφερε, σύμβολον ἐλευθερώσεως· ἐπί τε τὴν πάτριον πολιτείαν παρεκάλουν. (App., C., II, 119.)

(1) Plut., *J. Cæsar*, LXVII.
(2) App., C., II, 119 ; Dion Cass., XLIV, 21.
(3) App., C., II, 119.
(4) App., *ibid.*
(5) Οὔτε γὰρ ἐπὶ δυναστείᾳ, οὔτ' ἐπ' ἄλλῃ πλεονεξίᾳ οὐδεμιᾷ ἀπεκτονέναι αὐτὸν ἔφασαν ἀλλ' ἵνα ἐλεύθεροί τε καὶ αὐτόνομοι ὄντες, ὀρθῶς πολιτεύωνται. (Dion Cass., XLIV, 21.)
(6) Ὁ δὲ ὅμιλος οὐδ' ἄλλως ἐπίστευε σφίσιν ἀληθεύειν, οὔτε ῥᾳδίως καθίστατο· ὀψὲ δ' οὖν ποτε καὶ μόλις, ὡς οὔτε τις ἐφονεύετο, οὔτε συνελαμβάνετο, θαρσήσαντες ἡσύχασαν. (Dion Cass., XLIV, 21.)

fallait donner à Rome un gouvernement. Qu'allait-il sortir des ides de mars?

La situation était grave; maîtres du Capitole, les meurtriers de César n'avaient pour appui que les gladiateurs de Décimus Brutus. Eux aussi ils avaient sujet de se troubler et de craindre. Antoine vivait, Lépide vivait. La sympathie du sénat n'était pas une force suffisante contre ces lieutenants du dictateur. Le peuple? on ne pouvait compter sur lui. Il avait bien montré sa défiance, sinon ses regrets. Et la ville était pleine de vétérans, les uns venus pour escorter César à son départ pour la guerre des Parthes, les autres mis en congé depuis peu et enrichis par une récente distribution de terres (1)!

Pendant le meurtre du dictateur, Lépidus, le maître de la cavalerie, était auprès de ses troupes dans le faubourg (2). Antoine était venu au sénat, mais un des conjurés, Trébonius, l'avait retenu près de la porte (3). Après l'assassinat, il s'était enfui sous un vêtement d'esclave (4), et, retiré dans sa maison, il l'avait mise en état de défense (5). Lépidus avait gagné l'Ile du fleuve où se trouvait la légion Urbaine; de là il avait fait passer ses troupes dans le Champ-de-Mars, et il se tenait prêt aux ordres d'Antoine, à qui son titre de consul et l'intime amitié de César conféraient de droit le commandement (6).

L'accord de ces deux hommes était menaçant pour les conjurés. Dans sa retraite du Capitole, Brutus dut le comprendre et se repentir de la clémence qui les avait épargnés. Qu'avait-il à leur opposer? Il manquait d'argent et de soldats. « Nos *héros,* comme le di-

sait un peu plus tard Cicéron, nos h ros ont fait ce qui dépendait d'eux. l'ont fait glorieusement et avec un co rage sublime; mais, pour achev l'œuvre, il faut de l'argent et des tro pes, et nous n'en avons pas (1). » Or, c héros étaient-ils de taille à se passer tout secours? Nous les avons nommé c'étaient Brutus, Cassius, Cœciliu Bucolianus, Rubrius Ruga, Q. Ligari M. Spurius, Casca, Servius Galb Sextius Naso, Pontius Aquila; Décim Brutus; C. Casca, Trébonius, T lius Cimber, Minucius Basillus, I béo, etc. Ceux-là, c'étaient les vr héros, les vrais assassins, ceux q avaient donné vingt-trois coups de p gnard à un homme sans armes, à le bienfaiteur. Il y en avait d'autres, qui s'étaient montrés qu'après l'événemer nous les avons cités, comme il convier en leur lieu et place. Il y avait encore, y avait surtout Cicéron, *père de la p trie,* dont le nom, hautement invoq devant le peuple par Brutus et par amis (2), semble avoir calmé un insta la multitude irritée.

LES HÉROS DES IDES DE MARS; J NIUS BRUTUS. — Examinons tous grands hommes; interrogeons leur pas si l'histoire n'a gardé quelque tra Nous comprendrons mieux ce qui d advenir de ce *festin* des ides de mars (quand nous connaîtrons ceux qui l'o préparé.

Junius Brutus est, dit-on, le desce dant du Brutus qui chassa les rois () C'est le neveu et le gendre de Caton d' tique. Crâne étroit, pâle et maigre figu vrai portrait de conspirateur. L'œil

---

(1) Τὸν δὲ δῆμον ὑφορώμενοι, καὶ τοὺς ἐστρατευμένους τῷ Καίσαρι, πολλοὺς ἐν τῇ πόλει τότε παρόντας· τοὺς μὲν ἄρτι τῆς στρατείας ἀφειμένους, καὶ ἐς κληρουχίας διατεταγμένους· τοὺς δὲ προαπηκισμενους μὲν, ἐς δὲ παραπομπὴν τοῦ Καίσαρος ἐξιόντος ἀφιγμένους. (App., C., II, 119.)
(2) Dion Cass., XLIV, 19.
(3) App., C., II, 117; Dion Cass., XLIV, 19.
(4) Εὐθὺς μὲν ἐσθῆτα θεράποντος μεταλαβὼν ἐκρυψεν αὑτόν. (Plut., *Anton.,* XIV.)
(5) App., C., II, 118.
(6) App., *ibid.*

(1) Nostri ἥρωες, quod per ipsos cona potuit, gloriosissime et magnificentissi confecerunt. Reliqua res opes et copias d f derant, quas nullas habemus. (Cic., XIV, 4.)
(2) Dion Cass., XLIV, 20.
(3) Vellem idibus martiis me *ad cœnam* vitasses! reliquiarum nihil fuisset. (*Lettres* janvier 711 *à Cassius.*) Cic., F., XII, 4.
Quam vellem ad illas pulcherrimas ept me idibus martiis invitasses! reliquiarum hil haberemus. (*Lettre* de février *à Trev nius.*) F., X, 28.
(4) Cette tradition, rapportée par Plutar (*Brut.,* I), n'est pas admise par Cassius Di(XLIV,

ITALIE. 459

...con (1) de César n'avait pas eu de peine
[p]énétrer sous cette froide enveloppe les
[s]eins impitoyables d'une âme « trem-
[pe] comme l'acier » (2). Nous avons rap-
[por]té le mot du dictateur. Antoine et
[Do]labella étaient accusés de conspirer :
[N]on, dit-il, ce ne sont pas ces gros gar-
[ço]ns qui me font peur, mais ces gens
[mai]gres et chétifs. » Il désignait Brutus
[et] Cassius (3). « J'ignore, disait-il sou-
[ven]t, ce que veut ce jeune homme ;
[ma]is ce qu'il veut, il le veut bien (4). »
Brutus voulait ressembler à Caton.
[Di]sciple des philosophes grecs, attaché
[à l']ancienne académie (5), nourri de la
[lec]ture de Polybe, dont il avait fait un
[pro]tégé, dans sa tente, la veille même
[de] la bataille de Pharsale (6), il avait
[pu]isé dans ces nobles et fortes études
[le] sentiment énergique du devoir et du
[dro]it. Aux inspirations de la sagesse
[anc]ienne se mêlaient en lui les sou-
[pi]rs du vieux patriotisme romain.
[Se]s ancêtres avaient placé dans le Ca-
[pit]ole, au milieu des rois, la statue de
[son] aïeul debout, le glaive nu (7). Il
[vo]ulait mériter même honneur et même
[glo]ire ; il voulait se rendre digne de la
[gé]néalogie qu'on lui avait faite. Et, sans
[fai]re remonter si haut des traditions de
[fa]mille, Caton n'était-il pas mort à Uti-
[qu]e pour la patrie et pour la liberté? Bru-
[tu]s se dévoua à la liberté et à la patrie.
[Po]mpée avait tué son père : il combattit à
[Ph]arsale dans le camp des pompéiens.
[Vai]ncu, il devait à César la vie et la for-

tune : il tua César ; il le tua résolument,
par réflexion. Le matin même des ides de
mars il siégeait, calme et tranquille,
à son tribunal de préteur (1). Il le savait
pourtant, cette préture urbaine, qu'il
exerçait d'une conscience si paisible
avant l'heure de l'assassinat, il la devait à la faveur, à la partialité de celui
qu'il allait frapper. C'était un des griefs
de son complice Cassius contre le tyran.
César avait dit : « Cassius la mérite,
Brutus l'aura (2). » Brutus et Cassius,
rivaux un jour, se trouvèrent d'accord
aux ides de mars.
Ne nous étonnons pas de cette conduite
de Brutus ; ne jugeons pas avec nos
délicatesses modernes cet oubli des
bienfaits, qui ressemble si fort à l'ingratitude, cette fermeté et ce sang-froid
dans le meurtre, qui touchent de si près
à la cruauté. Brutus fut toute sa vie le
jouet d'une hallucination, d'une idée
fixe. C'est une maladie qui n'épargne
pas même des esprits moins étroits que
le sien. Hallucination véritable, qui par
accès troublait son cerveau, et qui lui
faisait voir la nuit, pendant la veille,
des fantômes menaçants (3). Un soir,
avant son dernier combat, une figure
étrange lui apparut dans sa tente. « Qui
es-tu ? que veux-tu ? » s'écria-t-il. « Je
suis ton mauvais génie, dit le spectre ; je t'attends à Philippes ! » Ce mauvais génie de Brutus, nous le voyons,
nous aussi, partout à ses côtés. C'est le
nom même qu'il porte et les souvenirs
que ce nom lui rappelle ; c'est l'ombre
de Caton, toujours présente devant ses
yeux ; c'est l'idée fixe qui le poursuit et
le fatigue, qui l'a conduit à Pharsales,
qui vient d'armer son bras contre César,
et qui le conduira bientôt à Philippes.
Tel est le supplice auquel le destin

---

(1) Michelet, Hist. Rom., t. II, p. 175. Ve-
tis oculis, Suéton. — Cesare armato con gli
chi grifagni. (Dante, Inferno, IV.)
(2) Ἐκεῖνος, ὥσπερ τὰ ψυχρήλατα τῶν
των σκληρὸν ἐκ φύσεως καὶ οὐ μαλακὸν
ὧν ὑπὸ λόγου τὸ ἦθος. (Plut., Brut., I.)
(3) Οὐκ ἔφη τοὺς παχεῖς καὶ κομήτας ἐνο-
εῖν, ἀλλὰ τοὺς ὠχροὺς καὶ ἰσχνοὺς ἐκεί-
ους, Βροῦτον λέγων καὶ Κάσσιον. (Plut.,
Brut., VIII, J. Cæs., LXII, Anton., XI.)
(4) De Bruto... Cæsarem solitum dicere :
[ma]gni refert hic quid velit; sed quidquid
[ve]lt, valde vult. (Cic., A., XIV, 1 ; cf. Plut.,
Brut., VI.)
(5) Plut., Brut., II.
(6) Plut., Brut., IV.
(7) Ἰούνιον Βροῦτον ἀνέστησαν ἐν Καπι-
[τω]λίῳ χαλκοῦν οἱ πάλαι Ῥωμαῖοι μέσον τῶν
[βα]σιλέων ἐσπασμένον ξίφος, ὡς βεβαιότατα
[κα]ταλύσαντα Ταρκυνίους. (Plut., Brut., I.)

(1) Plut., Brut., XIV ; App., C., II, 115.
(2) Καῖσαρ δ'ἀκούσας καὶ βουλευόμενος
ἐν τοῖς φίλοις εἶπε· Δικαιότερα μὲν λέγει
Κάσσιος, Βροῦτῳ δὲ τὴν πρώτην δοτέον.
(Plut., Brut., VII ; App., C., II, 112.)
(3) Μέλλοντα δὲ περᾶν ἐκ τῆς Ἀσίας ἐς τὴν
Εὐρώπην σὺν τῷ στρατῷ, νυκτὸς ἐγρηγορότα,
μαραινομένου τοῦ φωτός, ὄψιν ἰδεῖν ἐφεστῶ-
σάν οἱ παράλογον· καὶ πυθέσθαι μὲν εὐθαρ-
σῶς, ὅστις ἀνθρώπων ἢ θεῶν εἴη· τὸ δὲ
φάσμα εἰπεῖν· Ὁ σός, ὦ Βροῦτε, δαίμων
κακός· ὀφθήσομαι δέ σοι καὶ ἐν Φιλίπποις.
(App., C., IV, 144.)

condamne Brutus. Sa vie n'est qu'une longue recherche de l'idéal; mais cet idéal qu'il s'efforce d'atteindre, c'est en arrière, dans le passé, qu'il l'aperçoit. Il copie laborieusement Caton, son modèle. Et quel modèle ? Celui dont Cicéron disait un jour : « Vous ne pouvez aimer Caton autant que je l'aime. Mais avec ses excellentes intentions et sa loyauté inflexible il gâte souvent les affaires. Il opine comme dans la République de Platon, et nous sommes la lie de Romulus (1). » Brutus aurait eu besoin d'un autre maître. Mais le gendre et le neveu de Caton ne peut répudier les exemples que lui a légués le martyr d'Utique. Brutus doit être le continuateur de Caton. Il lui a succédé dans son rôle tragique. Son emploi, sa fonction, c'est de reproduire, d'après Caton, ce type convenu du vieux Romain, mélange factice de vieilles traditions patriotiques et de théories stoïciennes; être surhumain, supérieur à la nature et tout au devoir; être de raison que Brutus essaye de réaliser; personnage fictif qu'il est forcé de représenter sur la scène, et que la fatalité lui impose comme un idéal et comme un rôle. Cicéron appelle Brutus un héros; hélas! ce n'est qu'un héros de tragédie. Mais ce rôle de convention, auquel il ne peut se soustraire, il le joue sérieusement, avec passion, avec bonne foi; s'il garde partout et toujours son cothurne et son masque, ce n'est point parce qu'il serait sifflé s'il changeait de costume, c'est parce qu'il s'est identifié, si je puis dire, avec son personnage de théâtre. Tel il se montre tel il croit être; l'illusion qu'il produit, il la partage; il en est la première dupe et la première victime. Utopie, fiction, déception, voilà toute sa vie. Attendons la fin du drame; laissons disparaître ce mirage trompeur d'un idéal insaisissable; que l'illusion de la scène vienne à s'évanouir, et que Brutus, sorti de long rêve, de ce long mensonge, rec[onn]aisse un jour tout ce qu'il y a d[e] sa vie de faux et de chimérique, al[ors] il cherchera dans la mort un asile, criera : Vertu, tu n'es qu'un nom (César sera vengé des ides de mars.

CASSIUS, LE DERNIER DES ROMAI[NS]. — Près de Brutus quel est cet autre p[ersonnage] et maigre visage creusé par l'en[vie] et par la débauche (2)? Celui-là, c[']est Cassius, le promoteur de la conspi[ra]tion, le séducteur de Brutus, son co[m]pagnon désormais inséparable; à v[rai] dire, son mauvais génie. Hier il disa[it à] Brutus (3) : « Que ferons-nous au sé[nat] si les courtisans de César parlent [de] lui donner la royauté? — Je n'i[rai] point au sénat. — Mais si l'on n[ous] appelle comme préteurs? — Je [dé]fendrai la patrie, jusqu'à la mort[.] » C'était la réponse qu'attendait Cassi[us.] Pour l'honneur et la réussite du c[om]plot, il lui fallait un nom (4) : il a tro[uvé] Brutus. Ne confondons pas ces d[eux] hommes, bien que leurs traits se ress[em]blent; bien que tous deux, ils portent

---

(1) Catonem nostrum non tu amas plus quam ego; sed tamen ille, optimo animo utens et summa fide, nocet interdum reipublicae. Dicit enim tanquam in Platonis πολιτείᾳ, non tanquam in Romuli fæce sententiam. (Cic., *A.*, II, 1.) Cicéron dit encore ailleurs : Unus est qui curet constantia magis et integritate quam, ut mihi videtur, consilio aut ingenio, Cato. (*A.*, I, 18.)

(1) Ἐς τὸν θάνατον καὶ αὐτὸς κατέφυ[γε] καὶ ἀναβοήσας τοῦτο δὴ τὸ Ἡράκλειον·
Ὦ τλῆμον ἀρετή, λόγος ἄρ' ἦσθ[α
[δὲ]
Ὡς ἔργον ἤσκουν· σὺ δ' ἄρ' ἐδούλ[ευες
[τύ]χῃ
παρεκάλεσέ τινα τῶν συνόντων, ἵνα α[ὐτὸν] ἀποκτείνῃ. (Cass. Dion, XLVII, 49.)

(2) César disait un jour à ses amis : « [Que] vous semble de Cassius? Il ne me plaît p[as,] il est trop pâle. » Τί φαίνεται βουλόμενος [ὁ] Κάσσιος; ἐμοὶ μὲν γὰρ οὐ λίαν ἀρέσκει [ὁ] ὠχρὸς ὤν. (Plut., *J. Cæsar*, LXII.)

(3) Ὁ Κάσσιος ἐμβαλὼν τὴν χεῖρα [τῷ] Βρούτῳ· τί ποιήσομεν, ἔφη, παρὰ τὸ β[ῆμα (?)] λευτήριον, ἂν οἱ κόλακες τοῦ Καίσαρος γ[νώ]μην περὶ βασιλείας προθῶσι; καὶ ὁ Βρο[ῦτος] οὐκ ἔφη παρέσεσθαι τῷ βουλευτηρίῳ. ἀνερομένου δὲ τοῦ Κασσίου· Τί δ', ἂν ἡμᾶς [κα]λῶσιν ὡς στρατηγούς, τί ποιήσομεν, ὦ ἀγ[αθὲ] Βροῦτε; Ἀμυνῶ τῇ πατρίδι, ἔφη, μέχρι [θα]νάτου. (App., C., II, 113.)

(4) Κασσίῳ δὲ πειρῶντι τοὺς φίλους [κατὰ] Καίσαρα πάντες ὡμολόγουν, εἰ Βρο[ῦτος] ἡγοῖτο· δεῖσθαι γὰρ οὐ χειρῶν, οὐδὲ τόλ[μης] τὴν πρᾶξιν, ἀλλὰ δόξης ἀνδρός, οἵος ο[ὗτος] ἐστιν, ὥσπερ καταρχόμενον καὶ βεβαιο[ῦντα] [...]παρεῖναι τὸ δίκαιον. (Plut., *Brut.*,

ITALIE.

ns les taches du même sang. Ce sont
x amis et deux complices; mais l'un
un honnête homme; l'autre n'est pas
si loyal et aussi pur (1). Brutus est
stoïcien; Cassius, élevé à Rhodes
is l'école d'Archélaüs (2), est un dis-
e d'Épicure (3). Brutus, malgré sa
esse apparente, malgré le meurtre
César, est au fond une douce et faible
ure; Cassius est dur, impérieux; il
 né pour le commandement et pour
 pire (4). C'est par devoir que Bru-
 frappe son bienfaiteur; Cassius l'as-
sine par haine et par vengeance. Bru-
est un homme simple et de médiocre
eur; Cassius a peut-être plus d'intel-
nce et de talent. Dès le temps de sa
sture, il a conquis, dans la guerre
Parthes et chez les ennemis mêmes,
 grande réputation de prudence et
abileté (5); mais le ressort de sa vie,
t la haine. Ce n'est pas le bien pu-
, c'est une querelle privée qui vient
mer son bras; c'est César qu'il a
, ce n'est pas la tyrannie (6). Que lui
orte, à lui, la liberté? Il nourris-
à Mégare des lions pour son édilité;
jour César les a ravis (7), il a tué
ar. Voilà celui que Brutus appellera
 ntôt le dernier des Romains (8). Aux
s de mars ce n'est encore qu'un assas-
vulgaire, sans principes et sans idées.
us verrons bien si la vertu et le gé-
lui sont venus avec le succès. Cicé-
écrivait un jour à Cassius : « Vous

me demanderez : Où donc est la philosophie? La vôtre est à la cuisine; la mienne
est triste. » (C'était en 708. Cicéron alors
avait plus d'une raison de tristesse : *si
tantum possem quantum in ea repu-
blica, de qua ita sum meritus, ut tu exis-
timas, posse debebam, etc. F.*, VI, 13).
Que lui répondait Cassius (1)? « Ceux
que vous appelez φιλήδονοι sont φιλόκαλοι
et φιλοδίκαιοι; ils honorent et pratiquent
toutes les vertus. » Le champ est ouvert
aux vertus de Cassius. Il vient de délivrer Rome de son roi et de son tyran;
il veut fonder la liberté; nous le juge-
rons à cette épreuve.

DÉCIMUS BRUTUS ALBINUS; SON
CARACTÈRE ET SON RÔLE DANS LA
CONJURATION. — A côté de Brutus et de
Cassius, citons encore Décimus Brutus
Albinus. C. Cassius est le beau-frère de
M. Brutus (2); D. Brutus est aussi son
parent. Il partage avec lui l'honneur de
porter un nom cher à la liberté. Lui
aussi, par un privilége de son nom et de
sa race, il semble né pour le salut de la
patrie (3) : *O civem natum reipublicæ,
memorem sui nominis, imitatorem
majorum!* (*Philipp.*, III, 4.) Décimus
Brutus n'est pas un homme d'action, un
homme hardi (4); mais il a des gladiateurs, il est en faveur auprès de César,

---

1) Κάσσιον, οἰκεῖον μὲν ὄντα Βρούτου
 φίλον, ἁπλοῦν δὲ τῷ τρόπῳ καὶ καθαρὸν
ὁμοίως. (Plut., *Brut.*, I.)
2) App., C., IV, 65, 67.
3) Οὐκ ἀλλότριος ὢν τῶν Ἐπικούρου
ων. (Plut., *J. Cæsar*, LXVI; cf. Cic.,
 XV, 16, 17, 18.) « Ubi igitur philosophia ?
 quidem in culina, mea molesta est », lui
 t Cicéron en 708. Cassius se justifie, XV, 19.
 4) ...Βροῦτον ἐπιεικῆ καὶ φιλόφρονα ἐς
 ντας εἶναι, καὶ ἀνόμοιον Κασσίῳ, αὐσ-
 ρῷ καὶ ἀρχικῷ περὶ πάντα γεγενημένῳ.
 pp., C., IV, 123.)
5) Τοῖς Παρθυαίοις...., Κράσσῳ ταμιεύων,
 ρονέστερος ἔδοξε τοῦ Κράσσου γενέσθαι.
 pp., C., IV, 59.)
6) Κάσσιος, ἀνὴρ θυμοειδὴς καὶ μᾶλλον
 μισοκαῖσαρ ἢ κοινῇ μισοτύραννος. (Plut.,
 it., VIII.)
7) Plut., *Brut.*, VIII.
8) Βροῦτος δὲ, Κασσίου τὸν νέκυν περι-

κλαίων, ἀνεκάλει τελευταῖον ἄνδρα Ῥωμαίων.
(App., C., IV, 114.)

(1) Difficile est persuadere hominibus τὸ
καλὸν δι' αὐτὸ αἱρετὸν esse; ἡδονὴν vero et
ἀταραξίαν virtute, justitia, τῷ καλῷ pa-
rari, et verum, et probabile est... Itaque et
Pansa, qui ἡδονὴν sequitur, virtutem retinet;
et ii qui a vobis φιλήδονοι vocantur sunt φιλόκαλοι καὶ φιλοδίκαιοι, omnesque virtutes
et colunt et retinent. (Cass. à Cic., *F.*, XV, 19.)

(2) Plut., *Brut.*, VII.

(3) D. Brutum, omine quodam illius generis et nominis, natum ad rempublicam liberandam.... (Cic., *Philipp.*, VII, 4.)
... Est quasi deorum immortalium beneficio
et munere datum reipublicæ Brutorum genus
et nomen, ad libertatem populi romani vel
constituendam vel recuperandam. Quid igitur
D. Brutus de M. Antonio judicavit? (*Philipp.*,
IV, 3.)

(4) Βροῦτον Ἀλβῖνον, ἄλλως μὲν οὐκ ὄντα
ῥέκτην, οὐδὲ θαρραλέον, ἐρρωμένον δὲ πλή-
θει μονομάχων, οὓς ἐπὶ θέᾳ Ῥωμαίων ἔτρεφε,
καὶ παρὰ Καίσαρι πιστευόμενον. (Plut.,
Brut., XII.)

et il a un nom. Un nom et des gladiateurs, que lui faut-il de plus pour devenir un des sauveurs de la république? Son nom autorise toutes ses espérances; il le dispenserait au besoin de tout mérite personnel; mais D. Brutus n'en est pas réduit à cette extrême ressource. C'est un homme distingué : Cicéron du moins nous l'assure, et nous devons l'en croire : *Præclarus D. Brutus* (1). Si nous jugions de son caractère par son style, nous supposerions peut-être qu'il appartenait à l'école stoïcienne de Caton d'Utique. Son affectation de laconisme semble justifier cette hypothèse. *Te magistro brevitatis uti cogito*, lui écrivait un jour Cicéron (2). D. Brutus, en ce point, ressemble à Caton. A-t-il avec ce grand homme d'autres rapports, d'autres traits communs? C'est une question que nous ne nous chargeons pas de décider. A ne considérer que les ides de mars, nous serions tenté de le prendre pour un véritable stoïcien. Il lui a fallu sans doute une vertu toute stoïque, un amour impérieux de la liberté, une passion irrésistible de la justice et du droit, pour assassiner son bienfaiteur; et quel bienfaiteur ! celui qui lui avait donné en 707 le gouvernement de la Gaule (3); celui qui, au retour de la guerre d'Espagne, l'avait admis, comme Antoine et Octave, à partager les honneurs de son triomphe (4); celui qui venait de le désigner pour le consulat de l'année suivante et pour le commandement de la Gaule citérieure (5); celui enfin qui l'avait inscrit le second sur son testament (6). Et pourtant D. Brutus vient d'assassiner César avec préméditation. Le dictateur hésitait à venir au sénat; c'est D. Brutus qui l'y a entraîné par la main (7), ἦγε τῆς χειρὸς λαβόμενος τὸν Καίσαρα (1). On voit; par l'ingratitude, le sang-froid, cruauté, les deux Brutus se ressemblent aux ides de mars; ont-ils tous deux même excuse ? Cicéron leur donne les mêmes éloges.

Mais il ne suffit pas d'avoir égorgé tyran; il faut détruire la tyrannie et relever la république par le triomphe d lois et de la liberté. Dans cette œuv laborieuse et difficile un grand rôle e réservé à D. Brutus. Il doit apporter a sauveurs de Rome le secours de s nom, de ses gladiateurs, de ses riche ses (2), de son influence sur les ch valiers (3). Cicéron ne lui laissera poi ignorer les obligations qu'il s'est i posées aux ides de mars. « Représente vous, lui dit-il (4), quelle action vo avez exécutée. Il vous sera impossi d'oublier ce qui vous reste à faire Il n'y a rien que le peuple romain n'a tende de vous... Je vous conjure don avec les mêmes instances que le sén et le peuple romain, de délivrer pou jamais la république du pouvoir roya du moins si vous voulez que la fin r ponde à vos glorieux commencemen C'est votre office; c'est le rôle qui vo appartient : Rome ou plutôt toutes nations du monde l'attendent de vo et vous le demandent. » Comment Brutus répondra-t-il à de telles esp rances, du moins à de tels engag ments ? Car c'est un engagement sole nel qu'il vient de prendre aux ides mars (5). Le succès de la révoluti nous le dira.

M. FAVONIUS, IMITATEUR DE C TON D'UTIQUE. — Nous venons de v dans D. Brutus un imitateur, au moi littéraire, de Caton d'Utique. Parmi sénateurs qui, étrangers à la mort

---

(1) Cic. à Trébonius, *F.*, X, 28.
(2) Cic., *F.*, XI, 15 ; cf. XI, 24, 25, et les *Lettres de D. Brutus*, XI, 1, 4, 9 à 11, 13, 19, 20, 23, 26.
(3) D. Brutum Galliæ præfecit. Cic., *F.*, VI, 6; cf. App., C., II, 111.
(4) Plut., *Anton.*, XI.
(5) Cass. Dio., XLIV, 14; App., III, 98.
(6) Plut., *J. Cæsar*, LXIV; App., II, 143.
(7) D. Bruto adhortante, ne frequentes ac jam dudum opperientes destitueret. (Suet., *J. Cæsar*, 69.)

(1) Plut., *J. Cæsar*, LXIV.
(2) Quum ad rempublicam liberandam cessi, H. S. mihi fuit quadringenties amplii (D. Br. à Cic., *F.*, X, 10.)
(3) Equitum centurias tenes, in queis ginas. (Cic. à D. Brutus, *F.*, X, 16.)
(4) Cic., *F.*, XI, 5.
(5) Postremo suscepta tibi causa jam est, ut non sit integrum; primum idibus ma tiis, deinde proxime, exercitu novo et piis comparatis. (Cic. à D. Brutus, déce bre 709, *F.*, XI, 7.)

ITALIE 463

ar, ont accepté librement, après le he, la responsabilité du sang versé, s trouvons encore un autre disciple même maître, mais un disciple qui emble fort à un copiste. « M. Favius, disent les commentateurs, était homme d'une naissance obscure et à mérite assez médiocre; il ne laissa de se distinguer en servant de seà Caton, qu'il affectait d'imiter tout, mais dont il ne fut jamais que inge (1). » Il avait pris auprès de ou le rôle que remplissait Apolloe auprès de Socrate (2). Ce métier ait ni sans honneur, ni sans péril. allait quelque courage pour se faire loi de la franchise et une habitude a rudesse.

es opinions de Favonius, nous les naissons. Il suit les préceptes du 'tique; les plaisanteries de Cicéron pliquent à lui comme à son maître. st de ceux dont le défenseur de Mua résume ainsi la doctrine : *Sapient gratia nunquam moveri, nunquam usquam delicto ignoscere; neminem sericordem esse, nisi stultum et len; viri non esse, neque exorari, ne placari; solos sapientes esse, si tortissimi sint, formosos; si mendisimi, divites; si servitutem serviant, es; nos autem, qui sapientes non suis, fugitivos, exsules, hostes, insanos sique esse dicunt; omnia peccata e paria; omne delictum, scelus esse arium; nec minus delinquere eum i gallum gallinaceum, cum opus non rit, quam eum qui patrem suffocarit; sapientem nihil opinari, nullius pœnitere, nulla in re falli, sententiam mutare nunquam* (3).

Le tempérament de Favonius, si us en croyons Plutarque, aurait dû urtant s'accommoder fort mal de l'ataxie stoïcienne. C'est un homme violet, sans frein, sans mesure; il ne se ouverne pas avec calme et modération;

on dirait d'un furieux, d'un homme ivre (1). Qu'on ne lui parle pas de convenances et de ménagement ! Il n'épargne à personne le trait acerbe de sa raillerie. Son âpre parole va jusqu'à l'injure. Il exagère la franchise de Caton, et la travestit en insolence (2).

Pompéien, il a eu des mots bien durs pour Pompée. Un jour il le voit portant autour de la jambe une bandelette blanche. « Qu'importe, dit-il, où il porte le diadème (3) ? » Pompée avait dit : « Je frapperai la terre du pied, et il en jaillira des légions. » César passe le Rubicon; Pompée se trouble : « Frappe donc, » lui crie Favonius (4). Au camp des pompéiens, il rivalise avec Cicéron d'amères et irritantes moqueries. « Pour l'ambition d'un homme, dit-il, faudrat-il donc que nous nous privions cette année des figues de Tusculum (5) ? » Si dans sa plaidoirie contre Nasica il avait mis, comme il est probable, la même passion de dénigrement et un esprit aussi agressif, ne nous étonnons pas que Cicéron, son adversaire, ait montré pour son talent peu de sympathie et de bienveillance. On ne pardonne pas à autrui ses propres défauts. « Favonius, écrivait-il à Atticus, a plaidé contre Nasica fort peu honorablement, quoi qu'il en dise; et l'on croirait qu'il a travaillé à Rhodes plutôt dans un moulin qu'à l'école de Molon (6). » Cicéron, qui dans les *Philippiques* a traité Antoine de brigand et d'infâme corrupteur, ne passait pas même à Caton les gros mots « qui sentent le carrefour ou le cabaret » (7).

---

(1) Ἐμπαθὴς καὶ παρακεκινηκὼς πρὸς τὸν λόγον, οὐ σχέδην οὐδὲ πράως, ἀλλ' ἄκρατον αὐτοῦ καταψάμενον ὥσπερ οἶνον καὶ μανικώτερον. (Plut., *Cato min.*, XLVI.)
(2) Ἀνὴρ τἄλλα μὲν οὐ πονηρός, αὐθαδείᾳ δὲ καὶ ὕβρει πολλάκις τὴν Κάτωνος οἰόμενος ἀπομιμεῖσθαι παρρήσιαν. (Plut., *Pomp.*, LX.)
(3) Valer. Maxim., VI, 4.
(4) Plut., *Pomp.*, LX; App., C., II, 37.
(5) Plut., *J. Cæsar*, XLI.
(6) Accusavit Nasicam inhoneste, ac modeste tamen dicit : ita ut Rhodi videretur molis potius quam Moloni operam dedisse. (Cic. à Attic., juin 693; *A.*, II, 1.)
(7) Non debes, M. Cato, arripere maledictum ex trivio, aut ex scurrarum aliquo convivio, neque temere consulem populi romani saltatorem vocare. (Cic., Pro Murena, 6.)

---

(1) Cic., *A.*, I, 14, note 136.
(2) Ἦν δὲ Μάρκος Φαώνιος ἑταῖρος αὐτῶ καὶ ζηλωτής, οἷος ὁ Φαληρεὺς Ἀπολλόδωρος ἱστορεῖται περὶ Σωκράτην γενέσθαι τὸν Ὀλοιόν. (Plut., *Cato min.*, XLVI.) — M. Favonius, ille Catonis æmulus..., Suet., *Aug.*, XII.
(3) Cic., Pro L. Murena, 29.

Que devait-il penser de Favonius, ce Caton de mauvais aloi, ce *Pseudo-Caton*, si je puis lui appliquer, en le détournant, ce nom que Cicéron donnait à Cornutus comme un compliment et une louange (1)?

A tout prendre, Favonius n'est pas un méchant homme; οὐ πονηρός, comme dit Plutarque. Si ce n'était l'excès de son humeur caustique, sa manie de copier son maître, son originalité d'emprunt, il nous plairait pour son honnêteté et son courage. Il a le tort de vouloir qu'il y ait sur terre deux Catons, comme si le mot de Cicéron n'était pas d'une incontestable vérité : « C'est une merveille et un prodige que l'existence d'un Caton (2)? » Oui, Caton est un être à part, et Favonius aurait dû peut-être laisser dans son isolement cette vertu peu contagieuse. Mais, en s'associant aux peines et aux dangers de cette censure morale exercée dans Rome par la sagesse exceptionnelle de Caton, Favonius a prouvé du moins une noble et pure ambition. L'emploi qu'il s'est donné de servir de second à son maître, il le remplit, sinon avec succès, du moins avec dévouement et fermeté.

Sous le consulat de César, c'est lui qui, le dernier après Caton, consentit à jurer l'observation et le maintien de la loi agraire. Pour décider Caton, il avait fallu les exhortations de ses amis, les larmes et les prières des femmes au foyer domestique ; il avait fallu l'éloquence de Cicéron, montrant combien un refus obstiné, en compromettant les opposants, compromettait la république même. Pour décider Favonius il fallut l'exemple de Caton (3). Déjà il avait déployé contre Clodius la même énergie. Dans la discussion de la mise en jugement, appuyée par Caton et combattue par les amis du tribun, Favonius s'était distingué au premier rang des « gens de bien » (1). Plus tard il a dénoncé complot formé par Clodius contre la v de Milon (2). En 703, lorsque Cicéron après sa campagne de Cilicie, sollici l'honneur des supplications, Favoniu refusa ; il fut le troisième avec Caton un certain Hirrus, à repousser les pre tentions un peu vaniteuses du proco sul. Du reste, il montra dans cette a faire assez de ménagements et de con plaisance. Quand les partisans de Cicéro parlèrent des ennemis tués dans l'exp dition, il eût pu demander qu'on le comptât : il fut discret (3). Aussi Céli écrivait-il à son ami : « Remerciez ch cun suivant son caractère et ses eng: gements ; Hirrus, Caton et Favoniu de l'inclination qu'ils ont marquée pot vous; pour empêcher le vote, ils au raient pu vous attaquer, ils ne l'or pas fait (4). » Favonius aurait craint c paraître envieux.

Cicéron lui sut-il gré d'avoir désarm en sa faveur la sévérité de sa critique Nous ne savons. Ce qui est certain, c'e que Favonius, par ses habitudes c rude franchise, n'avait point gagné l popularité et qu'il n'était aimé ni au fo rum ni au sénat. La première fois qu' sollicita l'édilité, il échoua (5). En 70 il brigua la préture; il ne fut pas pl heureux. « Et ne vous imaginez pa écrivait Cælius, qu'il n'ait été rejeté qu par la canaille; les plus honnêtes ger

(1) Bonis utimur tribunis plebis, Cornuto vero *Pseudo-Catone*. (*A.*, I, 14.)

(2) Si non modo multi, verum etiam omnes Catones essent in civitate nostra, *in qua unum exstitisse mirabile est*; quem ego currum, aut quam lauream cum tua laudatione conferrem? (Cic. à M. Caton, *F.*, XV, 6.)

(3) Ὑπὸ τούτων φασὶ καὶ τοιούτων τὸν Κάτωνα λόγων καὶ δεήσεων μαλασσόμενον οἴκοι καὶ κατ' ἀγορὰν ἐκβιασθῆναι μόλις καὶ προσελθεῖν πρὸς τὸν ὅρκον ἔσχατον ἁπάντων πλὴν ἑνὸς Φαωνίου τῶν φίλων καὶ συνήθων. (Plut., *Cato min.*, XXXII.)

(1) Accedit eodem etiam noster Hortensiu multi praeterea boni. Insignis vero opera F vonii fuit. (Février 692, *A.*, I, 14.)

(2) Favonio, fortissimo viro, quaerenti eo, qua spe fureret, Milone vivo, respondi triduo illum, ad summum quatriduo periturur Quam vocem ejus ad hunc M. Catonem st tim Favonius detulit. (Pro T. A. Milone, I? cf. *ibid.*, XVI.)

(3) Quum de hostibus ageretur et pos rem impedire, si ut numerarentur posti laret, tacuit. (Cæl. à Cic., *F.*, VIII, 11.) (

(4) Pro cujusque natura et instituto, gu tiae sunt agendae : his quod tantam volunta tem ostenderunt : pro sententia, quum ii pedire possent, non pugnarunt. (Cæl., *ibi* cf. la lettre de Caton à Cicéron *Imperato* juin 703, *F.*, XV, 5.)

(5) Plut., *Cato min.*, XLVI.

t voté contre lui (1). » En 693 il avait
core subi je ne sais quel échec. Nous
ouvons à cette date dans la correspon-
nce de Cicéron les lignes suivantes :
Ma tribu a été plus favorable à Favo-
us que la sienne propre, mais il n'a
s eu pour lui celle de Luccéius (2). »
Ce qui nous explique toutes ces dis-
âces de Favonius, c'est peut-être son
prit d'opposition systématique ; c'est
rtout son impartialité dans la querelle
s factions. S'il s'attache à Pompée,
:st pour abaisser son orgueil ou
ur consoler sa misère. Nous avons
 comment il le traitait avant Phar-
le ; après la défaite, il l'accompagne
ul, avec Lentulus, dans sa fuite sur
barque de Péticius (3) ; et là voyant,
l'heure du repas, Pompée, le grand
mpée! réduit, faute de serviteurs, à
nouer lui-même ses chaussures, il
ent à son aide, il les détache de ses
ains, il lui parfume le corps, lui lave
pieds, le sert à table ; en un mot il
mplit auprès du vaincu de Pharsale
us les offices d'un esclave ; mais ja-
ais il ne fut plus grand que dans cet
aissement volontaire : le poëte grec a
ison :

Φεῦ τοῖσι γενναίοισιν ὡς ἅπαν καλόν (4).

Quant à César, Favonius l'a combat-
: mais il n'a point conspiré contre sa
vie. « Moi, disait-il un jour à Brutus,
iime encore mieux un monarque
'une guerre civile (5). » On ne l'a point
is dans le secret du complot. Mais
tx ides de mars, après le meurtre, il
t monté au Capitole ; que vient-il
tre au milieu des assassins ? Il vient,
ms doute, pour conjurer cette guerre
vile qu'il déteste et qu'il voit près de
maître. Heureux si, n'étant point ac-
ur dans la révolution, il ne devait pas
re victime ? Lui, du moins, il n'a pas

à expier comme tant d'autres le double
crime d'ingratitude et de cruauté.

C. Trébonius, courtisan et assassin de César.—Accorderons-nous à
Trébonius la même louange ? C. Trébonius, fils d'un chevalier romain, et non
pas d'un bouffon, comme le prétendait
M. Antoine (1), appartenait par sa
naissance à ce parti des *honnêtes gens*,
ainsi qu'ils se nommaient, à ce parti des
capitalistes dont Cicéron s'était fait l'a-
vocat et l'orateur.

En 695, sous le consulat de L. Calpurnius Pison et d'A. Gabinius, il était
questeur. C'était le temps où Clodius
attaquait Cicéron ; Trébonius défendit
dans ses harangues le père de la patrie ;
il prit parti pour les consuls ; et, malgré
la faiblesse de son collègue, il résista
hautement à Clodius, et refusa même
d'obéir au tribun du peuple Hérennius (2). Soutenir Cicéron, c'était incliner plutôt vers Pompée que vers César.
Mais, à vrai dire, Trébonius ne se trouvait pas engagé au commencement des
discordes civiles. En 698 il obtint le
tribunat. Pompée et Crassus étaient
consuls. César faisait la conquête de la
Gaule. Trébonius se plaça sur le terrain de la conciliation. Il proposa une
loi sur le partage des provinces consulaires : il voulait donner à Pompée les
deux Espagnes, à Crassus, la Syrie
pour cinq ans, et prolonger de cinq ans
le commandement de César dans la
Gaule. C'était mettre d'accord les
triumvirs et réaliser le programme des
conférences de Lucques. Caton s'opposa
violemment à ce plébiscite ; il fut chassé
de la tribune (3) et conduit en prison

---

(1) Nolo te putare Favonium a columna-
præteritum esse ; optimus quisque eum
m fecit. (Cæl. à Cic., *F.*, VIII, 9.)
(2) Favonius meam tribum tulit honestius
iam suam ; Luccceii perdidit. (Cic., *A.*, II, 1.)
(3) Plut., *Pomp.*, LXXIII.
(4) Plut., *Pomp.*, ibid.
(5) Ἀπεκρίνατο χεῖρον εἶναι μοναρχίας
φανόμου πόλεμον ἐμφύλιον. (Plut., *Brut.*,
III.)

(1) Scurræ filium appellat. Quasi vero igno-
tus nobis fuerit splendidus eques romanus,
Trebonii pater. (Cic., *Philipp.*, XIII, 10.)
(2) ....Ut illa omittam, quæ civitate teste
fecisti, quum mecum inimicitias communi-
casti, quum me concionibus tuis defendisti,
quum quæstor in mea atque in publica causa
consulum partes suscepisti, quum tribuno plebis quæstor non paruisti, cui tuus præsertim
collega pareret, etc. (Cic. à Trébon., *F.*,
XV, 21.)
(3) Κάτωνι δὲ ἀναβάντι πρὸ τῆς ψηφο-
ρίας ἐπὶ τὸ βῆμα καὶ βουλομένῳ λέγειν μόλις ὡρῶν δυεῖν λόγον ἔδωκαν. Ὡς δὲ πολλὰ
λέγων καὶ διδάσκων καὶ προθεσπίζων κατα-
νάλωσε τὸν χρόνον, οὐκέτι λέγειν αὐτὸν

par ordre de Trébonius. Le vigilant défenseur de la république avait compris que sous l'égalité apparente de ce partage se cachait la domination prochaine du maître des Gaules. Trébonius avait-il moins de prévoyance? Ou bien était-il déjà passé au camp des césariens? Nous le trouvons en 704 lieutenant de César et chargé d'assiéger Marseille, la ville pompéienne (1). L'éloge de son talent est inscrit dans les *Commentaires* sur la guerre civile (2). Préteur en 705, sous le consulat de César et de Servilius, il eut à lutter contre son collègue Célius, un autre ami de Cicéron. César, pour mettre fin aux querelles des créanciers et des débiteurs, et pour rétablir le crédit par la confiance, avait nommé des arbitres pour faire l'estimation des meubles et des immeubles d'après le prix où ils étaient avant la guerre, et il avait ordonné que les créanciers les reçussent en payement, après toutefois qu'on aurait déduit des créances les intérêts déjà payés (3). Grâce à l'équité de ce décret et à l'humanité de Trébonius, qui dans ces temps difficiles voulait que les décisions fussent rendues avec beaucoup de modération et d'indulgence, il n'y avait pas de plaintes ni d'appels (4). Mais Célius, irrité que Trébonius eût obtenu la préture urbaine non par le choix du sort, mais par la faveur de César, faisait à son collègue une opiniâtre opposition (5). Il prit en main la cause des débiteurs. On devine le motif de sa partialité, quand on a lu certain discours fort spirituel de son défenseur Cicéron. Célius n'avait point eu une jeunesse austère; et, comme le plaisir se vend à haut prix, il avait fait d[es] dettes. Peut-être, comme le prétend s[on] avocat, n'avait-il jamais pris d'arge[nt] à intérêt (1). Mais s'il n'avait pas [de] revenus à payer, payait-il toujours [le] capital? En 697 le loyer de sa demeu[re] était évalué par ses adversaires à tren[te] mille sesterces, par son défenseur [à] dix mille (2). En 705, la dignité de [sa] charge lui imposait sans doute une d[é]pense plus lourde. Célius imagina [de] remettre à tous les locataires le loy[er] de leurs habitations (3). Nous ne croyo[ns] pas que cette mesure lui fût inspir[ée] par aucune vue d'économie, si ce n'es[t] peut-être, d'économie domestique [et] privée. Mal accueillie de Trébonius elle eut beaucoup de succès auprès [de] ceux qu'elle favorisait. Je ne parle p[as] des propriétaires. Célius compléta s[on] décret par l'abolition de toutes les de[t]tes (4). Trébonius résista : la situatio[n] devenait critique; Célius s'aperçut, [un] peu tard, que sa place était au cam[p] de Pompée, au milieu des *honnêt[es] gens,* des sénateurs et des magistrat[s.] « Croyez-moi, écrivait-il à Cicéron, [il] vaut mieux périr que de supporter [ce que] je vois ici. Il y a longtemps q[ue] j'en serais sorti sans les cruelles men[a]ces de votre Pompée. A la réserve [de] quelques usuriers, *præter fœnerato[res] paucos,* il n'y a personne à Rome, [qui] n'y a point d'ordre qui ne soit po[m]péien. La canaille et le peuple sont [à] vous (5). » Une émeute éclata; Tréb[o]nius fut renversé de son tribunal; [le] sang coula sur le forum (6). Mais le co[n]sul Servilius appela dans Rome d[es] troupes qui étaient en route pour [la] Gaule; l'ordre se rétablit, et Céliu[s,] l'ami, le correspondant de Cicéron, al[la] mourir comme un brigand en comp[agnie]

εἴων, ἀλλ' ἐπιμένοντα κατέσπασεν ὑπηρέτης προσελθών. (Plut., *Cato min.*, XLIII.)

(1) C. Trebonium legatum ad oppugnationem Massiliæ relinquit. (J. Cæs., *Comment. de Bello civ.*, I.)
(2) J. Cæsar, *ibid.*, II.
(3) Sueton., *J. Cæsar*, 42.
(4) Fiebat æquitate decreti et humanitate Trebonii, qui his temporibus clementer et moderate jus dicendum existimabat, ut reperiri non posset a quibus initium appellandi nasceretur. (Cæs., *de Bello civ.*, l. III, p. 317.)
(5) Cass. Dio., XLII, 22.

(1) Versuram nunquam omnino fecit nu[l]lam. (Cic., *pro M. Cælio*, VII.)
(2) Pro M. Cælio, *ibid.*
(3) Mercedes habitationum annuas condu[c]toribus donavit. (Cæsar, *de Bello civili*, l. I[II,] p. 318.)
Τοῖς ἐν ἀλλοτρίοις οἰκοῦσι τὸ ἐνοίκι[ον] ἀφήσειν ἐπηγγέλλετο. (Cass. Dio., XLII, 22[.])
(4) Cæsar, *de Bello civ.*, loc. cit.
(5) Célius à Cic., F., VIII, 17.
(6) Cæsar, *de Bello civ.*, loc. cit.; Ca[ss.] Dio., XLII, 23.

...ie de Milon, devenu chef de bande en ...ampanie (1).

Cicéron devait regretter un pareil ...mme; cependant il écrivit à Trébonius ...ur le féliciter.

Trébonius avait défendu la cause de ...rdre et de la propriété. A ce titre il ...éritait les éloges de Cicéron. Tout en ...tant dans le camp de César, lui, du ...oins, mieux que Célius, mieux que ...ilon, l'ancien adversaire et le meur...ier de Clodius, il était demeuré fidèle à ...n premier rôle, je pourrais dire à son ...emier parti. Il n'avait point rompu ...utes relations avec les pompéiens: ...é n'oublierai jamais, lui écrivait un ...r Cicéron (2), l'inquiétude que vous ...ez marquée pour moi pendant la ...erre, votre joie à mon retour, vos ...ns, votre douleur, lorsque vous ap...eniez mes propres douleurs et mes ...pres tourments; enfin le dessein que ...us aviez de me venir joindre à Brindes, vous n'aviez pas reçu ordre de partir ...t d'un coup pour l'Espagne. » C'était ... 706. Les troupes d'Espagne, com...ndées par Longinus et par Marcellus, ...aient de se révolter; il y avait des ...ubles dans quelques villes. Longinus ...rt, César lui donna pour successeur ...ébonius (3). Deux ans après, en 708, ...ébonius obtint du dictateur une fa...r nouvelle; il fut subrogé à son qua...ème consulat (4). L'amour de la liberté ...it-il donc si vif en son cœur, qu'il dût ...lier tant de bienfaits? Courtisan de ...ar, il est devenu son assassin aux ides ... mars. Ne nous étonnons pas de cette ...version subite, qui arme contre le ...an un des suppôts de la tyrannie. Ce ...it pas d'hier que Trébonius a médité ... crime. Déjà, à son retour d'Espa...n dans la ville de Narbonne, il avait ...é d'embaucher Antoine dans une conspiration contre César (1). Il échoua; mais Antoine garda le silence, et ne trahit pas le secret de ces confidences imprudentes (2). Trébonius ne fut pas ingrat envers Antoine; aux ides de mars, pendant le meurtre, il le retint à la porte du sénat. Sa générosité lui profitera-t-elle? Ne lui attirera-t-elle que les reproches de Cicéron? « Que ne m'invitiez-vous à ce charmant festin des ides de mars! il n'y aurait point eu de restes... Pourquoi donc avoir tiré cette peste à l'écart? pourquoi l'avoir épargnée? Je me sens presque irrité contre vous (3). » Ainsi parle Cicéron; sa colère serait bien plus vive si le sauveur d'Antoine ne s'appelait pas Trébonius. Mais Trébonius est son ami; Trébonius a pris soin de faire un recueil des bons mots de Cicéron (4); Trébonius était lieutenant de César et s'est fait son assassin: ce sont là sans doute bien des circonstances atténuantes. N'a-t-il point donné à ses complices des gages suffisants? Il a fait ce que Cicéron, de son propre aveu, n'aurait pas même osé lui proposer. *An C. Trebonio ego persuasi? cui ne suadere quidem ausus essem.* Cicéron ajoute: « La république doit lui savoir d'autant plus gré, qu'il a préféré la liberté romaine à l'amitié d'un homme, et mieux aimé renverser la tyrannie que de la partager (5). » Triste destinée de la république, de ne pouvoir être sauvée que par des ingrats! singulier républicain que Trébonius! misérables conspirateurs que ces Bucolianus, ces Spurius, ces Casca et tant d'autres héros, bons pour tuer un homme, non pour rétablir la liberté! Parlerai-je de Patiscus? nous ne connaissons de lui que son talent de chasseur. Cicéron l'employait en Cilicie à prendre des panthères pour Célius (6).

(1) ...Si interfici Cæsarem voluisse crimen est, vide, quæso, Antoni, quid tibi futurum sit, quem Narbone hoc consilium cum C. Trebonio cepisse notissimum est. (Cic., *Philipp.*, II, 14; cf. Plut., *Anton.*, XIII.)
(2) Plut., *Anton.*, XIII.
(3) Cic. à Trébon., *F.*, X, 28.
(4) Cic., *F.*, XII, 16; XV, 21.
(5) Quo etiam majorem ei respublica gratiam debet, qui libertatem populi romani unius amicitiæ præposuit, depulsorque dominatus quam particeps esse maluit. (Cic., *Philipp.*, II, 11.)
(6) Cic., *F.*, II, 11; cf. *F.*, VIII, 9.

() Cass. Dio., XLII, 25.
() Meminero semper.... quæ tua sollici... de me in armis, quæ lætitia in reditu; ... cura, qui dolor, quum ad te curæ et domei perferrentur; Brundisium denique ...l me veuturum fuisse, nisi subito in Hispaniam missus esses. (Cic. à Trébon., *F.*, : 21.)
() Hirtius., *De bello Alexandr.*, p. 411; . Dio., XLIII, 29.
() Cass. Dio., XLIII, 46.

C. Ligarius, c'est celui que César rappela de l'exil; c'est un ami de M. Brutus (1). Pontius Aquila était tribun du peuple au temps du triomphe de César. Seul de tous ses collègues, quand il vit passer le triomphateur, il ne se leva point de son siége. « Aquila, lui cria César, recommande-moi donc à la république, toi qui es tribun; » et pendant plusieurs jours le dictateur, quand il accordait une grâce, ajoutait ces mots comme une sorte de refrain : « si Aquila veut bien le permettre (2). » Aquila ne lui a pas permis de régner.

Mais ne prolongeons pas cette triste et monotone revue; Plutarque a caractérisé en deux lignes tous les conjurés : « Brutus et Cassius prirent, dit-il, outre leurs amis, tous ceux qu'ils savaient bons pour un coup de main et peu soucieux de la mort (3). »

IMPORTANCE POLITIQUE DE CICÉRON; SON CARACTÈRE; SA VIE POLITIQUE.—Ces hommes d'action ont consommé le meurtre; leur œuvre est achevée. Maintenant que les soldats ont renversé le tyran, c'est aux généraux de substituer à la tyrannie le gouvernement régulier de la liberté. Pour une telle entreprise, ils n'ont plus besoin des gladiateurs de Décimus; ce qu'il leur faut, c'est l'éloquence de Cicéron. Voilà leur arme la plus nécessaire et la plus sûre, meilleure que l'épée et que le bouclier : si elle leur manque, si elle est impuissante en leurs mains, malheur aux conjurés; la république est morte : rien ne saurait plus réveiller ce cadavre.

Cicéron n'était pas dans le secret des ides de mars; Brutus lui avait caché la conspiration (4). Les conjurés avaient besoin, pour le succès de leur coup de main, d'une prompte et vigoureuse initiative; ils craignirent d'être entravés

(1) Plut., *Brut.*, XI.
(2) Sueton., *J. Cæsar*, p. 159.
(3) Plut., *Brut.*, XII.
(4) Κικέρωνα, τοῦτο μὲν πίστεως, τοῦτο δὲ εὐνοίας ἕνεκα πρῶτον ὄντα παρ' αὐτοῖς, ἀπεκρύψαντο, μὴ τῷ φύσει τόλμης ἐνδεὴς εἶναι προσειληφὼς ὑπὸ χρόνου γεροντικὴν εὐλάβειαν, εἶτα πάντα καθ' ἕκαστον ἀνάγων τοῖς λογισμοῖς εἰς ἄκραν ἀσφάλειαν ἀμβλύνῃ τὴν ἀκμὴν αὐτῶν τῆς προθυμίας τάχους δεομένην. (Plut., *Brut.*, XII.)

par la timidité naturelle de ce vi irrésolu. Son indécision, ses scru ses atermoiements, ses frayeurs précautions, toutes les faiblesses nature et de son âge, l'intermi même de ses accès de courage et d gie, c'étaient là autant de danger vus par Brutus. Ses amis le laissèr dehors du complot, sûrs de le r ver au jour du triomphe.

Ils savaient que nul plus que lu vait de haine pour la dictature de (de regrets pour l'ancienne constit de la république (1); que nul plus c n'accueillerait avec enthousiasme tour de la liberté, c'est-à-dire des c populaires et du gouvernement de quence. Tuer César, c'était rendre céron son influence politique. Une lution qui relevait l'autorité du sé qui ramenait le peuple sur le Forum tait-ce point là une bonne fortune l'orateur? Remplacer la dictature (sar par la souveraineté des assem délibérantes, n'était-ce pas substit la monarchie du génie la monarch la parole ?

Les conjurés, au sortir du sénat, leur marche vers le Forum, ont comme un appât, à la défiance du pe le nom, jadis populaire, encore resp de Cicéron. Ils ont placé, et je puis sous l'invocation de cette gloire, curcie, mais non souillée, la révolu des ides de mars. Ce nom qu'ils pr ment tout haut, et qu'ils mêlent à cris de triomphe comme le mot d'c de la république reconquise, ce non ne trouve pas d'écho dans la plèbe quiète et soupçonneuse, mais qu chevaliers, la bourgeoisie, accuei dans leur détresse comme une gar d'ordre et de sécurité publique, coi une sauvegarde contre l'anarchie nom qui, sans éveiller en bas la co et la haine, éveille en haut l'espéra cherchons ce qu'il rappelle et ce annonce, et découvrons, s'il est po ble, quelle signification il porte avec

L'intelligence du bien et du ju

(1) Τῆς δ' ἐπὶ Καίσαρα συνισταμένης ξεως οὐ μετέσχε, καίπερ ὢν ἑταῖρος ἐν μάλιστα Βρούτου καὶ βαρύνεσθαι τὰ παρ καὶ τὰ πάλαι ποθεῖν πράγματα δοκῶν ἧττον οὐδείς. (Plut., *Cicer.*, XLII.)

amour du beau, une large vue de l'idéal; un immense désir de savoir et de connaître; une activité sans trêve et sans limite; un besoin incessant de ramener toute chose à soi et de se communiquer à toute chose; l'ambition de paraître, non de commander; la soif de la gloire et de la popularité; la recherche du pouvoir, non pour sa force, mais pour son prestige; l'impatience dans l'espoir et le dépit dans le regret; plus de vanité que d'orgueil; plus de dénigrement que de jalousie; une complaisante admiration de soi-même; un égoïsme de bonne foi; des intentions de dévouement; des caprices et comme des bouffées d'énergie; des calculs d'audace; mais plus souvent, des incertitudes, des défaillances de volonté, des affaissements de courage; peu de nerf et de ressort; pas de persistance ni de tenue; de l'élévation et point de fermeté; et par-dessus tout cela, comme un manteau qui pare et qui déguise, le vêtement de l'art et de l'éloquence; voilà le portrait de Cicéron.

Nous croyons à sa bonne foi; mais nous ne croyons pas à son courage. Lui, Cicéron a défendu Roscius; oui, il a plaidé contre un affranchi de Sylla; oui, il a sauvé son client. Mais courut-il donc à cet acte honorable un si grand péril? Roscius fut acquitté : ainsi les juges, comme le défenseur, bravèrent la cruauté du maître de Rome. Était-elle donc si redoutable? Nous devons croire que le temps des proscriptions était passé. Remarquons d'ailleurs que Cicéron plaida sur les instances de ses amis : ils lui firent comprendre qu'il ne retrouverait jamais une voie plus brillante et plus belle pour arriver à la gloire (1). Cicéron céda à leurs conseils : il ne paraît pas qu'il ait beaucoup souffert de son imprudence. Il est vrai qu'il s'exila en Grèce par précaution, et que, prétextant un voyage nécessaire à sa santé, il mit à l'abri son héroïsme. « Il avait peur de Sylla(2), » dit Plutarque. Sylla l'avait-il donc menacé?

Cicéron avait peur de Sylla; il a peur encore de Catilina, δεδιὼς Σύλλαν..... ἔδεισε Κατιλίναν (1). Candidat en 688, il avait failli défendre, dans un intérêt électoral (2), cet homme impur, accusé de concussions, cet ennemi public convaincu de conspiration permanente. Consul en 690, il apprend que Catilina médite de le tuer dans les comices. Il s'effraye, μᾶλλον ἔδεισε; il se couvre d'une cuirasse; il s'entoure de tous les principaux de Rome et d'une troupe de jeunes gens; puis, ainsi protégé, il se rend au Champ de Mars, découvrant un peu ses épaules, pour laisser voir sa cuirasse (3), qui indique le danger et qui le prévient; double profit de se garantir du péril et de le braver quand il s'éloigne, de décourager ses ennemis et de réveiller le dévouement de ses amis; art habile de combiner à propos le soin de sa vie et les intérêts de sa gloire. C'est là l'étude et le talent de Cicéron.

Du reste il ne fait guère illusion qu'à lui-même; il n'a pas dans le peuple une grande réputation d'énergie. On connaît sa faiblesse.... οὐδ' ἄλλως δοκῶν εὐτολμότατος εἶναι τοῖς πολλοῖς (4). Il le sait, et il s'en chagrine; il a peur de paraître lâche, αὐτός τε δόξειν ἄνανδρος καὶ μαλακός (5). C'est cette appréhension qui l'excite à vaincre son naturel. Elle fait son tourment réel, sa force apparente; elle lui donne une énergie factice.

Les conjurés sont entre ses mains. Il faut prendre une résolution suprême. Que fera le consul (6)? S'il frappe de

---

(1) Οἱ φίλοι συμπαρώρμων, ὡς οὐκ ἂν αὐτῷ λαμπροτέραν αὖθις ἀρχὴν πρὸς δόξαν ἑτέραν οὐδὲ καλλίω γενησομένην. (Plut., Cic., III.)
(2) Δεδιὼς δὲ τὸν Σύλλαν ἀπεδήμησεν εἰς τὴν Ἑλλάδα. (Plut., Cic., III.)

(1) Plut., *Cic.*, XIV.
(2) Hoc tempore Catilinam, competitorem nostrum, defendere cogitamus. Judices habemus quos voluimus, summa accusatoris voluntate. Spero, si absolutus erit, conjunctiorem illum nobis fore in ratione petitionis; sin aliter acciderit, humaniter feremus. (*A.*, I, 2.) Un acquittement donnait à Cicéron l'appui de Catilina, une condamnation le débarrassait d'un rival; *sin aliter acciderit, humaniter feremus*. Je le crois bien.
(3) Plut., *Cic.*, XIV.
(4) Plut., *Cic.*, XIX.
(5) Plut., ibid.
(6) Τὴν ἄκραν καὶ προσήκουσαν ἀδικήμασι τηλικούτοις τιμωρίαν ἐξευλαβεῖτο καὶ καὶ τώκνει δι' ἐπιείκειαν ἤθους ἅμα καὶ ὡς μὴ δοκοίη τῆς ἐξουσίας ἄγαν ἐμφορεῖσθαι καὶ πικρῶς ἐπεμβαίνειν ἀνδράσι γένει τε πρώτοις καὶ φίλους δυνατοὺς ἐν τῇ πόλει κεκτημένοις.

mort les complices de Catilina, il a peur qu'on ne l'accuse de tyrannie; il a peur de se montrer cruel envers des citoyens qui ont dans Rome des amis puissants : il hésite. Mais, s'il les épargne, il a peur de voir renaître le danger; il a peur d'être soupçonné de lâcheté. Par crainte de l'avenir, par respect humain, il se décide; de deux périls il choisit le moindre : Céthégus périra.

Pourtant à l'approche de l'heure critique, du moment fatal où il va jouer, comme sur un coup de dé, sa fortune et sa gloire, le consul se trouble encore et s'abandonne aux tergiversations de son cœur. Il lui faut, dans son angoisse, les conseils et les exhortations de son frère Quintus, de son ami P. Nigidius (1). Il lui faut, le dirai-je? les injonctions de Térentia. Térentia, femme ambitieuse, qui, de l'aveu de Cicéron même, partageait bien plus avec lui les soins du gouvernement qu'elle ne lui faisait part de ceux du ménage, Térentia n'avait dans le caractère ni timidité ni faiblesse (2). Elle mit fin aux incertitudes de Cicéron, et les conjurés cessèrent de vivre. Antoine se souvenait-il de ce trait, quand il reprochait à Cicéron d'avoir vieilli près de sa femme, sous sa protection et sous sa loi (3)?

Parlerai-je de sa conduite envers César? Il avait deviné dans ce jeune homme le dominateur futur de la république, et il redoutait les desseins cachés de son ambition, comme les fureurs sourdement contenues d'une mer riante et perfide (4). Il écrivait plus tard :

« César songeait, dès son édilité, à ce empire suprême qu'il a établi pendar son consulat (1). »

„Aussi, quand éclata la conspiration Cicéron chercha-t-il dans le complot trace de César. Il ne trouva point (preuve suffisante. D'autres prétende qu'il négligea volontairement et aba donna tous les indices : « il avait pe de sa popularité et de sa puissance (2). Pison et Catulus blâmèrent les ménag ments intéressés du consul (3). Il vo lait, cet honnête parti, un chef plus e treprenant et plus résolu, et, s'il aima dans Cicéron son attachement aux vie privilèges, il n'aimait pas ses scrupul de légalité. César avait proposé de lais la vie aux complices de Catilina. Qua il sortit de l'assemblée, il tomba milieu des partisans de Cicéron. étaient là, le glaive nu, le bras lev tous ces jeunes volontaires de l'arm aristocratique, ces provocateurs ins lents, ces sauveurs indispensables de patrie et de la république, dont consul s'était fait, pour la sûreté de personne, une escorte et un rempa César, le factieux, le démagogue ami d pauvres, ne plaisait pas à ces honnêt gens; ils eurent l'idée de le tuer. M Cicéron arrêta d'un regard la trou furieuse; regard suppliant, qui voula dire : Épargnez-moi la honte d'un crim et songez aux représailles. « Cicéro dit Plutarque, avait peur du peuple. » C lui reprocha plus tard sa timidité (4)

διαγελῶντα καὶ τὴν ἐν τῷ φιλανθρώπῳ ἱλαρῷ κεκρυμμένην δεινότητα τοῦ ἤθους κ ταμαθὼν Κικέρων,... κ.τ.λ. (Plut., J. C sar, IV.)

(1) Cic. à Q. Axius, Fragm., t. XXI p. 130.

(2) Τινὲς δέ φασι Κικέρωνα παριδεῖν ἑκὸν καὶ παραλιπεῖν τὴν κατὰ Καίσαρος μήνυ φόβῳ τῶν φίλων αὐτοῦ καὶ τῆς δυνάμε (Plut., Cicer., XX.)

(3) Plut., J. Cæsar, VII.

(4) Καίσαρι δὲ τῆς βουλῆς ἐξιόντι πολ τῶν Κικέρωνα φρουρούντων τότε νέων γυμ τὰ ξίφη συνδραμόντες ἐπέσχον. Ἀλλὰ Κ ρίων τε λέγεται τῇ τηδέννῳ περιβαλὼν ὑπε γαγεῖν, αὐτός τε ὁ Κικέρων, ὡς οἱ νεανία προσέβλεψαν, ἀνανεῦσαι φοβηθεὶς τὸν δῆμ ἢ τὸν φόνον ὅλως ἄδικον καὶ παράνο ἡγούμενος. Τοῦτο μὲν οὖν οὐκ οἶδα ὑπα Κικέρων. εἴπερ ἦν ἀληθὲς, ἐν τῷ περὶ

μαλακώτερόν τε χρησάμενος ὠρρώδει τὸν ἀπ' αὐτῶν κίνδυνον. Οὐ γὰρ ἀγαπήσειν μετριώτερόν τι θανάτου παθόντας, ἀλλ' εἰς ἅπαν ἀναρραγήσεσθαι τόλμης τῇ παλαιᾷ κακίᾳ νέαν ὀργὴν προσλαβόντας, αὐτός τε δόξειν ἄναν-δρος καὶ μαλακὸς, οὐδ' ἄλλως δοκῶν εὐτολ-μότατος εἶναι τοῖς πολλοῖς. (Plut., Cic., XIX.)

(1) Plut., Cic., XX.

(2) Ἡ δὲ Τερεντία (καὶ γὰρ οὐδ' ἄλλως ἦν πραεῖά τις οὐδ' ἄτολμος τὴν φύσιν, ἀλλὰ φιλότιμος γυνὴ καὶ μᾶλλον, ὡς αὐτός φησιν ὁ Κικέρων, τῶν πολιτικῶν μεταλαμβάνουσα παρ' ἐκείνου φροντίδων ἢ μεταδιδοῦσα τῶν οἰκιακῶν ἐκείνῳ)..... παρώξυνεν ἐπὶ τοὺς ἄνδρας. (Plut., Cic., XX.)

(3) Plut., Cic., XLI.

(4) Ὁ πρῶτος ὑπιδέσθαι δοκῶν αὐτοῦ καὶ φοβηθῆναι τῆς πολιτείας, ὥσπερ θαλάττης τὰ

Là n'est point le crime dont l'accusèrent ses ennemis. Ce n'est pas du sang épargné mais du sang répandu que Clodius lui demanda compte. L'exécution des conjurés fut le prétexte de son exil. En 692, Clodius, pour avoir violé les mystères de la Bonne Déesse, fut traduit en jugement. Il était lié avec Cicéron; il avait fait partie de son escorte à l'époque de la conjuration; il invoqua son témoignage. Mais Térentia détestait Clodia, sœur de Clodius; haine de femme jalouse n'a point de pitié. Nous connaissons l'humeur de Térentia et l'empire qu'elle exerçait sur son mari (1). Pour avoir la paix domestique, Cicéron se tourna contre Clodius. Ici, laissons-le parler lui-même (2) : « Tant qu'il y a eu lieu de soutenir l'autorité du sénat, écrit-il à Atticus, j'ai combattu avec tant de force et d'ardeur que j'ai été suivi et applaudi de tout le monde. Vous avez été plusieurs fois témoin de mon courage dans de pareilles occasions; mais vous m'auriez admiré dans celle-ci. Clodius n'ayant pu rien obtenir du sénat, et tâchant dans les harangues qu'il faisait au peuple, de le prévenir contre moi, avec quelle chaleur, grands dieux! je m'engageai alors dans la mêlée! quels rudes coups je portai à mes ennemis! avec quelle force je me jetai sur Pison, sur Curion et sur toute leur troupe! Comme je traitai ces vieillards méprisables, ces jeunes gens déshonorés! Je vous jure que j'ai souvent souhaité de vous avoir, autant pour témoin de mes exploits que pour règle de mes actions. »

Voilà le dithyrambe; écoutons l'aveu : toujours naïf, Cicéron va trahir le secret des intermittences de son courage.

Quand Hortensius eut imaginé de remettre au sort le choix des juges, je calai la voile, sachant combien il y en a peu de bons, et je me contentai de déposer ce qui est si bien prouvé et si public, que je ne pouvais me dispenser de l'attester (3). »

Il ne déposa point sans encombre. Quand il parut, un cri menaçant s'éleva; mais les juges se levèrent tous, l'environnèrent et présentèrent la gorge à Clodius, pour périr à sa place (1). Pourquoi faut-il que Cicéron trouve partout de si zélés défenseurs? Il est fâcheux pour un homme de cœur que ses amis lui épargnent toujours l'épreuve du danger. Et quels amis que ces juges de Clodius? De l'argent et les faveurs de quelques femmes et de quelques libertins de haute naissance (2) sauvèrent l'accusé d'une condamnation presque inévitable.

Nommé tribun du peuple, Clodius se vengea de Cicéron. Il l'accusa d'avoir fait périr illégalement Lentulus et Céthégus. Par la connivence de César et de Pompée, le sauveur de la république fut condamné à l'exil.

Quelle fut dans ce procès l'attitude de Cicéron? Interrogeons Plutarque et Appien (4). « Menacé, disent-ils, d'une odieuse condamnation, Cicéron prit l'habit de deuil, laissa croître ses cheveux et sa barbe, et vint dans les rues de Rome supplier le peuple. Sur son chemin se trouvait partout Clodius, avec une bande de vauriens soudoyés, qui lui adressaient d'ignobles outrages sur sa

(1) Me vero teste producto, credo te, ex acclamatione Clodii advocatorum, audisse quæ consurrectio judicum facta sit, ut me circumsteterint, ut aperte jugula sua pro meo capite P. Clodio ostentarint. (Cic., *A.*, I, 16.)
(2) Jam vero (o dii boni, rem perditam!) etiam noctes certarum mulierum, atque adolescentulorum nobilium introductiones nonnullis judicibus pro mercedis cumulo fuerunt. (Cic., *A.*, I, 16.)
(4) Κινδυνεύων οὖν καὶ διωκόμενος ἐσθῆτα μετήλλαξε καὶ κόμης ἀνάπλεως περιιών, ἱκέτευε τὸν δῆμον. Πανταχοῦ δ' ὁ Κλώδιος κατὰ τοὺς στενωποὺς ἀνθρώπους ἔσχεν ὑβριστὰς περὶ αὐτὸν καὶ θρασεῖς, οἳ πολλὰ μὲν χλευάζοντες ἀκολάστως εἰς τὴν μεταβολὴν καὶ τὸ σχῆμα τοῦ Κικέρωνος, πολλαχοῦ δὲ πηλῷ καὶ λίθοις βάλλοντες ἐνίσταντο ταῖς ἱκεσίαις. (Plut., *Cic.*, XXX.)
Ὁ δ' ἐς τὸ ἔργον ἐκεῖνο γενναιοτάτῳ λήματι κεχρημένος, ἀσθενέστατος ἐς τὴν δίκην ἐγίγνετο. Καὶ ταπεινὴν ἐσθῆτα ἐπικείμενος, γέμων τε αὐχμοῦ καὶ ῥύπου, προσέπιπτεν οἷς ἐντύχοι κατὰ τοὺς στενωποὺς, οὐδὲ τοῖς ἀγνῶσιν ἐνοχλεῖν αἰδούμενος· ὥστε αὐτῷ τὸ ἔργον, διὰ τὴν ἀπρέπειαν, ἀπὸ οἴκτου μεταπίπτειν ἐς γέλωτα. (App., *C.*, II, 15.)

ὑπατείας οὐκ ἔγραψεν· αἰτίαν δὲ εἶχεν ὕστερον ὡς ἄριστα τῷ καιρῷ τότε παρασχόντι κατὰ τοῦ Καίσαρος μὴ χρησάμενος. (Plut., *V. Cæsar,* VIII.)
(1) Plut., *Cic.,* XXIX.
(2) Cic., *A.*, I, 16.
(3) Cic., *A.*, I, 16.

nouvelle et triste parure, et qui lui jetaient de la boue et des pierres pour empêcher ses supplications..... Couvert de saleté et d'ordure, l'accusé adressait ses prières à tous les passants et importunait même des inconnus. Par l'oubli de toute dignité il voulait exciter la compassion : il ne fut que ridicule. »

A-t-il dans son exil plus de respect pour sa gloire ? montre-t-il plus de fermeté, plus d'énergie ? Nous voudrions le supposer; mais la correspondance avec Atticus n'est-elle point là pour attester l'abattement et l'humiliation du proscrit? Il nous suffira de citer :

« Avril 695, en route.

« Puissé-je un jour avoir à vous remercier de ce que vous m'avez forcé à vivre! Jusqu'ici je m'en repens beaucoup (1). »

« Avril, en route.

« Que j'ai de regret de vivre, mon cher Pomponius (2)! »

« 6 Avril, de Thurium.

« Je suis bien malheureux de vivre; la douleur m'accable (3). »

« 18 avril, près de Tarente.

« Je soutiens à peine ma misérable existence (4). »

30 avril, de Brindes.

« En m'exhortant à conserver mes jours, vous pouvez bien gagner sur moi que je ne les avance point par une mort violente; mais je ne m'en repentirai pas moins de ne les avoir pas hasardés pour sauver ma fortune. Car, enfin, qu'est-ce qui peut encore m'attacher à la vie?... Je ne veux ni aigrir ma douleur, ni renouveler la vôtre; mais j'ose assurer que jamais personne ne fut plus infortuné que moi, et n'eut plus de raisons pour souhaiter la mort. J'ai pu, en la cherchant, on triompher ou du moins périr avec gloire : elle ne peut plus maintenant que finir mes maux (5). »

A la même date, dans une lettre à Terentia :

« Je vous écris le moins souvent qu'il m'est possible; car s'il n'y a point de moments qui ne soient fort tristes pour moi, ceux que j'emploie à vous écrire ou à lire de vos lettres me font verser tant de larmes, que cet état m'est insupportable! Que n'ai-je eu moins d'attachement pour la vie! Nous n'aurions rien eu à souffrir ou du moins nous n'aurions pas beaucoup souffert....... Le seul reproche que nous ayons à nous faire est de n'avoir pas perdu la vie avec ce qui la rendait honorable (1). »

Juin 695, de Thessalonique ; à Atticus.

« Vous blâmez mon abattement et ma faiblesse; croyez-vous donc que le poids et le nombre des maux qui accompagnent ma disgrâce ne m'excusent pas assez? Vit-on jamais personne pour une si bonne cause tomber d'un si haut rang, avec les ressources et l'appui que je devais trouver dans mes talents, dans mon expérience, dans mon crédit, et dans l'amitié de tous les gens de bien? Puis-je oublier ce que j'ai été et ne pas sentir ce que je suis? de quelle gloire, de quels honneurs je suis privé, de quels biens, de quels enfants, de quel frère ; d'un frère que j'aime, et dont il a fallu néanmoins, par un nouveau genre de supplice, éviter l'entrevue de peur d'augmenter mon affliction par l'image de la sienne, et plus encore pour ne pas me montrer à lui dans un état si déplorable? J'ajouterais bien d'autres souffrances, mais je ne puis retenir mes larmes (2) ».

« Voilà les maux où vous m'avez réduit en m'empêchant de me tuer (3) »!

5 août, Thessalonique.

« On prétend, dites-vous, que mon affliction va jusqu'à m'affaiblir l'esprit; non, grâce aux dieux, il n'est point affaibli, et je voudrais qu'il ne l'eût pas été davantage lorsqu'il était encore temps de me sauver (4). »

Mihi mens integra est ! On ne le croirait pas à voir tant de soupirs, tant de lamentations, tant de larmes. Détournons les yeux de ce spectacle pitoyable. Cicéron vient de nous découvrir lui-même l'excès de son humiliation et de

---

(1) Utinam illum diem videam quum tibi agam gratias quod me vivere coegisti! Adhuc quidem valde me pœnitet. (Cic., A., III. 3.)

(2) Me, mi Pomponi, valde pœnitet vivere. Qua in re apud me tu plurimum valuisti. (A., III, 4.)

(3) Ego vivo miserrimus, et maximo dolore conficior. (A., III. 5.)

(4) Me vix misereque sustento. (A., III. 6.)
(5) A. III. 7.

(1) Ego minus sæpe ad vos do litteras quam possum; propterea quod quum omnia mihi tempora sunt misera, tum vero quum scribo ad vos, aut vestras lego, conficior lacrimis sic ut ferre non possim. Quod utinam minus vitæ cupidi fuissemus! Certe nihil, aut non multum in vita mali vidissemus..... Peccatum est nullum, nisi quod non una animam cum ornamentis amisimus. (Cic., F., XIV, 4)

(2) A. III, 10.

(3) Ea lege me casum vos vivendi auctores impulistis. (A., III. 9.)

(4) A. III. 13.

faiblesse : ne triomphons pas de son abaissement. Nous ne parlerons point de son retour et de ses vengeances. Nous ne comparerons pas sa lâcheté devant un ennemi puissant, et sa violence contre un ennemi vaincu. Lâcheté et violence ne sont pas termes contradictoires; ils résument toute la conduite de Cicéron à l'égard de Clodius.

Est-ce dans le procès de Milon que nous chercherons une preuve du courage de son défenseur? Voici une observation de Plutarque sur ce grand combat judiciaire et politique : « Cicéron n'était pas seulement timide à la guerre ; il n'abordait la tribune que le front pâle et le corps tremblant (1). » Pour maintenir la tranquillité dans la ville, Pompée, sur l'ordre du sénat, avait rangé des troupes autour du Forum. A la vue des soldats en armes, Cicéron eut peur; il se troubla, et son client fut condamné. On attribua l'émotion du défenseur à son amitié pour l'accusé (2).

Cicéron n'était pas un vaillant soldat... ἐν, ὡς ἔοικεν, ἐν ὅπλοις ἀθαρσής (3). Il avait servi sous Sylla dans la guerre des Marses (4). Plus tard, dans son gouvernement de Cilicie, il fit encore la guerre, mais cette fois contre les voleurs qui habitaient l'Amanus. Cette campagne lui valut le titre d'imperator (5). Il aspirait au triomphe. Il sollicita d'abord des supplications; mais il n'eut point l'appui de Caton. Le rude stoïcien avait peu de foi dans le talent militaire de son ami. On sent l'ironie dans les compliments qu'il adresse à son désintéressement et à sa vertu (6). « Ce qui sera, dit-il, plus glorieux pour vous que le triomphe, ce sera de voir déclarer par le sénat que nous devons la défense et la conservation d'une province moins à la force des armes ou à la faveur du ciel, qu'à la douceur et à l'honnêteté du général (1). » Modeste éloge, et qui ne devait guère chatouiller le cœur d'un imperator! Mais Caton pouvait-il louer le courage de Cicéron? Caton est connu pour sa franchise.

A défaut de Caton, Cicéron se servit à lui-même d'admirateur. Célius lui avait demandé des panthères. « Il s'en trouve fort peu, répondit-il; et l'on prétend que le peu qu'il y en a se plaignent très-vivement d'être les seules créatures à qui l'on dresse des embûches dans ma province; aussi dit-on qu'elles sont résolues de passer dans la Carie. (2) » Elles auraient pu se plaindre d'être les seuls ennemis auxquels le proconsul fît la guerre. Que l'épigramme ait tort ou raison contre le compliment que Cicéron s'adresse à lui-même, laissons dormir les vertus civiques et les prétentions militaires déployées par le proconsul dans son gouvernement de Cilicie.

Le 4 janvier de l'an 704 Cicéron revient à Rome. « Il tombe au milieu des flammes de la discorde, ou plutôt de la guerre civile (3). » Examinons son rôle dans la lutte.

Le 9 décembre il écrivait à Atticus : « Que les affaires prennent la tournure d'un accommodement ou bien d'un triomphe pour les honnêtes gens, je serais bien aise d'aider pour ma part aux deux choses ou du moins de ne pas y perdre; si les gens de bien sont vaincus, quelque part que je fusse, je le serais toujours avec eux. Je n'ai donc point à me repentir d'avoir précipité mon retour (4). »

---

(1) Plut., *Cic.*, XXXV.
(2) Ἀλλ' ὅ γε Κικέρων φιλέταιρος μᾶλλον ἢ δειλὸς ἔδοξεν εἶναι. (Plut., *Cic.*, XXXV.)
(3) Plut., ibid.
(4) Plut., *Cic.*, III.
(5) Plut., *Cic.*, XXXVI.
(6) Quod et respublica me et nostra amicitia hortatur, libenter facio, ut tuam virtutem, innocentiam, diligentiam, cognitam in maximis rebus, domi togati, armati foris, pari industria administrari gaudeam. (*F.*, XV, 5.)

(1) Triumpho multo clarius est, senatum judicare, potius mansuetudine et innocentia imperatoris, provinciam, quam vi militum aut benignitate deorum, retentam atque conservatam esse. (*F.*, XV, 5.)
(2) De pantheris, per eos qui venari solent agitur mandato meo diligenter; sed mira paucitas est : et eas quæ sunt valde aiunt queri, quod nihil cuiquam insidiarum in mea provincia, nisi sibi fiat. (Cic. à Célius, *F.*, II, 11; cf. Plut., *Cic.*, XXXVI.)
(3) Incidi in ipsam flammam civilis discordiæ, vel potius belli. (Cic., *F.*, XVI, 11.)
(4) *A.*, VII, 3.

Sa place est marquée dans le camp des pompéiens. « Je ne demanderai point, dit-il, où est le vaisseau des Atrides ; je n'en aurai point d'autre que celui où Pompée tiendra le gouvernail. Mais dans le sénat que répondrez-vous quand on vous dira : « Parlez. M. Tullius? » Ce que je répondrai, le voici en deux mots : « Je suis de l'avis de Pompée (1). »

« Oui, répète-t-il encore, il y aurait calamité pour la république, et surtout déloyauté de ma part, à n'être pas d'accord avec Pompée dans des circonstances aussi graves (2). »

Il ne s'aveugle pas cependant ; il ne se fait pas d'illusion sur le compte des républicains honnêtes. « Qu'entendez-vous, écrit-il à Atticus, par les honnêtes gens? Moi, je n'en connais pas ; si c'est du parti que vous parlez, c'est autre chose (3). »

Puis il ajoute : « Les honnêtes gens, est-ce l'assemblée du sénat, qui abandonne les provinces à elles-mêmes?... Sont-ce les publicains, qui n'ont jamais été d'un patriotisme très-solide, et qui aujourd'hui sont tout dévoués à César? Les usuriers ou les paysans, qui ne veulent que l'ordre et le repos? À moins de supposer qu'ils ont peur d'une monarchie, eux à qui tout gouvernement est bon dès lors qu'ils sont tranquilles (4). »

Il le sait bien d'ailleurs, « c'est l'ambition de deux hommes qui met tout en feu. (5) » Les pompéiens combattront « pour être proscrits s'ils sont vaincus ;

(1) Non quæram Ποῦ σκάφος τὸ τῶν Ἀτρειδῶν; mihi σκάφος unum erit, quod a Pompeio gubernabitur. Illud ipsum quod ais : « Quid fiet quum erit dictum : Dic, M. Tulli? » σύντομα : Cn. Pompeio assentior. (*A.*, VII, 3.)

(2) *A.*, VII, 6.

(3) Ego, quos tu bonos esse dicas, non intelligo : ipse nullos novi ; sed ita, si ordines bonorum quærimus. (*A.*, VII, 7.)

(4) Senatum bonum putas, per quem sine imperio provinciæ sunt?... An publicanos, qui nunquam firmi, sed nunc Cæsari sunt amicissimi? An fæneratores? an agricolas? Quibus optatissimum est otium. Nisi eos timere putasne sub regno sint, qui id nunquam, dum modo otiosi essent, recusarunt. (*A.*, VII, 7.)

(5) *A.*, VII, 3.

s'ils sont vainqueurs, pour perdre la liberté (1). »

« N'importe, s'écrie-t-il, je ferai comme la bête du troupeau dispersé : elle suit celles de son espèce : les bœufs suivent les bœufs ; moi aussi j'irai où iront les gens de bien, ou ceux qui passent pour tels ; j'irai, s'il le faut, me perdre avec eux (2). »

Voilà le langage du dévouement. Que Cicéron reste inébranlable dans sa résolution, nous plaindrons son ignorance et son erreur ; nous devrons louer sa courageuse fidélité. Mais ces engagements si positifs envers la république sont datés du mois de décembre 703. César n'avait point encore franchi le Rubicon. La guerre commence Pompée quitte Rome ; Cicéron se rend à Formies. Il se sent déjà beaucoup moins décidé à suivre la fortune des pompéiens. Il demande les conseils d'Atticus : « Faut-il me jeter à corps perdu dans le parti de Pompée? Ce n'est point le danger qui me retient ; c'est que je meurs de dépit de tout ce qui s'est passé. Est-il possible d'avoir fait tant de fautes aussi étourdiment et pour ne pas m'avoir écouté? Ou bien faut-il que je patiente, que je me tourne un peu d'un côté, un peu de l'autre, et qu'enfin je me donne au plus fort, mon vrai maître? *J'ai quelque honte devant les Troyens* et je me sens retenu non moins par les devoirs du citoyen que par ceux de l'ami, mais mon cœur se brise à la pensée de nos chers enfants (3). »

Tout espoir de concilier les partis n'est pas encore complétement perdu : Cicéron ne se lasse pas de recommander la paix : « Quelque désavantageuse qu'elle puisse être, elle vaudra toujours

(1) *A.*, VII, 7.

(2) Idem (acturus sum) quod pecudes quæ depulsæ. Sui generis sequuntur greges. Ut bos armenta, sic ego bonos viros aut eos quicumque dicentur boni sequar, etiam si ruent. (*A.*, VII, 7.)

(3) Dimittamne me penitus in causam? Non deterreor periculo, sed dirumpor dolore. Tamne nullo consilio aut tam contra meum consilium gesta esse omnia! An cunctari et tergiversari, et iis me dem qui tenent, qui potiantur? Αἰδέομαι Τρῶας· nec solum civis, sed etiam amici officio revocor ; et frangor misericordia puerorum. (*A.*, VII,

eux ; dit-il, que la guerre la plus [injus]te (1). »
Mais César n'admet pas toutes les propositions de Pompée ; nouvelles incertitudes, nouvelles angoisses de Cicéron. « Il [co]nsent à mourir avec Pompée en Italie ; [ma]is si Pompée émigre, que faire (2) ? » [J'ai] des amis dans les deux camps. César [m'in]vite à la paix, et lui fait dire par Dolabella et par Célius qu'il est content de [ma] conduite. L'embarras redouble. « Que [ré]soudre ? Quelle perplexité ! Cicéron [n'] hésiterait point sans toutes les honteuses résolutions de Pompée, ou s'il [av]ait resté neutre dès l'origine. Pour[ta]nt il ne fera rien que de digne (3). » [«] C'est un beau dessein ; s'y tiendra-t-il ? Il ne reste pas en Italie un pouce de [te]rre dont César ne soit le maître. De [Po]mpée, pas un mot (4). » Cicéron sent [re]doubler son anxiété : « Que ferai-je ? [Es]t-il ? Où est notre chef, où le rejoindre ? [Su]r terre ou sur mer ? Sur terre, quelle [ro]ute prendre ? Sur mer, où m'embar[q]uer ? Eh bien, il faut donc me livrer à [ce]t homme ! Y a-t-il sûreté ? on le dit. [Et l'h]onneur ! oh non ! Que résoudre (5) ? » [Q]ue Pompée prenne la fuite, Cicéron se [se]nt prêt à donner pour lui sa vie avec [jo]ie ; mais il se résigne à rester, et rester [c']est vivre (6). Oui, il le répète, il est tout [p]rêt à mourir pour Pompée. Il l'estime [p]lus que personne. Mais il ne croit pas [q]u'en lui seul réside le salut de la république (7). « Vous me conseillez, écrit-il à Atticus, de quitter l'Italie si Pompée vient à la quitter lui-même. Je ne vois pas ce que la république ou mes enfants gagneraient à mon départ ; ni ce qu'il y a de convenable ou de digne dans cette résolution. Quoi donc ! soutenir la vue du tyran ?... Athènes eut trente tyrans à la fois, et Socrate ne mit pas le pied hors d'Athènes (1). » Pourtant Cicéron peut-il abandonner ce qu'on appelle le parti des honnêtes gens, c'est-à-dire des gens qui ont du bien, des gens riches (2) ? Il risquerait beaucoup, et ce ne serait pas sans quelque honte, si Pompée venait à rétablir ses affaires (3). Puisqu'il le faut, il partira, triste victime du respect humain. « Ce n'est pas, dit-il, cet homme que je veux suivre, lui que je connaissais déjà pour le dernier des hommes d'État, et qui vient de se montrer le dernier des hommes de guerre. Non, ce n'est pas cet homme que je suis ; mais j'ai peur de ces propos que me rapporte Philotimus. Les gens de bien, à l'entendre, me mettent en pièces. Quels gens de bien, grands dieux ! si empressés de s'offrir, de se vendre à César !... Je voudrais bien les connaître, ces gens de bien qui m'exilent ainsi de leur autorité privée, tout en restant, eux, tranquilles dans leurs foyers ! Mais que m'importent leurs noms ? Αἰδέομαι Τρῶας (4). »

En attendant le résultat de la marche de César vers Brindes, Cicéron, dans sa retraite de Formies, s'amuse à l'étude de quelques questions politiques (5). « Par là, dit-il, mon esprit échappe à la mélancolie, et ses facultés restent ten-

(1) Equidem pacem hortari non desino, quae vel injusta utilior est quam justissimum bellum. (*A.*, VII, 14.)
(2) Ego in Italia καὶ συναποθανεῖν. Sin extra, quid ago ? (*A.*, VII, 20.)
(3) Ego quid agam, σκέμμα magnum ; neque mehercule mihi quidem ullum, nisi omnia essent acta turpissime, neque ego ullius consilio particeps. Sed tamen quod me deceat. Ipse me Caesar ad pacem hortatur.... Dolabella, Caelius, me illi valde satisfacere. Mira me ἀπορία torquet. (*A.*, VII, 21.)
(4) *A.*, VII, 22.
(5) *A.*, VII, 22.
(6) De me ipso tibi assentior, ne me dem incertae et periculosae fugae ; quum reipublicae nihil prosim, nihil Pompeio ; pro quo emori quum pie possum, tum lubenter. Manebo igitur, etsi vivere.. (*A.*, VII, 23.)
(7) Ego pro Pompeio lubenter emori possum. Facio pluris omnium hominum nemi-

nem ; sed non ita uno in eo judico spem de salute rei publicae. (*A.*, VII, 7.)
(1) Italia, si ille cedit, putas cedendum: Quod ego nec reipublicae puto esse utile, nec liberis meis ; praeterea neque rectum, neque honestum. Sed cur? « Poterisne igitur videre tyrannum ? » Quasi intersit, audiam an videam, aut locupletior mihi sit quaerendus auctor quam Socrates ; qui quum XXX tyranni essent, pedem porta non extulit. (*A.*, VIII, 2.)
(2) ...Bonorum, id est lautorum et locupletium. (*A.*, VIII, 1.)
(3) ....Subeundumque periculum sit cum aliquo fortasse dedecore, si quando Pompeius rempublicam recuperarit. (*A.*, VIII, 3.)
(4) *A.*, VIII, 16.
(5) *A.*, IX, 4.

dues sur les difficultés qu'il s'agit de résoudre. Ces questions, les voici : « Doit-on rester dans son pays lorsqu'il est sous le joug d'un tyran ? Tous moyens sont-ils légitimes pour arriver au renversement de la tyrannie, dût même la secousse avoir éventuellement pour effet la ruine de l'État? Celui qui renverse un tyran ne rend-il pas suspecte sa propre élévation ? Pour secourir la patrie, la voie d'attente et de négociation est-elle préférable à la force ouverte ? Un bon citoyen peut-il quand la patrie est opprimée se tenir à l'écart et rester inactif ? ou lui faut-il, coûte que coûte, tout faire pour la liberté ? Peut-on en vue de l'affranchissement de son pays y porter la guerre et assiéger même sa patrie ? Celui qui par sentiment répugne à en appeler aux armes est-il néanmoins tenu de se ranger du bon parti ? Est-on irrévocablement lié à une cause politique par l'amitié ou les bienfaits, quelques fautes qu'on y ait commises ? L'homme qui a bien mérité de la patrie, qui pour elle a souffert tous les maux que peut infliger la haine des méchants, n'a-t-il pas payé définitivement sa dette ? Ne lui est-il pas donné de faire enfin acception de lui-même et de ceux qui lui sont chers ; de quitter l'arène politique, laissant le gouvernement à ceux qui ont le pouvoir ? » Voilà sur quels sujets je m'exerce, traitant le pour et le contre, tantôt en grec tantôt en latin (1). »

Singulier génie que celui de Cicéron ! N'est-il pas étrange, au milieu des ruines de la république, de voir un consulaire, proclamé père de la patrie, un des chefs les plus autorisés du parti des honnêtes gens, un homme illustre, et, à la différence de ses amis, un honnête homme, réduit, dans le trouble et le désarroi de son âme, à des exercices de rhéteur et de sophiste ? Cicéron, dissertant chaque jour, en grec et en latin, sur des abstractions, et traitant avec une égale indifférence le pour et le contre ; Cicéron, transformant en jeux de l'école les combats de sa conscience, c'est là un trait de mœurs qui trahit tout ce qu'il y a d'artificiel dans cet esprit si brillant et si débile !

(1) Cic., A., IX, 4.

La nouvelle du départ de Pomp[ée] vient le surprendre au milieu de [ces] passe-temps. Son anxiété se change [en] supplice. Il s'écrie comme le poëte gre[c]

οὐδέ μοι ἦτορ
Ἔμπεδον, ἀλλ' ἀλαλύκτημαι...

« mon cœur est sans force, et mon [es]prit frappé de stupeur ; » oui, ma t[ête] s'égare, je succombe sous le poids du d[é]shonneur.... Le spectre de la honte [est] toujours là, devant mes yeux (1). »

Il se repent des ménagements qu'i[l a] gardés envers César ; il sent que l'in[fa]mie le menace, et il a peur : « Mie[ux] eût valu pour moi, dit-il avec désespo[ir] perdre la vie que d'incliner du côté [de] César (2).... Je n'aurais pas dû me [sé]parer des gens de bien. »

Il ne se hâte pas cependant de prend[re] une résolution irrévocable. Il a ho[nte] de sa faiblesse ; mais il n'a pas l'éner[gie] de mettre un terme à une neutral[ité] trop prudente pour ne pas être suspe[cte] aux hommes de cœur. « Je resterai [à] Formies, dit-il à son confident, à s[e] conseiller, Atticus ; ainsi on ne m'ac[cu]sera point de courir au-devant de l[ui,] et si nous ne nous voyons pas, il [ne] pourra pas, de son côté, dire que je l[e fuis] vite (3). » Il voudrait se tenir à distan[ce] égale de César et de Pompée.

Mais César arrive à Formies. Tout [en] priant Cicéron de venir à Rome, il [lui] laisse entendre qu'il compte annuler s[on] importance politique. Cette entrevue [est] décisive. Atticus ne pourra plus dir[e :] Attendons, voyons d'abord comment c[ela] se passera (4). Cicéron a compris q[u'il] ne serait rien auprès de César ; il s[ent] renaître sa tendresse pour Pomp[ée.] « Ses livres, ses études, sa philosophie [ne] le soutiennent plus ; il est comme [un vais]seau prêt au départ ; nuit et jour il [re]garde la mer ; il voudrait s'envoler (5)[. »]

Qu'attend-il donc ? il l'ignore l[ui-] même, et il reste. L'occasion seule p[eut]

(1) Non angor, sed ardeo dolore ; non s[um] inquam, mihi crede, mentis compos ; tan[tum] mihi dedecoris admisisse videor.... Em[e] rursum dolor et αἰσχροῦ φαντασία. (A., IX, [4].)
(2) A., IX, 6.
(3) A., IX, 7.
(4) A., IX, 18.

décider. Elle se présente enfin, et il profite. Disons-le ; elle arrive bien tard et bien mal à propos pour son honneur. César est parti pour l'Espagne ; laisse derrière lui la *désaffection* ; il a plus d'argent, et il a perdu la faveur de la populace avide et affamée (1). Cicéron se rassure. « Je mets hors de doute, écrit-il à Atticus, que cet homme ne put pas se soutenir, et que, dût notre résistance être languissante, il ne tombe de lui-même... C'est ce que me disent certains augures en qui j'ai toute confiance ; non les augures de notre collége,... mais ceux de Platon sur les tyrans... ; ils sont infaillibles ; l'événement le prouvera. Il faut que César tombe ou sous les coups de ses adversaires, ou par ses propres mains ; car il n'a pas de plus dangereux ennemi que lui-même. J'espère que nous vivrons assez pour voir sa ruine (2). » Et il ajoute : « J'attends pour m'embarquer le premier vent favorable. » Il se trompe ; ce qu'il attend, c'est le succès de l'expédition d'Espagne. Sur l'invitation de César (3), il se résigne à garder encore la neutralité (4). Il déclare lui-même que les événements d'Espagne détermineront sa conduite. « Qu'est devenu l'homme résolu de la dernière lettre ?... Hélas ! s'il ne s'agissait que de sa tête ; mais il a les siens autour de lui, qui pleurent, qui le supplient de ne pas se décider trop vite ;... son cœur ne peut pas résister à ces prières (5). » Mais voici que la fortune semble tourner contre César ; à Marseille, en Espagne, en Sicile, en Sardaigne, tout va bien pour Pompée : le moment de le rejoindre est venu. Cicéron, gardé, pour ainsi dire, à vue par Antoine, échappe à sa surveillance, et au mois de juin 704 il s'embarque dans le port de Caïete (6). Il ne tardera pas à s'en repentir.

Pourquoi se rend-il auprès de Pompée ? Est-ce par pudeur, par devoir, ou par un coup du sort ? Lui-même bientôt ne saura pas résoudre cette question... *me ad Pompeium proficisci, sive pudor meus coegit, sive officium, sive fortuna* (1). Mal reçu par Caton, qui lui reproche de s'être déclaré maladroitement contre César, froidement accueilli par Pompée, qui ne lui confie aucune affaire importante, il se dépite, il se dégoûte, et sa mauvaise humeur, qui ne respecte personne, finit par exciter les soupçons et la méfiance de son parti (2). Antoine saura bien le lui rappeler (3).

Cicéron ne cachait pas son regret d'être venu et ses craintes pour l'avenir. Il prétendit plus tard qu'il ne s'était point inquiété de ses dangers personnels.... *Cujus me mei facti pœnituit non tam propter periculum meum, quam propter vitia multa quæ ibi offendi quo veneram* (4) ; mais il ne s'est guère justifié sur ce point.

« Il eut le tort d'apporter dans le camp de Pompée les craintes qui pouvaient l'empêcher d'y venir. Il se hâta de désespérer de la victoire ; et dans son propre parti il laissa entrevoir cette défiance du succès qui ne se pardonne pas, et cette prévention défavorable contre les hommes et contre les choses qui choque d'autant plus qu'elle est exprimée par d'ingénieux sarcasmes. Cicéron ne modérait pas assez son penchant à l'ironie, et sur ce point il paraît avoir souvent manqué de prudence et de dignité (5). »

Survient la bataille de Pharsale ; une indisposition très-inopportune empêche Cicéron d'y prendre part... ἧς οὐ μετέσχε δι' ἀῤῥωστίαν (6). Après la défaite il déclare que la guerre est finie pour lui, et refuse, malgré les instances de Caton, de prendre le commandement que lui donne, d'après la loi, son titre de consulaire (7). Voici comment il l'expliquait plus tard sa conduite : « Pompée, honteusement vaincu, forcé jusque dans son camp, s'était échappé seul et sans suite. Ce fut pour moi le signal de la retraite. J'avais jugé les chances inégales avant le combat : pouvaient-elles nous

---

(1) *A.*, X, 8.
(2) *A.*, X, 8.
(3) *A.*, X, 8, lettre de César à Cicéron.
(4) *A.*, X, 9.
(5) *A.*, X, 9.
(6) *F.*, XIV, 7.

(1) Cic. à Matius, *F.*, XI, 27.
(2) Plut., *Cic.*, XXXVIII.
(3) Cic., *Philipp.*, II, 15, 16.
(4) Cic. à M. Marius, *F.*, VII, 3.
(5) Villemain, *Notice sur Cicér.*, p. 362.
(6) Plut., *Cic.*, XXXIX.
(7) Plut., *Cic.*, ibid.; *Cato Min.*, LV.

revenir après la défaite ? Je quittai une partie qui ne m'offrait d'autres alternatives que de périr les armes à la main ou de tomber dans une embûche; de devenir la proie du vainqueur ou d'aller demander secours à Juba; de me condamner à l'exil ou de me donner la mort. A moins de se soumettre et de se fier au vainqueur, il n'y avait pas d'autre parti. Le plus tolérable, surtout pour un homme qui n'avait rien à se reprocher, eût été l'exil, où l'honneur restait sauf... Mais à l'exil je préférai ma famille et mon chez-moi.. Je ne vis pas de raison suffisante pour me donner la mort, quoique j'en visse mille pour la désirer (1). »

Cet aveu naïf n'a pas besoin de commentaire. Échappé des mains du jeune Pompée, qui voulait punir sa trahison (2), Cicéron prit la route de Brindes : Caton, lui, allait mourir à Utique.

La conscience de Cicéron n'était pas tranquille. « On se récrie de tous côtés, dit-il à Atticus, sur ce que je ne suis pas en Afrique. Que voulez-vous ? j'ai pensé que ce n'était point par des barbares, et la plus perfide de toutes les nations, que la république devait être défendue, surtout contre une armée tant de fois victorieuse. On dira peut-être que ce n'est qu'une défaite. Il paraît, en effet, que beaucoup de gens de bien se rendent en Afrique. D'autres y étaient déjà, je le sais. C'est donc là un point vulnérable, et j'ai grand besoin que les événements viennent à mon secours. Il faudrait au moins que je ne fusse pas seul et que quelques autres, si ce n'est tous, pensassent aussi à eux. Car s'ils persévèrent, et s'ils ont la fortune de leur côté, que deviendrai-je, je vous le demande ? Vous me répondrez en me demandant ce qu'ils deviendront s'ils sont vaincus. Ah ! du moins ils auront péri avec honneur. Ces réflexions sont poignantes (3). » Heureusement, pour imposer silence aux remords, Cicéron peut recourir à sa théorie favorite de l'évolution politique. Au commencement des discordes civiles, il écrivait à P. Lentulus : « Mes principes sont : qu'il ne faut jamais lutter contre le plus fort; qu'on doit se garder de détruire, même quand on le pourrait, de grandes existences; qu'il ne faut pas s'opiniâtrer dans une manière de voir quand tout change autour de soi, et quand les dispositions des honnêtes gens se modifient comme le reste ; qu'en un mot il faut marcher avec son temps. Voyez les hommes qui ont excellé dans l'art de gouverner, les loue-t-on d'avoir éternellement suivi la même ligne ? Les navigateurs habiles cèdent quelquefois à la tempête, qui pourtant les éloigne du port. Lorsqu'en changeant de voiles et en déviant on peut arriver au but de sa course, n'est-il pas absurde de persister, en dépit de tout danger, dans la première direction qu'on aura prise. Aussi, ce que nous devons nous proposer, nous hommes d'État, qui n'aspirons comme je l'ai dit souvent, qu'à nous reposer un jour avec honneur, ce n'est pas l'unité de langage, mais l'unité de but (1). »

Fidèle à sa méthode des accommodements utiles, Cicéron se retourna du côté de César. Il mit de l'agilité dans cette manœuvre. Elle lui réussit assez bien pour son repos, assez mal pour sa gloire. César, après avoir soumis l'Égypte et l'Asie, était débarqué à Tarente. Il se rendit à Brindes. Cicéron vint à sa rencontre. A la vue de son ennemi vaincu et repentant, le dictateur descendit de cheval, le salua et marcha plusieurs stades, s'entretenant seul avec lui (2). Cicéron, dans cette scène de pardon et de clémence, paraît bien petit auprès de César. Il est plus petit encore dans sa retraite de Tusculum, où il boude à l'écart sans énergie et sans dignité. Il est vil, il est odieux, dans le sénat, quand il invente pour le maître de Rome des honneurs nouveaux et qu'il pare la victime pour le sacrifice (3). Il n'a pas su garder la neutralité; il n'a pas su mourir avec Caton; il ne sait pas vivre sous le dictateur. Exclu du pouvoir, il n'a pas la force de supporter la perte de son influence politique, et il fait tout bas des vœux contre le tyran. L'attentat des ides de mars vient enfin répondre à ses sou-

(1) Cic., à M. Marius, F., VII, 3.
(2) Plut., Cic., XXXIX; Cato Min., LV.
(3) A., XI, 7.

(1) Cic. à P. Lentulus, F., I, 9.
(2) Plut., Cic., XXXIX.
(3) Florus, IV, 2.

tes pensées. Mais il ne l'a ni préparé ni accompli. Il assiste à la révolution et l'adopte comme sienne. N'importe, on ne le prendra jamais pour un Brutus. Nous croyons avoir justifié par l'analyse de sa vie le peu d'estime que nous professons pour son courage. Sa conduite aux ides de mars suffira-t-elle à nous démentir? Parce qu'il est monté au Capitole avec les assassins du dictateur, oubliera-t-on sa faiblesse et son impuissance?

La théorie des conversions utilement ménagées, qu'il développe quelque part avec une franchise naïve, elle lui est imposée par sa nature. Nous le répétons encore pour son honneur : transaction ; ce mot qui revient si souvent dans son histoire n'y signifie jamais trahison. Mais si sa faiblesse est son excuse, elle est un danger pour la république, elle est un obstacle pour le rétablissement durable de la liberté. Placer la révolution des ides de mars sous la direction, sous le patronage de Cicéron, c'est précipiter son avortement inévitable. Le choix, nécessaire mais funeste, d'un chef aussi incapable et aussi nul, démontre assez par lui seul la folie de l'entreprise tentée par Brutus. C'est le symptôme de la décadence romaine, c'est l'arrêt de mort de la république. Nous avons dit que Cicéron était la dernière ressource de la liberté; nous avons montré combien cette ressource même était impuissante et misérable; pouvons-nous maintenant avoir foi dans la révolution, et ne sommes-nous pas autorisé à proclamer d'avance la ruine infaillible de cette liberté si compromise?

CARACTÈRE DE LA RÉVOLUTION DES IDES DE MARS. — Qu'est-ce après tout que la révolution des ides de mars? Nous venons de passer en revue ses acteurs et ses héros; nous avons étudié Brutus, Cassius, Cicéron, tous les *sauveurs* de la république, et nous savons qu'ils sont incapables d'assurer à leur cause un triomphe réel. Mais il ne suffit pas d'apprécier les hommes; il faut aussi juger les principes et les idées. Ce n'est pas assez que d'examiner un à un tous les instruments de la révolution et de critiquer leur valeur; cherchons si ces instruments, quels qu'ils soient, sont au service du droit et de la raison. Que la révolution ait ou non chance de succès, examinons, par-dessus tout, si elle est juste et légitime.

« César fut tué contre toutes les lois par le délire furieux de quelques hommes jaloux de sa puissance, envieux de ses honneurs…. Ils se vantaient d'être les meurtriers du tyran et les libérateurs du peuple; à vrai dire, c'étaient des assassins et des factieux (1). » Ainsi s'exprime l'historien Dion Cassius. Appien est moins sévère : « Il ne décide pas si les meurtriers du dictateur étaient inspirés par la jalousie ou, comme ils le disaient, par le patriotisme et par l'amour de la république (2). »

Faisons grâce aux conjurés de cette accusation de jalousie et de haine personnelle, dont quelques-uns des complices de Brutus auraient peine toutefois à se disculper entièrement. Écartons ce grief, et sans égard aux paroles de Dion Cassius, admettons que les meurtriers de César armèrent leur bras non contre l'homme, mais contre le dictateur et le monarque. De la sincérité de leur patriotisme devons-nous conclure qu'il fut intelligent et éclairé? Ils invoquaient le nom de la république; mais quel sens attachaient-ils à ce nom? Ils se croyaient, ils se disaient les libérateurs du peuple; devaient-ils être ses bienfaiteurs?

Brutus se vante d'avoir tué le tyran ; mais toutes les nations vont pleurer cette mort (3). Les larmes des provinces, le deuil public sont la condamnation des conjurés. « Malheur aux meurtriers! la paix du monde tenait à la vie de César (4). » Qu'importe au monde la suprématie du sénat? Que gagne-t-il aux agitations du Forum? Il commençait à respirer sous la dictature du génie; la révolution qui apporte la guerre donnera-t-elle aux provinces la liberté et le bonheur?

Ne parlons pas même des provinces;

(1) Cass. Dio., XLIV, 1.
(2) App., C., II, 111.
(3) In summo publico luctu, exterarum gentium multitudo circulatim suo quæque more lamentata est, præcipueque Judæi, qui etiam noctibus continuis bustum frequentarunt. (Suet., *J. Cæsar*, LXXXIV.)
(4) J. Michelet, *Hist. Rom.*, t. II, p. 278.

dans le monde ne voyons que Rome, dans l'humanité que les citoyens romains; que vaudra-t-elle au juste, pour les privilégiés eux-mêmes, cette liberté proclamée par Brutus, dans l'enceinte du Pomœrium?

Déjà, avant la monarchie de César, Cicéron disait sans être démenti : « C'est grâce à nos vices, et non par quelque coup du sort, que, conservant encore la république de nom, nous en avons dès longtemps perdu la réalité,.... *Nostris vitiis, non casu aliquo, rempublicam verbo retinemus, re ipsa vero jam pridem amisimus* (1). » Les vices auraient-ils disparu de Rome? et ce qui n'a point été détruit par le sort, le sort suffirait-il à le rétablir? Les coups de poignard n'ont pas tant de vertu.

Mais admettons que du sang de César la république puisse renaître. Qu'est-ce, je le demande, que cette vraie république pleurée par Cicéron, cette vraie république depuis si longtemps perdue et si subitement retrouvée par un inconcevable miracle? On a dit que Cicéron, par dégoût du présent ou par crainte de l'avenir, avait fait dans son traité *De Re publica* l'*utopie* du passé (2). Est-ce cette utopie qu'il substituera au gouvernement du dictateur? Et cette république fût-elle possible, vaudrait-elle mieux que la tyrannie de César?

Il ne s'agit pas de ce rêve et de ce mensonge. Brutus n'a pas la même foi que Cicéron (3); Brutus a horreur des rois; mais, d'un autre côté, il a peu d'estime pour le jugement et la volonté de la multitude, et nous le croyons, en revanche, grand partisan de l'autorité des nobles et des riches C'est le représentant de la vieille aristocratie. Cicéron (4) et Brutus s'accordent dans une égale sympathie pour les publicains. Cicéron, dévoué au parti des *honnêtes gens*, a dû plus d'une fois défendre et

(1) Cic., *De Re publ.*, V. 1.
(2) Villemain, trad. *de la République*, t. I, p. 125, n. 1.
(3) Placet esse quiddam in re publica præstans et regale ; esse aliud auctoritate principum partum ac tributum, esse quasdam res servatas judicio voluntatique multitudinis. (Cic., *De Re publ.*, I, 45.)
(4) Cic., *A.*, I, 17.

il défendrait encore au besoin les sa sucs des provinces ; il méprise et il teste *les sangsues du trésor, la po lace affamée et misérable*, qui rem les assemblées du Forum et qui, p vivre, demande du pain à la répul que (1). Un jour, sans doute, il s' vanté d'être un consul populaire (mais s'il a pris ce titre, c'était pour taquer plus sûrement une propositi favorable au peuple (3). Maintena qu'il va régner à la tribune, nourri t-il avec les richesses de son éloquer la plèbe à jeun et en haillons? Donne t-il un abri à ces législateurs souverai à ces maîtres du monde, qui, moins h reux que les bêtes fauves, n'ont pas gîte pour leur famille et ne possède pas une motte de terre,.... Κύριοι οίκουμένης είναι λεγόμενοι, μίαν δὲ βω ίδίαν οὐκ ἔχοντες (4)?

En deux mots, quelle réforme p tique, quelle réforme administrativ quelle amélioration sociale la révoluti des ides de mars apporte-t-elle aux p vinciaux, c'est-à-dire à la presque u versalité des habitants de l'Empire, menu peuple, c'est-à-dire à la pres universalité des citoyens de Rome? conjurés ont besoin de la plèbe ; ils v l'acheter avec de l'argent (5). Assassi et corruption, voilà les exploits de héros. Vingt-trois coups de poigna sur un homme sans défense, des piè d'or distribuées à des vétérans, à affranchis, à des mendiants, tels s leurs moyens de révolution. Dominati sans contrôle des nobles et des usurie tel est leur but. Les peuples ont rais de pleurer César.

(1) Illa concionalis hirudo ærarii, mis ac jejuna plebecula. (*A.*, I, 16.)
(2) Cic., *De Leg. Agrar.*, II, 3.
(3) *De Leg. Agr.*, II, 4.
(4) Plut., *Tib. Gracchus*, IX.
(5) Αὐτοῖς βουλευομένοις ἔδοξεν ἐπὶ πλῆθος μισθώματα περιπέμπειν. (App., C. 120.)

XIII.

LE SECOND TRIUMVIRAT.

I. *Puissance d'Antoine; commencements d'Octave.*

ÉTAT DE ROME A LA MORT DE CÉSAR; ATTITUDE MENAÇANTE DU PEUPLE; CRAINTE DES CONJURÉS; ANTOINE SE RASSURE; FAUSSE RÉCONCILIATION. — Cicéron avait demandé que les préteurs convoquassent le sénat au Capitole. Ce conseil ne fut pas suivi. Quoique l'aristocratie romaine fût tout entière complice de l'assassinat des ides de mars, l'attitude du peuple avait dû effrayer un grand nombre de patriciens. Brutus craignit sans doute de ne pas trouver parmi les lâches ennemis de César assez d'empressement et de courage. Troublé lui-même par l'accueil qu'il avait reçu au Forum, il hésita. Les conjurés attendirent dans leur citadelle les adhésions tardives qui pouvaient seules ranimer leur ardeur éteinte, aussitôt qu'allumée, dans le sang du dictateur. Un certain nombre de citoyens se rassembla au Capitole. Ils écoutèrent la voix de Brutus. Mais il n'y avait point de véhémence dans la harangue de l'orateur, point de véritable enthousiasme dans cette réunion, où régnait la crainte et la stupeur. Pourtant il fallait agir : celui que l'on appelait le *tyran* n'était plus. Il était donc nécessaire de le remplacer et de donner à Rome et au monde un nouveau gouvernement. Brutus, forcé de prendre un parti et de tenter une démarche décisive, descendit du Capitole et se dirigea vers la tribune aux harangues. Il était accompagné de Cassius. Brutus parla au peuple, qui, par respect pour son nom et son caractère, l'écouta en silence. Mais quand le préteur Cinna essaya de défendre les conjurés en accablant d'outrages le nom de César, la foule ne put se contenir. Elle poussa des cris d'indignation, et menaça les assassins. Brutus fut obligé de retourner au Capitole.

Les conjurés n'avaient qu'un moyen d'échapper au péril qui les menaçait, c'était de négocier avec Antoine. Celui-ci, qui ne se croyait pas encore assez fort pour frapper les meurtriers du dictateur, se prêta volontiers à un accommodement. On convint que le sénat, rassemblé dans le temple de la Terre, prononcerait sur les événements qui venaient de s'accomplir un jugement qui serait accepté par les amis et les ennemis de César. Quand on commença à discuter, la vieille aristocratie osa élever la voix : on parla de décerner des honneurs et des récompenses à Brutus et à ses complices; on alla plus loin encore : on proposa de déclarer César ennemi de la république et tyran. Antoine résista : il lui suffit, pour l'emporter, de dire aux sénateurs qu'appeler César ennemi public et tyran, c'était condamner les actes de son gouvernement. Tous étaient intéressés à leur maintien. Il fallait trouver un moyen de conciliation. Il fut décidé qu'on ne rechercherait point ceux qui avaient pris part à la conspiration des ides de mars, et, d'un autre côté, que l'on confirmerait tous les actes du gouvernement de César.

L'aristocratie cherchait alors à gagner Pison. C'était à lui qu'était confié l'exécution du testament du dictateur; on lui conseillait de ne point tenir compte des dernières volontés de son gendre, et de lui rendre, dans l'ombre et sans bruit, les derniers honneurs. Pison résista : « Vous accusez César de tyrannie, dit-il à ceux qui s'adressaient à lui; mais n'est-ce point une odieuse tyrannie que de vouloir priver des derniers honneurs un grand pontife et de déchirer son testament? Vous pouvez priver César de sépulture; mais vous ne m'empêcherez point d'accomplir mon devoir. Je me conformerai, malgré vous, aux volontés de celui que vous avez assassiné. » On ne pouvait sans péril contester à Pison le droit de faire exécuter le testament de César. C'était l'opinion de Brutus, qui ne semble pas non plus avoir fait de l'opposition lorsqu'on décerna au dictateur l'honneur des funérailles publiques.

Malgré toutes ces transactions, Antoine et ses amis, Brutus et ses complices, savaient bien que la réconciliation n'était point sincère. Les conjurés, qui se défiaient autant du peuple que des soldats de César, n'osaient point abandonner le Capitole. On fut obligé de leur livrer des otages. On leur envoya pour les rassurer les enfants d'Antoine et de Lépidus. Alors ils se hasardèrent à des-

31ᵉ *Livraison.* (ITALIE.)

rendre sur la place publique. En signe d'un parfait accord, Lépidus donna à souper à Brutus, et Cassius se rendit dans la maison d'Antoine. Ce dernier se réservait pour le jour des funérailles.

Le lendemain, il y eut au sénat une séance à laquelle assistèrent les conjurés. Antoine fut loué pour avoir écarté de la république, par sa prudence, les malheurs de la guerre civile. Mais, peu rassurés sur l'avenir, les meurtriers de César commencèrent, ce jour-là même, à se faire accorder de sérieuses garanties. Comme ils étaient les maîtres au sénat, ils se partagèrent les meilleures provinces de l'Empire. On donna la Macédoine à Brutus, la Syrie à Cassius, l'Asie proprement dite à Trébonius, la Bithynie à Tillius Cimber. On maintint Décimus Brutus dans le gouvernement de la Gaule cisalpine. C'était principalement dans cette dernière province que se trouvaient les vieilles troupes qui avaient servi sous César.

LE TESTAMENT DE CÉSAR; SES FUNÉRAILLES. — Les conjurés n'étaient point les maîtres pourtant; on le vit bientôt aux funérailles de César. D'abord on ouvrit son testament dans la maison d'Antoine. Le dictateur instituait pour héritiers les petits-fils de ses sœurs, savoir, le jeune Octave pour trois parts, Q. Pédius et L. Pinarius pour la quatrième part. Dans les dernières lignes de son testament César adoptait Octave. Ce qui irrita la foule contre les conjurés, c'est qu'elle apprit bientôt (Antoine sans doute contribua à propager ces rumeurs) que César avait choisi plusieurs de ses assassins pour être les tuteurs de son fils, s'il lui en naissait un; et qu'à défaut de ses premiers héritiers, D. Brutus était appelé à sa succession. De plus, il concédait au public les jardins qu'il possédait auprès du Tibre, et il ordonnait de distribuer une somme de trois cents sesterces à chaque citoyen. L'aristocratie s'agitait en vain; César pour la foule n'avait jamais été un tyran.

Enfin arriva le jour des funérailles. Tout avait été préparé à l'avance par Antoine, et rien ne manquait, dans cette triste solennité, de ce qui pouvait exciter la foule contre les meurtriers de César. Le corps fut exposé, d'abord, à la tribune des harangues, sur un lit parade tout brillant d'or et de pourp Près de sa tête se trouvait un troph où l'on avait suspendu la robe que p tait César le jour de sa mort. Le était placé dans une sorte de tem tout doré, que l'on avait construit s le modèle du temple de Vénus-Mè Le bûcher avait été préparé dans Champ de Mars. Ce fut là qu'il y un immense concours d'hommes et femmes du peuple, qui apportaient offrandes que la flamme allait dévor Mais d'abord on devait faire à la t bune l'éloge du mort. Antoine prit parole.

Il parla comme s'il n'y avait pas eu réconciliation. Avant de commencer s discours, il fit lire les sénatus-consul qui avaient déféré à César toutes sor d'honneurs et qui déclaraient sa pe sonne sacrée et inviolable. Puis, éleva la voix, il rappela lui-même le serme par lequel tous s'étaient engagés no seulement à ne point attenter à sa v mais encore à le défendre contre q conque oserait l'attaquer. Il réveill ainsi dans tous les cœurs l'affecti pour César et la haine contre ceux q l'avaient tué. Le peuple fit entend des cris d'indignation. Alors Antoi n'hésita plus à pousser le peuple à vengeance. Il prit la toge ensanglantée César, et, la développant, il la mont percée en mille endroits par le poigna des assassins. Comme il ne pouvait fai voir le corps même de César, qui éta étendu sur un lit de parade, il y su stitua un simulacre en cire, de grande naturelle, qui offrait aux yeux l'image toutes les blessures qu'avait reçues dictateur. Ce spectacle et les plaint d'Antoine produisirent sur la foule u vive impression. Les uns, dans leur f reur, voulaient brûler le corps dans salle même où César avait été poignard les autres dans le temple de Jupiter-C pitolin. Les magistrats et les prêtr purent à peine les arrêter. Enfin de hommes s'approchèrent du lit de parad et y mirent le feu. Pour former un b cher, la multitude amoncela les ban et les tribunaux des juges, les com toirs des banquiers et des marchand tout le bois enfin qu'elle trouva à portée. Alors les soldats s'approchèren

elques-uns jetèrent au milieu du
 leurs armes, plusieurs les couron-
s ou autres récompenses militaires
'ils avaient reçues de César. La
nme devint si vive qu'on put craindre
instant qu'un quartier de Rome ne
 incendié. Puis quelques hommes
int pris des tisons brûlants coururent
 maisons des conjurés. Il fallut leur
)oser une vive résistance. Ce fut au
lieu de cet immense désordre que des
ieux massacrèrent Helvius Cinna. Ils
ient confondu, trompés par le nom,
ni de César avec le préteur Cornélius
ina, qui avait attaqué en termes in-
ieux la mémoire du dictateur.
Tels furent les effets de la harangue
rnoncée aux funérailles de César.

ANTOINE GARDE ENCORE QUELQUES
NAGEMENTS AVEC L'ARISTOCRA-
[-. — Cependant Antoine, quoiqu'il
rassuré par cette grande manifesta-
n du peuple, ne pouvait encore rom-
: avec le sénat et le parti des conju-
. Il n'y eut rien pendant quelque
ips dans sa conduite qui pût inspi-
à ses ennemis la moindre défiance.
1si il avait en sa possession les pars et les registres de César; il pou-
t aisément faire des édits favorables
es intérêts en les attribuant au dic-
eur et en leur donnant une ancienne
e : pour écarter tout soupçon, il fit
tuer par le sénat que tout édit de Cé-
publié après les ides de mars serait
nsidéré comme non avenu. Il se ré-
vait d'abroger plus tard cette déci-
n du sénat.
l proposa aussi l'abolition de la dic-
ure. Il rédigea un décret portant que
iconque essayerait de se faire dicta-
ir serait mis hors la loi. Il était per-
s à tout citoyen de tuer l'ambitieux.
Le peuple pour rendre hommage à
sar avait élevé un autel sur le lieu
son corps avait été brûlé, et à côté
l'autel une colonne de marbre qui
'tait cette inscription : *Au père de
patrie*. Chaque jour la foule s'assem-
iit en cet endroit, et faisait entendre
menaces contre les conjurés. Antoine,
dé de son collègue Dolabella, dissipa
s attroupements, et punit avec cruauté
esieurs de ceux que lui-même avait
issés au désordre par la violence de
) discours.

Il fit une chose qui fut plus agréable
encore à la faction aristocratique. Il se
prêta au rappel de Sextus Pompée. Celui-ci, sur la proposition d'Antoine, devait non-seulement recevoir une forte
indemnité pour ses biens qui avaient
été confisqués, mais encore le commandement des mers. Sextus quitta l'Espagne; pourtant il ne revint point à Rome.
Il se tint d'abord à Marseille : puis,
quand il sut qu'Octave avait formé
avec Antoine et Lépidus un second
triumvirat, il s'empara de la Sicile, qui
devint bientôt un sûr asile pour tous les
proscrits.

Antoine arrivait peu à peu à ses fins.
Il feignait des craintes qu'il n'avait pas.
Il disait au sénat qu'en sacrifiant sa popularité il s'était exposé, à son tour,
au poignard des assassins. Il demanda
une garde qui lui fut accordée. Cette
garde, par les soins d'Antoine, se
monta bientôt à six mille hommes.
Après avoir gagné Lépidus, en le faisant créer grand pontife en la place de
César, il régna dans la ville, et se comporta en maître. Il commença par accu-
muler de l'argent : nonobstant le décret
rendu sur sa proposition, il se mit à
fabriquer des édits qu'il attribuait à César. C'étaient des concessions du droit
de cité à des particuliers et à des villes,
ou bien encore des aliénations du domaine public. On pouvait tout obtenir
d'Antoine avec de l'argent. Il lui suffisait
de faire un faux, et il ne craignait guère
d'être taxé d'imposture, puisqu'il poussa
le mépris qu'il avait pour l'opinion publique jusqu'à faire parler César, dans
certains édits, d'événements postérieurs
à sa mort. Calpurnie, de son côté, lui
avait remis cent millions de sesterces.
Tout cela ne paraissait pas suffisant à
Antoine, qui en vola encore sept cent
millions dans un temple. Ce fut avec ces
immenses ressources que, se faisant chaque jour de nouveaux partisans, il se
crut enfin en mesure de lutter ouvertement contre Brutus et son parti.

ANTOINE ATTAQUE DIRECTEMENT
LES MEURTRIERS DE CÉSAR; BRUTUS
ET CASSIUS SONT OBLIGÉS DE SORTIR
DE ROME ET DE L'ITALIE. — Les conjurés, comme le dit Montesquieu, n'a-
vaient formé de plan que pour la conjuration et n'en avaient point fait pour

la soutenir. Cependant, quand ils virent que les amis et les partisans de César se rassuraient peu à peu et que leur audace croissait tous les jours, ils songèrent à se mettre en défense. Mais déjà il n'était plus temps : les soldats se ralliaient tous au lieutenant du dictateur. Les conjurés essayèrent, à leur tour, de se procurer de l'argent : c'étaient les chevaliers qui devaient le fournir. On s'adressa à Atticus; mais celui-ci ne voulait pas prendre parti dans la grande querelle qui agitait tous les esprits : il craignait, avant tout, de sortir de la vie douce et molle qu'il s'était faite, et il préférait certainement son repos au salut de la république. Pour ne point paraître entrer dans la faction, ce fut à Brutus, mais à Brutus seul, qu'il offrit son argent. Devant de telles faiblesses les conjurés perdaient courage.

Brutus et Cassius conseillèrent alors à D. Brutus, à Trébonius et à Tillius Cimber d'aller prendre sans délai le gouvernement des provinces qui leur avaient été assignées, et de se procurer en toute hâte des hommes et de l'argent. Eux-mêmes étaient fort embarrassés. Ils exerçaient la préture, et ils ne pouvaient se rendre, l'un en Macédoine, l'autre en Syrie, avant la fin de l'année. Le sénat leur vint en aide. On les chargea de faire des provisions de blé en Asie et en Sicile. Quand ils eurent ce moyen de couvrir la honte de leur fuite, ils abandonnèrent Rome et l'Italie.

Antoine attendait cet instant. Ils étaient partis à peine que déjà il obtenait du peuple la Macédoine pour lui-même, et la Syrie pour Dolabella. On donnait en échange Cyrène à Brutus, et l'île de Crète à Cassius. Antoine restait donc le seul maître à Rome. Il était loin de penser qu'un homme pût alors dans l'État lui disputer le commandement et le pouvoir, lorsque parut le jeune Octave.

OCTAVE ; SA JEUNESSE ; IL ACCEPTE LE NOM ET L'HÉRITAGE DE CÉSAR. — Il n'avait que neuf ans, dit Nicolas de Damas, lorsqu'il prononça un discours qui obtint les applaudissements de la multitude. Quand son aïeule Julie fut morte, il fut élevé par Atia, sa mère, et par L. Philippus. Déjà il était environné d'une foule de jeunes gens qui le recherchaient, parce qu'ils prévoyaient qu'un jour il jouerait un grand rôle dan république.

A l'époque où commença la gu civile, il se retira dans la *villa* pa nelle avec ceux qui s'étaient chargé l'élever et de l'instruire. A quatorze il reparut à Rome pour prendre la r virile. Ce fut alors qu'il fut admis c le collége des pontifes, en remplacen de L. Domitius Ahénobarbus, qui ve de mourir. Nonobstant sa nouvelle gnité et la robe virile, sa mère ne c point de le traiter comme un enfan il resta soumis à son active surveilla En ce temps beaucoup de femmes sayèrent de le séduire; il sut toujc leur résister.

Quand César, après avoir vaincu P pée et son parti en Macédoine, Égypte, en Syrie et dans les régions avoisinent le Pont-Euxin, résolut passer en Afrique, Octave, qui dési s'instruire dans l'art de la guerre, m festa l'intention de l'accompagner ; A sa mère, s'y opposa, Octave obéit. D leurs César, qui avait pour son ne une vive tendresse, ne voulait pas ce jeune homme au corps débile c tractât, en changeant de régime, grave maladie dans les camps. Octave prit donc aucune part à la campa d'Afrique.

Après le retour de César à Rome n'usa de son crédit que pour sauver homme qui avait été le compagnon fic de Caton. C'était le frère d'Agrippa, ami d'enfance. Octave obtint sa gr du vainqueur. Tout le monde le l pour cette noble action.

Lorsque César triompha, il voulut le jeune Octave suivît son char, et i traita comme s'il eût pris quelque p à ses glorieuses campagnes. C'éta d'ailleurs, le compagnon assidu du c tateur, dans les temples, au théâtre dans les banquets. Le jeune hom continuait à ne profiter de la bienv lance de son oncle que pour servir amis.

César avait pour Octave l'affect d'un père. Il lui donna la surveilla du théâtre grec qui existait à Ror sans doute pour lui concilier l'affect de la multitude. Octave, qui voulut r plir son emploi avec zèle, tomba mala L'inquiétude de César fut portée au co

…e lorsqu'on vint lui annoncer un jour …e son neveu allait mourir. Il sauta de …n lit, et sans prendre de chaussures il rendit dans la chambre du malade. …était une fausse alerte : sa joie fut au …mble lorsqu'il apprit des médecins que …n neveu ne courait aucun danger.

Octave était en convalescence lorsque …sar partit pour l'Espagne. Le fils aîné … Pompée avait rassemblé en ce pays …s forces immenses, à l'aide desquelles …espérait venger la défaite et la mort … son père. Octave prit grand soin de … santé ; mais enfin, sur l'ordre de son …cle, il se décida à partir. La guerre …ait terminée lorsqu'il arriva. Après …oir traversé Tarragone, il rejoignit César aux environs de Calpia. César l'ac…eillit avec joie et avec tendresse, et con…ua à lui témoigner l'affection d'un …re. Octave n'eut aucune peine à obte…r pour ses amis des récompenses mi…aires et des magistratures ; il arracha …ême au dictateur, à Carthagène, la …âce des Sagontins. Ils avaient embrassé …parti de Pompée ; et ils craignaient que …vainqueur, irrité, ne leur infligeât un …rrible châtiment. Octave plaida leur …use, et les sauva.

Il revint à Rome avec César. On pou…it craindre que dans cette grande ville, … milieu de toutes les séductions, il ne …ivît l'exemple des jeunes patriciens et … s'abandonnât à la débauche. C'était …une des inquiétudes de César ; mais il …t bientôt rassuré par la conduite d'Oc…ve, qui montra dans toutes ses actions …plus grande réserve et ne s'écarta ja…ais des règles de la tempérance. Le …ctateur avait dès lors l'intention de …dopter et de l'instituer héritier de tous … biens.

Il arriva vers cette époque qu'Octave, …ant rendre visite à sa mère, rencon…a sur le mont Janicule un homme qui …ait environné d'une grande foule ; il se …sait fils de Marius, et il désirait être …connu comme tel par la famille Julia. …était un aventurier qu'Atia et sa sœur …aient toujours repoussé. Le peuple ce…dant le croyait, et il voyait en lui …éritier du vainqueur des Cimbres et …s Teutons. Octave fut embarrassé de …tte rencontre : d'une part, il ne pou…it embrasser un homme qui lui avait …é désigné comme un imposteur ; d'autre part, il ne pouvait lui témoigner son mépris et lui faire une insulte devant la foule qui l'environnait. Il se tira de ce mauvais pas avec une extrême prudence. « César, dit-il au faux Marius, est aujourd'hui le chef de ma famille et de l'État. Allez vers lui : son opinion en ce qui vous concerne sera la mienne. Je ne puis rien sans César (1). »

Octave quitta Rome avant la mort du dictateur. Il y avait quatre mois déjà qu'il résidait à Apollonie lorsqu'un affranchi envoyé par sa mère vint lui apprendre que Brutus et Cassius avaient assassiné César en plein sénat. Atia conjurait son fils de revenir en Italie, dans le plus bref délai, lui disant qu'il devait se montrer homme et ne point désespérer de sa fortune. A cette nouvelle Octave fut en proie à la plus vive agitation. Il croyait que les assassins de César étaient nombreux et soutenus par un parti puissant : la peur l'empêcha pendant quelque temps de prendre une résolution. Il fallait pourtant se décider. Les habitants d'Apollonie, qui avaient deviné au trouble d'Octave quelque grave événement, commençaient à s'émouvoir. Qui pouvait répondre de leurs dispositions? On délibéra toute la nuit. Les uns voulaient que l'héritier de César se jetât au milieu de l'armée de Macédoine, qui avait été destinée à la guerre contre les Parthes. Ils assuraient que les vétérans n'hésiteraient point un instant à marcher sur Rome pour venger la mort de leur général. Mais ce parti, qui demandait une grande audace, ne pouvait convenir à Octave. D'autres lui conseillaient de prendre conseil des conjonctures et du temps, et de rester dans l'inaction. Il n'écouta ni les uns ni les autres. Il se décida à partir pour l'Italie.

Les habitants d'Apollonie essayèrent à leur tour de retenir Octave. « Vous êtes, lui disaient-ils, dans une ville où la mémoire de César est vénérée et où vous ne rencontrerez que des amis dévoués : c'est ici que vous pourrez à loisir et sans crainte former vos plans et

---

(1) Cet homme fut exilé par César. Il revint à Rome, après la mort du dictateur. Il excita alors quelques troubles, et donna quelque inquiétude à Antoine et au sénat. On le jeta dans une prison, où il fut étranglé.

prendre vos dernières résolutions. » Il ne céda point à leurs instances ; il les remercia, et plus tard, quand la fortune l'eut rendu maître de l'Empire, il accorda à la ville d'Apollonie de grandes immunités. On voyait aussi accourir auprès de lui de nombreux soldats avec leurs tribuns et leurs centurions : tous le pressaient de prendre les armes et de manifester hautement le projet de punir les meurtriers de César. Il les accueillit avec reconnaissance, mais il repoussa leurs offres. Il les pria seulement de se réserver pour le jour où il les appellerait à la vengeance.

Enfin il se mit en mer. Il aborda en Italie, sur un promontoire de la Calabre. Comme il ne pouvait se procurer des nouvelles en cet endroit, il se rendit, à pied, à la ville de Lupia. Là il rencontra quelques hommes qui s'étaient trouvés à Rome le jour où César avait été assassiné. Ils racontèrent à Octave tous les détails du meurtre ; ils lui firent connaître les clauses du testament du dictateur ; ils lui apprirent en même temps que les conjurés s'étaient retirés au Capitole, parce qu'ils se défiaient des dispositions de la foule, et qu'ils redoutaient l'influence d'Antoine et de Lépidus. Ils lui parlèrent enfin des funérailles de César et de l'indignation qui avait éclaté parmi le peuple contre Brutus et ses complices.

Octave, toujours inquiet, continua sa marche jusqu'à Brindes. On lui remit dans cette ville une lettre de sa mère. Elle le priait d'accourir à Rome, et de ne point hésiter un instant à se mettre en sûreté au milieu de sa famille et de ses amis. Atia, d'ailleurs, confirmait toutes les nouvelles qu'il avait reçues à Lupia. Puis Octave lut une lettre de Philippe, son beau-père. Celui-ci lui conseillait de préférer aux affaires publiques une vie tranquille, et de ne point accepter l'héritage et le nom de César. C'était aussi parfois la pensée d'Atia, qui tremblait pour les jours de son fils. Octave rejeta ce conseil, et il n'hésita point à prendre ce que lui avaient offert César et la fortune (1). Il ne voulut pas non plus écouter ceux qui l engageaient rendre dans les colonies de vétéran à se présenter à ses ennemis avec armée. Il lui eût été facile sans d d'entraîner tous les compagnons mes de César ; mais il comprit que buter dans la vie publique par un p acte, c'était commettre une grave prudence. Il quitta Brindes, et se dir vers Rome (1).

Entrevue d'Octave et de C ron ; Octave entre a Rome ; premiers rapports avec Antoi — Avant d'entrer à Rome Octav rendit aux environs de Cumes, c la maison de Philippe, l'époux d mère. Non loin de là se trouvait Cicé qui, par découragement, avait al donné une ville d'où avait fui Brutu où régnait Antoine. Lui, qui s'était ré des ides de mars, se trouvait encore fois déçu dans ses espérances. Il accus avec raison, les conjurés de n'avoir su profiter de leur crime : « Oh ! di il, si l'on m'eût appelé à ce repas ex des ides de mars, il n'y aurait eu au reste. »

Philippe présenta Octave à Cicér Celui-ci accueillit le jeune homme a un air de supériorité et en protect Il crut, comme l'époux d'Atia, l'héritage du dictateur était un fard trop lourd pour Octave, et il ne vo point l'appeler César. Octave sans do se sentit humilié ; mais il cacha ses s timents secrets, et accabla Cicéron marques d'estime et de respect. D les premières lettres qu'il lui adres il l'appela son père, et déclara qu'il voulait agir que par ses conseils. Il n fallait pas tant pour entraîner un hom plein de vanité. Cicéron, gagné par flatteries, écrivait alors à Atticus : « C tave a de l'esprit, du courage ; j'esp

---

(1) Le même fait est rapporté par Velléius Paterculus : Non placebat Atiæ matri et Philippo vitrico adiri nomen invidiosæ fortunæ

Cæsaris ; sed adserebant salutaria reipubl terrarumque orbis fata conditorem serva reique romani nominis. Sprevit itaque c lestis animus humana consilia, et cum p culo potius summa quam tuto humilia p posuit sequi, maluitque avunculo et Cæsari se quam vitrico credere ; dictitans nefas e quo nomine Cæsari dignus esset visus, sen ipsum videri indignum. (Vell. Paterc., II, 6

(1) Nicolai Damasceni fragmenta ; ap. F ...nta Histor. Gr., vol. III, p. 427. Collect Didot

que son opinion en ce qui touche nos héros (Brutus et Cassius) sera la nôtre. » Cependant une chose l'inquiète, et il ajoute : « Pourtant, son âge, son titre d'héritier de César et son entourage me donnent beaucoup à penser.... Je crois, néanmoins, qu'il faut l'élever, le former et, ce qui est plus important encore, le détacher d'Antoine (1). »

Octave s'aperçut bientôt qu'il avait agi avec une extrême prudence en n'acceptant pas les offres des vétérans de César. D'abord il était loin de pouvoir compter sur l'assentiment de tous les soldats qui avaient servi le dictateur; il y en avait beaucoup qui s'étaient attachés sincèrement à Antoine; celui-ci, l'autre part, en voyant entrer à Rome une armée, eût usé de son autorité de consul pour la ramener au devoir; et, à défaut d'une apparence de légalité, il avait entre ses mains de telles ressources, qu'il serait parvenu facilement à faire disparaître un rival que l'on connaissait à peine dans la ville, et qui n'avait pas encore eu le temps de se concilier l'affection de la multitude. Antoine désirait peut-être qu'en s'annonçant par un acte de témérité Octave lui fournît le moyen de lever le dernier obstacle qui s'opposait à l'accomplissement de ses desseins. Enfin, en s'environnant des bandes qui s'étaient dévouées à la fortune de César, Octave eût inspiré au sénat une grande défiance et se fût aliéné un parti que, dans la prévision d'une lutte contre Antoine, il lui importait de ménager. Il entra à Rome à petit bruit, et cependant dès le premier jour, nonobstant de nouvelles instances d'Atia, il ne relâcha rien de son droit. Il alla trouver C. Antonius, le préteur de la ville, et lui demanda juridiquement d'être mis en possession de la succession de César. Puis il fit une démarche qui répugnait sans doute à son orgueil, mais que sa prudence lui commandait. Il se rendit aux jardins de Pompée pour saluer Antoine. Il fit entendre qu'il n'y avait rien d'humiliant pour lui dans la visite qu'il rendait à celui qui était le premier magistrat de la république. Antoine traita le jeune homme avec hauteur, et le fit attendre longtemps avant de lui donner au-

(1) A., XV, 12.

dience; et quand Octave l'eut prié de lui restituer les sommes qui provenaient de la succession de César, il se prit à rire, et lui dit qu'à son âge il n'avait ni assez d'expérience ni assez d'amis pour accepter l'héritage du dictateur.

Antoine l'empêcha même de remplir les formalités en usage dans les adoptions. Il suscita des tribuns qui s'opposèrent à l'assemblée par curies qui devait ratifier celle d'Octave. Chaque jour il donnait à celui qu'il supposait sans force et sans crédit de nouveaux sujets de mécontentement et de haine. Ce fut ainsi qu'il le gêna dans toutes les démarches qu'il fit pour parvenir aux magistratures.

Octave n'avait plus qu'une ressource, c'était de gagner la multitude. Il lui fit de grandes largesses, et lui donna des fêtes. Il vendit, pour subvenir à ses dépenses, ses biens et ceux même de sa mère et de son beau-père, qui s'étaient enfin décidés à le suivre et à le soutenir dans la voie où il s'était engagé. Il fut aussi aidé par ses cohéritiers Pédius et Pinarius, qui lui abandonnèrent leur part dans la succession de César. Peu à peu le peuple se rangea du côté d'Octave, et il n'y eut pas jusqu'à la garde du consul qui ne fît entendre des paroles de blâme et des murmures. On exigeait d'Antoine qu'il se rapprochât du jeune César; il s'y prêta de mauvaise grâce. Une réconciliation en de pareils instants ne pouvait être sincère. Bientôt, en effet, Antoine fit grand bruit d'une conspiration qu'il avait découverte; Octave, disait-il, avait poussé quelques soldats de sa garde à l'assassiner. Octave se défendit avec énergie, accusant à son tour le consul de lui tendre chaque jour des embûches. La multitude crut volontiers qu'Antoine était le calomniateur. Pourtant certains auteurs dignes de foi ont attesté qu'Octave avait essayé de faire assassiner celui qui l'avait abreuvé de tant de dégoûts et d'outrages. Les instigations du parti aristocratique étaient encore venues en aide à sa propre volonté. Sans rapporter ici le témoignage de Sénèque et de Suétone, nous nous bornerons à citer un passage d'une lettre de Cicéron : « L'accusation intentée par Antoine contre Octave passe, dans l'esprit de la multitude, pour un prétexte cherché à dessein de perdre ce jeune homme et de le dépouiller de ses biens. Mais les gens sensés et les bons citoyens croient la chose et l'approuvent (1). »

Après un pareil éclat tout rapprochement entre Octave et Antoine devenait impossible. Il ne leur restait plus qu'à recourir aux armes.

RUPTURE ENTRE OCTAVE ET ANTOINE; BRUTUS ET CASSIUS ORGANISENT CONTRE ROME, DANS LES PROVINCES DE L'ORIENT, UNE FORMIDABLE RÉSISTANCE. — Antoine avait un grand avantage : le rang qu'il occupait dans la république lui avait conféré le commandement de troupes nombreuses. De plus, en enlevant à Brutus le gouvernement de la Macédoine, il eut soin de rappeler de cette province les troupes que César y avait rassemblées pour son expédition contre les Parthes. Bientôt quatre légions arrivèrent à Brindes. Antoine, avant de quitter Rome pour prendre le commandement des troupes qu'il rassemblait de tous côtés, essaya de regagner la faveur de la multitude. On l'avait accusé d'avoir oublié les bienfaits de César : il voulut se laver de ce reproche, et, comme témoignage de son respect et de sa reconnaissance, il éleva au dictateur une statue sur les Rostres avec cette inscription : *Parenti optime merito*. Le sénat se montra mécontent; mais la foule applaudit. Puis Antoine fit proposer par Lucius, son frère, de nouvelles distributions de terres pour les citoyens pauvres, et lui-même conduisit et organisa, non loin de Rome, de nouvelles colonies. Il put enfin, sans trop s'inquiéter des intrigues d'Octave, quitter la ville, et aller prendre à Brindes le commandement de ses quatre légions.

Octave comprit alors qu'il ne pouvait résister à son adversaire qu'avec une armée. Il parcourut la Campanie, le Samnium et toutes les provinces de l'Italie où César avait établi ses vétérans : il en gagna un grand nombre, et en même temps il travailla par des émissaires secrets à débaucher les soldats d'Antoine. D'ailleurs il était soutenu, quoiqu'il eût accepté l'héritage de César, par la faction aristocratique : elle ne se prononçait pas ouvertement pour Octave, seulement elle favorisait ses desseins. Elle ne voulait élever ce jeune homme que pour l'opposer à Antoine, qu'elle regardait comme le plus dangereux de ses ennemis. Octave profita habilement des dispositions du sénat. L'agent le plus actif des patriciens était alors Cicéron. Celui-ci, voyant, après la mort de César, que les conjurés n'avaient pas su tirer parti de leur crime, avait essayé de quitter l'Italie. Deux fois la tempête rejeta sur la côte de Rhégium le vaisseau qui devait le transporter en Grèce. Il allait se remettre en mer, lorsque, sur de fausses nouvelles, il crut pouvoir revenir sur sa résolution et rentrer dans Rome. On lui avait appris qu'Antoine avait changé de conduite à l'égard du sénat et que tout se disposait, entre les partis et les ambitieux, pour une sincère réconciliation. Il n'en était rien pourtant. Cicéron retrouva dans Antoine un ennemi implacable, qui n'eût point hésité un instant, s'il eût trouvé une occasion favorable, à l'assassiner. Il le croyait au moins; et il dut regretter alors d'avoir abandonné le vaisseau qui devait le transporter en Grèce. Il supporta néanmoins la colère du consul avec fermeté, et il répondit à ses invectives et à ses menaces par les *Philippiques*.

Ce qui enhardissait sans doute en un pareil moment cet homme timide c'était le trouble et l'embarras que suscitaient à Antoine le jeune César et la faction aristocratique. Il savait bien qu'Antoine avait compromis sa cause par ses excès, et qu'il se faisait illusion sur son influence et sur ses forces. En effet, le consul était revenu de Brindes à Rome escorté par la légion *des Alouettes*, que César avait levée dans les Gaules ; et il avait transformé la ville en un camp. Là il régnait en maître; mais au moment même où il se disposait à frapper ses ennemis, où il préparait un décret de proscription contre Octave, il apprit que deux de ses légions refusant d'obéir à ses ordres, s'étaient déclarées pour son rival. L'une d'elles la légion *Martiale*, campait aux portes

(1) Multitudini fictum ab Antonio crimen videtur, ut in pecuniam adolescentis impetum faciat. Prudentes autem et boni viri et credunt factum et probant. (F, XII, 2 3.)

Rome. Le danger était grand : Antoine se hâta alors de rallier toutes les [trou]pes qui lui étaient restées fidèles, et, [sor]tant de la ville, il marcha en toute [hâ]te vers la Gaule Cisalpine. Il voulait [en]lever cette province à Décimus Brutus, qui la gouvernait en vertu d'un décret du sénat ; puis, après cette expédition, il était résolu à revenir sur Rome [po]ur se venger. Octave offrit alors ses [leg]ions au sénat. Plusieurs hésitaient à [acc]epter les services d'un homme qui se [pro]posait plutôt de défendre son héritage que de soutenir les intérêts de la [ré]publique ; mais enfin il fallut céder à [la] nécessité. Le jeune César était le seul [qui] pût, en ces conjonctures, sauver Rome [de]s fureurs d'Antoine. Cicéron parlait et [agi]ssait beaucoup : c'était lui qui se portait garant des bonnes intentions d'Octave ; la vanité étouffait chez lui la défiance, et il contribuait volontiers à l'élévation d'un jeune homme qui semblait [s'a]bandonner tout entier à ses conseils et à sa direction. Pendant que Cicéron [dis]courait au sénat et au forum, Antoine obtenait de grands succès dans [la] Gaule Cisalpine, et forçait Décimus [Br]utus à s'enfermer dans Modène. D'un autre côté, les meurtriers de [Cé]sar et tous ceux qui se disaient les défenseurs de la république avaient rassemblé des forces considérables en [Grè]ce et dans l'Orient. Brutus voyait [au]tour de lui tous les anciens soldats de [Po]mpée : il était entré sans combat en [po]ssession de son gouvernement, grâce [à] Q. Hortensius. Celui-ci ne tint compte [de] la volonté d'Antoine, qui lui enjoignait de remettre la Macédoine à son [frè]re, Caius Antonius. Puis trois lé[gi]ons commandées par Vatinius passèrent du côté de Brutus. C. Antonius [ne] pouvait dès lors lutter avec avantage [con]tre des forces si imposantes : il essaya pourtant ; mais il fut vaincu. Cassius ne fut pas moins heureux que Brutus ; il avait déjà réuni douze légions en [Sy]rie quand Dolabella, collègue d'An[toi]ne, se présenta pour lui enlever [la] province. Cassius força son ennemi [à] s'enfermer dans Laodicée. La ville fut [pr]ise, et Dolabella se donna la mort. [Ai]nsi, tout l'Orient tomba au pouvoir [de] la faction aristocratique et des meur[tri]ers de César.

GUERRE DE MODÈNE ; ACTIVITÉ DE CICÉRON ; IL SE CROIT A L'ABRI DE TOUT DANGER, ET POUSSE A LA GUERRE ; A. HIRTIUS, VIBIUS PANSA ET OCTAVE ; ANTOINE, VAINCU, LÈVE LE SIÈGE DE MODÈNE ET S'ENFUIT. — Le sénat s'enhardit enfin jusqu'à décider qu'une armée serait envoyée au secours de D. Brutus dans la Gaule Cisalpine. Les deux nouveaux consuls, A. Hirtius et C. Vibius Pansa, devaient diriger les opérations de la guerre. Déjà Octave s'était mis en marche avec ses légions (43).

Cependant, en Italie les succès du parti aristocratique étaient loin d'être assurés. On connaissait à Rome l'habileté d'Antoine, qui d'ailleurs avait sous sa main des forces considérables. On se défiait, en outre, des consuls : l'un et l'autre avaient été partisans de César, et ils témoignaient un grand respect pour sa mémoire. Octave, enfin, était devenu suspect à tous les partis.

Au milieu des hésitations du sénat, du trouble universel, il n'y avait que Cicéron qui fût complétement rassuré. La haine l'aveuglait ; il ne voyait qu'Antoine, et Antoine, à l'entendre, était vaincu. Il poussait aux mesures extrêmes ; il s'irritait à l'idée qu'on pût en venir à des négociations et à une réconciliation. Il voulait la guerre, et il pressait par d'ardentes paroles les consuls et le sénat. Octave n'était à ses yeux qu'un instrument utile, et il n'hésita point à le grandir et à lui fournir les moyens de réaliser ses ambitieux projets. Il demanda pour l'héritier de César le titre de propréteur, celui de sénateur, et l'autorisation de solliciter les charges plusieurs années avant l'âge prescrit par les lois. Tout cela fut accordé. Comme plusieurs se défiaient d'Octave, Cicéron se porta garant des bonnes intentions du jeune homme, non-seulement pour le présent, mais encore pour l'avenir (1).

Cependant il y avait des hommes plus sages, qui ne se faisaient point illusion

(1) Promitto, recipio, spondeo, P. C., Cæsarem talem semper fore civem qualis hodie sit, qualemque eum maxime esse velle et optare debemus. (*Philipp.*, V, 51.)

sur la force ou la faiblesse des partis, et qui d'ailleurs ne voulaient pas commencer avec une hardiesse imprudente la guerre civile. Ils cherchèrent à arrêter le sénat dans la voie où Cicéron l'avait engagé, et ils parvinrent à faire décréter qu'on enverrait des députés à Antoine.

On faisait, il est vrai, de dures conditions à Antoine : on exigeait qu'il levât le siége de Modène, qu'il renonçât à rassembler de nouvelles troupes, et qu'il s'en remît pour ses intérêts à la décision du sénat. De pareilles prétentions devaient accroître le mécontentement et la colère de celui qu'on prétendait ramener à la modération. Antoine persistait, non sans raison, à voir dans le sénat *le camp de Pompée*. La majorité, en effet, qui défendait les intérêts de la caste aristocratique lui était hostile ; elle l'avait poursuivi de sa haine et de ses injures, et, au moment même où il pouvait compter sur la réussite de ses projets, elle venait encore se mettre entre lui et les meurtriers de César.

Antoine, dans un moment d'indignation, fit battre les murailles de Modène en présence même des députés du sénat, et il déclara qu'il était résolu, en cas de succès, à faire périr Décimus Brutus, pour venger la mort de César. Puis il fit, à son tour, des propositions au sénat. Il promettait de tout oublier et de se réconcilier avec ses ennemis si, d'un commun accord, on voulait donner amnistie pleine et entière à tous ceux qui depuis les ides de mars avaient violé les lois ; il exigeait aussi qu'on tînt les engagements qu'il avait contractés avec ses soldats ; enfin, il offrait de renoncer au gouvernement de la Gaule Cisalpine, à la condition qu'on lui accorderait celui de la Gaule Transalpine avec six légions. Il déclarait toutefois qu'il n'abandonnerait sa province que le jour où Brutus sortirait de la Macédoine et Cassius de la Syrie.

Le sénat rejeta les propositions d'Antoine. On déclara la patrie en danger, et l'on hâta les levées d'hommes et d'argent. Tous les citoyens en âge de porter les armes quittèrent la toge pour prendre l'habit militaire. Nul n'était plus ardent que Cicéron. Il avait aussi revêtu l'habit de guerre pour exciter les autres par son exemple ; il usait de tous les arti-

fices de son éloquence pour enlever ceux qui hésitaient encore toute idée de réconciliation et de paix. Quelques hommes sensés, parmi lesquels on remarquait le consul Pansa, voulurent pourtant faire une dernière démarche auprès d'Antoine. Celui-ci recevait tous les jours des renforts. Des magistrats abandonnaient Rome et leurs charges et couraient à son camp. Le préteur Ventidius levait pour lui deux légions dans les colonies fondées par César. Lépidus, sans se déclarer néanmoins ouvertement, lui envoyait des soldats. En de pareilles circonstances le sénat pouvait bien reculer devant la guerre, négocier encore ; il l'eût fait peut-être si la parole véhémente de Cicéron n'eût écarté de ses délibérations la modération et la sagesse. Une chose alors irritait surtout le vieux consulaire, c'était une lettre pleine de sens et d'habileté qu'Antoine avait adressée à Hirtius et Octave, qui venaient le combattre par ordre du sénat.

« La mort de Trébonius, disait Antoine, lorsque je l'ai apprise, ne m'a pas causé plus de joie que de douleur. Il y a sans doute lieu de se réjouir que l'assassin ait satisfait par sa mort aux mânes de César, et que la justice divine se soit manifestée avant la fin de l'année par le supplice qu'a déjà subi un des parricides, supplice qui menace aujourd'hui Décimus Brutus. Mais que Dolabella ait été déclaré ennemi public pour avoir puni de mort un homme souillé de meurtre, et que le fils d'un boucher (Trébonius) paraisse plus cher au peuple romain que César, père de la patrie, c'est là un sujet de gémissements et de larmes.

« Ce qui est douloureux surtout c'est que vous, Hirtius, comblé des bienfaits de César, et qui avez été élevé par lui à un si haut degré de fortune que vous n'y pouvez songer sans surprise, et vous aussi, enfant, qui devez tout à son nom, vous ayez l'un et l'autre pour but de faire en sorte que la condamnation prononcée contre Dolabella paraisse légitime et qu'elle ait son effet, et que cette sorcière que je tiens enfermée dans Modène soit délivrée du siége, et que Cassius et Brutus acquièrent une puissance formidable. »

Puis Antoine s'efforce de montrer combien la conduite d'Hirtius et d'Octave a été impolitique. Il les accuse de être mis sous la tutelle du parti aristocratique, abattu par César: « Vous avez pris pour chef, leur dit-il, Cicéron, un vaincu.... Que ferait de plus Pompée lui-même s'il revenait à la vie, ou son fils, s'il était rentré dans Rome? »

Il ajoute : « Vous me déclarez que je ne dois point espérer de paix, si je ne laisse Décimus sortir de Modène ou si je ne lui fournis pas des vivres. Est-ce là le vœu des vétérans que vous avez séduits? Une chose me console, c'est qu'ils peuvent encore vous abandonner, parce qu'ils ne se sont point vendus, comme vous, pour des flatteries et des présents empoisonnés. Vous me dites qu'on a parlé de paix dans le sénat. De là, je le vois, ne viendront pas les propositions raisonnables et modérées. C'est à vous, plutôt, qu'il convient de considérer quel est le plus utile parti ou de venger la mort de Trébonius ou de venger celle de César; si nous devons nous détruire mutuellement pour faire vivre la cause de Pompée, tant de fois condamnée et vaincue, ou nous réunir pour ne pas servir de jouet à nos ennemis communs, qui gagneront également à la ruine soit de vos forces, soit des miennes. Jusqu'ici la fortune s'est épargné ce spectacle et n'a pas voulu voir deux membres du même corps, deux armées du même parti, combattre l'une contre autre, à l'instigation de Cicéron, qui cherche à les mettre aux mains. Certes, il doit s'estimer bien heureux de vous voir trompés par les titres et les honneurs qui lui ont servi, comme il s'en vante, à tromper César. » Antoine, ici, montre que sa cause a d'innombrables défenseurs; qu'abandonné par les consuls et Octave, il a trouvé d'autres appuis; que Lépidus et Plancus, par exemple, sont décidés à se joindre à lui; puis il termine ainsi : « Si les dieux, favorables, comme je l'espère, à la droiture de mes intentions, me donnent un heureux succès, la vie me sera douce et agréable. S'il en arrive autrement, je ne réjouis d'avance à l'idée des supplices qui vous attendent. Puisque les partisans de Pompée, quoique vaincus, portent si loin l'insolence, que feront-ils quand ils seront vainqueurs? Pour moi, quelle que soit l'injustice de mes amis à mon égard, je puis oublier ce que j'en ai souffert s'ils peuvent eux-mêmes oublier ce qu'ils ont fait et s'ils sont prêts à se joindre à moi pour venger la mort de César. »

Cette lettre, qui eut alors un grand retentissement, agita vivement les esprits à Rome et dans les camps. Elle montrait clairement, par une sage appréciation des faits, la nécessité où se trouvaient tous ceux qui regrettaient César de se réunir contre l'ennemi commun. Dans la pensée de ceux-là même qui servaient le sénat dans les rangs des consuls ou d'Octave, Antoine redevint le défenseur de la bonne cause, et ils oublièrent un moment son orgueil et ses emportements. Ce fut peut-être à cause de cette disposition des esprits que les deux généraux choisis ou acceptés par le sénat, Hirtius et Octave, firent mollement la guerre jusqu'au printemps. Ils repoussèrent, il est vrai, Ventidius, qui amenait à Antoine deux légions; mais ils ne purent faire entrer des renforts ni des vivres dans Modène. Vers le mois d'avril, l'arrivée du consul Pansa, qui amenait avec lui quatre légions, leur rendit courage. Antoine, qui voulait empêcher leur jonction, alla se poster près du Forum Gallorum (Castel-Franco). Il attaqua Pansa, et le battit. Le consul reçut dans l'action des blessures, qui le contraignirent de quitter les environs de Modène et de se faire transporter à Bologne. Hirtius survint au moment même où Antoine se croyait assuré d'une victoire complète. Il y eut une nouvelle bataille. Hirtius l'emporta aisément sur des troupes fatiguées. Octave ne parut point dans ces deux actions : il était resté à la garde du camp, qu'il défendit contre L. Antonius. Au rapport de Suétone, Antoine reprocha plus tard à Octave de s'être caché au moment du danger, et de ne s'être montré que deux jours après le combat sans armure et sans cheval.

A la nouvelle de ces événements, Cicéron, plein d'enthousiasme et d'espoir, demanda cinquante jours de fête. Tout n'était pas fini pourtant : ce ne fut que plus tard qu'Antoine, attaqué tout à la fois par Hirtius, qui périt en combattant, et par D. Brutus, fut vaincu, et prit la résolution de lever le siége de Modène. Comme il ne pouvait rester en Italie, il se fia aux promesses de Lépidus et de Plancus, et se hâta de gagner les Alpes.

LE SÉNAT ET OCTAVE; CELUI-CI SE RAPPROCHE D'ANTOINE; OPINION DE BRUTUS SUR LA CONDUITE DE CICÉRON. — La faction aristocratique triomphait; le parti dont Pompée avait été le chef relevait la tête; il semblait enfin que la fortune voulût donner gain de cause aux meurtriers de César. En ce qui touche Cicéron, il était au comble de la joie. On n'épargna ni les honneurs à ceux qui avaient servi le sénat dans la guerre de Modène, ni les injures à Antoine. On accabla d'éloges Décimus Brutus ; on fit de magnifiques obsèques à Hirtius et à son collégue Pansa, qui était mort, au bout de quelques jours, de ses blessures ; et quand les citoyens eurent repris dans la ville l'habit de paix, quand on eut passé soixante jours dans les fêtes, on ordonna une enquête sur la conduite d'Antoine. En le déclarant ennemi public, en attaquant ses actes, le patriciat espérait atteindre César lui-même et souiller sa mémoire.

Le sénat commença alors à manifester ses véritables intentions à l'égard d'Octave. On s'était toujours défié de lui, et on n'avait accepté ses services que dans un moment de péril et par nécessité. Aussi, après la levée du siége de Modène, on ne prit aucun soin de le ménager. On lui enleva en quelque sorte son commandement militaire en chargeant Décimus de poursuivre seul les soldats d'Antoine, qui fuyaient au delà des Alpes. Puis, quand on demanda pour lui les honneurs de l'ovation, presque tous les sénateurs votèrent contre cette proposition. On refusa même d'acquitter les récompenses promises à ses légions victorieuses. Cicéron défendait, il est vrai, les intérêts de celui qu'on ne cessait de considérer comme un enfant; mais les discours du vieux consulaire étaient parfois d'une telle ambiguïté, qu'ils inspiraient à Octave plus de crainte que de reconnaissance. Le sénat alla plus loin encore : il essaya de débaucher les soldats qui s'étaient attachés à la fortune du jeune César.

Cette conduite déloyale eut pour uniq[ue] résultat de rapprocher tous les ennem[is] de la faction aristocratique. D'abo[rd] Octave n'essaya point d'arrêter Vent[i]dius, qui, se dirigeant vers les Alpes se proposait de rejoindre Antoine av[ec] trois légions. Il écrivit ensuite à Lép[i]dus et à Pollion pour leur montrer [la] nécessité de réunir toutes leurs force[s] contre le parti des meurtriers de César. Tout faisait prévoir dès lors qu'Octav[e] ne tarderait pas à se réconcilier av[ec] Antoine.

Bientôt on apprit que Lépidus s'éta[it] joint à Antoine. Plancus, de son côté qui d'abord s'était rangé du côté d[e] Décimus et l'avait reçu dans les Gaules ne tarda pas à suivre l'exemple de L[é]pidus. Le sénat, qui ne pouvait compte[r] pour sa défense sur la prochaine arri[ré]vée des troupes de Brutus et de Cassius fut plongé dans la consternation. Il s[e] vit contraint de recourir encore un[e] fois à Octave. Celui-ci profita habile[ment] des circonstances pour parveni[r] au consulat.

Le sénat consentit à payer à chaqu[e] légionnaire de l'armée d'Octave cin[q] mille deniers ; mais il ne voulait pas qu[e] l'héritier de César fût consul, et qu[e] l'autorité qui conférait la première d[i]gnité de la république vînt accroîtr[e] encore une puissance déjà trop redou[table. Il s'appuyait sur les lois pour re[pousser la demande qui lui était adres[sée. On lui répondait par les exemple[s] de Valérius Corvus, de Scipion l'Afri[cain, et par celui, plus récent, de Pom[pée. Octave trancha la difficulté en pas[sant le Rubicon avec ses troupes. L[e] sénat n'osa plus refuser. Il se ravis[a] pourtant lorsque deux légions arrivée[s] d'Afrique entrèrent dans Rome. Octav[e] n'hésita pas un instant ; il marcha brus[quement sur la ville, et vint camper a[u] pied du mont Quirinal. On vit alors a[c]courir auprès de lui ceux-là mêmes qu[i] l'avaient le plus vivement attaqué.

Octave, nonobstant de nouvelles h[é]sitations du sénat, qui comptait à to[rt] sur la désertion de deux légions, [la] martiale et la quatrième, parvint [à] prendre possession du consulat.

Nous ferons connaître ici l'opinion d[e] Brutus sur la conduite de Cicéron. C[e]lui-ci toujours trompé par Octave, qu[i] paraissait dévoué et soumis, avait [con]senti à demander le consulat, d'abord [pou]r lui-même, ensuite pour un enfant [qui] promettait de lui laisser l'entière di[rec]tion de la république. C'était dans [les] premiers temps qui suivirent la [guer]re de Modène. Le sénat ne tint [co]mpte alors des désirs d'Octave et de [Cic]éron.

Plus tard, Cicéron rentra dans son [anc]ien rôle, et il ne sépara plus, au moins [en] apparence, ses intérêts de ceux du sé[na]t. Toutefois il entretenait des rapports [su]ivis avec celui que le nom seul de Cé[sa]r avait déjà rendu l'un des hommes les [plu]s puissants de la république. Il lui [éc]rivit une fois : « Il y a une chose que [l']on demande et que l'on attend de [to]i, c'est que tu consentes à laisser [viv]re des citoyens qui ont l'estime des [gen]s de bien et de tout le peuple ro[m]ain. » On fit lire cette phrase à Bru[tu]s, qui témoigna, dans les termes les [pl]us vifs, son indignation. « Eh quoi ! [dit]-il à Cicéron, si Octave ne consent [pa]s à notre conservation, nous péris[so]ns donc, à ton avis ! Apprends qu'il [va]ut mieux périr que de vivre par lui. [Ce]rtes, je ne crois pas que les dieux [ai]ent tellement pris en aversion le peu[ple] romain, qu'il faille prier Octave pour [le] salut du dernier citoyen, bien loin [qu']il en soit besoin pour ceux que j'ap[pel]le les libérateurs de l'univers..... Que [le]s dieux et les déesses m'enlèvent tout [le] monde plutôt que la résolution cons[ta]nte où je suis non-seulement de ne pas [so]uffrir dans l'héritier de celui que j'ai [tu]é ce que je n'ai pu supporter en César [lu]i-même, mais de ne pas consentir à [mo]n père même, s'il revenait au monde, [à ê]tre plus puissant que les lois et le sé[na]t !.... Quel salut que celui qui nous [ô]terait l'honneur et la liberté ! Pensez-[vous] qu'en habitant Rome je sois assuré de [m]on salut ? C'est la chose et non le lieu [qu]i doit me procurer cet inestimable [ava]ntage. J'en ai été privé tant que Cé[sa]r a vécu, si ce n'est à dater du jour où [j'a]i formé le projet de le tuer. Je ne [su]is être exilé tant que je regarderai [co]mme le plus grand des maux la ser[vi]tude et la honte qui y est attachée. [Ro]me sera pour moi partout où je pour[ra]i être libre, et j'aurai pitié de vous [au]tres, à qui ni l'âge, ni la carrière des

honneurs parcourue avec éclat, ni les exemples de la vertu d'autrui ne peuvent apprendre à se détacher de la vie. »

Brutus écrivit aussi à Atticus une lettre où il traite Cicéron sans ménagement. Il parle des variations de son esprit, de ses terreurs perpétuelles et des nombreuses inconséquences qui avaient marqué sa carrière politique. On avait rapporté à Brutus que Cicéron, pour plaire à Octave, avait donné à Casca le nom d'assassin. « Quoi, dit Brutus en s'adressant à Atticus, Cicéron ne sent donc pas que les termes injurieux dont il se sert retombent sur lui-même à plus juste titre, puisqu'il a fait mourir sous son consulat, non pas un, mais plusieurs citoyens ? Il doit donc s'appeler lui-même assassin, avant d'adresser cette injure à Casca. N'est-il pas étrange qu'il emploie en ce qui touche un de nos conjurés les invectives des fauteurs de Catilina ? Est-ce à dire, parce que nous ne louons pas sans cesse nos ides de mars, comme il loue ses nones de décembre, qu'il ait plus de droit de décrier une action héroïque, que Bestia et Clodius n'en avaient d'attaquer les actes de son consulat ? »

Dans la même lettre on lisait encore ces mots : « Octave appelle Cicéron son père, il le consulte, il le loue, il l'accable des témoignages de sa reconnaissance : viendra un temps où les actes démentiront les belles paroles. » La prédiction de Brutus ne tarda pas à se vérifier.

§ II. *Formation du second triumvirat; les proscriptions; défaite et anéantissement du parti aristocratique à Philippes.*

OCTAVE CONSUL; SA CONDUITE A ROME.—Quand Octave se vit maître dans Rome, il cessa de feindre, et il attaqua, non par des voies détournées, mais hardiment, la faction aristocratique. Il annonça qu'il allait venger la mort de César. D'abord il fit absoudre par le peuple Dolabella, que le sénat avait déclaré ennemi public à cause du meurtre de Trébonius. Puis, en vertu d'une loi proposée par Q. Pédius, son collègue (43), il institua une commission qui devait juger l'attentat commis sur la personne du dictateur. On cita dans les formes tous les meurtriers de César. Aucun ne se présenta pour répondre aux accusateurs. Ils furent condamnés à l'exil et à la confiscation des biens. Il était difficile pourtant d'atteindre Casca, qui était alors tribun du peuple. On eut recours à Titius, son collègue, qui proposa aux tribus de le dépouiller de sa charge. Octave ne se contenta pas de punir ceux qui avaient frappé César; il poursuivit même leurs complices. Mais ce n'était pas tout d'avoir prononcé un châtiment au nom des lois; il fallait encore atteindre les coupables; il fallait conquérir l'Orient, soumettre Brutus et Cassius, et vaincre vingt légions. Pour cette grande entreprise Octave avait besoin de Lépidus et d'Antoine.

OCTAVE SE RÉCONCILIE AVEC LÉPIDUS ET ANTOINE; ENTREVUE DANS UNE ÎLE DU RENO; FORMATION DU SECOND TRIUMVIRAT. — D'abord, sur la proposition du consul Pédius, le sénat révoqua les décrets par lesquels Antoine et Lépidus avaient été déclarés ennemis publics; ensuite on les rétablit l'un et l'autre dans tous leurs droits et dignités. Ils avaient cependant les armes à la main, et ils s'apprêtaient à marcher sur Rome. Le sénat, consterné, n'osait point agir, et il priait Octave de décider. Le consul se contenta de répondre que ses soldats le forçaient d'incliner vers la clémence. Il était évident qu'il s'était déjà lié, par un traité, avec Antoine et Lépidus.

Ceux-ci, en effet, avaient traversé les Alpes avec dix-sept légions. Ils n'avaient plus rien à craindre dans les Gaules. Décimus Brutus, abandonné par ses troupes, avait en vain essayé de fuir; il avait été tué par les cavaliers d'Antoine. Octave vint avec de forces considérables au devant de ses nouveaux alliés. Ils se rencontrèrent aux environs de Bologne.

Octave, Antoine et Lépidus choisirent pour l'entrevue et les conférences une île d'une petite rivière qu'on appelle le Réno. Là ils discutèrent pendant trois jours pour arrêter une liste de proscription; puis ils formèrent le plan d'un gouvernement qui devait leur assurer dans Rome le souverain pouvoir. Ils se réservaient le droit de nommer à toutes les magistratures, ils prenaient pour eux-mêmes la puissance consulaire, et, se donnant le titre de *triumvirs réfor-* *mateurs de la république,* ils déclaraie qu'ils agiraient pendant cinq ans sa consulter ni le peuple ni le sénat. partagèrent ensuite dans l'Empire qu'ils pouvaient partager. Lépidus l'Espagne et la Gaule narbonnais Antoine, la Gaule conquise par César la Cisalpine; Octave, l'Afrique, la Sic et la Sardaigne. On ne parla point l'Orient: il fut décidé seulement qu'A toine et Octave iraient combattre Br tus et Cassius, tandis que Lépidus su veillerait Rome et l'Italie avec trois l gions.

Les triumvirs devaient avant tout s'a surer de la fidélité de leurs soldats. I promirent de leur donner après la guer de grosses sommes d'argent, et de l établir comme colons dans dix-huit d plus belles villes de l'Italie. On com tait parmi ces villes Capoue, Rhégiu Venouse, Bénévent, Ariminum, Cr mone et Mantoue.

LES PROSCRIPTIONS. — Octave, A toine et Lépidus se firent précéder p des soldats chargés de tuer dix-sept leurs principaux ennemis. Cicéron éta du nombre. Puis, ils vinrent eux-mêm à Rome pour organiser la proscriptio Ils avaient pris à peine possession de ville, qu'ils publièrent un édit do voici les principales dispositions :

« Lépidus, Marc-Antoine et Octave
« élus triumvirs pour reconstituer la r
« publique, parlent ainsi : « Si ceux qu
« César, dans sa clémence, avait sauvé
« enrichis et comblés d'honneurs, apr
« leur défaite, n'étaient pas devenu
« ses meurtriers, nous aussi nous ou
« blierions ceux qui nous ont fait décla
« rer ennemis publics. Éclairés pa
« l'exemple de César, nous prévien
« drons nos ennemis avant qu'ils nou
« surprennent... Prêts à entreprendre
« au delà des mers, une expéditio
« contre les parricides, il nous a sembl
« nécessaire de ne point laisser d'enne
« mis derrière nous. C'est pourquo
« nous avons dressé une liste de pros
« crits. Que personne ne cache aucu
« de ceux dont les noms suivent : celu
« qui aidera à l'évasion d'un proscri
« sera proscrit lui-même. Que les têt
« nous soient apportées. En récom
« pense, l'homme de condition libr
« recevra vingt-cinq mille drachmes a

ques, l'esclave dix mille, plus la liberté avec le titre de citoyen. Les noms des meurtriers et des révélateurs seront tenus secrets. » Suivait une [liste] de cent trente noms ; une seconde [de] cent cinquante parut presque aussi[tôt] ; à celle-là d'autres encore succédè[rent]. Avant le jour, des gardes avaient placés aux portes, à toutes les issues, [dan]s tous les lieux qui pouvaient servir [de r]etraite. Pour ôter aux condamnés [tou]t espoir de pardon, en tête de la [der]nière liste, on lut les noms du frère [de] Lépidus, de L. César, oncle d'An[toin]e, d'un frère de Plancus, du beau[-pèr]e de Pollion et de C. Toranius, un [des] tuteurs d'Octave ; chacun des chefs [ava]it livré un des siens pour avoir le [droi]t de n'être point gêné dans ses ven[gea]nces. Les scènes des jours néfastes [de] Marius et de Sylla recommencèrent, [l]a tribune eut encore ses hideux tro[phé]es de têtes sanglantes. La haine, l'en[vie], l'avidité, toutes les mauvaises pas[sion]s se déchaînèrent, et, comme dans [les] premières proscriptions, il fut aisé [de] faire mettre un nom sur la liste fu[nèb]re, ou de cacher le cadavre d'un en[nem]i assassiné parmi ceux des proscrits.
[On] présente une tête à Antoine : « Je [ne] la connais pas, répond-il, qu'on la [port]e à ma femme. » C'était en effet celle [d'u]n riche particulier qui jadis avait re[fusé] de vendre à Fulvie une de ses villas. [Un]e femme, pour épouser un ami d'An[toin]e, fit proscrire son mari et le livra [elle]-même. Un fils découvrit aux meur[trie]rs la retraite de son père, préteur en [char]ge, et fut récompensé par l'édilité. [Un] Toranius demandait aux assassins un [sur]sis de quelques instants pour en[voy]er son fils implorer Antoine : on lui [rép]ondit que c'était son fils même qui [ava]it demandé sa mort. Il y eut cepen[dan]t quelques beaux exemples de dévoue[me]nt : Varron fut sauvé par ses amis, [d'au]tres par leurs esclaves ; Appius par [son] fils, dont le peuple récompensa plus [tard] la piété filiale par le don de l'édilité. [La] sœur de L. César se jeta au-devant [des] meurtriers en leur criant : « Vous [ne] le tuerez qu'après m'avoir égorgée, [moi] la mère de votre général ! » Il eut le [tem]ps de fuir et de se cacher. Beaucoup [éch]appèrent, grâce aux navires de Sextus [Po]mpée, qui venait de s'emparer de la Sicile, et qui fit croiser sa flotte le long des côtes ; plusieurs parvinrent à gagner l'Afrique, la Syrie et la Macédoine, où commandaient Cornificius, Cassius et Brutus. Cicéron fut moins heureux ; Octave avait dû l'abandonner aux rancunes de son collègue, à regret cependant, car c'était un meurtre inutile. Puisqu'ils tuaient la liberté, qu'était-ce qu'un orateur sans tribune ? Une voix sans écho, et qui d'elle-même se tairait. Mais Antoine et Fulvie voulaient la main qui avait écrit, la langue qui avait prononcé les *Philippiques*. Cicéron avait fui de Tusculum à Gaëte par mer. Après s'être reposé quelques instants dans sa villa de Gaëte, il était remonté dans sa litière, quand les assassins arrivèrent, conduits par un tribun légionnaire, Pompilius, qu'il avait autrefois sauvé d'une accusation de parricide. Lorsqu'il les entendit approcher, il fit poser à terre sa litière, et portant sa main gauche à son menton, geste qui lui était ordinaire, il regarda les meurtriers d'un œil fixe. Ses cheveux hérissés et poudreux, son visage pâle et défait, firent peur à la plupart des soldats, qui se couvrirent le visage pendant que le centurion Hérennius l'égorgeait. Il avait mis la tête hors de la litière et présenté la gorge aux meurtriers ; Hérennius lui coupa la tête et la main. On les apporta au triumvir pendant qu'il était à table. A cette vue, il montra une joie féroce, et Fulvie, prenant cette tête sanglante, perça d'une aiguille la langue qui l'avait poursuivie de tant de sarcasmes mérités. Ces tristes restes furent ensuite attachés aux rostres. On accourut en foule pour les voir, mais avec des larmes et des gémissements. Octave lui-même s'affligea en secret de cette mort ; et bien que sous son règne personne n'osât jamais prononcer ce grand nom, comme réparation il donna le consulat à son fils. Une fois même il rendit témoignage de ses vertus (1).

On avait confisqué les biens des proscrits ; mais cela ne suffisait pas aux triumvirs. Ce n'était que par de continuelles largesses qu'ils pouvaient entretenir dans la fidélité leurs nombreuses légions. Pour se procurer de l'argent, ils multiplièrent les impôts, extorquèrent

---

(1) Duruy, *Histoire Romaine*, p. 320.

aux riches des sommes considérables, et ils allèrent même jusqu'à enlever les dépôts qui avaient été confiés aux Vestales.

Ventidius prit possession du consulat vers la fin de l'année. Il remplaçait Octave, qui s'était démis de sa charge, suivant les promesses qu'il avait faites dans l'île du Réno. Ventidius était fils d'un de ces Italiens qui avaient si vaillamment combattu contre Rome au temps de la guerre sociale. Il fut pris encore enfant, et traîné derrière le char de triomphe de Pompéius Strabo. Plus tard il devint soldat, et servit longtemps dans les derniers emplois. César le distingua dans la guerre des Gaules. Ce fut grâce au dictateur qu'il fut nommé tribun et préteur. Ventidius était digne de sa haute fortune : le sort lui réservait un insigne honneur, celui de vaincre les Parthes.

PRÉPARATIFS DE GUERRE; OCTAVE ET ANTOINE PASSENT LA MER, ET CONDUISENT LEUR ARMÉE EN MACÉDOINE; BRUTUS ET CASSIUS MARCHENT A LEUR RENCONTRE ; BATAILLE DE PHILIPPES. — Plus d'une fois Brutus avait songé à revenir en Italie pour défendre Rome et le sénat contre le parti de César; mais il avait renoncé enfin à cette hasardeuse entreprise. Il comprit qu'il ne devait point séparer ses forces de celles de Cassius : aussi, après une expédition heureuse contre les Thraces, et lorsqu'il eut rassemblé des sommes assez considérables, il quitta la Grèce et passa en Asie.

Quand Brutus et Cassius se revirent à Smyrne, ils avaient sous leurs ordres cent mille hommes. Ce fut avec cette armée qu'ils pillèrent les richesses de l'Asie, et qu'ils soumirent quelques provinces qui s'étaient soulevées : Brutus fit la guerre aux Lyciens et Cassius aux Rhodiens, qu'il traita avec la plus grande cruauté. Après cette double expédition les deux chefs, réunissant leurs forces, se mirent en marche pour repasser en Grèce. Octave et Antoine, qui s'étaient chargés de la conduite de la guerre et avaient laissé à Rome Lépidus avec le titre de consul, quittèrent à leur tour l'Italie, et se hâtèrent de rejoindre les troupes qui les avaient précédés en Macédoine sous le commandement de Norbanus et de Saxa. Ils se trouvèrent bientôt en présence de leurs ennemis dans les champs de Philippes. Là devaient combattre plus de deux cent mille hommes.

Dès que le jour fixé pour cette grande lutte parut, dit Plutarque, on éle... dans le camp de Brutus et dans celui de Cassius la cotte d'armes de pourpre qui était le signal de la bataille, et l... généraux s'abouchèrent au milieu de l'espace qui séparait les deux camps. Cassius, prenant le premier la parole « Brutus, dit-il, fassent les dieux q... « nous remportions la victoire, et q... « nous vivions heureux ensemble « reste de nos jours ! Mais comme l... « événements qui intéressent le plus l... « hommes sont aussi les plus ince... « tains, et que si l'issue de la batai... « trompe notre attente, il ne nous se... « pas facile de nous revoir, dites-moi « que vous choisirez de la fuite ou « la mort. » — « Cassius, lui répond « Brutus, lorsque j'étais encore jeu... « et sans expérience, je composai, sa... « trop savoir pourquoi, un long di... « cours de philosophie, dans lequel « blâmais Caton de s'être donné « mort. Je disais qu'il n'était ni re... « gieux ni digne d'un homme de cœ... « de se soustraire à l'ordre des dieu « et au lieu de recevoir avec coura... « tous les événements de la vie, de s... « dérober par la fuite. Notre situati... « présente me fait penser autrement « Si la divinité ne nous accorde pas « heureux succès, je ne veux plus « livrer à de nouvelles espérances, « faire de nouveaux préparatifs « guerre. Je me délivrerai de toutes m... « peines en me glorifiant toujours de « qu'ayant aux ides de mars donné m... « jours à ma patrie, j'ai mené depu... « par une suite de sacrifices, une « aussi libre que glorieuse. » A ces mo... Cassius, embrassant Brutus en so... riant : — « Puisque nous pensons to... « deux de même, lui dit-il, allon... « à l'ennemi; ou nous remporterons « victoire, ou nous ne craindrons « les vainqueurs. » Ils parlèrent ensui... en présence de leurs amis, de l'ordo... nance qu'ils donneraient à leur batai... Brutus demanda que Cassius lui lai... sât le commandement de l'aile droit... qui paraissait dû plutôt à l'âge et...

xpérience de Cassius. Celui-ci néanmoins le lui accorda; il voulut même que Messala, qui commandait la légion plus aguerrie, combattît à cette aile. Aussitôt Brutus fit sortir des retranchements sa cavalerie superbement parée, mit son infanterie en bataille.

Les troupes d'Antoine étaient occupées à tirer des fossés, depuis les marais dès desquels elles campaient jusque dans la plaine, pour couper à Cassius a retraite vers la mer. César, ou du moins son armée, était tranquille dans son camp, car une maladie avait obligé le général d'en sortir. Ses soldats ne s'attendaient pas à une bataille; ils croyaient seulement que les ennemis viendraient charger les travailleurs, et tâcher à coups de traits de les mettre en désordre : ne songeant pas aux troupes qu'ils avaient devant eux, ils s'étonnaient du bruit qu'ils entendaient autour des tranchées, et qui venait jusqu'à leur camp. Cependant Brutus, après avoir fait passer à ses capitaines des billets qui contenaient le mot du guet, parcourait à cheval tous les rangs, et animait ses troupes à bien faire. Le mot du guet ne fut entendu que d'un petit nombre de soldats; la plupart, sans même l'entendre, allèrent impétueusement à la charge en poussant de grands cris. Le désordre avec lequel ils chargèrent mit beaucoup d'inégalité et de distance entre les légions. Celle de Messala d'abord, ensuite les autres, débordèrent l'aile gauche de César, dont elles ne firent qu'effleurer les derniers rangs, et où elles massacrèrent quelques soldats ; en poussant toujours en avant, elles arrivèrent au camp de César, qui, peu d'instants auparavant, comme il le dit lui-même dans ses Commentaires, venait de se faire transporter ailleurs, d'après un songe qu'avait eu un de ses amis nommé Marcus Artorius, et dans lequel il lui avait été ordonné de dire à César qu'il s'éloignât au plus tôt des retranchements. Cette retraite fit répandre le bruit de sa mort, parce que sa litière, qui était vide, fut criblée de coups de traits et de piques. On passa au fil de l'épée tous ceux qui furent pris dans le camp, et entre autres deux mille Lacédémoniens qui étaient venus tout récemment comme auxiliaires de César. Les troupes de Brutus, qui ne se portèrent pas sur les derrières de l'aile gauche de César, et qui l'attaquèrent de front, la renversèrent facilement, dans le trouble où l'avait déjà mise la perte de son camp ; elles taillèrent en pièces trois légions, et se jetèrent dans le camp pêle-mêle avec les fuyards.

Mais ce que les vainqueurs ne virent pas, l'occasion le fit apercevoir aux vaincus : ils virent l'aile gauche des ennemis séparée de l'aile droite, qui s'était laissée emporter à la poursuite des fuyards. Ils fondirent sur ces troupes, dont le flanc était dégarni ; mais ils ne purent enfoncer le centre de la bataille, où ils furent reçus avec la plus grande vigueur ; ils renversèrent seulement l'aile gauche, où le désordre s'était mis, et qui d'ailleurs ignorait le succès de l'aile droite. Ils la poursuivirent si vivement qu'ils entrèrent dans le camp avec les fuyards, sans avoir à leur tête aucun des généraux ; car Antoine, dit-on, voulant éviter l'impétuosité du premier choc, s'était, dès le commencement de l'action, retiré dans un marais voisin ; et César, qui s'était fait transporter hors des retranchements, ne paraissait nulle part ; quelques soldats même dirent à Brutus qu'ils l'avaient tué, et lui présentèrent leurs épées sanglantes, en lui peignant sa figure et son âge.

Déjà le corps de bataille de Brutus ayant enfoncé ceux qui lui étaient opposés, en avait fait un grand carnage, et la victoire de Brutus paraissait décidée comme la défaite de Cassius ; la seule chose qui le perdit, c'est que Brutus n'alla pas au secours de Cassius, qu'il croyait vainqueur, et que celui-ci n'attendit pas le retour de son collègue, dont il croyait la perte certaine. Messala donna pour preuve de leur victoire qu'ils avaient pris trois aigles et plusieurs enseignes aux ennemis, qui de leur côté n'en prirent pas une seule. Brutus, en revenant après le pillage du camp de César, fut très-surpris de ne pas voir le pavillon de Cassius dressé comme de coutume, car il était fort élevé, et s'apercevait de loin. Il ne voyait pas non plus les autres tentes, dont la plupart avaient été abattues et mises en pièces quand les ennemis étaient entrés dans le camp. Ceux qui croyaient avoir la vue plus perçante assuraient à Brutus qu'ils voyaient étinceler une grande quantité d'armes et de boucliers d'argent, qui allaient de tous côtés dans le camp de Cassius ; mais ils n'y reconnaissaient ni le nombre ni l'armure des troupes qu'on y avait laissées pour le garder ; ils ajoutaient qu'on ne voyait pas au delà autant de morts qu'il devrait naturellement y en avoir, si tant de légions eussent été défaites.

Toutes ces circonstances firent soupçonner à Brutus le désastre de l'aile gauche ; il laissa donc un corps suffisant de troupes pour garder le camp des ennemis, rappela ceux qui poursuivaient les fuyards, et les rallia pour aller au secours de Cassius. Ce général avait vu avec peine les troupes de Brutus fondre impétueusement sur les ennemis, sans attendre ni le mot ni l'ordre de l'attaque, et il ne fut pas moins mécontent de voir qu'après s'être emparées du camp de César, elles n'avaient songé qu'à le piller, au lieu d'aller envelopper les ennemis ; et par le temps qu'il perdit à considérer leurs fautes, plutôt que par l'activité et la capacité des généraux ennemis, il donna à l'aile droite de César la facilité de l'envelopper lui-même. Aussitôt sa cavalerie se débanda et s'enfuit vers la mer. Cassius, voyant l'infanterie se préparer à la suivre, s'efforça de la retenir et de la rallier ; il prit l'enseigne d'un des officiers qui fuyaient, et la planta en terre à ses pieds, sans pouvoir empêcher la fuite de ses propres gardes. Forcé donc de s'éloigner, il se retira, suivi de très-peu de monde, sur une éminence d'où l'on découvrait toute la plaine. Mais il ne pouvait rien voir lui-même de ce qui se passait : il avait la vue si faible, qu'il apercevait à peine le pillage de son camp. Ceux qu'il avait avec lui virent s'avancer un gros de cavalerie ; c'était celle que Brutus lui envoyait : Cassius la prit pour celle des ennemis qui venait à sa poursuite. Il dépêcha cependant un de ses officiers, nommé Titinius, pour s'en assurer. Les cavaliers de Brutus l'ayant reconnu pour un des plus fidèles amis de Cassius, jettent des cris de joie ; ses amis mettant pied à terre, le reçoivent au milieu d'eux et le comblent de caresses ; les autres l'entourent à cheval avec des cris de victoire, et font retentir toute la plaine du bru[it] de leurs armes.

Ces démonstrations de joie devinren[t] très-funestes : Cassius ne douta pas qu[e] Titinius ne fût enveloppé par les enn[e]mis. « Trop d'attachement pour la vie dit-il à ceux qui l'environnaient, m'[a] fait attendre de voir un homme qu[e] j'aime enlevé par les troupes ennemies. » En disant ces mots, il se retira dan[s] une tente abandonnée, y entraîna u[n] de ses affranchis, nommé Pindarus, qu[i], depuis la défaite de Crassus chez le[s] Parthes, il avait eu toujours à sa suit[e] pour une semblable nécessité. Il ava[it] échappé à la défaite de Crassus ; ma[is] alors, se couvrant la tête de sa robe, tendit la gorge à son affranchi, et l[ui] commanda de lui trancher la tête ; o[n] la trouva séparée de son corps. Pi[n]darus ne reparut plus depuis la mort d[e] Cassius ; ce qui fit soupçonner à que[l]ques personnes qu'il l'avait tué sans e[n] avoir reçu l'ordre. Peu de temps apr[ès] on vit arriver cette cavalerie, précéd[ée] par Titinius, qui, la tête couronné[e] avait pris les devants pour rejoind[re] plus tôt Cassius ; mais lorsque les cri[s] les gémissements et le désespoir de s[es] amis lui eurent fait connaître la mo[rt] de son général et la cause de son erreu[r] il tira son épée, et, après s'être fa[it] à lui-même les plus vifs reproches de s[a] lenteur, se tua.

Brutus, informé de la défaite de Cas[-] sius, redoubla sa marche, et apprit s[a] mort quand il fut près du camp. Il pleur[a] sur son corps, l'appela le dernier de[s] Romains, persuadé que Rome ne pou[-] vait plus produire un homme d'un s[i] grand courage ; il le fit ensevelir, et l'en[-] voya dans l'île de Thasos, de peur qu[e] la vue de ses funérailles ne causât d[u] trouble dans le camp. Ayant ensuite as[-] semblé les soldats, il les consola, et pour les dédommager de la perte d[e] leurs effets les plus nécessaires qu[i] avaient été pillés, il leur promit deu[x] mille drachmes par tête. Cette promess[e] leur rendit le courage ; ils admirèren[t] une si grande générosité, et quand [il] les quitta ils l'accompagnèrent de leur[s] acclamations, en lui donnant le glo[-] rieux témoignage qu'il était le seul de[s] quatre généraux qui n'eût pas ét[é] vaincu. Il avait justifié par ses action[s]

confiance qu'il avait eue de vaincre : ce le peu de légions qu'il commandait, renversa tous ceux qui lui furent opposés ; et si dans la bataille il eût pu [fai]re usage de toutes ses légions, si la [plu]s grande partie de son aile n'eût pas [dé]bordé les ennemis pour aller piller [leu]r bagage, il n'y aurait pas eu un seul [de] leurs différents corps qui n'eût été [dé]fait. Il resta du côté de Brutus huit [mi]lle hommes sur le champ de ba[tai]lle, et, suivant Messala, il en périt [pre]s du double chez les ennemis.

Une perte si considérable avait jeté [ce]s derniers dans le découragement ; [ma]is un esclave de Cassius, nommé [Dé]métrius, arriva le soir au camp d'An[toi]ne, et lui remit la robe et l'épée de [so]n maître. Cette vue enflamma leur [co]urage, et le lendemain, dès le point [du] jour, ils présentèrent la bataille. Mais [Br]utus voyait les deux camps dans une [agi]tation dangereuse ; le sien était plein [de] prisonniers qui demandaient la sur[ve]illance la plus exacte ; celui de Cassius [su]pportait avec peine le changement de [ch]ef, et la honte de la défaite y avait [ins]piré une haine et une envie secrète [en]tre les vainqueurs : il se borna donc [à t]enir ses troupes sous les armes, et [ref]usa le combat. Il sépara les prison[nie]rs en deux troupes, fit mettre à mort [les] esclaves que leurs rapports fréquents [av]ec ses soldats lui rendaient suspects, [pu]is renvoya la plus grande partie des [ho]mmes libres ; et, comme il s'aperçut [qu]e ses amis et ses officiers avaient pour [qu]elques-uns de ces prisonniers un res[sen]timent implacable, il les cacha pour [les] dérober à leur fureur, et les fit partir [sec]rètement.

Brutus fit distribuer aux soldats l'ar[gen]t qu'il leur avait promis ; et, après [qu]elques légers reproches sur leur préci[pit]ation à devancer l'ordre et le mot, pour [all]er témérairement charger l'ennemi, [il l]eur promit que si dans la bataille sui[van]te ils se conduisaient en gens de cœur, [il l]eur abandonnerait le pillage de deux [vill]es, Thessalonique et Lacédémone.

[L]es affaires des chefs républicains [éta]ient bien loin alors d'être désespé[ré]es. Antoine et César, au contraire, [éta]ient réduits à une extrême disette ; [de]plus, campés sur un terrain maréca[ge]ux, leur position était mauvaise. Une chose encore vint jeter dans leur esprit le découragement. Ils apprirent que la flotte de Brutus avait battu la leur, et les avait ainsi privés de tout espoir de secours. Ils résolurent donc d'engager, s'ils le pouvaient, une bataille décisive. Nous devons dire ici que le parti républicain ne connut que vingt jours plus tard la victoire de sa flotte.

Quand Brutus, décidé à livrer bataille, eut fait sortir ses troupes et qu'il les eut rangées en bataille en face de l'armée ennemie, il attendit longtemps à donner le signal du combat. En parcourant les rangs il lui était venu sur quelques-unes de ses compagnies des soupçons et même des rapports inquiétants ; il vit que sa cavalerie, peu disposée à commencer l'attaque, attendait de voir agir l'infanterie. Enfin un de ses meilleurs officiers, singulièrement estimé pour sa valeur, sortit tout à coup des rangs, et, passant à cheval devant Brutus, alla se rendre à l'ennemi : il se nommait Camulatus.

Brutus fut vivement affecté de cette désertion, et, soit colère, soit crainte que le goût du changement et la trahison ne s'étendissent plus loin, il fit sur-le-champ marcher ses troupes à l'ennemi, comme le soleil inclinait déjà vers la neuvième heure du jour. Il enfonça tout ce qui lui était opposé, et, secondé par sa cavalerie, qui avait chargé vigoureusement avec les gens de pied dès qu'elle avait vu les ennemis s'ébranler, il pressa vivement leur aile gauche qu'il força de plier ; son autre aile, dont les officiers avaient étendu leurs rangs, parce que, cette aile étant moins nombreuse que celle des ennemis, ils craignaient qu'elle ne fût enveloppée, laissa par ce mouvement un grand intervalle dans le centre. Devenue alors trop faible, elle ne fit pas une longue résistance, et fut la première à prendre la fuite. Les ennemis, après l'avoir mise en déroute, revinrent sur l'aile victorieuse, et enveloppèrent Brutus, qui, dans un danger si pressant, remplit, de la tête et de la main, tous les devoirs d'un grand général et d'un brave soldat, et mit tout en œuvre pour s'assurer la victoire ; mais ce qui la lui avait donnée à la première bataille la lui fit perdre à la seconde. Dans l'action précédente tous les ennemis qui furent vaincus restèrent morts sur la place; dans celle-ci, où les troupes de Cassius prirent d'abord la fuite, il n'en périt qu'un très-petit nombre, et ceux qui se sauvèrent, effrayés encore de leur première défaite, remplirent de trouble et de découragement le reste de l'armée. Ce fut là que le fils de Caton fut tué en faisant des prodiges de valeur, au milieu des plus braves de la jeunesse romaine : accablé de fatigue, il ne voulut ni fuir ni reculer; combattant toujours avec le même courage, disant tout haut son nom et celui de son père, il tomba sur un monceau de morts ennemis. Les plus braves de l'armée se firent tuer en défendant Brutus.

Il était déjà nuit lorsque Brutus, après avoir traversé une rivière dont les bords étaient escarpés et couverts d'arbres, s'éloigna du champ de bataille. Il s'arrêta dans un endroit creux, s'assit sur un grand rocher, avec le petit nombre d'officiers et d'amis qui l'accompagnaient; et là, élevant ses regards vers le ciel, qui était semé d'étoiles, il prononça ce vers :

Punis, ô Jupiter, l'auteur de tant de maux !

Il nomma ensuite tous ceux de ses amis qui avaient péri sous ses yeux, et soupira surtout au souvenir de Flavius et de Labéon : celui-ci était son lieutenant, et l'autre le chef des ouvriers. Brutus conjecturant qu'il devait avoir perdu peu de monde à cette bataille, Statilius s'offrit, pour l'en assurer, de passer au travers des ennemis, afin d'aller voir ce qui se passait dans son camp (car c'était le seul moyen de s'en éclaircir), en convenant avec Brutus que s'il y trouvait les choses en bon état, il élèverait une torche allumée, et reviendrait aussitôt le rejoindre. Statilius parvint jusqu'au camp, et éleva le signal convenu : mais, après un long intervalle, Brutus ne le voyant pas revenir : « Si « Statilius, dit-il, était en vie, il serait « déjà de retour. » En effet, comme il retournait vers Brutus, il tomba entre les mains des ennemis, qui le massacrèrent. La nuit était fort avancée, lorsque Brutus, se penchant assis comme il était vers Clitus, un de ses serviteurs, lui dit quelques mots à l'oreille. Clitus ne lui répondit rien; mais ses yeux se remplirent de larmes. Alors Brutus tir à part Dardanus, son écuyer, lui p tout bas. Il s'adressa enfin à Volum et, lui parlant en grec, il lui rappela études et les exercices qu'ils avaient f ensemble, et le pria de l'aider à te son épée et s'en percer le sein. Volu nius s'y refusa, ainsi que ses aut amis; et l'un d'eux ayant dit qu'il ne lait pas rester là plus longtemps, m s'éloigner par la fuite : « Sans doute « faut fuir, répondit Brutus en se « vant, et se servir pour cela non de « pieds, mais de ses mains. » En mé temps il leur serre à tous la main l après l'autre, et leur dit, avec un de gaieté : « Je vois avec la satisfact « la plus vive que je n'ai été ab « donné par aucun de nos amis, et « n'est qu'en songeant à ma patrie « je me plains de la fortune. Je me cr « bien plus heureux que les vainqueu « non-seulement pour le passé, m « pour le présent; car je laisse une ré « tation de vertu que ni leurs armes « leurs richesses ne pourront jam « leur acquérir. On dira toujours d'e « qu'injustes et méchants, ils ont vain « des hommes justes et bons, p « usurper un empire auquel ils n'avai « aucun droit. » Il finit par les conju de pourvoir à leur sûreté, et se retir quelque distance avec deux ou trois d' tre eux, du nombre desquels était St ton, qui, en lui donnant des leçons d'é quence, s'était particulièrement lié a lui; il le fit mettre près de lui, et, appuy à deux mains la garde de son épée con terre, il se jeta sur la pointe, et se per la mort. Quelques auteurs disent q ne tint pas lui-même l'épée, mais Straton, cédant à ses vives instances lui tendit en détournant les yeux, que Brutus, se précipitant avec roid sur la pointe, se perça d'outre en ou et expira sur l'heure. Messala, l'ami Brutus, ayant fait depuis sa paix a César, lui présenta un jour Strato en lui disant les larmes aux yeux : « Vo « César, celui qui a rendu à mon c « Brutus le dernier service. » César reçut avec bonté, et l'eut depuis p compagnon dans toutes ses guerr en particulier dans celle d'Actium, Straton lui rendit autant de servi qu'aucun des Grecs qu'il avait à sa su

ésar louant un jour ce même Messala ce qu'ayant été, par amitié pour rutus, son plus grand ennemi à Phippes, il avait montré à Actium le plus and zèle pour son service : « César, lui répondit Messala, je me suis toujours attaché au parti le meilleur et le plus juste. »
Antoine ayant trouvé le corps de Brus, ordonna qu'on l'ensevelit dans la us riche de ses cottes d'armes ; et dans suite, ayant su qu'elle avait été dérobée, fit mourir celui qui l'avait soustraite, envoya les cendres de Brutus à sa mère ervilie.

« Après la victoire, les deux triumvirs firent autant de différence dans leur nduite qu'ils en avaient mis durant la taille : Antoine, content du succès, rut ne plus connaître d'ennemis ; Ocve, honteux de sa lâcheté, s'acharna à contraire sur les vaincus. Il traîna vant son tribunal ceux qui avaient happé à la mort, et en condamna bon ombre à être passés par les verges. Il ussa la cruauté jusqu'à faire battre un ls contre son père. Cependant tout était point fini ; Brutus et Cassius aient morts, il est vrai, et avec eux parti républicain, qui n'avait plus d'un défenseur très-suspect dans Sextus ompée ; mais les triumvirs se trouvaient embarrassés de leur victoire ême. Ils ne l'avaient obtenue qu'au ix des plus brillantes promesses ; les nt mille légionnaires qu'ils avaient nduits à Philippes voulaient des récompenses ; il leur fallait de l'argent, des rres ; et les triumvirs se trouvaient réuits à recommencer une guerre plus angereuse contre les propriétaires. our satisfaire l'avidité de leurs soldats, s se partagèrent la tâche : Antoine se hargea de fournir l'argent, Octave de stribuer les terres. Ils firent aussi un ouveau partage du monde romain : Espagne et la Numidie augmentèrent s possessions d'Octave, Antoine ajouta ux siennes la Transalpine et l'Afrique. hacun d'eux aurait bien voulu avoir l'Itlie ; mais être maître de la Péninsule, était posséder Rome, et aucun d'eux e voulait laisser à son collègue le siége u gouvernement, le lieu d'où émanait oute autorité légale. Dans cette nouvelle stribution des provinces, Antoine et Octave oublièrent presque Lépidus, qui joue dans le deuxième triumvirat le même rôle que Crassus dans le premier, et que ses collègues finiront par dépouiller. Toutefois les triumvirs, ayant encore besoin de lui, convinrent que, s'il était trop mécontent, on lui céderait l'Afrique. Cependant toutes les provinces n'étaient pas soumises : l'Orient surtout, où Cassius avait trouvé tant de ressources, avait besoin d'être visité par les possesseurs de l'empire. C'était là d'ailleurs que devaient se trouver les richesses dont les triumvirs avaient besoin. Antoine partit pour l'Orient (1). »

§ III. *Lutte entre Octave et Antoine ; Octave maître du monde.*

OCTAVE REVIENT A ROME ; PARTAGE DES TERRES EN ITALIE ENTRE LES SOLDATS DES TRIUMVIRS ; MISÈRE DES ANCIENS PROPRIÉTAIRES. — Après la bataille de Philippes, Octave revint en Italie : il avait hâte de rentrer dans Rome, où Fulvie et Lucius, frère d'Antoine, exerçaient (Lépidus n'y mettant nul obstacle) la puissance triumvirale (41). D'ailleurs Octave était pressé par ses soldats, qui réclamaient les récompenses que dans les jours de danger et pendant la guerre on leur avait tant de fois promises.

Il s'était chargé, comme nous l'avons vu, de partager entre tous ceux qui avaient combattu pour le triumvirat les meilleures terres de l'Italie. « C'était, dit un historien moderne, qui s'appuie en cet endroit sur le récit d'Appien et de Dion, c'était une opération aussi difficile qu'injuste. Les propriétaires qu'on chassait de leurs héritages se plaignaient amèrement. Ils venaient par bandes à Rome avec leurs femmes et leurs enfants, jetant de grands cris et demandant quel crime ils avaient donc commis, et pourquoi, nés en Italie, membres de l'Empire et de la république, ils étaient traités en ennemis vaincus. Des plaintes si légitimes soulevaient tout le peuple ; et ceux qui étaient capables de raisonnement et de vues politiques sentaient de plus que ces terres distribuées aux soldats assuraient la domination à leurs généraux et devenaient

(1) M. Le Bas, *Histoire Romaine*, t. II, p. 107.

des entraves qui mettaient pour toujours l'État en captivité, et anéantissaient toute espérance de voir jamais la liberté rétablie. D'ailleurs on avait fait un choix entre les villes d'Italie. Cette calamité ne leur était pas commune à toutes, mais tombait précisément sur les plus belles et sur celles dont le territoire était le meilleur. Par là les gens de guerre étaient mieux récompensés, et c'est ce qu'avaient envisagé les triumvirs. Mais une si odieuse distinction donnait une nouvelle force aux murmures et aux éclats d'indignation de ceux qui en étaient les victimes. Enfin des citoyens puissants, des sénateurs se trouvaient enveloppés dans la disgrâce, à cause de la situation des terres qu'ils possédaient. Le crédit de ceux-ci augmentait le poids de leurs plaintes. Il n'était pas possible à Octave de leur tenir rigueur, et il était contraint de se relâcher au moins en quelque chose d'une si évidente et si tyrannique injustice. Une première exception accordée en amenait nécessairement d'autres. Quelquefois il fallait céder à la force des recommandations : la pauvreté elle-même parlait pour ceux qui perdaient toute leur subsistance en perdant leur petit héritage. — Mais alors le soldat avide regardait comme lui étant enlevé tout ce qu'on laissait aux possesseurs. Peu content du lot qui lui était attribué, il envahissait avec violence les terres de ses voisins. Virgile en offre un exemple. Son petit champ ayant été exempté de la loi commune par la faveur qu'il trouva auprès d'Octave, le centurion Arius, qui venait d'être établi dans le voisinage, prétendit étendre ses limites, et prit à ce sujet querelle avec lui, et Virgile courut risque d'être tué par ce brutal officier, et une prompte fuite n'eût mis sa vie en sûreté, et conservé aux muses latines celui qui en devait faire la principale gloire (1). »

Ce partage des terres devait porter le dernier coup à l'Italie. La péninsule se dépeuplait, et ses plus fertiles provinces se changeaient en désert. Le mal venait de loin. Depuis la soumission des Samnites, Rome avait absorbé, pour ses guerres lointaines, la meilleure part de la population libre des campagnes. La guerre sociale devait enlever le reste. Depuis Marius et Sylla on rencontra encore çà et là quelques petits domaines exploités par des hommes libres, Italiens ou colons romains; mais la lutte entre César et Pompée, mais les agitations qui suivirent la mort du dictateur firent disparaître ces derniers cultivateurs de l'Italie. A la vue des soldats qui parcouraient pays dans tous les sens, ils avaient abandonné leurs demeures, laissé leurs terres en friche, et ils s'étaient enfuis dans les villes. Enfin arriva le partage si désiré par les soldats, tant promis par les triumvirs. Si tous ces hommes robustes qui avaient fait de longues et rudes guerres, eussent consenti à travailler de leurs mains les terres qu'on leur avait distribuées, on eût vu l'agriculture refleurir, et en quelques années l'Italie eût changé d'aspect. Il n'en fut rien : habitués à la licence des camps, à des plaisirs faciles, les soldats s'ennuyèrent bientôt de l'isolement et du silence, et pour revenir à la ville, la plupart d'entre eux vendirent aux riches propriétaires qui les avoisinaient le petit champ qui était le prix du sang versé dans la guerre civile. Plus tard, ceux-là mêmes qui n'avaient point vendu se virent expropriés, quand on cessa de les craindre, par les possesseurs de grands domaines. C'est ainsi que disparurent les petits propriétaires. Le grand propriétaire se borna à placer quelques esclaves dans la maison et sur la terre où avait vécu jadis une famille libre. La classe servile remplaça bientôt, dans toutes les provinces, les anciens cultivateurs de l'Italie.

ARROGANCE DES SOLDATS, LUTTE D'OCTAVE CONTRE LUCIUS ANTONIUS ET FULVIE. — L'indiscipline des soldats, quand ils n'étaient pas en campagne, était portée au comble, et ils ne redoutaient pas même la colère des triumvirs. Il arriva, vers ce temps, qu'Octave indiqua à ses soldats une assemblée au Champ de Mars pour achever avec eux la distribution des terres. Il tarda quelques instants : bientôt des murmures éclatèrent dans tous les groupes. Un centurion, Nonius, voulut prendre la défense d'Octave ; aussitôt les murmures redoublèrent. On accabla Nonius d'injures

(1) Crévier.

[rès], et les clameurs devinrent si violentes qu'il crut prudent de prendre la fuite. Il se jeta dans le Tibre pour le traverser. Ses soldats le poursuivirent, le tirèrent hors de l'eau et le tuèrent. Puis ils étendirent son cadavre sur la route qu'Octave devait parcourir.

On conseillait à Octave de ne point se présenter devant les soldats irrités : des amis plus prudents l'engagèrent à marcher hardiment et à se montrer au champ de Mars. Il y vint, en effet, rencontra le cadavre de Nonius, et détourna la tête. Après être monté sur son tribunal, il s'occupa du partage des terres et des récompenses à décerner, sans parler du meurtre qui avait été commis. Les soldats, honteux, donnèrent alors des marques de repentir, et ils offrirent de livrer les assassins de Nonius. Octave usa de douceur, et leur pardonna.

Fulvie et Lucius Antonius suscitèrent au jeune triumvir de plus graves embarras. Ils réclamaient le droit d'établir eux-mêmes, en Italie, les vétérans qui appartenaient à Antoine. Octave rappelait en vain les conditions qui avaient été faites et acceptées des deux parts près la bataille de Philippes. Il fut obligé de céder : tout le monde, à Rome, parlait de la bravoure et de la générosité d'Antoine. Celui-ci avait d'ailleurs, pour soutenir son parti, même en Italie, des lieutenants d'une haute renommée : Pollion, Calénus, Plancus et Ventidius. Ce qui achevait d'effrayer Octave, c'était la disette qui menaçait Rome. L'Italie, ruinée, ne pouvait plus fournir de vivres, et, d'autre part, les vaisseaux de Sextus Pompée et de Domitius Ahénobarbus arrêtaient tous les convois qui arrivaient des provinces lointaines. Le peuple à Rome se souleva. Octave se vit contraint d'accorder au frère et à la femme d'Antoine tout ce qu'ils demandaient.

Lucius et Fulvie, tout en distribuant quelques terres aux soldats, essayèrent de gagner à leur parti ceux que l'on avait chassés de leurs héritages. Pour les exciter contre Octave, ils répandirent le bruit que les confiscations des biens des proscrits suffisaient pour acquitter les récompenses promises aux soldats. C'était désigner Octave comme détenteur des deniers publics. Celui-ci, pourtant, manquait d'argent. Il avait été forcé de prendre les trésors déposés dans les temples les plus révérés de Rome et de l'Italie. Lucius et Fulvie eussent réussi peut-être à détruire son influence et son autorité, s'ils avaient eu de leur côté de quoi satisfaire aux exigences des soldats. Ceux-ci auraient consenti peut-être à recevoir de l'argent en échange de leurs terres : mais Lucius n'était pas plus riche qu'Octave ; les soldats revinrent donc à celui qui, sans écouter les plaintes des anciens propriétaires, leur partageait l'Italie. D'ailleurs, le frère d'Antoine leur inspirait une grande défiance : on l'avait entendu protester contre le triumvirat, et parler de rétablir ce que la faction aristocratique appelait la république.

Quelques vétérans et les députés des légions (ce fut peut-être à l'instigation d'Octave) se rassemblèrent au Capitole. Ils voulaient faire comparaître devant eux le triumvir et Lucius. Octave s'empressa d'obéir. Pour Lucius, qui se trouvait alors à Préneste, il déclara qu'il n'entrerait point à Rome, qu'il s'avancerait seulement jusqu'à Gabies. Quelques historiens ont supposé qu'une ruse d'Octave l'empêcha de venir dans l'endroit que lui-même avait désigné. L'avantage devait rester à celui qui s'était présenté aux soldats sans montrer de défiance, et qui avait obéi avec tant d'empressement à leurs injonctions.

GUERRE DE PÉROUSE ; OCTAVE MAÎTRE DE L'ITALIE ; LUCIUS RELÉGUÉ EN ESPAGNE AVEC LE TITRE DE PROCONSUL ; MORT DE FULVIE. — Lucius avait encore six légions qui avaient été recrutées parmi les Italiens. Il profita de l'absence d'Octave, qui était allé en Ombrie, pour se rendre maître de Rome ; mais à l'approche du triumvir, il s'enfuit, espérant rejoindre les lieutenants de son frère. Ceux-ci arrivaient en effet ; il ne put toutefois opérer sa jonction : pressé par Agrippa et Salvidiénus, il se jeta dans Pérouse. Les troupes d'Octave commencèrent le siège de la ville ; lui-même se rendit à l'armée. En vain Pollion, Ventidius et Plancus essayèrent de délivrer Lucius. Octave marcha à leur rencontre ; Plancus se retira à Spolète, Ventidius à Ravennes et Pollion à Ariminum. Puis il revint presser le siège de Pérouse.

Bientôt les habitants se trouvèrent réduits à la plus affreuse disette. Il fallut se rendre. Lucius implora la clémence d'Octave, non pour lui-même, mais pour les officiers et les soldats qui s'étaient dévoués à sa fortune. Octave, par nécessité, leur pardonna ; il se réservait seulement de punir les habitants avec la plus grande rigueur. En effet il fit saisir les citoyens les plus notables, et ordonna qu'ils fussent tués. A ceux qui demandaient grâce il répondait par un seul mot : *Il faut mourir*. Ils furent tous égorgés. Octave voulait livrer Pérouse au pillage ; mais l'espoir des soldats fut trompé : un certain Cestius ayant mis le feu à sa maison, la flamme gagna de proche en proche, et toute la ville fut brûlée.

Quand les lieutenants d'Antoine apprirent que Lucius était au pouvoir d'Octave, ils abandonnèrent l'Italie ; les uns passèrent en Grèce et en Orient, les autres allèrent demander un asile à Sextus Pompée. Au nombre de ceux qui se sauvèrent en Sicile se trouvait Tibérius Néron, époux de Livie : il emmenait avec lui un enfant de deux ans, qui devait être l'empereur Tibère. Fulvie essaya de rejoindre Antoine. Elle se rendit en Grèce, où bientôt elle mourut de chagrin à Sicyone. L'histoire ne fait plus mention de Lucius depuis l'époque où il fut envoyé en Espagne avec le titre de proconsul. Ce fut ainsi qu'Octave resta maître de l'Italie (40).

ANTOINE ; SON SÉJOUR EN GRÈCE ET EN ORIENT ; CLÉOPATRE. — Antoine, après la bataille de Philippes, avait parcouru la Grèce. Il sembla renoncer alors, pour obtenir les éloges et les applaudissements du plus civilisé de tous les peuples, aux mœurs grossières qu'il avait prises dans les camps. Il se fit aimer des Grecs par sa douceur et son équité. D'ailleurs, il avait un moyen sûr de les gagner : il se montrait dans leurs spectacles, et il écoutait volontiers les leçons de leurs poètes, de leurs orateurs et de leurs philosophes.

Il n'en fut pas de même en Asie : là il se livra aux plus honteuses débauches. On le voyait sans cesse environné de musiciens, de danseurs et de tous ceux qui faisaient profession de corrompre les mœurs. Ce furent eux qui s'emparèrent de son esprit, et qui, sous son nom, gouvernèrent la plus belle et la plus riche partie de l'Empire. Antoine, oubliant le soin de sa gloire et ses intérêts les plus chers, se prêtait à toutes leurs volontés. Il permit à un joueur de flûte, appelé Anaxénor, de lever les impôts dans quatre villes, et afin de l'aider il lui donna des soldats pour escorte. Une autre fois son cuisinier ayant réussi à lui plaire dans un grand banquet, il lui accorda pour récompense la maison et les biens d'un riche citoyen de Magnésie.

L'Asie, qui avait déjà tant souffert, essayait par les plus basses adulations de modérer la cupidité de son nouveau maître. Lorsqu'il approcha d'Éphèse, les femmes s'habillèrent en bacchantes, les hommes et les enfants en satyres ou en faunes, et tous allèrent au devant du *nouveau Bacchus*. Le dieu ne se montra pourtant ni gracieux ni bienfaisant. Ceux qui l'entouraient, en l'enivrant de plaisirs, le poussaient aisément aux actes les plus iniques. Antoine les enrichissait par d'odieuses confiscations ; ils obtenaient tout de lui, jusqu'à la dépouille d'hommes pleins de vie qu'on lui faisait passer pour morts. Enfin, il exigea des peuples de l'Asie le double du tribut que leur avaient imposé Brutus et Cassius. L'orateur Hybréas vint alors, au nom de toutes les provinces ruinées, pour faire des représentations à Antoine : « Si tu peux tirer de nous, lui dit-il, deux tributs en une année, tu peux donc nous donner aussi deux fois l'été et deux fois l'automne. » Antoine n'en prit pas moins à l'Asie plus de deux cent mille talents. Il faut remarquer ici qu'au milieu de tant d'excès il n'oublia point ceux qui avaient servi contre Brutus et Cassius la cause du triumvirat. Ainsi, il accorda de grandes récompenses aux Rhodiens, aux Lyciens, aux villes de Tarse, de Laodicée en Syrie, et à Hérode, qui gouvernait le peuple juif. Il résolut de punir, en même temps, tous ceux qui avaient fourni des secours à ses ennemis. Parmi eux se trouvait Sérapion, qui commandait en Cypre pour la reine d'Égypte. Antoine, qui avait hâte de combattre les Parthes, ordonna à Cléopâtre de se rendre auprès de lui.

Celle-ci s'empressa d'obéir : elle

…ngeait pas à se justifier, car elle avait …mpris qu'Antoine devait non point …mmander, mais se soumettre à celle …i avait pu séduire César. Elle vint …nc en Cilicie, non en suppliante mais …reine. Antoine s'était arrêté à Tarse. …éopâtre remonta le fleuve Cydnus …squ'à cette ville. Elle se tenait, avec …s ornements que la poésie et les arts …tribuent à Vénus, dans une barque …nt la poupe était recouverte d'or, les …iles de pourpre et les rames d'argent. …us les habitants se précipitèrent à sa …ncontre. Au moment où elle approcha …ntoine vit disparaître la foule qui l'en…ronnait; il resta seul sur son tribu…l. Cléopâtre n'eut pas de peine à le …duire par ses présents, sa magnifi…nce, et plus encore par son esprit que …r sa beauté. Elle obtint de lui tout ce …'elle voulut : d'abord elle fit mourir …rsinoé, sa sœur, qui avait cherché un …ile dans le sanctuaire révéré de Diane …Éphèse; puis elle fit arracher du temple …Hercule, à Tyr, Sérapion, qui avait …urni des secours à Cassius. La mort …e cet officier était la meilleure preuve …'elle pût donner de son attachement …la cause du triumvirat. Elle revint en…n à Alexandrie : elle supposa, non sans …aison, qu'Antoine ne tarderait pas à la …ejoindre.

En effet, au lieu de commencer son …xpédition contre les Parthes, il distri…ua ses troupes en Syrie, et se hâta d'ac…ourir en Égypte. Là Cléopâtre trouva …noyen de l'arrêter : elle le plongea dans …ne vie de débauche qu'Antoine et ses …mis appelaient la *vie inimitable*. C'était …ne suite de jeux, de honteux plaisirs et …e banquets dont les profusions passent …oute croyance. Lamprias, aïeul de Plu…arque, avait entendu raconter au mé…decin Philotas, qui, jeune encore, se trou…vait alors à Alexandrie pour ses études, …u'ayant fait connaissance avec un des …uisiniers d'Antoine, il fut invité par lui …à venir voir les apprêts d'un souper. Il …ntra donc dans les cuisines, et fut bien …étonné de trouver, outre une très-grande …quantité d'autres viandes, huit sangliers …à la broche. Il en conclut qu'Antoine …devait avoir un très-grand nombre de …convives. « Point du tout, lui dit le cui…sinier en riant de sa surprise; ils ne se…ront pas plus de douze à table; mais chaque chose doit être servie à un certain point de cuisson qu'un seul instant peut détruire. Or, il peut arriver qu'Antoine demande à souper tout à l'heure, ou dans un intervalle assez court, ou bien encore qu'il tarde longtemps parce que le vin ou quelque sujet de conversation agréable l'aura amusé. C'est pourquoi il faut préparer non un repas mais plusieurs, parce que nous ne pouvons pas deviner le moment du souper. »

Il fallut cependant quitter Cléopâtre et sortir d'Alexandrie.

ANTOINE QUITTE L'ÉGYPTE; SEXTUS POMPÉE; PREMIÈRE RUPTURE AVEC OCTAVE; LES SOLDATS IMPOSENT LA PAIX AUX TRIUMVIRS; MARIAGE D'ANTOINE AVEC OCTAVIE. — Antoine avait appris en Égypte les événements de la guerre de Pérouse; il savait, en outre, que Labiénus avait envahi la Syrie avec une armée de Parthes. Il se dirigea aussitôt vers ses légions, et s'avança jusqu'à Tyr. Pourtant, il ne fit point un long séjour en Asie : il se hâta de passer en Grèce, où il vit Fulvie, qui mourut, comme nous l'avons dit, à Sicyone, et il s'empressa de rassembler la flotte qui devait le transporter en Italie. Ce fut alors que Sextus Pompée essaya de se rapprocher de lui pour combattre Octave. Antoine ne pouvait rejeter alors une pareille alliance.

Sextus Pompée s'était rendu maître de toute la Sicile : il possédait de nombreux vaisseaux, les marins les plus habiles du temps, et avec ses flottes il régnait en quelque sorte dans la Méditerranée. C'était un homme brave de sa personne, actif, et qui, s'il faut considérer les circonstances difficiles au milieu desquelles il se trouva placé, fit preuve d'une grande habileté. Il avait besoin, pour se soutenir, de lieutenants habiles plutôt que de personnages distingués; c'est pourquoi il plaça plus d'une fois auprès de lui, et dans des emplois éminents, des hommes de basse extraction : de là, peut-être, l'opinion de certains historiens qui l'accusent d'avoir été l'affranchi de ses affranchis et l'esclave de ses esclaves.

Antoine se décida enfin à partir, et il ordonna à sa flotte de le suivre à Brindes; lui-même prit les devants avec cinq vaisseaux. Ce fut dans la traversée qu'il rencontra Domitius Ahénobarbus, qui avait sous son commandement presque toutes les forces navales rassemblées par Brutus et Cassius. Domitius vint à sa rencontre, et le reconnut comme chef : dès lors Antoine n'avait plus rien à craindre. Il pouvait dès lors, avec ses nombreux vaisseaux et la flotte de Sextus, surveiller toutes les côtes de l'Italie, et réduire à l'impuissance Octave et ses quarante légions.

Cependant, quand il se présenta devant Brindes on lui refusa l'entrée de la ville. Il faisait les préparatifs du siége; Octave, de son côté, se disposait à défendre la place, lorsque Coccéius et les légions mirent fin à la guerre.

Coccéius, d'abord, qui était revenu avec Antoine de l'Orient, où il avait été envoyé par Octave, essaya de rapprocher les deux triumvirs. Il ne put réussir auprès d'Antoine, et il se rendit auprès d'Octave. Celui-ci se montrait non moins décidé que son rival, et repoussait toute idée de réconciliation et de paix. Enfin on obtint de lui qu'il écrirait à Julie, mère d'Antoine. Il lui adressa, en effet, une lettre dans laquelle il lui reprochait de s'être enfuie après la guerre de Pérouse, de s'être défiée de lui, et d'avoir accepté la protection de Pompée plutôt que la sienne. Les légions, qui avaient trouvé tant d'avantages dans l'union des triumvirs, parlèrent à leur tour. Elles imposèrent la paix à Antoine et à Octave, et choisirent des délégués qui assistèrent à toutes les négociations.

Les deux triumvirs furent obligés de se soumettre à la volonté des soldats. On fit la paix. On stipula des deux parts qu'il y aurait oubli du passé ; on procéda à un nouveau partage de l'Empire : l'Occident restait à Octave, l'Orient à Antoine; enfin, on laissait à Lépidus l'Afrique avec six légions. Comme garantie de la paix, Antoine épousa Octavie, sœur d'Octave et veuve de Marcellus. Cette femme, aussi distinguée par son esprit que par sa beauté, ne devait point, cependant, avoir assez d'ascendant sur son nouvel époux pour le séparer de Cléopâtre. A ces conditions, Antoine envoya Domitius en Bithynie, avec le titre de gouverneur, et il renonça à l'alliance de Sextus Pompée. Cette réconciliation devait coûter la vie à deux personnages de distinction : Antoine ayant consenti à faire tuer Manius, prin-

cipal auteur des troubles d'où était née la guerre de Pérouse, Octave, à son tour, fit condamner par le sénat un de ses lieutenants, Salvidiénus, qui n'échappa au dernier supplice que par une mort volontaire.

Il faut remarquer ici que, sur la demande des triumvirs, Pollion et Domitius Calvinus, qui étaient alors consuls, renoncèrent à leur charge pour faire place à l'Espagnol Cornelius Balbus et à P. Canidius Crassus. L'année suivante (39) on porta une atteinte plus grave encore aux anciennes coutumes: on ne choisit les deux nouveaux consuls Marcius Censorinus et Calvisius Sabinus que pour un temps limité, au bout duquel ils devaient avoir des successeurs nommés en même temps qu'eux. On ne s'écarta point de cet usage sous l'Empire. Les consuls qui commençaient l'année et lui donnaient leur nom s'appelaient *ordinarii*, les autres *suffecti* ou minores.

FAMINE EN ITALIE ET A ROME; LE TRIUMVIRS SONT FORCÉS PAR L'OPINION PUBLIQUE A FAIRE LA PAIX AVEC SEXTUS POMPÉE; SÉJOUR D'ANTOINE A ATHÈNES. — La famine désolait alors Rome et l'Italie. Sextus Pompée arrêtait tous les convois de blé qui arrivaient de l'Afrique et des autres provinces de l'Empire. Le peuple demandait à grands cris que les triumvirs fissent alliance avec celui qui se vantait, à juste titre, de régner sur la mer. Octave et Antoine étaient d'accord non pour traiter avec Sextus, mais pour lui faire la guerre. C'est pourquoi ils essayèrent de lever de nouveaux impôts. Ils publièrent des édits qui portèrent au comble la fureur du peuple. Dans les jeux du cirque la foule fit entendre des applaudissements pour ainsi dire frénétiques quand elle vit paraître la statue de Neptune. Elle témoignait ainsi sa sympathie pour Sextus, que l'on appelait *fils du dieu des mers*. Quelques jours après, le tumulte devint si grand, qu'Octave se crut obligé de paraître dans les groupes qui proféraient des menaces contre les triumvirs. Octave eût été assassiné peut-être si Antoine ne fût venu avec ses soldats pour le dégager et n'eût fait tuer les plus mutins. O jeta les cadavres dans le Tibre. Cela n'effraya pas la foule, qui, par de nouvelles meurs, força les triumvirs à négocier ec Sextus Pompée.

On arrêta le plan d'une conférence i devait avoir lieu sur la côte de Baïes. ttus, conseillé par le meilleur de ses iciers, l'affranchi Ménas, avait longtps résisté aux instances des personnes de marque qui s'étaient réfugiés Sicile. Ceux-ci avaient hâte de revenir à Rome. Mais le fils de Pompée comprenait que sa puissance, si grande alors, aurait que la durée de la guerre civile. he devait point, en effet, si l'ordre ait à renaître dans l'Empire, trouver ccasion ni les moyens d'entretenir et mployer sa flotte et ses nombreux lipages. La paix le ruinait. Il feignit, endant, de céder au vœu du peuple Rome et aux prières de sa mère Mu- Il se rendit à l'endroit désigné pour conférences, et il posa les conditions la paix. D'abord il voulut qu'Antoine Octave le missent dans le triumvirat, la place de Lépidus. Cette demande fut oussée : déjà Sextus allait rompre la ociation, lorsqu'à force de prières on mena à diminuer ses prétentions. Dans traité qui fut fait alors, il stipula pour -même et pour tous ceux qui l'avaient ivi dans l'exil ou qui servaient sur ses sseaux. On lui assura la possession la Sicile, de la Sardaigne, de la Corse, à ces trois îles on ajouta l'Achaïe. On promit, en outre, le consulat et le ement de 70 millions de sesterces sur biens de son père. On accorda amitie pleine et entière à ceux qui s'étaient réfugiés auprès de lui ; on n'exta pas même les proscrits. Enfin, mme il y avait parmi ses soldats un nd nombre d'esclaves fugitifs, il fut cidé qu'ils ne seraient point rendus à rs maîtres et qu'ils jouiraient de la erté.

A ces conditions, Sextus promit de irer ses troupes des postes qu'il occut en Italie, de ne plus recevoir d'escla- fugitifs, de ne point augmenter ses ces navales, de défendre les côtes cou- les pirates, d'envoyer, enfin, à Rome redevances en blé et les impôts que vaient autrefois les îles qui lui étaient andonnées.

La nouvelle de la paix causa une grande œ à Rome et dans toute l'Italie. Les is chefs, avant de se séparer, célébrèrent par des banquets une réconciliation qui n'était point sincère. Un jour que le fils de Pompée avait reçu sur son bord Octave et Antoine, Ménas s'approcha de lui, et dit à voix basse : « Veux-tu que je coupe les cordages et les ancres, et que je te rende ainsi le maître non de la Sicile et de la Sardaigne, mais de tout l'univers. » La tentation était forte : Sextus y résista. Il répondit à Ménas : « Tu devais le faire sans me le dire. »

Peu de temps après, Antoine quitta l'I- talie avec Octavie, sa nouvelle épouse, et il se rendit à Athènes. Les habitants, ne sachant qu'inventer pour lui plaire, songèrent à marier Minerve avec celui que l'Asie avait surnommé le nouveau Bacchus. Antoine accepta, et fit payer aux Athéniens 1,000 talents pour la dot de la déesse. Il partit ensuite (38) pour se mettre à la tête de ses légions, qui, sous la conduite de Ventidius, avaient obtenu d'éclatants succès contre les Parthes.

VENTIDIUS REPOUSSE L'INVASION DES PARTHES; SES VICTOIRES; SON TRIOMPHE. — Les Parthes avaient envahi la Syrie. Ils avaient été poussés à la guerre par un transfuge romain, Labiénus, fils de celui qui avait trahi César. Quand ils eurent passé l'Euphrate, Decidius Saxa, lieutenant d'Antoine, essaya en vain de leur résister. Il fut abandonné par ses troupes, qui avaient servi autrefois sous Cassius, et toutes les villes ouvrirent leurs portes à l'ennemi. Antioche elle-même ne fit point de résistance. De la Syrie les Parthes se répandirent dans la Judée, où les appelait Antigone, neveu et rival d'Hyrcan. Celui-ci, qui régnait sur les Juifs, fut détrôné, et Hérode, son ministre, ne crut pouvoir échapper à la mort ou à une dure captivité qu'en se sauvant à Rome. C'est là qu'Octave et Antoine lui donnèrent le titre de roi.

De la Judée et de la Syrie les Parthes s'étaient jetés sur la Cilicie. Antoine se trouvait à Brindes, lorsqu'il apprit leur invasion et leurs progrès. Il se hâta d'envoyer en Asie Ventidius, le meilleur de ses lieutenants. En effet, il parut à peine que les Parthes rétrogradèrent jusqu'au Taurus. Ventidius leur livra bataille et remporta la victoire. Ce fut à la suite de ce premier engagement que Labiénus perdit la vie. Bientôt les Romains et les

Parthes en vinrent encore aux mains. Cette fois Barzapharnes fut tué. C'était le conseiller et le lieutenant que le roi Orode avait donné à son fils Pacorus. Enfin Ventidius rencontra pour la troisième fois les Parthes dans la Cyrrhestique. Pacorus fut tué dans le combat, et les Romains crurent avoir vengé Crassus. Ils pouvaient, en effet, s'avancer en vainqueurs dans la Mésopotamie, et pousser jusqu'à la capitale de l'empire des Parthes ; mais Ventidius ne voulut point irriter Antoine par ses succès, et il se borna à faire la guerre à Antiochus, roi de Commagène. Il l'assiégea dans Samosate : déjà il l'avait forcé à capituler et à promettre 1,000 talents, lorsque Antoine se présenta à ses légions et voulut, nonobstant les premières négociations, continuer le siége. Les soldats, mécontents, le servirent avec mollesse, et, à la fin, il se trouva trop heureux de recevoir 300 talents au lieu de 1,000. Après cette guerre, Hérode régna paisiblement sur la Judée.

Ventidius revint à Rome pour jouir des honneurs qui lui avaient été décernés. Il y avait sans doute quelque chose d'étrange dans le triomphe de cet Italien, qui lui-même, dans son enfance, avait suivi au Capitole, comme captif, le char d'un triomphateur.

Ce fut peu de temps après le traité de Misène qu'à la suite d'un double divorce Octave, répudiant Scribonia, épousa Livie, femme de Tibérius Néron.

SEXTUS RECOMMENCE LA GUERRE ; OCTAVE EST BATTU SUR MER ; AGRIPPA ÉQUIPPE UNE NOUVELLE FLOTTE. — Sextus n'avait consenti qu'à regret à faire la paix avec les deux triumvirs : il trouva bientôt un prétexte pour recommencer la guerre. D'abord Antoine n'avait point voulu le laisser entrer en possession de l'Achaïe ; ensuite Octave, quoiqu'il l'eût promis, n'avait point rétabli dans leurs droits et priviléges tous les exilés ou proscrits qui, à l'époque des troubles, s'étaient réfugiés en Sicile. Sextus se plaignit : puis, sans se déclarer ouvertement, il aida les pirates qui ravageaient les côtes de l'Italie. Bientôt Rome se trouva encore une fois en proie à la famine.

Octave n'avait qu'un petit nombre de vaisseaux, et il ne se croyait pas en mesure de résister à Sextus. Il n'aura point, assurément, commencé la guerre si Ménas, vers cette époque, n'avait trahi son maître. Ménas, qui gouvernait la Sardaigne, changea de parti, et détacha de la flotte de Sextus soixante vaisseaux. Octave accueillit le traître avec distinction : il le fit inscrire parmi les chevaliers romains, et lui donna le commandement de sa flotte. Toutefois, pour arrêter les murmures, il voulut qu'il obéît en apparence à Calvisius Sabinus.

Il se transporta sur les bords de l'Adriatique, où il réunit tous ses vaisseaux et il donna ordre à Ménas de se diriger vers la Sicile en suivant les côtes. Il mit à la voile, lui-même, pour se réunir à sa flotte de la mer de Toscane. Il voulait attaquer l'ennemi avec l'ensemble de ses forces. Sextus le prévint ; il envoya contre Ménas et Calvisius Sabinus l'affranchi Ménécrate : pour lui, il attendit dans le port de Messine l'arrivée d'Octave. Ménécrate rencontra la flotte de Toscane à la hauteur de Cumes : il livra un combat dans lequel il fut tué, mais où l'avantage resta à ses marins. Sa flotte revint, en bon ordre, dans les eaux de Messine. Ce fut un événement heureux pour Sextus, qui avec tous ses vaisseaux put attaquer Octave. Celui-ci, à la nouvelle de la bataille de Cumes, était sorti du port de Rhégium et se hâtait de franchir le détroit de Sicile. Sextus l'atteignit non loin de l'écueil si célèbre dans la fable sous le nom de Scylla, et, secondé par ses affranchis, Démocharès et Apollophane, il remporta sur lui une victoire signalée. Il eût pris ou détruit tous ses vaisseaux si on ne lui eût signalé l'arrivée de Ménas. Pour échapper à l'esclavage ou à la mort, tous les équipages d'Octave se sauvèrent à terre, et le triumvir suivit leur exemple. Il ne se crut préservé du danger qu'au moment où il vit arriver une légion qui campait non loin de l'endroit où s'était livrée la bataille. Une tempête qui s'éleva alors acheva de détruire ce qui avait échappé à Sextus. La flotte de Ménas, qui avait gagné pleine mer, échappa, au moins en partie, à ce grand désastre.

Les forces navales d'Octave étaient anéanties, et il lui fallut deux ans pour opposer à Sextus une nouvelle flotte. Sa douleur était extrême, et elle fut à peine

oucie à la nouvelle des succès d'A-
[gr]ippa. Ce général avait maintenu les
[G]aulois dans la soumission, et il était le
[se]cond des Romains qui eût franchi le
[R]hin. Octave lui accorda le consulat et
[le] triomphe ; Agrippa ne voulut point
[tri]ompher ; il n'accepta que le titre de
[co]nsul (37). Ce fut lui qui se chargea de
[re]lever la marine du triumvir : il s'as-
[su]ra d'abord d'un port commode et sûr,
[en] joignant ensemble et avec la mer le
[la]c Lucrin et le lac Averne. Il parvint,
[à] l'aide de prodigieux travaux, à former
[un] bassin où il pouvait exercer jusqu'à
[vi]ngt mille matelots.

Vers ce temps expirèrent les cinq an-
[né]es du triumvirat. Octave et Antoine
[n']avaient plus besoin que d'eux-mêmes
[po]ur se perpétuer dans leurs pouvoirs.

TRAITÉ ENTRE OCTAVE ET AN-
TOINE ; GUERRE CONTRE SEXTUS ; OC-
TAVE SE REND MAÎTRE DE LA SICILE,
[E]T FORCE LÉPIDUS A RENONCER AU
[TI]TRE DE TRIUMVIR ; L'ITALIE PACI-
FIÉE. — Sous le consulat de L. Gellius
[Po]plicola et de M. Cocceius Nerva (36),
[O]ctave fit d'immenses préparatifs pour
[re]commencer la guerre contre Sextus.
[D]'abord il demanda du secours à Lépi-
[du]s et à Antoine : le premier se disposa
[à] passer en Sicile ; le second vint sur
[la] côte de Tarente, avec une flotte de
[tr]ois cents vaisseaux. Antoine arrivait
[n]on comme allié, mais comme ennemi :
[il] y avait eu entre lui et Octave une nou-
[v]elle rupture. Octavie se chargea de les
[r]éconcilier. Ils se virent, en effet, à
[T]arente, où ils jurèrent encore une fois
[d]e ne point se désunir ; comme gage de
[l]a paix, Antoine prêta cent vingt vaisseaux à Octave, qui lui donna en échange
[v]ingt mille légionnaires. Peu de temps
[a]près ils se séparèrent. Antoine, lais-
[s]ant Octavie en Italie, partit pour son
[e]xpédition contre les Parthes.

Octave voulait attaquer la Sicile de
[t]rois côtés à la fois. Une flotte se tenait
[p]rête à partir de Tarente, une autre des
[c]ôtes de la Campanie ; enfin Lépidus
[d]evait amener au sud de l'île les forces
[qu]'il avait rassemblées en Afrique. Il n'y
[e]ut que Lépidus qui réussit. Statilius
Taurus fut obligé de ramener ses vais-
[s]eaux à Tarente. La flotte qu'avait ras-
[s]emblée Agrippa était à peine sortie du
[p]ort qu'elle fut battue et dispersée par
une affreuse tempête. Elle ne pouvait
plus tenir la mer. On pressait Octave
de remettre à un autre temps son expédition : il repoussa ce conseil, et à force
d'activité il put, au bout d'un mois, se
diriger avec tous ses vaisseaux vers les
côtes de la Sicile.

Agrippa eut l'avantage dans un premier combat, livré non loin de Myles. De
son côté, il n'y eut que cinq vaisseaux
coulés à fond, Sextus en perdit trente.
Octave profita de ce succès pour jeter
des troupes sur les côtes de la Sicile.
Sextus, rassemblant sa flotte, le suivit, et
l'attaqua au moment même où il venait de débarquer, non loin de Tauroménium, trois légions commandées par
L. Cornificius. Octave fut vaincu. Presque tous ses vaisseaux furent pris, brûlés ou coulés à fond : lui-même ne parvint qu'à grand'peine à trouver un refuge en Italie, dans le camp de Messala.
Cornificius ne fut sauvé que par les secours que lui envoya Agrippa, qui s'était
emparé de la ville de Tyndarium.

Sextus était victorieux ; mais pourtant
il ne put empêcher Octave de faire passer presque toutes ses troupes en Sicile.
D'un autre côté, Lépidus, qui se tenait
non loin de Lilybée, s'ébranla enfin avec
ses légions, et bientôt les deux triumvirs
se trouvèrent réunis sous les murs de
Messine. Sextus n'avait d'espoir que
dans une dernière bataille navale ; il la
livra, et la perdit. Il fut vivement poursuivi par Agrippa, et ne put sauver que
dix-sept vaisseaux. Il rentra à Messine,
d'où il s'enfuit bientôt avec sa fille, les
amis qui lui restaient et une portion de
ses richesses. Il allait demander un asile
à Antoine.

Messine se rendit à Lépidus. Celui-ci
réclama alors, pour prix de ses services et pour agrandir sa part, qui lui
semblait trop petite, toute la Sicile. Octave refusa : de là entre les deux triumvirs un différend qui faillit amener une
bataille. Octave, pourtant, n'eut pas
besoin de recourir à la force : il lui suffit, pour rester le maître, de se présenter aux soldats de Lépidus. Ceux-ci
se tournèrent volontiers du côté de
l'homme qui avait si largement récompensé les légions qui avaient combattu
à Philippes. Lépidus se vit bientôt abandonné par tous les siens. Pour arrêter

la désertion, il saisit un drapeau, et déclara qu'il ne le quitterait qu'avec la vie : « Eh bien, lui dit un soldat, tu le quitteras en mourant! » Lépidus eût été tué, s'il n'eût lâché prise. Il fut livré à Octave, qui lui retira son titre de triumvir, et le relégua à Circéi. On lui laissa pourtant la dignité de grand pontife.

Le vainqueur fut exposé alors à un grand danger : les soldats qui l'avaient servi réclamaient à grands cris des récompenses. Ils voulaient un nouveau partage des terres. Ce ne fut qu'à force de patience et de ruse qu'Octave vint à bout de les calmer. Il licencia les plus mutins; et plus tard il donna aux autres des établissements en Italie. Comme le partage qui avait suivi la bataille de Philippes avait occasionné dans toute la Péninsule d'immenses désordres, Octave acheta les champs où devaient s'établir les nouveaux colons, ou bien encore il leur livra les terres que les anciens cultivateurs avaient abandonnées.

Avant de quitter la Sicile, il y établit un propréteur, qui devait gouverner l'île en son nom, et il chargea Statilius Taurus de prendre possession de toute l'Afrique. Puis il revint à Rome, où le sénat, qui avait déjà pris des habitudes serviles, voulut lui prodiguer les plus grands honneurs. Octave refusa, et il n'entra dans Rome qu'avec la pompe modeste de l'ovation, le jour des ides de novembre.

Il s'occupa alors de rendre à leur ancienne condition tous les esclaves fugitifs qui avaient combattu dans l'armée de Sextus. Ceux qui n'avaient plus de maîtres furent égorgés. Ensuite il fit poursuivre les brigands qui ravageaient par grosses troupes l'Italie et la Sicile. Il fallut un an à Sabinus pour les exterminer.

Vers ce temps, il commença dans la capitale de l'Empire ces travaux d'embellissements qui lui faisaient dire à la fin de sa vie : « Quand je suis entré en possession de Rome, elle était de brique ; je la laisse toute de marbre. »

EXPÉDITION CONTRE LES PARTHES; CONDUITE D'ANTOINE EN ORIENT. — Antoine, comme nous l'avons dit, quitta l'Italie pour faire la guerre aux Parthes (36). Il voulait enfin commander en personne l'armée qui, sous les ordres de Ventidius, avait déjà obtenu de si glorieux succès. « Mais à peine eut-il touché le sol de l'Asie, que sa passion pour Cléopâtre se réveilla plus vive, plus insensée que jamais. Il la fit venir à Laodicée, reconnut les enfants qu'il avait eus d'elle, et ajouta à son royaume la Phénicie, la Cœlésyrie, Cypre et une partie de la Cilicie, de la Judée et de l'Arabie, c'est-à-dire presque tout le littoral du Nil au mont Taurus. Ces pays étaient pour la plupart des provinces romaines. Mais est-ce qu'il y avait encore une Rome, un sénat, des lois, autre chose que le caprice du tout-puissant triumvir? Antoine avait soixante mille hommes, dix mille cavaliers et trente mille auxiliaires. Évitant les plaines de la Mésopotamie, si fatales à Crassus, il prit par l'Arménie, dont le roi Artavasde était son allié, et attaqua la Médie. Trois cents chariots portaient ses machines : retardé par ce lourd attirail, il le laissa derrière lui, et pénétra jusqu'à Phraata, à peu de distance de la mer Caspienne. Il reconnut bientôt la faute qu'il avait faite d'abandonner ses machines, en voyant toutes ses attaques échouer devant cette place, et plus encore en apprenant que Phraate, le nouveau roi des Parthes, avait surpris le corps qui les gardait, et brûlé tout le convoi. Artavasde, découragé par cet échec, se retira avec ses Arméniens. Pour relever le courage de ses troupes, Antoine, avec dix légions, alla chercher l'ennemi; il le battit, et le poursuivit longtemps. Mais quand, revenus sur le champ de bataille, les légionnaires n'y trouvèrent que trente morts, comparant le résultat avec l'effort qu'il avait coûté, ils tombèrent dans le découragement. Le lendemain, en effet, ils revirent l'ennemi aussi hardi, aussi insultant que la veille. Pendant cette affaire les assiégés avaient forcé les lignes du blocus; Antoine fit décimer les trois légions qui les gardaient. L'hiver approchant, Phraate fit des ouvertures qu'Antoine accepta avec empressement. Les légions devaient lever le siège, et le roi s'engageait à ne les point inquiéter dans leur retraite. Pendant deux jours la marche fut tranquille; le troisième les Parthes attaquèrent en un endroit qu'ils croyaient favorable. Mais les Romains, avertis, étaient en bataille, et l'ennemi fut repoussé. Les quatre

urs suivants furent comme les deux
emiers ; le septième l'ennemi se mon-
a de nouveau, et cette fois trois mille
gionnaires périrent. Les Parthes, en-
rdis par le succès, renouvelèrent dès
rs chaque matin leurs attaques, et l'ar-
ée n'avança qu'en combattant. Dans le
alheur, Antoine retrouva ces qualités
li lui avaient autrefois valu l'amour des
oupes : brave, infatigable, il animait
r son exemple, durant l'action, l'ar-
ur des siens, et le soir il parcourait
s tentes, prodiguant aux blessés les seurs et les consolations. « O retraite
s Dix-mille ! » s'écria-t-il plus d'une
is en pensant avec admiration au cou-
ge heureux des compagnons de Xé-
phon. Enfin, au bout de vingt-sept
urs de marche, pendant lesquels ils
aient livré dix-huit combats, les Ro-
ains atteignirent l'Araxe, frontière de
Arménie. Leur route depuis Phraate
ait marquée par les cadavres de vingt-
atre mille légionnaires. Si le roi d'Ar-
énie n'eût pas quitté si tôt le camp
main, avec ses six mille cavaliers, la
traite eût été moins désastreuse. An-
ine ajourna sa vengeance, pour n'être
int forcé de retarder son retour au-
ès de Cléopâtre. Malgré un hiver ri-
oureux et des neiges continuelles, il
écipita tellement sa marche, qu'il per-
t encore huit mille hommes. Il attei-
nit enfin Leucocomé, entre Béryte et
don, où Cléopâtre vint le rejoindre.
n vain la fortune lui offrit une occasion
e réparer sa défaite : une querelle s'é-
it élevée entre Phraate et le roi des
èdes, au sujet du partage des dé-
ouilles, et le Mède, irrité, faisait savoir
'il était prêt à se réunir aux Romains.
léopâtre l'empêcha de répondre à cet
pel d'honneur, et l'entraîna, à sa
ite, à Alexandrie.

« Malgré cette retraite désastreuse,
ui contrastait avec les succès remportés
tte année même par son collègue,
ntoine envoya à Rome des messagers
victoire ; mais Octave eut soin que la
érité fût connue, bien qu'en public il
e parlât que des triomphes de son col-
gue, et qu'en signe de la cordiale ennte qui existait entre eux, il fît placer
statue dans le temple de la Concorde.
était bien là l'homme qui avait tou-
urs à la bouche le proverbe : *Hâte-toi*

lentement, et cet autre : *Tu arriveras
assez tôt si tu arrives*. En l'année 35,
Antoine fit en Syrie quelques préparatifs
que Cléopâtre ne lui permit pas d'achever. Il les recommença l'année suivante,
et fit une courte expédition en Arménie, dont le roi, pour conjurer l'orage,
se rendit à une invitation d'Antoine.
A peine dans son camp, il fut saisi et
traîné, chargé de chaînes d'or, à Alexandrie, où Antoine entra en triomphe,
comme dans la capitale de l'Orient.
Rome s'offensa de cette atteinte à
ses droits ; mais Antoine avait oublié
qu'il était Romain. Il donna le titre de
rois à Alexandre et à Ptolémée, les deux
fils qu'il avait eus de Cléopâtre ; au premier avec la Médie, l'Arménie et le
royaume des Parthes, au second avec
la Phénicie, la Cilicie et la Syrie ; leur
sœur Cléopâtre eut pour dot la Cyrénaïque. Puis il présenta les deux princes
au peuple, Alexandre portant la robe
médique et la tiare, Ptolémée revêtu
du long manteau et du diadème des
successeurs d'Alexandre. Antoine lui-
même quitta la toge pour une robe
de pourpre ; et on le vit, comme les
monarques de l'Orient, couronné d'un
diadème, et portant un sceptre d'or,
avec le cimeterre au côté ; ou bien, auprès de Cléopâtre, parcourant les rues
d'Alexandrie, tantôt comme Osiris,
plus souvent comme Bacchus, traîné
sur un char, paré de guirlandes, chaussé
du cothurne, une couronne d'or sur la
tête et le thyrse en main. Pouvait-on insulter plus hautement aux idées et à la
gloire de Rome ? Eh ! qu'il fallait que le
besoin d'un maître fût impérieux pour
que cet insensé ait trouvé cent mille
hommes qui voulussent combattre encore pour lui donner l'empire ! Est-il
nécessaire d'ajouter que la Grèce et l'A-
sie furent dépouillées de leurs chefs-
d'œuvre pour décorer la nouvelle capitale de l'Orient ; que toute la bibliothèque de Pergame, deux cent mille volumes, fut transportée à Alexandrie ?
Un jour cependant il se souvint de
Rome, et il n'eut pas honte de faire demander au sénat la confirmation de tous
ces actes (1). »

(1) V. Duruy, *Hist. Romaine*, p. 335 et
su..

MORT DE SEXTUS POMPÉE; GUERRES SOUTENUES PAR OCTAVE CONTRE LES IAPODES, LES DALMATES ET LES PANNONIENS; GOUVERNEMENT DE ROME ET DE L'ITALIE. — Il n'est pas inutile de rapporter ici la fin de Sextus Pompée. Forcé, comme nous l'avons vu, d'abandonner la Sicile, il s'enfuit du port de Messine avec dix-sept vaisseaux. Son projet avait été d'abord de se rendre, sans délai, auprès d'Antoine; mais quand il sut qu'Octave ne songeait point à le poursuivre, il se mit à exercer la piraterie sur les côtes de l'Italie et de la Grèce. Il s'établit enfin à Mitylène, capitale de l'île de Lesbos. Il feignait d'attendre Antoine; mais, en réalité, il cherchait, en augmentant le nombre de ses vaisseaux et de ses rameurs, à se substituer au maître de l'Orient. Il traitait même secrètement avec les Parthes. Quand Antoine fut de retour à Alexandrie, il ne reçut qu'avec défiance les ambassadeurs qui lui avaient été envoyés par Sextus. Déjà il avait ordonné à ses troupes de le combattre s'il demeurait en armes et de l'amener en Égypte. Sextus ne pouvait résister. Pour échapper à Antoine, il prit le parti extrême de brûler son escadre, et de se diriger avec les soldats qui lui restaient vers la haute Asie. Les lieutenants d'Antoine l'arrêtèrent dans sa fuite, et le conduisirent à Milet, où il fut tué (35).

Octave, de son côté, n'était pas resté oisif après la pacification de l'Italie et de la Sicile. Il avait exercé ses légions dans des expéditions entreprises contre les Illyriens, les Dalmates et les Pannoniens. Lui-même s'était mis à la tête des troupes, et il donna plusieurs fois, disent certains historiens, des preuves de bravoure. Il reçut trois blessures au siége de Metulum, capitale des Iapodes. En même temps, Messala, son lieutenant, domptait les Salasses qui habitaient la vallée d'Aoste. La guerre occupa ainsi Octave pendant trois ans (36-33).

L'Italie jouissait alors d'un profond repos : les pirates avaient cessé de ravager ses côtes, et les bandes armées qui la parcouraient dans tous les sens avaient été exterminées. Rome prenait aussi un nouvel aspect, et s'embellissait de nouveaux édifices. Ces changements étaient dus, en grande partie, à Mécène et à Agrippa; mais les populations att buaient volontiers à Octave tous bienfaits de l'ordre et de la paix.

RUPTURE ENTRE OCTAVE ET A TOINE. — Octave ne négligeait aucu occasion de perdre Antoine dans l'o nion des Italiens. Il faisait circuler da Rome, sans se montrer et sans par lui-même, tous les bruits que des age dévoués avaient recueillis en Orient e Alexandrie. Il ne recula pas même c vant l'humiliation de sa famille po perdre son rival. Octavie lui avait mandé l'autorisation de rejoindre s époux : il la lui accorda sans hésit persuadé qu'elle serait repoussée Antoine. Celui-ci, en effet, qui ne voy plus alors que Cléopâtre, ordonna à O tavie de retourner à Rome. Octave co seillait à sa sœur d'abandonner la m son d'Antoine, et de vivre comme si n'avait plus d'époux : elle repoussa conseil, et continua à prodiguer ses so non-seulement à ses propres enfan mais encore à ceux qui étaient nés Fulvie.

Antoine avait demandé une part d la dépouille de Lépidus. Octave répo dit avec ironie qu'il partagerait avec A toine lorsque celui-ci lui céderait t part de ses conquêtes. De là une co testation qui fut portée devant le sén Les amis d'Antoine étaient encore no breux à Rome. Parmi eux se dist guaient les deux consuls Cn. Domit Ahenobarbus et C. Sosius (32). Oct ne parvint à leur imposer silence qu les menaçant de faire connaître les n velles qu'ils avaient reçues d'Alexandr et que jusque alors ils avaient cachées public. Domitius et Sosius s'enfuir de Rome, et plusieurs sénateurs sui rent leur exemple.

Domitius rejoignit Antoine à Éphè C'était là que se faisaient les prépara de la guerre. Canidius y avait rasse blé seize légions. Domitius conseilla vain de renvoyer Cléopâtre en Égy La reine, pour soustraire peut-être A toine à l'influence des hommes de guer l'entraîna dans l'île de Samos, où l'enivra de fêtes et de plaisirs. De là vinrent à Athènes, où fut consomm divorce avec Octavie.

Octave tira bientôt vengeance de affront en lisant dans le sénat et dev peuple le testament d'Antoine. Il avait été instruit de ses principales dispositions par Titius et Plancus, qui l'avaient signé comme témoins. Il avait été apporté à Rome par ordre d'Antoine et déposé dans le temple de Vesta. Octave n'hésita pas à saisir dans ce sanctuaire révéré ce testament qui devait exciter l'indignation de tous les Romains. Antoine y déclarait que Césarion était fils légitime de César et de Cléopâtre; il faisait aux enfants que lui-même il avait eus d'elle des dons immenses, et il ordonnait que dans le cas même où il mourrait à Rome son corps, après avoir reçu dans la place publique les derniers honneurs, fût transporté à Alexandrie et remis à Cléopâtre, par les mains de laquelle il voulait être enseveli.

Alarmés de tant de folies, les amis d'Antoine firent un dernier effort pour l'arracher à Cléopâtre. Ils firent partir Géminius, qui devait lui porter leurs conseils et même leurs prières. La reine était prévenue : Géminius ne put avoir audience d'Antoine. Seulement dans un banquet on lui demanda brusquement le sujet de son voyage : « Je pense, dit-il, que tout ira bien si l'on renvoie Cléopâtre en Égypte. » Celle-ci, irritée, s'écria : « Tu as bien fait de dire la vérité sans t'y faire contraindre par les tortures. » Géminius, effrayé, s'enfuit peu de jours après, et retourna à Rome.

Tous ceux qui environnaient Antoine perdaient courage. Déjà Titius et Plancus l'avaient abandonné. Ils furent bientôt suivis par M. Silanus et Q. Dellius. Le moment parut favorable à Octave. Il obtint un décret qui privait Antoine du consulat qui lui avait été réservé pour l'année suivante et de la puissance triumvirale. Cependant il ne le fit point déclarer ennemi public. On prit, il est vrai, dans la ville l'habit de guerre; mais on affecta de dire que l'on se préparait seulement à combattre Cléopâtre.

Antoine s'était perdu par ses lenteurs. D'Éphèse, où il avait rassemblé ses troupes, il s'était porté brusquement sur l'Italie, Octave n'aurait pu lui résister. Mais il avait été arrêté par Cléopâtre, et l'automne était déjà arrivé quand il se présenta devant Corcyre. Il crut prudent d'attendre encore : après s'être retiré vers le Péloponèse, il distribua ses troupes en divers cantonnements, et lui-même passa l'hiver à Patras.

Au commencement de l'année 31, Octave prit possession du consulat avec Valérius Messala Corvinus. Il attendit, comme Antoine, pour se mettre en campagne le retour de la belle saison. Au printemps, il sortit du port de Brindes avec ses troupes. Agrippa l'avait devancé avec une nombreuse escadre. Ce général, qui avait reçu ordre de surveiller et d'inquiéter l'ennemi, s'était porté sur les côtes de la Grèce; il avait fait plusieurs descentes, et s'était rendu maître de Méthone, ville forte du Péloponèse. Peu de temps après il s'empara d'un grand convoi qui arrivait à Antoine de la Syrie et de l'Égypte.

Octave débarqua ses légions au pied des monts Cérauniens, et il les fit défiler, le long de la côte, jusqu'au golfe d'Ambracie. Pour lui, il resta sur sa flotte, qu'il dirigea vers le promontoire d'Actium. Il croyait surprendre Antoine; mais celui-ci s'étant préparé à le bien recevoir, il rejoignit ses légions, qu'il établit dans un camp sur la côte septentrionale du golfe d'Ambracie. Ce fut en cet endroit qu'il bâtit, plus tard, la ville de Nicopolis. L'armée ennemie se tenait sur la plage opposée, et n'était séparée du camp d'Octave que par la largeur du golfe. Antoine avait sous ses ordres cent mille hommes de pied et douze mille chevaux; sa flotte se composait de cinq cents vaisseaux. Octave était moins fort : quatre-vingt mille légionnaires et douze mille cavaliers. Il n'avait que deux cent cinquante vaisseaux; mais ils étaient bien supérieurs à ceux d'Antoine. Tout l'Empire s'était ébranlé pour cette grande bataille que l'Orient allait livrer à l'Occident.

BATAILLE D'ACTIUM. — « Les deux armées, dit un historien moderne qui s'est environné ici de tous les témoignages des auteurs anciens, restèrent assez longtemps en présence sans qu'Octave pût parvenir à engager une bataille, quoiqu'il ne cessât de l'offrir à Antoine. Une même raison les déterminait, l'un à vouloir combattre, l'autre à le refuser. Les troupes d'Antoine n'étaient pas encore toutes rassemblées, et il avait le même intérêt à attendre celles qui lui manquaient que son adversaire à les prévenir. Tout se réduisit donc pendant un temps à des escarmouches, à de petits combats de cavalerie, à des prises de vaisseaux de charge, sans aucune action qui puisse passer pour importante. Lorsque Antoine eut toutes ses troupes réunies, il montra plus de confiance. Il passa avec une partie de son armée sur la côte où était l'ennemi, et il y dressa un camp, laissant néanmoins ses principales forces dans son ancien camp auprès d'Actium. Alors Octave ralentit cette grande ardeur à presser le combat : mais pendant qu'il se tenait lui-même tranquille, il fit agir des détachements et par terre et par mer. Pour mettre Antoine en inquiétude, et l'obliger, s'il était possible, d'abandonner les postes qu'il occupait, Octave envoya différents corps de troupes en Grèce et en Macédoine; et Agrippa, par son ordre, s'étant mis à la tête d'une puissante escadre, s'empara de Leucade et des vaisseaux qu'il y trouva, soumit Patras et même Corinthe.

« Ces succès d'Agrippa commencèrent à faire pencher la balance, et ébranlèrent la fidélité de plusieurs des partisans d'Antoine. Les désertions devinrent fréquentes dans son armée, et d'illustres personnages, tels que Philadelphe, roi des Paphlagoniens, Amyntas, roi des Galates, le quittèrent pour passer dans le camp ennemi. Mais il n'y eut personne dont le changement de parti lui fût plus sensible que celui de Domitius Ahénobarbus. C'était de tous les partisans d'Antoine le plus distingué par sa naissance, par son rang, par l'élévation de son courage. Il se donnait à Octave en haine de Cléopâtre. Antoine se montra généreux à son égard ; il lui renvoya ses équipages et tout ce qui lui avait appartenu. Domitius mourut peu après, sans avoir eu le temps de rendre aucun service à Octave. La multitude des désertions aigrit l'esprit d'Antoine, et le porta à la cruauté. Sur des soupçons bien ou mal fondés, il fit périr dans les tourments Jamblichus, roi ou prince d'une contrée de l'Arabie, et il livra un sénateur, nommé Q. Postumius, à la fureur d'un nombre de forcenés, qui, comme des bêtes féroces, le déchirèrent et le mirent en pièces. Les chagrins d'Antoine s'étendirent jusque sur Cléopâtre

et il entra en défiance contre elle. P une de ces vicissitudes que produise d'ordinaire les passions violentes, il a d'un excès à l'autre, et celle à laquel il avait soumis toutes ses volontés lui vint suspecte du noir dessein de le fai périr par le poison.

« Dans ce même temps, il lui survi quelques nouvelles pertes, qui augme tèrent ses inquiétudes. Sosius, ayant e gagé un combat naval, fut battu, et roi Tarcondimotus y perdit la vie. A toine lui-même ne réussit pas mie dans une petite action de cavalerie il se trouva en personne. Enfin, il co rut risque d'être enlevé et de tomb au pouvoir d'Octave. Voici comme la chose arriva. Il se tenait près de l'e nemi, dans le camp qu'il avait établi s la côte septentrionale du golfe, et passait souvent sans beaucoup de pr caution de ce camp à sa flotte, se fia sur des lignes palissadées, qui assuraie la communication de l'un avec l'autr Octave en fut averti, et il plaça une e buscade, qui ne manqua Antoine q d'un instant, car celui qui le précéda immédiatement fut pris, et lui-même ne se sauva qu'avec peine. Cette ave ture le détermina à retourner dans s ancien camp, au pied du promontoi d'Actium. Là, voyant que ses affair dépérissaient de jour en jour, et q d'ailleurs la disette commençait à mettre dans son armée, il en concl qu'il devait changer entièrement s plan de guerre, et il tint un grand co seil pour délibérer sur ce qu'il conv nait de faire en pareille conjoncture.

« Antoine avait bien plus de raiso de mettre sa confiance en ses légion exercées par tant de combats, que da une flotte mal équipée, mal servie, qui jusque-là n'avait réussi en rien. C tait aussi le sentiment de Canidius, q à l'approche du danger, oubliant s complaisances pour Cléopâtre, consei lait à son général de renvoyer cette pri cesse, et de se retirer en Thrace ou Macédoine pour y vider la querelle p une bataille en pleine campagne. Il r présentait qu'en ce cas Dicomès, roi d Gètes, promettait de puissants secour et qu'après tout il n'était point ho teux d'abandonner la mer à Octave, qui les guerres contre Sextus Pomp vaient donné moyen d'acquérir de habileté dans la marine, mais qu'il serait bien étrange qu'Antoine, qui avait une grande expérience dans les combats sur terre, ne profitât point de la force, du nombre et du courage de ses légions. Ces raisons si solides auraient assurément fait impression sur Antoine, s'il eût été encore capable de se décider par lui-même; mais il ne voyait que par les yeux de Cléopâtre, et il ne se déterminait que par ses ordres. Cette artificieuse princesse, qui ne songeait qu'à ses intérêts propres, voulait absolument une bataille navale, envisageant non pas ce qui pourrait être plus utile pour vaincre, mais ce qui lui procurerait une fuite plus prompte et plus aisée en cas de disgrâce. Il fut donc résolu que l'on en tiendrait à combattre sur mer; et comme le nombre des matelots et des rameurs d'Antoine ne suffisait pas à beaucoup près pour ses vaisseaux, il fit un choix de ses meilleurs bâtiments, et brûla tout le reste. Sa flotte se trouva ainsi réduite à cent soixante-dix vaisseaux, qui n'avaient pas même leur équipage complet. En y ajoutant les soixante galères de Cléopâtre, il était encore inférieur à son ennemi, qui avait deux cent cinquante vaisseaux. Mais, comme les siens étaient plus grands et plus hauts de bord, il comptait que cet avantage suppléerait à ce qui lui manquait du côté du nombre. Il embarqua sur cette flotte vingt mille soldats légionnaires et deux mille tireurs d'arcs, sans oublier d'y faire monter les premiers et les plus illustres de ceux qu'il avait avec lui, afin qu'il leur fût plus difficile de passer du côté de l'ennemi, s'ils étaient tentés d'imiter l'exemple que plusieurs autres leur avaient donné.

« On rapporte que pendant l'embarquement, un vieux centurion de tout temps attaché à Antoine, et qui, ayant combattu pour lui et sous ses yeux en mille occasions, était criblé de blessures, versa des larmes en le voyant approcher, et lui dit : « Pourquoi, sans tenir « compte de ces blessures que j'ai re- « çues en combattant sous tes ordres, « et de cette épée qui t'a si bien servi, « mets-tu tes espérances dans un bois « fragile ? Laisse les Égyptiens et les « Phéniciens combattre sur mer ; mais, « pour nous, la terre est notre élément. « Donne-nous cette terre, sur laquelle « nous sommes accoutumés à combat- « tre de pied ferme, prêts à vaincre ou « à mourir. » A ce discours Antoine ne répondit rien ; mais, prenant un air de sérénité, et faisant signe de la main au centurion d'avoir bon courage, il s'éloigna. Il recommandait à cet officier une confiance qu'il n'avait pas lui-même; et l'on remarqua que les pilotes, voulant laisser les voiles à terre, parce que les rames suffisaient pour le combat, il ordonna qu'on les portât dans les vaisseaux, sous le prétexte qu'il ne fallait pas qu'un seul des ennemis pût leur échapper par la fuite. Octave fit de son côté les apprêts du combat. Mais, malgré la disposition où étaient les deux généraux d'en venir aux mains, pendant quatre jours le gros temps les en empêcha. Enfin, le cinquième jour, qui était le 2 septembre, les deux flottes s'ébranlèrent. Antoine rangea ses vaisseaux à l'entrée du golfe d'Ambracie, donnant le commandement de l'aile droite à Gellius Publicola, celui de la gauche à Sosius, et confiant le centre à M. Octavius et à M. Instéius. Pour lui, il se réserva le soin d'aller partout où sa présence serait nécessaire. Octave, prenant le large, s'étendit en face de la flotte d'Antoine. Ses lieutenants étaient M. Lurius à la droite, L. Arruntius à la gauche, subordonnés tous deux à Agrippa, qui commandait en chef, et sur qui devait rouler toute l'action.

« Les deux armées de terre, spectatrices du combat, étaient rangées sur les rivages, celle d'Antoine commandée par Canidius, celle d'Octave par Statilius Taurus : puissant encouragement pour les deux flottes qui allaient se battre. Quoique Antoine offrît la bataille, il n'avait pas dessein d'attaquer. Il avait recommandé à ceux qui présidaient à la manœuvre d'attendre l'ennemi sans faire aucun mouvement, se précautionnant contre les écueils et les bas-fonds, et ses soldats avaient ordre de se battre de la même façon que s'ils eussent été en terre ferme, et de regarder leurs vaisseaux comme des citadelles qu'ils auraient à défendre contre une troupe d'assaillants. Octave, en parcourant toutes les divisions de son armée, lorsqu'il fut arrivé à son aile droite, remarqua avec étonnement la tranquillité de la flotte d'Antoine; car de loin on eût cru qu'elle était à l'ancre. Il ne jugea pas à propos d'aller à l'ennemi si près des terres, où l'agilité de ses vaisseaux et l'habileté de ses matelots et rameurs auraient été de peu d'usage, et il se contenta de demeurer en présence, à la distance d'un mille. Cette inaction dura jusqu'à midi. Alors, un vent de mer s'étant élevé, les officiers et les soldats d'Antoine, impatients d'un délai qui les irritait, et se confiant en la grandeur et en la force de leurs bâtiments, ébranlèrent leur gauche, et firent un mouvement vers l'ennemi. Octave, pour leur donner lieu de s'éloigner davantage du détroit et des terres, ordonna à sa droite de reculer vers la pleine mer, afin que ses navires, qui manœuvraient facilement, eussent tout l'espace nécessaire pour assaillir à leur avantage les lourds vaisseaux d'Antoine. Bientôt l'action commença. On se battit comme sur terre, ou, pour parler plus juste, c'étaient comme des assauts livrés à des forteresses; car trois et quatre vaisseaux d'Octave entouraient un de ceux d'Antoine, et les combattants se servaient de piques, de boucliers, de longues perches armées de fer par le bout, de pots à feux; et même, du côté d'Antoine, comme les poupes de ses vaisseaux portaient des tours de bois, on employait les catapultes ou machines à lancer les traits. Tout cela se passait à la droite; cependant Agrippa étendit sa gauche pour envelopper les ennemis. Publicola, qui lui était opposé, fut obligé d'en faire autant, et, en s'étendant, il se sépara peu à peu du centre, où le trouble commença à se mettre. Cependant il n'y avait rien encore de décidé, lorsque tout d'un coup on vit les soixante vaisseaux de Cléopâtre prendre la fuite et traverser les combattants, ayant les voiles hautes et cinglant vers le Péloponèse. La peur sans doute emporta cette princesse, qui avait tout préparé d'avance, et qui, comme si elle ne fût venue au combat que pour fuir, s'était donné le soin de faire charger sur ses vaisseaux tout ce qu'elle avait de plus précieux. Il n'y a rien en cela de fort étonnant. Mais ce qui est inconcevable, c'est la conduite d'Antoine en cette occasion. Il n'est pa[s] possible d'y reconnaître, dit Plutarqu[e] ni le général d'armée ni l'homme de cœu[r] et de tête. Il sembla même avoir perd[u] le droit de se gouverner par sa volon[té] propre, et il vérifia ce que l'on dit d[es] amants dont on assure que l'âme habit[e] dans la personne qu'ils aiment. Comm[e] s'il eût été l'ombre de Cléopâtre, et oblig[é] d'obéir à tous ses mouvements, il n[e] vit pas plus tôt le vaisseau de cette pri[n]cesse partir et s'éloigner, qu'oublia[nt] tout, abandonnant et trahissant ceu[x] qui combattaient et qui mouraient po[ur] lui, il passa dans une galère à cinq ran[gs] de rames, accompagné seulement de de[ux] amis; il courut après celle qui se pe[r]dait et qui le perdait lui-même. Clé[o]pâtre, l'ayant reconnu, fit lever en l'a[ir] le pavillon de son vaisseau. Il y abord[a] et y entra sans la voir ni en être vu. El[le] était à la poupe: il passa à la prou[e] et là il demeura assis seul, tenant [sa] tête avec ses mains. Cependant ses so[l]dats combattaient avec un courage d[i]gne d'admiration. Il est vrai que d'abo[rd] il n'y en eut que peu qui s'aperçure[nt] de sa fuite. Mais Octave ne la leur lais[sa] pas longtemps ignorer. Leur attach[e]ment pour Antoine était si vif, qu'ils n[e] voulurent point se rendre, jusqu'au m[o]ment où la mer commença à élev[er] de grosses vagues et à fatiguer leurs b[â]timents, las de résister à la fois aux e[n]nemis, aux vents et aux flots, ils se so[u]mirent au vainqueur vers la dixiè[me] heure du jour. Cinq mille homm[es] avaient péri dans la bataille. »

XIV.

AUGUSTE, EMPEREUR.

OCTAVE ET LES ARMÉES APRÈS [LA] BATAILLE D'ACTIUM. — Les *barbar*[es] sont vaincus; Octave a triomphé av[ec] le sénat et le peuple, avec les Pénates les dieux de la patrie:

Cum patribus populoque, Penatibus et m[agnis]
Ignis dis (

Dès ce jour (4 septembre 31) le fi[ls] adoptif de César est le véritable souv[e]rain du monde.

(1) Voy. dans Virgile (*Æneid.*, VIII, 6[75] sqq.) la description poétique de la batai[lle] d'Actium.

Antoine, il est vrai, conservait encore es forces redoutables. Il n'avait perdu ur sa flotte que cinq mille soldats; son rmée de terre n'avait pas été engagée; on lieutenant Canidius avait sous ses 1dres dix-neuf légions et douze mille 1evaux. Mais l'amant de Cléopâtre, omme frappé de folie, s'était abandonné li-même au milieu du combat : il fuyait ers l'Égypte. Canidius se lassa de l'attendre; au bout de sept jours, il fit sa umission; plus de cent mille hommes issèrent avec lui du côté d'Octave.

« Le vainqueur montra beaucoup de émence, » *victoria fuit clementissima,* t Velléius Paterculus. Pourtant les rois li étaient venus au secours d'Antoine rent traités avec sévérité. Un grand ombre de sénateurs et de chevaliers yèrent de leur fortune, ou même de ur tête, leur alliance avec les ennemis Rome. Plusieurs cités perdirent leurs iviléges municipaux et furent condamées à de fortes contributions.

Un des premiers soins d'Octave fut disperser une partie des troupes dont défaite d'Antoine et la soumission de nidius avaient concentré en ses mains périlleux commandement. Il renvoya s vétérans en Italie, et répartit le reste ses forces dans d'autres provinces. es soldats qu'il garda sous les armes, mptant sur le pillage de l'Égypte, se rent en repos. Ceux qui reçurent leurs ngés sans toucher de récompense ne rdèrent pas à s'agiter. Pour prévenir danger des émeutes militaires il fallit une main ferme et vigoureuse. Octve avait confié à Mécène l'administraon de Rome et de l'Italie. Il craignit ne les soldats n'eussent point assez de spect pour un chevalier peu habitué à guerre. Il adjoignit à Mécène Agrippa, vainqueur d'Actium.

Malgré ces précautions, il fut bientôt ppelé lui-même par la nouvelle d'un ulèvement. Il partit de Samos et déarqua à Brindes dans l'hiver de l'an 30. n'eut pas à pousser plus loin sa marie. Tout le sénat, les chevaliers, une ande partie du peuple vinrent à sa ncontre. C'était un entraînement géral. Les soldats eux-mêmes suivirent oule, et se présentèrent devant César. l les traita avec douceur, distribuant s uns de l'argent, aux autres des terres. Il donna à ses plus dévoués compagnons quelques villes d'Italie qui avaient suivi le parti d'Antoine ; les habitants de ces malheureuses cités furent transportés à Dyrrachium, à Philippes, etc. Octave n'avait pas assez d'argent pour remplir toutes ses promesses envers l'armée. Il mit en vente ses biens et ceux de ses amis; mais il ne se présenta point d'acheteurs; l'effet n'en était pas moins produit : les vétérans attendirent patiemment la conquête de l'Égypte. Au bout d'un mois, Octave put quitter Brindes et se mettre à la poursuite d'Antoine.

OCTAVE A LA POURSUITE D'ANTOINE. — Antoine et Cléopâtre avaient gagné ensemble la côte d'Afrique; ils s'étaient séparés à Parœtonium. La reine s'était rendue à Alexandrie dans tout l'appareil du triomphe. Dès son retour, elle s'était débarrassée, par le fer et le poison, de tous ses ennemis; elle avait confisqué les biens de ses victimes et enlevé les trésors des temples. Antoine errait dans les déserts de la Cyrénaïque et de l'Égypte. Après la trahison de son lieutenant Pinarius Scarpus, qui commandait l'armée d'Afrique, il prit le chemin d'Alexandrie, et alla rejoindre Cléopâtre. Il ne lui restait plus d'alliés; l'Orient avait abandonné une cause perdue.

Le vaincu d'Actium, arrivé en Égypte, sembla reprendre un instant courage et se roidir contre la fortune. Avec la flotte et l'armée de Cléopâtre, il songeait à se défendre sur les bords du Nil. En cas de revers, il voulait se réfugier ou en Espagne ou dans la mer Rouge. La reine fit transporter, à travers l'isthme de Suez, quelques vaisseaux et une partie de ses trésors. Mais les Arabes s'emparèrent de cette riche proie. Antoine reconnut l'inutilité de ses desseins; forcé d'obéir aux conseils de la prudence, il implora la magnanimité d'Octave, et demanda la permission de se retirer à Athènes; il ne reçut point de réponse.

Cléopâtre avait secrètement envoyé au vainqueur un sceptre, une couronne et un trône royal. La perfidie de cette femme devait plaire au maître du monde. Octave, par une lettre publique, somma la reine d'Égypte de déposer le pouvoir; mais en secret il lui promit, en échange de la vie d'Antoine, la liberté et la conservation de son royaume. Deux fois encore Antoine essaya de fléchir le courroux de son ennemi; il lui livra un des meurtriers de César, le sénateur P. Turullius; il lui envoya une grande quantité d'or et d'argent. Octave fit tuer Turullius, et reçut les présents apportés par Antyllus, fils d'Antoine; mais il demeura sourd à toute prière. Il ne restait au vaincu d'autre ressource que les armes.

MORT D'ANTOINE ET DE CLÉOPATRE; L'ÉGYPTE PROVINCE ROMAINE (30 av. J. C.). — Antoine réunit sa flotte et son armée, et se dirigea vers Parœtonium, que Cornelius Gallus venait d'occuper; il échoua dans cette expédition, pendant qu'Octave, favorisé par la trahison de Cléopâtre, s'emparait de Péluse presque sans coup férir. Accouru en toute hâte à la défense d'Alexandrie, l'ancien lieutenant de César rappela, dans un brillant combat de cavalerie, sa gloire passée. Mais ce premier avantage n'eut point de suite. La reine, enfermée dans une tour avec toutes ses richesses, ne soutenait pas la courageuse résistance de son amant; Antoine, abandonné par les Égyptiens, n'avait pour appui qu'une poignée de légionnaires. Il provoqua Octave en combat singulier; il reçut, pour toute réponse, ce mot ironique : « Il y a plus d'un chemin qui mène à la mort. » Antoine essaya de mourir en combattant; il commença une double attaque par terre et par mer; mais les galères égyptiennes passèrent du côté de César, la cavalerie fit défection, l'infanterie fut repoussée. L'infortuné triumvir, trop tard convaincu de la trahison de la reine, rentra dans Alexandrie. On vint lui annoncer que Cléopâtre n'était plus. Antoine se souvint du serment qui unissait les *inséparables dans la mort;* il avait promis de ne pas survivre à son amante : il tint parole. Il arme la main d'un de ses esclaves, et lui demande un dernier service : l'esclave se frappe lui-même; mais Antoine n'hésite plus; il se perce de son épée : Octave désormais n'a plus de rival.

Cléopâtre n'était pas morte; elle fit apporter au pied de la tour où elle s'était réfugiée le corps sanglant d'Antoine, et le hissa avec des cordes par une fenêtre. Le triumvir respirait encore; son agonie se termina bientôt entre les bras de la reine. La fille de Ptolémées songeait peut-être à recueillir le prix de sa trahison. Un officier romain, Proculéius, vint la détromper. Il pénétra dans la tour, et se saisit de Cléopâtre. Octave était maître d'Alexandrie. Il réservait la reine pour l'ornement de son triomphe; il ne lui permit pas même de se tuer. Elle voulait se laisser mourir de faim; il la força de vivre en la menaçant de frapper ses fils. Elle essaya sur le vainqueur d'Actium le pouvoir un peu usé de ses charmes; il resta froid et impassible. Enfin elle apprit de Corn. Dolabella que son départ pour Rome, c'est-à-dire pour honte du triomphe, était décidé : elle réussit à mourir. On la trouva sans vie couchée sur un lit d'or, en costume royal. Ce fut la dernière héritière des Lagides; l'Égypte devint province romaine (30).

VOYAGE D'OCTAVE EN SYRIE; COMPLOT DE LÉPIDUS; HOMMAGES AU SÉNAT; RETOUR A ROME; TRIOMPHE (29 av. J. C.). — D'Alexandrie Octave se rendit en Asie Mineure. Il signala par des bienfaits son passage dans la Syrie que les exactions d'Antoine avaient épuisée. Invoqué comme arbitre par Phraate et par Tiridate, qui se disputaient le royaume des Parthes, il garda la plus stricte neutralité : maintenir la division chez les barbares, c'était assurer la tranquillité sur la rive droite de l'Euphrate. Le moment était mal choisi pour attaquer la puissance d'Octave. Le fils de Lépidus, Marcus Lépidus, forma cependant en Italie un complot dont Mécène sut prévenir l'exécution. M. Lépidus fut tué. Sa mère, Junie, sœur de Brutus, accusée devant le tribunal du consul Balbinus, dut sa grâce aux prières de son mari.

Rome prodiguait au vainqueur d'Antoine tous les hommages de la reconnaissance et de l'adulation : triomphe pour la défaite de Cléopâtre et la soumission de l'Égypte; jeux solennels en l'honneur d'Octave; prières publiques pour consacrer l'anniversaire de sa naissance, libations faites dans les repas en son nom, etc., etc. Le sénat investit Octave de la puissance tribunitienne pour toute vie, et du privilége d'étendre à son ...é son inviolabilité à tout citoyen ro-...ain. Au commencement de l'an 29, les ...nateurs et les magistrats s'engagent ...r serment à obéir à tous ses actes ; en-... on lui donne le droit de faire grâce. ...n ferme le temple de Janus, et l'on re-...ouvelle l'augure du salut. La paix uni-...rselle est proclamée; or, la paix mieux ...e la guerre assure à Octave la domina-...on du monde.

C'est au mois d'août de l'an 29 que ...éritier de César arriva dans les murs ... Rome. Il triompha trois fois, pour ... soumission des Dalmates, des Panno-...iens, des Iapodes, etc.; pour la bataille ...Actium, et pour la conquête de l'É-...pte. Il distribua aux citoyens 400 ses-...rces par tête ; à chaque soldat, 1,000 ...sterces. Il affranchit les villes d'Italie ...u tribut de l'or coronaire. Enfin, avec ...s dépouilles de l'Orient il acquitta tou-...es ses dettes. S'il faut en croire Dion ...assius, il y eut alors tant d'argent à ...ome, que les biens-fonds augmentèrent ...e valeur et que l'intérêt fut réduit des ...eux tiers (1). Les usuriers se plaignirent ...ns doute : n'était-ce pas assez, pour ... peuple, de la pompe des fêtes triom-...hales et du spectacle des combats de ...ladiateurs? Le peuple s'amusa aux fê-...es publiques, et accueillit sans murmures ...ne révolution qui portait atteinte aux ...riviléges du capital. Les richesses de ...Orient subvenaient à ses plaisirs et à ...es besoins; le peuple sut jouir de ce ...ouble bénéfice; il n'eut pour Octave que ...es remercîments et des louanges.

OCTAVE *imperator*, COLLÈGUE D'A-...RIPPA DANS LA CENSURE ; ÉPURATION ...U SÉNAT ; CENS ROMAIN ; FAVEURS ...CCORDÉES AU PEUPLE ; DÉSAVEU DES ...ROSCRIPTIONS ; FEINTE ABDICATION : ...CTAVE PROCLAMÉ AUGUSTE (29-27 ...v. J. C.). — « La royauté, la démocra-...ie, l'oligarchie, telles avaient été pen-...ant sept cent vingt-cinq ans les diver-...ses formes du gouvernement romain : ...es jours de la monarchie sont revenus ...vec la victoire d'Octave (2). » Parlerons-...nous de ce prétendu projet d'abdication, ...e cette discussion engagée entre Mécène ...et Agrippa, et rapportée avec tant de dé-

tails par le rhéteur Dion Cassius? Ce n'est pas là une question sérieuse aux yeux de l'histoire. Remarquons plutôt qu'en l'an 29 Octave reçut le titre d'*imperator*, c'est-à-dire le commandement suprême des armées, le droit de lever des troupes et de déterminer l'emploi des revenus de l'État. Il sera désormais le chef militaire de la république, chef unique et absolu ; il aura des gardes dans la ville ; il portera toujours la pourpre, signe de l'*imperium*. Tous les pouvoirs que les généraux d'armée possédaient autrefois dans les camps, il les concentrera, lui seul et pour la vie, en ses mains, naguère si cruelles et si redoutables. Mais le temps du triumvirat et des proscriptions est passé; César est rassasié de vengeance. Il va s'appliquer à séduire les Romains, respectant les vieilles formes de la république et déguisant avec le soin le plus habile son ambition, *nisus omnimodo ne quem novi status pœniteret*, comme le dit fort bien son biographe Suétone (1).

La même année (29 av. J. C.) Octave, consul pour la cinquième fois, fut nommé censeur avec Agrippa. Il épura le sénat, où les guerres civiles avaient introduit plus d'un méprisable personnage. Sur ses instances, cent quatre-vingt-dix sénateurs se retirèrent volontairement : ils conservèrent quelques priviléges honorifiques. Le cens sénatorial était de 800,000 sesterces, il fut porté à 1,200,000. Octave compléta lui-même à ses frais celui de quelques sénateurs trop pauvres. Il introduisit, en outre, dans le sénat des membres nouveaux et créa des familles patriciennes. Il fut défendu à tout sénateur de franchir, sans ordre ou sans permission, les limites de l'Italie. Octave, par toutes ces mesures, plaçait l'aristocratie sous son joug, sans lui déclarer une guerre ouverte. Il se fit inscrire le premier, par son collègue le censeur Agrippa, sur la liste des sénateurs, et fut proclamé prince du sénat. Ce nom modeste convenait mieux à sa politique que celui de roi ou de dictateur.

Après avoir achevé le cens (29-28) et inscrit sur les registres quatre millions soixante-trois mille citoyens, l'empereur unit Marcella, fille de sa sœur Octavie

---

(1) Dio., LI, 21; Suéton., *August.*, 41.
(2) Dio., LII, 1.

(1) Suéton., *August.*, 28.

avec Agrippa, le vainqueur d'Antoine. Il célébra avec magnificence les jeux décrétés par le sénat en l'honneur de la bataille d'Actium, distribua du blé au peuple, et dispensa les débiteurs de l'État de payer les créances antérieures à l'an 31. Enfin, par un édit qui acheva de lui gagner la reconnaissance des Romains, il désavoua publiquement tous les actes du triumvirat. C'est après avoir ainsi assuré solidement la durée de son pouvoir, qu'il vint, le 7 janvier (27), jouer dans la Curie une scène à grand effet. Nommé consul pour la septième fois, il déclara, devant le sénat assemblé, qu'il déposait tous ses titres de commandement et qu'il rentrait dans la condition privée. Les rôles étaient préparés d'avance. Octave fut forcé d'accepter, malgré lui, mais pour dix années seulement, la confirmation de son autorité souveraine. Les sénateurs, en l'investissant du proconsulat, lui avaient livré toutes les provinces; il refusa de se charger d'un tel fardeau, si le sénat ne partageait avec lui l'administration du monde. L'empereur, chef des armées, ne consentit à garder que les provinces remuantes ou voisines des barbares. Tant de désintéressement méritait une récompense : Octave fut proclamé Auguste (27 av. J. C.).

VOYAGE D'AUGUSTE EN GAULE ET EN ESPAGNE; IL EST NOMMÉ TRIBUN DU PEUPLE (23 av. J. C.). — L'ordre était assuré à Rome et dans l'Italie. Auguste partit pour visiter la Gaule et l'Espagne. Il tint à Narbonne une assemblée générale des députés des peuples gaulois; il ordonna de dresser le cadastre des provinces conquises par César. La Loire fut assignée pour limite à l'Aquitaine, bornée alors par la Garonne (27). Le voyage d'Octave en Espagne (26) fut une campagne meurtrière; nous parlerons ailleurs de cette expédition. Après la réduction des Cantabres et des Astures, l'empereur reprit la route de Rome (24). Il était atteint d'une grave maladie, qui mit ses jours en péril et qui lui valut un nouvel accroissement d'honneurs et de puissance. Avant son retour le sénat s'était engagé par serment à confirmer tous ses actes, et, si nous en croyons Dion Cassius, il l'avait même dispensé d'obéir aux lois. Tibère, fils de Livie, avait été désigné pour la questure. Marcellus, neveu et gendre d'Auguste, avait obtenu la faveur de briguer le consulat dix ans avant l'âge prescrit. La vie de l'empereur était menacée; après avoir réuni près de lui les magistrats et les principaux sénateurs et chevaliers, remit à Pison les registres qui contenaient l'état des forces et des revenus de la république, et donna son anneau à Agrippa : son héritage n'était pas encore ouvert. Auguste échappa de la mort pour recevoir, avec le titre de tribun du peuple, une autorité inviolable et sacrée (2?). Consul pour la onzième fois, il avait abdiqué en faveur d'un ancien ami, Brutus : ce trait de politique consolida son pouvoir plus que n'aurait fait un décret du sénat. C'était avec l'assentiment du peuple qu'il allait régner sans contrôle sur le monde soumis et pacifié; il n'avait pas besoin de titres nouveaux.

PESTE ET FAMINE EN ITALIE; MOUVEMENT POPULAIRE A ROME; AUGUSTE REFUSE LA DICTATURE (22 av. J. C.); MESURES ET TRAVAUX D'UTILITÉ PUBLIQUE. — L'an 22 fut pour l'Italie une année funeste. Le Tibre avait débordé et l'on se promenait en bateau dans les rues de Rome; la foudre tomba plusieurs fois, et frappa dans le Panthéon la statue d'Octave. Une terrible contagion désolait toute l'Italie, et les champs restaient sans culture. Contre la peste et la famine, le peuple vil et superstitieux n'imaginait point d'autre remède que d'investir Auguste de la dictature. Auguste n'était point consul et n'avait point ouvert l'année sous ses auspices : telle était la cause qui avait excité contre Rome la colère des dieux. La multitude se souleva; elle entoura la Curie, et menaça de l'incendier si les sénateurs ne proclamaient pas le prince dictateur. Auguste refusa les vingt-quatre faisceaux : il souhaitait des ides de mars. Toutes les instances, toutes les prières furent inutiles; il repoussa un titre odieux, qui n'ajoutait rien à sa puissance; mais il accepta la surintendance des vivres, et établit pour la distribution du blé des duumvirs choisis annuellement parmi les anciens préteurs. Il donna beaucoup de soin à l'administration de la ville. Un corps de cents esclaves fut placé sous les ordres des édiles curules pour éteindre les

...ndies. Les libertés et priviléges des ...nfréries et corporations furent sup-...imés ou modifiés. Le prince confia ...x préteurs la charge de célébrer tous ...s jeux publics, et il leur assigna pour ...t objet des fonds sur le trésor; il leur ...fendit de donner des combats de gla-...ateurs sans la permission du sénat ou ...us de deux fois par saison; enfin il ...duisit à cent vingt le nombre des gla-...ateurs qui pouvaient paraître dans ...rène.

Il ne s'occupait pas seulement de ré-...er les plaisirs du peuple, d'assurer ...ans Rome l'ordre et les subsistances ; ...avait réparé les routes, trop longtemps ...égligées; la voie Flaminia fut restaurée ...ses frais. Un certain nombre de riches ...nateurs reçurent l'ordre de subvenir ...galement à ces travaux d'utilité publi-...ue et de payer l'entretien de plusieurs ...utes; mais ils n'imitèrent pas la géné-...osité de l'empereur. Octave se vit ...bligé de prendre à sa charge, c'est-à-...ire à la charge de l'État, toutes les dé-...enses; il y employa même quelques ...tatues d'argent élevées en son honneur, ...t qui lui servirent à battre monnaie. ...grippa suivit son exemple; il éleva, en ...uvenir de ses victoires navales, le por-...que de Neptune; il acheva le Panthéon, ...t contribua, par son activité et par ses ...ichesses, à faire de Rome cette ville de ...arbre dont la vue inspirait tant d'or-...ueil à César Auguste.

VOYAGE D'AUGUSTE EN ORIENT; ÉDITION A ROME; AUGUSTE NOMMÉ ...ONSUL A VIE (19 av. J. C.); MONAR-...IHIE IMPÉRIALE. — En 23 Marcellus ...ait mort, emportant les regrets de ...ome et d'Octave. Agrippa, que la ja-...ousie de ce jeune homme avait exilé, ...our ainsi dire, dans le gouvernement ...e la Syrie, Agrippa, sur le conseil de ...lécène, fut rappelé à Rome et marié ...vec Julie, fille d'Auguste et veuve de ...Marcellus (21 av. J. C.). Il devait réta-...lir dans la ville l'ordre un moment ...roublé par le ridicule complot de Fan-...ius Cœpion et par des rixes soulevées ...ans les comices à l'élection des nou-...eaux consuls. Sa fermeté avait ramené ...a paix dans les murs de Rome; il partit ...our une courte expédition contre les ...ermains; puis il passa en Espagne, où ...es Cantabres remuaient encore.

Pendant ce temps Auguste visitait la Sicile, la Grèce, l'île de Samos et l'Asie. Caïus Sentius Saturninus exerçait seul le consulat. Il fit rendre gorge aux publicains. Le peuple ne se plaignit pas de cette juste sévérité; mais quand le consul voulut s'opposer à la nomination d'Egnatius, qu'il refusait d'admettre pour son collègue, l'émeute éclata dans le Forum et ensanglanta les rues de la ville. En vain le sénat donna-t-il pleins pouvoirs à Sentius pour veiller au salut public, le consul recula devant une telle responsabilité. Des députés furent envoyés à Auguste. L'empereur enleva au peuple le droit de nommer le second consul, et se l'attribua à lui-même : il choisit un des anciens proscrits du triumvirat, Q. Lucrétius Vispalio. A son retour, il se fit continuer, pour cinq ans, dans l'intendance des mœurs, et reçut, par un décret spécial, le pouvoir consulaire pour toute sa vie (19).

« Ainsi, Auguste allait avoir le droit de proposer, c'est-à-dire de faire, des lois, de recevoir et de juger les appels, d'arrêter par le véto tribunitien toute mesure, toute sentence, c'est-à-dire d'opposer partout sa volonté aux lois et aux magistrats, de convoquer le sénat ou le peuple, et de présider, c'est-à-dire de diriger à son gré les comices d'élection. Et ces prérogatives, il les aura non pas pour une année, mais pour la vie. Nous voici donc en pleine monarchie, et l'on ne peut accuser Auguste d'usurpation, car tout se fait légalement. Il n'est ni roi, ni dictateur, mais seulement prince au sénat, *imperator* à l'armée, tribun au forum, proconsul dans les provinces; ce qui était autrefois divisé entre plusieurs est réuni dans les mains d'un seul, voilà toute la révolution (1). »

CHANGEMENTS INTRODUITS PAR AUGUSTE DANS L'ORGANISATION DE LA SOCIÉTÉ ROMAINE. — Ce n'était pas tout d'établir l'unité du gouvernement; il fallait remédier à la misère du peuple et à la dépopulation de l'Italie. Toutes les classes de la société romaine eurent part à la sollicitude d'Auguste, et l'établissement de l'ordre nouveau fut l'occupation de toute sa vie. Voici comment on a résumé son œuvre : « Par

(1) V. Duruy, *Hist. Rom.*, p. 348.

une sorte d'instinct monarchique, qui dans l'esprit de Constantin deviendra un principe arrêté d'organisation sociale, Auguste tâcha de mettre dans l'État des divisions et des rangs pour y amener la subordination et la discipline. On l'a vu relever la dignité du sénat et des chevaliers par des épurations sévères. Entre ces deux ordres, et pour les distancer l'un de l'autre, il plaça les fils des sénateurs, les associant à une partie des prérogatives honorifiques de leurs pères, et leur réservant certaines charges avec le droit d'assister aux débats de la curie. Ces priviléges, qui les initiaient aux affaires publiques et qui leur facilitaient l'accès des magistratures donnant entrée au sénat, établissaient pour ce corps une sorte d'hérédité qui répondait assez bien à celle qu'Auguste se proposait d'établir pour le pouvoir; ni l'une ni l'autre franchement avouées, mais entrevues comme condition nécessaire de stabilité. Après les chevaliers venaient les bourgeois de Rome, tenant le milieu entre l'ordre équestre et la *plebs urbana*. Un cens inférieur à celui des chevaliers, le privilége de fournir une quatrième décurie de juges, les constituaient en classe distincte. Quand César fit le recensement de ceux qui étaient nourris aux dépens du trésor, il en trouva trois cent vingt mille. Il en retrancha la moitié, et pour le reste il fit de ces distributions une institution permanente; ordonnant que chaque année le préteur remplaçât les pensionnaires morts, par d'autres que le sort désignerait entre les pauvres non inscrits. Mais les progrès de la misère eurent bientôt ramené le chiffre primitif, et ce ne fut que dans la seconde moitié de son règne qu'Auguste osa le faire redescendre à environ deux cent mille. Les magistratures avaient été bouleversées comme les ordres, et l'on avait oublié les vieilles prescriptions sur la hiérarchie des charges. Auguste les fit revivre, et reprit ainsi toutes ces gradations que l'aristocratie avait si habilement établies. Son administration tendait partout et en tout à multiplier les différences dans les conditions sociales, soit des personnes, soit des cités et des pays. Ainsi il divisa Rome en quatorze régions, et ces régions par les prérogatives de leurs habitants étaient placées au-dessus des districts *suburbicaires* lesquels à leur tour étaient plus favorisés que le reste de l'Italie. Dans l'Italie même, malgré le droit de cité, reconnu maintenant à tous les Italiens, il subsistait encore des municipes, des colonies et des préfectures ayant leurs lois particulières. Octave y ajouta vingt-huit colonies, qu'il établit sur des terres achetées par lui aux Italiens, et dont les décurions (sénateurs) eurent le privilége d'envoyer par écrit leur suffrage à Rome, le jour des comices. Jusque dans le droit de cité il mit des différences. Le citoyen parvenu n'eut pas la cité à même titre que le citoyen d'origine; l'Italien, le provincial, décoré de la toge ne fut ni en droit ni en dignité l'égal du Quirite de Rome. Parmi ceux-ci même le *jus trium liberorum*, la naissance, la fortune mettaient de graves différences. Ajoutez la grande et permanente distinction qu'il établit entre les Quirites et les soldats, dont il forma deux peuples à part, afin de s'appuyer sur l'un pour dominer l'autre.... A tout ce peuple, si bien classé, il fallait encore du pain pour nourrir, des jeux pour le distraire et une police active pour veiller contre le Tibre et les bandits, contre le feu et la peste. Auguste n'eut garde d'y manquer. Aussi sa grande affaire fut-elle, après l'affermissement de son pouvoir, de nourrir l'immense population qui encombrait la ville. Le peuple Romain n'avait plus qu'un cri : *Panem et Circenses*, « du pain et des jeux! » Comme cela ne coûtait que de l'or, Auguste trouvait encore son compte à le satisfaire. »....(Duruy, *Hist. Rom.*, ch. XXV, § 2.)

Quant aux esclaves, dont la multitude encombrait Rome, Auguste maintint contre eux la sévérité des anciennes lois. Il en dispersa un grand nombre dans les différentes régions de l'Italie; mais il ne songea point à diminuer par des affranchissements le péril que préparait à l'avenir l'accroissement de la population servile. Il y eut un moment où, loin d'élargir les étroites limites de la cité il consolida les priviléges de Rome. Seulement, pour réprimer la corruption, qui menaçait de dissoudre le corps social pour raviver et purifier dans le peuple roi la source de la vie, il publia sur le maage des lois impuissantes (loi *Julia*, *Papia-Poppæa*). Les hommes de en lui surent gré de ses efforts : les ourtisans célébrèrent le retour de la ertu et du bonheur.

Les poètes, amis d'Auguste, chantent la félicité de l'Italie. — 'est surtout dans les poètes qu'éclate la ie du monde reconnaissant au sortir es guerres civiles. Virgile, Horace ont audit les combats fratricides. «... Où ourez-vous, impies ? Pourquoi ces ares dans vos mains ? On n'a donc pas asez versé de sang sur terre et sur mer, on pour qu'un Romain brûlât l'orgueilause citadelle de Carthage, non pour ue le Breton invaincu descendît enfin hargé de chaînes la voie sacrée, mais our que Rome pérît de sa propre main ? insi donc une destinée cruelle entraîne s fils de Romulus. C'est le meurtre 'un frère; c'est le sang innocent de émus qui demande vengeance. » Horace est poursuivi par cette triste pensée. « Cette ville que n'ont pu perdre les Marses, ni Porsenna, ni Capoue, ni partacus, ni les Germains, ni même nnibal, c'est nous, race impie, née d'un ang maudit, qui la perdrons ! Les bêtes auvages reviendront occuper l'Italie. Un barbare foulera aux pieds nos tomeaux, et sa main sacrilège jettera aux ents les cendres de Romulus. » Virgile e va pas jusqu'à cette funeste prédicion; mais pour peindre les guerres civiles il cherche aussi les couleurs les plus sombres : « Les champs de Philippes ont vu deux fois la lutte des arnées romaines. Il a plu aux dieux que es champs de la Macédoine fussent deux fois engraissés de notre sang. Un temps iendra où le laboureur, creusant la terre, trouvera des armes rongées par la rouille, heurtera du soc des casques vides, et contemplera, étonné, les ossements de nos pères. Dieux de la patrie, Romulus, Vesta, laissez Auguste secourir le monde; nous avons assez payé de notre sang le parjure de Troie. » Maintenant la paix est revenue : « Les portes de la guerre se ferment; au dedans la Fureur impie, assise sur un monceau d'armes, liée par cent chaînes d'airain, frémit de sa bouche sanglante ». De toutes parts s'élève un concert d'allégresse : Horace donne le ton. Aucune louange ne lui coûte, pas même l'apothéose, pour célébrer le bienfaiteur de l'Italie. Pour lui, comme pour Virgile, Auguste est un dieu, *præsens deus*. « Attends encore, lui dit-il, avant de retourner au ciel. Reste longtemps parmi nous. Entends les noms que l'on t'adresse, père de la patrie, prince du sénat; ne laisse pas les Mèdes insulter impunément nos frontières... L'astre des Jules brille entre tous les autres, comme la lune parmi les étoiles. Père et gardien des hommes, héritier des destinées du grand César, c'est à toi de régner après lui. » Quand Auguste n'est pas un dieu pour le poëte, c'est tout au moins le plus grand et le meilleur des hommes : « Tu chanteras, dit-il à un de ses amis, tu chanteras César couronné de lauriers et traînant les Sicambres enchaînés à son char. Jamais les dieux n'ont donné un tel homme à la terre, jamais la terre ne recevra son égal, quand même l'âge d'or viendrait à renaître.. Tu chanteras ces jours heureux, ces jeux publics en l'honneur du retour d'Auguste et le Forum vide de procès. Ma voix se joindra à la tienne. Beau jour ! m'écrierai-je, Io triomphe ! et Rome entière répétera : Io triomphe ! et les autels des dieux fumeront de notre encens. »

Qu'a donc fait Auguste pour mériter tant d'enthousiasme ? Il a donné la paix au monde; il a délivré les Romains de la fatigue des affaires publiques; lui seul porte le poids du gouvernement. « C'est toi, lui dit Horace, qui soutiens seul le fardeau de l'État, toi qui défends l'Italie par tes armes, qui lui rends les mœurs antiques, qui la gouvernes par de sages lois. » Vous avez entendu la menace du poëte : « Peuple de Rome, tu payeras les crimes des ancêtres, jusqu'à ce que tu rétablisses les temples et les statues profanées des dieux. Tu commandes à la terre, parce qu'autrefois tu as su leur obéir : voilà la source de ta fortune. Les dieux méprisés ont répandu tous les maux sur l'Hespérie en deuil. Deux fois le Parthe a repoussé nos armes, qui n'avaient point demandé le secours des auspices; deux fois il s'est orné de nos dépouilles. Les Daces, les Éthiopiens ont failli détruire Rome envahie par la sédition. Un siècle fécond en crimes a souillé d'abord les familles, puis la nation. La jeune vierge apprend la danse ionienne, et dès ses premières années médite des amours incestueux. C'était une autre race, celle qui rougit l'onde du sang des Carthaginois, qui dompta Pyrrhus et l'invincible Annibal; une race mâle et robuste de soldats, instruite à retourner la terre avec le soc de la charrue. Quels ravages ne fait pas le temps? Nos pères, pires que nos aïeux, ont produit notre race, qui donnera une postérité plus misérable elle-même. » Mais Auguste arrêtera le peuple sur cette pente fatale : « Ton siècle, ô César, a rendu aux champs leurs moissons, au temple de Jupiter nos drapeaux enlevés aux Parthes superbes; il a fermé le temple de Janus, imposé un frein à la licence, corrigé les vices, rappelé les arts qui doivent grandir le nom de Rome et étendre la majesté de notre empire depuis l'orient jusqu'à l'occident. Sous la garde de César la guerre civile n'osera plus troubler notre repos... Pour nous, au milieu des dons de Bacchus, avec nos enfants et nos matrones, après avoir prié les dieux, nous chanterons Troie, Anchise et le fils de Vénus. Auguste, ajoute le poëte, comment le sénat, comment le peuple romain pourront-ils éterniser à jamais tes vertus? Partout où le soleil éclaire les hommes, on sait ta puissance et ta valeur. C'est par toi que Drusus a remporté une double victoire, que Tibérius Néron a dompté les Rhètes. Le Cantabre, jusque-là invaincu, le Mède, l'Indien, le Scythe t'admirent, toi le défenseur de l'Italie. Le Nil, qui cache ses sources, l'Ister, le Tigre, l'Océan, qui va se heurter contre la Bretagne, ont appris à te connaître et à te craindre; la Gaule, l'Ibérie, les Sicambres, ont posé les armes et respectent ton pouvoir. »

Qu'Auguste s'éloigne de Rome, les regrets du peuple l'accompagnent; au retour il est accueilli comme un père par ses enfants. « Auguste protégé des dieux, gardien de Rome, depuis trop longtemps tu restes loin de nous, toi qui avais promis un prompt retour aux sénateurs. Rends la lumière à ta patrie : car des que paraît ton visage, beau comme le printemps, les jours coulent plus doux et le soleil brille d'un plus vif éclat. Comme une mère appelle de ses vœux et de ses prières son fils, retenu sur des rivages lointains, et ne saurait détour ses regards des bords où elle croit le v revenir, ainsi Rome regrette et atte César. Maintenant le bœuf parcourt tr quillement les campagnes, Cérès prot les moissons; la chasteté règne dans l demeures; les mœurs et les lois vaincu le crime. Qui craint le Parthe, e Scythe, et les Germains, tant que César là pour veiller sur l'Italie? Chacun pa sa vie dans ses champs; on ne pense p qu'à marier la vigne à l'ormeau. Ap la journée, on revient joyeux à Bacch et l'on t'adore à la fin du repas com une divinité. A toi nos prières, à toi libations. O César, puisses-tu donner longues fêtes à l'Hespérie. Ainsi n chantons le soir, après boire, alors q le soleil descend dans l'Océan. »

Oui, c'est un dieu qui a fait ce re à l'Italie :

...Deus nobis hæc otia fecit.

Seul, dans cet accord de louanges au quelles il associe sa voix, Ovide, le cha tre de l'*Art d'aimer*, mêle tristement a accents de la joie publique une plai monotone. Hélas! Ovide a vu de tr près la maison des Césars; il a été des artisans et des témoins de cette fortune domestique qui empoisonne vieillesse désolée d'Auguste.

LA MORT ET LE DÉSHONNEUR DA LA MAISON DES CÉSARS; MORT D' GRIPPA, DE SES FILS; MORT DE DR SUS; DÉBAUCHES DE JULIE. — monde, ressuscité des ruines de guerre civile, respirait enfin sous gouvernement réparateur. Auguste r cevait de la bouche des poètes l'ho mage de la reconnaissance universel Et pourtant le deuil régnait dans maison, la débauche et le déshonne souillaient son foyer domestique! fallait-il moins pour lui rappeler qu n'avait point encore dépouillé l'hum nité et qu'il n'était dieu qu'à demi?

En l'an 23 il avait pleuré la mort Marcellus; en l'an 12 Agrippa éta mort, après avoir été associé à la pui sance tribunitienne, après avoir pac fié l'Asie; en l'an 11 Octavie, sœu d'Auguste, avait rejoint dans la tomb Marcellus, son époux; Mécène mouru en l'an 8. Lucius, fils d'Agrippa, peti fils de l'empereur, fut enlevé dix a

ès par une maladie ; son frère, Caïus,
survécut deux années; il mourut en
n 4 (de l'ère chrétienne), au retour
ne expédition contre les Arméniens.
tait le dernier héritier direct de la for-
ne d'Auguste : nous ne parlons pas
Agrippa Postumus.
Un des fils de Tibérius Néron et de
vie, le gendre d'Antoine. Drusus,
ait également succombé en l'an 8. Res-
t son frère, Tibérius Claudius Nero
esar. Après la mort de Lucius et de
ius César, Tibère fut adopté par Au-
ste et associé à la puissance tribuni-
nne. Il adopta lui-même Germanicus,
s de Drusus. En adoptant le fils de
vie, en l'admettant au partage du tri-
nat, Auguste le désignait pour son
ccesseur. Jusque-là Tibère avait passé
vie dans les camps ou en exil ; il était
sté huit ans à Rhodes. Pour le rappe-
r de cette retraite (an 2 ap. J. C.) il
llut que la mort abattît autour d'Au-
ste tous les appuis de la maison im-
riale : ce fut par nécessité, non par
fection, que son père adoptif l'éleva
 gouvernement du monde. Auguste
uvait-il voir un fils dans cet homme?
ien ne les attachait l'un à l'autre, ni
sang, ni le cœur, rien que les froids
térêts de la politique.
Il est vrai que Tibère, après la mort
Agrippa, avait épousé Julie, la fille
npure d'Auguste et de Scribonie. Mais
lie elle-même avait-elle droit à l'affec-
on de son père? Nous n'avons pas à
conter ses débauches; elle les expia
ans l'exil à Pandataria. Sa fille, la se-
onde Julie, devait se montrer fidèle aux
emples maternels, et perpétuer dans la
aison des Césars la honte de l'adultère.
 Livie, la femme de l'empereur, ne
onnait pas à son mari de semblables
ujets de plainte. Elle rappelait, par sa
écence et sa retenue, les mœurs des
atrones de l'ancienne république. On
i demandait un jour quel était le se-
ret de son crédit auprès d'Auguste :
 Ma pudeur, dit-elle, ma soumission
 ses ordres, ma discrétion et le soin que
ai pris de fermer les yeux sur ses plai-
irs. » Elle aurait pu être jalouse de Te-
entia, femme de Mécène et maîtresse
'Auguste. Mais la mère de Drusus et
e Tibère avait d'autres affaires que cel-
es du lit. Elle voulait assurer à l'un de
ses fils la succession de l'empire : elle y
réussit. Elle écarta le dernier obstacle
qui séparait Tibère de cet héritage tant
convoité. Le fils posthume d'Agrippa
fut, par ses soins, chassé de la cour et
relégué dans l'île de Planasie (an 7 ap.
J. C.).

Ne nous étonnons point que le maître
du monde s'écriât parfois avec Homère :
« Heureux qui vit sans femme et qui
meurt sans enfants! »

Εἴθ' ὄφελον ἄγαμός τ' ἔμεναι, ἄγονός τ' ἀπο-
[λέσθαι;

C'était là le cri d'un père malheureux.
D'autres douleurs devaient frapper
l'homme d'État : avons-nous besoin de
citer la trahison et le complot de Cinna?
C'est là du moins un crime que l'empereur
a pu pardonner. Mais qui lui rendra les
légions de Varus?

RÉSUMÉ DE L'HISTOIRE EXTÉRIEURE
DE L'EMPIRE SOUS LE RÈGNE D'AU-
GUSTE. — « De nouvelles guerres et des
capitaines victorieux ne pouvaient qu'em-
barrasser. Auguste ne fit donc que les
expéditions nécessaires pour assurer la
tranquillité à l'intérieur et sur les frontières. Auguste visita une fois l'Espagne
et deux fois la Gaule, pour réprimer les
ennemis du dedans et du dehors (27). Les
Asturiens, les Cantabres, les Lusitaniens,
les Aquitains et les Salasses s'étaient
révoltés : ce dernier peuple fut aussitôt
remis sous le joug; les autres soutinrent
une guerre de deux ans; mais l'Espagne
fut enfin soumise aux lois et aux mœurs
romaines. Une nouvelle tentative des
Cantabres, cinq ans après, ne servit
qu'à les abattre par une sanglante défaite (20). A la Pannonie et à la Mésie,
récemment conquises, Auguste ajouta
bientôt la Rhétie, la Vindélicie et le Noricum (15), et donna ainsi le Danube
pour rempart à l'Empire. Il fallut deux
fois comprimer la Pannonie rebelle (13
et 12); Agrippa, Tibère et son frère Drusus commandèrent dans ces expéditions.
Le Rhin était l'autre limite du nord; les
Germains s'efforçaient toujours de la
franchir depuis l'invasion des Cimbres.
Agrippa (19), profitant de l'inimitié des
Suèves et des Ubiens, avait chargé ceux-
ci de la garde du fleuve en les établissant
à Cologne. La défaite de Lollius et la prise
d'une aigle romaine exigèrent bientôt la

présence d'Auguste (16). Il fit du pays voisin du Rhin deux provinces romaines, qu'il appela les deux Germanies. Après son départ, Drusus, obligé de combattre de nouveau les Germains, résolut de les subjuguer; avant de partir il convoqua à Lyon une assemblée générale des peuples de la Gaule, dans un temple élevé en l'honneur d'Auguste, pour les réunir en confédération et assurer la tranquillité de la contrée par ces fériés gauloises. Il attaqua la Germanie par terre et par mer (12-19). En quatre campagnes il traversa le Wéser, bâtit cinquante forts et pénétra jusqu'à l'Elbe, où une maladie mortelle l'arrêta. Domitius Ænobarbus passa ce fleuve après lui; mais Auguste, peu satisfait de ces exploits, se borna à conserver le pays conquis par Drusus, en y introduisant les lois et les usages de Rome, et en transportant quarante mille Sicambres en deçà du Rhin. La Germanie parut soumise; les Suèves Marcomans, effrayés, pour éviter le joug, allèrent des bords du Mein se fixer dans la Bohème, sous la conduite de Maroboduus.

« Une expédition entreprise contre l'Arabie par Ælius Gallus, préfet d'Égypte, ne réussit pas, et attira les attaques de la Candace d'Éthiopie. Les Romains perdirent plusieurs navires dans la traversée de la mer Rouge; trompés par Syllœus, ministre du roi des Nabathéens. Après avoir pris Mérab, ils furent forcés à la retraite, et périrent la plupart de fatigue et de disette. Pétronius repoussa la Candace, pénétra dans son royaume jusqu'à trois cents lieues au delà du fleuve, saccagea Napata et imposa le tribut; mais Auguste en accorda l'exemption, pour ne pas irriter un ennemi vaincu. Phraate, roi des Parthes, était plus à craindre. Auguste se rendit lui-même en Orient (22), régla le sort des villes et des royaumes, réduisit la Galatie en province romaine, et donna un roi aux Arméniens. Phraate se troubla, rendit enfin les drapeaux de Crassus, et donna même ses quatre fils en otage. Pour ajouter à la gloire d'Auguste, les ambassadeurs des Sarmates, des Scythes de l'Éthiopie et de l'Inde, vinrent à Samos (20) rechercher son alliance. Pendant son retour, Balbus soumet les Garamantes. Bientôt Agrippa va pacifier le Bosphore et donner un roi aux Cimmériens.

« Ainsi toutes les frontières sont assurées; l'Empire jouit d'une paix inconnue depuis longtemps, et le temple de Janus est fermé pour la troisième fois

« Alors l'arrêt porté par la Providence contre l'empire romain commence à se découvrir. Cette vaste domination, destinée à propager le christianisme, vient d'atteindre ses dernières limites, ne peut plus s'accroître, et déjà s'ébranle.

« L'Arabie et l'Éthiopie ont repoussé le joug; les mouvements des autres barbares situés aux extrémités de l'Empire révèlent à Auguste qu'il ne faut plus prétendre à de nouvelles conquêtes et que désormais c'est assez de se défendre. Les Isaures et les Gétules essayent de se soulever; les Parthes envahissent l'Arménie contre la foi des traités: ils sont repoussés avec peine; les Sarmates ravagent la Mésie, le Marcomans menacent, les Dalmates et les Pannoniens prennent les armes, enfin la Germanie éclate. Caïus César pacifia l'Orient, mais il y perdit la vie. Tibère, envoyé chez les Germains, parcourut et contint tout le pays du Rhin jusqu'à l'Elbe; il se préparait à attaquer les forces redoutables de Maroboduus lorsqu'il fallut défendre l'Italie (6-9 depuis J. C.) contre les Dalmates et les Pannoniens. Auguste, à soixante-dix ans se rendit à Ariminum, pour veiller sur cette guerre périlleuse, que la présence de Tibère, secondée de la valeur de Germanicus, termina en quatre campagnes. Mais dans le même temps Varus perdait trois légions en Germanie (9); le jeune Arminius (Hermann), qui excitait secrètement les Chérusques, attira lui-même le général romain dans les nouvelles Fourches-Caudines de la forêt Theutberg (*Teutoburgiensis Saltus*) Tout y périt.

« Tibère et Germanicus, par une exacte discipline et quelques excursions, rétablirent promptement la réputation des armées romaines; mais Auguste ne vit point venger ses légions......... » (Dumont, *Précis de l'Hist. des Empereurs romains*.)

MORT D'AUGUSTE. — Arrivé à sa soixante-seizième année, Auguste sentit que le terme de sa vie approchait. Avant

ITALIE.

quitter l'administration du monde, il ligea son testament politique (*Index rum gestarum*). Le hasard a conservé ns les ruines d'un temple d'Ancyre la is grande partie de ce document, gravé r les parois du pronaos. « Ce résumé in grand siècle, écrit par la main pres-e octogénaire de celui même qui en a uverné les destinées, est en son genre monument unique dans l'histoire. i n'en trouve pas d'exemple avant Au-lste, et depuis il ne s'est pas trouvé seul prince qui osât défier l'impar-il jugement de la postérité, en publiant compte de ses actes et de sa gloire. chelieu, s'il faut lui attribuer le testament qui porte son nom, Richelieu t moins fier. Louis XIV, même à ses oments suprêmes, n'a pas eu cette noble ferme confiance; et du seul règne ut-être qui puisse se comparer à celui Auguste pour l'éclat des lettres, pour gloire des armes et de l'administra-on, il ne nous reste pas aujourd'hui aussi grave et aussi majestueux ta-eau que les textes d'Ancyre (1). »

(1) E. Egger, *Exam. des Histor. d'Auguste*, 38. Nous croyons devoir citer en partie le xte latin du document qui nous occupe :
Annos undeviginti natus exercitum pri-to cousilio et privata impensa comparavi, r quem rempublicam dominatione factionis ipressam in libertatem vindicavi. Senatus cretis honorificis ornatus, in eum ordinem ni adlectus a consulibus, inter consulares intentiam ut dicerem. Locumque et impe-um mihi dedit respublica uti prætori simul im consulibus Irtio et Pansa. Hoc autem co-em anno me suffectum consulem cum edi-isset et triumvirum reipublicæ constituendæ, ii parentem conjurati occidissent, in exilium ipuli, judiciis legitimis ultus... Arma terra arique signaque toto orbe terrarum circum-uli victorque omnibus præsentibus civibus eperci, et in exilio sponte sua degentes, uibus tuto liceret, servari quam occidere alui. Millia civium romanorum sub sacra-iento meo fuerunt circiter quingenta, ex qui-us deduxi in colonias aut remisi in municipi-ia sua, stipendiis solutis, millia aliquanto lus quam trecenta, et iis omnibus agros as-gnavi, aut pecuniam propriam ex me dedi..... atritiorum numerum auxi. Consul quintum, ussu populi et senatus, senatum ter legi, et consulatu sexto censum populi, conlega I. Agrippa, egi. Lustrum post annum alte-um et quadragesimum feci, quo lustro ci-

Un jour, dit Suétone, il faisait la cérémonie du cens dans le Champ de Mars avec un grand concours de peuple; un aigle vola longtemps autour de lui, puis, allant vers le frontispice d'un temple voisin où était gravé le nom d'Agrippa,

vium romanorum censa sunt capita quadra-giens centum millia et sexaginta tria millia. Alterum consulari cum imperio lustrum cen-sumque solus feci, Censorino et Asinio coss., quo lustro censa sunt civium romanorum capita quadragiens centum millia et ducenta triginta tria millia. Tertium consulari cum imperio lustrum, conlega Tib. Cæsare, feci, Sex. Pompeio et Sex. Appuleio coss., quo lustro etiam censa sunt Romanorum capitum quadragiens centum millia triginta et septem millia. — Legibus novis latis exempla majo-rum adolescentia revocavi et abolita jam ex nostris moribus avitarum rerum exempla imitanda proposui..... Per totum imperium populi romani parta est terra marique pax, cumque a condita urbe Janum Quirinum bis omnino clausum esse prodatur, eum sena-tus per me principem ter claudendum esse de-crevit. Inter filios meos quos sinistra sors mihi eripuit eorum Caium et Lucium Cæsares... — Plebei romanæ viritim SS. trecenos numera-vi ex testamento patris mei, et nomine meo quadringenos, ex bellorum manibiis, consul quintum, dedi, iterum autem in consulatu decimo ex patrimonio meo iis quadringenos congiari viritim ter muneravi, et, consul un-decimum, duodecim frumentationes frumento privatim coempto emensus sum; et, tribunitia potestate duodecimum, quadringenos nummos tertium viritim dedi ; quæ mea congiaria per-venerunt ad sestertium millia numquam minus quinquaginta et ducenta. Tribunitiæ potestatis duodevicensimum, congiari trecentis et vi-ginti millibus plebei urbanæ sexagenos de-narios viritim dedi, et cuivis militum meo-rum, ex manibiis, consul quintum, viritim millia nummum singula dedi. Acceperunt id triumphale congiarium in colonia hominum circiter centum et viginti millia. Consul ter-tium decimum, sexagenos denarios plebei, quæ tum frumentum publicum acceperunt, dedi. Ea millia hominum paulo plura quam ducenta fuerunt... Sæpe spectacula gladiato-rum dedi meo nomine et quinquiens filiorum meorum et nepotum nomine : quibus mune-ribus pugnaverunt... decem. — Venationes bestiarum africanarum, meo nomine aut filio-rum meorum et nepotum, in circo, aut in foro, aut in amphitheatro, populo dedi, qui-bus confectæ sunt bestiarum circiter trecenta millia..... *Voy.* E. Egger, l. c., p. 412-456.

il se reposa sur la première lettre. Auguste fit prononcer par son collègue Tibère les vœux qu'on a coutume de faire pour le lustre prochain. Il les avait préparés et écrits sur ses tablettes; mais il ne voulut point, dit-il, prononcer des vœux dont il ne verrait pas l'accomplissement. Bientôt après il sortit de Rome pour accompagner jusqu'à Bénévent Tibère, qui se rendait en Illyrie. Il s'avança jusqu'à Asture. Là, profitant d'un vent favorable, il s'embarqua de nuit contre sa coutume. Sa dernière maladie commença par un flux de ventre. Il ne laissa pas de parcourir les côtes de la Campanie et les îles adjacentes. Il resta quatre jours retiré à Caprée, dans une entière oisiveté. Comme il passait près de la baie de Pouzzoles, des matelots et des pilotes d'un vaisseau d'Alexandrie, qui était à la rade, vinrent au-devant de lui en robes blanches et couronnés de fleurs, faisant des libations et célébrant ses louanges comme celles d'un bienfaiteur et d'un père. *Candidati coronatique et thura libantes fausta omina et eximias laudes congesserant; per illum se vivere, per illum navigare, libertate atque fortunis per illum frui.* Auguste fut touché de cet hommage. Dans sa joie, il distribua à chaque personne de sa suite quarante pièces d'or sous la condition que cet argent serait employé en marchandises d'Alexandrie. Les jours suivants il distribua, entre autres présents, des habits grecs et romains, faisant mettre aux Romains ceux des Grecs et aux Grecs ceux des Romains. Il s'amusa beaucoup à regarder une troupe de jeunes gens établis à Caprée. Il appelait l'île de Caprée la *ville de l'oisiveté*, Ἀπραγόπολιν. De là il passa à Naples, toujours incommodé de douleurs d'entrailles. Il assista aux jeux Quinquennaux, établis en son honneur, et conduisit Tibère jusqu'à Bénévent. Mais au retour, se sentant plus mal, il s'arrêta à Noles. Le jour de sa mort il demanda plusieurs fois si tout était en ordre. Il se fit apporter un miroir, et fit peigner ses cheveux pour avoir l'air moins défait. Ses amis entrèrent : « Eh bien, leur dit-il, trouvez-vous que « j'aie assez bien joué cette farce de la « vie? » Et il ajouta en grec : « Battez « des mains et applaudissez. » Ensuite il fit retirer tout le monde, et expir tout à coup entre les bras de Livie « Adieu, Livie, vivez et souvenez-vou « de notre union. » *Livia, nostri cor jugii memor vive ac vale.* Telles furer ses dernières paroles. Il mourut le 1 août 767 (14 après J. C.). Il avait re gné quarante-quatre ans sur le mond et fondé un gouvernement qui dura tro siècles.

XV.

TIBÈRE (14-37 de J. C.).

TIBÈRE CONVOQUE LE SÉNAT; LEC TURE DU TESTAMENT D'AUGUSTE; F NÉRAILLES DE L'EMPEREUR. — Au guste n'est plus, et Livie publie enco les bulletins de la santé du prince. Enfi on annonce au peuple, du même cou qu'Auguste a cessé de vivre et que T bère est maître du pouvoir. En mêm temps arrive la nouvelle du meurt d'Agrippa. Restent à surveiller Germ nicus et les armées. Tibère donne, comm empereur, le mot d'ordre aux cohort prétoriennes; il place une garde à s porte; il se fait escorter par des soldat au Forum, au sénat. Mais en s'imp sant aux troupes il veut paraître a pelé et choisi par les citoyens : doub manœuvre, double profit, de combin en faveur de son pouvoir l'autorité d son titre d'héritier avec les apparenc de l'élection. Rome connaissait son no veau maître, et n'avait point envie d l'irriter : elle se laissa tromper de bonr grâce. Ne savait-elle pas que « Tibère « mûri par les années, habile capitaine « avait en revanche puisé dans le san « des Claudius l'orgueil héréditaire d « cette famille impérieuse? »

Le cadavre d'Auguste avait été apport à Rome. Le surlendemain, Tibère, e sa qualité de tribun du peuple, convoqu le sénat : « Il voulait le consulter sur le « honneurs dus à son père, dont il ne quit « tait pas le corps : ce serait son seul act « d'autorité publique. » Cette premièr séance fut une scène de deuil. On lut l testament du prince. Le cœur de Tibèr ne se troubla-t-il point quand l'affran chi Polybe, ouvrant le manuscrit, pro nonça ces premiers mots : « Puisque l « fortune cruelle m'a ravi mes fils Caïu et Lucius, je fais Tibère César mon héritier pour les deux tiers? »

Drusus, fils de Tibère, lut à son tour quatre mémoires laissés par le prince : l'un d'eux était l'*Index rerum gestarum;* le quatrième renfermait des recommandations et des avis adressés à Tibère et à la république. Auguste conseillait de ne pas multiplier les affranchissements, de peur de remplir la ville d'un amas de populace; de ne pas prodiguer le droit de cité, pour maintenir la suprématie de Rome; de partager le gouvernement entre les personnages les plus capables, et de ne pas le remettre tout entier entre les mains d'un seul; enfin il prescrivait de maintenir les limites de l'empire et de ne pas chercher à les étendre.

Les sénateurs voulurent porter au bûcher, sur leurs épaules, le cadavre d'Auguste. Tibère publia un édit pour avertir le peuple « de ne pas troubler les funérailles, comme autrefois celles de César, par un excès de zèle, et de ne pas exiger que son corps fût brûlé dans le Forum plutôt que dans le Champ de Mars, où l'attendait son mausolée. » Pour plus de précaution, les soldats se tinrent sous les armes. Rome dut s'étonner de ce déploiement de force inutile et de ces craintes simulées.

TIBÈRE ACCEPTE, APRÈS DE FEINTES HÉSITATIONS, LE GOUVERNEMENT DE L'EMPIRE. — Après avoir fait d'Auguste un dieu qui devait avoir ses temples et son culte, le sénat supplia Tibère d'accepter pour héritage le gouvernement du monde romain. Il n'obtint d'abord qu'une réponse évasive. Tibère proposa de faire trois parts de l'empire, promettant d'en accepter une. Dans la première on aurait mis Rome et l'Italie, dans la seconde les armées, dans la troisième les provinces. Il prolongea comme à plaisir cette farce impudente, *diu recusavit impudentissimo mimo*, dit Suétone. Le sénat était à ses pieds et embrassait ses genoux. Enfin, comme vaincu par tant d'instances, se plaignant qu'on lui imposât le poids d'une servitude pleine de misère, il se résigna : « Je me soumets, dit-il, jusqu'au jour où vous croirez juste d'assurer quelque repos à ma vieillesse. »

Nous, qui voyons là une comédie plus ou moins habilement jouée, reprocherons-nous au nouveau prince d'avoir affecté quelques scrupules? Lui ferons-nous un crime d'avoir rendu hommage aux vieux souvenirs de la république? La liberté était morte; nul ne songeait à la relever. Puisqu'il fallait un maître à l'Empire, nous étonnerons-nous que Tibère, héritier d'Auguste, ait cherché à consolider son autorité, en montrant combien il était indispensable à la république? Subir le pouvoir suprême comme un devoir et ne pas l'accepter comme un droit, c'est là sans doute un mensonge, une subtilité de l'hypocrisie officielle. Mais ce soin même de prendre un déguisement et de tromper les yeux de la foule n'atteste-t-il pas la nouveauté du gouvernement impérial à Rome et la persistance de quelques traditions républicaines? Les derniers Césars ne connaîtront plus cette pudeur, et ils ne songeront même pas à feindre. De l'hypocrisie de Tibère Rome descendra bientôt à la franchise de Caligula. Qu'aura-t-elle gagné à ce progrès de l'insolence impériale?

TIBÈRE AU POUVOIR; PREMIÈRE PÉRIODE DE SON GOUVERNEMENT. — Tibère *tenait le loup par les oreilles, lupum se auribus tenere...* Quelques provinces remuaient : les légions de Germanie offraient l'empire à Germanicus; celles d'Illyrie étaient en révolte (1). Un esclave de Postumus Agrippa, nommé Clémens, avait levé, pour venger son maître, une bande assez dangereuse. Enfin L. Scribonius Libo, personnage de la noblesse, était soupçonné de méditer une révolution. Les séditions militaires furent comprimées et la paix maintenue en Italie. Tibère, délivré de toute crainte, pouvait entrer désormais dans le plein et entier exercice de son autorité suprême. Il y apporta une modération qu'on ne saurait nier sans mauvaise foi.

Sans doute, il fit passer les comices du Champ de Mars au sénat; il enleva aux tribus les quelques élections qu'Auguste avait abandonnées aux suffrages du peuple. On a voulu voir dans ce fait une grande révolution, et l'on a fait un crime à Velléius de l'avoir appelé, « par

---

(1) Voy., pour la révolte des légions, Tacit., *Ann.*, I, 16-53.

« un de ces euphémismes communs à « à tous les temps de servitude, » l'organisation des comices, *comitiorum ordinatio*. Il ne faut aimer que les apparences de la liberté, pour mettre en accusation le destructeur de ces comices, où l'on faisait commerce de suffrages avec autorisation du prince, et nous serions presque tenté d'excuser l'opinion de Velléius.

Du reste, sauf ce détail, nous ne trouvons rien à reprendre dans la conduite de l'empereur après son avénement définitif. Voici le témoignage de Dion Cassius : « Quand tout fut apaisé et que rien ne troubla plus sa mise en possession du gouvernement, il ne chercha plus à dissimuler, et jusqu'à la mort de Germanicus il usa ainsi du pouvoir : il ne décida rien ou presque rien de son seul arbitre; il référait au sénat les plus minces affaires (1). Il avait placé dans le Forum un tribunal où il présidait aux jugements; d'après l'exemple d'Auguste, il s'y entourait de conseillers (2). Il ne décidait rien d'important sans avoir pris l'avis des autres. Quand il avait exprimé son opinion, non-seulement il laissait la liberté de le contredire, mais il ne s'irritait pas qu'on votât quelquefois contre son avis (3). Lui-même il avait coutume de voter (4). Drusus parlait tantôt le premier, tantôt après les autres ; Tibère gardait parfois le silence. Il prenait la parole tantôt au commencement, tantôt au milieu, tantôt à la fin de la discussion. Le plus souvent, pour ne point paraître gêner la liberté des délibérations, il disait que, s'il avait eu à exprimer son opinion, il aurait parlé de telle ou telle manière. Cela revenait au même; mais rien n'empêchait les autres de se prononcer avec franchise. Souvent des gens qui parlèrent après lui soutinrent un avis contraire au sien, et s'il arrivait qu'ils le fissent prévaloir, il ne s'en fâchait point. C'est ainsi qu'il rendait lui-même la justice. Souvent, qu'il fût appelé ou non, il assistait aussi aux jugements rendus par les magistrats; il laissait chacun à sa place; assis en face sur un banc; il donnait son avis comme assesseur (1).

« Il ne souffrit jamais qu'un homme libre l'appelât seigneur (2); les soldats seuls lui donnaient le nom d'*imperator*. Il refusa le titre de Père de la patrie (3). Il ne prenait le nom d'Auguste que dans sa correspondance avec les rois étrangers (4). Il disait : Je suis seigneur

(1) Suétone dit aussi : ... Speciem libertatis quamdam induxit, conservatis senatui ac magistratibus et majestate pristina et potestate : neque tam parvum quicquam, neque tam magnum publici privataeve negotii fuit, de quo non ad P. C. referretur de vectigalibus ac monopoliis, de exstruendis reficiendisve operibus, etiam de legendo vel exauctorando milite, ac legionum et auxiliorum descriptione; denique, quibus imperium prorogari, aut extraordinaria bella mandari, quid et qua forma regum litteris rescribi placeret. Praefectum alae, de vi et rapinis reum, causam in senatu dicere coegit. Nunquam curiam nisi solus intravit; lectica quondam introlatus aeger, comites a se removit. (Sueton., *Tiber.*, 30.)

(2) Super veteres amicos ac familiares, viginti sibi e numero principum civitatis deposcerat, velut consiliarios in negotiis publicis. (Sueton., 55.)

(3) Quaedam adversus sententiam suam decerni ne questus quidem est. (Sueton., 31.)

(4) Quum senatus-consultum per discessionem forte fieret, transeuntem cum in alteram partem, in qua pauciores erant, secutus est nemo. (Sueton., 31.)

(1) Magistratibus pro tribunali cognoscentibus plerumque se offerebat consiliarium, assidebatque mistim, vel ex adverso in parte primori; et si quem reorum elabi gratia rumor esset, subitus aderat, judicesque aut e plano, aut e quaesitoris tribunali, legum et religionis, et noxae de qua cognoscerent, admonebat; atque etiam, si qua in publicis moribus desidia aut mala consuetudine laborent, corrigenda suscepit. (Sueton., 33.)

Nec patrum cognitionibus satiatus, judiciis adsidebat in cornu tribunalis, ne praetorem curuli depelleret ; multaque eo coram, adversus ambitum et potentium preces, constituta. (Tacit., *Ann.*, I, 75.)

(2) Dominus appellatus a quodam, denunciavit ne se amplius contumeliae causa nominaret. Alium dicentem « sacras ejus occupationes, » et rursus alium « auctore eo senatum se adisse, » verba mutare, et pro auctore, suasorem, pro sacris, laboriosas dicere coegit. (Sueton., 27.)

(3) Praenomen quoque imperatoris, cognomenque patris patriae... recusavit. (Sueton., 26; cf. Tacit., *Ann.*, I, 72.)

(4) Ac ne Augusti quidem nomen, quan-

our les esclaves, empereur pour les soldats, prince pour les citoyens... Il était si populaire en toute chose qu'il n'établit aucune fête particulière pour le jour de sa naissance (1) et qu'il ne permit pas de jurer par sa fortune (2).

« L'usage était établi de faire confirmer aux kalendes de janvier, par le serment de tous les citoyens, les actes passés et à venir du prince. Tibère abolit cette coutume (qui fut rétablie par ses successeurs); il alla passer dans les faubourgs aux kalendes de janvier : on ne le vit en ce jour ni dans le sénat ni dans la ville. Il rentra ensuite et prêta seul le serment. En s'éloignant, il avait voulu éviter les embarras aux citoyens, fort occupés à cause des fêtes et du renouvellement des magistratures. Il leur épargnait le soin de lui porter des présents, et à lui-même le soin de les rendre (3).

« Il défendit aux villes et aux particuliers de lui élever des temples et des statues (4). Il y avait déjà des crimes de lèse-majesté ; mais il dissimulait le ressentiment qu'il éprouvait de ses propres injures; il ne reçut aucune accusation de ce genre intentée à cause de lui. Il ne s'occupait que de l'honneur d'Auguste. Au commencement même il ne punit personne de ceux qui étaient accusés d'avoir insulté son prédécesseur. Ceux qu'on traduisait en justice pour avoir été faussement par la fortune de Tibère, il les renvoyait absous (5).

« Il prit soin d'achever les édifices commencés par Auguste (1); c'est le nom d'Auguste qu'il y fit graver. Il fit réparer tous les monuments qui menaçaient ruine. Il dépensait très-peu pour lui-même, beaucoup pour la république (2). Il donna de fortes sommes aux cités et aux particuliers (3). Il enrichit un grand nombre de sénateurs réduits à la pauvreté et qui ne pouvaient tenir leur rang; mais il procédait avant tout à un sévère examen de leur fortune (4). Il subvenait à toutes ces dépenses avec les revenus régulièrement établis (5). Il ne tua personne pour le dépouiller, il ne confisqua les biens de personne, il n'en-

---

am hereditarium, ullis nisi ad reges ac dynastas, epistolis addidit. (Sueton., 26.)
(1) Natalem suum (XVI nov.) plebeiis inferentem circensibus, vix unius bigæ adjectione honorari passus est. (Sueton., 26.)
(2) Intercessit quo minus in acta sua juraretur. (Sueton., 26.)
Neque in acta sua jurari, quanquam cæterum senatu, permisit : cuncta mortalium infra, quantoque plus adeptus foret, tanto se magis in lubrico dictans. (Tacit., *Ann.*, I, 72.)
(3) Consuerat quadruplam strenam, et de manu, reddere; sed offensus interpellari se toto mense ab iis, qui potestatem sui die festo rehabuissent, ultra non tulit. (Sueton., 34.)
(4) Templa, flamines, sacerdotes, decerni sibi prohibuit, etiam statuas atque imagines, nisi permittente se, poni; permisitque ea sola conditione ne inter simulacra deorum, sed inter ornamenta ædium, ponerentur. (Suet., 26.)
(5) Adversus convicia malosque rumores, et famosa de se ac suis carmina, firmus ac patiens, subinde jactabat, « in civitate libera linguam mentemque liberas esse debere ». Et quondam, senatu cognitionem de ejusmodi criminibus ac reis flagitante, « non tantum, inquit, otii habemus, ut implicare nos pluribus negotiis debeamus. Si hanc fenestram aperueritis, nihil aliud agi sinetis : omnium inimicitiæ hoc prætextu ad nos deferentur. » Exstat et sermo ejus in senatu percivilis : « Si quidem locutus aliter fuerit, dabo operam ut rationem factorum meorum dictorumque reddam ; si perseveraverit, invicem eum odero. » (Sueton., 28.)

(1) Deum ædes vetustate aut igni abolitas, cæptasque ab Augusto, dedicavit. (Tacit., *Ann.*, II, 49.)
(2) ...Erogandæ per honesta pecuniæ cupiens. (Tac., *Ann.*, I, 75.) Magnificam in publicum largitionem... (*Ann.*, II, 48.) Satis firmus, ut sæpe memoravi, adversum pecuniam. (*Ann.*, III, 18.)
(3) Qua liberalitate, cum alias, tum proxime incenso Cælio, omnis ordinis hominum jacturæ patrimonio succurrit suo! (*Velleius*, II, 130.)
(4) Paucorum senatorum inopia sustentata, ne pluribus opem ferret, negavit se aliis subventurum, nisi senatui justas necessitatum causas probassent. (Sueton., 47.)
Census quorumdam senatorum juvit. (Tacit., *Ann.*, II, 37.)
Quoties populum congiariis honoravit, senatorumque censum, cum id senatu auctore facere potuit, quam libenter explevit, ut neque luxuriam invitaret, neque honestam paupertatem pateretur dignitate destitui! (*Velleius*, II, 129.)
(5) Ne provinciæ novis oneribus turbarentur, utque vetera sine avaritia aut crudelitate magistratuum tolerarent, providebat. (Tacit., *Ann.*, IV, 6.)

leva point d'argent par des concussions. Æmilius Rectus, préfet d'Égypte, lui avait envoyé une somme plus forte que celle qui était due par la province. Tibère répondit : Je veux tondre mes brebis, non les écorcher (1).

« Il se montrait d'un abord facile. Il voulait que les sénateurs vinssent le saluer en corps, pour qu'ils ne fussent pas confondus et pressés dans la foule.... Comme dans un État populaire, il rendait toujours aux magistrats les honneurs dus à leur rang ; il se levait même pour les consuls (2). Quand il les conviait à un repas, il les recevait à la porte et les reconduisait. Quand il sortait en litière, il ne souffrait pas qu'un sénateur ou qu'un chevalier lui fît cortége (3).

« Lorsqu'on devait donner des jeux ou quelque représentation semblable, courue de la multitude, il allait la veille dans la maison de quelqu'un des affranchis césariens, à portée du lieu de réunion ; il y passait la nuit : c'était un moyen d'être plus tôt et plus commodément placé pour recevoir tout le monde. Souvent il regarda les jeux équestres de la maison d'un affranchi. Il ne manquait presque aucun spectacle, soit pour faire honneur à ceux qui donnaient les jeux, soit pour contenir la foule et pour paraître partager ses plaisirs. Ce n'était point qu'il eût du goût pour ces fêtes, ou qu'il songeât à rivaliser en ce point avec personne. Il restait toujours calme, toujours égal ; un jour le peuple demanda l'affranchissement d'un acteur ; Tibère ne l'accorda qu'après que le maître eut donné son consentement et reçu le prix du rachat (4).

(1) Præsidibus onerandas tributo provincias suadentibus rescripsit : Boni pastoris esse, tondere pecus, non deglubere. (Sueton., 32.)

(2) ...Cetera quoque non nisi per magistratus et jure ordinario agebantur ;... nec mirum quum palam esset ipsum quoque et consulibus assurgere, et decedere via. (Sueton., 31.)

(3) Adulationes adeo aversatus est, ut neminem senatorum, nisi aut officii aut negotii causa, ad lecticam suam admiserit ; consularem vero satisfacientem sibi, ac per genua orare conantem, ita suffugerit, ut caderet supinus. (Sueton., 27.)

(4) Princeps neque spectacula omnino

« Il vivait avec ses amis comme simple particulier ; il les défendait justice, il dînait avec eux, il les visi sans escorte pendant leurs maladies prononça même l'oraison funèbre l'un d'eux (1).

« Il réprima l'orgueil de sa mère vie (2) ;..... il l'éloigna des affaires de tat, et lui laissa l'administration de biens ; sur ce point même il eut à plaindre d'elle. Aussi, pour se soustra à cette femme, prit-il le parti de vo ger (3). Ce fut une des causes de sa traite à Caprées (4).

« Sévère pour tous ceux que l'on cusait d'un crime, Tibère ne ména pas son propre fils Drusus, hom edidit, et iis quæ ab aliquo ederentur rissime interfuit, ne quid exposceretur que postquam comœdum Actium coactus manumittere. (Sueton., 47.)

Ludorum ac munerum impensas corrip mercedibus scenicorum recisis, paribus gladiatorum ac certum numerum redac (Sueton., 34.) De modo lucaris (i. e. mer dum scenicorum) et adversus lasciviam f torum multa decernuntur. (Tac., Ann., 77.)

(1) Quorumdam illustrium exsequias us ad rogum frequentavit. (Sueton., 32.)

(2) Dubitaverat Augustus Germanicu sororis nepotem et cunctis laudatum, rei manæ imponere ; sed precibus uxoris evic Tiberio Germanicum, sibi Tiberium adsci idque Augusta exprobabat, reposcebat. (Ta Ann., IV, 57.)

Non ullum insignem honorem recip publice passus est. (Sueton., 50.)

(3) Biennio continuo post adeptum i perium, pedem porta non extulit ; seque tempore, præterquam in propinqua oppida quum longissime, Antio tenus, nusquam fuit : idque perraro et paucos dies, quam provincias quoque et exercitus revisurum sæpe pronunciasset, et prope quotannis p fectionem præpararet, vehiculis comprehen commeatibus per municipia et provinc dispositis, ad extremum vota pro itu et red suo suscipi passus est, ut vulgo jam per cum Calippides vocaretur ; quem cursitare ne cubiti quidem mensuram progredi, p verbio græco notatum est. (Sueton., 39.)

(4) Traditur etiam matris impotentia trusum, quam dominationis sociam asper batur, nec depellere poterat, cum domin tionem ipsam donum ejus accepisset. (Tac Ann., IV, 57.)

grossier et cruel (1), que souvent, en particulier et en public, il accabla de justes reproches. Comme il vivait lui-même avec beaucoup de sagesse, il n'autorisa les excès de personne, et souvent il les punit; parfois il essaya de ramener les coupables par la douceur avant de les frapper d'un châtiment public... Dans ce temps un grand nombre de citoyens portaient des vêtements de pourpre, en dépit des lois : Tibère ne blâma point ce luxe, ne le punit pas; mais, un jour qu'il pleuvait, il se rendit aux jeux avec un manteau de laine noire. Il n'en fallut pas davantage pour ramener les courtisans au respect des prescriptions légales.

« Ainsi vécut Tibère jusqu'à la mort de Germanicus (2). »

LA LOI DE MAJESTÉ; TIBÈRE PRINCE JUSTICIER. — Tacite blâme l'intervention du prince dans la justice. Mais que faisait Tibère de plus que Pompée? Faut-il lui imputer à crime la corruption des mœurs romaines : cette corruption était ancienne dans la république; elle ne datait pas de l'Empire. Tacite n'est-il pas forcé de reconnaître que la présence de Tibère fit échouer dans plus d'un procès les brigues et les sollicitations des grands. « Mais, ajoute-t-il, si cette influence profitait à la justice, c'était aux dépens de la liberté. » C'était un mal. Pourtant était-ce la faute de l'empereur si les Romains se précipitaient à l'envi dans la servitude, et si le parti de la liberté, et de quelle liberté! se réduisait à quelques aristocrates mécontents? Tibère, sans doute, ne fut pas ami de la liberté; ce fut un prince justicier, moins soucieux de la forme que du fond, de la légalité que du droit. Sachons-lui tenir compte de cette tâche ingrate et laborieuse, qui lui valut tant de haines et qui lui rapporta si peu de gloire.

Nous n'essayerons pas de défendre ici la loi de majesté. Tibère ne l'abolit point, il eut tort; mais ce n'est pas lui qui l'avait établie. C'était une arme perfide laissée par Auguste aux mains des courtisans. Dans ce siècle dégradé, au milieu d'un peuple avili, cet instrument de vengeance et de servitude fut employé par les plus infâmes intrigants, par les plus détestables flatteurs, comme un moyen de faire fortune. Tibère, qui ne s'opposa pas assez au débordement de tant de mauvaises passions, eut du moins le mérite de sauver plus d'une fois les accusés. En plus d'une occasion il écarta le crime de lèse-majesté, laissant aux tribunaux le soin de juger les autres griefs, auxquels cette accusation venait presque toujours s'ajouter, comme le complément indispensable de tout procès important.

PROCÈS DE LIBON. — Arrêtons-nous au procès de Libon. Tacite en a fait un récit dramatique (*Ann.* II, 27-32). Voyons s'il n'a pas jugé Tibère avec trop de partialité et de rigueur.

On remarquera d'abord que Suétone, peu suspect de prévention en faveur du prince, n'accuse pas sa conduite à l'égard de Libon. « Après la mort d'Auguste, dit-il formellement, L. Scribonius Libo conspirait secrètement. » Il ajoute que Tibère, pour ne pas inaugurer son entrée au pouvoir par des mesures rigoureuses, attendit deux années avant d'accuser Libon devant le sénat, et que dans cet intervalle il se contenta de le surveiller.

Si Libon conspirait dès l'avénement de Tibère, c'est à tort que Tacite accuse le prince d'avoir placé près de son ennemi un agent provocateur. L'ambition de ce jeune fou n'avait pas besoin pour s'éveiller d'attendre les excitations de Firmius Catus. Du reste, il est évident, d'après le rapport même de Tacite, que le prince n'était pas de connivence avec le délateur. Catus apporta des pièces qui prouvaient au moins l'imprudence de Libon. Tibère, forcé, depuis deux ans, de se tenir en garde contre les menées de son ennemi, ne s'avisa point d'arrêter cette affaire. Il lui laissa suivre son cours régulier. Pendant le procès il se montra impassible. S'il fit vendre les esclaves de l'accusé, il y était autorisé par l'exemple d'Auguste; il ne fut pas, comme le prétend Tacite, l'inventeur de cette manière d'éluder la loi, *novi juris repertor*.

---

(1) Promptum ad asperiora ingenium Druso erat. (Tacit., *Ann.*, I, 29.)

Edendis gladiatoribus, quos Germanici fratris ac suo nomine obtulerat, Drusus præsedit, quanquam vili sanguine nimis gaudens : quod vulgus formidolosum et pater arguisse dicebatur. (Id., *Ann.*, I, 76.)

(2) Dio, LVII, 7-14.

Qu'il y eût crime dans la conduite de Libon, que cet ivrogne sans intelligence et sans énergie fût pour Tibère un rival dangereux, nous ne le croyons pas; mais Tibère le craignait. Dion affirme et prétend que le prince n'osa point d'abord traduire en justice ce singulier conspirateur. Libon fut ménagé tant qu'il se porta bien; mais, frappé d'une maladie mortelle, il tomba sous les coups de Tibère. Les charges qui pesèrent sur l'accusé nous semblent frivoles. Peut-être « quelques-uns de ces titres d'accusation n'étaient-ils pas si ridicules qu'ils nous paraissent aujourd'hui ? » C'est du moins l'avis de Montesquieu et de Voltaire. Libon conspirait : l'affirmation de Suétone est précise. L. Scribonius Libo, sans attendre le jugement du sénat, se tua après boire. Tibère est-il responsable de sa mort? Il jura qu'il lui aurait épargné la vie. Pourquoi mettrions-nous en doute cette parole, qui s'accorde avec la conduite de Tibère dans tous les autres procès politiques? En tout état de cause, la défiance de Tacite, si légitime qu'elle puisse être, ne saurait aller ici au delà du soupçon. Pour nous, ce n'est pas la cruauté du prince que nous accusons, ce sont les craintes de son esprit ombrageux. Nous méprisons le conspirateur qui se compromet sans intelligence, et qui ne sait pas mourir avec dignité; nous méprisons les accusateurs, nous méprisons le sénat : nous n'imputons pas à Tibère un crime qu'il n'a point commis.

AVILISSEMENT DE L'ARISTOCRATIE ROMAINE; HONTE DU SÉNAT. — Ce qu'il y a de plus infâme et de plus odieux dans cette affaire, ce n'est pas sans doute la rigueur impassible du prince; c'est cet ignoble rôle du sénateur Firmius Catus, cet acharnement de Fulcinius Trio, de Fonteius Agrippa et de C. Vibius, cette lâcheté des parents de Libon qui refusent de le défendre, et les propositions des Cotta Messallinus, des Cn. Lentulus, des Pomponius Flaccus, des L. Publius, des Asinius Gallus, des Papius Mutilus, des L. Apronius, et les votes du sénat et la complicité de toute l'aristocratie romaine.

Tacite a raison : « Le principal objet de l'histoire est de préserver les vertus de l'oubli, et d'attacher aux paroles et aux actions perverses la crainte de l'infamie et de la postérité. » Il a bien fait de rapporter tant de bassesses et les noms de leurs auteurs. L'histoire, qui s'est montrée si sévère pour le prince, ne doit pas épargner ses détestables courtisans. « Dans ce siècle infesté d'adulation, la contagion ne s'arrêtait pas aux premiers de l'État, qui avaient soin de cacher un nom trop brillant sous l'empressement de leurs respects; tous les consulaires, une grande partie des anciens préteurs, et même beaucoup de sénateurs obscurs se levaient à l'envi pour voter les flatteries les plus honteuses et les plus exagérées. On raconte que Tibère, chaque fois qu'il sortait du sénat, s'écriait en grec : « O hommes prêts à tout esclavage! » Ainsi celui même qui ne voulait pas de la liberté publique ne voyait qu'avec dégoût leur servile et patiente abjection. »

A ces traits on peut reconnaître ce même sénat qui accablait César de perfides honneurs, et qui, par l'exagération de ses flatteries, préparait la ruine du maître de Rome.

Si, comme il est juste, le nombre des procès de lèse-majesté, la fureur ou le caractère frivole des accusations, nous étonnent et nous attristent, rappelons-nous le mot de Tibère : « Nous n'avons pas assez de loisir pour nous occuper de poursuivre les délits de ce genre. Si vous ouvrez une fois cette fenêtre, vous ne souffrirez plus qu'on fasse autre chose : sous ce prétexte, toutes les animosités viendront se donner carrière dans le sénat ». Rappelons-nous qu'Ateius Capito se plaignait de la clémence du prince, et que ce sénateur est cité par Tacite au rang des plus honorables citoyens de Rome; n'oublions pas que le droit des libres accusations était un des derniers souvenirs de la république, et peut-être pardonnerons-nous à Tibère les malheurs de son règne, en songeant qu'il régnait sur des Romains.

BONHEUR DE L'ITALIE SOUS TIBÈRE; VELLEIUS PATERCULUS. — Arrêtons-nous : notre objet n'est point de faire le panégyrique de l'empereur, et nous craindrions de ressembler à Velléius Paterculus. Nous comprenons l'admiration, sincère peut-être, de ce courtisan pour Tibère, mais nous ne voulons pas lui emprunter l'expression un peu déclamatoire de cet enthousiasme, si fort opposé à l'esprit de dénigrement qui anime Suétone, à la malveillance honnête et inintelligente de Dion Cassius, à la défiance soupçonneuse et à l'animosité de Tacite. Citons toutefois, en l'appliquant, sous toute réserve, à la première partie du gouvernement de Tibère, ce passage où Velléius résume la situation du monde romain : « La confiance est rappelée ; plus de sédition dans le Forum, plus de brigue dans le Champ de Mars, plus de discorde dans le sénat ; toutes ces vertus ensevelies dans la poussière du tombeau, la justice, l'équité, le travail, ont été rendus à la cité ; les magistrats ont acquis de l'autorité, le sénat de la majesté, les tribunaux de la gravité ; l'émeute du théâtre est comprimée ; chez tous, de gré ou de force, le désir ou la nécessité de bien faire. Le bien est en honneur, le mal, puni ; l'humble regarde le puissant, et ne le craint pas ; le puissant prend le pas sur le plus humble, sans le mépriser. Quand la vie fut-elle à meilleur marché ? quand la paix fut-elle plus douce ? Répandue dans les régions de l'Orient et de l'Occident, au Midi et au Septentrion, la paix d'Auguste, par tous les coins du monde, maintient, contre les tentatives du brigandage, la sécurité publique. Les malheurs que la fortune envoie non seulement aux particuliers, mais aux villes, la munificence du prince les répare ; il rétablit les villes d'Asie ; les provinces sont vengées des exactions de leurs gouverneurs ; les honneurs sont toujours à la portée du mérite : le châtiment est lent à frapper les mauvais citoyens, mais il ne les épargne pas ; l'équité l'emporte sur la faveur, le mérite sur la brigue ; par ses actions le meilleur des princes instruit à bien faire ses concitoyens ; et si haut que le place son autorité, il s'élève plus haut encore par les exemples qu'il donne aux hommes (1). »

Tacite avoue lui-même que « jusqu'à la mort de Germanicus Tibère mit beaucoup d'adresse à contrefaire la vertu (2). »

(1) Velleius Paterculus, II, 126.
(2) ...Occultum ac subdolum fingendis virtutibus, donec Germanicus ac Drusus superfuere. (Tacit., Ann., VI, 51.)

Il est permis d'être trompé par une hypocrisie si longtemps et si habilement soutenue, et nous persisterons à louer, dans la première période de ce règne, la modération, le soin de la justice, le respect de la dignité des magistrats, la générosité bienfaisante et éclairée, la protection donnée aux provinces, l'honnêteté en un mot, l'honnêteté rude et sévère, que nous avons reconnue jusqu'ici dans tous les actes de l'empereur.

MORT DE GERMANICUS. — Les troubles de l'Orient appelaient l'intervention du pouvoir impérial. Tibère rendit compte au sénat de la situation de l'Asie, et, sur sa demande, un décret fut publié qui attribuait à Germanicus les provinces d'outre-mer, avec une autorité supérieure à celle des sénateurs et du prince, dans tous les lieux où il se trouverait. En même temps Cn. Pison reçut le commandement de la Syrie.

Pison était un homme violent, prompt aux coups de main. Sa femme Plancine était la confidente de Livie. Elle soutenait contre Germanicus les intérêts de son frère Drusus. Malgré ce que Tacite appelle «. l'admirable union des deux « fils de Tibère, » les querelles de leurs proches devaient amener en Orient de funestes complications.

Germanicus donna un roi à l'Arménie, un gouverneur à la Cappadoce, un préteur à la Commagène. Il diminua les tributs de quelques provinces. Quand il eut, par ces mesures, rétabli la paix, il se rendit en Egypte, malgré l'édit d'Auguste qui fermait cette contrée à tout sénateur. Pendant son absence Pison s'empara de l'esprit des soldats, se fit proclamer *père des légions*, et introduisit beaucoup de changements dans l'administration des villes et de l'armée. De là de vives querelles entre les deux rivaux. Pison résolut enfin de quitter la Syrie. Germanicus tomba malade ; il se crut empoisonné par son ennemi ; il mourut. Agrippine partit pour Rome avec les cendres de son époux : elle allait réclamer vengeance.

PROCÈS ET MORT DE PISON. — Pison avait voulu rentrer en Syrie à main armée. Vaincu, il fut dirigé sur l'Italie. Il arriva après les funérailles et le convoi triomphal de Germanicus. Aussitôt un accusateur célèbre, Fulcinius Trio, le déféra aux consuls ; Tibère renvoya l'affaire au sénat.

Accusé d'avoir corrompu les troupes, d'avoir employé contre Germanicus les maléfices et le poison, d'avoir célébré sa mort par des actions de grâces et des sacrifices impies, enfin d'avoir pris les armes contre la république, Pison trouva des juges inexorables. Tibère ne pardonnait pas la guerre portée en Syrie ; les sénateurs ne pouvaient se persuader que le crime fût étranger à la mort de Germanicus. Le peuple criait aux portes de la curie qu'il ferait justice lui-même si les suffrages du sénat épargnaient le coupable. Déjà les statues de Pison, traînées aux gémonies, allaient être mises en pièces. L'accusé comprit que tout était perdu pour lui ; il se tua.

« Là se bornèrent les expiations of-
« fertes aux mânes de Germanicus, dont
« la mort a été, non-seulement chez les
« contemporains, mais dans les généra-
« tions suivantes, un sujet inépuisable de
« controverse, tant sont enveloppés de
« nuages les plus grands événements,
« grâce à la crédulité, qui accueille les
« bruits les moins fondés, au mensonge,
« qui altère les faits les plus réels, dou-
« ble cause d'une incertitude qui s'ac-
« croît avec le temps. »

Telles sont les réflexions par lesquelles Tacite termine le triste récit de la mort et de la vengeance de Germanicus. Sous leur impartialité apparente on sent percer un doute accusateur. Examinons le récit de cet historien, et voyons si le doute qu'il exprime, si le bruit public dont il se fait l'écho, si les affirmations plus positives de Suétone et de Dion, sont autre chose qu'une calomnie.

EXAMEN DE LA CONDUITE DE TIBÈRE ENVERS GERMANICUS ET PISON. — Dès le départ de Germanicus, Tacite arrange son récit en vue du dénoûment, et comme à ses yeux ce dénoûment est un crime, il en marque par avance les premiers indices. Ainsi, sans accuser formellement Tibère d'avoir envoyé son fils dans un guet-apens, il le met en suspicion et cherche à l'exil de Germanicus un motif coupable. Nous croyons qu'il est facile de disculper l'empereur sur ce point.

« Tibère n'appréhendait rien tant que de voir la paix troublée quelque part, » *nihil æque Tiberium anxium habebat quam ne composita turbarentur*. Il se souvenait des dernières recommandations d'Auguste. Germanicus, au contraire, avec l'audace et l'emportement de la jeunesse, avait résolu de soumettre l'indomptable Germanie. Tacite l'appelle un autre Alexandre. Tibère, cet autre Philippe, ne pouvait se prêter à de si vastes desseins ; satisfait des succès de son fils sur Arminius et de la victoire d'Idistavise, mécontent de la perte de deux légions, presque submergées par une marée d'équinoxe, et de la destruction d'une partie de la flotte ; plus confiant dans les divisions des barbares que dans le génie de Germanicus, l'empereur pressa son fils de revenir à Rome, où le triomphe l'attendait. La guerre qui éclata bientôt entre Arminius et Maroboduus, entre les Chérusques et les Suèves, donna raison à la politique de Tibère.

L'empereur en rappelant son fils de la Germanie avait fait preuve de sagesse ; pouvait-il donner à l'activité de ce jeune homme un plus utile emploi que le soin de pacifier l'Orient ? Était-ce un exil qu'un voyage en Asie ? Était-ce une disgrâce qu'un gouvernement exceptionnel avec une autorité presque souveraine ? Sous la république les plus illustres généraux se disputaient l'honneur et les profits de cette *relégation* en Orient. Au point de vue de la politique romaine, mieux valait assurer en Asie pacifiquement, et sans coup férir, l'influence et la domination impériales, que de les compromettre en Occident par de périlleuses victoires. Cette mission d'ailleurs ne convenait-elle pas à Germanicus ; au jeune orateur, au jeune poëte, qui écrivait des comédies grecques, qui se plaisait à porter le costume grec, entrant dans Athènes avec un seul licteur et visitant l'Égypte, au mépris des lois, par curiosité scientifique ? Il est vrai que Pison fut envoyé en Syrie. Pison était un vieux serviteur de la famille impériale, un ami dévoué de Livie ; son expérience pouvait servir de garantie à Tibère contre la fougue du jeune triomphateur. Le prince n'avait-il pas le droit de sauvegarder aussi les intérêts de son fils Drusus ; et faudrait-il s'étonner que lui, le plus soupçonneux des hommes, il se fût inquiété, à tort ou à raison, de l'ambition de Germanicus ?

Pison montra beaucoup d'insolence ; mais il y a loin des fautes les plus graves contre la hiérarchie et la discipline à la perpétration, longuement préméditée, d'un crime d'empoisonnement. Quand Germanicus, sur son lit de mort, confie à ses amis le soin de sa vengeance, quelles preuves invoque-t-il contre son ennemi ? On a trouvé, dit-on, dans sa demeure des ossements et des formules d'imprécations. Le cadavre de Germanicus fut exposé nu aux regards du peuple ; qu'il y parût quelque trace de poison, Tacite ne l'affirme pas. Suétone dit, il est vrai, que le corps était couvert de taches livides, et que l'écume sortait de la bouche entr'ouverte. Mais il ajoute : « On trouva sur le bûcher, au milieu des ossements, le cœur bien conservé, et l'on sait qu'un cœur atteint par le poison est incombustible. » Ce ne sont point là contre Pison des arguments dignes de l'histoire.

Arrivons au jugement de Pison. Reprochera-t-on à l'empereur d'avoir refusé d'instruire lui-même l'affaire et donné ainsi une preuve de son impartialité ? Le blâmera-t-on d'avoir porté le procès devant le sénat ? Convenait-il de le laisser juger par le peuple, qui avait failli déchirer Pison à son arrivée, et n'y avait-il pas contre le tribunal du Forum cause de suspicion légitime ? Si le prince voulait faire condamner un complice, devait-il le soustraire à la fureur de ses juges naturels ? S'il voulait le sauver, devait-il compter sur la complaisance des sénateurs qui montraient tant d'amour pour Germanicus ? Le sénat était un tribunal assez calme pour entendre la défense de l'accusé, assez rigoureux pour donner toute garantie aux amis et à la famille du mort. Si quelqu'un eut à se plaindre, non du choix des juges, mais des juges mêmes, ce fut Pison, ce ne fut pas Agrippine. C'est la défense et non l'accusation qui eut à lutter contre la partialité des accusateurs. Tibère seul, selon sa coutume, garda la froide impassibilité de la justice. On croirait que Tacite lui en fait un reproche.

Tibère, qui ne s'occupait que de l'attaque à main armée de Pison contre la Syrie, Tibère seul était dans le vrai. Coupable, non d'empoisonnement, mais de révolte, redoutant pour une faute réelle la juste sévérité de l'empereur, pour un forfait imaginaire l'injuste haine du sénat, Pison, suivant une habitude vulgaire, prit le parti de se tuer. Sa lettre à Tibère prouve qu'en mourant il avait su distinguer les griefs de son maître et les odieux soupçons de ses ennemis. « Mon fils Marcus m'a dissuadé de rentrer en Syrie. » C'est ainsi qu'il se condamne lui-même, en demandant grâce pour sa famille. Tibère ne fut pas sourd à cette voix, et il disculpa le jeune Marcus de toute participation à la guerre civile. — Les sénateurs, dont il faut admirer dans cette affaire la cruelle inintelligence, célébrèrent à l'envi les *vengeurs de Germanicus*.

Répétons-le ; seul, dans ces procès plein de larmes, Tibère représente l'impartiale justice ; seul entre les ressentiments légitimes des amis de Germanicus et les furieuses passions du peuple et du sénat, il se montre calme, froid, sévère, sans complaisance et sans haine. Il entend les murmures de la place publique qui demandent la mort de Pison, en accusant la complicité de l'empereur ; il sait qu'il est suspect, et il ne se laisse point troubler par les rumeurs de la calomnie. Il donne à la défense comme à l'accusation pleine et entière liberté ; il distingue les griefs ; il fournit à la vérité tous les moyens de se produire, à la justice tous les moyens de s'éclairer. Dans cette affaire, où il sent bien que tous les yeux sont fixés sur lui, il garde un visage impassible, *comme s'il s'agissait d'un autre*. Et c'est lui que l'opinion, lui que l'histoire accusent d'un horrible forfait ! « Rends-nous, Germanicus, » disent de calomnieuses inscriptions, et la nuit Tibère peut entendre des voix qui répètent : « Rends-nous Germanicus. » Voilà l'équité des jugements humains et la vérité de l'histoire !

Tibère règne sans rival ; tableau de l'empire vers l'an 23. — « Tibère n'avait plus de rival qui pût
« lui disputer le gouvernement du
« monde ; à partir de ce moment, il
« jeta le masque et changea de vie. »
Ainsi parle Dion Cassius. Ce brusque pervertissement, s'il était réel, aurait

sujet de nous étonner. Mais les faits portent encore témoignage en faveur du prince. Tibère continue à poursuivre les nobles concussionnaires; il acquitte plusieurs accusés de lèse-majesté. En 21 il adoucit les rigueurs de la loi Papia-Poppæa. En 22 on craignait qu'il ne réprimât durement les excès du luxe. Les édiles s'étaient plaints du mépris où était tombée la loi somptuaire, et de l'élévation du prix des denrées. Tibère arrêta les dénonciateurs prêts à se jeter sur leur proie. « Qu'est-ce après tout, « dit-il dans son message au sénat, « qu'est-ce que le mal signalé par les édi-« les? Eh! personne ne se lève pour « nous dire que l'Italie attend sa sub-« sistance de l'étranger; que chaque « jour la vie du peuple romain flotte à la « merci des vagues et des tempêtes; « que si l'abondance des provinces ne « venait au secours et des maîtres et « des esclaves, et de ces champs qui ne « produisent plus, ce ne seraient pas « sans doute nos parcs et nos maisons « de plaisance qui fourniraient à nos « besoins. Voilà les soins qui occupent « le prince, voilà ce qui, négligé un « instant, entraînerait la chute de la « république. »

Nous sommes à la neuvième année de son *principat* : voici, d'après Tacite, le tableau de l'empire à cette date.

« Deux flottes, l'une à Misène, l'autre à Ravenne, protégeaient l'Italie sur l'une et l'autre mer; et des galères qu'Auguste avait prises à la bataille d'Actium et envoyées à Fréjus, gardaient avec de bons équipages la partie des Gaules la plus rapprochée. Mais la principale force était sur le Rhin, d'où elle contenait également les Germains et les Gaulois; elle se composait de huit légions. Trois légions occupaient l'Espagne, dont on n'avait que depuis peu achevé la conquête. Juba régnait sur la Mauritanie, présent du peuple romain. Le reste de l'Afrique était gardé par deux légions, l'Égypte par deux autres; quatre suffisaient pour tenir en respect les vastes contrées qui à partir de la Syrie s'étendent jusqu'à l'Euphrate et confinent à l'Albanie, à l'Ibérie et à d'autres royaumes, dont la grandeur romaine protège l'indépendance. La Thrace était sous les lois de Rhémétalcès et des enfants de Cotys. Deux légions en Pannonie, de en Mésie, défendaient la rive du Danub Deux autres, placées en Dalmatie, se tro vaient par la position de cette provinc en seconde ligne des précédentes et a sez près de l'Italie pour voler à son s cours dans un danger soudain. Ror avait d'ailleurs ses troupes particulière trois cohortes urbaines et neuf prét riennes, levées en général dans l'Étr rie, l'Ombrie, le vieux Latium, et da les plus anciennes colonies romaine Il faut ajouter les flottes alliées, les ail et les cohortes auxiliaires, distribué selon le besoin et la convenance des pr vinces. Ces forces étaient presque égal aux premières; mais le détail en ser incertain, puisque, suivant les circo tances, elles passaient d'un lieu dans l autre, augmentaient ou diminuaient nombre.

« Les affaires publiques et les plus i portantes des affaires particulières se tr taient dans le sénat. Les principaux cet ordre discutaient librement, et s' tombaient dans la flatterie, le prin était le premier à les arrêter. Dans distribution des honneurs il avait éga à la noblesse des aïeux, à la gloire m litaire, à l'éclat des talents civils. On co venait généralement qu'il n'aurait faire de meilleurs choix. Les consul les préteurs conservaient l'extérieur leur dignité; les magistrats subaltern exerçaient sans obstacle l'autorité leur charge. Les lois, si l'on en excep celle de majesté, étaient sagement a pliquées. Les blés de la république, l impôts et les autres revenus de l'Ét étaient affermés à des compagnies chevaliers romains. Quant à ses intér privés, le prince en chargeait les hor mes les plus intègres, quelques-uns sa les connaître et sur la foi de leur renor mée. Son choix fait, il y était fidèl même jusqu'à l'excès; et la plupart vie lissaient dans leur emploi (1). Le peup

(1) Id quoque morum Tiberii fuit, con nuare imperia, ac plerosque ad finem vitæ iisdem exercitibus aut jurisdictionibus habe (Tacit., *Ann.*, 1, 80). Tacite ne paraît poi soupçonner le véritable motif de Tibère. Il expliqué par Josèphe : Imperia illis quib semel ea dedit diuturna esse curat, ut aliqu ... pudore adhibito consulatur subdit.

ITALIE.

ouffrait de la cherté des grains; mais e n'était pas la faute du prince. Tibère 'épargna même ni soins ni dépenses our remédier à la stérilité de la terre et ux accidents de la mer (1). Il veillait à ce ue de nouvelles charges ne portassent oint l'effroi dans les provinces, et il empêchait que les anciennes ne fussent aggravées par l'avarice ou par la cruauté es magistrats : on ne parlait ni de punitions corporelles ni de confiscations.

« Les domaines du prince en Italie taient peu nombreux, ses esclaves renus, sa maison bornée à quelques affranchis. Était-il en différend avec un articulier, on allait au Forum, et la istice prononçait. Sans doute il lui manuait des manières affables, et son air epoussant n'inspirait guère que la terur. Toutefois il retint ces sages maximes jusqu'à ce qu'elles fussent renversées par la mort de Drusus (2). »

Nous avons vu que Dion assignait à hypocrisie ou à la vertu de Tibère le iême terme qu'à la vie de Germanicus; acite recule ce terme de trois années. n l'an 23, le prince atteint près de oixante-cinq ans. On ne niera point ue la méchanceté de sa nature ne soit ès-lente à se trahir, et que s'il joue i comédie, il n'ait eu le temps de s'identifier avec son personnage. C'est s'y rendre bien tard que de quitter à cet ge les habitudes de toute sa vie et que e s'abandonner dans la vieillesse à des assions si longtemps contenues. Nous roirons difficilement à ce miracle d'une issimulation d'un demi-siècle. Moins aiément encore admettrons-nous cet autre iiracle d'une subite conversion vers les ernières extrémités de tous les vices,

ce hideux prodige d'une jeune corruption, d'autant plus effroyable, d'autant plus monstrueuse qu'elle est plus inattendue et plus tardive. Ce qui est possible, ce qui est probable, c'est que le caractère de l'empereur, ombrageux et couvert, risque, en vieillissant, de devenir plus défiant et plus soupçonneux, sa justice plus sévère et plus rigoureuse, son dégoût des hommes plus amer. Ce triste spectacle de l'avilissement public, cette frénésie de servitude, cette fureur de délations, tant de bassesse et tant de cruauté, un tel déchaînement de la plus ignoble débauche et de la rapacité la plus odieuse, n'est-ce point assez pour assombrir les derniers jours du maître du monde? Tibère, d'ailleurs, a-t-il seulement la paix du foyer domestique? On connaît les adultères de sa femme, l'humeur impérieuse de sa mère, les emportements d'Agrippine. Drusus, son fils, vient de mourir : que sera-ce quand les fils de Drusus auront péri à leur tour? Et puis ne sait-il pas qu'on le hait? ne sait-il pas qu'on le calomnie? N'entend-il point quelquefois le soir ces voix sinistres qui lui redemandent Germanicus? Se sentir seul au milieu des flots pressés de la foule prête à l'adorer comme on adore le génie du mal, lire sur tous les visages la crainte mal déguisée sous les grimaces de la flatterie, distinguer, dans le bruit des actions de grâces et des applaudissements intéressés, le sourd murmure de l'opinion qui l'accuse tout bas, s'entendre louer par le mensonge, calomnier par le mensonge; valoir mieux que tout son peuple, et se voir traiter comme un tyran, telle est la destinée, tel est le supplice de Tibère! Ne sera-t-il rien pardonné à cet homme, et sa vieillesse, si elle est coupable, n'a-t-elle pas quelques titres à l'indulgence de l'histoire?

FAVEUR DE SÉJAN; DIVISIONS DE LA COUR; LES ACCUSATEURS PUBLICS. — C'est en l'an 23 que le préfet du prétoire, Ælius Sejanus, commença, pour le malheur de Tibère et de l'Italie, à subjuguer l'esprit de l'empereur. Séduit et comme fasciné par cet homme, par sa vigueur au travail, son infatigable activité, son apparente modestie, sa sévérité pleine de douceur, son grave et sérieux enjouement, par toutes ces qualités si

---

genium enim omnium hominum in magistratu proclive esse ad avaritiam : qui vero haud erpetui sunt, sed ad breve tempus, ut incerum sit quando illis auferatur potestas, matri aviditate ad rapinas ferri. Itaque si diutius fruantur, furtorum satietate tandem expleti, : qui satis superque sibi acquisiverint, deinde rdiores fieri ad rapiendum, etc. (Flav. Joph., XVIII, 6, 5.)

(1) Sævitiam annonæ incusante plebe, statuit frumento pretium, quod emptor penderet, binosque numos se additurum negoatoribus in singulos modios. (Tacit., *Ann.*, „ 87.)

(2) Tacit., *Ann.*, IV, 5-7.

rares dans la décadence des vertus romaines, Tibère aimait à proclamer Séjan le compagnon de ses travaux, et lui prodiguait les marques les plus éclatantes de son estime et de sa faveur. Drusus, impétueux et brutal, prit ombrage de ce pouvoir nouveau qui s'élevait au sein de la cour. Un jour il frappa Séjan au visage. Il paya cet affront de son honneur et de la vie. Débarrassé de Drusus, Séjan médita la ruine des fils de Germanicus. Il arme contre Agrippine la haine invétérée de Livie. L'intrigue trouve auprès d'Agrippine même des complices dont les perfides suggestions exaspèrent ce caractère altier. Séjan anime la colère du prince; il lui montre la république divisée comme par une guerre civile, des partisans d'Agrippine qui prennent hautement ce nom. « Ce parti grossira, dit-il, si on ne l'étouffe. » Le vieil empereur pourra-t-il résister longtemps à ces conseils ?

Tibère redouble de violence contre les concussionnaires, c'est-à-dire contre l'aristocratie. Quelques jours encore, et il prendra sous sa protection la bande détestable des accusateurs. Il faut se souvenir que la police et le ministère public n'existaient pas à Rome, que la justice était confiée à la garde de tous les citoyens, et que la société, l'État, trouvait à peine une garantie suffisante dans le zèle des accusations privées. Qu'on se représente Tibère, ce prince justicier, chaque jour assis au tribunal, allant en personne faire des perquisitions chez un accusé; qu'on se rappelle l'entêtement de tous les gens de lois pour les vieilles coutumes, leur répugnance pour toute nouveauté, leur attachement à la lettre et à la forme; qu'on songe que Rome n'avait point de code, point de police; et, tout en déplorant cette ignominieuse condition faite à la justice d'avoir pour ministres les délateurs et les accusateurs, on ne fera point un crime à Tibère de s'être accommodé aux nécessités du temps. S'il est coupable, Cicéron l'est comme lui; car nous lisons ces mots dans le discours pour Roscius : « Il est utile que dans un État il y ait beaucoup d'accusateurs, afin que l'audace soit contenue par la crainte (1). » Il est vrai que le jour où Tibère défendit les intérêts d ceux qu'il appelait les gardiens des droits il s'agissait uniquement des procès d lèse-majesté. Mais, par le malheur d temps, cette accusation était devenue l complément habituel, et comme indispensable de toutes les autres. Nous la retrouvons dans tous les procès de concussion. Est-ce la faute de Tibère si le Romains dégénérés avaient fait de l justice même un raffinement de la flatterie ? C'est une vérité horrible à dire mais incontestable : supprimer les procès de lèse-majesté, c'eût été ravir l'État et aux provinces la plus sûre garantie contre la violence et la rapacité de l'aristocratie romaine. Les accusateurs n'auraient pas poursuivi, le sénat n'aurait pas condamné C. Silanus et bien d'autres encore, si le nom de l'empereur n'avait été mêlé à l'accusation. La justice ne fonctionnait plus que comme instrument politique. Tibère se servit de cet instrument, tout mauvais qu'il fût, et ne permit pas de l'affaiblir, parce qu'il n'avait rien pour l remplacer, parce qu'en le détruisant i aurait désarmé la société. « Mieux vallait renverser tous les droits que d'ôter les gardiens qui veillaient à leu maintien. » Telles furent les paroles telle fut la pensée de Tibère. Ses craintes étaient-elles vaines ? Nous ne savons mais nous ne suspectons pas sa sincérité

RÉVOLTE D'ESCLAVES EN ITALIE PROCÈS DE CREMUTIUS CORDUS; TI BÈRE S'ÉLOIGNE DE ROME. — Quo qu'il en soit de cette controverse, constatons qu'en dépit des suggestions d Séjan, en dépit de tant de querelles e de chagrins domestiques, le vieil empereur durant ces deux années écoulées depuis la mort de Drusus a maintenu l'ordre et la paix dans l'Empire Sous ses auspices, la guerre soulevée e Afrique par le Numide Tacfarinas vien d'être étouffée (1). Une guerre servile été réprimée presque avant d'éclater. L chef de la révolte, T. Curtisius, autre

_____

(1) Accusatores multos esse in civitate utile est, ut metu contineatur audacia. (Cic. Pro Rosc. Amer., 20.)

(1) Magni etiam terroris bellum africum et quotidiano auctu majus, auspiciis consiliis que ejus brevi sepultum est. (Vell. Paterc.: II, 129; cf. Tacit., Ann., IV, 23-26.)

ois soldat prétorien, avait d'abord tenu Brindes et dans les villes voisines des ssemblées secrètes ; bientôt, par des roclamations publiquement affichées, l avait appelé à la liberté tous les esclaves. Le hasard amena trois birèmes lestinées à protéger la navigation de ette mer. Le questeur Curtius Lupus, uquel était échue la surveillance des pâturages, de tout temps réservée à la questure, se trouvait aussi dans ces contrées. Il se mit à la tête des soldats de marine, et dissipa cette conjuration au moment même où elle éclatait. L'alarme vait été un moment répandue à Rome, cause de la multitude des esclaves, qui croissait sans mesure, pendant que a population libre diminuait chaque our (1). C'était le temps où, dans un oin de l'Orient, un humble charpentier prêchait la bonne nouvelle de la fraternité humaine, et préparait obscurément, par une propagande pacifique, la révolution du sacrifice et de l'amour.

Le gibet du Calvaire attend Jésus : qu'importe ? « La tyrannie est insensée de croire que son pouvoir d'un moment étouffera dans l'avenir le cri de la vérité! Persécuter le génie, c'est en augmenter l'influence, et ni les rois étrangers ni ceux qui à leur exemple ont puni les talents n'ont rien obtenu que honte pour eux-mêmes et gloire pour leurs victimes (2). »

Ces réflexions, inspirées à Tacite par le procès de Crémutius Cordus, peuvent s'appliquer à toutes ces vaines persécutions qui n'ont jamais fait défaut à la sainte cause de la vérité, du droit et de la raison. Crémutius Cordus est un des martyrs de la liberté ; il mourut pour avoir appelé Cassius le dernier des Romains. Nous croyons qu'il se trompait ; nous ne partageons pas son admiration pour l'assassin des ides de mars, pour le concussionnaire qui pilla l'Asie ; nous n'avons point de regrets pour la république pompéienne. Mais, en répudiant l'éloge, nous n'en rendrons pas moins hommage à la fermeté du courageux apologiste de Brutus et de Cassius. Ce sont de belles paroles que celles qu'il prononça devant le sénat : « La postérité rend à chacun l'honneur qui lui est dû. Si je suis condamné, on n'oubliera pas Cassius et Brutus, et quelques-uns peut-être se souviendront de moi. » Il se laissa mourir de faim, et le sénat enjoignit aux édiles de brûler son ouvrage. Tibère avait assisté au jugement. Il avait montré un visage sévère. Peut-être cette persistance des passions de la guerre civile avait-elle sujet d'irriter l'empereur. L'accusation avait été portée par deux clients de Séjan, Satrius Secundus et Pinarius Natta. L'accusé ne fut point condamné à mort; il se tua. C'est le sénat enfin qui ordonna sottement la destruction des annales de Cordus. Un avocat qui plaiderait la cause du prince trouverait là, en faveur de Tibère, plus d'une circonstance atténuante. Nous dirons seulement que Tibère régnait, et qu'il était soumis aux conditions du pouvoir monarchique. Un empereur romain détestait nécessairement les traditions républicaines et les souvenirs des ides de mars. Aussi Tibère, qui, s'il ne pouvait empêcher le procès, aurait pu du moins, et par conséquent aurait dû, faire acquitter Crémutius Cordus, laissa-t-il sans scrupule la justice des partis poursuivre son cours ; il ne pardonna point, parce qu'il était roi.

Les querelles continuaient au sein de la cour. Agrippine réclamait un époux. Elle affectait des craintes d'empoisonnement, prompte à tomber dans tous les piéges tendus par Séjan et par Livia, la veuve coupable de Drusus. Tibère se lassa de tant d'ennuis. A l'instigation de Séjan, qui loin de Rome espérait faire de l'empereur son prisonnier, il résolut de se retirer dans quelque riant asile. La dédicace d'un temple de Jupiter à Capoue fut le prétexte de son départ pour la Campanie : il ne devait plus revenir à Rome (26 de J.-C.).

TIBÈRE A CAPRÉE; PORTRAIT DU VIEIL EMPEREUR. — Arrêtons-nous à cette date fatale. Ici commence pour la

---

(1) ...Urbem jam trepidam ob multitudinem familiarum, minore in dies plebe ingenua. (Tacit., *Ann.*, IV, 27.)

(2) ...Quo magis socordiam eorum irridere libet, qui præsenti potentia credunt exstingui posse etiam sequentis ævi memoriam. Nam contra, punitis ingeniis, gliscit auctoritas; neque aliud externi reges, aut qui eadem sævitia usi sunt, nisi dedecus sibi atque illis gloriam peperere. (Tacit., *Ann.*, IV, 35.)

vieillesse de Tibère une vie nouvelle ou plutôt une longue et douloureuse agonie, puissante encore et redoutée, encore utile et bienfaisante au monde romain, mais toute remplie de tristesse et d'amertume, empoisonnée par les fausses amitiés et par les haines injustes, pleine de soupçons et de défiance comme la solitude du coupable, pleine comme l'exil du proscrit, de ressentiment et de regrets.

Tibère n'est plus ce beau jeune homme dont parle Velleius Paterculus (1). Sa haute taille s'est courbée sous le poids des ans et des fatigues (2). Ses fortes épaules, sa large poitrine, ses membres bien proportionnés se sont amaigris; son corps robuste est devenu grêle (3). Il a perdu la vigueur de ses muscles (4). Son front chauve est dépouillé de cette longue chevelure qui couvrait son cou immobile et penché (5). Ses grands yeux, qui voient dans les ténèbres (6), se sont affaiblis. Son beau visage, au teint blanc, sur lequel passaient seulement de fréquentes et subites rougeurs, est tout semé de tumeurs malignes, et souvent tout couvert d'emplâtres (1); des biens de la jeunesse il n'a gardé que la santé (2). Suffit-elle pour le consoler des ravages du temps (3)? Joignez à cela les douleurs morales qui déchirent son cœur, cette flamme cachée qui brûle sourdement sa poitrine, les chagrins que lui cause la famille de Germanicus et les calomnies de la foule qui ont achevé d'aigrir son âme ulcérée. Où Tibère trouvera-t-il désormais le calme et le repos? Il va les demander à la Campanie, à l'île de Caprée. Hélas! le malade emporte avec lui ses inévitables souffrances, et le mal qu'il veut fuir s'attache à ses pas.

TIBÈRE SE CROIT MENACÉ PAR LE PARTI D'AGRIPPINE; DESTRUCTION DE LA FAMILLE DE GERMANICUS. — Tibère avait soixante-dix ans. A cet âge le cœur est prompt au soupçon et à la crainte. L'empereur finit par croire ses jours menacés. Il avait plus d'une fois entendu dans le sénat, par la bouche des accusateurs, les cruelles injures que la haine publique adressait tout bas au maître du monde (4). Il avait vu les libelles diffamatoires trouvés souvent à *l'orchestre* sur les siéges des sénateurs (5). Il recherchait avec une curiosité maladive tous les bruits, toutes les calomnies qui couraient sur son compte; il les divulguait, il les enregistrait même dans les actes publics (6); tel est du

(1) Tib. Claudius Nero, ...juvenis genere, forma, celsitudine corporis, optimis studiis, maximoque ingenio instructissimus, qui protinus, quantus est, sperari potuerat, visuque prætulerat principem. (Vell. Paterculus, II, 94.)

(2) ...Statura quæ justam excederet. (Sueton., *Tib.*, 68.)
Incurva proceritas. (Tacit., *Ann.*, IV, 57.)

(3) Corpore fuit amplo et robusto... Latus ab humeris et pectore; ceteris quoque membris usque ad imos pedes æqualis et congruens. (Sueton., *ibid.*) — Prægracilis proceritas. (Tacit., *ibid.*)

(4) ...Sinistra manu agiliore ac validiore; articulis ita firmis ut recens et integrum malum digito terebraret; caput pueri, vel etiam adolescentis, talitro vulneraret. (Sueton., *ibid.*)

(5) ...Capillo pone occipitium summissiore, ut cervicem etiam obtegeret, ...Incedebat cervice rigida et obstipa. (Sueton, *ibid.*)
Nudus capillo vertex. (Tacit., *ibid.*)
Καὶ αὐτὸς φαλακρὸς ἦν. (Dion., LVIII, 19.)

(6) Prægrandibus oculis, et qui, quod mirum esset, noctu etiam et in tenebris viderent, sed ad breve, et quum primum a somno patuissent; deinde rursum hebescebant. (Sueton., *ibid.*; cf. Dion., LVII, 2; Plin., *H. N.* XI, 37 [54].)

(1) Colore erat candido: ...facie honesta: in qua tamen crebri et subiti tumores. (Sueton., *ibid.*)
Ulcerosa facies ac plerumque medicaminibus interstincta. (Tacit., *ibid.*)

(2) Valetudine prosperrima usus est, tempore quidem principatus pæne toto prope illæsa. (Sueton., *ibid.*)

(3) Erant qui crederent in senectute corporis quoque habitum pudori fuisse. (Tacit., *Ann.*, IV, 57.)

(4) Cf. Tacit., *Ann.*, IV, 42.

(5) Urebant insuper anxiam mentem varia undique convicia, nullo non damnatorum omne probri genus coram, vel per libellos in orchestra positos, ingerente. (Sueton., *Tiber.*, 66.)

(6) Quibus quidem diversissime afficiebatur; modo, ut præ pudore ignota et celata cuncta cuperet; nonnunquam eadem contemneret, et proferret ultro atque vulgaret. (Sueton., 66.)

ITALIE.

oins le témoignage de Dion. « Il y eut s gens, ajoute cet historien, qui upçonnèrent chez l'empereur une rte d'aliénation mentale. » Quoi qu'il soit de cette singulière monomanie, est certain que Tibère n'ignorait pas mbien il était odieux aux Romains. e sentiment de son impopularité devait le rendre plus accessible aux insiiations et aux conseils de Séjan, qui ne ssait de ramener ses regards sur les mplots du parti d'Agrippine et de xhorter aux mesures les plus rigouuses.

Séjan est le véritable bourreau du parti Germanicus. Nous ne lui refuserons s les malédictions qui lui sont dues. ais soyons équitable, et n'oublions pas e Sabinus et tant d'autres proscrits rent pour délateurs des membres du nat et le sénat pour tribunal. Qu'imrte à cette noble assemblée la révolte s Frisons (en 28)? Toute l'aristocratie maine, avec une partie du peuple, urt en Campanie saluer le chevalier rvenu, qui tient l'empire en ses mains. Pères conscrits, tous ceux qui ont ri sous Tibère, c'est vous qui les avez és; c'est vous qui étiez accusateurs; us, qui prêtiez de faux témoignages; us qui condamniez. Vous vous êtes nduits honteusement envers Tibère; us avez enflé l'orgueil de Séjan : de us je ne saurais rien attendre de n (1). » L'histoire doit confirmer ce moignage rendu par Caligula contre la us lâche et la plus cruelle assemblée i fut jamais.

Livie était morte (29); c'était un obacle de moins pour l'ambition de Séjan. entôt Agrippine, accusée de complot, t reléguée dans l'île de Pandataria. Nén, son fils aîné, est confiné dans l'île de Pontia. Drusus avait servi d'instrument à la ruine de son frère; il reçoit à son tour le prix de sa trahison : il est enfermé dans un appartement bas du palais. Séjan est désormais le seul empereur (1).

ORGUEIL ET DISGRACE DE SÉJAN. — Rome avait épuisé, en l'honneur du favori, toutes les formes de l'adulation; elle était à bout de flatteries et de bassesses; il semblait qu'elle ne pût rien inventer au delà : on imagina de sacrifier à Séjan!

C'en était trop : l'empereur, naturellement ennemi de toutes ces ridicules et sacrilèges superstitions, apprit avec dégoût et avec défiance l'apothéose de son ministre. A la vue de ce culte contre nature, il sentit renaître tout à coup les secrets soupçons que l'aventure de Spelunca paraissait avoir étouffés et qui dormaient seulement au fond de son cœur. Il comprit que pour s'abaisser à ce point devant un favori il fallait que le sénat et le peuple reconnussent dans cet homme le véritable souverain du monde. Il savait bien que des esclaves si habiles ne se prostituaient pas à tout venant, et qu'ils n'avaient garde de dépenser hors de propos, avec la légèreté d'un jeune prodigue, toutes les ressources de l'ignominie. A l'avilissement des Romains il mesura la puissance de Séjan, et il découvrit l'énormité de cette puissance, que lui-même il avait fondée de ses mains, presque à son insu, au détriment de sa propre autorité, au plus grand péril de l'empereur et de l'empire. Il vit sa faute, et résolut de la réparer.

Il défend d'offrir des sacrifices à un homme. Collègue de Séjan dans le consulat, il repousse un décret du sénat qui leur décerne à tous deux cette dignité pour cinq ans. Il multiplie ses messages, annonçant tantôt qu'il est malade et qu'il va mourir, tantôt qu'il se porte bien et qu'il se dispose à faire le voyage de Rome. Un jour il comble son favori de louanges, le lendemain les éloges se changent en reproches. Son humeur, à l'égard des amis de Sé-

---

Ὅσα τινὲς ἠτιάζοντο φλαύρως περὶ αὐτοῦ τηχέναι, αὐτός... ἐδημοσίευεν, ὥστε καὶ ἐς κοινὰ ὑπομνήματα ἐσγράφεσθαι... Ἀφ' οὗ καὶ ἐξεστηκέναι τινὲς αὐτὸν τῶν φρενῶν ιώπτευσαν. (Dion., LVII, 23.)

Suétone a publié quelques-unes des épiammes faites contre Tibère; nous ne citens que celle-ci :

Fastidit vinum, quia jam sitit iste cruorem :
Tam bibit hunc avide, quam bibit antem erum.
(Sueton., *Tiber.*, 59.)

(1) Dio., LXIX, 16.

(1) Αὐτὸν μὲν αὐτοκράτορα, τὸν δὲ Τιβέριον, νησίαρχόν τινα εἶναι δοκεῖν. (Dio., LVIII, 5.)

jan, devient incertaine et capricieuse; aux uns il prodigue les honneurs, aux autres les humiliations. Le favori se trouble; partagé entre l'orgueil et la crainte, il reste en suspens; sa position n'est ni assez désespérée ni assez sûre pour qu'il la joue sur un coup de dé dans les hasards d'une révolution.

Bientôt il ne peut plus douter de sa disgrâce. Il demande la permission d'aller en Campanie; Tibère refuse. Caïus, le dernier fils de Germanicus, avait été jusque là tenu à l'écart; Tibère lui donne la robe virile, et témoigne l'intention de le nommer son héritier. Néron meurt, il est vrai, dans son exil; et l'on prétend que le prince, par une ruse odieuse, l'a forcé de se suicider. Mais Suétone, qui rapporte seul cette calomnie, ne la confirme pas de son témoignage, d'ailleurs fort suspect. « Je punis « Séjan quand j'eus découvert ses fu- « reurs contre les enfants de mon fils « Germanicus (1). » Telles étaient les propres expressions de Tibère dans les mémoires abrégés de sa vie qu'il avait pris soin de rédiger, et dont nous devons regretter la perte. Suétone s'indigne d'un mensonge si impudent. Mais l'histoire, qui n'a point les mêmes passions que le pamphlet, doit tenir compte de cette formelle déclaration de l'empereur. « Lorsque Néron fut tué, Séjan était déjà suspect. » Mais Néron fut-il tué? « On le pense. » Singulière preuve qu'une opinion rapportée seulement par Suétone! La faveur subite de Caïus ne contredit-elle pas cette calomnie? N'est-elle pas une garantie de la bonne foi de Tibère! Pour notre part, nous le croyons; Tibère a dit vrai; il reconnut que Séjan étendait sa haine à tous les héritiers de l'empire; il devina les mauvais desseins de son ambition, et, sans pardonner à Néron, à Drusus et à leur mère des fautes réelles, trop rigoureusement punies, il défendit le jeune représentant de la famille impériale contre les intrigues et les menaces du préfet du prétoire; après avoir châtié le parti d'Agrippine, il voulut détruire le parti de Séjan. — Séjan conspira.

CONSPIRATION DE SÉJAN (33). — Il avait pour lui les prétoriens, une partie du sénat, un grand nombre de patriciens avec leurs clients. La conjuration était redoutable. Les soldats tout dévoués à leur général et rassemblés dans un camp sous sa direction immédiate, l'aristocratie qui détestait l'empereur comme son ennemi le plus impitoyable (1), les affranchis (2), instruments des haines et des colères de leurs anciens maîtres, toutes ces forces combinées mettaient en péril la puissance de Tibère et de la famille impériale. L'armée elle-même n'était pas étrangère au complot (3). Elle était commandée par des nobles. Elle ne devait pas aimer un prince hostile aux patriciens et plus soucieux de bien administrer les provinces que de les étendre. P. Vitellius, préfet de l'épargne, tenait à la disposition des conjurés les clefs de l'Ærarium et de la caisse militaire (4). Enfin l'un des consuls, cet odieux Fulcinius Trio, prêtait les mains à tous les projets de Séjan (5).

Le prince fut prévenu à temps. Satrius Secundus, accusateur de Crémutius Cordus et protégé de Séjan, dénonce la conspiration. Antonia, mère de Germanicus, aïeule de Caïus, instruite de tous les plans des conjurés, les expose en détail dans une lettre qu'elle fait porter à Caprée par Pallas, le plus sûr de ses esclaves. Tibère ne se trouble pas. Il prend toutes ses mesures avec sa lenteur ordinaire (6). C'est à l'astuce et à la ruse

(1) Commentario, quem de vita sua summatim breviterque composuit, Tiberius ausus est scribere Sejanum se punisse, quod comperisset furere adversus liberos Germanici filii sui. (Sueton., *Tiber.*, 61.)

(1) Πλεῖστα γὰρ ἀνὴρ εἷς οὗτος Ῥωμαίους τοὺς Εὐπατρίδας εἰργάσατο δεινά. (Flav. Joseph., XVIII, 6, 10.)

(2) Τῆς τε βουλῆς οἱ πολλοὶ καὶ τῶν ἀπελευθέρων προσέθεντο. (Flav. Joseph., XVIII, 6, 6.)

(3) Καὶ τὸ στρατιωτικὸν διέφθαρτο. (Fl. Joseph., *ibid.*)

Tiberius quædam munera syriacis legionibus largitus est, quod solæ nullam Sejani imaginem inter signa coluissent. (Sueton. *Tiber.*, 48.)

(4) Tacit., *Ann.*, V, 8.

(5) Dion., LVIII, 9; Tacit., *Ann.*, V, 11; VI, 4.

(1) Τιβέριος, μελλητὴς εἰ καί τις ἕτερος βασιλέων ἢ τυράννων γενόμενος. (Flav. Joseph., XVIII, 6, 5.)

qu'il demande secours (1); il n'est pas assez fort pour attaquer de front le préfet du prétoire. Il n'a pas sous la main des troupes sûres; le sénat est divisé. Sans doute le peuple, qui prodigue au jeune Caïus ses applaudissements les plus enthousiastes (2), ne lui laissera pas ravir sans résistance l'héritage de Tibère. Mais le peuple soutiendrait-il le combat contre les prétoriens? La violence perdrait tout; tout est sauvé par la prudence du vieux prince.

Il prévoit tout; dans le cas où il y aurait lutte, ordre est donné, si le parti de Séjan prend les armes, de tirer Drusus de sa prison, de le mettre à la tête du peuple, du parti d'Agrippine, et de le proclamer empereur; d'un autre côté, si Tibère échoue, des vaisseaux sont préparés pour la fuite, au cas où Séjan, maître de Rome, ferait une expédition contre Caprée. Ce sont là des ressources extrêmes, qu'il faut à tout prix rendre superflues. Tibère, pour le succès de ses desseins, redoute le trouble et le tumulte (3). Il promet à Séjan d'unir sa fille à Drusus, fils de Claude, de lui donner à lui-même la main de Julie, fille de Drusus; il lui fait espérer la puissance tribunitienne, un des principaux attributs du principat. Séjan, abusé, s'endort dans une trompeuse sécurité : il ne se réveillera que pour mourir.

LETTRE VENUE DE CAPRÉE; ARRESTATION ET MORT DE SÉJAN. — Une nuit, sous un faux prétexte, arrive dans les murs de Rome Nœvius Sertorius Macron, secrètement désigné pour commander les cohortes prétoriennes. Il montre ses instructions au consul Memmius Régulus, et à Græcinus Laco, préfet des gardes de nuit. Au point du jour il se rend au sénat. En chemin il rencontre Séjan. Le préfet du prétoire se plaint de ne pas recevoir de lettres de Tibère. Macron annonce au favori qu'il lui apporte la puissance tribunitienne. Séjan, plein de joie, entre dans l'assemblée. Il y reçoit les félicitations et les flatteries des sénateurs. Des prétoriens entouraient la curie; Macron leur montre l'ordre du prince qui lui confie le commandement des cohortes; il leur promet quelques récompenses, et les renvoie dans leur camp. Il les remplace par des gardes de nuit qu'il répand autour du temple. Il entre à son tour, remet aux consuls le message impérial, se retire avant qu'on n'en donne lecture, et, confiant à Laco le commandement de ce poste, il va lui-même dans le camp des prétoriens.

..... Verbosa et grandis epistola venit
A Capreis (I).

Pendant la lecture du message impérial les préteurs, les tribuns du peuple se rapprochent du favori disgracié pour mieux le surveiller; ils l'environnent et gardent toutes les issues. « Envoyez-« moi, disait le prince dans sa lettre, « l'un des consuls avec quelques troupes « pour m'escorter jusqu'à Rome. » Le message se terminait par l'ordre formel d'arrêter Séjan.

« Lève-toi, » lui dit Régulus. Il ne bouge pas; non qu'il veuille résister, mais il n'a pas l'habitude d'obéir. « Séjan, viens ici, » répète le consul, en étendant la main. « Est-ce moi que tu appelles? » demande Séjan; il se lève enfin, au milieu des cris et des injures du sénat. Laco se place à ses côtés.

Régulus interroge un des sénateurs; celui-ci, d'accord avec le consul, déclare qu'il faut enchaîner le coupable. On se borne là. Régulus ne consulte pas l'assemblée sur la question de la peine de mort. Il craint de trouver dans les parents et les complices de Séjan une opposition qui pourrait troubler la ville. Il emmène Séjan hors du sénat, et, suivi de Laco et des autres magistrats, il le conduit en prison. Le peuple se précipite sur leurs pas; les partisans d'Agrippine accompagnent de leurs malédictions et de leurs menaces le perfide ennemi des enfants de Germanicus. Quant à ce peuple avili de Rome, si Séjan eût accablé la vieillesse de Tibère, à cette heure il le proclamerait Auguste; Séjan est vaincu, et sur le chemin de la prison il voit tomber à son passage toutes ses statues et leurs débris joncher

(1) Sejanum, res novas molientem, ...vix tandem, et astu magis ac dolo quam principali auctoritate, subvertit. (Sueton., *Tib.*, 65.)
(2) Dion., LVIII, 8.
(3) Tumultum metuens. (Sueton., *Tib.*, 65.)

(1) Juven., X, 71.

le sol. La tourbe de Rémus suit la fortune, comme toujours, et déteste les condamnés (1).

La voix du peuple et le silence des prétoriens avaient prononcé l'arrêt de mort de Séjan. Le jour même, dans une seconde séance, le sénat se rassemble, près de la prison, dans le temple de la Concorde. Séjan est condamné à la peine capitale; on le mène au supplice; on le jette aux gémonies. Son cadavre, qui pendant trois jours sert de jouet à la multitude, est enfin précipité dans le Tibre.

L'agitation régnait dans la ville. Le peuple n'avait pas assouvi sa haine. Il poursuivait par les rues tous les amis de Séjan. Tous ceux qu'on découvrit furent massacrés. Les soldats, irrités de se voir mis en suspicion, jaloux des gardes de nuit, à qui l'on avait confié la défense du sénat, portèrent sur quelques points le pillage et l'incendie. Tibère avait pourtant chargé tous les magistrats en place de maintenir l'ordre dans la ville.

Le sénat décréta qu'on élèverait sur le Forum, en signe de délivrance, une statue de la liberté. On a conservé une inscription de ce temps: *Saluti perpetuæ augustæ, libertatique perpetuæ populi Rom. Providentiæ Ti. Cæsaris Augusti, nati ad æternitatem Romani nominis, sublato hoste perniciosissimo.* Le peuple, réveillé par un tel coup de la fortune, a repris conscience de lui-même. Il respire du joug. C'est à l'aristocratie de trembler: complice de Séjan, elle n'échappera pas aux mains vengeresses du vieil empereur.

L'ARISTOCRATIE EXPIE SON ALLIANCE AVEC SÉJAN; MASSACRE DES PRISONNIERS; MORT D'AGRIPPINE. — Une réaction s'est opérée dans les esprits en faveur de Tibère. On attribue aux inspirations funestes du préfet du prétoire tous les malheurs qui ont affligé la république. Séjan est le seul coupable; tout s'est passé comme à l'insu ou contre le gré du prince; Tibère a été trompé; désormais il se montrera plus clément. Ainsi parlent les membres le plus honnêtes du sénat, ceux qui n'ont été ni délateurs, ni accusateurs, ni faux témoins. Mais ce n'est là qu'une minorité. Les autres sont accablés d'effroi. Ils sentent que Tibère, après avoir frappé le chef de la conjuration, va demander au parti de Séjan des comptes rigoureux. Ils voient briller l'épée de la justice, et ils ont peur.

Les lâches, et c'est le grand nombre se hâtent de racheter leur vie en sacrifiant la vie de leurs complices. Ils livrent d'abord au bourreau les enfants du condamné. Trio a l'audace d'accuser son collègue Memmius Régulus, et lui reproche sa négligence à poursuivre les conspirateurs. L'aristocratie romaine se déchire de ses propres mains. Tibère qui est enfin sorti de Caprée et qui parfois s'approche de Rome, console sa triste vieillesse par le spectacle de l'abjection et de la ruine de ses ennemis. Il se décharge sur le sénat du soin de punir, par le déshonneur et par la mort tous ces patriciens vendus à Séjan qui ont souillé Rome de leur infamie, et qui rêvaient, au profit de leur égoïsme l'anéantissement prochain de la famille des Césars. L'ignominie de leur chute ne laisse pas même de place à la compassion et à la pitié.

Une révélation inattendue d'Apicata, femme de Séjan, ranime la haine de l'empereur contre son ancien favori, et porte au dernier degré de la violence ses légitimes ressentiments. Apicata désigne les assassins de Drusus. Tibère n'avait point soupçonné ce crime. Dans l'emportement de sa colère, il redouble de rigueur pour les conjurés. Il fait tomber sur les amis du coupable, complices eux-mêmes de son ambition, tout le poids d'une vengeance tardive. Il fait grâce pourtant à Livie, la femme adultère de son fils. Mais Antonia, mère de Livie, condamne sa fille à mourir de faim.

« Bientôt, les supplices irritant la cruauté du prince, il enveloppa dans le même arrêt tous les prisonniers détenus pour la conspiration de Séjan; il les fit tous mettre à mort. On vit un horrible entassement de cadavres, victimes de tout âge, de tout sexe: patriciens, inconnus, épars ou amoncelés. On ne

---

(1) . . . . Sed quid
Turba Remi? sequitur fortunam, ut semper, et odit
Damnatos. Idem populus si Nurtia Tusco
Favisset, si oppressa foret secura senectus
Principis, hac ipsa Sejanum diceret hora
Augustum.
(Juven., X. 73 sqq.)

poussait les approches des amis, des parents; on défendait les larmes, les regards même trop curieux : des gardes, postés alentour, épiaient la douleur, suivaient ces restes misérables, lorsque, déjà corrompus, on les traînait dans le Tibre. Là, flottant sur l'eau ou poussés vers la rive, les corps restaient abandonnés sans que personne osât les brûler, osât même les toucher. La terreur avait rompu tous les liens de l'humanité, et plus le châtiment était cruel, plus on se défendait de la pitié (1). »

Voilà un effroyable tableau, dont nous ne chercherons pas à dissimuler l'horreur. Ce massacre des prisons, raconté par Tacite, n'est point rapporté par Dion et par Suétone. Mais tous les historiens sont d'accord pour montrer à ce moment de la vieillesse de Tibère un redoublement de supplices. Il est certain que l'empereur, après la découverte de l'assassinat de Drusus, apporta dans la répression du complot de Séjan une sorte de fureur presque maladive. Il avait soixante-quinze ans. A cet âge un cœur endurci ne connaît plus guère les émotions de la pitié. De plus, Tibère était épuisé par l'abus de tous les plaisirs des sens (2), et la débauche rend cruel. Sa colère, justifiée à ses yeux par les crimes de ses ennemis, dépassa les bornes de l'humanité. L'histoire ne doit pas l'excuser.

Disons seulement qu'en poursuivant a vengeance personnelle et les attentats commis contre la maison des Césars, il continua de frapper les concussionnaires (3) et tous ceux qui prostituaient la justice (4). Disons qu'il ne sut pas toujours tout ce qui se fit sous son nom, et que Macron, l'adroit successeur de Séjan, abusa souvent de la faiblesse du vieillard de Caprée. Il laissa mourir Drusus dans sa prison; Agrippine, dans l'exil. Mais il ne fut pas leur assassin, Dion et Suétone l'accusent sans preuves; leurs témoignages mêmes ne sont pas d'accord. Tacite lui reproche seulement d'avoir calomnié la veuve et le fils de Germanicus. Pour nous, dans l'acharnement de Tibère à poursuivre de ses accusations la mère et le frère de Caïus, nous ne voyons qu'une preuve de la sincérité et de sa bonne foi peut-être égarée, mais à coup sûr incontestable. Il croyait aux complots d'Agrippine, à son adultère avec Asinius Gallus. Sa haine contre cette femme impérieuse fut sans doute trop inflexible. Reconnaissons pourtant qu'Agrippine fut seulement condamnée à l'exil. C'était la peine habituelle de ces adultères si communs dans la famille impériale. Le prince se croyait le droit de montrer plus de rigueur. Il se vanta de sa clémence. « J'aurais pu, dit-il, envoyer cette femme aux gémonies. » Tacite s'indigne. Pourquoi? Lorsque Tibère parlait ainsi, mentait-il à sa conscience? Faut-il l'accuser de mensonge ou d'erreur? Encore un coup, nous croyons à sa bonne foi.

TIBÈRE, AU MILIEU DE SES DÉGOUTS ET DE SES ENNUIS, ASSURE LA PAIX DE L'EMPIRE, RÉTABLIT LE CRÉDIT EN ITALIE ET POURVOIT A LA SUBSISTANCE DU PEUPLE. — Plaignons ce vieillard, ennuyé de lui-même (1), dégoûté de la vie, qui de la famille des Césars n'a gardé pour soutien que son héritier, Caïus Caligula (2). « Que vous « écrirai-je, pères conscrits? Comment « vous écrirai-je? Ou que dois-je en ce mo« ment ne pas vous écrire? Si je le sais, « que les dieux et les déesses me tuent « plus cruellement que je ne me sens pé« rir tous les jours (3). » Cette phrase nous a été textuellement conservée par Tacite et par Suétone. On raconte qu'il répétait souvent ce vers du poëte grec :

Ἐμοῦ θανόντος γαῖα μιχθήτω πυρί.

C'était une prévision de l'avenir. Tibère, le bienfaiteur des provinces, ne pou-

(1) Tacit., *Ann.*, VI, 19.
(2) Tacit., *Ann.*, VI, 1. (Suéton., 42-46; Dion., LVIII, 22.)
(3) Tacit., *Ann.*, VI, 29.
(4) Tacit., *Ann.*, VI, 30.

(1) Semetipse pertæsus. (Sueton., *Tiber.*, 67.)
(2) On lui a reproché un mot atroce : « Felicem Priamum vocabat quod superstes omnium suorum exstitisset. » Cette accusation est-elle vraisemblable? (Cf. Sueton., *Tib.*, 52; Dion, LVIII, 23.)
(3) Quid scribam vobis, P. C., aut quomodo scribam, aut quid omnino non scribam, hoc tempore, dii me deæque pejus perdant quam quotidie perire sentio, si scio. (Tacit, *Ann.*, VI, 6; Sueton., 67.)

vait être indifférent à son œuvre et se déshonorer par un vœu sacrilége. Peu soucieux de l'opinion publique, du moins avait-il en vue la postérité (1). Il dédaignait les haines intéressées de l'aristocratie, les calomnies de la foule ignorante; mais, sensible aux hommages des provinciaux, il travaillait à maintenir la paix du monde; il restait fidèle à sa maxime d'employer dans les affaires du dehors la ruse et la politique, et sans engager ses armées (2), il donnait des rois à la nation des Parthes; il assurait en Orient la domination romaine et la sécurité des Asiatiques (3).

A l'intérieur il rétablissait le crédit, et combattait l'usure privée par les ressources de l'État. « L'usure, dit Tacite, fut de tout temps le fléau de Rome et une cause sans cesse renaissante de discordes et de séditions. Aussi, même dans des siècles où les mœurs étaient moins corrompues, on s'occupa de combattre ses excès. Les Douze-Tables réduisirent d'abord à un pour cent par mois l'intérêt, qui auparavant n'avait de bornes que la cupidité des riches. Ensuite un tribun le fit encore diminuer de moitié; enfin on défendit tout prêt à usure, et de nombreux plébiscites furent rendus pour prévenir les fraudes de l'avarice, qui, tant de fois réprimées, se reproduisaient avec une merveilleuse adresse. Le dictateur César publia une loi sur la proportion des créances et des possessions en Italie; mais elle fut bientôt mise en oubli. Sous Tibère une légion d'accusateurs se déchaîna contre ceux qui, au mépris de cette loi, s'enrichissaient par l'usure. Le préteur Gracchus, effrayé du nombre des poursuites, consulta le sénat. Les sénateurs, alarmés (car pas un ne se sentait irréprochable), demandèrent grâce au prince. Leur prière fut entendue, et dix-huit mois furent donnés à chacun pour régler ses affaires domestiques comme la loi l'exigeait.

« Des remboursements qui remuaient à la fois toutes les dettes, et la vente des biens de tant de condamnés, qui accumulait dans le fisc ou dans l'épargne les espèces monnayées, rendirent l'argent rare. Ajoutez un décret du sénat qui enjoignait aux prêteurs de placer en biens-fonds situés dans l'Italie les deux tiers de leurs créances. Or ceux-ci les exigeaient en entier; et les débiteurs, requis de payer, ne pouvaient sans honte rester au-dessous de leurs engagements. En vain ils courent, ils sollicitent; le tribunal du préteur retentit bientôt de demandes. Les ventes et les achats, où l'on avait cru trouver un remède, accrurent le mal. Plus d'emprunts possibles; les riches serraient leur argent pour acheter des terres. La multitude des ventes en fit tomber le prix, et plus on était obéré, plus on avait de peine à trouver des acheteurs. Beaucoup de fortunes étaient renversées, et la perte des biens entraînait celle du rang et de la réputation. Enfin Tibère (en 33) soulagea cette détresse en faisant un fonds de cent millions de sesterces, sur lesquels l'État prêterait sans intérêt, pendant trois ans, à condition que l'on donnerait une caution en biens-fonds du double de la somme empruntée. Ainsi l'on vit renaître le crédit, et peu à peu les particuliers même prêtèrent. Quant aux achats de biens, on ne tint pas à la rigueur du sénatus-consulte : c'est le sort de toutes les réformes, sévères d'abord, à la fin négligées (1). »

En 36, un violent incendie éclata dans Rome, et consuma la partie du Cirque qui touche au mont Aventin et tout le quartier bâti sur cette colline. Tibère fit tourner ce désastre à sa gloire en payant le prix des maisons détruites. Cent millions de sesterces furent employés à cet acte de munificence, dont on lui sut d'autant plus de gré que pour lui-même il dépensait peu en bâtiments.

La cherté des vivres était à Rome un mal permanent. Le prince fit de vains efforts pour ramener l'abondance dans la ville. En 32 la disette excita presque une sédition. Pendant plusieurs jours des murmures éclatèrent au théâtre

(1) Illi non perinde curæ gratia præsentium, quam in posteros ambitio. (Tacit., Ann., VI, 46.)
(2) Destinata retinens, consiliis et astu res externas moliri, arma procul habere. (Tacit., Ann., VI, 32.)
(3) Tacit., Ann., VI, 31-37.

(1) Tacit., Ann., VI, 16, 17; cf. Dion., LVIII, 21.

contre l'empereur. Le prince, irrité, se plaignit de la faiblesse du sénat et des magistrats. Il nomma en outre toutes les provinces d'où il tirait des provisions de blé, beaucoup plus abondantes que n'avait jamais fait Auguste. Le peuple fut réprimandé par un sénatus-consulte d'une sévérité antique. Les consuls publièrent un édit non moins rigoureux. Tibère garda le silence. Il avait voulu se montrer populaire : on l'accusa d'orgueil.

Cependant les procès politiques n'avaient point de terme, et les exécutions continuaient presque sans relâche. Le sénat était le pourvoyeur le plus actif des bourreaux. Tacite le remarque tristement : « Ce fut le plus exécrable fléau de ces temps, que les premiers sénateurs descendissent même aux plus basses adulations. On accusait en public; plus encore en secret. Nulle distinction de parents ou d'étrangers, d'amis ou d'inconnus. Le fait le plus oublié, comme le plus récent, une conversation indifférente au Forum ou dans un repas, tout devenait crime. C'était à qui dénoncerait le plus vite et ferait un coupable, quelques-uns pour leur sûreté, le plus grand nombre par imitation et comme atteints d'une fièvre contagieuse. » La lâcheté des accusés, la crainte de la confiscation, le point d'honneur, le respect humain, un mépris commun de la vie, et, si nous pouvons parler ainsi, la mode du suicide, augmentaient le nombre des morts par une foule de meurtres volontaires qui prévenaient les condamnations ou les acquittements. On gagnait à disposer de soi-même et à se hâter de mourir : les honneurs du tombeau et le respect des testaments étaient à ce prix. La mémoire de Tibère est restée chargée du poids de toutes les malédictions soulevées par le zèle furieux du sénat, par les vengeances de Macron, par la promptitude des accusés à devancer le jugement. Pourtant il accorda la grâce de plusieurs amis de Séjan, celle du préteur L. Sejanus, celle de Marcus Terentius, chevalier romain, etc. Il se montra sévère pour les délateurs; Dion prétend même qu'un jour il fit tuer, du même coup, les plus compromis. Il défendit à tous les soldats sortis du service de faire aucune dénonciation. Ce n'était pas le moyen d'encourager les émules de Latiaris, les agents provocateurs, les accusateurs, les faux témoins.

MORT DE TIBÈRE. — Tibère était entré dans sa soixante-dix-huitième année. Ses forces l'abandonnaient de jour en jour, épuisées par la vieillesse, par la débauche, par les rudes fatigues du gouvernement du monde. Il se voyait mourir sans se plaindre, patient pour paraître fort; accoutumé d'ailleurs à se railler de la médecine et de ceux qui, passé trente ans, avaient besoin, pour connaître ce qui leur était bon ou mauvais, de conseils étrangers. Peut-être aussi les prédictions de son astrologue Thrasylle lui avaient-elles rendu l'espoir de prolonger sa vie. Il tombe malade à Astura; mais il se relève bientôt, et se rend à Circei. Là il assiste à des jeux militaires. Il lance même de sa place le javelot contre un sanglier lâché dans l'arène. Cet effort le fatigue. Il avait chaud : un refroidissement hâte sa mort. Toutefois il se traîne encore quelque temps, ne changeant rien à ses occupations, à ses plaisirs ordinaires. Il garde jusqu'au dernier jour cette activité d'esprit qui suffit à tout; il conserve la même inflexibilité d'âme, la même attention sur ses paroles et ses regards, avec un mélange étudié de manières gracieuses, vains déguisements d'une visible décadence.

« Auprès de Tibère était un habile médecin nommé Chariclès, qui, sans gouverner habituellement la santé du prince, lui donnait cependant ses conseils. Chariclès, quittant l'empereur sous prétexte d'affaires particulières, et lui prenant la main pour la baiser en signe de respect, lui toucha légèrement le pouls. Il fut deviné; car Tibère, offensé peut-être et n'en cachant que mieux sa colère, fit recommencer le repas d'où l'on sortait, et le prolongea plus que de coutume, comme pour honorer le départ d'un ami. Le médecin assura toutefois à Macron que la vie s'éteignait, et que Tibère ne passerait pas deux jours. Aussitôt tout est en mouvement; des conférences se tiennent à la cour, on dépêche des courriers aux armées et aux généraux. Le 17 avant les kalendes d'avril, Tibère eut une faiblesse, et l'on crut qu'il avait terminé ses destins. Déjà Caïus sortait, au milieu des félicitations, pour prendre possession de l'empire, lorsque tout à coup on annonce que la vue et la parole sont revenues au prince et qu'il demande de la nourriture pour réparer son épuisement. Ce fut une consternation générale ; on se disperse à la hâte ; chacun prend l'air de la tristesse ou de l'ignorance (1). Caïus était muet et interdit, comme tombé, d'une si haute espérance, à l'attente des dernières rigueurs. Macron, seul intrépide, fait étouffer le vieillard sous un amas de couvertures, et ordonne qu'on s'éloigne. Ainsi finit Tibère dans la soixante-dix-huitième année de son âge (2). » La joie publique éclata dans Rome à cette nouvelle. « Le vieux lion était mort (3). » Il y eut des voix pour crier : « Tibère au Tibre (4). » Était-ce le cri des provinces, du vrai peuple de l'empire? La tourbe de Rome aurait sans doute montré moins de haine si elle avait connu les legs de Tibère en sa faveur. S'il faut en croire Suétone, elle parla de traîner le cadavre de l'empereur aux gémonies ; pourtant elle ne troubla point les funérailles, et Caïus, héritier de son aïeul, put prononcer son éloge public.

Pour nous, nous n'avons pas à louer Tibère ; l'histoire de son gouvernement est la seule oraison funèbre qui convienne à son caractère et à son génie. Beaucoup de vertus, beaucoup de vices, mais des vices et des vertus qui ne savent pas se tempérer; un homme double, *homo duplex*, mais un homme supérieur : tel l'histoire nous montre ce prince, calomnié par Suétone, mal jugé par Tacite, flatté par Velléius. Arrêtons-nous au témoignage de Dion : « Tibère vécut comme s'il n'avait eu que des vices ou que des vertus (5). »

(1) Cf. Flav. Joseph., XVIII, 6, 10.
(2) Tacit., *Ann.*, VI, 50.
(3) Τέθνηκεν ὁ λέων. (Fl. Joseph., l. c.)
(4) Suéton., *Tib.*, 75.
(5) Πλείστας μὲν ἀρετὰς, πλείστας δὲ κακίας ἔχων, καὶ ἑκατέραις αὐταῖς, ὡς καὶ μόναις, κεχρημένος. (Dion., LVIII, 28.)

XVI.

§ 1. *Les derniers princes de la famille d'Auguste.*

JOIE DE L'ITALIE A L'AVÉNEMENT DE CALIGULA. — Caïus Julius César Germanicus était le dernier fils de Germanicus et d'Agrippine. « Il fut porté, dit Suétone, au pouvoir suprême par les vœux de tout le peuple romain, ou, pour mieux dire, de tout l'univers. Il était aimé des provinces et des habitants de Rome, qui chérissaient en lui le fils de Germanicus et le dernier rejeton d'une famille détruite. Dès qu'il sortit de Misène, quoiqu'il fût encore en habit de deuil à la suite des funérailles de Tibère, il se trouva escorté d'une foule immense et remplie d'allégresse, qui portait des flambeaux et offrait des victimes. Tous l'appelaient leur astre, leur enfant, leur nourrisson. A peine fut-il rentré dans la ville que, du consentement unanime des sénateurs et du peuple, qui s'était jeté dans leur assemblée, il fut reconnu seul arbitre et seul maître de l'État, malgré le testament de Tibère, qui lui donnait pour co-héritier le jeune Tibère, fils de Drusus. La joie publique fut si grande qu'en moins de trois mois on égorgea plus de cent soixante mille victimes. Caïus était surtout cher aux armées : les soldats, qui lui avaient donné le nom de Caligula, se souvenaient de l'avoir vu tout enfant sous la tente de son père, aux bords du Rhin.

C'était un jeune homme de vingt-cinq ans, d'une instruction achevée (1), d'une éloquence facile et abondante (2) ; il était en outre, passionné pour le chant et pour la danse. La taille haute, le teint pâle, le corps énorme, les jambes et le cou grêles, les yeux enfoncés, les tempes creuses, le front large, menaçant et découvert, tel est son portrait tracé par Suétone. Ramené de Syrie par sa mère Agrippine après la mort de Germanicus, il avait d'abord trouvé peu de faveur auprès de Tibère. A vingt et un ans il a pris la robe virile à Caprée, et son entrée dans la vie publique n'a été marquée par aucune de ces distinctions officielles que ses malheureux

(1) Παιδείαν ἐκπεπονηκὼς ἐπὶ πλεῖστον (Flav. Joseph., *A. J.*, XVIII, vi, 8.)
(2) Suéton. *Calig.*,

·ères avaient un jour obtenues de l'empereur. Jusqu'à la mort du persécuteur e sa famille, Caïus a montré toute la rudence, toute la docilité d'un esclave. .e dévouement de Macron vient de lui ssurer l'héritage de Tibère. Le voilà :ul maître du monde. L'Italie salue par es cris de joie l'avénement du fils de ;ermanicus.

RÉHABILITATION DE LA FAMILLE E GERMANICUS. — Après avoir prononcé l'oraison funèbre de Tibère, le remier soin de Caïus fut de recueillir !s cendres de sa mère et de ses frères. Pour faire éclater plus de zèle, il part, malgré la tempête, pour l'île Panataria. Il aborda avec respect, mit lui-ême les cendres dans des urnes, et les t porter avec le plus grand appareil jus-u'à Ostie sur une galère où flottait un tendard, et de là à Rome par le Tibre. .lles furent reçues par les plus distin-ués de l'ordre des chevaliers, placées ur deux bassins et déposées en plein ·ur dans un mausolée. Caïus établit en :ur honneur des sacrifices annuels et des ·ux du cirque en mémoire de sa mère, ù son image devait être portée sur un rancard, comme celles des dieux. Il ppela le mois de septembre du nom de ·ermanicus. Il fit décerner par un sé-atus-consulte à son aïeule Antonia tous :s honneurs qu'avait eus Livie, et se onna pour collègue au consulat son ncle Claude, alors chevalier romain. l voulut que l'on mît cette formule dans ous les serments : *Caïus et ses sœurs ie sont aussi chers que moi et mes enants*, et cette autre dans les actes des onsuls : *Pour la prospérité de Caïus 'ésar et de ses sœurs*. Il réhabilita tous eux qui avaient été condamnés ou ban-is, et prononça une amnistie générale. l fit porter dans le Forum tous les mé-noires relatifs à la procédure faite con-re sa mère et ses frères, et, après avoir brû qu'il n'en avait lu aucun, il les brûla ous, afin qu'ils ne pussent inspirer au-une alarme à ceux qui avaient été ou ac-usateurs ou témoins (1). » Il ne suffisait as de réhabiliter par de vaines cérémo-ies la mémoire d'Agrippine, de Néron, le Drusus : il fallait que le fils de Germa-licus réalisât, pour le bonheur de l'I-

(1) Suéton., *Calig.*, 15.

talie et des provinces, es promesses de son nom. Rome attendait de lui, sinon la liberté, du moins un adoucissement au despotisme. Fatiguée du gouvernement de Tibère et de sa lutte impitoyable contre la noblesse, elle espérait des jours plus calmes sous un pouvoir moins rude et moins vigoureux. Caligula ne voulut pas la détromper d'abord de ses illusions.

PREMIÈRE PÉRIODE DU GOUVERNEMENT DE CALIGULA; BONHEUR DE L'EMPIRE. — Le jeune empereur commença par anéantir les accusations de lèse-majesté; il supprima les droits du centième sur le prix de toutes les marchandises vendues à l'encan; il donna aux soldats et aux citoyens de nombreuses gratifications, et paya tous les legs de son prédécesseur. Rétablissement des comices, indépendance des magistrats, compte-rendu public de la situation de l'empire et de l'état des finances, organisation de secours contre l'incendie : ce furent là les premiers actes qui justifièrent sa popularité. Il permit de lire et de publier les ouvrages de Titus Labienus, de Cremutius Cordus et de Cassius Severus. Que lui importait la franche sévérité de l'histoire? Il ne redoutait point alors son témoignage et ses jugements. En effet, pour emprunter les paroles de son contemporain Philon le Juif, « qui est celui lequel voyant, après la mort de Tibère César, entre les mains de Caïus le gouvernement de toute la terre et de la mer paisible et bien policé, l'empire tant bien joint et uni de toutes parts, accordant le peuple d'Orient avec celui d'Occident, celui de Midi avec celui de Septentrion, l'étrange nation avec la grecque, la grecque avec l'étrange, le soldat avec le bourgeois, le bourgeois avec le soldat, jouissant tous d'une bonne paix, n'eût été émerveillé et étonné d'un si grand et indicible heur; ayant si heureusement hérité tout à coup de tant de biens, de tant de trésors pleins d'argent et d'or, partie en billons et lingots, partie en monnoie, partie mise en œuvre et convertie en toutes sortes de vases, dont il faisoit buffets pour montre; ayant tant de forces tant de gens de pied que de cheval, tant de vaisseaux de mer, tant de revenus, qui continuellement, comme d'une fontaine lui venoient de tous côtés ; ayant au surplus puissance sur les plus grandes et meilleures parties de la terre qu'on pourroit à proprement parler, appeler la terre habitable, bornées de deux fleuves, à savoir d'Euphrate et du Rhin. Pour raison de quoi le peuple romain se réjouissoit et aussi faisoit toute l'Italie, et toutes les nations de l'Asie et de l'Europe : de sorte qu'on n'avoit jamais vu que du temps des autres empereurs les gens eussent été si joyeux comme au temps de celui-ci, ne s'amusant plus à une espérance du bien à venir, mais pensant avoir trouvé tout le comble et accomplissement de toute félicité, leur venant toutes choses si bien à gré. On ne voyoit par les villes qu'autels, qu'hosties pour immoler, que sacrifices, que gens vêtus de blanc, ou portant couronnes en leur tête, gaillards et joyeux, montrant une chère douce et amiable ; fêtes, assemblées, toute sorte d'exercice de musique, courses de chevaux, collations, passe-temps de nuit avec flûtes et harpes, récréations, vacations; bref, on se donnoit tous les plaisirs et ébats qu'on pouvoit inventer. Les riches lors n'étoient point en plus grande estime que les pauvres, ni les nobles plus que les simples gens, ni les créanciers plus que les débiteurs, ni les maîtres plus que les serviteurs, tellement que ce temps-là les rendoit tous égaux, et sembloit que le siècle de Saturne, décrit par les poëtes, ne fût plus fable controuvée, tant étoit grande la fertilité et abondance des biens; tant étoit grande la joie et sûreté; tant étoient grands les plaisirs et soulas par toutes les familles et tout le peuple (1). »

MALADIE ET DÉMENCE DE CALIGULA. — Cette prospérité, vantée par Philon avec l'emphase orientale, devait être, hélas! de courte durée. Au huitième mois de son administration, « une grande maladie saisit Caïus, parce qu'il changea sa première manière de vivre, laquelle du temps de Tibère avoit été plus sobre, et conséquemment plus salubre, en une plus somptueuse et délicieuse; car on ne parloit lors que de boire force vin tout pur, manger force viandes, et, encore que le ventre fût plein et appesanti de tant de viandes, la gloutonnie pourtant n'étoit assouvie : les bains suivoient après, puis hors de temps et saison, vomissements et de rechef tout incontinent l'ivrognerie et gourmandise sa compagne et paillardise avec enfants et femmes et autres vices semblables qui détruisent l'âme et le corps. Incontinent le bruit courut partout qu'il étoit malade. Ceux-là donc qui auparavant s'étoient donné du plaisir, entendant ces nouvelles, quittèrent toute la bonne chère, et furent fâchés, tellement que toutes les maisons et villes furent remplies de deuil et ennui : toutes les parties de la terre étoient malades avec Caïus. Ils venoient à remémorer quels maux et combien sont engendrés d'un empire où il n'y a point de chef : la famine, la guerre, le dégât et brisement d'arbres, saccagements de villes privation de son lieu et héritage, ravissement de biens, captivité, mort frayeur et dangers, où ne se trouvoit point de médecin pour les guérir, que le bon portement de Caïus. Enfin les courriers qui alloient et venoient rapportèrent que Caïus étoit guéri. Parquoi tout le monde commença comme devant à faire bonne chère, croyant fermement que le salut de Caïus étoit leur propre salut, de sorte qu'on n'avoit point souvenance que jamais nation, quelle qu'elle fût, eût reçu plus grande joie de la prospérité et bonne disposition de son seigneur, comme reçut la terre habitable quand Caïus commença à se bien porter et fut rétabli de sa maladie. (1). »

« L'empereur recouvra en effet ses forces, mais ce ne fut que pour faire peser sur les Romains le plus cruel despotisme; il ne régna plus qu'en furieux, se jouant de la fortune et de la vie des hommes. Les historiens ont remarqué le changement subit qui apparaît depuis cette époque dans toute sa conduite. Son hypocrisie, quoiqu'elle fût prodigieuse, ne suffit pas pour expliquer les deux princes si différents que nous présentent les premiers mois de son ac-

(1) Philon le Juif, *Des vertus, et ambass. faites à Caïus*, dans ses *OEuvres*, trad. par P. Bellier, 1612, p. 1030 et suiv.

(1) *Id. ibid.*, p. 1034.

ministration et l'autre partie de la durée de son règne. Suétone nous donne la clef de cette contradiction dans une phrase qu'il ne faut pas seulement appliquer à l'excès de sa présomption et de la timidité, mais à toute la vie de Caligula : *Non immerito mentis valetudini attribuerim diversissima in eodem vitia.* Ce prince fut en démence presque continue les trois dernières années de sa vie. Sa raison fut altérée, ou par la maladie qui mit ses jours en danger, ou par les philtres que sa femme Césonia lui fit prendre.

...Furere incipias, ut avunculus ille Neronis,
Cui totam tremuli frontem Cœsonia pulli
Infudit.....

« Dans son enfance il avait été sujet à des attaques d'épilepsie ; parvenu à la jeunesse il éprouvait de telles défaillances qu'il ne pouvait ni marcher, ni se soutenir, ni supporter le moindre travail du corps et d'esprit. La nuit il ne dormait que quelques heures, et encore son sommeil était troublé par l'apparition de fantômes. Accablé de la fatigue et de l'ennui que lui causaient ses longues veilles, il errait dans les immenses portiques de son palais, qu'il remplissait de ses cris, invoquant le retour tardif de la lumière. Suétone n'est pas le seul historien qui ait signalé la démence de Caligula ; elle ressort aussi des témoignages de Dion Cassius, de Josèphe, de Philon et de Juvénal. Cette circonstance, sur laquelle il nous semble qu'on n'a pas assez insisté, est nécessaire pour apprécier, soit le caractère moral de Caligula, soit la corruption des Romains et les vices des institutions politiques de cette époque déplorable. Si la réalité de la démence de ce prince affaiblit l'horreur et l'indignation que font naturellement éprouver la plupart de ses actes, on est plus péniblement affecté pour les Romains, en considérant que pendant trois ans ils ont toléré, avec une obéissance servile, les caprices tantôt furieux, tantôt grotesques d'un despote en délire... Le principe du gouvernement impérial est pour ainsi dire mis à nu par l'extravagant despotisme de Caligula (1). »

(1) Ch. Cayx, *Hist. de l'Empire Romain*, t. I, p. 474-477.

TYRANNIE DE CALIGULA ; LE GOUVERNEMENT DES HISTRIONS ; MORT DU JEUNE TIBÈRE (37). — Arrivé à cette date funeste de la maladie de Caligula, nous avons dû signaler, avec un savant historien, ce caractère de folie furieuse que nous allons retrouver dans tous les actes du maître du monde. Les craintes de Tibère se réalisent. « Tibère, qui étoit homme accort, homme de tous ceux qui étoient autour de lui le plus adroit à connaître les secrètes volontés des hommes, et non moins sage que puissant, souvent soupçonnoit Caïus, et avoit opinion qu'il portoit une mauvaise affection à toute la maison de Claudius, étant seulement affectionné à ceux du côté maternel ; à raison de quoi il craignoit que son petit-fils, qui étoit encore jeune, ne vécût pas longtemps. Avec ce, il savoit bien qu'il n'étoit capable et suffisant pour gouverner un si grand empire, d'autant qu'il étoit de mœurs farouches et variables, tellement qu'il sembloit qu'il fût fol et insensé (1). » Le fils de Germanicus avait à venger sa famille et à se délivrer d'un rival : le jeune Tibère dut mourir. « Caïus, estimant ce jeune enfant être son adversaire, ne plus ne moins qu'en quelque combat de lutte, le rua par terre, n'ayant pitié de ce qu'il avoit été nourri avec lui, ni de ce qu'il lui étoit proche, ni de son âge, mourant le pauvre misérable auparavant son heure. On dit qu'il lui commanda de se tuer de sa propre main. Or, le pauvre enfant, qui n'avoit jamais vu faire meurtre, premièrement tendoit le col à ceux qui venoient, les exhortant de le lui couper ; mais, voyant qu'ils n'en vouloient rien faire, lui-même prit sa dague et leur demanda, tant étoit ignorant et nouveau en cette affaire, où étoit l'endroit le plus commode pour adresser le coup, afin qu'il rompît plus tôt sa malheureuse vie. Eux, comme maîtres d'un malheureux acte, lui obéirent, et lui montrèrent où il falloit fourrer l'épée ; alors le pauvre misérable, apprenant ce premier et dernier enseignement de ces gentils maîtres, fut contraint de devenir meurtrier de soi-même (2). » Tibère mort, le

(1) Philon le Juif, p. 1038.
(2) *Id., ibid.,* p. 1036 et suiv.

meurtre de Macron et de M. Silanus acheva d'assurer l'indépendance de Caïus. L'empereur ne voulait plus de conseillers incommodes; il préférait prendre ses ministres sur le théâtre, et se faire l'esclave des cochers et des comédiens. Tibère avait gouverné par lui-même : Caïus inaugura le gouvernement des histrions. Rome, qui naguère avait tant de haine pour les abus du pouvoir personnel, se réjouit-elle de ce changement? Dion Cassius affirme qu'on regretta le despotisme de Tibère (1). Triste destinée du monde romain! Pour maître, un fou, esclave lui-même de « ces gens de bien, Élicon gentilhomme, voire plutôt vilain serf, bavard et rusé chicaneur, Apellès, joueur de farces et tragédies, lequel, n'étant encore qu'en la fleur de son âge, avoit abandonné et vendu sa beauté au plus offrant, mais si tôt que cette beauté de corps fut passée, devint farceur et bateleur (2). » Rome n'est plus à ces jours où Caïus, devant les sénateurs, les chevaliers et le peuple, jurait, dans la curie, de partager le pouvoir avec le sénat, où il flattait les sénateurs, où il se proclamait leur élève et leur fils (3). La tyrannie ne cherche plus à se déguiser. « Tout m'est permis et contre tous, » *memento omnia mihi et in omnes licere* (4). « Il n'y a qu'un maître, il n'y a qu'un roi, » Εἷς κοίρανος ἔστω, εἷς βασιλεύς (5). Voilà par quelles paroles se révèlent les desseins de Caïus *le pieux, l'enfant des armées, le père des soldats, le très-bon, le très-grand*. « Nous avons parlé jusqu'ici d'un prince : nous allons parler d'un monstre, » *hactenus quasi de principe, reliqua ut de monstro narranda sunt*.

HUMILIATION DE L'ARISTOCRATIE ROMAINE. — La guerre terrible que Tibère avait soutenue contre la noblesse, Caïus la continue avec moins d'intelligence et plus de fureur. L'honneur, la fortune, la vie des patriciens servent de jouet à ses caprices. Sa violence ne trouve point, comme celle du vieillard de Caprée, sa justification ou son excuse dans les nécessités de la raison d'État. Ce n'est point aux concussionnaires qu'il réserve les coups de sa haine; ce n'est point la justice qui arme sa main : c'est la passion aveugle du meurtre, le désir de tuer pour tuer, et aussi pour dépouiller les victimes. Si l'aristocratie romaine était moins odieuse et moins vile, nous serions tenté de plaindre son châtiment, comme un martyre. Mais que l'infamie du juge et la cruauté du bourreau ne nous fassent pas oublier les crimes du condamné. Le sénat romain n'a point de droits à la compassion et à la pitié : ne voyons pas la main qui le frappe, et gardons-nous de protester contre cette loi éternelle qui pour instrument la folie même d'un Caligula.

« Caïus, dit Josèphe, n'eut pas plus de respect pour Rome que pour toute autre ville de l'Empire; il fut terrible à tous les citoyens, mais surtout aux patriciens et aux sénateurs. Il persécuta les chevaliers qui formaient à côté du sénat l'aristocratie d'argent. Il humilia ces deux ordres; il les dépouilla de leurs richesses; il les décima (1). »

Suétone, Dion Cassius, Philon le Juif nous font assister au spectacle de ce honteux abaissement de l'aristocratie romaine. Qu'il nous suffise d'emprunter quelques traits à leur récit. « Caïus, disent-ils, invectiva souvent contre tous les sénateurs à la fois, comme clients de Séjan ou comme accusateurs d'Agrippine et des fils de Germanicus. Il ôta aux familles les plus illustres les décorations de leurs ancêtres, aux Torquatus leur collier, aux Cincinnatus leurs cheveux bouclés, aux Pompée le surnom de grand. On vit des sénateurs, décorés des plus hautes magistratures, venir à pied et en toge au-devant de son char l'espace de plusieurs milles, et rester debout auprès de la table ou à ses pieds, prêts à le servir. Un jour il destitua les consuls pour avoir oublié d'annoncer par un édit l'anniversaire de sa naissance, et la république fut pendant trois jours sans premiers magistrats. Une autre fois, il fit battre de verges un questeur; il condamna aux mines ou aux travaux des chemins ou aux bêtes une foule de

---

(1) Dio., LIX, 5.
(2) Philon le Juif, p. 1085.
(3) Dio., LIX, 6.
(4) Sueton., *Calig.*, 29.
(5) Sueton., *ib.*

(1) Flav. Joseph., *A. J.*, XIX, 1, 1.

itoyens distingués, après les avoir fait marquer d'un fer chaud. Dans un festin se met à rire : les consuls, ses convives, lui demandent le motif de sa gaieté : Je songe, dit-il, que d'un signe de tête je peux vous faire égorger tous les deux. » Enfin il est le premier empereur qui ait dégradé la dignité sénatoriale, en faisant mettre des sénateurs à la question, supplice dont les simples citoyens romains étaient exempts sous la République. » Sénèque confirme le témoignage de Suétone : « Caïus César donna la vie à Pompéius Pennus, si c'est la donner que de ne pas l'ôter. Quand celui-ci vint le remercier de cette grâce, il lui présenta le pied gauche à baiser. On dit, pour le justifier du reproche d'insolence, qu'il voulait montrer à Pennus un brodequin doré ou plutôt d'or, garni de perles. En effet, est-il donc humiliant pour un consulaire de baiser de l'or et des perles? D'ailleurs n'eût pu trouver sur tout le corps de ce prince une partie moins impure à baiser. Ainsi ce tyran, fait pour amener les mœurs d'un État libre à la servitude de la Perse, n'eût pas été content de voir un sénateur, un vieillard, un magistrat qui avait passé par les plus grandes charges, prosterné devant lui, en présence des grands, dans l'attitude d'un vaincu devant son vainqueur : il trouva le secret de rabaisser la liberté au-dessous même de ses genoux : n'était-ce pas là vraiment fouler aux pieds la république (1) ? »

Il y a quelque chose de plus honteux encore que cette humiliation d'un sénateur baisant le brodequin du prince : c'est l'apothéose de Caïus, proclamé dieu par le sénat. Cette infamie ne manquera point à l'aristocratie romaine. Où sont les temps de Pyrrhus, les temps glorieux où Cinéas voyait dans la curie une assemblée de rois? nous n'y trouvons plus que des valets bafoués et battus, comme des esclaves dans l'*ergastulum*.

Débauches et prodigalités de Caligula ; le pont de Pouzzoles. — Tibère avait laissé un trésor de deux milliards sept cents millions de sesterces (2). En moins d'un an ce trésor fut épuisé par la démence de Caligula. Spectacles de gladiateurs, tantôt dans l'amphithéâtre de Statilius Taurus, tantôt dans le Champ de Mars, combats d'athlètes, jeux scéniques aux flambeaux, distributions de pain et de viande, spectacles hors de l'Italie, jeux attiques à Syracuse, combats d'éloquence à Lyon, Caïus ne négligeait rien pour charmer le peuple de Rome ou des provinces. « Il se lavait dans des parfums, avalait des perles et des pierres précieuses fondues dans du vinaigre, faisait servir à ses convives des pains et des mets d'or. Il jeta au peuple pendant plusieurs jours des pièces d'argent du haut de la basilique de Jules César. Il se fit construire des galères en bois de cèdre, les poupes recouvertes de pierreries, les voiles peintes, avec des bains, des galeries, des salles de festin, des vignes, des arbres fruitiers, etc. C'était sur ces navires qu'il côtoyait les bords de la Campanie, assis à table au milieu des danses et des instruments de musique. Dans ses bâtiments et ses édifices il ne recherchait rien tant que ce qui paraissait impraticable. Il jetait des digues dans une mer profonde et orageuse. Il faisait fendre les rochers les plus durs, mettre des plaines au niveau des montagnes, creuser et aplanir des hauteurs, et toujours avec une vitesse incroyable : la lenteur des travaux était un crime capital. Il disait qu'il fallait être homme d'épargne ou César, *frugi hominem esse oportere dictitans aut Cæsarem* (1). »

Dans ces prodigalités tout ne fut pas folie. Caïus termina des ouvrages laissés inachevés par Tibère : le temple d'Auguste et le théâtre de Pompée. Il commença un aqueduc dans la région de Tibur et un amphithéâtre près du Champ de Mars. Il rétablit des temples tombés en ruine ; il releva les murs de Syracuse. Il reprit l'idée de percer l'isthme de Corinthe. Mais que penser du pont de Pouzzoles ? « Caïus, dit Suétone, fit élever sur la mer entre Baies et Pouzzoles, dans l'espace de trois mille six cents pas, un pont formé d'un double rang

---

(1) Senec., *de Benef.*, II, 12.
(2) Immensas opes totumque illud Tiberii Cæsaris vicies ac septies millies sestertium non toto vertente anno absumpsit. (Sueton., *Calig.*, 37.)

(1) Sueton., *ib., ibid.*

de vaisseaux de transport attachés avec des ancres et recouverts d'une chaussée qui imitait la voie Appienne. Il allait et venait sur ce pont pendant deux jours, le premier sur un cheval magnifiquement enharnaché, une couronne de chêne sur la tête, armé d'une hache, d'un bouclier gaulois et d'une épée, et couvert d'une casaque d'or; le lendemain en habit de cocher, menant un char attelé de deux chevaux et faisant marcher devant lui le jeune Darius, que les Parthes lui avaient donné en ôtage, et de ses amis montés sur des chariots (1). » De telles fêtes coûtaient cher au trésor public. Que dire ici des débauches de l'empereur? Infâme dans ses mariages, infâme dans ses divorces, Caïus souille de ses embrassements toutes ses sœurs, et bientôt après il les exile. Drusilla, Orestilla, Lollia, Paulina, Césonia, la courtisane Pirallide, voilà des noms illustrés par l'amour de Caligula. « Il ne respecta aucune des femmes les plus distinguées. Il les invitait à souper avec leurs maris, et les passait en revue, les examinant avec l'attention et la recherche d'un marchand d'esclaves. Il menait dans une chambre voisine celle qui lui plaisait, et, rentrant avec les traces de la débauche encore toutes récentes, il louait ou blâmait tout haut leurs attraits ou leurs défauts (2). » Ne poussons pas plus loin ces détails obscènes : il nous faudrait citer M. Lépidus, Valérius Catulus, le pantomime Mnester; nous aurions à dévoiler trop d'infamies.

CALIGULA PILLE ROME ET LES PROVINCES; SES EXACTIONS; SA CRUAUTÉ. — Le trésor était vide : il fallait le remplir. Caïus y pourvut par des exactions nouvelles et inouïes. Il taxa toute chose et toute personne. Il mit des impôts sur tous les objets de consommation qui se vendaient dans Rome. Il exigea des plaideurs le quarantième de la somme en litige, et ce fut un crime d'arrêter un procès par un accommodement. Les portefaix payèrent, par jour, le huitième de leur salaire; les courtisanes, une fois le prix de leur corps. Il cassa les testaments des centurions qui depuis le commencement

(1) Sueton., *Calig.*, 19; cf. Dion., LIX, 17.
(2) Sueton., *Calig.*, 36

du règne de Tibère n'avaient nomm pour héritiers ni ce prince ni Caïus ils étaient, disait-il, coupables d'ingr titude; pour casser ceux des autres c toyens il suffisait qu'un témoin assur qu'ils avaient eu dessein d'appeler C sar à leur succession. Dans un mome de terreur tous s'empressèrent de le po ter sur leur testament au même rang q leurs enfants ou leurs amis. Alors il pr tendit qu'on lui faisait injure en cont nuant de vivre après l'avoir fait hériti et il envoya du poison à un grand nor bre de testateurs. Il ne montait sur s tribunal qu'après avoir fixé ce qu'il vo lait gagner. Quand la somme était fai il se levait. Un jour que la séance lui par trop longue il condamna par un mêm arrêt quarante accusés dans différent causes; au réveil de Cœsonia il se van d'avoir gagné sa journée pendant qu'e dormait. Il fit mettre en vente ce qui l restait de tous les spectacles qu'il av donnés, fixa lui-même le prix, et dé gna les acheteurs. Il aperçut Aponi Saturninus qui dormait sur un banc « Faites attention, dit-il au crieu voilà un ancien préteur qui me fait gne de la tête qu'il veut enchérir. » lui fit adjuger treize gladiateurs po près de dix millions de sesterces. Gaule il vendit les bijoux, les meuble les esclaves et les affranchis de s sœurs, qu'il avait exilées. Il apprit qu' provincial avait donné deux cent mil sesterces pour être reçu à sa table; lendemain il vendit à cet homme, même prix, un meuble sans valeur « Mon ami, lui dit-il, César t'invite à s per. » Il avait deux registres : *l'épée le poignard;* c'était la liste de tous l riches qu'il destinait à la mort.

EXPÉDITIONS CONTRE LES GE MAINS ET CONTRE LES BRETON TRIOMPHE ET APOTHÉOSE. — Ce f cruel, ce bourreau, ce pillard, était u lâche. Il rêva pourtant la gloire des a mes. Il fit contre les Germains une exp dition : elle se borna à cacher au delà d Rhin quelques soldats de sa garde ge maine, qu'il fit prisonniers. Sa second campagne fut dirigée contre les Br tons. Arrivé au bord de l'Océan, il sonner la charge, et donna l'ordre au soldats de ramasser des coquilles sur rivage : *c'étaient les dépouilles de la m*

...*qu'il voulait porter en triomphe au Capitole*. Les légions le proclamèrent sept ...is *imperator* : le sénat lui décerna le ...tit triomphe. Ce n'était pas assez pour ... tels exploits. A Lyon il voulut exter...iner les huit légions révoltées autre...is contre Germanicus. La contenance ...s soldats lui fit peur : il prit la fuite. ...n chemin il rencontre une députation ... sénat, qui le supplie de hâter son ...tour à Rome. « Oui, j'irai, dit-il, et ...on épée est avec moi. » L'épouvante ...t bientôt dans la ville. Il faut désarmer ... courroux de l'empereur : le sénat le ...oclame dieu (1).

...Caïus prit au sérieux sa divinité. ...es sénateurs l'adoraient comme Her...le ou Bacchus. Il se crut bientôt un ...tre Jupiter. Sous le nom de *Jupiter ...tiaris* il eut un temple et des prêtres. ...est vers ce temps, sans doute, qu'il ...édita de donner le consulat à son che...l *Incitatus*. Il prétendit qu'il était ...poux de Phœbé, et prit Vitellius à té...oin de cette union. Les sénateurs ap...rtèrent sur les autels de nouvelles vic...mes. Le pauvre peuple seul se permet...it de rire. Un jour *Jupiter Latiaris* ...ait, en costume, au tribunal ; un Gau...is se met à rire. Le dieu l'interroge : ... Que penses-tu de moi ? — Je pense, ...répond le Gaulois, que je vois un ...grand fou. » Caïus fit grâce à ce ...ntempteur de sa puissance divine. Les ...ifs virent aussi leurs synagogues souil...es par des statues de l'empereur, et ...ur leur impiété envers cet étrange ...ieu furent menacés d'extermination. ...ais un coup d'épée vint rappeler au ...ère de Jupiter Olympien, à l'époux de ... Lune, que le sénat n'avait pu lui con...rer le privilège de l'immortalité.

MEURTRE DE CALIGULA PAR CHÉÉAS. — Lentulus Gétulicus et Lépidus ...vaient conspiré : ils étaient morts ; mais ...ur supplice ne devait point sauver le ...ran. Æmilius Régulus, Espagnol de ...ordoue, Annius Minucianus et le tri...un Cassius Chéréas formèrent un comlot.

Le 24 janvier 41 Caïus assistait aux ...ux célébrés en l'honneur d'Auguste. Il quitta le théâtre pour aller aux bains : sous une galerie voûtée du palais il rencontra Chéréas. Le tribun lui demande alors le mot d'ordre, et Caïus répond par une injure : Chéréas tire son épée, et frappe l'empereur. Caïus n'était pas tué ; les conjurés l'achevèrent : c'étaient, suivant la remarque de Josèphe, des sénateurs, des chevaliers et quelques soldats (1).

Aux premiers cris de l'empereur les Germains de sa garde étaient accourus. Ils renversent tout ce qui se trouve sur leur passage, et tuent plusieurs sénateurs auprès du corps de Caïus. Cependant le peuple assemblé au théâtre refusait de croire la bonne nouvelle : il craignait un piège du tyran. Enfin les Germains parurent, encore dégouttants du meurtre des sénateurs : il leur fallait de nouvelles victimes. Les officiers arrêtèrent l'aveugle fureur de ces barbares. Un crieur public, Evaristus Arruntius, s'avançant sur la scène en habit de deuil, annonça la mort de Caïus César.

AGITATION DU PEUPLE ; LE SÉNAT AU CAPITOLE ; DISCOURS DE CN. SENTIUS. — Les esclaves, les affranchis, tout ce ramas de populace vile et corrompue qui s'agitait dans la ville des Césars, toute cette *tourbe de Rémus*, regrettait Caligula, ses présents, ses fêtes, sa magnificence, sa folie. Ce n'était pas là le peuple : il n'y avait plus, nous l'avons dit, de peuple romain. Tous les ordres de l'État étaient tombés depuis longtemps et s'étaient confondus dans un commun avilissement. Il ne restait plus à Rome de citoyens.

La première agitation de la multitude ne tarda pas à se calmer. Sur le Forum on demandait le nom de l'assassin. — « Plût aux dieux que ce fût moi ! » s'écria Valérius Asiaticus. Ce seul mot imposa silence aux partisans de Caligula. Le consul Cn. Sentius Saturninus et son collègue, Q. Pomponius Sécundus, firent une proclamation au peuple et aux soldats. Ils promettaient à l'un une diminution d'impôts, aux autres des récompenses ; ils les invitaient tous à attendre tranquillement la décision du sénat. Ce ne fut point dans la basilique de Jules César, monument de servitude,

---

(1) *Voy.* Philon le Juif, qui discute sérieument les titres de cette singulière divinité, c., p. 1049.

(1) Flav. Jos., *A. J.*, XIX, I, 10.

que les sénateurs se réunirent; l'assemblée se tint au Capitole. Sentius ouvrit la séance. « Il parla avec une hardiesse digne de ces grands hommes qui ont fait éclater par toute la terre la gloire de la générosité romaine » (1). « Romains, dit-il, après une servitude de tant d'années, voici la liberté qui reparaît. Nous ne savons combien elle durera : il dépend de la volonté des dieux de nous la conserver après nous l'avoir donnée. Mais quand un si grand bonheur devrait aussitôt disparaître, nous ne l'en estimerons pas moins à son prix : il n'y a point d'homme de cœur qui ne soit fier de vivre libre dans un pays libre, et de goûter, au moins durant quelques heures, la liberté dont nos pères jouissaient dans les siècles où la république était dans son éclat et sa splendeur! » Le soir Chéréas vint demander le mot d'ordre aux consuls; ils choisirent ce mot nouveau aux oreilles des soldats de César : liberté.

LES PRÉTORIENS VEULENT UN EMPEREUR; ILS IMPOSENT A CLAUDE LE POUVOIR SUPRÊME. — Pendant que le sénat délibérait les prétoriens avaient agi. Ils ne voulaient pas de la république, et préféraient l'autorité militaire de l'empereur au gouvernement de l'aristocratie. Ils se souvinrent que Caïus avait un oncle, Claude, frère de Germanicus : ils se mirent à la recherche de Claude. Ils le trouvèrent caché dans des tapisseries. Un soldat qui errait dans le palais aperçut ses pieds, qui passaient sous une porte; il le tira de sa retraite, et le salua empereur : Claude, à genoux, demandait la vie. On le conduisit vers les soldats assemblés en tumulte et flottant encore sur le parti qu'ils devaient prendre. Ils le mirent dans une litière, et, comme ses esclaves s'étaient enfuis, ils le portèrent jusqu'au camp sur leurs épaules. La foule, en le voyant passer triste et abattu, déplorait son malheur, et croyait qu'on le menait à la mort. Deux sénateurs envoyés vers lui l'exhortèrent à refuser l'empire, lui rappelant qu'il avait toujours détesté la tyrannie, et cherchant à l'effrayer par des menaces. Mais aux prétoriens que pouvait opposer le sénat? Des troupes d'esclaves armés à la hâte. Claude répond qu'il était retenu de force. Il passa la nuit dans le camp.

LÂCHETÉ DE L'ARISTOCRATIE CLAUDE PROCLAMÉ EMPEREUR PAR LE PEUPLE ET PAR LE SÉNAT. — Le lendemain le sénat se rassembla de nouveau. Mais la nuit, qui porte conseil avait changé les dispositions de l'aristocratie. A peine les consuls purent-ils réunir au Capitole une centaine de sénateurs : il n'y en avait guère dans ce nombre qui fussent résolus à mourir pour la liberté. Les patriciens montrèrent bien leur faiblesse quand le peuple et les soldats des cohortes urbaines vinrent hautement réclamer un empereur Les Romains demandaient que le sénat choisît lui-même un de ses membres Minucianus et Valérius Asiaticus se mirent sur les rangs. Mais élire un empereur, c'était déclarer la guerre à Claude et aux prétoriens. S'il fallait combattre Chéréas voulait donner son sang pour la république; mais sa voix ne fut pas écoutée. « Puisqu'il vous faut un maître criait-il, allez prendre le mot du cocher Eutychus. » Oter l'empire à un fou pour le donner à un imbécile! Vains efforts Les soldats allèrent rejoindre l'armée de Claude : ils furent suivis par le consul Pomponius Sécundus et par un grand nombre de sénateurs. La révolution était finie.

Chéréas paya de sa vie le meurtre de Caïus et de Cœsonia; il expia l'inintelligence et la lâcheté de ses complices Claude vit le sénat à ses pieds : il était l'oncle de son neveu; il avait un nom plus d'appétit que de raison, plus de bonhomie que de finesse; il eût fait un bon roi dans les festins : on le fit empereur.

PORTRAIT DE CLAUDE; SA VIE SOUS AUGUSTE, SOUS TIBÈRE ET SOUS CAÏUS — Tibérius Claudius Néro Germanicus, fils de Drusus, petit-fils de Livie était né à Lyon, en l'an 10 av. J. C. Les longues souffrances d'une jeunesse maladive, la grossièreté d'un maître brutal, le dédain de sa mère Antonia, l'antipathie de toute sa famille, l'humiliante pitié d'Auguste, toutes les causes réunies du plus triste abrutissement avaient fait de Claude un personnage ridicule, une sorte d'idiot et de bouffon

---

(1) Flav. Joseph., XIX, 11, 1.

ion, Suétone et Sénèque nous le montrent bavant, bégayant, branlant la tête, traînant la jambe droite, toujours sot, toujours glouton, toujours bafoué, sinon battu. Sa mère disait : « *plus bête que mon fils* » : elle l'appelait un *avorton*, une *ébauche*. Auguste disait de lui : « *le pauvre petit* ». Livie ne parlait pas à cet imbécile : pouvait-elle prévoir qu'il fût un jour gouverner le monde? Auguste laissa Claude sans autre dignité que celle de prêtre et d'augure. Tibère ne montra guère plus d'estime pour son neveu. Il lui accorda seulement les honneurs consulaires. Claude, mécontent, sollicitait la charge même de consul : son oncle lui envoya quarante pièces d'or pour les saturnales. Condamné au mépris public, Claude vécut dans la retraite, tantôt dans un faubourg de Rome, tantôt dans la Campanie, s'abandonnant à l'ivrognerie, au jeu et à la débauche. Pourtant l'ordre des chevaliers le choisit deux fois pour interprète et pour protecteur, et Tibère, en mourant, le mit au nombre de ses héritiers les plus chers, et le recommanda aux armées, au sénat et au peuple. Caïus l'éleva au consulat. Il n'en resta pas moins le jouet de la cour. A la table de l'empereur, où il s'endormait après le repas, on lui mettait ses brodequins aux mains, on lui jetait des noyaux d'olives ou de dattes, ou on le réveillait à coups de fouet et de verges. Sa stupidité lui sauva la vie. Plus tard il déclara devant le sénat qu'il avait employé ce moyen pour échapper aux fureurs de son neveu. On ne crut point à son hypocrisie.

Ce pauvre bouffon de la maison des Césars, qui dans le sénat opinait le dernier, n'était cependant pas sans instruction et sans culture. D'après les conseils de Tite-Live, il avait composé des mémoires et des ouvrages historiques. Il ajouta à l'alphabet le digamma et deux autres lettres. Ses *déclamations* avaient obtenu les éloges d'Auguste. Ce qui manquait à ses discours, c'était le débit, plus que le fond du style; à ses écrits, le bon sens, plus que l'élégance. Désormais il aura le droit de parler haut et de se faire écouter dans la curie. Il arrive à l'empire sans autre préparation que des études de langage et des exercices littéraires. Il va faire adopter son alphabet; il va trouver un auditoire attentif et des oreilles complaisantes. Quelques milliers de sesterces distribués aux soldats lui assurent le gouvernement du monde. Qu'il soit heureux, le vieil enfant, et qu'il démente, s'il est possible, le mot injurieux de sa sœur Livilla : « Si mon frère doit régner, je plains le peuple romain d'être réservé à une destinée si misérable et si indigne. »

GOUVERNEMENT DES AFFRANCHIS SOUS LE NOM DE CLAUDE. — « Ce César bafoué et exploité jusqu'à cinquante ans, par une cour qui s'en amusait comme d'un bouffon de famille, fut encore bafoué et exploité sur le trône impérial, mais cette fois par des gens qui le firent servir à de sérieux intérêts d'ambition et d'intrigue, et qui avec son seing et son cachet se firent donner des têtes et des provinces, et remuèrent Rome et le monde. Claude, imbécile et presque toujours somnolent, mari et serviteur de plusieurs femmes, dont une prit un mari de son vivant, croupit quelques années sur son trône déshonoré, empereur pour donner des signatures et pour avoir la meilleure table de l'Empire. Il laissa aux affranchis toutes les affaires, se renfermant dans celles de la table et du lit » (1). C'est ainsi qu'on a résumé la vie politique de Claude; mais n'y a-t-il point dans ce jugement trop de sévérité et de rigueur? Dans ces affranchis, passés du gouvernement de la *famille* impériale à l'administration de l'État, ne devons-nous voir que des intrigants vulgaires sous un prince fainéant? Ne verrons-nous dans Claude même qu'un mauvais esclave sous de mauvais maîtres?

Chéréas et quelques-uns de ses complices ont reçu la mort; la sûreté de l'Empire ne demande point d'autres victimes : Claude proclame l'amnistie. Il accepte le titre de *père de la patrie*, mais il évite celui d'*imperator*, devenu trop odieux et trop redoutable. Il ne veut pas de statues, pas de sacrifices en son honneur. Il abolit l'action de lèse-majesté, punit les délateurs, et jure de

(1) D. Nisard, *Étud. sur les poëtes lat. de la décadence*, t. I, p. 52.

ne point employer la question contre les personnes de condition libre. Il montre pour le sénat beaucoup de respect et de déférence ; représentant de la puissance populaire, il se place dans la curie entre les deux consuls sur son siége de tribun. A l'exemple de Tibère, il s'occupe activement du soin de la justice. Ce n'est point l'impartialité qui lui fait défaut, c'est l'intelligence. Il va presque chaque jour à son tribunal. L'accuserons-nous de s'y montrer souvent ridicule, parfois cruel? Mieux vaut encore sa justice que celle de Caïus. S'il se trompe, c'est de bonne foi, comme un homme simple et voulant le bien. Ce n'est pas lui qui condamnera les citoyens pour s'enrichir de leurs dépouilles. Il supprime l'usage des étrennes, et refuse tout legs, toute succession, quand le testateur qui le choisit pour héritier laisse des fils ou des parents. Ne nous étonnons pas que sa bonhomie lui ait concilié l'amour des Romains. La multitude, qui voit chaque jour le maître du monde sur le Forum ou dans le Cirque, s'est éprise de cette figure niaise et bouffonne. Il s'établit, aux jeux et au tribunal, entre l'empereur et le peuple une sorte de camaraderie qui enlève au pouvoir toute dignité, tout prestige, mais qui lui donne plus de force contre les prétentions renaissantes et les complots de l'aristocratie. Que les affranchis règnent et gouvernent sous le nom de Claude : contre la haine secrète et le mépris du sénat ils ont pour appui la popularité de leur maître, on pourrait dire de leur esclave.

Julien a dit dans le *Banquet des Césars* : « Sans Messaline et ses affranchis Claude ressemblerait à un personnage muet de théâtre, ou plutôt à un corps sans âme. » L'eunuque Harpocras, Félix, Polybe, Calliste, Narcisse, Pallas, voilà les hommes d'affaires, les hommes d'État, qui vont désormais donner le mouvement et la vie à cette *épouvantable machine* de l'Empire romain. Calliste reçoit les requêtes présentées à l'empereur, Narcisse est secrétaire de Claude, Pallas a l'administration de ses finances. Sous ces titres modestes, ces trois hommes sont les véritables souverains de Rome et du monde.

Ne craignons pas cependant que l'asservissement du prince tourne au détriment du système monarchique inauguré par Jules César et par Auguste. Le principe de la centralisation impériale devra de nouveaux progrès à la domination des affranchis. Le droit de juger les accusations capitales passe du sénat aux mains de Claude. C'est dans l'appartement du prince que Valérius Asiaticus est condamné. En 44, après l'expédition de Bretagne, le sénat livre encore à l'empereur le droit de paix et de guerre. C'est l'empereur qui, sous le nom du sénat, accorde aux sénateurs la permission de sortir de l'Italie. Une lourde charge est imposée aux questeurs celle de donner à leur entrée en charge un spectacle de gladiateurs. Ils perdent les préfectures d'Italie, qui sont supprimées, et reçoivent la garde du trésor public, enlevée aux préteurs, qui prennent en échange une partie de la juridiction réservée jusque-là aux consuls. Enfin en 53 ; les *procurateurs* sont investis du pouvoir judiciaire. Ces procurateurs presque tous chevaliers ou affranchis étaient les intendants des domaines et des revenus du prince. Là se bornaient leurs fonctions dans les provinces gouvernées par des proconsuls ou des propréteurs. Dans des provinces moins importantes, comme les deux Mauritanies la Rhétie, le Norique, la Thrace, les Alpes maritimes, le Pont, l'Épire, ou bien encore dans les subdivisions éloignées de quelques grandes provinces comme la Judée, qui dépendait de la Syrie, les intendants des domaines faisaient l'office de gouverneurs. On les appelait *procuratores vice præsidis*, ou *cum potestate*. Ces mots indiquent qu'ils avaient le droit de rendre la justice. Sous Claude ce droit fut étendu aux *procuratores rei familiaris*.

Le sénat, par une lâche et honteuse condescendance, favorise tous ces empiétements de la monarchie. Il donne accès dans l'assemblée au préfet des cohortes prétoriennes et aux tribuns des soldats. Ce n'est pas assez : Claude ouvre aux Éduens de la Gaule Chevelue les portes du sénat (43). Les familles patriciennes, vainement augmentées par J. César et par Auguste, s'étaient presque éteintes. Le prince abat l'orgueil de celles qui survivent, en décorant de patriciat les plus anciens et les plus illustres sénateurs. Cette faveur apparente est une nouvelle atteinte à l'aristocratie. Nommé censeur en 48, Claude fait l'épuration du sénat; il n'y admet ou n'y maintient que les possesseurs de grandes fortunes, qui offrent, si nous pouvons parler ainsi, à la défiance du pouvoir impérial la double garantie de leur vie et de leur richesse. Sous la menace de la peine de mort ou de la confiscation, le grand conseil de l'aristocratie romaine devient l'instrument servile des femmes et des affranchis de la cour. A peine s'élève-t-il quelques protestations impuissantes. Furius Camillus Scribonianus se révolte en Dalmatie : il est abandonné au bout de quatre jours par ses propres soldats; il meurt, et avec lui un grand nombre de sénateurs et de chevaliers sont exécutés par ordre de Narcisse (42). En 47 la noblesse fournit encore des victimes, Cn. Pompée, Valérius Asiaticus, etc., etc. Dans cette confusion de trépas illustres l'histoire doit retenir le mot d'Arria : *Pœte, non dolet.* Nous ne pouvons dresser ici la liste de toutes les condamnations. Sénèque compte trente sénateurs tués, et plus de trois cent quinze chevaliers; il ajoute : « simples citoyens, autant que de grains de sable ». C'est une calomnie, car si le faible et timide Claude avait coutume de dire : « Il est permis de se venger d'une offense, » il disait aussi : On ne se venge pas d'une puce comme d'un lion. » Nous ne voulons pas nier les cruautés qui ont souillé son règne; mais nous rappellerons le mot de Tacite : Claude n'avait ni affection ni haine qui ne lui fût suggérée ou prescrite, » *cui non judicium, non odium erat, nisi indita et jussa* (1). Il y eut sans doute des crimes commis sous son nom; les vrais coupables furent Messaline et Agrippine.

Quant aux affranchis, qui sont responsables aussi du sang versé, ils ont au moins contribué à la prospérité de l'État, assurée et maintenue pendant douze années par leur active et intelligente administration. Suppression des impôts établis par Caligula; protection donnée aux provinces contre les gouverneurs concussionnaires; remise en vigueur de la loi d'Auguste qui défendait de passer sans intervalle d'une charge à une autre, et qui donnait ainsi aux citoyens le moyen d'exercer des poursuites criminelles contre les magistrats prévaricateurs; large admission au droit de cité; Rome et l'Italie fermées aux bannis des provinces; répression de la cruauté des usuriers; garanties données aux pupilles; loi bienfaisante qui assure la liberté aux esclaves abandonnés dans l'île d'Esculape et qui retire au maître le droit de vie et de mort; modifications à la loi Papia Poppœa sur le mariage; peines sévères portées, dans un intérêt politique et moral, contre les femmes qui s'abandonnent aux esclaves; mesures, inefficaces, mais intelligentes au point de vue romain, pour maintenir, en la réglant, la religion de l'État; suppression d'un nombre excessif de sacrifices et de fêtes qui enlevaient au travail une grande partie de l'année; abolition des sacrifices des Druides dans la Gaule; enfin, pour l'approvisionnement et la sûreté de la ville, des travaux immenses et de sages ordonnances de police (1); établissement à Pouzzoles et à Ostie de cohortes prêtes à porter du secours contre l'incendie (lorsque le feu dévora le quartier Émilien, l'empereur lui-même resta deux jours sur une place au milieu du peuple et des soldats); mesures prises pour amener des grains à Rome, même en hiver; primes considérables pour la construction des vaisseaux et pour l'importation; port d'Ostie, à l'embouchure du Tibre, entrepris et achevé par ordre de Claude; érection d'un phare à l'entrée du fleuve; dessèchement du lac Fucin tenté presque sans frais pour l'État, une compagnie s'étant chargée des dépenses moyennant la concession du terrain; achèvement du grand aqueduc commencé par Caïus; entretien des routes, etc., etc.; sans parler des fêtes données au peuple, des jeux séculaires, des courses du cirque, des courses de taureaux, des spectacles de gladiateurs, des naumachies sur le lac Fucin : ne sont-ce point là, nous le demandons, assez de services et de bienfaits pour justifier aux yeux de la multitude l'imbécillité de Claude et le gouvernement des affran-

(1) Tacit., XII, 3.

(1) Urbis annonæque curam sollicitissime semper egit. (Suéton., *Claud.*, 18.)

chis? Nous ne sommes point les courtisans de Narcisse ou de Pallas, mais nous ne pouvons partager contre les ministres de l'empereur les rancunes orgueilleuses de l'aristocratie romaine. Pour quelques intrigues de cour, pour quelques violences contre la noblesse, l'historien n'a point le droit de condamner un règne qui montre, au dedans de l'empire une sage administration, au dehors les armées romaines respectées et victorieuses, la politique de Tibère heureusement continuée envers les barbares, les Frisons soumis par Corbulon, la dernière aigle de Varus reprise sur les Chauques (51), les Chérusques demandant un roi à l'empereur (47), le Danube tranquille; en Orient, l'Arménie reconquise, les Parthes vaincus, la Lycie réduite en province, comme la Thrace (46), la Palestine réunie au gouvernement de Syrie; en Afrique, les Maures battus par Suétonius Paulinus et par Géta, et leur pays formant deux provinces : Mauritanie Césarienne et Mauritanie Tingitane; au nord, la Bretagne une première fois conquise (43), et pacifiée (50); enfin la discipline dans les camps et les soldats employés à d'utiles travaux, ouvrant des mines et creusant un canal de la Meuse au Rhin.

Intrigues de cour; Messaline; Agrippine; mort de Claude. — Moins préoccupés de cette partie sérieuse du règne de Claude que de la partie dramatique, Tacite, Suétone, Dion Cassius, nous ne parlons pas de Sénèque, se sont appliqués surtout à raconter les misères et les intrigues de la cour : l'histoire impartiale a d'autres devoirs. Nous n'emprunterons pas à Juvénal le tableau des infâmes débauches de Messaline, nous ne ferons point le compte des amants épuisés par l'impériale courtisane, nous ne copierons point les pages inimitables où Tacite a raconté sa dernière folie, sa dernière fête et sa mort (48). Le mariage de Messaline avec Silius, *l'orage venu du côté d'Ostie*, l'indécision ou plutôt l'indifférence de Claude au dernier moment; l'inflexibilité et le sang-froid de Narcisse, la promptitude du châtiment; les brigues féminines autour du lit de César; la victoire d'Agrippine, fille de Germanicus et nièce de Claude; l'avilissement du sénat, qui consacre, à la voix de Pallas,

une union illégitime; l'adoption de Domitius Néron, son mariage avec Octavie la toute-puissance d'Agrippine et le usurpations de son fils sur les droits d Britannicus, fils de Claude; la disgrâc de Pallas et de Narcisse, l'empoisonne ment de l'empereur : telle est l'histoir de la cour. Est-ce, à dire vrai, l'histoir de l'empire? Les provinces et le peupl s'inquiétaient peu de ces aventures pourvu qu'il eût un maître, qu'impor tait au monde que ce maître fût Britan nicus ou Néron?

Heureux commencements du rè gne de Néron; quinquennium Nero nis (54—59). — « Le 3 avant les ide d'octobre, à midi, les portes du palai s'ouvrent tout à coup, et Néron, accom pagné de Burrus, s'avance vers la co horte qui, suivant l'usage militaire, fai sait la garde à ce poste. Au signal donn par le préfet, Néron est accueilli ave des acclamations et placé dans une li tière. Il y eut, dit-on, quelques soldat qui hésitèrent, regardant derrière eu et demandant où était Britannicus. Mais comme il ne s'offrait point de chef à l résistance, ils suivirent l'impulsio qu'on leur donnait. Porté dans le camp Néron fit un discours approprié aux cir constances, promit des largesses égale à celles de son père, et fut salué empe reur. Cet arrêt des soldats fut confirmé par les actes du sénat; il n'y eut aucune hésitation dans les provinces. Les hon neurs divins furent décernés à Claude, e ses funérailles célébrées avec la même pompe que celles d'Auguste : car Agrip pine fut jalouse d'égaler la magnificenc de son aïeule Livie. Toutefois on ne lu pas le testament, de peur que l'injustic d'un père qui sacrifiait son fils au fils d sa femme ne révoltât les esprits et n causât quelques troubles (1). »

Agrippine, en dépouillant Britannicu au profit de Néron, croyait s'être assur de la toute-puissance : elle fut trompé dans son ambition, et perdit le fruit d ses crimes. Vainement soutenue du cré dit de Pallas, qui conservait encor l'administration des finances, elle est vaincue dans sa lutte contre Burrus e Sénèque, ses créatures et ses ennemis Elle fait tuer Jun. Silanus, proconsu

(1) Tacit., XII, 69.

n Asie, et Néron, au moment de signer un arrêt de mort, dit ce mot fameux : « Je voudrais ne pas savoir ɔeux crire. » Elle veut assister aux délibérations du sénat, et Néron, pour échapper ans doute à l'influence de sa mère, veut endre à cette assemblée son indépendance. Le sénat, en effet, limite alors les droits des tribuns et des édiles plébéiens, orte des lois sévères contre les affranchis, des lois cruelles contre les esclaves; age les concussionnaires des provinces, t s'oppose à la suppression des douanes. l'aristocratie, à peine relevée de son abaissement, montre encore une fois on orgueil, sa corruption et son égoïsme. Néron, plus sage et plus habile, e laisse point voir de haine contre les artis; se réservant le commandement es armées, il rend aux consuls la juridiction sur l'Italie et sur les provinces énatoriales; il sépare l'administration e son palais et celle de l'Empire; il ordonne que les lois qui règlent chaque impôt, tenues secrètes jusque alors, soient affichées; que la prescription s'établisse après un an pour tous les droits qui n'auront pas été réclamés dans ce délai; qu'à Rome le préteur et dans les provinces le propréteur ou le proconsul connaissent extraordinairement de toute plainte contre les publicains, et que les soldats conservent leur immunité, excepté pour les objets dont ils font trafic. Il enlève la garde du trésor public aux questeurs, accusés d'aggraver sans pitié le droit de saisie contre les pauvres; il supprime le quarantième et le cinquantième sur l'importation et l'exportation des marchandises, et affranchit de certains droits onéreux les navires qui portent les blés en Italie. Il avait promis de prendre Auguste pour modèle, et pendant cinq ans il tint parole. Les peuples gardèrent la mémoire de ce *quinquennium Neronis* (1).

(1) M. Naudet, dans un article remarquable de l'*Encyclopédie des Gens du Monde*, jugé plus sévèrement que nous, surtout our les commencements, le règne de Néron. 'ous croyons devoir donner ici les appréations du savant académicien.
... « On a dit que les commencements de n règne furent heureux, et qu'ils se proongèrent ainsi l'espace de cinq ans. Ce ne ouvait être l'opinion de tous les Romains, surtout de Sénèque, même de la preière année, celle où il lui dédia son *Traité e la Clémence*, en lui prodiguant des éloges ui n'étaient dans l'intention de l'auteur, ous aimons à le penser, que des conseils, mais ui, pour ne pas tomber dans les bassesses : les impostures de l'adulation, auraient eu esoin d'être acceptés comme des engagements. Là il lui disait : « César, tu peux contempler avec satisfaction ta conscience. Tu as ambitionné un honneur dont aucun prince avant toi n'avait pu se vanter, celui de n'avoir fait jamais de mal à personne. Les vœux des Romains sont désormais assurés; ils n'ont pas à craindre que tu sois jamais différent de toi-même. Cette bonté qui les enchante est vraie, est naturelle; on ne soutient pas longtemps un personnage emprunté. » Non, il est impossible de ne as croire que le philosophe, lorsqu'il écriit sa dédicace, pouvait encore être séduit ar les illusions de l'amitié, par les artifices une âme hypocrite... Domitius Aénobarbus, ère de Néron, avait pronostiqué plus juste et de plus loin; car il disait, même avant la naissance de Néron, que d'un homme tel que lui et d'Agrippine il ne pouvait rien naître que d'exécrable et de funeste pour les Romains. Mais il ne fut pas permis à Sénèque de s'abuser longtemps. Le cinquième mois du nouveau règne n'était pas achevé, que déjà Néron avait arraché pour la seconde fois, par or et par menace, à Locuste, moins intrépide que lui, un poison pour Britannicus; et il l'avait regardé mourir, sans être ému, sous les yeux de toute la cour, lui à dix-sept ans, son frère âgé de treize!... Les plus grands attentats de Néron furent toujours causés par l'impatience de la peur. Il désirait et n'osait se délivrer par un assassinat des obsessions d'Agrippine; on lui fit entendre qu'elle conspirait contre lui : Anicetus fut chargé de la noyer dans les eaux de Baies. L'existence d'Octavie l'importunait, en faisant obstacle à son mariage avec Poppée; mais il hésitait : Burrhus et le peuple romain prononcèrent l'arrêt de mort d'Octavie, l'un en disant à Néron : « Rendez-lui donc sa dot; » l'autre en se soulevant, de pitié pour elle... Cependant il s'était formé une conspiration contre le tyran, mais non contre la tyrannie. Ce n'était qu'une association d'amours-propres blessés, d'inimitiés personnelles, d'ambitions hypocrites, et non un concours de dévouements généreux, de haines patriotiques, trouvant dans une sérieuse et profonde émotion du peuple leur foyer et leur soutien. La conspiration n'eut d'autres résultats que la perte

CRIMES ET FOLIES DE NÉRON. — Britannicus avait été assassiné dès le mois de février (55), au milieu même de la faveur de Burrus et de Sénèque, dont la libéralité du prince paya le silence, et, on peut le dire, la complicité. Vers 56, l'affranchie Acté, puis Poppée, femme d'Othon, achevèrent la disgrâce d'Agrippine. Néron, favorisé dans ses débauches par ses précepteurs, devenus ses ministres, commença bientôt à troubler Rome par de scandaleuses orgies. Une fois sur cette pente, il ne devait plus s'arrêter. Agrippine est assassinée par ordre de son fils. Burrus, au nom des soldats, félicite Néron d'avoir échappé à un complot imaginaire ; les municipes de Campanie témoignent leur allégresse par des sacrifices ; le sénat décrète des supplications aux dieux, et place au nombre des jours néfastes le jour natal d'Agrippine. Néron triomphant monte au Capitole (59).

Débarrassé de son frère et de sa mère, le parricide, au milieu de ses remords et des adulations du sénat, cherche à s'étourdir par de nouveaux crimes et de nouvelles folies. Il paraît sur le théâtre, et Burrus applaudit « sa voix céleste ». Burrus meurt en 62, et cède la place à Tigellinus. Sénèque perd toute influence, et se console de cette disgrâce au sein des richesses et de l'étude. Bientôt périt Octavie, d'abord reléguée à Pandataria. Pallas meurt à son tour ; et le sénat pour tous ces assassinats trouve des formules de félicitation et d'action de grâces. Les jeux ne cessent pas à Rome et dans toute l'Italie. En 64 Néron se montre à Naples sur un théâtre public

de Sénèque, de Lucain, de Calpurnius Pison, chef titulaire, dont les conjurés méditaient d'avance la ruine aussitôt après le succès, et d'une foule de sénateurs et de chevaliers ; enfin des supplices sans nombre et d'immenses confiscations, accompagnement ordinaire des supplices... On avait dû aux inspirations de Sénèque et de Burrhus plusieurs actes de justice, plusieurs bons exemples, plusieurs décrets sages et utiles : la modération des frais de procédure et des honoraires d'avocats, l'institution de certaines formalités pour garantir la sincérité des testaments, l'extension des prérogatives du sénat en qualité de cour d'appel, l'abolition de quelques impôts, la diminution de quelques autres, la répression de l'iniquité des publicains, la translation des procès en matière de finances de la juridiction fiscale à la juridiction ordinaire. Les sciences n'étaient pas négligées, témoin ces deux centurions qui furent envoyés à la recherche des sources du Nil... Ce qui distingue Néron des autres tyrans, sa spécialité à lui, ce sont les arts ; il est avant tout mime et joueur de lyre ; et on le voit courant toutes les grandes villes de l'Empire pour montrer son talent, impitoyable pour qui n'admirait pas, jaloux de ses rivaux jusqu'à faire étrangler sur le théâtre même un acteur qui chantait mieux que lui ; mais aussi payant cher les applaudissements, comme ce jour où il déclara la Grèce libre, en reconnaissance des éloges qui lui avaient été prodigués et des couronnes qu'on lui avait décernées à Olympie. Un des rêves de gloire qui avaient toujours le plus flatté la fantaisie de Néron, c'était d'obtenir les suffrages de la nation la plus sensible et la plus ingénieuse, de déployer ses talents dans le pays classique des beaux-arts et de la mélodie, devant les juges dignes de lui. Il entreprit enfin son voyage en Grèce, et parcourut pendant plus d'un an toutes les villes fameuses, paraissant comme artiste dans tous les spectacles et traînant à sa suite une élite de jeunes chevaliers et de jeunes plébéiens, au nombre de cinq mille, enrôlés en cohortes d'applaudisseurs, et savamment disciplinés à varier le bruit des pieds et des mains par des rhythmes qui avaient leurs noms particuliers, selon qu'ils devaient imiter le bourdonnement des abeilles ou le cliquetis des tuiles brisées (*bombas, imbrices, testas*). Il remporta dix-huit cents couronnes. En reconnaissance de ce témoignage de bon goût, Néron rendit la Grèce à la liberté, et raya son nom de la liste des provinces romaines. »

La reconnaissance des Grecs pour un empereur si sévèrement traité par l'histoire ne s'éteignit point avec sa vie ; nous en trouvons dans Plutarque un curieux témoignage. Dans son traité *Des délais de la justice divine*, Plutarque nous représente ainsi Néron aux enfers : « Au moment où on allait faire entrer son âme dans une vipère, une voix sortie d'une lumière l'empêcha par ces mots : Donnez-lui une transformation plus douce ; faites-en un oiseau aquatique, qui chante le long des marais et des lacs. Il a déjà subi la peine de ses crimes, et les dieux lui doivent aussi quelques faveurs pour la liberté rendue à la nation grecque, la meilleure et la plus chère aux dieux, parmi toutes celles qui lui étaient soumises. »

lic. Chanteur, tragédien, musicien, le maître du monde se donne en spectacle au peuple et aux soldats. Il épouse à la face de Rome des affranchis et des eunuques. Ce n'est plus César : c'est Apollon. La démence de Caïus est dépassée !

En ce temps vivait et se multipliait dans l'Italie la secte mystérieuse des adorateurs de Christ. L'incendie de Rome (64) attire sur cette pauvre société de juifs, d'artisans et d'esclaves, la fureur et les vengeances de Néron. Mais ce ne sont pas de tels supplices qui peuvent remplir le trésor épuisé. Le persécuteur des chrétiens dépouille les temples des dieux. La loi de majesté prête secours au fisc impérial. L'Italie, les provinces sont mises au pillage; enfin les nobles conspirent, un peu tard, contre Néron. Mais le complot est découvert (65), et fournit le prétexte de nouveaux meurtres, de nouvelles confiscations. Lucain, Sénèque, s'ouvrent les veines; Calpurnius Pison, le chef nominal des conjurés, meurt à son tour. L'affranchie Épicharis et quelques officiers montrèrent seuls, jusqu'au bout, de la dignité et du courage. Les supplices se succèdent au milieu des fléaux qui désolent l'Empire, pendant que Lyon est la proie des flammes, qu'un ouragan fait en Campanie d'affreux ravages, et que la peste enlève à Rome trente mille habitants. Thraséas, le représentant du vieil esprit républicain, ne devait point échapper à la haine de Néron : pour n'avoir pas applaudi la *voix céleste* du prince, pour avoir ri de la divinité de Poppée, tuée d'un coup de pied dans le ventre par son brutal amant, Thraséas est condamné à mort par le sénat; son gendre Helvidius est banni de l'Italie; leurs accusateurs reçoivent chacun cinq millions de sesterces (66).

Vainqueur, à Rome, de la conspiration de Calpurnius Pison, l'empereur part pour la Grèce. Il médite je ne sais quels projets de conquêtes; mais les fêtes et les jeux lui font bientôt oublier la guerre. Partout couronné, pour le chant, pour la course, il proclame lui-même à Corinthe, dans les jeux Isthmiques, la liberté de l'Achaïe. Il entreprend de percer par un canal l'isthme de Corinthe, et commence les travaux avec six mille prisonniers juifs (67). La crainte d'un complot le rappelle à Rome. Il y rapporte ses dix-huit cents couronnes, et fait son entrée par une brèche sur un char traîné par des chevaux blancs (68). Mais l'heure du châtiment approche : Vindex, propréteur en Gaule, déclare publiquement la guerre à ce parricide, à ce *mauvais citharède* : Rome et le sénat se préparent à changer de maître.

LES LÉGIONS DISPOSENT DE L'EMPIRE ; MORT DE NÉRON (68). — Le génie de Rome s'était réfugié dans les armées. Les Germains respectaient la limite du Rhin. La Bretagne, soulevée par la reine Boadicée et baignée du sang de soixante-dix mille Romains, avait été domptée en 61 par Suétonius Paulinus. Corbulon avait maintenu les Parthes en Orient (60). Il reçut l'ordre de se tuer (67) : « Je l'ai mérité, » dit-il, et il obéit; mais les légions se lassèrent des caprices de Néron. Vindex offre l'empire au proconsul de la Tarraconnaise. Virginius, qui commandait sur le Rhin, marche contre Vindex. Les deux armées en viennent aux mains par une méprise. Vindex, désespéré, se tue. Les légions victorieuses brisent les effigies de Néron, et proclament Virginius. Le général refuse l'empire; il repousse également les prétentions du vieux Galba, nommé par Vindex. Mais le préfet du prétoire, Nymphidius, un courtisan de Néron, précipitait à Rome le dénoûment et la catastrophe. Il fait proclamer Galba par les prétoriens. Néron, trahi de toutes parts, prend la fuite : le sénat le déclare ennemi public, et ordonne de le poursuivre : on le trouva expirant, un glaive dans la gorge. « Quoi ! disait-il, il faut donc mourir.... un si grand artiste ! » Ses nourrices et sa maîtresse, l'affranchie Acté, prirent soin de l'ensevelir (11 juin 68). Le soir les citoyens couraient par la ville avec des bonnets d'affranchi, en signe de délivrance : avec Néron s'était éteinte la maison d'Auguste.

§ II. *Anarchie militaire; Galba; Othon; Vitellius.*

GALBA; SEPT MOIS DE RÈGNE. — « Désormais on pouvait faire un empereur ailleurs qu'à Rome. » Élu après coup par le sénat, Galba eut bientôt raison de l'ambition de Nymphidius : cet intrigant fut tué par les prétoriens au moment où il croyait toucher à l'empire. « Le sénat triomphait, dit Tacite; il s'était ressaisi sur-le-champ de sa liberté, plus entreprenant sous un prince nouveau et absent. » Son illusion devait être de courte durée. Livré à ses trois *pédagogues*, Lacon, Icélus et Vinius, dont l'avidité égalait les rapines de Caïus et de Néron, le vieux Galba irrita tout à la fois l'aristocratie, la soldatesque et le peuple. Son avarice supprimait les jeux et les largesses; sa sévérité refusait aux prétoriens le *donativum* et décimait la légion des marins de Néron. « Je choisis mes soldats, dit-il, et ne les achète point. » De telles paroles furent son arrêt de mort. Les légions de la haute Germanie, victorieuses de Vindex et jalouses des *Galbiens*, demandèrent un autre empereur. Comme pour les braver, Galba désigna Licinianus Pison, un homme de noblesse et de mœurs antiques; il exclut de son héritage l'ami des soldats, Marcus Fulvius Othon, qui revenait de son gouvernement de Lusitanie et qui avait dans les cohortes un parti nombreux. Quatre jours après la nomination de son successeur, Galba fut massacré sur le Champ de Mars; Pison, arraché du temple de Vesta, paya de sa tête sa réputation d'austérité.

OTHON; BATAILLE DE BÉDRIAC (69). — « On eût cru voir un autre sénat, un autre peuple; tous couraient au camp; on voulait laisser derrière les plus proches, atteindre les plus avancés; on s'emportait contre Galba, on exaltait le choix de l'armée, on couvrait de baisers la main d'Othon, et moins le zèle était sincère, plus il avait d'exagération. » Le soir, après le massacre des amis de Galba, les sénateurs décernèrent à Othon la puissance tribunitienne et le nom d'Auguste. Maîtres de Rome, les prétoriens se choisirent eux-mêmes leurs chefs, nommèrent préfet de la ville Flavius Sabinus, et exigèrent la mort de Tigellinus; ils voulaient massacrer une partie du sénat, et le prince ne parvint pas sans peine à modérer leur fureur. Il avait besoin de se ménager l'appui de l'aristocratie romaine; car les légions et les provinces lui amenaient déjà un rival.

Le camp de la basse Germanie avait proclamé Vitellius, et le nouvel empereur était reconnu par le camp de la haute Germanie, par les habitants de Cologne, les Tréviriens, les Lingones, par les troupes de la Belgique, de la Gaule Lyonnaise, de la Rhœtie et de la Grande-Bretagne. Valens et Cécina, ses généraux, étaient entrés en Italie, l'un par les Alpes Cottiennes, l'autre par les Alpes Penines. Au mois de mars 69 Cécina était maître de tout le pays jusqu'au Padus.

Othon tenta d'abord les négociations; il échoua. Trois fois les Vitelliens furent battus dans la haute Italie. Mais au combat de Bedriacum, entre Vérone et Crémone, Cécina et Valens réparèrent leurs premiers échecs. Othon se tua le 15 avril, à Brixellum, pour terminer la guerre civile.

VITELLIUS; ORGIES DE L'EMPEREUR; INDISCIPLINE DES TROUPES; MISÈRE DE L'ITALIE. — Le suicide d'Othon délivrait l'Italie de la guerre civile; mais la guerre civile était-elle plus funeste au monde romain que la victoire et la domination de Vitellius? Le sénat, un moment effrayé, se rassura bientôt à la voix de Valens, et s'inclina devant le nouveau maître que la fortune lui envoyait tout enivré de l'odeur des cadavres de Bédriac. On l'a dit avec raison : « Avant la bataille on redoutait moins la basse sensualité de Vitellius que les passions insatiables d'Othon, son luxe, sa violence, son audace, tandis que Vitellius ne semblait nuisible qu'à lui-même par sa grossière intempérance. En effet, pendant que les légions marchaient et combattaient pour lui, il n'usait du principat que pour emplir son ventre, passait les jours à table à nourrir son embonpoint dans une inerte ivresse. Il attendait encore que le reste de ses troupes se rassemblât, quand il apprit son succès. Il se montra d'abord assez doux; on changea bientôt d'opinion. Vitellius s'avança, continuant ses festins : ce fut une dévastation d'un nouveau genre; les villes s'épuisaient pour y fournir, sans compter tout ce qu'il fallait lui envoyer de Rome et d'Italie; les chemins ne retentissaient, entre les rivages de l'Adriatique et de l'Étrurie, que des chariots chargés de provisions.

bientôt, plus sûr de sa fortune, il devint superbe et cruel. Il voulut voir Bédriac, entendre raconter par Valens et Cécina, sur le lieu même, les circonstances du combat, et, à l'horrible vue de tant de milliers de cadavres qui pourrissaient depuis quarante jours, il osa dire « qu'un ennemi mort sentait très-bon, encore mieux un citoyen ». A Rome son premier soin fut de faire des sacrifices aux mânes de Néron ; dans un repas solennel il demanda quelque chant de Néron, et il applaudit. L'Empire, à la fois en proie à l'insolente et avide rivalité de deux ministres, à la faveur nouvelle des histrions et des cochers, n'eût pas même pu suffire à l'effroyable gloutonnerie du prince, à ses trois ou quatre repas par jour, que, pour ne pas perdre, il avait l'habitude de se faire vomir dans l'intervalle, et dont chacun coûtait des sommes énormes... Il dépensa pour sa table, en quelques mois, neuf cents millions de sesterces (plus de deux cents millions de francs). Un seul homme faisait ainsi à la lettre une véritable curée de l'Empire. » (Dumont, t. III, p. 134.)

L'aristocratie, qui s'était résignée si facilement à reconnaître l'autorité de Vitellius, n'avait rien gagné à s'humilier devant cet ignoble empereur. L'héritier de Néron poursuivit la guerre contre les nobles ; il n'épargnait pas même ses anciens compagnons de débauche. Les financiers et les publicains n'obtinrent pas de grâce. La spoliation et le meurtre devaient fournir aux frais toujours croissants de la cour.

Aux violences de l'empereur et de ses ministres se joignait, pour comble de misère, l'indiscipline des troupes. Les soldats d'Othon et les légions de Vitellius, les prétoriens et les auxiliaires avaient fait de l'Italie le théâtre désolé de leurs rivalités et de leurs querelles. Vainement Vitellius licenciait les Gaulois, renvoyait en Germanie, en Espagne, en Bretagne, des corps romains ou étrangers ; vainement il prodiguait les congés : soixante mille hommes, suivis des *lixæ* et des *calones*, livraient encore au pillage les villes et les campagnes sans défense. L'Italie était en proie à la soldatesque : elle ne connut jamais de plus effroyable anarchie. Un jour, à quelques lieues de Rome, on faisait aux légions une distribution de viande : le peuple était accouru au-devant de l'armée ; des plaisants mal inspirés s'amusèrent à dérober les baudriers de quelques soldats : les troupes se jetèrent sur la multitude, et le sang coula. On vit à Rome bien d'autres massacres. Les Vitelliens, campés près du Vatican et sur les bords du Tibre, se répandaient dans la ville, et la troublaient chaque jour par leurs débauches et par leurs fureurs. L'empereur, au milieu de cette anarchie, essaya de réorganiser le corps des prétoriens : il ne réussit point à rétablir l'ordre. Avait-il la force, ou seulement la volonté, de résister aux troupes qui lui avaient livré l'Italie pour en partager les dépouilles ? Il fut contraint de payer le *donativum*, et dut y pourvoir par une taxe spéciale sur les affranchis des princes. Quelques années d'un pareil gouvernement auraient pour toujours ruiné l'Italie ; mais une crise aussi désastreuse ne pouvait se prolonger. Après Néron sont venus Galba, Othon, Vitellius : voici Vespasien, qui arrive de l'Orient : cinq empereurs, en moins de deux années ! « Un clou chasse l'autre » (1). Que le monde romain ne se plaigne pas de la rapidité de ces révolutions : au bout de tant de vicissitudes, il va trouver pour un temps un peu de repos. L'Italie pourra respirer sous Vespasien.

SOULÈVEMENT DE L'ORIENT ; ANTONIUS PRIMUS EN ITALIE ; PRISE DE ROME. — Une devineresse germaine avait prédit à Vitellius que s'il survivait à sa mère il resterait longtemps maître assuré de l'empire. Vitellius, plein de foi dans cet horoscope, y répondit par un parricide ; sa mémoire est du moins chargée de ce crime. S'il fut coupable, il dut se repentir d'un forfait inutile. Les prédictions qui annonçaient sa chute, et dont l'audace excitait contre les astrologues son aveugle ressentiment, ne tardèrent pas à s'accomplir, trop lentement encore au gré de l'Italie.

Après la bataille de Bédriac, l'Orient avait reconnu Vitellius. Mais les courriers apportèrent bientôt d'autres nouvelles. Vespasien, le vainqueur des Juifs, s'était rapproché de Mucien, gouver-

(1) Plut., *Galba*, 3.

neur de Syrie. Vitellius était à peine établi dans Rome, que le préfet d'Égypte, Alexandre, proclamait Vespasien dans Alexandrie. Les légions de Judée suivirent ce mouvement; Antioche salua le nouvel empereur. En quelques jours tout l'Orient fut soulevé. Il fut décidé que Vespasien irait en Égypte, que son fils Titus continuerait le siège de Jérusalem, et que Mucien marcherait contre Vitellius.

Déjà le tribun Primus Antonius entraînait en Italie les légions de Pannonie, de Mésie, d'Illyrie et de Dalmatie, naguère dévouées au parti d'Othon. L'agitation se répandait en Gaule, en Espagne, en Bretagne même : Vitellius pourtant ne se réveilla point de ses orgies. Antonius arriva presque sans obstacle jusqu'à Crémone, et mit la ville à feu et à sang. Valens partit pour la Gaule : il y fut pris et exécuté. La trahison était par tout dans les légions vitelliennes. A Narnie l'empereur perdit sa dernière armée.

Il voulut négocier avec Sabinus, frère de Vespasien; mais la plèbe de Rome et les cohortes germaines s'étaient éprises d'un fol amour pour Vitellius. Elles assiégèrent le Capitole, et massacrèrent Sabinus. Ces stupides violences attirèrent les représailles d'Antonius. Il accourut d'Ocriculum. Un combat meurtrier s'engagea dans le Champ de Mars; les Vitelliens se défendirent avec acharnement; vaincus, ils se retirèrent dans la ville, et continuèrent la lutte sous les yeux de la populace, qui mêlait au bruit des armes le bruit de ses acclamations et de ses applaudissements. Ce sanglant spectacle se termina par la victoire d'Antonius, et Vitellius fut traîné aux gémonies. Domitien, fils de Vespasien, prit possession du palais en qualité de césar. Le pillage et le massacre des riches furent pour les anciens partisans d'Othon le prix du combat qui livrait le monde à Vespasien.

XVII.

FAMILLE FLAVIENNE.

§ I. *Vespasien et Titus.*

DÉSORDRES A ROME APRÈS LA MORT DE VITELLIUS; HELVIDIUS PRISCUS MUCIEN; SA CONDUITE A ROME. — La mort de Vitellius avait plutôt fin la guerre que ramené la paix (1). « Le vainqueurs en armes, dit Crévier, qu reproduit le récit de Tacite, couraien par toute la ville, poursuivant les vair cus avec une haine implacable. En que que lieu qu'ils les rencontrassent, il les massacraient impitoyablement. Ain les rues étaient pleines de carnage : le places publiques et les temples regor geaient de sang. Bientôt la licence s'ac crut, on se mit à visiter l'intérieur de maisons pour chercher ceux qui s'y ca chaient; et malheur à quiconque s trouvait être grand de taille et dans l force de l'âge : il passait pour solda germanique, et était sur-le-champ mi à mort. Jusque-là c'était cruauté; l'a vidité du pillage s'y joignit. On péné trait dans les réduits les plus sombre et les plus secrets, sous prétexte que de partisans de Vitellius s'y tenaient ca chés. On enfonçait les portes des ma sons, et si l'on trouvait de la résistanc le soldat s'en faisait raison avec l'épée la plus vile populace prenait part a butin; les esclaves trahissaient leur maîtres riches; les amis décelaient leur amis; partout on n'entendait que cris d guerre d'une part, plaintes et lamenta tions de l'autre, et Rome se trouvai dans la situation d'une ville prise d'as saut : en sorte que la violence des sol dats d'Othon et de ceux de Vitellius autrefois détestée, était devenue un ob jet de regrets. Les chefs de l'armée vic torieuse n'autorisaient point ces hor ribles désordres; mais, au lieu qu'il avaient eu toute la vivacité et tout le fet nécessaires pour animer la guerre ci vile, ils étaient incapables d'arrêter l licence de la victoire... Domitien étai sorti de son asile lorsqu'il n'y eut plu de danger, et avait été proclamé césar

(1) Interfecto Vitellio, bellum magis de
·····t quam pax ceperat. (*Tacite.*)

mais un jeune prince de dix-huit ans n'était guère en état de se faire respecter, ni même de s'appliquer aux affaires. Les voluptés et la débauche faisaient toute son occupation : c'était là, selon lui, le privilége du fils de l'empereur. Le soldat ne fut donc point réprimé par l'autorité, mais s'arrêta par satiété, par honte, lorsque sa fougue fut passée et eut fait place à des sentiments plus doux. »

Presque toutes les provinces de l'Italie avaient été troublées par la guerre qui venait de se terminer au profit de Vespasien. La Campanie surtout avait été le théâtre de graves désordres. Capoue s'était signalée par son attachement à Vitellius. On y envoya en quartier d'hiver la troisième légion, et Lucilius Bassus reçut l'ordre de parcourir toute la province avec un corps de cavalerie.

A Rome le sénat s'empressa de décerner à Vespasien tous les titres et tous les honneurs qui appartiennent à la souveraine puissance. On le nomma consul avec Titus pour l'année suivante, et la préture fut destinée à Domitien. Le peuple assemblé ratifia par ses suffrages toutes les décisions du sénat. Mucien ne fut point oublié : on lui accorda les ornements du triomphe pour le récompenser des succès qu'il avait obtenus en Mésie contre les Daces et les Sarmates. Antonius Primus obtint les ornements consulaires et Arrius Varus ceux de la préture. Ces deux derniers et Domitien représentaient alors Vespasien dans la capitale de l'Empire ; mais ils n'avaient point assez d'autorité pour rétablir entièrement le calme dans une ville qui échappait à peine aux plus terribles agitations.

Vitellius n'était plus, il est vrai, et nul, après les événements qui venaient de s'accomplir à Rome, n'osait disputer le souverain pouvoir à Vespasien ; mais quelques sectaires orgueilleux, rassurés par l'éloignement de l'empereur, commençaient à troubler l'État. C'était cette classe de philosophes qui dut moins sa célébrité à ses propres mérites et aux services qu'elle rendit à l'humanité qu'aux vives sympathies et aux éloges de Tacite. Ces hommes oubliaient le présent pour vivre dans le passé : ils ne voulaient point reconnaître les progrès qui s'étaient faits, en toutes choses, depuis César ; ils aspiraient au rétablissement de cette république aristocratique qui avait coûté tant de larmes et de sang à l'ancien monde, et dont Caton et Brutus avaient été les plus illustres représentants. Parmi eux, au temps de Vespasien, se distingua Helvidius Priscus. Il cherchait à se conformer en tout aux préceptes de la philosophie stoïcienne, et il voulait briller par la vertu. Il se croyait sans doute forcé d'aimer le gouvernement pour lequel s'étaient sacrifiés les héros d'Utique et de Philippes. Mais, s'il n'y avait rien à reprendre dans les mœurs des véritables stoïciens, on pouvait leur reprocher souvent la vanité. Tacite avoue qu'Helvidius Priscus fut accusé de s'être laissé séduire, dans sa conduite, par l'appât de la renommée (1).

Quand on parla dans le sénat de rebâtir le Capitole, Helvidius Priscus, en approuvant le projet, demanda que l'entreprise fût faite par la république et non par l'empereur ; et il opina de même quand on proposa de régler et de modérer les dépenses du trésor public. Ce soin appartenait, suivant lui, non pas à Vespasien, mais aux sénateurs. C'était, comme on le voit, subordonner le chef de l'Empire à ce sénat qui avait reçu tant de souillures depuis Tibère jusqu'à Vitellius. Puis Helvidius Priscus se mit à attaquer, dans ses discours, ses ennemis et ceux qui s'étaient signalés par des crimes sous les derniers empereurs. Il poursuivit d'abord Éprius Marcellus, accusateur de Thraséas. De là une querelle très-vive, qui amena d'autres querelles. Musonius Rufus, à son tour, attaqua P. Celer ; et peu de temps après Montanus lança contre Aquilius Régulus, que Pline appelle le plus infâme des hommes, une furieuse invective. De violents désordres allaient renaître dans la ville, où tout retentissait de reproches, d'accusations, de menaces et de cris de vengeance, lorsque parut Mucien. Celui-ci ne tarda pas à s'emparer de l'autorité que n'avaient pas su exercer Domitien, Arrius Varus et Antonius Primus.

Il montra, dès le début, une grande

(1) Erant quibus appetentior famæ videretur.

fermeté, et ne recula pas même devant le meurtre pour rétablir le calme dans la capitale de l'Empire. C'est ainsi qu'il fit tuer un homme illustre par sa naissance, Calpurnius Galerianus. On ne pouvait lui reprocher que d'être fils de C. Pison et d'avoir eu des amis assez imprudents pour l'exciter à s'emparer de la souveraine puissance. Ce meurtre devait être suivi de celui d'un autre Pison, proconsul d'Afrique, qu'on accusait, à tort peut-être, d'avoir voulu se rendre indépendant dans sa province. Ensuite Mucien mit un terme aux violentes discussions des sénateurs, qui avaient déjà produit dans Rome une si vive agitation, et il arrêta dans leur ardeur Helvidius Priscus et ses imitateurs, qui n'avaient obtenu jusque-là, par leurs discours, d'autre résultat que de raviver les anciennes haines et de perpétuer le désordre. Un peu plus tard (70), Vespasien envoya d'Alexandrie à Rome un décret par lequel il abolissait toutes les actions intentées depuis Néron pour le crime de lèse-majesté. La loi elle-même qui autorisait les poursuites fut abrogée. Vespasien compléta cet édit par la réhabilitation de tous ceux qui avaient été condamnés à mort pour offense à l'empereur, et en remettant à ceux qui vivaient encore toutes les peines qui avaient été prononcées contre eux. Le sénat était irrité; afin de diminuer son mécontentement et d'arrêter ses plaintes, Mucien lui fit alors une légère concession : il le laissa user de son autorité pour venger, suivant l'ancien usage, un de ses membres qui se plaignait d'avoir été outragé par les habitants de Sienne. Les coupables furent punis. Ce fut vers le même temps que le lieutenant de Vespasien réorganisa, non sans peine, la garde prétorienne. Il ne pouvait repousser les demandes de ceux qui avaient servi jadis dans ce corps d'élite, parce qu'ils étaient trop nombreux et trop menaçants, et d'autre part il était forcé d'enrôler parmi les prétoriens les meilleurs soldats de ses légions victorieuses. Dans la crainte d'une insurrection, il les accepta les uns et les autres ; seulement, quand tout fut rentré dans le calme, il licencia un à un tous ceux dont il se défiait, se préservant par cette sage mesure, ainsi que le remarque Tacite, d'une multitude qui pouvait trouver dans l'union une force invincible.

Au commencement de l'année 70, on avait tiré du sénat, par la voie du sort, une commission qui était chargée de plusieurs soins importants : il s'agissait de faire restituer aux propriétaires ce qui leur avait été injustement enlevé pendant les guerres civiles ; de faire graver les lois sur de nouvelles tables de bronze, afin de remplacer les monuments qui avaient péri dans l'incendie du Capitole ; de diminuer le nombre des fêtes qu'avait singulièrement accru, depuis Tibère, la plus basse adulation ; enfin de chercher les moyens de diminuer les dépenses de l'État. Quel fut le résultat des travaux de cette commission ? Nous ne le savons pour un point ; on lit dans Suétone que Vespasien recueillit trois mille anciens monuments, lois, sénatus-consultes et traités avec les rois et les peuples. Il les fit graver sur des tables de bronze qui devaient être placées dans le nouveau Capitole.

VESPASIEN A ALEXANDRIE ; ON RELÈVE A ROME LE CAPITOLE INCENDIÉ. — Vespasien restait à Alexandrie. Il attendait, suivant les uns, les vents favorables qui devaient le transporter en Italie ; suivant d'autres, il ne voulait rentrer dans Rome qu'avec Titus, après la prise de Jérusalem.

Les Alexandrins aimaient chez les empereurs le faste et les largesses : Vespasien les choqua par sa simplicité, et plus encore en levant sur eux de lourds impôts. Un soulèvement eût éclaté peut-être dans la turbulente cité d'Alexandrie, et compromis la fortune du nouvel empereur. La superstition populaire le sauva. On crut que les dieux, favorisant ses desseins, lui avaient accordé le don des miracles.

Ce fut pendant son absence qu'on célébra à Rome, en grande pompe, la restauration du Capitole. En l'absence des deux consuls (Vespasien, Titus) et de Domitien, ce fut Helvidius Priscus, qui se trouvait alors à la tête du collège des préteurs, qui présida à cette imposante solennité.

CIVILIS SOULÈVE LES BATAVES, LES GAULOIS ET LES GERMAINS ; LUTTE DE CES PEUPLES AVEC L'EMPIRE ; CÉRÉALIS TERMINE LA GUERRE. —

Une guerre terrible venait de commencer dans les Gaules. Un chef illustre parmi les Bataves, Civilis, avait résolu de soulever tout ensemble contre l'Empire les guerriers de sa nation, les Gaulois et les Germains. Il obéissait moins peut-être à l'ambition qu'au désir de tirer vengeance de tous les excès commis dans son pays par les Romains. Dès le règne de Néron il avait nourri des projets de révolte : il ne les manifesta qu'au moment où la guerre commença entre Vespasien et Vitelius (69). Il se déclara alors pour le premier, afin d'avoir une occasion de frapper les Romains. Il pouvait le faire sans trop risquer, puisque les légions qui se trouvaient exposées à ses attaques étaient *vitelliennes*. Après la bataille de Crémone il cessa de feindre, et rompit ouvertement non-seulement avec Vespasien, mais encore avec l'Empire. Les troubles de Rome et de l'Italie favorisèrent ses desseins. L'insurrection s'étendit peu à peu dans la Gaule. Les Druides chez les Gaulois, comme la prophétesse Velléda auprès de Civilis, poussaient les masses par des prédictions, avidement acceptées, à la révolte et à la guerre. Classicus et Tutor de Trèves, et Sabinus du pays des Lingons, ne tardèrent pas à seconder le mouvement des Bataves et à proclamer l'indépendance de la Gaule (70).

Sur ces entrefaites les légions romaines, qui n'espéraient plus de secours de l'Italie, parce qu'elles avaient tenu le parti de Vitellius, s'insurgèrent et tuèrent leur chef Hordéonius. Son lieutenant Vocula eut bientôt le même sort. Les soldats auraient prêté volontiers un nouveau serment ; mais ils pensaient que Vespasien éprouverait bientôt le sort de Galba, d'Othon et de Vitellius, qui n'avaient fait, pour ainsi dire, qu'apparaître sur le trône impérial. Perdant courage et ne sachant à quoi se résoudre, ils se donnèrent enfin à l'insurrection, et passèrent, avec leurs armes et leurs enseignes, dans les rangs des Gaulois. Cette désertion accrut encore l'ardeur des ennemis de Rome. Toutes les peuplades qui habitaient au delà du Rhin s'agitaient et menaçaient d'une ruine complète les colonies du Nord, qui semblaient avoir reçu pour mission de répandre la civilisation romaine dans les contrées qui les avoisinaient. Cologne n'échappa qu'avec peine à la fureur des barbares.

Mais bientôt les insurgés subirent de graves échecs. Julius Sabinus, qui avait pris le titre de césar, essaya en vain de gagner les Séquanes, et fut battu par eux. Il se sauva, mit le feu à sa villa, et arrêta ainsi les poursuites de ses ennemis, qui crurent qu'il avait péri dans les flammes. D'autre part, dans une assemblée générale de la confédération gauloise, on refusa de suivre les conseils d'un jeune homme, Valentinus de Trèves, qui poussait à la guerre. Une chose surtout devait rendre nuls tous les efforts de cette confédération, c'est qu'il n'y avait point d'accord entre les Gaulois des diverses provinces, et qu'il n'était pas une cité qui ne prétendît au souverain commandement.

Bientôt les légions envoyées d'Italie par Mucien passèrent les Alpes, et vinrent encore aggraver la position des insurgés. Sans attendre Domitien, qui devait paraître dans cette guerre difficile, Petilius Céréalis mit en mouvement les troupes romaines. La fortune favorisa bientôt les Romains. Tutor fut battu, et cet échec suffit pour ramener au devoir les deux légions qui avaient prêté aide et appui à l'insurrection. Elles abandonnèrent Trèves, et se retirèrent dans le pays des Médiomatrices. Peu après parut Céréalis : il enleva à l'ennemi les fortes positions qu'il occupait sur la Moselle, et s'empara de Valentinus de Trèves. Ce fut alors qu'arrivèrent, en proie à la honte et à un profond sentiment de tristesse, les transfuges romains. Céréalis, qui avait besoin de leurs services, et qui dorénavant pouvait compter sur leur fidélité, n'hésita pas à leur pardonner.

Le général romain se tenait dans les environs de Trèves, lorsqu'il eut à repousser les premières attaques de Civilis et de Classicus. Ils se jetèrent à l'improviste sur son camp, et le forcèrent. Ce ne fut pas sans peine que Céréalis parvint à rentrer dans ses retranchements. Les échecs ne décourageaient pas Civilis. Il avait appelé à son aide des bandes nombreuses de Germains, et on le vit bientôt prendre position à Vetera avec une nombreuse armée. Les Romains lui livrèrent en cet endroit une bataille terrible, qui dura deux jours. Civilis, vaincu, se retira dans l'île des Bataves. Toutefois il ne posa pas encore les armes : il harcelait sans cesse Céréalis, et plus d'une fois, profitant des imprudences de ce général, il mit en péril son armée : il surprit sa flottille sur le Rhin, et, dans une autre occasion, il faillit se rendre maître de sa personne. A la fin, pourtant, Civilis fut vaincu dans un combat naval, à l'embouchure de la Meuse. Il songea alors à traiter : les Bataves et les Germains se lassaient, et l'auraient trahi peut-être; il négocia donc quand il pouvait le faire encore avec avantage. Céréalis accepta ses conditions : il fut décidé que les Bataves seraient alliés et non sujets de Rome; qu'ils ne payeraient point de tribut : ils s'engageaient seulement à fournir des soldats à l'Empire.

GUERRE CONTRE LES JUIFS; PRISE DE JÉRUSALEM. — Ce fut aussi en l'année 70 que Titus s'empara de Jérusalem et termina la guerre contre les Juifs. Eux aussi s'étaient insurgés et ne voulaient plus de la domination romaine. « Leur mécontentement datait du gouvernement de Pontius Pilatus, homme injuste et hautain; après avoir obtenu par leurs plaintes sa révocation, ils s'étaient soulevés à la fin. D'ailleurs c'était une ancienne et constante opinion répandue dans tout l'Orient, que les destins feraient sortir de la Judée en ce temps même les maîtres du monde; et selon les Juifs les antiques écrits de leurs pontifes contenaient cette prédiction. L'Empire et l'univers fourmillaient de Juifs, et malgré le mépris qu'on jetait partout sur cette nation, on commençait à la regarder avec étonnement; les érudits contemporains, fort peu instruits de son origine, parlaient confusément de son séjour en Égypte et de sa sortie; de Joseph, et de sa grandeur extraordinaire; de Moïse, suivi comme un guide céleste; de la source qui coula d'un rocher dans le désert ; de la mer morte, et de ce lieu à jamais frappé de désolation par la foudre. Ils expliquaient à leur manière les rites judaïques, l'immolation de l'agneau, le pain sans levain, le repos du septième jour et l'année sabbatique. Ils remarquaient même, sans y rien comprendre, deux croyances des Juifs : l'immortalité des âmes et l'unité de Dieu. Ce qu'ils ignoraient, et ce que les Juifs ne pouvaient se dissimuler, c'est que les temps prescrits par leurs prophètes pour la venue du Messie étaient passés; ils en espéraient non-seulement leur affranchissement, mais la puissance et la gloire, et quand ils s'entendaient reprocher par les chrétiens que le Sauveur était venu, que son peuple l'avait méconnu et crucifié, et qu'en souffrant une mort si humiliante il avait accompli son premier avénement sur la terre, ils n'en étaient que plus furieux. En désespoir d'attente, ils s'obstinaient à reprendre leur indépendance nationale, pour réaliser forcément les destinées qu'ils prétendaient. Ils couraient au premier imposteur qui leur promettait le succès, et, saisis de vertige, ils se divisaient en factions, sans voir qu'ils s'entre-détruisaient au lieu de se délivrer. Leurs querelles intestines s'étaient accrues pendant la diversion que leur apportaient les troubles de l'Empire et l'éloignement de Vespasien. Quand Titus, revenu d'Égypte, où il avait accompagné son père, ramena son armée devant Jérusalem, le dernier, mais le plus fort retranchement de la révolte, le temps de la Pâque y avait réuni une multitude de Juifs de diverses contrées, ce qui rendit la défense plus formidable et plus désastreuse. Jusqu'au dernier jour la résistance et la dissension durèrent avec le même acharnement. La guerre avait cessé partout ailleurs, comme pour tourner les regards de toute la terre sur la catastrophe la plus effroyable qu'on ait jamais vue. Cette ruine arriva avec toutes les circonstances consignées longtemps d'avance dans les livres sacrés des Juifs. Tacite a mentionné les prodiges qui l'accompagnèrent. Titus y reconnut une vengeance céleste dont il n'était que l'instrument. Plus de trois cent mille Juifs avaient péri dans les hostilités précédentes : onze cent mille périrent à ce siège par le fer ou la famine; cent mille furent vendus comme esclaves; la charrue passa sur l'emplacement du temple, et il ne resta plus de Jérusalem que des décombres. Les omains après l'événement ne doutent point que les prédictions hébraïes ne désignassent Vespasien, proamé empereur en Judée ; et le Juif Jophe eut la lâcheté de faire le même onneur au destructeur de sa patrie, our payer en flatterie la faveur dont il uissait auprès de Titus. » (Dumont, *istoire romaine*.)

ARRIVÉE DE VESPASIEN A ROME ; EST ACCUEILLI AVEC UNE JOIE INCÈRE PAR LES POPULATIONS DE 'ITALIE; SES PREMIERS ACTES ; RÉORMES DANS L'ÉTAT. — Vespasien artit d'Alexandrie sans attendre la fin u siége de Jérusalem. Avant de paraîre en Italie il voulut parcourir quelques-nes des provinces de l'Empire. Il visita hodes, l'Asie mineure, la Grèce ; enn il s'embarqua à Corcyre, d'où il ariva, après une heureuse traversée, dans e port de Brindes. Il y avait alors dans ette dernière ville un concours immense le personnes de toute condition, de tout exe, de tout âge. Mucien s'y était endu avec les principaux sénateurs. Vespasien fut accueilli avec des transports de joie qui éclatèrent sur toute la oute depuis Brindes jusqu'à Rome. Partout l'empereur séduisit les populations par sa simplicité et sa douceur. Un seul homme fut traité à Bénévent avec quelque sévérité ; ce fut Domitien, son fils, dont il connaissait et blâmait les mauvais penchants et la conduite.

Vespasien, après les fêtes, était à peine rentré dans son palais, qu'il se livra avec ardeur à toutes les réformes qui pouvaient ramener la paix, le bon ordre et la prospérité dans l'Empire. D'abord il s'appliqua à réprimer la licence des gens de guerre. Il y avait encore parmi les soldats un grand nombre de partisans de Vitellius ; il licencia les plus turbulents. Quant aux légionnaires qui s'étaient battus pour lui et lui avaient assuré la possession de l'empire, il sut les ramener à une exacte discipline, et il diminua leurs exigences en leur faisant attendre les récompenses qu'on leur avait promises.

Il essaya aussi de rendre au sénat et à l'ordre des chevaliers leur ancien lustre. Il eut recours à une rigoureuse épuration, et dégrada tous ceux qui s'étaient rendus coupables d'une action honteuse.

Il les remplaça par les hommes les plus vertueux de l'Italie et des provinces. Il n'avait trouvé que deux cents familles sénatoriales ; il en augmenta le nombre jusqu'à mille. Il fit aussi de nouveaux patriciens. On comptait parmi eux Agricola, le père de Trajan, Arrius Antoninus, aïeul de l'empereur Antonin, et Annius Vérus, l'aïeul de Marc-Aurèle. Ces quatre noms, les seuls qui nous soient connus, prouvent que Vespasien savait choisir avec discernement. Cette création de patriciens est la dernière dont l'histoire fasse mention. L'empereur, cependant, ne songeait point à relever l'aristocratie oppressive des anciens temps : nul, suivant lui, ne devait sortir du droit commun et se soustraire à la loi. Dans une contestation entre un sénateur et un chevalier, il dit : « Il n'est pas permis d'attaquer un sénateur par des propos injurieux, mais le droit naturel et les lois autorisent à lui rendre injure pour injure. »

Les troubles civils avaient interrompu le cours de la justice. Vespasien nomma une commission spéciale qui eut charge d'examiner tous les procès et de terminer chacun d'eux par une sentence. Pendant tout son règne, d'ailleurs, il tint la main à l'exacte administration de la justice. Il réforma le luxe plutôt par son exemple que par ses édits. En ce qui touche certains désordres tolérés sous ses prédécesseurs, il fit revivre le sénatus-consulte rendu sous Claude, qui condamnait à la servitude les femmes libres qui se livraient à des esclaves. Il remit aussi en vigueur les anciens règlements contre les usuriers.

PRINCIPAUX ÉVÉNEMENTS DU RÈGNE DE VESPASIEN DEPUIS L'ANNÉE 71 JUSQU'EN L'ANNÉE 75. — On avait essayé en vain de faire croire à Vespasien que Titus, son fils, cherchait à lui enlever la souveraine puissance. Celui-ci, en effet, avait été proclamé *imperator* par ses soldats, et, de plus, on l'avait vu se couvrir du diadème, en Égypte, dans la fête de consécration du bœuf Apis. Titus en arrivant à Rome n'eut pas de peine à délivrer son père de toute inquiétude. L'empereur, qui avait déjà choisi Nerva pour collègue dans le consulat (71), associa le vainqueur des Juifs à sa puissance tribunitienne, et partagea son triomphe pour la prise de Jérusalem. Il lui confia, en outre, le commandement des prétoriens, c'est-à-dire de sa garde particulière. Il faut dire ici que l'empereur, comptant sur l'affection publique, laissait les portes de son palais toujours ouvertes. Il comprenait qu'il n'avait pas besoin d'être gardé; dans cette même année on ferma pour la sixième fois, suivant Orose, le temple de Janus.

En 72, Césennius Pétus, gouverneur de Syrie, réduisit la Commagène en province romaine. Antiochus, qui jusque alors avait gouverné ce pays, fut le dernier roi de la race des Séleucides. Ce fut à la même époque que Vologèse, roi des Parthes, attaqué par les Alains, sollicita en vain le secours de l'Empire.

L'année suivante (73), sous le consulat de Domitien et de Valérius Messalinus, Vespasien priva la Grèce de la liberté et des priviléges qui lui avaient été concédés par Néron. Il fit en même temps de Rhodes, de Samos et des îles voisines une province particulière, sous le nom de *province des Cyclades*, qui avait Rhodes pour métropole. Il accordait alors à Alexandre, fils de Tigrane et gendre d'Antiochus de Commagène, un petit canton de la Cilicie avec le titre de roi; et il envoyait un consulaire, au lieu d'un chevalier, pour gouverner la Cappadoce.

Vespasien, ayant son fils Titus pour collègue dans le consulat (74), ordonna le dernier dénombrement des citoyens qui ait été fait, suivant le témoignage de Censorin.

Rien ne manquait alors au bonheur de Vespasien. Il avait su se concilier ses ennemis, et, ce qui est plus difficile encore, il avait pu résister aux prétentions exagérées de ses amis. On essayait en vain de le corrompre par la flatterie : il n'oubliait pas, quoiqu'on voulût le faire descendre des dieux, son origine, et il ne se relâchait pas de ses mœurs sévères et de son ancienne simplicité. Les supplices et le sang, même dans les combats de gladiateurs, lui étaient odieux. Il fallut pour exciter sa colère l'arrogance de ceux qu'on appelait les philosophes.

EXPULSION DES PHILOSOPHES; EXIL ET MORT D'HELVIDIUS PRISCUS. — Cette secte de stoïciens dont nous avons parlé n'avait profité de la sécurité qu[e] le gouvernement de Vespasien assurai[t] à tous les citoyens que pour jeter l[e] trouble dans les esprits par de foll[es] déclamations. Les philosophes ne ces[-] saient d'évoquer les souvenirs de la ré[-] publique aristocratique et d'attaque[r] l'établissement impérial. Que leur im[-] portait, après tout, le bonheur des pro[-] vinciaux et du peuple de Rome? Ils au[-] raient accepté la tyrannie la plus odieus[e] si elle avait été exercée par un Cato[n] d'Utique; mais ils ne pouvaient se ré[-] soudre à reconnaître l'équité d'un gou[-] vernement qui n'était pas organisé su[i-] vant les maximes du stoïcisme. La pa[-] tience de Vespasien ne servait qu'à a[c-] croître l'audace des philosophes. A l[a] fin, pourtant, on fut forcé de les chasse[r] de Rome. Démétrius, l'un d'eux, refus[a] d'obéir. Il se présenta devant l'empe[-] reur, afin de trouver l'occasion de n[e] point le saluer et de faire grand brui[t] par son insolence. Vespasien se con[-] tenta de dire : « Il mérite la mort; ma[is] je ne tue point un chien qui aboie. [»] Démétrius savait qu'on ne lui ôterai[t] pas la vie, et qu'il n'avait à redoute[r] qu'une parole de mépris. Voilà san[s] doute le secret de son courage. Un d[e] ces philosophes, Éras, fut traité ave[c] plus de rigueur : il rentra dans Rome, e[t] réussit à provoquer par les plus vio[-] lentes injures la colère de Vespasien[.] Il fut condamné au dernier supplice.

Helvidius Priscus eut le même sor[t.] C'était, comme nous l'avons dit, un e[s-] prit étroit, qui faisait consister la vert[u] dans la résistance au progrès. Lui aus[si] croyait qu'une insulte à la puissance i[m-] périale était un acte digne d'un philo[-] sophe. Il refusait de donner à Vespasie[n] la qualification de césar, et dans tous l[es] édits qu'il publia durant sa préture i[l] supprima le nom de l'empereur. So[n] opposition dans le sénat dépassait tout[e] mesure. Il pouvait assurément, par l[a] considération qui, à tort ou à raiso[n] s'attachait à sa personne, donner lieu [à] une sédition dangereuse. Vespasien excité peut-être par Mucien, perdi[t] patience. Il condamna Helvidius Priscu[s] à l'exil; puis il le fit tuer.

Ce fut en l'an 75 que Vespasien fit l[a] dédicace du temple de la Paix. Il y plaç[a] les vases d'or que Titus avait rapporté[s]

Jérusalem, et, en outre, il y rassembla les chefs-d'œuvre, dispersés jusque alors en divers endroits, des peintres et des sculpteurs les plus célèbres.

VESPASIEN EMBELLIT ROME PAR DE NOUVEAUX ÉDIFICES; IL ENCOURAGE LES LETTRES ET LES ARTS; VESPASIEN ACCUSÉ D'AVARICE. — Le temple de la Paix ne fut pas le seul édifice que Vespasien fit élever à Rome. Sans parler du Capitole, il ordonna de reconstruire les monuments publics, qui avaient disparu en grand nombre, soit dans l'incendie de Néron, soit pendant les troubles qui avaient marqué les règnes, si courts d'ailleurs, de Galba, d'Othon et de Vitellius. Il y avait dans l'intérieur de la ville de nombreux emplacements vides: Vespasien força les propriétaires de terrains à les couvrir de maisons. Il ne faut pas oublier que ce fut lui qui fit commencer le vaste amphithéâtre connu sous le nom de Colisée.

L'empereur employa pour ces divers travaux, ainsi que pour les encouragements qu'il prodiguait aux lettres et aux arts, des sommes énormes. Il choisit les meilleurs professeurs d'éloquence grecque et latine, et leur assigna sur le fisc un traitement annuel de cent mille sesterces. Il récompensa par de fortes gratifications les meilleurs poëtes de son temps. Les architectes, les musiciens eurent aussi part à ses largesses. Ce fut sans doute pour subvenir à ces grandes dépenses que Vespasien rétablit les impôts abolis sous Galba, frappa des taxes nouvelles, et rechercha l'argent, à Rome et dans les provinces, avec une sorte d'avidité. On l'accusa même d'avoir fait, quoique empereur, le négoce publiquement; d'avoir vendu des charges, et d'avoir partagé avec Cénis, sa maîtresse, les sommes qu'elle extorquait à de nombreux solliciteurs.

On raconte qu'un vieil esclave qui avait connu Vespasien à une époque où rien ne lui faisait présager sa haute fortune, lui demanda avec prières, lorsqu'il fut devenu empereur, d'être affranchi gratuitement. Vespasien refusa: « Je le vois bien, dit l'esclave; le renard change de poil, et non d'instinct. » Une autre fois les députés d'une ville vinrent lui annoncer que par délibération publique on avait décrété un million de sesterces pour lui élever une statue; l'empereur tendit la main: « Placez ici, dit-il, votre statue; la base est toute prête. » On sait ce qu'il répondit à Titus, qui le blâmait d'avoir établi un impôt sur les urines. Il prit l'argent qui provenait de cet impôt, et le portant au nez de son fils: « Il ne sent pas mauvais, et pourtant il vient de l'urine. »

On pourrait défendre Vespasien contre les accusations et les railleries de ses contemporains, en disant que s'il accorda quelques grâces aux coupables, il ne fit jamais condamner un innocent. Il ne confisqua pas même les biens de ceux qui s'étaient déclarés ses ennemis et qui avaient combattu contre lui. D'autre part, quand il voulut soulager les peuples il fallut bien remplir, par de nouveaux impôts, le trésor, qui avait été épuisé par les folles prodigalités de ses prédécesseurs. Nous connaissons enfin le noble emploi qu'il fit de l'argent qu'il demandait à Rome et aux provinces: nous avons déjà parlé des récompenses qu'il accorda à ceux qui s'étaient distingués dans les lettres et les arts; il n'oublia pas non plus ceux qui ayant brillé jadis dans la vie publique étaient tombés dans l'indigence: c'est ainsi qu'il assura à plusieurs consulaires une pension de cinq cent mille sesterces. Dans les provinces il vint en aide à toutes les villes qui avaient eu à supporter quelque désastre: il releva, notamment, dans l'île de Cypre, Salamine et Paphos, qui avaient été renversées par un tremblement de terre (76). Il ne recula pas devant les dépenses les plus considérables pour multiplier les routes dans l'Empire; et il mit à la charge du trésor, et non plus des pays que traversaient les grandes voies de communication, tous les travaux qu'il fit exécuter.

DERNIERS ÉVÉNEMENTS DU RÈGNE DE VESPASIEN; PESTE A ROME; MORT DE MUCIEN; ÉPONINE ET SABINUS; MORT DE VESPASIEN. — En l'an 77 il éclata à Rome, suivant les récits contemporains, une peste si violente qu'elle emportait par jour jusqu'à dix mille personnes. Vers le même temps mourut Mucien: Pline le cite parmi les auteurs estimables de son siècle.

Il n'est rien qui diminue autant la

gloire de Vespasien que la rigueur qu'il montra envers Éponine et le Séquanais Sabinus. Celui-ci, comme nous l'avons dit, avait mis le feu à sa maison et laissé croire qu'il s'était jeté dans les flammes. Il s'était caché dans une caverne, où le servit avec un courage et un dévoûment sans bornes sa femme Éponine. Deux enfants naquirent dans cette affreuse retraite. Lorsqu'au bout de neuf ans Sabinus fut arrêté et conduit à Rome, Éponine se jeta avec ses fils aux pieds de Vespasien, et lui dit : « César, j'ai mis au monde ces enfants, et je les ai allaités dans les ténèbres afin de pouvoir t'offrir un plus grand nombre de suppliants. » Vespasien fut ému ; mais il ne pardonna pas. Il envoya Éponine et Sabinus au dernier supplice.

En 79, Aliénus Cécina, qui avait tant contribué à l'élévation de Vespasien, et Éprius Marcellus conspirèrent contre l'empereur. Titus fit poignarder Cécina. Marcellus, condamné par le sénat, évita l'ignominie du supplice en se donnant la mort.

Vespasien atteignait sa soixante-dixième année lorsqu'il ressentit les premières atteintes du mal qui devait l'emporter. Quand il connut le danger, il dit avec ironie, faisant allusion à l'apothéose : « Je crois vraiment que je deviens Dieu. » Au moment même où il allait expirer il fit un effort pour se lever : « Il faut, murmura-t-il, qu'un empereur meure debout. »

TITUS EMPEREUR ; DEUX ANS DE RÈGNE. — Titus succéda à Vespasien, son père, en l'an 79. On assure que Domitien essaya de ravir à son frère la puissance impériale. Il voulut gagner les soldats en promettant de leur donner une gratification double de celle que Titus leur avait accordée. On ne prêta point l'oreille aux paroles de Domitien : tous les soldats aimaient le vainqueur des Juifs, et nul parmi eux n'eût consenti à le trahir pour un jeune homme qui ne s'était fait connaître jusque-là que par ses débauches. Titus traita Domitien en frère, et chercha à le gagner par sa douceur. Il le fit son collègue dans le consulat, et déclara qu'à défaut d'enfants mâles il le regardait comme son successeur. Il pardonna aussi à deux patriciens qui avaient conspiré contre lui. Il ne montra de colère, pendant son règne, que contre les délateurs.

Il recherchait sans cesse l'occasion de faire du bien. Comme on lui représentait qu'il promettait souvent plus, peut-être, qu'il ne pouvait tenir : « Un citoyen, dit-il, ne doit pas sortir mécontent de l'audience du prince. » Le mot qu'il prononça un jour qu'il n'avait accordé aucune grâce est resté célèbre : « Mes amis, dit-il à ceux qui soupaient avec lui, j'ai perdu une journée. » Sous Vespasien on avait blâmé dans Titus quelques actes de rigueur et le dérèglement des mœurs. Il ne chercha pas dans la souveraine puissance l'impunité de ses vices ou de ses défauts : il s'efforça de réformer sa conduite. Il alla jusqu'à rompre, pour la tranquillité de l'Empire, un lien qui lui était cher : il renvoya de Rome Bérénice, fille, sœur et femme de rois, qui s'était attachée à lui depuis la guerre de Judée. Il l'aimait, suivant la tradition, et il en était aimé.

On raconte que le dernier jour des fêtes magnifiques qu'il célébra en ouvrant au public l'immense Colisée, i versa des larmes abondantes. Cette tristesse, assura-t-on plus tard, était le présage de sa fin prochaine. En effet, peu de temps après il fut saisi de la fièvre en se rendant dans le pays des Sabins pour voir la petite et pauvre maison où il avait pris naissance. Dans le trajet si court de Rome à Réate le mal fit de grands progrès : Titus entr'ouvrit un moment sa litière, et regardant le ciel, il s'écria qu'il n'avait point mérité la mort ; il ajouta : « Je n'ai rien à me reprocher dans ma vie, si ce n'est une seule action. » On a cherché en vain à expliquer ces dernières paroles.

L'empereur expira, non loin de Réate, dans une maison de campagne que lui avait laissée Vespasien. On accusa Domitien d'avoir hâté sa mort (81).

PESTE ET INCENDIE A ROME ; ÉRUPTION DU VÉSUVE. — Les trois principaux événements du règne de Titus sont : une maladie contagieuse qui décima la population romaine ; un incendie qui enleva encore une fois à la capitale de l'Empire ses plus beaux monuments (80) ; enfin l'éruption du Vésuve. L'empereur vint en aide, au ant qu'il put, a ceux qui avaient souffert de ces terribles fléaux.

Nous ne parlerons ici, avec détail, que de l'éruption du Vésuve (79), qui répandit la désolation dans une des plus belles provinces de l'Italie. Pline le jeune écrivait à l'historien Tacite : « Vous me priez de vous apprendre au vrai comment mon oncle est mort, afin que vous puissiez en instruire la postérité..... Il était à Misène, où il commandait la flotte. Le 23 du mois d'août, environ une heure après midi, ma mère l'avertit qu'il paraissait un nuage d'une grandeur et d'une figure extraordinaires. Après avoir été quelque temps couché au soleil, selon sa coutume, et avoir pris un bain, il s'était jeté sur un lit où il étudiait. Il se leva, et monta en un lieu d'où l pouvait aisément observer ce prodige. Il était difficile de discerner de loin de quelle montagne ce nuage sortait. L'événement a découvert depuis que c'était du mont Vésuve. Sa forme approchait de celle d'un pin.... Peu à peu on le vit se dilater et se répandre. Il paraissait tantôt blanc, tantôt noirâtre, et tantôt de diverses couleurs, selon qu'il était plus chargé de cendre ou de terre. Ce prodige surprit mon oncle, qui était très-savant ; et il le crut digne d'être examiné de plus près. Il commanda d'appareiller un bâtiment léger, et me laissa la liberté de le suivre. Je lui répondis que j'aimais mieux étudier, et, par hasard, il m'avait lui-même donné quelque chose à écrire. Il sortait de chez lui, ses tablettes à la main, lorsque les troupes de la flotte, qui étaient à Rétines, effrayées par la grandeur du danger (car on ne pouvait se sauver de ce bourg que par la mer), vinrent le conjurer de vouloir bien les garantir d'un si affreux péril. Il ne changea pas de dessein, et poursuivit avec un courage héroïque ce qu'il n'avait d'abord entrepris que par simple curiosité. Il partit dans l'intention de voir quel secours on pouvait donner non-seulement à Rétines, mais à tous les autres bourgs de la côte, qui sont en grand nombre, à cause de sa beauté. Il se presse d'arriver au lieu d'où tout le monde fuit et où le péril paraissait plus grand, mais avec une telle liberté d'esprit qu'à mesure qu'il apercevait quelque mouvement ou quelque figure extraordinaire dans ce prodige, il faisait ses observations et les dictait. Déjà sur les vaisseaux volait la cendre plus épaisse et plus chaude à mesure qu'ils approchaient ; déjà tombaient autour d'eux des pierres calcinées et des cailloux noirs, brûlés, pulvérisés par la violence du feu ; déjà la mer semblait refluer et le rivage devenir inaccessible par les éboulements de la montagne ; lorsqu'après s'être arrêté quelques moments, incertain s'il retournerait, il dit à son pilote, qui lui conseillait de gagner la pleine mer : « La fortune favorise le courage. « Tourne du côté de Pomponianus. » Pomponianus était à Stabies. Là, à la vue du péril, qui était encore éloigné mais qui semblait s'approcher toujours, il avait placé tous ses bagages sur des vaisseaux, et n'attendait pour s'éloigner qu'un vent moins contraire. Mon oncle, à qui ce même vent avait été très-favorable, l'aborde, le trouve tout tremblant, l'embrasse, le rassure, l'encourage ; et pour dissiper par sa sécurité les craintes de son ami, il se fait mettre au bain. Après s'être baigné il se met à table, et soupe avec toute sa gaieté, ou, ce qui n'est pas moins grand, il se comporte avec toutes les apparences de la gaieté ; cependant on voyait luire, de plusieurs points du Vésuve, de grandes flammes et des embrasements dont les ténèbres augmentaient l'éclat. Mon oncle, pour rassurer ceux qui l'accompagnaient, leur dit que ce qu'ils voyaient brûler, c'étaient des villages que les habitants, alarmés, avaient abandonnés, et qui étaient demeurés sans secours. Ensuite il se coucha, et dormit d'un profond sommeil ; on entendait du seuil de sa chambre sa forte respiration. Mais enfin la cour par où l'on pouvait pénétrer jusqu'à lui commençait à être remplie d'une si grande quantité de cendres, que pour peu qu'il fût resté plus longtemps il ne lui aurait plus été possible de sortir. On l'éveille ; il sort et va rejoindre Pomponianus et tous les autres qui avaient veillé. Ils tiennent conseil, et délibèrent s'ils se renfermeront dans la maison, ou bien s'ils gagneront la campagne ; car les maisons étaient tellement ébranlées par les fréquents tremblements de terre, que l'on aurait dit qu'elles étaient arrachées de leurs fondements, et jetées tantôt d'un côté, tantôt de l'autre, et puis remises à leurs places. Hors des murs, la chute des pierres, bien qu'elles fussent légères et calcinées, était à craindre. On prit le parti de sortir. Tous ceux qui accompagnaient mon oncle se laissaient entraîner par la crainte : lui seul se laissait guider par la raison. Ils sortent donc, et se couvrent la tête d'oreillers qu'ils attachent avec des linges : ce fut toute la précaution qu'ils prirent contre les pierres qui tombaient. Le jour commençait ailleurs ; mais dans le lieu où ils étaient continuait une nuit, la plus sombre et la plus affreuse de toutes les nuits, et qui n'était un peu dissipée que par la lueur d'un grand nombre de flambeaux et d'autres lumières. On prit le parti de gagner le rivage et d'examiner de près ce que la mer permettait de tenter ; mais on la trouva encore fort grosse et fort agitée d'un vent contraire. Ce fut alors que mon oncle, ayant demandé de l'eau et bu deux fois, fit étendre un drap et se coucha. Ensuite, les flammes et l'odeur de soufre mirent tout le monde en fuite. Il se lève, appuyé sur deux esclaves, et au même instant il tombe mort. Je m'imagine qu'une vapeur trop épaisse le suffoqua, d'autant plus aisément qu'il avait souvent la respiration embarrassée. Lorsque l'on commença à revoir la lumière du soleil (ce qui n'arriva que trois jours après) on retrouva au même endroit son corps couvert de la robe qu'il portait quand il mourut, et dans la posture plutôt d'un homme qui repose que d'un homme qui est mort. Pendant ce temps ma mère et moi nous étions à Misène... »

Tacite demanda de nouveaux détails à Pline, qui lui répondit en ces termes :

« La lettre que je vous ai écrite sur la mort de mon oncle vous a, dites-vous, donné beaucoup d'envie de savoir quelles alarmes et quels dangers j'essuyai à Misène, où j'étais resté ; car c'est là que j'ai quitté mon histoire. Quand mon oncle fut parti, je continuai l'étude qui m'avait empêché de le suivre. Je pris le bain, je soupai, je me couchai, et dormis peu, et d'un sommeil fort interrompu. Pendant plusieurs jours un tremblement de terre s'était fait sentir, et nous avait d'autant moins étonnés, que les bourgades et même les villes de la Campanie y sont fort sujettes. Il redoubla pendant cette nuit avec tant de violence, qu'on eût dit que tout était, non pas agité, mais renversé. Ma mère entra brusquement dans ma chambre, et trouva que je me levais, dans le dessein de l'éveiller si elle eût été endormie. Nous nous asseyons dans la cour, qui ne sépare le bâtiment d'avec la mer que par un fort petit espace. Comme je n'avais que dix-huit ans, je ne sais si je dois appeler fermeté ou imprudence ce que je fis : je demandai Tite-Live ; je me mis à le lire, et je continuai à l'extraire, ainsi que j'aurais pu faire dans le plus grand calme. Un ami de mon oncle survint ; il était nouvellement arrivé d'Espagne pour le voir. Dès qu'il nous aperçoit, ma mère et moi, assis, et moi un livre à la main, il nous reproche, à elle sa tranquillité, à moi ma confiance. Je ne levai pas les yeux de dessus mon livre. Il était déjà sept heures du matin, et il ne paraissait encore qu'une lumière faible, comme une espèce de crépuscule. Alors les bâtiments furent ébranlés avec de si fortes secousses, qu'il n'y eut plus de sûreté à demeurer dans un lieu, à la vérité découvert, mais fort étroit ; nous prenons le parti de quitter la ville : le peuple, épouvanté, nous suit en foule, nous presse, nous pousse, et ce qui, dans la frayeur, tient lieu de prudence, chacun ne croit rien de plus sûr que ce qu'il voit faire aux autres. Après que nous fûmes sortis de la ville, nous nous arrêtons ; et là nouveaux prodiges, nouvelles frayeurs. Les voitures que nous avions emmenées avec nous étaient à tout moment si agitées, quoiqu'en pleine campagne, qu'on ne pouvait même, en les appuyant avec de grosses pierres, les arrêter en une place. La mer semblait se renverser sur elle-même, et être comme chassée du rivage par l'ébranlement de la terre. Le rivage en effet était devenu plus spacieux, et se trouvait rempli de différents poissons demeurés à sec sur le sable. Du côté opposé, un nuage noir et horrible, crevé par des feux qui s'élançaient en serpentant, s'ouvrait, et laissait échapper de longues flammes, semblables à des éclairs, mais qui étaient beaucoup plus grandes. Alors l'ami dont je viens de parler revint une seconde fois, et plus vivement à la charge. « Si « votre oncle est vivant, nous dit-il, « il souhaite sans doute que vous vous « sauviez ; et s'il est mort, il a souhaité « que vous lui surviviez. Qu'attendez-« vous donc? Pourquoi ne vous sauvez-« vous pas ? » Nous lui répondîmes que nous ne pouvions songer à notre sûreté pendant que nous étions incertains du sort de mon oncle. L'Espagnol part sans tarder davantage, et cherche son salut dans une fuite précipitée. Presque aussitôt la nue tombe à terre, et couvre les mers; elle dérobait à nos yeux l'île de Caprée, qu'elle enveloppait, et nous faisait perdre de vue le promontoire de Misène. Ma mère me conjure, me presse, m'ordonne de me sauver, de quelque manière que ce soit; elle me dit que cela est facile à mon âge; et que pour elle, chargée d'années et d'embonpoint, elle ne le pouvait faire; qu'elle mourrait contente si elle n'était point cause de ma mort. Je lui déclare qu'il n'y avait point de salut pour moi qu'avec elle; je lui prends la main, et je la force de m'accompagner; elle le fait avec peine, et se reproche de me retarder. La cendre commençait à tomber sur nous, quoiqu'en petite quantité. Je tourne la tête, et j'aperçois derrière nous une épaisse fumée qui nous suivait, en se répandant sur la terre comme un torrent. « Pendant que nous voyons encore, quittons le grand chemin, dis-je à ma mère, de peur qu'en le suivant la foule de ceux qui marchent sur nos pas ne nous étouffe dans les ténèbres. » A peine étions-nous écartés, que l'obscurité augmenta de telle sorte, qu'on eût cru être, non pas dans une de ces nuits noires et sans lune, mais dans une chambre où toutes les lumières auraient été éteintes. Vous n'eussiez entendu que plaintes de femmes, que gémissements d'enfants, que longs cris poussés par les hommes. L'un appelait son père, l'autre son fils, l'autre sa femme ; ils ne se reconnaissaient qu'à la voix. Celui-là déplorait son malheur, celui-ci le sort de ses proches. Il s'en trouvait à qui la crainte de la mort faisait invoquer la mort même. Plusieurs imploraient le secours des lieux; plusieurs croyaient qu'il n'y en avait plus, et comptaient que cette nuit était la dernière et l'éternelle nuit dans laquelle le monde devait être enseveli. On ne manquait pas même de gens qui augmentaient la crainte, raisonnable et juste, par des terreurs imaginaires et chimériques. Ils disaient qu'à Misène ceci était tombé, que cela brûlait; et la frayeur donnait du poids à leurs mensonges. Il parut une lueur qui nous annonçait, non le retour du jour, mais l'approche du feu qui nous menaçait : il s'arrêta pourtant loin de nous. L'obscurité revient, et la pluie de cendres recommence, et plus forte et plus épaisse. Nous étions réduits à nous lever de temps en temps pour secouer nos habits, et sans cela elle nous eût accablés et engloutis. Je pourrais me vanter qu'au milieu de si affreux dangers, il ne m'échappa ni plainte ni faiblesse: mais j'étais soutenu par cette consolation peu raisonnable, quoique naturelle à l'homme, de croire que tout l'univers périssait avec moi. Enfin cette épaisse et noire vapeur se dissipa peu à peu, et se perdit tout à fait, comme une fumée ou comme un nuage. Bientôt après parut le jour, et le soleil même, jaunâtre pourtant, et tel qu'il a coutume de luire dans une éclipse. Tout se montrait changé à nos yeux, troublés encore; et nous ne trouvions rien qui ne fût caché sous des monceaux de cendre, comme sous de la neige. On retourne à Misène. Chacun s'y rétablit de son mieux; et nous y passons une nuit entre la crainte et l'espérance, mais où la crainte eut la meilleure part: car le tremblement de terre continuait. On ne voyait que gens effrayés entretenir leur crainte et celle des autres par de sinistres prédictions. Il ne nous vint pourtant aucune pensée de nous retirer jusqu'à ce que nous eussions eu des nouvelles de mon oncle, quoique nous fussions encore dans l'attente d'un péril si effroyable, et que nous avions vu de si près (1). »

Tout le pays aux environs de Naples fut ravagé. Plusieurs villes, parmi lesquelles on cite Herculanum et Pompéies, furent ensevelies sous la cendre et la lave. Les tremblements de terre se firent sentir des lieux très-éloignés du Vésuve, et, s'il en faut croire Dion, les

---

(1) Lettres de Pline-le-Jeune, VI, 16 et 20.

nuages de cendre qui s'élevèrent du cratère se répandirent jusqu'en Afrique, en Égypte et en Syrie.

§ II. — Domitien.

COMMENCEMENTS DU RÈGNE DE DOMITIEN. — En prenant possession de la souveraine puissance, Domitien se fit donner tous les titres d'honneur qu'avaient pris ses prédécesseurs ou qui leur avaient été décernés. On le nomma consul pour dix ans de suite. Sa vanité éclata dès le début de son règne; il prit vingt-quatre licteurs, et il remplit, suivant l'historien Dion, le monde entier de ses statues; et comme le titre de seigneur ne lui suffisait plus, il se fit appeler Dieu. Ses lettres commençaient ainsi : *Voici ce qu'ordonne notre seigneur et notre Dieu.* Quand il eut une fois triomphé, il ne présida plus le sénat qu'avec la robe triomphale.

Domitien se montra d'abord sévère administrateur, et on lui pardonna aisément sa vanité. Il surveillait attentivement, soit à Rome, soit dans les provinces, les magistrats, et jamais on ne les trouva plus fidèles observateurs des règles de la justice. Lui-même leur donna l'exemple, et plus d'une fois on le vit, assis sur son tribunal, casser d'iniques sentences. Il affecta aussi dans ses règlements de respecter les bonnes mœurs.

Pendant plusieurs années il laissa croire qu'il n'aimait point l'argent ; mais enfin son goût pour la magnificence, ses largesses insensées le poussèrent à décréter des taxes nouvelles, et il ne recula pas devant les plus odieuses spoliations. La reconstruction des édifices qui avaient été incendiés, et surtout les spectacles lui coûtèrent des sommes énormes. Ajoutons que pour trouver un appui contre la haine de ceux qu'il avait persécutés il augmenta d'un quart la paye de l'armée. Chaque soldat reçut par an trois cents deniers au lieu de deux cent vingt-cinq. Il avait espéré en vain diminuer l'effectif des légions ; mais les barbares, qui de toutes parts menaçaient les frontières, l'arrêtèrent dans ses desseins, et pour subvenir aux frais énormes qu'il s'était imposés il fut obligé de dépouiller et de faire périr souvent les citoyens les plus riches et les plus considérés.

CRUAUTÉ DE DOMITIEN. — Domitien était défiant et cruel par nature. Il disait souvent, par allusion à un mot de Démosthène, que si la défiance était la sauvegarde des peuples contre les tyrans, elle était aussi celle des tyrans contre la multitude. En ce qui touche le reproche de cruauté, on fit une remarque, c'est que Néron avait ordonné un grand nombre d'exécutions, et s'était abstenu de voir le supplice des condamnés, tandis que Domitien se plaisait à vivre jusqu'au dernier instant avec ses victimes. C'est ainsi qu'il accabla de protestations d'amitié un intendant de sa maison et Arrétinus Clémens, personnage consulaire et l'un de ses ministres, au moment même où il décidait que l'un serait crucifié et où il condamnait l'autre à être décapité. Il voulait cependant se donner les apparences du pardon et de la clémence. Les sénateurs ayant décrété un jour, à tort ou à raison, que plusieurs personnages poursuivis pour le crime de lèse-majesté seraient fouettés et tués, Domitien feignit de trouver l'arrêt trop rigoureux et dit : « Permettez-moi, pères conscrits, de solliciter de vous une indulgence qui coûtera sans doute beaucoup à votre piété envers votre empereur mais enfin accordez, je vous prie, aux accusés le libre choix d'un genre de mort. Par là vous épargnerez à vos yeux un spectacle trop triste, et l'on reconnaîtra l'effet de ma présence au sénat. »

Au moment même où Domitien témoignait tant de déférence au sénat, il frappait, sous des prétextes frivoles, les personnages les plus illustres de la compagnie. Il fit mourir Flavius Sabinus, parce que le jour où il accorda le consulat à cet homme, qui était son cousin et le gendre de son frère, le héraut, par inadvertance, le proclama empereur au lieu de consul. On disait aussi (et c'était un crime) que les hommes attachés à la famille de Sabinus portaient des tuniques blanches comme ceux qui appartenaient à la maison impériale. Salvius Cocceianus, neveu de l'empereur Othon, perdit la vie parce qu'il célébrait par une fête le jour de la naissance de son oncle; Sallustius Lucullus, qui commandait dans la Bretagne, parce qu'on avait appelé *luculliennes* des lances d'une nouvelle forme; Métius Pomposianus, parce qu'on lui avait prédit qu'il parviendrait à l'empire. Nous ne parlerons point ici d'Élius Lamia. Domitien lui avait enlevé sa femme sous le règne de Vespasien : Lamia se vengea par des railleries. Domitien le fit tuer lorsque, à la mort de Titus, il devint maître de l'Empire.

Dans ses accès de défiance et de cruauté, il ne se bornait point à frapper les personnages illustres; il faisait périr pour un geste, pour un mot, sous le prétexte le plus frivole, des citoyens de petite condition, qui ne pouvaient, en réalité, lui donner de l'ombrage. On ne sait quel motif le poussa à faire enterrer vive la vestale Cornélia : il l'accusa de s'être laissé séduire par un chevalier romain. La malheureuse prêtresse et Céler, que Domitien lui donnait pour complice, protestèrent de leur innocence jusqu'à la mort. Ajoutons enfin qu'après avoir entretenu un commerce incestueux avec sa nièce, la fille de Titus, il lui causa la mort, à dessein peut-être, en la forçant de recourir à l'avortement.

DOMITIEN FAIT LA GUERRE AUX PEUPLES DE LA GERMANIE. — Domitien avait le plus vif désir de se signaler dans la guerre. Déjà, au temps de Vespasien, il avait espéré acquérir une gloire égale à celle de son frère, en se mettant à la tête d'une armée envoyée au secours de Vologèse, roi des Parthes. Son père s'opposa à son dessein. Quand il devint maître absolu, il entreprit, sans nécessité, une expédition contre les Cattes. Il revint sans avoir vu l'ennemi, et n'en voulut pas moins triompher. Pour avoir des prisonniers, il fit habiller en barbares des esclaves qu'il avait achetés. Tillemont place cet événement en l'année 83.

A la même époque il y eut sur le bord du Danube des mouvements qui furent l'origine d'une longue guerre. C'étaient les Daces qui s'agitaient. Ils avaient déjà obtenu de grands succès sous Décébale, leur roi, lorsque Domitien prit le parti de les réprimer. Lui-même voulut diriger l'expédition, mais il s'arrêta en Mésie, et abandonna le soin de la guerre à ses lieutenants. Le premier, Cornélius Fuscus, préfet du prétoire, homme inexpérimenté, livra une bataille, où il périt avec la plus grande partie de ses soldats. Julien, son successeur, fut plus heureux : il remporta sur les Daces une éclatante victoire. Décébale sentit la nécessité de faire la paix, et il demanda des conditions équitables à l'empereur. Celui-ci était revenu sur le théâtre de la guerre : dans son orgueil, il rejeta les propositions du roi des Daces, et attaqua les Quades et les Marcomans, qui le battirent. Ce fut alors Décébale qui parla en maître : il se fit donner des sommes considérables, et il força Domitien à lui fournir un certain nombre d'ouvriers habiles, qui devaient instruire les barbares plus encore dans les arts de la guerre que dans ceux de la paix.

Domitien étant revenu à Rome fit lire dans le sénat une lettre de Décébale; il y régnait un ton de soumission qui ne convenait point à ce chef barbare. On la crut supposée. Domitien se donna pour vainqueur, et prit le surnom de *Dacique*. Il se fit décerner le triomphe et prodiguer tous les honneurs. On peut placer cette guerre contre les Daces entre l'an 86 de J. C. et l'an 91.

Nous devons parler aussi d'une expédition contre les Nasamons. Ils obtinrent d'abord quelques succès; mais enfin ils furent surpris par un lieutenant de l'empereur, et ceux qui avaient attaqué les Romains furent exterminés jusqu'au dernier. Domitien, s'attribuant cette victoire, s'écria : « J'ai voulu que les Nasamons cessassent d'être, et ils ne sont plus (86). » Les Romains eurent aussi à combattre les Sarmates en 92 ou 93 de J. C. On serait tenté de croire que les succès de Domitien ne furent pas grands, puisqu'en souvenir de sa victoire il se contenta d'offrir à Jupiter Capitolin une branche de laurier.

EXPÉDITION DANS LA GRANDE-BRETAGNE; AGRICOLA. — Le règne de Domitien fut marqué par des avantages plus réels au dehors et par une conquête importante. Nous voulons parler ici des exploits d'Agricola dans la Grande-Bretagne.

César, comme on le sait, était le premier qui eût essayé de franchir avec une armée la mer qui sépare cette île de la Gaule. Il ne songea point à soumettre le pays. Les Bretons, nonobstant l'édit qui déclarait *province romaine* les contrées qui avoisinent la Tamise, ne se regardaient point comme sujets de l'empire. Vespasien lui-même, qui était alors lieutenant de Claude, ne put réussir. Nul succès important sous Ostorius Scapula, Didius Gallus, Véranius, Suétonius Paulinus.

« Mais lorsque, avec le reste du monde, la Bretagne eut reconnu Vespasien, on y vit d'habiles généraux, d'excellentes armées, et l'espoir des ennemis s'affaiblit. Pétilius Cérialis les frappa d'abord de terreur, en attaquant la cité des Brigantes, la plus considérable de toute la province. Il livra de nombreux et quelquefois de sanglants combats; et il étendit sur une grande partie du pays ou la conquête ou la guerre. Les services et la renommée de Céréalis auraient écrasé tout autre successeur : un grand homme, autant qu'il était alors permis de l'être, Julius Frontinus, en soutint le poids. Il dompta par les armes la forte et belliqueuse nation des Silures, entreprise où, avec le courage des ennemis, il eut encore à vaincre la difficulté des lieux. Telles étaient la fortune de la guerre et la situation de la Bretagne, lorsque Agricola s'y rendit (1). »

Il arriva au milieu de l'été. Quelque temps auparavant, les Ordoriques avaient massacré une aile de cavalerie cantonnée dans leur pays. Les soldats n'en pensaient pas moins que toute l'année se passerait dans l'inaction. Mais Agricola rassembla les corps dispersés des légions, et avec l'aide de quelques auxiliaires il marcha contre les Ordoriques. Toute cette nation fut presque exterminée. Alors il forma le projet de soumettre l'île de Mona, arrachée à Suétonius. Les vaisseaux lui manquant, il fit passer à gué ses auxiliaires avec leurs armes et leurs chevaux, et les habitants, pris à l'improviste et pensant qu'il était au moins inutile de résister à de pareils soldats, se soumirent et obtinrent la paix.

Agricola, en homme qui connaît le pays, crut que le véritable moyen d'arriver à son but était de ne point faire injure aux peuplades de la Bretagne. Le pillage, les extorsions, trop souvent tolérés, nuisaient singulièrement aux Romains. Il prit le mal à sa racine : il commença par réformer sa propre maison; puis ce fut le tour de l'armée. Pour avoir de bons officiers, il distribua les charges aux plus dignes, sans avoir égard aux recommandations et aux prières. La discipline qu'il fit observer fut sévère et juste. Il répartit plus équitablement que par le passé les impôts et les tributs, et les Bretons furent soulagés du poids énorme qui les accablait. Ce fut ainsi que dès la première année il parvint à réformer une grande partie des abus.

Au retour de l'été, il rassembla son armée, et se prépara à de nouvelles expéditions. Il encourageait les soldats et louait leur zèle; d'un autre côté il épouvantait les ennemis par ses marches rapides, et traitait avec douceur ceux qui s'étaient soumis. Plusieurs villes jusque alors indépendantes lui envoyèrent des ôtages; et ces villes, il se les assura par des forteresses qui ne furent jamais inquiétées. Il prit un moyen pour habituer au repos et à la tranquillité ces insulaires farouches et sauvages, ce fut de les civiliser; il les engagea à construire des temples et des forum; il fit élever à la manière des Romains les enfants des chefs. Bientôt les Bretons se passionnèrent pour les arts des conquérants : ils prirent leur langage et leur habillement; on connut chez eux les portiques, les bains, la somptuosité des repas, et toutes les autres séductions qui énervent promptement une nation. La troisième campagne ouvrit de nouvelles contrées aux Romains. Ils pénétrèrent jusqu'au Taüs. Nulle part l'ennemi n'osa résister; les soldats admiraient les campements de leur général. Les forts qu'il construisit étaient inexpugnables. Pourvus de vivres pour un an, les soldats qui les défendaient faisaient de fréquentes sorties, et désespéraient un ennemi qui autrefois avait coutume de réparer pendant l'hiver une partie des désastres de l'été. On reprochait à Agricola quelque rudesse dans ses réprimandes; mais s'il était dur aux méchants, il était affable pour les bons. Jamais il ne chercha à diminuer, pour se l'attribuer à lui-même, la gloire de ses soldats, ou des officiers ses subordonnés, qui tous avaient en lui un témoin

(1) Tacite, *Vie d'Agricola*.

bienveillant, mais juste, de leurs exploits. Il employa la quatrième année de son commandement à rendre durable la domination romaine dans les pays qu'il avait conquis. Il établit des forts aux limites de l'Écosse et de l'Angleterre, sur cet étroit espace qui est resserré par les deux golfes que Tacite appelle Glota et Bodotria.

Après avoir passé la cinquième année à surveiller le pays, il se mit en marche la sixième, et s'avança dans les contrées qui s'étendent au delà du golfe de Bodotria; et comme les ennemis qui couvraient les routes lui inspiraient quelque crainte, il ordonna aux commandants de ses vaisseaux de naviguer près de la côte et de suivre tous ses mouvements. C'était la première fois que la flotte lui venait en aide. Les deux armées, celle de terre et celle de mer, marchaient donc ensemble, et ce vaste déploiement de forces suffit pour effrayer les indigènes. Néanmoins les peuples de la Calédonie se réunirent pour attaquer les garnisons. On conseillait à Agricola de rétrograder; il n'en voulut rien faire : pour prévenir les attaques partielles, il divisa son armée en trois corps, et continua d'avancer. Les barbares changèrent alors leurs dispositions; ils fondirent en masse et de nuit sur la neuvième légion, et pendant le sommeil ils égorgèrent les sentinelles et forcèrent les retranchements. Averti par ses éclaireurs, Agricola vint en toute hâte au secours des siens; il prit les ennemis par derrière, et les mit en fuite. Ce succès enhardit les soldats; ils voulaient pénétrer dans la Calédonie, et de combats en combats arriver aux bornes de la Bretagne. Les Bretons, de leur côté, ne se découragèrent point; ils armèrent toute leur jeunesse, et transportèrent leurs femmes et leurs enfants dans de sûres retraites; puis ils cimentèrent dans leurs réunions, par des sacrifices, la ligue de toutes les cités.

Pour s'opposer à cette vaste coalition Agricola se fit précéder de sa flotte, en lui ordonnant de ravager les côtes, afin que, menacé partout, l'ennemi ne sût de quel côté se tourner ; pour lui, il s'avança avec ses légions jusqu'aux monts Grampiens, éclairé dans sa marche par un corps de Bretons dont la fidélité lui était bien connue. Les ennemis occupaient déjà les montagnes ; ils étaient au nombre de trente mille, et ce nombre augmentait sans cesse. Galgacus, le chef de la confédération, chercha alors à les animer par ses discours, et les barbares répondirent à ses paroles par des cris terribles et par leurs chants nationaux. Agricola fit d'habiles dispositions. Il chercha surtout, comme le remarque Tacite, à ménager le sang romain. Il mit au centre huit mille fantassins auxiliaires, sur les deux ailes trois mille cavaliers, et plaça les légions devant les retranchements. L'armée barbare était postée sur une montagne, et, de la plaine au sommet, s'élevait en amphithéâtre. Ses chars et sa cavalerie faisaient retentir tous les lieux d'alentour. Agricola, pour ne pas être enveloppé, étendit sa ligne de bataille, se bornant toujours à employer les auxiliaires; il renvoya son cheval, afin d'encourager ses troupes, et se plaça à pied à la tête des enseignes.

Les Bretons soutinrent d'abord le combat avec courage : ils paraient et repoussaient avec une incroyable adresse les traits qu'on leur lançait de loin; mais quand le général romain ordonna à trois cohortes de Bataves et à deux cohortes de Tongres d'en venir aux mains, ils cédèrent; ils ne pouvaient, en effet, résister aux coups que leur portaient les auxiliaires romains, eux qui n'avaient pour armes que des épées sans pointes et d'étroits boucliers. Aussi, quand les Bataves commencèrent à gravir les hauteurs, les autres cohortes, animées par l'exemple, s'élancèrent à leur suite, faisant main basse sur tout ce qu'elles rencontraient, sans se soucier des ennemis nombreux qu'elles laissaient derrière elles. La cavalerie des Bretons avait pris la fuite; leurs chars, devenus inutiles, erraient dans la mêlée; privés de guides, ils se jetaient à travers les rangs, et y mettaient le désordre. Ceux des ennemis qui étaient restés au sommet de la montagne, et qui n'avaient pas encore combattu, firent alors un mouvement pour prendre les Romains à revers. Agricola envoya à leur rencontre sa cavalerie, qu'il avait réservée pour les cas imprévus. Surpris par cette brusque attaque, les Bretons furent mis en déroute, et de toutes parts ils prirent la fuite. Alors commença un immense massacre; mais dans l'ardeur de la poursuite les Romains s'engagèrent dans les bois avec les Bretons, et déjà les ennemis se préparaient à les accabler. Agricola les sauva, en formant autour du bois comme une enceinte avec ses cohortes les plus vigoureuses, et en ordonnant à ses cavaliers de battre les clairières. Les ennemis perdirent dans cette journée dix mille hommes et les Romains trois cent-soixante, parmi lesquels Aulus Atticus, préfet d'une cohorte, qui s'était laissé emporter au milieu des barbares par l'ardeur de sa jeunesse et par la fougue de son cheval. Les barbares, errant au hasard et confondant leurs lamentations, s'appelaient l'un l'autre; plusieurs abandonnèrent leurs maisons, y mirent le feu, et, animés d'une pitié farouche, immolèrent leurs femmes et leurs enfants. Agricola, après avoir acquis la certitude qu'ils s'étaient enfuis au loin, entra dans le pays des Orestes, et y prit des otages. Ce fut là qu'il ordonna à sa flotte de faire le tour de la Bretagne. Favorisée par les vents elle remplit sa mission, et vint rejoindre l'armée au port de Trutule. Le dernier succès d'Agricola avait affermi la domination romaine en Bretagne, et, grâce à lui, l'île était désormais vraiment conquise.

Nous ne terminerons pas le récit de cette expédition sans dire un mot du général qui venait de jeter un si grand éclat sur les armes romaines. Cn. Julius Agricola était né à Fréjus, d'une famille équestre. Il s'adonna d'abord avec ardeur à la philosophie, mais il embrassa bientôt la carrière des armes. Ce fut en Bretagne, sous Suétonius Paulinus, qu'il fit sa première campagne. Il s'y distingua par son courage et ses talents. Puis il remplit avec distinction, soit à Rome, soit en Asie, soit dans les Gaules, diverses fonctions qui le portèrent peu à peu au consulat. Il fut enfin chargé du gouvernement de la Bretagne. S'il faut en croire Tacite, Domitien reçut la nouvelle des brillants succès d'Agricola la joie sur le front et l'inquiétude dans le cœur. Il se souvenait de sa ridicule expédition contre les Germains, et ne pouvait pardonner à un particulier de s'être fait dans la guerre un nom plus grand que le sien. Il s'enferma dans son palais; et après être resté longtemps seul, ce qui était, dit Tacite, la marque d'un projet sinistre, il crut qu'il valait mieux attendre que l'enthousiasme pour le général vainqueur se fût refroidi. Une chose toutefois semble indiquer que le gendre d'Agricola s'est abandonné trop souvent, dans son récit, à d'injustes soupçons et à sa haine contre Domitien: c'est que l'empereur fit décerner par le sénat, au conquérant de la Bretagne, les décorations triomphales, une statue couronnée de lauriers, et d'honorables félicitations. Puis l'historien fait encore remarquer qu'après son retour Agricola, souvent accusé auprès de Domitien par les délateurs, fut toujours absous. Agricola, il est vrai, mourut à Rome peu de temps après ses glorieuses expéditions; mais rien ne prouve qu'il ait été empoisonné par les agents secrets de l'empereur. Il faut se borner à dire, sans rien affirmer, que l'odieuse tyrannie de Domitien put autoriser les croyances populaires et les paroles pleines d'amertume du gendre d'Agricola. (*Voyez ce résumé de la Vie d'Agricola par Tacite dans l'Histoire romaine de M. Lebas.*)

RÉVOLTE DE L. ANTONIUS, IL EST VAINCU; NOUVEAUX SUPPLICES ORDONNÉS PAR DOMITIEN; IL FRAPPE LES TÊTES LES PLUS ILLUSTRES DE L'EMPIRE. — Irrité par la lâcheté et la cruauté de Domitien, par des railleries qui l'atteignaient directement, L. Antonius, qui commandait sur le Rhin, prit le parti de la révolte. Les légions se déclarèrent pour lui, et les peuplades germaniques se mirent en mouvement pour le secourir. Domitien, effrayé, quitta Rome, et s'avança du côté de la Germanie. Pour se donner les apparences du droit, il avait eu soin de se faire accompagner par tout le sénat. Il apprit en route la défaite de L. Antonius. Celui-ci avait été vaincu, avant sa jonction avec les Germains, par L. Maximus, que les auteurs anciens appellent aussi Appius Norbanus, et il n'avait pas survécu à sa défaite. Le vainqueur, sans s'inquiéter de la volonté de Domitien, qui était impatient de se venger, brûla tous les papiers de L. Antonius (92).

C'était donner un vaste champ à la cruauté de l'empereur, qui frappa tous ceux que, sur les plus légers soupçons, il accusait d'avoir favorisé la révolte des légions germaniques. Le nombre des condamnés fut si grand, qu'il défendit qu'on en tînt registre.

Il n'était pas de nom ou de vertu si lustre qui pût échapper à ses coups. Ce fut d'abord le fils d'Helvidius Priscus, qui avait le tort de porter un nom qu'avait rendu célèbre la sévérité de Vespasien. On lui reprocha d'avoir fait des vers satiriques contre l'empereur, et il fut condamné à mort. Vint le tour d'Hérennius Sénécion, qui s'était associé à Pline pour accuser de concussion Bébius Massa, ancien gouverneur de la Bétique. Sénécion triompha; mais Bébius n'eut besoin pour se venger que l'attribuer à celui qui l'avait si ardemment poursuivi un crime de lèse-majesté. Toutefois il ne voulut point se montrer lui-même en cette affaire : il fit agir Métius Carus, qui exerçait comme lui le métier de délateur. Quand il s'agissait de l'empereur l'arrêt de mort suivait de près la dénonciation. Sénécion fut tué. En même temps Fannia, veuve d'Helvidius, fut condamnée à l'exil et à perdre ses biens. Ajoutons à tous ces noms celui d'Arulénus Rusticus, homme de grande vertu, qui a été comblé d'éloges par ses contemporains. Il dut perdre la vie comme Helvidius et comme Sénécion. Domitien ne pouvait pardonner à Arulénus d'avoir écrit l'éloge de Thraséas (94). Enfin, l'année suivante Acilius Glabrio, personnage consulaire, fut exilé, puis assassiné; son crime était de porter un nom déjà illustre au temps de la république.

Les philosophes excitèrent aussi la défiance et la colère de l'empereur. Il les chassa de Rome et de l'Italie. On compte parmi ceux qui échappèrent alors à la mort par l'exil Épictète et Dion Chrysostome (94).

Les poursuites dirigées contre les Juifs au sujet du tribut qu'ils devaient au fisc provoquèrent les rigueurs de Domitien contre les chrétiens (95). On confondait alors généralement dans le monde romain ceux qui suivaient la loi de Moïse et les adorateurs du Christ. Vespasien avait proscrit toute la race de David. Il craignait qu'un descendant de ce roi ne pût encore une fois, en invoquant les souvenirs nationaux, soulever les Juifs. Domitien se souvint un instant des craintes de son père. On avait découvert les petits-fils de saint Jude, qui tenaient à Jésus par les liens de la parenté, et qui étaient issus comme lui du sang de David. On les amena devant l'empereur. Il les interrogea d'abord sur leur famille, puis il leur demanda ce qu'ils possédaient. Sur ce dernier point ils répondirent qu'ils avaient une petite propriété, et qu'en cultivant eux-mêmes trente-neuf arpents, ils parvenaient à se procurer les choses nécessaires à la vie et à payer les tributs. Comme preuve de ce qu'ils alléguaient, ils montrèrent leurs mains durcies par le travail. Quand ils eurent ajouté que, dans leurs croyances, le royaume du Christ n'était ni terrestre ni temporel, mais céleste, Domitien cessa de les craindre, et les renvoya. Il ne traita pas avec la même douceur ou le même mépris Flavius Clémens, son parent. Les auteurs anciens disent qu'il fut accusé d'athéisme; Suétone ajoute que ce personnage consulaire se dégradait par une ignoble paresse. Les historiens de l'Église, de leur côté, affirment que les païens n'ont attaqué la mémoire de Clément que parce qu'il était chrétien. Flavia Domitilla, son épouse, qui était nièce de l'empereur, fut impliquée dans la même accusation et exilée dans l'île de Pandataria. Ce fut aussi l'époque où, suivant les anciens récits des chrétiens, saint Jean l'Évangéliste fut jeté dans une chaudière d'huile bouillante, près de la porte Latine à Rome. Il échappa à cet horrible supplice, et fut relégué dans l'île de Pathmos, où il écrivit son Apocalypse. La persécution dirigée par Domitien contre les sectateurs de la religion nouvelle ne finit qu'avec son règne.

SERVILITÉ ET LÂCHETÉ DES SÉNATEURS. — Tous les actes odieux dont nous venons de parler furent sanctionnés par le sénat. C'est lui qui portait les condamnations. Rien ne peut justifier cette assemblée servile, pas même la nécessité où elle se trouvait réduite de délibérer au milieu des soldats. En effet, Domitien tenait la curie comme assiégée, et ses agents secrets surveillaient attentivement les gestes et les moindres impressions de ceux qui n'avaient point été admis parmi les délateurs du prince. « Qui donc, s'écrie Pline, osait parler ou seulement ouvrir la bouche, si ce n'est celui qui avait le malheur de donner le premier son avis. Les autres, muets, immobiles, donnaient par force leur assentiment par un simple geste, mais avec quelle douleur dans l'âme! avec quel frisson dans tout le corps! Un seul ouvrait un avis que tous suivaient et qui déplaisait à tous, à celui surtout qui l'avait ouvert; car dans des temps aussi malheureux rien n'est plus généralement improuvé que ce qui paraît avoir reçu l'approbation générale (1). » Toutes les fois qu'il ne s'agissait point dans le sénat d'un exil ou d'une exécution capitale, les délibérations de l'assemblée étaient nulles. Domitien, qui était instruit par ses délateurs des dispositions des sénateurs à son égard, mais qui connaissait aussi leur lâcheté, les tenait dans une crainte perpétuelle. Quelquefois chez lui la fureur faisait place à un profond sentiment de mépris : alors il cessait de les tuer, pour leur faire subir les plus sanglants affronts. Il n'en était pas un d'entre eux qui ne désirât ardemment la mort du tyran; mais nul n'était assez hardi pour le frapper.

CONSPIRATIONS ; MORT DE DOMITIEN. — C'était surtout le zèle des délateurs qui faisait la sécurité de Domitien. On connaissait bien dans la ville Métius Carus, Bébius Massa, Catullus Messalinus et Régulus, qui s'étaient signalés par d'odieuses dénonciations ; mais combien d'autres qui agissaient secrètement pour l'empereur? La terreur était partout. On ne s'abordait qu'avec défiance; un geste, une parole mal interprétée pouvaient donner la mort. Il y eut pourtant en des circonstances si difficiles des hommes qui osèrent conspirer contre Domitien. On cite parmi eux le jurisconsulte Juventius Celsus. Il n'échappa à la mort, quand la conspiration

(1) Quis loqui, quis hiscere audebat præter miseros illos qui primi interrogabantur?.. Unus solusque censebat quod sequerentur omnes, et omnes improbarent, imprimis ipse qui censuerat.

fut découverte, qu'en se jetant au pieds de l'empereur et en lui promettan d'expier son crime par de nombreuse délations.

Domitien, cependant, devenait plu sombre de jour en jour; il était agit de terreurs secrètes, et il sentait qu l'instant n'était pas éloigné où il allai enfin succomber sous le poids des hai nes qu'il avait soulevées. Il n'avait rie à redouter des soldats, qu'il avait com blés de ses largesses : il voulut pourtan s'assurer contre leurs révoltes. Il fit u règlement en vertu duquel deux légion ne pouvaient camper dans une mêm localité, en temps de paix. Il réduisi aussi les sommes que, par des vues d'é pargne, les chefs et les soldats dépo saient dans une caisse que l'on gardai avec les enseignes. Il se souvenait qu l'argent de cette caisse avait servi le projets de L. Antonius. Mais là ne s bornèrent pas les défiances de Domi tien : il finit par craindre ceux qui l'ap prochaient et qui vivaient dans son pa lais. Pour les épouvanter, il fit mouri Épaphrodite, l'un de ses plus actif agents. C'était un affranchi de Néron ; i l'accusa de n'avoir pas su défendre so maître. Cette exécution perdit Domitien nul dès lors ne pouvant espérer d'écha per à la colère ou aux terreurs du prince ceux-là même qui s'étaient dévoués lui jusqu'à le servir dans ses crimes ré solurent de le tuer.

L'impératrice Domitia se mit à la têt de la conspiration, où entrèrent la plu part des officiers du palais. Les deux pré fets du prétoire, Norbanus et Pétroniu Secundus, avaient connaissance du com plot. On essaya d'associer à cette dange reuse entreprise les hommes les plu éminents du sénat. Comme ils hésitaient on se contenta d'obtenir l'assentiment d Nerva, vieillard chargé d'honneurs, qu l'on destinait à l'Empire. Les serviteur de Domitien, qui craignaient la lâchet ou au moins l'irrésolution des séna teurs et des grands fonctionnaires aux quels ils avaient confié leur dessein, sen taient le besoin de se hâter. L'un d'eux Stéphanus, administrateur des bien de Domitilla, pénétra un jour jusqu' l'empereur, et lui présenta un écrit o était développé le plan d'une conspira tion que, disait-il, il avait découverte

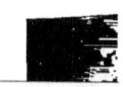

u moment où Domitien lisait avec attention, Stéphanus le frappa d'un coup ; poignard. La blessure n'était pas ortelle : l'empereur se jeta sur l'assassn ; mais un affranchi, un gladiateur et ux soldats, accourant au bruit, se précipitèrent sur Domitien, et lui portèrent s derniers coups (96).

Le sénat se réjouit de cette mort : le euple, ce qui prouverait d'ailleurs que omitien n'avait guère persécuté que les présentants de la vieille aristocratie, sta indifférent; les soldats seuls se ontrèrent mécontents ; ils tuèrent d'abord Stéphanus, et demandèrent que on mît le prince assassiné au rang des ieux.

On emporta précipitamment hors de l ville le cadavre de Domitien. Il fut reueilli par Phyllis, sa nourrice, qui lui t de pauvres funérailles dans une pete maison de campagne qu'elle possédait sur la voie Latine (1).

XVIII.

LE SIÈCLE DES ANTONINS.

§ I. — *Nerva; Trajan; Adrien.*

NERVA ; SA FAIBLESSE ; INSUBORDINATION DES SOLDATS; ILS FORCENT LE PRINCE A PUNIR LES MEURTRIERS DE DOMITIEN ; NERVA ADOPTE TRAJAN. — Quand Nerva fut proclamé empereur, il atteignait sa soixante-dixième année. Si le sénat témoigna à l'avénement du nouvel empereur le plus vif enthousiasme, les soldats, toujours irrités, firent entendre des murmures et des menaces ; et non contents de la mort de Stéphanus, ils demandèrent bientôt qu'on punît du dernier supplice les autres meurtriers de Domitien. Nerva les apaisa un instant en leur promettant une gratification. Les mêmes sentiments se manifestèrent dans les armées qui campaient sur les frontières.

Nerva s'efforça de faire accepter à Rome et aux provinces son élection, qui, en définitive, était l'œuvre du sénat. Il ne le pouvait qu'en ménageant ceux qui regrettaient Domitien ; aussi il eut à soutenir une lutte de tous les instants contre ces nobles sénateurs, dépositaires inintelligents des vieilles traditions aristocratiques, qui s'étaient dégradés sous le règne précédent par la plus abjecte soumission, et qui en souscrivant avec empressement à toutes les volontés d'un maître abhorré s'étaient rendus ses complices. Quand le tyran cessa de les opprimer ils commencèrent à se reconnaître, puis à parler, puis à demander du sang pour témoigner de leur aversion pour le meurtre et les supplices. Si l'indifférence du peuple et l'irritation des soldats ne les eussent arrêtés, ils se seraient faits délateurs, à leur tour, et ils se seraient chargés de fournir au bourreau d'innombrables victimes. Nerva comprit le danger : il applaudit, il est vrai, aux violentes diatribes de ces bouillants orateurs du sénat qui avaient retrouvé tout leur courage après le danger ; mais, d'un autre côté, il rassura tous ceux qui avaient reçu des dons de Domitien, et plus d'une fois il força les citoyens tant vantés par Tacite et Pline, pour leur vertu, à souper avec les délateurs du dernier règne. Il faut croire cependant que la réaction se montra avec trop d'arrogance, puisqu'à la fin les soldats demandèrent avec de nouvelles instances la punition des meurtriers de Domitien. Cette fois il fallut céder. On leur livra d'abord le préfet du prétoire Pétronius Sécundus, qui fut tué. Puis ils firent mourir dans les plus affreux supplices Parthénius et quelques autres, qui avaient trahi Domitien, quoiqu'il eût mis en eux sa confiance et qu'il les eût comblés de ses faveurs. Les soldats a-

---

(1) Nous croyons utile de replacer ici les principaux événements du règne de Domitien dans leur ordre chronologique.

(81) Domitien succède à Titus. — (83) Domitien, quitte Rome, et se rend en Germanie pour faire la guerre aux Cattes. — (84) Victoire d'Agricola sur les Calédoniens. — (85) Retour d'Agricola à Rome. — (86) Commencement de la guerre des Daces, suivant Eusèbe. Les Nasamons sont vaincus et exterminés. — (87) La guerre des Daces continue. (Elle dure jusqu'en l'année 91). Supplice de la vestale Cornélia. — (92) Révolte de L. Antonius; sa défaite. — (93) Mort d'Agricola. Guerre contre les Sarmates. — (94) Mort de Sénécion, d'Helvidius Priscus, d'Arulenus Rusticus. Expulsion des philosophes. — (95) Persécution contre les chrétiens. Conspiration de Juventius Celsus. Mort d'Acilius Glabrio. — (96) Mort de Domitien.

lèrent plus loin encore : ils forcèrent l'empereur à les remercier, dans un discours public, d'avoir infligé aux assassins ou aux complices de l'assassinat un juste châtiment.

Nerva sentit, après cette grande humiliation, qu'il ne lui restait plus assez d'autorité pour gouverner l'Empire. Il crut qu'en appelant à son aide un collègue plein d'énergie, jeune encore et d'un mérite reconnu, il pourrait rendre force à la puissance impériale et achever paisiblement son règne. Son choix tomba sur Trajan. Il mourut trois mois après cette adoption (98).

TRAJAN EMPEREUR; SA NAISSANCE; IL PARVIENT AUX PREMIERS EMPLOIS PAR SON MÉRITE; IL APPREND SON ÉLÉVATION ET LA MORT DE NERVA; IL NE SE HATE POINT DE REVENIR A ROME, ET RESTE EN GERMANIE. — Trajan était né en Espagne, à Italica, mais par ses ancêtres il appartenait à l'Italie. Il descendait de l'un des soldats que Scipion, le premier *Africain*, avait laissés en Bétique, après avoir chassé de l'Espagne les Carthaginois. Son père était parvenu aux plus hauts grades de l'armée, et il s'était signalé surtout dans la guerre des Juifs. Sous le règne de Vespasien il devint patricien, s'éleva au consulat, et obtint les ornements du triomphe. Son fils l'accompagna dans ses dernières campagnes sur l'Euphrate et sur le Rhin. Le jeune Trajan se distingua à son tour, mérita des distinctions, et se prépara par un travail assidu à commander les armées. Par sa conduite, il sut se faire estimer de ses chefs et aimer des soldats. Il devint consul ordinaire en l'année 91. Après avoir ainsi rempli les plus hautes fonctions, il se retira en Espagne. Il vivait, en effet, dans cette province, lorsque Domitien le mit à la tête des légions de la Basse Germanie. Il se distingua assez dans ce commandement difficile pour que Nerva, dont il n'était ni le parent ni l'ami, pût le choisir, avec l'assentiment de tous, pour son collègue et pour son successeur.

Soit qu'il fût retenu par les mouvements des peuplades barbares qui s'agitaient sans cesse sur les bords du Rhin et du Danube, soit qu'il se défiât des dispositions, non point du sénat, mais du peuple et des prétoriens, Trajan ne se hâta point de venir à Rome après mort de Nerva. Il resta en Germanie, bornant à envoyer quelques ordres da la capitale de l'Empire. Il inspira u telle frayeur aux barbares, qu'il leur oublier la lâcheté de Domitien et qu rétablit par son attitude la réputati des armes romaines. Au lieu d'ent prendre, suivant leur usage, de no velles courses sur les terres de l'Empi les peuplades germaniques demandère la paix, et donnèrent des otages.

TRAJAN FAIT SON ENTRÉE DA ROME; COMMENCEMENTS HEUREUX SON RÈGNE. — Enfin il se mit en ma che pour rentrer dans Rome (99). avait un nombreux cortége et digne d' empereur; mais pour établir un co traste entre sa conduite et celle de Dom tien, qui se livrait dans ses voyages pillage et à la dévastation, il mit to ses soins à préserver les habitants d provinces qu'il devait traverser, no seulement de la rapine, mais encore d moindres vexations. Il se montra sa faste aux Romains. Il entra dans la vi précédé de ses licteurs et suivi d'un p tit nombre de soldats. Lui-même ma chait à pied, saluant d'un air affal tous ceux qui se présentaient à sa vu et se plaisant à chercher et à reconnaî dans une foule immense ses ancie amis. Cette modestie plut au peuple, q accompagna l'empereur d'abord au C pitole, ensuite au palais impérial, témoignant sa joie par les plus vives a clamations.

Pour célébrer son avènement à souveraine puissance, Trajan fit une di tribution au peuple. Les absents, l malades et les enfants eurent part à s largesses. Il semble même, d'après expressions de Pline, qu'en ce qui co cerne les enfants les dons de l'empere furent continués d'une manière rég lière jusqu'à la fin de leur éducation « Vous avez voulu, dit le panégyrist que dès leurs premières années les e fants trouvassent en vous un pè commun, à qui ils fussent redevables leur éducation; qu'ils crussent et se fo tifiassent par vos dons, puisqu'ils gra dissaient pour vous; que les alimen que vous leur aviez accordés dans u âge tendre les rendissent capables d'êt un jour payés comme vos soldats;

e tous vous dussent autant à vous
il que chacun doit à ceux de qui il
nt la vie. » L'Italie et toutes les pro-
ices participèrent aux bienfaits de
mpereur.

Trajan ne s'appauvrissait pas en
nnant : il lui suffisait de mettre de
rdre dans ses dépenses. Dès les pre-
iers temps de son règne, il fut assez
he pour exempter les peuples des of-
andes ruineuses que l'on faisait aux
uveaux princes. Il trouvait des res-
urces inépuisables dans sa pré-
yance; jusqu'à lui les empereurs s'é-
ient occupés avec un soin extrême de
pprovisionnement de Rome : ils vou-
ient à tout prix y faire régner l'abon-
nce; mais ils n'avaient réussi souvent
se procurer du blé dans les provinces
u'en recourant aux plus odieuses vexa-
ons. Trajan, en favorisant le com-
ierce des grains, en rendant la sécurité
ux marchands, en payant fidèlement
ut ce qui arrivait en Italie, en excitant
s propriétaires à rechercher dans la
ulture des terres un accroissement de
ichesses, se trouva en mesure non-seu-
ement de préserver Rome de la disette,
nais encore de venir en aide aux pays
ui étaient menacés par la famine. Ce
ut ainsi qu'il put secourir même l'É-
ypte. Il y eut en effet une année où le
Nil, n'ayant pas atteint dans sa crue une
auteur suffisante, cette riche contrée,
u'on appelait le grenier de Rome, fut
rappée de stérilité.

Il faut ajouter encore aux dépenses
que faisait Trajan en de semblables circonstances, toutes les sommes qu'il
donna aux provinces ou aux villes pour
remédier aux incendies, aux déborde-
ments de rivières, aux tremblements de
terre ou aux maladies contagieuses qui
les avaient désolées. Son trésor néanmoins était toujours rempli. Jadis les
agents du fisc avaient beaucoup volé en
percevant l'impôt et peu donné à l'empereur; tout changea sous Trajan : ils
volèrent moins, parce qu'ils étaient sur-
veillés et sévèrement punis pour leurs
extorsions, et donnèrent davantage.
L'empereur traita aussi avec la plus
grande sévérité ceux qui s'étaient rendus coupables de vexations dans le gouvernement des provinces. Ainsi, au commencement de son règne il punit Marius
Priscus et Cécilius Classicus, qui avaient
pillé, l'un l'Afrique, l'autre la Bétique,
et il les condamna à de fortes restitu-
tions.

Trajan, quand il ne s'agissait que de
sa personne, mettait dans toutes ses dépenses la plus stricte économie. Tel il
avait été au temps de Vespasien, de Titus et de Domitien, tel il se montra
quand il devint maître du monde. Jamais il ne s'écarta, sans rabaisser pourtant la dignité impériale, des habitudes
de simplicité qu'il avait contractées dans
sa jeunesse. Il put bientôt disposer, pour
le bien de l'Empire, de tout ce que le faste,
les profusions, les folles prodigalités et
le service des délateurs avaient enlevé
aux princes qui l'avaient précédé. Pour
accroître son épargne, il alla jusqu'à vendre et jusqu'à donner la plus grande partie des palais et des jardins qui appartenaient à l'empereur. Il ne se réserva
que ce qui lui était utile, s'exemptant
ainsi pour le reste d'un ruineux entretien. Il n'était pas ennemi pourtant des
beaux-arts et de la magnificence : seulement il ne donnait largement que pour
les travaux qui profitaient à tous et pour
les monuments publics. « Vous croyez,
lui dit Pline dans son panégyrique, avoir
assez et trop de biens; successeur du
plus désintéressé des princes, il est beau
de trouver du superflu à retrancher sur
ce qu'un tel prince vous a laissé comme
nécessaire : ajoutons que si votre père
dérobait à ses jouissances ce que lui
avait donné le rang suprême, vous dé-
robez aux vôtres ce que vous a donné
votre père. Mais combien vous êtes magnifique dans les ouvrages publics! Ici
des portiques, là des édifices sacrés s'é-
lèvent comme par enchantement ; et de
si grandes constructions ressemblent à
de rapides métamorphoses. Ailleurs,
l'immense pourtour du cirque défie la
beauté des plus superbes temples : cirque vraiment digne de recevoir les vainqueurs du monde, et qui ne mérite pas
moins d'être vu que les spectacles qu'on
y viendra regarder. Il le mérite, et par
toutes ses beautés et par cette égalité
des places qui semble confondre le prince
avec le peuple. Partout le même aspect;
rien ne rompt la continuité des sièges,
rien ne sort du niveau; point de tribune
qui soit plus exclusivement destinée à

César que le spectacle même. Ainsi vos citoyens pourront vous voir comme vous les verrez. Il leur sera permis de contempler, non plus la chambre du prince, mais le prince en personne, assis au milieu du peuple, de ce peuple auquel vous avez donné cinq mille places de plus... (1). » Le cirque dont parle Pline n'est pas le plus beau des ouvrages dont Trajan embellit Rome. Le plus célèbre de tous est la place environnée de palais et de galeries qui porte son nom, et où l'on voyait la colonne de bronze qui subsiste encore aujourd'hui : il fut obligé pour mener à bonne fin ce travail immense de faire disparaître une colline de cent vingt-huit pieds de hauteur. Il ne négligea point non plus les provinces : il voulut qu'une grande voie traversât tout l'Empire, d'Orient en Occident, sur la limite des pays barbares, depuis le Pont-Euxin jusqu'à la Gaule : il établit de nombreuses forteresses sur les frontières, jeta des ponts magnifiques sur les fleuves, et agrandit, pour favoriser le commerce, les ports les plus fréquentés. Dans les premiers temps de son règne il ne souffrit pas qu'on lui élevât des temples ; mais à la fin on construisit en son honneur tant de monuments, qu'on le comparait à la pariétaire, parce que son nom, comme cette plante, s'attachait à toutes les murailles.

On s'efforçait alors d'imiter en tout la conduite du prince : Trajan était à peine entré à Rome que tout le monde respecta les lois, parce que l'empereur les respectait lui-même. Les magistratures et l'administration des provinces cessèrent d'être le prix de basses adulations ; elles furent confiées aux plus habiles et aux plus intègres. L'empereur affectait de se considérer non plus comme un maître absolu, mais comme le premier fonctionnaire de la république. On faisait des vœux pour le prince le 3 janvier ; Trajan voulut qu'on ajoutât ces mots à la formule ordinaire : « pourvu toutefois qu'il gouverne la république pour l'avantage de tous les citoyens. » Une autre fois, en remettant a Saburanus, nouveau préfet du pré-

(1) Pline, *Panégyrique de Trajan*, 51 ; trad. de Burnouf.

toire, l'épée qui était la marque du commandement, il dit : « Je te confie cette épée pour me défendre si je fais bien, pour me tuer si je fais mal. » Tel furent les commencements du règne de Trajan (98-100).

CONSULAT DE PLINE ; SON PANÉGYRIQUE ; JEUNESSE D'ADRIEN. — Pline témoignait en toute occasion une vive admiration pour Trajan. Il ne tarda pas à être investi de la suprême magistrature : Tertullus Cornutus, son ami, lui fut adjoint dans le consulat. Pline paya cette haute dignité en composant le panégyrique d'après lequel la plupart des historiens modernes ont parlé du règne de Trajan (100).

Ce fut vers ce temps qu'Adrien épousa Julia Sabina, petite nièce de l'empereur et sa plus proche héritière. Adrien était né à Rome ; mais il était originaire d'Italica. Son aïeul Marcellinus avait été sénateur ; son père, Ælius Adrianus Afer, qui avait exercé les fonctions de préteur, était cousin de Trajan. Ce fut à celui-ci qu'Afer, en mourant, confia son fils, qui n'avait alors que dix ans. Quand Trajan fut adopté par Nerva, Adrien servait comme tribun dans l'armée de la Basse-Mésie. Il fut choisi par les soldats de cette armée pour aller féliciter celui qui avait été son tuteur. Il reçut bientôt du nouveau César un emploi dans l'armée du Rhin. Après la mort de Nerva, il se rendit en toute hâte auprès de Trajan, qui se trouvait encore dans la basse Germanie ; et il fut le premier qui le salua empereur. Malgré toutes ces démonstrations d'empressement et de zèle, il ne pouvait parvenir à plaire à Trajan. Adrien avait aux yeux de son tuteur un tort bien grave : il préférait à la vie rude des camps et aux périls de la guerre l'étude des belles-lettres, de la philosophie et des lois. Ajoutez à cela que l'empereur avait remarqué en lui beaucoup de légèreté et d'inconstance, un caractère ombrageux et une grande jalousie du mérite d'autrui. Adrien s'aperçut aisément des dispositions de Trajan ; et comme il voulait à tout prix se maintenir en faveur, il se tourna du côté de l'impératrice Plotine. Il sut (c'est Dion qui l'assure) lui inspirer une passion criminelle ; ce fut par ses soins et avec l'appui de Licinius Sura

...'il parvint à épouser Julia Sabina. ...rsque Trajan accepta un quatrième ...nsulat (101), il choisit Adrien pour ...n questeur. C'était lui donner une po-...tion élevée : en effet, Adrien était ...argé de lire dans le sénat les discours ...u prince. Quand il prit la parole pour ... première fois, il excita le rire de ...us les sénateurs par sa prononciation ...ovinciale. Il avait vécu longtemps hors ... Rome et s'était particulièrement ...lonné à la littérature grecque. Il ne se ...couragea point : il se mit au travail ...vec ardeur, étudia les lettres latines; ..., à force de persévérance, il devint en ...u d'années un des meilleurs orateurs ... son temps. Au sortir de la questure ... suivit Trajan dans son expédition con-...e les Daces.

GUERRE CONTRE LES DACES ; TRIOM-HE DE TRAJAN. — Domitien, comme ...ous l'avons dit, avait acheté la paix ...u roi Décébale. Le barbare, fier d'avoir ...nposé sa volonté à un empereur, ne ...essait de faire des incursions sur les ...rontières et d'insulter les Romains. ...rajan, comme on le pense, ne voulut ...as supporter une si grande humiliation. ...l déclara la guerre à Décébale, et s'a-...ança avec une nombreuse armée contre ...es Daces. Il ouvrit la campagne par ...ne victoire signalée, qui anéantit d'un ...oup toutes les forces de l'ennemi. Puis, ...yant partagé son armée en trois corps, ...l pénétra dans la Dacie, s'empara de la ...apitale Zarmiségéthusa ; et, poussant ...écébale de retraite en retraite, il le ...orça enfin à demander la paix. Le roi ...es Daces se soumit aux plus dures con-...litions : il consentit à livrer ses armes, ... rendre les transfuges, à détruire ses ...orteresses et à abandonner ses ancien-...nes conquêtes ; il promit, en outre, d'a-...roir à l'avenir les mêmes amis et les ...mêmes ennemis que les Romains. Quand ...l se présenta devant Trajan, il s'avoua ...aincu, et se prosterna.

L'empereur, après avoir laissé de for-tes garnisons à Zarmiségéthusa et dans les postes les plus importants de la Dacie, revint à Rome. Il emmenait avec lui les députés qui devaient implorer du sénat la ratification du traité qui avait été conclu sur le théâtre de la guerre. Tra-jan se fit décerner les honneurs du triom-phe, et il prit le surnom de Dacique (101).

DEUX ANS DE PAIX ; GOUVERNE-MENT DE ROME ET DES PROVINCES ; LA PROPRIÉTÉ EN ITALIE ; LES TERRES ACQUIÈRENT UNE NOUVELLE VALEUR ; PLINE GOUVERNEUR DE LA BITHYNIE ; LES CHRÉTIENS ; AUTEURS CÉLÈBRES QUI ONT VÉCU SOUS TRAJAN. — La guerre dont nous venons de parler fut suivie d'une paix qui dura deux années. L'empereur mit ce temps à profit pour surveiller l'administration de Rome et des provinces, pour rendre la justice à ceux qui, craignant la corruption de cer-tains magistrats, s'adressaient au prince lui-même, enfin pour accomplir d'im-menses travaux d'utilité publique.

En ce qui touche ce dernier point nous dirons que ce fut alors (103) qu'il forma, à l'aide de deux jetées, le port de Centumcellæ (Civita-Vecchia); plus tard (116), il devait donner aussi un port à la ville d'Ancône.

Ce fut pendant la paix qui suivit l'ex-pédition contre les Daces que Pline écri-vit à Népos une lettre qui nous donne, sur l'état de la propriété en Italie au commencement du deuxième siècle de notre ère un précieux renseignement :

« Sais-tu, lui dit-il, que les terres ont augmenté de prix, particulièrement aux environs de Rome. La cause de cette augmentation subite est un désor-dre dont on a souvent parlé, et qui, dans la dernière assemblée pour l'élec-tion des magistrats, donna lieu à un règlement qui fait grand honneur au sénat : *défense aux candidats de don-ner des repas, d'envoyer des présents, de consigner de l'argent.....* L'empe-reur, de son côté, a fait un édit qui ré-prime les dépenses et les brigues hon-teuses. Il veut que ceux qui aspirent aux dignités aient au moins le tiers de leur bien en fonds de terre. Il a cru qu'il était indécent, comme il l'est en effet, que ceux qui demandent les magis-tratures à Rome ne regardent Rome et l'Italie que comme un lieu de passage, ou plutôt comme une hôtellerie où l'on s'arrête sur la route. C'est donc un con-cours général de ceux qui songent aux charges. Ils achètent tout ce qui est en vente, et par l'empressement qu'ils ont d'acheter ils donnent envie de vendre à ceux qui n'y songeaient pas. C'est pour-quoi si vous ne voulez plus des terres que vous avez en Italie, voici le temps de vous en défaire avantageusement, et d'en avoir à bon marché dans les autres provinces où nos magistrats futurs vendent pour acheter en Italie (1). »

Trajan ne se borna pas alors à assurer par le scrutin secret la liberté des élections dans le sénat, à réprimer la brigue et à relever la profession d'avocat; il mit tous ses soins à donner des gouverneurs intègres aux provinces. Ce fut ainsi qu'il envoya Pline dans le Pont et la Bithynie, pour réparer les maux qu'avaient causés deux proconsuls concussionnaires Julius Bassus et Rufus Varénus. Ce fut en l'année 103 que Pline prit possession de son gouvernement : peu de temps après il écrivit la lettre où il demandait conseil à l'empereur sur la conduite qu'il devait tenir à l'égard des chrétiens. Les disciples du Christ étaient nombreux alors, et ils s'étaient répandus dans tout l'Empire. Trajan ne fit pas un édit de persécution; mais il ne blâma point le zèle des magistrats, qui dans les provinces livraient souvent aux plus affreux supplices ceux qui avaient embrassé la religion nouvelle. Il y eut donc en ce temps un grand nombre de martyrs, parmi lesquels on cite saint Ignace d'Antioche et saint Siméon de Jérusalem.

Pline resta près de deux ans dans le Pont et la Bithynie. Il revint à Rome; et peu de temps après son retour il mourut. Parmi les écrivains qui, comme lui, illustrèrent le règne de Trajan, nous devons citer ici Tacite, Frontin, Martial, Silius Italicus et Juvénal.

(1) Scis tu accessisse pretium agris, præcipue suburbanis? Caussa subitæ caritatis, res multis agitata sermonibus, proximis comitiis honestissimas voces senatui expressit : *candidati ne conviventur, ne mittant munera, ne pecunias deponant...* Sumptus candidatorum, fœdos illos et infames ambitus, lege (princeps) restrinxit : eosdem patrimonii tertiam partem conferre jussit in ea quæ solo continerentur, deforme arbitratus, ut erat, honorem petituros urbem Italiamque, non pro patria, sed pro hospitio aut stabulo quasi peregrinantes habere... Proinde, si pœnitet te italicorum prædiorum, hoc vendendi tempus tam hercule, quam in provinciis comparandi, dum iidem candidati illic vendunt, ut hic emant. (Pline le Jeune, *Lettres*, VI, 19.)

Seconde guerre contre les Daces; mort de Décébale; la Dacie réduite en province romaine. — Décébale ne s'était soumis qu'avec peine à Trajan; et il ne tarda pas à violer ouvertement toutes les clauses du traité qui avait été imposé par l'empereur et ratifié par le sénat. Il fabriqua des armes, releva ses forteresses, accueillit les déserteurs; et il excita toutes les peuplades qui avoisinaient la Dacie à former une ligue contre l'Empire. Il semble même, d'après quelques lettres de Pline, qu'il entretint des intelligences avec les Parthes. Trajan, qui désirait depuis longtemps réduire la Dacie en province romaine, saisit avec empressement cette occasion de faire la guerre. Décébale fut déclaré ennemi du peuple romain par le sénat; et une armée nombreuse commandée par l'empereur, se dirigea vers le Danube (104).

Trajan avait fait de si grands préparatifs, et il montrait une telle ardeur de combattre, que les Daces, effrayés, refusèrent de suivre Décébale. Ils l'abandonnèrent en foule, et passèrent dans les rangs des Romains. Le chef barbare, découragé par une telle désertion, demanda la paix; mais comme on exigeait avant tout, qu'il se constituât prisonnier, il rompit les négociations, et se prépara à une vigoureuse résistance. Trajan fit construire sur le Danube, non loin de Viminacium, un pont dont les auteurs anciens ont assurément exagéré la magnificence et la grandeur. Après s'être ainsi ménagé un facile accès dans la Dacie, il poursuivit Décébale avec activité. Il soumit en peu de temps tout le pays. Le roi des Daces, n'ayant plus d'asile, finit par se donner la mort. Sa tête fut envoyée à Rome.

La Dacie fut réduite en province romaine. Pour retenir plus sûrement cette contrée sous sa domination, Trajan y établit plusieurs colonies. La principale fut celle de Zarmiségéthusa, qui prit alors le nom d'Ulpia Trajana. De retour à Rome, l'empereur triompha une seconde fois des Daces, et il donna au peuple, en souvenir de sa victoire, des jeux qui durèrent cent vingt-trois jours (105). Peu de temps après, il commença le *Forum Trajanum*; et il fit élever une magnifique chaussée qui traersait tous les Marais-Pontins (106).

GUERRE EN ORIENT; L'ARMÉNIE; LES PARTHES; MORT DE TRAJAN. — Trajan aimait la guerre; rien ne lui paraissait plus beau que d'accroître la gloire du nom romain par de nouvelles victoires, et d'ajouter, par de lointaines conquêtes, de nouvelles provinces à l'Empire. Aussi, en l'année 106, il saisit avec empressement l'occasion que lui offraient les affaires d'Arménie pour porter ses armes en Orient.

Le roi d'Arménie avait cessé de reconnaître la suprématie de Rome; et il s'était adressé, pour obtenir l'autorisation de porter la couronne, non point à l'empereur, mais au roi des Parthes. Trajan se plaignit à Chosroès, qui, se croyant à l'abri de tout danger, répondit avec une fierté qui rendait impossible toute négociation. Cependant, quand l'empereur fut arrivé à Athènes, le roi des Parthes essaya d'éviter la guerre. Il envoyait des présents, demandait l'amitié des Romains, et sollicitait pour Parthamasiris, son frère, l'investiture du royaume d'Arménie aux conditions que Néron avait imposées jadis à Tiridate. Trajan rejeta les propositions de Chosroès. Il passa en Asie; et bientôt l'Arménie fut conquise. Parthamasiris opposa à l'ennemi une vive résistance, et se fit tuer en combattant (107).

Après avoir pénétré dans la Mésopotamie et l'avoir soumise, l'armée romaine se disposa à passer dans le pays des Parthes. Chosroès, suivant le témoignage d'Aurélius Victor, envoya alors des otages à l'empereur, et conclut avec lui une trêve. Trajan reçut du sénat le surnom de Parthique. A la même époque l'Arabie Pétrée, conquise par Cornélius Palma, fut réduite en province romaine. D'un autre côté, tous les peuples qui habitaient au nord de l'Arménie et sur les versants du Caucase firent leur soumission. L'empereur donna un roi aux Albaniens, et établit sa domination sur toute la côte orientale du Pont-Euxin jusqu'à Sébastopolis (an 108 et suiv.).

On suppose qu'après ces premières expéditions Trajan revint à Rome : quoi qu'il en soit, le désir de vaincre les Parthes le ramena bientôt en Orient (114). Dans cette seconde guerre, il franchit non-seulement l'Euphrate, mais encore le Tigre, et fit la conquête de toute l'Assyrie : il prit les villes de Ctésiphon et de Suse, parcourut le golfe Persique dans toute sa longueur et pénétra jusqu'au grand Océan. Après avoir fait ravager par sa flotte les côtes méridionales de l'Arabie, il revint à l'embouchure du Tigre, abandonna ses vaisseaux, et se mit en marche pour aller visiter les ruines de Babylone (114-116). Mais pendant ces courses les peuples qu'il avait soumis se révoltèrent : il fallut recommencer la guerre. Après tant de glorieux exploits, il échoua devant la ville d'Atra, et fut obligé de revenir en Syrie. Vers le même temps les Juifs se révoltèrent à Cyrène, en Égypte, dans l'île de Cypre et en Mésopotamie.

L'empereur se préparait à commencer une nouvelle campagne, lorsqu'il fut arrêté par une dangereuse maladie. Il changea alors de dessein, et voulut revenir à Rome. En quittant la Syrie, il laissa le commandement de l'armée à Adrien. On cherchait dès lors à pénétrer les intentions de Trajan et à connaître celui que dans sa pensée il avait choisi pour son successeur. Mais Plotine s'empara de ses derniers instants, et ne lui permit pas de faire un choix qui eût empêché l'élévation d'Adrien. Trajan mourut à Sélinonte, en Cilicie (117). Plotine cacha ses dernières volontés, ou, ce qui est plus probable, le vieil empereur évita de se prononcer. Adrien ne devint le maître du monde que par une adoption supposée.

ADRIEN, PROCLAMÉ PAR LES SOLDATS, ABANDONNE LA POLITIQUE DE TRAJAN. — A la nouvelle de la mort de Trajan, Adrien se fit proclamer par son armée. Il écrivit au sénat pour lui demander la confirmation de cette nomination peu régulière. Le sénat obéit sans retard, offrit au prince le titre de père de la patrie, et lui décerna le triomphe. Adrien accepta cet honneur militaire pour les cendres du vainqueur des Parthes; il le refusa pour lui-même : qu'avait-il besoin de triompher au Capitole, lui, le génie pacificateur, l'héritier de la politique d'Auguste, lui qui allait suivre en face des barbares un système de prudentes concessions et resserrer les limites de l'Empire ? « Adrien, dit le rhéteur C. M. Fronton, était un prince habile à conduire les soldats et à les haranguer; mais il aima mieux abandonner les provinces conquises par la valeur de Trajan que de les conserver par les armes. »

En Orient, il retira les troupes romaines de l'Arménie, de l'Assyrie et de la Mésopotamie, reconnut Chosroès, permit aux Arméniens de se choisir un roi national, et recula du Tigre à l'Euphrate les bornes du monde romain. En Europe il voulait revenir à la barrière du Danube et rendre à la Dacie son indépendance. La multitude des colons romains établis dans cette province l'empêcha d'exécuter ce projet. Mais il rompit du moins le pont élevé sur le fleuve par Apollodore de Damas. Après une campagne heureuse, il conclut la paix avec les Roxolans et les Sarmates chassés de l'Illyrie, et leur accorda des subsides annuels. Sur les bords du Rhin il acheva les fortifications qui défendaient les terres décumates. Au nord, dans la Grande-Bretagne, il fit construire une muraille de quatre-vingts milles entre le golfe de Solway et la Tyne, en deçà de la ligne d'Agricola, et ne songea point à ramener sous le joug les Macctes révoltés. En Afrique le chevalier Martius Turbo maintint la paix, un moment troublée dans la Mauritanie. Du midi au septentrion, de l'occident à l'orient, un sage système de défense et la forte discipline de l'armée assurèrent à l'Empire un profond repos. Une seule guerre vint attrister la fin de ce règne pacifique. Adrien, pour mettre un terme à la turbulence des Juifs, avait tenté d'effacer les traces de leur nationalité; Jérusalem avait pris le nom d'Ælia Capitolina. En 133, les Juifs, soulevés par le docteur Akiba, placèrent à leur tête un brigand, Barcochébas, *le fils de l'Étoile*, le divin Messie. Ils perdirent cinq cent quatre-vingt-deux mille hommes dans une suite de combats acharnés; le reste fut réduit en esclavage et vendu au même prix que les chevaux, sur les marchés de Gaza et de Térébinthe (137). Adrien interdit à toute la race vaincue l'approche d'Ælia, un seul jour excepté, celui de la ruine de Jérusalem. De la vieille Judée il ne subsista pas même un nom, un souvenir, ailleurs que dans la mémoire de ses indomptables proscrits. Au delà de l'Euphrate, l'abandon de la Mésopotamie conquise; en deçà, la dévastation de la Judée rebelle : c'est là une politique qui paraît tout ensemble faible et cruelle. Il n'y faut voir que le sentiment des vrais besoins de l'Empire. Si le dieu Terme a reculé, c'est pour donner au monde romain plus d'unité, et par conséquent plus de force.

GOUVERNEMENT DE L'EMPIRE; ORGANISATION ADMINISTRATIVE; L'ÉDIT PERPÉTUEL; VOYAGES DU PRINCE; TRAVAUX PUBLICS. — Libre des soins de la guerre, Adrien put s'appliquer entièrement à l'administration intérieure de l'Empire : il ne manqua point à ses devoirs. Les formes républicaines, usées, surannées, n'avaient plus de sens; il les supprima, pour y substituer une organisation monarchique plus en rapport avec la condition actuelle du monde romain. Il divisa toutes les charges et tous les offices en fonctions de l'État, du palais et de l'armée. Les magistratures civiles eurent le premier rang; les charges militaires n'obtinrent que le troisième. Les affranchis perdirent toute influence, et les emplois de la cour impériale furent réservés à des chevaliers. L'expédition des affaires passa aux mains de quatre chancelleries (*scrinia*); à côté du prince se forma une sorte de conseil d'État, composé des plus savants jurisconsultes pour la préparation des édits impériaux, et destiné à dépouiller le sénat de son autorité législative. Les préfets du prétoire, investis d'un pouvoir à la fois civil et militaire, conservèrent la puissance d'un ministère supérieur. Ce n'était pas tout de constituer une savante hiérarchie; après avoir fixé et régularisé l'administration, il fallait donner un corps à la justice : Adrien fit rédiger par Salvius Julianus (131) l'*Édit perpétuel*. « Dans le principe, rien n'égalait l'instabilité du droit prétorien; l'édit rendu par le préteur lors de son entrée en charge ne durait même pas autant que ses fonctions, quoiqu'elles fussent, comme on sait, annales. La loi Cornélia, en l'année 686 de Rome, obligea le préteur à conserver sans changement, pendant toute la durée de sa magistrature, l'édit qu'il avait publié : c'était un grand pas vers la stabilité, un pas aussi vers la science, car il n'avait pu se créer jusque-là ni science ni théorie du droit. L'édit prétorien avait donc une durée annale, lorsque Adrien résolut de lui imprimer le caractère d'immutabilité que l'équité et la science réclamaient également; il le rendit perpétuel. Celui que le grand jurisconsulte du siècle, Salvius Julianus, avait promulgué pendant sa préture, fut choisi, à ce que l'on croit, pour devenir ainsi la loi constante de Rome et de l'Italie. A partir de l'édit perpétuel, le droit prétorien n'apparaît plus dans la législation comme une source de dispositions nouvelles. Un pas restait encore à faire; il restait à doter aussi les provinces d'une loi uniforme et stable : Marc se hâta de promulguer l'édit provincial, qui paraît n'avoir guère été que l'édit perpétuel lui-même, généralisé et appliqué hors de l'Italie (1). »

En effaçant les derniers souvenirs de la république, Adrien n'en travailla pas moins au profit du peuple. Un jour, il fit remise à Rome et à l'Italie de tout ce qui était dû au fisc, aux provinces de tous les impôts non payés depuis seize ans : c'était une somme de 900,000,000 de sesterces. Les registres furent brûlés sur le Forum de Trajan. A ce trait on reconnaît le prince qui avait coutume de répéter : *Ita se rempublicam gesturum, ut sciret populi rem esse, non propriam.* Vivant avec la simplicité d'un particulier, dans la familiarité de ses amis, visitant les bains publics, il se montre partout populaire sans complaisance ni faiblesse. Il n'épargne ni les distributions de blé ni les spectacles; car il savait, suivant l'expression d'un contemporain, que « le peuple romain était mené principalement par deux choses, *annona et spectaculis*; qu'un gouvernement ne réussit pas moins par les amusements que par les choses sérieuses ; qu'on s'expose à plus de dommage en négligeant les choses sérieuses et à plus de mécontentement en négligeant les amusements; que les largesses publiques sont désirées avec moins d'ardeur que les spectacles;

qu'on apaise la partie pauvre du peuple avec des distributions de blé et le peuple tout entier avec des spectacles » (1).

Adrien encouragea l'industrie et le commerce, et rétablit les corporations d'arts et de métiers. Il eut pitié des esclaves, et diminua les rigueurs de leur condition. Il adoucit la loi qui condamnait au supplice tous les serviteurs d'un maître assassiné ; il enleva aux maîtres le droit de vie et de mort ; il défendit de vendre les esclaves, sans l'autorité du juge, pour en faire des prostituées ou des gladiateurs. Enfin il abolit les *ergastula*. Les chrétiens mêmes ne paraissent pas avoir eu beaucoup à souffrir sous son règne : le prince voulait « qu'on les poursuivît régulièrement devant la justice, s'ils avaient fait quelque chose contre les lois, qu'on le prouvât et qu'ils fussent punis selon leur faute, mais non condamnés sur des imputations vagues et des clameurs tumultueuses. »

« S'il m'arrive malheur, je te recommande les provinces, » avait dit Trajan au jurisconsulte Priscus. Adrien comprit ce conseil, et le suivit. Il visita successivement toutes les parties de l'Empire ; ses voyages, à peine interrompus, se prolongèrent durant onze années, de 121 à 131 ; partout, en Asie, en Europe, ils laissèrent des traces... *ejus itinerum monumenta videas per plurimas Asiæ atque Europæ urbes* (2). Il partit en 120 de la Campanie pour la Gaule, parcourut les deux Germanies et la Grande-Bretagne ; en 122 il était en Espagne. De retour à Rome, il repartit, en 125, pour l'Orient ; il revint par la Sicile. En 127 il se dirigea vers l'Afrique. La même année il regagna l'Italie. Puis il recommença son voyage en Orient, visita la Syrie, l'Arabie, la Palestine, l'Égypte, la Thébaïde, la Libye Cyrénaïque, revint en Syrie et passa de nouveau par la Grèce pour se rendre à Rome. Ces promenades impériales ne coûtaient rien aux provinces. Adrien voyageait presque toujours à pied, sans pompe et sans luxe, avec un modeste cortége. Il n'emmenait guère avec lui que quelques jurisconsultes. Il éleva sur son passage,

(1) Am. Thierry, *Hist. de la Gaule sous l'administration romaine*, t. I, p. 176.

(1) Lett. inéd. de Marc-Aurèle et de Fronton, t. II, p. 337.
(2) *Ibid.*, p. 329.

dans un grand nombre de villes, de magnifiques monuments. Il fonda en Thrace Andrinople, en Égypte Antinoopolis. Dans plusieurs cités il accepta des fonctions municipales. Il fut archonte à Athènes, préteur en Étrurie, dictateur et édile dans plusieurs villes du Latium, démarque à Naples, magistrat quinquennal à Adria, dans le Picénum, et à Italica, en Espagne. Il s'informa par lui-même de tous les besoins des peuples, réprimant les exactions des gouverneurs et supprimant les charges inutiles. Le monde romain, par la bouche de Pausanias, l'a remercié de tant de soins et de travaux : « Adrien, dit-il, est le prince qui a donné le plus grand lustre au culte des dieux; il a tout fait pour le bonheur de chacun des peuples soumis à son empire, » καὶ τῶν ἀρχομένων ἐς εὐδαιμονίαν τὰ μέγιστα ἑκάστοις παρασχόμενον (1).

Pour protéger les droits et les intérêts des provinces, Adrien ne négligea pas Rome et l'Italie. A Rome il répara ou rétablit le Panthéon, le Forum d'Auguste, les Bains d'Agrippa. Il bâtit un temple à Trajan et un pont sur le Tibre, nommé le pont Élius. Le mausolée qu'il se fit construire et le pont Élius sont devenus le château et le pont Saint-Ange. Il reste encore des traces de sa splendide villa de Tibur. On y voyait représentés les lieux les plus célèbres de l'Empire, le Lycée, l'Académie, le Prytanée, le Pécile d'Athènes, Canople d'Égypte, Tempé de Thessalie, et même les Champs-Élysées, d'après les tableaux des poètes. « L'Italie, avant et depuis Auguste, était sous la direction immédiate des consuls et du sénat romain. Les magistrats de chaque ville décidaient les affaires courantes; et s'il naissait quelque difficulté, on s'adressait aux consuls, qui en rendaient compte au sénat. Adrien partagea l'Italie entre quatre consulaires, qui paraissaient avoir joui, chacun dans son département, d'une autorité assez semblable à celle qu'exerçaient les proconsuls dans les provinces du peuple. »

Sous une prévoyante administration, l'Italie n'eut pas à se plaindre de ce prince, espagnol comme Trajan, ami des Grecs, *Græculus*, comme on l'appelait dans sa jeunesse, dévoué aux provinces, cher aux soldats, mais également cher au peuple de Rome, sinon à l'aristocratie sénatoriale, par son humanité, son respect pour la justice, ses largesses, et son activité bienfaisante. Le sénat, seulement, ne lui pardonna point la mort de quatre consulaires, tués à son avénement pour avoir conspiré; la disgrâce de Tatius, le préfet du prétoire, et du chef de ses secrétaires, l'historien Suétone; l'adoption de Commodus Vérus, qui n'avait d'autre mérite que de se prêter aux plaisirs du prince et qui mourut à temps pour l'honneur et le bonheur du monde (138); enfin le meurtre de son beau-frère Servianus, condamné avec son petit-fils pour un complot non suivi d'effet. Mais, sans excuser les violences d'Adrien, ses mœurs, sa manie de tout savoir et de ne point supporter de rivaux, il faut rendre hommage à son amour de l'ordre, de la justice, des arts et de la paix. Peut-être Fronton a-t-il tracé le véritable portrait de ce prince, quand il écrivait en plaisantant à Marc-Aurèle, son petit-fils par adoption : « Votre aïeul, prince savant et courageux, aussi actif à gouverner qu'à parcourir la terre, se laissait prendre aux mélodies des joueurs de flûte et faisait aux banquets opimes un excellent mangeur, » *avum vestrum,... doctum principem et navum, orbis terrarum non regendi tantum sed etiam perambulandi diligentem, modulorum tamen et tibicinum studio devinctum fuisse scimus et præterea prandiorum opimorum esorem optimum*. Ce témoignage complète celui de Pausanias.

ADOPTION D'ANTONIN PAR ADRIEN ET DE MARC-AURÈLE PAR ANTONIN; MORT D'ADRIEN. — Après la mort de Commodus Vérus, Adrien n'avait plus d'héritier; il fallait un maître à l'Empire : l'empereur adopta Titus-Aurélius-Fulvius-Boionius Antoninus, et le proclama César. Retenu dans le palais par les infirmités que lui avaient apportées l'âge et la débauche, il réunit un conseil de sénateurs : « Vérus, leur dit-il, était pour moi un fils tel que je pouvais le souhaiter. La mort me l'a ravi, et je lui ai trouvé un successeur digne de vous gouverner après moi, recommandable

(1) Pausanias, *Attique*, traduction de Clavier, t. I, p. 35.

r sa naissance, plein de douceur, cœur ndre, esprit éclairé, dans la force de âge, et de qui vous n'avez à craindre ni pétulance de la jeunesse ni la lenteur rdinaire aux vieillards. Dès son enfance a appris à respecter les lois, et dans les ivers commandements qu'il a exercés s'est conduit avec sagesse, et a acquis ne grande expérience. Ainsi il n'ignore en de ce qui concerne le gouvernement es affaires publiques, et il est en état e faire usage de ses connaissances. Je is qu'il est modeste, et que rien n'était lus éloigné de sa pensée que l'élévaon à laquelle je le destine. Mais, malré son goût pour le repos, j'espère u'il ne se refusera ni à mes besoins ni ceux de l'État, et que, surmontant sa pugnance, il se soumettra au fardeau ue je lui impose. » Le nouveau César ait digne de l'Empire. Sa vie passée romettait au monde romain une sage t douce administration. Crévier l'a it avec une sorte d'orgueil national : C'est notre Gaule qui a eu la gloire de onner à Rome en la personne d'Antoin le meilleur de ses princes; car il tiait de la ville de Nîmes son origine paernelle. » — « Adrien, ajoute-t-il, louale à bien des égards, mais mêlé de taches normes, racheta tous ses torts envers État par l'adoption d'un tel héritier. » Antonin n'avait point de fils. Adrien oulut qu'il adoptât le jeune M. Annius, ui fut depuis Marc-Aurèle. A celui-ci l donna pour frère le fils de Vérus. d. Annius n'avait pas encore dix-sept ns accomplis qu'il fut désigné pour la uesture. Il était temps de pourvoir à a succession impériale. Adrien s'affailissait de jour en jour. Vainement il vait recours à la médecine et à la maie; rien ne pouvait lui rendre ses forces puisées. Las de ses interminables doueurs, « et ne pouvant supporter une siuation où il mourait chaque jour sans ouvoir jamais mourir, » il appela à on aide le fer ou le poison. Antonin, ar ses prières, par une active surveilance, le força de vivre et de souffrir. L'empereur ne se résigna qu'avec peine à prolonger sa triste vieillesse. Dans son légoût amer de la vie, il oublia ses prinipes de modération et de justice : il rononça des arrêts de mort contre pluieurs sénateurs qui furent sauvés par Antonin. Il voulait s'occuper jusqu'au dernier instant des affaires publiques ; mais enfin il fallut céder à l'excès du mal. « Un prince, disait-il, devrait mourir à son poste, en bonne santé, » *sanùm principem mori debere, non debilem.* Il quitta Rome, et se retira à Baies. « Va, mon âme, où tu pourras. »

>Animula vagula, blandula,
>Hospes comesque corporis,
>Quæ nunc abibis in loca
>Pallidula, rigida, nudula;
>Nec, ut soles, dabis jocos.

C'était ainsi qu'il plaisantait à sa dernière heure. Enfin il mourut; le sénat, qui le détestait, faillit condamner sa mémoire et abolir ses actes comme ceux d'un tyran. La piété d'Antonin le sauva de cet outrage. Après quelque hésitation, on le mit au rang des dieux. Les soldats, le peuple, les provinces ratifièrent son apothéose. L'armée se souvenait de l'avoir vu dans les camps, partageant ses exercices et ses fatigues, et maintenant la discipline avec une sage rigueur. Le peuple n'avait pas oublié ses largesses, sa bonhomie, ses visites aux bains publics, son assiduité au tribunal, l'activité qu'il avait déployée à l'avantage de tous. Les provinces gardaient encore la trace heureuse de ses voyages. Que pouvaient contre cette presque unanimité de regrets les tardives rancunes d'une orgueilleuse aristocratie! Elles n'enlevèrent pas au mort sa place d'honneur entre Nerva et Trajan, Antonin et Marc-Aurèle.

§ II. *Les Antonins.*

PORTRAIT D'ANTONIN LE PIEUX PAR MARC-AURÈLE ; TÉMOIGNAGE DE FRONTON ; BONHOMIE DU PRINCE. « La vie de mon père a toujours été pour moi une leçon continuelle de clémence et de fermeté inébranlable dans les desseins formés après une mûre délibération. Il était insensible à la vaine gloire qui accompagne ce qu'on appelle ordinairement les honneurs; il aimait le travail assidu; il était toujours prêt à écouter favorablement ceux qui avaient à proposer quelque chose qui pouvait être utile à l'État : aucune considération ne pouvait l'empêcher de traiter chacun selon son mérite, et selon les qualités qu'il reconnaissait en lui. Il savait user à propos de sévérité et d'indulgence : il avait renoncé de bonne heure à l'amour. Il était modeste, civil et honnête ; il laissait à ses amis la liberté de manger ou de ne point manger avec lui ; il n'exigeait point d'eux qu'ils l'accompagnassent dans ses voyages ; et ceux que la nécessité de leurs affaires avaient empêchés de le suivre le retrouvaient toujours le même pour eux à son retour. Dans les conseils il recherchait, avec un très-grand soin et une patience infinie, ce qu'il fallait faire ; et jamais pour avoir plus tôt fini il ne se contentait des premiers expédients qu'on lui proposait. Il avait une amitié toujours égale pour ses amis, dont il ne se lassait jamais, et dont il n'était jamais entêté. En quelque état qu'il se trouvât, il était toujours content et paraissait toujours gai. Il prévoyait de loin ce qui pouvait arriver, et dans les choses de la plus petite conséquence il donnait les ordres nécessaires sans aucune ostentation. Il s'opposait de tout son pouvoir aux acclamations du peuple et à toutes les autres marques de flatterie. Il conservait avec soin ses revenus, qui sont les nerfs de l'Empire, et il modérait, autant qu'il lui était possible, ses dépenses ordinaires, sans se mettre en peine des plaintes et des reproches que cette exactitude lui attirait. Il n'était point superstitieux dans le culte qu'il rendait aux dieux, et ne tâchait point de gagner la faveur du peuple par des présents, par des flatteries et par des douceurs ; mais il était modéré en tout, toujours ferme, toujours égal, et aussi attaché à toutes les bienséances qu'ennemi déclaré de toutes les nouveautés. Pour les commodités de la vie qu'une grande fortune ne manque jamais de donner, il en jouissait avec beaucoup de liberté et sans aucun faste ; mais avec la même liberté dont il savait en jouir il savait aussi s'en passer. Il s'est toujours conduit de manière que personne n'a jamais pu dire de lui qu'il fût un sophiste, un diseur de bons mots, un homme qui sentît l'école ; au contraire, il a toujours passé pour un homme sage, consommé dans les affaires, entièrement éloigné des bassesses et de la flatterie, et très-capable, non-seulement de se conduire, mais aussi de conduire les autres. Il ho-

norait les véritables philosophes, et supportait ceux qui ne l'étaient pas. Il étai d'un commerce aisé et agréable, et d'un conversation enjouée et plaisante, mai qui ne fatiguait jamais. Comme u homme qui n'était point attaché à l vie, il avait un soin médiocre de sa personne, sans rechercher la bonne grâc et sans la mépriser ; ce qu'il avait le plu en vue, c'était de se mettre en état d n'avoir besoin que rarement de méde cins et de remèdes. Il cédait sans envi à ceux qui excellaient ou en éloquenc ou dans la connaissance de l'histoire, d la morale et des lois, ou de quelqu autre science que ce pût être, et leu accordait sa protection, afin qu'ils pus sent acquérir la gloire qu'ils devaient at tendre. En toutes choses il suivait exac tement les coutumes de nos pères, e n'affectait point de faire paraître que so but était de les imiter. Il n'était ni im patient ni inquiet, et il ne se lassait ja mais ni d'être dans un même lieu ni d travailler longtemps à une même affaire Dès que les violents maux de tête aux quels il était fort sujet étaient passés il reprenait tout aussitôt, et avec un nouvelle vigueur, ses occupations ordi naires. Il avait peu de secrets, et ceu qu'il avait regardaient toujours l'État. I faisait paraître beaucoup de prudence e de modération dans les spectacles qu' donnait, dans tous les ouvrages publics et dans les largesses qu'il faisait au peu ple ; en toutes choses il regardait plutô ce qu'il fallait faire que la gloire qu lui en pouvait revenir. Il ne se mettai jamais dans le bain à une heure indue il n'aimait pas à bâtir, il n'était ni déli cat pour sa nourriture ni soigneux d voir de beaux esclaves. Les robes qu'i portait ordinairement à sa maison d Lorium étaient faites dans le villag prochain. A Lanuvium il n'avait le plu souvent qu'une tunique, et quand il pre nait un manteau pour aller à Tusculum il se croyait obligé d'en faire des excu ses. Voilà quelles étaient ses manières Il n'avait rien de rude, rien d'indécent rien d'outré, enfin rien qui passât le bornes d'une juste modération. Tout c qu'il faisait, c'était avec tant de suite tant d'ordre, tant de fermeté, et il y avai un si grand rapport entre toutes ses ac tions, qu'il semblait toujours qu'il avai u du temps pour s'y préparer. On pourrait lui appliquer ce qu'on a dit de Socrate, qu'il savait également se passer et jouir des choses dont la plupart des hommes ne peuvent ni se passer sans faiblesse ni jouir sans emportement (1). »

Voilà le portrait d'Antonin le Pieux, tracé par la main de Marc-Aurèle, son fils adoptif. L'histoire n'a pas contredit ce témoignage. Nous n'avons plus, il est vrai, l'éloge d'Antonin prononcé dans le sénat par le consul M. Fronton. Nous serions en droit de le regretter si nous acceptions le jugement porté par Marc-Aurèle sur ce rhéteur, qui fut son maître et son ami : « Les anciens Grecs ont-ils jamais rien écrit de semblable? en juge qui le sait : pour moi, s'il m'est permis de le dire, je n'ai jamais trouvé M. Porcius aussi admirable dans l'invective que toi dans l'éloge. Ah! si mon seigneur pouvait être assez loué, sans doute il l'eût été par toi? Plus facilement on imiterait Phidias, plus facilement Apelles, plus facilement enfin Démosthène lui-même ou Caton, que ce chef-d'œuvre de l'étude de l'art (2). » Antonin lui-même a jugé ainsi son panégyrique : « Rien de plus fort que ces pensées, rien de plus naturel, et pourtant rien de plus nerveux que cette élocution. Car, mon très-cher Fronton, je n'irai pas te priver d'un éloge si mérité, par crainte de louer impudemment mon propre éloge. Tu as donc bien réussi en ton très-bel ouvrage, auquel, à part le sujet, tout honneur est dû pleinement (3). » Pourtant Eumène nous apprend que Fronton attribuait au prince les succès remportés en Bretagne par un de ses lieutenants, et lui en rapportait toute la gloire, bien qu'Antonin n'eût pas mis le pied hors de Rome ; il le comparait au pilote qui, sans s'éloigner du gouvernail, a tout le mérite d'une heureuse navigation. Cette flatterie, un rapprochement de mauvais goût entre *le feu du bûcher et le feu des autels qui se ressemblent, parce qu'ils brillent également* (4), ce n'est point as-

(1) *Réflexions morales de Marc-Antonin*, I, 16 ; cf. VI, 30.
(2) *Lett. inéd. de Marc-Aurèle et de Fronton*, tr. Arm. Cassan, t. I, p. 109.
(3) *Ibid.*, p. 5.
(4) *Ibid.*, p. 115.

sez pour nous faire regretter beaucoup ce que nous avons perdu. Fronton avait loué aussi le jeune Marc-Aurèle, qui, tout en lui reprochant « de tant mentir à son sujet, surtout en plein sénat, » laisse échapper ce détestable jeu de mots : « Oh! si à toutes les têtes de chapitre j'avais pu baiser la tienne ! » *O si ad singula capita caput tuum basiare possem !* Sans nous écrier avec Marc-Aurèle : « Honneur de l'éloquence romaine, gloire de l'amitié, merveille de la nature, homme aimable, illustre consul, le plus doux des maîtres et le plus grand de tous les menteurs, » nous ne ferions pas un crime à Fronton d'avoir loué, même outre-mesure, le César instruit à ses leçons ; mais il vantait aussi l'impératrice Faustine. Antonin applaudit : « Dans cette partie de ton discours consacrée par ta reconnaissance à la mémoire de ma Faustina, j'ai vu encore plus de vérité que d'éloquence ; car il en est ainsi : oui, certes, j'aimerais mieux vivre avec elle à Gyare, en exil, que sans elle dans les palais des empereurs » (1). On reconnaît là le mari débonnaire qui mit au rang des dieux sa femme infidèle. Quant à Fronton, a-t-il, comme Antonin, l'excuse d'une bonhomie trop indulgente ? Ce n'est pas une dupe, c'est un courtisan qui flatte et qui ment ; le temps nous eût-il conservé son discours, nous ne pourrions donc l'écouter qu'avec défiance. D'ailleurs, ne savons-nous pas, de son propre aveu, qu'il avait mis de la passion dans ce morceau de rhétorique ? « Le divin Adrien, ton aïeul, écrit-il à son élève, je l'ai loué fort souvent dans le sénat, et toujours avec autant d'épanchement que de penchant, *studio inpenso et propenso quoque*; et ces discours assez nombreux sont dans les mains de tout le monde. Or, ce même Adrien, ceci soit dit sans offenser ta piété filiale, je l'ai plutôt désiré propice et doux, comme Mars Gradivus, comme Dis Pater, que je ne l'ai aimé. Pourquoi ? parce que pour aimer il est besoin de quelque confiance et de quelque familiarité. Or, comme la confiance m'a manqué, celui que je vénérais si fort, je n'ai point osé le chérir. Antonin, au contraire, je l'aime, je le chéris, comme

(1) *Lett. de M. Aur. et de Fronton*, t. I, p. 5.

le soleil, comme le jour, comme la vie, comme le souffle, et je sens que je suis aimé de lui. Celui-là, si je le loue, son éloge ne doit point s'enfouir ignoré dans les actes du sénat; et si mon panégyrique ne passe entre les mains et sous les yeux des hommes, je suis un ingrat même envers toi. Comme ce coureur fugitif qui, à ce qu'on raconte, disait : « J'en courais soixante pour mon maître; j'en courrai cent pour moi, afin de m'échapper, » moi aussi, lorsque je louais Adrien, je courais pour un maître; mais aujourd'hui, je cours pour moi, oui pour moi, et c'est avec mon âme que j'écris ce discours (1). » Évidemment, ce n'est point là l'esprit de l'histoire; nous aurions sujet de nous tenir en garde contre l'effusion un peu déréglée d'une tendresse si vive. Ne repoussons pas toutefois le témoignage de Fronton; à défaut de son panégyrique, nous avons constaté l'hommage qu'il a rendu dans ses lettres à la débonnaireté, à la bonhomie d'Antonin. « Votre père, écrit-il à Marc-Aurèle, cet homme divin par la prudence, la chasteté, la frugalité, la candeur, la piété, la sainteté, a dépassé toutes les vertus des autres princes, et pourtant il entrait dans la palestre, amorçait l'hameçon, et riait aux plaisanteries des bouffons » (2). On s'est moqué d'Antonin le Pieux; on a dit « c'est un bon et simple citoyen sous la pourpre ». Hâtons-nous de dire que Fronton nous fait aimer cette nature douce et bienveillante. On se plaît à voir le maître du monde se réjouir quand ses jeux ne coûtent ni la fortune ni la vie d'un Romain, et qu'il dépense honnêtement des richesses bien acquises. Rappelons-nous que les passe-temps de l'empereur ne gênaient point l'administration de l'État. Il gouvernait l'Empire comme sa maison, diminuant les tributs, réprimant les exactions, écoutant les plaintes des provinces. « Quelle exactitude sur des riens ! Le bonhomme couperait en quatre un grain de cumin ! » Il est vrai; mais les provinces ont-elles à se plaindre de ces minuties? « Je ne connais rien de plus honteux et de plus cruel que de laisser

(1) Lett. inéd. de Marc [...]
(2) Ibid. t. II, p. [...]

ronger l'État par des gens qui ne lui rapportent rien par leur travail. » Voilà un mot qui devait irriter les parasites, et plus d'un sans doute accusa l'empereur de parcimonie. Il est permis de partager pour Antonin les sympathies de Fronton et de Marc-Aurèle. Si le maître et l'élève ont placé trop haut le nom de *leur seigneur*, ce nom, pour avoir perdu quelque chose de son éclat, n'a pas cessé de faire honneur à la philosophie et au paganisme. Pour n'être pas chrétien, Antonin le Pieux n'en fut pas moins un homme vertueux; et s'il ne mérite pas notre admiration, il a des droits à notre respect. Ainsi l'ont pensé Tillemont et Crévier; aujourd'hui certains auteurs moins instruits, mais plus exclusifs, ne lui pardonnent pas son amitié pour les philosophes et les éloges que le dix-huitième siècle a donnés à sa tolérance. Cette tolérance pourtant épargna l'Église naissante, la protégea, dans la Grèce et l'Asie Mineure, contre les soulèvements du fanatisme populaire, et, grâce à elle, le nom de chrétien cessa de désigner un criminel. Fidèle au culte de l'État, pieux sans superstition, ami éclairé des philosophes, Antonin montra pour la secte nouvelle une grande impartialité.

ADMINISTRATION DE L'EMPIRE; LONG REPOS; AFFAIBLISSEMENT DES ARMÉES. — Il nous reste peu de détails sur le gouvernement d'Antonin. A peine le bruit des armes troubla-t-il aux frontières la paix profonde de son règne. Il y eut quelques combats au nord contre les Bretons, en Afrique contre les Maures, sur le Danube contre les Alains et les Quades. Les Lazes et les Arméniens reçurent des rois nommés par l'empereur. Des députés des peuples barbares vinrent à Rome offrir leur soumission : Antonin refusa leur hommage; il se rappelait les maximes d'Auguste et d'Adrien. Pris pour arbitre par des princes de l'Inde, de la Bactriane et de l'Hyrcanie, il mérita le titre de *père du genre humain*. Il était déjà *père de la patrie*. « J'aime mieux, disait-il, conserver un citoyen que de tuer mille ennemis. » Il fit disparaître les délateurs, et deux fois il pardonna à des conspirateurs convaincus de complot. Il n'aimait pas le sang, et il évitait soigneusement de fouler le peuple. A son avènement il fit remise l'or coronaire à l'Italie et aux provinces. Comme il savait que les voyages d'un empereur étaient ordinairement pour les provinciaux une lourde charge, ne s'éloigna point de Rome. Plus d'une fois, pour les dépenses des jeux et des distributions, il se servit de sa fortune personnelle, accrue par les legs de ses amis. Il éleva dans Rome plusieurs édifices. Nîmes, Narbonne, Carthagène, Antioche, etc., durent à sa libéralité de nombreux embellissements. Un incendie avait consumé dans la capitale de l'Empire jusqu'à trois cent quarante maisons : le prince, pour réparer ce désastre, prodigua l'argent et les secours. Dans une famine, « la populace, qui lorsque le pain lui manque ne se connaît plus, » lui jeta des pierres. Antonin excusa cet égarement; il fit acheter à ses frais des blés, des vins, des huiles, et les distribua gratuitement. Il fonda des maisons d'asile pour l'éducation des jeunes filles pauvres, et les plaça sous le patronage de l'impératrice Faustine; enfin, il assigna des traitements aux professeurs qui enseignaient dans les principales écoles de l'Empire. Sous cette paternelle administration le monde romain se reposa vingt-trois ans.

Marc-Aurèle, adopté par Antonin et marié à sa fille Faustine, se préparait dans l'étude et le travail à imiter les vertus de son père et à continuer son règne. Mis à huit ans par Adrien au rang des saliens, Marc-Aurèle avait pris un peu plus tard le *pallium* des philosophes. Sa jeunesse laborieuse, instruite par les leçons d'Hérode Atticus, de Fronton, de Sextus, d'Apollonius, etc., promettait au pieux Antonin un successeur digne de lui. Les lettres retrouvées par M. A. Mai sur les palimpsestes de Rome et de Milan nous ont initiés au secret de cette éducation littéraire et philosophique. Tandis que le monde jouit de la paix universelle, nous pourrions nous arrêter un moment aux confidences de M. Fronton et de son élève. Il y aurait là matière à un chapitre curieux pour l'histoire de la pédagogie; mais c'est l'histoire de l'Italie que nous écrivons, ce sont les renseignements sur l'état des villes et des populations italiennes que nous devons chercher surtout dans la correspondance de Marc-Aurèle. Le voici à Naples avec sa mère Calvilla : « Le ciel de Naples, dit-il, est délicieux, mais singulièrement variable; à chaque heure, à chaque minute, il est ou plus froid ou plus tiède, ou plus orageux. D'abord la première moitié de la nuit est douce, c'est une nuit de Laurente; au chant du coq, c'est la fraîcheur de Lanuvium; entre le chant du coq, l'aube du matin et le lever du soleil, c'est tout Algide; plus tard, avant midi, le ciel s'échauffe comme à Tusculum; à midi, c'est la chaleur brûlante de Putéoli. Mais quand le soleil se plonge dans la vaste Océan, le ciel s'adoucit, on respire l'air de Tibur. Cette température se soutient le soir et aux premières heures de la veillée, tandis que la nuit paisible, comme dit M. Porcius, se précipite des cieux (1). » Dans une autre lettre à son maître, il parle d'Anagnia : « Nous avons visité cette ville antique : c'est peu de chose aujourd'hui; mais elle renferme un grand nombre d'antiquités, surtout en monuments sacrés et en souvenirs religieux. Il n'y a pas un coin qui n'ait un sanctuaire, une chapelle, un temple; de plus des livres linteats consacrés aux choses saintes. En sortant, nous avons trouvé écrit sur la porte, des deux côtés, cette inscription : *Flamen, sume samentum*. J'ai demandé à un habitant du lieu le sens de ce dernier mot. Il m'a répondu qu'en langue hernique il signifiait un lambeau de peau enlevé à la victime, et que le flamine met sur son bonnet lorsqu'il entre dans la ville (2). » Ce sont là sans doute de minces détails; mais il est bon de les noter en passant, puisque à cette époque nous n'avons à raconter ni guerres civiles ni lointaines conquêtes.

Cette paix ne durera point toujours, ce bonheur touche à son terme. « De même que dans la mer l'île d'OEnaria reçoit et repousse les vagues marines, et souffre tous les assauts des flottes, des brigands, des bêtes féroces et des tempêtes, tandis qu'en son sein, dans un lac, elle protège une autre île contre tout péril et tout outrage, et lui fait partager ses délices et ses voluptés : car cette île intérieure, au milieu de son lac, est, comme elle, baignée par les ondes, re-

(1) *Lett. inéd.*, etc., t. I, p. 97.
(2) *Ibid.*, p. 240.

çoit, comme elle, la douce haleine des vents; est, comme elle, habitée, et jouit, comme elle, de la perspective des mers. Ainsi, ton père supporte toutes les charges et toutes les peines de l'Empire romain, et t'assure le repos au dedans de lui, dans son tranquille sein, t'associe à sa dignité, à sa gloire, et te fait entrer en partage de tous ses biens (1). » Cette image que Fronton recommande à son élève pour l'éloge d'Antonin ne manque point de vérité. La fortune d'Antonin sert encore de barrière à l'Empire contre l'invasion des barbares, et maintient au dedans la prospérité. Mais déjà se prépare un triste avenir : les armées, où l'on ne retrouve plus les vertus militaires, languissent dans le repos des camps, et voici que la guerre attend, pour reparaître plus dangereuse et plus terrible, la mort de l'empereur.

Fronton, dans une lettre à Luc. Vérus, a fait le tableau des troupes romaines, « perverties par le désordre, la débauche et une longue oisiveté. » — « Des soldats habitués à applaudir chaque jour les histrions d'Antioche, et plus souvent au milieu des bosquets et des lieux infâmes que sous leurs enseignes. Des chevaux, tout hérissés, faute de soin, des cavaliers épilés ; rarement chez le soldat un bras ou une jambe velus ; des hommes mieux vêtus qu'armés ; si bien qu'un homme austère, nourri dans l'antique discipline, Lœlianus Pontius, brisait du bout de ses doigts presque toutes leurs cuirasses, et remarquait même des coussins étendus sur leurs chevaux. Il fit couper les cornettes des casques, et arracher aux cavaliers, comme à des oies, la plume de leurs selles. Peu de soldats s'élançaient d'un bond sur leurs chevaux ; les autres se soutenaient à peine sur leurs pieds, leurs genoux, leurs jarrets ; peu faisaient vibrer le javelot : la plupart, sans force et sans vigueur, le jetaient comme de la laine. Au camp, le jeu partout ; un sommeil long comme la nuit, et la veillée dans le vin (2). » Voilà quels défenseurs l'Empire devra bientôt opposer aux Parthes! Antonin mourut en 161.

(1) *Lett. inéd. de Marc-Aurèle et de Fronton*, t. I, p. 177.
(2) *Ibid.*, t. II, p. 193.

AVÉNEMENT DE MARC-AURÈLE ; ASSOCIE VÉRUS A L'EMPIRE ; GUERRE CONTRE LES PARTHES ; CAMPAGN CONTRE LES MARCOMANS (161-169). — Marc-Aurèle, par la volonté d'Antoni et du sénat, devait être le seul héritie de son père adoptif. A peine investi d pouvoir, il commença par associer l'empire son frère Lucius Commode Vérus. Ce désintéressement fut un faute. Les deux Augustes ne partagèrer point entre eux le monde romain ; i gouvernèrent ensemble avec une autorit commune. Mais Vérus était perdu d vices, Marc-Aurèle était un sage. A vra dire, le sage fut le seul empereur. De l puissance suprême l'un ne prit que droit de jouir, l'autre que la fatigue les rudes travaux. L'histoire n'a que d mépris pour Vérus : elle honore le no de Marc-Aurèle.

Reconnus d'abord par le sénat, le deux frères se présentèrent ensuite au prétoriens, et leur promirent vingt mil sesterces par tête. Ainsi, tout en renda hommage à la prééminence de l'asser blée, ils étaient contraints de ménage encore l'influence de la soldatesque. L peuple eut sa part dans les fêtes de l' vènement : on augmenta les distributio gratuites de blé.

Le nouveau règne s'annonçait sou d'heureux auspices. La paix se mair tint d'abord sur toutes les frontières ; pendant que Vérus donnait à ses débau ches les jours et les nuits, Marc-Aurè trouva le temps d'écouter les leço de son maître, le stoïcien Sextus de Ch ronée, et de fréquenter l'école d'H mogène. Un débordement du Tibr rappela le philosophe à ses devoirs d souverain. Après l'inondation vint la fa mine. Il fallait du pain à l'Italie. L prince se hâta d'adoucir les souffrance du peuple. Mais déjà les Cattes remuaien en Germanie, les Calédoniens en Bre tagne, et les Parthes passaient l'Eu phrate (162). Au nord on eût bientô repoussé les barbares ; mais dans l'O rient la guerre était plus sérieuse. Marc Aurèle, d'accord avec le sénat, envoya son frère contre les Parthes, et lui ad joignit pour lieutenant un brave soldat Avidius Cassius. Vérus partit de Rome heureux d'échapper aux regards de so frère. Son voyage ne fut qu'une longue

uite d'orgies. A Canouse il tomba malade; Marc-Aurèle vint le visiter, et lui donna d'inutiles conseils : le pourceau d'Épicure pouvait-il comprendre le stoïcien? En Grèce, en Asie Mineure, comme en Italie, Vérus continua ses excès. Il resta quatre ans en Syrie, dans les molles délices d'Antioche et de Daphné. Pendant ce temps, Avidius Cassius, Statius Priscus et Martius Vérus chassaient les Parthes au delà de l'Euphrate, portaient le feu et le pillage jusque dans Séleucie et Ctésiphon, et délivraient l'Arménie. Le prince fut trois fois proclamé *imperator*, et prit les titres de *Parthique*, d'*Arménique*, de *Médique*. Il partagea ces honneurs avec Marc-Aurèle ; le sénat y ajouta le nom de *Père de la patrie* (1).

(1) Il est bon de comparer ici tous les témoignages : nous allons citer celui de Fronton sur cette expédition contre les Parthes et sur les vertus militaires de son élève Luc. Vérus :... « Le soldat romain, désaccoutumé de la guerre, perdait insensiblement son courage ; car le défaut d'exercice, pernicieux à tous les arts, l'est surtout à celui de la guerre. Mais les soldats de Syrie étaient les plus corrompus de tous, séditieux, insolents, rarement au drapeau, sans cesse hors des quartiers et se répandant de tous côtés, dès le milieu du jour, pleins de vin, n'étant pas même accoutumés à porter une armure, mais, par impatience de la fatigue, restant sans armes et demi-nus, à la manière des vélites et des frondeurs. Pour comble de déshonneur, ils avaient été tellement effrayés par des combats malheureux, qu'ils tournaient le dos au premier aspect des Parthes, et que les trompettes leur semblaient toujours sonner le signal de la fuite. Luc. Vérus arrêta cette ruine de la discipline romaine ; il se donna lui-même pour exemple dans tous les exercices militaires. On le voyait à la tête des troupes, marchant beaucoup plus souvent à pied qu'à cheval ; supportant un soleil brûlant avec autant de facilité qu'un jour serein ; endurant les flots de poussière comme des brouillards, et la sueur sous les armes comme dans les jeux. Bien plus, il se tenait la tête nue au soleil, à la pluie, à la grêle, à la neige, s'exposant même aux traits sans défense. Inspecter le soldat dans la plaine et visiter les malades était un de ses premiers soins ; il ne traversait pas les tentes légèrement et sans attention : il s'y arrêtait, et regardait en détail les délicatesses des Syriens et les rustiques soins des Pannoniens. Le soir,

L'armée rapporta en Italie une terrible contagion. La peste désola Rome

toutes les affaires réglées, il prenait le bain ; puis un repas frugal, vivant dans les camps comme un plébéien ; pour boisson, le vin du pays et l'eau qu'on trouvait. Il passait sans peine la première veille, et attendait toujours éveillé la dernière. Il prenait plus de plaisir au travail qu'au repos, et employait le repos au travail. Il donnait aux affaires civiles les moments que celles de la guerre lui laissaient libres. Dans une pénurie subite, il se servit souvent de branches et de feuilles en guise de meubles, et plus d'une fois le gazon lui tint lieu de lit. C'était par le travail et non par le calme qu'il arrivait au sommeil. Enfin il punissait sévèrement les fautes graves, sachant dissimuler les petites... Il écrivit au roi des Parthes pour lui proposer la paix. Le barbare ayant rejeté ses offres avec dédain en fut sévèrement puni. Rien ne prouve mieux combien Lucius avait à cœur la conservation du soldat, puisqu'il voulait acheter au prix de sa gloire une paix qui n'eût point coûté de sang ; bien différent de Trajan, dont les goûts ont fait croire à plusieurs qu'il préférait une gloire acquise par le sang du soldat... Lucius s'était fait une réputation de justice et de clémence qui l'avait sanctifié aux yeux des barbares ; Trajan n'était pas également pur aux yeux de tous... Lucius a fait de si grandes choses, qu'Achille voudrait les avoir faites et Homère les avoir écrites... Si l'on cherche qui de lui ou de Trajan l'emporte en vertu, on trouvera, comparaison faite, qu'ils ne diffèrent entre eux que par le nom de famille. » (M. C. Frontonis *Principia Historiæ*; tr. Arm. Cassau.) Une lettre de Lucius à son maître nous apprend ce qu'il faut croire de tous ces éloges : « Les événements, dit-il, qui ont eu lieu depuis mon départ, tu les connaîtras d'après les lettres qui m'ont été écrites par les chefs chargés de la conduite de chaque affaire. Afin que tu puisses te rendre compte de mes calculs et de mes plans, je t'enverrai mes lettres, où l'ordre à suivre en toute chose est tracé. Si tu désires aussi quelques dessins, tu pourras les recevoir de Fulvianus ; mais, pour te mettre encore plus les faits sous les yeux, j'ai mandé à Cassius Avidius et à Martius Vérus de m'écrire quelques mémoires, que je t'enverrai, et qui te donneront l'intelligence des mœurs et de la richesse du pays. Si tu veux que je t'écrive aussi une espèce de mémoire, dis-moi quel tu veux que je l'écrive, et ordonne : je l'écrirai, car je suis prêt à me résigner à tout, pourvu que nos actions te doivent leur célébrité. Ne néglige

et les provinces. A Rome on vit des tombereaux chargés de cadavres; le gouvernement paya les frais des funérailles.

pas non plus nos discours au sénat et nos allocutions à l'armée. Je t'enverrai aussi mes conférences avec les barbares : ces matériaux te seront d'un grand usage. Il est une chose que je ne veux certes point démontrer, humble élève, à mon maître, mais que je veux le mettre à même d'apprécier. Insiste longtemps sur les causes et l'origine de la guerre et même sur les désastres éprouvés en notre absence : tu arriveras tard à nos actions. Du reste, je pense qu'il est nécessaire de faire ressortir toute la supériorité des Parthes avant mon arrivée, afin que toute la grandeur de nos opérations apparaisse... En somme, mes actions, quelles qu'elles soient, n'ont de grandeur que leur grandeur réelle; mais elles paraîtront grandir d'autant plus que tu auras voulu qu'elles parussent grandes. » (T. II, p. 201.) Fronton ne fit point défaut à cet appel, et mit au service de Vérus toutes les ressources de l'art oratoire. Pardonnons-lui cette complaisance : pouvait-il rien refuser à un élève dont l'éloquence, sinon la vertu, faisait tant d'honneur à ses leçons? « Tu penses peut-être, lui écrit-il, que je veux louer tes exploits militaires, la sagesse de tes plans. Oui ; plus ces choses sont glorieuses pour la république et l'empire du peuple romain, plus elles sont belles et grandes, et plus est grande la part que je prends comme homme dans la joie commune. Mais c'est surtout cette éloquence que nous a révélée ta lettre au sénat qui fait mon triomphe aujourd'hui. Je l'ai reçue, je la possède, je la tiens cette marque de faveur qui met le comble à toutes les autres ! Je puis maintenant sortir, l'âme joyeuse, de la vie, puisque j'ai reçu un si noble prix de mes soins, et que je laisse un si grand monument pour mon éternelle gloire. Tous les hommes savent, ou pensent, ou croient, sur votre parole, que je fus ton maître. Certainement je m'arrogerais ce titre avec plus de retenue, si vous-mêmes ne le proclamiez : ce que vous publiez vous-mêmes, je ne puis le nier! Ta gloire, ta vertu militaire, ont des ministres; l'éloquence, c'est, j'ose le dire, sous ma conduite et mes auspices, César, qu'elle est née en toi. » (T. II, p. 175.) Pourquoi le temps, qui nous a conservé ces déclamations d'un rhéteur courtisan, n'a-t-il pas épargné plutôt les dessins de Sallustius Fulvianus et le mémoire d'Avidius Cassius? Nous aurions du moins sur la guerre des Parthes quelques renseignements sérieux et dignes de foi.

Les pauvres ne souffraient pas seuls : il périt des riches aussi, et leur mort par un triste privilége, frappa davantage l'imagination publique. Marc-Aurèle dressa des statues à plusieurs victimes de ce fléau, qui ne savait point respecter les rangs. Vérus, indifférent aux maux de l'Italie, se ruinait en fêtes insensées dans sa villa, sur la voie Claudienne. Un jour il invita son frère à venir le voir. Marc-Aurèle resta cinq jours dans ce lieu de débauche, uniquement occupé des affaires de l'État, tenant conseil et rendant la justice. A quoi bon cette leçon trop délicate? Vérus n'avait plus la force de changer de vie. Au milieu de ses bateleurs et de ses histrions amenés de Syrie, il consommait, à manger et à boire, l'héritage d'Antonin. Capitolin nous a conservé le détail d'un de ses festins. Il en évalue la dépense à six millions de sesterces, et la table n'avait reçu que douze convives!

Il dut pourtant se réveiller quelques jours pour reprendre les armes contre les barbares : les Marcomans marchaient sur Aquilée; les deux empereurs se mirent à la tête des troupes (167). La peste avait épuisé l'Italie : il fallut enrôler des esclaves, des *volontaires*, des gladiateurs, des brigands de Dalmatie, et des corps même de Germains. La campagne fut heureuse. Au retour Vérus mourut d'apoplexie (169). Marc-Aurèle le fit mettre au rang des dieux.

Marc-Aurèle règne seul ; guerre aux bords du Danube; révolte d'Avidius Cassius. — Après avoir relégué son frère dans le ciel, Marc-Aurèle, désormais seul maître du monde, déclara qu'il datait de ce jour le commencement de son règne. Déjà les Marcomans avaient reparu : ils s'avançaient jusqu'aux portes d'Aquilée. L'empereur quitta Rome, et se fixa pour cinq ans dans la Pannonie. Les annalistes fournissent peu de renseignements sur cette guerre contre les Marcomans et les Jazyges. Il est pourtant une circonstance que nous devons mentionner, parce qu'elle a exercé la critique d'un grand nombre d'écrivains. Laissons parler l'historien Dion : « Marc-Aurèle remporta sur les Quades une victoire merveilleuse, ou plutôt due à une interention divine,... νίκη παράδοξος εὐτυχήθη, ἄλλον δὲ παρὰ θεοῦ ἐδωρήθη, car les Romains couraient un extrême danger, et la divinité les en tira par une merveille étonnante. Les Quades avaient enveloppé l'armée dans un lieu où ils avaient tout l'avantage. Cependant les Romains, ayant formé de leurs boucliers une torue, se préparaient à les bien recevoir. Mais les barbares voulurent vaincre sans tirer l'épée, espérant faire périr toute l'armée ennemie par l'excès de la chaleur et par la soif. Comme ils l'emportaient beaucoup pour le nombre, ils enfermèrent tellement les Romains, qu'ils leur ôtaient tout moyen d'avoir de l'eau. C'était après un combat que les Romains se trouvaient dans une position si fâcheuse ; en sorte que la fatigue, les blessures que plusieurs avaient reçues, l'ardeur du soleil, la soif se réunissaient pour les accabler. Il ne leur restait pas même la ressource de mourir l'épée à la main, parce que les barbares, occupant des postes inaccessibles, s'y tenaient tranquilles et refusaient le combat. Tout d'un coup les nuées se rassemblent, elles s'épaississent, et il en tombe, non sans une protection divine, οὐκ ἀθεεί, une pluie abondante. Ce bienfait du ciel rendit la vie aux Romains. D'abord ils lèvent la tête et le visage pour recevoir l'eau dans leurs bouches ; puis ils prennent leurs casques, les présentent à la pluie, et lorsqu'ils les en ont remplis, ils boivent avidement, et donnent à boire à leurs chevaux. Les barbares crurent ce moment favorable pour les attaquer ; et pendant qu'ils les voient occupés du soin de désaltérer une soif longtemps soufferte, ils se préparent à fondre sur eux. Mais le ciel, armé contre les ennemis des Romains, lance sur les Quades une grosse grêle et des tonnerres, qui les dissipent, pendant que les troupes de Marc-Aurèle étaient arrosées d'une pluie douce et salutaire. Ce double prodige rendit les Romains vainqueurs. Les barbares jetèrent leurs armes, et vinrent chercher un asile au milieu de leurs ennemis, pour se mettre à l'abri des foudres dont ils étaient écrasés. Marc-Aurèle y consentit, accorda la vie sauve aux Quades, et fut proclamé par ses soldats *imperator* pour la septième fois. » Le poëte Claudien a confirmé par son témoignage le récit de Dion Cassius :

> Laus ibi nulla ducum.....
> Tum, contenta polo, mortalis nescia teli
> Pugna fuit.... (1)

Enfin la colonne Antonine, conservée à Rome, atteste aussi le *miracle* de la pluie de feu. On chercha mille explications à ce phénomène. Dion parle des prières adressées par un magicien d'Égypte à Mercure Aérien. Capitolin fait honneur du prodige à la vertu de Marc-Aurèle. Les chrétiens, de leur côté, et particulièrement Eusèbe, dans son *Histoire ecclésiastique*, racontent que « dans l'armée romaine était la légion Mélitine, dont les soldats étaient chrétiens ; que ces pieux soldats, dans une si grande détresse, mettant les genoux en terre, adressèrent leurs prières et leurs vœux au Dieu vivant et véritable, qui envoya cet orage miraculeux, salutaire aux Romains, funeste à leurs ennemis. Saint Apollinaire d'Hiéraple, qui vivait dans le temps même, avait rendu témoignage à ce fait. Tertullien, dans son *Apologétique*, cite une lettre de l'empereur, qui, en rendant compte au sénat de la merveille dont il s'agit, reconnaissait en être redevable aux prières des soldats chrétiens. Il serait à souhaiter que cette lettre se fût conservée jusqu'à nous. Mais, ajoute le pieux Crévier, quoiqu'elle soit perdue, il ne doit pas moins demeurer pour constant qu'un événement regardé comme miraculeux ne peut avoir pour auteur et pour cause que Dieu seul, fléchi par la piété de ses fidèles adorateurs. »

Après cette guerre une ligne de démarcation fut tracée entre l'Empire et les barbares, à deux lieues en avant du Danube. Les Romains obtinrent la restitution de plus de cent mille prisonniers. Si ce chiffre est exact, il indique de leur part des pertes énormes. Les vaincus furent accueillis sur les terres de l'Empire. La Dacie, la Pannonie, les deux Germanies reçurent des colonies germaines. Il y en eut même en Italie. Celle de Ravennes conspira bientôt. Marc-Aurèle dut la chasser au delà des Alpes.

Délivré pour un temps des menaces

---

(1) Claud., *De sexto cons. Honorii*, v. 340.

des barbares, le prince voit alors s'élever en Orient un péril inattendu. Avidius Cassius, le vainqueur des Parthes, soulève l'Égypte et la Syrie. Ce Cassius était un des plus farouches soldats de l'armée romaine. Il avait maintenu dans les camps une discipline de fer. Il s'appelait lui-même un second Marius. C'est lui qui, dans une émeute militaire, se jetant sans armes au milieu des plus acharnés, leur cria, en présentant sa poitrine nue : « Tuez votre général, si vous l'osez, et à la licence, ajoutez le crime. » Il avait coutume de dire : « C'est une honte de faire exercer des athlètes et des gladiateurs, et de laisser les soldats dans l'oisiveté. » Lorsqu'il partit pour l'Orient avec Luc. Vérus, Marc-Aurèle écrivit à un de ses lieutenants : « J'ai donné à Cassius les légions que les débauches de la Syrie et les bains de Daphné ont entièrement corrompues. Je crois que vous approuverez ma conduite, surtout connaissant vous-même Cassius pour un homme d'une sévérité antique, qui rappelle la rigueur de ses aïeux. C'est le seul moyen de gouverner les soldats. Vous savez le mot d'Ennius : « La discipline ancienne et l'ancienne sévérité sont les seuls soutiens de l'Empire. » Cassius ne goûtait pas les maximes philosophiques de Marc-Aurèle ; il n'aimait pas davantage son titre d'empereur. « Que les dieux favorisent le bon parti, disait-il souvent, les Cassius rendront encore à la république son ancienne autorité. » Vérus avait compris de bonne heure les desseins mal dissimulés de son lieutenant ; il en avait prévenu Marc-Aurèle : « Cassius, écrivait-il un jour à son frère, Cassius aspire au pouvoir. Je crois en avoir des preuves, et il a déjà donné de justes soupçons contre lui sous Antonin, mon père et le vôtre. Je vous conseille de veiller sur ses démarches. Tout ce que nous faisons lui déplaît. Il gagne de l'influence et des richesses. Il tourne en dérision notre goût pour l'étude, et nous traite, vous de vieille philosophe, *philosopham aniculam*, moi, de libertin, *luxuriosum morionem*. Voyez quelles mesures vous devez prendre. Je ne hais point Avidius ; mais je doute qu'il convienne à votre sûreté et à celle de vos enfants de mettre à la tête des armées un homme tel que lui, capable de se faire écouter des soldats, capable de s'en faire aimer. » La réponse de Marc-Aurèle peut sembler étrange. « Je vois dans votre lettre des défiances excessives, qui ne conviennent pas à la dignité impériale. Si les dieux destinent à l'empire celui contre lequel vous m'exhortez à me tenir en garde, nous ne pourrons pas nous en défaire, quand nous le voudrions ; car vous savez le mot de notre aïeul Adrien : « Personne n'a jamais tué son successeur. » Si, au contraire, Avidius combat l'ordre des destins, il tombera, sans cruauté de notre part. Ajoutez que nous ne pouvons traduire en justice un homme que personne n'accuse, et qui est aimé des soldats comme vous le dites. De plus, telle est la nature des crimes d'État que ceux même qu'on vient à bout d'en convaincre, passent toujours pour opprimés. Vous savez que notre aïeul trouvait malheureuse la condition des empereurs, qu'on ne veut pas croire menacés tant qu'ils ne sont pas encore tués. Domitier avait dit ce mot le premier ; mais j'ai mieux aimé vous citer Adrien, parce que la vérité même perd son autorité dans la bouche des tyrans. Laissons donc la conduite d'Avidius et ses projets pour ce qu'ils sont, puisque d'ailleurs c'est un bon et vaillant général, fort nécessaire à la république. Quant à ce que vous dites qu'il faut par sa mort mettre en sûreté la vie de mes enfants, qu'ils périssent si Avidius mérite de leur être préféré, et si le bien de l'État demande qu'il vive plutôt que les enfants de Marc-Aurèle. »

Les destins avaient condamné Avidius et réservaient au monde la dictature de Commode. Le vainqueur des Parthes, peut-être excité par l'impératrice Faustine, prit la pourpre à Antioche, et courut aveuglément à une perte certaine. Faut-il condamner sans réserve son ambition et son audace ? Ce n'était point un usurpateur vulgaire : on le voit bien par la lettre qu'il écrivit à son gendre : « Que la république est malheureuse d'avoir à souffrir des vautours qui la dévorent, et que nulle proie ne peut assouvir. Marc-Aurèle est, sans doute, un homme de bien ; mais, pour faire louer sa clémence, il laisse vivre des hommes qu'il connaît dignes de mort. Où est l'ancien

Cassius, dont jusqu'ici je porte inutilement le nom? Où est la sévérité de Caton le Censeur? Qu'est devenue la discipline de nos ancêtres? Il y a longtemps qu'elle est perdue. Aujourd'hui on ne songe pas même à la regretter. L'empereur fait le métier de philosophe; il s'occupe à diserter sur le juste et l'injuste, sur la nature de l'âme, sur la clémence, et il ne fait point prendre à cœur les intérêts de la république. Vous voyez qu'il faut donner bien des exemples de sévérité, abattre bien des têtes, pour rétablir le gouvernement dans son ancienne splendeur. Que ne méritent point ces indignes gouverneurs de provinces? Puis-je regarder comme proconsuls ou propréteurs ceux qui ne se croient mis à la tête des provinces, soit par le sénat, soit par l'empereur, que pour vivre dans les délices et pour s'enrichir? Vous connaissez le préfet du prétoire de notre philosophe. Trois jours avant d'entrer en charge il n'avait pas de pain, et le voici tout d'un coup devenu riche à millions. Par quelle voie, je vous prie, si ce n'est aux dépens du sang de la république et des dépouilles des provinces? Qu'ils soient riches, j'y consens; qu'ils nagent dans l'opulence: leurs confiscations rempliront le trésor public épuisé. Puissent seulement les dieux favoriser le bon parti! J'agirai en vrai Cassius, et je rendrai à la république son ancien éclat. » Était-ce bien là l'héritier du concussionnaire Cassius? Et le fils ne vaut-il pas mieux que l'aïeul? Les événements l'ont condamné: il mourut assassiné au bout de trois mois.

Marc-Aurèle se signala par sa clémence; il épargna la famille et les complices de son ennemi. « Si la guerre, disait-il, se fût terminée au gré de mes vœux, Avidius lui-même n'aurait point souffert la mort. Plût aux dieux que je pusse rendre la vie à toutes les victimes? Pères conscrits, vous accorderez le pardon aux enfants d'Avidius, à son gendre et à sa femme. Que dis-je, le pardon? ils ne sont point criminels. Qu'ils passent leur vie tranquillement, sachant qu'ils vivent sous l'empire de Marc-Aurèle. Qu'ils jouissent d'une partie au moins de leur patrimoine. Qu'ils soient riches et exempts de toute crainte; qu'ils aillent partout où il leur plaira de diriger leurs pas, et qu'ils portent chez toutes les nations les preuves de ma douceur et de la vôtre. Je vous prie d'user de la même indulgence à l'égard de ses complices, sénateurs ou chevaliers, et de leur épargner la mort, la confiscation, la crainte, la flétrissure, l'infamie et toute espèce de peine. Je mérite que vous procuriez à mon gouvernement cette gloire unique, que dans une cause de rébellion personne n'ait souffert la mort, si ce n'est dans le tumulte et les armes à la main. »

Fin du règne de Marc-Aurèle; dernière campagne contre les barbares. — Après avoir donné ce noble exemple l'empereur partit pour l'Orient. Il visita la Syrie et l'Égypte. Au retour, l'impératrice Faustine mourut, dans un village de Cappadoce. Marc-Aurèle, malgré ses désordres, lui accorda les honneurs de l'apothéose; il la remplaça dans son lit par une concubine. Il se fit initier à Athènes aux mystères de Cérès-Éleusine. Il institua dans cette ville des professeurs avec des appointements considérables. Assailli par une tempête près des côtes d'Italie, il arriva heureusement à Brindes. Il prit aussitôt la toge: jamais sous son règne les soldats ne parurent à Rome en costume de guerre. Il monta au Capitole avec son fils Commode, et célébra un triomphe magnifique pour ses victoires sur les Marcomans et les Quades. Chaque citoyen reçut la valeur de huit pièces d'or, et remise fut faite à tous les habitants de l'Empire de ce qui était dû au fisc et au trésor public depuis quarante-six ans.

Marc-Aurèle resta deux ans à Rome, assistant aux séances du sénat, rendant la justice, et employant tous ses loisirs à d'utiles travaux. Un préteur tutélaire fut chargé de défendre les intérêts des pupilles. Les curateurs ou inspecteurs de la ville eurent la juridiction sur les publicains; l'*édit provincial*, complément de l'*édit perpétuel* (1), fut promulgué; des *tabularii* eurent mission, dans chaque province, de garder les actes de naissance. La loi du vingtième des héritages fut modifiée à l'avantage des provinciaux. Sans diminuer les secours et les plaisirs accordés au peuple, des mesures

(1) Voyez plus haut, p. 594.

d'humanité adoucirent la cruauté des combats de gladiateurs. Antonin avait accordé aux mères le droit d'hériter de leurs enfants : Marc-Aurèle appela les enfants à la succession des mères. Enfin, il étendit à tous les sénateurs l'obligation imposée par Trajan à ceux qui briguaient les charges publiques d'avoir une partie de leur fortune placée en biensfonds dans l'Italie.

Une nouvelle ligue des Marcomans vint le surprendre au milieu de ces paisibles travaux. Il resta deux ans, avec son fils Commode, sur les bords du Danube (178-180). Atteint de la peste à Vindobona, il ne put achever la guerre. Commode avait hâte de retourner à Rome : Marc-Aurèle l'exhorta vainement à ne point trahir l'honneur des aigles romaines. Le malheureux père se laissa mourir de faim : Dion prétend que le poison avança sa dernière heure. Lorsque le tribun vint, suivant l'usage, lui demander le mot d'ordre : « Allez, dit-il, au soleil levant, moi je me couche. » Il fut regretté des soldats : le sénat prit le deuil, le peuple et les provinces versèrent des larmes. Cent ans après son culte subsistait encore, et Dioclétien se faisait gloire de l'honorer comme un dieu. Les chrétiens, qu'il n'avait pas ménagés, partagèrent-ils la douleur publique ? Ils durent au moins respecter le souvenir de ses vertus privées et de son zèle infatigable pour la défense de l'Empire. Pour être philosophe, le stoïcien n'en avait pas moins rempli ses devoirs de prince.

PHILOSOPHIE DE MARC-AURÈLE ; SES MÉMOIRES ; SON CARACTÈRE. — Tel fut le gouvernement de Marc-Aurèle. Au dehors de rudes campagnes contre les barbares, au dedans une sage et bienfaisante administration ; peu de gloire cependant, et peu de bonheur. Ce que l'histoire honore dans ce règne si laborieux, c'est moins l'éclat des victoires et des réformes que le perpétuel effort du prince stoïcien pour substituer aux caprices déréglés de la force les lois de la justice. La postérité s'est souvenue moins de l'empereur que du philosophe. Lui-même, dans les douze livres de ses Mémoires : Εἰς ἑαυτόν, a exposé ses croyances morales et religieuses. Qu'il nous soit permis de l'interroger sur les principes qui l'ont dirigé pendant toute sa vie.

« J'ai appris, dit-il, de mon aïeul Vérus à avoir de la douceur et de la complaisance. La réputation que mon père a laissée après lui et la mémoire que l'on a conservée de ses actions m'ont enseigné à être modeste, et à n'avoir rien d'efféminé. Ma mère m'a formé à la piété ; elle m'a enseigné à être libéral, et non-seulement à ne faire jamais de mal à personne, mais à n'en avoir pas même la pensée. De plus elle m'a accoutumé à la frugalité et à fuir le luxe des riches. Mon bisaïeul m'a enseigné à n'aller point aux écoles publiques, à avoir chez moi les plus habiles maîtres, et à connaître qu'en ces sortes de choses on ne saurait jamais trop dépenser. J'ai l'obligation à mon précepteur de ne pas favoriser plus un parti que l'autre dans les courses de chars, ni dans les combats de gladiateurs, d'être patient dans les travaux, d'avoir besoin de peu, de savoir travailler de mes mains ; de ne me mêler point des affaires des autres, et de ne donner nul accès aux délateurs. Diognétus m'a appris à ne m'amuser point à des choses vaines et frivoles, à ne point ajouter foi aux charlatans et aux enchanteurs, à souffrir qu'on parle de moi avec une entière liberté et à me vouer à la philosophie... J'ai appris d'Apollonius à être libre et ferme dans mes desseins. Sextus m'a enseigné, par son exemple, à être doux, à gouverner ma maison en bon père de famille ; à montrer une gravité simple sans affectation ; à vivre conformément à la nature, à tâcher de deviner et de prévenir les souhaits et les besoins de mes amis ; enfin à m'accommoder à la portée de tout le monde... Fronton m'a fait connaître que les princes sont environnés d'envieux, de fourbes et d'hypocrites, et que ceux qu'on appelle les nobles sont des ingrats et des égoïstes.. Je dois aux enseignements de mon frère l'amour que j'ai pour mes parents pour la vérité et pour la justice. C'est lui qui m'a fait connaître Thraséas, Helvidius, Caton, Dion et Brutus, et qui m'a donné le désir de gouverner avec des lois toujours égales pour tout le monde, et de laisser à mes sujets une entière liberté... Pour tant de bienfaits je rends grâces aux dieux et à la Fortune (1). »

Il prêcha le culte de ces dieux auxquels il rapporte sa vertu, avec une piété sincère : « Il y a des dieux, et ils ont soin des hommes ; ils ont donné à chacun le pouvoir d'éviter les véritables maux... Tout ce qui vient des dieux porte les marques de leur providence. Ce que l'on impute au hasard et à la fortune se fait par la nature, ou par la liaison et l'enchaînement des causes que la Providence régit ; toutes choses prennent de là leur cours. Ne manque donc pas d'invoquer la divinité dans toutes tes actions. »

Le culte qu'il réclame pour la divinité, c'est le culte de la vertu, dont le sacerdoce est confié à tout homme de bien. « Un homme qui ne remet point de jour en jour à se rendre plus parfait doit être regardé comme le prêtre et comme le ministre des dieux, servant toujours la divinité, qui est consacrée au dedans de lui comme dans un temple. » (III, 4.)

L'objet ordinaire de ses réflexions, c'est la morale privée. Comme Socrate, il recommande surtout de se connaître soi-même : « Il arrive bien difficilement qu'on soit malheureux pour ne pas savoir ce qui se passe dans le cœur des autres ; mais il est impossible qu'on ne le soit si l'on ignore ce qui se passe dans son propre cœur. » (II, 8.) C'est un devoir de perfectionner son âme et de la rendre semblable à Dieu : « Si tu ne vois rien de meilleur que cette partie de la divinité qui a son temple au dedans de toi, qui se rend toujours la maîtresse de tous ses mouvements, qui examine avec soin toutes ses pensées, qui, comme disait Socrate, se délivre de la tyrannie des passions qui agitent les sens, qui est toujours soumise aux dieux, et qui a toujours soin des hommes ; si toutes les autres choses te paraissent petites et méprisables auprès d'elle, ne donne place à aucune. » (III, 6.) Et ailleurs : « Qu'y a-t-il à quoi nous devions nous appliquer et qui mérite tous nos soins ? Ceci seulement : d'avoir l'âme juste, de faire de bonnes actions, c'est-à-dire des actions utiles à la société, de ne pouvoir dire que la vérité, et d'être toujours en état de recevoir ce qui nous arrive et de l'embrasser comme une chose nécessaire. » (IV, 35.) Les hommes sont nés pour faire le bien : « Le matin, quand tu as de la peine à te lever, que cette pensée te vienne incontinent dans l'esprit : Je me lève pour faire œuvre d'homme. Suis-je donc encore fâché d'aller faire une chose pour laquelle je suis né, et pour laquelle je suis venu dans le monde? » (V, 1). La gloire accompagne quelquefois la vertu, mais il faut éviter l'orgueil. « Comme un cheval après avoir couru, un chien après avoir chassé, et une abeille après avoir fait son miel, ne disent point : « J'ai fait du bien, j'ai couru, j'ai chassé » ; un homme, après avoir fait du bien ne doit point prendre la trompette, mais il doit continuer comme la vigne, qui, après avoir porté son fruit, se prépare à en porter d'autre dans la saison. » (V, 6.) « Il est très-possible d'être en même temps un homme divin et un homme inconnu à tout le monde ; souviens-toi toujours de cela. » (VII, 70.)

Si l'homme a des devoirs envers lui-même, il en a d'autres, plus nombreux peut-être, envers ses semblables : « Tous les hommes sont mes parents, non-seulement par le sang, mais par l'esprit et par cette portion de la divinité dont ils participent... Nous sommes nés pour nous aider les uns les autres, comme les pieds, les mains, les paupières, les dents. Il est donc contre la nature de se nuire les uns aux autres... » (II, 1.) « Une branche séparée de la branche qu'elle touchait est nécessairement séparée de l'arbre entier. Tout de même un homme qui s'est séparé d'un autre homme s'est entièrement séparé de toute la société. Mais c'est une main étrangère qui retranche la branche, au lieu que l'homme se retranche lui-même en haïssant son prochain et en s'éloignant de lui. Et il ne sait pas qu'il se sépare par là tout d'un coup de la société civile. » (XI, 8.) « Quand tu es choqué de la faute de quelqu'un, examine-toi d'abord toi-même, et regarde si tu n'as jamais rien fait de pareil. Cette réflexion dissipera dans le moment toute ta colère. » (X, 35.) « C'est le propre de l'homme d'aimer même ceux qui l'offensent ; et tu le

(1) *Réflexions morales de l'empereur Marc-Antonin*, l. I.

feras si tu te souviens qu'ils sont tes parents, qu'ils pèchent malgré eux et par ignorance, que vous mourrez les uns et les autres au premier jour; et, sur toutes choses, qu'ils ne t'ont point offensé, puisqu'ils n'ont pas rendu ton âme pire qu'elle n'était auparavant. » (VII, 23.) « Dieu, tout immortel qu'il est, ne se fâche jamais d'avoir à supporter, pendant une si longue suite de siècles, un nombre infini de méchants; au contraire, il a soin d'eux en toute manière; et toi qui vas bientôt mourir, et qui leur ressembles, tu serais las de les supporter! » (VII, 74.) « Souvent on n'est pas moins injuste en ne faisant rien qu'en faisant quelque chose. » (IX, 5.) « Travaille, non pas comme un misérable, ni pour attirer l'admiration et la pitié; mais dans ton travail comme dans ton repos aie seulement en vue de faire ce que la société demande de toi. » (IX, 12.) « Le bonheur de la vie consiste à connaître ce que chaque chose est en elle-même, à faire de tout son cœur des actions de justice, et à dire toujours la vérité. Que reste-t-il après cela? qu'à jouir de la vie en accumulant bonne action sur bonne action, sans laisser entre deux le moindre intervalle ni le moindre vide. » (XII, 31.)

Tels sont les idées et les sentiments de Marc-Aurèle; telle a été la règle de sa vie publique et privée. Il est, comme on le voit et comme il le dit lui-même (VI, 30), un vrai disciple d'Antonin. Mais que pouvait, pour la rénovation du monde romain, un philosophe si calme et si conciliant? Ne se rendait-il pas compte de son impuissance, lorsqu'il écrivait : « Que ces petits hommes qui se piquent d'être grands politiques, et de traiter toutes les affaires selon les maximes de la philosophie, sont méprisables! Ce ne sont que des enfants. Mon ami, de quoi s'agit-il? Il s'agit de faire ce que la nature demande de toi. Travaille donc, si tu le peux, et ne regarde point si cela sera su. N'attends point ici une république comme celle de Platon; mais commence, et quelque peu de progrès que tu fasses d'abord, ne pense pas que ce soit peu de chose, car qui est-ce qui pourra changer entièrement toutes les opinions des hommes? et sans un changement, que peut-on attendre d'eux?

qu'une obéissance forcée, et qu'une servitude accompagnée de larmes et de soupirs. » (IX, 31.) Le caractère dominant de sa nature, le trait principal de sa philosophie, c'est l'indulgence, la douceur, la bonté, la faiblesse même. Voyez quelle mansuétude respirent les adieux qu'il adresse au monde : « Mon ami, tu as vécu dans cette grande ville, qu'importe que tu n'y aies vécu que cinq ans. Ce qui est selon les lois est égal pour tout le monde. Quel grand mal est-ce donc pour toi d'être envoyé hors de cette ville, non par un tyran ni par un magistrat injuste, mais par la nature même qui t'en a fait citoyen? C'est comme si préteur renvoyait de la scène un comédien qu'il aurait loué. — Mais je n'ai pas encore achevé les cinq actes; je n'en ai représenté que trois. — C'est bien dit; tu en as représenté trois : or, dans la vie, trois actes font une pièce complète; et celui-là seul lui marque se véritables bornes qui, l'ayant composée juge présentement à propos de la finir. Tu n'es cause ni de l'un ni de l'autre, ni de son commencement ni de sa fin; tu n'es qu'acteur; retire-toi donc avec des sentiments doux et paisibles, comme le dieu qui te donne congé est propice et doux. » (XII, 38.) « Pourquoi, dit-il ailleurs, me ferais-je du mal à moi-même? Je n'en ai jamais fait aux autres que malgré moi. » (VIII, 44.) La bonté ce fut sa première vertu, et en cela il fut peu d'accord peut-être avec les principes d'un stoïcisme rigoureux. Avidius Cassius a blâmé avec raison cette humeur trop molle et trop indulgente : les vices de Commode vont justifier tous les reproches adressés à la complaisance de son père. A la fin de son premier livre Marc-Aurèle remercie les dieux de lui avoir donné « des enfants de corps et d'esprit bien faits ». Et l'un de ces enfants s'appelait Commode! Voilà le successeur de Marc-Aurèle, l'héritier qu'il laisse au nom et à la gloire des Antonins. On doit préférer à ces actions de grâces les nobles paroles qu'il adressait un jour à son frère : « Périssent mes enfants si la vie de Cassius est, plus que la leur, profitable à la république! »

AVÈNEMENT DE COMMODE; PAIX AVEC LES GERMAINS; INVASION DES BRETONS. — Commode après Marc

Aurèle, c'est, suivant l'expression de Dion Cassius, après le siècle d'or le siècle de fer. Commode va égaler Néron et Domitien : la maison des Antonins finira comme la famille d'Auguste, comme la famille Flavienne, dans les excès de la débauche et de la violence, dans l'orgie et dans le sang.

Associé par son père à la dignité impériale, Commode, pour prendre en main le gouvernement du monde, n'eut besoin ni du vœu des soldats ni des acclamations du sénat. A la mort de Marc-Aurèle il entra sans constestation en possession de son héritage. Il se hâta de désobéir aussitôt aux dernières volontés de son père; et, sans pousser plus loin la guerre contre les barbares, il prépara son retour à Rome. Vainement les conseillers que Marc-Aurèle avait placés auprès de ce jeune débauché de dix-neuf ans l'exhortaient à continuer la campagne, à dégager la frontière romaine d'un voisinage menaçant, à ne pas perdre, en un mot, par le caprice d'un jour le fruit de tant de travaux. Commode écoutait de préférence la voix de ses confidents, de ses compagnons de plaisir : « Que faites-vous ici, lui disaient-ils, sur les bords du Danube, dans un climat de brouillards et de frimas, dans une terre ingrate et stérile? Jusqu'à quand boirez-vous de l'eau glacée, qu'il faut fendre à coups de hache et vous apporter en masse solide, pendant que vos heureux sujets jouissent des bains chauds, des eaux courantes et de la fertilité de l'Italie? » D'ailleurs, n'était-il pas à craindre que, dans la confusion d'un nouveau règne, quelqu'un des grands ne profitât de l'absence du prince pour s'emparer du palais et de l'empire, avec l'appui de cette immense multitude de plébéiens et d'esclaves qui remplissait la capitale du monde? Commode traita donc avec les barbares.

Les Marcomans, vaincus par Marc-Aurèle, obtinrent un traité de paix. Ils devaient donner des otages, rendre les prisonniers, payer tous les ans un tribut en blé et fournir un certain nombre de troupes auxiliaires. L'empereur leur défendit de s'assembler, si ce n'est une fois par mois, en un lieu désigné, et sous la surveillance d'un centurion romain. Il ajouta à cette défense celle de combattre les Jazyges et les Vandales. A ces conditions l'armée romaine abandonna les forts construits au delà du Danube. C'était renoncer à une conquête incertaine, et peut-être plus embarrassante que profitable. L'empire, il faut le reconnaître, ne perdit rien à la conclusion de la paix.

Des négociations furent aussi nouées avec les Bures, qui habitaient vers les sources de l'Oder et de la Vistule. Elles aboutirent à un traité semblable. Seulement Commode exigea que ces tribus laissassent entre leur territoire et l'extrême limite de la Dacie un espace désert de quarante stades, sans habitation et sans culture. Enfin douze mille Daces, chassés par Trajan, reçurent des terres romaines dans leur ancien pays, et furent organisés pour la défense de l'Empire.

Commode, accueilli en Italie par la faveur des populations, célébra au Capitole son triomphe sur les Germains. Il n'avait pas à s'enorgueillir des victoires qu'il n'avait pas gagnées et dont il avait interrompu le cours; mais peut-être avait-il quelque droit à ce titre de *pacificateur de l'univers*, dont il se fit honneur, et qu'on a eu tort, ce semble, de lui contester. Sous son règne de treize ans nous ne trouvons qu'une guerre dans la Grande-Bretagne. Les Bretons franchirent le mur d'Adrien, et ravagèrent toute la province romaine. Ils taillèrent en pièces une armée impériale. Mais un soldat formé à l'école de Marc-Aurèle, Ulpius Marcellus, envoyé de Rome pour arrêter les barbares, les rejeta dans leurs retraites. Il est curieux de voir la tranquillité de l'Empire perpétuellement troublée sous Marc-Aurèle, presque toujours maintenue sous Commode, du moins aux frontières; nous ne parlons pas de l'Italie, des violences de l'empereur à Rome, et des intrigues sanglantes de la cour.

DÉBAUCHES DE COMMODE; SA CRUAUTÉ. — Le jour même du triomphe sur les Germains, dans la pompe de cette fête magnifique, Rome vit l'empereur asseoir près de lui sur son char son amant Saotérus. Telles étaient les mœurs de Commode. Nous ne pouvons entrer dans son sérail d'hommes et de femmes, et y chercher la trace impure de ses vices.

Nous ne le suivrons pas davantage dans ses combats de gladiateur et ses *travaux herculéens*. Laissons parler Hérodien et Lampride : « Commode avait toujours eu une folle passion de se donner en spectacle, soit menant des chars, soit combattant contre les bêtes, ou comme gladiateur. Cependant un reste de pudeur l'engagea d'abord, sinon à s'interdire des exercices si peu dignes de son rang, du moins à les renfermer dans l'enceinte de son palais. Mais enfin il secoua toute retenue, et il rendit les yeux du public témoins de toute sa honte. Il allait souvent passer un temps considérable dans les écoles où l'on dressait les gladiateurs. Il en sortait avec eux ; il paraissait au milieu d'eux sur l'arène ; il combattait, il se faisait proclamer vainqueur ; il voulait être applaudi par le peuple et par le sénat, et les plus graves sénateurs se prêtaient, quoique à regret, à cette misérable adulation ; il exigeait son salaire comme gladiateur, si ce n'est qu'il le montait à un plus haut prix que les autres ; et, pour comble d'impudence, il travaillait à perpétuer le souvenir de son ignominie. Toutes les fois qu'il faisait quelque chose de bas, de honteux, de cruel, quelque acte de gladiateur, de maître de débauche, il ordonnait qu'il en fût fait mention dans les registres-journaux que l'on tenait exactement de tout ce qui se faisait de mémorable dans la ville. C'est par cette voie que nous savons qu'il a combattu trois cent soixante-cinq fois du vivant de son père et sept cent trente-cinq fois depuis sa mort, et qu'il a remporté mille palmes, mille victoires dans ces indignes combats. Il en était si glorieux, que, s'étant approprié le colosse du soleil, dont il fit ôter la tête pour y mettre la sienne, il voulut que l'on inscrivît sur la base, au lieu des titres de la souveraine puissance, celui de *vainqueur de mille gladiateurs*. »

Il n'était pas toujours si avare de titres et de surnoms. Voici, au témoignage de Dion, la suscription de ses lettres au sénat : *L'empereur César Lucius Ælius Aurélius Commode Auguste, le Pieux, l'Heureux, le Sarmatique, le très-grand Germanique, le Britannique, le Pacificateur de l'univers, l'Invincible, l'Hercule romain, grand Pontife, jouissant de la puissance tribunitienne pour la dix-huitième fois, huit fois imperator sept fois consul, Père de la patrie, aux consuls, aux préteurs, aux tribuns du peuple, et à l'heureux sénat commodien, salut*. Il avait donné son nom au sénat, à la ville de Rome, aux légions aux mois de l'année, au siècle même sénat *commodien*, colonie *commodienne*, armées *commodiennes*, siècl *commodien*. Lui-même il se fit Dieu l'Hercule romain eut un prêtre et des sacrifices. Mais le dieu avait besoin d'a gent. L'*heureux sénat commodien* pay les frais de ses plaisirs. A Rome les séna teurs, leurs femmes et leurs enfants étaient taxés à deux pièces d'or par têt pour les étrennes qu'ils devaient a prince. Ce n'est là qu'un détail, un trai de son insatiable rapacité, qui n'épar gnait ni les grands ni le peuple. Hérodie nous le montre se défiant de tout l monde, répandant des flots de sang, ou vrant une oreille facile à toutes les ca lomnies et ne donnant accès auprès d lui à aucun homme digne d'estime. « Se cruautés, ajoute Hérodien, ne firent au cune interruption aux plaisirs et aux dé bauches dont il s'était rendu l'esclave Tout homme sage, quiconque était mêm médiocrement initié dans les belles con naissances, devait s'attendre à être chass de la cour comme un ennemi dangereux Des farceurs, d'obscènes pantomime gouvernaient et dominaient le prince dont toutes les occupations se rédui saient à mener des chars et à combattr contre des bêtes. Ainsi, cruautés d'un part, infamies, extravagances et indé cences de l'autre, voilà ce qui compos le portrait de Commode. »

CONSPIRATIONS ; MEURTRE DE COM MODE. — Pendant quelques année Commode paraît avoir laissé le gouver nement de l'État entre les mains du conseil que son père lui avait donné Uniquement préoccupé de ses plaisirs content d'avoir assuré la paix sur le frontières, il s'en remettait du soin d l'administration aux amis de Marc-Au rèle. Le monde romain avait donc pe à souffrir de ses passions et de ses vi ces. On cite alors un trait de clémence qui honore le fils de Marc-Aurèle : il r fusa d'écouter les dénonciations d'u délateur qui menaçaient la vie de plu sieurs personnages considérables. O remarqué qu'il laissa les chrétiens en repos. Aimé des soldats pour sa libéralité, il était odieux au peuple comme l'aristocratie : il eut soin pourtant 'assurer l'approvisionnement de Rome t de l'Italie. Il établit à Carthage une flotte pour le transport des blés de 'Afrique ; la flotte d'Alexandrie apportait les blés de l'Égypte. Ces mesures n'empêchèrent point toujours la famine. Elle joignit ses maux à ceux de la peste et de l'incendie. La peste ravagea toute 'Italie, mais elle sévit surtout à Rome. Dion parle de deux mille morts par jour. Pendant ce temps Commode s'était prudemment retiré dans sa campagne de Laurentum. Sous son règne deux fois le feu détruisit les principaux édifices de Rome, le temple de la Paix, le temple de Vesta, avec un grand nombre de maisons particulières, et les magasins où étaient enfermées les marchandises précieuses de l'Égypte et de l'Arabie. Commode ne songea point à réparer ces malheurs, et n'entreprit aucune espèce de travaux publics. Réduit aux expédients pour suffire aux dépenses de ses fêtes et de ses orgies, il n'avait point d'argent à distribuer au peuple. Il fut avare, ou plutôt nécessiteux. Ce n'était pas le moyen de maintenir à Rome la tranquillité et de garantir son pouvoir contre l'ambition ou la vengeance de l'aristocratie. Son règne fut agité par une longue suite de conspirations contre son favori, l'Italien Pérennis, préfet du prétoire. Sa sœur Lucilla organisa un premier complot. Le coup manqua par l'imprudence d'un conjuré ; rencontrant Commode dans une allée obscure du théâtre : « César, dit-il le poignard à la main, voilà ce que le sénat t'envoie! » Les gardes se jetèrent sur l'assassin. Pérennis mit à mort tous les chefs présumés du complot et, parmi eux, son collègue le préfet du prétoire, Tarruntius Paternus. Il ne lui survécut pas longtemps. Au moment où, après avoir éloigné de Commode tous ses appuis, tous ses soutiens, dépouillé les plus riches sénateurs, les plus riches provinciaux, il se croyait le véritable maître du monde, quinze cents soldats, envoyés par l'armée de Bretagne, arrivèrent à Rome pour le dénoncer (186). Livré par Commode, il fut massacré, et avec lui sa femme, sa sœur et ses deux fils, dont l'un commandait l'armée d'Illyrie.

Pérennis eut pour successeur dans la préfecture du prétoire et dans la faveur du prince l'affranchi Cléander, Phrygien de naissance. Celui-ci apporta au pouvoir les vices d'un esclave. Il mit à l'encan toutes les charges du palais et de l'État, les places de sénateurs, le commandement des armées, le gouvernement des provinces, les intendances, etc., etc. Il nomma vingt-cinq consuls pour une seule année. Il vendit à des affranchis l'entrée du sénat et le rang même de patriciens. Il fit de la justice un marché, du tribunal un comptoir. Enfin, au milieu de la famine, il entretint par d'odieux accaparements les souffrances de l'Italie. Le peuple se souleva. Une émeute, commencée par des enfants dans le théâtre, ensanglanta les rues de Rome. Les cohortes de la ville soutenaient le peuple contre les prétoriens. Commode, effrayé, cédant aux avis de sa sœur Fadilla, ou de Marcia, sa concubine, manda Cléander en sa présence, et lui fit couper la tête. La vue de cette tête portée au bout d'une pique apaisa l'insurrection (189). Déjà en 187 une conjuration populaire avait menacé la vie même de l'empereur. Les conspirateurs n'étaient point dans le sénat : ils avaient pour chef un simple soldat, un déserteur, Maternus. Avec une troupe de brigands, réunis en Gaule et en Espagne, Maternus avait d'abord soutenu une guerre opiniâtre contre Pescennius Niger. Vaincu, il sépara ses troupes, et leur ordonna de passer par petites bandes dans l'Italie. Lui-même se rendit à Rome. La fête de Cybèle était le jour indiqué pour le meurtre de Commode. Dénoncé par un complice, Maternus mourut avec un grand nombre de ses compagnons. Le prince, irrité, craignant pour ses jours, redoubla de cruauté et ne mit point de borne à son aveugle fureur. Nous ne pouvons nommer toutes ses victimes : les préfets du prétoire Julianus, Régillus, le consulaire Pétronius Mamertinus, etc. Trois des amis de Marc-Aurèle, Pompéianus, Pertinax et Victorinus, échappèrent seuls aux redoutables défiances de Commode. Il fallait un terme à tant de meurtres. Un soir (c'était la veille des saturnales), le prince entra dans une école de gladiateurs. Là il écrivit sur des tablettes les noms des citoyens qu'il destinait à la mort pour la nuit suivante. Il s'endormit. Pendant son sommeil un enfant qu'il aimait s'approcha de lui, enleva ces tablettes en jouant, et les emporta. Marcia les vit entre les mains de cet enfant: En tête de la liste elle lut son nom, celui du chambellan Éclectus et de Lætus, le préfet des gardes. Sa résolution fut bientôt prise. Après le bain, elle donna à son amant un breuvage empoisonné. Pour l'achever, on livra l'*Hercule romain* à l'athlète Narcisse, qui le saisit à la gorge et l'étrangla (déc. 192). Ainsi mourut le fils de Marc-Aurèle, le dernier héritier de la famille des Antonins.

XIX.

LES PRINCES AFRICAINS ET SYRIENS.

§ Ier. *L'empire mis à l'encan ; règne de Sévère; despotisme militaire.*

PERTINAX EMPEREUR. — Les meurtriers de Commode, qui se défiaient, non sans cause, des dispositions des prétoriens, et qui redoutaient en outre l'insurrection des armées qui campaient dans les provinces, crurent que le moyen le plus sûr d'échapper à tout danger était de suivre l'exemple de ceux qui, un siècle plus tôt, avaient conspiré contre Domitien. Ils jetèrent les yeux pour faire un empereur sur un homme qui était connu des soldats et qui jouissait de l'estime du sénat : c'était Helvius Pertinax, qui, après avoir exercé la profession de grammairien, s'était enrôlé dans les légions, et s'était élevé peu à peu, par son mérite, aux premiers grades de l'armée. Marc-Aurèle l'avait aimé : Commode l'exila d'abord ; mais bientôt il le rappela, et l'envoya en Bretagne pour pacifier la province : il le nomma ensuite proconsul d'Afrique et préfet de Rome.

Quand Éclectus et Lœtus, ministres ordinaires des cruautés de Commode, entrèrent au milieu de la nuit dans sa maison, il dut penser qu'il était condamné à mourir. Il présenta sa poitrine aux coups de ceux qu'il regardait comme ses bourreaux. Quand il sut qu'on lui destinait l'empire, il résista ; et ce ne fut pas sans peine qu'après avoir obtenu son adhésion on l'entraîna au camp des prétoriens.

Cette milice privilégiée apprit avec douleur la mort de Commode. Pertinax promit à chaque soldat 12,000 sesterces : à ces conditions les cohortes le conduisirent au lieu où il avait convoqué les consuls et le sénat. Là il fut accueilli avec enthousiasme : on entendit alors ces clameurs que poussent les lâches de toutes les époques quand il n'y a plus apparence de danger. Les sénateurs, qui avaient vécu dans des terreurs perpétuelles sous le dernier règne, et n'avaient jamais osé ouvrir la bouche pour protester contre la tyrannie, furent les plus ardents à poursuivre de leurs menaces et de leurs cris de vengeance tous ceux qui avaient servi Commode. Pertinax fut effrayé de ces bruyantes manifestations ; et dans cette première séance il offrit de se démettre des pouvoirs qu'on lui avait confiés. On le retint, malgré lui, sur la chaise curule réservée aux empereurs. Ce fut en quelque sorte pour lui faire mieux comprendre le tort qu'il avait eu d'accepter la souveraine puissance. Au milieu du tumulte le consul Sosius Falco osa l'apostropher en ces termes : « Nous voyons bien quel empereur tu seras, toi qui viens ici élu par la maîtresse de Commode et suivi de ses bourreaux. »

MORT DE PERTINAX ; L'EMPIRE MIS A L'ENCAN ; DIDIUS JULIANUS ; APPEL DU PEUPLE ROMAIN AUX LÉGIONS. — Pertinax, dès le premier jour de son règne, se trouva environné d'ennemis. Les meurtriers de Commode se plaignirent d'être négligés ; Lœtus l'abandonna, et le consul Falco conspira contre lui. Le malheureux prince ne trouva pas même un appui dans le sénat : ce corps dégradé aurait voulu qu'on lui rendît alors l'autorité dont il avait joui sous la république. Les prétoriens aussi devinrent de plus en plus menaçants. L'argent même que leur donna Pertinax ne servit qu'à entretenir chez eux l'esprit de révolte. Ce fut probablement au milieu des débauches et dans l'ivresse qu'ils conçurent le projet de tuer l'empereur. « Le 28 du mois de mars (193), quatre-vingt-sept jours après celui où Pertinax avait accepté ce redoutable pouvoir qui lui échappait déjà, trois cents prétoriens, réunis spontanément, sortirent de leur camp, et, traversant la ville, l'épée nue, envahirent le palais. Un moment l'empereur, que les serviteurs de la maison impériale avaient abandonné lâchement, arrêta ces furieux par l'autorité de sa présence et par la gravité de sa parole. La plupart déjà, honteux et repentants, commençaient à se retirer, quand un Gaulois tungrien, nommé Tausius, que sa haute taille, sans doute, avait fait admettre dans ce premier corps des milices romaines, soit que, nouvellement arrivé en Italie, il n'eût pas bien compris les paroles qu'il venait d'entendre, soit que les passions agissent plus violemment dans cette nature à moitié sauvage, fit un pas en avant, et, plongeant son épée dans la poitrine de Pertinax : « César, lui dit-il, voilà un présent de tes soldats. » A ce cri, à la vue du sang qui jaillissait, les prétoriens retrouvèrent toute leur fureur; la tête du vieillard, détachée du tronc, fut placée au bout d'une pique, et la troupe regagna son quartier au pas de course, en balayant tout devant elle. A la nouvelle de ce crime une indignation et une terreur profondes se répandirent dans la ville. Le peuple, armé comme il put, se porta au camp des prétoriens, tandis que ceux-ci, au nombre de seize cohortes, bien pourvues de munitions, fermant leurs portes, garnirent en toute hâte le rempart, et apprêtèrent les machines, comme pour soutenir un siége. On passa le reste du jour et la nuit tout entière dans cette situation, à s'observer et à se menacer. Mais le peuple était sans chefs; et le lendemain, quand il vit que, loin de le soutenir et de le guider, les riches et les grands désertaient de toutes parts, que les consuls ne se montraient pas, que le sénat ne se réunissait point, il perdit aussi courage, et se dispersa. Quant aux prétoriens, livrés eux-mêmes à l'incertitude et à la confusion, ils s'étaient hâtés de tuer l'empereur dans un mouvement de passion, sinon sans dessein bien prémédité, du moins sans conspiration bien ourdie au profit d'un autre, et maintenant ils ne savaient plus à qui passer la dépouille ensanglantée. Par une de ces incroyables contradictions que présentent souvent les résolutions spontanées des masses, les mêmes troupes qui venaient d'assassiner le prince légalement institué au nom du sénat imaginèrent de se concerter avec ce corps pour le choix d'un successeur, et elles déléguèrent à cet effet deux de leurs tribuns, P. Florianus et Vectius Aper. Ceux-ci, trouvant les portes de la curie fermées, s'abouchèrent avec un sénateur nommé Didius Julianus, qu'une curiosité intéressée avait amené sur les lieux. Ces trois hommes se furent bientôt entendus; et le sénateur, conduit par les tribuns au pied des remparts du camp, entra en pourparlers avec les soldats. Didius avait acquis une sorte de célébrité par l'énormité de sa fortune et par les prodigalités dans lesquelles il la consumait. Sa personne ou son nom étaient donc bien connus des prétoriens. Ils se mettent à marchander avec lui le donatif au prix duquel ils consentent à le proclamer empereur. Un autre candidat à la pourpre impériale, le préfet de la ville, Sulpicianus, intervient, et promet plus que ceux-ci ne demandent. Alors s'ouvre un véritable encan; les enchères se croisent et se couvrent l'une l'autre; et au milieu des huées des soldats, qui parodient le cri et les formules des ventes publiques, la puissance des Césars est adjugée à Julianus pour vingt-cinq mille sesterces par tête de prétorien. Le soir, quand on sut que le sénat s'était réuni, le nouveau prince se mit en marche pour la curie, avec les cohortes prétoriennes, lui placé au centre, et les soldats marchant l'épée au poing, le bouclier sur la tête, dans l'attitude d'une troupe qui va livrer assaut. Que pouvaient les sénateurs? Ils décrétèrent que Julianus était empereur, Auguste, père de la patrie; et le titre d'Augusta fut décerné à Manlia Scantilla, sa femme, et à Didia Clara, sa fille. Didius Julianus était arrière-petit-fils du fameux jurisconsulte adrumétain Salvius, un des conseillers d'Adrien, et, comme nous l'avons dit plus haut, rédacteur de l'*édit perpétuel*. Médiocre et voluptueux, il avait traversé sans éclat les plus hautes fonctions publiques. Commode l'avait tenu quelques années en disgrâce, puis rappelé à sa cour;

et Didius, moitié par politique, moitié par goût, dépensait dans le luxe et les plaisirs, au milieu des parasites et des flatteurs, la plus grande fortune de Rome. Quoiqu'il eût déjà plus de soixante ans, l'élévation de Pertinax lui avait tourné la tête, et la soif du pouvoir s'était emparée de lui, malgré la faiblesse de son caractère. Adonné à la magie, travers qui atteignait à cette époque des âmes bien autrement fermes que la sienne, il y trouvait un aliment inépuisable à ses espérances les plus hardies. Manlia Scantilla et Didia Clara, femmes altières, dévorées encore plus que lui du désir de dominer, caressaient ses folies et aiguillonnaient sans relâche ses irrésolutions. Elles étaient donc enfin parvenues au comble de leurs vœux; elles portaient ce titre d'Augusta si ardemment souhaité; elles prenaient possession de ce palais des Césars, objet pour elles d'une si longue envie. Mais l'histoire raconte qu'en pénétrant sous les voûtes où gisait encore le cadavre du dernier hôte, en touchant du pied le pavé humide de sang, elles frissonnèrent, et que le cœur leur manqua. On peut croire que bien des illusions ne survécurent pas chez elles à cette première mais terrible épreuve; elles n'étaient pourtant pas au bout. Julianus sembla s'attacher à faire oublier l'origine de son élévation. Obséquieux envers les sénateurs, affable et caressant pour le peuple, il ne réussit cependant ni à gagner l'appui des premiers ni à désarmer la haine du second : les humiliations qu'il avait fait peser sur Rome blessaient trop au vif tous les cœurs romains. Il ne pouvait sortir du palais impérial sans être insulté, quelquefois même attaqué à coups de pierres. Le sang coulait dans des rixes perpétuelles entre ses gardes et les citoyens. Il essaya de faire distribuer de l'argent; mais la populace même repoussa ses dons : « Non, non, lui criait-« elle, nous ne voulons rien de toi. » Une fois, à la suite d'une de ces rixes, le peuple courut aux armes, et se barricada dans le grand cirque, envoyant un défi aux prétoriens et les provoquant à une bataille décisive, que ceux-ci n'osèrent ou ne voulurent pas accepter. Alors se passa une scène imposante mais triste, une des plus tristes sans doute dont l'histoire ait conservé le souvenir. Accablé par le sentiment de leur impuissance des milliers d'hommes, dans une acclamation solennelle, firent appel aux armées de la république, leur remettant le soin de délivrer Rome des prétoriens et de leur empereur. Le nom de Pescennius Niger, qui commandait les légions de Syrie et que la multitude aimait, fut prononcé surtout avec une expression marquée de confiance et d'affection; on l'invitait à s'embarquer avec ses légions à venir sans retard au secours de la ville, comme si chef et soldats eussent été là tout près pour entendre et pour obéir. Cet appel désespéré à des libérateurs en armes, ce cri d'angoisse poussé par la capitale du monde, n'expira pas sans écho sous les arcades du grand cirque; il retentit d'un bout à l'autre de l'Empire, soulevant sur son passage l'effroyable tempête qui bientôt le bouleversa tout entier (1). »

TROIS PRÉTENDANTS A L'EMPIRE PESCENNIUS NIGER, CLODIUS ALBINUS ET SEPTIME SÉVÈRE; CE DERNIER L'EMPORTE SUR SES COMPÉTITEURS, ET RESTE MAÎTRE DE L'EMPIRE. — Pescennius Niger, dont le nom avait été proclamé dans le Cirque avec un si grand enthousiasme, était un homme brillant plutôt que profond, qui n'avait eu besoin que de se montrer élégant et affable pour devenir populaire. Mais le vœu du peuple de Rome ne suffisait pas pour lui assurer l'empire : d'abord il n'était point l'homme du sénat, qui lui préférait Clodius Albinus. Celui-ci commandait alors trois légions dans l'île de Bretagne : il cherchait moins à plaire aux soldats qu'à se poser, en toutes circonstances, comme le défenseur du pouvoir civil. On lui avait entendu dire maintes fois que le seul moyen de remédier aux maux qui affligeaient la république était de relever l'autorité du sénat et de lui rendre ses anciennes prérogatives. On pense qu'un tel langage dut faire à Clodius Albinus de nombreux partisans. Toutefois, après la mort de Pertinax, le sénat accepta l'homme que lui imposaient les prétoriens, et n'osa

(1) Amédée Thierry, *Histoire de la Gaule sous l'administration romaine*, t. I, p. 374 et suiv.

point parler de celui qui avait toutes ses affections. D'un autre côté, les légions d'Orient ne tardèrent pas à connaître les évènements qui venaient de s'accomplir dans la capitale de l'Empire : elles répondirent avec joie à l'appel du peuple de Rome. Pescennius Niger fut proclamé empereur, et les villes d'Asie célébrèrent par de grandes fêtes son avénement. Pourtant ni Pescennius Niger ni Clodius Albinus ne devaient régner : c'était au chef des légions de Pannonie qu'était réservé l'empire.

Placé à quelques journées de marche de l'Italie, Septime Sévère observait avec attention les mouvements de Rome et des provinces. Il avait onze légions sous ses ordres; et avec ces forces imposantes il pouvait aisément faire triompher, à son choix, Clodius Albinus ou Pescennius Niger. Il résolut, à la fin, non point de combattre pour les autres, mais de revendiquer pour lui-même le titre d'empereur. C'était un homme rusé, qui agit en cette occasion avec une extrême prudence. Quand il s'adressa aux légions, il n'hésita point à se prononcer hardiment contre Niger : « Ne sait-on pas, disait-il, qu'il ne nous vient jamais d'Antioche que des bouffonneries ? » Mais il se montra plus réservé à l'égard de Clodius Albinus, le candidat des sénateurs. Il se crut même obligé, quand il marcha en armes sur l'Italie, à lui conférer le nom de Septimius et le titre de César. Il savait que le gouverneur de la Bretagne avait de fréquents rapports avec les légions du Rhin, et qu'il pouvait compter, en cas de guerre, sur l'appui de la Gaule et de l'Espagne.

L'Italie ne vit pas sans une profonde terreur l'armée de Pannonie déboucher des Alpes par Aquilée. On accourut, avec un empressement qui tenait moins de l'enthousiasme que de la peur, au devant de Sévère, qui en quelques jours vint établir son camp non loin de la ville d'Interamne, à trois journées de Rome. Didius Julianus fit de vains efforts pour armer et fortifier sa capitale. Il ordonna d'exercer jusqu'aux éléphants destinés à l'amphithéâtre. En même temps il se livrait aux pratiques de la magie, qui lui étaient favorites, et s'abandonnait dans le sénat à de ridicules emportements. Il voulut d'abord qu'on déclarât Sévère ennemi public; puis il vint supplier l'assemblée de le lui donner pour collègue. Les sénateurs le déposèrent; et quand il fut abandonné par tous ceux qui avaient feint de s'attacher à sa fortune, des soldats pénétrèrent dans le palais, et le décapitèrent comme un criminel. Manlia Scantilla et Didia Clara obtinrent, à grand'peine, de faire transporter son corps mutilé dans le tombeau de sa famille.

Avant d'entrer dans Rome, Sévère désarma et licencia les prétoriens. Puis il parut dans la ville, affectant la douceur et rassurant la multitude et les sénateurs par son affabilité. Il cherchait alors à ménager tous les esprits, pour vaincre plus sûrement Pescennius Niger et Clodius Albinus. Il marcha d'abord contre le premier; mais ce ne fut pas sans une grande hésitation qu'il s'éloigna de la Gaule et de l'Espagne, et qu'il abandonna l'Italie. Pour s'assurer des dispositions de la multitude, il ne sortit de Rome que lorsque la ville fut abondamment pourvue de blé et d'huile; quant au sénat, il ne lui avait rien laissé entrevoir de ses soupçons, et pour le rassurer davantage il fit avant son départ l'apothéose de Pertinax, et jura de ne mettre à mort aucun sénateur sans un jugement de l'assemblée. Il avait eu soin aussi de réorganiser la garde prétorienne, d'augmenter le nombre des cohortes, et de faire entrer dans ce corps, jusque alors si indiscipliné, les meilleurs soldats des légions d'Illyrie. Il prit une dernière précaution, ce fut de répandre le bruit qu'avant de s'exposer aux dangers de la guerre, et prévoyant le cas où il mourrait, il avait désigné Clodius Albinus pour son successeur.

Sévère n'obtint que des succès en Orient : il battit les troupes de Niger une première fois à Cyzique, une seconde fois à Nicée. Enfin, il livra une grande bataille à son rival près d'Issus, à l'endroit même où s'étaient rencontrés jadis Darius et Alexandre. Niger fut vaincu. Il se sauvait en Mésopotamie, lorsqu'il fut atteint par des cavaliers sévériens : ils le tuèrent et envoyèrent sa tête au vainqueur. Sévère ne permit pas qu'on insultât la mémoire de son ennemi. « Il faut qu'on sache, dit-il, quel était l'homme que j'ai vaincu. » La bataille d'Issus ne terminait pas la guerre : il fallut encore passer en Orient la fin de l'année 195 et une partie de l'année 196 à soumettre les rois et les peuples qui avaient donné des secours à l'infortuné Niger.

Pendant son séjour en Asie Sévère n'avait cessé de prodiguer à Clodius Albinus les marques de la plus vive amitié. Il lui donnait toujours le titre de César, et l'appelait, dans ses lettres, « son frère en puissance comme en affection ». Toutefois il ne permettait pas qu'il prît part au gouvernement; et il se réservait de prononcer lui-même sur toutes les affaires. Il essaya même, s'il faut ajouter foi à certains récits, de se défaire par le meurtre du gouverneur de la Bretagne. Albinus livra au dernier supplice quelques officiers envoyés par Sévère, qui, disait-il, avaient voulu l'assassiner. Dès lors il y eut rupture entre ces deux hommes, qui jusque là avaient feint d'agir dans un intérêt commun et de s'aimer. Sévère revint d'Asie avec son armée victorieuse; et, d'un autre côté, Albinus se hâta de passer en Gaule, et de réunir à ses troupes les légions qui campaient sur les frontières de la Germanie.

Le sénat ne cachait plus alors ses véritables sentiments : les Sévériens qui avaient franchi les Alpes ayant eu le dessous dans quelques petits combats, l'assemblée, sur la proposition de Statilius Corfulénus, osa décerner de grands honneurs à Clodius Celsinus, frère d'Albinus. Sévère, emporté par la fureur, écrivit aussitôt aux sénateurs une lettre où on lisait ces mots : « Je me réjouis, Pères conscrits, des motifs qui vous ont fait préférer Albinus à moi. Quels étaient, en effet, mes droits à votre faveur ? J'ai délivré Rome, et vous ai sauvés des maux de la tyrannie; j'ai rempli les magasins de la ville de plus de blé et d'huile qu'on n'en avait jamais vu : voilà ce que j'ai fait. Mais vous, sénateurs, vous vous êtes laissé entraîner par votre enthousiasme pour un Africain d'Adrumète, et vous l'aimez parce qu'il tranche du patricien romain et qu'il a choisi les Céionius pour ses aïeux. Il n'a manqué qu'une chose à la proposition de Statilius Corfulénus, c'était de décerner dès maintenant à Albinus le triomphe sur moi... Mais, Pères conscrits, ce qui m'afflige le plus dans tout cela, c'est que vous ayez pris pour un homme lettré le lecteur assidu de niaiseries puériles, l'auteur de je ne sais quels contes de vieille copiés dans les œuvres de son cher Apulée. » C'est ainsi que Sévère railla les sénateurs : il se proposait d'aller plus loin après la victoire.

Les deux armées se rencontrèrent près de Lyon (février 197). Après un combat acharné, Albinus fut vaincu. Il ne survécut point à sa défaite, et se donna la mort. Sa femme et ses enfants furent tués et jetés dans le Rhône. Sévère fit porter à Rome la tête d'Albinus : il annonçait ainsi au sénat sa victoire et ses projets de vengeance.

ARRIVÉE DE SÉVÈRE A ROME; IL POURSUIT LES PARTISANS DE PESCENNIUS NIGER ET D'ALBINUS; GUERRE EN ORIENT; SÉVÈRE VISITE DIFFÉRENTES PROVINCES DE L'EMPIRE. — Après la bataille de Lyon, l'armée victorieuse repassa les Alpes, et s'avança vers Rome. Sévère fit son entrée dans la ville en habit de guerre, à cheval et à la tête de ses soldats. Il montra un visage menaçant aux sénateurs qui étaient venus à sa rencontre; mais il entendit avec une sorte de joie les acclamations de la multitude, qui lui présentait sur son passage des couronnes et des branches de laurier. Sévère distribua des vivres au peuple et lui donna des jeux; il réservait toute sa colère pour le sénat. Il ne tarda pas à se rendre à l'assemblée : dans un discours violent, il rappela le souvenir des guerres civiles, et loua Sylla, Marius et le triumvir Octave pour leur énergie; il blâma César de s'être perdu par trop de faiblesse; il ajouta que les sénateurs n'avaient montré tant de haine contre Commode, que parce qu'il avait défendu courageusement l'autorité impériale; enfin il déclara qu'il voulait réhabiliter la mémoire du fils de Marc-Aurèle et le placer au rang des Dieux. Sévère, qui se faisait appeler Pertinax, fils de Marc-Aurèle, petit-fils d'Antonin le Pieux, arrière petit-fils d'Adrien, descendant de Trajan au quatrième degré et au cinquième de Nerva, ne croyait pas sans doute que Commode eût été un bon prince : il ne songeait qu'à effrayer les sénateurs.

Après son discours l'empereur or-

ITALIE.

donna contre tous ceux que l'on soupçonnait d'avoir été les partisans de Pescennius Niger ou de Clodius une rigoureuse enquête. Les confiscations et les condamnations à mort suivirent de près ; sur soixante-quatre sénateurs déclarés coupables, vingt-neuf subirent le dernier supplice ; les autres furent mis en prison. Plus tard Sévère leur pardonna.

Quand il se vit sans rival, il n'hésita point à quitter Rome et à repasser en Orient. Il voulait punir les Parthes d'avoir rompu le traité qu'ils avaient fait avec lui l'année précédente : il désirait aussi se signaler par des victoires qui ne fussent point remportées sur des Romains. Il entra à Babylone et à Séleucie, et s'empara de Ctésiphon (198). Il échoua comme Trajan au siége d'Atra. Il resta plusieurs années en Asie ou en Égypte, et revint enfin à Rome par la Thrace, la Mésie et la Pannonie. Son voyage et ses expéditions furent souvent marquées par des actes de rigueur. En 202 il persécuta les chrétiens qui trouvèrent alors dans Tertullien un éloquent défenseur.

PLAUTIEN ; GOUVERNEMENT DE SÉVÈRE ; SES RÉFORMES ; PAPINIEN. — On peut attribuer à Plautien, originaire d'Afrique, une grande partie des cruautés de Sévère. Il était parvenu en quelque sorte à gouverner l'empereur. Il obtint la charge de préfet du prétoire, et bientôt sa faveur fut telle, que sa fille devint l'épouse du jeune César, Bassien Antonin. Plautien étalait un grand faste, et rien n'égalait son orgueil. L'impératrice Julia Domna, qui s'environnait alors de littérateurs et de philosophes, était surtout l'objet de ses mépris. Le jeune César, qui le haïssait, le fit assassiner en présence de Sévère. Ce fut alors que Papinien, nommé préfet du prétoire, fut appelé dans les conseils du prince. « L'État se ressentit d'une si utile coopération. Les magistrats furent choisis avec un très-grand soin, et envoyés ordinairement chacun dans la province où il avait été assesseur, selon la maxime de Niger. Plusieurs lois tendirent à corriger les mœurs ; les moindres malversations se voyaient rigoureusement punies. Le prince n'accordait ni distinction ni influence à ses affranchis, admettait à sa familiarité les savants et les philosophes, rendait personnellement la justice avec une égale attention pour les plaidoiries et pour les avis des sénateurs qui l'assistaient. Il ménagea si bien les revenus publics, qu'après avoir satisfait grandement aux distributions et aux jeux, après avoir dépensé des sommes considérables en édifices construits ou réparés, il laissa en mourant Rome approvisionnée de blé pour sept années, à soixante-quinze mille boisseaux par jour, et d'huile pour cinq ans. Les provinces n'éprouvèrent pas moins sa munificence soit en constructions, soit en remises de tribut arriéré. Il semble même qu'il ait commencé à relever Byzance. Il n'oublia pas surtout sa patrie, Leptis et Carthage. Bien loin de négliger la discipline, il écrivait au gouverneur de la Gaule : « Il est mi« sérable que nous ne puissions imiter « la règle militaire de celui que nous « avons vaincu... Tant que tu craindras « le soldat, tu n'en seras pas craint. « Mais apprends de Niger que le soldat « ne craint pas, à moins que les tri« buns et les généraux ne soient inté« gres. » On lui a cependant reproché d'avoir mis le relâchement dans l'armée, en permettant aux soldats de se marier, de se donner quelque luxe, en augmentant la paye, et en révélant trop clairement leur force par cette parole, « qu'il fallait bien traiter les soldats, et peu s'inquiéter du reste ». Ces observations contraires ne s'excluent pas. Comme il n'acquit l'empire que par ses soldats, ce lui fut une nécessité de les flatter surtout dans les commencements ; et comme il y a toujours danger de perdre par la force ce qu'on ne tient que de la force, il dut également chercher à les maîtriser en ramenant peu à peu au devoir du moins les légions. D'ailleurs, si la soldatesque ne respecte pas toujours le pouvoir qu'elle a fait, jamais elle n'estime ni ne soutient le chef qui n'en sait pas user. Septime Sévère en usa pleinement. Ce qu'il céda aux troupes, ce ne fut pas faiblesse ; ce qu'il fit pour le bien général, ce ne fut pas douceur ni même politique comme chez Auguste. Il voulait mettre l'ordre partout, pour être mieux obéi. Dans son enfance son unique divertissement était de jouer au juge ; une troupe d'autres enfants portant les faisceaux et les haches devant lui, puis se rangeant à l'entour, il siégeait et jugeait. Lorsque aux premiers temps de sa carrière politique il parut à Leptis, sa ville natale, comme lieutenant du proconsul, un de ses anciens compagnons, peut-être un de ceux qui avaient eu le rôle de licteur dans ses jeux, venant à lui et l'embrassant, il le fit fustiger par ses licteurs, pendant que son crieur répétait l'avertissement antique : « qu'un homme plébéien ne se « permette pas d'embrasser témérairement un lieutenant du peuple romain. » D'où il fut décidé qu'à l'avenir les lieutenants iraient en voiture, et non à pied. Ce parvenu de province, citoyen de deux ou trois générations, prenait certainement moins à cœur la dignité romaine que son élévation personnelle. Il était né despote, et il commanda l'État comme une armée ; ce fut le despotisme militaire agissant ouvertement, équitable pour les petits par haine pour les grands, les nivelant tous sous ses lois pour effacer toute prééminence devant lui. Et il est remarquable que le jurisconsulte estimé le plus habile de tous les temps, Papinien, *l'asile du droit, le trésor de la doctrine légale*, ait prêté à cette domination l'appui de sa science et de son dévouement. Papinien appliqua le droit civil au gouvernement, laissa pour continuer son ouvrage des légistes hommes d'État, exercés sous ses yeux, comme Paulus et Ulpien, qui furent d'abord l'un chef de la *mémoire*, l'autre des *requêtes*, pour devenir plus tard préfets du prétoire à leur tour. Ainsi s'acheva l'alliance intime de la jurisprudence et du pouvoir absolu, et la jurisprudence n'hésita pas à ériger le pouvoir absolu en principe. C'est que le despotisme, faisant la place nette aux légistes, leur donnait mieux le moyen de procéder en forme, d'équarrir et de tailler à l'aise leurs légalités. Ce sera constamment l'esprit des légistes ; ils travailleront sans relâche, pendant des siècles, au profit du pouvoir, jusqu'à ce qu'ils se croient assez forts pour se redresser en pédagogues et entreprendre de le régenter. Le gouvernement de Sévère fut donc au fond toujours le même ; les dernières années se passèrent dans une tranquillité de crainte ; même nullité publique du sénat, même tyrannie du maître. « Il est sans quartier, dit le Silène de Julien, et n'entend pas raillerie ; je ne m'y joue pas. » Après la première proscription de quarante et une famille sénatoriales, la vengeance et la défiance continuèrent les meurtres en détail. La nourrice du sénateur Apronien ayant vu en songe qu'il régnerait, le malheureux fut accusé d'avoir consulté un devin à ce sujet, et il perdit la vie. Dans son jugement, un témoin déposa qu'un sénateur chauve avait écouté la réponse du devin. Tous les chauves tremblèrent ; les autres portaient la main à la tête comme pour attester qu'ils avaient des cheveux. Le témoin sur un signe de l'un d'eux, déclara reconnaître Bébius Marcellinus, qu'on emmena aussitôt pour le décapiter, sans même attendre l'assentiment de l'empereur ; car on n'en doutait pas. Cet empereur et le sénat étaient dignes l'un de l'autre, et le sénateur Dion Cassius, qui rapporte ces cruautés, pour l'exactitude des faits, fort dénaturés par les commentaires du prince, ne s'en montre pas moins son admirateur. Le peuple qui n'y perdait rien à Rome et dans les provinces, et qui jouit toujours de la punition des pillards et de l'oppression des grands, prit en affection Septim Sévère. On l'appelait le Marius et le Sylla punique. On ne pensait pas si bien dire. Pour la première fois, par sa permission, le nom de Carthage reparaissait sur les monnaies, frappées en mémoire de ses bienfaits pour la Carthage nouvelle ; le meurtrier de l'aristocratie romaine semblait venger Annibal et l'ancienne rivale de Rome ; il était un dieu pour les Africains. Comme presque tous les hommes qui ont exercé une puissance extraordinaire, il en sentit amèrement le vide, et finit dans l'affliction, au milieu de la gloire guerrière (1). »

EXPÉDITION DANS L'ÎLE DE BRETAGNE ; MORT DE SÉVÈRE. — Les populations de l'île de Bretagne s'étaient soulevées : les riches établissements des Romains avaient été ravagés, et les conquérants auraient été forcés, peut-être de repasser sur le continent si l'empereur ne s'était hâté de venir au secours de ses

(1) Dumont, *Histoire romaine*, t. III p. 339 et suiv.

lieutenants. Il partit au printemps de l'année 208 ; et comme il souffrait de la goutte, il se fit porter en litière. Il était accompagné de ses deux fils, qu'il cherchait en vain à réconcilier. Tout changea d'aspect à son arrivée : il pénétra jusqu'à la côte septentrionale de la Calédonie, et força les indigènes à lui demander la paix (210). Il sépara par un mur, qui fut regardé comme une des merveilles de son règne, les possessions des barbares de celles des Romains. Puis il revint à Eboracum (York), où il tomba gravement malade. Les querelles sans cesse renaissantes de ses deux fils, les attentats de Bassien Antonin contre sa personne, hâtèrent sa mort. Il se fit apporter à la dernière heure l'urne où ses cendres devaient être déposées : « Tu renfermeras donc, dit-il, celui qui se trouvait à l'étroit dans l'univers. » On lui avait entendu aussi répéter : « J'ai tout été, et rien ne vaut. » Au moment même où il allait expirer, un tribun se présenta pour recevoir le mot d'ordre : il le fit entrer, et eut encore la force de prononcer le mot : *Travaillons*. Ce fut sa dernière parole (211).

CARACALLA; MEURTRE DE GÉTA; EXACTIONS; EXTENSION DU DROIT DE CITÉ; VOYAGES DE L'EMPEREUR. — « J'ai reçu l'Empire plein de désordre et de troubles, je le laisse pacifié jusqu'au fond de la Bretagne; vieux et sans mouvement, je lègue à mes Antonins un empire stable s'ils sont bons, faible s'ils sont mauvais. » Ainsi parlait Sévère mourant : il doutait de l'avenir, et entrevoyait, avec plus de découragement que d'espoir, la destinée du monde romain : car il savait quelles haines réciproques s'étaient allumées depuis l'enfance entre ses deux fils, et il avait lu dans les yeux de ces frères ennemis des pensées de meurtre.

Bassien et Géta avaient d'autres soucis que de continuer contre les Calédoniens les rudes campagnes de leur père ; ils renoncèrent aux conquêtes récentes des armes romaines, et conclurent la paix avec les barbares. Fatigués de la vie des camps, ils avaient hâte de rentrer dans Rome : ils y apportèrent leur funeste rivalité. Ils se partagèrent le palais; sans l'intervention de Julia Domna, ils auraient fait deux parts de l'héritage de Sévère. L'unité de l'Empire fut maintenue; mais elle coûta la vie à Géta, assassiné bientôt sur le sein même de sa mère (212). Une augmentation de paye, une gratification de 2,500 deniers pour chaque soldat, le rappel des bannis, l'apothéose du mort, il n'en fallut pas davantage pour assurer à Bassien la paisible possession du pouvoir; il n'eut contre lui que la voix de sa conscience et la voix de Papinien. « Il n'est pas si facile d'excuser un parricide que de le commettre. » Ce mot valut au jurisconsulte un coup de hache, une mort glorieuse dont la postérité a gardé mémoire. Le sénat n'imita point un courage si rare : il comptait dans ses rangs, pour le courage, moins de Papiniens que de Sénèques.

Mais l'aristocratie ne gagna rien à tant de prudence : Bassien avait l'horoscope de tous les nobles; il se débarrassa de ses ennemis, nous voulons dire de tous ceux qui avaient un nom et des richesses. Il y eut, dit-on, vingt mille proscrits : c'est plus que Géta ne compta jamais de clients et d'amis. L'empereur cherchait dans le meurtre une distraction contre ses remords; un oracle l'avait appelé la *bête féroce d'Ausonie*; il se vanta de ce titre. Ne fallait-il point que son épée vînt aux secours du trésor public? « Tant que ceci nous restera, disait-il un jour, l'argent ne nous manquera pas. » Les arrêts de mort pourvoyaient aux dépenses des fêtes, aux largesses, aux distributions de *caracalles* (casaques de la Gaule), à l'augmentation de la paye et de la solde de retraite, à l'achèvement de la plus belle rue de Rome, à la construction du portique de Sévère et des thermes de Caracalla.

La populace et les soldats n'ont pas à se plaindre : Bassien bat monnaie pour les nourrir. Il n'épargne point les riches ni les sénateurs; il les dépouille, il les tue. Son industrie découvre chaque jour de nouvelles taxes, de nouveaux contribuables : il double l'impôt du vingtième sur les legs et les héritages ; il exige des villes l'*or coronaire* et bien d'autres tributs; le fisc ne fait grâce à aucun de ses débiteurs : « Ni toi ni personne, dit Bassien au sophiste Philiscus, vous ne serez exemptés de rien ; pour quelques méchantes déclamations, le nombre des contribuables ne sera pas diminué. » Sa prodigalité même lui fait une loi de cette rigueur impitoyable : malgré tant de spoliations, tant de rapines, il est encore forcé d'altérer les monnaies et de mettre en circulation des pièces de cuivre et de plomb recouvertes d'une feuille d'argent.

Un des événements les plus graves du règne de Caracalla fut assurément la promulgation de l'édit qui accordait le droit de cité à tous les habitants libres de l'Empire (212). « Il y avait deux cent soixante ans environ que Jules-César avait projeté l'émancipation régulière et successive des provinces ; et la centralisation était devenue assez forte pour que l'État n'eût plus à redouter d'un nivellement général ni dislocation ni troubles. D'ailleurs il ne s'agissait guère que de la reconnaissance solennelle et de la légalisation d'un fait en réalité presque accompli. Les jurisconsultes qui conseillaient le fils de Sévère purent donc provoquer de lui, sans aucune crainte, la grande et humaine constitution qui porte son nom. Il semble bizarre, au premir coup d'œil, que l'acte le plus libéral et le plus juste qui ait honoré un empereur romain appartienne à un de ceux dont Rome eut le plus à rougir ; aussi quelques écrivains des temps postérieurs, mus par une sorte de répugnance morale, ont tenté de reverser la gloire du bienfait sur un plus digne, en l'attribuant tantôt à Antonin le Pieux, tantôt à Antonin le Philosophe, tantôt même à Adrien. Des contemporains, au contraire, en reconnaissant qu'il appartenait bien légitimement à Antonin, fils de Sévère, s'efforcèrent d'en rabaisser le mérite, quant aux intentions du législateur. Ils prêtèrent à celui-ci des motifs peu honorables ; par exemple, celui de se procurer de l'argent, d'accroître les recettes du trésor impérial. Comme les citoyens payaient seuls certains impôts, entre autres celui du vingtième sur les successions, impôt que doubla Caracalla lui-même, on ne manqua pas de prétendre qu'en généralisant le droit de cité il n'avait eu en vue que de généraliser les charges contributives imposables aux seuls citoyens. Ce qu'on ne saurait nier, c'est que le revenu public s'accrut inévitablement par l'exécution de la mesure. Sans chercher ici à défendre un caractère peu compatible as surément, on peut dire que les intentions du fils de Sévère ne furent ni tout à fait bonnes ni tout à fait mauvaises qu'elles renfermaient à la fois le bien e le mal ; les calculs d'avidité fiscale e l'intelligence des besoins de l'empire principalement de ceux de l'Orient. Qu sont d'ailleurs les princes, si l'on n'en excepte un petit nombre, dans l'initia tive des grandes mesures et des grande lois, sinon de purs instruments de leu temps ? Mais nous pouvons équitable ment, du moins, reporter l'honneur d la constitution Antoninienne à ce nobl corps des jurisconsultes qui l'avait pré parée, depuis un siècle surtout, par de travaux si beaux et si persévérants. Un large part dans cette loi et dans celle qui la complétèrent appartiendrait alor aux nations araméennes, puisqu'elle produisirent Salvius Julianus, Papinien Ulpien, Septime et Alexandre Sévère et qu'elles alimentèrent la célèbre école de droit fondée vers ce temps à Béryte et dont l'éclat effaça bientôt toutes les autres. Une sorte de prédestination a t-elle été attachée à cette race de Sem et à ce coin de terre de Syrie, d'où son sortis à toutes les époques tant de grands législateurs, tant de puissantes idées religieuses et sociales (1) ? »

Bassien ne séjourna pas longtemps en Italie. Quand il eut épuisé, par ses exactions et par ses violences, toute la classe riche de Rome, quand il eut ap pauvri et humilié le sénat, qu'il en eut fait le jouet et la risée de ses gardes, i partit. Le peuple du Cirque et les co hortes prétoriennes durent regretter un maître, un ami qui leur était cher, mal gré quelques boutades cruelles ; mais la populace de Rome et la soldatesque, ce n'était point toute l'Italie, ce n'étai point la cité romaine. Ceux qui ne por taient ni l'habit des camps ni la livrée imperiale, la *caracalle*, l'*antonine*, ceux aussi qui payaient l'impôt, ceux-là, mal gré les embellissements de Rome, n'a-

(1) Amédée Thierry, *Hist. de la Gaule sous l'administration romaine*, t. I, p. 190.

raient-ils pas sujet de haïr le nouveau Néron venu de Syrie, et de redouter sa présence, comme une perpétuelle menace? Heureux s'ils n'avaient dû payer encore les frais de ses voyages, de ses campagnes et de sa gloire!

En 213 une promenade en Gaule, en 214 une expédition contre les Germains, des négociations avec les Alamans, et le titre d'*alamanicus*, acheté à prix d'or, une course en Dacie (215), et sur la frontière quelques escarmouches contre les Goths; puis en Orient l'occupation facile de l'Osrhoène et une tentative malheureuse sur l'Arménie (216), en Égypte le massacre des Alexandrins pour quelques railleries sur la mort de Géta, enfin une déloyale entreprise contre les Parthes (217), les surnoms de *Sarmatique*, *Arabique*, *Parthique*, décernés par le sénat, c'était assez de fatigues et d'honneurs pour cet autre Achille, pour cet autre Alexandre, comme il s'appelait. Assassiné par un de ses gardes, mis au rang des dieux, il alla rejoindre dans le ciel son frère le divin Géta (217).

JOIE DE L'ITALIE A LA MORT DE BASSIEN; LACHETÉ DU SÉNAT; PUNITION DES DÉLATEURS; RÉVOLTE DE L'ARMÉE; MACRIN. — Macrin, le préfet des gardes, avait armé le bras des meurtriers de Caracalla. Il fut proclamé empereur, et prit les noms de Sévère et d'Antonin. Les soldats regrettaient Bassien; mais les libéralités du nouveau prince et la crainte des Parthes prévinrent le danger d'un soulèvement. Macrin n'épargna ni l'argent ni les promesses; il révoqua les lois de son prédécesseur sur les affranchissements et les successions, et ramena au vingtième les droits du fisc sur les héritages; il supprima les pensions assignées par Caracalla à des particuliers et payées par le trésor public ou par les villes. Son fils Diadumène reçut, avec le nom d'Antonin, le titre de César.

A Rome et dans toute l'Italie la nouvelle de la mort du tyran avait excité une grande joie. Pendant quelques jours l'aversion publique éclata librement dans le sénat. On accueillait avec espoir l'avénement de l'obscur Africain qui avait pris la place de Caracalla. Nommé patricien, Auguste, grand Pontife, Père de la patrie, avec la puissance tribunitienne et proconsulaire, Macrin refusa les jeux décrétés en son honneur, et défendit qu'on lui élevât des statues de plus de cinq livres d'argent ou de trois livres d'or. Sous un gouvernement qui promettait au peuple liberté et sécurité les délateurs ne devaient point trouver de protection contre la haine des citoyens. Trois sénateurs, poursuivis en justice, furent relégués dans les îles. L'empereur, pour éviter le reproche de cruauté, voulut qu'on leur fît grâce de la vie. L. Priscillianus, gouverneur d'Achaïe, subit également la vengeance du sénat. On mit en croix des personnages moins importants, et surtout les esclaves qui avaient accusé leurs maîtres. La punition des ministres de Caracalla donna satisfaction aux ressentiments de l'Italie, et les citoyens, dans le silence des délateurs, connurent enfin, pour quelques mois, la paix et la tranquillité.

Dans l'Orient, Macrin terminait la guerre contre les Parthes au prix d'une bataille sanglante en Mésopotamie et d'une somme de 50 millions de deniers. D'Antioche, où il prolongea son séjour, il présidait à l'administration de l'Empire. Il eut, dit-on, le projet d'abolir tous les rescrits des princes, et de réduire aux lois anciennes tout le droit public. Il supprima les magistrats établis par Marc-Aurèle pour rendre la justice en Italie : ces officiers, par des empiétements successifs, avaient outre-passé leurs pouvoirs. Très-sévère dans la répression des crimes, il condamnait au feu les adultères. Il se montra cruel pour les esclaves fugitifs. Les délateurs devaient fournir la preuve sous peine du dernier supplice; lors même qu'ils prouvaient la vérité de leurs accusations, tout en recevant le prix fixé, c'est-à-dire le quart des biens du coupable, ils n'en étaient pas moins déclarés infâmes.

Au sortir de la tyrannie de Caracalla, l'Italie commençait à respirer. Elle regrettait l'éloignement de l'empereur, et appelait de ses vœux un prince dont le règne s'annonçait sous de favorables auspices. Mais, avec plus de zèle que de prudence, Macrin s'appliquait à la réforme de l'armée, et il restait en Syrie pour y rétablir la discipline dans les légions désorganisées par Bassien. La soldatesque conservait, pour le malheur et la honte de l'Empire, sa détestable influence. Elle avait exigé l'apothéose de Caracalla; elle ne se soumit pas longtemps aux réformes de Macrin. Les légions mutinées proclamèrent un prétendu fils de Caracalla, le jeune grand-prêtre d'Émèse, Bassianus Élagabal. Macrin, vaincu le 8 juin 218, alla mourir avec son fils Diadumène, à Chalcédoine en Bithynie (1).

§ II. *Les princes syriens.*

FOLIES D'ÉLAGABAL; MŒURS SYRIENNES A ROME; ÉMEUTE MILITAIRE. — Bassianus, fils de Soémis et de Marcellus, devait sa fortune à son aïeule Julia Mœsa, sœur de l'impératrice Julia Domna.

Proclamé par les troupes sous le nom de Marc-Aurèle-Antonin, sans attendre l'investiture du sénat, il se qualifia d'empereur César Auguste, fils d'Antonin, petit-fils de Sévère, Pieux, Heureux, proconsul, tribun du peuple, etc. Il écrivit au consul Pollion de prévenir toute résistance, et d'employer au besoin les soldats cantonnés à Rome. En même temps, dans une lettre au sénat, il jura d'adopter pour modèles Auguste et Marc-Aurèle.

Les soldats voulaient piller Antioche; il leur promit cinq cents drachmes par tête, et sauva ainsi la capitale de la Syrie. La ville dut payer elle-même sa rançon. Mieux valait, même à ce prix, la clémence de l'empereur que sa colère aveugle et cruelle. Avant de quitter l'Orient, il assassina plusieurs personnages considérables : Julianus Nestor, préfet du prétoire; Fabius Agrippinus, gouverneur de Syrie; Réanus, gouverneur d'Arabie; Claudius Attalus, gouverneur de Cypre; Décius Triccianus, gouverneur de Pannonie; son précepteur Gannys, et d'autres encore.

A Rome, le sénat avait reconnu le nouveau maître du monde; il avait insulté la mémoire de Macrin et salué par de viles adulations l'avènement d'Élagabal. Il s'éleva pourtant dans l'Empire quelques protestations contre l'usurpation du grand-prêtre syrien. Mais toutes ces tentatives échouèrent misérablement. Au nombre des concurrents de Bassien il faut citer un simple ouvrier en laine. Bientôt Élagabal, maître absolu du monde romain, partit pour l'Italie, et apporta dans les murs de Rome, avec le luxe, les débauches et le culte religieux de la Syrie, la pierre sacrée du Soleil.

Il fit au peuple les largesses ordinaires, et donna des jeux. La plèbe ne perdait rien aux révolutions de la cour: le pain et les spectacles ne lui faisaient pas défaut aux jours des fêtes impériales. Le sénat était moins favorisé: le prince donna place dans la curie à sa mère ou à son aïeule, et pour la première fois une femme eut un siége près des consuls, exprima son avis, et remplit toutes les fonctions de sénateur. Élagabal imagina de former un sénat de femmes, et Soémis rendit de graves arrêts sur des questions de toilette. L'empereur présidait lui-même au mariage de son dieu avec la Vénus-Céleste de Carthage; il célébra dans toute l'Italie les noces du Soleil et de la Lune, et fit payer par les sujets de l'Empire les frais de cette union. Il n'interrompait jamais ses sacrifices, ses danses, ses débauches, s'habillait en femme, travaillait la laine, s'appelait *Domina* ou *imperatrix*, se mariait quatre ou cinq fois, et pensait, dit-on, à se faire eunuque. Pendant ce temps le gouvernement était aux mains des cuisiniers, des cochers ou des bouffons. Mœsa, qui gênait les folies de son petit-fils, avait perdu toute influence. Pour délivrer Rome et le monde, il fallut encore une émeute de soldats. Les prétoriens n'attendirent pas que l'abus de tous les plaisirs eût épuisé cet empereur, ou plutôt cette courtisane de dix-huit ans. Ils avaient sous la main un autre héritier de Caracalla, le jeune Alexandre, fils de Mammée et petit-fils de Julia Mœsa. Élagabal avait adopté cet enfant : quand il le vit aimé des soldats, il voulut le faire assassiner; il échoua plusieurs fois; enfin, un jour, sur le faux bruit de la mort d'Alexandre, les soldats se soulevèrent; le prince fut contraint d'amener dans le camp son fils adoptif; et comme le lendemain il menaçait de punir les chefs

---

(1) *Voyez* la *Syrie ancienne*, dans la collection de *l'Univers*.

le la sédition, ou le poursuivit jusque dans des latrines, où il fut tué. Les prétoriens massacrèrent aussi sa mère Soémis, qui le tenait embrassé, et qui, par son dévouement, racheta peut-être les fautes l'une vie plus honteuse que criminelle. On traîna par toute la ville leurs corps décapités; on voulait jeter celui d'Élagabal dans un cloaque; mais le trou se trouvant trop petit, on lança le cadavre dans le Tibre, une pierre au cou (11 mars 222).

ALEXANDRE SÉVÈRE; GOUVERNEMENT RÉPARATEUR: MAMMÉE; ULPIEN; LES LÉGIONS; MEURTRE D'ALEXANDRE SÉVÈRE. — Le favori des prétoriens était, cette fois, digne de l'empire : les intérêts de l'État et le caprice de la soldatesque se trouvant d'accord. La révolution qui substituait au fils de Soémis le fils de Mammée ne pouvait exciter ni résistance ni regret. Le sénat s'empressa de proclamer Alexandre Sévère (1).

(1) On a cité parfois comme un document curieux le morceau suivant, que nous empruntons à Lampride. C'est le procès-verbal de la séance dans laquelle le sénat proclama Alexandre. Lampride l'avait extrait des registres de la ville :
Ante diem pridie nonas martias, cum senatus frequens in curiam, hoc est, in ædem Concordiæ templum inauguratum, convenisset, rogatusque esset Aurelius Alexander Cæsar Augustus ut concineret, ac primo recusasset, quod sciret de honoribus suis agendum, deinde postea venisset, acclamatum : *Auguste innocens, Dii te servent. Alexander imperator, Dii te servent. Dii te nobis dederunt, Dii te conservent. Dii te ex manibus impuris eripuerunt, Dii te perpetuent. Impurum tyrannum et tu perpessus es, impurum et obcœnum et tu videre doluisti : Dii illum eradicaverunt, Dii te servent. Infamis imperator rite damnatus. Felices nos imperio tuo, felicem rempublicam. Infamis unco tractus est ad exemplum tyranni; luxuriosus imperator jure punitus est. Contaminator hominum jure punitus est. Dii immortales Alexandro vitam : judicia Deorum hinc apparent. Et cum egisset gratias* Alexander, acclamatum est: *Antonine Alexander, Dii te servent... Antonini nomen suscipias rogamus. Præsta bonis imperatoribus ut Antoninus dicaris... Injuriam Marci tu vindica. Injuriam Veri tu vindica. Injuriam Bassiani tu vindica. Pejor Commodo solus Heliogabalus, nec imperator, nec Antoninus,*

Mammée et sa mère Julia Mœsa prirent aussitôt une part active au gouver-

nec civis, nec senator, nec nobilis, nec Romanus... Antoninorum templa Antoninus dedicet... Sacrum nomen castus accipiat, Antonini nomen, Antoninorum nomen... Et post acclamationes Aurelius Alexander Cæsar Augustus : « Gratias ago vobis, P. C., non « nunc primum, sed et de Cæsareo nomine, « et de vita servata et Augusti nomine addito, « et de pontificatu maximo, et de tribunitia « potestate, et proconsulari imperio, quæ « omnia novo exemplo una die in me contulistis. » Et cum diceret, acclamatum : *Hæc suscepisti, Antonini nomen suscipi mereatur,* etc... « Ne quæso, P. C., ne me ad hanc « certaminis necessitatem vocatis ut ego co-« gar tanto nomini satisfacere, cum etiam « hoc ipsum nomen, licet peregrinum, ta-« men gravare videatur, hæc enim nomina « insignia onerosa sunt. Quis enim Cicero-« nem diceret mutum? Quis indoctum, Var-« ronem? Quis impium, Metellum?... » Item acclamata quæ supra. Item imperator dixit : « Antoninorum nomen vel jam numen po-« tius quale fuerit neminis clementia vestra; « si pietatem, quid Pio sanctius? Si doctri-« nam, quid Marco prudentius?... Si forti-« tudinem, quid Bassiano fortius?... » Item acclamatum est ut supra. Item imperator dixit : « Nuper certe meministis, cum ille om-« nium non solum bipedum, sed etiam qua-« drupedum spurcissimus Antonini nomen « præferret, et in turpitudine atque luxuria « Nerones, Vitellios et Commodos vinceret, « qui gemitus omnium fuerint, cum per po-« puli et honestorum coronas una vox esset, « hunc non rite Antoninum dici, et per hanc « pestem tantum violari nomen. » Et cum diceret, acclamatum est : *Dii mala prohibeant. Hæc te imperante non timemus; de his te duce securi sumus, vicisti vitia, vicisti dedecora. Antonini nomen ornavisti : certi sumus, bene præsuminus, nos te et a pueritia probavimus et nunc probamus.* Item Imperator : « Neque ego idcirco timeo istud venerabile « omnibus nomen recipere, quod verear ne « in hac vitia delabatur vita, aut quod no-« minis pudeat; sed primum displicet alienæ « familiæ nomen assumere, deinde quod « gravari me credo. » Et cum hæc diceret, acclamatum est ut supra. Item dixit : « Si enim « Antonini nomen accipio, possum et Tra-« jani, possum et Titi, possum et Vespa-« siani. » Et cum diceret, acclamatum est : *Quomodo Augustus, sic et Antoninus.* Tunc imperator : « Video, P. C., quid vos « moveat ad hoc nobis addendum. Augustus

nement. Elles formèrent un conseil de seize sénateurs, où brillaient, par leur sagesse et leur talent, Fabius Sabinus, le Caton de son siècle, Catilius Sévérus, OElius Sérénianus, Quintilius Marcellus, un Gordien, Antonius, et les jurisconsultes Julius Paulus et Domitius Ulpianus; celui-ci était ministre dirigeant.

Alexandre ne ressemblait pas à Élagabal. Élevé avec soin par sa mère Mammée, dont on a voulu faire une chrétienne, et qui paraît avoir connu le christianisme par les entretiens d'Origène, le jeune Syrien est un disciple de Platon. Sur le frontispice de son palais, il fait graver cette maxime : « Fais à autrui ce que tu voudrais qu'on te fît à toi-même. » Il place dans une sorte de chapelle, dans son *lararium*, les images des meilleurs empereurs « et des âmes les plus saintes, qu'il honorait comme des dieux : » Abraham, Apollonius de Thyane, Orphée, Alexandre

« primus est auctor imperii, et in ejus nomen
« omnes velut quadam adoptione aut jure
« hereditario succedimus. *Antonini ipsi Au-*
« *gusti dicti sunt...* Commodo autem heredi-
« tarium (nomen) fuit..., affectatum Bas-
« siano, ridiculum in Aurelio. » Et cum diceret, acclamatum est : *Alexander Auguste, Dii te servent. Verecundiæ tuæ, prudentiæ tuæ, innocentiæ tuæ, castitati tuæ. Hinc intelligimus qualis futurus sis...* Tu facies ut senatus bene principes eligat... *Vincas, valeas, multis annis imperes.* Alexander dixit : « Intelligo, P. C. me obtinuisse quod volui,
« et id acceptum refero, plurimas gratias et
« agens et habens, enisurus ut et hoc nomen
« quod in imperium detulimus, tale sit ut ab
« aliis desideretur, et bonis, vestræ pietatis
« officiis offeratur. » Post hæc acclamatum est : *Magne Alexander, Dii te servent. Si Antonini nomen repudiasti, Magni nomen suscipe...* Et cum sæpius dicerent, dixit :
« Facilius fuit, P. C., ut Antoninorum no-
« men acciperem; aliquid enim vel affini-
« tati deferrem, vel consortio nominis im-
« perialis. *Magni* vero nomen cur accipitur?
« Quid enim jam magnum feci? cum id
« Alexander post magna gesta, Pompeius
« vero post magnos triumphos acceperit.
« Quiescite igitur, et vos ipsi magnifici unum
« me de vobis esse censete potius quam ma-
« gni nomen ingerite. » Post hæc, acclamatum est : *Aureli Alexander, Auguste, Dii te servent!*

le Grand, Jésus-Christ. Il conforme sa vie à ses idées. Il partage ses jours entre les méditations de la philosophie, les exercices d'une tolérante et douce piété, et le travail sérieux des affaires publiques. Ennemi du sang, jamais, de sa propre autorité, il n'enlève la vie à un coupable; et il veut même que dans les jugements réguliers les magistrats ne prononcent que rarement la peine de mort et celle de la confiscation. Modeste, économe, affable, populaire, il bannit de son palais le faste et le luxe. Il visite les sénateurs, s'assied à la table de ses amis les plus obscurs, va aux bains publics, laisse sa demeure ouverte à tous les citoyens. « Persuadé que le prince n'est que le gardien et le dispensateur des biens de l'État, » il épargne l'argent que les peuples tirent de leurs sueurs et dérobent à leurs besoins, *ex visceribus provincialium*. Il diminue les impôts, et supprime plusieurs taxes à Rome. Loin de favoriser le fisc au détriment du peuple et de la justice, il surveille les fermiers et les traitants, qu'il appelle un mal nécessaire, et qu'il force, le cas échéant, à rendre gorge. Il abaisse, en faveur des pauvres, l'intérêt de l'argent; pendant quelque temps il interdit aux sénateurs le prêt à intérêt; et s'il fait ensuite quelques concessions aux plaintes des nobles usuriers, lui du moins il prête gratuitement aux pauvres pour qu'ils puissent acheter des terres. Il fait grâce à un grand nombre de villes des sommes qu'elles doivent au trésor public, et cet argent sert à relever les édifices publics ou particuliers ruinés par les tremblements de terre. Il établit dans les quartiers de Rome des bains, des greniers publics, des écoles, où il assigne des gages aux professeurs et aux élèves indigents. Il fait quelques distributions de viande et des approvisionnements de blé considérables, favorisant l'importation et accordant aux négociants de larges immunités. Il forme des corps de métiers, présidés par des défenseurs, *curatores*. Il institue, pour juger avec le préfet de la ville, un conseil de quatorze consulaires. Très-scrupuleux dans le choix des gouverneurs et des officiers, il assure à tout l'Empire une sage administration.

Pour le gouvernement des provinces

roconsulaires, il consulte le sénat. Dans les provinces impériales il remplace les propréteurs par des *præsides*, exclusivement chargés de la justice, et sépare ainsi le pouvoir militaire du pouvoir civil. Pour la nomination des consuls, ou, quelquefois, des préfets du prétoire, ou même du préfet de Rome, le sénat donne son avis. Mais, en rendant à la curie quelques droits politiques, le prince surveille avec soin la conduite des sénateurs. Il veut que l'ordre règne partout comme en son palais; si partout il ne réussit pas à le maintenir, du moins, par ses efforts, il sait mériter l'estime et la reconnaissance du monde; il est aimé du peuple, aimé des provinces : les soldats vont l'assassiner.

Alexandre devait l'empire aux prétoriens; il ne fut pas ingrat envers l'armée. Il tenait registre des services de chaque soldat, réglait avec soin l'avancement, visitait les malades dans leurs tentes, examinait les vivres, l'équipement, écoutait les plaintes contre les officiers, faisait suivre les troupes en marche par des mulets chargés de provisions, et distribuait aux vétérans des champs sur les frontières, avec des animaux et les esclaves, accordant à ces bénéfices le privilége de l'hérédité sous la condition du service militaire, et assurant ainsi contre les barbares la défense du monde romain. Des vingt-cinq légions que l'Empire possédait au temps d'Auguste, il n'en restait que dix-neuf. Néron, Galba, Vespasien, Domitien, Trajan, Marc-Aurèle et Sévère en avaient formé treize nouvelles. Dion Cassius, un des ministres d'Alexandre Sévère, nous indique ainsi la répartition de ces trente-deux légions : trois en Bretagne (deux vers le nord et une dans le sud), une dans la haute Germanie, deux dans la Germanie inférieure, une en Italie, une en Espagne, une en Numidie, une en Arabie, deux en Palestine, une en Phénicie, deux en Syrie, deux en Mésopotamie, deux en Cappadoce (dont l'une s'appelait *la Foudroyante*), deux dans la Mésie inférieure, une dans la Mésie supérieure, deux en Dacie, quatre en Pannonie, une dans le Noricum, et une en Rhétie. Il en reste encore deux, levées par Trajan, auxquelles Dion n'assigne point de résidence. Dans cette immense armée,

désorganisée par Caracalla, le jeune Alexandre Sévère voulut rétablir la discipline ; mais une émeute de prétoriens à Rome et le meurtre du préfet Ulpien annoncèrent à l'empereur le sort qui l'attendait pour avoir repris les tentatives de Macrin.

Il fit une expédition en Orient contre le roi des Perses, Ardshir-Babekan ou Artaxercès, fondateur de la dynastie des *Sassanides*. Durant cette campagne, qui tourna, du reste, à l'honneur des armes romaines, le prince se vit forcé de licencier une légion à Antioche (232). Il fut rappelé en Occident par une invasion des Germains en Gaule et en Illyrie. Il ne fit que se montrer à Rome, où le sénat et le peuple l'accueillirent avec joie et lui prodiguèrent les témoignages d'une affection sincère (234). Quand il se remit en marche il fut suivi à une assez grande distance par les sénateurs et la foule, qui répétaient sans cesse : Rome est sauvée, puisque Alexandre est vivant, *salva Roma, quia salvus Alexander*. Bientôt il franchit les Alpes : il avait hâte d'arriver sur les bords du Rhin. C'était là qu'il devait mourir. Un des principaux chefs de l'armée, le Goth Maximin, le fit égorger avec sa mère Mammée (19 mars 235). Julia Mœsa était morte. Il ne restait plus rien de cette famille syrienne qui avait donné au monde Élagabal et Alexandre; un Goth va régner sur l'Italie.

XX.

DOMINATION DES ARMÉES (235-284).

§ I. *Anarchie militaire.*

CRUAUTÉ DE MAXIMIN; RÉVOLTE DE L'AFRIQUE ET DE L'ITALIE; SIÈGE D'AQUILÉE; LES PRÉTORIENS DISPOSENT DE L'EMPIRE; GOUVERNEMENT DE MISITHÉE; MEURTRE DE GORDIEN III PAR PHILIPPE. — Maximin était né sur la frontière de Thrace; son père était de la nation des Goths, sa mère de celle des Alains. C'était un homme haut de sept pieds, mangeant par jour quarante livres de viande et buvant vingt-cinq mesures de vin. Dans sa jeunesse il avait gardé les troupeaux. Septime Sévère l'enrôla dans la cavalerie; le barbare s'éleva rapidement aux premières charges de l'armée : sa force prodigieuse, son courage, son habileté militaire hâtèrent les progrès de sa fortune. Il quitta le service sous Macrin et sous Élagabal. Alexandre lui donna un commandement considérable; en 235, sur les bords du Rhin, il avait sous ses ordres les nouvelles levées de Pannonie. Ces troupes pannoniennes et celles de Thrace furent les premières à le proclamer Auguste. Le reste de l'armée suivit leur exemple. Empereur par la volonté des soldats, Maximin adressa un message au sénat pour lui annoncer son élection. Sans plus de formalités, il s'associa son fils sous le titre de César et de Prince de la jeunesse : il voulait d'abord envoyer ce jeune homme en Italie; mais, sur ses instances, il l'emmena au-delà du Rhin contre les Alamans. Rome apprit avec stupeur qu'elle avait changé de maître, et se résigna.

Vainqueur des Germains, l'empereur ne se montra pas moins terrible aux citoyens qu'aux ennemis. Il se croyait méprisé du sénat, et il frappait sans pitié l'aristocratie. Tant qu'il s'en prit aux nobles et aux riches, il n'y eut guère de plaintes dans l'Empire. Mais bientôt il s'empara des trésors particuliers des villes et des sommes destinées à l'assistance ou aux divertissements du peuple; il pilla les temples, et enleva les ornements des édifices publics. Sa cruauté et ses spoliations disposèrent l'Italie et les provinces à un soulèvement général.

L'insurrection éclata d'abord en Afrique. Le proconsul Gordien, vieillard âgé de quatre-vingts ans, proclamé à Thysdre, près d'Adrumète, fut reconnu à Carthage par toute la province. A Rome, le consul Syllanus fit confirmer par le sénat sa nomination et celle de son fils Gordien II. Maximin et son fils furent déclarés ennemis publics. Le peuple, témoignant hautement sa joie, renversa les statues de l'empereur, et massacra les principaux ministres de sa cruauté. Les délateurs, traînés par la ville et jetés dans les égouts, expièrent leur infamie par d'horribles supplices. Mais il périt aussi beaucoup d'innocents. Vainement le consul Sabinus voulut arrêter le désordre : il reçut sur la tête un coup de bâton, dont il mourut. On avait d'abord annoncé au peuple la mort de Maximin. Quand ce faux bruit se fut dissipé, Rome n'en persista pas moins dans la révolte. Le sénat envoya de tous côtés des hommes qui lui étaient dévoués pour exhorter les gouverneurs et les villes à reconnaître l'autorité de Gordien. Il partagea entre vingt consulaires la défense de l'Italie, intercepta toutes les communications avec Maximin, et organisa une levée en masse de la jeunesse en état de porter les armes.

Maximin, occupé à combattre les Sarmates sur les confins de la Pannonie, entra dans une violente colère quand il apprit la révolte de l'Afrique et de l'Italie. Il menaçait de massacrer tous les sénateurs et de distribuer leurs biens à ses soldats. Sa fureur était d'autant plus redoutable, que le gouverneur de Mauritanie, Capellianus, avait marché victorieusement contre Carthage. Les deux Gordiens périrent; Maximin se crut délivré de tout péril. Mais le sénat, cherchant son salut dans l'audace, conféra l'empire à deux de ses membres : M. Claudius Pupiénus Maximus et Décimus Cœlius Balbinus. Le peuple ne voulait point se soumettre à ces deux personnages; pour l'apaiser on créa César le petit-fils de Gordien Ier, et l'on mit au rang des dieux son père et son aïeul. On poursuivit les préparatifs d'une résistance vigoureuse contre Maximin, et Maxime Pupien fut chargé de la conduite de la guerre.

Cependant l'imprudence de deux sénateurs excita dans Rome une violente sédition. Quelques prétoriens étaient entrés dans la curie; le consulaire Gallicanus et un ancien préteur, Mécénas, se jetèrent sur plusieurs de ces soldats, et les frappèrent de leurs poignards. De là une lutte funeste entre les prétoriens et le peuple, soutenu par les nouvelles levées de l'Italie. On assiégea les soldats dans leur camp; mais ils firent une sortie, et mirent le feu à un quartier de la ville. L'autorité de Balbin ne réussit pas à calmer ce désordre. Cependant Maximin avait passé les Alpes; il arriva bientôt devant Aquilée. Mais il échoua au siège de cette ville. Sa sévérité excita un soulèvement dans l'armée. Les soldats l'égorgèrent dans sa tente, après avoir tué sous ses yeux son fils, que sa jeunesse et sa beauté ne urent sauver de leur fureur (avril 238). Des courriers apportèrent à Rome les têtes des deux Maximins : le peuple les promena sur des piques dans tous les carrefours, et les brûla au milieu du Champ-de-Mars.

Maxime Pupien était à Ravenne pendant que Maximin assiégeait Aquilée. Il se rendit au camp, fut accueilli avec faveur, et se hâta de renvoyer les légions dans leurs quartiers. Il ramena dans les murs de Rome les prétoriens et quelques corps de Gaulois; son retour fut un véritable triomphe. Mais ce triomphe devait être de courte durée : les prétoriens assassinèrent avec Balbin (juillet 238), et proclamèrent Auguste le jeune Gordien III.

Cet enfant était cher au peuple. Sous la tutelle de son précepteur Misithée, il hérita l'amour de l'Italie et des provinces. Aussi la révolte de Sabinianus en Afrique fut-elle réprimée, presque sans combat, par le gouverneur de Mauritanie. Misithée chassa du palais impérial les courtisans et les eunuques. Nommé préfet du prétoire, il exerçait sur les troupes une active surveillance. Il examinait les armes des soldats, réglait les enrôlements, et maintenait dans l'armée la discipline avec les vieilles traditions de la tactique romaine. Dans ses marches, il faisait toujours environner le camp d'un fossé, et souvent il visitait la nuit les postes et les corps de garde. Par ses soins, toutes les villes frontières se trouvèrent approvisionnées de blé, de fourrage, etc. Il avait droit à la reconnaissance de l'Empire; Gordien III épousa sa fille, et le sénat lui décerna le titre de *Père des princes* et le *Gardien de la république*.

Pendant ce temps, près de Mayence, le tribun Aurélien battait les Franks 241) :

Mille Francos, mille Sarmatas semel occidimus,
Mille, mille, mille Persas quærimus.

C'est peut-être la première fois que paraît le nom des futurs conquérants de la Gaule. Ce n'étaient pas alors les barbares les plus redoutables pour l'Empire. En 242 Gordien ouvre le temple de Janus, et quitte Rome pour aller combattre les Goths et chasser les Perses de la Syrie. Sapor repassa l'Euphrate. Mais bientôt (243) Misithée mourut, et avec lui la prospérité de Gordien. L'Arabe Julius Philippus lui succéda dans la préfecture du prétoire. Non content de cette charge, dont Alexandre Sévère avait eu le tort d'augmenter les dangereuses prérogatives, Philippe porta son ambition jusqu'à l'empire : il fit assassiner Gordien, près de Circésium, et fut proclamé par les soldats (février 244).

PHILIPPE RÈGNE CINQ ANS; PERSÉCUTION CONTRE LES CHRÉTIENS SOUS DÉCIUS; LES SOLDATS FONT ET DÉFONT LES EMPEREURS. — Après avoir conclu la paix avec Sapor, Philippe revint en Italie. Il célébra en 248 le millième anniversaire de la fondation de Rome. Quelques travaux d'utilité publique (un canal creusé à Rome au delà du Tibre, dans un quartier privé d'eau), de sages ordonnances de police, comme la suppression des lieux de débauche, mais plus encore la modération de l'empereur, ses largesses aux soldats, et la magnificence des jeux, maintinrent pendant cinq ans la tranquillité. Enfin, l'énormité des impôts et les violences de Priscus, frère de Philippe, dans son gouvernement de Syrie, excitèrent en Orient une sédition. Jotapien prit le titre d'empereur. Il fut tué. Mais la révolte éclatait en même temps dans la Mésie et la Pannonie. Les troupes de ces deux provinces prirent pour chef un centurion, P. Carvilius Marinus. Le sénateur Décius, envoyé sur les bords du Danube pour réprimer ce mouvement, fut contraint par les soldats d'accepter pour lui-même le pouvoir impérial. Philippe marcha contre Décius. Vaincu malgré la supériorité de ses forces, il périt à Vérone (septembre 249). A Rome les prétoriens tuèrent son fils dans leur camp.

Philippe, l'assassin de Gordien III, était peut-être chrétien; son successeur persécuta l'Église. Il faut se mettre en garde contre les légendes qui ont peint avec des couleurs trop noires la figure de Décius. Les chrétiens ont dû juger avec passion un empereur qui voulait relever les anciennes institutions du peuple romain. Faut-il s'étonner qu'il ait pris la défense des anciens dieux?

La secte nouvelle avait alors une

hiérarchie fortement organisée; elle tenait des réunions publiques; elle avait des cimetières particuliers pour enterrer ses morts. Elle formait une société dans la société, un État dans l'État. Mais elle souffrait déjà, en quelque sorte, de ses accroissements. « Au rapport de saint Cyprien, la discipline se relâchait et se corrompait par la douceur de la paix. Tout le monde travaillait à acquérir du bien; et ayant oublié ce que les chrétiens avaient fait du temps des apôtres, et ce qu'ils devaient faire toujours, ils brûlaient du désir insatiable des richesses, et ne s'occupaient qu'à en amasser. La piété de la religion était morte dans les prêtres, et la fidélité et l'intégrité dans les ministres. Il n'y avait plus de charité dans la vie des chrétiens, ni de discipline dans les mœurs. Les hommes peignaient leur barbe, les femmes fardaient leur visage... On usait de subtilités et d'artifices pour tromper les simples, et les chrétiens surprenaient leurs frères par des infidélités et des fourberies. On se mariait avec les infidèles, on prostituait les membres de Jésus-Christ aux païens. On ne jurait pas seulement sans sujet, mais on se parjurait encore. On méprisait les prélats avec orgueil; on se déchirait l'un l'autre avec des langues envenimées; on se faisait la guerre avec des haines mortelles. On méprisait la simplicité et l'humilité que la foi demande de nous, pour chercher tout ce qui peut satisfaire la vanité. On renonçait au monde, mais de bouche seulement, et non point par les actions, et chacun s'aimait tellement lui-même, qu'il ne se faisait aimer de personne. Plusieurs évêques, qui devaient instruire les autres par leurs paroles et par leur exemple, méprisaient le ministère des choses saintes, pour se mêler dans les affaires du siècle; et, abandonnant leur charge et leur diocèse, allaient de province en province chercher où ils pourraient gagner davantage. Ils n'assistaient point les pauvres de leurs églises. Ils voulaient avoir toujours en réserve de grandes sommes d'argent. Ils ravissaient les terres et des héritages par des fraudes et des tromperies, et augmentaient leur revenu par la multiplication que produit l'usure... Dieu voulut donc éprouver ses serviteurs, réve[iller] par ses châtiments leur foi, qui éta[it] abattue et presque assoupie, et pun[ir] les péchés et les dérèglements des [fi]dèles (1). »

La persécution commença dès l'av[è]nement de Décius; elle fut commandé[e] et, pour ainsi dire, régularisée par d[es] édits. On y voit, au lieu des entraînemen[ts] populaires, l'action réfléchie de l'État avec un caractère moins religieux qu[e] politique; l'empereur frappait surtou[t] les évêques. On place au 20 janvier 25[0] le martyre de l'évêque de Rome Fabie[n]. Après sa mort, la prison reçut deux d[e] ses prêtres, Moïse et Maxime, et le diac[re] Nicostrate; ils en sortirent avec la v[ie] sauve. L'emprisonnement, puis des pe[i]nes plus ou moins rigoureuses, enfi[n] le dernier supplice, telle était la pr[o]gression des moyens imaginés pour r[a]mener les chrétiens à la religion d[e] l'Empire.

Pendant que les édits impériaux rem[p]lissaient le monde d'inutiles suppl[i]ces, les Goths, pénétrant à travers l[a] Dacie et la Mésie, s'étaient avancés [en] Thrace jusqu'à Philippopolis. Déciu[s] remporta d'abord quelques avantage[s] sur leur roi Cniva; mais il périt dans un[e] sanglante bataille, en Mésie (oct. 251)[.] Les troupes donnèrent l'empire à Gal[lus], un des généraux. Il conclut la pai[x] avec les barbares, leur abandonna tou[t] le butin qu'ils avaient pris, et promi[t] de leur payer un tribut annuel.

De retour à Rome, il oublia dans le[s] plaisirs le soin des affaires. Le sénat lu[i] avait donné pour collègue le fils de Dé[cius], Hostilien. Celui-ci fut enlevé pa[r] la peste en 252. On a cru voir dans cett[e] mort la main de Gallus. S'il fut cou[pable], l'empereur ne profita point de so[n] crime. Sa douceur, sa faiblesse même le soin qu'il prenait de faire rendre toutes les victimes du fléau les dernier[s] devoirs, lui avaient gagné à Rome, si non l'estime, du moins l'affection pu[b]lique. Mais aux frontières l'Empire menacé par les tribus germaniques avait besoin d'un défenseur. Les Perse[s]

(1) Lenain de Tillemont, *Hist. des Empe*[*re*]*reurs*, t. III, p. 327. *Voy.* le chap. sur la Pe[r]sécution de l'Église sous l'empereur Dèc[e] (p. 326-382), et les notes (p. 657-678).

taient rentrés en Syrie; les Goths 'avançaient en Asie Mineure jusqu'à Éphèse, en Illyrie, jusqu'aux bords de 'Adriatique. Le Maure Æmilianus rejeta les barbares au delà du Danube. Les troupes, fières de leurs succès, le proclamèrent Auguste. Déclaré ennemi public par le sénat, il marcha sur Rome. Gallus vint à sa rencontre avec son fils, le César Volusianus, et s'avança jusqu'à Terni dans l'Ombrie. Ses soldats, après quelques escarmouches, prirent le parti de le tuer avec Volusien : Émilien leur avait promis une paye plus forte (253).

Le sénat se hâta de reconnaître l'usurpateur. Mais Valérien arrivait de la Rhétie avec les légions des Gaules et de la Germanie. Il venait trop tard pour sauver Gallus; ses troupes le firent empereur. Émilien aurait voulu résister : il fut tué à Spolète par ses propres soldats.

VALÉRIEN (253) ; INVASIONS DES GERMAINS ET DES GOTHS ; L'EMPEREUR FAIT PRISONNIER PAR LES PERSES. — L'élection de Valérien promettait à l'Italie le rétablissement de l'ordre et des lois. C'était à lui que Décius avait déféré la censure. « Sa vie même, disait-on, n'était qu'une censure perpétuelle, et retraçait les mœurs de la vénérable antiquité. » Arrivant assez tard au pouvoir suprême, il ne devait pas démentir sa renommée de sagesse et de gravité. Il s'appliqua d'abord à soulager le peuple, n'exigeant rien des provinces au delà de leurs ressources, supprimant les charges inutiles, et surveillant avec soin l'administration de l'armée. Il fut heureux dans le choix de ses généraux; mais il ne put refouler le flot des barbares.

« Gallien, que son père avait fait Auguste, alla commander dans les Gaules. Le père et le fils couraient de tous côtés pour s'opposer aux barbares; ils étaient aidés d'habiles capitaines : Posthume, Claude, Aurélien, Probus, qui se formaient à l'école des armes par des crimes et par la nécessité. Les Germains, peut-être de la ligue des Franks, envahirent la Gaule jusqu'aux Pyrénées, traversèrent ces montagnes, ravagèrent une partie de l'Espagne, et se montrèrent sur les rivages de la Mauritanie, étonnés de cette nouvelle race d'hommes. Ils furent combattus et repoussés par Posthume, sous les ordres de Gallien. Les Alamans, autres Germains, au nombre de trois cent mille, s'avancèrent en Italie jusque dans le voisinage de Rome. Gallien les força à la retraite. Les Goths, les Sarmates et les Quades trouvèrent Valérien en Illyrie, qui les contint, assisté de Claude, d'Aurélien et de Probus. La Scythie vomissait ses peuples sur l'Asie Mineure et sur la Grèce. Il est probable que ces Scythes-Borans, qui se débordèrent alors, n'étaient autres qu'une colonne des Goths, vainqueurs du petit royaume du Bosphore. Ils s'embarquent sur le Pont-Euxin, dans des espèces de cabanes flottantes, se confiant à une mer orageuse et à des marins timides. Repoussés en Colchide, ils reviennent à la charge, attaquent le temple de Diane et la ville d'Œta, qu'immortalisèrent la fable et le génie des poètes, emportent Pytionte, surprennent Trébizonde, ravagent la province du Pont, et, enchaînant les Romains captifs aux rames de leurs vaisseaux, retournent triomphants au désert. D'autres Goths ou d'autres Scythes, qu'encourage cet exemple, font construire une flotte par leurs prisonniers, partent des bouches du Tanaïs, et voguent le long du rivage occidental du Pont-Euxin : une armée de terre marchait de concert avec la flotte. Ils franchissent le Bosphore, abordent en Asie, pillent Chalcédoine, entrent dans Nicomédie, où les appelait le tyran Chrysogonas, saccagent les villes de Lyus et de Pouse, et se retirent à la lueur des flammes dont ils embrasent Nicée et Nicomédie. Pendant ces malheurs, Valérien était allé à Antioche; il s'occupait d'une autre guerre à lui fatale. Sapor, invité par Cyriade, aspirant à l'empire, était entré en Mésopotamie : Nisibe, Carrhes et Antioche devinrent sa proie. Valérien arrive, rétablit Antioche, veut secourir Édesse, que pressaient les Perses, perd une bataille, et demande la paix. Sapor lui propose une entrevue; il l'accepte, et demeure prisonnier d'un ennemi sans foi. La simplicité n'est admirable qu'autant qu'elle est unie à la grandeur, autrement c'est l'allure d'un esprit borné. Valérien était un homme sincère, de même qu'il était un homme nul ; ses vertus avaient le caractère de sa médiocrité. En sa personne furent expiés la honte et le malheur de tant de rois humiliés au Capitole. Enchaîné et revêtu de pourpre, il prêtait sa tête, son cou ou son dos en guise de marche-pied à Sapor lorsque celui-ci montait à cheval... Valérien mort, sa peau, empaillée, tannée et teinte en rouge, resta suspendue pendant plusieurs siècles aux voûtes du principal temple de la Perse... Gallien ne songea ni à racheter ni à venger son père; il en fit un Dieu : cela coûtait moins (1). »

« La résignation avec laquelle Gallien parut accueillir le coup qui frappait son père contrasta odieusement avec la douleur générale : on lui prêta à ce sujet un propos qui, s'il n'est pas vrai, prouve du moins l'idée qu'on se faisait de ses sentiments filiaux. On assura que, parodiant un mot sublime et bien connu, il s'était écrié en recevant la nouvelle fatale : « Je savais que mon père était mortel! » P. Licinius Galiénus ne manquait certes ni de talents naturels, ni de science acquise, ni de bravoure. Noble, riche, élégant, il avait mené de bonne heure la vie des jeunes patriciens romains, vie mélangée de quelques études et de beaucoup de plaisirs. Valérien, austère pour lui-même, mais faible dans le gouvernement de sa famille comme dans celui de l'État, n'avait point assez réprimé ses écarts et son penchant à la dissipation, qui finit par être indomptable. Les ennemis même de Gallien étaient forcés de reconnaître en lui le germe des plus heureuses facultés, un esprit vif et fécond en saillies, une éloquence facile, et surtout un rare talent pour la poésie gracieuse, où il égala parfois les grands modèles. Mais avec tout cela il n'y avait en lui ni esprit de suite, ni constance, ni modération, ni réserve. Ses plaisirs dégénéraient en dissolutions, amour du repos en paresse et en oubli des devoirs les plus saints, son goût pour les spectacles et les amusements en prodigalités folles, qui faisaient une triste diversion à la misère publique. Rien n'échappait aux caprices de son esprit acerbe et railleur : ni les officiers de son palais, ni les commandants des armées, ni le corps du sénat. On le voyait même se livrer vis-à-vis du peuple à des bouffonneries à peine pardonnables chez un particulier, déshonorantes chez un empereur... A côté de ces travers burlesques et de cette indolence, un grand événement venait-il tirer de sa torpeur le fils de Valérien, il se montrait habile, libéral, actif, brave, cruel même par emportement, mais pour retomber ensuite, comme épuisé de son effort, dans sa somnolence épicurienne : homme toujours extrême, et qui ne parvint jamais qu'à se faire haïr ou mépriser, soit qu'il agît, soit qu'il n'agît pas (1). »

PÉRIODE DITE DES TRENTE TYRANS; L'ITALIE RAVAGÉE PAR LES ALAMANS. — Ici commence, sur tous les points de l'Empire, une épouvantable anarchie. C'est la période dite des trente tyrans. Il y en eut dix-neuf ou vingt, presque tous remarquables; en Orient : Cyriades, Macrianus, Balista, Odénath et Zénobie; en Occident : Postume, Lélianus, Victorinus et sa mère Victoria, Marius et Tétricus; en Illyrie et sur les confins du Danube : Ingénuus, Régillianus et Auréolus; dans le Pont, Saturninus; en Isaurie, Trébellianus; en Thessalie, Pison; Valens en Grèce; en Égypte, Émilien; Celsus en Afrique. C'étaient là des hommes dignes de l'empire. Mais leur génie même tourna contre ce vieux monde romain, qu'ils ne voulaient point morceler, mais que leurs querelles ouvraient aux barbares. Les provinces, qui prennent des chefs particuliers, ne réclament point encore une complète indépendance. Sans doute Postume et son fils adoptif Victorinus sont bien des empereurs gaulois. « Mais tout en reniant l'Italie et les chefs qu'adoptait l'Italie, les provinces conservaient sur leurs monnaies le type de *Rome éternelle*, comme une protestation solennelle de *romanité*, comme une preuve qu'elles appartenaient toujours à la grande famille des peuples civilisés. C'est ainsi que l'Empire des Gaules grava sur plusieurs de ses médailles l'image de Rome unie à celle de Postume; et que l'empereur gaulois, faisant la guerre à l'em-

(1) Châteaubriand, *Étude historique*.

(1) Am. Thierry, *Hist. de la Gaule sous l'administration romaine*, t. II, p. ...

pereur italien, n'en prit pas moins le titre d'Hercule romain (1). » On ne peut donc voir dans ce chaos la lutte de plusieurs nationalités distinctes et le combat ou la séparation des divers éléments du monde romain. Mais qu'importent à l'Italie ces liens qui lui rattachent encore les provinces? Que lui importent même les campagnes de Postume contre les Francs, et le génie de Victoria, *la mère des armées*, « la Zénobie des Gaules, » et les talents de Victorinus, ce rival de tous les empereurs qui ont fait la gloire de Rome, « égal de Trajan en bravoure, d'Antonin en clémence, de Nerva en gravité, de Vespasien en sage économie, de Pertinax en probité, de Sévère dans l'art de gouverner les armées? »

Pendant que la Gaule s'isole sous ces empereurs dignes de gouverner le monde, les Sarmates et les Germains orientaux passent le Danube sur plusieurs points, et pénètrent en Italie par les Alpes Carniques et Rhétiennes. Les Alamans, refoulés par Postume vers les Alpes Pennines, en assiègent les défilés. Trois cent mille barbares se donnèrent rendez-vous dans les plaines du Pô. L'Italie, abandonnée des provinces, tenta contre les envahisseurs un vigoureux effort. Malgré les ravages de la peste qui enlevait en un jour à Rome cinq mille personnes, le sénat, avec une ardeur inattendue, organisa des levées en masse. Rome prit les armes. Gallien, avec dix mille hommes, arrêtait l'ennemi au delà de Ravenne; quand il reçut les troupes amenées par les sénateurs, il put agir plus hardiment. Secondé par Claude et Auréolus, il gagna sur les barbares une grande bataille près de Milan, et les rejeta au delà des Alpes (262). L'Italie s'était sauvée par ses seules forces, et le sénat s'était relevé de sa honte. Gallien, par une funeste jalousie, interdit aux sénateurs le service militaire. Ils murmurèrent d'abord; mais ensuite ils regardèrent comme un honneur ce privilège qui les dispensait de courage. L'édit de Gallien marquait profondément la séparation de l'armée et des pouvoirs civils : il prépara les grands changements de Dioclétien.

(1) *Am. Thierry*, p. 253.

EXPÉDITION EN GAULE; TRIOMPHE DE GALLIEN (263); SON INSOUCIANCE EN FACE DES BARBARES. — Débarrassé des Alamans et des Juthungues, Gallien marcha en Gaule contre Postume. Il n'obtint que de légers avantages dans cette campagne. Auréolus, son lieutenant, ou pour mieux dire son collègue, prolongeait la guerre à dessein. Mais, en Asie, Odénath et ses Arabes avaient assiégé Sapor dans Ctésiphon. Si le prince de Palmyre prenait le titre de roi, du moins il rapportait à Gallien toutes ses victoires. L'empereur de Rome nomma le chef arabe *empereur de tout l'Orient*. Pendant ce temps la fortune renversait Pison en Thessalie, Valens en Achaïe, Macrianus sur la frontière de Thrace, Balista en Syrie. C'était pour Gallien le moment de se réjouir : il célébra par des jeux magnifiques la dixième année de son règne (263). Il monta au Capitole sur un char de triomphe. Les prêtres en robe prétexte, le sénat et les chevaliers formaient son cortège. Devant lui, cinq cents lances d'or, cent riches bannières, outre celles des temples et des corporations, et les enseignes des légions; derrière, les prétoriens et les légionnaires présents à Rome, en tuniques blanches, le peuple vêtu de blanc, et une immense file d'esclaves, portant des cierges, des torches et des lampes; cent bœufs blancs, tout brillants d'or et de soie, quatre cents brebis blanches; des éléphants, des tigres, des lions, des hyènes; douze cents gladiateurs en robes de femmes garnies d'or; des mimes et des histrions sur des chariots; mais surtout les prisonniers germains, sarmates et perses, dans leur costume national et les mains liées derrière le dos : n'était-ce pas là « une nouvelle espèce de jeux, des pompes inconnues, un genre exquis de plaisirs? » Quand les captifs de Perse vinrent à défiler, des jeunes gens crièrent : « Le père de l'empereur est-il là? » Gallien fit brûler vifs les railleurs; mais il n'étouffa point ce cri, qui était l'expression vraie de l'opinion publique.

Mille propos couraient par la ville sur l'insouciance du prince. « César, l'Égypte se soulève. » — « Eh bien, nous nous passerons de lin d'Égypte. » — « Les Goths dévastent l'Asie. » — « Eh! ne peut-on pas vivre sans aphronitre ? » — « La Gaule se sépare de l'Italie. » — « Est-ce que les draps d'Arras sont nécessaires au salut de la république? » Voilà les paroles qu'on lui attribuait, et qui excitaient la colère du peuple. Gallien riait au milieu des ruines de l'empire, plus soucieux des fêtes de la journée et du lendemain que des nouvelles sinistres apportées de tous les points de l'horizon par les courriers aux longues piques garnies d'ailes noires. Il composait des épithalames pour le mariage de ses neveux. « Allez, aimables enfants, soupirez comme la colombe, embrassez-vous comme le lierre, soyez unis comme la perle à la nacre. »

Ite, ait, o pueri, pariter sudate medullis
Omnibus inter vos; non murmura vestra
[columbæ,
Brachia non hederæ, non vincant oscula
[conchæ.

Tantôt il se faisait admettre à l'Aréopage d'Athènes, et accordait au philosophe Plotin un canton désert de la Campanie pour y établir une république selon les lois de Platon; tantôt, couché parmi des femmes sur les lits des festins, ou, sous les yeux de sa femme légitime, épousant, d'après les rites barbares, Pipa, la fille d'un roi marcoman, il insultait à la misère publique ou à la dignité du nom romain. Il s'oubliait dans les jeux de l'esprit et les voluptés des sens, comme si la peste, l'anarchie et les barbares avaient fait une trêve avec l'Empire et devaient lui laisser un peu de répit!

Les *tyrans* gardaient encore les frontières. « Je crois, dit un contemporain, que ces hommes ont été suscités par la providence des dieux, pour empêcher que le sol de notre Empire ne devînt une propriété de la Germanie, tandis que Gallien, cette peste de la luxure, s'endormait dans ses vices... Sans eux, c'en était fait de la sainte et antique suprématie du nom romain. » Mais si Postume et Victorinus défendaient la ligne du Rhin, à l'Orient, les Goths, établis le long de la mer Noire et à l'embouchure du Danube, continuaient leurs courses dans l'Asie Mineure, la Thrace et la Grèce. D'autre part, les Hérules, qui avaient cinq cents navires, allaient piller les côtes et les îles de l'Adriatique. Les villes s'environnaient de remparts; mais les murailles, qui défendirent Byzance, ne sauvèrent pas Athènes Corinthe, Argos et Sparte. Un Goth voulait brûler les bibliothèques d'Athènes; un autre s'y opposa : « Laissons dit-il, à nos ennemis ces livres qui leur ôtent l'amour des armes. » Pourtant le Athéniens, commandés par l'historien Dexippe, gagnèrent une bataille sur le barbares. Moins heureuses, la Béotie l'Épire, la Thrace, l'Illyrie, succombèrent sans honneur. Gallien, pour arrêter les ravages, prit à sa solde un corp d'Hérules (267). Il ne devait guère survivre à cette honte.

RÉVOLUTION EN GAULE; VICTORI MÈRE DES CAMPS; RÉVOLTE D'AURÉOLUS EN ITALIE; SIÈGE DE MILAN MEURTRE DE GALLIEN. — Postume après avoir repoussé, en 265, l'empereur italien, venait d'être tué par se soldats pour leur avoir refusé le pillage de Mayence. Son rival, Lélianus est égorgé à son tour. Victorinus viol la femme d'un employé de l'armée; i meurt à Cologne, de la main de ses soldats. Les troupes proclament Victoria *mère des camps;* elle refuse la puissance impériale, et fait reconnaître par l'armée un soldat parvenu, un ancien armurier M. Aurélius Marius. Au bout de quelques mois bien employés contre les Germains, Marius tombe sous l'épée d'un Gaulois. Victoria, par ses discours, e peut-être par des distributions d'argent décide les légions à proclamer un de se parents, le sénateur Tétricus. Elle choisit Burdigala pour le siège de l'Empire transalpin. Mais elle ne renonce pas l'Italie. Cette femme dont Zénobie, l veuve d'Odénath, la maîtresse de l'Orient, disait un jour : « J'aurais voulu partager le monde avec Victoria; car elle me ressemble »; cette *mère de camps,* véritable *empereur* des Gaules comme l'indiquent quelques médailles entrevoit, dans les rêves de son génie « un trône à Rome et le protectorat de l'univers. » Pour être délivré de Postume et de Victorinus, Gallien n'est point à l'abri au delà des Alpes. Mais ce n'est point Victoria, ce n'est point la Gaule qui profitera de sa chute. Il ne doit pas tomber sous les coups de son ennemi le plus redoutable.

« La catastrophe dont la prévision inspirait de si vastes projets ne se fit pas longtemps attendre : une révolte éclata contre Gallien dans l'année qui suivit l'avénement de Tétricus. Au commencement de l'hiver de 268, l'incertain Auréolus se décida enfin : à la tête des légions d'Illyrie, il se présenta dans l'Italie transpadane, qui se soumit à lui sans coup férir. Mais Gallien, troublé subitement dans son repos, retrouva par la colère toute son énergie. Rassemblant à la hâte ce qu'il y avait de troupes disponibles sous sa main, il courut attaquer l'armée insurgée, la défit, et força l'usurpateur, après l'avoir grièvement blessé, à se réfugier dans Milan, qu'il environna d'une ligne de blocus, attendant les légions de Mœsie et de Thrace, déjà en route pour le rejoindre. La situation d'Auréolus était grave ; car Milan ne renfermait d'approvisionnements d'aucune espèce, et ses troupes y manquaient de tout. Mais le général, qui avait vécu longtemps dans la familiarité de Gallien, qui connaissait et ses répugnances personnelles et les sentiments secrets des hommes qui l'entouraient, et qui d'ailleurs entretenait des intelligences dans le camp impérial, n'avait pas perdu tout espoir de salut. Il savait que le préfet du prétoire, Héraclianus, sous le masque du dévouement, portait à l'empereur une haine mortelle ; que Marcianus, commandant des troupes de Mœsie et ami d'Héraclianus, aspirait au titre d'Auguste ; que la même ambition s'était emparée du Maure Cécrops, commandant de la cavalerie dalmate, soldat brutal et ignorant, mais homme d'exécution, à qui le sang ne coûtait pas ; il savait enfin que Claude, à peine arrivé de la Thrace, avait été écarté de la personne du prince et relégué à Pavie, sous le prétexte de garder cette place et le Pô supérieur. Claude, ou plus correctement Marcus Aurélius Claudius, était encore un Illyrien parvenu, mais d'une trempe plus fine que ces autres soldats de fortune avec lesquels il était entré en rivalité d'ambition : esprit froid et calculateur, dont on ne perçait jamais ni les pensées ni les projets, tant il mettait de réserve à s'exprimer et de prudence à agir. De simple tribun qu'il était à l'avénement de Valérien, il trouva moyen d'arriver au commandement d'une armée, sans rien solliciter, en se faisant vanter dans le sénat et autour du prince comme un homme nécessaire. Sous Gallien on le vit encourager les généraux mécontents, et marcher ensuite contre eux dès qu'ils avaient pris les armes. L'empereur, embarrassé d'un pareil ami, le redoutait plus qu'un ennemi déclaré. Apprenant un jour que Claude, malgré la réserve dont il faisait profession, avait tenu sur sa mollesse et son indolence des propos outrageants, Gallien s'empressa d'écrire à un de ses familiers, nommé Vénustus, une lettre où il lui disait : « Je ne pouvais pas recevoir une nouvelle plus triste. Si tu m'es fidèle, Vénustus, je t'en supplie, fais en sorte que Gratus et Hérennianus travaillent à l'apaiser ; mais que l'armée de Dacie ignore complètement tout cela : elle n'est déjà que trop mal disposée. Je t'envoie des présents pour Claude ; tu tâcheras qu'il les accepte gracieusement. Sur toutes choses qu'il ne soupçonne jamais que je suis instruit de ses attaques contre moi ; il pourrait craindre ma colère et se porter par suite à quelque extrémité malheureuse. » Claude depuis lors n'avait fait qu'ajouter aux frayeurs de Gallien. Tout récemment encore il venait de s'élever au plus haut point de réputation militaire par la défaite et l'expulsion des Goths qui avaient fait irruption sur la Thrace ; le sénat, au milieu d'acclamations plus vives que de coutume, lui avait décerné une statue, et l'avait même recommandé spontanément, comme consul, au choix de l'empereur, qui trouva que c'était le lui imposer. Aussi, quand le favori du sénat se présenta devant Milan pour secourir Gallien, celui-ci n'eut rien de plus à cœur que de l'éloigner. Claude parut accepter comme une marque honorable de confiance la garde de Pavie et de la ligne du Pô : il partit, mais en laissant derrière lui, dans le camp impérial, des amis ardents et de vives sympathies. Son système d'ailleurs avait toujours été de faire agir plutôt que d'agir lui-même. Tels étaient les hommes qui approchaient Gallien et les intrigues qui s'entrecroisaient autour de lui, à son insu, et l'avaient enveloppé, en tous sens, comme d'un réseau. Quand ses élans d'énergie momentanée le prenaient, le fils de Valérien se montrait brave, hardi; et il comptait personnellement autant de coups de main heureux que la plupart de ses officiers ; mais son activité se détendait après la lutte. Manquant de suite et de réflexion pour étudier les hommes, deviner et déjouer les trames, prévenir des révoltes que tout le monde prévoyait, il s'endormait volontiers sur les apparences, et sa paresse le désarmait contre le danger.

« Bloqué ainsi dans Milan et à deux doigts de sa perte, Auréolus suivait de l'œil avec anxiété ses manœuvres, dont il savait une partie et soupçonnait l'autre. La parfaite connaissance qu'il avait des hommes et ses instincts d'ambition l'avertissaient assez de l'imminence d'une catastrophe. Pour la hâter il employa une ruse dont on se servit plusieurs fois contre des empereurs détestés, et qui, toute grossière qu'elle était, réussit toujours, tant la violence et le meurtre paraissaient naturels dans cette société où l'on n'avait aucun respect de la vie humaine. Il fit dresser, en simulant l'écriture de Gallien, une liste de personnes contre lesquelles celui-ci était censé méditer quelque vengeance, et il eut soin d'y comprendre les principaux généraux, coupables ou non de menées ambitieuses. Un de ses affidés porta cette liste au camp impérial, et l'égara, de manière à la faire tomber dans des mains intéressées. Il en résulta ce qu'Auréolus avait prévu : les chefs les plus menacés se concertèrent, et on résolut de frapper le coup dès le soir même. Ce fut le préfet du prétoire, Héraclianus, qui se chargea de donner le signal. Pendant la première veille de la nuit il fit répandre dans le camp une vive alerte, comme si les assiégés tentaient une attaque subite, et entra avec Cécrops dans le prétoire de l'empereur : « César, lui dit-il, nous sommes surpris, l'ennemi approche. » Gallien, qui commençait à souper, sauta aussitôt de son lit, se fit amener un cheval, et, sans prendre même sa cuirasse, se dirigea bravement du côté qu'on lui indiquait, au milieu d'une profonde obscurité. Sa marche était lente, et interrompue à chaque pas par le flot de la multitude, qui courait, qui s'armait, qui formait ses rangs en tumulte ; attachés l'un et l'autre à ses côtés. Héraclianus et Cécrops le suivaient dans la foule et le gardaient à vue. Tout à coup un homme, qui resta inconnu, se plaçant à sa rencontre, lui appliqua à bout portant le fer d'un javelot sur la poitrine, et le perça de part en part. Cécrops, à ce mouvement, tira son épée, dont il frappa le prince à la tête, puis il le poussa à bas de son cheval. Quand la lumière des torches vint éclairer cette scène, on trouva l'empereur baigné dans son sang et meurtri sous les pieds des chevaux : on le transporta dans sa tente, où il expira. » (Am. Thierry, *Histoire de la Gaule*, p. 398.)

§ II. *Restauration de l'Empire par les princes illyriens.*

CLAUDE II (268); ACCLAMATION DU SÉNAT ; LES ALAMANS VAINCUS PRÈS DU LAC GARDA ; CAMPAGNE CONTRE LES GOTHS — A la nouvelle de la mort de Gallien, Claude accourut. Les soldats, pour se faire payer plus cher, avaient feint de pleurer l'empereur. On leur distribua à chacun vingt pièces d'or. Mais ni Marcianus, ni le préfet du prétoire, ni le Maure Cécrops n'osaient afficher leurs prétentions à l'empire. Claude approuva la conduite des troupes, fit un dieu de Gallien, présida à ses funérailles, et prit sa place. Le sénat accueillit avec joie cette élection. Réunis au temple d'Apollon, les sénateurs s'écrièrent : « Auguste Claude, que les dieux vous conservent pour nous ! (Répété soixante fois.) Claude Auguste, c'est vous ou votre pareil que nous avions toujours souhaité ! (Quarante fois.) Claude Auguste, c'est vous que désirait la république ! (Quarante fois.) Claude Auguste, vous êtes un père, un frère, un ami, un excellent sénateur, un empereur véritable ! (Quatre-vingts fois.) Claude Auguste, délivrez-nous d'Auréolus ! (Cinq fois.) Claude Auguste, délivrez-nous de Zénobie et de Victoria ! (Sept fois.) Claude Auguste, Tétricus n'est rien devant vous ! (Sept fois.) »

Le nouvel empereur ne pouvait répondre à tous les vœux du sénat. Sans doute, lorsque, échappé du blocus de Milan, Auréolus vint réclamer le partage de la puissance impériale, Claude le

déclara solennellement ennemi public, et marcha sans retard à sa rencontre. Auréolus fut vaincu et tué. Les Alamans entrés en Italie subirent aussi une défaite près du lac de Garda, et repassèrent les Alpes; mais, en Gaule, Tétricus se maintenait, même après la mort de Victoria. En Orient, Zénobie, devenue reine de Palmyre depuis le meurtre d'Odénath, rendait, sans obstacle, son empire indépendant. « L'affaire de Tétricus ne regarde que moi, disait Claude; celle des Goths regarde la république. » Au commencement de l'année 269, il partit pour la Thrace; il remporta sur les Goths une glorieuse victoire. Mais, atteint de la peste, il mourut à Sirmium (avril 270). En Italie, le sénat et les troupes élurent le frère de Claude, Quintilius. L'armée de Thrace proclama de son côté Aurélien : c'est à Aquilée que Quintilius reçut cette nouvelle; il se tua.

AURÉLIEN REPOUSSE LES GOTHS; DÉLIVRE L'ITALIE D'UNE INVASION DES ALAMANS; RELÈVE LES MURAILLES DE ROME. — Au Dalmate Claude succède le fils d'un paysan de Sirmium. Aurélien est un soldat de fortune, qui a eu la gloire de vaincre les Francs; ses compagnons l'ont nommé *Fer-en-main*, *Manus ad ferrum*. Son règne n'est qu'une longue suite de travaux militaires et de batailles, en Orient comme en Occident. Après avoir visité Rome, il s'applique à rétablir la discipline dans l'armée. Puis il marche contre les Goths, qui veulent profiter de la mort de Claude; il les bat et les soumet, mais il est obligé de leur céder la Dacie. Une invasion des Alamans dans les plaines du Pô le rappelle en arrière. Les barbares avaient pénétré jusqu'à Plaisance, détruit une armée romaine, et gagné les côtes de l'Adriatique. Ils s'avancèrent jusqu'à Fano, en Ombrie. La terreur était dans Rome. Le sénat interrogea les livres sibyllins, et, sur la proposition du préteur Fulvius Sabinus, on sacrifia des victimes humaines. Aurélien sauva l'Italie : trois victoires, sur le Métaure, près de *Fanum Fortunæ*, près de Plaisance et dans la plaine de Pavie, refoulèrent le torrent de l'invasion.

« Ce fut à l'occasion de ces courses de barbares qu'Aurélien fit relever ou plutôt bâtir les murailles de Rome. Jadis les sept collines, dans une circonférence de treize milles, avaient été fortifiées; mais Rome, se répandant au dehors avec sa puissance, ajouta, par d'immenses et magnifiques faubourgs, plusieurs villes à l'antique cité. Zozime écrit que du temps d'Aurélien l'ancienne clôture était tombée : celle de cet empereur ne fut achevée que sous Probus, et il paraît qu'on y travaillait encore sous Dioclétien. On voit aujourd'hui, mêlés aux constructions subséquentes, quelques restes des constructions d'Aurélien. Les murailles de Rome ont, elles seules, donné lieu à une curieuse histoire, où les infortunes de la ville éternelle sont comme tracées par son enceinte; Rome s'est, pour ainsi dire, remparée de ses calamités. Un siècle et demi devait encore s'écouler avant qu'elle subît le joug des barbares; et déjà Aurélien élevait les inutiles bastions qu'ils devaient franchir. » (Chateaubriand.)

La guerre terminée, Aurélien remplit la ville de supplices. Il s'était élevé quelques troubles : plusieurs sénateurs payèrent de leur tête la part qu'ils avaient prise au mouvement. S'il faut en croire Ammien Marcellin, la cruauté du prince se serait portée comme un torrent sur les riches. Aurélien avait besoin de réparer le mal causé par les prodigalités de Gallien. Le trésor était vide, et il fallait marcher en Orient contre Zénobie.

EXPÉDITION EN ORIENT CONTRE ZÉNOBIE; SOUMISSION DE LA GAULE; TRIOMPHE D'AURÉLIEN; RÉFORMES INTÉRIEURES; MEURTRE DE L'EMPEREUR. — L'empereur partit en 273. Il eut bientôt recouvré la Syrie, l'Égypte et une partie de l'Asie Mineure. Vaincue dans deux batailles, près d'Antioche et près d'Émèse, la reine de Palmyre se réfugia dans sa capitale. Le siége dura longtemps. A bout de ressources, Zénobie monta sur un dromadaire, et s'enfuit vers l'Euphrate. Elle ne put échapper à Aurélien. La ville se rendit; et Longin, l'auteur du *Traité du Sublime* et le principal ministre de la reine, fut mis à mort. Après le départ des vainqueurs, les Palmyréniens essayèrent de se révolter. Aurélien revint en toute hâte, et détruisit Palmyre. L'Orient était reconquis, mais il restait à reprendre la Gaule. Tétricus attendait le moment de traiter :

Eripe me his, invicte, malis...

Ainsi écrivait-il à l'empereur. Quand les deux armées, les Gaulois et les Italiens, se rencontrèrent dans la plaine de Châlons-sur-Marne, il trahit son armée, et passa du côté d'Aurélien (274). En échange de l'empire il reçut le gouvernement de la Lucanie.

Maître du monde, Aurélien voulut imiter le triomphe du premier César. Goths, Alains, Roxolans, Sarmates, Francs, Suèves, Vandales, Arabes, Égyptiens d'Alexandrie et de Thèbes, voilà le cortége qui suivit au Capitole son char traîné de quatre cerfs. Ce qui étonnait les regards, c'étaient Tétricus et son fils, vêtus du manteau de pourpre et d'une tunique jaune avec des braves gauloises ; c'était surtout Zénobie, entourée de ses enfants. Elle portait des chaînes d'or, qui étaient tenues par des gardes. Plusieurs fois elle défaillit, et fut obligée de s'asseoir.

Après le triomphe, pendant que Tétricus rentrait dans le sénat et prenait en main l'administration de sa province, Zénobie reçut pour prison l'Italie et Rome, pour demeure une maison magnifique sur les coteaux de Tibur, non loin du palais d'Adrien. Sa postérité vivait encore à Rome à la fin du quatrième siècle, et produisit, dit-on, un saint évêque. « Ainsi finit tant de génie, tant d'activité, tant de grandeur passagère et tant d'ambition. La prison que Rome donnait alors aux rois vaincus valait mieux que les vieux cachots du Capitole ou les étuves de Jugurtha ; pourtant lorsque, assise sous les frais ombrages de Tibur, la fille d'Amrou rêvait à sa vie passée ; quand son souvenir la reportait dans le désert, sous quelques palmiers, près des ruines ensanglantées de Tadmor, elle dut plus d'une fois pleurer sur sa destinée, et envier celle de Victoria, morte du moins dans toute sa gloire. » (Am. Thierry, *ib.*, p. 425.)

Aurélien avait ramené sous les aigles romaines la discipline et la victoire ; il essaya de rétablir l'ordre dans l'administration. Il institua des distributions gratuites de viande de porc, et augmenta d'une once par livre celles de pain et d'huile. On dit qu'il voulait aussi distribuer du vin, et qu'il forma le projet de faire cultiver en Italie, par des prisonniers barbares, les endroits abandonnés. Il ordonna par un édit que l'Égypte fournît tous les ans à la ville de Rome une certaine quantité de verre, de papyrus, de lin, etc. Il fit construire des quais le long du Tibre et entreprit plusieurs autres travaux, particulièrement la construction du temple du Soleil à Rome. Pour arrêter les vexations du fisc, qui poursuivait trop vivement ses débiteurs, il ordonna de brûler tous les registres sur la place de Trajan. Enfin, en 274, il prononça une amnistie pour tous les crimes d'État. Il voulut supprimer le faux-monnayage, et rencontra une vive résistance. Un combat fut livré sur le mont Cœlius, et sept mille soldats y périrent. Le prince vengea leur mort par le supplice de quelques sénateurs.

Les Perses avaient insulté l'Empire : le vainqueur de Zénobie reprit la route de l'Orient ; mais, en chemin, son secrétaire, Mnesthée, accusé de concussion, le fit assassiner, entre Héraclée et Byzance (janvier 275). « C'était un prince plutôt nécessaire que bon, » *necessario principi magis quam bono.* « Il mourut regretté des troupes, haï du sénat, estimé par tous trop sévère, mais avec le renom d'un prince heureux et habile, qui eût peut-être, s'il eût vécu, sauvé l'État. »

INTERRÈGNE ; ÉLECTION DE TACITE (276) ; AUTORITÉ DU SÉNAT ; LES SOLDATS PROCLAMENT PROBUS ; CARUS (282) ; CARIN ET NUMÉRIEN (284). L'armée, après une délibération solennelle, décida qu'elle renverrait au sénat le choix de l'empereur. Le sénat craignit un piége. Pendant six mois la république resta sans chef. Les provinces s'aperçurent à peine de cet interrègne. Mais les bandes germaniques franchirent la ligne du Rhin : alors fut proclamé M. Claudius Tacitus ; les armées confirmèrent le vote du sénat.

Sous ce vieillard la curie reprit quelques-unes de ses prérogatives, et sentit renaître en son sein la vie politique. Elle adressa des circulaires aux grandes villes de l'Empire, Antioche, Aquilée, Milan, Alexandrie, Thessalonique, Corinthe, Athènes, Carthage et Trèves. « Le grand

ITALIE

…nat à la curie de Trèves : — Vous qui …ortez le titre de peuple libre, et qui …ltes toujours dignes de le porter, vous …ous réjouirez de la nouvelle que nous …ous donnons. Le droit de créer les empereurs est revenu au sénat. On a en …ême temps décrété que l'appel de tou-…es les causes ressortirait à la préfecture …e la ville. » Mais au bout de six mois …e sénat reconnut la vanité de ses es-…érances. Tacite, au moment où il s'a-…ançait contre les Alains, fut arrêté, …eut-être par un crime, et mourut à …arse, à Tyanes ou dans le Pont. Son …ère Florianus prit le titre d'Auguste ; …ais il périt à son tour, trois mois après. …es deux frères, suivant l'expression de …opiscus, « passèrent comme des entre-…ois. »

Le 13 août 276, l'armée d'Orient, sans …ttendre la décision du sénat, avait …onné la pourpre à M. Aurélius Probus. …près la mort de Tacite, comme les tri-…uns, parcourant les rangs des légions, …épétaient qu'il fallait un prince brave, …uste, modéré, doux et *probe*, de toutes …arts on cria : « Probus Auguste, que les …ieux te conservent ! » C'était le fils d'un …ardinier de Sirmium ; il s'était enrôlé …ans les légions, et s'était élevé de bonne …eure aux premiers grades. Valérien …isait de lui : « J'ai fait un tribun im-…erbe, contre les règlements d'Adrien ; …ais on ne s'étonnera pas si l'on songe …ue c'est Probus, jeune homme vraiment …robe. Jamais un autre nom ne me vient …l'esprit quand je pense à lui ; il devrait …voir ce surnom, s'il ne s'appelait pas …insi. »

Élu par les troupes, l'empereur crut de-…oir donner au sénat de puériles satisfac-…ions : les pères conscrits reçurent avec …ransports d'enthousiasme cette déclara-…ion pleine d'ironie : « C'était selon l'or-…re et le droit, Pères conscrits, que …'année dernière votre clémence donnât …n prince à la terre, et le choisît parmi …ous, qui êtes les princes du monde, …ui le fûtes et le serez toujours. Que …Florianus n'a-t-il voulu attendre, plutôt …ue de se faire un empire héréditaire ! …otre majesté eût élu lui ou tout autre. …aintenant qu'il s'est emparé de l'em-…ire, le nom d'Auguste nous a été déféré …ar les soldats, et les plus sages d'entre …ux ont puni Florianus de son usurpa-

tion. Je demande que vous fassiez de mes services ce que jugera votre clémence. » Le sénat proclama Probus empereur. Pour récompense il obtint le droit de nommer les proconsuls et leurs lieutenants, de juger en dernier appel sans l'intermédiaire du préfet de Rome, et de sanctionner par ses arrêts les décisions du prince.

Mais la guerre était alors l'affaire sérieuse de l'Empire. En 277 Probus passa en Gaule. Envahie par terre et par mer, presque toute la province était occupée par les Germains. A la fin de la campagne, Probus avait délivré soixante-dix villes, tué, disent d'anciens auteurs, quatre cent mille barbares et franchi le Rhin ; il voulait faire de la Germanie une province : il se contenta d'y établir des villes et des garnisons, et d'y recruter seize mille hommes. « Pères conscrits, écrivait-il alors, je bénis les dieux immortels d'avoir confirmé vos jugements sur moi. La Germanie entière est soumise ; neuf rois sont venus se jeter à mes pieds, ou plutôt aux vôtres. Les barbares labourent, sèment, combattent déjà pour vous : leurs bœufs fécondent vos terres, leurs brebis couvrent vos pâturages, leurs haras remontent vos cavaliers, et vos greniers regorgent de leurs blés. Que vous dirai-je de plus ? Ils n'ont gardé que leur sol, le reste est à nous. Toutes les cités de la Gaule m'ont offert des couronnes d'or, que j'ai dédiées à votre clémence, afin que vous-mêmes, Pères conscrits, vous en fassiez hommage au grand Jupiter. »

Des bords du Rhin Probus passa aux rives du Danube. La Rhétie, l'Illyrie, la Thrace le virent tour à tour, poursuivant la guerre contre les barbares et reportant chez les Sarmates et les Goths la terreur des aigles romaines. En 279 il reparut dans l'Orient, battit les brigands de l'Isaurie, partagea entre ses vétérans les vallées du Taurus, puis, en Égypte, marcha contre les Blemmyes, et leur enleva Coptos et Ptolémaïde. Il préparait une expédition contre la Perse, lorsqu'il reçut une ambassade du roi Varane II. Les envoyés perses rencontrèrent l'empereur dans les montagnes de l'Arménie. Probus était assis au milieu de ses soldats, et mangeait, sur l'herbe, un morceau de porc salé avec des pois. Il ne changea point de posture : « Je veux satisfaction de votre maître, dit-il ; sinon, dans un mois il n'y aura pas plus d'arbres et de moissons dans ses campagnes que de cheveux sur mon front ; » et il découvrit sa tête, chauve. « Si vous avez faim, prenez dans le plat, ou partez. » Le roi vint demander la paix et se soumettre.

Cependant Alexandrie, mécontente de Probus, proclame empereur le Gaulois Saturninus, *duc* de la frontière d'Orient. Saturninus, dévoué au prince, refuse et se sauve en Palestine. « Vous ne savez pas, mes amis, disait-il, quel malheur c'est que d'être empereur. » Ses légions ne veulent point l'écouter. Contraint de prendre la pourpre, il est assiégé dans Apamée. Il répétait en pleurant à ses soldats : « La république perd en moi un homme. » Probus voulut le sauver ; il était trop tard. Saturninus est pris et tué en 280. L'Orient pacifié, la révolte éclate en Occident. Un bandit ligurien, devenu tribun, Proculus, commandait à Lyon. Un officier lui jeta un jour sur l'épaule un morceau de pourpre, et, mettant genou en terre : « Auguste, s'écria-t-il, je te salue. » Proculus prit ce titre au sérieux ; il ne céda que devant les armes de Probus. Longtemps après vivaient encore à Albingaune, au pied des Alpes maritimes, quelques-uns de ses descendants. Ils avaient pris pour devise : *ni princes ni larrons*, et se vantaient de leur bonheur. Proculus avait eu un moment pour appui Bonosus, duc de la frontière Rhétique, celui dont Aurélien disait : « Il n'est pas né pour vivre, mais pour boire. » Bonosus avait laissé brûler par les Germains la flottille du Rhin. Il craignit la colère de l'empereur, et pour l'éviter se fit Auguste. Abandonné par les tribus germaniques, il ne put résister longtemps. Il périt par la potence : « C'est une cruche pendue, disait-on, ce n'est point un homme. » Sa veuve, Hunila, fille d'un roi Goth, reçut une pension sur le trésor public.

Les prisonniers barbares, dispersés en colonies, avaient profité de ces désordres. Par terre et par mer, ils reprirent la route de leur pays. Ils périrent presque tous en chemin. Seuls, les Francs, transplantés aux bords de l'Euxin, purent traverser la mer Noire, la mer Égée, la Méditerranée et l'Océan, pillant les côtes sur leur passage et courant, avec une merveilleuse audace, jusqu'à l'embouchure du Rhin.

Probus était retourné à Rome. Il célébra son triomphe. Mais ce n'était pas tout d'avoir terminé la guerre, il fallait prévenir le retour de l'invasion et tenir l'armée en haleine. L'empereur se souvenait de ces travaux qui avaient fait autrefois la gloire des légions républicaines. « Le soldat, disait-il, ne doit pas manger son pain dans l'oisiveté. » Il employa les troupes à bâtir, à réparer les villes, à fortifier la frontière entre le Rhin et le Danube, à planter les vignes sur les coteaux de la Gaule, de l'Espagne et de la Pannonie. Il citait aux soldats l'exemple des Romains au temps d'Annibal. Mais les troupes impériales n'avaient nul souci de Cannes ni de Capoue. On murmurait, on s'indignait. Probus n'avait-il pas dit : « Si la république devient aussi heureuse que je le souhaite, elle se passera bientôt de gens de guerre. » « Plus de soldats ! s'écrie l'historien Vopiscus, partout la république régnant seule ! Plus d'armes à fabriquer, plus de vivres à fournir, plus de guerres, de captivité, partout la paix, partout les lois romaines, partout nos juges ! » Les légions avaient devant les yeux un autre idéal. Un jour le prince surveillait les travaux de desséchement entrepris par les troupes pannoniennes dans les marais de Sirmium. Les soldats, dans un accès de fureur, le poursuivirent l'épée à la main, et le tuèrent (282). « Dieux, dit son biographe, en quoi la république vous a-t-elle offensés, pour lui avoir ravi un tel prince ! »

A la place de Probus les légions nommèrent son fidèle compagnon d'armes, le préfet du prétoire M. Aurélius Carus. C'était un brave et rude soldat. Dès le printemps de 283 il partit pour l'Illyrie, et repoussa les Sarmates et les Germains orientaux. Avant de passer en Asie il vint célébrer les jeux à Rome, et donna à son fils Carin le gouvernement de la Gaule, de la Bretagne, de l'Espagne, de l'Afrique et de l'Italie. Les Perses sentirent bientôt qu'avec Probus n'était point morte la puissance de l'Empire.

Affaiblis par une guerre civile, ils virent tomber au pouvoir de Carus Séleucie et Ctésiphon. C'était la limite que ne devaient point dépasser les aigles romaines. Un oracle leur défendait d'aller au delà. A quelque distance du Tigre un formidable orage vint surprendre le camp. Au milieu d'une nuit soudaine, la foudre parut envelopper la tente impériale; les flammes jaillirent : Carus était mort. Bientôt le sénat reçut de Calpurnius, secrétaire du prince, la lettre suivante. « Tandis que notre vraiment cher empereur Carus reposait malade dans sa tente, il s'éleva une si grande tempête, que tout fut couvert de ténèbres. Des éclairs et des tonnerres continuels nous ôtèrent la connaissance de ce qui se passait; car tout à coup, et d'abord après ces tonnerres, qui avaient consterné tout le monde, on entendit crier : « Notre empereur est mort. » A cela se joint que les officiers de la chambre, dans la désolation que leur causait la perte du prince, mirent le feu à sa tente, ce qui fit courir le bruit que la foudre avait frappé l'empereur, qui, autant que nous en pouvons juger, n'est pourtant mort que de sa maladie. » Le sénat ne parut point soupçonner un crime.

Près du bûcher de Carus, les troupes proclamèrent les deux fils de l'empereur, Carin et Numérien. Celui-ci était plus aimé que son frère. C'était une âme tendre et poétique, nourrie dans les écoles de Narbonne, et plus habituée au doux commerce des lettres qu'à l'exercice du commandement. Il donna aux troupes le signal du retour. Plein de tristesse, il se tenait, pendant les marches, hors des regards des soldats, et s'enfermait dans sa litière, caché par d'épais rideaux; longtemps il resta ainsi invisible. Enfin, on sentit une odeur de cadavre : on ouvrit la litière; le corps du jeune Auguste était tombé en pourriture. L'assassin était Arrius Aper, préfet du prétoire.

L'armée tint conseil. Elle proclama un de ses généraux, le Dalmate Dioclétien. Un jour une prophétesse gauloise avait dit à ce soldat de fortune : « Tu seras empereur quand tu auras tué un sanglier. » Longtemps il avait fait une guerre inutile aux hôtes sauvages des Ardennes et de la forêt Hyrcinie, longtemps il avait dit : « Je tue le gibier, un autre le mange. » Le sanglier annoncé par la druidesse, c'était Arrius Aper, le meurtrier de Numérien. Dioclétien tua de sa main le préfet du prétoire. Il fut empereur. En vain se fit-il battre à Margus, en Mésie, par son rival le vaillant et furieux Carin. Le vainqueur mourut assassiné (285); le vaincu garda l'Empire.

XXI.

DIOCLÉTIEN; FIN DE ROME ET DE L'ITALIE ANCIENNES ; CONCLUSION.

§ 1ᵉʳ. *Dioclétien.*

COMMENCEMENTS DE DIOCLÉTIEN; SES PREMIERS ACTES; IL ASSOCIE MAXIMIEN A L'EMPIRE. — Le nouveau maître du monde avait porté longtemps le nom de Dioclès (1); ce ne fut qu'à son avènement à l'empire que, pour donner à ce nom une forme latine, il se fit appeler Dioclétianus. On assure qu'il avait été dans sa jeunesse l'esclave du sénateur Anulinus ; d'autres prétendent qu'il était fils d'un greffier. Il entra dans l'armée, où il se distingua bientôt, moins peut-être par son courage que par son habileté. Il était compté parmi les bons généraux qui avaient été formés par Probus. Il parvint au consulat, et, à la mort de Numérien il commandait cette partie de la garde de l'empereur qu'on pouvait appeler la maison du prince : il était *comte des domestiques*.

Après la bataille de Margus, il ne rechercha point ses ennemis, et il rassura par un généreux pardon tous ceux qui avaient porté les armes contre lui. Il ne voulut pas même leur enlever ce qui leur avait été donné par Carin : c'est ainsi qu'il maintint dans leurs dignités et leurs emplois Aristobule, préfet du prétoire, et C. Céionius Varus, préfet de la ville.

Dioclétien était donc resté seul maître de l'Empire (285). Il vint à Rome, pour se faire reconnaître; mais il se hâta de quitter cette ville et l'Italie. Il voulait se fixer en Orient, et il avait choisi Nicomédie pour sa résidence. Ce fut là qu'en 286 il donna à Maximien le titre d'Auguste.

(1) Il était né en Dalmatie, à Dioclée, ville qui n'était pas éloignée de Varona.

Celui qu'il appelait ainsi à partager la souveraine puissance était né près de Sirmium, dans la Pannonie. Il était resté barbare au milieu des Romains. Jamais il n'avait songé à cultiver son esprit et à changer ses mœurs grossières. Il ne devait qu'à son courage le rang qu'il occupait dans l'armée. Seulement Dioclétien pouvait compter sur l'amitié, le dévouement et le respect de Maximien. Il ne craignait pas qu'un tel collègue, qui n'était son égal que de titre, songeât jamais à lui disputer la prééminence. Il le fit Auguste, moins pour s'aider de lui dans le gouvernement de l'État que pour la défense de l'Empire et du véritable empereur. Dioclétien et Maximien prirent des surnoms qui marquaient bien le rang qu'ils occupaient et les fonctions qu'ils devaient remplir. L'un s'appela *Jovius* et l'autre *Herculius*. Le fils d'Hercule ne devait pas assurément l'emporter sur le descendant de Jupiter le maître des dieux.

L'année même où Maximien fut proclamé empereur, la guerre éclata sur les frontières en Orient et en Occident. Dioclétien se réserva l'Asie, et il envoya son collègue dans les Gaules, pour arrêter le soulèvement des Bagaudes.

MAXIMIEN FAIT LA GUERRE EN OCCIDENT; LES BAGAUDES; LES GERMAINS; CARAUSIUS. — Les Bagaudes étaient des laboureurs et des pâtres, qui, poussés à bout par les exigences du fisc ou par l'iniquité des magistrats romains, s'étaient réunis en grand nombre, avaient pris les armes et commis d'affreux ravages dans les campagnes qu'ils avaient abandonnées. Ils étaient conduits par Ælianus et Amandus, qui se proclamèrent *Augustes* et rêvèrent peut-être un instant la restauration de l'empire gaulois. Ces deux chefs avaient choisi pour place d'armes un château construit, suivant la tradition, par Jules César. C'était sur la Marne, un peu au-dessus de son confluent avec la Seine, à l'endroit où s'éleva plus tard l'abbaye de Saint-Maur des Fossés. Maximien força les Gaulois dans cet asile, et bientôt, dispersant toutes les bandes indisciplinées qui avaient suivi Ælianus et Amandus, il mit fin à l'insurrection des Bagaudes (286).

Il fallut ensuite chasser de la Gaule les barbares qui l'envahissaient de toutes parts. Maximien détruisit par la famine ou par le fer les armées de Burgondes, d'Alamans et d'Hérules qui avaient déjà pénétré sur les terres de l'empire. Puis il franchit le Rhin, et ravagea tout le pays qui se trouve sur la rive droite de ce fleuve. Les barbares, effrayés, demandèrent la paix.

Maximien voulait aussi réprimer les pirateries des Francs et des Saxons. Il chargea de ce soin le Ménapien Carausius, qui était alors au service des Romains. Celui-ci rassembla une escadre; mais au lieu de poursuivre les pirates il leur laissa un libre passage, et n'essaya point de défendre les côtes contre leurs attaques. Seulement il les arrêtait au retour pour s'emparer de leur butin. Quand Maximien le menaça du dernier supplice, il passa en Bretagne avec ses vaisseaux, gagna la légion qui campait dans cette île, arma les indigènes, et se proclama empereur. Il se trouvait ainsi dans un sûr asile, et à cette époque il n'avait pas à craindre une attaque sérieuse des Romains. Cependant Maximien, après avoir intimidé ou soumis les peuplades germaniques qui campaient sur les bords du Rhin, se disposa à combattre Carausius dans la Bretagne. Il fit équiper une flotte; mais il ne pouvait lutter avec avantage sur mer : il n'avait que des matelots inhabiles à opposer aux marins exercés de son ennemi; il fut, en outre, arrêté par les tempêtes. Il renonça donc à son entreprise, et ce fut sans doute pour mettre les côtes de la Gaule à l'abri des incursions des pirates qu'il consentit à négocier avec Carausius. Il lui laissait la province qu'il avait enlevée aux Romains et le titre d'empereur. Le maître de la Bretagne, pour perpétuer le souvenir de ce traité, fit frapper une médaille qui portait cette légende : *La paix des trois Augustes* (289).

GUERRES SOUTENUES PAR DIOCLÉTIEN; ENTREVUE DES DEUX EMPEREURS A MILAN. — Les Perses avaient profité de la mort de Carus et de la retraite de Numérien pour inquiéter encore une fois les frontières de l'Empire. Ils s'étaient emparés de la Mésopotamie, et menaçaient la Syrie d'une invasion. Dioclétien se mit en marche pour les arrêter au moment même où Maximien se dirigeait vers la Gaule. A son approche le roi de Perse renonça à ses projets de guerre, et il envoya des ambassadeurs et des présents à l'empereur. Il n'obtint la paix, toutefois, qu'à la condition d'abandonner la Mésopotamie et de se retirer au delà du Tigre. Dioclétien eut d'autres ennemis à combattre, et, s'il faut accepter le témoignage des panégyristes, il remporta plusieurs victoires en Rhétie, en Pannonie et dans les provinces voisines, sur les Alamans, les Sarmates, les Quades, les Carpiens et les Goths.

En l'année 290 Dioclétien et Maximien eurent une entrevue à Milan. Ils voulaient montrer à l'Empire qu'ils agissaient dans une pensée commune, et que leur force, d'où dépendait la tranquillité du monde romain, venait de leur parfaite union. Cette entrevue des deux empereurs fixa l'attention des contemporains, et fournit une riche matière aux panégyristes. « Quels siècles, dit Mamertin, ont jamais vu une telle concorde dans la possession et l'exercice du pouvoir souverain? Où trouve-t-on des frères qui usent d'un patrimoine non partagé avec autant d'égalité que vous usez de l'empire? L'envie infecte tous les cœurs;... mais vos âmes divines sont plus grandes que toutes les richesses réunies, que les succès les plus merveilleux, plus grandes même que l'Empire. Le Rhin, le Danube, le Nil, l'Euphrate, le Tigre, les deux océans et tout ce qui est contenu dans ces vastes limites, terres, fleuves et rivages, voilà ce qui est pour vous un bien commun, dont vous jouissez également comme les deux yeux jouissent de la lumière du jour. Chacun de vous est glorieux de ses exploits et des exploits de son collègue. Les lauriers rapportés par Dioclétien de l'Orient, de la Rhétie, de la Pannonie ont fait naître dans votre cœur, Maximien Auguste, une joie pure; de même vos victoires sur les nations germaniques, en Gaule et au delà du Rhin, vos exploits contre les Francs, qui désormais ne se livreront plus à la piraterie, ont comblé tous les vœux de Dioclétien. Les dieux ne peuvent partager leurs dons entre vous. Tout ce qui est accordé à l'un devient commun à tous deux... Vous êtes devenus frères par un choix libre, et non par le hasard de la naissance. Il n'est que trop prouvé par de fréquents exemples que la discorde règne souvent entre les enfants d'un même père. C'est être vraiment frères que de rester unis et de s'aimer jusque dans la possession commune de la souveraine puissance. »

GOUVERNEMENT DE DIOCLÉTIEN. — Mamertin, dans son panégyrique, parlait aussi en termes pompeux de la sécurité qui régnait dans toutes les provinces de l'Empire : plus de révoltes au dedans, plus de guerres au dehors. C'était là sans doute un grand résultat de l'union des deux Augustes. Mais dans les grandes choses de cette époque la principale gloire revient à Dioclétien. Il se reposa volontiers sur Maximien du soin de réprimer les barbares; mais en ce qui touche l'administration civile et militaire, rien ne se fit que par sa volonté. Celui qu'il appelait son égal n'hésita jamais, parce qu'il avait sans doute le sentiment de son infériorité et de son impuissance, à se conformer à ses vues. C'est donc à Dioclétien seulement qu'il faut attribuer la révolution qui s'accomplit, à la fin du troisième siècle, dans le gouvernement de l'Empire. Quelle fut la nature de cette révolution?

« Le grand secret du gouvernement de Dioclétien, c'était d'environner d'un faste imposant la dignité suprême, et d'affaiblir les pouvoirs subalternes en les divisant. Il voulait que le souverain dirigeât toutes les opérations par ses conseils et par ses ordres, sans compromettre sa majesté par les chances de l'exécution et par des communications trop directes et trop fréquentes avec les sujets. Les autres puissances, auxquelles il confiait la conduite des armées et les soins de l'administration, devaient être des ministères actifs, mais toujours assujettis, obéissants. La conservation d'une telle machine dépendait trop des qualités et de l'esprit des souverains, et ne se soutenait pas assez par son équilibre et par sa propre force. Toutes les vues de Dioclétien tendaient à mettre plus de sécurité et par suite plus de douceur dans le gouvernement, tel qu'il existait; puisque l'esprit des peuples et l'immensité de l'Empire ne s'accordaient pas avec un gouvernement tempéré.

Chaque prince avait sa cour, son préfet du prétoire, son armée. Il y avait plus de sûreté pour les princes. Le pouvoir dangereux des préfets se trouva restreint et enchaîné. Ils n'osaient plus tramer des complots contre la vie des empereurs; car il leur eût été difficile de s'entendre, et chacun avait à craindre la vengeance des trois autres départements. Cependant leur grandeur offusquait encore Dioclétien. C'était surtout par l'autorité militaire que les préfets du prétoire avaient exercé une si grande et souvent si funeste influence dans le gouvernement. Dioclétien éleva contre eux de ce côté la dignité des maîtres de la milice, connue déjà sous plusieurs de ses prédécesseurs, mais avec des attributions moins fixes, moins étendues et moins spéciales. Ce furent alors des inspecteurs généraux de la cavalerie et de l'infanterie. La garde prétorienne avait perdu une grande partie de ses honneurs et de sa prépondérance, depuis que les armées s'étaient arrogé le privilége d'élire les empereurs, et que ces princes avaient composé des compagnies de gardes du corps. Cependant la réunion d'une soldatesque licencieuse et turbulente au sein de Rome paraissait toujours suspecte. Dioclétien en diminua beaucoup le nombre, et réforma en même temps la milice du peuple à Rome, ou garde urbaine, créée par Auguste, et mise à la disposition du préfet de la ville. Cette force armée entre les mains du chef du sénat et du premier magistrat de Rome n'entrait nullement dans le système de Dioclétien. Les deux empereurs eurent pour gardes des légions illyriennes, auxquelles ils donnèrent les noms de Joviens et d'Herculiens. On voit que Zosime se trompe lorsqu'il se répand en invectives contre la témérité de Constantin, comme si ce prince eût été le premier auteur de l'abaissement des préfets du prétoire et de la destruction de leur pouvoir sur les soldats. Dans l'administration des affaires civiles Dioclétien prit encore toutes les mesures qu'il put imaginer pour abattre les prétentions de ces ministres orgueilleux qui avaient causé la perte de tant de princes. Il ordonna qu'on aurait un délai de deux ans pour appeler de leur sentence, eût-elle été rendue dans l'intérêt du gouvernement. « L'utilité « de l'État ne voulait pas qu'on ôtât « aux particuliers le secours des lois. » Le tribunal suprême, la cour de l'empereur, s'ouvrait à tout le monde, et l'on devait y porter ses réclamations sans crainte, *in comitatu nostro nil timere potuisti*. Dioclétien annonçait des intentions indulgentes et libérales aux provinces, et causait une joie universelle en supprimant les *frumentaires*, cette classe d'hommes si terrible et si odieuse. Il privait en même temps les préfets du prétoire de puissants auxiliaires. De plus il mit entre eux et les gouverneurs de provinces des vice-préfets, *vicarii*. Ces magistrats de sa création tenaient sous leur direction des districts composés de plusieurs provinces, et ils étaient eux-mêmes subordonnés aux préfets du prétoire. Un des changements les plus importants dans l'organisation de l'Empire fut la subdivision des provinces. Les autres empereurs avaient déjà commencé cet ouvrage. On voit dans l'histoire quelques exemples de ces démembrements et plusieurs noms nouveaux de provinces. Mais ces réformes isolées n'avaient été quelquefois que l'effet d'un caprice. Depuis longtemps le renouvellement annuel des proconsuls, des *præsides*, et surtout des procurateurs de César, était tombé en désuétude. Ils restaient sept, huit, dix ans et plus encore dans leurs gouvernements. Une inscription atteste que Numacius Plancus Paulinus, contemporain de Dioclétien, administra la Pannonie dix-sept ans. Laisser de si grands commandements dans les mêmes mains pendant si longtemps, c'était donner aux hommes avides et ambitieux les moyens d'établir leur despotisme privé, de se faire une multitude de créatures, de partisans, et même des armées. Quel danger si de tels magistrats voulaient ourdir une conspiration avec les préfets du prétoire! Dioclétien morcela les provinces. On présume que c'est depuis son règne que la Gaule fut coupée en quatorze gouvernements. Elle n'en faisait auparavant qu'un seul. Ce fut un des derniers coups portés à l'autorité mourante du sénat. Jusque alors l'ancienne distribution des provinces de la république et des provinces de l'empereur n'avait pas été formellement abolie. Dès qu'un prince plus chancelant, ou plus populaire, tenait les rênes de l'État, le sénat réclamait le droit de nommer les proconsuls et les consulaires dans les provinces de son ressort. Tout récemment encore, Tacite et Probus s'étaient empressés de le lui déférer. Mais une fois que l'institution des vice-préfectures, jointe à l'ordonnance des nouvelles juridictions provinciales, eut donné une autre face au système politique de l'Empire, toutes les provinces, de droit comme de fait, passèrent aux empereurs. Cet établissement a excité les plaintes de Lactance contre Dioclétien; il lui reproche d'avoir augmenté la misère des provinces par la multiplicité des officiers de justice et des agents du fisc. La véhémence oratoire de Lactance pourrait paraître suspecte, si l'on opposait à ses reproches exagérés par la haine de l'idolâtrie les lois de Dioclétien. Ce prince fit des règlements sévères pour obliger les habitants des provinces à s'acquitter des charges municipales, c'est-à-dire des contributions dues par la propriété; mais il suivit seulement l'esprit des anciens. Julien, celui de tous ses successeurs qui montra le plus de libéralité, conserva les intérêts du trésor public avec une rigoureuse exactitude envers les municipaux ou possesseurs de biens-fonds. La véritable douceur consistait à n'accorder point d'exemption de faveur aux personnes qui n'en devaient pas avoir, et à un trop grand nombre même de privilégiés légitimes. Dioclétien fit preuve d'indulgence quand la justice ou la culture des sciences le demandaient. Confirmant, par ses édits, la décision d'un célèbre jurisconsulte, il réprima l'avidité des agents du fisc. Il arrêta les poursuites que réprouvait l'équité. Les fermiers qui avaient payé leur dette à leur propriétaire ne furent pas inquiétés pour eux, ni les propriétaires pour les fermiers; le mari ne fut point recherché pour les obligations fiscales de sa femme, ni la mère pour celles de son fils. Lactance accuse encore Dioclétien d'avoir abandonné les charges de judicature et les fonctions administratives à des barbares, qui n'observaient ni le droit civil, ni les formes, ni les coutumes. Cependant tous les desseins et les efforts de Dioclétien n'avaient pour but que de pacifier le gouvernement : il était le premier à condamner la violence farouche de l'esprit guerrier dans les conseils publics. Une des conséquences les plus immédiates et les plus salutaires de la réformation fut de séparer les commandements militaires des emplois civils, autrefois cumulés ensemble, ce qui était contraire à l'ordre d'une monarchie. Jean Malala rapporte que les troupes et les garnisons des frontières et des provinces furent commandées par un duc dans chaque gouvernement. Il montra la plus grande attention, dans ses édits, à empêcher les vexations causées par les prévarications et par la négligence des magistrats, ou par les fraudes et par les attentats des particuliers. A la vérité, les officiers fiscaux, les subalternes des gouverneurs, les gouverneurs eux-mêmes tourmentèrent trop souvent, par leurs exactions et leurs injustices, les habitants des provinces; mais ces abus individuels, qui existaient avant Dioclétien et qui tenaient au caractère des magistrats, ne détruisaient pas les avantages réels de la nouvelle division du territoire de l'Empire... (1). »

DIOCLÉTIEN ET MAXIMIEN S'ADJOIGNENT DEUX CÉSARS; CONSTANCE CHLORE ET GALÉRIUS; LES IMPÔTS MULTIPLIÉS DANS L'EMPIRE; L'ITALIE PERD SES PRIVILÉGES. — Le calme à l'intérieur et la paix sur les frontières, dont parlaient les panégyristes qui assistèrent à l'entrevue de Milan, ne devaient pas être de longue durée. Dès la fin de l'année 291 et au commencement de l'année 292, des révoltes et des guerres éclatèrent de toutes parts. En Égypte Achilléus prit la pourpre; des bandes de pillards dévastèrent l'Afrique; un certain Julien se révolta en Italie; enfin, le roi des Perses menaça les provinces de l'Orient. Il est inutile d'ajouter ici que Carausius se maintenait dans la Bretagne, et que les peuplades germaniques ne cessaient d'inquiéter les bords du Rhin et du Danube. Le danger était grand pour l'Empire : deux armées et deux empe-

(1) Naudet, *Des changements opérés dans toutes les parties de l'administration de l'empire romain*, etc., t. 1, p. 289 et suiv.

reurs ne suffisaient plus pour combattre sur tant de points divers. Il fallait de nouveaux généraux et de nouvelles troupes : Dioclétien crut utile de confier a deux hommes éminents dans la guerre la défense des provinces où les Augustes ne pourraient se trouver eux-mêmes, et, pour se garantir contre eux de tout projet ambitieux, il les éleva si haut qu'ils n'avaient plus rien à désirer. Son choix se fixa sur Flavius Constantius, que nous appelons Constance Chlore, et sur Galérius. Il les nomma Césars, et avec les titres d'empereurs, de pères de la patrie, de souverains pontifes, il leur donna la puissance tribunitienne.

Constance Chlore appartenait à une famille noble de l'Illyrie, et par sa mère il était petit-neveu de Claude II. Quoiqu'il eût passé presque toute sa vie dans les camps, où il s'était signalé par son habileté et sa bravoure, il n'avait rien de la rudesse du soldat : c'était un homme de mœurs réglées, qui se distinguait surtout par la modération et la douceur.

Galérius était né dans la Dacie. Il avait été pâtre avant de servir dans les légions. Son mérite était de bien savoir la guerre. Dioclétien comptait sur la reconnaissance du barbare, et il supposait, à tort, qu'il trouverait en lui autant de docilité et de dévouement que dans Maximien. C'est pourquoi il adopta Galérius, auquel il donna le nom de Jovius. Maximien, de son côté, avait adopté Constance Chlore, qui prit le nom d'Herculius.

Puis les Augustes désignèrent les provinces où devaient commander leurs lieutenants : Galérius eut pour département l'Illyrie, la Thrace, la Macédoine et la Grèce; Constance, l'Espagne, les Gaules et la Bretagne.

En 292 ce gouvernement tétrarchique convenait aux circonstances : les quatre empereurs pouvaient faire face à leurs ennemis sur tous les points. Mais une pareille division du pouvoir souverain devait produire plus tard dans l'Empire d'immenses désordres. Il n'y eut, d'ailleurs, dans le principe qu'une apparence de tétrarchie : au-dessus de Maximien, de Constance Chlore et de Galérius apparaissait un maître : c'était celui qui seul avait le droit et le pouvoir de conférer les titres d'Auguste et de César. On se conformait à ses vues; on subissait sa volonté. Aussi rien ne se fit alors, soit à la guerre, soit dans l'administration des provinces, qu'avec ordre et avec ensemble. Il y avait donc unité dans le gouvernement. Cela ne pouvait durer ainsi ; et plus d'une fois, nous le croyons, le fondateur de la tétrarchie ne porta sa pensée vers l'avenir qu'avec un profond sentiment de tristesse. Parmi ceux qui étaient revêtus de la pourpre, en était-il un seul qui, Dioclétien ayant cessé de régner, pût espérer d'obtenir obéissance de ses égaux ? Et si l'un d'eux l'emportait sur les autres par le nombre de ses soldats, par ses richesses ou par le génie, ne serait-il point forcé de soutenir une lutte longue et sanglante pour se mettre en possession du premier rang?

L'Empire n'accueillit point avec joie l'avènement de Constance Chlore et de Galérius. En effet, l'établissement de deux cours qui ne le cédaient en rien pour le luxe à celles des Augustes, la création de nouveaux emplois, enfin l'organisation des armées qui devaient combattre les barbares sous le commandement des Césars, doublaient les dépenses du trésor. On accabla les provinces d'impôts : mais bientôt on ne trouva plus assez d'argent pour les services publics : on était arrivé à ce point que, suivant la remarque de Lactance, le nombre des fonctionnaires était plus grand que celui des contribuables (1). Ce fut alors que l'Italie perdit les plus précieux de ses priviléges. Jusqu'à Dioclétien elle avait été exempte d'impôts et avait échappé à la rapacité des agents du fisc : ce prince la soumit à toutes les charges qui pesaient sur les autres provinces de l'Empire.

HISTOIRE DE L'EMPIRE DEPUIS L'ÉTABLISSEMENT DE LA TÉTRARCHIE JUSQU'A LA PERSÉCUTION CONTRE LES CHRÉTIENS. — Les Césars, à peine nommés et reconnus, se portèrent sur les points qui leur avaient été désignés par les Augustes. Ceux-ci, de leur côté, ne devaient point rester étrangers à la guerre. Maximien, d'abord, marcha

(1) *Major esse cœperat numerus accipientium quam dantium.*

contre Julien, le battit, et le força à se tuer. Puis il dispersa les tribus qui avaient ravagé les provinces d'Afrique (292). Il devait obtenir en 297 de nouveaux succès contre les populations insoumises de la Mauritanie.

Avant de porter la guerre en Égypte, Dioclétien se joignit à Galérius pour défendre la frontière du Danube. Les Carpiens, vaincus, consentirent à devenir sujets de l'Empire. Ils furent établis dans la Pannonie (295). En même temps les Romains élevèrent de nombreuses forteresses dans le pays des Sarmates.

Dioclétien marcha enfin contre Achillée (296). Il battit sans peine l'usurpateur, et le força à se renfermer dans Alexandrie. Il fallut assiéger cette place pendant huit mois, au bout desquels Achillée fut pris et tué avec tous les complices de sa rébellion. Dioclétien, pour compléter sa vengeance, livra au pillage Alexandrie, détruisit Busiris et Coptos, et fit massacrer tous ceux qui, s'étant signalés par leur haine contre l'administration impériale, pouvaient provoquer dans l'Égypte une nouvelle insurrection. Il fixa alors les limites de l'Empire à Éléphantine. Constantin, fils de Constance Chlore, l'avait acompagné dans cette expédition.

Le César d'Occident, de son côté, s'était hâté, après avoir pris la pourpre, de se rendre au poste qui lui avait été assigné. Dès l'année 292 il avait repris Boulogne sur Carausius. Tandis que l'on organisait et que l'on exerçait la flotte qui devait le transporter avec son armée dans la Bretagne, il s'efforça de contenir les barbares qui attaquaient sans cesse les frontières de la Gaule : il chassa les Francs du pays des Bataves, battit les Alamans, et dans une de ses expéditions contre les peuplades germaniques, il s'avança jusqu'au Danube.

Vers ce temps (292-296) il releva la ville d'Autun, qui avait été détruite sous le règne de Claude II par les Bagaudes. Enfin, après avoir fait de grands préparatifs et rassemblé de nombreux vaisseaux, Constance se décida à passer dans la Bretagne. Carausius était mort ; mais Allectus s'était emparé de ses titres et de son autorité. Il essaya en vain de s'opposer au débarquement de Constance ; celui-ci, habilement secondé par son lieutenant Asclépiodote, pénétra dans l'île, où il fut accueilli comme un libérateur. Le nouvel usurpateur, imitant Carausius, avait fait peser sur les Bretons la plus odieuse tyrannie. Allectus fut vaincu et tué (296). Il y avait alors dix ans que la Bretagne avait cessé d'obéir aux Romains. Après cette brillante expédition, Constance revint dans les Gaules, où plus d'une fois encore il eut à combattre les barbares. En 301 il tua six mille hommes aux Alamans dans les environs de la ville de Langres.

L'armée romaine obtint aussi en Orient un éclatant succès. Narsès, le roi des Perses, avait essayé de s'emparer de l'Arménie, et, d'un autre côté, il avait fait une invasion dans la Syrie. Galérius fut chargé de le combattre. D'abord le César faillit se perdre par sa témérité : trois fois il fut obligé de reculer devant l'ennemi. Enfin il remporta sur les Perses une victoire décisive : Narsès, vaincu et blessé, ne se sauva qu'avec peine ; sa famille resta prisonnière de Galérius, et son camp, où se trouvaient d'immenses richesses, fut la proie du vainqueur. Le traité qui fut conclu après cette guerre reportait au Tigre les limites de l'Empire, et donnait l'Arménie à Dioclétien (296-297). La paix entre les Perses et les Romains devait durer quarante ans.

Persécution contre les chrétiens ; Dioclétien et Maximien viennent triompher a Rome ; haine de Dioclétien contre les Romains ; Galérius impose sa volonté aux Augustes ; leur abdication. — Dans les années qui suivirent la défaite de Narsès, Dioclétien employa tous ses soins à faire régner le bon ordre dans l'intérieur de l'Empire : il régularisa par lui-même ou par ses collègues l'administration qu'il avait créée ; il assura, autant qu'il put, l'approvisionnement des provinces, et il consacra des sommes immenses, dans toutes les localités, à des travaux d'embellissement ou d'utilité publique. L'Orient et Nicomédie surtout, où il éleva des basiliques, un hôtel des monnaies, un arsenal, un cirque et plusieurs palais avaient toutes ses préférences ; pourtant il n'oublia pas les villes de l'Occident. Ce fut dans la période de paix dont nous parlons qu'il fit construire à Rome les Thermes qui portent son nom, édifice moins remarquable par l'architecture que par le vaste espace qu'il occupait (1).

C'était Galérius qui devait troubler le repos de l'Empire. Le César d'Orient, depuis sa victoire sur les Perses, ne se tenait qu'avec peine au second rang. Il s'était écrié, une fois, en recevant une lettre de Dioclétien qui lui rappelait son titre : « Quoi! toujours César. » Le vieil Auguste connaissait les désirs ambitieux de Galérius; mais déjà il n'avait plus assez de force pour les réprimer. Il ne commandait plus, il obéissait. Le César profita de l'ascendant qu'il exerçait sur l'esprit de Dioclétien pour obtenir un édit de persécution contre les chrétiens.

Galérius lui-même était dominé sans doute, en cette occasion, par quelques sophistes, qui ne s'acharnaient à la défense des anciennes croyances que par orgueil et par intérêt. Les temples étaient abandonnés; les écoles où l'on commentait Aristote et Platon restaient désertes. Le prêtre qui vivait à peine des sacrifices, le philosophe qui n'entendait plus les applaudissements de la foule et ne retirait de ses discours qu'une mince salaire, essayèrent alors de retenir par la violence le crédit et la puissance qui leur échappaient. Ils s'adressèrent à Galérius; car ils savaient que les superstitions et le matérialisme des polythéistes convenaient mieux à l'esprit grossier du barbare que la religion nouvelle. Dioclétien résista d'abord au César : il connaissait les chrétiens, qui s'étaient presque toujours montrés dans l'administration civile, ou à la guerre, fonctionnaires intègres et braves soldats; il les avait traités jusque alors avec une telle modération que, se croyant assurés de sa protection, ils n'avaient point hésité à Nicomédie à placer leur église sur une hauteur, en vue du palais impérial. Puis ils s'étaient tellement multipliés dans l'Empire, qu'il y avait danger peut-être à les attaquer? Pouvait-on compter, cette fois, sur la résignation qu'ils avaient montrée dans les autres persécutions? Dioclétien prévoyait sans doute qu'on ne réussirait avec le fer et le feu qu'à hâter le triomphe du christianisme. Le polythéisme en appelant à son aide, pour combattre les croyances nouvelles, la force matérielle, les supplices, dévoilait sa faiblesse et s'avouait vaincu. Le dernier effort d'une religion qui tombe est un acte d'intolérance. Mais l'esprit de Dioclétien s'affaiblissait de jour en jour : après avoir soutenu une lutte de plusieurs mois, dans son palais de Nicomédie, il se laisse arracher par Galérius l'édit de persécution (303). Le sang coula bientôt dans toutes les provinces : seulement, en Espagne, en Gaule et dans l'île de Bretagne, Constance Chlore diminua autant qu'il put les souffrances de l'Église persécutée. Les chrétiens d'Italie ne devaient pas être traités avec la même modération par Maximien.

A la fin de l'année 303, Dioclétien quitta Nicomédie, son séjour de prédilection, pour visiter Rome et célébrer dans cette ville les fêtes de la vingtième année de son règne. Il voulait, en outre, monter en triomphe au Capitole en souvenir de tous les succès que lui-même ou ses lieutenants avaient obtenus sur les ennemis de l'Empire. Maximien seul, en qualité d'Auguste, fut associé aux honneurs qu'il se fit rendre. Après le triomphe, il donna des jeux aux Romains; mais en cette occasion il fut loin d'égaler ses prédécesseurs par la magnificence. Il avait pour maxime que tout devait se faire avec la plus grande retenue dans les jeux auxquels assistait le censeur : *Castiores esse oportere ludos spectante censore*. Priver la population oisive et dégradée de la capitale de ces spectacles où le sang coulait à flots et où l'on rencontrait mille excitations à la débauche, c'était lui enlever la meilleure part de ses plaisirs. Les Romains, qui ne pardonnaient pas d'ailleurs à Dioclétien d'avoir fixé sa résidence dans les provinces de l'Orient, tournèrent en dérision sa parcimonie. L'empereur, irrité de leurs railleries, se hâta de quitter Rome et l'Italie. Il resta seulement quelques jours à Ravennes, pour inaugurer son neuvième consulat (304). Alors Dioclétien était en proie déjà à une sorte de langueur qui lui enlevait toute activité et toute énergie : le

(1) Ammien Marcellin dit : *Lavacra in modum provinciarum exstructa*.

voyage ne fit qu'aggraver la maladie. Il cherchait en vain à retenir la force qui lui échappait et à dissimuler les ravages que l'âge, le chagrin et les souffrances avaient faits en sa personne. Le mal était sans remède : il tomba dans une sombre tristesse, et bientôt on remarqua que par intervalles son esprit s'égarait. Galérius était arrivé à l'instant où il pouvait enfin s'emparer sans crainte de ce rang et de ce titre d'Auguste qu'il avait si longtemps désirés.

Il pressait le vieil empereur d'abdiquer : « Déjà, dit Lactance, il avait querellé Maximien sur ce sujet, en lui faisant peur d'une guerre civile. Il était en effet redoutable ; je ne sais quelle nation barbare, chassée par les Goths, s'était donnée à lui l'année précédente, à l'époque même du triomphe célébré à Rome. Entouré de ces satellites, il bravait maintenant l'Orient. Il entreprit d'abord Dioclétien doucement et amicalement, lui représentant son âge et son affaiblissement, qui l'invitaient au repos. Dioclétien objecta l'humiliation et l'indignité d'une vie commune et obscure après tant d'éclat et de grandeur, et le danger même des inimitiés qu'il avait encourues dans un si long règne. Il consentait, au reste, à ce qu'il y eût quatre Augustes, si ce titre plaisait à Galérius. Le César répliqua qu'il fallait maintenir le principe, posé par Dioclétien lui-même, de deux chefs supérieurs qui gouverneraient souverainement, aidés par deux autres au second rang ; la concorde, facile entre deux, étant impossible entre quatre princes égaux. En cas de refus, il prendrait, au reste, ses mesures pour ne plus être dépendant et le dernier. Il avait assez de vivre depuis treize ans relégué sur le Danube, toujours à combattre les barbares, tandis que les autres commandaient délicieusement dans les provinces plus au large et plus paisibles. A ces mots le débile vieillard, qui savait déjà, par une lettre de Maximien, ce que méditait Galérius, et combien il avait accru son armée, dit, en pleurant : « Faisons, s'il convient ainsi ; il reste à délibérer entre nous tous sur le choix des Césars. *Galérius* : A quoi bon délibérer ? Il faudra bien que les deux autres approuvent ce que nous aurons décidé. *Dioclétien* : Sans doute ;

car il est nécessaire de nommer leurs fils. (Maximien avait un fils, Maxence, gendre de Galérius, homme d'un naturel mauvais et si arrogant, qu'il ne rendait jamais les honneurs de l'adoration ni à son père ni à son beau-père ; et il était haï de tous deux pour cette raison. Constance avait aussi un fils, Constantin, né de sa première femme, Hélène, vertueux jeune homme, très-digne d'un si haut rang, qui, pour la noblesse de sa personne, ses talents militaires, ses mœurs irréprochables et son affabilité, était aimé des soldats et désiré de tous. Dioclétien l'avait à sa cour, avec le grade de tribun du premier ordre.) — Celui-là, reprit le César, ne mérite rien. Si dans une condition privée il tient si peu de compte de moi, que ferait-il empereur ? *Dioclétien* : Mais l'autre est aimable, et l'on pense que quand il règnera il sera encore meilleur que son père. *Galérius* : Il arriverait ainsi que je ne pourrais faire ce que je voudrais ; il vaut mieux nommer des hommes qui soient sous ma dépendance, qui me craignent, et ne fassent rien que par mes ordres. *Dioclétien* : Qui donc choisirons-nous ? *Galérius* : Sévère. *Dioclétien* : Quoi ! ce danseur, ce buveur, cet ivrogne, qui fait de la nuit le jour et du jour la nuit ! *Galérius* : Il convient, parce qu'il a soin des soldats, et je l'ai envoyé à Maximien pour en recevoir la pourpre. *Dioclétien* : Soit ! quel autre nous donneras-tu ? — Celui-ci, dit Galérius, en montrant un certain Daïa, un demi-barbare, qu'il faisait appeler depuis peu Maximin. *Dioclétien* : Quel est-il celui que tu me présentes ? *Galérius* : Il est mon parent. *Dioclétien*, gémissant : Tu ne me donnes pas là des hommes suffisants, à qui on puisse confier le gouvernement de l'État. *Galérius* : Je les ai éprouvés. *Dioclétien* : C'est à toi de voir, puisque tu vas prendre la direction de l'Empire. Pour moi, j'ai veillé avec soin et pourvu au salut de l'État tant que j'ai tenu le pouvoir. S'il arrive quelque malheur, ce ne sera point de ma faute. » — Les choses ainsi réglées, on se prépare pour les calendes de mai. Toutes les espérances se portaient sur Constantin ; il n'y avait aucun doute. Les soldats présents et ceux qu'on avait appelés par députations des légions se réjouissaient, ne pensant qu'à lui. On les réunit sur la même éminence où Galérius avait revêtu la pourpre. Le vieil empereur, les larmes aux yeux, annonce qu'il est infirme, qu'il a besoin de repos, qu'il remet l'Empire à des mains plus vigoureuses, et qu'il a subrogé d'autres Césars. On attendait ardemment leurs noms, quand tout à coup il déclare Sévère et Maximin Césars. Tous restent stupéfaits autour du tribunal; Constantin se trouvait là, placé en avant; on doute si le nom de Constantin n'a pas été changé, lorsque Galérius, étendant la main en arrière, tire vers lui Daïa, fait reculer Constantin, et présente le nouvel élu. L'étonnement redouble : Quel est-il ? D'où vient-il ? Nul pourtant n'ose réclamer, dans le trouble que cause cette nouveauté si étrange. Dioclétien se dépouille de sa pourpre et l'en revêt. Ensuite on descend ; l'empereur vétéran est mis en voiture et conduit hors de la ville; on l'envoie dans sa patrie, à Salonne. Daïa, récemment enlevé à ses troupeaux et à ses bois, pour devenir aussitôt soldat, protecteur, bientôt tribun, et le lendemain César, reçut l'Orient à fouler, à écraser : un bouvier passait au gouvernement de l'État et de l'armée (1). »

Le même jour à Milan (1er mai 305) Maximien jeta la pourpre impériale sur les épaules de Sévère. Puis, il se retira, plein de dépit, dans une belle villa qu'il possédait dans la Lucanie.

§ II. *Conclusion.*

Tout change d'aspect dans le monde romain à l'abdication de Dioclétien. Dans les provinces, où l'ordre avait été maintenu jusqu'alors par une habile et vigoureuse administration, il n'y a que trouble et confusion : de toutes parts la guerre succède à une paix profonde. L'Occident se sépare de l'Orient : on peut craindre, cette fois, le démembrement de l'Empire. Qui pouvait, en ce temps, occuper la place du fondateur de la tétrarchie, et maintenir l'unité dans le gouvernement? Ce rôle, à coup sûr, n'était point réservé à Galérius : de quel droit eût-il commandé à

(1) Lactance; V. Dumont, *Hist. Rom.* t. III, p. 499 et suiv.

Constance Chlore, Auguste comme lui et plus tard à Constantin ? Dioclétie avait fait trois empereurs ; mais en leu donnant la pourpre, il ne leur avait pa conféré sa toute-puissance. Sous so règne il n'y avait eu qu'un maître ; e ceux-là même qu'il avait élevés jusqu' lui n'avaient été que les ministres de se volontés. Galérius ne devait pas cess d'avoir des égaux. Sans doute il avai arraché des épaules de Dioclétien l manteau impérial, et lui avait enlevé so titre d'Auguste ; mais il ne pouvait s'em parer de même de son autorité. Aussi nous le répétons, après la double abdi cation de Nicomédie et de Milan, l monde romain fut violemment agité. O vit neuf empereurs en moins de ving ans : Constance Chlore, Galérius, Maxi min Daïa, Sévère, Maxence et le vieu Maximien, son père, qui avait essayé d ressaisir le pouvoir suprême, Alexandr en Afrique, Licinius et Constantin. C fut alors une longue suite de meurtre et de guerres. Le mal qui avait pou unique cause l'établissement tétrarchi que ne cessa que lorsqu'il n'y eut qu'u seul empereur dans l'Empire, quand d tous les prétendants à la pourpre, il n resta que Constantin.

Nous arrêtons, à cette époque, le *Annales de l'Italie ancienne* (1).

L'Italie, en effet, au commencemen du quatrième siècle, a cessé d'être, dan l'Empire, le plus noble des pays, la terr privilégiée. Elle est grevée d'impôt comme les autres provinces, et Dioclé tien a réduit à la même condition le conquérants et les peuples conquis. A Rome le palais impérial est désert. L nom seul d'*Empire romain* subsiste L'Italie ne possède plus que ses souve nirs. C'est l'Orient qui a triomphé; il séduit les maîtres du monde ; il les re tient, il les enchaîne; Constantin, vain

(1) Nous adoptons ici les divisions qui on été indiquées dans les premiers volumes de l'*Univers*. M. Artaud de Montor a pris le règne de Constantin pour point de départ de l'*Histoire de l'Italie moderne.*

La partie des annales de l'*Italie ancienne* qui comprend la fin de la république (depuis la formation du premier triumvirat) et l'Empire a été faite presque tout entière par M. Jean Yanoski. (*Note des éditeurs.*)

ueur de Maxence et de Licinius, abandonne sans regret les provinces de l'Occident qui ont donné à son père et à lui-même tant de preuves de dévouement : un attrait irrésistible l'entraîne vers les contrées où Dioclétien avant lui avait fixé son séjour. Les chefs de l'Empire, qui se sont habitués à la pompe et au faste asiatiques, qui n'apparaissent de loin en loin que pour être adorés, comme des dieux, par des milliers d'esclaves, n'oseraient vivre à Rome, où l'on se souvient encore de Trajan et de Marc-Aurèle et risquer leur majesté au milieu d'une population tour à tour railleuse et menaçante. Il leur faut donc une capitale où ils puissent régner à la manière des monarques de l'Orient. Dioclétien habita Nicomédie; Constantin choisit pour lui et ses successeurs, aux confins de l'Europe et de l'Asie, la ville de Byzance. Il la transforma, l'agrandit, et de son vivant même il essaya de la faire aussi belle que Rome; et pour cela il enleva à la Grèce ses chefs-d'œuvre et pilla Rome elle-même. Il attira près de lui, par des largesses, des immunités sans nombre, tout un peuple : aux nobles des provinces, aux Italiens surtout qui venaient à sa cour et se confondaient dans les rangs de ses mille dignitaires, il donnait des pensions, des palais, des terres. Que de patriciens et de sénateurs durent alors quitter Rome et l'Italie, échangeant les maisons et les champs des aïeux contre de nouveaux domaines dans les riches provinces de l'Asie Mineure et contre la faveur du prince (1)! Quant à la plèbe, elle grossit rapidement à Constantinople : on lui avait assuré, par d'abondantes distributions de blé, la nourriture de chaque jour et l'oisiveté. La flotte d'Alexandrie cessa dès lors de porter au Tibre les récoltes de l'Égypte : elle se dirigea vers le Bosphore. Constantin ne laissait aux Romains que les greniers de l'Afrique.

Mais au moins l'Italie, délaissée par les empereurs, n'aura-t-elle désormais à gémir que de son humiliation? Dans le danger qui menace toutes les provinces de l'Empire échappera-t-elle à la guerre, à l'invasion? Déjà, en effet, les barbares apparaissent au sommet des Alpes et se tiennent prêts à l'envahir. A-t-elle conservé, pour une lutte décisive, cette virile population qui vainquit jadis les Cimbres et les Teutons? Peut-elle encore, en évoquant, dans les grands périls, les vieux souvenirs de la République et des temps glorieux de l'Empire faire sortir de son sol héroïque des légions? Les temps sont bien changés : maintenant il n'est pas un seul homme qui puisse marcher pour sa défense, et elle ne doit attendre son salut que des mercenaires de l'empereur. Auguste, dès l'origine du principat, a désarmé la population libre de l'Italie. Il n'a rendu des armes qu'à ceux qui se sont enrôlés dans les légions ou dans la garde prétorienne. Le soldat, en effet, cesse d'appartenir à une ville ou à une province; il devient l'homme de l'empereur. C'est à peine si les lois laissent à celui qui entreprend une course lointaine un couteau de voyage, et si elles autorisent le propriétaire d'une villa à conserver, dans sa maison, les traits ou l'épieu qui servent à la chasse (1). Ainsi point d'exercices militaires dans les villes et les campagnes pendant toute la durée de l'empire : non-seulement à l'époque où nous sommes arrivés l'Italie n'avait point d'armes, elle avait encore perdu l'habitude des armes. Le danger eût été moindre pour elle si l'empereur ne l'eût pas abandonnée : devant l'invasion sa garde et les légions se seraient groupées autour de lui, prêtes à défendre et à sauver la terre sacrée. Mais il n'en fut pas ainsi : les barbares arrivèrent, et elle ne put les repousser. En 440 on essaya d'éveiller dans les populations quelque sentiment d'énergie; la

---

(1) Montesquieu, qui a remarqué le fait, dit avec quelque exagération : « Lorsque le siége de l'Empire fut établi en Orient, Rome presque entière y passa; les plus grands y menèrent leurs esclaves, c'est-à-dire presque tout le peuple; et l'Italie fut privée de ses habitants. » *Grandeur et Décadence des Romains*, ch. 17.

(1) Lege Julia de vi publica tenetur qui arma, tela, domi suæ agrove in villa præter usum venationis vel itineris... coegerit. L. *lege*, 1, D., lib. XLVIII, tit. 6, *Ad leg. Jul.* — Nulli prorsus, nobis insciis atque inconsultis, quorumlibet armorum movendorum copia tribuatur. L. *nullus* 1, Cod., lib. II, tit. 46, *Ut armorum*.

loi permit à tout homme libre d'avoir des armes pour sa défense (1). Tardifs et inutiles efforts! Les Vandales ravageaient alors les côtes de la Méditerranée, et déjà les soldats d'Alaric avaient mis Rome au pillage.

Enfin l'Italie, dans cette grande crise, ne pourra pas même sauver ses dieux. Constantin promulgue à Milan l'édit qui assure le triomphe du christianisme. Les vieilles divinités qui ont présidé aux origines et aux accroissements de la puissance romaine cèdent leurs honneurs et leurs temples à Celui qui s'est révélé dans l'Orient. Mais c'est en cette dernière transformation que l'Italie doi passer à une seconde vie. Que Rome se réjouisse! Constantin, vainqueur, qu dédaigne de monter au Capitole et de sacrifier aux anciens dieux, lui prépare de nouvelles grandeurs et assure son éternité. C'est par le Christ, en effet qu'elle vaincra la destruction, la mort c'est par lui qu'une fois encore elle ré gnera sur le monde.

(1) Leg. nov. Theodos., lib. I tit. 20, *De reddito jure armorum.*

FIN DES ANNALES
ET DE LA PREMIÈRE PARTIE DE L'ITALIE ANCIENNE.

TABLE

DES ANNALES DE L'ITALIE ANCIENNE.

		Page
1	INTRODUCTION A L'HISTOIRE DE L'ITALIE ANCIENNE.	1
	L'Italie avant la fondation de Rome.	ibid.
	Rome sous les Rois.	43
2	HISTOIRE DE LA RÉPUBLIQUE DEPUIS L'ÉTABLISSEMENT DU CONSULAT JUSQU'A LA CRÉATION DES TRIBUNS DU PEUPLE.	55
	§ I. Lutte de la République contre Tarquin.	ibid.
	§ II. Guerre contre les Volsques; troubles intérieurs.	61
3	LUTTE DU FORUM ET GUERRES EXTÉRIEURES DEPUIS LA CRÉATION DU TRIBUNAT JUSQU'A L'ÉTABLISSEMENT DE L'ÉGALITÉ CIVILE.	64
	§ I. Traité de Spurius Cassius avec les Latins et les Herniques; loi agraire.	ibid.
	§ II. Loi Térentilla; le peuple réclame l'égalité civile; décemvirat.	72
4	ACCROISSEMENT DE LA PUISSANCE DU PEUPLE ; IL RÉCLAME L'ÉGALITÉ POLITIQUE; TRIBUNAT MILITAIRE; ROME ÉTEND SA PUISSANCE AU DEHORS ET RECULE LES BORNES DE SON TERRITOIRE; PRISE DE VÉIES.	81
5	INVASIONS DES GAULOIS; PRISE DE ROME; SOULÈVEMENT DES LATINS; LA RÉPUBLIQUE RECOMMENCE CONTRE LES PEUPLES VOISINS UNE LUTTE D'UN DEMI-SIÈCLE POUR LA DOMINATION DE L'ITALIE CENTRALE ; A L'INTÉRIEUR, TRIOMPHE DE L'ÉGALITÉ POLITIQUE.	97
6	LA GUERRE CONTRE LES SAMNITES.	115
7	SUITE DE LA GUERRE CONTRE LES SAMNITES ; COALITION DES PEUPLES ITALIENS CONTRE ROME; LES ÉTRUSQUES.	156
8	HISTOIRE DE L'ITALIE MÉRIDIONALE DEPUIS L'ÉTABLISSEMENT DES COLONIES GRECQUES DANS CE PAYS JUSQU'A LA CONQUÊTE ROMAINE.	188
9	PREMIÈRE GUERRE PUNIQUE; HISTOIRE DE ROME ET DE L'ITALIE DEPUIS LA CONQUÊTE DE LA SICILE PAR LES ROMAINS JUSQU'A LA DEUXIÈME GUERRE PUNIQUE.	223
	§ I. Première guerre punique.	ibid.
	§ II. Guerre contre les Falisques; soumission de la Corse et de la Sardaigne.	228
	§ III. Guerre des Romains contre les Gaulois Cisalpins.	230
	§ IV. Guerre d'Illyrie.	238
10	SECONDE GUERRE PUNIQUE; CONQUÊTE DE L'ESPAGNE ET DE LA GRÈCE ; RUINE DE CARTHAGE.	243
11	ÉTAT INTÉRIEUR DE LA RÉPUBLIQUE AVANT LES GRACQUES; TIBÉRIUS ET CAÏUS GRACCHUS.	270
12	MARIUS.	291
13	GUERRE SOCIALE.	303
14	SYLLA.	320

		Page
15	Pompée.	336
16	Catilina.	361
17	Le premier triumvirat.	403
	§ I. Formation du premier triumvirat.	ibid.
	§ II. Guerre des Gaules.	407
	§ III. Clodius et Cicéron.	416
	§ IV. Expédition de Crassus contre les Parthes.	417
	§ V. Pompée seul maître à Rome après la mort de Crassus.	421
18	La guerre civile et la dictature de César.	423
	§ I. Commencement de la guerre civile.	ibid.
	§ II. La bataille de Pharsale et la mort de Pompée.	432
	§ III. Dictature de César.	442
19	Les partis politiques a Rome après les ides de mars.	455
20	Le second triumvirat.	481
	§ I. Puissance d'Antoine; commencements d'Octave.	ibid.
	§ II. Formation du second triumvirat; bataille de Philippes.	493
	§ III. Lutte entre Octave et Antoine; Octave maître du monde.	501
21	Auguste empereur.	516
22	Tibère.	528
23	Les derniers princes de la famille d'Auguste; anarchie.	550
	§ I. Caligula; Claude; Néron.	ibid.
	§ II. Galba; Othon; Vitellius.	565
24	Famille flavienne.	568
	§ I. Vespasien; Titus.	ibid.
	§ II. Domitien.	580
25	Le siècle des Antonins.	587
	§ I. Nerva; Trajan; Adrien.	ibid.
	§ II. Les Antonins.	597
26	Les princes africains et syriens.	614
	§ I. L'empire mis à l'encan; Septime Sévère; despotisme militaire.	ibid.
	§ II. Les princes Syriens.	624
27	Domination des armées.	627
	§ I. Anarchie militaire.	ibid.
	§ II. Restauration de l'Empire par les princes illyriens.	636
28	Dioclétien; fin de Rome et de l'Italie anciennes; conclusion.	641
	§ I. Dioclétien.	ibid.
	§ II. Conclusion.	650

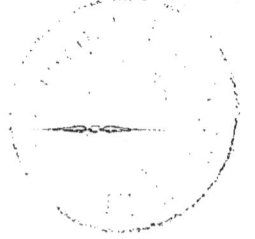

ITALIE ANCIENNE
PARTIE MÉRIDIONALE

ITALIE. Aborigènes, Pélasges.

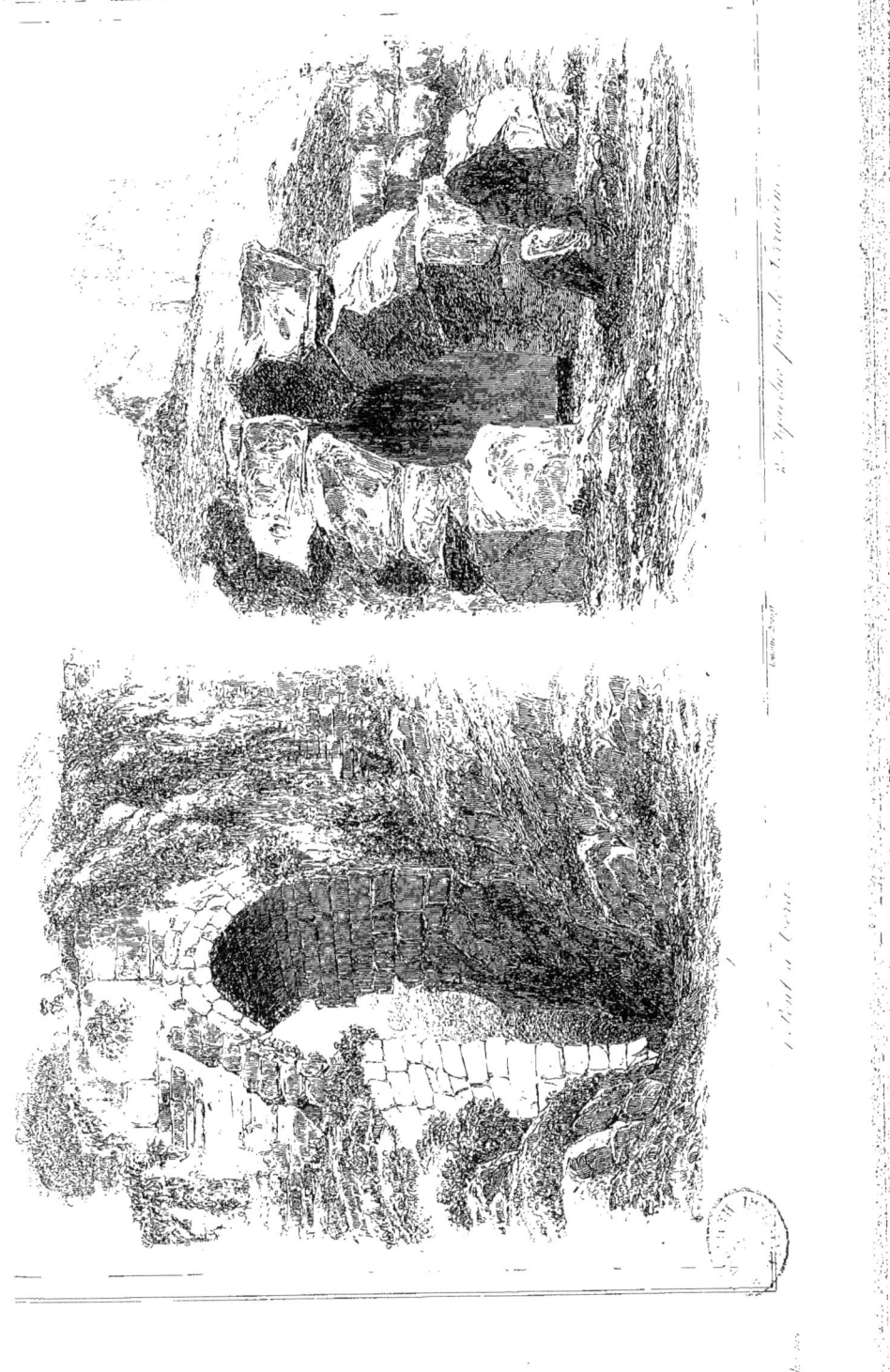

ITALIE. Aborigènes. Pélasges.

ITALIE. Aborigènes, Pélasges

ITALIE. Anciennes Pélasges.

ITALIE. Aborigènes. Pélasges.

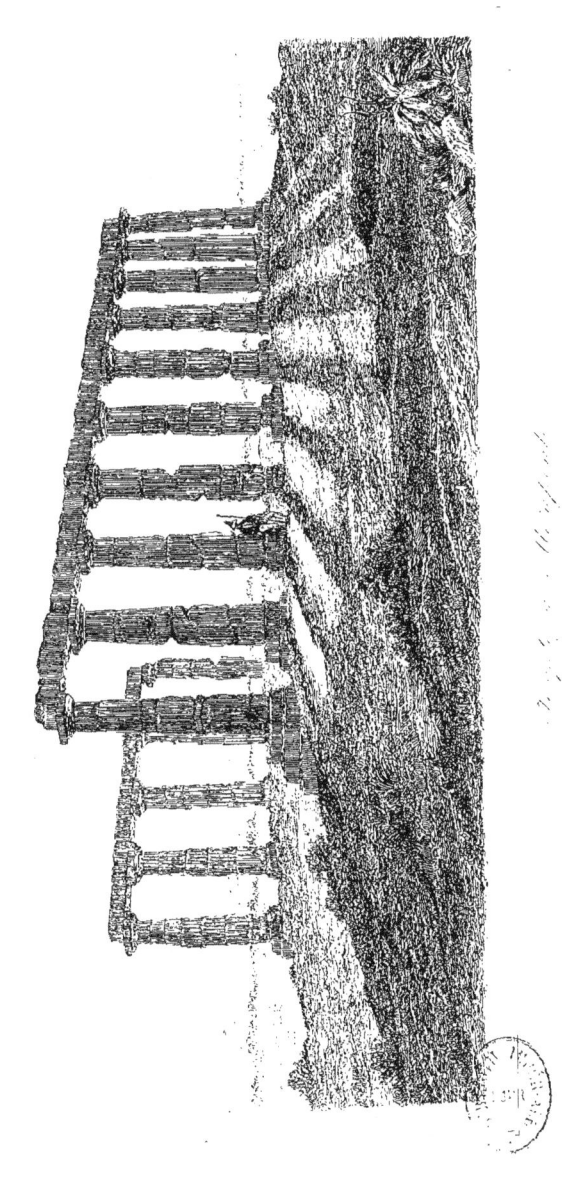

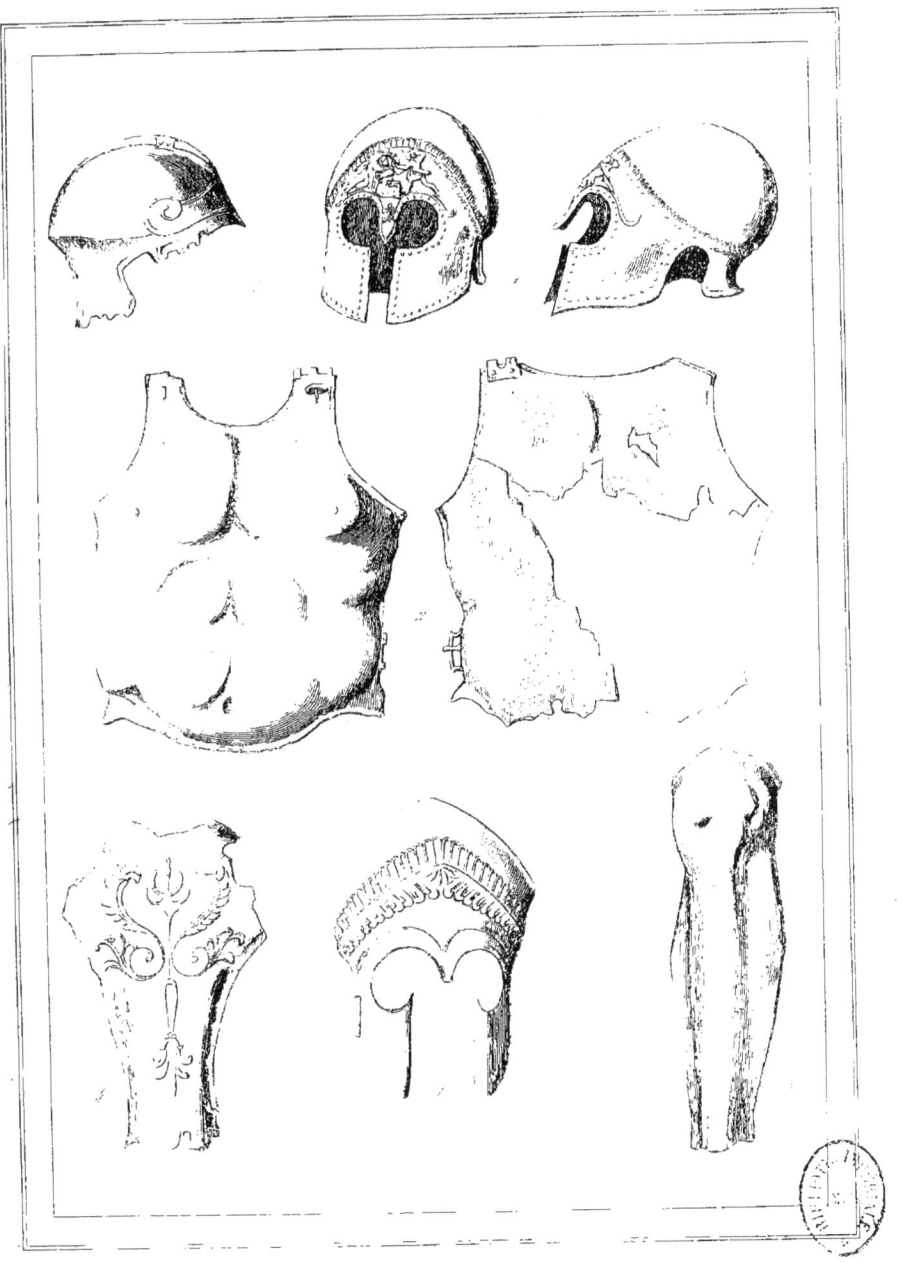

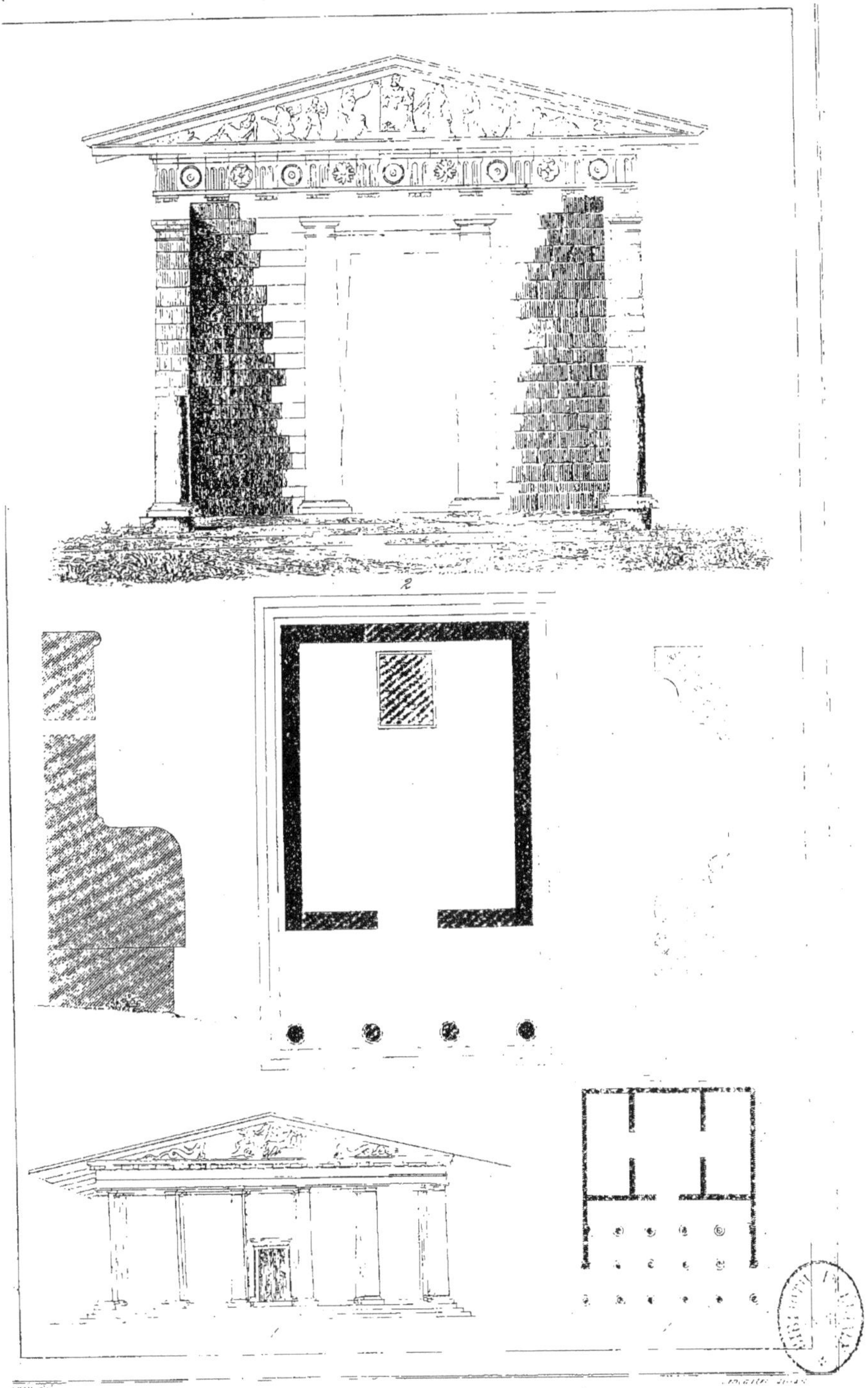

ITALIE Étrusque

ITALIE Étrusque.

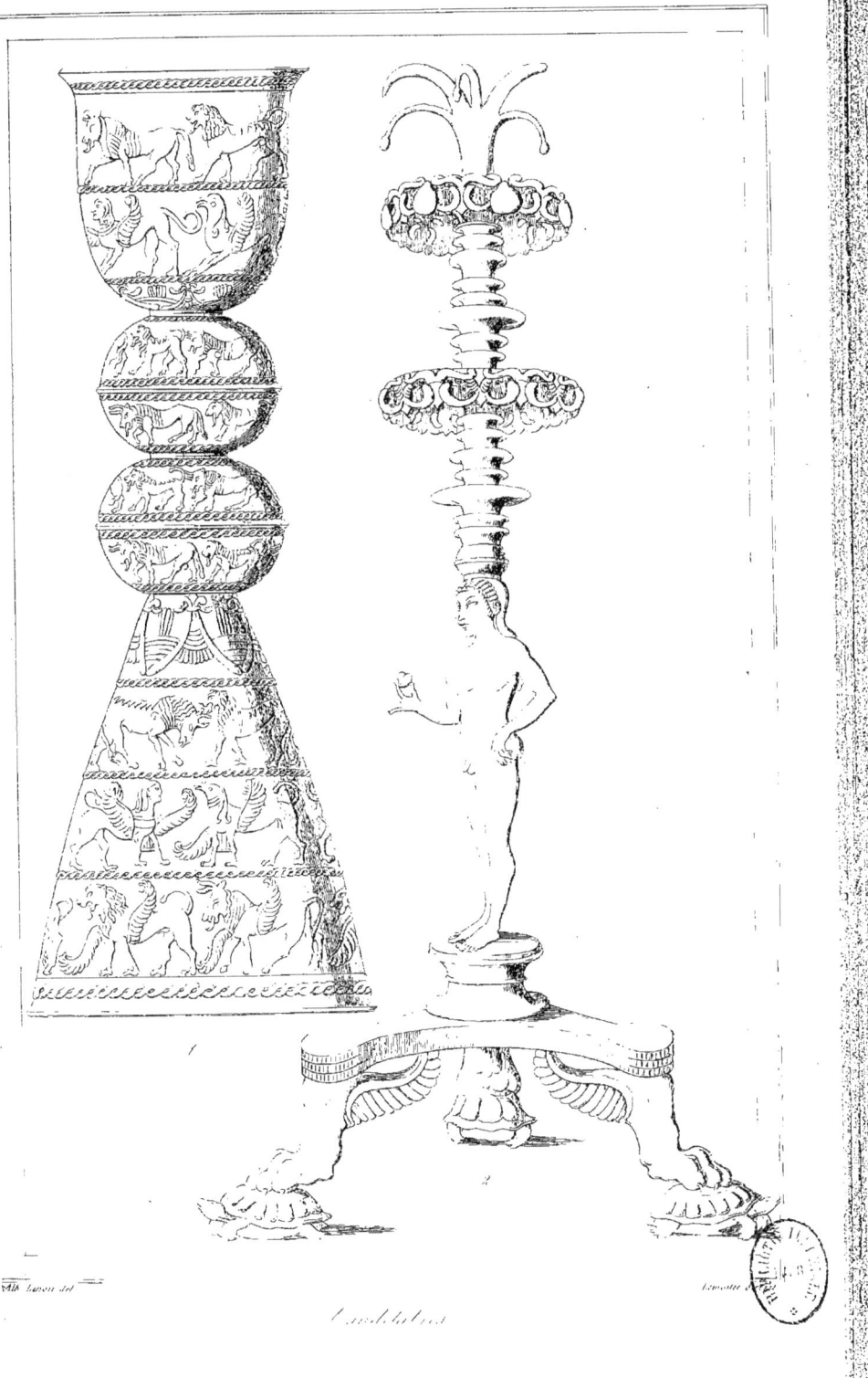

ITALIE ANCIENNE (Étrusques)

Ustensiles.

ITALIE ANCIENNE (Étrusques)

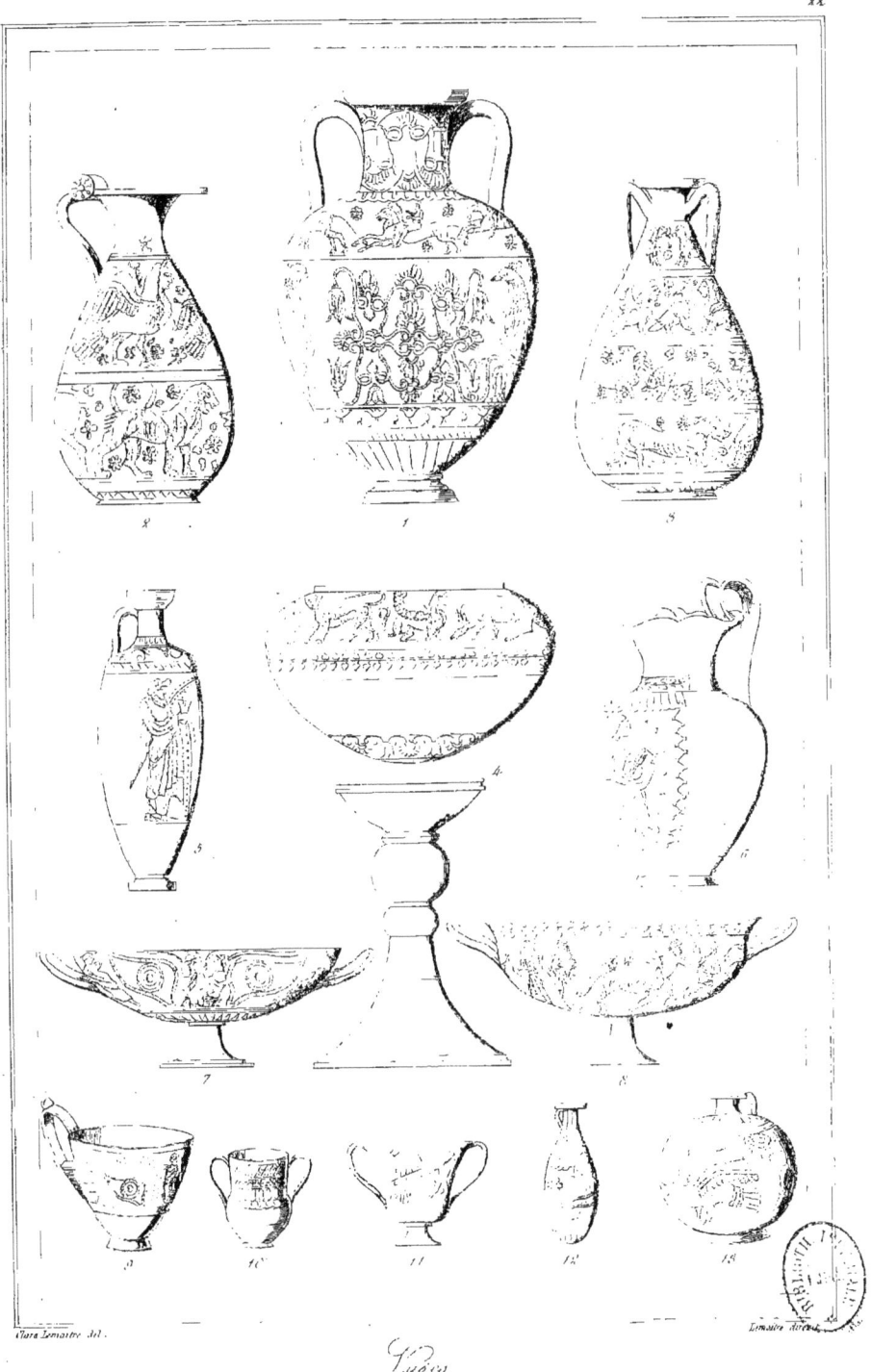

Vases

ITALIE ANCIENNE (Étrusques)

Bas-relief représentant des cavaliers.

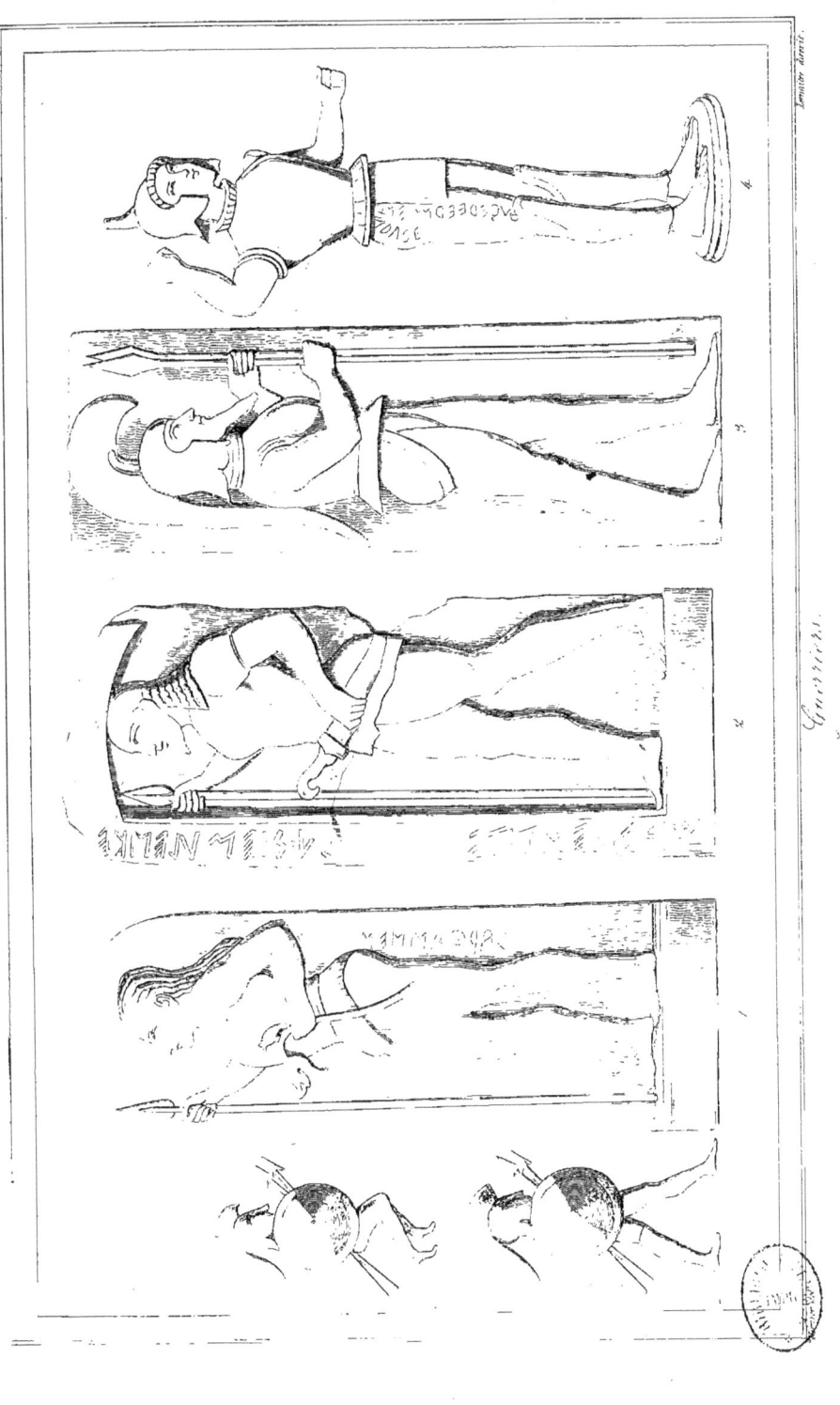

ITALIE ANCIENNE (Etrusques)

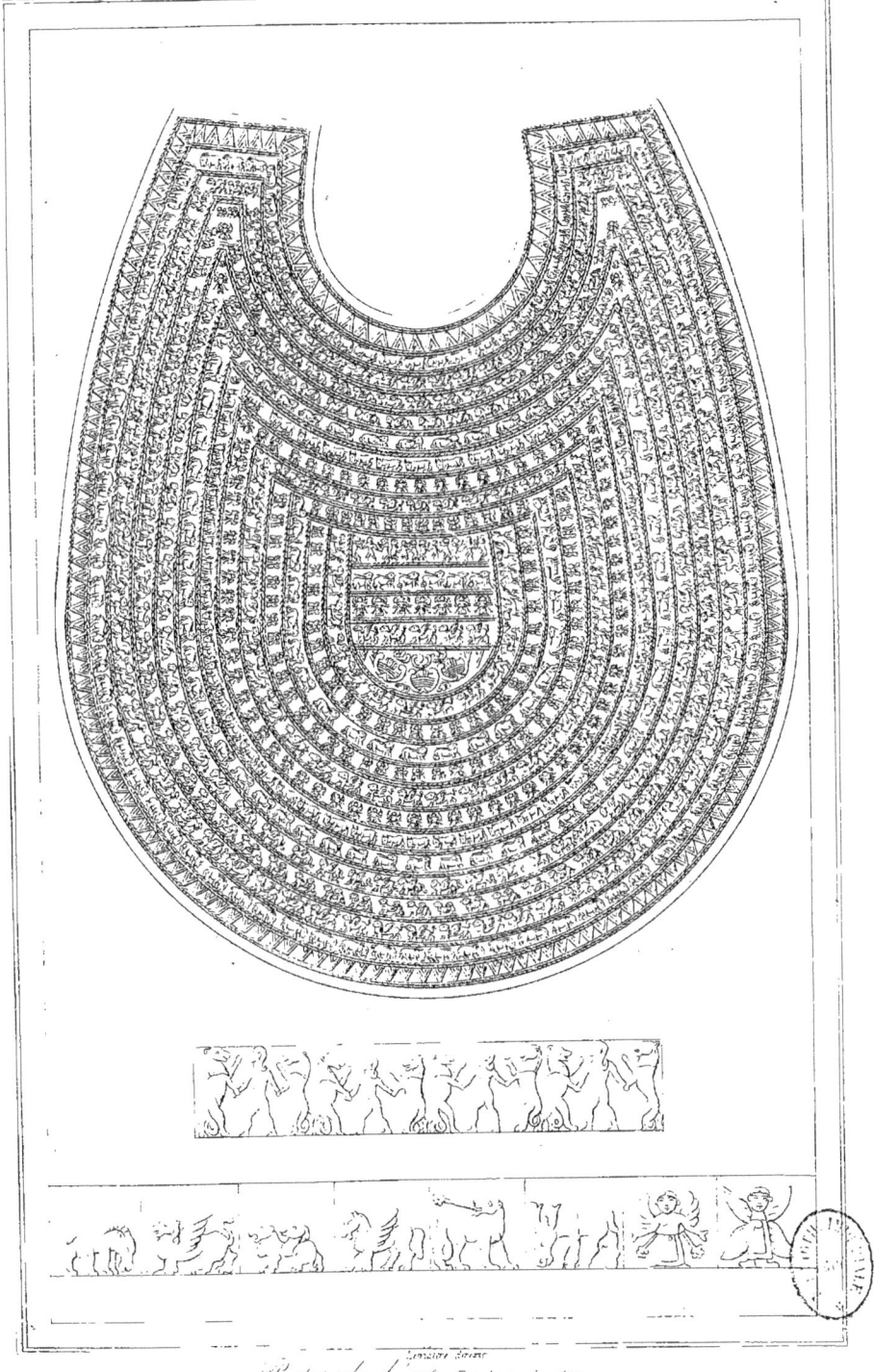

Pectoral d'or. Tombeau de Cere.

ITALIE ANCIENNE (Etrusques)

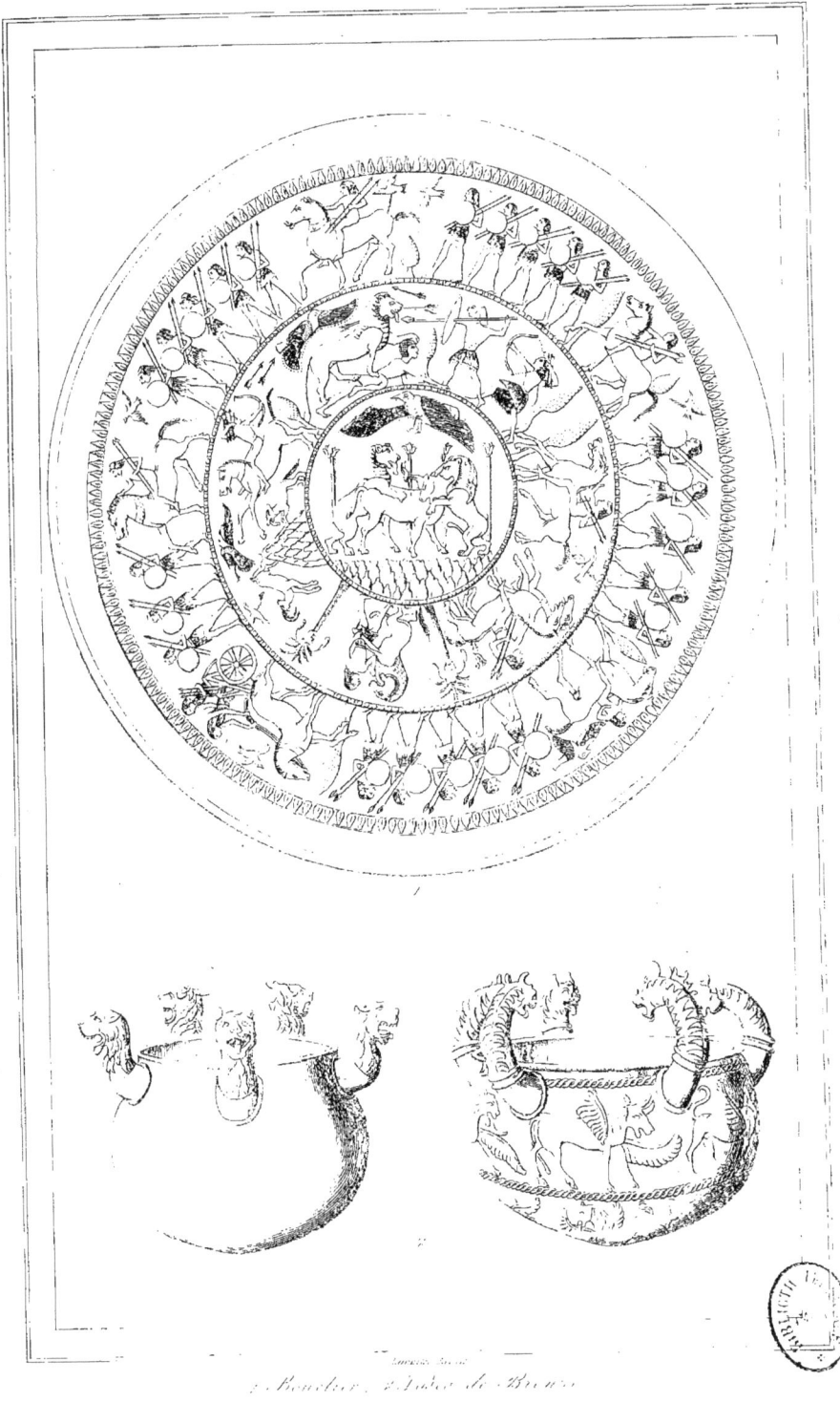

ITALIE ANCIENNE (Étrusques)

HALLE ANCIENNE (Fougères)

Restauration des toitures et tour d'après l'auteur.

ITALIE ANCIENNE (Étrusques)

Intérieur du grand tombeau de Cère.

ITALIE. ÉTRUSQUES.

Tombeau de Corneto.

ITALIE. Étrusques.

Tombeau de la famille Tarquinia à Cervetri.

ITALIE ANCIENNE (Étrusques)

Tombeaux circulaires.

Sepoltura di Volterra.

ITALIE ANCIENNE (Étrusques)

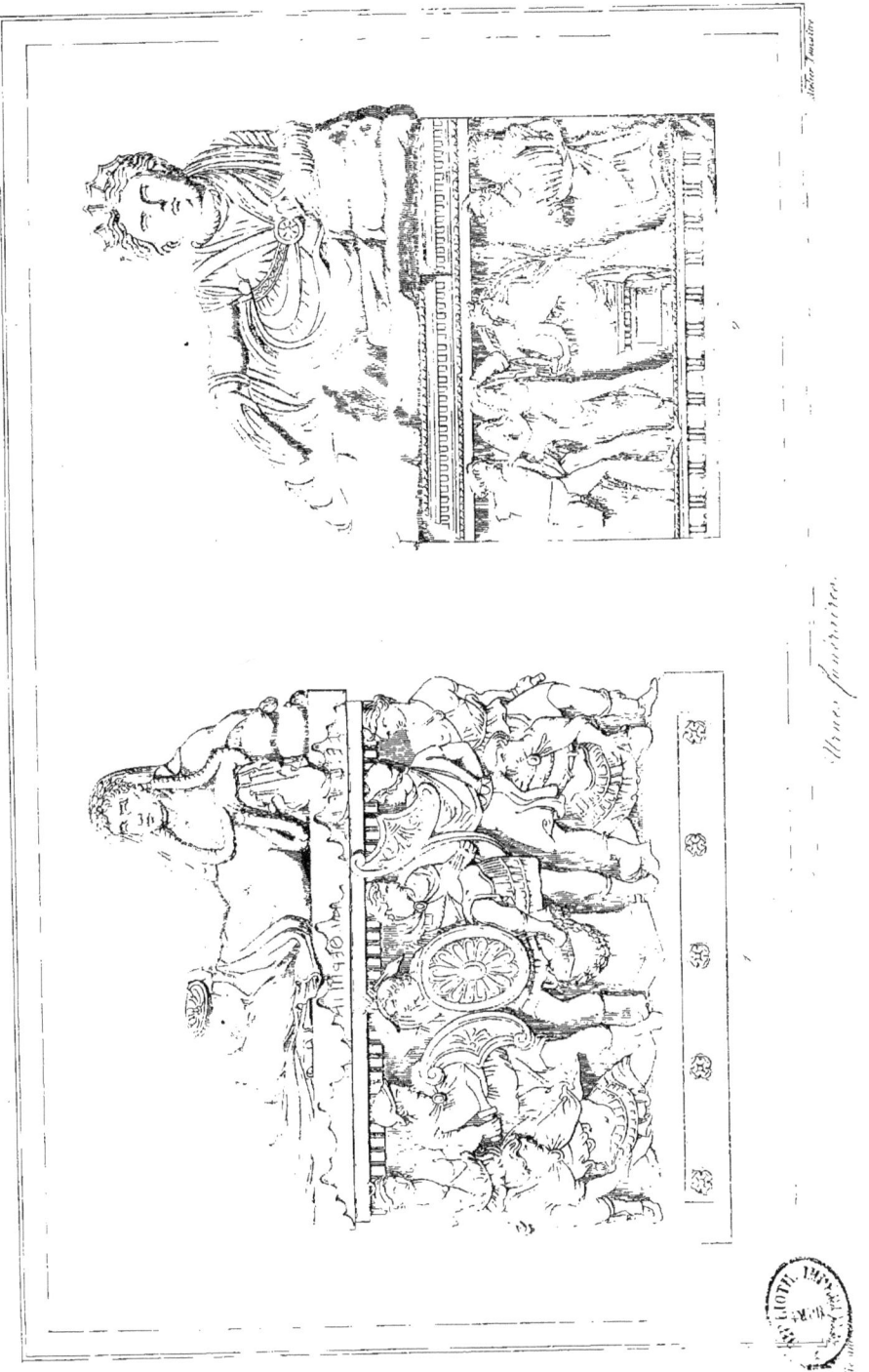

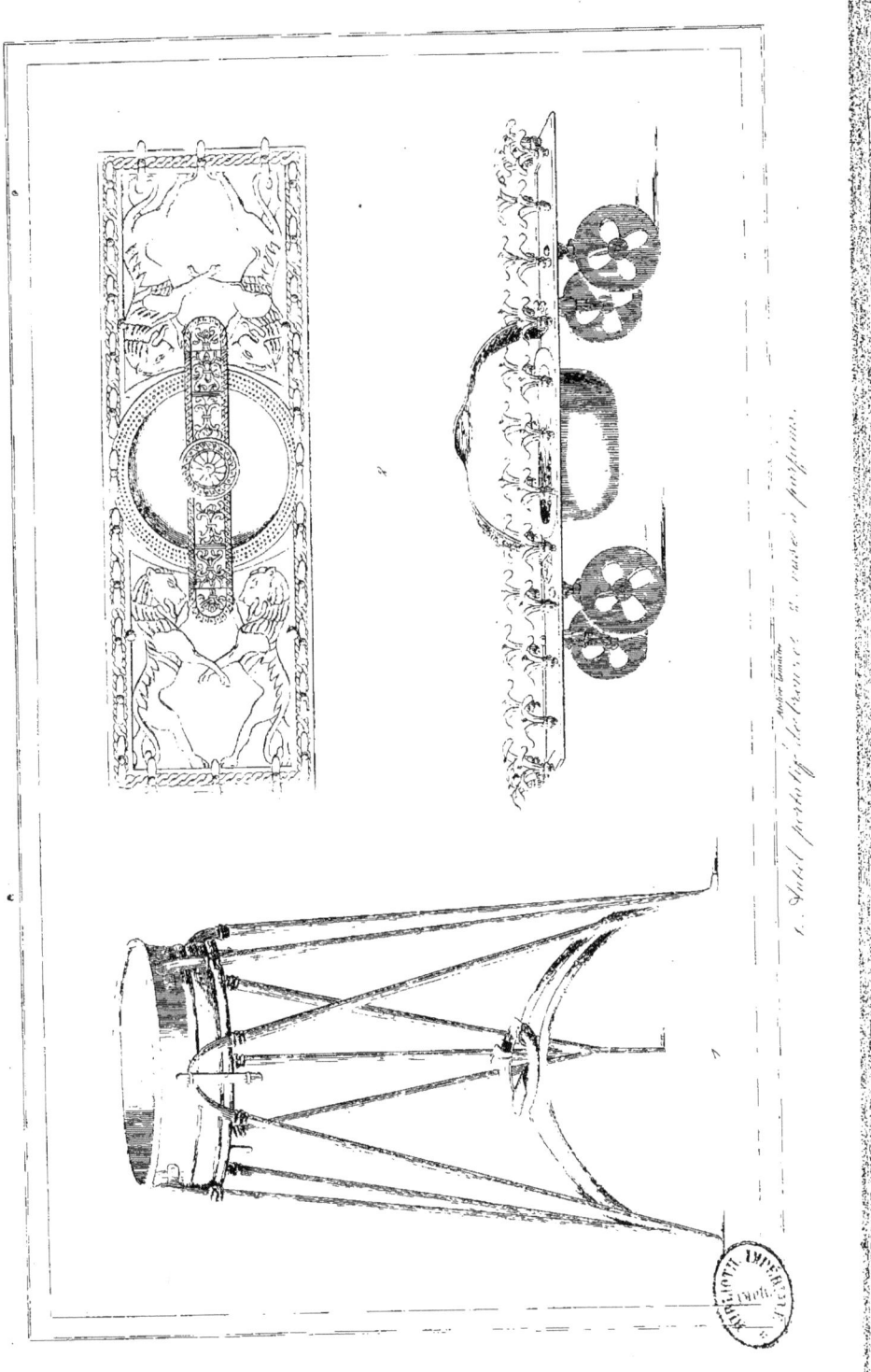

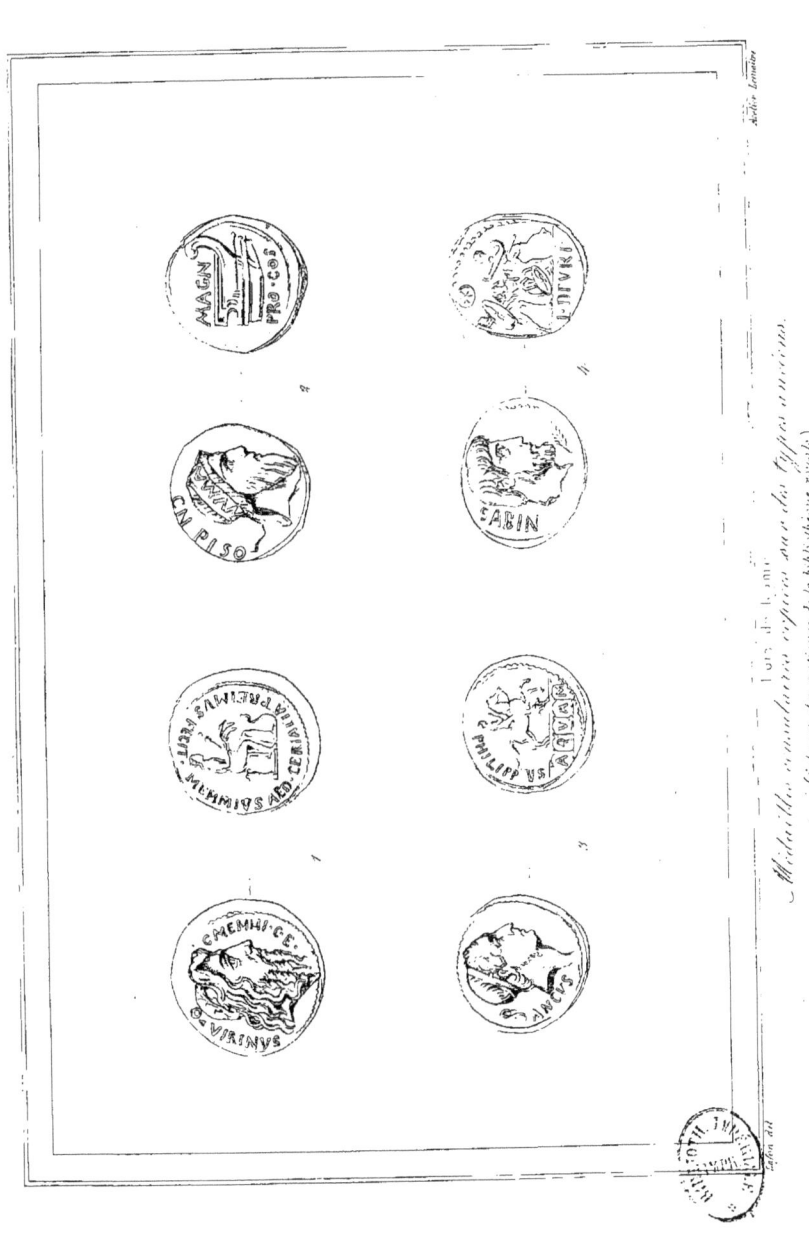

ITALIE ANCIENNE (Rome sous les rois)

Médailles romaines copiées sur des types anciens.
(Cabinet des antiques de la bibliothèque royale)

ITALIE ANCIENNE (Rome sous les rois)

La Cloaca Maxima

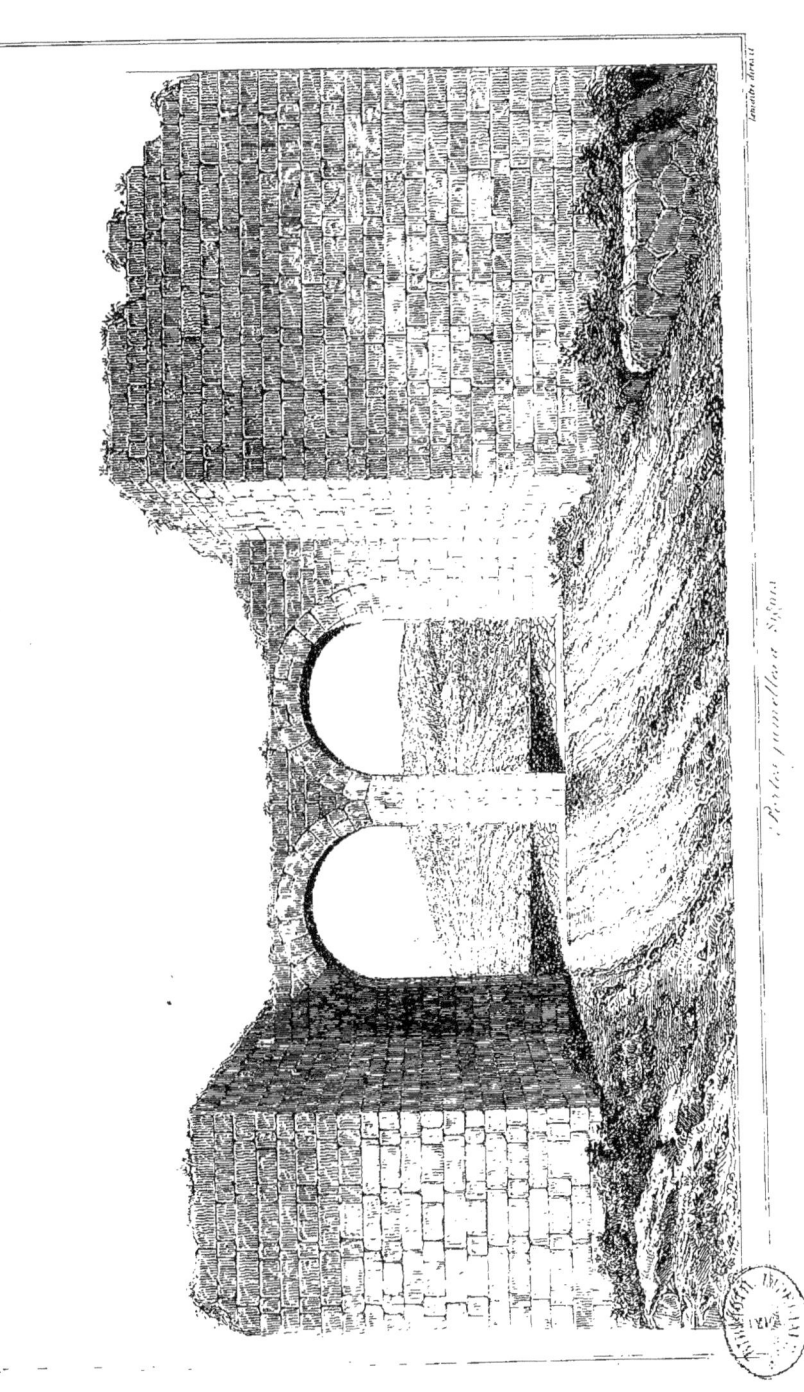

ITALIE SOUS LES ROIS DE ROME

Portes jumelles à Signia

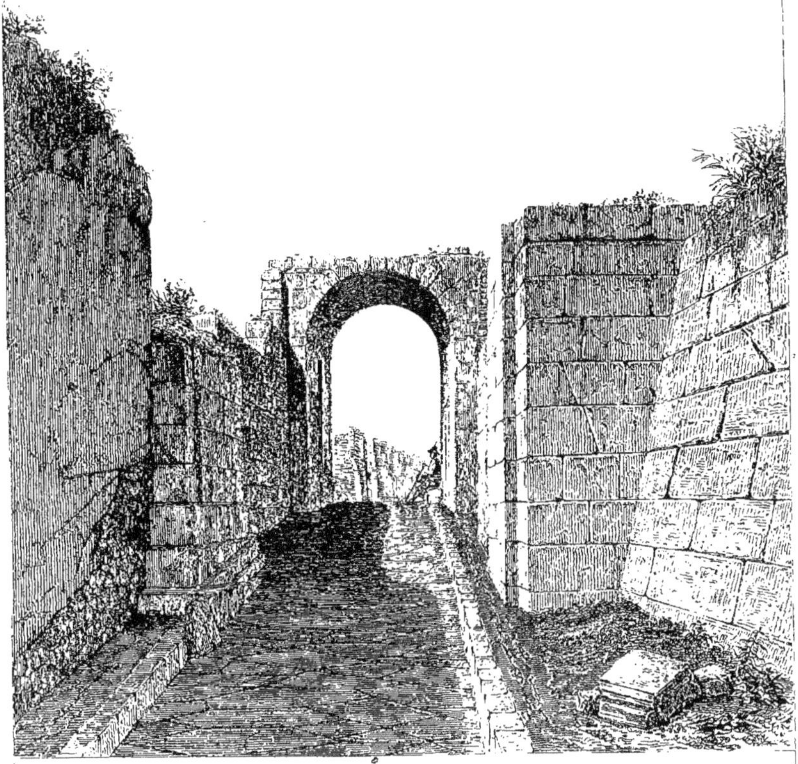

7

8

9

Mazois

Lemaitre direxit

Murailles de Pompéi, porte du Sarnus.

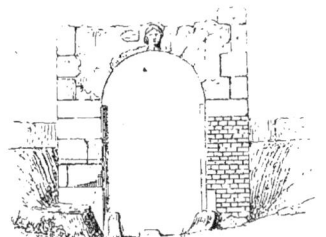

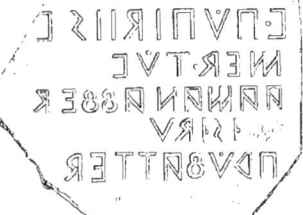

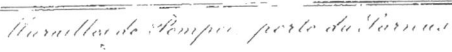

RÉPUBLIQUE ROMAINE

44

BRUTUS	AHALA	ANENOBARDUS
REGULUS		MARCELLINUS
GRACCHUS		QUINCTIUS FLAMINIUS
SCIPION	CALDUS	CICERON

Médailles Iconographie consulaire

ITALIE ANCIENNE (République Romaine)

Tombeau consulaire à Palazzuolo.

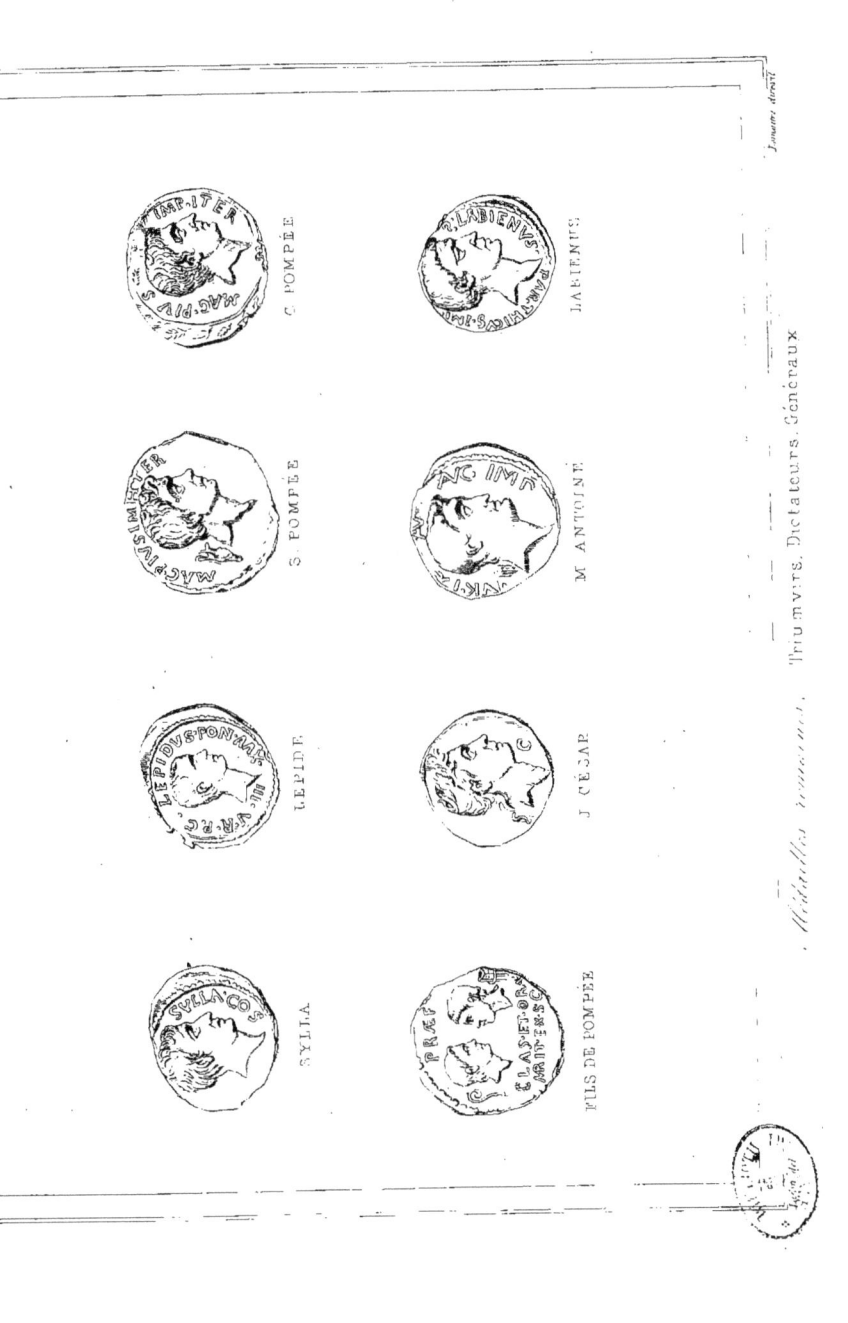

Médailles romaines. Triumvirs. Dictateurs. Généraux

ITALIE ANCIENNE *EMPIRE ROMAIN*

Costume d'Empereur (TITUS)

Empreintes d'après les médailles

Empreintes d'après les médailles

ITALIE ANCIENNE. (ÉNÉIDE ROMAINE.)

Empereurs, d'après les médailles.

TACITE — FLORIEN — PROBUS — CARUS — NUMÉRIEN
CARIN — DIOCLÉTIEN — MAXIMIEN I — CONSTANCE — MAXIMIEN II
SÉVÈRE II — MAXIMIN II — MAXENCE — LICINIUS — LICINIUS JOR

ITALIE ANCIENNE. (EMPIRE ROMAIN.)

 CONSTANCE.

 JULIEN.

 VALENTINIEN II.

 CONSTANT.

 JOVIEN.

 GRATIEN.

 CONSTANTIN II.

 MAGNENCE.

 VALENS.

 CRISPUS.

 VETRANION.

 VALENTINIEN I.

Empereurs d'après les médailles.

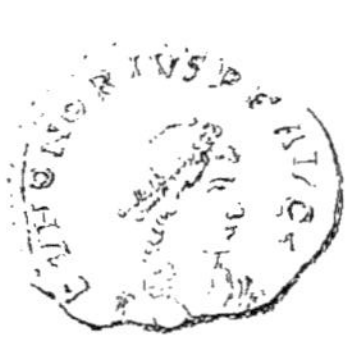
HONORIUS.

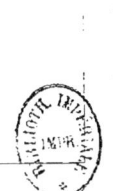

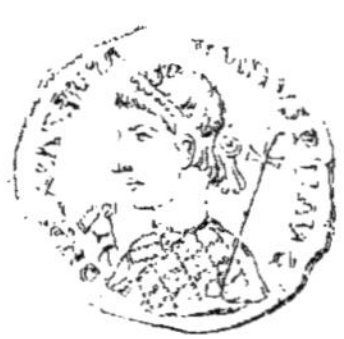
VALENTINIEN III.

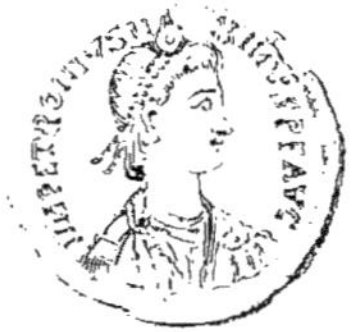
PETRONE MAXIME.

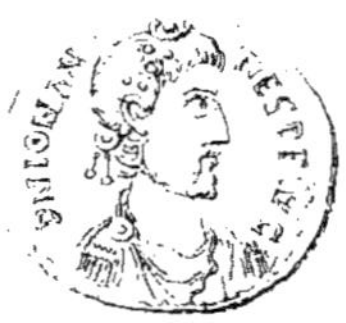
JEAN

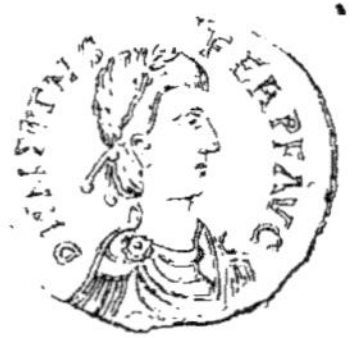
AVITUS

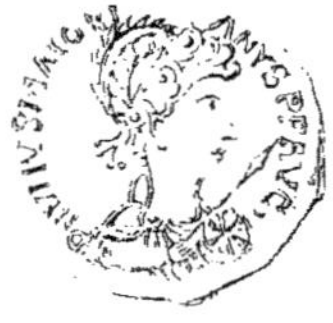
MAJORIEN

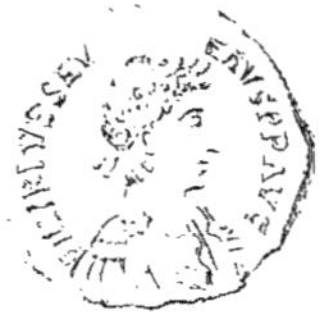
SEVERE III.

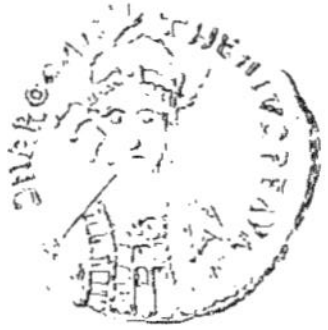
ANTHEMIUS.

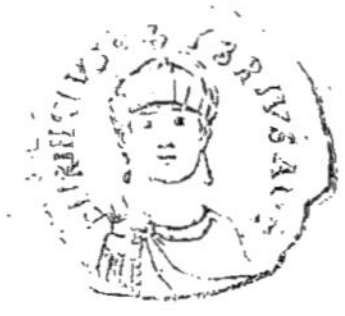
OLYBRIUS.

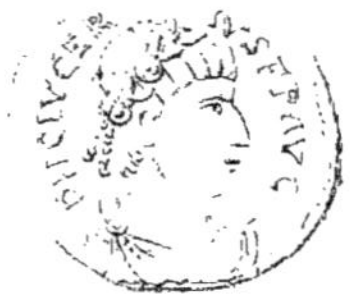
GLYCERIUS

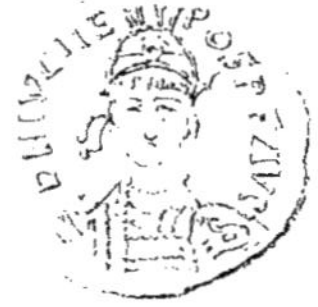
JULES NEPOS.

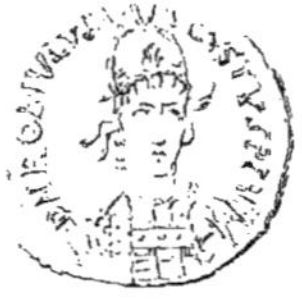
ROMULUS AUGUSTULE

...ajon del. | Lemaitre direxit

Empereurs d'après les médailles.

ITALIE ANCIENNE (EMPIRE ROMAIN)

Temple de Jupiter Stator.

ITALIE ANCIENNE. (EMPIRE ROMAIN.)

Temple de Vesta, à Rome.

ITALIE ANCIENNE. EMPIRE ROMAIN

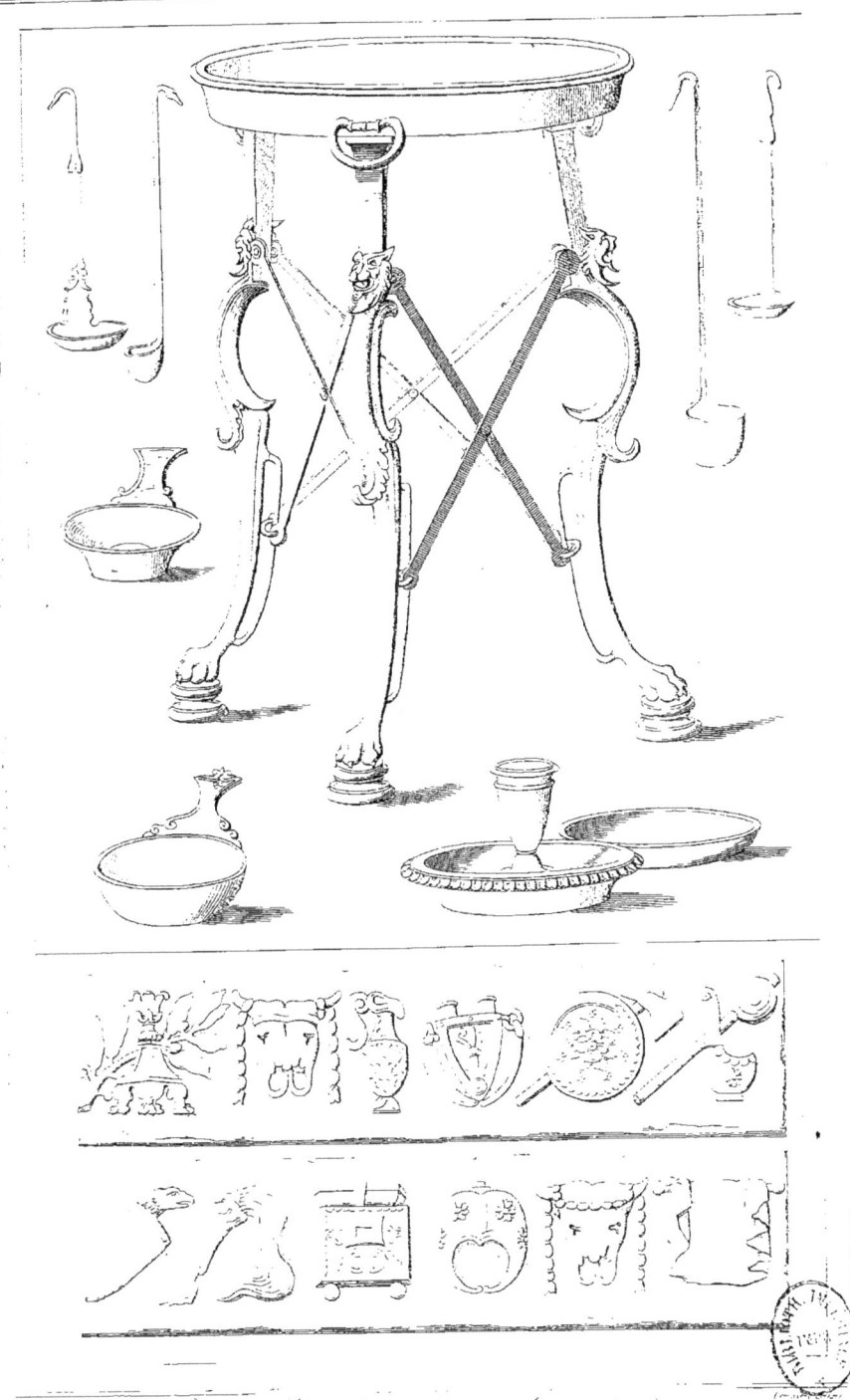

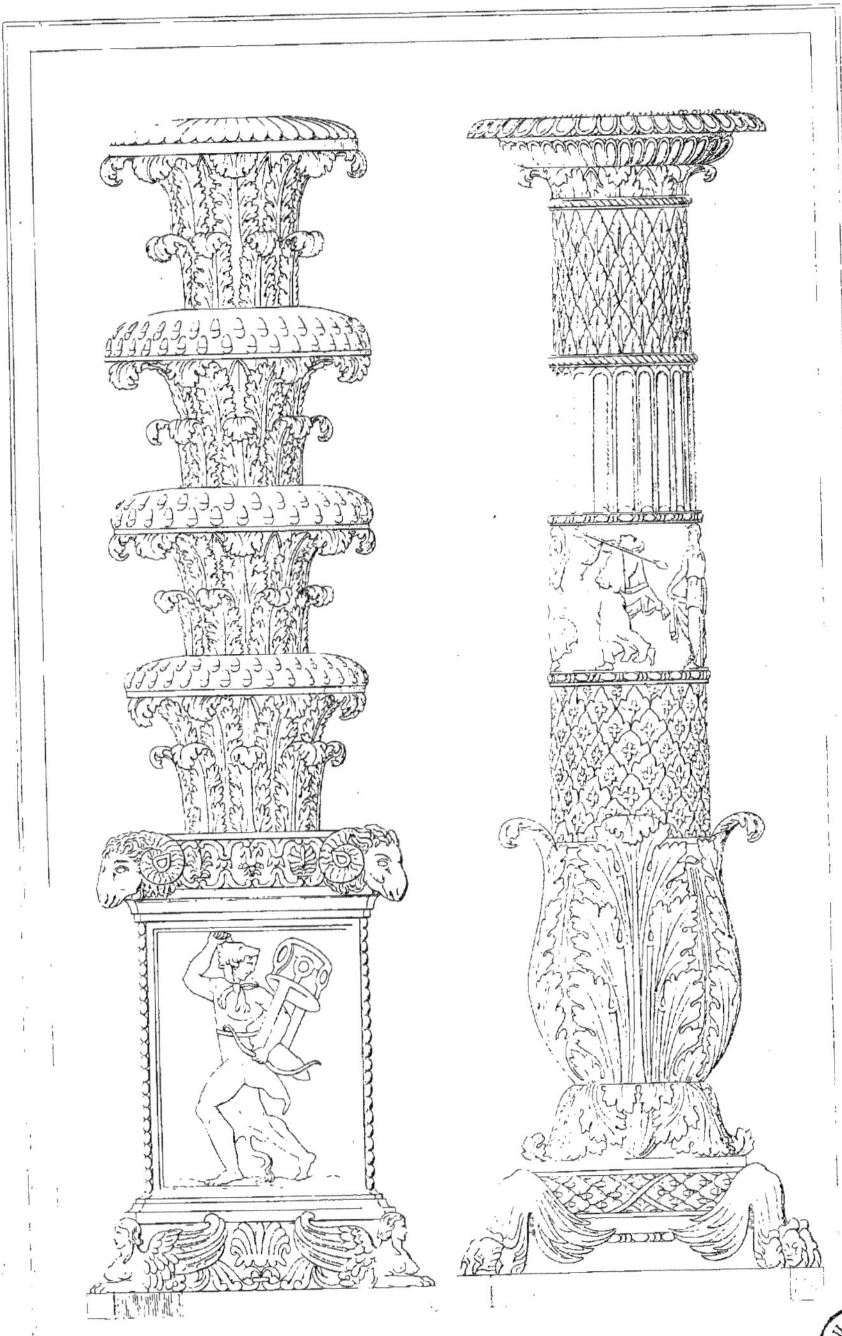

ITALIE ANCIENNE (EMPIRE ROMAIN)

60

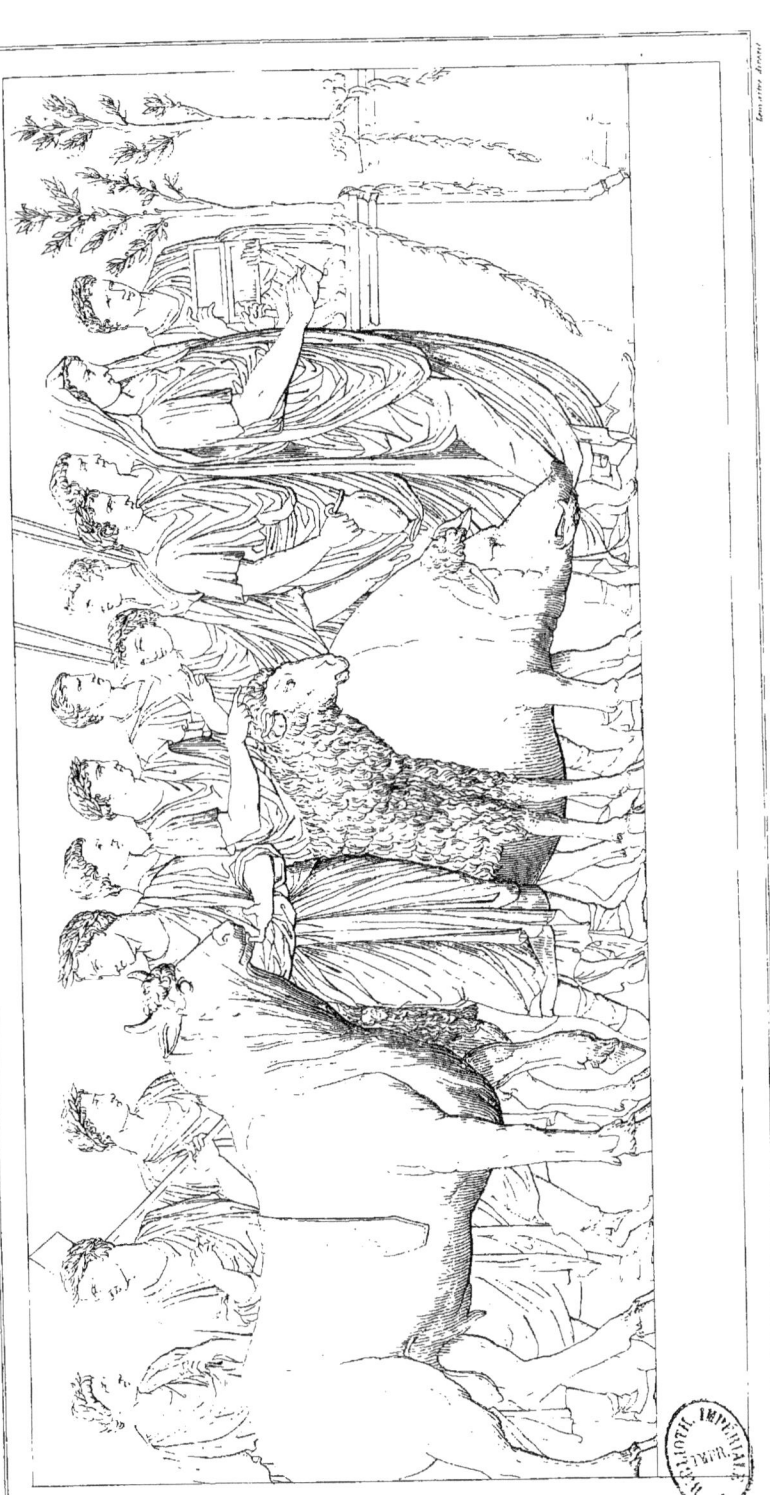

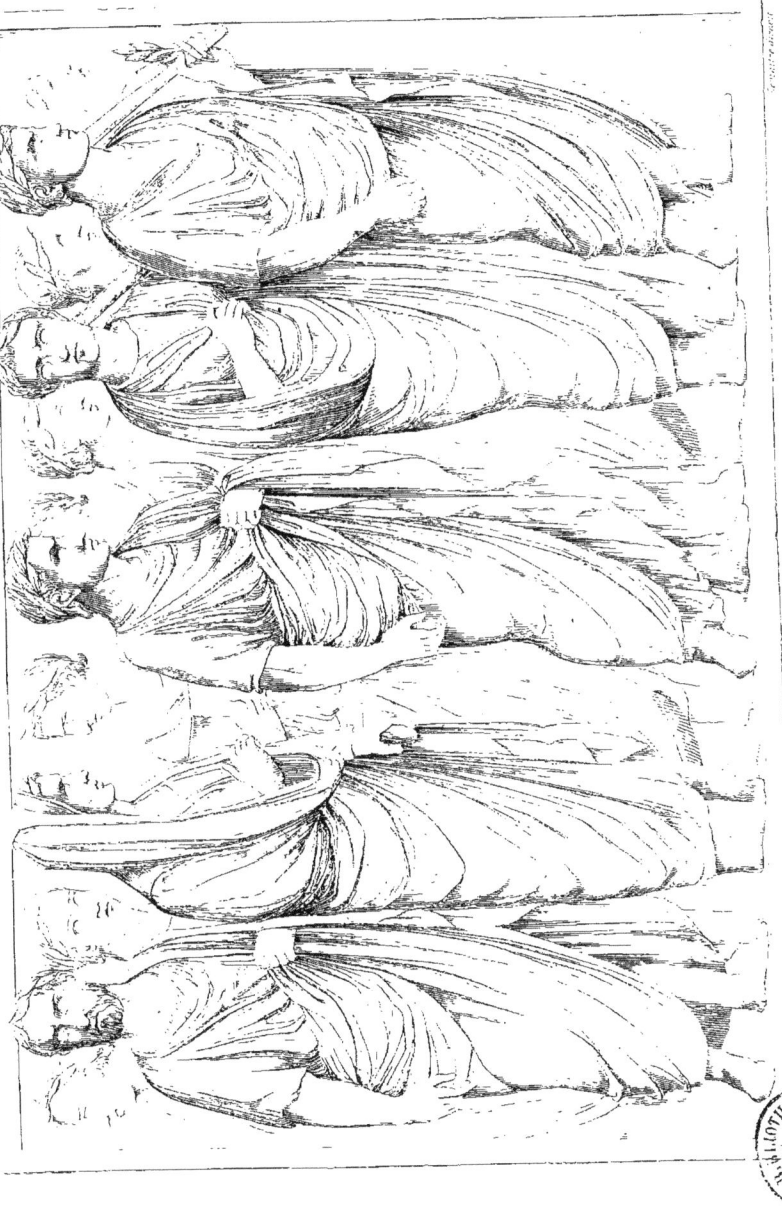

ITALIE ANCIENNE. (EMPIRE ROMAIN.)

Groupe formé de personnages que l'on voit sur un sarcophage.

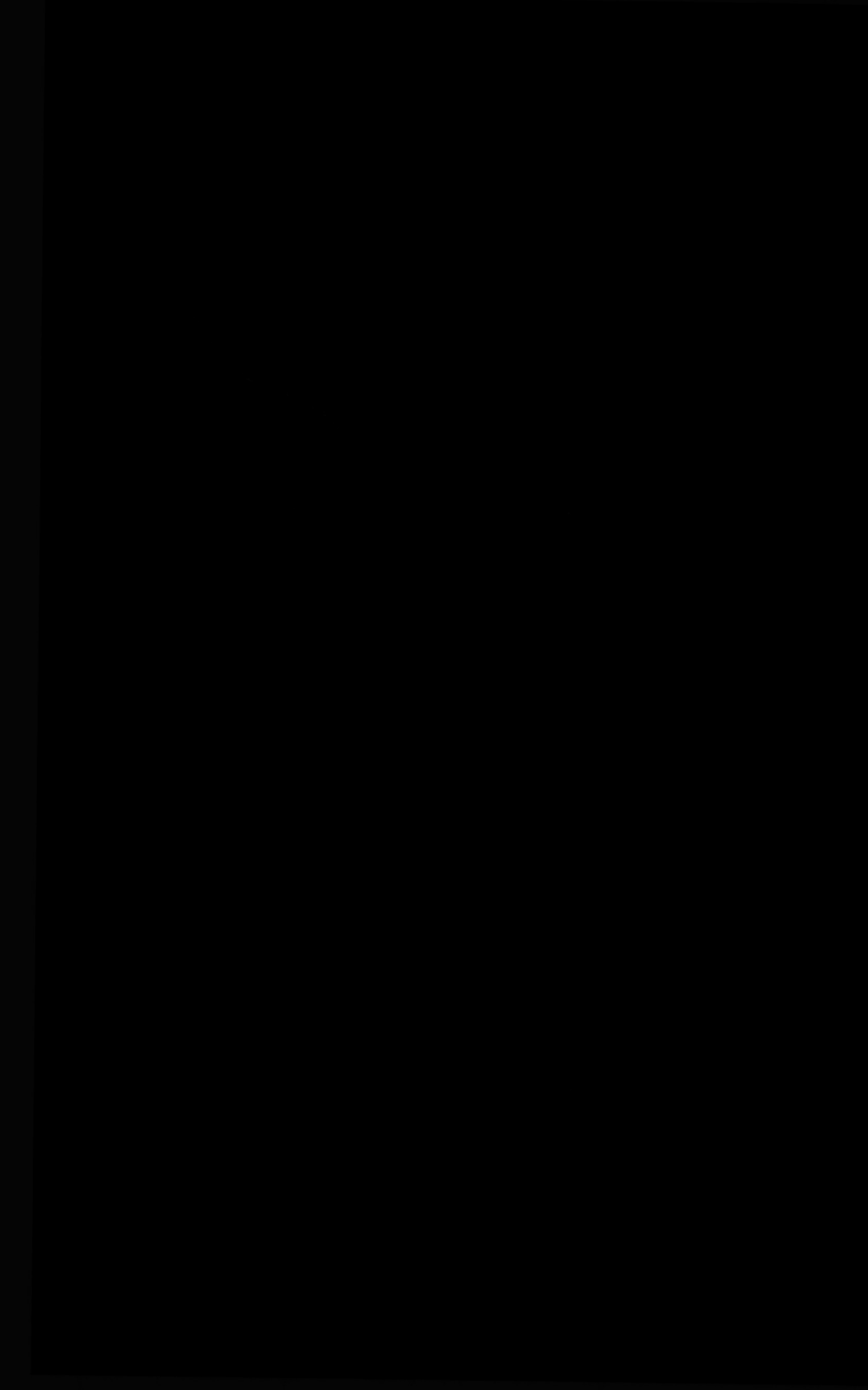

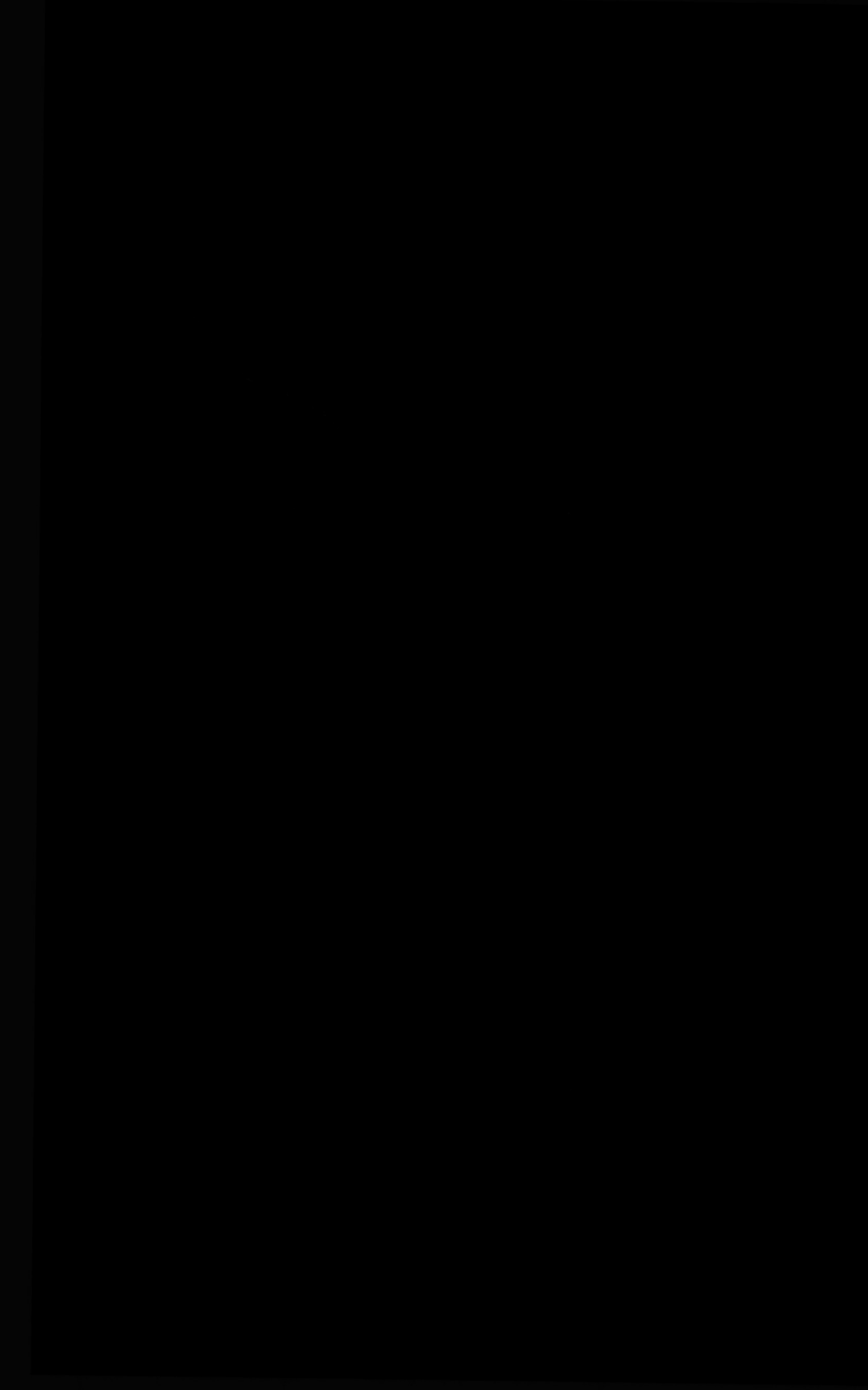

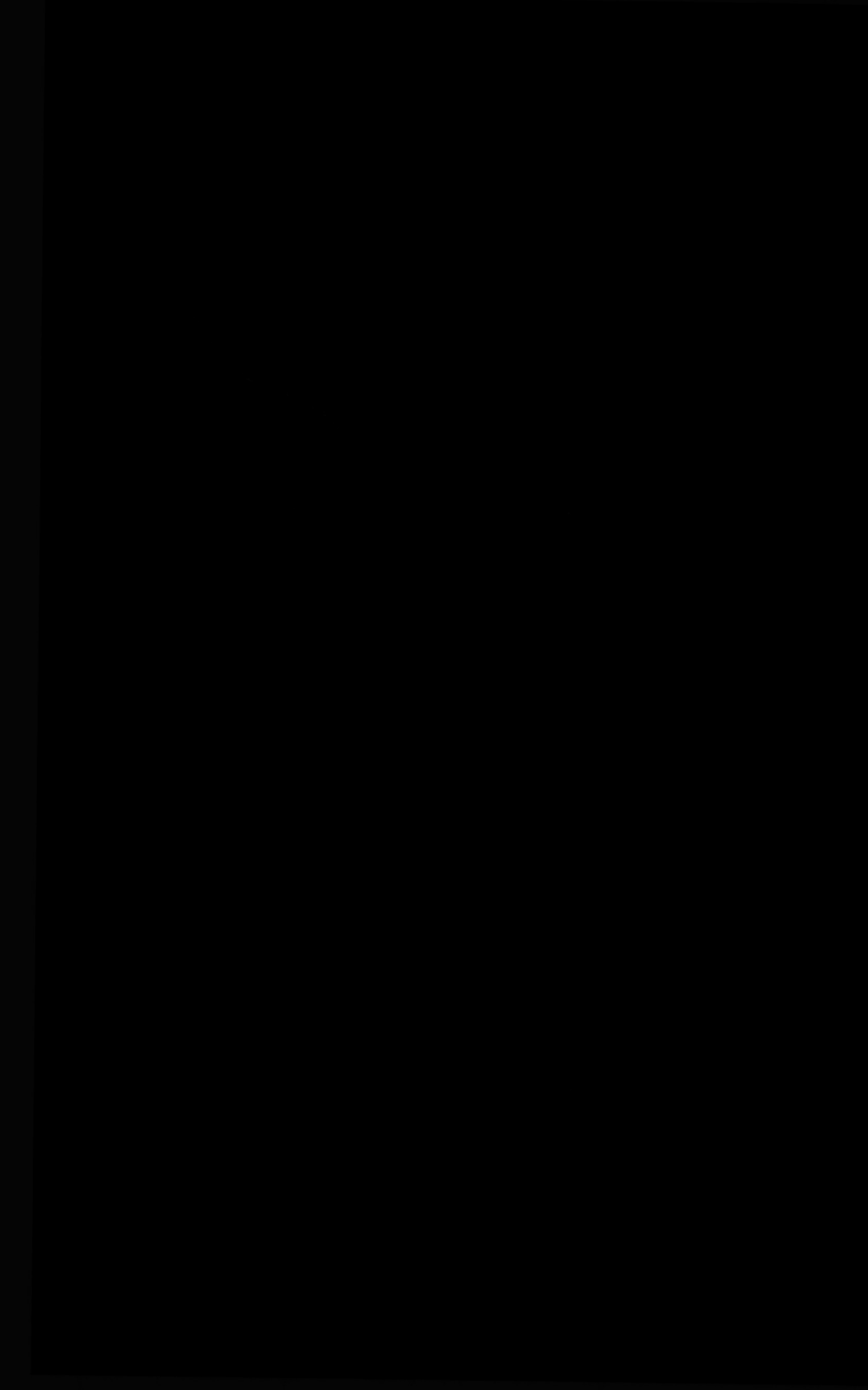

www.ingramcontent.com/pod-product-compliance
Lightning Source LLC
Chambersburg PA
CBHW061733300426
44115CB00009B/1198